J. von Staudinger's Kommentar

zum

Bürgerlichen Gesetzbuch

und dem Einführungsgesetze

herausgegeben von

Dr. Theodor Loewenfeld,
Univ.-Professor und Rechtsanwalt in München

Dr. Erwin Riezler,
Professor an der Universität Freiburg i. B.

Dr. Ludwig Kuhlenbeck,
Professor an der Universität Lausanne

Karl Kober,
I. Staatsanwalt im k. Bayer. Justizministerium in München

Dr. Theodor Engelmann,
k. Landgerichtsrath in München

Dr. Felix Herzfelder,
Rechtsanwalt in München

Joseph Wagner,
Rath am k. Obersten Landesgericht in München.

2. vollständig neubearbeitete **Auflage.**

München 1906.
J. Schweitzer Verlag (Arthur Sellier).

AF803835

J. von Staudinger's Kommentar zum Bürgerlichen Gesetzbuch und dem Einführungsgesetze.

VI. Band.

Einführungsgesetz.

Erläutert von

Joseph Wagner,
Rath am k. Obersten Landesgericht
in München

Karl Kober,
I. Staatsanwalt im k. Bayer.
Justizministerium in München

Dr. Ludwig Kuhlenbeck,
Professor an der Universität Lausanne.

2. vollständig neubearbeitete **Auflage.**

München 1906.
J. Schweitzer Verlag (Arthur Sellier).

Inhaltsübersicht

zum sechsten Bande.

Einführungsgesetz.

Literatur im Allgemeinen.

Die Spezialliteratur ist in Fußnoten (*) bei den einzelnen Abschnitten, Titeln oder Paragraphen aufgeführt.

v. Bar = v. Bar, Lehrbuch des internationalen Privat- und Strafrechts, Stuttgart 1892.

Becher = H. Becher, Die Ausführungsgesetze zum Bürgerlichen Gesetzbuche, München 1900/1901.

Buchka = G. v. Buchka, Landesprivatrecht der Großherzogtümer Mecklenburg-Schwerin und Mecklenburg-Strelitz, Halle 1905.

Dorner = P. Dorner, Prof. Dr. Seng, Badisches Landesprivatrecht, Halle a. S. 1905.

Endemann = F. Endemann, Lehrbuch des Bürgerlichen Rechts, 8. Aufl., Bd. I, Berlin 1900.

Gierke = Otto Gierke, Deutsches Privatrecht, Bd. I, Leipzig 1895.

Habicht = H. Habicht, Die Einwirkung des BGB. auf zuvor entstandene Rechtsverhältnisse, 3. Aufl., Jena 1901.

Kisch = W. Kisch, Elsaß-Lothringisches Landesprivatrecht, Halle a. S. 1905.

Kloß = R. Kloß, Sächsisches Landesprivatrecht, Halle a. S. 1904.

Neumann = H. Neumann, Handausgabe des BGB. für das Deutsche Reich, III. Bd. 4. Aufl., Berlin 1905.

Neumann, Jahrb. = H. Neumann, Jahrbuch des Deutschen Rechts Berlin, 1.—4. Jahrgang bis 1906.

Niedner = A. Niedner, Das Einführungsgesetz, 2. Aufl., Berlin 1904.

Oertmann = Oertmann, Bayr. Landesprivatrecht, Halle 1904.

Planck = G. Planck, Bürgerliches Gesetzbuch nebst Einführungsgesetz, 3. Aufl. 1905.

Roth = Roth-Becher, Bayr. Civilrecht, 2. Aufl. 1898.

Scherer, Einführungsgesetz zum BGB., Erlangen 1900.

Stobbe, Handbuch des Deutschen Privatrechts, 3. Aufl., Berlin 1897.

Windscheid-Kipp, P. = B. Windscheid, Lehrbuch des Pandektenrechtes, 8. Aufl., bearbeitet von Th. Kipp, Frankfurt a/M. 1901.

Abkürzungen.

AG. = Ausführungsgesetz zum BGB.
AGO. = Ausführungsgesetz zur Grundbuchordnung und zu dem Gesetz über die Zwangsversteigerung und die Zwangsverwaltung.
Anf.Ges. = Gesetz betr. die Anfechtung von Rechtshandlungen eines Schuldners außerhalb des Konkursverfahrens.
Bayr. Oberst. LG. = Sammlung von Entscheidungen des Bayrischen Obersten Landesgerichts in Civilsachen; — n. F. = Sammlung rc. neue Folge (von 1901 ab).
Bl. f. RA. = Dr. J. A. Seufferts Blätter für Rechtsanwendung.
BLR. = Bayrisches Landrecht.
BGB. = Bürgerliches Gesetzbuch.
Central-Bl. = Central-Blatt für freiwillige Gerichtsbarkeit u. Notariat, sowie Zwangsversteigerung.
CPO. = Civilprozeßordnung.
cod. civ. = code civil.
D. = Denkschrift (z. B. D. z. CPO.); D. (ohne Beisatz) = Denkschrift zum Entwurf eines BGB.
D. Jur.Z. = Deutsche Juristenzeitung.
E. I, II, III = Entwurf I, II, III d. BGB.
EG. = Einführungsgesetz z. BGB.
Entsch. FG. = Entscheidungen in Angelegenheiten der freiwilligen Gerichtsbarkeit und des Grundbuchrechts, zusammengestellt im Reichs-Justizamte.
FG. = Reichsgesetz über die Angelegenheiten der freiwilligen Gerichtsbarkeit.
GBO. = Grundbuchordnung.
Gem. R. = Gemeines Recht.
Gruchot, Beitr. = Beiträge zur Erläuterung des deutschen Rechts, begründet von Gruchot.
G. u. VBl. = Gesetz- und Verordnungsblatt für das Königreich Bayern.
GVG. = Gerichtsverfassungsgesetz.
HGB. = Handelsgesetzbuch.
Jur. Wschr. = Juristische Wochenschrift.
KO. = Konkursordnung.
Kreittmayr, Ann. = Kreittmayr, Annotationen zum bayr. Landrecht.
M. I, 1 = Motive zum Entwurf (I) eines BGB. Bd. I Seite 1.
Mot. z. EG. = Motive zum Einführungsgesetz z. BGB.
Not.Ges. = Notariatsgesetz.
P. I, 1 = Protokolle der Kommission für die zweite Lesung des Entwurfs des BGB. Bd. I Seite 1.
PLR. = Preußisches Landrecht.
RG. = Reichsgesetz.
RGBl. = Reichsgesetzblatt.
ROHG. = Entscheidungen des Reichsoberhandelsgerichts.
RTK. 1 = Bericht der Reichstagskommission Seite 1.
Röm. R. = Römisches Recht.
RGE. = Entscheidungen des Reichsgerichts in Civilsachen.
RGE. in StS. = Entscheidungen des Reichsgerichts in Strafsachen.
Rspr. d. OLG. = die Rechtsprechung der Oberlandesgerichte auf dem Gebiete des Civilrechts, herausgegeben von Mugdan und Falkmann.
Sächs. GB. = Bürgerliches Gesetzbuch für das Königreich Sachsen.
Seuff. Arch. = Seufferts Archiv.
StB. 1 = Stenographische Berichte des Reichstags Seite 1.
StGB. = Strafgesetzbuch.
StPO. = Strafprozeßordnung.
ZG. I, 1 = Zusammenst. d. gutachtl. Aeußerungen zu dem Entw. eines BGB. Bd. I Seite 1.
ZwVG. = Gesetz über die Zwangsversteigerung und die Zwangsverwaltung.

Sämmtliche Gesetzesmaterialien sind in der Ausgabe von J. Guttentag zitirt.

Einleitung.

Das EG. z. BGB. erfüllt eine mehrfache Aufgabe:

I. In den Art. 1—6 werden *allgemeine Vorschriften* gegeben. Es werden der *Zeitpunkt des Inkrafttretens des BGB.* und verschiedener Nebengesetze festgestellt, der Begriff „*Gesetz*“ sowie die Bedeutung der zu Gunsten der Landesgesetzgebung gemachten *Vorbehalte* authentisch erläutert und hinsichtlich der *Verweisung* bisheriger Gesetze auf zur Aufhebung gelangende Rechtsnormen, dann hinsichtlich des Reichslands *Elsaß-Lothringen* sowie betreffs der *Zuständigkeit des Reichsgerichts* Vorschriften gegeben.

II. Die Art. 7—31 enthalten Vorschriften über das *internationale Privatrecht*.

III. Der zweite Abschnitt (Art. 32—54) regelt das *Verhältniß des BGB. zu den Reichsgesetzen*, theils im Allgemeinen, theils in Erläuterung oder Abänderung einzelner Vorschriften bestimmter Gesetze.

IV. Der dritte Abschnitt (Art. 55—152) befaßt sich mit der Regelung des *Verhältnisses des BGB. zu den Landesgesetzen* und stellt zu Gunsten der letzteren eine große Zahl von Vorbehalten auf.

V. Der vierte Abschnitt (Art. 153—218) enthält endlich die *Uebergangsvorschriften* für eine große Reihe von Rechtsinstituten, indem theils besondere Rechtssätze für die Uebergangsperiode aufgestellt, theils die Landesgesetze zur Aufstellung von solchen für befugt erklärt werden.

Vom Entwurfe der I. Komm. weicht das Einführungsgesetz nicht unerheblich ab.

Trotzdem die ziemlich umfangreichen Art. 11—15 des ersten Entwurfs, welche das Verhältniß des BGB. zur CPO., zur KO. und zu den Einführungsgesetzen für beide regeln sollten, aus dem EG. herausgenommen und besonderen Gesetzen (vgl. die Gesetze vom 17. Mai 1898 über die Aenderungen der CPO. und über die Aenderungen der KO. mit den Einführungsgesetzen hiezu vom gleichen Tage) zugewiesen wurden, umfaßt das nunmehrige EG. 218 Artikel, während der E. I deren nur 129 enthalten hatte. An der Aenderung und Erweiterung des I. Entwurfs haben die II. Komm., welche auch dieses Gesetz einer zweimaligen Lesung unterzog, dann die Justizkommissionen des Bundesraths und des Reichstags sowie das Plenum des Reichstags mitgewirkt.

Die hauptsächlichste Erweiterung des E. I wurde verursacht durch die erst vom Bundesrathe bewirkte Einfügung von Vorschriften über das internationale Privatrecht (Art. 7—32), von welchen im gedruckten I. Entwurf gar nichts enthalten war, während die II. Komm. (im E. II) diesen Gegenstand in einem 6. Buche des BGB. (§§ 2236—2265) zu regeln vorgeschlagen hatte.

Bei den einzelnen Artikeln ist nachstehend in nahezu vollständiger Weise die Abweichung des Gesetzestextes vom E. I und die Ursache derselben angegeben und wird hierauf verwiesen.

Im Uebrigen wird auf die allgemeine Einleitung zu diesem Kommentare Bezug genommen.

Erster Abschnitt.

Allgemeine Vorschriften.

Vorbemerkungen zu den allgemeinen Vorschriften der Art. 1—6.

Die Art. 1—6 regeln keinen zusammenhängenden Rechtsstoff.

Art. 1 stellt den Zeitpunkt des Inkrafttretens des BGB. und verschiedener Nebengesetze auf den 1. Januar 1900 fest.

Art. 2 erläutert den Begriff „Gesetz" und gibt Veranlassung zur Erörterung über die Rechtsnormen überhaupt, namentlich auch über Staatsverträge, Autonomie, Analogie und Gewohnheitsrecht.

Art. 3 erläutert die Bedeutung und Tragweite der Ausdrücke, welche im BGB. und in diesem Gesetze für die Feststellung von Vorbehalten zu Gunsten der Landesgesetzgebung angewendet wurden.

Art. 4 regelt die Ersetzung jener reichs- und landesgesetzlichen Vorschriften, auf welche in anderen Reichs- oder Landesgesetzen verwiesen ist, die aber durch das BGB. oder durch dieses EG. aufgehoben werden, durch die Verweisung auf die entsprechenden Vorschriften des BGB. und dieses EG.

Art. 5 erklärt das Reichsland Elsaß-Lothringen als einen Bundesstaat im Sinne des BGB. sowie dieses EG.

Art. 6 entzieht endlich dem bayrischen obersten Landesgericht einen Theil seiner auf dem § 8 des EG. z. GVG. beruhenden bisherigen Zuständigkeit, indem in bürgerlichen Rechtsstreitigkeiten, in welchen durch Klage oder Widerklage ein Anspruch auf Grund des BGB. geltend gemacht ist, die Verhandlung und Entscheidung letzter Instanz dem Reichsgerichte zugewiesen wird.

Art. 1.

Das Bürgerliche Gesetzbuch tritt am 1. Januar 1900 gleichzeitig mit einem Gesetze, betreffend Aenderungen des Gerichtsverfassungsgesetzes, der Civilprozeßordnung und der Konkursordnung, einem Gesetz über die Zwangsversteigerung und die Zwangsverwaltung, einer Grundbuchordnung und einem Gesetz über die Angelegenheiten der freiwilligen Gerichtsbarkeit in Kraft.

E. I, 1; II, 1; III, 1.

1. Der erste Artikel des Einführungs-Gesetzes erhielt seine nunmehrige Gestalt erst in der Reichstagskommission, welche das Datum des Inkrafttretens des BGB. auf den 1. Januar 1900 festsetzte (RTK. 1), während E. I das Datum offen gelassen und E. II das Inkrafttreten „an einem durch Kaiserliche Verordnung mit Zustimmung des Bundesrathes festzusetzenden Tage, spätestens am . . . . ." vorgesehen hatte (Reatz III, 1). Seine erste Erweiterung hatte der Artikel im E. II erfahren, in welchem die Worte „gleichzeitig mit" bis „Gerichtsbarkeit" eingefügt wurden.

2. Der Ausdruck „Bürgerliches Gesetzbuch" hatte mehrfache Beanstandung erfahren und war dessen Ersetzung durch die Worte „Reichsgesetzbuch" oder „Civilgesetzbuch" oder „Reichs-Civilgesetzbuch" oder „Privatrechtliches Gesetzbuch" angeregt worden, weil der Ausdruck „Bürgerliches Gesetzbuch" nur eine Uebersetzung von code civil und auch sonst (vom Standpunkte der Sprachschönheit und vielleicht auch Sprachrichtigkeit aus) nicht einwandfrei sei. Die Beibehaltung des Ausdrucks wurde aber in der II. Komm. gutgeheißen, weil derselbe seit der Aufstellung des Entwurfs festgehalten wurde, dessen Fallenlassen am Abschlusse des Gesetzgebungswerkes auffällig wäre, weil ferner der Ausdruck „Civilrecht" im Sinne von „Privatrecht" im Gegensatze zum öffentlichen Recht, insbesondere zum Strafrecht, längst eingebürgert und heute nur noch in diesem Sinne gebräuchlich sei, auch der Hoffnung Raum gegeben werden könne, daß das deutsche Volk sich mit der Uebersetzung „Bürgerliches Recht" und in gleicher Weise mit dem Namen „Bürgerliches Gesetzbuch" befreunden werde (P. VI, 358, 359). Das „Bürgerliche Recht" wurde in den M. I, 1 „als der Inbegriff derjenigen Normen bezeichnet, welche die den

Personen als Privatpersonen zukommende rechtliche Stellung und die Verhältnisse regeln, in welchen die Personen als Privatpersonen untereinander stehen".

Das BGB. selbst hat eine Begriffsbestimmung hauptsächlich wegen der Schwierigkeit der Abgrenzung des bürgerlichen Rechtes gegenüber dem öffentlichen Rechte nicht gegeben (M. z. EG. 147).

3. Ein Zeitpunkt des Inkrafttretens des gegenwärtigen Einführungs-Gesetzes ist in diesem nicht bestimmt. In Gemäßheit des Art. 2 der Reichsverfassung ist anzunehmen, daß dasselbe, nachdem es in Nr. 21 des RGBl. vom 24. August 1896 publizirt wurde, mit dem 7. September 1896 in Kraft getreten ist. „Seine Vorschriften haben allerdings nicht den Sinn, daß die Rechtsverhältnisse, für welche sie gegeben sind, sich schon jetzt nach ihnen bestimmen, sondern sie legen sich diese Wirksamkeit erst vom Inkrafttreten des BGB. an bei, aber das Gesetz sagt jetzt schon, was vom 1. Januar 1900 an gelten soll." So Jacubezky in Verh. der bayr. K. d. Abg. Beil.-Bd. 20 v. J. 1899 Abt. II S. 568 und Becher, Mat. Bd. II S. 552. Uebereinstimmend hiemit die Urtheile d. OLG. München vom 18. Februar 1899 in Bl. f. RA. Bd. 64 S. 239 und d. Bayr. Oberst. LG. vom 1. Juli 1899 und 9. Dezember 1899 in Bl. f. RA. Bd. 64 S. 520 und Bd. 65 S. 129, Bayr. Oberst. LG. I S. 142, ebenso Windscheid-Kipp § 6 a Anm. 32, Planck Bem. 1 (jedoch unter einer Einschränkung der Bedeutung der Vorschrift), Niedner Bem. 3, Fischer-Henle Bem. 7, Bl. f. RA. Bd. 64 S. 238, 239. Die entgegengesetzte Ansicht, daß nämlich wie das BGB. ebenso auch das EG. erst mit dem 1. Januar 1900 in Kraft getreten sei, verfechten Habicht S. 35, § 5 Note 2, Scherer, I. Jahr S. 1 Bem. 1 zu III, Kuhlenbeck S. 11 Bem. 8, Neumann S. 2 Bem. II, 2, Eck, Vorträge 1898 S. 25, Bl. f. RA. Bd. 64 S. 242 ff. und S. 358 ff. Vgl. auch Mot. zum Entw. I einer GBO. S. 121 und Gruchot, Beitr. Bd. 42 S. 309 Anm. 1, D. Jur.Z. 1896 S. 169, 1897 S. 196, 240 und 422. Die Frage kann z. B. für Alimentenprozesse, die in der Zeit zwischen dem 7. September 1896 und 1. Januar 1900 entschieden wurden, mit Rücksicht auf §§ 323 und 767 CPO. auch künftig noch Bedeutung haben, wenn hiebei die nach dem neuen Rechte eintretende Beendigung einer nach dem bisherigen Rechte begründeten Alimentationsverbindlichkeit nicht berücksichtigt wurde. Wenn auch auf den Unterschied zwischen dem materiellen Geltungsbeginne der meisten Vorschriften des EG. und dem formalen Geltungsbeginne desselben (vgl. Mot. z. Entw. I d. GBO. S. 121 und D. Jur.Z. 1896 S. 169) nicht allzu viel Gewicht gelegt und zugegeben werden will, daß die Möglichkeit der Erlassung von Ausführungsvorschriften auch vor dem Geltungsbeginn eines Gesetzes, auf das sie sich stützen, gegeben ist, ferner daß die meisten Vorschriften des EG. ihrem Inhalte nach erst mit dem Inkrafttreten des BGB. selbst ihre volle Wirksamkeit gewinnen, so hat das frühere Inkrafttreten des EG. doch die Bedeutung, daß der Richter vom 7. September 1896 an berücksichtigen mußte, welche Rechtslage vom 1. Januar 1900 an eintrat.

4. Ueber den Geltungsbereich des BGB. ist keine Bestimmung getroffen, während bei anderen Gesetzen (z. B. EG. z. StGB., zum GVG., zur CPO., zur StPO., zur KO., dann im Gerichtskostengesetze vom 18. Juni 1878 § 102 und in der Rechtsanwaltsordnung vom 1. Juli 1898 § 103) bestimmt ist, daß sie „im ganzen Umfange des Reiches" in Kraft treten.

Es versteht sich aber von selbst, daß das BGB., soweit nicht im Einzelnen besondere räumliche oder zeitliche Schranken gezogen werden (wie das vielfach in den Art. 7—218 dieses EG. geschieht), im ganzen Umfange des Deutschen Reiches in Kraft tritt.

Man vermied eine ausdrückliche Bestimmung absichtlich, weil der Geltungsbereich des BGB. sich über das Deutsche Reich hinaus zu erstrecken hat und zwar

a) allgemein, soweit das internationale Recht das zuläßt (vgl. unten Art. 7—31),

b) auf die Konsulargerichtsbezirke,

und weil auch in dieser Beziehung der 1. Januar 1900 als der Termin des Inkrafttretens gelten soll, während, wenn hier im Texte die Worte „im Umfange des Reiches" hinzugefügt worden wären, im Hinblick auf § 47 des Ges. über die Konsulargerichtsbarkeit vom 10. Juli 1879 (RGBl. S. 179), — nach welchem neue Gesetze mangels besonderer Bestimmungen in den Konsulargerichtsbezirken vier Monate nach Ausgabe des betreffenden Stückes des RGBl. in Berlin verbindliche Kraft erlangen, — Zweifel darüber hätten rege gemacht werden können, wann das BGB. für die Konsulargerichtsbezirke in Kraft tritt (vgl. M. 63).

c) Was für die Konsulargerichtsbezirke gilt, gilt in gleicher Weise nach § 2 des Ges. vom 19. März 1888 auch für die Schutzgebiete.

An die Stelle der erwähnten Gesetze vom 10. Juli 1879 und 19. März 1888 sind nunmehr das Ges. über die Konsulargerichtsbarkeit vom 7. April 1900 (welches nach § 78 und nach der Kaiserl. VO. vom 25. Oktober 1900 erst mit dem 1. Januar 1901 in Kraft trat und in den §§ 31—40 einige Abweichungen von Vorschriften des BGB. vorsieht) und das Gesetz vom 10. September 1900 über die Schutzgebiete (welches nach der Kaiserl. VO. vom 9. November 1900 ebenfalls mit dem 1. Januar 1901 in Kraft trat und in den §§ 3, 7 und 16 ähnliche abweichende Vorschriften vom BGB. wie das ersterwähnte Gesetz enthält) getreten. Vgl. auch Einleit. zu Buch I Bem. I, 2, 1.

5. Hinsichtlich des Geltungsbeginns des BGB. ist auch für die Konsulargerichtsbezirke und Schutzgebiete sowie für die im Auslande lebenden Deutschen derjenige Zeitpunkt maßgebend, in welchem nach der durch das Reichsgesetz vom 12. März 1893 (RGBl. S. 93) eingeführten mitteleuropäischen Zeit der 1. Januar 1900 begonnen hat. Vgl. Habicht S. 36 ff.

6. Die im Texte bezeichneten weiteren Gesetze, welche gleichzeitig mit dem BGB. in Kraft traten, sind

a) das Gesetz, betr. Aenderungen des GVG. und der StPO. vom 17. Mai 1898 (RGBl. S. 252),
b) das Gesetz, betr. Aenderungen der CPO. vom 17. Mai 1898 (RGBl. S. 256), mit EG. hiezu vom gleichen Tage (RGBl. S. 332),
c) das Gesetz, betr. Aenderungen der KO. vom 17. Mai 1898 (RGBl. S. 230), mit EG. hiezu vom gleichen Tage (RGBl. S. 248),
d) das Gesetz über die Zwangsversteigerung und Zwangsverwaltung vom 24. März 1897 (RGBl. S. 97) mit dem EG. vom gleichen Tage (RGBl. S. 135),
e) die GBO. vom 24. März 1897 (RGBl. S. 139); siehe aber § 82 der GBO., wo bestimmt ist, daß die GBO. nur, soweit sie die Anlegung des Grundbuchs betrifft, vom 1. Januar 1900 an, im Uebrigen für jeden Grundbuchbezirk mit dem Zeitpunkt in Kraft tritt, in welchem (gemäß Art. 186 dieses EG. nach landesherrlicher Verordnung) das Grundbuch als angelegt anzusehen ist (vgl. zu d u. e auch Gruchot, Beitr. Bd. 43 S. 163),
f) das Gesetz über die Angelegenheiten der freiwilligen Gerichtsbarkeit vom 17. Mai 1898 (RGBl. S. 189 ff.).

Weiter traten gleichzeitig mit dem BGB. in Kraft

g) das HGB. vom 10. Mai 1897 (RGBl. S. 219), jedoch mit Ausnahme der §§ 59—64 und 66—83, d. i. des von den Handlungsgehülfen und Handlungslehrlingen handelnden Abschnitts, welcher mit Ausnahme des § 65 schon vom 1. Januar 1898 an in Kraft gesetzt wurde, sowie des VII. Abschnitts des III. Buches (über die Beförderung von Gütern und Personen auf den Eisenbahnen), welcher durch eine mit Zustimmung des Bundesraths zu erlassende Kaiserl. VO. schon vor dem 1. Januar 1900 in Kraft gesetzt werden konnte, sodann das
h) EG. zum HGB. vom 10. Mai 1897 (vgl. jedoch zu Art. 1 desselben die Bemerkungen von Gareis, HGB. S. 410).

Durch RG. vom 17. Mai 1898 wurde der Reichskanzler ermächtigt, die Texte des GVG., der CPO., der KO., des Gerichtskostengesetzes, der Gebührenordnungen für Gerichtsvollzieher, für Zeugen und Sachverständige, sowie für Rechtsanwälte, dann des Gesetzes, betr. die Anfechtung von Rechtshandlungen eines Schuldners außerhalb des Konkursverfahrens, wie sie sich aus den mittlerweile eingetretenen Aenderungen ergeben, bekannt zu machen. Die gleiche Ermächtigung wurde dem Reichskanzler durch Art. 13 des EG. zum HGB. bezüglich der die Gesellschaften mit beschränkter Haftung, die Erwerbs- und Wirthschaftsgenossenschaften und die privatrechtlichen Verhältnisse der Binnenschiffahrt betreffenden Gesetze ertheilt. Von diesen Ermächtigungen hat der Reichskanzler durch die Bekanntmachung vom 20. Mai 1898 (RGBl. Nr. 25 S. 369 ff.) Gebrauch gemacht.

Hinsichtlich der am 1. Januar 1898 in Kraft getretenen Vorschriften des neuen HGB. bestand Streit darüber, ob jene Vorschriften des BGB., welche auf die §§ 59—64 und 66—83 des HGB. einschlagen können, für diese ebenfalls schon vom 1. Januar 1898 an in Kraft getreten sind. Riedner Bem. 2, b, α bestreitet dieses (in Uebereinstimmung mit Gareis, HGB. Anm. 4 zu § 62 u. D. Jur.-Z. 1897 S. 400) und zwar auch hinsichtlich der §§ 842 bis 846 BGB., auf welche in HGB. § 62 Abs. 3 ausdrücklich verwiesen wird.

Derselbe legt zugleich dar, daß neben seiner Meinung noch 3 andere Meinungen bestehen, von denen die eine dahin geht, daß für das Rechtsverhältniß der Handlungsgehülfen vom 1. Januar 1898 an sämmtliche einschlägigen Vorschriften des BGB. galten, die andere dahin, daß die in den bezeichneten Paragraphen in Bezug genommenen

Vorschriften des BGB. galten (D. Jur.Z. 1897 S. 261), die dritte endlich dahin, daß nur die in § 62 Abs. 3 HGB. in Bezug genommenen §§ 842—846 BGB. seit 1. Januar 1898 hiefür in Geltung getreten sind (Gruchot, Beitr. Bd. 42 S. 309 ff., D. Jur.Z. 1897 S. 33, Planck Bem. 3 u. A.). Hier wird, wie in der ersten Auflage, an der letzten Meinung festgehalten und zwar deßhalb, weil die ausdrückliche Verweisung auf BGB. §§ 842—846 der wörtlichen Aufnahme des Inhalts dieser Paragraphen in § 62 HGB. gleichkommt und weil daran auch das Wort „geltenden" nichts ändert, da der Gesetzgeber, wenn er die §§ 842—846 BGB. für das fragliche Rechtsverhältniß erst vom Inkrafttreten des BGB. und nicht vom Inkrafttreten des § 62 HGB. an hätte in Geltung treten lassen wollen, sich doch wohl anders hätte ausdrücken müssen und leicht hätte ausdrücken können.

Die übrigen Ergänzungen der §§ 59—64 und 66—83 HGB. durch das allgemeine Bürgerliche Recht sind für die Zeit vom 1. Januar 1898 bis dahin 1900 in den für diese Zeit geltenden Gesetzen zu suchen. Dies gilt auch bezüglich § 75 Abs. 2 Satz 2 HGB., da dort nicht gesagt ist, daß § 343 BGB. für § 75 HGB. gelten soll. Vgl. Planck Bem. 3; RGE. Bd. 42 S. 97, Bd. 44 S. 59 ff.

Art. 2.

Gesetz im Sinne des Bürgerlichen Gesetzbuchs und dieses Gesetzes ist jede Rechtsnorm.

E. I, 2; II, 2; III, 2.

I. Weder das BGB. noch dieses EG. enthält eine Begriffsbestimmung der Worte „Gesetz" und „Rechtsnorm". Die Vorschrift des gegenwärtigen Artikels geht in richtiger Weise davon aus, daß das Wort „Rechtsnorm" ein allgemeiner Ausdruck ist, der das Wort „Gesetz" mitumfaßt, besagt aber zugleich, daß, was nur immer im BGB. oder im EG. hinsichtlich eines Gesetzes bestimmt ist, in gleichem Maße von jeder anderen Rechtsnorm gelten soll. Dieselbe Ausdrucksweise ist gewählt in den Einführungsgesetzen a) zur CPO. § 12, b) zur KO. § 2, c) zur StPO. § 7 mit VO. vom 28. September 1879, betr. die Begründung der Revision. Vgl. auch GVO. § 82 Abs. 2, EG. zum ZwVG. § 1 Abs. 2 und FG. § 185 Abs. 2.

II. Rechtsnorm ist eine Norm (von norma = Richtmaß, bildlich Richtschnur, Vorschrift), welche feststellt, was Rechtens ist. Sie umfaßt in erster Linie

A) Gesetze und zwar sowohl Reichsgesetze als Landesgesetze. Welche Voraussetzungen für das Zustandekommen eines Gesetzes erforderlich sind, entscheidet in Ansehung der Reichsgesetze das öffentliche Recht des Reiches (Reichsverfassung Art. 2, 5, 17), in Ansehung der Landesgesetze das öffentliche Recht der Bundesstaaten, bezw. des Reichslands Elsaß-Lothringen (für Bayern seit 1818 Verf.-Urk. Tit. II § 1, Tit. VII § 2, Tit. X § 7, G. vom 4. Juni 1848, betr. die Verantwortlichkeit der Minister, Art. IV). Vgl. M. I, 1. Für Baden s. AG. z. BGB. Art. 1.

B) Soweit nach dem öffentlichen Rechte des Reiches oder des betreffenden Bundesstaats oder nach einzelnen Reichs- oder Landesgesetzen die Regelung einzelner Rechtsgebiete durch Verordnungen des Kaisers (vgl. z. B. BGB. § 482) oder des Bundesraths (BGB. § 1807 Ziff. 4) oder Landesherrn (unten Art. 186, 188) oder durch Anordnungen des Reichskanzlers (Art. 31), der Landesregierungen (BGB. §§ 1322, 1723, 1745) oder der obersten Behörden eines Bundesstaats (z. B. der Landesjustizverwaltung BGB. § 1558) oder von Theilen eines Bundesstaats zugelassen ist, theilen solche nach den Vorschriften des öffentlichen Rechtes ergangene Verordnungen, Erlasse, Bekanntmachungen, Entschließungen rc. rc. die Kraft der Gesetze. Gierke (Deutsches Privatr. § 18) bezeichnet solche Vorschriften als sogenannte Rechtsverordnungen und unterscheidet hievon die sogenannten Verwaltungsverordnungen, die lediglich eine generelle Verwaltungsmaßregel anordnen. Letztere theilen die Kraft der Gesetze nicht. Vgl. Seuff. Arch. Bd. 38 Nr. 187, Bd. 39 Nr. 265; Urth. des Oberverwaltungsgerichtshofs Berlin vom 12. April 1901 (Erg.Bd. der Rechtsgrundsätze dieses Gerichts 1902 S. 322).

Es kann jedoch eine Rechtsverordnung nur dann vorliegen, wenn sie nicht bloß einen Rechtssatz ausspricht, sondern wenn sie auch von einem verfassungsmäßig berufenen Organ innerhalb der Grenzen seiner Zuständigkeit und in der verfassungsmäßig bestimmten Form erlassen und bekannt gemacht ist. (Ein Beispiel für das Gegentheil bietet RGE. Bd. 22 S. 246.) Nach diesem Grundsatze wird auch die Frage zu entscheiden sein, ob die von staatlichen

Verwaltungsorganen erlassenen Eisenbahnbetriebsreglements, Postordnungen u. dgl. als Rechtsverordnungen zu betrachten sind oder nicht (vgl. Gruchot, Beitr. Bd. 30 S. 1075; ROHG. Bd. 19 S. 184; Seuff. Arch. Bd. 39 Nr. 232; Jur. Wschr. 1900 S. 77; Niedner, Bem. II, 2 Abs. 2).

Ueber die richterliche Prüfung der formellen Gültigkeit vgl. auch Seuff. Arch. Bd. 11 Nr. 1, Bd. 38 Nr. 199, RGE. Bd. 24 S. 1 und Bd. 48 S. 195.

C) Die Kraft der Gesetze theilen ferner die Staatsverträge des Reiches nach Maßgabe der Art. 11 mit 4 der Reichsverfassung (letzterer in der Fassung des Reichsgesetzes vom 20. Dezember 1873 — RGBl. S. 379) sowie jene der einzelnen Bundesstaaten, soweit Art. 56 dieses EG. es zuläßt (M. I, 2, dann RGE. Bd. 26 S. 118).

D) Darüber, inwieweit Anordnungen, welche sich auf die Autonomie der souveränen Häuser und des hohen Adels gründen, hieher in Betracht zu ziehen sind, vgl. unten die Art. 57 und 58 dieses EG. Hinsichtlich der Autonomie des vormals reichsritterschaftlichen Adels vgl. M. I, 13 und unten Art. 59. Ueber die Autonomie der Gemeinden vgl. Gruchot, Beitr. Bd. 31 S. 425 ff., der Kirchen RGE. Bd. 23 S. 22 ff., anderer öffentlicher Korporationen RGE. Bd. 38 S. 124 ff., Bd. 31 S. 235. Bezüglich der Realverbände und der ihnen verwandten land- und forstwirthschaftlichen Verbände vgl. auch P. I, 618. — Hinsichtlich der Satzungen und Statuten der Körperschaften des Privatrechts vgl. Stobbe-Lehmann, D. Pr.R. I S. 160; andererseits Gierke, D. Pr.R. Bd. I S. 150 und Windscheid-Kipp § 19 Note 4, dann RGE. Bd. 26 S. 371, Bd. 9 S. 260 und Gruchot, Beitr. Bd. 30 S. 1143 (andererseits RGE. Bd. 13 S. 215 und Bd. 28 S. 300 ff., dann Niedner Bem. II, 3).

E) Analogie. Weder das BGB. noch dieses EG. erklären die Analogie als eine Rechtsquelle. Der E. I enthielt im I. Buche einen I. Abschnitt mit der Ueberschrift „Rechtsnormen“, dessen § 1 lautete:

„Auf Verhältnisse, für welche das Gesetz keine Vorschrift enthält, finden die für rechtsähnliche Verhältnisse gegebenen Vorschriften entsprechende Anwendung. In Ermangelung solcher Vorschriften sind die aus dem Geiste der Rechtsordnung sich ergebenden Grundsätze maßgebend.“

Im ersten Satze dieses vorgeschlagenen Paragraphen wäre die Gesetzesanalogie, im zweiten die Rechtsanalogie ausdrücklich als eine Rechtsnorm des BGB. erklärt worden. Man nahm in der I. Komm. diese Bestimmung auch deßhalb auf, um nicht dem sog. Naturrecht eine maßgebende Bedeutung einzuräumen, wobei jedoch folgendes ausgesprochen wurde: „Die Berücksichtigung der sog. Natur der Sache ist dabei nicht ausgeschlossen, aber die Entscheidung darf nicht aus Momenten genommen werden, welche außerhalb des positiven Rechtes liegen; die faktische Natur des betreffenden Verhältnisses muß ergründet und letzteres derjenigen Norm unterstellt werden, welche sich aus den allgemeinen, dem positiven Rechte zu Grunde liegenden Prinzipien und der in ihrer Eigenart erkannten thatsächlichen Gestaltung mit logischer Konsequenz ergiebt.“ Ebenso wollte man damit das bisherige Recht als Hilfsrecht ablehnen, ohne dabei den „reichen Schatz von allgemeinen Rechtswahrheiten, welcher in den Quellen des gemeinen Rechtes niedergelegt ist“, preiszugeben und die Bedeutung zu verkennen, welche dem bisherigen Rechte insoweit zukommen kann, „als dasselbe bezüglich der ihm entnommenen Rechtssätze ein Hülfsmittel historisch-systematischer Auslegung bildet“. (M. I, 16.)

Die II. Komm. war in ihrer großen Mehrzahl inhaltlich mit diesem in E. I vorgeschlagenen § 1 einverstanden, fand nur die Fassung nicht einwandfrei und hielt ihn hauptsächlich deßhalb für entbehrlich, weil zur Handhabung der Analogie eine besondere gesetzliche Ermächtigung nicht erforderlich sei, „zumal Analogie und Auslegung im engsten Zusammenhange miteinander stünden, über die Auslegung aber gleichfalls Bestimmungen in das BGB. nicht aufgenommen seien“. P. I, 2. Vgl. Windscheid-Kipp § 23 Note 1 a; Endemann I § 10; Cosack I § 11 Ziff. 3.

F) Gewohnheitsrecht. Der E. I des BGB. schlug im § 2 die Bestimmung vor

„Gewohnheitsrechtliche Rechtsnormen gelten nur insoweit, als das Gesetz auf Gewohnheitsrecht verweist.“

In der II. Komm. wurde anfänglich (P. I, 3) von einer Seite Streichung dieses § 2, von einer anderen Seite folgende Fassung beantragt:

„Das Gewohnheitsrecht gilt als ergänzende Rechtsquelle. Im Uebrigen gilt die Gewohnheit als Rechtsquelle nur insoweit, als das Gesetz auf Gewohnheitsrecht verweist,"

während ein dritter Vorschlag dahin ging, den § 2 zu streichen, im Einführungsgesetze jedoch folgenden Art. 2 a aufzunehmen:

„Die Uebung erzeugt keine Rechtsnorm, welche die privatrechtlichen Vorschriften der Reichsgesetze aufzuheben, zu ändern oder zu ergänzen vermag",

eventuell:

„Die Uebung erzeugt eine Rechtsnorm, welche die privatrechtlichen Vorschriften der Reichsgesetze aufzuheben, zu ändern oder zu ergänzen vermag, nur dann, wenn sie gemeines Gewohnheitsrecht begründet."

Es wurde zunächst nur der § 2 des E. I gestrichen und das Weitere dem EG. vorbehalten.

Bei der Berathung des EG. wurde in der II. Komm. (P. VI, 359 und 360) die Einschaltung eines Art. 2 a in fünf verschiedenen Fassungen beantragt:

α) in der Fassung des Art. 2 des E. I.

β) „Durch Gewohnheitsrecht können die privatrechtlichen Bestimmungen der Reichsgesetze weder aufgehoben noch geändert oder ergänzt werden, es sei denn, daß eine gewohnheitsrechtliche Norm gemeines Recht begründet." (Neuere Literatur: Regelsberger, Pand. I S. 23, Gerber-Cosack, Deutsches Privatrecht S. 19.)

γ) „Die privatrechtlichen Bestimmungen der Reichsgesetze können durch gemeines Gewohnheitsrecht aufgehoben oder ergänzt werden."

δ) „Durch Gewohnheitsrecht können die Vorschriften des BGB. und dieses Gesetzes weder aufgehoben, noch geändert oder ergänzt werden, es sei denn, daß die gewohnheitsrechtliche Norm Reichsrecht begründet."

ε) „Die Vorschriften des BGB. und dieses Gesetzes können nicht durch Landesgewohnheitsrecht ergänzt werden,"

eventuell:

„. . . . geändert oder ergänzt werden."

Sämmtliche Anträge wurden schließlich abgelehnt und beschlossen, die Frage des Gewohnheitsrechts auch im Einführungsgesetze mit Stillschweigen zu übergehen. — Die Bedeutung dieser Beschlüsse ist folgende:

Während der I. Entwurf jedes Gewohnheitsrecht — sowohl gemeines als partikulares —, soweit nicht besondere Gesetze oder gesetzliche Bestimmungen ein solches zulassen, in jeder Richtung — in der abändernden, aufhebenden oder ergänzenden Richtung — durch den § 2 des I. Buches ausschließen wollte, wollte die II. Komm. nur das partikulare Gewohnheitsrecht, nicht aber auch das gemeine Gewohnheitsrecht ausschließen, wenn auch die Bildung gewohnheitsrechtlicher Normen für das ganze Reichsgebiet nur in geringem Maße zu erwarten sei. Es leitete die II Komm. die Erwägung, daß auf manchen Gebieten, namentlich durch die einheitliche Rechtsprechung und die dadurch beeinflußte Anschauung der betheiligten Berufskreise einheitliches Gewohnheitsrecht sich bilden werde, daß Rechtssätze, die sich in der Judikatur unter dem Namen der Analogie, der einschränkenden oder ausdehnenden Auslegung (M. I, 14, 17), der feststehenden Praxis u. dgl. herausbildeten, in Wahrheit nichts als ein Gewohnheitsrecht und dieses mit Fug und Recht ein Produkt der fortbildenden Thätigkeit des Richters seien, daß weiters der Umstand, daß ein solches Recht auf demselben Wege, auf dem es entstanden, auch wieder beseitigt werden könne, seinem Charakter als Recht keinen Abbruch thue, daß endlich die Frage, wie sich ein solches gemeines Gewohnheitsrecht, solange es bestehe, zu dem geschriebenen Gesetzesrechte verhalte, der Macht des Gesetzgebers entrückt sei und nur von der Theorie nach Maßgabe der jeweils im öffentlichen Leben herrschenden Anschauungen beantwortet werden könne. Daß partikulares Gewohnheitsrecht (d. h. Landesgewohnheitsrecht, worunter auch provinzielles und kommunales Gewohnheitsrecht zu begreifen ist) Reichsgesetze weder abändern noch ergänzen könne, dafür sei eine ausdrückliche Bestimmung im BGB. nicht nothwendig, weil sie nach richtiger Ansicht bereits im Art. 2 der Reichsverfassung bestehe, indem auch dort unter Gesetz jede Rechtsnorm, also auch das Gewohnheitsrecht mitverstanden sein müsse (P. VI, 360 ff.).

Für das Gewohnheitsrecht als Rechtsquelle werden demnach folgende Leitsätze aufgestellt werden können (vgl. hiezu auch Einl. zu Bd. I S. 12):

1. Das Gewohnheitsrecht ist eine Rechtsnorm, welcher gleiche Kraft wie den unter lit. A bezeichneten Gesetzen innewohnt. Ebenso Niedner Bem. 5; Planck Bem. 2, b; Scherer Note 1, u. A.
2. Der Begriff und die Voraussetzungen des Gewohnheitsrechts bestimmen sich durch die juristische Wissenschaft (vgl. z. B. Windscheid-Kipp §§ 15, 16, Gierke § 20, Stobbe-Lehmann § 23, Dernburg, Pand. §§ 26—29, Endemann, Lehrb. § 12, Cosack, Lehrb. § 10). Vgl. RGE. vom 28. Dezember 1901 in Jur. Wschr. 1902 S. 94, ferner S. 639.
3. Reichsgewohnheitsrecht kann sich auch unter der Herrschaft des BGB. bilden und zwar nicht bloß als ergänzendes, sondern auch als aufhebendes und abänderndes Recht. Ebenso Niedner Bem. 5, a, Planck Bd. 1 Vorbem., S. 33ff., Kuhlenbeck Bem. 2, f, Gierke § 22 Bem. 6 und § 20 Bem. 68; auch Seuff. Arch. Bd. 52 Nr. 1 (= RGE. Bd. 37 S. 179) und RGE. Bd. 5 S. 130. A. M. Thoel, Handelsr. I, 86, Laband, Staatsr. I, 580, Endemann Einf., Das Recht IV, 33.
4. Partikuläres Gewohnheitsrecht kann sich nur mehr auf den in den Art. 56ff. der Landesgesetzgebung vorbehaltenen Gebieten des Privatrechts unter Einschränkung seiner Wirksamkeit auf das betr. Landesgebiet bilden und zwar jetzt selbst da, wo das bis zum 1. Januar 1900 geltende Civilrecht (wie z. B. das französische, badische, sächsische, vorderösterreichische) das Gewohnheitsrecht ausgeschlossen hatte. Es ist deßhalb z. B. auch durch das AG. vom 18. Juni 1898 für das Königreich Sachsen Art. 53 der § 28 des sächs. GB. (vgl. Mot. zu E. § 52) ausdrücklich aufgehoben worden. Abgelehnt wurde in der II. Kommission, gewohnheitsrechtliche Normen, welche eine Landesgesetzgebung aufgehoben hatte, wieder in das Leben zu rufen. Daß für Rechtsgebiete, in welchen das bis zum Inkrafttreten des BGB. geltende Recht zwar die Bildung neuen Gewohnheitsrechts untersagt, aber das schon vorher (z. B. vor Einführung des badischen Landrechts) vorhandene Gewohnheitsrecht nicht aufgehoben hatte, ein solches auch jetzt noch geübtes Gewohnheitsrecht im Rahmen der Vorbehalte zu Gunsten der Landesgesetze bestehen bleibt, ist selbstverständlich (P. I, 619). Ebenso Niedner Bem. 5, b, Planck 2, b, Kuhlenbeck 2, f, u. a. A. M. (nämlich daß Landesgewohnheitsrecht mächtiger sein kann als ein Reichsgesetz) namentlich Cosack I § 10 (vgl. auch Gareis, Allg. Theil S. 36—38), wogegen Niedner wohl mit Recht auf Art. 2 und 55 dieses Gesetzes und auf die Reichsverfassung Art. 2 verweist. Vgl. auch Iherings Jahrb. Bd. 38 S. 454ff., 191ff.
5. Gewohnheiten im natürlichen Sinne — der thatsächlichen Ausübung, des Gebrauchs, der Sitte und des Verkehrs — sind auch für das BGB. in der Richtung in Betracht zu ziehen, als das Uebliche zur Auslegung von Willenserklärungen dienen oder von den eine Verfügung treffenden Personen zur Ergänzung ihrer Erklärungen in Bezug genommen werden kann (M. I, 9). Vgl. z. B. BGB. §§ 97, 151, 157, 242, 906, 919; HGB. vom 10. Mai 1897 §§ 346, 359. Hieher gehören auch die uneigentlichen Observanzen, die Usancen, das Herkommen, während die echten Observanzen als statutarisches Gewohnheitsrecht unter Nr. 5 fallen. Vgl. auch Staub, Komm. z. HGB., VII. Aufl. Anm. 2 zu § 271 und Anm. 128 zu § 352.
6. Hinsichtlich des Beweises des Gewohnheitsrechts vgl. CPO. § 293, Bayr. Oberst. LG. Bd. 9 S. 569, Jur. Wschr. Bd. 20 S. 331, Seuff. Arch. Bd. 36 Nr. 244; Recht 1900 S. 544; sowie RGE. Bd. 30 S. 366, Seuff. Arch. Bd. 19 Nr. 105, Bd. 40 Nr. 269.

Anderweitige Literatur über das Gewohnheitsrecht (abgesehen von Lehrbüchern und Kommentaren) siehe in Jur. Vierteljahrschr. 27, 1; Kohler, Arch. f. bürgerl. R. Bd. 12 S. 89; Arch. f. öff. Recht Bd. 13 S. 161; Iherings Jahrb. Bd. 27 S. 153; Bd. 38 S. 191; Bd. 39 S. 323. Vgl. ferner Gruchot, Beitr. Bd. 45 S. 693, Sturm, Revision der gemeinrechtlichen Lehre vom Gewohnheitsrecht unter Berücksichtigung des neuen Deutschen Rechtes, Schmidt, Das Gewohnheitsrecht als Form des Gemeinwillens, Brie, Die Lehre vom Gewohnheitsrecht, 1899 und Osthelder im „Recht" 1899 S. 33.

III. In wieweit der Richter ausländische Rechtsnormen zu berücksichtigen hat, darüber vgl. namentlich die Art. 7—31 und Bem. hiezu, sowie Rspr. d. OLG. (Kammergericht) Bd. 1 S. 412.

Art. 3.

Soweit in dem Bürgerlichen Gesetzbuch oder in diesem Gesetze die Regelung den Landesgesetzen vorbehalten oder bestimmt ist, daß landesgesetzliche Vorschriften unberührt bleiben oder erlassen werden können, bleiben die bestehenden landesgesetzlichen Vorschriften in Kraft und können neue landesgesetzliche Vorschriften erlassen werden.

E. I, 3; II, 3; III, 3.

1. Die Vorschrift dieses Artikels hat (nach Mot. z. EG. 64) den Zweck, die Bedeutung der Ausdrücke außer Zweifel zu stellen, welche in dem BGB. und in diesem EG. bei Aufstellung der Vorbehalte zu Gunsten der Landesgesetze angewendet worden sind. Es sind dieses namentlich die Formeln: „Unberührt bleiben" (vgl. unten Art. 56 ff.) und „In Kraft bleiben" (vgl. unten Art. 157 ff.). Die Ursache der Vorschrift liegt in der Möglichkeit eines Mißverständnisses ähnlicher in früheren Gesetzen gebrauchter Ausdrücke (RGE. Bd. 7 S. 348, 399 ff.).

Der Sinn des Art. 3 ist der, daß auf jenen Gebieten, auf welchen dieses Gesetz oder das BGB. bestimmen, daß landesgesetzliche Vorschriften unberührt oder in Kraft bleiben, nicht bloß die bestehenden landesgesetzlichen Vorschriften in Kraft bleiben, sondern auch neue landesgesetzliche Vorschriften erlassen werden können, was bezüglich des IV. Abschnittes dieses EG. unten in Art. 218 (vgl. jedoch die Bem. zu diesem Artikel) nochmals ausdrücklich bestimmt ist, — und daß andererseits auf jenen Gebieten, auf welchen das BGB. oder dieses Gesetz die Erlassung landesgesetzlicher Vorschriften gestattet, die bereits bestehenden landesgesetzlichen Vorschriften in Kraft bleiben. Ausnahme: Art. 56. (Vgl. hiezu §§ 1 u. 7 EG. z. ZwVG.). Vgl. hiezu auch RGE. Bd. 54 S. 19.

Andererseits haben die in diesem Gesetze für die Landesgesetzgebung aufgestellten Vorbehalte selbstredend nicht die Kraft, reichsgesetzliche Normen zu durchbrechen.

2. Das BGB. behält landesgesetzliche Regelung z. B. in den §§ 44, 85, 233, 907, 919, 1315, 1807 Abs. 2 mit 1642, Anordnungen der Landesjustizverwaltung oder der Landesregierungen z. B. in §§ 1558, 1723, 1745 vor. Dieses Gesetz enthält einschlägige Vorbehalte zu Gunsten der Landesgesetze in den Art. 55—218. Vgl. auch Das Recht 1899 S. 463 (Nr. 528).

3. Fälle besonderer Anwendung dieses Art. 3 siehe in diesem Kommentare z. B.: Bem. 6 zu § 1315; Anm. 3 zu Art. 89 dieses Gesetzes; Jur. Wschr. Beil. zu 1900—1902 S. 36.

4. Im E. I enthielt der Art. 3 noch folgenden zweiten Satz:

„Ein neben dem BGB. und diesem Gesetze in Kraft bleibendes Reichsgesetz kann jedoch durch Landesgesetz nicht aufgehoben oder geändert werden."

Es sollte dieser Satz (nach den M. 64) außer Zweifel stellen, daß die im BGB. und in diesem Gesetz enthaltenen Vorbehalte nur das Verhältniß des BGB. und dieses EG. zu den Landesgesetzen betreffen, also nicht zur Durchbrechung anderer reichsgesetzlichen Normen ermächtigen. Die II. Komm. erachtete diesen zweiten Satz jedoch für entbehrlich und verfügte dessen Streichung, weil das Mißverständniß, dem er begegnen solle, nur bei einer unrichtigen Auffassung des ersten Satzes möglich sei (P. VI, 362). Für die Auslegung des Gesetzes ist also dieser zweite Satz des E. I, obwohl er gestrichen wurde, noch als Folgerung aus dem ersten Satze von Bedeutung.

5. Soweit in bisherigen Reichsgesetzen landesgesetzliche Vorschriften vorbehalten sind, greift Art. 3 an sich nicht Platz. Aus den Motiven zu Art. 45 dieses Gesetzes (27 des E. I; Mot. z. EG. 139) geht jedoch hervor, daß durch den Art. 3 ein reichsgesetzlicher Sprachgebrauch sanktionirt werden soll, an welchen sich auch die Auslegung bisheriger Reichsgesetze anlehnen darf.

Art. 4.*)

Soweit in Reichsgesetzen oder in Landesgesetzen auf Vorschriften verwiesen ist, welche durch das Bürgerliche Gesetzbuch oder durch dieses Gesetz außer Kraft

---

*) Vgl. hiezu Ramdohr in Gruchot, Beitr. Bd. 46 S. 318 ff.: Welche Wirkungen treten in den Fällen des Art. 4 hinsichtlich der bereits bestehenden Rechtsverhältnisse ein?

gesetzt werden, treten an deren Stelle die entsprechenden Vorschriften des Bürgerlichen Gesetzbuchs oder dieses Gesetzes.

E. I, 4; II, 4; III, 4.

I. Die jetzige Fassung des Art. 4 entspricht mit geringen redaktionellen Aenderungen der Fassung der I. Komm. In der II. Komm. war anfänglich noch folgender zweite Satz vorgeschlagen worden:

„Das Gleiche gilt für die in solcher Weise außer Kraft gesetzten Vorschriften der Landesgesetze, es sei denn, daß das Landesgesetz einen Gegenstand betrifft, welcher der landesgesetzlichen Regelung vorbehalten bleibt und die Vorschrift, auf welche verwiesen wird, einen selbständigen Theil dieses Landesgesetzes zu bilden bestimmt ist."

eventuell:

„Das Gleiche gilt für die in solcher Weise außer Kraft gesetzten Vorschriften der Landesgesetze, es sei denn, daß sich aus dem Landesgesetz etwas Anderes ergiebt" (P. VI, 363).

Bei der zweiten Lesung des Entwurfs war in der II. Komm. von der Redaktionskommission, der diese Anträge zugewiesen wurden, die in das Gesetz übergegangene Fassung des Artikels vorgeschlagen, von anderer Seite aber ein etwas anderer Wortlaut und dazu folgender zweiter Satz beantragt worden:

„Für ein in Kraft bleibendes Landesgesetz gilt dies nur insoweit, als nicht aus dem Gesetze sich ein Anderes ergiebt" (P. VI, 599).

Dieser Antrag wurde neuerdings der Redaktionskommission überwiesen, welche es bei der gegenwärtigen Fassung beließ.

Bei Begründung des Antrags war u. a. bemerkt worden, daß es sich nicht bloß um Verweisungen handle, sondern auch um die ziemlich zahlreichen Fälle, in denen einzelne Vorschriften des allgemeinen Rechtes aus redaktionellen Gründen, um eine leichter faßliche Darstellung zu erzielen, in ein Spezialgesetz aufgenommen worden sind.

Aus dem Umstande, daß der Antrag nicht durchdrang, darf nicht gefolgert werden, daß nun etwas Anderes gilt, als der Antrag bezielte. Man befürchtete in der II. Komm. nur, daß der Antrag zu Mißverständnissen Anlaß geben könnte, und konstatirte im Uebrigen (P. VI, 600) Folgendes:

„Der Antrag bezweckt nur eine Verdeutlichung der Fassung. In der Sache selbst war man allseitig darüber einverstanden, daß, wenn auf das allgemeine Recht nur in dem Sinne verwiesen ist, daß dasselbe als solches, nicht als eine Besonderheit des betreffenden Gesetzes, zur Anwendung kommen solle, das BGB. an die Stelle trete, und daß es, wenn das Landesgesetz eine dem allgemeinen Rechte entnommene besondere Bestimmung enthält, eine Auslegungsfrage sei, ob die Bestimmung unter allen Umständen, oder ob sie nur deßhalb gelten solle, weil sie dem allgemeinen Rechte angehöre; im letzteren Falle werde sie durch das BGB. ersetzt."

II. Art. 4 regelt die Ergänzung des bisher geltenden Reichs- und Landesrechts in Ansehung jener civilrechtlichen Vorschriften, auf welche dort verwiesen ist, welche aber (gemäß Art. 55) künftig wegfallen.

Eine ausdrückliche Verweisung setzt der Art. 4 offenbar nicht voraus. Es tritt die Vorschrift dieses Artikels z. B. auch dann ein, wenn in einem in Kraft bleibenden Reichs- oder Landesgesetze technische Ausdrücke angewendet sind, welche Rechtsverhältnisse bezeichnen, für die künftighin das BGB. maßgebend ist. Es gehören dahin z. B. Rechtsbegriffe wie „Wohnsitz, Dispositionsfähigkeit (Geschäftsfähigkeit), Ehefrau, Erbe, Pflichttheil, Vorsatz, Fahrlässigkeit, Zinsen, Entschädigung" u. dgl. Eine ausdrückliche Verweisung dürfte nur soweit anzunehmen sein, als in Spezialgesetzen auf die „allgemeinen gesetzlichen Vorschriften" oder bestimmt bezeichnete Theile eines anderen Gesetzes Bezug genommen wird, während in der Verwendung technischer Ausdrücke, deren Begriff und Tragweite in einem anderen Gesetze normirt werden, nur eine stillschweigende Verweisung zu finden sein wird.

Es gehören weiters, wie schon aus Bem. I erhellt, jene Fälle hieher, in welchen von Spezialgesetzen einzelne Vorschriften eines allgemeinen Gesetzes wörtlich aufgenommen werden.

III. Die Vorschrift dieses Artikels hat folgende Tragweite:

A. Sie bezieht sich auf Verweisungen (der unter II bezeichneten Art) in Reichs- und Landesgesetzen. Unter Gesetz ist auch hier jede Rechtsnorm (Art. 2) zu verstehen, also auch Staatsvertrag (Art. 56) und Gewohnheitsrecht. Ebenso Planck Bem. 3, Niedner Bem. 5.

Für Elsaß-Lothringen können im Wege der Reichsgesetzgebung Landesgesetze erlassen werden. Sind das Reichs- oder Landesgesetze? (Vgl. hiezu Gruchot, Beitr. Bd. 42 S. 194 ff.) Cosack: Reichsgesetze. Endemann: Landesgesetze. Aron (a. a. O. S. 338): Es ist zu prüfen, ob das Gesetz als Reichsgesetz oder Landesgesetz erlassen ist. Dem dürfte zuzustimmen sein, da vom Reiche auch solche Gesetze erlassen werden können, welche zunächst nur für einen Bundesstaat Bedeutung haben, aber deßhalb doch nicht Landesgesetz des betr. Bundesstaats sind (vgl. einerseits RG. vom 9. März 1899 über den bayrischen Senat beim Reichsmilitärgericht, andrerseits vom 23. Mai 1881 über den Landesausschuß für Elsaß-Lothringen).

B. Was die Verweisungen in Landesgesetzen betrifft, so wird Folgendes bemerkt:

1. Es kann sich nur um solche Landesgesetze handeln, welche nach den Vorschriften des BGB. (vgl. Bem. 2 zu Art. 3) oder des III. und IV. Abschnitts dieses Gesetzes dauernd oder vorübergehend auch seit dem 1. Januar 1900 noch in Geltung bleiben.
2. An die Stelle der allgemeinen Vorschriften des älteren Rechtes, auf welche in solchen Gesetzen verwiesen ist, treten die entsprechenden Vorschriften des BGB. oder dieses Gesetzes,
   a) wenn es sich um eine echte Verweisung handelt, d. h. wenn die Verweisung den Sinn hat, daß vom verweisenden Gesetze die jeweils geltenden allgemeinen Vorschriften des Privatrechts in Bezug genommen werden wollten,
   b) selbstverständlich auch dann, wenn, was in den Ausführungsgesetzen der einzelnen Bundesstaaten vielfach geschah, die Landesgesetze solches anordnen.
3. Es bleibt dagegen bei den in solchen Gesetzen in Bezug genommenen Vorschriften des älteren Rechtes,
   a) wenn eine unechte Verweisung vorliegt, was dann der Fall ist, wenn die in Bezug genommenen Vorschriften wegen ihres besonderen Inhalts einen Bestandtheil des verweisenden Gesetzes bilden, oder mit anderen Worten, wenn angenommen werden muß, daß die Vorschriften, auf welche verwiesen ist, nicht in Bezug genommen worden wären, wenn die ihnen nach dem bisherigen Rechte zukommende Bedeutung eine andere wäre (vgl. Bayr. Oberst. LG. Bd. 1 n. F. S. 142 und S. 322, ferner Habicht S. 105—108, 113, 117, 285, 621),
   b) wenn in dem BGB. oder in diesem Gesetze sich eine entsprechende Vorschrift nicht findet (vgl. Endemann I § 6 Note 6), was dann der Fall ist, wenn auf Rechtsinstitute verwiesen wird, welche das BGB. gar nicht oder mit einem wesentlich veränderten Inhalte kennt, deren Aufrechterhaltung aber der Landesgesetzgebung nach den aufgestellten Vorbehalten möglich ist und von ihr (wenn auch nur stillschweigend durch Nichtabänderung der betreffenden Gesetze) gewollt wird, z. B. wenn (worauf Planck Bem. 2 mit Recht hindeutet) auf „unvordenkliche Verjährung" verwiesen wird oder wenn PLR. Th. I, Tit. 18 §§ 13 ff. auf die dem BGB. unbekannten Vorschriften über Obereigenthum und nutzbares Eigenthum verweist.

   Sehr oft wird z. B. auch fraglich sein, ob unter „ehelichen Kindern" des älteren Rechtes auch die durch nachfolgende Ehe oder durch Ehelichkeitserklärung legitimirten oder die adoptirten oder die einer Putativehe entsprossenen Kinder des BGB. (§§ 1719, 1736, 1757, 1699) mitverstanden werden (Planck Bem. 4, Niedner Bem. 3, b), oder ob als „gesetzlicher Vertreter" eines minderjährigen Kindes auch die Mutter (BGB. § 1684) zu betrachten ist (vgl. Niedner Bem. 4, Planck Bem. 5). Soweit in dieser Beziehung nicht durch die Ausführungsgesetze der einzelnen Bundesstaaten eine Klarstellung erfolgt ist, wird aus dem verweisenden Gesetze durch Auslegung zu entnehmen sein, ob mit den bezeichneten Rechtsbegriffen der durch das frühere Recht oder der durch das BGB. normirte Inhalt zu verbinden ist.

   Besondere Vorsicht wird, soweit nicht die Landesgesetzgebung durch eine ausdrückliche Vorschrift Vorsorge traf (vgl. Planck Bem. 1), dann anzuwenden sein, wenn eine Verweisung durch Aufnahme des Inhalts einer allgemeinen Vorschrift in Frage steht, so z. B. wenn statt auf die früheren gesetzlichen Zinsen zu verweisen, eine Verzinsung mit 5 % angeordnet wurde. Es wird zu erwägen sein, ob eine Sondervorschrift für den Spezialfall oder eine echte Verweisung gewollt war. Für Preußen vgl. AG. Art. 10, für Bayern vgl. AG. Art. 175 Nr. 19 und Ueberg.G. Art. 3.

4. Gleiche oder ähnliche Vorschriften wie Art. 4 enthalten die Ausführungsgesetze für Anhalt Art. 73, Baden Art. 3, Braunschweig § 1, Hessen Art. 287—289, Lübeck § 174, Mecklenburg-Schwerin und Strelitz § 2, Oldenburg § 49, Preußen Art. 87, Reuß ä. L. § 154, Reuß j. L. § 142 A. 3, Königreich Sachsen § 54, Sachsen-Altenburg § 151 Abs. 3 und 4, Sachsen-Koburg Art. 1, Sachsen-Meiningen Art. 81 § 3, Sachsen-Weimar § 2, Schwarzburg-Rudolstadt Art. 2, Schwarzburg-Sondershausen Art. 64, Waldeck-Pyrmont Art. 47; für Elsaß-Lothringen vgl. Ges. vom 29. November 1899 §§ 2 und 3, für Bremen AG. § 68. Uebrigens haben auch die meisten Bundesstaaten einen großen Theil ihrer älteren in Kraft bleibenden Gesetze mit dem BGB. in Einklang zu bringen versucht (vgl. z. B. AG. für Bayern Art. 135—174).

C. Was die Verweisungen in den vor dem 1. Januar 1900 in Kraft getretenen Reichsgesetzen betrifft, so kommen

1. in erster Linie die Vorschriften des II. Abschnitts (Art. 32—54) in Betracht.

2. Im Uebrigen gelten die unter B entwickelten Grundsätze auch für die Ergänzung der älteren Reichsgesetze. Doch wird wohl nur selten anzunehmen sein, daß von einer reichsgesetzlichen Vorschrift eine in Bezug genommene landesgesetzliche Vorschrift als ein besonderer Bestandtheil des betreffenden Spezialrechts in sich aufgenommen werden wollte, da es dem Streben nach Rechtseinheit gewiß nicht entsprach, wenn auf landesgesetzliche Vorschriften, die unter sich verschieden waren, verwiesen werden mußte. Gleichwohl wird Niedner Bem. 4 darin beizustimmen sein, daß Weißler (Preuß. Landesprivatrecht, Leipzig 1897, S. IV) die (nach B, 3 oben) anzunehmenden Einschränkungen der Geltung des BGB. zu Unrecht bekämpft, da diese Einschränkung aus der (in Bem. 1 entwickelten) Entstehungsgeschichte dieses Artikels nothwendig zu folgern ist. Vgl. Bayr. Oberst. LG. n. F. Bd. 1 S. 486.

3. Vgl. auch EG. z. ZwVG. § 1, FG. § 185, GBO. § 82, RG. vom 7. April 1900 über die Konsulargerichtsbarkeit § 79, Seemannsordnung § 111, EG. z. StGB. § 3.

IV. Das öffentliche Recht bedarf vielfach der Erläuterung durch das Privatrecht. Vgl. z. B. die Ausdrücke „verfügungsfähig", „Wohnsitz" in § 8 des Reichsgesetzes vom 7. Mai 1874, ferner die Ausdrücke „Volljährigkeit", „Ehefrau", „minderjährig" in Art. 11 der Gemeindeordnung für Bayern diesseits des Rheins vom 29. April 1869. Daß solche Ausdrücke, was das öffentliche Recht des Reiches betrifft, aus dem Reichsprivatrechte zu erläutern sind, versteht sich, obwohl eine desfallsige ausdrückliche Bestimmung nicht besteht, von selbst. — Bei dem öffentlichen Rechte der einzelnen Bundesstaaten wird eine ähnliche Ergänzung in der Regel dem Sinne und der Absicht des betreffenden Rechtes entsprechen; die Entscheidung hierüber ist aber nicht Sache der bürgerlichen Gesetzgebung des Reiches, sondern fällt in das Gebiet des partikularen öffentlichen Rechtes, weßhalb z. B. für den Fall des Art. 104 dieses EG. ausdrücklich die Zuständigkeit der Landesgesetzgebung aus dem Grunde vorbehalten wurde, weil es zweifelhaft ist, ob dieser Fall durch das öffentliche Recht oder das Privatrecht zu regeln ist (M. 64, 191). Vgl. hiezu auch Rspr. d. OLG. (Breslau) Bd. 7 S. 216.

Art. 5.

Als Bundesstaat im Sinne des Bürgerlichen Gesetzbuchs und dieses Gesetzes gilt auch das Reichsland Elsaß-Lothringen.

E. I, 5; II, 5; III, 5.

1. Die Bundesstaaten sind in Art. 1 der Reichsverfassung aufgezählt. Elsaß-Lothringen ist — nach Maßgabe der Reichsgesetze vom 9. Juni 1871, betr. die Vereinigung von Elsaß-Lothringen mit dem Deutschen Reiche (RGBl. S. 155), und vom 25. Juni 1873, betr. die Einführung der Verfassung des Deutschen Reiches in Elsaß-Lothringen (RGBl. S. 187), — nicht Bundesstaat, sondern Reichsland.

2. Das BGB. spricht von Bundesstaaten z. B. in den §§ 22, 80, 395, 795, 1322, 1723, 1745, 1807, 1936.

3. Die Vorschrift dieses Artikels hat ein Analogon im Reichsgesetze, betr. die Einführung des StGB. für das Deutsche Reich in Elsaß-Lothringen, vom 30. August 1871 Art. 1 Abs. 2 und ist veranlaßt, weil man bisher, wenn Reichsgesetze bei Bestimmungen,

welche die Bundesstaaten betreffen, des Reichslandes nicht gedacht hatten, genöthigt gewesen ist, bezüglich des letzteren die Analogie zu Hilfe zu nehmen, und weil diesem Auskunftsmittel eine ausdrückliche Bestimmung für das BGB. und dieses Gesetz vorzuziehen ist (M. 65).

Art. 6.

In bürgerlichen Rechtsstreitigkeiten, in welchen durch Klage oder Widerklage ein Anspruch auf Grund des Bürgerlichen Gesetzbuchs geltend gemacht ist, wird die Verhandlung und Entscheidung letzter Instanz im Sinne des § 8 des Einführungsgesetzes zum Gerichtsverfassungsgesetze dem Reichsgerichte zugewiesen.

1. Entstehung der Vorschrift. Dieser Artikel wurde dem Gesetze erst im Reichstag auf Antrag des Abg. Dr. Lieber bei der II. Lesung des Gesetzentwurfs in der Plenarsitzung vom 27. Juni 1896 zur Sicherung der Einheit der Rechtsprechung auf dem Gebiete des bürgerlichen Rechtes eingefügt (StB. 3024 und 3096).

Nach § 135 GVG. steht die Verhandlung und Entscheidung der Revisionen und Beschwerden gegen die von den Oberlandesgerichten erlassenen Entscheidungen dem Reichsgerichte zu; nach § 8 des EG. z. GVG. kann diese Verhandlung und Entscheidung aber durch die Gesetzgebung eines solchen Bundesstaats, in welchem mehrere Oberlandesgerichte bestehen, einem obersten Landesgerichte zugewiesen werden, — jedoch nicht in solchen bürgerlichen Rechtsstreitigkeiten, „welche zur Zuständigkeit des Reichsoberhandelsgerichts gehören oder durch besondere Reichsgesetze dem Reichsgerichte zugewiesen werden“. Ein solches besonderes Reichsgesetz schafft der Art. 6, er erweitert also zum Nachtheile der Landesgesetzgebung, aber im Interesse der Rechtseinheit den § 8 Abs. 2 EG. z. GVG.

Von der Vorschrift des § 8 des EG. z. GVG. hatte nur Bayern durch Art. 42 des AG. z. RGVG. Gebrauch gemacht.

Eine gleichlautende Vorschrift enthält Art. IX des EG. z. Ges. betr. Aenderung der KO. vom 17. Mai 1898.

2. Ob die Verhandlung und Entscheidung in letzter Instanz in Folge einer Revision oder einer Beschwerde einzutreten hat, ist gleichgültig; der Artikel bezieht sich auf diese beiden Rechtsmittel.

3. Die Vorschrift betrifft nur Ansprüche, welche sich auf das BGB. gründen, nicht also z. B. auch solche, welche auf Grund dieses EG. geltend gemacht werden. Deßhalb wird für Ansprüche, welche auf Grund der Art. 7—31 (internationales Privatrecht), oder auf Grund der nach Art. 55—218 vorbehaltenen Landesgesetze in Bayern geltend gemacht werden, auch künftig die Zuständigkeit des Bayr. Oberst. LG. gegeben sein; daß diese für Materien entfällt, welche trotz eines generellen Vorbehalts nach ausdrücklicher Vorschrift dieses Gesetzes (vgl. z. B. Art. 61, Art. 63 Satz 2, Art. 68 Satz 2, Art. 72 rc.) dem BGB. unterstellt sind, ist wohl selbstverständlich.

4. Eine weitere Voraussetzung der Anwendung dieses Artikels ist, daß die auf das BGB. sich gründenden Ansprüche durch Klage oder Widerklage geltend gemacht wurden. Handelt es sich aber um einen klage- oder widerklagsweise auf ein Landesgesetz gestützten Anspruch, dem eine auf das BGB. gestützte Einrede entgegengesetzt wird, so ist der Art. 6 auch dann nicht anwendbar, wenn die Klage oder Widerklage nur wegen dieser Einrede abgewiesen wurde. Ebenso Planck Bem. 2.

5. Eine ausführliche Darstellung über diese Frage siehe in Bl. f. RA. Bd. 62 S. 97 ff. Schwierigkeiten werden sich wegen § 7 EG. z. CPO. nicht ergeben.

6. Vgl. auch FG. § 199 und GBO. § 102 mit § 79, ferner für Bayern AG. z. BGB. Art. 167 Ziff. XII und XIII mit § 10 des EG. z. GVG. in der Fassung des Art. III des Abänderungsgesetzes vom 17. Mai 1898.

Vorbemerkungen zu den Art. 7—31 (Internationales Privatrecht. Räumliche Herrschaft der Rechtsnormen).*)

A. Begriff. Die Art. 7—31 regeln das sog. internationale Privatrecht. Sie sollen der Lösung der Frage dienen, welches Recht anzuwenden ist, wenn es sich um ein Rechtsverhältniß handelt, hinsichtlich dessen aus besonderen Gründen, weil z. B. die den Gegenstand des Rechtsverhältnisses bildende Sache sich nicht in dem Staate befindet, welchem der Richter angehört, oder weil eine Forderung in einem anderen Staate entstanden oder zu erfüllen ist, oder weil die Personen, mit denen das Rechtsverhältniß sich verknüpft, verschiedenen Staaten angehören oder sich in verschiedenen Staaten aufhalten oder sämmtlich oder einzeln ihre Staatsangehörigkeit oder ihren Aufenthalt wechselten, — Zweifel darüber bestehen, ob der Richter das Recht seines Staates, oder ob er das Recht eines fremden Staates, oder welchen fremden Staates Recht er anzuwenden hat.

Mit anderen Worten: Die Vorschriften des internationalen Privatrechts sind nicht Vorschriften materiellen Inhalts, sondern nur Zuständigkeitsbestimmungen für die Gesetzgebung des einzelnen Staates. Sie regeln nur die Frage, welches Staates Gesetze im einzelnen Falle anzuwenden sind (Boehm, Zeitschr. VIII S. 177). A. M. z. B. Neumann, Handausg. d. BGB. Vorbem. 1, b vor Art. 7 EG., der diese Vorschriften als Normen über die Auslegung und Anwendung der Privatrechtssätze in ihrer internationalen Beziehung betrachtet.

Nicht hieher gehören die Vorschriften darüber, welchen Staates Normen in Bezug auf Strafrecht und Prozeßrecht anzuwenden sind (internationales Strafrecht, internationales Prozeßrecht).

Zitelmann (Internat. Privatr. Bd. I S. 26) theilt das internationale Privatrecht in

a) das innerstaatliche internationale Privatrecht (Darstellung der Grundsätze des intern. Privatr., welche im einzelnen Staate gelten), und

b) in überstaatliches internationales Privatrecht, unter welchem er die vom ersteren möglicher Weise sehr abweichenden völkerrechtlichen Grundsätze, die sich auf die Gestaltung des innerstaatlichen internationalen Privatrechts beziehen, versteht. Bei dem ersteren unterscheidet er weiters das interlokale, interprovinziale Privatrecht für jene Fälle, in welchen das Staatsgebiet und das Rechtsgebiet nicht zusammenfallen (Bd. I S. 30, 393 ff.). Im Sinne dieser Unterscheidung enthalten die Vorschriften der Art. 7—31 innerstaatliches internationales Privatrecht (a. a. O. Bd. I S. 74).

Einen kurzen Abriß über die Geschichte des IPR. s. bei Gierke D. Pr.R. § 25 S. 210—212.

B. Terminologie (Kollisionsnorm, Anknüpfungsmoment, Statut). In der Literatur über das internationale Privatrecht haben technische Ausdrücke Eingang gefunden, von denen hier Erwähnung geschehen muß. So bedient sich

---

*) Literatur: Zitelmann, Internationales Privatrecht; v. Bar, Lehrbuch des Internationalen Privatrechts; derselbe, Theorie und Praxis des Internationalen Privatrechts; derselbe, Neue Prinzipien und Methoden des IPR.; Niemeyer, Zur Methodik des IPR., Leipzig 1894; derselbe, Internationales Privatrecht; derselbe, Vorschläge und Materialien zur Kodifikation des IPR.; derselbe, Sammlung von Vorträgen über den Entw. eines BGB., Heft VII; Neumann, Internationales Privatrecht; derselbe, Jahrbuch des deutschen Rechtes, 1. Jahrg., S. 321—387; Barazetti, Das internationale Privatrecht; Boehm, nun Niemeyer, Zeitschrift für internationales Privat- und Strafrecht (namentlich Aufsätze von Kahn); derselbe, Die räumliche Herrschaft der Rechtsnormen; Kahn, Ueber Inhalt, Natur und Methode des IPR., Jena 1899; Lehrbücher des Deutschen Privatrechts von Gierke, Stobbe-Lehmann, dann des Bürgerlichen Rechtes von Dernburg, Endemann, Cosack; Wieruszowski, Handbuch des ehelichen Güterrechts, Theil II, Abtheilung 1; Hasler, Das eheliche Güterrecht im IPR., Zürich 1897; Aufsätze von Keidel in Clunet, Journal de droit international privé, Jahrg. 1898 u. 1899; Neumann in Gruchot, Beitr. Bd. 46 S. 67: Prinzipielle Gesichtspunkte für das Verständniß der privatinternationalen Vorschriften des EG. z. BGB.

I. Niemeyer (Vorträge über internationales Privatrecht im Entw. eines BGB. S. 7), um die positiven Rechtssätze zu bezeichnen, welche den Anwendungsbereich der Rechtssätze in internationaler Hinsicht oder, altmodisch gesprochen, „die Statutenkollision" regeln, des Ausdrucks „Kollisionsnorm" und theilt diese

1. in ausdrückliche (was er jedoch nicht deutlich ausspricht) und konkludente Kollisionsnormen, unter welchen letzteren er (S. 10 und 11) Rechtsregeln über den Anwendungsbereich der Rechtssätze versteht, die nicht als solche formulirt sind, die sich vielmehr durch Interpretation aus anderen Rechtssätzen ergeben, ferner

2. in vollkommene Kollisionsnormen und in unvollkommene.

Als vollkommene Kollisionsnormen werden bezeichnet „diejenigen Bestimmungen, welche die internationalistische Frage erschöpfend regeln, das heißt, welche sowohl den Anwendungsbereich der inländischen Rechtssätze bestimmen, als auch das ausländische Recht bezeichnen, das auf die übrigen Thatbestände Anwendung finden soll". Solche vollkommene Kollisionsnormen werden in Art. 7 Abs. 1, Art. 11 Abs. 1, Art. 17 und Art. 21 gefunden. Ebenso Niemeyer, Intern. Privatr. 1901 S. 14, mit dem Abmaße, daß Art. 11 Abs. 1 nicht mehr als hieher gehörig bezeichnet wird.

Als unvollkommene Kollisionsnormen bezeichnet er jene, welche „die internationalistische Frage nicht internationalistisch lösen, vielmehr die Berücksichtigung ausländischen Rechtes theils völlig ablehnen, theils doch von der Normirung seiner Anwendung absehen". Diese werden wiederum getheilt:

a) in absolutistische Kollisionsnormen, das sind solche, durch welche die Anwendung ausländischen Rechtes abgelehnt und jene einheimischer Rechtssätze in absoluter Weise vorgeschrieben wird, was nur in Art. 30 dieses Gesetzes geschieht;

b) in einseitige Kollisionsnormen, durch welche für die einheimischen Rechtssätze zwar nur ein beschränkter Anwendungsbereich vorgeschrieben, aber nicht bestimmt wird, welches Recht für diejenigen Thatbestände maßgebend sein soll, auf welche die inländischen Rechtssätze keine Anwendung finden sollen, durch welche also die Anwendung und Anerkennung ausländischen Rechtes nicht abgelehnt, sondern nur die Frage offen gelassen wird, inwiefern ausländisches Recht anzuwenden sei, und worunter die Art. 8, 9, 14, 16, 18, 19, 20 und 22 subsumirt werden, endlich

c) in spezielles Fremdenrecht. Das sind besondere Vorschriften für Thatbestände, auf die wegen ihrer ausländischen Beziehungen das regelmäßig anzuwendende einheimische Recht nicht Anwendung finden soll, während gleichzeitig die Anwendung ausländischen Rechtes abgelehnt wird. Solche werden gefunden in Art. 9 Abs. 2 und 3, Art. 10, Art. 12, Art. 13 Abs. 2, Art. 23, Art. 24 Abs. 2, Art. 26, Art. 31.

Diese letztere Unterscheidung wird von Niemeyer im Intern. Privatr. 1901 S. 12 bis 14 u. S. 16 nicht ganz festgehalten, sondern hier für a, b, c der Ausdruck unvollkommene Kollisionsnorm vermieden und in Anlehnung an Niedner für die Art. 13, 15, 24 Abs. 1, Art. 25 Satz 1 der Ausdruck unvollständig zweiseitige Kollisionsnorm angenommen.

Niedner, 2. Aufl., unterscheidet (in Vorbem. III, 2 vor Art. 7)

aa) zweiseitige (= vollkommene) Kollisionsnormen, die er in Art. 7 Abs. 1, Art. 11 Abs. 1 Satz 2, Art. 17 Abs. 1 und Art. 21 Halbsatz 1 findet,

bb) unvollständig zweiseitige (Art. 13 Abs. 1, Art. 15 Abs. 2, Art. 25 Satz 1, das sind solche, welche zwar auch den Anwendungsbereich des Inlands- und Auslandsrechts regeln, aber nur für den Fall, daß eine gewisse Beziehung zum Inlande vorliegt) und

cc) einseitige, die nur den Anwendungsbereich des deutschen Rechtes bestimmen (Art. 14, 18, 19, 22 Abs. 1) und wieder in

α) prinzipale Kollisionsnormen, welche die regelmäßige Anwendungsnorm bestimmen (z. B. Art. 14), und β) in **Ausnahmestatuten** (**singuläre** Kollisionsnormen) abgetheilt werden können.

Unter letzteren versteht Niedner solche Kollisionsnormen, welche als Zusätze zu zweiseitigen oder einseitigen prinzipalen Kollisionsnormen den Anwendungsbereich des eigenen oder fremden Rechtes der Regel entgegen erweitern oder beschränken (Art. 7 Abs. 2, 3, Art. 8, 9, 10, 12, 13 Abs. 2, 3, Art. 14 Abs. 2, Art. 16, 17 Abs. 3, 4, Art. 22 Abs. 2).

Zitelmann unterscheidet (Bd. 1 S. 265, vgl. auch S. 202) **Kollisionsnormen** (= Rechtssätze, welche eine Abgrenzung der Herrschaft für die fremde Rechtsordnung bezwecken) und **materielle Verweisungsnormen** (= Rechtssätze, welche eine solche Abgrenzung als bereits geschehen voraussetzen und nur für den Fall der Anwendbarkeit des eignen materiellen Rechtes etwas anordnen wollen). Des Weiteren theilt er (Bd. I S. 214) die Kollisionsnormen in **individuelle** (das sind solche, die sich mit der von ihnen angeordneten Anwendbarkeit nur auf eine einzige, individuell bestimmte Rechtsordnung beziehen), in **unbeschränkt generelle** (die sich auf alle Rechtsordnungen beziehen) und **beschränkt generelle** (die sich auf alle fremden Rechtsordnungen — mit Ausnahme der eigenen — beziehen).

II. Hervorzuheben sind ferner die **Anknüpfungsmomente** oder **Anknüpfungsbegriffe** (Niemeyer, Vorschläge S. 102 ff., Intern. PR. S. 57 ff., Niedner, Vorbem. VIII, S. 19, Zitelmann I S. 206). Man versteht darunter jene Thatbestandstheile, nach welchen der Anwendungsbereich der Rechtssätze bestimmt wird. Als solche kommen in Betracht:

1. Die **Staatsangehörigkeit** und zwar:
   a) einer physischen Person (in den Art. 7, 9, 13, 14, 15, 17—25),
   b) eines Vereins (in Art. 10),
2. der **Wohnsitz** (in Art. 8, 16, 24 Abs. 2, 29),
3. der **Aufenthalt** (in Art. 29),
4. der **Ort der Vornahme eines Rechtsgeschäfts** (in Art. 7 Abs. 3, Art. 11, Art. 13 Abs. 3),
5. der **Ort des Vermögens** (Art. 9 Abs. 2) oder einer **Sache** (Art. 28).

Kahn (in Iherings Jahrb. Bd. 39 S. 2) versteht unter „Anknüpfung" diejenige „staatliche Beziehung", von welcher eine Kollisionsnorm Gebrauch macht, um ein bestimmtes Rechtsverhältniß an ein bestimmtes Territorialrecht zu knüpfen.

Das im früheren Rechte herrschende **Prinzip des Wohnsitzes** ist im BGB. hinter das **Staatsangehörigkeitsprinzip** zurückgetreten. Vgl. Boehm, Zeitschr. VIII S. 118 und die Bemerkungen zu Art. 29, ferner die Vorbemerkungen **vor** und die Bemerkungen zu § 9 BGB.

III. **Zitelmann** gebraucht die Ausdrücke „**maßgebendes Statut**" oder „**Wirkungsstatut**", um die Rechtsordnung desjenigen Staates zu bezeichnen, der im betreffenden Zeitpunkte die völkerrechtlich anerkannte Rechtsmacht hat, ein bestimmtes subjektives Recht zu verleihen und zu nehmen (I, 122, 125, II, 58, 79) und bezeichnet als **maßgebendes** oder **Wirkungs-Statut**

1. Das **Personalstatut** d. i. die Rechtsordnung des Staates, dem die kraft des subjektiven Rechtes beherrschte Person angehört (also des **Heimathsstaates**), welche Rechtsordnung maßgebend für alle Rechte ist, die Herrschaft über einen Handlungsinhalt in Bezug auf eine Person dieser Person selbst oder einer anderen gewähren, ferner für alle Rechte, welche eine Macht über die Leistung einer bestimmten Person gewähren (I, 125, 141, II, 79),

2. das **Sachstatut** d. i. die Rechtsordnung desjenigen Staates, auf dessen Gebiet sich eine Sache befindet, welche Rechtsordnung maßgebend ist für alle Rechte, die Herrschaft über einen Handlungsinhalt in Bezug auf eine körperliche bewegliche oder unbewegliche Sache gewähren (I, 133, 141), und

3. das **Gebietsstatut** d. i. jene Rechtsordnung, die maßgebend ist für alle Rechte, welche Herrschaft über einen sonstigen Handlungsinhalt, der sich also nicht auf eine einzelne Person oder körperliche Sache als seinen Mittelpunkt bezieht, gewähren (Immaterialgüter-

rechte, Persönlichkeitsrechte), und welche die Rechtsordnung desjenigen Staates ist, für dessen Gebiet das Recht in Anspruch genommen wird (I, 136, 141).

Außerdem spricht er von Deliktsstatut (I, 126, 141) und von Vermögensstatut (II, 21), das er in Gesammtstatut und Sonderstatut scheidet.

C. Entstehung. Im I. Entw. (des BGB. und dieses EG.) hatte das internationale Privatrecht eine Regelung nicht gefunden. Allerdings aber hatte der Redaktor des allgemeinen Theiles in der I. Komm., Dr. Gebhard, die §§ 5 bis 40 seines Entwurfs (des sog. Gebhardschen Entwurfs, abgedruckt in Niemeyer, Vorschläge S. 4 ff.) dem internationalen Privatrechte gewidmet. Die I. Komm. ist hierüber auch in Berathung getreten und hat den Gebhardschen Entwurf unter der Ueberschrift „Räumliche Herrschaft der Rechtsnormen" zu einem besonderen Entwurf umgestaltet, der nicht veröffentlicht wurde, sondern der Reichsregierung besonders vorgelegt wurde (abgedruckt in P. VI, 8 ff.).

Dieser Entwurf der I. Komm. diente der II. Komm. zur Grundlage. Diese hat ihn aber zu einem selbständigen VI. Buche des BGB. (§§ 2236—2265) unter der Ueberschrift „Anwendung ausländischer Gesetze" umgestaltet. Bei der II. Lesung wurde die Numerirung der §§ eine andere, welche unten bei den einzelnen Artikeln durch den Beisatz „rev." angedeutet werden wird. Aber auch dieser II. Entw., welcher den Gegenstand vollständiger regelte, als die nunmehrigen Artikel 7—31, ist nicht Gesetz geworden. Derselbe erfuhr im Bundesrath eine neue, im Wesentlichen dem vorliegenden Gesetz entsprechende Umarbeitung, welche einzelne Fragen gänzlich ungelöst ließ, bei anderen sich auf die Feststellung des Anwendungsbereichs der deutschen Gesetze beschränkte und nur für wenige Fälle die Anwendung eines fremden Rechtes ausdrücklich vorschrieb. Ueber die Gründe dieser Umarbeitung fehlen positive Anhaltspunkte, da Protokolle über die betreffenden Bundesrathsverhandlungen nicht veröffentlicht sind und auch der Vorlage an den Reichstag eine Begründung nicht beigegeben wurde. Neben den schon in der II. Komm. (P. VI, 1—6) geltend gemachten Gründen (vgl. auch Boehm, Zeitschr. Bd. 5 S. 337 ff.) dürften der Wille des Reichskanzlers, beim Abschlusse von Verträgen mit anderen Staaten Schwierigkeiten zu vermeiden, sowie die Absicht maßgebend gewesen sein, bei der im Flusse befindlichen Entwicklung des internationalen Privatrechts der Wissenschaft und Praxis einen freieren Spielraum zu gewähren, als bei einer vollständigen gesetzlichen Regelung möglich wäre. So Planck, Vorbem. 1 vor Art. 7. A. M. Niedner, II. Aufl. Bem. IV Abs. 10, der meint, daß die praktische Erwägung maßgebend war, den Richtern in den erfahrungsgemäß am häufigsten die deutschen Gerichte beschäftigenden Rechtsfragen, bei denen auch am häufigsten deutsche Interessenten betheiligt sind, eine positive Entscheidung an die Hand zu geben, diese Entscheidung aber bei denjenigen Rechtsverhältnissen, für welche das Bedürfniß nach einer solchen Regelung nur bei bestimmten konkreten Beziehungen zum Inlande (vgl. die unvollständig zweiseitigen Kollisionsnormen) hervortritt, nur auf diesen Bedürfnisfall zu beschränken.

A. M. auch Niemeyer, der im Vorworte zu seinem IPR. des BGB. (Berlin 1901 die Arbeit des Bundesraths als ein aus Kompromissen hervorgegangenes und schlechthin mangelhaftes Stückwerk bezeichnet, hinter dessen fragwürdiger Gestalt man vergeblich einen tiefen Sinn und versteckte gesetzgeberische Weisheit sucht.

D. Inhalt. Die Art. 7—11 entsprechen dem allgemeinen Theile des BGB., und zwar betreffen Art. 7 die Geschäftsfähigkeit, Art. 8 die Entmündigung eines Ausländers, Art. 9 die Todeserklärung, Art. 10 die Rechtsfähigkeit eines ausländischen Vereins und Art. 11 die Form der Rechtsgeschäfte. Art. 12, welcher dem Rechte der Schuldverhältnisse entspricht, bringt eine Norm für Ansprüche aus einer im Auslande begangenen unerlaubten Handlung. Die Art. 13—23 beziehen sich auf das Familienrecht, und zwar betreffen Art. 13 die Voraussetzungen der Eheschließung, Art. 14 die persönlichen Rechtsbeziehungen der Ehegatten, Art. 15 und 16 das eheliche Güterrecht, Art. 17 die Ehescheidung, Art. 18 die eheliche Abstammung eines Kindes, Art. 19 das Rechtsverhältniß zwischen Eltern und ehelichen Kindern, Art. 20 das Rechtsverhältniß zwischen einem unehelichen Kinde und dessen Mutter, Art. 21 die Ansprüche eines außerehelichen Kindes und dessen Mutter gegen den Erzeuger des Kindes, Art. 22 die Legitimation eines unehelichen Kindes und die Annahme an Kindesstatt und Art. 23 die Vormundschaft und Pflegschaft über Ausländer.

Die Art. 24—26 beziehen sich auf das Erbrecht und zwar Art. 24 auf die Beerbung von im Auslande wohnenden Deutschen und solchen Deutschen, welche früher Ausländer waren, Art. 25 auf die Beerbung von im deutschen Rechtsgebiete wohnenden Ausländern und Art. 26 auf Ansprüche aus einem im Ausland eröffneten, dann aber ganz oder theilweise in das Inland gelangten Nachlaß.

Die Art. 27 und 28 treffen Ausnahmevorschriften bezüglich einzelner der vorausgehenden Artikel und zwar bezieht sich Art. 27 auf die sog. Rückverweisung und Art. 28 auf das Recht der belegenen Sache (lex rei sitae).

Die Art. 29—31 enthalten wiederum allgemeine Vorschriften, und zwar Art. 29 für solche Personen, welche keine Staatsangehörigkeit haben. Art. 30 stellt für gewisse Fälle das Verbot der Anwendung ausländischen Rechtes auf und Art. 31 regelt das Retorsionsrecht.

Die prozeßrechtlichen Vorschriften, welche die §§ 36—38 und § 40 des Gebhardschen Entwurfs enthielten, sind bei der Revision der CPO. in den §§ 328, 723 berücksichtigt worden. Vgl. auch CPO. §§ 293 und 722.

E. In das Gesetz nicht aufgenommene Vorschläge der II. Kommission.

Der Gebhardsche Entwurf hatte für die räumliche Herrschaft der Rechtsnormen über die Form der Rechtsgeschäfte, über das Sachenrecht und über die Schuldverhältnisse noch folgende Vorschläge gemacht, welche von der II. Komm. nur die beigefügten Aenderungen erfahren hatten.

§ 3. (II. Komm. § 2240, rev. § 2365.)

„Die Form eines Rechtsgeschäftes bestimmt sich nach den Gesetzen, welche für das den Gegenstand des Rechtsgeschäftes bildende Rechtsverhältniß maßgebend sind. Es genügt jedoch, wenn die Form den Gesetzen des Ortes entspricht, an welchem das Rechtsgeschäft vorgenommen wird.“

(Der § 2240 [rev. 2365] der II. Komm. ließ den ersten Satz unverändert und faßte den zweiten Satz wie folgt:

„Es genügt jedoch, sofern nicht diese Gesetze entgegenstehen, die Beobachtung der Gesetze des Ortes, an welchem das Rechtsgeschäft vorgenommen wird.“)

§ 4. (II. Komm. § 2241, rev. § 2369).

„Die Rechte an einer Sache, sowie der Besitz und die Inhabung einer Sache a) werden nach den Gesetzen des Ortes beurtheilt, an welchem die Sache sich befindet. Der Erwerb und der Verlust eines Rechtes an einer beweglichen Sache sowie des Besitzes und der Inhabung b) einer solchen Sache werden nach den Gesetzen des Ortes beurtheilt, an welchem sich die Sache zur Zeit der Verwirklichung des für den Erwerb oder den Verlust in Betracht kommenden Thatbestandes befunden hat.

Die Vorschrift des § 3 Satz 2 c) findet keine Anwendung auf ein Rechtsgeschäft, durch welches ein Recht an einer Sache begründet, übertragen oder aufgehoben wird d).

Die II. Komm. traf in § 2241 (rev. 2369) an diesem § 4 lediglich redaktionelle Aenderungen dahin, daß sie von den gesperrt gedruckten Worten jene unter a und b strich, jene unter lit. c durch „§ 2240“ (rev. § 2365) und jene unter d durch die Worte: „oder über ein solches Recht verfügt wird“ ersetzte.

§ 5. (II. Komm. § 2242, rev. § 2366.)

„Das Schuldverhältniß aus einem Rechtsgeschäft unter Lebenden wird nach den Gesetzen des Ortes beurtheilt, an welchem das Rechtsgeschäft zum Abschlusse gelangt ist.

Wenn nach den Umständen des Falles die Anwendbarkeit der Gesetze eines anderen Ortes als gewollt anzusehen ist, so sind die Gesetze dieses Ortes maßgebend. Ist jedoch das Rechtsgeschäft im Inlande errichtet, so bleiben für dasselbe die im Orte der Errichtung über das Erforderniß einer besonderen Form geltenden Gesetze maßgebend."

Die II. Komm. nahm in § 2242 (rev. § 2366) den ersten Absatz dieses § 5 unverändert an, ersetzte jedoch den Abs. 2 durch den — eine nur geringe Aenderung des ersten und eine Streichung des zweiten Satzes bedeutenden — folgenden Abs. 2:

„Ist nach den Umständen des Falles anzunehmen, daß von den Betheiligten die Anwendung der Gesetze eines anderen Ortes vorausgesetzt sein muß, so sind die Gesetze dieses Ortes maßgebend."

§ 6. (II. Komm. § 2243, rev. § 2367.)

Das Schuldverhältniß aus einer unerlaubten Handlung wird nach den Gesetzen des Ortes beurtheilt, an welchem die unerlaubte Handlung begangen ist."

Die II. Komm. nahm in § 2243 (rev. § 2367) diesen § 6 als ersten Absatz unverändert an und fügte noch folgenden zweiten Absatz bei:

„Soweit ein deutsches Gesetz sich auf eine im Auslande begangene unerlaubte Handlung erstreckt, findet das deutsche Gesetz Anwendung."

§ 7. (II. Komm. § 2244, rev. § 2368.)

„Das Schuldverhältniß a) aus aa) einem anderen Grunde als aus einem Rechtsgeschäfte unter Lebenden oder aus aa) einer unerlaubten Handlung ist b) nach den Gesetzen des Ortes zu beurtheilen, c) an welchem der für die Entstehung des Schuldverhältnisses in Betracht kommende Thatbestand sich verwirklicht hat, sofern nicht aus dem Gesetze d) ein Anderes sich ergiebt."

Die II. Komm. traf in § 2244 (rev. § 2368) an diesem § 7 die Aenderungen, daß sie von den gesperrt gedruckten Worten jene bei a durch „Ein Schuldverhältniß, das", die beiden Worte „aus" bei aa durch „auf", jenes bei b durch „beruht, wird", jene bei c durch „beurtheilt" und jene bei d durch „nach den deutschen Gesetzen" ersetzte. Man wollte durch diese Bestimmung für diejenigen Schuldverhältnisse Fürsorge treffen, welche unmittelbar auf dem Gesetze beruhen, insbesondere für die Kondiktionen und die Geschäftsführung ohne Auftrag, jedoch nicht etwa auch für diejenigen Schuldverhältnisse, welche sich als familienrechtliche oder erbrechtliche darstellen (P. VI, 44; Reatz II, 480).

Der Bundesrath (und ebenso unverändert der Reichstag) hat aus den vorgeschlagenen §§ 3—7 bezw. §§ 2240—2244 (rev. 2365—2369) nur das Material für die nunmehrigen Art. 11 und 12 dieses Gesetzes entnommen (Reatz III, 7). Es sind also für die räumliche Herrschaft der Rechtsnormen über Rechte an einer Sache (abgesehen von Art. 7 Abs. 2 und Art. 11 Abs. 2), sowie über Schuldverhältnisse aus Rechtsgeschäften, aus einer ungerechtfertigten Bereicherung und ähnlichen Verhältnissen keine ausdrücklichen Vorschriften gegeben worden. Schon in der II. Komm. war von einer Seite die Streichuug von § 4 Abs. 1 deßhalb, „weil die Vorschrift einen lehrbuchartigen Charakter trage und entbehrlich sei" (P. VI, 37), ferner ebenso die Streichung von § 5 aus folgenden Gründen beantragt worden:

„Die Vorschriften desselben machten ebenfalls einen lehrbuchartigen Eindruck. Gleichviel, welche Gestalt man dem § 5 gebe, so müsse die Fürsorge nothwendig eine so unbestimmte bleiben, daß eine wirkliche Klarstellung nicht erzielt werde. Zu beachten sei, daß die ausländische Gesetzgebung, insbesondere neuestens das spanische Gesetzbuch, keine Vorschriften über die Schuldverhältnisse aus Verträgen im internationalen Privatrecht aufgestellt hätten." P. VI, 41.

Ferner war in der II. Komm. auch schon der Antrag auf Streichung des § 6 gestellt und, wie folgt, begründet worden:

„Der Satz erscheine so, wie er im Entwurfe zum Ausdruck gelange, als schief und in seinem richtigen Sinne als selbstverständlich. Der richtige Sinn sei, daß, wer sich gegen die Schutzvorschriften verfehle, die ein Staat aufstelle zum Schutze der seiner Herrschaft unterworfenen Güter, nach den Normen dieser Gesetze auf Schadensersatz hafte. Das brauche nicht ausgesprochen zu werden. Auch das italienische Gesetzbuch enthalte keine Vorschrift über den Deliktsanspruch." P. VI, 43.

Endlich war in der II. Komm. auch die Streichung des § 7 schon beantragt und vom Antragsteller zur Begründung bemerkt worden, was folgt:

„Es sei ein verfehltes Unternehmen, für Schuldverhältnisse von so verschiedener Art, die nur durch ein negatives Merkmal gekennzeichnet würden, einen gemeinsamen Rechtssatz aufstellen zu wollen. Der Satz, der sich, abgesehen von Belgien, in keinem anderen Rechte finde, sei lehrhaft und ohne Nutzen und bilde ein Hinderniß für sachgemäße Entscheidungen. Er erscheine nicht angemessen für die Schuldverbindlichkeit wegen culpa in contrahendo und die des falsus procurator (BGB. §§ 122, 179), zweifelhaft auch für die Geschäftsführung ohne Auftrag und die Gemeinschaft (BGB. §§ 677 ff., §§ 741 ff.). Der Satz könne auch um so eher entbehrt werden, als manche der betreffenden Schuldverhältnisse mit Obligationen rechtsgeschäftlichen Ursprungs parallel gingen." (P. VI, 45.)

Hervorzuheben ist endlich noch, daß der Entwurf der I. Komm. folgenden (als § 2258 [rev. § 2377] fast unverändert in den II. Entw. übergegangenen) § 18 enthielt:

„Die gesetzliche Unterhaltspflicht unter Verwandten wird, unbeschadet der Vorschriften der §§ 15 bis 17, nach den Gesetzen des Staates beurtheilt, welchem die Verwandten zu der für die Unterhaltspflicht in Betracht kommenden Zeit angehören. Gehören die Verwandten zu dieser Zeit verschiedenen Staaten an, so ist die Unterhaltspflicht nur insoweit begründet, als sie nach den Gesetzen jedes der beiden Staaten begründet ist."

Den vorerwähnten §§ 15 bis 17 entsprechen die §§ 2255 und 2256 des II. Entw. (rev. §§ 2379 und 2380) des BGB. und die Art. 19 und 20 dieses Gesetzes. Warum § 18 fallen gelassen wurde, dafür fehlen alle Anhaltspunkte. (Vgl. P. VI, 10 und 68.) Vgl. auch Vorbem. vor Art. 18. Ueber die weiteren muthmaßlichen Gründe dieser Aenderungen vgl. Vorbem. C.

F. Lücken und deren Ausfüllung.

Aus den Vorbemerkungen B—E ergiebt sich, daß das EG. den Rechtsstoff des internationalen Privatrechts durchaus nicht vollständig geregelt hat.

Nur die vollkommenen Kollisionsnormen regeln sowohl den Anwendungsbereich des inländischen als des ausländischen Rechtes nach jeder Richtung, die unvollständig zweiseitigen regeln diesen Anwendungsbereich nur für den Fall gewisser Beziehungen zum Inlande, die einseitigen Kollisionsnormen enthalten nur Vorschriften für die Anwendung des deutschen Rechtes, und für weite Gebiete, insbesondere die obligatorischen Rechtsgeschäfte und das Sachenrecht, sind die Kollisionsfragen prinzipiell nicht geregelt worden.

Ueber die muthmaßlichen Gründe dieser Unvollständigkeit des Gesetzes gehen, wie bereits in der Vorbem. C erwähnt, die Meinungen weit auseinander. Es wird für unfruchtbar erachtet, in eine Erörterung derselben hier einzugehen, und wird sich nur auf die Darlegung folgender Punkte beschränkt:

I. Abzulehnen ist der Gedanke, daß etwa, soweit im neuen Rechte keine Vorschriften enthalten sind, die bisherigen landesrechtlichen Kollisionsnormen in Geltung bleiben.

Diese bleiben nur aufrecht, soweit die zu Gunsten der Landesgesetzgebung aufgestellten Vorbehalte des dritten und vierten Abschnitts dieses Gesetzes reichen und die Landesgesetzgebung innerhalb dieses ihres Zuständigkeitsbereichs nicht anderweitig verordnet hat oder verordnet, und zwar gilt das sowohl für das Verhältniß der einzelnen Bundesstaaten untereinander als zum Auslande.

Im Uebrigen würde gemäß EG. Art. 55 der angeregte Gedanke nur dann als berechtigt anerkannt werden können und müssen, wenn die hier einschlägigen Kollisionsnormen nicht zu den privatrechtlichen Vorschriften zu rechnen, sondern wie Zitelmann I, 199 aufstellt, deßhalb innerstaatliches öffentliches Recht wären, weil sie besagen, der Richter solle diese oder jene Frage nicht nach dem eigenen, sondern nach einem bestimmten fremden Rechte beurtheilen. Mit Recht wird dagegen geltend gemacht, daß die Vorschriften des BGB. zum großen Theile Dispositivvorschriften sind und als solche besagen, der Richter solle diese oder jene Frage in erster Linie nicht nach ihnen, sondern nach dem beurtheilen, was die Parteien als Norm hiefür vereinbart haben, und daß gleichwohl niemand an der privatrechtlichen Natur dieser Dispositivvorschriften zweifelt. Vgl. Boehm, Zeitschr. f. internation. Privat- u. Strafrecht Bd. X S. 265 (Marcusen). Nach Kahn bilden diese Kollisionsnormen Pertinentien, nach Marcusen a. a. O. Bestandtheile, nach Planck (Vorbem. 4 vor Art. 7) eine Ergänzung der Privatrechtsnormen oder Sachnormen (a. a. O.).

Auch nach der bisherigen Rechtsübung sind dieselben zu den privatrechtlichen Vorschriften gerechnet worden, ebenso von der I. Komm. (Prot. 11478), und die II. Komm. sowie der Bundesrath würden wohl, wenn sie darüber gezweifelt hätten, daß die Kollisionsnormen nicht privatrechtlicher, sondern öffentlich rechtlicher Natur sind, diesem Zweifel wenigstens einen Ausdruck gegeben haben, nachdem verschiedene Vorbehalte im dritten Abschnitte deßhalb aufgestellt wurden, weil zweifelhaft erschien, ob der betreffende Rechtsstoff dem Privatrecht oder dem öffentlichen Rechte angehört. Als Vorschriften des Privatrechts sind daher die früheren landesrechtlichen Kollisionsnormen mit der bereits berührten Einschränkung seit 1. Januar 1900 außer Kraft getreten.

II. Ueber die Frage, wie die vom Gesetze gelassenen Lücken auszufüllen sind, gehen die Meinungen ziemlich weit auseinander.

AA) Den Ausgangspunkt des Streites bildet die Verschiedenheit der Ansichten darüber, was als Quelle des IPR. anzusehen ist. Marcusen unterscheidet (in Boehm, Zeitschr. Bd. X S. 257 ff.) zwei Strömungen a) die (namentlich in romanischen Ländern heimische und bei uns durch Brinz, v. Bar und v. Bulmerincq) vertretene internationalistische Richtung, welche davon ausgeht, daß das Völkerrecht der internen Rechtsordnung gewisse Schranken setzt, und daß die Normen, welche diese Geltungsgrenzen abstecken und die in ihrer Gesammtheit das internationale Privatrecht ausmachen, nicht der internen Gesetzgebung, sondern dem Völkerrecht angehören, und b) die (in Deutschland, England und Amerika vorherrschende) nationalistische oder positivistische Richtung, welche die Ansicht vertritt, daß die Grenze, wie weit die Geltung der eigenen Rechtsordnung geht, lediglich durch die eigene Rechtsordnung bestimmt wird und daß das IPR. für jeden Staat ein internes innerstaatliches Recht ist und einen Theil seines positiven Rechtes ausmacht: Dabei findet er, daß von den Vertretern der letzteren Richtung namentlich Regelsberger (Pand. 1 § 40), Dernburg (Pand. IV. Aufl. § 45), Gierke (Deutsch. PR. I § 25), Kahn (in Boehm, Zeitschr. X S. 97) und Neumann (IPR. 1896 S. 21) sich der ersteren Richtung nähern, und daß Zitelmann, der in erster Linie das IPR. auch aus dem innerstaatlichen Rechte ableitet, aber in zweiter Linie die Ausfüllung der Lücken durch ein überstaatliches IPR. vertritt, eine Mittelstellung einnimmt und die beiden Richtungen mit einander versöhnen will, indem er lehrt, daß nach dem überstaatlichen IPR. ein Rechtsverhältniß der Rechtsordnung desjenigen Staates unterliegt, der die völkerrechtlich anerkannte Macht hat, die Wirkungen des Rechtsverhältnisses zu regeln.

Niedner (Vorbem. IV vor Art. 7) unterscheidet 1) die vorerwähnte Zitelmann'sche Richtung, 2) die (von Niemeyer, Vorträge S. 5, Gierke DPR. I S. 213, Kahn in Iherings Jahrb. 30 S. 1—143, Barazetti S. 10 ff. vertretene) Ansicht, daß als Quelle des IPR. lediglich einheimisches Recht gelte, 3) die (durch Schnell in Boehm, Zeitschr. Bd. VIII S. 178 ff., Keidel a. a. O. S. 228 ff. und Niedner selbst vertretene) Meinung, daß als Quelle des IPR. das einheimische Recht nur insoweit gelten könne, als es sich um die Bestimmung der Zuständigkeit des einheimischen Rechtes handelt, während für die Bestimmung der Zuständigkeit des fremden Rechtes dieses allein Rechtsquelle ist, und 4) das insbesondere von Neumann IPR. 1896 vertretene, aber vom 24. Deutschen Juristentag abgelehnte Prinzip der sogen. „Kompetenzerörterung", wonach zwar das einheimische Recht an sich kompetent ist, gleichmäßig den Anwendungsbereich des inländischen und ausländischen Rechtes zu bestimmen, allein beides nur unter der Voraussetzung des Vorliegens bestimmter Inlandsbeziehungen (vgl. auch Neumann, Handausg. Vorbem. III, 4 vor Art. 7).

BB. Hinsichtlich der Ausfüllung der Lücken kommt

α) Niedner zu dem (nachstehend in den Hauptpunkten skizzirten) Schlußergebnisse,

1. daß beim Vorliegen unvollständig zweiseitiger und der einseitigen Kollisionsnormen der Richter, wenn er findet, daß ein Rechtsverhältniß nach der Kollisionsnorm des (deutschen) Gesetzes nicht dem deutschen Rechte untersteht, a) zunächst zu prüfen hat, welche verschiedenen Auslandsrechte vermöge der vorliegenden staatlichen Beziehungsfälle des Rechtsverhältnisses möglicher Weise in Betracht kommen können, daß er dann b) diese Rechte darauf zu untersuchen hat, ob sie ihrerseits ausdrückliche oder stillschweigende Kollisionsnormen enthalten, c) daß er weiters dann, wenn er findet, daß die Kollisionsnormen der sämmtlichen in Betracht kommenden Auslandsrechte in der Bestimmung des maßgeblichen materiellen Rechtes übereinstimmen, das hiernach maßgebliche Auslandsrecht anzuwenden, aber d) dann, wenn eine solche Uebereinstimmung nicht besteht, die einheimische Kollisionsnorm (nicht das einheimische materielle Recht) zur analogen Anwendung zu verwerten hat,

2. daß er ferner beim Vorliegen solcher einseitigen Kollisionsnormen, die sich als wirkliche Ausnahmebestimmungeu von vollständigen Kollisionsnormen darstellen, eine analoge Ausdehnung nicht zuläßt,

3. daß beim Mangel jeglicher Kollisionsnorm der Richter,

a) wenn er findet, daß das deutsche Recht nicht Platz zu greifen hat, wie im Falle 1 verfahren muß, und daß

b) bei der Bestimmung der anzuwendenden Kollisionsnormen des deutschen Rechtes in der Art vorzugehen ist, daß

αα) die Ergebnisse der bisherigen Praxis insoweit weiter verwertet werden, als sie sich nicht an der Hand solcher Kollisionsnormen entwickelt haben, die gegenüber dem Standpunkte der jetzigen Wissenschaft veraltet erscheinen,

ββ) daß sodann zu würdigen ist, ob und inwieweit die positiven Kollisionsnormen des neuen Rechtes selbst einen Anhalt für die Normirung weiterer Kollisionsnormen für andere Rechtsverhältnisse gewähren — (also Analogie),

γγ) daß im Uebrigen die neuesten beachtenswerten Errungenschaften der Wissenschaft und Praxis des IPR., sowie die positiven Bestimmungen des ausländischen IPR. zu durchdringen, als leitendes Prinzip der Satz „dasjenige Recht ist anwendbar, dessen persönliche oder gebietliche Herrschaft die Rechtsfrage am stärksten berührt" aufzustellen und bei Auffindung dieses Schwerpunkts das Rechtsverhältniß nicht engherzig nach einheimischen Anschauungen, vielmehr so zu würdigen ist, wie es im internationalen Verkehre, beziehungsweise im Rahmen der internationalen Wirthschaft und Lebensgemeinschaft zu wirken bestimmt ist.

β) Nach Neumann, Handausg., Vorbem. II u. III vor Art. 7 hat es

1. soweit das deutsche Recht (einschließlich der Staatsverträge) die Anwendung des deutschen oder eines fremden Rechtes gebietet, hiebei sein Bewenden,

2. im Uebrigen unterscheidet er, ob ein Konflikt vorhanden ist oder nicht, und nimmt an, daß kein Konflikt vorhanden ist,

a) wenn nur ein ausländisches Recht seine Geltung für das zu beurtheilende Rechtsverhältniß in Anspruch nimmt und

b) wenn die Gesetzgebungen (einschließlich der Staatsverträge) der mehreren in Betracht kommenden Rechtsgebiete die Beurtheilung des Rechtsverhältnisses übereinstimmend derselben Gesetzgebung zuweisen.

Diese Gesetzgebung bzw. im Falle a das betreffende ausländische Gesetz erklärt er dann als maßgebend.

3. Für die Fälle des positiven oder negativen Konflikts, wenn nämlich mehrere Gesetzgebungen ihre Zuständigkeit in Anspruch nehmen oder ablehnen, stellt er den allgemeinen Satz auf:

„Wenn bei einem Thatbestande diejenige Beziehung zum Inlande, von welcher die Anwendbarkeit der deutschen internationalen Privatrechtssätze abhängig ist, nicht vorliegt, so ist für die Bestimmung des maßgebenden Rechtes das IPR. desjenigen Gebiets zuständig, für welches diese Beziehung vorliegt."

Hiebei betont er, daß dieses Prinzip der Zuständigkeitserörterung von der sogen. Rück- oder Weiterverweisung (s. Bem. zu Art. 27) wesentlich verschieden ist, indem hiebei die zuständige Gesetzgebung an der Hand der vom deutschen Gesetzgeber bethätigten Vertheilung der Zuständigkeit gefunden und (abgesehen vom Falle der Lösung ohne Konflikt) weder Rück- noch Weiterverweisung berücksichtigt wird.

γ) Nach Zitelmann (I, 75, 124 bis 141) hat der Richter, wenn und soweit in seinem Staate keine Kollisionsnormen bestehen, das völkerrechtliche IPR. kraft des vermuthlichen Willens seines eigenen Staates als positives innerstaatliches Recht anzuwenden, wobei im Allgemeinen davon auszugehen ist, daß die Sachenrechte nach dem Sachstatute, die Deliktsobligationen nach dem Deliktsstatute, die übrigen Obligationen nach dem Personalstatute des Schuldners und alle Persönlichkeitsrechte (Immaterialgüterrechte) nach dem Gebietsstatute zu beurtheilen sind (vgl. oben Vorbem. B, III).

δ) Nach Niemeyer IPR. (1901) § 4 sind

1. die Lücken der einseitigen und unvollständigen zweiseitigen Kollisionsnormen nach dem Gesichtspunkte der Analogie auszufüllen;

2. für die Ausfüllung der Lücken, die sich durch Art. 7 Abs. II und III, Art. 8 und 9, Art 15 Abs. II, Art. 22 Abs. II, Art. 24 Abs. III ergeben, läßt er (S. 49) zunächst dahin gestellt, ob hiefür die Analogie oder die völlig freie Rechtsfindung in Betracht kommen.

3. Für diejenigen Materien, für welche Kollisionsnormen gänzlich fehlen, verweist er a) auf das bestehende einheitliche Recht, namentlich bezüglich des Prinzips des Erfüllungsorts und der lex rei sitae (die nur hinsichtlich des Elternrechts, ehelichen Güterrechts und Erbrechts Aenderungen bedingen) und b) auf das Internationalitätsprinzip, indem er in letzterer Hinsicht zwar die Annahme eines subsidiären überstaatlichen IPR. als eine Fiktion betrachtet, aber ebenso entschieden den Standpunkt vertritt, daß die Organe der Rechtspflege dort, wo die positive innerstaatliche Gesetzgebung Lücken aufweist, ebenso, wie mit der Freiheit des Gesetzgebers, auch mit dessen officium ausgestattet und zufolge immanenter Grundsätze darauf angewiesen sind, nach dem Internationalitätsprinzipe zu verfahren, d. h. diejenige Entscheidung zu treffen, die der internationalen Rechtsgemeinschaft entspricht.

ε) Vorstehende Bemerkungen mögen genügen, um einen Ueberblick über die aufgeworfene wichtige Frage zu gewinnen; im Uebrigen vgl. noch v. Bar in Böhm, Zeitschr. Bd. VIII S. 178 ff. und im Archiv für öffentl. Recht Bd. XV S. 1—49.

ζ) Ueber das Verhältniß der Kollisionsnormen des EG. zu jenen des institut de droit international vgl. Boehm, Zeitschr. Bd. VII S. 228.

CC. Nach meiner Ansicht kann auch auf diesem Gebiete hinsichtlich der Quellen im Allgemeinen nichts Anderes gelten, als was in den Bem. zu Art. 2 ausgeführt ist. Nur ist zuzugeben, daß hier die Auslegung und die Analogie eine besonders große Rolle spielen und in den Ergebnissen der Wissenschaft und Praxis, auf die — allerdings bei anderen Materien — in der II. Komm. häufig verwiesen wurde, wichtigste Hilfsmittel finden werden (vgl. P. VI, 2 ff.). Selbstverständlich werden hiebei auch die Grundsätze in Betracht gezogen werden müssen, welche einerseits aus der Uebereinstimmung der Gesetzgebung der verschiedenen Kulturstaaten, insbesondere auch aus den deutschen Staatsverträgen mit anderen Staaten als jenen, die der spezielle Kollisionsfall betrifft, abgeleitet werden können, andrerseits aber aus der Natur der Sache und den Bedürfnissen des Verkehrs sich ergeben. Die Frage, wie weit namentlich die Analogie der einseitigen und unvollständig zweiseitigen Kollisionsnormen zur Ausfüllung der Lücken verwerthet werden darf, scheint zur endgültigen Entscheidung noch nicht bereift zu sein. Der Praktiker wird vorerst ein besseres Hilfsmittel als die Analogie selten finden und die Einwendungen, welche von Niedner prinzipiell gegen die weitestgehende Ausnützung der Analogie durch Niemeyer erhoben wurden, kaum für durchschlagend erachten. Ein reichsrechtliches Gewohnheitsrecht wird sich mit Sicherheit jetzt noch schwerlich konstatiren lassen, es wäre das gemäß Art. 32 EG. überhaupt nur für jene Gebiete möglich, auf welchen Kollisionsnormen ganz fehlen; aber die Ergebnisse der Praxis, namentlich jener des Reichsgerichts, werden allmählich zu einem Gewohnheitsrechte führen. Aehnlich Planck, der jedoch (in Vorbem. 3 Abs. 4 vor Art. 7) die Meinung ausspricht, daß dem Geiste und der Absicht aller Kulturstaaten die Annahme entsprechen dürfte, daß, soferne das eigene Recht keine Vorschriften gebe, gewisse allgemeine Rechtssätze des IPR. anzuwenden seien und daß man vielleicht sagen dürfe, es handle sich hier um einen aus den Bedürfnissen des modernen Verkehrs hervorgegangenen und in allen Staaten gewohnheitsrechtlich anerkannten Satz. Ich glaube nicht, daß sich feststellen lassen wird, daß das überstaatliche internationale PR. Zitelmanns jetzt schon ganz oder theilweise kraft Gewohnheitsrechts bei uns gilt. Hoffentlich ermöglicht aber die übereinstimmende Praxis und Lehre der Wissenschaft bald eine solche Feststellung.

III. Keine Lücke besteht (vgl. oben Ziff. I)

1. gemäß Art. 32 EG., soweit frühere, auch jetzt noch in Kraft bleibende Reichsgesetze Kollisionsnormen enthalten, z. B. CPO. §§ 55, 328, 369, 606, 676, 722, 723; KO. §§ 5, 237, 238; vgl. auch §§ 50 und 56; WO. Art. 84—86;

2. soweit Reichsgesetze, die mit dem 1. Januar 1900 oder seit dieser Zeit in Kraft getreten sind, Kollisionsnormen enthalten, z. B. HGB. § 13, RG. vom 12. Mai 1901 über die privaten Versicherungsunternehmungen §§ 85, 90;

3. soweit in den Staatsverträgen des Reiches Kollisionsnormen aufgestellt sind oder gemeinsames materielles Privatrecht für die Vertragsstaaten geschaffen ist. Vgl. hierüber namentlich Niemeyer IPR. 1901 S. 186 ff. und Staudinger, Samml. von Staatsverträgen, ferner Nouveau récueil général de traités von Prof. Dr. Stoerk in Greifswalde. Besonders zahlreich sind die Konsular-, Freundschafts-, Handels- und Schiffahrtsverträge, in denen Normen über das Vormundschafts- und Erbrecht, über die Eheschließung, über die Befugniß der Konsuln zur Aufnahme von Urkunden aufgestellt sind. Hervorzuheben sind weiters das internationale Uebereinkommen über den Eisenbahnfrachtverkehr vom 14. Oktober 1890 (RGBl. 1892 S. 793), der Weltpostvereinsvertrag vom 1. Juni 1878 (RGBl. 1879 S. 83 ff. und 1886 S. 82 ff.) und die Berner Literarkonvention vom 9. September 1886 (RGBl. 1887 S. 493 ff.) bzw. 4. Mai 1896 (RGBl. 1897 S. 759 ff.).

Von hervorragender Wichtigkeit ist die Haager Konvention vom 12. Juni 1902 über das Recht der Eheschließung, der Ehescheidung und Separation und der Vormundschaft über Minderjährige (Zeitschr. f. int. PR. Bd. XII S. 602), abgeschlossen zwischen dem Deutschen Reich, Belgien, Frankreich, Italien, Luxemburg, Holland, Oesterreich-Ungarn, Portugal, Rumänien, Schweden, Schweiz und Spanien. (Auf der Konvention vertreten waren auch Rußland, Dänemark und Norwegen.) Vgl. hiezu die Erl. von Kahn (ibid. S. 1, 201, 385 ff.).

Das am 14. November 1896 zwischen Belgien, Frankreich, Spanien, Italien, Luxemburg, den Niederlanden, Portugal und der Schweiz abgeschlossene Uebereinkommen zur Regelung von Fragen des internationalen Privatrechts, welchem später auch das Deutsche Reich, Oesterreich-Ungarn, Dänemark, Schweden, Norwegen und Rumänien beitraten (RGBl. 1899 S. 285), bezieht sich auf die Fragen der Rechtshülfe, der Sicherheitsleistung für Prozeßkosten, des Armenrechts und der Personalhaft.

Weiter besteht keine Lücke,

4. soweit das Landesrecht, sei es
   a) auf Grund der Vorbehalte im III. Abschnitte dieses EG.,
   b) sei es während der Uebergangsperiode nach den Vorschriften des IV. Abschnitts zur Anwendung zu kommen hat.

Vgl. hiezu oben Vorbem. F, I.

Dies gilt jedoch nur mit dem Abmaße, daß das Landesrecht besondere einschlägige internationalprivatrechtliche Vorschriften enthält und nicht ausdrücklich oder stillschweigend auf das allgemeine Recht verweist (vgl. die Bem. zu Art. 4).

Die Ausführungsgesetze der einzelnen Bundesstaaten zeigen die Neigung, die desfallsigen besonderen Vorschriften zu beseitigen. Dieses gilt insbesondere für Bayern, wo gemäß Art. 1 AG. z. BGB. die einschlägigen Vorschriften der älteren Rechte, namentlich GO. von 1753 c. XIV §§ 7 u. 8, VO. von 1816, I, 3, BLR. Thl. I cap. 2 § 17, Thl. III cap. 12 § 1, PLR. Einl. §§ 23 ff., cod. civ. art. 3, 6, 11 ff., 726, Vorderösterr. Recht, Hauptst. I §§ 4, 5, Oesterr. Civ.Gesetzb. von 1811, §§ 4, 34—37) vorbehaltlich der Uebergangsperiode aufgehoben sind. Auch für Preußen sind die bezeichneten Vorschriften des Preuß. Landr. und des Code civil durch Art. 89 AG. z. BGB. aufgehoben.

Für Baden sind durch Art. 39 AG. z. BGB. die einschlägigen Vorschriften des Badischen Landrechts aufgehoben und ist durch Art. 2 AG. z. BGB. ausdrücklich bestimmt: „Art. 7—30 EG. z. BGB. finden auf Badische Landesgesetze privatrechtlichen Inhalts entsprechende Anwendung."

Soweit übersehbar, werden auf Grund der Vorbehalte im III. Abschnitte dieses EG. nur die einschlägigen Vorschriften des BGB. für das Königreich Sachsen (§§ 6—20) auch fernerhin Bedeutung haben (vgl. RGE. vom 10. Mai 1901 Bd. 48 S. 169).

G. Verhältniß der Vorschriften des intern. Pr.R. zu den Uebergangsvorschriften des IV. Abschnitts dieses Gesetzes.

Es ist Streit darüber entstanden, ob dann, wenn in einem Rechtsfalle gleichzeitig die örtliche und zeitliche Kollisionsfrage zur Entscheidung steht, zuerst über die örtliche oder über die zeitliche Kollision zu entscheiden ist. Beispiel: Es ist von einem deutschen Gericht im Jahre 1903 über die gesetzliche Erbfolge in die Erbschaft eines während seiner letzten Lebensjahre in München domizilierenden und dort im Jahre 1898 verstorbenen Franzosen zu entscheiden. Ist zuerst gemäß EG. Art. 25 Entscheidung dahin zu treffen, daß französisches Recht zur Anwendung kommt, oder ist zuerst gemäß EG. Art. 213 auszusprechen, daß (nach Seufferts Komment. z. GO. von 1753, 2. Aufl. Bd. I S. 309 ff., Boehm, Statutenkollision, Erlangen 1890 S. 48 ff., 174 ff.) jenes Erbrecht zur Anwendung zu kommen hat, welches bis zum 1. Januar 1900 für München gegolten hat?

Nach unserer Anschauung (welcher schon in der Vorbemerkung F unter I u. III, 4 gefolgt wurde) ist zuerst über die zeitliche Kollision zu entscheiden und darnach das zur Anwendung kommende örtliche Recht zu bestimmen, in obigem Beispiel also der zweiten Alternative beizupflichten. Ebenso Habicht, 3. Aufl. § 6, und im „Recht" 1900 S. 405, Scherer, Das Erste Jahr des BGB. S. 2, RGE. vom 3. Januar 1901 und 13. November 1901 in Jur. Wschr. 1901 S. 73 und Beil. zu 1900—1902 S. 178, RGE. vom 8. April 1902 in Soergel

Rspr. III, 238, Planck, Vorbem. 5 zum IV. Abschn. d. EG., Zitelmann in Iherings Jahrb. Bd. 42 S. 190 ff., Niemeyer, IPR. S. 179 ff., Diena in Boehms Zeitschr. Bd. 10 S. 363 ff., Affolter, System § 15. A. M. Niedner im „Recht“ 1900 S. 250 und Einleitg. zum IV. Abschn. d. EG. Ziff. IX, ferner die bei Soergel, Rspr. I und II S. 255 lit. e aufgeführten Entscheidungen.

Die Anschauung Niedners würde dazu führen, für den gegebenen Kollisionsfall den Vorschriften der Art. 7 ff. EG. rückwirkende Kraft zu verleihen, was nach den Uebergangsvorschriften des IV. Abschn. im Zweifel nicht als zulässig erachtet werden kann.

Für die aufgeworfene Frage begründet es keinen Unterschied, ob es sich um das Verhältniß des einzelnen Landesrechts zu einem außerdeutschen Rechte oder um das Verhältniß der einzelnen Landesrechte untereinander, sei es in einem und demselben Bundesstaate oder in verschiedenen Bundesstaaten, handelt. Vgl. Zitelmann in Iherings Jahrb. Bd. 42 S. 204. Eine andere Meinung bezüglich des Verhältnisses zu einem außerdeutschen Rechte vertritt Wieruszowski, Handb. d. Eherechts, Düsseldorf 1903, II. Theil, S. 56—68; seine Unterscheidung, ob vor dem 1. Januar 1900 gewisse thatsächliche Inlandsbeziehungen verwirklicht worden sind oder nicht — wobei er sich auf Kahn in Iherings Jahrb. Bd. 43 S. 299 ff., insbes. S. 313 stützt —, erscheint mir als eine solche, welche vielleicht bei den einzelstaatlichen Uebergangsbestimmungen hätte berücksichtigt werden können oder sollen, die aber ohne die letzteren sich als eine willkürliche Annahme darstellt.

H. Für die Kenntniß des ausländischen Rechtes durch den Richter und den Beweis desselben ist CPO. § 293 maßgebend. Vgl. hiezu namentlich ROH. Bd. 25 S. 53 ff., RGE. Bd. 3 S. 150, Bd. 6 S. 374, Bd. 10 S. 172, Bd. 21 S. 177, RGE. vom 1. Dezember 1885 in Jur. Wschr. 1886 S. 11, dann Bayr. JMBl. von 1882 S. 35 und von 1883 S. 247, sowie von 1887 S. 305; Zitelmann Bd. 1 S. 300 ff.; Rspr. d. OLG. (Kammergericht) Bd. 1 S. 412; Gruchot, Beitr. Bd. 43 S. 1231.

Kennt der Richter ein behauptetes und nach den Umständen des Falles anwendbares ausländisches Recht nicht und kann dasselbe auch nicht erwiesen werden, so ist der hierauf gestützte Anspruch zurückzuweisen. ROHG. Bd. 25 S. 53; ebenso Planck Vorbem. 7; Niemeyer, Vorschläge § 8; Scherer, EG. S. 66. A. M. Niedner, Vorbem. V.

Vereinbarung der Parteien über die Anwendung eines bestimmten Rechtes ist (unbeschadet eines allenfallsigen zwingenden Rechtes) zulässig. RGE. Bd. 44 S. 300.

Die Revision ist gemäß CPO. § 549 zulässig, soweit es sich darum handelt, ob das ausländische Recht hätte angewendet oder nicht angewendet werden sollen, während das Gegentheil geschah, nicht aber, wenn es sich um irrige Auslegung und dadurch veranlaßte unrichtige Anwendung oder Nichtanwendung von einzelnen Vorschriften des betreffenden Auslandsrechts handelt. RGE. Bd. 2 S. 13, Bd. 6 S. 412, Bd. 10 S. 115, Bd. 24 S. 383, Bd. 29 S. 49. Uebereinstimmend Planck Vorbem. 7, Niedner Vorbem. V, Scherer EG. S. 67.

J. Für die Gebiete, in welchen das RG. vom 7. April 1900 über die Konsulargerichtsbarkeit (RGBl. S. 213) Anwendung findet (vgl. VO. vom 25. Oktober 1900 und 9. November 1900 — RGBl. S. 999 u. 1005 —), ist hieher § 27 dieses Gesetzes anzuführen, welcher lautet:

> „Soweit die nach § 19 zur Anwendung kommenden Gesetze auf die an einem ausländischen Orte geltenden Vorschriften Bezug nehmen, sind hierunter, falls es sich um einen Ort innerhalb eines Konsulargerichtsbezirks und um die Rechtsverhältnisse einer der Konsulargerichtsbarkeit unterworfenen Person handelt, die deutschen Gesetze zu verstehen.
>
> Durch Kaiserliche Verordnung kann bestimmt werden, inwieweit in einem Konsulargerichtsbezirke die von der dortigen Staatsgewalt erlassenen Vorschriften neben den deutschen Gesetzen als Gesetze des Ortes anzusehen sind.“

Zu den nach § 19 a. a. O. geltenden Gesetzen gehören „die dem bürgerlichen Rechte angehörenden Vorschriften der Reichsgesetze“, also auch das BGB. mit EG.

K. Als Uebersicht über die wichtigeren nunmehrigen Kollisionsnormen möge nachstehende Zusammenstellung dienen:

I. Ueber die Rechtsfähigkeit physischer Personen wird im EG. keine Norm aufgestellt.

Nach § 5 des sog. Gebhard'schen Entwurfs sollte folgende Vorschrift gegeben werden: „Die Rechtsfähigkeit wird nach dem Rechte beurtheilt, welches über das Rechtsverhältniß, bei dem sie in Frage kommt, entscheidet."

Diesem Grundsatze wird zu folgen sein, obwohl eine ausdrückliche Vorschrift im Gesetze fehlt (Bem. VI zu Art. 7); Ausnahme Art. 9.

Hinsichtlich der Rechtsfähigkeit juristischer Personen vgl. die Bem. zu Art. 10.

II. Betreffs der Geschäftsfähigkeit physischer und juristischer Personen vgl. die Bem. zu Art. 7. Es gilt im Allgemeinen als Personalstatut das Recht des Heimathstaates einer Person (also das Staatsangehörigkeitsprinzip). Hievon abweichende Kollisionsnormen sind in Art. 8 für die Entmündigung aufgestellt. Verschieden hievon ist die Deliktsfähigkeit, welche sich nach der lex delicti commissi bemißt (Art. 12).

III. Für die Form der Rechtsgeschäfte ist nach Art. 11 das Gesetz entscheidend, welches für das den Gegenstand des Rechtsgeschäfts bildende Rechtsverhältniß überhaupt maßgebend ist. Es genügt aber auch die Form der lex loci actus. Für die Form einer im Inlande geschlossenen Ehe sind die deutschen Gesetze ausschließlich maßgebend. Für Rechtsgeschäfte, durch welche ein Recht an einer Sache begründet oder über ein dingliches Recht verfügt wird, gilt ausschließlich die lex rei sitae.

IV. Ueber Inhalt und Wirkung der Rechtsgeschäfte s. Bem. II, C, 1 zu Art. 11. Für Schuldverhältnisse aus Verträgen wird wie nach früherem Rechte der Wille der Kontrahenten in erster Linie maßgebend sein; falls dieser nicht festzustellen ist, wird es auf das Recht des Erfüllungsorts anzukommen haben.

V. Für die Ansprüche aus unerlaubten Handlungen gilt nach Art. 12 die lex delicti commissi mit der Einschränkung, daß gegen einen Deutschen nicht weitergehende Ansprüche geltend gemacht werden können, als nach den deutschen Gesetzen begründet sind.

VI. Für das Sachenrecht gilt im Allgemeinen die lex rei sitae (arg. Art. 28).

VII. Die Voraussetzungen der Eheschließung (sowohl die formellen als die materiellen) sind im Allgemeinen hinsichtlich eines jeden Verlobten nach dem Rechte des Staates zu beurtheilen, dem er zur Zeit der Eheschließung angehört. (Art. 13.) Nach demselben Rechte sind auch die Fragen der Nichtigkeit und Anfechtbarkeit der Ehe zu beurtheilen, während für die Ehescheidung und die Aufhebung der ehelichen Gemeinschaft im Allgemeinen das Recht des Staates maßgebend ist, dem der Ehemann zur Zeit der Erhebung der Klage angehört (Art. 17), und die persönlichen Rechtsbeziehungen der Ehegatten nach dem Rechte des Staates, dem der Mann angehört, falls aber einer der Ehegatten ein Deutscher ist, nach deutschem Rechte sich bemessen (Art. 14).

VIII. Für das eheliche Güterrecht ist im Allgemeinen das Recht des Staates maßgebend, dem der Ehemann zur Zeit der Eheschließung angehört (Art. 15, 16).

IX. Die eheliche Abstammung eines Kindes beurtheilt sich nach dem Rechte des Staates, dem der Ehemann der Mutter des Kindes zur Zeit der Geburt des letzteren angehört (Art. 18).

Das Rechtsverhältniß zwischen einem ehelichen Kinde und seinen Eltern wird nach dem Rechte des Staates, dem der Vater angehört, falls aber dieser verstorben ist, nach dem Rechte des Staates, dem die Mutter angehört, aber nach deutschem Rechte dann beurtheilt, wenn die Reichsangehörigkeit des Vaters oder der Mutter erloschen ist, das Kind dieselbe aber behalten hat (Art. 19).

X. Das Rechtsverhältniß zwischen einem unehelichen Kinde und seiner Mutter wird nach dem Rechte desjenigen Staates beurtheilt, dem die Mutter zu der Zeit angehört, zu welcher das Rechtsverhältniß zu beurtheilen ist, nach deutschem Rechte aber auch dann, wenn die Mutter die Reichsangehörigkeit einmal besessen und dann verloren, das Kind aber sie behalten hat (Art. 20).

Die Ansprüche eines unehelichen Kindes und dessen Mutter gegen den natürlichen Vater des Kindes sind nach dem Rechte des Staates zu beurtheilen, dem die Mutter zur Zeit der Geburt des Kindes angehörte. Weitergehende Ansprüche, als nach deutschen Gesetzen begründet sind, können nicht geltend gemacht werden (Art. 21).

XI. Für die Legitimation eines unehelichen Kindes und für die Annahme an Kindesstatt ist das Recht desjenigen Staates maßgebend, dem der Vater oder Annehmende zur Zeit der Legitimation oder Adoption angehört; die Legitimation und Adoption eines Reichsangehörigen durch einen Ausländer ohne die nach deutschem Rechte erforderliche Einwilligung des Reichsangehörigen oder Dritter ist unwirksam.

XII. Für die Voraussetzungen der Einleitung und Beendigung einer Vormundschaft oder Pflegschaft sind im Allgemeinen die Gesetze des Staates maßgebend, dem die schutzbedürftige Person angehört.

Im Uebrigen beurtheilt sich im Allgemeinen das materielle Vormundschaftsrecht nach dem Rechte des Staates, dem die Vormundschaftsbehörde angehört.

Unter bestimmten Voraussetzungen kann im Inland über einen Ausländer eine Vormundschaft eingeleitet, die im Ausland über einen Inländer eröffnete Vormundschaft oder Pflegschaft anerkannt und die über den Inländer im Inland eröffnete Vormundschaft oder Pflegschaft an einen ausländischen Staat abgegeben werden (Art. 23).

XIII. Das Erbrecht bestimmt sich im Allgemeinen nach den Gesetzen des Staates, dem der Erblasser zur Zeit seines Todes angehörte (Art. 24—26).

XIV. Von vorstehenden Sätzen begründen insbesondere

1. die Fälle der sog. Rückverweisung (Art. 27),

2. die Fälle, in welchen die Anwendung eines ausländischen Gesetzes gegen die guten Sitten oder gegen den Zweck eines deutschen Gesetzes verstoßen würde (Art. 30), und

3. das Retorsionsrecht (Art. 31) weittragende Ausnahmen.

Weitere Ausnahmen von größerer Tragweite bilden

4. die Staatsverträge des Reiches (Art. 32),

5. die etwa bestehenden oder künftig zu erlassenden landesrechtlichen Kollisionsnormen für das der Landesgesetzgebung noch vorbehaltene Rechtsgebiet sowie die Bestimmungen der Staatsverträge, die ein Bundesstaat mit einem ausländischen Staate vor dem 1. Januar 1900 abgeschlossen hat (Art. 56), endlich auch

6. die bisher geltenden Kollisionsnormen für jene Rechtsverhältnisse, für welche während der Uebergangsperiode das bisherige Recht anzuwenden ist. Vgl. hiezu AG. z. BGB. für Baden Art. 2, ferner Vorbem. G.

XV. Für eine Person, die keinem Staate angehört, treten an die Stelle der Gesetze des Staates, dessen Angehörigkeit sonst bestimmend ist, die Gesetze des Staates, in welchem die Person ihr Domizil und in Ermangelung eines Domizils ihren Aufenthalt hat oder zur maßgebenden Zeit gehabt hat (Art. 29).

Art. 7.

Die Geschäftsfähigkeit einer Person wird nach den Gesetzen des Staates beurtheilt, dem die Person angehört.

Erwirbt ein Ausländer, der volljährig ist oder die rechtliche Stellung eines Volljährigen hat, die Reichsangehörigkeit, so behält er die rechtliche Stellung eines Volljährigen, auch wenn er nach den deutschen Gesetzen nicht volljährig ist.

Nimmt ein Ausländer im Inland ein Rechtsgeschäft vor, für das er geschäftsunfähig oder in der Geschäftsfähigkeit beschränkt ist, so gilt er für dieses Rechtsgeschäft insoweit als geschäftsfähig, als er nach den deutschen Gesetzen geschäftsfähig sein würde. Auf familienrechtliche und erbrechtliche Rechtsgeschäfte sowie auf Rechtsgeschäfte, durch die über ein ausländisches Grundstück verfügt wird, findet diese Vorschrift keine Anwendung.

E. z. BGB. II, 2238, rev. 2361; III, 6.

I. Entstehung. Vgl. Vorbem. C. Die nunmehrige Fassung rührt von der II. Komm. her, welche an dem von der I. Komm. vorgeschlagenen § 2 die einzige Aenderung traf, daß sie die Worte „sowie auf Rechtsgeschäfte, durch die über ein ausländisches Grundstück verfügt wird", im letzten Satze von Abs. 3 einschaltete. P. IV, 8, 28 u. 29, 37 u. 38.

II. Umfang. Art. 7 bezieht sich 1) sowohl auf natürliche als auf juristische Personen (bezüglich ausländischer Handelsgesellschaften siehe Staub, Komm. z. HGB. § 6 Anm. 3 u. D. Jur.Z. 1902 S. 104), er bezieht sich 2) aber nur auf die Geschäftsfähigkeit, nicht auf die Handlungsfähigkeit im Allgemeinen, also namentlich nicht auf die Deliktsfähigkeit, und er bezieht sich auch nicht auf die Rechtsfähigkeit.

III. Begriffe. Ueber „natürliche" und „juristische" Personen vgl. Einleitung zum I. Titel sowie zum II. Titel von Buch I BGB.; über „Rechtsfähigkeit" ebendort und § 1 BGB. mit Bemerkungen; über „Geschäftsfähigkeit", „Handlungsfähigkeit" und „Deliktsfähigkeit" vgl. Vorbem. vor § 104 BGB., speziell hinsichtlich der juristischen Personen Bem. V und VI der Vorbem. zu Tit. II von Buch I BGB. sowie unten Art. 10 Bem. VII; vgl. auch Zitelmann II, 69 ff.

IV. Inhalt. Art. 7 geht davon aus, daß die Geschäftsfähigkeit einer Person nach den Gesetzen des Staates beurtheilt wird, dem die Person angehört; als Personalstatut (vgl. Vorbem. B, III, 1) soll demnach das Recht des Heimathstaats einer Person maßgebend sein, es soll hiefür die Staatsangehörigkeit, nicht, wie nach vielen früheren deutschen Rechten, der Wohnsitz den Ausschlag geben. Derselbe Grundsatz gilt in Belgien, Frankreich (mit einigen Beschränkungen), Griechenland, Italien, den Niederlanden, Oesterreich-Ungarn, Portugal, Rumänien, Rußland (abgesehen von den Ostseeprovinzen), in der Schweiz (in Bezug auf den inländischen Verkehr), in Schweden, Spanien und zum größten Theile in den Staaten von Süd- und Mittelamerika, während für Argentinien, Dänemark und Norwegen der Wohnsitz und für England sowie die Vereinigten Staaten von Nordamerika der Ort, wo das Rechtsgeschäft vorgenommen wird, maßgebend ist (vgl. Neumann, IPR. und Handausg. Bem. III, 1, Niemeyer, Vorschl. II. Theil).

Im Einzelnen ist zu bemerken:

A. Die Vorschrift des Abs. 1 ist eine vollkommene Kollisionsnorm (Vorbem. B, I), sie gilt sowohl für Deutsche, mögen sie im Inland oder Auslande sich aufhalten, als für Ausländer. Ebenso Niedner Bem. 3, Niemeyer, IPR. S. 14, Zitelmann II, 72. Die Geschäftsfähigkeit eines Italieners, der in München seinen Wohnsitz hat, wird also nach italienischem, jene eines Deutschen, der in Rom domizilirt, nach deutschem Rechte bestimmt.

Die Vorschrift des Abs. 1 gilt — vorbehaltlich der Ausnahmen in Abs. 2 u. 3 — namentlich auch beim Wechsel der Staatsangehörigkeit. Schnell in Bl. f. RA Bd. 62 S. 209.

B. Die Vorschrift des Abs. 1 gilt sowohl für die Voraussetzungen als für die Beschränkungen der Geschäftsfähigkeit und für die Folgen dieser Zustände als auch für die Voraussetzungen und Folgen der Geschäftsunfähigkeit. Für Deutsche kommen hauptsächlich BGB. §§ 104—115 und für juristische Personen die Vorschriften des II. Titels von Buch I BGB. in Betracht.

Es gilt die Vorschrift des Abs. 1 namentlich auch hinsichtlich der Volljährigkeit und der Volljährigkeitserklärung (hinsichtlich dieser vgl. Bem. 6 zu § 3 BGB.) sowie (— vorbehaltlich des Art. 8 —) der Entmündigung (P. IV, 29—32), ferner ebenso hinsichtlich des Namensrechts (vgl. Rspr. d. OLG. [Kammergericht] Bd. 3 S. 85 u. Bem. 4, D zu § 12 BGB.), dann hinsichtlich der Fähigkeit zum Abschluß einer Ehe und der Testirfähigkeit (in letzterer Beziehung vgl. die Bem. zu Art. 24). Für die Volljährigkeitserklärung eines Minderjährigen ergiebt sich aus Abs. 1 die Folgerung, daß dessen Heimathsstaat zuständig ist und daß nach dem Rechte des letzteren auch die Voraussetzungen und Wirkungen der Volljährigkeit zu bemessen sind. Ein Antrag, ausdrücklich auszusprechen, daß die Volljährigkeitserklärung dem Staate zusteht, welchem der Minderjährige angehört, wurde deßhalb auch als überflüssig in der II. Komm. abgelehnt (P. VI, 28 u. 29).

Wie aus Satz 2 von Abs. 3 zu folgern ist, gilt die Vorschrift von Abs. 1 — vorbehaltlich des Ausnahmefalls von Abs. 3 — für familienrechtliche, erbrechtliche und sachenrechtliche Rechtsgeschäfte, selbstverständlich aber auch für solche auf dem Gebiete des Obligationenrechts und für Rechtshandlungen, welche nicht Vermögensrechte betreffen. Da bei mehreren an einem Rechtsgeschäfte betheiligten Personen die Geschäftsfähigkeit jeder derselben nach ihrem Personalstatute sich richtet, so kann z. B. ein anderes Recht für den Gläubiger, ein anderes Recht für den Schuldner und wiederum ein anderes Recht für den Gegenstand des Rechtsgeschäfts selbst (vgl. Art. 28) zur Anwendung kommen. Uebereinstimmend Niedner Bem. 2, a, Planck Bem. 2.

Den Schwierigkeiten, welche daraus entstehen können, will Zitelmann (II, 74) durch Aufstellung des „Wirkungsstatuts" (Vorbem. B, III) begegnen. Es ist das aber vorläufig nur ein Vorschlag de lege ferenda, der manche Schwierigkeit beseitigen, vielleicht aber auch andere wieder hervorrufen möchte. Für den Praktiker wird nur die eine Frage ausschlaggebend sein, ob das Rechtsgeschäft nach allen einschlägigen Rechten bestehen kann.

C. Die Vorschrift des Abs. 1 erleidet zunächst zwei Ausnahmen durch die Bestimmungen von Abs. 2 u. 3.

1. Zu Abs. 2. Wenn ein Ausländer die Reichsangehörigkeit erwirbt, so würde sich gemäß Abs. 1 von da an seine Geschäftsfähigkeit nach deutschem Rechte bemessen. Abs. 2 wahrt aber einem solchen früheren Ausländer und nunmehrigen Deutschen die nach dem früheren nationalen Rechte erlangte Stellung eines Volljährigen, mag er nun nach seinem früheren nationalen Rechte in das Alter der Volljährigkeit eingetreten sein oder sonst die Stellung eines Volljährigen erlangt haben.

Im Besonderen ist hervorzuheben:

a) Die Voraussetzung des Abs. 2 ist selbstverständlich nur erfüllt, wenn der frühere Ausländer und nunmehrige Deutsche das Alter der Volljährigkeit oder die rechtliche Stellung eines Volljährigen erlangt hat, bevor er die Reichsangehörigkeit erwarb.

b) Abs. 2 hat Bedeutung für die früheren Angehörigen jener Staaten, in welchen die Volljährigkeit vor dem zurückgelegten 21. Lebensjahre eintritt, was in der Türkei mit dem zurückgelegten 16. und in der Schweiz und in Japan mit dem zurückgelegten 20. und für Frauen in Ohio und in Vermont mit dem zurückgelegten 18. Lebensjahre der Fall ist (Niemeyer, JPR. S. 126).

c) Abs. 2 hat weiters Bedeutung für die früheren Angehörigen solcher Staaten, in welchen die Stellung eines Volljährigen vor Erreichung des gewöhnlichen Alters der Volljährigkeit durch Eintritt einer anderen Thatsache erlangt werden kann. Das ist z. B. der Fall bei Ungarn und bei Holländern, welche durch Verheirathung großjährig geworden sind; auch die nach den Gesetzen eines anderen Staates erfolgte Großjährigkeitserklärung kommt hier in Betracht (Niemeyer, JPR. S. 126, Planck Bem. 6, c).

d) Es besteht Streit darüber, ob die ihrem Wortlaute nach als einseitige Kollisionsnorm (Vorbem. B, I) erscheinende Vorschrift als eine vollkommene Kollisionsnorm behandelt, also z. B. auch dann angewendet werden darf, wenn ein Schweizer nicht die deutsche, sondern die französische Staatsangehörigkeit erworben hat. Für die Ausdehnung erklären sich z. B. Niemeyer, JPR. S. 126, Riedner Bem. 5, b, Bl. f. RA. Bd. 63 S. 313, Kahn in Iherings Jahrb. Bd. 43 S. 339, dagegen Planck Bem. 6, c und Zitelmann I, 267, II, 63, welcher in Abs. 2 eine materielle Verweisungsnorm (Vorbem. B, I) erblickt, Fischer-Henle V. Aufl. Bem. 2, sowie Boehm, Zeitschr. VII, 116, dann Neumann, Handausg. Bem. 2, a. Entgegen der in der I. Aufl. dieses Kommentars, Bem. 7, vertretenen Ansicht wird nunmehr die Meinung vertreten, daß gemäß Abs. 1 das Recht des Staates, dessen Angehöriger der Fremde geworden ist, darüber entscheidet, ob ihm trotz des Wechsels der Staatsangehörigkeit die früher erworbene Stellung eines Volljährigen verbleibt oder nicht. Abs. 2 wird in der That nur als eine materiellrechtliche Ausnahme-Vorschrift von Abs. 1 zu Gunsten eines Deutschen zu betrachten sein, deren Ausdehnung weder zulässig noch veranlaßt ist.

2. Zu Abs. 3 wird Folgendes bemerkt:

a) Inhalt. Nach der Ausnahmevorschrift von Satz 1 dieses Absatzes soll die Geschäftsfähigkeit eines Ausländers, der nach deutschem Rechte (BGB. §§ 104—115) geschäftsfähig oder nur in der Geschäftsfähigkeit beschränkt ist, während er nach dem Rechte seines Heimathsstaats geschäftsunfähig oder in der Geschäftsfähigkeit beschränkt ist, hinsichtlich der von ihm im Inlande vorgenommenen Rechtsgeschäfte nach deutschem Rechte beurtheilt werden. Diese Ausnahme wird namentlich hinsichtlich der Angehörigen solcher Staaten Bedeutung gewinnen, in denen der Volljährigkeitstermin über das 21. Lebensjahr hinaufgerückt ist, also z. B. für die nachstehenden Staaten, in welchen die Volljährigkeit von der Zurücklegung der beigefügten Zahl von Jahren abhängig ist: Argentinien 22, Niederlande 23, Dänemark, Oesterreich-Ungarn und Norwegen 24, Bolivia, Chile, San Salvador und Spanien 25 Jahre (vgl. Neumann, Handausg. Bem. III, 2). Die Volljährigkeitsfrage ist aber nicht die einzige, welche unter diese Ausnahmevorschrift fällt, sondern letztere hat Bedeutung für alle Fälle des Mangels oder der Beschränkung der Geschäftsfähigkeit, z. B. auch für jenen der Entmündigung eines Ausländers in seinem Heimathsstaate, welche nach dem dortigen Rechte aus Gründen erfolgte, die das deutsche Recht nicht als Entmündigungsgründe anerkennt; vgl. Planck Bem. 5 zu Art. 8; Gruchot, Beitr. Bd. 45 S. 693; a. M. Niedner Bem. 2, e zu Art. 8. Sie ist im Interesse der Sicherheit des inländischen Verkehrs getroffen, weil man dem Inländer nicht zumuthen kann, sich bei jedem im Inlande mit einem Ausländer abzuschließenden Geschäfte zu erkundigen, ob dieser nicht etwa nach den Gesetzen seines Heimathsstaats geschäftsunfähig sei. Es ist gleichgültig, ob der eine Theil den Mangel der Geschäftsfähigkeit, der beim anderen Vertragschließenden nach dessen Heimathsstatut bestehen würde, gekannt hat oder nicht (übereinstimmend Planck Bem. 6, d).

Daß für das den Gegenstand des Rechtsgeschäfts bildende Rechtsverhältniß die deutschen Gesetze maßgebend sind, ist zur Wirksamkeit dieser Ausnahme nicht erforderlich. Ein dies bezielender Antrag wurde in der II. Komm. abgelehnt (P. VI, 29). Die Ausnahmebestimmung gilt nicht bloß für Rechtsgeschäfte, welche der Ausländer im Inlande mit einem Inländer, sondern auch für solche, welche er dort mit einem Ausländer abschließt, so daß der Fall vorkommen kann, daß ein von zwei Angehörigen desselben fremden Staates, welche in ihrer Heimath einen rechtsgültigen Vertrag nicht abschließen können, im Inland abgeschlossener Vertrag nach deutschen Gesetzen rechtsgültig ist.

Nothwendig ist dagegen, daß das Rechtsgeschäft im Inlande vorgenommen wird.

Satz 1 von Abs. 3 bezieht sich auf Rechtsgeschäfte aller Art, soweit nicht Satz 2 eine Ausnahme gebietet (vgl. auch Staub, Kommentar z. HGB., Anm. 100 der Allgem. Einleitung — Anwendung auf eine ausländische Handelsfrau —, ferner Gruchot, Beitr. Bd. 45 S. 694).

b) Ausnahmen. Der Satz 2 macht von der Vorschrift des Satz 1 von Abs. 3 Ausnahmen

α) für familienrechtliche Rechtsgeschäfte (vgl. Art. 13—23),

β) für erbrechtliche Rechtsgeschäfte (vgl. Art. 24—26),

γ) für Rechtsgeschäfte, durch die über ein ausländisches Grundstück verfügt wird (vgl. Art. 28).

Wie schon unter I bemerkt, ist die Aufstellung der Ausnahme unter lit. γ die einzige Aenderung, welche die II. Komm. an dem § 2 des E. der I. Komm. über die räumliche Herrschaft der Rechtsnormen vornahm. Sie erfolgte deßhalb, weil ohne dieselbe bei einem Rechtsgeschäfte, durch das ein Ausländer im Inland über ein ausländisches Grundstück verfügt, „die mißliche Konsequenz sich ergeben hätte, daß das Rechtsgeschäft zwar im Inland als gültig angesehen werde, dagegen dort, wo es seine materielle Wirkung äußern solle, keine rechtliche Wirkung haben könne" (P. VI, 37 u. 38). Nur die Verfügungen selbst, nicht auch die obligatorischen Verpflichtungen zu solchen Verfügungen fallen unter diese Ausnahme. So mit Recht Planck Bem. 6, d, Abs. 4; a. M. Neumann, Handausg. Bem. II, 1, b, γ.

Der Grund für Aufstellung der Ausnahmen unter α und β liegt darin, daß der Abs. 3 Satz 1 aus Rücksicht auf den Verkehr aufgestellt wurde, die Rechtsgeschäfte zu α und β aber für den Verkehr von geringerer Wichtigkeit sind. Der Begriff der familien- und erbrechtlichen Rechtsgeschäfte ist für das deutsche Recht aus den Vorschriften des IV. und V. Buches des BGB. zu entwickeln. Ob zu den erbrechtlichen Rechtsgeschäften auch der Erbschaftskauf gehört, wird von Planck (in Bem. 6, d zu diesem Artikel und Bem. 3, f zu Art. 24) bezweifelt und in Boehm, Zeitschr. XII, 444 lebhaft bestritten. Es wird aber gerade aus der Entstehungsgeschichte der Vorschriften über den Erbschaftskauf (vgl. die Einleitung und die Bemerkungen zu §§ 2371 ff. BGB.) die Folgerung abzuleiten sein, daß der Gesetzgeber denselben als ein erbrechtliches Rechtsgeschäft behandelt wissen will. Ebenso Niedner Bem. 6, e zu Art. 24. Vgl. auch Bem. IV, B.

c) Die Ausnahme des Abs. 3 ist nur eine einseitige Kollisionsnorm, getroffen im Interesse des inländischen Verkehrs, also nicht auszudehnen auf Ausländer, welche in einem anderen fremden Staate ein Rechtsgeschäft vornehmen. Uebereinstimmend Niedner Bem. 5, a, Kuhlenbeck Bem. 6, Planck Bem. 6, d Abs. 5; a. M. Neumann, Handausg. Bem. II, 2, b; vgl. auch v. Bar im Arch. f. öffentl. R. Bd. 15 S. 29.

d) Vorbildlich für Abs. 3 waren Wechselordnung Art. 84 Satz 2, CPO. § 55.

e) Ebensowenig wie Art. 7 im Ganzen bezieht sich Abs. 3 auf die Deliktsfähigkeit; vgl. „Das Recht" 1903 S. 99 und Art. 12 mit Bem.

D. Weitere Ausnahmen von den Vorschriften des Abs. 1 bringen:

1. Art. 27 hinsichtlich der Angehörigen jener Staaten, welche als Personalstatut das am Wohnsitz einer Person oder das an dem Orte, wo das Rechtsgeschäft vorgenommen wird, geltende Recht für maßgebend erklären (s. Abs. 1 dieser Ziff. IV),

2. Art. 30 (vgl. die Bemerkungen hiezu). Auch kann

3. die Vorschrift des Art. 31 eine Ausnahme ermöglichen, indem z. B. der Reichskanzler mit Zustimmung des Bundesraths gegenüber den Angehörigen eines ausländischen Staates, der die Geschäftsfähigkeit der deutschen Reichsangehörigen konsequent nach seinem, nicht nach deutschem Rechte beurtheilen ließe, die Anordnung treffen könnte, daß deren Geschäftsfähigkeit nach deutschem Rechte, nicht nach ihrem nationalen Rechte bemessen werden soll.

E. Keine Ausnahme von Abs. 1 schafft, wie schon unter IV, B angedeutet wurde und hieher nochmals hervorgehoben werden soll, Art. 28.

F. Ueber das früheren Recht s. Boehm, Statutenkollision § 5 S. 24.

V. Wie schon unter Ziff. II u. IV, C, 2, e bemerkt, bezieht sich Art. 7 nicht auf die Deliktsfähigkeit; bezüglich dieser vgl. Art. 12 mit Bemerkungen.

VI. Ebenso ist schon unter II bemerkt worden, daß sich Art. 7 nicht auf die Rechtsfähigkeit bezieht. Unter Hinweisung hierauf sowie auf die Allegate unter III soll hier nur noch Folgendes erwähnt werden:

Wie schon bemerkt wurde, enthält das Gesetz keine einschlägige Vorschrift. In der II. Komm. wurde davon ausgegangen, daß die Rechtsfähigkeit nach den Gesetzen des Staates zu beurtheilen sei, dessen Recht für das im einzelnen Falle zur Entscheidung stehende Rechtsverhältniß maßgebend sei (P. VI, 28). Die II. Komm. bezeichnete diese Unterscheidung zwischen Rechtsfähigkeit und Geschäftsfähigkeit selbst als eine solche, welche zwar nicht der herrschenden Meinung entspreche, aber innerlich gerechtfertigt sei. Geschäftsfähigkeit ist die Fähigkeit, Rechtsgeschäfte vorzunehmen (M. I S. 129), während die Rechtsfähigkeit die Frage betrifft, inwieweit Jemand überhaupt ein Rechtssubjekt ist (allgemeine Rechtsfähigkeit) oder einzelne Rechte erwerben könne (spezielle Rechtsfähigkeit). Es kann Jemand im Auslande nicht dieselbe Rechtsfähigkeit beanspruchen und er unterliegt dort nicht den gleichen Beschränkungen derselben, welche für ihn in seinem Lande gelten; vielmehr kommen hinsichtlich der Rechtsfähigkeit für jeden die Gesetze desjenigen Ortes zur Anwendung, welchen das betreffende Rechtsverhältniß überhaupt unterworfen ist. Wenn also beispielsweise ein Ausländer in seinem Heimathsstaate als bürgerlich todt gilt oder aus konfessionellen Gründen bestimmte Rechte nicht erwerben kann, so würde hierdurch seine Rechtsfähigkeit im Deutschen Reiche, dessen Recht den bürgerlichen Tod nicht kennt und dem Glaubensbekenntnisse keinen Einfluß auf das Privatrecht zugesteht, nicht beeinträchtigt sein (vgl. Stobbe I § 30 S. 240 ff., Roth, DPR. I S. 286, Barazetti S. 23 ff., RGE. Bd. 32 S. 173). Der gleiche Grundsatz gilt auch hinsichtlich der Vorschriften über Beginn und Ende der natürlichen Persönlichkeit, nicht aber hinsichtlich der Todeserklärung (Art. 9).

Uebereinstimmend hiemit Zitelmann II, 82 ff., v. Bar I, 390 ff., 406 ff., Planck Bem. 5, Gruchot, Beitr. Bd. 45 S. 693 (Keidel).

A. M. hinsichtlich der allgemeinen Rechtsfähigkeit (welche nach dem Rechte der Staatsangehörigkeit zu beurtheilen sei) Niedner Bem. 1, der jedoch selbst wieder die doch zur allgemeinen Rechtsfähigkeit gehörigen Fragen nach Beginn und Ende der natürlichen Persönlichkeit (ebenso wie Niemeyer, JPR. S. 119) dem Statute des konkreten Rechtsverhältnisses unterwirft, ferner Gierke, DPR. Bd. I S. 221 Note 14.

Die Frage, nach welchem Rechte die Fähigkeit eines Ausländers, im Inland ein ausländisches Grundstück zu erwerben, beurtheilt werden muß, wird nach gleichen Grundsätzen dahin zu beantworten sein, daß die lex rei sitae zur Anwendung kommt. Vgl. Barazetti S. 29, 30.

Ueber das frühere Recht s. Boehm, Statutenkollision § 5.

Hinsichtlich der Rechtsfähigkeit juristischer Personen s. Art. 10 und Bem.

VII. Nicht hieher gehören endlich auch solche Verfügungsbeschränkungen, welche nicht mit der Geschäftsfähigkeit zusammenhängen, z. B. jene nach BGB. §§ 135, 136 (Veräußerungsverbot), §§ 1358, 1395 ff. (Beschränkungen der Ehefrau hinsichtlich des ehel. Güterrechts), §§ 2112—2115 (Beschränkungen des Vorerben wegen der Nacherbfolge), § 2211 (Beschränkung des Erben durch den Testamentsvollstrecker), KO. §§ 6 ff. (Beschränkungen des Gemeinschuldners).

Derartige Beschränkungen der Verfügung werden dem Rechte unterliegen, welches für das Rechtsverhältniß, worauf sie sich beziehen, überhaupt maßgebend ist. Planck Bem. 3, Niedner Bem. 2, e und f. Vgl. auch Boehm, Zeitschr. VIII, 104.

Art. 8.

Ein Ausländer kann im Inlande nach den deutschen Gesetzen entmündigt werden, wenn er seinen Wohnsitz oder, falls er keinen Wohnsitz hat, seinen Aufenthalt im Inlande hat.

E. z. BGB. II, 2239, rev. 2362; III, 7.

I. Entstehung. Der Gebhard'sche Entwurf enthielt in § 28 (vgl. Niemeyer, Vorschl. S. 16) eine Vorschrift, welche für die Voraussetzungen der Entmündigung und der Wiederaufhebung derselben das Recht des Heimathsstaats, für die Wirkungen solcher aber die Gesetze des Staates, in dem die Entmündigung oder deren Wiederaufhebung ausgesprochen wurde, für maßgebend erklärte und einer durch ein ausländisches Gericht erfolgten Entmündigung oder Wiederaufhebung derselben im Falle des § 328 Ziff. 1 CPO. sowie im Falle des Nichtvorliegens der durch die deutschen Gesetze hiefür erforderten Voraussetzungen die Anerkennung versagte. Die I. Komm. hat diesen § 28 und die hiezu gestellten Abänderungsanträge abgelehnt, wobei die Lösung der Frage, ob die Voraussetzungen, Wirkungen und das Verfahren nach dem Heimathsstatute beurtheilt werden sollen, der Wissenschaft und der Praxis überlassen und im Uebrigen auf CPO. §§ 328 und 648 verwiesen wurde (Planck Bem. 1). Die nunmehrige Vorschrift ist erst in der II. Komm. nach einiger Schwankung in Anerkennung eines nicht abzuweisenden praktischen Bedürfnisses aufgestellt und vom Bundesrathe durch die Einfügung der Worte von „oder ...." an ergänzt worden (P. VI, 29 u. 32 und Reatz III, 5 Note 4).

II. Inhalt. Art. 8 statuirt eine Ausnahme von der Vorschrift des Art. 7 für die Entmündigung eines Ausländers im Deutschen Reiche. Denn die Entmündigung betrifft die Geschäftsfähigkeit und ist daher prinzipiell nach Art. 7 (vgl. Bem. IV, B hiezu) zu beurtheilen. Darnach sind für die Entmündigung eines Ausländers die Gesetze seines Heimathsstaats maßgebend. Dieser Satz wird durch Art. 8 nicht aufgehoben, sondern Art. 8 ermöglicht nur, daß ein Ausländer im Inland entmündigt werden kann und zwar nach deutschen Gesetzen, und auch dieses nur unter der Voraussetzung, daß er entweder seinen Wohnsitz im Inland oder daß er gar keinen Wohnsitz, aber seinen Aufenthalt im Inlande hat.

Im Einzelnen ist Folgendes hervorzuheben:

A. Die Ausnahme trifft, wie bemerkt, zu für Ausländer,

1. welche im Inland ihren Wohnsitz haben, und

2. für solche, welche nirgends einen Wohnsitz, aber im Inland ihren Aufenthalt haben.

Zu 1. Die Fragen, ob und wo Jemand seinen Wohnsitz im Inlande hat, ist nach dem BGB. §§ 7—11 (vgl. Bem. hiezu und Vorbem. vor § 7) zu beantworten; daß auch hiefür die deutschen Gesetze maßgebend sind, wird aus der Vorschrift dieses Artikels selbst zu folgern sein.

Zu 2. Hinsichtlich des Aufenthalts vgl. CPO. § 16 und Vorbem. I, 1 vor § 7 BGB. Bei der Frage, ob Jemand keinen Wohnsitz hat, wird nicht selten die Vorfrage zu beantworten sein, ob der frühere Wohnsitz im Ausland aufgegeben wurde. Ist hiefür das Recht des Heimathsstaats (gemäß Art. 7) oder jenes des Staates, in welchem der Wohnsitz begründet war, oder das deutsche Recht maßgebend? Die Frage ist zweifelhaft (vgl. Jur. Wschr. 1884 S. 28 Nr. 30, Neumann, IPR. S. 50 u. 51, Niedner Bem. 4; vgl. auch diesen Kommentar Bem. 10, b zu BGB. § 7). Es dürfte auch für diese Frage gemäß der Vorschrift des gegenwärtigen Artikels selbst die Maßgeblichkeit der deutschen Gesetze anzunehmen sein.

B. Die deutschen Gesetze sind weiter maßgebend für die Voraussetzungen der Entmündigung; letztere bestimmen sich nach BGB. § 6.

Es bilden also Geisteskrankheit, Geistesschwäche, Verschwendung und Trunksucht einen Entmündigungsgrund.

Ein Antrag, die Entmündigung eines Ausländers im Inlande nur wegen Geisteskrankheit eintreten zu lassen, da es sich weniger um den Schutz des Geisteskranken, als um die Sicherung des inländischen Verkehrs handle, fand nicht die Billigung der Kommission, welche vielmehr der Meinung jenes Antragstellers, der das Hauptgewicht auf die Fürsorge für die Person des zu Entmündigenden legte, und deßhalb die Berücksichtigung sämmtlicher Entmündigungsgründe forderte, den Vorzug gab (P. VI, 29—32).

Daß der vom deutschen Rechte anerkannte Entmündigungsgrund als solcher auch vom nationalen Rechte des zu Entmündigenden erklärt ist, ist nicht Voraussetzung. Ein dies bezielender Antrag wurde in der II. Komm. abgelehnt (P. VI, 29—32).

C. Die **deutschen Gesetze** sind nicht bloß hinsichtlich der Voraussetzungen, sondern **überhaupt als maßgebend** erklärt. Es richten sich deßhalb nach dem deutschen Rechte sowohl das **Entmündigungsverfahren** (CPO. §§ 645–687) als die **Wirkungen** der Entmündigung (vgl. namentlich BGB. §§ 104, 114, 115, 1780, 1781, 1865, 1885, 1896, 1906 ff., 2229, 2230). Uebereinstimmend zu B und C Zitelmann I, 211 Note 7²; Planck Bem. 3; Niedner Bem. 1, a, α–γ.

D. Die Ausnahmevorschrift des gegenwärtigen Artikels ist eine **fakultative** — „kann“; sie dient „der Sicherung des inländischen Verkehrs“, „einem nicht abzuweisenden praktischen Bedürfnisse“ (P. VI, 31 und 32). Das deutsche Gericht wird also einen auf gegenwärtigen Artikel gestützten Entmündigungsantrag abweisen dürfen, wenn ein Bedürfniß für eine inländische Entmündigung z. B. deßhalb nicht vorliegt, weil der Ausländer in seinem Heimathstaate nach dessen Gesetzen bereits entmündigt ist und diese Entmündigung dieselben Wirkungen hat, wie eine nach deutschen Gesetzen erfolgte. Denn diese Entmündigung ist gemäß Art. 7 auch bei uns anzuerkennen, selbst wenn sie aus einem nach deutschem Rechte nicht anerkannten Grunde, z. B. wegen körperlicher Gebrechen, erfolgte (Planck Bem. 3 u. 4; a. M. Niedner Bem. 2, e). Ihre Wirkungen sind — vorbehaltlich der Ausnahmevorschrift des Art. 7 Abs. 3, welche auch hieher zutrifft — nach dem nationalen Rechte des Entmündigten zu bemessen, selbst wenn sie weiter gehen als jene nach deutschem Rechte. Gehen die Wirkungen der ausländischen Entmündigung weniger weit als jene nach unserem Rechte, so kann darin eine Veranlassung liegen, auch noch eine Entmündigung im Inlande herbeizuführen.

III. Art. 8 enthält eine **unvollkommene einseitige Kollisionsnorm** (Vorbem. B, 2, b). **Nicht geregelt** sind die Fragen,

A) ob ein Inländer **im Ausland** entmündigt werden kann, und welche Wirkungen der ausländischen Entmündigung zukommen,

B) wie es sich mit der im **Ausland** erfolgten Entmündigung eines **Ausländers** verhält.

Zu A. Diese Frage fällt mit der Frage zusammen, ob die im Auslande nach ausländischen Gesetzen erfolgte Entmündigung eines Inländers im Inland anzuerkennen ist.*)

In der II. Komm. wurde von einer Seite bemerkt, daß die Verneinung dieser Frage als Meinung der Kommission anzusehen sei; hinzugefügt wurde: „Ob dieser Satz ohne Weiteres erkennbar sei, stehe dahin“ (P. VI, 32).

Für die Verneinung der Frage sprechen sich aus Niemeyer, IPR. S. 124, Kuhlenbeck Bem. 1, Zitelmann II, 103, Planck Bem. 3 Abs. 3; für die Bejahung Niedner Bem. 2, c, Cosack Bd. I S. 75. Unentschieden Neumann Bem. 2.

Ohne Einschränkung dürfte die Frage nicht zu verneinen sein, sondern die Verneinung wird zunächst nur für diejenigen Rechtsverhältnisse, welche sich nach deutschen Gesetzen bestimmen (vgl. Art. 9 Abs. 2), erfolgen können. Wenn dagegen z. B. der Inländer A, während er in einem fremden Lande domizilirte und nachdem er dort entmündigt wurde, ohne die nach den Gesetzen jenes Landes erforderliche Genehmigung seines dort für ihn bestellten Vormunds oder Pflegers ein in jenem Lande gelegenes Grundstück kauft, alsdann aber im Inlande seinen Wohnsitz nimmt und hier mit der Klage auf Zahlung des Kaufpreises verfolgt wird, so dürfte der inländische Richter dem Einwande, daß der Vertrag wegen mangelnder Geschäftsfähigkeit des im Ausland entmündigten A nichtig sei, die Anerkennung nicht versagen können.

Allerdings wäre zwar beim Schweigen des Gesetzgebers über die aufgeworfene Frage hierüber das Personalstatut maßgebend, welches sich nach Art. 7 nach der Staatsangehörigkeit richtet; wenn aber das deutsche Recht vom Staatsangehörigkeitsprinzip eine solche Ausnahme macht, wie sie der Art. 8 trifft, so dürfte die Konsequenz dahin führen, auch die Entmündigung von Deutschen durch einen ausländischen Staat wenigstens für die Rechtsverhältnisse, welche sich nach den Gesetzen des betr. ausländischen Staates bestimmen, auch nach ausländischen Gesetzen zuzulassen (vgl. die auf ähnlichen Erwägungen beruhenden Bemerkungen der II. Komm. zu Art. 9 in P. VI, 8 u. 9).

§ 328 CPO. wird bei dem engen Zusammenhange des materiellen Rechtes mit den Verfahrens- und Zuständigkeits-Vorschriften auf fraglichem Gebiet auf ausländische Er-

---

*) Die in der I. Auflage gemachte Unterscheidung (zwischen Entmündigung des Inländers im Auslande nach inländischem und ausländischem Rechte) wird nicht aufrecht erhalten. Es wird im Ausland eine Entmündigung nach inländischem Rechte auch nicht vorkommen, da der ausländische Richter mindestens **seine** Verfahrens- und Zuständigkeits-Vorschriften anwenden wird, in dieser Frage aber die Vorschriften über das Verfahren mit dem materiellen Rechte so enge zusammenhängen, daß von einer unter Zugrundelegung anderer Vorschriften über das Verfahren als der deutschen erfolgten Entmündigung kaum mehr gesagt werden kann, sie sei nach inländischem Rechte erfolgt. Zitelmann Bd. I S. 210, b; Planck Bem. 2.

kenntnisse über Entmündigung ebensowenig wie auf ausländische Erkenntnisse über Todeserklärung Anwendung finden können. Uebereinstimmend Planck Bem. 2 und 4 zu diesem Artikel und Bem. 4 zu Art. 9; a. M. anscheinend Niedner Bem. 2, c, β zu Art. 8 und 2, b zu Art. 9.

Zu B. Daß die Entmündigung eines Ausländers, welche nach seinem nationalen Rechte in seinem Heimathsstaate erfolgte, bei uns anzuerkennen ist, wurde schon unter II, D bemerkt. Eine weitere Ausnahme als die dort berührte dürfte nur nach Maßgabe des Art. 30 möglich sein.

Für den Fall, daß ein Ausländer in einem anderen Staate als in seinem Heimathsstaate, doch nicht im Deutschen Reiche entmündigt wurde, werden die Bemerkungen zu A zutreffen.

IV. Daß Beschränkungen der Geschäftsfähigkeit, welche gegen einen Ausländer durch einen anderen Rechtsakt als die Entmündigung nach dessen nationalem Rechte in seinem Heimathstaate verfügt wurden, z. B. die Verbeistandung eines geistesschwachen Franzosen nach Maßgabe von art. 499 code civil, bei uns (vorbehaltlich Art. 7 Abs. 3 und Art. 30) anzuerkennen sind, folgt schon aus Art. 7. Vgl. Planck Bem. 4 Abs. 2.

V. Ueber den Einfluß des Wechsels der Staatsangehörigkeit vgl. Bl. f. RA. Bd. 62 S. 209 ff.

VI. Ueber das frühere Recht vgl. Boehm, Statutenkollision § 5 S. 29.

Art. 9.

Ein Verschollener kann im Inlande nach den deutschen Gesetzen für todt erklärt werden, wenn er bei dem Beginne der Verschollenheit ein Deutscher war.

Gehörte der Verschollene bei dem Beginne der Verschollenheit einem fremden Staate an, so kann er im Inlande nach den deutschen Gesetzen mit Wirkung für diejenigen Rechtsverhältnisse, welche sich nach den deutschen Gesetzen bestimmen, sowie mit Wirkung für das im Inlande befindliche Vermögen für todt erklärt werden; die Vorschriften des § 2369 Abs. 2 des Bürgerlichen Gesetzbuchs finden entsprechende Anwendung.

Hatte ein verschollener ausländischer Ehemann seinen letzten Wohnsitz im Inland und ist die im Inlande zurückgebliebene oder dahin zurückgekehrte Ehefrau Deutsche oder bis zu ihrer Verheirathung mit dem Verschollenen Deutsche gewesen, so kann auf ihren Antrag der Verschollene im Inlande nach den deutschen Gesetzen ohne die im Abs. 2 bestimmte Beschränkung für todt erklärt werden.

E. z. BGB. II § 2236, rev. 2363; III, 8.

I. Entstehung. Art. 9 ist durch die II. Komm., welche Abs. 1 und 2 in Vorschlag brachte, und durch den Bundesrath, welcher Abs. 3 hinzufügte, aufgestellt worden (P. VI, 6—17; 20—22; vgl. ferner P. I, 10 u. 11; Reatz II, 478, III, 6).

Der Gebhard'sche Entwurf hatte in § 8 (Niemeyer, Vorschl. S. 5) die ausschließliche Gültigkeit der Vorschriften über Todeserklärung für Deutsche sowie die ausschließliche Zuständigkeit der deutschen Gerichte vorgeschlagen. Dem ersteren Vorschlage hatte der I. Entwurf des BGB. (§ 5) Rechnung getragen. Die II. Komm. änderte aber § 5; vgl. Bem. II zu § 13 BGB.

II. Inhalt. Die Todeserklärung betrifft die Rechtsfähigkeit einer Person, welche nach BGB. § 1 mit der Geburt beginnt und selbstverständlich mit dem Tode endet. In international-privatrechtlicher Beziehung hat hierüber der Gesetzgeber eine Vorschrift nicht getroffen; vgl. Bem. II und VI zu Art. 7. Im Allgemeinen wurden a. a. O. und in Vorbem. K vor Art. 7 für die Rechtsfähigkeit die Gesetze desjenigen Staates für maßgebend erklärt, welche über das Rechtsverhältniß entscheiden, bei dem die Rechtsfähigkeit einer Person in Frage kommt.

Von diesem Grundsatze stellt Art. 7 Ausnahmen auf, welche den Zweck verfolgen,

A) die Todeserklärung eines verschollenen Deutschen durch eine positive Bestimmung zu erleichtern (Abs. 1),

B) die Todeserklärung eines Ausländers im Inlande zu ermöglichen und zu regeln (Abs. 2 und 3).

Nach beiden Richtungen war eine Ergänzung des I. Entw. von der Kritik gefordert worden (ZG. I, 46 zu § 5).

Im Allgemeinen ist die Todeserklärung geregelt durch die §§ 13—20 BGB. mit Art. 158—162 dieses EG., sowie durch die §§ 960—976 CPO.

Im Einzelnen ist folgendes zu bemerken:

A. Zu Abs. 1:

1. Abs. 1 bezweckt, wie bemerkt, die Erleichterung der Todeserklärung eines Inländers, da bezüglich der Inländer das Verhältniß häufig so liegen werde, daß zwar feststeht, der Verschollene sei bis zu der Zeit, bis zu welcher die letzten Nachrichten reichen, Reichsangehöriger gewesen, daß aber (namentlich im Hinblick auf § 13 Ziff. 3 mit § 1 des RG. vom 1. Juni 1870 über die Erwerbung und den Verlust der Bundes- und Staatsangehörigkeit) Zweifel darüber bestehen, ob er nicht seither die Reichsangehörigkeit verloren habe (P. VI, 7). In Folge dessen würde die Todeserklärung von Inländern ohne den Art. 9 sehr häufig erschwert sein.

2. Die Voraussetzungen einer Todeserklärung nach Abs. 1 sind nun außer

a) den prozessualen der §§ 961 ff. CPO. folgende:

b) Verschollenheit der für todt zu erklärenden Person, welche nicht bloß im Falle langer nachrichtsloser Abwesenheit (M. I, 37 zu § 6), sondern bei jedem anzunehmen ist, „von dem kein Schall, keine Kunde da ist" (ZG. I, 47),

c) der Thatbestand eines der §§ 14, 15, 16 oder 17 BGB.,

d) daß der für todt zu Erklärende zu der Zeit, aus welcher die letzten Nachrichten über ihn vorhanden sind, Reichsangehöriger war.

3. Die Todeserklärung im Inland erfolgt durch das in § 961 CPO. bestimmte Gericht. Vgl. Planck Bem. 3.

4. Hinsichtlich der Wirkungen der Todeserklärung, welche im Inland erfolgte, s. die §§ 18—20, 1348—1352, 1420, 1425, 1494, 1544, 1547, 1679, 1684, 1878, 1884, 1885, 1921, 2031 BGB., § 23 GBO. und §§ 973—976 CPO.

Die international-privatrechtliche Wirkung des Abs. 1 liegt darin, daß die deutschrechtlichen Wirkungen der Todeserklärung eines Deutschen entgegen dem oben angenommenen Prinzipe nicht nur für jene Rechtsverhältnisse eintreten, für welche die deutschen Gesetze maßgebend sind, sondern auch diejenigen, welche nach ausländischem Rechte zu beurtheilen sind. Uebereinstimmend Niedner Bem. 2, a, Planck Bem. 3 u. a.; a. M. Cosack I, 68; Gruchot, Beitr. Bd. 45 S. 693.

5. Kann ein Deutscher nur im Inland für todt erklärt werden oder ist auch eine im Ausland erfolgte Todeserklärung eines Deutschen im Inland anzuerkennen?

a) Aus den Worten des Abs. 1 „im Inland" und „nach den deutschen Gesetzen" könnte anscheinend die Folgerung abgeleitet werden, daß die Todeserklärung eines Reichsangehörigen durch einen ausländischen Staat nicht anzuerkennen sei. In der II. Komm. wurde dieses Ergebniß der Auslegung zwar an sich auch als das richtige und zweckmäßige bezeichnet, dazu jedoch bemerkt: „Wenn man, wie dies in Abs. 2 „der Anträge" (nun Absätze) vorgeschlagen werde, ausdrücklich ausspreche, daß nach deutschem Rechte auch Ausländer unter gewissen Voraussetzungen für todt erklärt werden könnten, so scheine die Konsequenz dahin zu führen, auch die Todeserklärung von Deutschen durch einen ausländischen Staat wenigstens in gewissen Fällen zuzulassen. Es empfehle sich jedenfalls, nicht ausdrücklich den Satz aufzustellen: „Ein Deutscher kann im Ausland nicht für todt erklärt werden." Denn wenn man gleichzeitig das, was man den Ausländern gegenüber für Deutschland in Anspruch nehme, für das Verhältniß der ausländischen Staaten zu den deutschen Reichsangehörigen ablehne, so möchte dies als eine Unbilligkeit empfunden werden, die zu Bedenken und Verwicklungen führen könne." Hieraus und aus der fakultativen Fassung des Abs. 1 — „kann" — wird daher die Folgerung abzuleiten sein: Die Todeserklärung eines Deutschen durch einen ausländischen Staat und nach dessen Gesetzen ist (vorbehaltlich des Art. 31) unter denselben Voraussetzungen und in demselben Umfang anzuerkennen, welche sich aus Abs. 2 dieses Artikels für die Todeserklärung eines Ausländers im Inland ergeben, also für die nach ausländischem Rechte zu beurtheilenden Rechtsverhältnisse und mit Wirkung für das im Auslande befindliche Vermögen.

Uebereinstimmend Planck Bem. 4, Niedner Bem. 2, a, Cosack I, 68; a. M. Zitelmann II, 109 (Note 57), Niemeyer, Vortr. S. 33, Barazetti S. 33. Vgl. ferner Neumann, Handausg. Bem. III, 3.

b) Hinsichtlich der Nichtanwendung von CPO. § 328 hieher s. Bem. A, III a. E. bei Art. 8.

c) Ein Konflikt kann allerdings eintreten, wenn eine ausländische und eine inländische Todeserklärung vorliegen. Die beste Lösung desselben dürfte in einem solchen Falle die Rückkehr zum Prinzipe bringen, daß die Rechtsfähigkeit (also auch ihr Ende durch Todeserklärung) sich nach dem Rechte bestimmt, welches für das in Frage kommende Rechtsverhältniß entscheidet.

B. Zu Abs. 2 und 3:

Abs. 2 und 3 ermöglichen die Todeserklärung von Ausländern im Inlande nach zwei verschiedenen Gesichtspunkten:

1. Nach Abs. 2 ist die Todeserklärung eines Ausländers im Inlande nach den deutschen Gesetzen beim Vorhandensein der allgemeinen in vorstehender Bem. A, 2 unter lit. a, b, c bezeichneten Voraussetzungen von weiteren Voraussetzungen nicht abhängig, sondern nur in der Art beschränkt, daß ihre Wirkungen nur eintreten

a) für diejenigen Rechtsverhältnisse, welche sich nach den deutschen Gesetzen bestimmen, und

b) für das im Inlande befindliche Vermögen eines für todt zu Erklärenden.

Zu den Rechtsverhältnissen, die sich nach den deutschen Gesetzen bestimmen, gehören nicht bloß erbrechtliche und familienrechtliche, sondern auch sachenrechtliche und Schuldverhältnisse.

Zu dem im Inlande befindlichen Vermögen gehören nach § 2369 Abs. 2 des BGB. auch Gegenstände, für die von einer deutschen Behörde ein zur Eintragung des Berechtigten bestimmtes Buch oder Register (z. B. Schiffsregister) geführt wird, sowie Ansprüche, für deren klageweise Verfolgung ein deutsches Gericht zuständig ist.

Im Hinblicke auf die §§ 962 und 963 CPO. — wonach zum Antrag auf Todeserklärung eines Verschollenen nur dessen gesetzlicher Vertreter, sowie jeder, der an der Todeserklärung ein rechtliches Interesse hat, berechtigt ist, und der Antragsteller die zur Begründung des Antrags erforderlichen Thatsachen vor der Einleitung des Verfahrens glaubhaft machen muß — ist es jedoch unzweifelhaft, daß die bezeichneten beiden Beschränkungen der Wirkungen der Todeserklärung eines Ausländers nach Abs. 2 zugleich materielle Voraussetzungen für dieselbe bilden, also vom Antragsteller im Antrage behauptet und glaubhaft gemacht und vom Gerichte vor dem Ausspruche der Todeserklärung gemäß §§ 968 und 970 der CPO. festgestellt werden müssen.

Daß der Ausländer zu irgend einer Zeit seinen Wohnsitz oder Aufenthalt im Inlande hatte, ist (im Gegensatze zu Abs. 3) nicht Voraussetzung für die Todeserklärung desselben nach Abs. 2. Andererseits hat die Todeserklärung nach Abs. 2 nur die in diesem Absatze bestimmten Wirkungen auch dann, wenn der Ausländer beim Beginne der Verschollenheit seinen letzten Wohnsitz im Inlande hatte.

2. Zu Abs. 3:

Die volle, durch die deutschen Gesetze (s. oben Bem. A, 4) bestimmte Wirkung hat die im Inland erfolgende Todeserklärung eines Ausländers (im Gegensatze zu den Einschränkungen des Abs. 2 dieses Artikels) nur, wenn

a) der verschollene Ausländer ein Ehemann war,

b) seinen letzten Wohnsitz (BGB. § 7) im Inlande hatte, wenn ferner

c) der Antrag auf Todeserklärung von dessen Ehefrau gestellt wird, wenn außerdem

d) diese Ehefrau

entweder

zur Zeit der Antragstellung noch eine Deutsche ist, was z. B. nach § 21 Abs. 2 des Bundes- und Staatsangehörigkeitsgesetzes möglich ist,

oder

bis zu ihrer Verheirathung mit dem Verschollenen eine Deutsche gewesen ist, und wenn endlich

e) diese Ehefrau des Verschollenen sich zur Zeit der Antragstellung im Inland aufhält (= zurückgeblieben oder dahin zurückgekehrt ist).

Diese unter a—e aufgezählten Thatsachen sind deßhalb auch im Antrage neben den in Bem. A, 2, a—b hervorgehobenen Voraussetzungen gemäß §§ 962 und 963 der CPO. zu behaupten und glaubhaft zu machen und vom Gerichte gemäß §§ 968 und 970 a. a. O. vor der Todeserklärung festzustellen.

Die Todeserklärung nach Abs. 3 hat — außer den allgemeinen Wirkungen (auf welche in Bem. A, 4 hingewiesen wurde) — noch gemäß Art. 13 Abs. 2 die weitere Wirkung, daß die Eingehung einer neuen Ehe seitens der Antragstellerin, auch wenn dieselbe nicht mehr Deutsche ist, nach den deutschen Gesetzen (§§ 1348—1352 des BGB.) beurtheilt wird. (Vgl. Boehm, Zeitschr. Bd. VIII S. 220.)

3. Weder nach Abs. 2, noch nach Abs. 3 dieses Artikels wird für die Todeserklärung des Ausländers im Inland erfordert, daß die Todeserklärung im Heimathsstaate des Ausländers zulässig oder möglich wäre.

4. Die Zuständigkeit für die Todeserklärung bemißt sich auch in den Fällen von Abs. 2 und 3 nach § 961 (und § 972) CPO., jene für die Nachlaßbehandlung nach FG. §§ 72—75.

5. Daß die im Auslande nach ausländischen Gesetzen erfolgte Todeserklärung eines Ausländers mit ihren Wirkungen auch im Deutschen Reiche Anerkennung findet, wird durch Abs. 2 und 3 nicht ausgeschlossen, sondern folgt hinsichtlich derjenigen Rechtsverhältnisse, welche sich nach dem ausländischen Rechte bestimmen, aus dem oben angenommenen Prinzipe.

Ein Konflikt einer ausländischen Todeserklärung mit einer inländischen ist sowohl nach Abs. 2 (namentlich „für das im Inlande befindliche Vermögen" — vgl. Art. 25 —) als nach Abs. 3 denkbar. Es wird jedoch in einem solchen Falle der im Inland erfolgten Todeserklärung der Vorzug zu geben sein.

Vgl. Zitelmann II, 110; Planck Bem. 7; Niedner Bem. 2, b (welcher auch auf Breit im sächs. Arch. f. bürg. R. 1898 S. 593 verweist); Cosack S. 68; Niemeyer, Vortr. S. 31; Barazetti S. 33 ff.

III. Zum Verständnisse des Art. 9 ist hier noch zu bemerken, daß die Vorschriften desselben auch durch die Erwägung veranlaßt sind, daß das Institut der Todeserklärung verschiedenen und zwar sogar civilisirten Ländern, z. B. England und dem größten Teile der Vereinigten Staaten von Nordamerika (wo dafür eine Todesvermuthung auf Grund einer Abwesenheit von theils 5, theils 7, theils 15 Jahren besteht), nicht bekannt ist, und daß andere Länder die Todeserklärung nur zulassen, wenn der Verschollene seinen letzten bekannten Wohnsitz in ihrem Gebiete hatte (Niemeyer, Vorschl. S. 138 ff.).

IV. Den ausländischen Todeserklärungen (vgl. Bem. II, A, 5 und B, 5) werden zwar nicht bloße gesetzliche Vermuthungen (wie in Nordamerika — Bem. III), wohl aber andere gerichtliche Verfügungen, die demselben Zwecke wie die Todeserklärung dienen, z. B. die declaration d'absence nach cod. civ. art. 112 und 115 ff., gleichzustellen sein. Vgl. einerseits Niedner Bem. 2, b, andrerseits Planck Bem. 7.

V. Art. 9 enthält eine unvollkommene, einseitige Kollisionsnorm und zwar in Abs. 2 und 3 spezielles Fremdenrecht (vgl. Bem. II, A, 5 u. B, 5, ferner Vorbem. B, I vor § 7).

VI. Ueber das frühere Recht vgl. Boehm, Statutenkollision § 5 S. 23 und Vorbem. V vor § 13 BGB., sowie die Bem. zu Art. 158—162 unten.

Art. 10.

Ein einem fremden Staate angehörender und nach dessen Gesetzen rechtsfähiger Verein, der die Rechtsfähigkeit im Inlande nur nach den Vorschriften der §§ 21, 22 des Bürgerlichen Gesetzbuchs erlangen könnte, gilt als rechtsfähig, wenn seine Rechtsfähigkeit durch Beschluß des Bundesraths anerkannt ist. Auf nicht anerkannte ausländische Vereine der bezeichneten Art finden die Vorschriften über die Gesellschaft sowie die Vorschrift des § 54 Satz 2 des Bürgerlichen Gesetzbuchs Anwendung.

E. z. BGB. II § 2237, rev. 2364; III, 9.

I. Entstehung. Die Vorschriften dieses Artikels sind im Wesentlichen erst vom Bundesrath aufgestellt worden (Reatz III, 6).

Im Gebhard'schen Entw. (vgl. Niemeyer, Vorschl. S. 4) war in § 6 (I. Komm. „§ 1" vgl. P. IV, 8) vorgeschlagen:

> „Die juristische Persönlichkeit wird nach den Gesetzen des Ortes beurtheilt, an welchem die juristische Person ihren Sitz hat."

Die II. Komm. nahm diesen Satz als Abs. 1 des § 2237 BGB. auf und fügte noch folgenden Abs. 2 bei:

> „Ein Verein, der nach den deutschen Gesetzen Rechtsfähigkeit nur durch Eintragung in das Vereinsregister oder durch staatliche Verleihung erlangen kann, ist, wenn er seinen Sitz im Auslande hat, nur dann rechtsfähig, wenn seine Rechtsfähigkeit in einem Bundesstaate anerkannt ist. Die Anerkennung und die Zurücknahme der Anerkennung bestimmen sich nach den Gesetzen dieses Staates."

Der Bundesrat (und mit ihm der Reichstag) hat den § 6 des Gebhardschen Entw. gestrichen und den Abs. 2 von § 2237 der II. Komm. namentlich in dem Punkt geändert, daß er die Rechtsfähigkeit ausländischer Vereine im Einklange mit § 23 des BGB. von der Anerkennung durch den Bundesrath abhängig machte und auf vom Bundesrathe nicht anerkannte ausländische Vereine die Grundsätze des § 54 des BGB. anwendete.

II. Inhalt. Art. 10 betrifft die Rechtsfähigkeit ausländischer Vereine im Inlande. Vgl. hierüber Einleitung I, 2 zum Tit. I in Bd. I, dann Vorbem. IV, ferner Vorbem. VIII, D zu Tit. II in Bd. I. Es ist keine allgemeine Norm darüber aufgestellt, nach welchen Staates Gesetzen die Rechtsfähigkeit juristischer Personen zu bemessen ist. Die Vorschläge der I. und II. Komm. sind vom Gesetzgeber nicht angenommen worden (s. Bem. I).

Aus der Streichung des § 1 des Entw. der I. Komm. (= § 6 des Gebhard'schen Entw.) ist nicht zu folgern, daß dessen Vorschriften gar keine Bedeutung haben sollen. Schon in der II. Komm. war die Streichung dieses § 1 beantragt worden, weil er theils unnöthig, theils unhaltbar sei, da in der Kommission darüber, daß die Rechtsfähigkeit der ausländischen öffentlich-rechtlichen Korporationen und handelsrechtlichen Erwerbsgesellschaften ohne Weiteres anzuerkennen sei, Einverständniß bestand und die Mehrheit der Kommission der Ansicht war, daß das Gleiche auch in Ansehung der (ausländischen) Stiftungen zu gelten habe, während jener § 1 hinsichtlich der sonstigen Vereine bedenklich sei, da sonst z. B. ein im Inlande nicht zugelassener Verein dadurch seinen Zweck erreichen könne, daß er seinen Sitz in die Schweiz verlege, seine Wirksamkeit aber in Deutschland ausübe (P. VI, 22—28). Offenbar betraf aber der Vorschlag der I. Komm. nur die allgemeine Rechtsfähigkeit (vgl. Bem. VI zu Art. 7), welche nach den Gesetzen des Ortes beurtheilt werden soll, an dem die juristische Person ihren Sitz hat, während bezüglich der speziellen Rechtsfähigkeit schon in der I. Komm. daran festgehalten wurde, daß dieselbe nach den Gesetzen des Staates zu beurtheilen ist, welchen das Rechtsverhältniß untersteht, bei dem sie in Frage kommt. An dieser Unterscheidung wird festzuhalten sein. Ebenso Niedner Bem. 1 Abs. 3, Neumann, Handausg. Bem. 1, anscheinend auch Planck Bem. 1. Vgl. ferner Zitelmann II, 120 ff.

Im Einzelnen ist Folgendes zu bemerken:

A. Art. 10 enthält keine Kollisionsnorm für die Rechtsfähigkeit juristischer Personen überhaupt, sondern nur für jene bestimmter ausländischer Vereine, er bezieht sich nur auf privatrechtliche Vereine.

B. Der Artikel findet Anwendung sowohl auf Vereine, deren Zweck auf einen wirthschaftlichen Geschäftsbetrieb gerichtet ist (BGB. § 22), als auch auf alle anderen (sog. idealen) Vereine (BGB. § 21). Vgl. Zitelmann II, 117. Während die Rechtsfähigkeit von inländischen Vereinen ersterer Art durch Verleihung seitens des Bundesstaats, in dessen Gebiete der betr. Verein seinen Sitz hat, von inländischen Vereinen letzterer Art aber durch Eintragung in das Vereinsregister des zuständigen Amtsgerichts begründet wird, hängt nach diesem Art. 10

C. die Rechtsfähigkeit der hierin bezeichneten ausländischen Vereine davon ab, daß deren Rechtsfähigkeit durch Beschluß des Bundesraths (Art. 7 der Reichsverfassung) anerkannt wird. Von Anerkennung wird hier deßhalb gesprochen, weil,

D. was der Richter im einzelnen Falle zu prüfen hat, die Rechtsfähigkeit nach den Vorschriften des Heimathsstaats des Vereins schon vorhanden sein muß, während bei den ausländischen Vereinen des § 23 BGB. diese erst zu verleihen ist.

Unter der Rechtsfähigkeit des ausländischen Vereins, die nach den Gesetzen des Heimathsstaats vorhanden sein muß, wird die allgemeine Rechtsfähigkeit zu verstehen sein und wird nichts darauf ankommen, ob der Umfang derselben im Heimathsstaate mit ihrem Umfange nach deutschem Rechte sich deckt. Dagegen wird das Erforderniß der Rechtsfähigkeit nach dem nationalen Rechte durch die Anerkennung des Bundesraths nicht überflüssig. Mangelt die Rechtsfähigkeit nach dem nationalen Rechte, so kann den ausländischen Verein auch die inländische Anerkennung nicht rechtsfähig machen. Ebenso Planck Bem. 2, Barazetti S. 38, Niemeyer, Vortr. S. 36, Kuhlenbeck Bem. 4, Neumann, Handausg. 2, a; Zitelmann II, 118; a. M. Niedner Bem. 4.

E. Die Wirkung der Anerkennung ist die Rechtsfähigkeit nach dem BGB. Vgl. hierüber namentlich Vorbem. IV vor § 21 BGB., Barazetti S. 40, Kuhlenbeck Bem. 5.

F. Die Anerkennung des Bundesraths macht den ausländischen Verein nicht zu einem inländischen; trotz der Anerkennung unterliegt derselbe demnach

a) den für die ausländischen Vereine aufgestellten Erwerbsbeschränkungen,
b) den für ausländische Vereine normirten gewerblichen Beschränkungen,
c) auch den sonstigen für die ausländischen Vereine bestehenden Beschränkungen des öffentlichen Rechtes, z. B. dem Affiliationsverbote. Siehe hierüber Bem. 8 zu BGB. § 23, P. II, 24.

G. Kann ein im Uebrigen unter den Art. 10 fallender Verein, dessen Rechtsfähigkeit aber vom Bundesrathe nicht anerkannt ist, im Inland überhaupt nicht als rechtsfähig behandelt werden, also auch nicht hinsichtlich solcher Rechtsgeschäfte, die keine Beziehung zum Inlande haben? Die Frage ist mit Zitelmann II, 119 zu verneinen. Wer im Auslande von einem dort rechtsfähigen Verein eine damals dort befindliche Sache zu Eigenthum erworben hat, dem wird also das Eigenthum dieser nun im Inlande befindlichen Sache nicht deßhalb streitig gemacht werden können, weil er sein Eigenthum von einem im Inlande nicht rechtsfähigen Verein ableitet. Wenn das Erwerbsgeschäft dagegen im Inland abgeschlossen worden wäre, dann würde Art. 10 angewendet, also die Frage aufgeworfen werden müssen, ob das Erwerbsgeschäft auch unter Zugrundelegung der Normen des Satz 2 dieses Artikels rechtsgültig wäre. Es wird deßhalb mit Planck Bem. 4 die Anwendung des Art. 10 nur bei solchen Rechtsverhältnissen zuzulassen sein, die sich nach deutschem Rechte bestimmen.

H. Selbstverständlich ist wohl, daß die Anerkennung der Rechtsfähigkeit eines unter Art. 10 fallenden Vereins vom Bundesrath wieder zurückgezogen werden kann (vgl. BGB. § 43 Abs. 3, an den der Bundesrath jedoch hier nicht gebunden ist). Ebenso Riedner Bem. 5, Planck Bem. 2.

J. Wird die Rechtsfähigkeit des ausländischen Vereins im Inlande nicht anerkannt, so ist er im Inlande nicht rechtsfähig. Es liegen also an sich die Voraussetzungen des § 54 BGB. vor. Der zweite Satz des Art. 10 trifft für diesen Fall die gleiche Bestimmung wie der (auch auf die ausländischen Vereine des § 23 des BGB. anwendbare) § 54 BGB. Es wird also

a) ein im Inlande nicht anerkannter ausländischer Verein im Inlande nach den in den §§ 705—740 des BGB. für die Gesellschaft gegebenen Vorschriften behandelt, jedoch mit dem Abmaße, daß er
   α) gemäß § 50 Abs. 2 CPO. als Verein verklagt werden kann;
   β) in einem solchen Passivprozesse die Stellung eines rechtsfähigen Vereins hat, und daß
   γ) gemäß § 735 CPO. zur Zwangsvollstreckung in dessen Vermögen ein gegen den Verein ergangenes Urtheil genügt; ferner haben
b) aus einem Rechtsgeschäfte, das im Namen eines solchen Vereins einem Dritten gegenüber vorgenommen wird, der (für den Verein) Handelnde persönlich und, wenn Mehrere (für denselben) handeln, alle (für den Verein) Handelnden als Gesammtschuldner zu haften. Im Uebrigen vgl. Bem. zu § 54 BGB.

III. Das Verhältniß dieses Artikels zu der ähnlichen Bestimmung des § 23 BGB. ist wohl dahin zu denken, daß § 23 BGB. vorzugsweise im Ausland, insbesondere auch in den Konsulargerichtsbezirken und Schutzgebieten des Deutschen Reiches bestehende Vereine von im Auslande lebenden Deutschen im Auge hat, während der Art. 10 von Vereinen handelt, welche einem fremden Staate angehören und nach dessen Gesetzen rechtsfähig sind.

Die Staatsangehörigkeit eines Vereins ist in jenem Staate gegeben, in dem der Verein seinen Sitz hat (Rspr. d. OLG. Bd. 5 S. 101), und als Sitz des Vereins gilt — vorbehaltlich abweichender Bestimmung des Statuts — der Ort, an dem die Verwaltung geführt wird (BGB. § 24). Bestehen im Heimathsstaate des Vereins keine Vorschriften über die Rechtsfähigkeit von Vereinen, so kann Art. 10 auf die Vereine eines solchen Staates nicht anwendbar sein. Fraglich ist nur,

a) ob der Bundesrath den Vereinen eines solchen Staates,
b) ob er auch einem Vereine, dem im Heimathsstaat, in welchem die Rechtsfähigkeit gesetzlich möglich wäre, diese nicht zukommt, und endlich
c) einem nach dem nationalen Rechte rechtsfähigen ausländischen Vereine, der aber diese Rechtsfähigkeit nicht geltend machen will oder nicht nachweisen kann, die Rechtsfähigkeit nach BGB. § 23 verleihen kann. Die Frage wird zu bejahen sein, da ein Verbot nicht besteht.

Darnach würde das Verhältniß zwischen § 23 BGB. und Art. 10 EG. dahin festzustellen sein, daß der Bundesrath einem ausländischen, unter BGB. §§ 21 oder 22 fallenden Vereine Rechtsfähigkeit nach § 23 BGB. verleihen kann, daß er aber die Anerkennung der Rechtsfähigkeit eines ausländischen unter §§ 21 oder 22 fallenden Vereins nach diesem Art. 10 nur beschließen kann, wenn der betr. Verein nach seinem nationalen Rechte rechtsfähig ist.

IV. Aus Bem. II, B und D ergiebt sich schon, daß Art. 10 keine Anwendung findet:

1. auf ausländische juristische Personen, welche nicht Vereine sind, z. B. auf Stiftungen; vgl. hierüber § 80 BGB. und Vorbem. 5 vor § 80,

2. auf die ausländischen juristischen Personen des öffentlichen Rechtes,

3. auf ausländische Handelsgesellschaften (vgl. HGB. § 13 Abs. 3), Aktiengesellschaften, Genossenschaften, Gesellschaften mit beschränkter Haftung (s. Bem. 7 zu BGB. § 23),

4. selbstverständlich auch nicht auf solche juristische Personen, welche in besonderen Reichsgesetzen (z. B. Schutzgebietsges. v. 25. Juli bzw. 10. Sept. 1900 § 11 Abs. 2) oder auf Grund eines der Vorbehalte des III. Abschnitts dieses Gesetzes durch die Landesgesetzgebung (P. II, 24) ihre besondere gesetzliche Regelung finden.

5. Ebenso selbstverständlich ist, daß auch durch Staatsverträge Abweichungen von den Vorschriften des Art. 10 getroffen werden können. In Betracht kommen z. B. die Staatsverträge mit Belgien (Central-Bl. 1873 S. 380), Großbritannien (Central-Bl. 1874 S. 143), Griechenland vom 9. Juli 1884 (RGBl. 1885 S. 23), Italien vom 8. August 1873 und 6. Dezember 1891 (RGBl. 1892 S. 97), Oesterreich-Ungarn vom 6. Dezember 1891 (RGBl. 1892 S. 9), Rumänien vom 3./15. Oktober 1893 (RGBl. 1894 S. 1), Rußland vom 29. Januar/10. Februar 1894 (RGBl. 1894 S. 153), Serbien vom 9./21. August 1892 (RGBl. 1893 S. 269). Vgl. Neumann, Handausg. Bem. 4.

In der II. Komm. bestand Einverständniß darüber, daß die Rechtsfähigkeit der ausländischen öffentlichen Korporationen sowie der handelsrechtlichen Erwerbsgesellschaften ohne Weiteres anzuerkennen sei (P. II, 24 u. 26). Beschränkungen dieses Satzes werden sich gerade durch vorstehende Bem. 4 und 5, sowie durch Art. 31 ergeben können. Vgl. hierüber auch Staub Anm. 1, 1, a zu HGB. § 33 und Anm. 9 und 10 zu HGB. § 178.

V. Art. 10 enthält eine unvollkommene Kollisionsnorm und zwar spezielles Fremdenrecht (Vorbem. B, I vor Art. 7). Insoweit zu den Voraussetzungen dieses Artikels zählt, daß es sich um einen Verein handelt, dessen Rechtsfähigkeit durch die Gesetze seines Heimathsstaats anerkannt ist, enthält er eine Verweisung auf die materiell-rechtlichen Vorschriften des Heimathsrechts (Zitelmann II, 118); die weitere Voraussetzung, daß die Rechtsfähigkeit des Vereins durch Beschluß des Bundesraths anerkannt sein muß, ist eine materiell-rechtliche Vorschrift (Zitelmann I, 256).

VI. Die Geschäftsfähigkeit der juristischen Personen bestimmt sich nach Art. 7 (s. dort Bem. II), über ihre Deliktsfähigkeit s. Bem. III zu Art. 7, ferner Art. 12.

VII. Ueber das frühere Recht vgl. RGE. Bd. 6 S. 138, Bd. 7 S. 70, Boehm, Statutenkollision § 5 S. 23.

Art. 11.

Die Form eines Rechtsgeschäfts bestimmt sich nach den Gesetzen, welche für das den Gegenstand des Rechtsgeschäfts bildende Rechtsverhältniß maßgebend sind. Es genügt jedoch die Beobachtung der Gesetze des Ortes, an dem das Rechtsgeschäft vorgenommen wird.

Die Vorschrift des Abs. 1 Satz 2 findet keine Anwendung auf ein Rechtsgeschäft, durch das ein Recht an einer Sache begründet oder über ein solches Recht verfügt wird.

E. z. BGB. II, 2240, 2241 Abs. 2, rev. § 2365; III, 10.

I. Entstehung. Art. 11 Abs. 1 entspricht im Wesentlichen dem § 9 des Gebhard'schen Entw. (Art. 3 E. d. I. K.), Art. 11 Abs. 2 dem § 10 Abs. 3 des Gebh. Entw. (§ 4 Abs. 2 E. d. I. K.). Vgl. Niemeyer, Vorschl. S. 5 u. 6, P. II, 8, 32—38, Vorbem. E vor Art. 7.

II. Inhalt. Art. 11 stellt eine vollkommene Kollisionsnorm für die Form des Rechtsgeschäfts auf, indem er diese Form des Rechtsgeschäfts — mag es von einem Deutschen oder von einem Ausländer, mag es im Inland oder Ausland abgeschlossen werden — in erster Linie dem Gesetze, welches für das den Gegenstand des Rechtsgeschäfts bildende Rechtsverhältniß maßgebend ist (lex contractus), unterwirft, zugleich aber auch für alle Rechtsgeschäfte — mit Ausnahme jener, durch die ein Recht an einer Sache begründet oder über ein solches Recht verfügt wird — jene Form für genügend erklärt, welche die Gesetze des Ortes vorschreiben, an dem das Rechtsgeschäft vorgenommen wird (lex loci actus).

Im Einzelnen wird Folgendes hervorgehoben:

A. Für die Terminologie wird hinsichtlich der Ausdrücke:

a) „Rechtsgeschäft" auf Ziff. II der Einleitung vor § 104 Bd. I S. 291 ff. (vgl. Zitelmann II, 158),

b) „Form" der Rechtsgeschäfte auf Bem. I zu BGB. § 125 (Zitelmann II, 154),
c) „verfügt wird" auf Ziff. VIII der Einleitung zum III. Abschn. in Bd. I S. 305 BGB. Bezug genommen.

B. Für das deutsche Recht soll hinsichtlich der Bedeutung und des Umfangs des Formerfordernisses hieher nur Folgendes bemerkt werden:

Nach § 125 BGB. ist ein Rechtsgeschäft, welches der durch Gesetz vorgeschriebenen Form ermangelt, vorbehaltlich besonderer Bestimmungen (z. B. BGB. § 1318, FG. § 200 Abs. 2), nichtig. Das BGB., welches für Rechtsgeschäfte in der Regel keine bestimmte Form vorschreibt, verlangt für dieselben theils schriftliche Form (nach § 126 BGB.) -- z. B. §§ 32 Abs. 2, 37, 57 mit 59, 81, 111, 368, 405, 409, 410, 416, 566, 761, 766, 780, 781, 783, 784, 792, 793, 1154, 2231 Ziff. 2, theils Erklärung vor Zeugen unter Errichtung eines schriftlichen Protokolls nach §§ 2250 Abs. 2 und 2251 —, theils öffentliche Beglaubigung (nach § 129 BGB., FG. §§ 167, 191) — z. B. nach §§ 77, 79, 126, 371, 403, 411, 413, 444, 1035, 1154, 1155, 1342, 1372, 1492, 1560, 1561, 1577, 1597, 1599, 1662, 1706, 1718, 1720, 1945, 1955, 2120, 2121, 2198, 2199, 2215 —, theils gerichtliche oder notarielle Beurkundung (nach §§ 128 mit 152 BGB. mit Art. 141, 142, 143 dieses Gesetzes) — z. B. §§ 126, 311, 312, 313, 518, 873, 877, 1035, 1491, 1492, 1501, 1507, 1516, 1517, 1730, 1748, 2033, 2121, 2215, 2231—2246, 2282, 2291, 2296, 2348, 2351, 2352, 2371, 2385 —, zum Theil mit dem Erforderniß der gleichzeitigen Anwesenheit der beiden Parteien — §§ 925, 1015, 1434, 1750, 1770, 2276, 2290 —, theils öffentliche Beurkundung nach FG. § 191, in §§ 1718 und 1720 BGB., endlich Erklärung vor dem Standesbeamten unter gleichzeitiger Anwesenheit der Erklärenden vor zwei Zeugen und unter Eintragung in das Heirathsregister §§ 1317 ff. BGB.

Die Gesetze des Auslands werden in dieser Beziehung sehr häufig abweichende Bestimmungen vom inländischen Rechte treffen. Auch was die öffentliche Beurkundung betrifft, werden im Auslande häufig hinsichtlich der Organisation und der Zuständigkeit der Behörden und Beamten und der von ihnen bei der Aufnahme von Urkunden zu beobachtenden Förmlichkeiten andere Vorschriften als im Inlande gelten. Andrerseits kommt es häufig vor, daß Rechtsgeschäfte in einem anderen Rechtsgebiet abgeschlossen werden, als dort, wo sie Rechtswirksamkeit äußern sollen.

C. Vorangestellt ist in Art. 11 der Grundsatz, daß die Form eines Rechtsgeschäfts sich nach den Gesetzen bestimmt, welche für das den Gegenstand des Rechtsgeschäfts bildende Rechtsverhältniß überhaupt maßgebend sind.

Darüber, welches dieses maßgebende Gesetz ist, hat der deutsche Gesetzgeber zwar einzelne Vorschriften in den nachfolgenden Art. 13 ff. gegeben, den Gegenstand aber nicht erschöpfend geregelt. Vgl. im Allgemeinen hierüber die Vorbemerkungen unter A vor Art. 7. Namentlich fehlt eine entsprechende Vorschrift für die obligatorischen Rechtsgeschäfte, nachdem, wie in Vorbem. E vor Art. 7 dargelegt ist, der hierauf bezügliche Vorschlag der II. Komm. vom Bundesrath abgelehnt wurde. Die vorherrschende Ansicht in Wissenschaft und Praxis wird dahin zu fassen sein:

a) Für obligatorische Rechtsgeschäfte ist in erster Linie maßgebend dasjenige Recht, dem sich die Parteien ausdrücklich oder stillschweigend unterworfen haben, und in Ermangelung eines erkennbaren Parteiwillens das Recht des Erfüllungsorts. Boehm, Zeitschr. Bd. 12 S. 618 (RGE. v. 24. Okt. 1902).

Darüber, daß in erster Linie der Parteiwille maßgebend ist, besteht Einverständniß (theilweise abweichend Bar II, 1 ff.). Anhaltspunkte für die Erforschung des desfallsigen Parteiwillens können, wie Neumann, Handausg. Bd. III S. 24 mit Recht ausführt, die Wahl eines bestimmten Erfüllungsorts, die gleiche Staatsangehörigkeit der Vertragstheile, die Gesammtumstände beim Vertragsabschlusse, auch das Einverständniß der Parteien im Prozesse über das anzuwendende Recht (RGE. Bd. 53 S. 140, ferner Staub, HGB. S. 1229) bilden. Für das eventuell anzuwendende Recht des Erfüllungsorts hat sich namentlich mit der bisher herrschenden Meinung auch der 24. deutsche Juristentag entschieden, während Neumann (Gutachten des 24. Juristentags) für das Recht des Wohnsitzes des Schuldners, eventuell für das Recht des Ortes des Vertragsabschlusses eingetreten war (Verhandlungen des deutschen Juristentags Bd. I S. 169 ff., Bd. II S. 33 ff., Bd. IV S. 76 ff.).

b) Der Erfüllungsort bestimmt sich für das deutsche Recht nach Maßgabe der §§ 269 und 270 BGB.

c) Sind an einem Rechtsgeschäfte mehrere Personen betheiligt, wie bei zweiseitigen Verträgen, aus denen jede Partei berechtigt und verpflichtet wird, so kommen mehrere Erfüllungsorte und damit die etwa unter sich verschiedenen Rechte derselben in Frage.

d) Nach dem Rechte des Erfüllungsorts sind die Voraussetzungen und Wirkungen des Rechtsgeschäfts, also auch die Begründung und Aufhebung des Schuldverhältnisses (z. B. durch Verjährung), sowie der Inhalt und der Umfang der Verbindlichkeiten jedes einzelnen Vertragstheils zu bemessen; für den Umfang der Verpflichtungen des Bürgen ist daher das Recht desjenigen Ortes maßgebend, an welchem der Bürge (nicht etwa der Hauptschuldner) zu leisten hat.

e) Ueber das Verhältniß von Satz 1 Abs. 1 zu Art. 27 vgl. Bem. IV, 3 zu Art. 27.

D. Satz 2 von Abs. 1 stellt neben der unter C bezeichneten Form jene Form zur Wahl und bezeichnet also auch jene Form als genügend, welche die Gesetze des Ortes vorschreiben, an dem das Rechtsgeschäft vorgenommen wird.

Hiezu wird bemerkt:

1. Die Vorschrift von Satz 2 Abs. 1 gilt — vorbehaltlich der besonders zu besprechenden Ausnahmen — allgemein, also auch in dem Falle, wenn die lex loci actus gar keine Form vorschreibt, während vielleicht die lex contractus eine besonders solenne Form erfordern würde.

2. Die Vorschrift von Satz 2 Abs. 1 gilt auch dann, wenn die Parteien zu dem Zwecke, um die Form der lex contractus zu vermeiden, sich zur Vornahme des Rechtsgeschäfts in das Ausland begeben und dort die Vornahme bethätigt haben. P. VI, 35; Planck Bem. 4, Niedner Bem. 10.

3. Der Ort, an welchem das Rechtsgeschäft vorgenommen wird, kann nur jener sein, an welchem der Handelnde im Zeitpunkte der Abgabe der Willenserklärung sich befindet; es können aber bei zweiseitigen Rechtsgeschäften, die unter Abwesenden (durch Boten, Brief, Telephon oder Telegraph) geschlossen werden, mehrere Orte der Vornahme des Rechtsgeschäfts in Betracht kommen, dasselbe kann auch bei einseitigen empfangsbedürftigen Rechtsgeschäften der Fall sein.

Muß jede einzelne Rechtshandlung nur der Form des Rechtes jenes Ortes entsprechen, an dem sie vorgenommen wird, oder den Rechten aller jener Orte, an denen die einzelnen Handlungen, aus welchen das Rechtsgeschäft sich zusammensetzt, vorgenommen wurden? Die herrschende Meinung, welcher zuzustimmen sein wird, hat sich für die zweite Alternative entschieden. Bar I, 161; Zitelmann II, 164; Niedner Bem. 9; Planck Bem. 4. Anders z. B. PLR. I, 5 § 113.

Verschieden hievon ist der Fall, daß eine Rechtshandlung an dem einen Orte begonnen, an dem andern fortgesetzt und vollendet wird. Hier ist die Form maßgebend, welche nach dem Rechte des Ortes, wo die Handlung vollendet wird, gilt. Zitelmann II, 159.

4. Wenn nach dem Satze locus regit actum ein Rechtsgeschäft im Auslande in öffentlicher Form unter Zuziehung eines ausländischen Beamten oder Notars abgeschlossen wird, so sind für die von diesem Beamten vorzunehmenden Handlungen lediglich die Vorschriften seines Rechtes maßgebend, so daß also den Betheiligten in dieser Beziehung ein Wahlrecht zwischen den inländischen und ausländischen Formvorschriften nicht zusteht (P. IV, 34). Ebenso Niedner Bem. 2 Abs. 2, Planck Bem. 2 Abs. 3.

Auf einer anderen Linie liegt die Frage, ob durch einen ausländischen Beamten (z. B. Notar) die vom inländischen Rechte erforderte öffentliche Beurkundung rechtswirksam vorgenommen werden kann, ob also beispielsweise ein nach deutschem Rechte zu beurtheilendes Rechtsgeschäft, das zur Gültigkeit der notariellen Beurkundung bedarf, in Frankreich von einem dortigen Notar rechtsgültig beurkundet werden kann. Die Frage ist zweifelhaft, dürfte aber nur insoweit zu bejahen sein, als die Gleichwerthigkeit der ausländischen Beurkundung mit der inländischen durch besondere Gesetze oder Staatsverträge festgestellt ist. Vgl. Planck Bem. 2.

E. Die Vorschriften des Abs. 1 gelten nicht bloß für zweiseitige und einseitige Rechtsgeschäfte, sondern auch für Rechtshandlungen der Parteien; sie gelten sowohl für Rechtsgeschäfte über Schuldverhältnisse, als für familienrechtliche (vgl. Art. 13—23) und erbrechtliche (vgl. Art. 24—26) Rechtsgeschäfte; inwieweit sie für dingliche Rechtsgeschäfte gelten, darüber s. nachstehende Bem. F, 2 (Als Beispiel s. die bei Soergel, Rspr. I u. II S. 254, III S. 238 angeführten Entscheidungen).

Nicht hieher fallen die Rechtshandlungen der Beamten und Behörden (z. B. Zustellungen), deren Form, wie unter D, 4 bemerkt, durch das öffentliche Recht desjenigen Staates bestimmt wird, von dem die Behörde oder der Beamte bestellt ist. Ebenso Planck Bem. 2 Abs. 5; a. M. anscheinend Niedner Bem. 5.

F. Ausnahmen von den Vorschriften des Abs. 1 machen und zwar

1. von Satz 1 der Art. 13 Abs. 3 dieses Gesetzes, wonach für die Form einer Ehe, die im Inlande geschlossen wird, der Grundsatz locus regit actum ausschließlich als maßgebend erklärt wird; das deutsche Recht ist also für die Form der Eheschließung auch dann maßgebend, wenn das eheliche Verhältniß im Uebrigen sich nach ausländischem Rechte bestimmt (Gruchot, Beitr. Bd. 45 S. 695);

2. von Satz 2 der Abs. 2 dieses Artikels für die Form der Rechtsgeschäfte, durch welche ein Recht an einer Sache begründet oder ein solches Recht aufgehoben, übertragen, belastet oder sonst geändert wird. Ob es sich um ein Recht an einer beweglichen oder unbeweglichen Sache handelt, begründet für diese Ausnahme keinen Unterschied. Für diese Rechtsgeschäfte (nach Abs. 2 dieses Artikels) ist also ausnahmslos die Form erforderlich, welche die Gesetze vorschreiben, die für das den Gegenstand des Rechtsgeschäfts bildende Rechtsverhältniß maßgebend sind, das sind die Gesetze des Ortes, an welchem sich die Sache befindet (vgl. Art. 28). Vgl. Gruchot, Beitr. Bd. 45 S. 695.

3. Bestritten ist, ob durch Art. 30 ebenfalls eine Ausnahme von Abs. 1 und zwar sowohl Satz 1 als Satz 2 dieses Artikels begründet werden kann? Für die Bejahung Planck Bem. 7, Kuhlenbeck Bem. 3 Abs. 3, Niemeyer, IPR. S. 116, Neumann, Handausg. Bem. 3; für die Verneinung Fischer-Henle Bem. 1, Niedner Bem. 7. Die von letzteren angeführte Begründung kann nicht für durchschlagend erachtet werden. Allerdings ist es schwer denkbar, daß eine ausländische Formvorschrift gegen den Zweck eines deutschen Gesetzes verstößt, wenn das inländische Recht die ausländischen Formvorschriften neben den inländischen fast unbeschränkt zur Wahl stellt. Niemeyer verweist deßfalls beispielsweise auf „gewisse Eheschließungsformen uncivilisirter Völker“, man hätte also wohl zunächst an solche ausländische Formvorschriften zu denken, welche gegen die guten Sitten verstoßen. Soweit es solche giebt, wird die Ausnahme zuzulassen sein.

4. Eine weitere Ausnahme wird auch Art. 31 ermöglichen.

5. Ebenso ergeben sich Ausnahmen durch die Handels- und Konsularverträge mit den Vereinigten Staaten von Nordamerika vom 11. Dezember 1871 (RGBl. 1872 S. 95) Art. 9, Spanien vom 12. Januar 1872 (RGBl. S. 211) Art. 10, Italien vom 7. Februar 1872 (RGBl. S. 134) Art. 10, Rußland v. 8. Dezember 1874 (RGBl. 1875 S. 145) Art. 9, Hawaii vom 25. März 1879 / 19. September 1879 (RGBl. 1880 S. 121) Art. 18, Griechenland vom 26. November 1881 (RGBl. 1882 S. 108) Art. 9, Serbien vom 6. Januar 1883 (RGBl. S. 65) Art. 9, Japan vom 4. April 1896 (RGBl. S. 732) Art. 10, wonach die Konsulate zur Aufnahme von Rechtsgeschäften verschiedener Art zuständig sind. Hierüber sowie bezüglich § 16 des RG. vom 8. November 1867 über die Organisation der Bundeskonsulate mit Art. 38 dieses EG. vgl. Niemeyer, IPR. S. 205 ff. Vgl. weiters auch RG. vom 7. April 1900 über die Konsulargerichtsbarkeit (insbes. §§ 36 u. 38) u. Einf.VO. vom 25. Oktober 1900 (RGBl. 213 u. 999).

6. Ist eine Ausnahme von Abs. 1 Satz 2 auch für Rechtsgeschäfte begründet, die sich auf Rechtsverhältnisse nach Maßgabe der Art. 13 Abs. 1, 17 Abs. 1 und 25 beziehen, wenn für diese Rechtsverhältnisse gemäß Art. 27 das deutsche Recht maßgebend ist? Muß also beispielsweise die Form eines Testaments, das ein zuletzt im Inlande domizilirender und daselbst verstorbener Däne (für dessen Nachlaß das am Orte des letzten Wohnsitzes geltende Recht maßgebend ist) im Jahre 1900 in Oesterreich errichtet hat, dem BGB. entsprechen oder genügt die Form des § 579 oder des § 585 mit 586 des österr. BGB.? Daß im gegebenen Beispiele für die erbrechtlichen Verhältnisse gemäß EG. Art. 25 u. 27 das deutsche Recht maßgebend ist, kann nicht bezweifelt werden. Mit Rücksicht auf Abs. 1 Satz 1 von Art. 11 gewinnt Art. 27 also Bedeutung auch für Art. 11, obwohl letzterer (Art. 11) in ersterem (Art. 27) nicht genannt ist (ebenso Planck Bem. 3, Niedner Bem. 3 Abs. 2). Die Beantwortung der Frage spitzt sich darauf zu, ob die Anwendung von Satz 2 Abs. 1 des Art. 11 deßhalb ausgeschlossen ist, weil hierin eine unzuläßige Weiterverweisung zu erblicken ist.

III. Bei Würdigung der Frage, ob der für das Rechtsgeschäft erforderlichen Form genügt ist, wird in einem unter Art. 11 zu subsumirenden Falle immer sowohl die lex loci actus als die lex contractus ins Auge zu fassen, es werden nach beiden Richtungen die Wirkungen der mangelnden Form (ob z. B. Nichtigkeit oder Anfechtbarkeit die Folge ist) zu beurtheilen und dasjenige Gesetz zur Anwendung zu bringen sein, nach welchem das Rechtsgeschäft am besten bestehen kann. Ebenso Niedner Bem. 4 Abs. 2; auch Zitelmann II, 161 (dieser mit einer etwas zweifelhaften Einschränkung im Falle eines obligatorischen Widerrufsrechts); a. M. Niemeyer, IPR. 114 ff. (welcher hinter der Frage, „ob formgültig oder nicht“, eine schroffe Schranke errichtet wissen will, die jede Erstreckung der Ausnahmevorschrift über diese Frage hinaus deutlich und energisch ausschließt, dennoch aber diskutirbare Zweifelsfragen für möglich erklärt. Es ist zu beachten, daß z. B. dann, wenn das Gesetz des Errichtungsorts dem Formmangel die Wirkung beilegt, daß dieser Mangel nur binnen einer bestimmten Frist angefochten oder daß er z. B. durch Erfüllung des an sich formbedürftigen Geschäfts geheilt werden kann, dieses in Wirklichkeit doch nur bedeutet: das Geschäft ist auch ohne Form rechtsgültig, wenn es erfüllt ist oder wenn es binnen bestimmter Frist nicht angefochten wird).

IV. Für das frühere Recht vgl. Boehm, Statutenkollision §§ 4, 7, 16, 32; ferner Boehm, Zeitschr. Bd. 4 S. 392, 575; Bd. 5 S. 283, 284, 298; Bd. 6 S. 513, 427; Bd. 7 S. 248, 262, 278; Bd. 8 S. 45, 70; ROHG. Bd. 4 S. 300; Bd. 12 S. 55; Bd. 14 S. 258; Bd. 16 S. 226; Seuff. Arch. Bd. 48 Nr. 1; Bd. 55 Nr. 61; Bd. 56 Nr. 146; Jur. Wschr. 1891 S. 208[34]; 1892 S. 20[28]; 1895 S. 302[36]; 1896 S. 322[17], 344[64], 284[19—21], 156[52], 57[4]; 1897 S. 20[50], 558[45], 479[59], 192[25]; 1898 S. 176[59], 290[46], 371[78]; 1899 S. 447[47], 677[18], 751[27], 288[32], 751[28]; 1900 S. 669[31]; 1901 S. 285[1], 288[7], 761[25]; 1902 S. 36[36]; RGE. Bd. 1 S. 61, 125, 437; Bd. 2 S. 14; Bd. 4 S. 138, 246; Bd. 5 S. 130, 254; Bd. 6 S. 25; Bd. 7 S. 21, 230; Bd. 8 S. 175; Bd. 9 S. 185, 226; Bd. 11 S. 55; Bd. 12 S. 1, 34; Bd. 14 S. 168, 238; Bd. 18 S. 46; Bd. 20 S. 235, 333; Bd. 23 S. 31; Bd. 24 S. 78, 383 ff.; Bd. 26 S. 67; Bd. 29 S. 137; Bd. 30 S. 122; Bd. 34 S. 78, 191; Bd. 36 S. 121, 282, 394; Bd. 37 S. 266; Bd. 38 S. 194; Bd. 39 S. 304, 371; Bd. 41 S. 152 ff.; Bd. 46 S. 230.

Art. 12.

Aus einer im Auslande begangenen unerlaubten Handlung können gegen einen Deutschen nicht weitergehende Ansprüche geltend gemacht werden, als nach den deutschen Gesetzen begründet sind.

E. z. BGB. II, 2243, rev. 2367; III, 11.

I. Entstehung. Wie aus Vorbem. E vor Art. 7 hervorgeht, hatte die II. Komm. anschließend an (§ 12 des Gebhard'schen) § 6 des Entw. der I. Komm. in § 2243 (rev. § 2367) eine vollkommene Kollisionsnorm für Schuldverhältnisse aus unerlaubten Handlungen in Vorschlag gebracht, während Bundesrath und Reichstag sich auf die gegenwärtige Vorschrift des Art. 12 beschränkten und damit dem in der II. Komm. gestellten Antrag auf Streichung des § 6 Rechnung trugen.

II. Umfang. Art. 12 enthält, wie aus Bem. I zu schließen ist, keine allgemeine Kollisionsnorm für Schuldverhältnisse aus unerlaubten Handlungen, setzt aber eine solche offenbar voraus und überläßt deren Entwicklung der Wissenschaft und der Praxis. Als diese allgemeine Norm darf wohl der in der II. Komm. auch von den Gegnern des § 6 der I. Komm. in seinem richtigen Sinne als selbstverständlich erklärte Satz angesehen werden, daß für das Schuldverhältniß aus einer unerlaubten Handlung die Gesetze des Ortes maßgebend sind, an welchem die unerlaubte Handlung begangen worden ist. Nach diesem Gesetze bemißt sich folgerichtig auch die Deliktsfähigkeit und Schadensverantwortlichkeit aus unerlaubten Handlungen. Vgl. Gierke I S. 234 Note 80 (und die dortigen Allegate); Zitelmann I, 126; Bar II, 114, 281; Niemeyer, JPR. 123; Planck Bem. 1; Niedner Bem. 1 u. a., ferner RGE. Bd. 18 S. 28; Bd. 29 S. 90; Bd. 49 S. 182; Das Recht 1902 S. 46.

III. Inhalt. Art. 12 bildet eine Ausnahme von der in Bem. II dargestellten allgemeinen Norm; er schränkt die Anwendung der lex delicti commissi für die Ansprüche aus unerlaubten Handlungen unter der zweifachen Voraussetzung, daß sie

a) gegen einen Deutschen und
b) aus einer im Auslande begangenen unerlaubten Handlung geltend gemacht werden,

in der Art ein, daß diese Ansprüche nicht weitergehen dürfen, als sie nach den deutschen Gesetzen begründet sind.

Dieses gilt sowohl hinsichtlich der Voraussetzungen als hinsichtlich des Umfangs, so daß dann, wenn eine im Auslande nicht erlaubte Handlung im Inland erlaubt ist, aus derselben im Inland überhaupt Ansprüche nicht abgeleitet werden können. Es ist immer zu prüfen, ob der geltend gemachte Anspruch sowohl nach der lex delicti commissi als nach dem deutschen Gesetze begründet ist; nur wenn beide Voraussetzungen zutreffen, kann ihm stattgegeben werden.

Wie aus den Verhandlungen der II. Komm. (P. VI, 42 u. 43) hervorgeht, ist Art. 12 als eine Folgerung und Erweiterung von Art. 30 EG. aufzufassen. Vgl. RGE. Bd. 29 S. 90.

Nach dem inländischen Rechte ist auch die Frage zu beantworten, wo die Handlung begangen wurde; es werden hiefür die strafrechtlichen Normen maßgebend sein. RGE. Bd. 19 S. 383; Bd. 23 S. 305.

IV. Wie in Vorbem. E vor Art. 7 hervorgehoben, wurde in der II. Komm. zu der dort aufgestellten allgemeinen Kollisionsnorm der Zusatz beantragt:

„Soweit ein deutsches Gesetz sich auf eine im Auslande begangene unerlaubte Handlung erstreckt, findet das deutsche Gesetz Anwendung."

Es wurde hiebei auf die RGE. Bd. 18 S. 28 hingewiesen. Obwohl der Satz keine Aufnahme im Gesetze gefunden hat, wird derselbe doch als richtig zu betrachten und demselben zu folgen sein (vgl. StGB. §§ 4—6). Ebenso Planck Bem. 2, a; Niedner Bem. 2, a; Neumann, Handausg. Bem. 1, b; Kuhlenbeck Bem. 4. Vgl. aber RGE. Bd. 34 S. 46.

V. Ueber die Schuldverhältnisse aus einem anderen Grunde als einem Rechtsverhältniß unter Lebenden oder aus einer unerlaubten Handlung (Quasikontrakt oder Quasidelikt) fehlt eine Kollisionsnorm; der von der II. Komm. aufgestellte, in Vorbem. E vor Art. 7 mitgeteilte Satz (§ 2244) wird jedoch im Allgemeinen zu billigen sein. Ebenso Planck Bem. 3; Gierke § 26 III, 3 S. 234 (vgl. die dortigen Allegate).

Art. 13.

Die Eingehung der Ehe wird, sofern auch nur einer der Verlobten ein Deutscher ist, in Ansehung eines jeden der Verlobten nach den Gesetzen des Staates beurtheilt, dem er angehört. Das Gleiche gilt für Ausländer, die im Inland eine Ehe eingehen.

In Ansehung der Ehefrau eines nach Art. 9 Abs. 3 für todt erklärten Ausländers wird die Eingehung der Ehe nach den deutschen Gesetzen beurtheilt.

Die Form einer Ehe, die im Inlande geschlossen wird, bestimmt sich ausschließlich nach den deutschen Gesetzen.

E. z. BGB. II, 2245, rev. 2370; III, 12.

I. Entstehung. Dieser Artikel, welcher Kollisionsnormen für die Eheschließung aufstellt, hat seine nunmehrige Gestalt erst in der Reichstagskommission erhalten, in welcher (RTK. 432) übrigens nur eine unwesentliche redaktionelle Aenderung vorgenommen, im Uebrigen aber Art. 12 des Bundesrathsentwurfs unverändert angenommen wurde.

Die II. Komm., welche den § 8 des Entwurfs der I. Komm. (P. VI, 9), der im Wesentlichen mit § 16 des Gebhard'schen Entw. (Niemeyer, Vorschl. S. 9) übereinstimmte, mehrfach geändert hat (P. VI, 46—51, 67), hatte demselben schließlich folgenden Wortlaut gegeben:

BGB. § 2245 (rev. 2370).

„Die Eingehung der Ehe wird in Ansehung eines jeden der Verlobten nach den Gesetzen des Staates beurtheilt, welchem der Verlobte angehört.

Gestattet das Recht dieses Staates, daß der Verlobte die Ehe nach den Gesetzen seines Wohnsitzes oder nach den Gesetzen des Ortes eingeht, an welchem die Ehe geschlossen wird, so genügt für ihn die Beobachtung dieser Gesetze.

Die Form einer im Inlande geschlossenen Ehe bestimmt sich ausschließlich nach den deutschen Gesetzen.

Ein Deutscher kann im Auslande die Ehe auch in der am Orte der Eheschließung geltenden Form eingehen."

Der Bundesrath hat also am Vorschlage der II. Komm. die Aenderung vorgenommen, daß er den Grundsatz des Abs. 1 auf

a) die Fälle der Eingehung der Ehe im Inland und
b) die Fälle, in welchen einer der Verlobten ein Deutscher ist, einschränkte, dagegen
c) für die Frage, nach welchem Rechte die materiell-rechtlichen Erfordernisse der Eheschließung dann zu beurtheilen sind, wenn von Ausländern im Ausland eine Ehe geschlossen wird (RTK. 328), keine Vorschrift traf, daß er ferner den Abs. 2 (der II. Komm.) strich, daß er weiter dafür den nunmehrigen Abs. 2 einfügte, und daß er endlich auch den Abs. 4 (der II. Komm.) strich. Für den gestrichenen Abs. 2 bietet theilweise Ersatz der nunmehrige Art. 27, für den gestrichenen Abs. 4 der Art. 11 Abs. 1 Satz 2.

II. Inhalt. Der Artikel 13 stellt eine Kollisionsnorm für die materiell-rechtlichen Erfordernisse und die Form der Eheschließung auf, worüber im Einzelnen Folgendes zu bemerken ist:

A. Die Hauptregel stellt Abs. 1 auf, während die Abs. 2 und 3 Ausnahmen von derselben bilden. Es hält Abs. 1 an dem für das Personalstatut durch Art. 7 aufgestellten Staatsangehörigkeitsprinzipe für jeden der beiden Ehetheile fest; er soll, wie in der Berathung der II. Komm. (P. VI, 47) klargestellt wurde, den Sinn haben, daß eine zwischen den Angehörigen verschiedener Staaten geschlossene Ehe nur dann gültig sei, wenn sie sowohl nach dem Rechte des Heimathsstaats des Mannes, als auch nach dem Rechte des Heimathsstaats der Frau Gültigkeit habe. Die (von einer Seite vorgeschlagene) ausschließliche Berücksichtigung des Rechtes der Heimath des Mannes würde in zahlreichen Fällen die Nichtanerkennung der Ehe im Heimathsstaate der Frau zur Folge haben, was gleichermaßen im Interesse der Frau, die nach Auflösung der Ehe nicht selten in ihre Heimath zurückkehre, als im Interesse der Kinder vermieden werden müsse, damit diese nicht im Heimathstaate der Frau als unehelich gälten und des Erbrechtes gegenüber ihren mütterlichen Verwandten verlustig gingen (P. VI, 48).

B. Wie schon aus Bem. I hervorgeht, gilt der Grundsatz des Abs. 1

a) nur für die Eingehung einer Ehe im Inlande, gleichgültig dann, ob die Ehe nur zwischen Ausländern oder einem Ausländer und einem Inländer geschlossen wird, und

b) für die Eingehung der Ehe zwischen zwei Personen, von welchen wenigstens die eine die deutsche Staatsangehörigkeit besitzt, — gleichgültig für diesen Fall, ob die Ehe im Inland oder Auslande geschlossen wird.

Insoweit enthält Abs. 1 eine vollkommene Kollisionsnorm. Es fehlt aber an einer Vorschrift für die Eingehung der Ehe solcher Ausländer, welche ihre Ehe im Ausland abgeschlossen haben. Die Regelung dieser Frage hat der Gesetzgeber, wie aus Bem. I zu folgern ist, absichtlich unterlassen; es kann aber die Entscheidung derselben auch im Inlande nothwendig werden, z. B. hinsichtlich solcher Ehegatten, die nach dem Eheabschlusse die Reichsangehörigkeit erwerben oder im Inland ihren Wohnsitz oder Aufenthalt nehmen. In der Reichstagskommission wurde auf diese Frage regierungsseitig bemerkt: „Für den deutschen Richter sei die Ehe als formgültig geschlossen zu erachten, wenn sie den Erfordernissen der Gesetze entspricht, welche für die Eheeingehung der Verlobten maßgebend sind; die Beobachtung der am Eheschließungsorte geltenden Gesetze genüge jedenfalls dann, wenn die ersterwähnten Gesetze die Geltung der lex loci actus nicht ausschließen" (RTK. 328). War also die Ehe nach dem bisherigen Rechte gültig, so bleibt sie auch nach dem Erwerbe der Reichsangehörigkeit gültig (Bl. f. RA. Bd. 62 S. 213). Die Frage, welche Wirkung der Erwerb einer fremden Staatsangehörigkeit auf die Gültigkeit der Ehe einwandernder Deutscher äußert, ist nach dem Rechte desjenigen Staates zu beantworten, dessen Angehörigkeit erworben wird (Bl. f. RA. Bd. 62 S. 214).

Man wird hinsichtlich der von Ausländern im Auslande geschlossenen Ehen an dem von der II. Komm. gebilligten Prinzipe festhalten dürfen, daß die materiell-rechtlichen Erfordernisse (abgesehen von der Form) der Eheschließung in Ansehung eines jeden der Verlobten nach den Gesetzen des Staates zu beurtheilen sind, dem der Verlobte angehört, daß also eine Ehe nur gültig ist, wenn sie sowohl den Gesetzen des Staates, dem der Mann angehört, als den Gesetzen des Staates, dem die Frau angehört, entspricht. Verweisen die Gesetze der beiden Heimathsstaaten oder eines derselben auf die Gesetze des Wohnsitzes oder des Ortes der Eheschließung, so werden die Gesetze der betreffenden Staaten insoweit für maßgebend zu erachten sein, als das nationale Recht es gebietet oder zuläßt, — dieses alles vorbehaltlich der speziellen Vorschriften des gegenwärtigen Artikels. Ebenso Planck Bem. 1, Kuhlenbeck S. 33 a. E., Niemeyer, IPR. S. 37 und 133, Neumann, Handausg. Bem. II, 1; im Effekt anscheinend auch Keidel in Boehm, Zeitschr. Bd. 7 S. 244. Hinsichtlich der Form s. unten Bem. F, 3.

C. Von der Kollisionsnorm des Art. 13 werden nicht nur die materiell-rechtlichen Erfordernisse der Eheschließung im engeren Sinne (wie Ehemündigkeit, Einwilligung der Gewalthaber, Ehehindernisse, Dispense, Form der Eheschließung — BGB. §§ 1303—1322), sondern auch die Vorschriften über Willensmängel — Zwang, Irrthum (Rspr. d. OLG. Bd. 1 S. 350), Schein — (BGB. §§ 116—124), sowie jene über Nichtigkeit und Anfechtbarkeit der Ehe und die Wirkungen derselben (BGB. §§ 1323—1347) betroffen. Vgl. Boehm, Zeitschr. Bd. 7 S. 239; Bd. 8 S. 133; Bd. 9 S. 104 ff.; Gruchot, Beitr. Bd. 42 S. 189; Planck Bem. 2; Niedner Bem. 2, b und 7; Neumann, Handausg. Bem. 1, b u. c; Bl. f. RA. Bd. 63 S. 128 ff.; Bd. 62 S. 213 ff.; P. VI, 52; Niemeyer, IPR. 139; Bem. II, 6 zu Art. 17. Vgl. insbesondere auch die Bem. 5 zu § 1315 Abs. 2 bezüglich des nach den einzelnen Landesrechten nothwendigen Zeugnisses.

Soweit Dispense von einzelnen Erfordernissen der Eheschließung ertheilt werden können, liegt die Zuständigkeit zur Ertheilung derselben bei jenem Staate, von dessen Vorschrift dispensirt werden soll (P. VI, 51 u. 67). Vgl. hieher auch CPO. §§ 606 und 328 Ziff. 3, sowie RG. über die Konsulargerichtsbarkeit vom 7. April 1900 § 2.

D. Vgl. auch Bundesges. vom 4. Mai 1870 über Eheschließung ꝛc. im Ausland § 2 mit Schutzgebietsges. (RGBl. 1900 S. 812) § 7.

E. Nicht unter diesen Artikel fallen die Wirkungen der Eheschließung; über diese vgl. Art. 14—16, über die Ehescheidung Art. 17 (vgl. hiezu Bem. II, 5).

F. Von den Vorschriften des Abs. 1 bestehen folgende Ausnahmen:

1. Nicht die Gesetze des Heimathsstaats eines Verlobten, sondern die deutschen Gesetze sind im Falle des Abs. 1 maßgebend, wenn erstere Gesetze auf die deutschen Gesetze verweisen (Art. 27; vgl. dort Bem. II, 5, b). Diese Rückverweisung ist namentlich für die Angehörigen jener Staaten wichtig, nach deren Gesetzen auch die materiellen Erfordernisse der Eheschließung durch die lex domicilii oder die lex loci actus bestimmt werden. Dahin gehören z. B. die Schweiz, Argentinien, verschiedene Staaten von Nordamerika (vgl. Neumann, Vorschl. u. Materialien II. Teil, S. 53 ff.). Vgl. Boehm, Zeitschr. Bd. 7 S. 238, Bd. 12 S. 202; Gruchot, Beitr. Bd. 42 S. 195; CPO. § 328 Ziff. 3.

2. Vom Grundsatze des Abs. 1 macht der Art. 13 in dem spezielles Fremdenrecht (Vorbem. B, I, 2, c) enthaltenden Abs. 2 eine weitere Ausnahme zu Gunsten der Ehefrau eines Ausländers, welche sich im Falle des Art. 9 Abs. 3 befindet (s. Bem. II, B, 2 zu Art. 9). Wenn deren Ehemann nach den Bestimmungen dieses Art. 9 für todt erklärt wurde, so kann sich dieselbe mit den Wirkungen des § 1348 BGB. auch dann wiederverehelichen, wenn das Gesetz ihrer (durch die Verheirathung mit dem für todt erklärten Ehemanne erworbenen) Heimath die Todeserklärung nicht kennt oder im gegebenen Falle nicht zulassen würde. Der Abs. 2 hat nur Bedeutung für eine verheirathete Ausländerin, welche bis zu ihrer Verheirathung Deutsche gewesen und auch nach ihrer Verheirathung (mit dem nachmals für todt erklärten Ehemann) entweder im Inlande geblieben oder dorthin wieder zurückgekehrt ist. Gleichgültig für die Anwendung des Abs. 2 ist es, ob die neue Ehe im Inland oder Auslande geschlossen wird. Vgl. Boehm, Zeitschr. Bd. 8 S. 219 ff., 156 ff.; Bd. 9 S. 104 ff., 300 ff.; Bd. 10 S. 1 ff.; Niemeyer, Vortr. S. 39; Barazetti S. 61; Niedner Bem. 4; Planck Bem. 5, b.

3. Auch der Abs. 3 bildet eine Ausnahme von dem Prinzipe des Abs. 1, indem er die Förmlichkeiten der im Inland einzugehenden Ehen, selbst wenn die beiden Verlobten Ausländer sind, ausschließlich den deutschen Gesetzen (BGB. §§ 1317—1321 bezw. §§ 7, 7 a, 8, 8 a des Ges. v. 4. Mai 1870 über die Eheschließung ꝛc. ꝛc. im Ausland in der Fassung des Art. 40 Ziff. 2 dieses Gesetzes) unterwirft.

Damit ist auch die Frage, ob die von Ausländern, welche nach ihrem nationalen Rechte nur durch kirchliche Trauung eine rechtsgültige Ehe eingehen können, lediglich vor einem deutschen Standesbeamten geschlossene Ehe als rechtsgültig zu betrachten ist, für das deutsche Recht im bejahenden Sinne entschieden, obwohl eine solche Ehe nach dem nationalen Rechte der Brautleute ungültig ist und Gültigkeit nur dadurch erlangt, daß neben den Formen des deutschen Rechtes auch den vom nationalen Rechte erforderten Förmlichkeiten genügt wird. Würden dagegen zwei Ausländer im Inlande — wenn auch nach Maßgabe der Gesetze ihres Heimathsstaats — sich nur kirchlich, oder, soweit es nicht durch Staatsverträge zugelassen ist, vor diplomatischen Agenten oder Konsuln trauen lassen (vgl. § 67 des Personenstandsges. in der Fassung der Ziff. III des Art. 46 dieses Gesetzes), so würde die Ehe im Inland ungültig sein. Vgl. Gruchot, Beitr. Bd. 42 S. 189.

Im Uebrigen ist noch Folgendes hervorzuheben:

a) Eine Ausnahme von der Vorschrift des Abs. 3 kann zu Gunsten von Ausländern dann eintreten, wenn auf Grund eines Staatsvertrags einem ausländischen Konsul die Befugniß beigelegt ist, eine seinen Landesgesetzen entsprechende Eheschließung von Angehörigen seines Staates im Inlande vorzunehmen. Dieses ist z. B. der Fall hinsichtlich der Angehörigen der Staaten Paraguay, Italien und Japan, gemäß der Staatsverträge vom 21. Juli 1887 — RGBl. 1888 S. 178 —, 4. Mai 1891 — RGBl. S. 113 — und 4. April 1896 — RGBl. S. 715. Vgl. Niemeyer, JPR. S. 201 ff.

b) Für die Form der nicht im Inlande geschlossenen Ehen — (von Inländern mit Inländern, Inländern mit Ausländern, Ausländern mit Ausländern) — gilt dagegen die allgemeine Vorschrift des Art. 11 Abs. 1 dieses Gesetzes. Deßfalls könnte nach der regierungsseitig in der Reichstagskommission abgegebenen (und oben in Bem. B angezogenen) Erklärung nur darüber ein Zweifel entstehen, ob eine Ehe, welche von Ausländern nicht im Gebiete des deutschen Rechtes und in einem anderen als in ihrem Heimathsstaate geschlossen wird, dann für das deutsche Recht als rechtsförmlich geschlossen zu erachten ist, wenn sie zwar den materiell-rechtlichen Erfordernissen der Eheschließung nach Maßgabe des nationalen Rechtes und den Formen des Eheschließungsorts entspricht, diese Formen aber vom nationalen Rechte der Brautleute nicht zugelassen werden. Es wird aber die so aufgeworfene Frage für das deutsche Recht zu bejahen sein, da kein Grund besteht, für diesen Fall den Art. 11 Abs. 1 dieses Gesetzes nicht anzuwenden, und da der Umstand, daß eine solche Ehe vom Heimathsstaate nicht als gültig anerkannt wird, ebensowenig maßgebend sein kann, wie hinsichtlich der von Ausländern im Inland in der dem deutschen Rechte entsprechenden Form geschlossenen Ehen. Vgl. auch § 328 CPO. Ziff. 3. Ebenso Planck Bem. 5, c, Niedner Bem. 5 und 6; a. M. Boehm, Zeitschr. Bd. 8 S. 133.

Mit Rücksicht auf Tagesvorkommnisse wird hier ausdrücklich betont, daß eine unter Wahrung der im Ausland am Orte der Eheschließung geltenden Eheschließungsförmlichkeiten geschlossene Ehe zwar formell gültig, materiell aber nichtig oder anfechtbar ist, wenn sie in Fällen, in denen deutsches Recht zur Anwendung gelangt (also z. B. beim Eheabschlusse zwischen Deutschen in England), dem materiellen deutschen Rechte nicht entspricht.

c) Auch zu b ergeben sich Ausnahmen

α) durch die Eheschließung vor Konsuln gemäß der Staatsverträge mit Brasilien vom 10. Januar 1882 (RGBl. S. 69), wovon Art. 14 gekündigt wurde; Hawaii vom $\frac{\text{25. März}}{\text{19. September}}$ 1869 (RGBl. 1880 S. 121) Art. 2; Italien, Japan und Paraguay (s. a); Salvador vom $\frac{\text{13. Juni 1870}}{\text{12. Januar 1888}}$, wovon Art. 8 am 23. Mai 1902 außer Kraft trat (RGBl. 1872 S. 377, 1889 S. 191, 1902 S. 168); Serbien vom 6. Januar 1883 (RGBl. S. 62) Art. 10; Südafrikanische Republik vom 22. Januar 1885 (RGBl. 1886 S. 209) Art. 16 (Neumann, Handausg. I, 2, a u. β) und

β) durch die in Abs. 1 dieser Ziff. 3 sowie in Bem. D erwähnten Gesetze und das Konsulargerichtsbarkeitsges. vom 7. April 1900 (RGBl. 213) § 36 mit der Kaiserl. VO. vom 25. Oktober 1900 (RGBl. 999) bezüglich der in Rumänien, Serbien und Bulgarien geschlossenen Ehen. Vgl. auch Bem. 4 zu § 1317 und Bem. 8 vor § 1303.

4. Eine weitere Ausnahme von Abs. 1 dieses Artikels ergiebt sich aus Art. 30. Der deutsche Standesbeamte wird die Schließung von Ehen unter Ausländern, für welche nach ihrem nationalen Rechte z. B. die Ehehindernisse der §§ 1309 und 1310 BGB. nicht bestehen, ablehnen müssen, weil solche Ehen nach deutschem Rechte gegen die guten Sitten verstoßen. Die trotz solcher Ehehindernisse im Inland oder Auslande geschlossene Ehe wird nach dem nationalen Rechte zu beurtheilen sein. Die Eingehung einer neuen Ehe darf aber nicht zugelassen werden, bevor die frühere durch gerichtliches Urtheil für ungültig erklärt ist. Niemeyer IPR. S. 135; Niedner Bem. 2, b; Planck Bem. 4. Die Ausnahme trifft nicht zu, soweit Staatsverträge maßgebend sind (Boehm, Zeitschr. Bd. 12 S. 218). Vgl. auch Bem. 5 zu BGB. § 1315 Abs. 2.

G. Vgl. hieher auch noch die Haager Konvention vom 12. Juni 1902 (s. Vorbem. F, III, 3 vor Art. 7) mit den Bem. von Mariolle in Boehm, Zeitschr. Bd. 8 S. 133.

III. Ueber das Verlöbniß sind keine besonderen Bestimmungen getroffen. Es gelten also die Grundsätze der Art. 7 und 11. Vgl. auch Bd. IV Vorbem. 10 vor § 1297 dieses Kommentars. Eine Klage auf die Erfüllung eines Verlöbnisses oder die Zahlung einer Konventionalstrafe für den Fall der Nichterfüllung wird im Hinblick auf den Art. 30 dieses Ges. mit § 1297 BGB. im Deutschen Reiche zurückzuweisen sein, selbst wenn sie nach dem nationalen Rechte der beiden Verlobten zulässig wäre. Auch andere Ansprüche aus dem Verlöbnisse werden im Deutschen Reiche wegen des Art. 30 dieses Ges. nur im Umfange der §§ 1298—1302 geltend gemacht werden können und zwar wird jeweils das Personalstatut desjenigen Teiles, der in Anspruch genommen wird, maßgebend sein (Barazetti S. 28, Niedner Bem. 2, a, Kuhlenbeck S. 33 Bem. 1; abweichend in Bezug auf § 1301 BGB., den er nach den Gesetzen für ein Schuldverhältniß ex lege beurtheilt wissen will, aber im Uebrigen übereinstimmend Planck Bem. 3). Vgl. auch Bem. II, 3, b zu Art. 21.

IV. Ueber das frühere Recht vgl. Vorbem. vor § 1303 und vor § 1297, ferner Boehm, Statutenkollision § 7, Boehm, Zeitschr. Bd. 8 S. 219, RGE. Bd. 20 S. 333, Bd. 27 S. 229; Gierke § 26, IV, 1 S. 235.

Art. 14.

Die persönlichen Rechtsbeziehungen deutscher Ehegatten zu einander werden nach den deutschen Gesetzen beurtheilt, auch wenn die Ehegatten ihren Wohnsitz im Auslande haben.

Die deutschen Gesetze finden auch Anwendung, wenn der Mann die Reichsangehörigkeit verloren, die Frau sie aber behalten hat.

E. z. BGB. II, 2246 u. 2248, rev. 2371 u. 2376; III, 13.

I. Entstehung. Dieser Artikel verdankt seine nunmehrige Fassung dem Bundesrathe.

Der § 9 des Entw. der I. Komm. (im Wesentlichen gleichlautend mit § 17 des Gebhard'schen Entw.) und der hiemit übereinstimmende § 2246 (rev. 2371) der II. Komm. lautete:

„Die persönlichen Rechtsbeziehungen der Ehegatten zu einander werden nach den Gesetzen des Staates beurtheilt, welchem der Mann angehört."

Abs. 2 entspricht dem einschlägigen Theile von § 16 des Entw. der I. Komm. (§ 24 des Gebhard'schen Entw.) und § 2248, rev. § 2376 des Entw. der II. Komm.

II. Inhalt.

A. Die nunmehrige Vorschrift regelt im Gegensatze zum Entw. der II. Komm. nur mehr die persönlichen Rechtsbeziehungen

a) von deutschen Ehegatten,

b) von solchen Ehegatten, welche früher beide die Reichsangehörigkeit besaßen, von denen aber der Mann sie verloren (gleichgültig dann, ob er eine neue Staatsangehörigkeit erwarb oder nicht, Boehm, Zeitschr. Bd. 7 S. 248), die Frau dagegen sie behalten hat, was z. B. nach §§ 19 und 21 mit § 1 des Gesetzes über die Erwerbung und den Verlust der Bundes- und Staatsangehörigkeit vom 1. Juni 1870 in der Fassung der Ziff. III und IV des Art. 41 dieses Gesetzes möglich ist. Die nunmehrige Vorschrift gilt aber gemäß Art. 29 dieses Gesetzes

c) auch für jene Ehegatten, welche keine Staatsangehörigkeit haben und

α) entweder zuletzt die deutsche Staatsangehörigkeit besaßen oder

β) eine Staatsangehörigkeit niemals besaßen und ihren Wohnsitz oder Aufenthalt im Inlande haben oder zur maßgebenden Zeit gehabt haben (Bl. f. RA. Bd. 64 S. 228).

Die deutschen Gesetze sind für die voraufgeführten Ehegatten maßgebend, wenn letztere die hiebei vorausgesetzten nationalen Eigenschaften zu der Zeit haben, in welcher der in Betracht kommende Thatbestand sich verwirklicht hat (Bl. f. RA. Bd. 64 S. 229). Es entscheidet also die jeweilige Staatsangehörigkeit im letzterwähnten Zeitpunkte, nicht etwa jene im Zeitpunkte der Eheschließung, und diese Staatsangehörigkeit muß im Falle a bei beiden Ehegatten die deutsche sein, während in den Fällen b und c die dort vorausgesetzten Inlandsbeziehungen im bezeichneten Zeitpunkte vorliegen müssen. Ebenso Planck Bem. 3, Niedner Bem. 1, a. Wo die Ehegatten ihren Wohnsitz haben, ob im Inland oder im Ausland, ist in den Fällen a, b und c, α gleichgültig.

Die Frage der Staatsangehörigkeit fällt in das Gebiet des öffentlichen Rechtes und bemißt sich für Deutsche nach dem oben unter lit. b erwähnten Gesetze mit den einschlägigen Gesetzen der einzelnen Bundesstaaten.

Ueber Wohnsitz s. BGB. § 7 und Bem. I, 1 vor § 7. Welches Gesetz dafür maßgebend ist, daß von Ehegatten gesprochen werden kann, bemißt sich nach Art. 13.

B. Art. 14 läßt unter den in Bem. A dargelegten Voraussetzungen das deutsche Recht maßgebend sein nur für „die persönlichen Rechtsbeziehungen" der Ehegatten „zu einander".

Ueber die Frage, was unter diesen persönlichen Rechtsbeziehungen zu verstehen ist, wurde in der II. Komm. (P. VI, 51) bemerkt, daß diese Frage nach dem deutschen Eherechte zu beantworten, daß also namentlich auch das Recht, Eheverträge während der Ehe abzuschließen, darunter mitzubegreifen sei. Es dürften nach der Stellung der Art. 13—17 zu einander als persönliche Rechtsbeziehungen der Ehegatten im Sinne des gegenwärtigen Artikels nur solche zu betrachten sein, welche nicht die Eheschließung, die Ehescheidung und das eheliche Güterrecht betreffen, namentlich also die durch §§ 1353—1362 BGB. bestimmten Rechtsverhältnisse, so daß Eheverträge nur insoweit hieher fallen, als sie nicht die Regelung des ehelichen Güterrechts betreffen.

Es bestehen jedoch Zweifel über den Umfang dieser persönlichen Rechtsbeziehungen. Niedner Bem. 5, Niemeyer, IPR. S. 144 (entgegen Niemeyer, Vortr. S. 21) und Neumann, Handausg. Bem. 2 nehmen an, daß der ganze V. Titel von Buch IV BGB. „Wirkungen der Ehe im Allgemeinen", also §§ 1353—1362 BGB., hieher gehört, und rechnen auch das etwa in ausländischen Rechten bestehende Verbot der Schenkungen unter Ehegatten (vgl. auch Planck Bem. 2, d zu Art. 15) hieher, wobei Neumann auch noch BGB. §§ 10 und 204 (und durch seine Verweisung auf die Vorbem. 5 vor § 1353 wohl auch noch §§ 1726 und 1746 BGB.) hieher bezieht. In der I. Aufl. dieses Kommentars wurden §§ 1357 und 1362 (übereinstimmend mit Niemeyer, Vortr. S. 21) wegen Art. 16 Abs. 2 nicht hieher bezogen; so auch von Mariolle in Bl. f. RA. Bd. 64 S. 229, wo eine Aeußerung über §§ 1358—1360 fehlt, und von Kuhlenbeck Bem. 2, ebenso von Barazetti S. 70, der sich über §§ 1359 und 1361 nicht ausspricht, im Uebrigen aber den Artikel ausdehnend interpretirt und alle Fragen, welche die Geschäftsfähigkeit der Ehefrau betreffen (unter Verweisung auf BGB. §§ 1358, 1395 ff., 1398), hieher beziehen will. Planck Bem. 5 rechnet § 1362 (mit einigen Zweifeln bezüglich Abs. 2) nicht und § 1359 nur insoweit hieher, als diese Vorschrift auf der Erfüllung der aus dem persönlichen Rechtsverhältnisse der Ehegatten entspringenden Verpflichtung beruht. Nachdem der Grund, aus welchem in der I. Aufl. §§ 1357 und 1362 nicht unter den Art. 14 einbezogen worden ist (Art. 16 Abs. 2), kaum aufrecht erhalten werden kann, weil unter den „persönlichen Rechtsbeziehungen der Ehegatten zu einander" im gegenwärtigen Art. 14 (§ 9 des Entw. der I. Komm.) wohl nichts anderes verstanden werden kann als im Art. 199 (I. Komm. Art. 118) und weil in den Motiven zum letzteren (S. 279) das Recht der Ehefrau, innerhalb ihres häuslichen Wirkungskreises die Geschäfte des Ehemanns für diesen zu besorgen, also § 1357, ausdrücklich unter diesen persönlichen Rechtsbeziehungen hervorgehoben wurde, und auch die übrigen von Niedner und Planck hervorgehobenen Gegengründe Beachtung verdienen, möchte ich Neumann, dem bezüglich §§ 10 und 204 BGB. auch Planck am angeführten Orte zustimmt, im obenbezeichneten Umfange mit der oben von Planck bezüglich des § 1357 gemachten Einschränkung beitreten, wobei ich als selbstverständlich betrachte, daß §§ 1726 und 1746 nur insoweit hieher gehören, als diese Vorschriften das Rechtsverhältniß der Ehegatten zu einander betreffen. § 1362 Abs. 1 kann seinem Inhalte nach nicht hieher bezogen werden, wohl aber § 1362 Abs. 2 für das Verhältniß der Ehegatten zu einander, nicht für jenes zu den Gläubigern.

III. Der Artikel enthält nur eine unvollkommene einseitige Kollisionsnorm (Vorbem. B, I, 2, b vor Art. 7). Nicht geregelt sind die persönlichen Rechtsbeziehungen ausländischer Ehegatten — mögen sie dem gleichen Staate oder verschiedenen Staaten oder mögen sie beide oder nur einer von ihnen keinem Staate angehören —, wenn für dieselben nicht die Voraussetzungen der Bem. II, A, c vorliegen, sowie solcher Ehegatten, von denen — außer den unter die Bem. II, A, b einzureihenden Fällen — nur der eine die deutsche Staatsangehörigkeit besitzt, der andere aber nicht. Letzteres ist möglich nach § 11 des cit. Ges. vom 1. Juni 1870 mit Art. 41 Nr. III dieses Gesetzes, wenn vom Ehemanne die deutsche Staatsangehörigkeit erworben, von dem Erwerbe derselben aber die Frau ausdrücklich ausgenommen wird, ferner wenn die Ehefrau mit Genehmigung des Mannes ohne letzteren aus der deutschen Staatsangehörigkeit entlassen wird (Cahn, Komment. zum Ges. v. 1. Juni 1870 S. 141), endlich wenn die Frau ohne ihren Mann die deutsche Staatsangehörigkeit erwirbt (Cahn a. a. O. S. 79).

Die Ansichten darüber, wie die für die nicht geregelten Fälle bestehende Lücke auszufüllen ist, sind im Wesentlichen nur darin einig, daß

1. dann, wenn die beiden Ehegatten demselben ausländischen Staate angehören, das Recht dieses Staates für die persönlichen Rechtsbeziehungen der Ehegatten zu einander maßgebend ist (nach Analogie des Art. 14), gehen aber im Uebrigen auseinander. Vgl. Niemeyer, Vortr. S. 21 und IPR. S. 143, Barazetti S. 71 ff., Niedner Bem. 3, Planck Bem. 1, Kuhlenbeck Bem. 1, Neumann Bem. II und III zu Art. 14, Zitelmann I, 228, 235, Boehm, Zeitschr. Bd. 5 S. 1, Bd. 7 S. 229, Bd. 8 S. 98 u. 295, Bl. f. RA. Bd. 64 S. 228 ff. Auszuschließen dürfte

2. die (besonders von Niemeyer befürwortete) Ansicht sein, daß dann, wenn nicht die Voraussetzung der Ziff. 1 vorliegt, das Personalstatut des Mannes maßgebend ist. Denn der Standpunkt der I. und II. Komm. (vgl. Bem. 1) ist vom Gesetzgeber schließlich nicht gebilligt worden. Mit Niedner und Planck bin ich der Meinung, daß bei uns für diese übrigen Fälle nur solche Rechte geltend gemacht werden können, welche sowohl nach dem Personalstatute des Mannes als nach jenem der Frau begründet sind.

Dieses gilt auch für jene Ehegatten ohne Staatsangehörigkeit, bei welchen die Voraussetzungen des Art. 29 vorliegen. Vgl. Bem. II, D zu Ziff. 2 des Art. 29.

3. Die Anwendung des gemäß vorstehender Ziff. 1 und 2 maßgebenden Rechtes kann im Einzelfalle durch die Vorschrift des Art. 30 dieses Gesetzes ausgeschlossen sein (Barazetti S. 72, Bl. f. RA. Bd. 64 S. 228, 231). Die von Barazetti befürwortete analoge Anwendung des Art. 27 wird nicht zuzulassen sein. Vgl. Bem. IV, 1 zu Art. 27.

IV. Die Vorschriften dieses Artikels sind mit dem 1. Januar 1900 auch für die damals schon bestehenden Ehen gemäß Art. 199 dieses Gesetzes wirksam geworden.

V. Im Uebrigen vgl. die Vorbem. VIII und X vor § 1353 dieses Kommentars.

VI. Ueber das früheren Recht vgl. Boehm, Statutenkollision § 7 S. 43.

Art. 15.

Das eheliche Güterrecht wird nach den deutschen Gesetzen beurtheilt, wenn der Ehemann zur Zeit der Eheschließung ein Deutscher war.

Erwirbt der Ehemann nach der Eingehung der Ehe die Reichsangehörigkeit oder haben ausländische Ehegatten ihren Wohnsitz im Inlande, so sind für das eheliche Güterrecht die Gesetze des Staates maßgebend, dem der Mann zur Zeit der Eingehung der Ehe angehörte; die Ehegatten können jedoch einen Ehevertrag schließen, auch wenn er nach diesen Gesetzen unzulässig sein würde.

E. z. BGB. II, 2250, rev. 2372; III, 14.

I. Entstehung. Auch dieser Artikel hat seine nunmehrige Gestalt erst im Bundesrath erlangt.

Der § 11 des Entw. der I. Komm. hatte nur folgende Bestimmungen enthalten:

„Das eheliche Güterrecht wird nach den Gesetzen des Staates beurtheilt, welchem der Mann zur Zeit der Eheschließung angehört. Dies gilt auch dann, wenn eine Aenderung der Staatsangehörigkeit eingetreten ist" (P. VI, 9).

Die II. Komm., welcher verschiedene Abänderungsanträge vorlagen, hat dem zweiten Satze dieses Vorschlages in § 2250 des E. II (rev. § 2372) noch einen Halbsatz und außerdem einen Abs. 2 mit folgendem Wortlaute beigefügt:

„Das Verbot, einen Ehevertrag zu schließen, verliert jedoch seine Kraft, wenn der Vertrag nach den Gesetzen des Staates zulässig ist, in welchem der Mann die Staatsangehörigkeit erwirbt.

Ein Deutscher kann im Ausland einen Ehevertrag auch in der Form schließen, welche den am Orte des Vertragsabschlusses geltenden Gesetzen entspricht."

II. Uebergang vom Wohnsitz- zum Staatsangehörigkeitsprinzip. Während früher in Deutschland für die güterrechtlichen Verhältnisse der Ehegatten zwar auch die Personalstatuten des Mannes zur Zeit der Eheschließung entscheidend waren, diese sich aber nach dem Gesetze des Ortes richteten, an welchem der Ehemann nach der Eheschließung seinen ersten Wohnsitz hatte, wurde von der II. Komm. für das Personalstatut des Mannes dessen Staatsangehörigkeit zur Zeit der Eheschließung als maßgebend erklärt und zwar hauptsächlich aus den Gründen, weil der enge Zusammenhang des ehelichen Güterrechts mit dem Familienrecht und dem Erbrecht eine gleichartige Behandlung dieser Gebiete im internationalen Privatrecht erheische, weil ferner das Staatsangehörigkeitsprinzip im Gegensatze zu der gerade im Punkte des maßgeblichen Wohnsitzes sehr bestrittenen Domizilstheorie zu einer einfachen und sicheren Regelung führe, und weil endlich in allen neueren Staatsverträgen — sowohl in den Verträgen des Reiches mit ausländischen Staaten als auch in den unter den deutschen Bundesstaaten abgeschlossenen Militärkonventionen — der Staatsangehörigkeit die entscheidende Bedeutung für das eheliche Güterrecht beigelegt worden sei (P. VI, 58, 59).

Bei dem Wohnsitzprinzipe beharren nach Neumann, IPR. S. 234—237 noch das Bundesgesetz der Schweiz vom 25. Juni 1891, das Liv-, Esth- und Kurländische Privatrecht, der Vertrag von Montevideo, und auch das institut de droit internationale schlug (Lausanne 1888) dasselbe vor (vgl. auch Boehm Bd. 7 S. 228). In Argentinien gilt für bewegliches Vermögen das Recht des Eheschließungsorts, für das später nach einem Domizilswechsel erworbene bewegliche Vermögen das Recht des neuen Domizils und für unbewegliches Vermögen die lex rei sitae (Neumann a. a. O. S. 240). Auf der lex rei sitae fußen (nach Hasler, Ehel. Güterrecht im IPR. S. 45) auch die französische, englische und nordamerikanische Praxis (vgl. auch Niedner Bem. 3, a) sowie (nach Neumann a. a. O. S. 327) der Entwurf von Lima (1878) bezüglich der Immobilien und der Mobilien von dauernder Lage, während für die übrigen Mobilien das Recht des ehelichen Domizils vorgeschlagen war.

III. Inhalt. Der wesentliche Inhalt des Art. 15 ist also zunächst der, daß nach dem Wortlaute des Gesetzes

A. das Staatsangehörigkeitsprinzip für folgende Fälle eingeführt wird:

a) wenn der Ehemann zur Zeit der Eheschließung ein Deutscher war, da in diesem Falle — gleichgültig, wo (ob im Inland oder im Auslande) die Ehe geschlossen wird oder die Eheleute zur Zeit der Eheschließung oder nachher wohnen, also selbst wenn der erste Wohnsitz im Auslande genommen oder die Reichsangehörigkeit später verloren wird, — das eheliche Güterrecht nach deutschen Gesetzen sich bemißt;

b) wenn der (ausländische) Ehemann nach der Eingehung der Ehe, mag er im Inlande wohnen oder nicht, die Reichsangehörigkeit erwirbt und

c) wenn ausländische Ehegatten ihren Wohnsitz im Inlande haben, — mag dieses schon zur Zeit des Eheabschlusses der Fall sein oder erst nachträglich eintreten —, da in diesen beiden Fällen (b u. c) für das eheliche Güterrecht die Gesetze des Staates maßgebend bleiben, dem der Mann zur Zeit des Eheabschlusses angehörte.

In allen diesen Fällen kommt es also auf die Staatsangehörigkeit zur Zeit der Eheschließung, aber nur auf jene des Mannes, nicht aber (wie in Art. 13) auf jene der Frau an (Boehm, Zeitschr. Bd. 8 S. 98).

Das Recht des Staates, dem der Mann zur Zeit der Eheschließung angehört, ist für das eheliche Güterrecht maßgebend und bleibt hiefür maßgebend, auch wenn später diese Staatsangehörigkeit aufgegeben und eine andere erworben wird. Ebenso Planck Bem. 1, c, Niedner Bem. 2 Abs. 3 und 4; theilweise a. M. Boehm Bd. 7 S. 116, Bd. 8 S. 102 und 184.

B. Ausnahmen vom Staatsangehörigkeitsprinzipe begründen:

1. der letzte Halbsatz von Abs. 2 dieses Artikels, durch welchen für die Fälle der lit. A, a und b ermöglicht wird, daß ausländische Ehegatten, deren nationales Recht den Abschluß von Eheverträgen — sei es überhaupt, sei es nach Abschluß der Ehe — verbietet, im Deutschen Reiche einen Ehevertrag abschließen. Diese Ausnahmevorschrift trifft namentlich auch das französische Recht (cod. civ. art. 1394 u. 1395). In Deutschland wohnende französische Ehegatten können also auch nach dem Abschlusse der Ehe mit Wirksamkeit für das deutsche Recht Eheverträge abschließen, obwohl solche alsdann nach dem nationalen Rechte der Rechtswirksamkeit entbehren.

Fraglich ist, ob in diesem Falle das Verbot des § 1433 Abs. 1 BGB. zutrifft. Die Frage wird zu verneinen sein, da ja nicht das deutsche Recht, sondern das nationale Recht der Ehegatten für die Beurtheilung des Vertragsinhalts maßgebend ist. Ebenso Wieruszowski, Handb., Theil 2, Note 60[4] S. 37, anscheinend auch Niedner Bem. 5, f.

Wenn dieselben französischen Ehegatten in einem anderen Lande (als Frankreich und Deutschland), in welchem die Schließung von Eheverträgen während bestehender Ehe ebenfalls zulässig ist, wohnen, dort einen Ehevertrag abschließen und alsdann ihren Wohnsitz in das Deutsche Reich verlegen, ist dieser Vertrag vom deutschen Richter als rechtsgültig anzuerkennen? Die Frage wird zu verneinen sein, weil der Vertrag (als nicht im deutschen Rechtsgebiet errichtet) von der eine Ausnahmebestimmung zu Gunsten des deutschen Rechtes enthaltenden und deßhalb nicht auszudehnenden Vorschrift des Art. 15 Abs. 2, letzter Halbsatz, nicht getroffen wird und nach dem nationalen Rechte der Ehegatten ungültig ist. Ebenso Planck Bem. 3, b, Wieruszowski a. a. O. Note 60[1] S. 36. A. M. Niedner Bem. 5, c, Niemeyer, IPR. S. 145, Neumann Bem. V, 2. Anders liegt die Beantwortung der Frage, wenn der Vertrag erst nach der Begründung der deutschen Staatsangehörigkeit oder des deutschen Domizils im Auslande geschlossen wird; denn daß der Vertrag im Deutschen Reiche errichtet wird, verlangt Art. 15 Abs. 2, letzter Halbsatz, nicht. — Hinsichtlich der Form der Verträge s. unten Ziff. 5.

Weitere Ausnahmen begründen

2. der Art. 16 dieses Gesetzes (s. die Bemerkungen hiezu),

3. der Art. 27 dieses Gesetzes (s. die Bemerkungen hiezu, namentlich II, 5, c, ferner Planck Bem. 3, a, Niedner 5, a, Wieruszowski a. a. O. S. 32),

4. der Art. 28 dieses Gesetzes gegenüber den drei Fällen der lit. a (s. die Bemerkungen hiezu, ferner Planck Bem. 4, Niedner Bem. 5, e, α, Wieruszowski a. a. O. S. 21, 36, Neumann Bem. II, 1, b u. 2, a, γ, b, β, Niemeyer, IPR. S. 86).

5. Auch Art. 30 dieses Gesetzes kann für den Fall der lit. b und c eine Ausnahme begründen, wenn das maßgebende Auslandsrecht gegen den Zweck eines deutschen Gesetzes (z. B. die Einrichtung des Grundbuchs) verstößt. Ebenso Niedner Bem. 5, e, β, Niemeyer, Vorschl. S. 207, Wieruszowski S. 41. Letzterem dürfte auch darin zuzustimmen sein, daß durch Art. 30 die Anwendung der im BGB. §§ 1418, 1468, 1542 zu Gunsten der Frau

bei übler Wirthschaft oder Böswilligkeit des Mannes aufgestellten Schutzvorschriften ermöglicht wird, wenn im nationalen Rechte der Ehegatten solche Vorschriften fehlen. Demnach wird der Ansicht Planck's Bem. 3, d, daß der Art. 30 für Art. 15 eine praktische Bedeutung nicht haben dürfte, kaum zugestimmt werden können.

Eine solche Ausnahme nimmt ferner Barazetti (S. 77 Note 25, mit Boehm, Zeitschr. Bd. 3 S. 139) hinsichtlich der Form der Eheverträge an; dieser Annahme wird nicht beizutreten sein, da in der II. Komm. (P. VI, 60) der Formvorschrift des § 1434 BGB. der zwingende Charakter abgesprochen wurde. Ein von Deutschen im Ausland abgeschlossener Ehevertrag ist also nach Art. 11 gültig, wenn er der lex loci actus genügt. Ebenso Planck Bem. 2, Niedner Bem. 4, a, Wieruszowski a. a. O. Note 60[3] S. 37, Niemeyer, JPR. S. 147.

C. Trotz des Wechsels der Staatsangehörigkeit des Ehemanns soll das einmal begründete Güterrecht nicht geändert werden (Unwandelbarkeitsprinzip, — vgl. Hasler, Ehel. Güterrecht im internat. Priv.-R. § 8 Note 22; Barazetti S. 76, Planck Bem. 1, c, Niedner Bem. 3, b, Wieruszowski a. a. O. S. 30—32, Niemeyer, Vorschl. S. 202 (vgl. namentlich auch die dort aufgeführte Literatur und Judikatur). — Es soll also bei dem nach Maßgabe der lit. A anzunehmenden ehelichen Güterrechte sein Verbleiben haben, auch wenn die Ehegatten in der Folgezeit eine andere Staatsangehörigkeit oder ein anderes Domizil erwerben. Ueber die Gründe hiefür vgl. namentlich Zitelmann I, 226—229, Planck a. a. O. und Niemeyer a. a. O. A. M. Boehm, Zeitschr. Bd. 7 S. 116.

Die unter B, 1 und 5 aufgeführten Ausnahmen vom Staatsangehörigkeitsprinzipe bilden Ausnahmen auch vom Unwandelbarkeitsprinzipe. Vgl. Niedner Bem. 5, b.

Auf dem entgegengesetzten Standpunkte der Wandelbarkeit des ehelichen Güterrechts steht das Liv-, Esth- und Kurländische Privatrecht. Vgl. auch Art. 20 des Bundesges. der Schweiz vom 25. Juni 1891; Neumann, JPR. S. 237.

D. Das einem bestimmten Güterrecht unterworfene Vermögen ist als eine Einheit aufzufassen, so daß auch die nicht in dem Staate, dessen Recht durch die Zugehörigkeit des Mannes für das Güterrecht maßgebend ist, befindlichen Immobilien — soweit nicht das Personalstatut bestimmte Grundstücke, z. B. Lehen, Fideikommisse, als von der übrigen Vermögenseinheit getrennte Vermögen betrachtet — von dem einheitlichen Güterrecht ergriffen werden (Prinzip der Einheit des Vermögens). Ob das Güterrecht lediglich durch das Gesetz oder ob es durch Vertrag bestimmt ist, bewirkt keinen Unterschied. Ebenso Hasler a. a. O. § 7 S. 51 und 53, Planck Bem. 2, Niedner Bem. 3, d und e, Zitelmann II S. 21 ff., Wieruszowski a. a. O. S. 21; vgl. auch v. Bar I S. 512, mit Niemeyer, Vorschl. S. 205 ff.

Ausnahmen vom Einheitsprinzip ergeben sich durch Art. 28 und Art. 30 dieses Gesetzes (vgl. oben B, 4 u. 5).

E. Nach dem Rechte, welches für das Güterrecht überhaupt maßgebend ist, bestimmen sich auch einerseits die Befugnisse, andrerseits die Beschränkungen der Disposition über das Vermögen, soweit diese Befugnisse und Beschränkungen nach dem maßgebenden Gesetze güterrechtlicher Natur sind.

Unter diesen Gesichtspunkt kann z. B. das etwa in ausländischen Rechten bestehende Verbot der Schenkungen unter Ehegatten fallen, wenn es sich als ein Ausfluß des ehelichen Güterrechts darstellt und nicht, was wohl die Regel sein wird, vom Art. 14 dieses Gesetzes (vgl. Bem. II, A dortselbst) erfaßt wird.

Nicht hieher (wie unter Art. 200 Abs. 3) gehören die Beschränkungen in Folge der Ehe.

Die Beschränkungen der Geschäftsfähigkeit regeln sich im Allgemeinen nach Art. 7 dieses Gesetzes; soweit aber nach dem maßgebenden Güterrechte besondere Beschränkungen der Verfügung über das beiden Ehegatten oder einem derselben gehörige Vermögen zu Ungunsten des einen oder andern Ehegatten bestehen (wie z. B. nach dem BGB. §§ 1395 ff., 1444 ff.), werden diese Beschränkungen vom gegenwärtigen Artikel getroffen. Ebenso Planck Bem. 2, a, Niedner Bem. 4, b.

F. Nach dem gegenwärtigen Artikel bemessen sich ferner die güterrechtlichen Folgen der Auflösung der Ehe durch Tod oder Scheidung oder im Falle der Nichtigkeit der Ehe (Boehm, Zeitschr. Bd. 8 S. 105 ff.), wobei sich allerdings Zweifel ergeben können, welche Fragen in das Güterrecht, welche Fragen in das Erbrecht fallen und ob demgemäß Art. 15 oder Art. 24—26 zur Anwendung gelangen. Daran aber ist dabei festzuhalten, daß nach dem BGB. die Auseinandersetzung der Gütergemeinschaft zu den Fragen des Güterrechts gehört (Boehm a. a. O. S. 110 ff.). Zweifel werden sich hiebei weiter darüber ergeben, ob bestimmte Verpflichtungen, wie z. B. die Unterhaltspflicht geschiedener Ehegatten (BGB. §§ 1578 ff.), die Ehescheidungsstrafen, wo solche bestehen, gewisse Folgen der Nichtigkeit der Ehe (z. B. BGB. §§ 1345 mit 1347), unter die persönlichen Rechtsbeziehungen oder unter das eheliche Güterrecht fallen. Je nachdem das eine oder andere angenommen werden muß, tritt Art. 14 (bezw. Art. 17) oder 15 ein. Eine allgemeine Norm für diese Unterscheidungen wird sich kaum aufstellen lassen, vgl. aber Boehm, Zeitschr. Bd. 3 S. 133 ff., Bd. 8 S. 98 ff., RGE. Bd. 36 S. 205 und 231, Bd. 38 S. 96, Seuff. Arch. Bd. 43 Nr. 196; Bd. 95 Nr. 192, Jur. Wschr. 1895 S. 610, Planck Bem. 2, b, c u. f., Niedner Bem. 4, c.

G. Die Folgen der Wiederverheirathung dürften, soweit sie eine Beeinträchtigung des sich wiederverheirathenden Gatten in Bezug auf das ihm aus der Vorehe zugefallene Vermögen enthalten, nach dem gemäß des gegenwärtigen Artikels für die Vorehe maßgebenden Gesetze zu beurtheilen sein. Denn hinsichtlich dieser Folgen wird zumeist anzunehmen sein, daß der Anfall aus dem früheren ehelichen Vermögen, also nach Maßgabe des Güterrechts der Vorehe, nur unter der Voraussetzung erfolgte, daß der verwitwete Ehegatte sich nicht wiedervereheliche. Insoweit handelt es sich also um eine Fortwirkung des Güterrechts der Vorehe (vgl. Niedner Bem. 4, d). Ein Beispiel bietet die Endigung der fortgesetzten Gütergemeinschaft gemäß BGB. § 1493. Würden sich die fraglichen Folgen nur aus dem Erbrecht erklären lassen, so hätten die Art. 24 ff. einzutreten. Würden Rechte in Frage kommen, welche, wie z. B. die Nürnberger Reformation, bestimmen, daß der sich Wiedervereheliche bei gewissen Voraussetzungen (Vorhandensein von ersteehelichen Kindern) einen gewissen Güterstand nicht eingehen kann, so würde eine solche Beschränkung nach dem gemäß des gegenwärtigen Artikels für die neue Ehe maßgebenden Gesetze zu beurtheilen sein. Im Uebrigen wird die Unterscheidung, ob es sich um persönliche Rechtsbeziehungen der Ehegatten oder um den ehelichen Güterstand handelt, zu treffen und entweder Art. 14 oder 15 anzuwenden sein. Vgl. Planck Bem. 2, c, Boehm, Zeitschr. Bd. 3 S. 152, v. Bar a. a. O. S. 530; Barazetti S. 83.

H. Die Grundsätze des gegenwärtigen Artikels gelten nicht bloß für das Rechtsverhältniß unter den Ehegatten selbst, sondern auch gegenüber Dritten, z. B. den Gläubigern. Vgl. Niedner Bem. 5, c Abs. 3.

J. Wenn der Ehemann zur Zeit der Eheschließung keine Staatsangehörigkeit besaß, so treten im Falle der lit. A, b u. c gemäß Art. 29 die Gesetze des Staates ein, dem der Mann zuletzt angehört hatte, eventuell jenes Staates, in dem er damals seinen Wohnsitz, subeventuell desjenigen Staates, in dem er damals seinen Aufenthalt gehabt hat. Ebenso Wieruszowski a. a. O. S. 41; a. M. Boehm, Zeitschr. Bd. 8 S. 100.

K. Streitig ist, von welcher Staatsangehörigkeit bei Bestimmung des maßgebenden Rechtes auszugehen ist, wenn der Ehemann zur Zeit der Eheschließung eine mehrfache Staatsangehörigkeit besaß. Die Streitfrage wird nach den in den Bem. zu Art. 29 vorgetragenen Grundsätzen zu lösen sein.

L. Wenn im Rechtsgebiete des Staates, dem der Ehemann zur Zeit der Eheschließung angehörte, selbst wieder verschiedenes Recht gilt (wie früher im Deutschen Reiche), so dürfte in Uebereinstimmung mit der bisherigen Praxis das Recht des Domizils, welches der Ehemann zur Zeit der Eheschließung besaß, anzuwenden sein.

M. Bezüglich der in der I Auflage aufgeworfenen Frage, welches Recht anzuwenden ist, wenn das Recht der maßgeblichen Staatsangehörigkeit eine Entscheidung nicht trifft, halte ich nunmehr nicht die auch in Boehm, Zeitschr. Bd. 8 S. 100 vertretene Antwort für richtig, sondern ich bin jetzt der Meinung, daß diese Frage gar nicht aufgeworfen werden kann. Wenn das Recht der maßgeblichen Staatsangehörigkeit eine Entscheidung nicht ausdrücklich trifft, so wird nach den allgemeinen Auslegungsnormen zu verfahren und, soferne auf diesem Wege zu einem positiven Ergebnisse nicht zu gelangen ist, der erhobene Anspruch abzuweisen sein.

N. Vgl. auch Art. 200 und Bl. f. RA. Bd. 62 S. 212.

IV. Art. 15 Abs. 1 enthält eine einseitige, Art. 15 Abs. 2 eine unvollständig zweiseitige Kollisionsnorm (Vorbem. B vor Art. 7). Nicht geregelt ist der Fall, daß der Ehemann zur Zeit der Eheschließung Ausländer war und daß weder er selbst später die deutsche Staatsangehörigkeit erworben hat, noch auch die Eheleute Wohnsitz im Inlande genommen haben (Niemeyer S. 18, Barazetti S. 73). Es wird in analoger Ausdehnung der Vorschriften des gegenwärtigen Artikels auch dieser Fall dahin zu entscheiden sein, daß das Recht desjenigen Staates zur Anwendung kommt, dem der Ehemann zur Zeit der Eheschließung angehörte. Ebenso Planck Bem. 1, Kuhlenbeck Bem. 1, Zitelmann I, 226 ff., Crome I, 153 ff., Niemeyer, Vortr. S. 22, Barazetti S. 74, Boehm, Zeitschr. Bd. 8 S. 98. A. M. Niedner Bem. 2 Abs. 2, Wieruszowski (mit sehr beachtenswerten Gründen) a. a. O. S. 25, Boehm, Zeitschr. Bd. 7 S. 116.

V. Ueber das frühere Recht s. Boehm, Statutenkollision § 9.

VI. Ueber die räumliche Herrschaft der landesrechtlichen Vorschriften, die den Güterstand der vor dem 1. Januar 1900 abgeschlossenen Ehen in das Güterrecht des BGB überleiten, s. Boehm, Zeitschr. Bd. 8 S. 292 ff.

Den dortigen Ausführungen wird mit einer Einschränkung zuzustimmen und zu sagen sein:

Wohnen Ehegatten in einem anderen deutschen Bundesstaat als in jenem, nach dessen Gesetzen sich ihr eheliches Güterrecht bestimmt, so finden die Ueberleitungsvorschriften des letzteren Bundesstaats auf den Güterstand der Ehegatten Anwendung, sofern nicht im Domizilsstaate für den gleichen Güterstand abweichende Ueberleitungsvorschriften getroffen werden, in welch letzterem Falle diese maßgebend sind. (Vgl. für Bayern das Ges. betr. die Uebergangsvorschriften z. BGB. Art. 19—23, und hiezu 50. Prot. des Justiz-Gesetzgeb.-Aussch. v. 25. Mai 1899 S. 855, abgedruckt auch in Becher, Materialien Abt. VII S. 418.)

Art. 16.

Haben ausländische Ehegatten oder Ehegatten, die nach der Eingehung der Ehe die Reichsangehörigkeit erwerben, den Wohnsitz im Inlande, so finden die Vorschriften des § 1435 des Bürgerlichen Gesetzbuchs entsprechende Anwendung; der ausländische gesetzliche Güterstand steht einem vertragsmäßigen gleich.

Die Vorschriften der §§ 1357, 1362, 1405 des Bürgerlichen Gesetzbuchs finden Anwendung, soweit sie Dritten günstiger sind als die ausländischen Gesetze.

E. z. BGB. II, 2251, rev. 2373; III, 15.

I. Entstehung. Dieser Artikel stimmt im Wesentlichen überein mit dem § 2251 rev. 2373 des Entw. der II. Komm., welche den § 12 des Entw. der I. Komm. nur durch Hinzufügung des II. Absatzes und redaktionell geändert hatte. Vom Bundesrath ist in Abs. 2 nur noch der nunmehrige § 1405 mit hereingenommen worden, während ein dies bezielender ähnlicher Vorschlag in der II. Komm. abgewiesen worden war (P. VI, 9, 60—62; Reatz II, 483, III, 8).

II. Inhalt.

1. Die Vorschriften dieses Artikels begründen Ausnahmen von dem gemäß Art. 15 dieses Gesetzes geltenden Satze, daß das eheliche Güterrecht sich nach dem Rechte der Staatsangehörigkeit des Mannes zur Zeit der Eheschließung bemißt,

a) für ausländische Ehegatten und
b) für Ehegatten, die erst nach Eingehung der Ehe die Reichsangehörigkeit erwerben,

für beide (a u. b) jedoch nur, wenn sie den Wohnsitz (BGB. §§ 7—10) im Inlande haben. Ebenso Planck Bem. 2, a.

Diese Ausnahmen sind folgende:

α) Die Vorschriften des § 1435 BGB. finden entsprechende Anwendung. Das hat folgende Bedeutung: Wenn nach dem ausländischen gesetzlichen Güterstande, der in dieser Beziehung nach dem zweiten Halbsatze von Abs. 1 einem vertragsmäßigen Güterstande (des BGB.) gleichgestellt ist, die Verwaltung und Nutznießung des Mannes am Vermögen der Frau nicht oder nicht in dem Umfange wie nach dem BGB. stattfindet, oder wenn die nach dem maßgeblichen Auslandsrecht an sich im gleichen Maße wie nach dem BGB. eintretende Verwaltung und Nutznießung des Ehemanns durch Vertrag ausgeschlossen oder geändert wird, oder wenn eine in dem Güterrechtsregister eingetragene Regelung der güterrechtlichen Verhältnisse durch Ehevertrag aufgehoben oder geändert wird, so können einem Dritten gegenüber aus der im nationalen Güterstand oder im Vertrage begründeten Ausschließung oder Aenderung des eheherrlichen Verwaltungs- und Nutznießungsrechts Einwendungen gegen ein zwischen dem Dritten und einem der Ehegatten vorgenommenes Rechtsgeschäft oder ein zwischen ihnen ergangenes rechtskräftiges Urtheil nur hergeleitet werden, wenn zur Zeit der Vornahme des Rechtsgeschäfts oder zur Zeit des Eintritts der Rechtshängigkeit die Ausschließung oder die Aenderung des eheherrlichen Nutznießungs- und Verwaltungsrechts entweder in dem Güterrechtsregister des zuständigen deutschen Amtsgerichts (BGB. §§ 1558—1563, FG. §§ 161, 162) eingetragen oder dem Dritten bekannt war.

Gläubiger der fraglichen Ehegatten, welche ihre Ansprüche aus Rechtsgeschäften herleiten, die sie mit den Ehegatten geschlossen haben, bevor letztere den Wohnsitz im Inlande genommen oder nachdem sie ihren Wohnsitz wieder ins Ausland verlegt haben, können sich aus Art. 16 Abs. 1 nicht berufen. Vgl. Wieruszowski a. a. O. S. 38 Note 64.

β) Wenn nach dem Güterrechte der Ehegatten eine Schlüsselgewalt der Ehefrau nicht oder in geringerem Umfange als nach § 1357 des BGB. besteht, oder wenn vom Manne oder durch Vertrag die Schlüsselgewalt der Frau beschränkt oder ausgeschlossen wurde, so kann ein Dritter doch die ihm aus § 1357 BGB. erwachsenden Vortheile für sich in Anspruch nehmen, wenn nicht entweder das Güterrecht der Ehegatten für ihn gleich günstig oder günstiger ist oder die Ausschließung oder Beschränkung der Schlüsselgewalt zu der bei α benannten Zeit im Güterrechtsregister eingetragen oder dem Dritten bekannt war.

γ) Die im § 1362 BGB. aufgestellte praesumtio Muciana gilt zu Gunsten der Gläubiger des Mannes bezw. beider Ehegatten, wenn nicht das Güterrecht der Ehegatten für das gleiche Rechtsverhältniß eine den Gläubigern gleich günstige oder noch günstigere Bestimmung trifft.

δ) Wenn die Ehefrau mit Einwilligung oder mit Wissen und ohne Einspruch des Mannes selbständig ein Erwerbsgeschäft betreibt, oder wenn der Mann zwar entweder gegen einen solchen Geschäftsbetrieb seiner Ehefrau Einspruch erhoben oder die vorher ertheilte Einwilligung widerrufen hat, aber dieser Einspruch oder Widerruf nicht in das Güterrechtsregister eingetragen oder den dritten Personen, welche mit der Ehefrau Rechtsgeschäfte abschlossen oder Rechtsstreite führten, zur Zeit der Vornahme des Rechtsgeschäfts oder zur Zeit des Eintritts der Rechtshängigkeit nicht bekannt war, so können solche dritte Personen die Vortheile des § 1405 BGB. für sich in Anspruch nehmen, wenn das Güterrecht der betreffenden Ehegatten für diese dritten Personen weniger günstig ist.

Die Anwendung des § 1405 BGB. wird nur eine entsprechende sein können, sich aber nicht bloß auf den Fall, daß die Ehegatten im Güterstande der Verwaltung und Nutznießung oder in einem ähnlichen Güterstande leben, beschränken, sondern (wie gemäß BGB. §§ 1452, 1519 u. 1349) auch bei anderen ehelichen Güterständen sich wirksam zeigen, nach denen Verfügungen der Frau über ihr Vermögen oder über das eheliche Vermögen ohne Zustimmung des Mannes keine Gültigkeit haben. Vgl. Planck Bem. 4, c.

2. Die in Ziff. 1 entwickelten Grundsätze können nur eintreten, wenn für die betreffenden Ehegatten gemäß Art. 15 dieses Gesetzes ein ausländisches Güterrecht gilt; gilt deutsches Güterrecht (z. B. nach Maßgabe des Art. 27 dieses Gesetzes — vgl. Bem. III, B, 3 zu Art. 15), so ist die Vorschrift des gegenwärtigen Artikels selbstverständlich ohne Bedeutung. Ebenso Niedner Bem. 2.

3. Im Falle der Bem. 1, b muß der Erwerb der Reichsangehörigkeit unter der Herrschaft dieses EG., also vom 1. Januar 1900 ab, erfolgt sein. Es findet daher nicht Art. 16, sondern Art. 200 auf Ehen, die vor dem 1. Januar 1900 mit einem ausländischen Güterstande geschlossen wurden, dann Anwendung, wenn es sich um solche ausländische Ehegatten handelt, die die Reichsangehörigkeit vor dem 1. Januar 1900 erworben haben, oder wenn der Ehemann zur Zeit der Eingehung der Ehe ein Deutscher war und es geblieben ist. Habicht 3. Aufl. S. 549.

4. Zu den Voraussetzungen dieses Artikels (auch des Abs. 2) gehört, wie schon aus Bem. 1 ersichtlich ist, ferner, daß beide Ehegatten zur Zeit der Entstehung der Thatsachen, bezüglich welcher die Vorschriften der §§ 1357, 1362, 1405, 1435 BGB. sich wirksam zeigen sollen, ihren Wohnsitz im Inlande haben. Dieses ist nach deutschem Rechte der Fall, wenn auch nur der Mann thatsächlich seinen Wohnsitz im Inlande hat, da dann die Frau gemäß § 10 Abs. 1 BGB. seinen Wohnsitz theilt, nicht aber ist es der Fall, wenn nur die Frau allein (gemäß § 10 Abs. 2 BGB.) ihren Wohnsitz im Inlande hat. Insoweit ist Planck bezüglich seiner Bemerkung unter 2, b dieses Artikels beizustimmen.

Allein die Frage, ob die Frau den Wohnsitz des Mannes theilt, wird in dem Falle a der Bem. 1 nicht nach deutschem Rechte, sondern gemäß Art. 14 dieses Gesetzes (vgl. Bem. II, B u. III hiezu, sowie Planck Bem. 1 u. 5 Abs. 5 zu Art. 14) nach dem nationalen Rechte der Ehegatten zu beurtheilen sein.

Vgl. auch Wieruszowski a. a. O. S. 37 und 38, Note 63 und 64.

Der bloße Aufenthalt der Ehegatten im Inland erfüllt die Voraussetzungen dieses Artikels nicht. Ebenso Planck Bem. 2, b, Niedner Bem. 2, Boehm, Zeitschr. Bd. 8 S. 104, Wieruszowski a. a. O. S. 38 Note 64; a. M. Barazetti S. 82.

5. Wie aus Bem. 1 hervorgeht, trifft Art. 16 Ausnahmen vom nationalen Güterrechte der Ehegatten nur zu Gunsten dritter Personen und zwar zu dem Zwecke, um dem inländischen Verkehre jenen Schutz zu gewähren, der durch die Annahme des Prinzips der Staatsangehörigkeit und durch die Unwandelbarkeit des ehelichen Güterrechts geboten ist.

Es hat also der Art. 16 keinen Einfluß auf die Rechtsbeziehungen der Ehegatten zu einander. Uebereinstimmend Planck Bem. 3—5, Wieruszowski a. a. O. S. 37.

III. Art. 16 bildet eine unvollständige einseitige Kollisionsnorm, eine Ausnahmebestimmung zu Gunsten des deutschen Rechtes, welche nicht analog ausgedehnt werden kann. Ebenso Planck Bem. 1, Niedner Bem. 2, Niemeyer, IPR. S. 150, Wieruszowski a. a. O. S. 38 Note 64; a. M. Neumann Bem. 3.

IV. Hinsichtlich der Anwendung des § 1405 BGB. auf ausländische Ehefrauen mit inländischem Gewerbebetriebe vgl. auch noch § 11 a der Gewerbeordnung in der Fassung der Ziff. I des Art. 36 dieses Gesetzes und die Bemerkungen hiezu, ferner Art. 4 des EG. z HGB. vom 10. Mai 1897.

Art. 17.

Für die Scheidung der Ehe sind die Gesetze des Staates maßgebend, dem der Ehemann zur Zeit der Erhebung der Klage angehört.

Eine Thatsache, die sich ereignet hat, während der Mann einem anderen Staate angehörte, kann als Scheidungsgrund nur geltend gemacht werden, wenn die Thatsache auch nach den Gesetzen dieses Staates ein Scheidungsgrund oder ein Trennungsgrund ist.

Ist zur Zeit der Erhebung der Klage die Reichsangehörigkeit des Mannes erloschen, die Frau aber Deutsche, so finden die deutschen Gesetze Anwendung.

Auf Scheidung sowie auf Aufhebung der ehelichen Gemeinschaft kann auf Grund eines ausländischen Gesetzes im Inlande nur erkannt werden, wenn sowohl nach dem ausländischen Gesetze als nach den deutschen Gesetzen die Scheidung zulässig sein würde.

E. z. BGB. II §§ 2247—2249 rev. 2374—2376; III, 16.

I. Entstehung. Auch dieser Artikel hat in den verschiedenen Stadien, welche der Entwurf des BGB. durchlief, unterschiedliche Veränderungen erlitten. Die Grundlage desselben bildete der § 10 des Entw. der I. Komm., welcher aus fünf Absätzen bestand, dessen erster mit folgendem Wortlaute:

> „Die Auflösung einer Ehe wird nach den Gesetzen des Staates beurtheilt, welchem der Ehemann zur Zeit der Verwirklichung des für die Auflösung in Betracht kommenden Thatbestandes angehört hat" (P. VI, 9)

noch von der II. Komm. festgehalten (Reatz II, 481), vom Bundesrath aber fallen gelassen wurde (Reatz III, 8).

Mit einer unwesentlichen redaktionellen Aenderung und einer geringen Abweichung, nämlich Einfügung der Worte „sowie auf Aufhebung der ehelichen Gemeinschaft" in Abs. 3, welche von der Reichstagskommission vorgenommen wurde (RTK. 432), stimmt der Wortlaut des Artikels mit dem vom Bundesrathe beschlossenen Art. 16 überein.

Der nunmehrige Abs. 1 entspricht dem Abs. 2 des § 10 der I. Komm. und des § 2247 der II. Komm., der nunmehrige Abs. 2 dem Abs. 3 der beiden letzteren, der nunmehrige Abs. 3 dem § 2248 der II. Komm., der nunmehrige Abs. 4 dem Abs. 4 von § 10 der I. Komm. und dem § 2249 der II. Komm.

Abs. 5 des § 10 der I. Komm., welcher Bestimmungen über die Trennung von Tisch und Bett traf, war bereits in der II. Komm. gestrichen worden (P. VI, 51 ff.). Die Aenderungen, welche die gegenwärtigen vier Absätze des Art. 17 gegenüber ihren Vorgängern zeigen, beruhen darauf, daß die anfänglich vorgeschlagene Zulassung der zeitweiligen Trennung von Tisch und Bett später fallen gelassen wurde (Reatz

II, 118 bis 124). Eine Spur hievon soll nach Fischer-Henle der Art. 17 insoferne noch tragen, als im Abs. 2 die Worte „oder ein Trennungsgrund" aus einem Redaktionsversehen stehen geblieben sind. Es kann die Redaktion aber absichtlich so, wie geschehen, gefaßt worden sein, um den ausländischen Rechten, welche nur zeitliche oder dauernde Trennung von Tisch und Bett kennen, Rechnung zu tragen. Vgl. Niedner Bem. 2, d Abs. 3, Niemeyer, JPR. S. 153; vgl. unten Bem. II, 2, a.

Als dann in der Reichstagskommission zum Ersatze der dauernden Trennung von Tisch und Bett die Aufhebung der ehelichen Gemeinschaft (BGB. §§ 1575, 1576) beschlossen wurde (RTK. 440 b S. 84—90), wurde es gleichwohl nicht für nöthig gehalten, eine andere als die oben hervorgehobene Aenderung des Art. 17 zu treffen.

II. Inhalt. 1. Der Art. 17 enthält Kollisionsnormen für die Ehescheidung (BGB. §§ 1564 ff.) und für die Aufhebung der ehelichen Gemeinschaft durch richterliches Urtheil (BGB. § 1375). Die Voraussetzungen des letzteren Rechtsinstituts sind nach deutschem Rechte die gleichen wie jene der Ehescheidung.

2. Der wesentliche Inhalt des Artikels ist der, daß für die Ehescheidung und für die Aufhebung der ehelichen Gemeinschaft im Allgemeinen am Staatsangehörigkeitsprinzipe mit der Maßgabe festgehalten wird, daß die Gesetze jenes Staates bestimmend sind, welchem der Ehemann zur Zeit der Erhebung der Klage (§ 253 CPO. n. Nr.) angehört. Dem Zeitpunkte der Erhebung der Klage steht in dem Falle, wenn der Kläger während des Prozesses die Reichsangehörigkeit erwirbt und gemäß CPO. § 614 Scheidungsgründe geltend macht, die nach dem Erwerbe der Reichsangehörigkeit entstanden sind, hinsichtlich dieser Scheidungsgründe der Zeitpunkt der Geltendmachung in der mündlichen Verhandlung gleich. RGE. vom 21. April 1902 in Jur. Wschr. S. 233, Rspr. d. OLG. Bd. 4 S. 91. Es werden von diesem Prinzipe jedoch folgende Ausnahmen gemacht:

a) Ein Scheidungsgrund, der zu einer Zeit entstanden ist, während welcher der Mann einem anderen Staate angehörte als demjenigen, dem er zur Zeit der Erhebung der Klage angehört, findet nur dann Berücksichtigung, wenn die ihm zu Grunde liegende Thatsache in jedem der beiden vorerwähnten Staaten als Scheidungsgrund anerkannt wird (Abs. 2). Doch steht in dieser Beziehung hinsichtlich des Staates, dem der Mann früher angehörte, dem Scheidungsgrunde der Trennungsgrund — mag er auch nur die zeitweise Trennung rechtfertigen — gleich. Der Grund muß aber zur Zeit der Klageerhebung auch noch in letzterem Staate wirksam und nicht durch eine Einrede (z. B. Verzeihung) ausgeschlossen sein. Ebenso Planck Bem. 3, b, Niedner Bem. 2, d Abs. 3, Niemeyer, JPR. S. 153. Vgl. auch oben Bem. I.

b) Wenn der Ehemann früher ein Deutscher war, zur Zeit der Erhebung der Klage aber die Reichsangehörigkeit verloren hat, während die Ehefrau Deutsche geblieben ist, was z. B. nach §§ 19 und 21 Abs. 2 mit § 1 des Ges. über die Bundes- und Staatsangehörigkeit in der Fassung der Ziff. III und IV des Art. 41 dieses Gesetzes möglich ist (vgl. Bem. III zu Art. 14) —, so finden die deutschen Gesetze Anwendung (Abs. 3). Hier entscheidet also die Staatsangehörigkeit der Frau.

Ist der Scheidungsgrund schon entstanden, während der Mann vor Erwerbung der deutschen Reichsangehörigkeit einem anderen Staate angehörte, so gilt er nach a als solcher nur, wenn er in den Gesetzen dieses Staates und in den deutschen Gesetzen als solcher anerkannt ist.

Im Hinblick auf Art. 29 hat diese Vorschrift nur Bedeutung, wenn der Mann eine fremde Staatsangehörigkeit erworben hat. Ebenso Planck Bem. 3, c, Niedner Bem. 2, c. Vgl. auch Bl. f. RA. Bd. 63 S. 124.

c) Wird die Klage auf Scheidung oder Aufhebung der ehelichen Gemeinschaft aus einem ausländischen Gesetz im Inland erhoben, so kann sie nur Erfolg haben, wenn der geltend gemachte Scheidungsgrund sowohl

α) nach den deutschen Gesetzen (Abs. 4) als

β) — soferne nicht der Ausnahmefall b gegeben ist — nach den Gesetzen des Staates, dem der Ehemann zur Zeit der Erhebung der Klage angehört (Abs. 1), als Scheidungsgrund anerkannt ist, wozu

γ) für den Fall, daß die als Scheidungsgrund behauptete Thatsache weder im Deutschen Reiche noch im damaligen Heimathsstaate des Mannes, sondern in einem dritten Staate sich ereignet hat, wird erfordert werden müssen, daß die betreffende Thatsache auch im dritten Staate als Scheidungs- oder wenigstens als Trennungsgrund gilt (Bem. a). Vgl. auch Bem. e.

d) Eine weitere Ausnahme begründet Art. 27 (s. die Bemerkungen hiezu, insbesondere II, 5, d). Niedner Bem. 2, a, hält diese Ausnahme für praktisch gegenüber England und Nordamerika, die dem Domizilsprinzipe huldigen. Vgl. Niemeyer, JPR. S. 151 ff., RGE. vom 13. April 1900 in Soergel, Rechtspr. III S. 255, g, Planck Bem. 8 Abs. 2, Bl. f. RA. Bd. 63 S. 123, Rspr. d. OLG. Bd. 3 S. 365.

Endlich können wohl

e) auch durch Art. 30 noch weitere Ausnahmen als jene der lit. c (die auf dem Prinzipe des Art. 30 beruht — Niedner Bem. 2, b; Planck 3, d Abs. 2) begründet sein. A. M. Planck Bem. 3, d Abs. 2. Ebenso wie hier Niemeyer, JPR. S. 152, Kuhlenbeck Bem. 7 und Niedner Bem. 2, b, der z. B. hieher rechnet die Unzulässigkeit α) der Scheidung einer zweiten polygamischen Ehe, ferner β) der zeitweiligen Trennung von Tisch und Bett und γ) der nach türkischem Rechte (durch einen Scheidungsbrief — nach Neumann JPR. S. 118) möglichen Scheidung ohne richterliches Urtheil. Im Falle γ wird allerdings eine Scheidung von im Inlande domizilirenden Ehegatten durch einen im Inland ertheilten Scheidungsbrief gemäß Art. 30 schon deßhalb nicht anerkannt werden, weil das deutsche Recht nur eine gerichtliche Scheidung zuläßt. Ob die Fälle α und β hieher gerechnet werden können, halte ich für zweifelhaft; zu β vergleiche unten Bem. 4; im Falle α wird es sich bei uns nur um die Nichtigkeit der Ehe handeln können, welche unter Art. 13 fällt (s. dort Bem. II, C). Wenn Niemeyer, JPR. S. 152 ausführt, daß es gegen den Zweck eines deutschen Gesetzes (BGB. § 1569 u. CPO. § 606) verstoßen würde, wenn bezüglich eines in Deutschland domizilirenden englischen Ehepaars die Ehescheidung wegen Geisteskrankheit mit Rücksicht auf das abweichende englische Recht abgelehnt würde, so kann ich dem nicht beistimmen. Wäre in diesem Falle nicht gemäß Art. 27 (s. oben Bem. d) nur deutsches Recht anzuwenden, dann wäre nach Abs. 1 und 4 dieses Art. 17 die Scheidung nicht zulässig. Auf demselben Standpunkte steht Scherer Bem. 45 S. 36. Daß, wie dort bemerkt ist, die freiwillige Ehescheidung, welche etwa nach den Gesetzen des Heimathsstaats zulässig ist, in Deutschland nicht möglich ist, folgt schon aus Abs. 4 von Art. 17 (Bem. c). — Vgl. auch Bl. f. RA. Bd. 63 S. 126, Kuhlenbeck Bem. 3.

3. Besitzt der Ehemann zur Zeit der Erhebung der Klage keine Staatsangehörigkeit und tritt nicht die Ausnahmevorschrift des Abs. 3 dieses Artikels (Bem. 2, b) ein, so ist der Staat, nach dessen Gesetzen die Scheidungsklage zu beurtheilen ist, auf der Grundlage des Art. 29 dieses Gesetzes zu bestimmen. In dieser Beziehung, sowie bezüglich des Falles, daß der Ehemann zur Zeit der Erhebung der Klage eine mehrfache Staatsangehörigkeit besitzt, vgl. die Bem. III, J, K zu Art. 15 und Bl. f. RA. Bd. 63 S. 122, sowie Kuhlenbeck Bem. 2.

4. Art der Scheidung. Das BGB. kennt nur die Scheidung und die Aufhebung der ehelichen Gemeinschaft. Kann dann, wenn das maßgebende ausländische Recht nur dauernde oder zeitliche Trennung von Tisch und Bett zuläßt, auf eine dieser ausländischen Ehetrennungsformen vom inländischen Richter erkannt werden? Die Frage ist sehr bestritten. Entgegen der in der ersten Auflage vertretenen, im Wesentlichen verneinenden Anschauung möchte ich mich nunmehr für Bejahung der Frage aussprechen. Den Hauptgrund für die Verneinung habe ich in dem Mangel prozessualer Vorschriften für die Trennung von Tisch und Bett und nicht etwa darin erblickt, daß die zeitweilige oder dauernde Trennung von Tisch und Bett dem Zwecke der deutschen Gesetze widersprechen würde und deßhalb nach Art. 30 ausgeschlossen wäre; denn letzteres ist deßhalb nicht anzunehmen, weil CPO. § 627 eine zeitweilige Trennung von Tisch und Bett ermöglicht und weil sich die Aufhebung der ehelichen Gemeinschaft von der dauernden Trennung von Tisch und Bett nur darin wesentlich unterscheidet, daß sie auf Antrag eines der Ehegatten in Ehescheidung umgewandelt werden muß. Gerade letzterer Umstand ist der in der ersten Auflage vertretenen Anschauung hinderlich, daß da, wo das ausländische Recht nur die dauernde Trennung von Tisch und Bett zuläßt, statt ihrer im Inland auf Aufhebung der ehelichen Gemeinschaft erkannt werden soll. Dagegen scheint nichts zu hindern, daß die Vorschriften der CPO. §§ 606—639 auch auf die zeitliche und dauernde Trennung von Tisch und Bett analog angewendet werden, wenn dieses auch besser in CPO. § 639 ausdrücklich ausgesprochen worden wäre. Auf diesem Wege läßt sich jedenfalls ein Ergebniß finden, welches einen Konflikt mit dem maßgebenden Auslandsrechte vermeidet. Es darf also in Fällen, für die ein Auslandsrecht maßgebend ist, nach welchem nur auf beständige oder zeitliche Trennung der Ehe, nicht auf Trennung der Ehe dem Bande nach erkannt werden kann, nicht auf letztere, sondern nur auf erstere erkannt werden.

Ebenso Osthelder in „Das Recht" 1900 S. 58, Scherer Bem. 46 S. 36 und in „Das Erste Jahr" Bem. 7 S. 4, ferner „Das zweite Jahr" Bem. 14 S. 5, „Drittes Jahr",

Bem. 18 S. 5, ferner Rspr. d. OLG. Bd. 2 S. 18 und 413, Böhm, Zeitschr. Bd. 11 S. 75, RGE. vom 13. Dezember 1900 und 30. April 1901 in Bd. 47 S. 136 und Bd. 48 S. 144 und in Jur. Wschr. S. 30 und 378, außerdem in dem in der RGE. Bd. 55 S. 345 erwähnten Urtheile des Reichsger. IV. Senat vom 17. November 1902, weiter in „Das Recht" 1901 Nr. 343 S. 99. (Hier ist die Meinung vertreten, daß das Wort „Scheidung" in Abs. 1 sowohl die Scheidung nach deutschem Rechte als die zeitliche und beständige Trennung von Tisch und Bett nach ausländischem Rechte umfaßt, während Abs. 4 dieses Artikels nur die Scheidung und Aufhebung der ehelichen Gemeinschaft im Sinne des BGB. im Auge hat.)

A. M. Planck Bem. 7, Niedner Bem. 2, b, Neumann Bem. A, I, 2, Kuhlenbeck Bem. 6, Niemeyer, JPR. S. 154, Mariolle in Bl. f. RA. Bd. 63 S. 126, Erler in „Das Recht" 1900 S. 95. — Wie Planck nunmehr auch RGE. Bd. 55 S. 345 (Vereinigte Civilsenate vom 12. Okt. 1903), wonach, wenn das nationale Recht nur beständige Trennung von Tisch und Bett (z. B. wegen Ehebruchs) zuläßt, im Deutschen Reiche weder letztere, noch Scheidung, noch Aufhebung der ehelichen Gemeinschaft erlangt werden kann — ein höchst unbefriedigender Zustand!

Hiernach wird auch auf Grund des Personenstandsgesetzes § 77 (vgl. Bemerkungen zu Art. 32) die Ehescheidung nicht mehr ausgesprochen werden können, wenn nach dem mitmaßgebenden ausländischen Rechte die Trennung der Ehe dem Bande nach unzulässig ist. Vgl. RGE. Bd. 3 S. 27, Bd. 11 S. 29, deren Richtigkeit von der II. Komm. bestritten wurde (P. VI, 53, Barazetti S. 68 ff.); ferner Bl. f. RA. Bd. 63 S. 127, Scherer Bem. 48 S. 38, RGE. Bd. 47 S. 136 und Bd. 48 S. 144.

5. Wirkungen der Ehescheidung. Nach Art. 17 (speziell Abs. 1 u. 3) bemessen sich auch die Wirkungen der Ehescheidung und der Aufhebung der ehelichen Gemeinschaft — beziehungsweise, soweit hierauf gemäß Bem. 4 zu erkennen ist, der zeitlichen und dauernden Trennung von Tisch und Bett.

Es ist also aus Art. 17 auch die Frage zu beantworten, nach welchem Rechte die Folgen der Ehescheidung und der Aufhebung der ehelichen Gemeinschaft, — soweit sie nicht güterrechtlicher Natur sind (vgl. Bem. III, F zu Art. 15) oder die vermögensrechtlichen Beziehungen einschließlich der Unterhaltspflicht gegenüber den Kindern betreffen, Art. 19 — sich bemessen. Hieher gehören namentlich das Recht der Frau, den Familiennamen des Mannes zu führen (BGB. § 1577), die Unterhaltspflicht (§§ 1578 ff.), der Widerruf von Schenkungen (§ 1584), die Sorge für die Person eines gemeinschaftlichen Kindes (BGB. § 1635) sowie die Fähigkeit zur Eingehung einer neuen Ehe, soweit diese von den Folgen der Ehescheidung beeinflußt wird (BGB. §§ 1309, 1312, 1564, 1574).

Im Wesentlichen übereinstimmend Planck Bem. 2, b, Niedner Bem. 4, Neumann Bem. II, Barazetti S. 65, Bl. f. RA. Bd. 63 S. 125. Vgl. auch v. Bar S. 529, Gierke I, 237 und die dort in Bem. 91 aufgeführte Literatur, ferner speziell bezüglich der Unterhaltspflicht der Kinder von nach französischem Rechte geschiedenen Ehegatten Niedner Bem. 4, d, β. Auch für die Regelung der Vermögensverhältnisse während des Ehescheidungsprozesses ist Art. 17 maßgebend. Rspr. d. OLG. Bd. 3 S. 365. Vgl. auch RGE. Bd. 41 S. 175, 191, Bd. 38 S. 198.

6. Für die Nichtigkeit und Anfechtbarkeit einer Ehe ist nicht dieser Art. 17 maßgebend, sondern Art. 13 dieses Gesetzes, da Nichtigkeit und Anfechtbarkeit lediglich die Folgen von Hindernissen der Eingehung einer gültigen Ehe sind. Vgl. P. VI, 52 und Bem. II, C zu Art. 13. Ebenso Niedner Bem. 1, Kuhlenbeck Bem. 1, Bl. f. RA. Bd. 63 S. 128.

7. Außer durch Scheidung wird die Ehe noch aufgelöst a) durch den Tod des einen Ehegatten und b) nach deutschem Rechte (BGB. § 1348) durch Schließung einer neuen Ehe seitens eines Ehegatten, dessen anderer Ehegatte für todt erklärt wurde. Nach der Analogie des Art. 17 und der Entstehungsgeschichte desselben (vgl. Bem. I) wird die Auflösung der Ehe durch den Tod des einen Ehegatten (abgesehen von den erbrechtlichen Wirkungen) nach dem Gesetze des Staates zu beurtheilen sein, dem der Ehemann zur Zeit des Todes des zuerst verstorbenen Ehegatten angehört; für den Fall b sind die Art. 9 und 13 Abs. 2 (vgl. Bem. hiezu) maßgebend. Ebenso Planck Bem. 8. Vgl. auch Niedner Bem. 1, Niemeyer, JPR. S. 155, 135 ff.; Vorschl. S. 215 ff.

III. Art. 17 enthält eine vollkommene Kollisionsnorm, jedoch nur in Abs. 1 und 2 (Vorbem. B vor § 7). Die Abs. 2 u. 3 enthalten einseitige Ausnahmevorschriften zu Gunsten der deutschen Gesetze; wenn die Voraussetzungen derselben für die Anwendung des deutschen Rechtes nicht gegeben sind, wird die Regel von Abs. 1 und 2 einzutreten haben. Ebenso Planck Bem. 1, Niedner Bem. 3.

IV. Das Urtheil eines ausländischen Gerichts, in welchem zum Nachtheile einer deutschen Partei von den Vorschriften dieses Art. 17 abgewichen ist, wird gemäß CPO. § 328 Ziff. 3 im Inlande nicht anerkannt; das Gleiche gilt für ausländische Urtheile bei Verfehlungen gegen Art. 30 und 31 dieses Gesetzes sowie § 606 CPO. im Zusammenhalte mit § 328 Ziff. 1, 4, 5 CPO. mit dem Abmaße von § 328 Abs. 2 CPO. — Vgl. ferner Boehm, Zeitschr. Bd. 7 S. 138 ff. — Für die Zuständigkeit der deutschen Gerichte sind CPO. § 606 und das Ges. über die Konsulargerichtsbarkeit vom 7. April 1900 §§ 2 und 10 maßgebend.

V. Vergleiche auch die Uebergangsbestimmungen der Art. 201 und 202 dieses Gesetzes (Bl. f. RA. Bd. 62 S. 212), ferner Boehm, Zeitschr. Bd. 7 S. 487 ff., Bd. 8 S. 384.

Vorbemerkung zu Art. 18—22.

I. Die Art. 18—22 enthalten Kollisionsnormen, nach denen das Rechtsverhältniß zwischen Eltern und Kindern international-privatrechtlich zu beurtheilen ist, und zwar betrifft

1. Art. 18 die eheliche Abstammung eines Kindes,
2. Art. 19 das Rechtsverhältniß zwischen Eltern und ehelichen Kindern,
3. Art. 20 das Rechtsverhältniß zwischen einem unehelichen Kinde und dessen Mutter,
4. Art. 21 die Unterhaltspflicht des Vaters gegenüber dem unehelichen Kinde sowie die Verpflichtungen des ersteren gegenüber der Mutter des letzteren,
5. Art. 22 die Legitimation eines unehelichen Kindes sowie die Annahme an Kindesstatt.

II. Das Einführungsgesetz stellt keine Kollisionsnormen für die gesetzliche Unterhaltspflicht der Verwandten auf, welche (Unterhaltspflicht) für das deutsche Recht im BGB. §§ 1601 ff. geregelt ist. Der erste und zweite Entwurf hatten (in Entw. I § 18 — s. denselben in Vorbem. E vor Art. 7 —, Entw. II § 2258, rev. § 2377) die in der Vorbem. E vor Art. 7 a. E. mitgetheilte Kollisionsnorm aufgestellt. Der in § 18 von Entw. I aufgestellte Grundsatz dürfte innerlich gerechtfertigt und deßhalb zu befolgen sein. Ebenso Planck Bem. 1 zu Art. 18, Niedner Bem. 6 zu Art. 19.

Art. 18.

Die eheliche Abstammung eines Kindes wird nach den deutschen Gesetzen beurtheilt, wenn der Ehemann der Mutter zur Zeit der Geburt des Kindes Deutscher ist oder, falls er vor der Geburt des Kindes gestorben ist, zuletzt Deutscher war.

E. z. BGB. II, 2252, rev. 2378; III, 17.

I. Entstehung. Dieser Artikel lautete in § 13 des Entw. der I. Komm.: „Die Ehelichkeit eines Kindes wird nach den Gesetzen des Staates beurtheilt, welchem der Ehemann der Mutter zur Zeit der Geburt des Kindes angehört oder, wenn er vor dessen Geburt gestorben ist, zuletzt angehört hat." Seine jetzige Fassung erhielt der Artikel erst im Bundesrathe. (P. VI, 9, 62, 227, 228; Reatz II, 483, III, 9).

II. Inhalt.

1. Der Artikel enthält seinem Wortlaute nach nur eine unvollkommene einseitige Kollisionsnorm (Vorbem. B vor Art. 7). Er regelt die Frage, nach welchen Gesetzen bestimmt werden soll, ob ein Kind ehelich geboren ist, nur für die Voraussetzungen, daß

a) dessen Mutter zur Zeit der Geburt des Kindes die Ehefrau oder die Witwe eines Deutschen ist, und
b) daß der Ehemann der Mutter des Kindes zur Zeit der Geburt des letzteren, oder, wenn er vorher verstarb, zur Zeit seines Ablebens ein Deutscher war.

Unter diesen Voraussetzungen soll nach dem Inhalte des Artikels die eheliche Abstammung nach deutschen Gesetzen beurtheilt werden, auch wenn die Mutter die Reichsangehörigkeit nicht besaß, oder wenn der Vater nach der Geburt des Kindes die

Reichsangehörigkeit verloren hat. Gleichgültig ist auch, ob das Kind im Inland oder Auslande geboren wurde, sowie welchem Staate es angehört. Ebenso Planck Bem. 3.

Das Gleiche gilt — mit dem Abmaße, daß an die Stelle der Staatsangehörigkeit die letzte Staatsangehörigkeit, eventuell der Wohnsitz und subeventuell der Aufenthalt tritt — gemäß Art. 29, wenn der Vater des Kindes zwar zur Zeit der Geburt des Kindes nicht die deutsche Staatsangehörigkeit, aber auch keine andere Staatsangehörigkeit besitzt und

a) entweder zuletzt im Besitze der deutschen Staatsangehörigkeit sich befand oder
b) zur erwähnten Zeit im Deutschen Reiche seinen Wohnsitz oder in Ermangelung eines solchen seinen Aufenthalt hatte. Vgl. Bl. f. RA. Bd. 63 S. 309 u. 310.

2. Im Uebrigen, also namentlich für den Fall, wenn es sich um das im Inland oder Auslande geborene Kind einer Frauensperson handelt, welche zur Zeit der Geburt dieses Kindes die Ehefrau oder die Witwe eines Ausländers war, ist die oben aufgeworfene Frage nicht geregelt. — Es wird auch in diesem Falle das Recht des Staates Anwendung finden müssen, dem der Ehemann der Mutter zur Zeit der Geburt des Kindes angehört, oder wenn er vor der Geburt des Kindes verstarb, bei seinem Ableben angehört hat. Ebenso Zitelmann I, 235, Planck Bem. 6, Neumann Bem. 2, Fischer-Henle Bem. 4, Barazetti S. 84, Bl. f. RA. Bd. 63 S. 90. Durch analoge Ausdehnung wird sonach der Art. 18 zur vollkommenen Kollisionsnorm, wie es nach den ersten Entwürfen der Fall war (vgl. Bem. I).

3. Eine weitere Voraussetzung des gegenwärtigen Artikels ist die, daß die Ehe eine rechtsgültige und nicht durch Scheidung aufgelöst ist.

Ist die Ehe zur Zeit der Geburt des Kindes bereits geschieden, so wird die Frage, ob das von der früheren Ehefrau geborne Kind ein eheliches ist oder nicht, nach der Norm des Art. 17 international-privatrechtlich zu beurtheilen sein. Die Meinungen über diese Frage sind indessen getheilt. Planck Bem. 3 Abs. 3 hält für den Fall des Wechsels der Staatsangehörigkeit seitens des Ehemanns diejenige Staatsangehörigkeit für maßgebend, welche derselbe zur Zeit der Auflösung der Ehe besitzt; Niedner erklärt in Bem. 3 das Statut des gegenwärtigen Artikels für maßgebend, wobei es dann allerdings zweifelhaft bleibt, ob er auf die Staatsangehörigkeit des Ehemanns zur Zeit der Geburt des Kindes oder auf jene zur Zeit der Auflösung der Ehe abstellt. Ich zähle die Frage, ob ein Kind aus einer geschiedenen Ehe ein eheliches ist oder nicht, zu den Wirkungen der Ehe und zwar zu jenen, welche die Rechtsverhältnisse der Eltern zu den gemeinschaftlichen Kindern betreffen, — wie Niedner Bem. 4, d zu Art. 17 sagt — und welche — worauf Planck in Bem. 2, b zu Art. 17 Gewicht legt — nicht durch anderweitige Vorschriften besonders geordnet sind. Weder Art. 18 noch Art. 19 sind solche anderweitige Vorschriften, da Art. 18 den Bestand der Ehe zur Zeit der Geburt des Kindes oder, wenn der Ehemann vor diesem Zeitpunkte verstirbt, zur Zeit des Todes voraussetzt, während Art. 19 zur Voraussetzung hat, daß die Frage der Ehelichkeit des Kindes anderweitig geregelt ist.

Ist die Ehe nicht rechtsgültig, sondern nichtig (vgl. BGB. § 1699), so halte ich — ebenfalls im Gegensatze zu Niedner a. a. O. und Planck Bem. 5 (welch letzterer mit dem Redaktor des Entw. I annimmt, daß für die Entscheidung der Frage, ob und unter welchen Voraussetzungen die Kinder aus nichtigen Ehen die rechtliche Stellung ehelicher Kinder haben, das Gesetz des Staates maßgebend ist, welchem die Ehe zur Zeit der Geburt des Kindes untersteht, mithin das Recht des Staates, welchem der Ehemann und Vater zu dieser Zeit angehört) — aus den im vorigen Absatze vorgetragenen Gründen die Norm des Art. 13 (vgl. dortselbst Bem. II, C) für maßgebend. Ebenso Mariolle in Bl. f. RA. Bd. 63 S. 317. Diese Ansicht dürfte auch mit dem Grundgedanken des Art. 207 übereinstimmen. A. M. auch Niemeyer, IPR. S. 157.

4. Die eheliche Abstammung eines Kindes ist für das deutsche Rechtsgebiet durch BGB. §§ 1591—1600 geregelt. Sofern also nach den in vorstehenden Bemerkungen entwickelten Grundsätzen das deutsche Recht zur Anwendung kommt, sind es diese Vorschriften des BGB., welche das zur Anwendung gelangende Recht darstellen. Darunter fallen sohin die Voraussetzungen der Ehelichkeit eines Kindes einschließlich der für die Ehelichkeit eines Kindes aufgestellten Vermuthungen sowie der Anerkennung der Ehelichkeit, ebenso die Anfechtung der Ehelichkeit sowie der Anerkennung der Ehelichkeit. Ebenso Planck Bem. 4, Niedner Bem. 4, Kuhlenbeck Bem. 2, Mariolle in Bl. f. RA. Bd. 63 S. 310. Streit besteht darüber, ob die Anfechtung der Ehelichkeit eines verstorbenen Kindes, welche gemäß BGB. § 1597 durch Erklärung gegenüber dem Nachlaßgericht in öffentlich beglaubigter Form zu erfolgen hat, als eine materielle Vorschrift aufzufassen ist und daher nur der Vorschrift des gegenwärtigen Artikels unterliegt, oder ob sie eine Formvorschrift bildet, für welche die Form des Art. 11 Abs. 1 Satz 2 genügt. Erstere Ansicht wird von Planck a. a. O., letztere von den übrigen vorstehend aufgeführten Schriftstellern vertreten. Ich pflichte aus den von Niedner und Mariolle entwickelten Gründen letzterer Ansicht bei; ebenso Neumann Bem. 3.

5. Streit besteht, ob die analoge Anwendung des Art. 27 zuzulassen ist. Vgl. Bem. IV, 1 zu Art. 27.

III. Die einschlägigen prozessualen Vorschriften für das deutsche Recht sind in CPO. §§ 640—644 und § 328 Abs. 1 Ziff. 3 enthalten. Vgl. auch Ges. über die Konsulargerichtsbarkeit vom 7. April 1900 §§ 2 und 10 und FG. § 73.

IV. Ueber das frühere Recht s. Boehm, Statutenkollision § 10.

Art. 19.

Das Rechtsverhältniß zwischen den Eltern und einem ehelichen Kinde wird nach den deutschen Gesetzen beurtheilt, wenn der Vater und, falls der Vater gestorben ist, die Mutter die Reichsangehörigkeit besitzt. Das Gleiche gilt, wenn die Reichsangehörigkeit des Vaters oder der Mutter erloschen, die Reichsangehörigkeit des Kindes aber bestehen geblieben ist.

E. z. BGB. II, 2255 rev. 2379, III, 18.

I. Entstehung. Dieser Artikel verdankt seine nunmehrige Fassung dem Bundesrath. Im § 15 der I. Komm. und im Abs. 1 von § 2255 der II. Komm. war gleichlautend folgender Wortlaut vorgeschlagen:

„Das Rechtsverhältniß zwischen Eltern und ehelichen Kindern wird nach den Gesetzen des Staates beurtheilt, welchem der Vater angehört, und, wenn der Vater gestorben ist, nach den Gesetzen des Staates, welchem die Mutter angehört."

§ 16 Abs. 2 des Entw. der I. Komm. (§ 2255 Abs. 2 der II. Komm.) lautete: „Wenn die Reichsangehörigkeit eines Elterntheils erloschen ist, das eheliche Kind aber die Reichsangehörigkeit behalten hat, so finden, soweit nach den Vorschriften der §§ 13, 15 die Gesetze eines ausländischen Staates anwendbar sein würden, nicht diese Gesetze, sondern die deutschen Gesetze Anwendung." (P. VI, 10, 62, 227, 228. Reatz II, 483; III, 9.)

II. Inhalt.

1. Der nunmehrige Art. 19 verwirklicht im ersten Satze das Prinzip des Vorschlags von § 15 der I. Komm. für den Fall, daß der Vater, bezw. die Mutter eine Deutsche ist, macht aber im zweiten Satze, welcher im Grundgedanken mit dem § 16 des Entw. I und dem II. Abs. von § 2255 von Entw. II übereinstimmt, hievon eine Ausnahme für den Fall, daß der Vater bezw. die Mutter die Reichsangehörigkeit verloren haben, während das Kind sie behielt, und läßt im Uebrigen die Fälle, in welchen der Vater bezw. die Mutter Ausländer sind, ungeregelt. Er enthält also dem Wortlaute nach eine unvollkommene einseitige Kollisionsnorm (Vorbem. B, I vor Art. 7). Hiezu ist jedoch Folgendes zu bemerken:

a) Die Vorschrift von Satz 1 entspricht einem höheren Grundgedanken, der auch zu Gunsten der nicht geregelten Fälle anwendbar erscheint, es wird für diese bei dem von der I. Komm. in § 15 vorgeschlagenen Prinzipe bewenden können, so daß als allgemeine Regel gilt, daß das Rechtsverhältniß zwischen den Eltern und einem ehelichen Kinde nach den Gesetzen des Staates beurtheilt wird, welchem der Vater im maßgebenden Zeitpunkt angehört, und, wenn der Vater gestorben ist, nach den Gesetzen des Staates, dem die Mutter im maßgebenden Zeitpunkt angehört. Bei einem Wechsel in der Staatsangehörigkeit der Eltern kann also auch eine Aenderung in deren Rechtsverhältnisse zu ihren Kindern eintreten und kommt es auf die jeweilige Staatsangehörigkeit des Vaters, eventuell der Mutter an.

Insoweit erlangt also die Vorschrift des Satz 1 von Art. 19 die Bedeutung einer vollkommenen Kollisionsnorm.

Ebenso Planck Bem. 1 und 2, Niemeyer, IPR. S. 34, 39, 106, 107, Neumann, Bem. 1, c, Kuhlenbeck Bem. 3, Barazetti S. 86, Rspr. d. OLG. Bd. 2 S. 164.

b) Satz 2 des gegenwärtigen Artikels enthält dagegen eine Sonderbestimmung zu Gunsten des deutschen Rechtes, welche nicht analog ausgedehnt werden kann. Ebenso Planck Bem. 1, Niemeyer, IPR. S. 106.

Solange das eheliche Kind eines deutschen Vaters ein Deutscher bleibt, ist der Wechsel in der Staatsangehörigkeit der Eltern ohne Einfluß; ebenso ist ohne Einfluß der Wechsel in der Staatsangehörigkeit des Kindes, solange der Vater oder, wenn er gestorben ist, die Mutter die deutsche Staatsangehörigkeit haben, — in allen diesen Fällen bleiben für die Beurtheilung des Rechtsverhältnisses zwischen den

Eltern und einem ehelichen Kinde die deutschen Gesetze maßgebend (vgl. Art. 203 und Bl. f. RA. Bd. 62 S. 213).

Die deutschen Gesetze bleiben ferner maßgebend, auch wenn Vater bezw. Mutter und Kind die deutsche Staatsangehörigkeit verloren haben, solange vom Vater, bezw. (nach dessen Ableben) von der Mutter nicht eine andere Staatsangehörigkeit erworben wurde (Art. 29). Vgl. Bl. f. RA. Bd. 63 S. 310.

Wenn das eheliche Kind ausländischer Eltern für sich allein die Reichsangehörigkeit erwirbt, so ist die Sonderbestimmung von Satz 2 offenbar nicht einschlägig, weil zu deren Voraussetzungen gehört, daß Vater bezw. Mutter die Reichsangehörigkeit besaßen. Ein Beispiel hiefür s. bei Niemeyer, IPR. S. 156 a. E.

Dagegen gilt und zwar schon gemäß Satz 1 das deutsche Recht auch, wenn der Vater bezw. (nach dessen Ableben) die Mutter erst später die Reichsangehörigkeit erwerben. Die vor Erwerbung der Reichsangehörigkeit nach dem bisherigen Rechte begründete Volljährigkeit eines Kindes bleibt jedoch gemäß Art. 7 bestehen, auch wenn letztere nach deutschem Rechte nicht bestünde, so daß in diesem Falle z. B. die elterliche Gewalt mit der Nutznießung am Kindesvermögen nicht eintritt (Bl. f. RA. Bd. 63 S. 313). Gleichgültig ist hiebei, ob das Kind die Reichsangehörigkeit miterwirbt oder nicht. (Die gegentheilige in Bem. 1 a. E. der I. Auflage vertretene Ansicht kann nicht aufrecht erhalten werden.)

Solange der Vater lebt, kommt darauf, ob die Mutter die Reichsangehörigkeit besitzt oder nicht, nichts an.

Wird der Vater für todt erklärt, so ist von dem Zeitpunkt an, der im Urtheil als Zeitpunkt des Todes des Vaters bestimmt wird (BGB. § 18), die Staatsangehörigkeit der Mutter maßgebend, sofern nicht etwa die Todespräsumtion durch Gegenbeweis widerlegt wird.

2. Art. 19 hat zur Voraussetzung, daß es sich um ein eheliches Kind handelt.

Unter welchen Voraussetzungen ein Kind ehelich ist, bestimmt sich für das deutsche Recht künftig nach BGB. §§ 1591—1600, 1699, 1719 ff., 1723 ff., 1757 und nach den Art. 18 und 22, sowie Art. 203—209 dieses Gesetzes. Vgl. die Bem. zu Art. 18 und 22.

3. Die deutschen Gesetze, welche für das Rechtsverhältniß (d. h. die persönlichen und vermögensrechtlichen Beziehungen) zwischen Eltern und ehelichen Kindern maßgebend sind, sind namentlich die §§ 11, 204, 1305—1308, 1601 ff., 1616 ff., 1626 ff., 1635 ff., 1638 ff., 1700 ff., 1721, 1722, 1736 ff., 1747 ff., 1757 ff., 1776 ff., 1845, 1852 ff., 1858 ff., 1904, 1912, 1918, 1963, 1924 ff., 2303 ff. des BGB., Art. 203—209 dieses Gesetzes.

Im Einzelnen ist hiebei noch Folgendes hervorzuheben:

a) Unbestritten ist, daß

α) nach Verlust der Reichsangehörigkeit auf der Seite des Vaters (bezw. der Mutter), auch wenn das nationale Recht des Vaters (bezw. der Mutter) etwas anderes verordnen sollte, die elterliche Gewalt und das elterliche Nutznießungsrecht nach deutschem Rechte fortdauert, wenn das Kind die Reichsangehörigkeit behält,

β) daß ferner der Vater (bezw. die Mutter) mit dem Erwerbe der Reichsangehörigkeit die elterliche Gewalt und Nutznießung nach deutschem Rechte auch dann erlangt, wenn das bisherige nationale Recht des parens diese Rechte nicht oder in anderer Weise oder in beschränktem Maße verlieh, und

γ) daß der Grundsatz unter lit. β nur dann nicht gilt, wenn im Zeitpunkte der Erwerbung der Reichsangehörigkeit seitens des maßgebenden parens das Kind nach dem bisher für ihn geltenden Rechte schon die Volljährigkeit oder die rechtliche Stellung eines Volljährigen erlangt hatte.

b) Ob die Kinder aus geschiedenen oder aus nichtigen Ehen als eheliche zu betrachten sind, bemißt sich (gemäß Bem. II, 3 zu Art. 18) nach Art. 17 bezw. Art. 13. Ob legitimirte oder adoptirte Kinder die rechtliche Stellung von ehelichen Kindern haben, ist nach Art. 22 zu beurtheilen. Wenn und soweit dies der Fall ist, ist das Rechtsverhältniß zwischen den Eltern und solchen Kindern ebenfalls nach Art. 19 zu bemessen (ebenso Planck Bem. 6).

Soweit das deutsche Recht einzutreten hat, finden §§ 1635 und 1636 BGB. selbst dann Anwendung, wenn in dem Urtheil eines ausländischen Gerichts, durch welches die Ehescheidung ausgesprochen wurde, abweichende Anordnungen über die Rechtsbeziehungen der geschiedenen Ehegatten zu den aus der geschiedenen Ehe hervorgegangenen Kindern getroffen sind. Ebenso Planck Bem. 4 Abs. 2; theilweise a. M. Niedner Bem. 4, a und Niemeyer, IPR. S. 157; die Abweichung in den Anschauungen erscheint von geringem

scheidungsurtheile getroffenen Anordnungen vorzunehmen, wird das Vormundschaftsgericht eine solche Aenderung ohnehin nicht eintreten lassen; daß es hiezu befugt ist, erkennen auch Niemeyer und Niedner an.

c) Hinsichtlich der Unterhaltspflicht erkennt Niedner Bem. 4, c die Anwendbarkeit der §§ 1601 ff. BGB. nur für die Unterhaltspflicht des Vaters gegenüber dem Kinde an, während er für die Unterhaltspflicht des Kindes gegenüber dem Vater nur das Statut des Kindes maßgebend sein läßt. Ein Grund für diese Unterscheidung ist nicht abzusehen. Ebenso Planck Bem. 4 Abs. 3. Vgl. auch Vorbem. II vor Art. 18.

d) Daß Art. 11 dieses Gesetzes auch für die Form der Rechtsgeschäfte zwischen Eltern und Kindern Anwendung findet, ist im Allgemeinen nicht bestritten. Bestritten ist aber, ob die für den Verzicht der Eltern auf die Nutznießung am Vermögen des Kindes in BGB. §§ 1662 und 1686 gegebenen Vorschriften als Formvorschriften im Sinne des Art. 11 oder als materielle Vorschriften zu betrachten sind. Letzteres nimmt Planck Bem. 4 Abs. 4 an, ersteres Niedner Bem. 4, d. Die Ansicht von Planck dürfte die richtigere sein; nur wird hinsichtlich der Form der Verzichtserklärung, wenn sie im Ausland erfolgt, nicht BGB. § 129 maßgebend sein, sondern jene ausländische Vorschrift, nach welcher im Ausland eine der nach inländischem Rechte in beglaubigter Form herzustellende Urkunde gleichwertige Urkunde geschaffen wird.

e) Nach deutschem Rechte endet die elterliche Gewalt nicht durch die Heirath des Kindes (vgl. BGB. §§ 1633, 1661). Dem deutschen Vater verbleibt die elterliche Gewalt über seine minderjährige Tochter auch nach der Heirath, selbst wenn sie durch die Heirath die Reichsangehörigkeit verliert. Wenn die Tochter jedoch nach dem Rechte desjenigen Staates, dem sie nun angehört (nach dem Satze: Heirath macht mündig), volljährig wird oder die rechtliche Stellung eines Volljährigen erlangt, dann fallen (gemäß Art. 7) die elterliche Gewalt und die damit zusammenhängenden elterlichen Rechte weg.
Ebenso werden die nach deutschem Rechte begründeten Rechte der Eltern einer an einen Ausländer verheiratheten minderjährigen Tochter wegfallen oder eine entsprechende Einschränkung erleiden, wenn und soweit nach dem nationalen Rechte des Ehemanns derselben diese Rechte auf den Ehemann übergehen. Vgl. Art. 14 und 15. Uebereinstimmend Planck Bem. 5, a—c, Niedner Bem. 4, b, v. Bar, Theorie Bd. 1 S. 551 ff., Niemeyer, IPR. S. 157, Vorschl. S. 213.

f) Ueber die Anwendbarkeit des § 1680 BGB. auf Ausländer s. Bl. f. RA. Bd. 63 S. 316.

4. Maßgebend ist der jeweilige Zeitpunkt, in welchem das Rechtsverhältniß zu beurtheilen ist (abweichend Art. 14 und 15).

5. Daß zwischen Vater, Mutter und Kind eine Verschiedenheit der Staatsangehörigkeit nach der Richtung besteht, daß die einen Reichsangehörige sind, die anderen nicht, ist nach den §§ 4, 11, 13, 14, 14a, 19, 21 Abs. 2 des Ges. über die Bundes- und Staatsangehörigkeit in der Fassung des Art. 41 dieses Gesetzes möglich.

III. Ausnahmen von den Grundsätzen des Art. 19 können sich ergeben:

1. nach Art. 28 hinsichtlich der dort genannten, im Auslande befindlichen Gegenstände,

2. nach Art. 134 und 135, wenn die Landesgesetze betreffs der religiösen Erziehung der Kinder und der Zwangserziehung Minderjähriger Kollisionsnormen, welche von Art. 19 abweichen, schaffen würden. Vgl. Vorbem. F, III, 4 vor Art. 7.

3. Ueber die Frage, ob Art. 27 eine Ausnahme begründen kann, siehe Bem. IV, 1 zu letzterem Artikel.

IV. Soweit die Thätigkeit des Vormundschaftsgerichts einzutreten hat, bestimmt sich dessen Zuständigkeit für das deutsche Recht nach FG. §§ 43, 36 und Ges. über die Konsulargerichtsbarkeit v. 7. April 1900 §§ 2, 7 Ziff. 2. Vgl. Bem. zu Art. 23.
Einschlägige prozessuale Bestimmungen enthalten CPO. §§ 640—643. 328, 12, 13, 16.

V. Ueber das frühere Recht siehe Boehm, Statutenkollision § 10 Ziff. 3 ff. und § 11 u. Scherer Bem. zu Art. 19.

Art. 20.

Das Rechtsverhältniß zwischen einem unehelichen Kinde und dessen Mutter wird nach den deutschen Gesetzen beurtheilt, wenn die Mutter eine Deutsche ist.

Das Gleiche gilt, wenn die Reichsangehörigkeit der Mutter erloschen, die Reichsangehörigkeit des Kindes aber bestehen geblieben ist.

E. z. BGB. II, 2256 rev. 2380; III, 19.

I. Entstehung. Der gegenwärtige, das Rechtsverhältniß zwischen einem unehelichen Kinde und seiner Mutter behandelnde Artikel weicht von dem entsprechenden § 2256 des II. Entw. des BGB. und von dem im Wesentlichen mit letzterem übereinstimmenden § 17 Abs. 1 des Entw. der I. Komm. nicht unerheblich ab.

Es lautete nämlich § 2256 (rev. 2380):

„Das Rechtsverhältniß zwischen einem unehelichen Kinde und dessen Mutter wird nach den Gesetzen des Staates beurtheilt, welchem die Mutter angehört. Ist die Reichsangehörigkeit der Mutter erloschen, das Kind aber Deutscher geblieben, so finden die deutschen Gesetze Anwendung."

II. Inhalt. Artikel 20 enthält seinem Wortlaute nach (im Gegensatze zu dem in Bem. I vorgeführten § 2256) nur eine unvollkommene einseitige Kollisionsnorm (Vorbem. B, I vor Art. 7). Er bestimmt die Anwendung des nationalen Rechtes der Mutter auf das Rechtsverhältniß derselben zu ihrem unehelichen Kinde nur für den Fall, daß die Mutter eine Deutsche ist, und trifft — abgesehen von dem Ausnahmefalle des Satz 2 — für die übrigen Fälle keine Bestimmung. Namentlich fehlt also eine ausdrückliche Vorschrift für den Fall, daß Mutter und Kind nicht Reichsangehörige sind, sei es daß sie früher solche waren und beide die Reichsangehörigkeit verloren haben, sei es daß sie die Reichsangehörigkeit niemals besessen haben. Es wird aber auch für diesen Fall das im Satz 1 des (in Bem. I erwähnten) § 2256 E. II aufgestellte Prinzip in analoger Ausdehnung des gegenwärtigen Art. 20 Satz 1 anzuwenden und aus demselben (ebenso wie bei Art. 19) die vollkommene Kollisionsnorm abzuleiten sein, daß das Rechtsverhältniß zwischen einem unehelichen Kinde und dessen Mutter nach den Gesetzen des Staates beurtheilt wird, welchem die Mutter angehört. Ebenso Planck Bem. 1; Niemeyer, IPR. S. 34 u. 106, Kuhlenbeck Bem. 1.

Ausnahmen von diesem Grundsatze treten ein:

a) wenn Mutter und Kind Deutsche sind, die Mutter aber eine andere Staatsangehörigkeit erwirbt, während das Kind die Reichsangehörigkeit behält, da für diesen Fall nach Satz 2, welcher nicht analog auszudehnen ist, die deutschen Gesetze anwendbar bleiben,
b) nach Art. 29, wenn Mutter und Kind die Reichsangehörigkeit verlieren, eine fremde Staatsangehörigkeit aber nicht erwerben;
c) auch Art. 28 wird eine Ausnahme begründen können; vgl. Planck Bem. 3 zu Art. 28;
d) ebenso Art. 30 (Barazetti S. 88).
e) Ueber die Nichtanwendbarkeit des Art. 27 vgl. Bem. IV, 1 zu diesem Artikel.

Im Einzelnen ist noch Folgendes zu betonen:

1. Satz 1 des Art. 20 findet auch Anwendung, wenn das Kind die Reichsangehörigkeit verloren oder nicht besessen hat, sofern nur die Mutter eine Deutsche ist.

2. Maßgebend ist der jeweilige Zeitpunkt, in welchem das Rechtsverhältniß zu beurtheilen ist. Vgl. Bem. II, 4 zu Art. 19.

Das Rechtsverhältniß ist also wandelbar mit dem Wechsel der Staatsangehörigkeit. Die Annahme Planck's Bem. 4, daß, wenn nach dem bisher maßgebenden Rechte das Kind die Berechtigung hatte, den Namen des unehelichen Vaters zu führen, das Kind diese Berechtigung auch beibehält, wenn Mutter und Kind die Reichsangehörigkeit erwerben, dürfte deßhalb nicht richtig sein. Ebenso Niedner Bem. 4.

3. Unehelich ist ein Kind, welches nicht von ehelicher Abstammung ist (siehe Art. 18 dieses Gesetzes), auch nicht kraft des Gesetzes als ehelich gilt (BGB. § 1699 mit Anm. II, 3 zu Art. 18 dieses Gesetzes) oder durch legitimatio per matrimonium subsequens die rechtliche Stellung eines ehelichen Kindes nicht erlangt hat (BGB. § 1719 mit Art. 22 dieses Gesetzes). Die Ehelichkeitserklärung und die Adoption eines unehelichen Kindes bewirken nach deutschen Gesetzen (§§ 1737, 1738, 1765 des BGB.) nicht, daß das Verhältniß zwischen der natürlichen Mutter und dem Kinde ein eheliches wird.

4. Zum Rechtsverhältnisse zwischen dem unehelichen Kinde und seiner Mutter gehören namentlich die Thatsache der Mutterschaft, die Anerkennung der Mutterschaft, das Recht des Kindes auf den Familiennamen der Mutter, das Recht und die Pflicht der Mutter, für das Kind zu sorgen, insbesondere dasselbe zu erziehen, ferner die gegenseitige Alimentationspflicht (Barazetti S. 88).

Die deutschen Gesetze, nach welchen das Rechtsverhältniß zwischen einen unehelichen Kinde und seiner Mutter beurtheilt wird und welche hier einschlägig sin, sind namentlich BGB. §§ 11, 1705—1707, 1601—1615, CPO. §§ 640, 642; vgl. auch Art. 207 und 208. Soweit das Rechtsverhältniß zwischen dem unehelichen Kinde und seiner natürlichen Mutter in Frage kommt und nicht durch die nichtige Ehe bezw. durch die Ehelichkeitserklärung oder durch die Adoption modifizirt ist, werden auch die §§ 1703, 1737, 1738, 1765 BGB. hieher einschlägig sein.

Wenn nach einem fremden Rechte das Rechtsverhältniß zwischen dem unehelichen Kinde und seiner Mutter Aenderungen z. B. gegenüber dem deutschen Rechte dadurch erleidet, daß das Kind den Namen des Vaters erhält, oder daß dem Vater die Sorge für die Person des Kindes zusteht, so wird für dieses Rechtsverhältniß ebenfalls der Art. 20 die maßgebende Kollisionsnorm sein (Mariolle in Bl. f. RA. Bd. 63 S. 477). Vgl. hiezu oben Bem. 2.

5. Die Reichsangehörigkeit, deren Erwerb und Verlust bemessen sich nach dem RG. über Erwerb und Verlust der Bundes- und Staatsangehörigkeit in der Fassung des Art. 41 dieses Gesetzes.

III. Für das Rechtsverhältniß zwischen unehelichen Kindern und den mütterlichen Verwandten fehlen Kollisionsnormen. Hinsichtlich der Alimentationspflicht s. Vorbem. II vor Art. 18; hinsichtlich des Erbrechts s. Art. 24 u. 25. Der Ansicht Planck's Bem. 7, daß für andere Beziehungen zwischen dem unehelichen Kinde und seinen mütterlichen Verwandten dasselbe wie für die Unterhaltspflicht wird gelten müssen, dürfte zuzustimmen sein.

IV. Für das frühere Recht siehe Boehm, Statutenkollision § 12, I.

Art. 21.

Die Unterhaltspflicht des Vaters gegenüber dem unehelichen Kinde und seine Verpflichtung, der Mutter die Kosten der Schwangerschaft, der Entbindung und des Unterhalts zu ersetzen, wird nach den Gesetzen des Staates beurtheilt, dem die Mutter zur Zeit der Geburt des Kindes angehört; es können jedoch nicht weitergehende Ansprüche geltend gemacht werden, als nach den deutschen Gesetzen begründet sind.

E. z. BGB. II, 2257, rev. 2381; III, 20.

I. Entstehung. Der erste Halbsatz des gegenwärtigen Artikels entspricht mit geringen redaktionellen Abweichungen und mit der materiellen Aenderung, daß in Art. 21 gemäß eines Antrags im Reichstag (StB. 3024) auch über die Kosten der Schwangerschaft Verfügung getroffen wurde, dem Abs. 2 von Art. 17 des Entw. der I. Komm. und dem § 2257 der II. Komm. Der zweite Halbsatz wurde vom Bundesrathe hinzugefügt und entspricht dem Art. 12 dieses Gesetzes (P. VI, 10, 68; Reatz II, 484, III, 10). Als Grund für den zweiten Halbsatz, dessen Streichung in der RTK. und anfänglich auch im Reichstage beantragt worden war, wurde geltend gemacht, daß hiedurch ein deutscher Unterthan in jedem Falle dagegen gesichert werden soll, aus einer unehelichen Schwängerung zu Gunsten der Mutter und des unehelichen Kindes auf Grund ausländischen Rechtes zu größeren Verpflichtungen herangezogen zu werden, als nach deutschem Rechte gegen ihn begründet sind, was namentlich solchen ausländischen Rechtsgebieten gegenüber von Wichtigkeit sei, welche die exceptio plurium concumbentium nicht kennen (RTK. 329).

II. Inhalt.

1. Art. 21 enthält im ersten Halbsatz eine vollkommene Kollisionsnorm (Vorbem. B, I, 2 vor Art. 7).

2. Sie ordnet das maßgebende Recht dahin, daß

a) für die Unterhaltspflicht des natürlichen Vaters gegenüber dem unehelichen Kinde (Bl. f. RA. Bd. 63 S. 481) und

b) für die Ansprüche der Mutter eines außerehelichen Kindes gegenüber dem Schwängerer auf Ersatz der Kosten der Schwangerschaft, der Entbindung und des Unterhalts die Gesetze des Staates Anwendung finden, dem die Mutter zur Zeit der Geburt des Kindes angehört.

Es handelt sich nach beiden Richtungen um vermögensrechtliche Ansprüche, für welche das Recht des Staates maßgebend ist, dem die Mutter zur Zeit der Geburt des Kindes angehört. Es kommt also nicht mehr auf die Zeit des Beischlafs an. Die Mutter kann durch einen Wechsel der Staatsangehörigkeit zwischen der Zeit des Beischlafs und jener der Geburt des Kindes die Rechtslage verändern, nicht aber mehr durch einen Wechsel der Staatsangehörigkeit nach der Geburt des Kindes (vgl. Art. 208).

Selbstverständlich gilt Art. 21 auch hinsichtlich der für die vermögensrechtlichen Ansprüche präjudiziellen Fragen, namentlich jener, unter welchen Voraussetzungen die Vaterschaft anzunehmen ist, welche Wirkungen die Anerkennung der Vaterschaft oder der Widerruf der Anerkennung äußern, und ob die Anerkennung widerrufen oder erzwungen werden kann (Barazetti S. 89; Bl. f. RA. Bd. 63 S. 479, Niedner Bem. 3, a).

Hinsichtlich etwaiger familienrechtlicher Beziehungen zwischen dem unehelichen Kinde und seinem Vater s. Bem. II, 4 zu Art. 20.

3. Für das deutsche Recht sind einschlägig:

a) hinsichtlich der Unterhaltspflicht des Vaters gegenüber dem unehelichen Kinde namentlich die §§ 1708—1714, 1716—1718, 197 BGB., Art. 103 und 208 dieses Gesetzes, CPO. §§ 644, 708 Ziff. 6, 850 Ziff. 2. Zu betonen ist, daß namentlich auch BGB. § 1712 hieher gehört, da derselbe besondere Verpflichtungen des Erben des Vaters des unehelichen Kindes betrifft. Ebenso Planck 3, a, Niemeyer, IPR. S. 162 und Niedner II. Aufl. Bem. 3, b; anders I. Aufl. a. a. O. und Enneccerus-Lehmann, Bürgerl. R. S. 35. — Von BGB. § 1716 gehört Abs. 1 Satz 1 und Abs. 2 hieher, obwohl vor der Geburt des Kindes nicht feststeht, welche Staatsangehörigkeit die Mutter zur Zeit der Geburt des Kindes haben wird. Es wird ebenso wie bei einer Deutschen, von der letzteres auch nicht feststeht, die Staatsangehörigkeit, welche die Mutter im Zeitpunkte der Geltendmachung des Anspruchs (nicht, wie Barazetti S. 90 meint, im Zeitpunkte der Konzeption) hat, entscheidend sein. Daß die einstweilige Verfügung wieder aufzuheben ist, wenn die Mutter im Zeitpunkte der Geburt des Kindes eine andere als die deutsche Staatsangehörigkeit besitzt und nach dem nunmehrigen nationalen Rechte der Mutter etwas Anderes gilt, ist selbstredend. Ebenso Planck Bem. 3, a, Niedner Bem. 5, Niemeyer, IPR. S. 163. Bezüglich des § 1718 BGB. vgl. auch Bem. 4.

Weiters sind für das deutsche Recht einschlägig

b) für die Ansprüche der Mutter die §§ 1715—1718 BGB., während die nach §§ 825, 847 begründeten Ansprüche (Deflorationsansprüche) mit dem Art. 12 dieses Gesetzes zusammenhängen und unter denselben fallen. Ebenso Barazetti S. 89, sowie Bl. f. RA. Bd. 63 S. 482, Niemeyer, IPR. S. 164, Niedner Bem. 3, c, Planck Bem. 6, Kuhlenbeck Bem. 4. Für die Ansprüche nach § 1300 BGB. ist das Personalstatut desjenigen, welcher in Anspruch genommen wird, maßgebend. Bem. III zu Art. 13; Planck Bem. 3 zu Art. 13. A. M. Niemeyer, IPR. S. 164, Kuhlenbeck Bem. 4, Mariolle in Bl. f. RA. Bd. 63 S. 482.

4. Der zweite Halbsatz begründet eine dem Art. 30 entsprechende Ausnahme vom Prinzipe des ersten Halbsatzes. Hienach ist ein unehelicher Schwängerer, falls er im Inlande belangt wird, mag er Ausländer oder Inländer sein, von einem Deflorationsanspruche der Mutter (abgesehen von den Fällen des § 825 oder § 847 Abs. 2 oder § 1300 BGB.) und, falls ihm die exceptio plurium concumbentium zur Seite steht, (gemäß BGB. § 1717) von allen Ansprüchen aus dem außerehelichen Beischlaf auch dann befreit, wenn nach dem nationalen Rechte der Mutter des unehelichen Kindes der Deflorationsanspruch begründet und die Ansprüche aus dem außerehelichen Beischlafe durch die Einrede der mehreren Zuhälter nicht beseitigt wären, — was namentlich dann, wenn Mutter und Schwängerer demselben Staate angehören und der Beischlaf im Heimathsstaat erfolgte, als unbillig erscheinen kann. — Brautkinder haben gegen den natürlichen Vater nach deutschem Rechte keine Vorrechte vor anderen unehelichen Kindern; solche können deßhalb, wenn sie nach dem maßgebenden Auslandsrechte begründet wären, vor deutschen Gerichten nicht geltend gemacht werden. — Nach BGB. § 1718 kann die exceptio plurium concumbentium von demjenigen nicht geltend gemacht werden, der seine Vaterschaft in einer öffentlichen Urkunde anerkennt. Die in Bl. f. RA. Bd. 63 S. 480 vertretene Anschauung, daß für den Fall des § 1718 BGB. eine öffentliche Urkunde nicht zu erfordern sei, wenn das nationale Recht der Mutter auch einer in anderer Form als in einer öffentlichen Urkunde abgegebenen Anerkennungserklärung eine die exc. plur. ausschließende Wirkung gibt, und wenn die Erklärung in jenem Rechtsgebiete abgegeben wurde, dürfte nicht richtig sein; sie würde gegen den Halbsatz 2 des Art. 21 verstoßen. Nach dem nationalen Rechte der Mutter kann im angenommenen Falle gemäß Art. 11 nur die Frage beurtheilt werden, was unter einer öffentlichen Urkunde zu verstehen ist. Vgl. Planck Bem. 5, Niedner Bem. 3.

5. Wenn die Mutter zur Zeit der Geburt des unehelichen Kindes keinem Staate angehört, so treten die Vorschriften des Art. 29 ein. Ebenso Planck Bem. 4, der die von ihm angeregten Zweifel mit zutreffendem Grunde selbst wieder beseitigt, und Niedner, wie aus dessen Bem. 5 Abs. 2 zu schließen ist.

6. Nicht einschlägig ist Art. 27. Ebenso Planck Bem. 5, Niedner Bem. 2. Vgl. Bem. IV, 2 zu Art. 27.

III. Für die Frage, ob das uneheliche Kind – etwa wie nach ALR. Thl. I cap. 4 § 7 – Ansprüche gegen die Ascendenten des unehelichen Vaters erheben kann, ist keine Kollisionsnorm aufgestellt. Es wird das Personalstatut, also das Heimathsrecht dessen entscheiden, gegen den ein solcher Anspruch erhoben wird (Barazetti S. 91). Nach deutschem Rechte besteht künftighin (nach § 1589 Abs. 2 und § 1601 BGB.) ein derartiger Anspruch nicht. Ob die Geltendmachung eines solchen Anspruchs gegen einen Ausländer im Inlande durch Art. 30 dieses Gesetzes ausgeschlossen wird (Bl. f. RA. Bd. 63 S. 482), ist zweifelhaft.

Niedner Bem. 3, b schließt sich lediglich dem vorstehenden zweiten Satze an und zwar unter Berufung auf v. Bar, Theorie S. 562, Seuff. Arch. Bd. 30 Nr. 222, Bd. 31 Nr. 1, Entsch. d. Ob. Tribun. Bd. 20 S. 300 ff.; Planck Bem. 7 verweist nur auf die Unterhaltspflicht der Verwandten, Bem. 1 zu Art. 18.

IV. Für die Frage, ob das uneheliche Kind gegen seinen Vater oder dessen Verwandten ein Erbrecht hat, sind die Art. 24 und 25 maßgebend; nach deutschem Rechte besteht ein solches nicht. Vgl. Bem. II, 3, a und Bl. f. RA. Bd. 63 S. 481.

V. Ueber das frühere Recht s. Boehm, Statutenkollision § 12, II.

Art. 22.

Die Legitimation eines unehelichen Kindes sowie die Annahme an Kindesstatt bestimmt sich, wenn der Vater zur Zeit der Legitimation oder der Annehmende zur Zeit der Annahme die Reichsangehörigkeit besitzt, nach den deutschen Gesetzen.

Gehört der Vater oder der Annehmende einem fremden Staate an, während das Kind die Reichsangehörigkeit besitzt, so ist die Legitimation oder die Annahme unwirksam, wenn die nach den deutschen Gesetzen erforderliche Einwilligung des Kindes oder eines Dritten, zu dem das Kind in einem familienrechtlichen Verhältnisse steht, nicht erfolgt ist.

E. z. BGB. II, 2253, 2254, rev. 2382, 2383; III, 21.

I. Entstehung. Die jetzige Fassung des Artikels ist erst vom Bundesrathe festgestellt worden.

Auch die §§ 2253 und 2254 der II. Komm. stimmten im Wortlaute nicht mit dem einschlägigen § 14 des Entw. der I. Komm. überein. Es lauteten:

„§ 2253. Die Legitimation eines unehelichen Kindes wird nach den Gesetzen des Staates beurtheilt, welchem der Vater zur Zeit der Legitimation angehört. Das Erforderniß der Einwilligung des Kindes oder der Einwilligung Dritter, zu denen das Kind in einem familienrechtlichen Verhältnisse steht, bestimmt sich nach den Gesetzen des Staates, welchem das Kind zur Zeit der Legitimation angehört.

Die für die Erklärungen der Betheiligten erforderliche Form bestimmt sich ausschließlich nach den Gesetzen des Staates, welchem der Vater zur Zeit der Legitimation angehört."

„§ 2254. Die Vorschriften des § 2253 finden auf die Annahme an Kindesstatt entsprechende Anwendung."

§ 14 Entw. I hatte dagegen gelautet:

„Die Legitimation eines unehelichen Kindes wird beurtheilt in Ansehung des Vaters nach den Gesetzen des Staates, welchem der Vater, in Ansehung des Kindes nach den Gesetzen des Staates, welchem das Kind zur Zeit der Legitimation angehört.

Die Ehelichkeitserklärung steht demjenigen Staate zu, welchem der Vater angehört. Nach den Gesetzen dieses Staates bestimmt sich auch ausschließlich die für die Erklärung der Betheiligten erforderliche Form.

Die Wirkungen der Legitimation werden nach den Gesetzen des Staates beurtheilt, welchem der Vater zur Zeit der Legitimation angehört.

Die Vorschriften des ersten bis dritten Absatzes finden auf die Annahme an Kindesstatt entsprechende Anwendung."

(P. VI, 10; 63–67; Reatz II, 483, III, 10.)

II. Inhalt. Im Gegensatze zu den in Bem. I wiedergegebenen Bestimmungen der ersten Entwürfe, welche eine vollkommene Kollisionsnorm aufstellten, enthält der nunmehrige Art. 22 eine unvollkommene einseitige Kollisionsnorm (Vorbem. vor Art. 7 B, I, 2), worüber im Einzelnen Folgendes zu bemerken ist:

1. Er unterstellt nur die von einem Deutschen vorgenommene Legitimation oder Adoption den deutschen Gesetzen, schließt die Wirksamkeit der Adoption und Legitimation eines Inländers durch einen Ausländer, falls die nach dem deutschen Rechte erforderliche Einwilligung des Kindes oder Dritter fehlt, aus und trifft keine ausdrücklichen Vorschriften darüber, welche Gesetze zur Anwendung kommen, wenn der Vater oder der Annehmende und das Kind Ausländer sind und demselben oder verschiedenen Staaten angehören, ferner abgesehen von der Frage der Einwilligung des Kindes und seiner gesetzlichen Vertreter auch darüber nicht, welche Gesetze im Uebrigen zur Anwendung kommen, wenn zwar das Kind, nicht aber der Vater oder der Annehmende die Reichsangehörigkeit besitzen.

2. Für den letzteren in Bem. II, 1 erwähnten Fall ist wohl anzunehmen, Art. 22 setze voraus, daß es auf das durch die Staatsangehörigkeit bestimmte Personalstatut des Vaters oder Annehmenden ankommt, und auch für den ersteren Fall werden nach der Analogie des Art. 22 die im Entw. II §§ 2253 und 2254 aufgestellten Grundsätze Platz zu greifen haben.

Dadurch erlangt Art. 22 Abs. 1 die Bedeutung einer vollkommenen Kollisionsnorm des Inhalts, daß für die Legitimation sowie für die Adoption die Gesetze desjenigen Staates maßgebend sind, dem der Vater oder Annehmende angehört.

Ebenso im Wesentlichen Planck Bem. 5, Niemeyer, IPR. S. 158. Bei Niedner vgl. Bem. 2 mit Vorbem. IV S. 13 ff.

Ausnahmen von dieser Regel s. in Bem. 8.

3. Maßgebend ist die Staatsangehörigkeit des Vaters oder des Annehmenden zur Zeit der Legitimation oder Adoption, so daß ein späterer Wechsel der Staatsangehörigkeit einflußlos ist. Dieser Zeitpunkt ist

a) bei der Legitimation per matr. subs. der Eheabschluß zwischen Vater und Mutter des Kindes,

b) bei der Legitimation durch Ehelichkeitserklärung die Verfügung der Staatsgewalt und

c) bei der Adoption die Bestätigung des Annahmevertrags durch das zuständige Gericht.

Auf den Zeitpunkt, in welchem der Antrag auf Ehelichkeitserklärung gestellt oder der Annahmevertrag geschlossen wurde, kommt es also nicht an. In den Fällen der §§ 1733, 1753 BGB. wird, wenn der Vater oder Annehmende vor der Ehelichkeitserklärung bezw. vor der Bestätigung des Annahmevertrags verstorben ist, die Staatsangehörigkeit desselben zur Zeit seines Todes entscheidend sein.

Gehört der Vater oder Annehmende im maßgebenden Zeitpunkte keinem Staate an, so wird gemäß Art. 29 jene Staatsangehörigkeit entscheidend sein, welche er zuletzt besessen hat.

Ebenso Planck Bem. 3, Niedner Bem. 1, a und b, Barazetti S. 91, Niemeyer, Vortr. S. 23, IPR. S. 158 und 160, Bl. f. RA. Bd. 62 S. 211.

4. Die Bestimmungen dieses Artikels über Legitimation finden Anwendung, mag nun die Legitimation des unehelichen Kindes durch nachfolgende Ehe (BGB. §§ 1719–1722) oder durch Ehelichkeitserklärung (BGB. §§ 1723–1740) erfolgen.

Daraus folgt z. B., daß im Ehebruch erzeugte Kinder, welche nach ausländischen Rechten nicht legitimirt werden können (Cahn, Komment. S. 117), nach deutschem Rechte legitimationsfähig sind, wenn der Vater im maßgebenden Zeitpunkte die Reichsangehörigkeit besitzt, da das deutsche Recht jenes Verbot nicht kennt.

Die einschlägigen Vorschriften über Adoption sind für das deutsche Recht im BGB. §§ 1741–1767 enthalten; es fallen aber unter Art. 22 auch die Vorschriften über Aufhebung der Adoption (BGB. §§ 1768–1772). Ebenso Planck Bem. 3, d und Niedner Bem. 4.

5. Im Falle des Abs. 1 finden die deutschen Gesetze auch dann Anwendung, wenn das Kind nicht die Reichsangehörigkeit besitzt und wenn das Recht seines Heimathsstaats die Rechtsinstitute der Legitimation und der Adoption nicht oder mit anderen Voraussetzungen und Wirkungen als das deutsche Recht kennt. Bei der Ehelichkeitserklärung ist die (nach §§ 1723, 1734 BGB.) zuständige Behörde in der Lage, letzteren

Umstand durch Ablehnung des Antrags des Vaters zu berücksichtigen; bei der Adoption kann dieser Umstand von dem für deren Bestätigung (nach BGB. § 1741) zuständigen Gerichte keine Berücksichtigung finden. Es könnte das nur bei der Adoption einer in der Geschäftsfähigkeit beschränkten Person, für welche im Inlande gemäß Art. 23 dieses Gesetzes eine Vormundschaft besteht oder das Bedürfniß einer vormundschaftlichen Fürsorge eintritt, nach Maßgabe des § 1751 BGB. seitens des Vormundschaftsgerichts durch Verweigerung der Genehmigung des Adoptionsvertrags geschehen.

Ebenso Planck Bem. 7, Neumann Bem. II, 2; a. M. Niedner Bem. 3, a, Niemeyer, JPR. S. 158.

6. Nicht bloß die Voraussetzungen der fraglichen Rechtsinstitute, sondern auch deren Form und Wirkungen bestimmen sich im Falle des Abs. 1 nach den deutschen Gesetzen.

Im Einzelnen ist noch hervorzuheben:

a) Hinsichtlich der Voraussetzungen vgl. zunächst Bem. 3 bis 5. Die Legitimation durch nachfolgende Ehe setzt noch weiters voraus, daß der Ehemann der Mutter des Kindes als Vater des letzteren gilt (BGB § 1720), ferner daß die Ehe eine gültige ist (vgl. Art. 13) oder daß, sofern sie nichtig ist, die Verhältnisse wenigstens so gelagert sind, daß das Kind, wenn es nach dem Eheabschlusse erzeugt worden wäre, wenigstens als eheliches zu gelten hätte (§§ 1721, 1699—1704).

b) Bezüglich der Form kommen die gerichtliche oder notarielle Beurkundung der einschlägigen Rechtsgeschäfte in Betracht. Dieselbe wird gemäß Art. 11 Abs. 1 Satz 2 durch jene Form ersetzt werden können, welche den Gesetzen des Errichtungsorts entspricht. Eine Ausnahme ist durch Art. 13 Abs. 3 dieses Gesetzes begründet. Die Verfügung der Staatsgewalt, durch welche die Ehelichkeitserklärung erfolgt, sowie die gerichtliche Bestätigung der Adoption und ihrer Aufhebung fallen nicht unter diese Formvorschriften. Ebenso Planck Bem. 4, Niedner Bem. 4, c und d, Neumann Bem. I, 1, Kuhlenbeck Bem. 5, ferner „Das Recht“ 1901 S. 99, Soergel, Rspr. 1. u. 2. Jahrg. S. 256. A. M. Niemeyer, JPR. S. 159.

c) Ueber die Wirkungen dieser Rechtsinstitute nach deutschem Rechte, welche im Allgemeinen dahin gehen, daß das Kind durch die Legitimation und durch die Adoption die rechtliche Stellung eines ehelichen Kindes erhält, s. BGB. §§ 1719, 1721 mit §§ 1699—1704, 1736—1740, 1757—1767, 1770—1772. Für die Gesetze, nach welchen sich dieses Rechtsverhältniß bestimmt, ist Art. 19 maßgebend. Ebenso Planck Bem. 3, Niedner Bem. 1. Der von Planck Bem. 3, b und c vertretenen Einschränkung der Wirkungen der Ehelichkeitserklärung und der Adoption auf jene des deutschen Rechtes für den Fall, daß der deutsche Vater oder Annehmende später eine andere Staatsangehörigkeit erwerben und die alsdann gemäß Art. 19 für das Rechtsverhältniß zwischen dem Vater und dem Kinde maßgebenden Vorschriften des ausländischen Rechtes weitergehende Wirkungen als nach deutschem Rechte bestimmen sollten, wird zuzustimmen sein.

Soweit es sich um die öffentlich-rechtlichen Wirkungen der Adoption und Legitimation — z. B. Erwerb des Adels, Fähigkeit zur Succession im Familienfideikommisse u. s. w. — handelt, können diese Wirkungen nur nach dem öffentlichen Rechte desjenigen Staates beurtheilt werden, dem das in Frage kommende Rechtsinstitut angehört (vgl. für Bayern 16. Prot. des Justizaussch. d. K. d. Abg. S. 253 ff.). Vgl. auch das Ges. über die Bundes- und Staatsangehörigkeit, insbesondere §§ 1, 2, 4, ferner v. Bar, Theorie Bd. I S. 540.

7. Wenn der Vater oder der Annehmende zur Zeit der Legitimation oder der Annahme an Kindesstatt die Reichsangehörigkeit nicht besitzt und das Gesetz seines Heimathsstaats diese Rechtsinstitute nicht kennt, so sind diese Legitimation eines unehelichen Kindes sowie die Annahme an Kindesstatt nicht möglich, auch wenn der Vater oder Annehmende im Inlande seinen Wohnsitz oder dauernden Aufenthalt hat. Wenn also ein Engländer, dessen nationales Recht die legitimatio per matrimonium subsequens nicht kennt, in Deutschland eine Deutsche heirathet, mit welcher er vorher ein außereheliches Kind erzeugt hat, so bleibt trotz der Ehe zwischen Vater und Mutter deren vor der Ehe erzeugtes Kind ein uneheliches (P. VI, 16).

8. Ausnahmen von den bisher erörterten Grundsätzen trifft der Abs. 2 dieses Artikels, worüber Folgendes zu bemerken ist:

a) Auch nach Abs. 2 sind für die Legitimation und Adoption im Allgemeinen die Personalstatuten des Vaters oder Annehmenden maßgebend. Würde nach diesen die Ehelichkeitserklärung oder die Adoption ohne Zustimmung des Kindes oder dritter Personen erfolgen können und erfolgen, während diese Zustimmung nach deutschem Gesetze nothwendig ist, so würde die Adoption für das deutsche Rechtsgebiet unwirksam sein. Das so legitimirte Kind würde also für das Inland ein uneheliches bleiben und, wenn mit der gehörig erfolgten Legitimation die inländische Staats- und Reichsangehörigkeit verloren geht (§ 13 Abs. 4 des Ges. über die Bundes- und Staatsangehörigkeit), auch die inländische Staats- und Reichsangehörigkeit behalten.

Was die „Einwilligung des Kindes oder eines Dritten, zu dem das Kind in einem familienrechtlichen Verhältnisse steht", betrifft, so wurde in dieser Beziehung in der II. Komm. (P. VI, 65) bemerkt: „Es sei die Vorschrift zum Schutze der zu legitimirenden oder zu adoptirenden deutschen Kinder unentbehrlich und müsse dann der Gerechtigkeit halber auch auf die Ausländer ausgedehnt werden. Daß auch die etwa erforderliche Zustimmung des Vormunds und die Genehmigung des Vormundschaftsgerichts nach dem Heimathsrechte des Kindes zu beurtheilen sei, bedürfe nicht der Erwähnung, da das Gesetz, welches für die Geschäftsfähigkeit maßgebend sei, auch im Punkte der Willensergänzung entscheide. Der Ausdruck „dritte Personen, zu welchen das Kind in einem familienrechtlichen Verhältnisse steht", habe vor dem von anderer Seite vorgeschlagenen Ausdruck „Verwandte" den Vorzug, daß er auch die nach manchen Rechten in Betracht kommenden Pflegeeltern umfasse, die nicht Verwandte zu sein brauchten." Diese Begründung des gewählten Ausdrucks paßte wohl auf den § 2253 des II. Entw., aber nicht mehr auf den gegenwärtigen Artikel, und ist der gewählte Ausdruck im Bundesrath und Reichstage wohl nur aus einem Versehen nicht geändert worden, denn Pflegeeltern kommen nach dem BGB. nicht in Betracht, die Pflegekindschaftsverhältnisse (des Preuß. und Bad. Rechtes) verlieren mit Inkrafttreten des BGB. ihre Wirksamkeit (Art. 209 dieses Gesetzes). Es kommt vielmehr nach deutschem Rechte nur die Einwilligung des Kindes selbst, eventuell seiner gesetzlichen Vertreter und des Vormundschaftsgerichts, dann, unter gewissen Beschränkungen, der Eltern des Kindes, bei der Adoption auch der Frau des Anzunehmenden in Frage. Vgl. BGB. §§ 1725—1731, 1741, 1746—1748, 1750—1752, 1768—1770. Die in § 1746 BGB. weiter vorgesehene Einwilligung der Ehefrau des Annehmenden fällt nicht hieher, da Abs. 2 nur von der Einwilligung des Dritten spricht, zu dem das Kind in einem familienrechtlichen Verhältnisse steht. Ebenso Planck Bem. 6, a—c, dann Niedner Bem. 3, a, dieser jedoch mit dem Abmaße, daß er den Abs. 2 nicht auf die Aufhebung der Adoption erstreckt wissen will.

Bezüglich der Form gilt auch hieher das in Bem. 6, b Ausgeführte.

b) Streitig ist, ob die Vorschrift des Abs. 2, welche ihrem Wortlaute nach nur zu Gunsten des deutschen Rechtes aufgestellt ist, so auszudehnen ist, daß ihre Tragweite mit Satz 2 Abs. 1 des von der II. Komm. aufgestellten § 2253 (s. Bem. I) übereinstimmt. Gegen die Ausdehnung erklären sich Planck Bem. 7 und Neumann Bem. II, 2, wenn das Kind von einem Deutschen legitimirt oder an Kindesstatt angenommen wird. Für die Ausdehnung sind Niemeyer, IPR. S. 158, Niedner Bem. 3, a, Scherer, Zweites Jahr S. 5 Nr. 16. Zweifelnd Planck Bem. 8 für den Fall, daß Vater und Kind unter verschiedenen ausländischen Rechten stehen. Nach der Entstehungsgeschichte des Artikels (Bem. I) dürfte die uneingeschränkte Ausdehnung des Abs. 2 im gleichen Maße wie bei Abs. 1 zulässig sein. Im Allgemeinen ist das nationale Recht des Vaters, dagegen für die Frage der Einwilligung des Kindes bezw. dritter mit ihm in einem familienrechtlichen Verhältnisse stehenden Personen das nationale Recht des Kindes maßgebend.

9. Der Ansicht Niedners Bem. 3, b, daß Art. 28 hieher keine Ausnahme begründet, wird beigepflichtet.

10. Art. 27 ist nicht anwendbar. Vgl. Bem. IV zu Art. 27.

III. Einschlägige Verfahrensvorschriften enthalten CPO. §§ 328, 640, 641, ferner FG. §§ 36—41 mit Art. 23 dieses Gesetzes.

IV. Für das frühere Recht vgl. Boehm, Statutenkollision § 12, II.

Art. 23.

Eine Vormundschaft oder eine Pflegschaft kann im Inland auch über einen Ausländer, sofern der Staat, dem er angehört, die Fürsorge nicht übernimmt, angeordnet werden, wenn der Ausländer nach den Gesetzen dieses Staates der Fürsorge bedarf oder im Inlande entmündigt ist.

Das deutsche Vormundschaftsgericht kann vorläufige Maßregeln treffen, solange eine Vormundschaft oder Pflegschaft nicht angeordnet ist.

E. z. BGB. II, 2259, 2260, rev. 2381, 2385; III, 22.

1. Entstehung. Auch dieser Artikel verdankt seine nunmehrige Fassung erst dem Bundesrath, unterscheidet sich jedoch von den §§ 2259 und 2260 der II. Komm. im Wesentlichen nur darin, daß von der II. Komm. als Voraussetzung für die im Inlande zu bewirkende Einleitung einer Vormundschaft über einen Ausländer, der nicht im Inland entmündigt wurde, ausdrücklich auch noch das Erforderniß aufgestellt wurde, daß der zu Bevormundende im Inlande seinen Wohnsitz oder Aufenthalt hat, während im entsprechenden § 19 des Entw. der I. Komm. eine besondere Bestimmung über den im Inland Entmündigten fehlte (P. VI, 10, 68—72; Reatz II, 485, III, 10).

2. Tragweite. Art. 23 enthält eine unvollkommene Kollisionsnorm und zwar nach Niemeyer spezielles Fremdenrecht (Vorbem. vor Art. 7, B, I, 2, c).

Eine generelle Bestimmung darüber, ob irgendwo im Ausland eine Vormundschaft über den Angehörigen eines fremden Staates rechtsgültig bestellt werden könne, fehlt. Es wurde die Regelung dieser Frage sowie der weiteren Frage, in welchen Fällen vom deutschen Rechte die im Auslande stattfindende Bevormundung eines Deutschen anerkannt werden solle, in der II. Komm. ausdrücklich abgelehnt. Letztere Frage würde vorbehaltlich besonderer Bestimmungen von Staatsverträgen — wie in der II. Komm. von einer Seite, allerdings unter Widerspruch von anderer Seite, bemerkt wurde — folgerichtig nur dahin beantwortet werden können, daß die im Ausland über einen Deutschen geführte Vormundschaft grundsätzlich als nichtig zu erachten ist, und daß die von einem ausländischen Vormund als einem negotiorum gestor geführten Geschäfte nur durch spätere Genehmigung seitens der deutschen Vormundschaftsorgane Rechtsbestand gewinnen können. Durch § 47 FG. ist nun aber ausdrücklich angeordnet, daß die über einen Deutschen im Ausland angeordnete Vormundschaft für genügend erachtet werden kann, wenn der Deutsche im Auslande seinen Wohnsitz oder Aufenthalt hat, wenn ferner die im Ausland angeordnete Vormundschaft nach den Vorschriften des BGB. erforderlich ist, und wenn dies im Interesse des Mündels liegt; es kann unter solchen und noch weiteren Voraussetzungen sogar eine im Inland angeordnete Vormundschaft oder Pflegschaft an einen ausländischen Staat abgegeben werden. Außerdem ist durch FG. § 36 dafür gesorgt, daß für einen Deutschen im Inland unter allen Umständen ein zuständiges Vormundschaftsgericht besteht. Ist im Inland über einen Deutschen eine Vormundschaft bestellt, so wird eine über denselben im Auslande bestellte Vormundschaft nicht anzuerkennen sein. Ebenso Planck Bem. 4. Eine Ausnahme dürfte durch Art. 28 begründet werden. Vgl. Niedner Bem. 1, a, Planck Bem. 1, a, sowie unten Bem. 3, e. Die erstere Frage wird jeweilig nur aus dem durch die Staatsangehörigkeit bestimmten Personalstatute des zu Bevormundenden mit der Maßgabe zu beantworten sein, daß das inländische Recht zu Gunsten der Ausländer von diesem Personalstatut im gegenwärtigen Art. 23 eine Ausnahme trifft, welche selbstverständlich zunächst auch nur für das inländische Recht Bedeutung hat.

3. Inhalt.

a) Durch das Wort „kann“ stellt das Gesetz die Einleitung einer Vormundschaft oder Pflegschaft über einen Ausländer oder die Anordnung vorläufiger Maßregeln in das Ermessen des inländischen Vormundschaftsrichters unter der Bedingung, daß mindestens die im Art. 23 aufgestellten Voraussetzungen vorhanden sein müssen. Es wird der inländische Richter von dieser Ermächtigung des Gesetzgebers jedenfalls dann Gebrauch zu machen haben, wenn das Interesse des zu bevormundenden Ausländers dies erfordert und, falls ein Inländer in der gleichen schutzbedürftigen Lage wäre, nach dem inländischen Rechte ein ähnliches Einschreiten des Vormundschaftsgerichts geboten wäre. Vgl. Planck Bem. 3.

b) Ob eine Vormundschaft oder eine Pflegschaft über den Ausländer einzuleiten ist, oder ob vorläufige Maßregeln zu treffen sind, —

diese Frage ist bezüglich der im Inland Entmündigten nach deutschem Rechte zu beurtheilen (vgl. Bem. II, C zu Art. 8, ferner den Wortlaut des Artikels, wonach für den im Inland Entmündigten ausdrücklich nicht erfordert wird, daß er nach den Gesetzen des Heimathsstaats der Fürsorge bedarf). Bezüglich der übrigen schutzbedürftigen Ausländer sind deren Personalstatuten, also die Gesetze ihres Heimathsstaats maßgebend; die von Niedner Bem. 3, b für den Fall, daß das Ausland die Uebernahme der Vormundschaft ablehnt, aufgestellte Ausnahme dürfte, soweit sie etwa über die Tragweite der unten — lit. e — gemachten Bemerkung hinausgehen soll, nicht haltbar sein.

c) Voraussetzungen für die Maßnahmen des Art. 23 Abs. 1 sind sonach

aa) wenn der Ausländer im Inlande nicht entmündigt ist,

α) daß er nach den Gesetzen seines Heimathsstaats der vormundschaftlichen oder pflegschaftlichen Fürsorge bedarf (vgl. Bem. IV, 4 zu Art. 27),

β) daß der Heimathsstaat diese Fürsorge nicht übernimmt, z. B. deßhalb, weil nach den Gesetzen des Heimathsstaats nur die Domizilsgerichte für Anordnung oder Fortführung einer Vormundschaft oder Pflegschaft zuständig sind und der betreffende Ausländer nicht in seinem Heimathsstaate, sondern im Inlande domizilirt. Gemäß § 12 FG. hat das Gericht die Nichtübernahme der Fürsorge durch den Heimathsstaat von Amtswegen festzustellen (Denkschr. zum FG. S. 43). Diese Nichtübernahme wird z. B. anzunehmen sein, wenn der Heimathsstaat eine von ihm eingeleitete Vormundschaft oder Pflegschaft deßhalb aufhebt, weil der zu Bevormundende ins Ausland verzogen ist. Vgl. Planck Bem. 2, b, Rspr. d. OLG. Bd. 6 S. 309, Boehm, Zeitschr. Bd. 13 S. 420, 177; Entsch. d. Kammerger. Bd. 21 S. 203.

γ) Nach Fischer-Henle (2. Aufl. S. 1025) wäre eine weitere in der 6. Aufl. nicht mehr festgehaltene Voraussetzung die, daß der betreffende Ausländer im Inlande wohnt oder sich aufhält. Es wird wohl regelmäßig nur unter dieser Voraussetzung Anlaß zur Anwendung des gegenwärtigen Artikels gegeben sein. Wie aus Bem. 1 zu entnehmen, hatten der I. und II. Entw. diese Voraussetzung auch ausdrücklich aufgestellt; nachdem sie vom Bundesrath und Reichstage fallen gelassen wurde, wird der Mangel des Wohnsitzes und Aufenthalts im Inlande keinen Grund zur Ablehnung der Maßnahmen des Art. 23 Abs. 1 bilden können. Ebenso Niedner Bem. 3 Abs. 4.

Wenn also z. B. einem minderjährigen Ausländer, der auch im Auslande, jedoch nicht im Heimathsstaate wohnt, im Inland eine Erbschaft anfällt und sowohl der Heimathsstaat als der Staat, in dem derselbe wohnt, die vormundschaftliche oder pflegschaftliche Fürsorge ablehnen, obwohl sie durch die Gesetze des Heimathsstaats veranlaßt wäre, so sollte das Inland eintreten können. Es wird das aber nur mit einer Pflegschaft nach Maßgabe des BGB. § 1909 Abs. 3 oder §§ 1910, 1911 der Fall sein können, da nur für eine solche durch FG. § 37 Abs. 2 mit §§ 38 und 39 ein für einen Ausländer, der im Inlande weder Wohnsitz noch Aufenthalt hat, zuständiges Gericht bestimmt ist, während im Uebrigen (nach §§ 36 ff. FG.) für einen solchen Ausländer ein im Inlande zuständiges Gericht nicht bestimmt ist. Zu demselben Ergebnisse gelangen im Wesentlichen Planck Bem. 2, a, Kuhlenbeck Bem. 1, Neumann Bem. 1, a.

δ) Die Zuständigkeit für die Pflegschaften nach BGB. §§ 1909—1914 ist für das deutsche Recht durch FG. §§ 37—42 geregelt. Die Nachlaßpflegschaft (BGB. §§ 1960, 1962) gehört nicht hieher, sondern fällt unter Art. 24 und 25.

bb) Wenn der Ausländer im Inland entmündigt ist, dann sind Voraussetzungen für die Anwendung des Art. 23 Abs. 1

α) jene, welche im BGB. §§ 1896 ff. bezw. 1909 ff. für die Einleitung einer Vormundschaft oder Pflegschaft aufgestellt sind (s. b oben),

β) daß der Heimathsstaat des Entmündigten die vormundschaftliche oder pflegschaftliche Fürsorge nicht übernimmt.

γ) Schon in der II. Komm. wurde bemerkt, daß hier nicht erfordert wird, „daß der Ausländer im Inland einen Wohnsitz (oder Aufenthalt) hat, so daß die Bevormundung auch dann eintreten bezw. fortdauern solle, wenn der zur Zeit der Entmündigung vorhandene Wohnsitz (vgl. Art. 8) später verloren sei".

Im Hinblick auf die Vorschriften des FG. werden jedoch auch hieher die Bemerkungen unter aa, γ Bedeutung gewinnen. Der Unterschied zwischen den Fällen unter aa und bb beschränkt sich also auf die lit. α.

δ) Für die Zuständigkeit der Gerichte gilt das unter γ und δ zu aa Gesagte.

d) Nach den Gesetzen, welche für die Anordnung der Vormundschaft oder Pflegschaft maßgebend sind, bestimmen sich selbstverständlich auch die Voraussetzungen für deren Beendigung.

e) Was im Uebrigen das anzuwendende materielle Vormundschaftsrecht betrifft, so ist Folgendes zu bemerken. Durch § 20 des Entw. der I. Komm. (vgl. §§ 27 u. 27a des Gebhardschen Entw. in Niemeyer, Vorschl. S. 15 u. 16) war noch folgende weitere Bestimmung vorgeschlagen worden: „Die Anordnung und Führung einer Vormundschaft, die Fürsorge und Aufsicht der Vormundschaftsbehörde sowie die Verbindlichkeiten zwischen dem Vormund und dem Mündel werden nach den Gesetzen des Staates beurtheilt, welchem die Vormundschaftsbehörde angehört.“ (P. VI, 11; Reatz II, 485.) Schon die II. Komm. hat die Streichung der Vorschrift dieses § 20 beschlossen, theils weil sie selbstverständlich sei, da die Vormundschaft unzweifelhaft ein öffentliches Amt sei und sich deßhalb von selbst verstehe, daß auf die Uebertragung, Führung und Leitung desselben die Gesetze des Staates Anwendung finden, der das Amt verliehen habe, und da schon aus § 7 (der die allerdings nicht zum Gesetze gewordene Regelung des internationalen Rechtes über Schuldverhältnisse betraf; s. oben Vorbem. E vor Art. 7) folge, daß auch die Verbindlichkeiten zwischen Vormund und Mündel dem Rechte desselben Staates unterständen, theils weil die Worte „Fürsorge und Aufsicht der Vormundschaftsbehörde“ sowie „Anordnung und“ zu streichen wären, da letztere zu Zweifeln mit Bezug auf § 19 (dem der gegenwärtige Art. 23 entspricht) Anlaß gäben, theils weil die Vorschrift nicht erschöpfend sei, da noch manche andere Fragen, z. B. die Berechtigung, zur Vormundschaft berufen zu werden, die Reihenfolge der Vormünder, das Benennungsrecht der Eltern des Mündels, in Betracht kämen, deren Entscheidung aber ebenso wie die der im § 20 behandelten Fragen im Gesetze nicht zu geben sei (P. VI, 71). Im Allgemeinen wird also, abgesehen von c, aa, α, als materielles Vormundschaftsrecht das Recht des Staates, dem die Vormundschaftsbehörde angehört, anzuwenden sein. Die Frage aber, ob eine zur Vormundschaft oder Pflegschaft berufene Person zur Uebernahme derselben verpflichtet ist, wird nur nach dem Personalstatute dieser Person entschieden werden können. Nach BGB. § 1785 besteht diese Verpflichtung nur für einen Deutschen. Ebenso Niedner Bem. 1, b und c, Planck Bem. 6, Kuhlenbeck Bem. 1 Abs. 4, Neumann Bem. V.

Auch wird der Machtbereich jenes Vormundschafsrechts seine Grenze finden in den Vorschriften solcher Staaten, durch welche, wie z. B. nach dem common law der Vereinigten Staaten und § 225 österr. BGB., hinsichtlich des in ihrem Gebiete gelegenen beweglichen oder unbeweglichen Vermögens die Autorität der von einem fremden Staate bestellten Vormünder oder Pfleger nicht anerkannt wird. Vgl. hiezu Art. 28 dieses Gesetzes. Niemeyer, IPR. S. 166, Niedner Bem. 1, a, Rspr. d. OLG. Bd. 5 S. 100; Neumann Bem. IV, Boehm, Handb. II. Aufl. S. 46 Note 16, Boehm, Zeitschr. Bd. 13 S. 154, 467.

f) Verliert eine im Inland unter Vormundschaft oder Pflegschaft stehende Person die Reichsangehörigkeit, so wird die Vormundschaft oder Pflegschaft im Inland aufzuheben sein, wenn Mündel oder Pflegling eine andere Staatsangehörigkeit erwerben und Vormundschaft oder Pflegschaft vom nunmehrigen Heimathsstaat übernommen werden oder nach dem Rechte desselben eine Vormundschaft oder Pflegschaft nicht gerechtfertigt ist. Solange diese Voraussetzungen nicht gegeben sind, wird — vorbehaltlich der besonderen Vorschriften von FG. § 47 für im Auslande wohnende oder sich aufhaltende Mündel und Pfleglinge — die Vormundschaft oder Pflegschaft im Inlande fortzuführen sein.

Vgl. Scherer, Das Erste Jahr S. 5 Nr. 9, Das Zweite Jahr S. 6 Nr. 17; Neumann Bem. VI.

g) Voraussetzungen für die Vornahme vorläufiger Maßregeln nach Abs. 2 dieses Artikels sind die unter c aufgeführten sowie die weitere, daß eine Vormundschaft oder Pflegschaft (im Inland oder Auslande) noch nicht angeordnet ist, jedoch mit der Maßgabe, daß für diese vorläufigen Maßregeln neben dem Gerichte des Wohnorts oder Aufenthalts gemäß FG. § 44 auch das Gericht zuständig ist, in dessen Bezirke das Bedürfniß der Fürsorge hervortritt.

Worin die vorläufigen Maßregeln bestehen sollen, bestimmt sich nach dem Bedürfnisse, für dessen Beurtheilung das Ermessen des Vormundschaftsgerichts entscheidet. Vgl. BGB. §§ 1665, 1846. Es wird auch eine vorläufige Vormundschaft oder Pflegschaft nach Analogie der §§ 1906—1908 BGB. eingeleitet werden können. Letzteres bestreitet Neumann Bem. I, 3, Fischer-Henle Bem. 5; Entsch. d. Kammerger. Bd. 21 S. 203; übereinstimmend Kuhlenbeck Bem. 2. Vgl. ferner Planck Bem. 8, Niedner Bem. 7. Vgl. auch Entsch. d. Kammerger. Bd. 23 S. 40.

4. Ausnahmen von Art. 23 ergeben sich

a) durch das Ges. über die Konsulargerichtsbarkeit vom 7. April 1900 (RGBl. S. 213) §§ 1 und 7 Ziff. 2, mit § 1 Satz 2 des Gesetzes über die Organisation der Bundeskonsulate vom 8. Nov. 1867 (BGBl. S. 137),

b) durch Staatsverträge. Hieher gehören die Verträge mit Griechenland vom 26. Nov. 1881 (RGBl. 1882 S. 101) Art. 22 Abs. 4, Brasilien vom 10. Jan. 1882 (RGBl. S. 69) Art. 21, mit der Südafrikanischen Republik vom 22. Jan. 1885 (RGBl. 1886 S. 209) Art. 24 Abs. 3, mit Italien vom 21. Dez. 1868 (BGBl. 1869 S. 113) und 7. Febr. 1872 (RGBl. S. 134) Art. 11, ferner mit Spanien vom 22. Febr. 1870 (BGBl. S. 99) und 12. Jan. 1872 (RGBl. S. 211) Art. 11, sowie mit Japan vom 4. April 1896 (RGBl. S. 732) Art. 13. Von Wichtigkeit ist nunmehr die Haager Konvention vom 12. Juni 1902 (Boehm, Zeitschr. Bd. 12 S. 602 u. 606 ff.), abgeschlossen zwischen dem Deutschen Reich, Belgien, Frankreich, Italien, Luxemburg, Holland, Oesterreich-Ungarn, Portugal, Rumänien, Schweden, Schweiz und Spanien.

Nach den Verträgen mit Salvador vom 13. Juni 1870 (RGBl. 1872 S. 377) Art. 27, Guatemala vom 20. Sept. 1887 (RGBl. 1888 S. 238) Art. 25, Honduras vom 12 Dez. 1887 (RGBl. 1888 S. 262) Art. 25 und Nicaragua vom 4. Febr. 1896 (RGBl. S. 171) Art. 25 haben die beiderseitigen Konsuln die Rechtsstellung eines Vormunds der Minderjährigen ihres Landes „unter der Verantwortlichkeit, welche die Gesetze ihres Landes bestimmen".

c) Hinsichtlich der deutschen Schutzgebiete vgl. das RG. hierüber vom 10. Sept. 1900 §§ 2—4.

d) Für den schriftlichen Verkehr mit Belgien, Dänemark, Frankreich, Italien, Luxemburg, den Niederlanden, mit Oesterreich-Ungarn, Portugal, Rumänien, Rußland, Schweden, Norwegen, Schweiz und Spanien ist auch das Abkommen zur Regelung von Fragen des internationalen Privatrechts vom 14. Nov. 1896 (RGBl. 1899 S. 285) Art. 1—10 von Belang.

e) Vgl. auch Art. 56.

5. Ueber das frühere Recht vgl. Boehm, Statutenkollision § 13, ferner Scherer zu diesem Artikel Nr. 59—61.

6. Vgl. noch die Uebergangsbestimmung in Art. 210.

Vorbemerkung zu Art. 24—26 (erbrechtliche Verhältnisse).

1. Entstehung. Die Art. 24—26 betreffen die internationale Nachlaßbehandlung, für welche im § 21 des Entw. der I. Komm. lediglich folgende Bestimmungen vorgeschlagen waren:

„§ 21. Die erbrechtlichen Verhältnisse mit Einschluß der erbrechtlichen Schuldverhältnisse werden nach den Gesetzen des Staates beurtheilt, welchem der Erblasser zur Zeit seines Todes angehört hat.

Die Errichtung und die Aufhebung einer Verfügung von Todeswegen werden nach den Gesetzen des Staates beurtheilt, welchem der Erblasser zur Zeit der Errichtung oder der Aufhebung angehört hat. Die Vorschrift des § 3 Satz 2 (welche mit der Vorschrift des zweiten Satzes des Abs. 1 des Art. 11 dieses Gesetzes übereinstimmt) „bleibt unberührt"." (P. VI, 11.)

Die II. Komm. acceptirte für § 2261 den Abs. 1 unter Streichung der gesperrt gedruckten Worte, ferner den ersten Satz von Abs. 2 dieses § 21; an Stelle des zweiten Satzes setzte sie einen Abs. 3, welcher inhaltlich dem zweiten Halbsatze des nunmehrigen Art. 24 Abs. 3 entspricht, ferner einen Abs. 4 mit folgendem Wortlaut: „Ein Deutscher kann im Ausland eine Verfügung von Todeswegen auch in der Form errichten oder aufheben, welche den am Orte der Errichtung oder der Aufhebung geltenden Gesetzen entspricht."

2. Tragweite. Durch die nunmehrigen Art. 24 und 25 werden nur Vorschriften für die Beerbung Deutscher, auch wenn sie bei ihrem Tode im Auslande domizilirten, und für die Beerbung von im Inlande domizilirenden Ausländern gegeben. Diese Vorschriften sind also enger als jene der oben erwähnten Vorschläge der Entwürfe, welche auch für die Beerbung von Ausländern, die zur Zeit des Todes im Auslande domizilirten, maßgebend gewesen wären. Es handelt sich nur um unvollkommene Kollisionsnormen, welche theils nur die Anwendung des deutschen Rechtes regeln, theils zwar auch die Anwendung des fremden Rechtes, letzteres aber nur in unvollständiger Weise (P. V, 346—349; VI, 72—80).

Es frägt sich daher, wie die Lücken auszufüllen sind.

a) Schon aus der Entstehungsgeschichte ergiebt sich, daß den Art. 24 und 25 das allgemeine Prinzip zu Grunde liegt, daß für die erbrechtlichen Verhältnisse die Staatsangehörigkeit des Erblassers zur Zeit seines Todes maßgebend sein soll.

Diesem Prinzipe wird im Allgemeinen auch zu folgen sein. Ebenso Niemeyer, IPR. S. 168 und 38, Planck Bem. 1 zu Art. 25. Nicht außer Acht zu lassen ist jedoch, daß viele ausländische Staaten noch dem früher auch bei uns herrschenden Grundsatze huldigen, daß das Erbschaftsstatut durch den letzten Wohnsitz des Erblassers bestimmt werden soll. Stirbt der Angehörige eines solchen Staates im Deutschen Reiche, so entsteht bei uns allerdings deßhalb keine Schwierigkeit, weil in dem Wohnsitzprinzipe des Heimathsstaats des Erblassers eine Verweisung auf das deutsche Recht enthalten und letzteres deßhalb bei uns gemäß Art. 27 anzuwenden ist. Anders liegt aber die Frage dann, wenn im Inland ein Rechtsstreit über die Erbschaft eines Ausländers zu entscheiden ist, der nicht in seinem Heimathslande, sondern in einem anderen fremden Staate verstorben ist, sofern im ersteren (z. B. Italien) das Staatsangehörigkeits-, im letzteren (z. B. Dänemark) das Domizilsprinzip gilt. Es wird sich für das durch die Staatsangehörigkeit bezeichnete Recht zu entscheiden sein. Wenn umgekehrt ein Däne, der zuletzt vor seinem Tode in Italien seinen Wohnsitz hatte, dort verstorben ist und bei uns über dessen Erbschaft zu entscheiden ist, so wird es darauf ankommen, welche Ausdehnung dem Art. 27 zu geben ist. Vgl. Bem. II, B, 2 zu Art. 27.

Vgl. auch Niedner Bem. 2 zu Art. 24, Neumann Bem. II, 1 zu Art. 25, Kuhlenbeck Bem. 1 zu Art. 25, Barazetti S. 98, 109, Boehm, Zeitschr. Bd. 7 S. 116.

b) Das Staatsangehörigkeitsprinzip gilt auch z. B. in Holland, Italien, Oesterreich, Rumänien, Schweden, Spanien, das Wohnsitzprinzip z. B. in Argentinien, Chile, Dänemark, Ecuador, Norwegen, Salvador, Schweiz und in den russischen Ostseeprovinzen, dann für den Mobiliarnachlaß in England, streitig, ob auch in Frankreich. Vgl. Niemeyer, Vorschl. II. Theil S. 118 ff., Boehm, Zeitschr. Bd. 13 S. 239, 240, 602 ff., Bd. 12 S. 127, 128, 144, 511.

c) Ueber die Fragen, ob auch die besonderen Vorschriften von Abs. 2 und 3 Art. 24 und Satz 2 von Art. 25 auszudehnen sind, vgl. die Bem. II, 4, a, β und II, 4, c zu Art. 25.

3. Den Entwurf eines Abkommens der dritten Haager Staatenkonferenz zur Regelung der Gesetzeskollisionen, betreffend Erbschaften, Testamente und Schenkungen von Todeswegen, siehe in Boehm, Zeitschr. Bd. 12 S. 17 ff.

Art. 24.

Ein Deutscher wird, auch wenn er seinen Wohnsitz im Auslande hatte, nach den deutschen Gesetzen beerbt.

Hat ein Deutscher zur Zeit seines Todes seinen Wohnsitz im Auslande gehabt, so können die Erben sich in Ansehung der Haftung für die Nachlaßverbindlichkeiten auch auf die an dem Wohnsitze des Erblassers geltenden Gesetze berufen.

Erwirbt ein Ausländer, der eine Verfügung von Todeswegen errichtet oder aufgehoben hat, die Reichsangehörigkeit, so wird die Gültigkeit der Errichtung oder der Aufhebung nach den Gesetzen des Staates beurtheilt, dem er zur Zeit der Errichtung oder der Aufhebung angehörte; auch behält er die Fähigkeit zur Errichtung einer Verfügung von Todeswegen, selbst wenn er das nach den deutschen Gesetzen erforderliche Alter noch nicht erreicht hat. Die Vorschrift des Art. 11 Abs. 1 Satz 2 bleibt unberührt.

E. z. BGB. II, 2261, rev. 2386; III, 23.

I. Entstehung s. Vorbem. 1.

II. Inhalt. Art. 24 enthält Vorschriften nur für die Beerbung eines Deutschen. Er setzt voraus, daß der Erblasser zur Zeit seines Todes die Reichsangehörigkeit besaß. Für die Vorschriften in Abs. 1 und 3 ist es gleichgültig, ob der Erblasser seinen Wohnsitz im Inland oder im Auslande hatte, während Abs. 2 eine besondere Bestimmung für den Fall trifft, daß der Erblasser seinen letzten Wohnsitz im Auslande hatte. Im Einzelnen wird Folgendes hervorgehoben:

1. Der wesentliche Inhalt des Artikels ist der, daß ein Deutscher, mag er es von Geburt an gewesen sein oder erst später die Reichsangehörigkeit (durch Legitimation, Heirath, Anstellung oder Naturalisation) erworben haben, mag er seinen Wohnsitz im Inland oder Auslande gehabt haben — wenn er nur zur Zeit seines Todes die Reichsangehörigkeit besaß —, nach deutschen Gesetzen (V. Buch des BGB. und Art. 213—217 dieses Gesetzes) beerbt wird, daß also für das Erbrecht das durch die letzte Staatsangehörigkeit des Erblassers bestimmte Personalstatut desselben maßgebend ist, falls der Erblasser ein Deutscher ist.

Dasselbe gilt nach Art. 29 für einen Erblasser, der zur Zeit seines Todes keinem Staate angehörte, dessen letzte Staatsangehörigkeit aber die deutsche war oder der, sofern er niemals einem Staate angehörte, im Deutschen Reiche seinen letzten Wohnsitz oder, sofern er auch niemals einen Wohnsitz besaß, seinen letzten Aufenthalt hatte.

Ebenso Planck Bem. 2, Neumann Bem. I; vgl. Niedner Bem. 3, a.

2. Die Kollisionsnormen des Art. 24 gehen davon aus, daß das hinterlassene Vermögen einer Person, wenn auch dessen einzelne Theile an verschiedenen Orten, in verschiedenen Staaten liegen, als eine Einheit zu betrachten ist und im Allgemeinen dem Personalstatute des Erblassers unterliegt — vorbehaltlich der hervorgehobenen Ausnahmen. Ebenso Niedner Bem. 3, b.

3. Die Kollisionsnormen des Art. 24 gelten für das gesammte Erbrecht (z. B. den Anfall und Erwerb der Erbschaft und Vermächtnisse, für den Verzicht auf eine angefallene Erbschaft, für den Erbverzicht, Boehm, Zeitschr. Bd. 7 S. 322) und für jede Art der Erbfolge (Intestaterbfolge, Testaments- und Vertragserbfolge), deßhalb auch für die Erbfolgeordnung, ferner für die erbrechtlichen Schuldverhältnisse (BGB. §§ 1967—2017) und zwar einschließlich der Haftung des Erben für ein zum Nachlasse gehöriges Handelsgeschäft (HGB. § 27), ebenso weiters für die Erbengemeinschaft (BGB. §§ 2032—2063).

Ebenso u. A. Planck Bem. 3, a—d, Niedner Bem. 3, c, d.

Auch die Erbfähigkeit ist nach dieser Norm zu beurtheilen und deßhalb dem Personalstatute des Erblassers zu unterstellen. Ebenso Niedner Bem. 6, a, Zitelmann II, S. 89, v. Bar, Theorie II, 312—317. Die Voraussetzungen, von denen die Erbfähigkeit abhängt, das sind z. B. die Fragen, ob ein Kind ehelich ist oder nicht, ob eine gültige Adoption vorliegt, ob die in Betracht kommende Person der Ehegatte des Erblassers ist, richten sich dagegen nach den familienrechtlichen Kollisionsnormen (Art. 13, 18, 22). Dasselbe gilt hinsichtlich der Beurtheilung der Frage, ob anzunehmen ist, daß Jemand, über den Nachrichten nicht vorliegen — also ein Verschollener — einen Erbanfall erlebt hat oder nicht, wofür demnach die Vorschriften des Art. 9 zutreffen.

Die Grenze zwischen der Erbfähigkeit selbst und ihren Voraussetzungen ist jedoch bestritten. Vgl. gegenüber obigen Belegstellen Gierke I S. 245 Note 145—147, ferner Boehm, Zeitschr. Bd. 7 S. 320, Barazetti S. 103. Auch das sogen. Heimfallsrecht des Staates fällt an und für sich unter das Erbschaftsstatut; doch nimmt vielfach der Staat, in dem erbloses Gut gelegen ist, dasselbe in Anspruch (Gierke I, 211, Barazetti a. a. O.). Vgl. aber auch Bem. 4, c zu BGB. § 1936.

4. Streit besteht darüber, ob der Erbschaftskauf (BGB. §§ 2371—2385), sofern der Erblasser ein Deutscher ist, unter das Erbschaftsstatut oder, da er an sich zwischen Käufer und Verkäufer nur ein obligatorisches Rechtsverhältniß begründet, unter die Kollisionsnormen für Schuldverhältnisse (vgl. Vorbem. E vor Art. 7) einzureihen ist. Niedner Bem. 6, e spricht sich für das Erbschaftsstatut, Planck Bem. 3, f, ebenso auch Boehm, Zeitschr. Bd. 12 S. 444 für das Obligationsstatut aus. Ich möchte mich Niedner aus den von ihm dargelegten Gründen anschließen, zumal auch Planck zugeben muß, daß seine Ansicht, wenn nicht Art. 30 Hülfe gewährt, zu einer Gefährdung der Nachlaßgläubiger führen kann und daß die Vorschriften über das den Miterben zustehende Vorkaufsrecht (BGB. §§ 2034 ff.) sowie die weitere Vorschrift des § 2033 BGB., daß der Miterbe zwar über seinen Erbtheil, nicht aber über die Erbschaft im Ganzen verfügen darf, jedenfalls unter Art. 21 fallen. Zweifelhaft ist mir nur, ob es richtig ist, was Niedner sagt, daß für die allgemeinen Vorschriften über die Kaufverträge, soweit sie ergänzend in die Vorschriften des 9. Abschn. des 5. Buches eingreifen, lediglich das für Schuldverhältnisse im Allgemeinen geltende Statut maßgebend sein soll. Es dürfte zu großen Verwicklungen führen, wenn z. B. bei einem im Auslande geschlossenen und dort zu erfüllenden Kaufe der Erbschaft eines Deutschen zu den Vorschriften des 9. Abschn. von Buch V BGB., welche sich enge an die übrigen Vorschriften des BGB. anschließen, die nothwendige Ergänzung nicht dem deutschen, sondern einem ausländischen Rechte entnommen werden soll.

5. Ausnahmen. Von den bisher entwickelten Grundsätzen über die Anwendung des deutschen Rechtes ergeben sich folgende Ausnahmen:

A. Die erste Ausnahme betrifft die erst vom Bundesrathe vorgeschlagene und in Abs. 2 des Artikels getroffene Bestimmung über die Haftung der Erben für die Verbindlichkeiten des Nachlasses eines Deutschen, der zur Zeit seines Todes seinen Wohnsitz im Auslande hatte. Die Erben haben deßfalls die Wahl zwischen den deutschen Gesetzen und den am Wohnsitze des Erblassers geltenden Gesetzen, so daß die Erben, wenn letztere Gesetze für den Ausschluß der unbeschränkten Haftung leichter zu erfüllende Förmlichkeiten aufstellen als die inländischen Gesetze, die Wohlthaten der betreffenden ausländischen Gesetze ausnützen können.

Es handelt sich bei dieser Ausnahme um spezielles Fremdenrecht (Vorbem. B, I vor Art. 7). Das Wahlrecht des Erben hinsichtlich des anzuwendenden Gesetzes bezieht sich nicht auf die Frage, ob die in Frage kommende Verbindlichkeit gegen den Erblasser entstanden ist, sondern nur auf die Frage, wie weit er als Erbe für die Verbindlichkeiten des Erblassers zu haften hat (Barazetti S. 106), d. h. also ob er beschränkt oder unbeschränkt haftet BGB. §§ 1970—2013), ob er als Gesammtschuldner oder nur für den seinem Erbtheil entsprechenden Theil der Nachlaßforderung haftet (§§ 2058—2063), ob seine Haftung eine sofortige oder eine befristete ist (§§ 2014—2017). Was unter Nachlaßverbindlichkeiten zu verstehen ist, wird für das deutsche Recht durch die §§ 1967—1969 bestimmt (Barazetti S. 105). Es fallen hierunter auch die Verbindlichkeiten aus Pflichttheilsrechten, Vermächtnissen und Auflagen. Ebenso Niedner Bem. c, β, Niemeyer, IPR. S. 173. Ob der Erbe auch hinsichtlich der Rechtsgültigkeit dieser zwischen dem nationalen und dem Domizilsrechte des Erblassers wählen kann? Dies wird von Niemeyer, Vortr. S. 42 ff. und von Barazetti a. a. O. unter dem Bemerken verneint, daß das Wahlrecht des Erben nur auf die in Betracht kommenden Gesetze „über die Voraussetzungen und Modalitäten, unter denen der Erbe für die an sich (gemäß dem Heimathsrechte des Erblassers) existirenden Nachlaßverbindlichkeiten aufzukommen hat", sich bezieht. Dem ist zuzustimmen. Ebenso Niedner Bem. c, δ, Planck Bem. 4, b, Niemeyer, IPR. S. 173.

Nicht unter die Ausnahme fallen weiter die Fragen, ob der Erwerb der Erbschaft und damit die Schuldenhaftung kraft Gesetzes oder erst durch den Antritt der Erbschaft eintritt, wie Miterben untereinander (BGB. § 2063), wie der Nacherbe gegenüber dem Vorerben (§ 2144), der Vermächtnißnehmer gegenüber dem Erben (§ 2166) für Nachlaßschulden haften. Für diese Frage bleibt ausschließlich das nationale Recht des Erblassers maßgebend, ebenso für die weitere Frage, ob der Nachlaß für Deliktsschulden überhaupt haftet. Ebenso Niedner Bem. 4, δ, Niemeyer, IPR. S. 173, Planck Bem. 4, b (den Niedner mit Unrecht bezüglich der Haftung für Deliktsschulden als Gegner seiner Ansicht erklärt); a. M. bezüglich der Haftung für Deliktsschulden Barazetti S. 108.

Dagegen kommt für die Wirksamkeit dieser Ausnahme nichts darauf an, ob die Erben oder die Gläubiger, Vermächtnißnehmer und Pflichttheilsberechtigten Inländer oder Ausländer sind oder im Inland oder Auslande wohnen. Vgl. Niedner Bem. c, $\alpha-\gamma$.

B. Die zweite Ausnahme enthält Abs. 3 Satz 1, der sich ebenso wie der Satz 2 auf die Errichtung und Aufhebung einer Verfügung von Todeswegen d. i. eines Testaments oder eines Erbvertrags bezieht, soweit die Fähigkeit zu deren Errichtung und Aufhebung, dann die für die Errichtung und Aufhebung erforderlichen Förmlichkeiten und die Gültigkeit der Errichtung und Aufhebung aus diesen beiden Gesichtspunkten in Betracht kommen. Vgl. BGB. Buch V Abschn. III Tit. 7 und Abschn. IV.

Abs. 3 ist nicht (wie es von Niemeyer, Vortr. S. 32 geschieht) dahin zu deuten, daß auch die Frage, ob eine letztwillige Verfügung ihrem Inhalt und ihrem Gegenstande nach gültig errichtet oder widerrufen ist, nach dem für den Testator zur Zeit der Errichtung oder Aufhebung maßgebenden Personalstatute zu entscheiden ist. Diese Frage ist vielmehr nach dem nationalen Gesetze des Testators zur Zeit seines Todes zu beurtheilen. Ebenso Niedner (mit guter Begründung) Bem. 4, d, Planck Bem. 4, c, δ, jetzt auch Niemeyer, JPR. S. 171, ferner Boehm, Zeitschr. Bd 7 S. 5, 114 u. 322. Soweit also Inhalt und Wirkungen letztwilliger Verfügungen nach Maßgabe von BGB. Buch V Abschn. III Tit. 1 mit 6 und zwar einschließlich der Erbverträge (Abschn. IV) in Frage kommen, werden dieselben von der Ausnahme des Abs. 3 nicht berührt; hiefür ist das nationale Recht des Erblassers maßgebend.

Nur für die Auslegung des Inhalts letztwilliger Verfügungen kann das durch Abs. 3 bestimmte Recht von Bedeutung sein, wenn sich aus besonderen Umständen ergiebt, daß der Erblasser bei einzelnen Anordnungen gerade von diesem Rechte ausgegangen ist. Ebenso Niedner und Planck a. a. O.

Auf Erbverzichte, welche ja keine letztwilligen Verfügungen des Erblassers sind, bezieht sich Abs. 3 selbstverständlich nicht.

Im Einzelnen ist noch Folgendes zu bemerken:

a) Der zweite Halbsatz von Satz 1 hat folgende Bedeutung: Wenn der deutsche Erblasser früher Angehöriger eines anderen Staates war, nach den Gesetzen dieses anderen Staates die Fähigkeit zur Errichtung einer Verfügung von Todeswegen (testamenti factio activa) besaß und, während er noch Angehöriger dieses anderen Staates war, eine letztwillige Verfügung auch wirklich errichtet hat, so behält er diese Fähigkeit zur Errichtung — und folgerichtig auch zur Aufhebung — einer letztwilligen Verfügung nach Erwerbung der Reichsangehörigkeit auch dann, wenn er nach deutschen Gesetzen (§ 2229 Abs. 2 des BGB.) deßhalb nicht testamentsmündig wäre, weil er das erforderliche Alter nicht erreicht (d. i. das 16. Lebensjahr noch nicht vollendet) hat. Das Gleiche gilt betreffs der Fähigkeit zur Errichtung eines Erbvertrags, welche nach BGB. § 2275 mit der Volljährigkeit eintritt, und zwar schon gemäß Art. 7. Vgl. Niedner 4, d, α Abs. 1 a. E.

Zu betonen ist:

α) daß — schon deßhalb, weil die Worte des Halbsatzes 1 „ein Ausländer, der eine Verfügung von Todeswegen errichtet oder aufgehoben hat" sich offenbar auch auf den zweiten Halbsatz beziehen — die Wirksamkeit dieser Ausnahme (wie in Art. 215 dieses Gesetzes) von der wirklichen Errichtung einer letztwilligen Verfügung während der früheren Staatsangehörigkeit abhängig ist. Der in der II. Komm. gestellte Antrag, welcher allgemein die einmal erworbene Fähigkeit, gültig zu testiren, erhalten wissen wollte, wurde in der Kommission ausdrücklich bekämpft und die Beschränkung desselben auf den Fall verlangt, daß der ehemalige Ausländer bereits nach den Gesetzen seines Heimathsstaats testirt habe.

Ebenso Planck Bem. 4, d, Niedner 4, d, α, Boehm, Zeitschr. S. 114 ff., Zitelmann II, 76 ff. Note 34. A. M. Boehm, Zeitschr. Bd. 7 S. 2 ff., Niemeyer, JPR. S. 171. Vgl. auch Gruchot, Beitr. Bd. 42 S. 191.

β) Daß diese Testamentsmündigkeit dem ehemaligen Ausländer etwa nur in Ansehung der im früheren Heimathsstaat errichteten Verfügung bleibt, das dürfte weder mit dem Wortlaute des Gesetzes, noch damit zu vereinbaren sein, daß in der II. Komm. (P. VI, 76, 77) hinsichtlich der inhaltlich gleichen Vorschrift des Abs. 3 von

§ 2261 des II. Entw. ausdrücklich hervorgehoben wurde, daß der dieses bezielende Antrag dem Erblasser nicht bloß die Möglichkeit, die im früheren Heimathsstaat errichtete letztwillige Verfügung zu ändern oder aufzuheben, verschaffen wolle, sondern weiter gehe, „indem er die nach den Gesetzen des Auslands einmal erworbene Testirfähigkeit des zum Deutschen gewordenen Ausländers schlechthin erhalten will".

γ) Nicht erfordert ist, daß diese letztwillige Verfügung des ehemaligen Ausländers nach den Gesetzen seines früheren Heimathsstaats auch rechtsgültig war.

Ueber Inhalt und Wirkungen entscheidet vielmehr, wie schon am Eingange von lit. B bemerkt, das Personalstatut des Erblassers zur Zeit seines Todes. A. M. anscheinend Niemeyer, JPR. S. 172.

δ) Auf die Unfähigkeit zur Errichtung einer letztwilligen Verfügung wegen Entmündigung in Folge von Geistesschwäche, Trunksucht oder Verschwendung (BGB. § 2229 Abs. 3) bezieht sich der zweite Halbsatz von Satz 1 nicht und zwar weder dem Wortlaute noch dem Zwecke nach. Ebenso Niedner 4, d, α Abs. 2; a. M. Planck Bem. 4, d Abs. 2.

ε) Zitelmann II, 76 erblickt in Satz 1 Halbsatz 2 des dritten Abs. von Art. 24 eine rein materiell-rechtliche Verweisung.

b) Zwar eine Ausnahme von Abs. 1, aber doch keine eigentliche Ausnahme vom Staatsangehörigkeitsprinzipe, sondern eine Konsequenz des letzteren (nach Art. 7), bildet die Vorschrift des ersten Halbsatzes vom Abs. 3 dieses Artikels, da sie nichts Anderes besagt, als daß die Fähigkeit zur Errichtung einer letztwilligen Verfügung, welche ein Deutscher, der früher Angehöriger eines anderen Staates war, während der früheren Staatsangehörigkeit getroffen hat, sowie die Form der Errichtung sich nach den Gesetzen des Staates bemißt, welchem der Erblasser zur Zeit der Errichtung angehörte. Ist also das Testament nach den Gesetzen des Staates, dem der Erblasser zur Zeit der Errichtung angehörte, gültig, so behält es diese Gültigkeit, auch wenn es nach den Gesetzen desjenigen Staates, dem der Erblasser zur Zeit seines Todes angehörte, nicht rechtsgültig wäre — selbstverständlich unter der am Eingange der Bem. B gemachten Einschränkung. Diese Vorschrift war deßhalb nothwendig, weil von verschiedenen Rechtslehrern (vgl. Bar, Theorie und Praxis des intern. PrR. Bd. 2 S. 320 Note 7), dann auch vom Reichsgericht (Entsch. Bd. 31 S. 154), ferner von der Haager Konferenz (von 1894 Schlußprotokoll V Art. 2, 4) und von einem Mitgliede der II. Komm. durch einen Antrag die Ansicht vertreten wurde, daß die Fähigkeit, zu testiren, sowohl nach dem Personalstatute zur Zeit des Todes, wie nach dem Personalstatute zur Zeit der Errichtung des Testamentes vorhanden sein müsse (P. VI, 72, 74 ff.). Letztere Ansicht ist also für das Geltungsgebiet des Art. 24 abgelehnt. Vgl. Barazetti S. 100 ff., Niemeyer, JPR. S. 171 (im Gegens. zu Vortr. S. 32), Zitelmann II, 170.

C. Die dritte Ausnahme bildet die Vorschrift des Art. 11 Abs. 1 Satz 2 hinsichtlich der Form der Rechtsgeschäfte einschließlich der letztwilligen Verfügungen (Testamente und Erbverträge), welche im letzten Satze des Abs. 3 ausdrücklich auch als auf die Fälle dieses Abs. 3 anwendbar erklärt wurde. Eine letztwillige Verfügung ist also in gültiger Form errichtet, wenn sie entweder dem Gesetze des Staates, dem der Testator zur Zeit der Errichtung angehörte, oder dem Gesetze des Ortes, an dem sie errichtet wurde, entspricht.

Einem dieser beiden Gesetze muß aber die Form der unter Abs. 3 fallenden letztwilligen Verfügungen entsprechen; es würde nicht genügen, wenn der Erblasser, dessen letzte Staatsangehörigkeit die deutsche war, zu der Zeit, zu welcher er noch einem fremden Staate angehörte und in einem anderen nichtdeutschen Staate eine letztwillige Verfügung errichtete, bei dieser Errichtung die Förmlichkeiten von BGB. § 2231 Ziff. 2 beobachtete, während sowohl sein damaliger Heimathsstaat als der Errichtungsort die gerichtliche oder notarielle Form für die Gültigkeit einer letztwilligen Verfügung zur Voraussetzung haben. Ebenso z. B. Niedner Bem. 4, d, β.

D. Eine vierte Ausnahme ist in Art. 28 dieses Gesetzes in Ansehung jener Nachlaßgegenstände getroffen, die nach den Gesetzen des Staates, in dessen Gebiete sie sich befinden, besonderen Vorschriften unterliegen. Solche Staaten sind Oesterreich, Niederlande, Frankreich, England, Rußland, Nordamerika, Südamerikanische Staaten.
Ebenso Planck Bem. 4, a, Niedner Bem. 3, b, α, Barazetti S. 97 und 98.

E. Weitere Ausnahmen können sich durch Staatsverträge, insbesondere mit solchen Staaten ergeben, für welche das Wohnsitzprinzip gilt. Vgl. Vorbem. 2, b.

und 3. Die Staatsverträge mit Griechenland vom 26. November 1881 (RGBl. 1882 S. 101) Art. 23, Japan vom 4. April 1896 (RGBl. S. 715) Art. 14 i, Rußland vom 12. November / 31. Oktober 1874 (RGBl. 1875 S. 136) Art. 10, Serbien vom 6. Januar 1883 (RGBl. S. 62) Art. 19 und mit der Südafrikanischen Republik vom 22. Januar 1885 (RGBl. 1886 S. 209) Art. 25 enthalten im Wesentlichen die Vereinbarung, daß bezüglich der Angehörigen der Vertragsstaaten das Erbrecht und die Nachlaßtheilung (vorbehaltlich einiger Bestimmungen zu Gunsten der Gläubiger und im Vertrage mit Rußland bezüglich des Immobiliarnachlasses) durch die Gesetze des Staates bestimmt werden, dem der Verstorbene angehörte.

Ueber weitere Staatsverträge vgl. Bem. II, 4, e zu Art. 25.

III. Ueber die Kollision zwischen ehelichem Güterrecht und Erbrecht vgl. Bem. III, F zu Art. 15, auch Boehm, Zeitschr. Bd. 7 S. 97 ff.

IV. Ueber die Zuständigkeit des Nachlaßgerichts vgl. FG. §§ 73, 74 und 75, des Prozeßgerichts CPO. §§ 27 und 28. Besondere Vorschriften über die internationale Nachlaßbehandlung sind in der bayerischen Nachlaßordnung vom 20. März 1903 (JMBl. S. 111) §§ 134—136 getroffen; vgl. hiezu die Erläuterungen von Haberstumpf. Für den Nachlaßkonkurs bestimmt KO. § 214 das zuständige Gericht.

Vgl. auch das Konsulargerichtsbarkeitsges. (§ 2 und § 7 Ziff. 2) vom 7. April 1900.

V. Ueber das frühere Recht s. Boehm, Statutenkollision §§ 30—34.

Art. 25.

Ein Ausländer, der zur Zeit seines Todes seinen Wohnsitz im Inlande hatte, wird nach den Gesetzen des Staates beerbt, dem er zur Zeit seines Todes angehörte. Ein Deutscher kann jedoch erbrechtliche Ansprüche auch dann geltend machen, wenn sie nur nach den deutschen Gesetzen begründet sind, es sei denn, daß nach dem Rechte des Staates, dem der Erblasser angehörte, für die Beerbung eines Deutschen, welcher seinen Wohnsitz in diesem Staate hatte, die deutschen Gesetze ausschließlich maßgebend sind.

E. z. BGB. II, 2261, rev. 2386; III, 24.

I. Ueber die Entstehungsgeschichte des Artikels s. Vorbem. 1 vor Art. 24.

II. Inhalt.

1. Der Art. 25 hält in Satz 1 das nach der Staatsangehörigkeit bestimmte Personalstatut auch hinsichtlich des Nachlasses eines Ausländers fest, der zur Zeit seines Ablebens seinen Wohnsitz im Inlande hatte. Es wird also auch ein zur Zeit seines Ablebens im Inlande domizilirender Ausländer prinzipiell nach dem Rechte des Staates beerbt, dem er zur Zeit seines Todes angehört. Dieser Grundsatz gilt (nach Niemeyer, Vortr. S. 27) für die zur Zeit des Todes im Inlande domizilirenden Oesterreicher, Holländer, Belgier, Franzosen, Spanier, Portugiesen, Italiener, Griechen, Rumänen, Schweden und die Angehörigen der zentralamerikanischen und der meisten südamerikanischen Staaten. Vgl. auch Barazetti S. 14, Kuhlenbeck Bem. 1 und unten Bem. 4, a, β.

2. Ueber die materielle Tragweite dieses Satzes vgl. die Bem. II, 2 und 3 zu Art. 24 und unten 4, b.

3. Wenn der Erblasser zur Zeit seines Todes gar keine Staatsangehörigkeit hatte, so treten die Vorschriften des Art. 29 ein (Boehm, Zeitschr. Bd. 7 S. 315, ebenso Planck Bem. 2).

Für die Fälle mehrfacher Staatsangehörigkeit vgl. die Bem. zu Art. 29.

4. Von dem unter 1 aufgestellten Grundsatze ergeben sich folgende Ausnahmen:

a) nach Satz 2: Wenn einem Deutschen nach deutschen Gesetzen — sei es auf Grund der Intestaterbfolge, sei es auf Grund einer letztwilligen Verfügung oder eines Erbvertrags — erbrechtliche Ansprüche an den Nachlaß eines Ausländers, der seinen letzten Wohnsitz im Inlande hatte, zustehen, so kann der Deutsche sie auch dann geltend machen, wenn sie nach dem Personalstatute des Erblassers nicht begründet wären, sondern nur nach deutschem Rechte. Einem Ausländer steht das gleiche Recht nicht zu. Ebenso Planck Bem. 4, d, Niedner Bem. 5, b.

Zu den erbrechtlichen Ansprüchen zählen zweifellos die Ansprüche aus Pflichttheilsrechten, Auflagen und Vermächtnissen, nicht aber dürften hiezu, wie in der I. Auflage angenommen wurde, die Ansprüche der

Nachlaßgläubiger im Allgemeinen gehören (da bei den Veränderungen, welche der Bundesrath und bezw. das Gesetz an den Entwürfen der I. und II. Komm. vorgenommen hat, der in der I. Aufl. aus P. VI, 74 abgeleitete Beweis nicht als ausreichend erachtet wird). Ebenso Planck Bem. 4, d, Niedner Bem. 5, a. Diese Ausnahmevorschrift fußt auf demselben Grundgedanken wie jene des Art. 31, nämlich auf dem Prinzipe der Retorsion.

Deßhalb gilt diese Ausnahmebestimmung — gemäß der mit „es sei denn" eingeleiteten Worte — dann nicht, wenn nach dem Rechte desjenigen Staates, dem der Erblasser angehörte, für die Beerbung eines Deutschen, welcher seinen Wohnsitz in diesem Staate hatte, die deutschen Gesetze ausschließlich maßgebend sind, d. h. also gegenüber solchen Staaten, welche allgemein oder wenigstens gegenüber den Angehörigen des Deutschen Reiches für die erbrechtlichen Verhältnisse der Ausländer, die zur Zeit ihres Ablebens in ihrem Gebiete domizilirten, das Staatsangehörigkeitsprinzip ausschließlich gelten lassen. Im Einzelnen wird hinsichtlich dieser Ausnahme von der Ausnahme Folgendes bemerkt:

α) Da (nach dem Zeugnisse von Boehm, Statutenkollision S. 180) z. B. das österreichische Recht (Jurisdiktionsnorm vom 18. Juni 1850 § 80, Patent vom 9. Aug. 1854 §§ 23—25), das Gesetzbuch von Italien (Einl. Art. 8 u. 9), die Gesetzbücher von Zürich § 3, Schaffhausen § 3, Solothurn § 8, Graubündten § 1 Ziff. 4 durchweg auf dem Standpunkte des Staatsangehörigkeitsprinzips stehen, so wird also diesen Ländern gegenüber die Ausnahmebestimmung nicht wirksam, sondern die Regel des Satz 1 anwendbar sein.

β) Dagegen werden die Voraussetzungen der mit den Worten „es sei denn" eingeleiteten Ausnahme von der Ausnahme nicht gegeben sein, also nicht die Regel des Satz 1, sondern die Ausnahme des ersten Halbsatzes von Satz 2 einzutreten haben, wenn der Staat, nach dessen Gesetzen für die Erbschaft der zuletzt in seinem Gebiete domizilirenden und dort verstorbenen Deutschen das Staatsangehörigkeitsprinzip gilt, von diesem Prinzipe andere Ausnahmen zuläßt als das deutsche Recht durch Art. 24 Abs. 2 und 3 und Art. 28.

Streitig ist, ob das auch dann gilt, wenn die ausländische Ausnahme vom Staatsangehörigkeitsprinzipe mit Art. 24 Abs. 2 und 3 und Art. 28 sowie mit Art. 25 Satz 2 übereinstimmt. Diese Frage wird von Niedner Bem. 3, a, β und b und 4 bejaht, von Planck Bem. 4, d Abs. 2 aber verneint. Wenn auch der Wortlaut („ausschließlich") für die Ansicht Niedners spricht, so handelt es sich doch beim Satze 2 um eine Maßnahme der Retorsion, zu der keine Veranlassung besteht, wenn das ausländische Gesetz den Inländer nicht ungünstiger behandelt als das inländische den Ausländer; deßhalb dürfte die Ansicht Plancks den Vorzug verdienen.

b) Weitere Ausnahmen begründen die Vorschriften der Art. 27 u. 28 (namentlich im Hinblick auf die Art. 59 und 62—64) sowie Art. 30. Ebenso Planck Bem. 4, a—c, Niedner Bem. 1 zu Art. 25 mit Bem. 4, a u. b zu Art. 24. Die Ausnahme des Art. 27 wird gegenüber allen ausländischen Erblassern mit inländischem Wohnsitze wirksam, deren Heimathsstaaten dem Wohnsitzprinzipe huldigen (vgl. Vorbem. 2, b vor Art. 24).

c) Eine weitere Ausnahme ergiebt sich namentlich für die Form der letztwilligen Verfügungen aus Art. 11 Abs. 1 Satz 2. Vgl. Planck Bem. 3.

d) Fraglich ist, ob die Ausnahmen, welche in Abs. 2 u. 3 von Art. 24 vom Staatsangehörigkeitsprinzipe gemacht werden, in der Art auszudehnen sind, daß sie auch gegenüber Satz 1 von Art. 25 wirken. Gegen die Ausdehnung erklären sich Planck Bem. 4, e u. f, Boehm, Zeitschr. Bd. 7 S. 116, und hinsichtlich des Abs. 2 auch Niedner Bem. 5 zu Art. 24. Für die Ausdehnung des Abs. 3 von Art. 24 sprechen sich Niedner a. a. O., Niemeyer, IPR. S. 170, Barazetti S. 102 aus.

Die Ausdehnung des Abs. 2 von Art. 24 wird abgelehnt werden müssen. Für die Ausdehnung des Abs. 3 sprechen namentlich die Entstehungsgeschichte (s. Vorbem. 1 vor Art. 24), ferner, wie auch von Planck a. a. O. anerkannt wird, gewichtige innere Gründe, gegen welche der einzige Grund, daß die Vorschrift in Art. 25 nicht ausdrücklich wiederholt wurde, nicht ausschlaggebend wirken kann. Es wird deßhalb die Ausdehnung des Abs. 3 im fraglichen Sinne zuzulassen sein.

e) Selbstverständlich treten die Vorschriften des Artikels 25 nicht ein, soweit in Staatsverträgen etwas Anderes vereinbart ist.

Nach der Zusammenstellung im Bayr. JMBl. S. 81 ff. vom Jahre 1900 (vgl. Preuß. JMBl. von 1894 S. 130) sind in den Verträgen mit den nachbenannten Staaten Bestimmungen über internationale Nachlaßbehandlung enthalten:

1. Argentinien vom 19. September 1857, Art. 7, Reg.Bl. 1859 S. 899,
2. Chili vom 1. Februar 1862, Art. 10—12, Reg.Bl. 1864 S. 121,
3. Siam vom 7. Februar 1862, Art. 15, Reg.Bl. 1864 S. 1625,
— diese Verträge geschlossen vom vormaligen Zollverein, die nachfolgenden vom Norddeutschen Bunde bezw. Deutschen Reiche —
4. Brasilien vom 30. November 1897 und 15. Februar 1898, RGBl. 1899 S. 547,
5. Columbien vom 23. Juli 1892, Art. 21, RGBl. 1894 S. 471,
6. Griechenland vom 26. November 1881, Art. 15 ff., RGBl. 1882 S. 101 und vom 9. Juli 1884, Art. 2, RGBl. 1885 S. 23,
7. Guatemala vom 20. September 1887, Art. 25, RGBl. 1888 S. 238,
8. Honduras vom 12. Dezember 1887, Art. 25, RGBl. 1888 S. 262,
9. Italien vom 21. Dezember 1868, Art. 11 und 12, Bund.GBl. 1869 S. 113, vom 7. Februar 1872, RGBl. S. 134 und vom 6. Dezember 1891, Art. 2, RGBl. 1892 S. 97,
10. Japan vom 4. April 1896, Art. I, RGBl. S. 715 und vom 4. April 1896, Art. X, XIV, RGBl. S. 732,
11. Mexico vom 5. Dezember 1882, Art. 15, RGBl. 1883 S. 247,
12. Nicaragua vom 4. Februar 1896, Art. 9 u. 25, RGBl. 1897 S. 171,
13. Niederlande vom 11. Januar 1872, RGBl. S. 67,
14. Oranje-Freistaat vom 28. April 1897, Art. 3 u. 16, RGBl. 1898 S. 93,
15. Persien vom 11. Juni 1873, Art. 15, RGBl. S. 351,
16. Rußland vom 12. November bezw. 31. Oktober 1874, RGBl. 1875 S. 136 und vom 8. Dezember bezw. 26. November 1874, Art. 9, RGBl 1875 S. 145,
17. Salvador vom 13. Juni 1870, Art. 27 und 12. Januar 1888, RGBl. 1872 S. 377 und 1889 S. 191,
18. Serbien vom 6. Januar 1883, Art. 11 ff. und vom 21. bezw. 9. August 1892, Art. 2, RGBl. 1883 S. 62 und 1893 S. 269,
19. Spanien vom 12. Januar 1872, Art. 1, RGBl. S. 211 und vom 22. Februar 1870, Art. 11 ff., Bund.GBl. 1870 S. 99,
20. Südafrikanische Republik vom 22. Januar 1885, Art. 17 ff., RGBl. 1886 S. 209,
21. Türkei (einschließlich Bulgarien und Rumänien) vom 26. August 1890, Art. 24 (bezw. 13. Juli 1878, RGBl. 1878 S. 307 und vom 20. März 1862, Art. 1, Preuß. Ges.Samml. 1863 S. 169),
22. Vereinigte Staaten von Amerika vom 11. Dezember 1871, Art. 10, RGBl. 1872 S. 95,
23. Zanzibar vom 20. Dezember 1885, Art. 20, RGBl. 1886 S. 261.

III. Kollisionsnormen fehlen für die Beerbung von Ausländern, welche ihr Domizil nicht im Inlande haben.

Ueber deren Ersatz s. Vorbem. 2 vor Art. 24.

IV. Die Bemerkungen III—V zu Art. 24 gelten auch hieher.

Art. 26.

Gelangt aus einem im Ausland eröffneten Nachlasse für die nach den dortigen Gesetzen berechtigten Erben oder Vermächtnißnehmer durch Vermittelung deutscher Behörden Vermögen ins Inland, so kann ein Anderer der Herausgabe nicht aus dem Grunde widersprechen, daß er als Erbe oder Vermächtnißnehmer einen Anspruch auf das Vermögen habe.

III, 25.

1. Zur Entstehungsgeschichte vgl. Vorbem. 1 vor Art. 24. Der gegenwärtige Artikel wurde erst vom Bundesrath aufgestellt.

2. Die Vorschrift dieses Artikels kann den Nachlaß eines Ausländers oder Inländers treffen. Es kann beispielsweise vorkommen, daß der Staat, in welchem ein Deutscher verstorben ist, nicht das Staatsangehörigkeits-, sondern das Domizilsprinzip für das Erbrecht gelten läßt und den Nachlaß eines in seinem Gebiete verstorbenen Deutschen

nach seinem Rechte auseinandersetzt, nach welchem andere Personen als Erben und Vermächtnißnehmer Ansprüche an den Nachlaß erheben können, als es nach deutschen Gesetzen der Fall wäre. Wenn nun zur Aushändigung an diese Erben oder Vermächtnißnehmer vom fremden Staate an eine deutsche Behörde (regelmäßig an den Konsul und von diesem an das Auswärtige Amt) Vermögensstücke übersendet werden, so soll nach der Vorschrift des gegenwärtigen Artikels eine Person, welche etwa nach deutschem Rechte als Erbe oder Vermächtnißnehmer bessere Ansprüche an den Nachlaß erheben zu können glaubt, von der deutschen Behörde nicht verlangen können, daß sie die Herausgabe der übermachten Vermögensstücke an die vom fremden Staate als Erben oder Vermächtnißnehmer bezeichneten Personen unterläßt.

Die Vorschrift betrifft nur Erben und Vermächtnißnehmer, also beispielsweise nicht Nachlaßgläubiger oder solche Personen, welche etwa aus einem anderen Titel als dem des Erben oder Vermächtnißnehmers ein Recht auf das betreffende Vermögensobjekt geltend machen.

Die Vorschrift präjudizirt auch dem materiellen Rechte der Erben oder Vermächtnißnehmer in keiner Weise, sondern regelt nur das Verfahren der deutschen Behörde. Doch wird beispielsweise eine einstweilige Verfügung, durch welche dasselbe erzielt werden will, was die Vorschrift des Artikels zu verhindern trachtet, von einem deutschen Gerichte nicht erlassen werden können. Dagegen ist der nach inländischem Rechte berechtigte Erbe oder Vermächtnißnehmer, sobald die deutsche Behörde die Aushändigung an die von der ausländischen Behörde bestimmte Person bethätigt hat, nicht gehindert, sofort im Wege des dinglichen Arrestes die Pfändung der ausgehändigten Gegenstände gegen den Empfänger zu erwirken. Das sonstige gerichtliche Vorgehen (nach Maßgabe des BGB. §§ 2018 ff. und 812 ff.) ist überhaupt durch den gegenwärtigen Artikel nicht eingeschränkt. Ebenso Planck, Niedner, Neumann u. a.

Art. 27.

Sind nach dem Rechte eines fremden Staates, dessen Gesetze in dem Art. 7 Abs. 1, dem Art. 13 Abs. 1, dem Art. 15 Abs. 2, dem Art. 17 Abs. 1 und dem Art. 25 für maßgebend erklärt sind, die deutschen Gesetze anzuwenden, so finden diese Gesetze Anwendung.

III, 26.

I. Entstehung.

A. Dieser Artikel ist erst vom Bundesrath eingestellt worden (Reatz III, 12) und betrifft die sogenannte Rückverweisung. In Boehm, Zeitschr. Bd. 8 S. 184 bezeichnet v. Bar die Fälle der Rückverweisung als Fälle eines negativen Kompetenzkonflikts mit der Wirkung, daß im Personen-, Erb- und Familienrechte schließlich der entscheidende Richter sein eigenes Gesetz und nicht das Gesetz des anderen Landes anwendet.

Im Gebhardschen Entwurfe (vgl. Niemeyer, Vorschl. S. 19) war folgender § 31 vorgeschlagen worden:

> „§ 31. Die Vorschriften des § 7 Abs. 1, des § 16 Abs. 1, des § 17, des § 18 Abs. 1, des § 19 Abs. 1 Satz 1 und Abs. 2, der §§ 21, 22, des § 23 Satz 1 und 2, des § 26 Abs. 1 und des § 29 kommen nicht zur Anwendung, wenn nach den Gesetzen des Staates, welchem der Ausländer angehört, nicht die Gesetze dieses Staates, sondern die deutschen Gesetze Anwendung zu finden haben. In diesem Falle sind die deutschen Gesetze maßgebend."

Die I. Komm. hat aber diesen § 31, der im Wesentlichen auf dem Boden des nunmehrigen Art. 27 steht (vgl. Niemeyer, IPR. S. 79), abgelehnt.

In der II. Komm. war in der Sitzung vom 11. März 1895 der Antrag gestellt worden, etwa hinter § 23 folgende Vorschrift einzuschalten:

> „Soweit für die Rechtsverhältnisse einer Person die Beurtheilung nach den Gesetzen des Staates vorgeschrieben ist, welchem die Person angehört, kommen, wenn das (internationale) Recht dieses Staates die Beurtheilung dieser Rechtsverhältnisse nach den Gesetzen eines anderen Staates vorschreibt, diese Gesetze zur Anwendung."

Ein hiezu gestellter Unterantrag bezielte die Ersetzung der gesperrt gedruckten Worte durch die Worte „nach den deutschen Gesetzen", also materiell im Wesentlichen dasselbe, was der Art. 27 in Bezug auf die Art. 7 Abs. 1, 13 Abs. 1, 15 Abs. 2, 17 Abs. 1 und 25 vorschreibt. Beide Anträge wurden durch Stimmenmehrheit abgelehnt. Einverständniß wurde darüber erzielt, daß dieser Beschluß die Bedeutung habe, daß, wenn das inländische Recht auf die Anwendung eines fremden Rechtes verweise, damit lediglich auf die materiellen Normen (im Gegensatze zu den auf das internationale Privatrecht sich beziehenden Rechtsnormen) dieses Rechtes verwiesen sein solle (P. VI, 7—20). Trotz dieses Beschlusses hat dann später die II. Komm. hinsichtlich der nunmehrigen Art. 13 (P. VI, 49) und Art. 17 (P. VI, 52, 56) Zusatzanträge angenommen, welche inhaltlich bezüglich dieser Artikel Aehnliches wie der nunmehrige Art. 27 bestimmten. (Vgl. den Abs. 2 von § 2245 oben in Anm. I zu Art. 13, ferner Reatz II, 481, wonach der Abs. 4 von § 2247 der II. Komm., welcher dem nunmehrigen Art. 17 entspricht, folgendermaßen lautete: „Sind nach dem Rechte des Staates, dessen Gesetze nach diesen Vorschriften Anwendung finden würden, die am Wohnsitze des Mannes geltenden Gesetze anzuwenden, so sind diese Gesetze maßgebend.") Dagegen war ein Antrag, welcher für den nunmehrigen Art. 15 die Rückverweisung zulassen wollte, von keinem Erfolg (P. VI, 56, 57, 59).

B. Hinsichtlich der Bedeutung der sogenannten Rückverweisung wurde in der II. Komm. Folgendes hervorgehoben (P. VI, 17):

„Wenn das inländische Recht auf die Anwendung der Gesetze eines ausländischen Staates verweist, so ist an sich eine doppelte Auffassung denkbar. Die Verweisung kann entweder die Bedeutung haben, daß nur die das Rechtsverhältniß betreffenden materiellen Gesetze des fremden Staates, nicht auch die auf das internationale Privatrecht sich beziehenden Rechtsnormen des anderen Staates Anwendung finden sollen. Oder aber es soll auf das fremde Recht in seiner Totalität, also einschließlich der Normen über die örtliche Herrschaft der Rechtssätze, verwiesen sein. In letzterem Falle würde, wenn das fremde Recht seinerseits auf ein anderes Recht verweist, insbesondere auf das Recht des Inlands zurückverweist, diese Norm zu respektiren sein." Diese zweite Art der Verweisung ist die sogenannte Rückverweisung. Dieselbe kann allerdings unter Umständen, z. B. dann, wenn das am letzten Wohnort eines Erblassers geltende Gesetz für das Erbrecht die Staatsangehörigkeit als maßgebend erklärt, während das Gesetz desjenigen Staates, dem der Erblasser angehörte, das Domizil entscheiden läßt, zu einem unlösbaren Zirkel führen (v. Bar, Theorie und Praxis des Intern. Privatrechts Bd. 1 S. 278—280). Aus diesem Grunde, dann weil die Theorie der Rückverweisung in neuester Zeit in der Wissenschaft sich weniger Anhänger zu erfreuen hat (Jahrb. für die Dogmatik ꝛc. Bd. 30 S. 9 ff.; Regelsberger, Pand. I § 40 S. 164; Gierke, DPR. I § 25 S. 215 Nr. 20; v. Bar a. a. O.), ferner weil auch das Reichsgericht in einem der neueren Zeit angehörigen Urtheile (RGE. Bd. 24 Nr. 66) bei Anwendung des Badischen Landrechts Satz 3 Abs. 3 sich gegen die Rückverweisung ausgesprochen (vgl. auch RGE. Bd. 25 Nr. 74, Bd. 29 Nr. 71), und weil auch die moderne Gesetzgebung durchgehends auf dem die Rückverweisung ablehnenden Standpunkte des I. Entw. steht, ist die Ablehnung des ersten der oben erwähnten Anträge in der II. Komm. zu erklären (P. VI, 20). Hinsichtlich des zweiten und eventuellen, in Bem. I, A, letzter Absatz, erwähnten Antrags, der dem Prinzipe der Rückverweisung insoweit Rechnung tragen will, als es dazu führt, das Verhältniß dem deutschen Rechte zu unterwerfen, wurde in der Komm. zwar anerkannt, daß dieser Unterantrag den unlösbaren Zirkel, der sich bei der Rückverweisung im Allgemeinen ergiebt, formell abschneidet. Man erachtete jedoch die Entscheidung des Antrags für eine willkürliche (P. VI, 20).

C. Die Gründe, warum der Bundesrath entgegen den Beschlüssen der I. und II. Komm. den gegenwärtigen Artikel aufgenommen hat, sind nicht bekannt. Daraus aber, daß der Bundesrath, wie schon unter I, A hervorgehoben, im Wesentlichen den § 31 des Gebhardschen Entwurfs reproduzirte, darf wohl gefolgert werden, daß auch die Gründe Gebhards für den Beschluß des Bundesraths maßgebend waren.

Gebhard stand aber in der viel umstrittenen Frage der Rück- und Weiterverweisung auf einem dieselbe ablehnenden Standpunkt, und sein § 31 bildete nur eine Ausnahme von diesem Standpunkte (vgl. Niemeyer, IPR. S. 80 ff.).

D. Die hier einschlägige Frage, ob die Rück- und Weiterverweisung wissenschaftlich begründet ist, ist sehr bestritten.

Für dieselbe sprechen sich namentlich aus Barazetti in Boehm, Zeitschr. Bd. 1 S. 426; Bd. 8 S. 36; v. Bar a. a. O. Bd. 8 S. 177; Schnell ebendort Bd. 5 S. 433; Keidel, Journal Bd. 26 S. 19, 261.

Gegen dieselbe außer den unter B erwähnten Schriftstellern Kahn in Jherings Jahrbüchern Bd. 36 S. 366; Niemeyer, Vorschl. S. 80, IPR. S. 74; Niedner Bem. 3 zu Art. 27; Zitelmann Bd. 1 S. 237, 389; Crome Bd. 1 S. 140 [51]; Buzatti in Boehm, Zeitschr. Bd. 8 S. 449.

Die Praxis des Reichsgerichts war anfänglich schwankend, zuletzt aber der Rück- und Weiterverweisung nicht günstig. Vgl. RGE. Bd. 20 S. 351, Bd. 24 S. 326, Bd. 25 S. 342, Bd. 29 S. 288, Bd. 35 S. 205, Bd. 37 S. 336, Bd. 47 S. 136, ferner bei Bolze Bd. 3 S. 28, Bd. 18 S. 8 und in Boehm, Zeitschr. Bd. 2 S. 469, Bd. 5 S. 58.

Die Gründe für und wider die Zulässigkeit halten sich fast die Wage. Es kann hier auf dieselben nicht eingegangen und muß die Frage noch als eine offene erklärt werden.

II. Inhalt.

A. Im Allgemeinen besagt Art. 27:

Nicht das durch die Staatsangehörigkeit bestimmte Personalstatut einer Person, sondern die deutschen Gesetze sind

a) für die Beurtheilung der Geschäftsfähigkeit einer Person (Art. 7 Abs. 1),
b) für die Eingehung einer Ehe im Falle des Art. 13 Abs. 1,
c) für das eheliche Güterrecht im Falle des Art. 15 Abs. 2,
d) für die Ehescheidung und die Aufhebung der ehelichen Gemeinschaft (Art. 17 Abs. 1; vgl. RGE. vom 30. April 1901 Bd. 48 S. 144 und Jur. Wschr. 1901 S. 378, ferner RGE. Bd. 47 S. 136),
e) für die Beerbung eines Ausländers, der zur Zeit seines Todes seinen Wohnsitz im Inlande hatte (Art. 25),

maßgebend, wenn das Gesetz des Staates, dem im Falle a die betreffende Person zur Zeit des Abschlusses des Rechtsgeschäfts, im Falle b der betreffende Verlobte zur Zeit der Eingehung der Ehe, im Falle c der Ehemann zur Zeit der Eingehung der Ehe, im Falle d der Ehemann zur Zeit der Erhebung der Klage und im Falle e der Erblasser zur Zeit seines Ablebens angehörte, das deutsche Gesetz als anwendbar erklärt.

B. Im Einzelnen wird Folgendes hervorgehoben:

1. Das „Recht des fremden Staates", von dem der Artikel ausgeht, sind dessen international-privatrechtlichen Vorschriften. Ebenso Niedner Bem. 1, Planck Bem. 3, a.

2. Die international-privatrechtlichen Vorschriften des Auslandsrechts, auf welche das deutsche Recht in den vom Staatsangehörigkeitsprinzipe beherrschten Fällen des Art. 27 verweist, müssen auf die deutschen Gesetze zurückverweisen. Eine Verweisung auf ein anderes Auslandsrecht (Fall der Weiterverweisung) wird also nicht beachtet, sondern es verbleibt in diesem Falle bei der Anwendung der materiell-rechtlichen Vorschriften des Auslandsrechts, auf welches das deutsche Recht verwiesen hat (vgl. unten Ziff. 4). Ebenso Niemeyer, Vortr. S. 30, IPR. S. 82, Barazetti S. 19, Boehm, Zeitschr. Bd. 7 S. 319; a. M. Boehm, Zeitschr. Bd. 8 S. 177 ff.

Die Rückverweisung des ausländischen Rechtes auf das deutsche Recht geschieht am häufigsten in der Weise, daß vom betreffenden ausländischen Staate das Domizilsprinzip angenommen ist; sie kann auch so vorkommen, daß vom ausländischen Rechte auf die lex fori oder die lex loci actus oder auf die Staatsangehörigkeit in anderer Weise als vom deutschen Rechte (z. B. beim Falle des Art. 13^1 auf die Staatsangehörigkeit nur des einen Verlobten, sei es des Mannes oder der Frau, im Falle des Art. 15^2 statt auf die Staatsangehörigkeit des Mannes zur Zeit der Eingehung der Ehe auf dessen nunmehrige Staatsangehörigkeit, im Falle des Art. 17^1 auf die Staatsangehörigkeit des Mannes zur Zeit der Eheschließung) verwiesen wird. Ebenso Niedner Bem. 2.

Die Rückverweisung auf das deutsche Recht tritt in den Fällen des Art. 27 ein für die in Deutschland wohnenden Argentinier, Dänen, Engländer, Nordamerikaner und Norweger, weil deren nationales Recht dem Domizilsprinzipe huldigt; sie tritt nicht ein für die im Deutschen Reiche wohnenden Belgier, Franzosen, Griechen, Holländer, Italiener, Oesterreicher, Portugiesen, Rumänen, Spanier, Schweden sowie für die Angehörigen der meisten südamerikanischen und für jene der zentralamerikanischen Staaten, da deren nationales Recht auf dem Boden des Staatsangehörigkeitsprinzips steht. Vgl. Niemeyer, IPR. S. 77. Im größten Theile von Rußland gilt hinsichtlich der meisten einschlägigen Fragen das Staatsangehörigkeitsprinzip, in Liv-, Est- und Kurland dagegen das Domizilsprinzip. Es dürfte hier je nach dem Rechtsgebiete eine verschiedene Beurtheilung für Liv-, Est- und Kurländer und für andere Russen einzutreten haben. A. M. Niemeyer, IPR. S. 78 (das Heimathrecht für alle Russen). In der Schweiz gilt im Allgemeinen das Domizilsprinzip. Es bestimmt aber das dortige Bundesgesetz vom 25. Juni 1891 § 28 Ziff. 2: „Sind die Schweizer nach Maßgabe der ausländischen Gesetzgebung dem ausländischen Recht nicht unterworfen, so unterstehen sie dem Recht und dem Gerichtsstand des Heimathkantons." Dieses Gesetz schließt für die im Deutschen Reiche wohnenden Schweizer die im Domizilsprinzipe liegende Rückverweisung auf das deutsche Recht nicht aus. Ebenso Niedner Bem. 3, II; Neumann Bem. 3, b.

3. Die „deutschen Gesetze", auf welche das ausländische Recht zurückverweist, sind nicht die international-privatrechtlichen, sondern die materiell-rechtlichen Vorschriften des deutschen Rechtes. Ebenso Niedner Bem. 1, Planck Bem. 3, b.

4. Muß die Rückverweisung auf die deutschen Gesetze durch das Heimathsrecht des Ausländers
a) direkt und unmittelbar erfolgen, oder ist
b) Art. 27 auch dann anwendbar, wenn das Heimathsrecht des Ausländers zuerst auf ein anderes fremdes Recht und erst dieses dann auf das deutsche Recht verweist?

Beispiel. Ein im Deutschen Reiche (Staatsangehörigkeitsprinzip) wohnender Engländer (lex loci actus) schließt in Dänemark (lex domicilii) ein Rechtsgeschäft, über das im Inlande deßhalb ein Rechtsstreit entsteht, weil die Geschäftsfähigkeit des Engländers bestritten wird (Niemeyer, IPR. S. 82).

Bei Bejahung der Alternative a ist die Rückverweisung ausgeschlossen und im gegebenen Beispiele die Geschäftsfähigkeit nach englischem Rechte zu beurtheilen, bei Verneinung derselben und Bejahung der Alternative b ist die Rückverweisung zulässig und das deutsche Recht für die Beurtheilung der Geschäftsfähigkeit maßgebend.

Die Frage ist bestritten.

Entgegen der in der 1. Auflage vertretenen Ansicht möchte ich mich nunmehr für die Bejahung der ersten und Verneinung der zweiten Alternative aussprechen, obwohl der Artikel die Tendenz verfolgt, die Anwendung des deutschen Rechtes zu begünstigen. Denn der Wortlaut des Gesetzes erfordert, daß es das vom deutschen Rechte bestimmte Auslandsrecht ist, dessen international-privatrechtlichen Vorschriften die deutschen Gesetze als anwendbar erklären. Die gegentheilige Ansicht würde zu der unter II, B, 2 zurückgewiesenen Weiterverweisung führen. Zudem bildet Art. 27 eine Ausnahme von dem die Rück- und Weiterverweisung ablehnenden Standpunkte des Gesetzes (vgl. Bem. I, C) und ist deßhalb strictissime zu interpretiren. Ebenso Niemeyer, IPR. S. 82, Riedner Bem. 3, II, c, α, Planck Bem. 4, a; a. M. Neumann Bem. 2, b, Fischer-Henle VI. Aufl. Bem. 1.

5. Bezüglich der in Art. 27 angezogenen einzelnen Artikel dieses Gesetzes sei noch Folgendes bemerkt:

a) Die Voraussetzungen des Art. 27 mit Art. 7 Abs. 1 sind gegeben, wenn das Heimathsrecht eines Ausländers die Geschäftsfähigkeit nach dem Rechte des Wohnsitzes oder nach dem Rechte des Vertragsabschlusses beurtheilt wissen will, und wenn im ersten Falle der Ausländer im Inlande domizilirt, im zweiten Falle aber im Inlande den Vertrag abgeschlossen hat. Ebenso Planck Bem. 3, a, α. Beispiel s. bei Niemeyer, IPR. S. 75.

b) Im Falle des Art. 13 werden zufolge des Art. 27 die deutschen Gesetze auf den ausländischen Verlobten anwendbar, wenn dessen Heimathsrecht die Eingehung der Ehe entweder nach dem Domizile des Verlobten oder nach dem Orte der Eingehung der Ehe oder nach dem Heimathsrechte des anderen Verlobten beurtheilt wissen will und wenn im ersten Falle der ausländische Verlobte im Deutschen Reiche seinen Wohnsitz hat, wenn ferner im zweiten Falle die Ehe im Deutschen Reiche geschlossen wird und wenn im dritten Falle der andere Verlobte ein Deutscher ist. Planck 3, a, β. Niemeyer, IPR. S. 76.

c) Das eheliche Güterrecht ist gemäß des Art. 27 mit Art. 15 Abs. 2 nach deutschen Gesetzen zu beurtheilen, wenn die Gesetze des Staates, dem ein ausländischer Ehemann, der nach Eingehung der Ehe die Reichsangehörigkeit erworben oder im Inlande Wohnsitz genommen hat, zur Zeit der Eingehung der Ehe angehörte, entweder die Gesetze des Ortes, an dem der Eheabschluß erfolgte, oder die am Domizile, welches der Ehemann zur Zeit des Eheabschlusses hat, geltenden Gesetze für maßgebend erklären und wenn im ersten Falle die Ehe im Deutschen Reiche geschlossen wird, im zweiten Falle aber der Ehemann zur Zeit der Eingehung der Ehe sein Domizil im Inlande hat. Planck Bem. 3, a, γ; Niemeyer. IPR. S. 76. Die von Planck a. a. O. wegen des Prinzips der Unwandelbarkeit des ehelichen Güterstands als zweifelhaft aufgeworfene Frage, ob gemäß Art. 27 die deutschen Gesetze auch dann anzuwenden sind, wenn das ausländische Recht die jeweilige Staatsangehörigkeit oder den jeweiligen Wohnsitz des Ehemanns für maßgebend erklärt und der Ehemann zu der Zeit, welche für den einzelnen in Frage stehenden Fall entscheidend ist, ein Deutscher ist oder seinen Wohnsitz im Inlande hat, dürfte zu bejahen sein und zwar, wie Planck mit Recht bemerkt, schon nach dem Wortlaut, aber auch wegen der die Anwendung des deutschen Rechtes begünstigenden Tendenz des Art. 27.

d) Für die Scheidung der Ehe bewirkt der Art. 27 in den Fällen des Art. 17 Abs. 1 die Anwendung der deutschen Gesetze dann, wenn der ausländische

Ehemann entweder die Scheidungsklage bei einem deutschen Gericht erhebt oder zur Zeit der Erhebung der Scheidungsklage seinen Wohnsitz im Inlande hat, und wenn sein nationales Recht die lex fori oder die lex domicilii für maßgebend erklärt. Auch dann kann das deutsche Recht für die Ehescheidung eines Ausländers maßgebend werden, wenn dessen nationales Recht das maßgebende Recht nach anderen Grundsätzen als nach denen des Art. 17 Abs. 1 bestimmt, also beispielsweise das Recht desjenigen Staates, welchem der Ehemann zur Zeit des Eheabschlusses angehörte oder in welchem er zur letztgenannten Zeit seinen Wohnsitz hatte, für maßgebend erklärt, und wenn dieser Staat das Deutsche Reich ist. Planck Bem. 3, a, δ; Niemeyer, IPR. S. 77.

e) Für das Erbrecht führt der Art. 27 mit Art. 25 die Anwendung des deutschen Rechtes auf den Nachlaß eines ausländischen Erblassers dann herbei, wenn das Recht des Staates, dem der Erblasser zur Zeit seines Ablebens angehörte, das Recht desjenigen Staates, in dem der Erblasser seinen letzten Wohnsitz hatte, oder jenes Staates, in welchem die Nachlaßgegenstände sich befinden, für maßgebend erklärt und wenn der betreffende Staat das Deutsche Reich ist. Planck Bem. 3, a, ε; Niemeyer, IPR. S. 77.

III. Ist die analoge Ausdehnung des Art. 27 zulässig?

1. Wie aus der Entstehungsgeschichte dieses Artikels (Bem. I) hervorgeht und schon oben (Bem. II, 4) ausgeführt wurde, ist Art. 27 als eine Ausnahme von dem die Rück- und Weiterverweisung ablehnenden Standpunkte des Gesetzgebers strictissime zu interpretiren, also nicht auszudehnen.

Es ist nun die Frage aufgeworfen worden, ob nicht die analoge Ausdehnung des Art. 27 wenigstens auf jene Artikel dieses EG. zulässig ist, deren Erweiterung zu vollkommenen Kollisionsnormen im Hinblick auf das ihnen zu Grunde liegende Staatsangehörigkeitsprinzip nach der herrschenden Anschauung (und auch in diesem Kommentare) für gerechtfertigt befunden wird. Es sind das die Art. 14, 18, 19, 20 und 22. Um ein Beispiel zu nehmen, so ist zu Art. 18 die Frage so zu stellen: Wenn im Inlande die Ehelichkeit eines Kindes ausländischer Ehegatten, die zur Zeit der Geburt des Kindes ihr Domizil im Deutschen Reiche hatten, streitig wird und wenn in dem Staate, dem diese Ehegatten ununterbrochen angehörten, das Domizilsprinzip gilt: ist die Ehelichkeit des Kindes nach deutschen Gesetzen oder nach den Gesetzen der Heimath des Ehemanns der Mutter des Kindes zu bemessen? Letztere Gesetze sind maßgebend, wenn die im Staatsangehörigkeitsprinzipe liegende Verweisung des deutschen Rechtes auf das Recht der Heimath als eine Verweisung lediglich auf die materiellrechtlichen Vorschriften des Heimathslands aufzufassen ist (vgl. Bem. I, A). Dagegen sind die deutschen Gesetze für die aufgeworfene Frage entscheidend, sofern diese Verweisung des deutschen Rechtes auf das ausländische Recht in analoger Ausdehnung des Art. 27 als eine Verweisung auf die international-privatrechtlichen Vorschriften des Heimathslandes angesehen werden muß, da dann durch das im Heimathslande geltende Domizilsprinzip auf das deutsche Recht zurückverwiesen wird (vgl. Bem. II, B, 1).

Für die analoge Ausdehnung (in der bezeichneten Beschränkung), also im gewählten Beispiele für die Anwendung des deutschen Rechtes, erklären sich namentlich Niemeyer, IPR. S. 86, Barazetti S. 18, Neumann Bem. 2, sowie ein Urtheil des OLG. Frankfurt vom 7. August 1901 in Boehm, Zeitschr. Bd. 12 S. 612.

Gegen die analoge Ausdehnung (also im gewählten Beispiele für die Anwendung lediglich der materiellrechtlichen Vorschriften des Heimathsrechts) sind Niedner Bem. 3, Kuhlenbeck Bem. 6, Boehm, Zeitschr. Bd. 8 S. 101. Zweifelnd Planck Bem. 4, c.

Ich halte die analoge Ausdehnung nicht für zulässig. Der Hauptgrund der Gegner, daß der Gesetzgeber keine Veranlassung hatte, die Art. 14, 18, 19, 20 und 22 in den Art. 27 mit aufzunehmen, weil er in jenen Artikeln das Staatsangehörigkeitsprinzip nicht allgemein, sondern nur für gewisse Inlandsbeziehungen ausdrücklich ausgesprochen hat, dürfte die Ausdehnung nicht rechtfertigen. Denn im Gebhardschen Entwurfe war für die (den Art. 14, 18, 19, 20 und 22) entsprechenden Artikel das Staatsangehörigkeitsprinzip allgemein ausgesprochen, und doch waren diese Artikel in dem (im Wesentlichen mit dem nunmehrigen Art. 27 sich deckenden) Art. 31 nicht aufgenommen. Es darf vielmehr aus der Entstehungsgeschichte des Art. 27 (vgl. Bem. I) wohl die Folgerung abgeleitet werden, daß die analoge Ausdehnung dem Willen des Gesetzgebers nicht entspricht.

2. Die Bem. III, 1 gilt auch bezüglich des Art. 21 EG. Es müßte also, wenn das nationale Recht der Kindsmutter einerseits den Satz la recherche de la paternité est interdite, andererseits die Bestimmung enthielte, daß die Ansprüche aus außerehelichem Beischlafe nach den Gesetzen des Staates sich bemessen, in welchem der Beischlaf vollzogen wurde, und wenn letzterer Staat das Inland wäre, vom deutschen Richter das nationale Recht der Mutter angewendet werden.

Ebenso Niedner Bem. III, 3, I, c, β, αα; Kuhlenbeck Bem. 6, b, Abs. 2. Planck Bem. 4, b. A. M. Niemeyer, IPR. S. 84. Gegen denselben dürfte bemerkt werden: Der Halbs. 2 von Art. 21 wird nicht als eine Ueberbietung des Grundsatzes des Art. 27, sondern nur als die Höchstgrenze für die nach Auslandsrecht zuzuerkennenden Ansprüche zu betrachten sein. Wäre auch für die unter dem Maße der nach deutschem Rechte zulässigen Ansprüche die Anwendung des Art. 27 gewollt worden, so hätte das im Art. 27 — ebenso wie für die Art. 7, 13, 15, 17 und 25 — ausdrücklich gesagt werden müssen.

3. Das Gleiche wie unter 2 gilt auch für Art. 11 Abs. 1 Satz 1. Ebenso Planck Bem. 4, b.

4. Auch das dürfte nicht richtig sein, was Niemeyer, IPR. S. 85 behauptet, daß der Art. 23 EG. unter dem Grundsatze der Rückverweisung steht. Wenn nach dem Rechte eines ausländischen Staates das Alter der Volljährigkeit erst mit dem 25. Lebensjahr eintritt, zugleich aber der Grundsatz gilt, daß die Geschäftsfähigkeit nicht nach der Staatsangehörigkeit, sondern nach dem Wohnsitze zu beurtheilen ist, so wird allerdings der im Deutschen Reiche domizilirende 23jährige Angehörige jenes ausländischen Staates im Deutschen Reiche nicht unter die Altersvormundschaft zu stellen sein, aber nicht deßhalb, weil Art. 23, sondern deßhalb, weil Art. 7 unter dem Grundsatze der Rückverweisung steht.

IV. Vgl. auch Art. 28, ferner CPO. § 328 Ziff. 3.

Art. 28.

Die Vorschriften der Art. 15, 19, des Art. 24 Abs. 1 und der Art. 25, 27 finden keine Anwendung auf Gegenstände, die sich nicht in dem Gebiete des Staates befinden, dessen Gesetze nach jenen Vorschriften maßgebend sind, und die nach den Gesetzen des Staates, in dessen Gebiete sie sich befinden, besonderen Vorschriften unterliegen.

E. z. BGB. II, 2262, rev. 2387; III, 27.

I. Entstehung. Die Vorschrift dieses Artikels stimmt im Wesentlichen mit § 22 des Entw. der I. Komm. und mit § 2262, rev. 2387 der II. Komm. überein. § 30 des Gebhardschen Entwurfs lautete: „Die Vorschriften des § 19 Abs. 1, des § 23 Satz 1, 2 und des § 29 Abs. 1 kommen nicht zur Anwendung, insoweit zu dem betreffenden Vermögen (dem Vermögen eines der Ehegatten, dem Vermögen des Kindes, der Erbschaft) Gegenstände gehören, welche nicht in dem Gebiete des Staates, dessen Gesetze im allgemeinen maßgebend sind, sich befinden, und (insoweit) diese Gegenstände nach den Gesetzen des Staates, in dessen Gebiet sie sich befinden, als von dem Gesammtvermögen ausgesonderte Vermögensgegenstände zu betrachten sind oder sonst unter ihnen eigenthümlichen, eine abweichende Beurtheilung erheischenden Vorschriften stehen. In Betreff dieser Gegenstände entscheiden die Gesetze des Staates, in dessen Gebiet die Gegenstände sich befinden.“ Niemeyer, Vorschl. S. 18.

II. Inhalt.

A. Im Allgemeinen schließt Art. 28 seinem Wortlaute nach

a) die Anwendung der deutschen Gesetze
 α) für das eheliche Güterrecht eines Ehemanns, der zur Zeit der Eheschließung ein Deutscher war (Art. 15 Abs. 1),
 β) für das Rechtsverhältniß zwischen Eltern und Kindern in den Fällen des Art. 19,
 γ) für die Beerbung eines Deutschen (Art. 24 Abs. 1),
 δ) für die erbrechtlichen Ansprüche eines Deutschen an den Nachlaß eines Ausländers im Falle des Art. 25 Satz 2 und
 ε) für die im Art. 27 aufgeführten Rückverweisungsfälle, ferner
b) die Anwendung der Gesetze desjenigen Staates, dem der Ehemann zur Zeit der Eingehung der Ehe angehörte, auf das eheliche Güterrecht der im Art. 15 Abs. 2 bezeichneten Ehegatten und
c) die Anwendung der Gesetze des Heimathsstaats eines Ausländers, der zur Zeit seines Todes seinen Wohnsitz im Inlande hatte (Art. 25), für die Beerbung desselben

in Bezug auf solche Gegenstände aus, welche sich in den Fällen von a nicht im Inland, in den Fällen von b und c nicht im Gebiete der dort bezeichneten Staaten befinden, und welche nach Gesetzen desjenigen Staates, in dessen Gebiete sie sich befinden, besonderen Vorschriften unterliegen. Für diese Gegenstände soll vielmehr in den bezeichneten Fällen von dem Prinzipe der Vermögenseinheit, das den Vorschriften der von Art. 28 in Bezug genommenen Artikel zu Grunde liegt (vgl. Bem. II, D zu Art. 15), eine Ausnahme gemacht und die lex rei sitae für maßgebend erklärt werden. Vgl. Boehm, Zeitschr. Bd. 3 S. 142; Bd. 8 S. 107.

Es handelt sich in diesen Fällen — worauf Niedner Bem. 1 mit Recht hinweist — um einen positiven Konflikt der inländischen mit der ausländischen Gesetzgebung, der darin besteht, daß jede dieser Gesetzgebungen angewendet sein will. Während unser EG. im Allgemeinen auf dem Standpunkte steht, daß das deutsche Recht vor dem Auslandsrechte zu begünstigen ist, macht Art. 28 von dieser Regel eine Ausnahme zu Gunsten des Auslandsrechts.

B. Im Besonderen ist noch Folgendes zu betonen:

1. „Gegenstände" sind hier ebenso wie im BGB. überhaupt sowohl Sachen, seien es bewegliche oder unbewegliche, als auch Rechte (vgl. Bd. I S. 255). Am meisten kommen Immobilien in Betracht. Hinsichtlich der beweglichen Sachen ist die Annahme der Maßgeblichkeit der lex rei sitae jetzt zwar vorherrschend (v. Bar, Theorie I S. 599 ff.; Gierke, DPR. § 26, II, 2), aber bei den Fällen dieses Artikels handelt es sich um Vermögensinbegriffe (Ehegut, Nachlaß, Kindervermögen), von denen die beweglichen Sachen Bestandtheile bilden und welche unter dem Personalstatute der maßgebenden Person stehen (Gierke a. a. O. S. 230 Ziff. 4). Eine Ausnahme von letzterem Satze machen für das Erbrecht z. B. Art. 44 und 45 der Beschlüsse des Kongresses von Montevideo (Niemeyer, Vorschl. Theil II S. 133 mit S. IV). Ebenso Niedner Bem. 4.

2. Für die Bestimmung des Staates, in dem ein Gegenstand sich befindet, ist die Vorschrift des § 2369 Abs. 2 BGB. mit Art. 9 Abs. 2 dieses EG. von Bedeutung. Planck Bem. 2, a und b.

3. Unter den besonderen Vorschriften im Sinne dieses Artikels sind nach Mariolle (Bl. f. RA. Bd. 63 S. 314) nur solche Vorschriften der lex rei sitae über die Rechte an den betr. Sachen zu verstehen, welche verkehrspolitischen oder agrarpolitischen Erwägungen entspringen, also Realstatuten im engsten Sinne des Wortes, oder, wie Barazetti S. 51 sagt, solche Vorschriften, welche die Sachen, die Liegenschaften als solche betreffen, nicht aber Normen, welche die persönlichen Eigenschaften ihrer Besitzer oder Eigenthümer oder überhaupt derjenigen Personen betreffen, welche die Sachen, die Liegenschaften zum Gegenstande privatrechtlicher Verfügungen machen.

Niemeyer, IPR. S. 88, giebt eine prägnantere Erläuterung dahin: „Der Ausdruck „besondere Vorschriften" besagt nur: Vorschriften, welche die betreffenden Gegenstände nicht als Bestandtheile der in Frage kommenden Vermögensgesammtheit mit dieser einer einheitlichen rechtlichen Behandlung „per universitatem" unterziehen, welche diese vielmehr als res singulares einer besonderen Behandlung (besonderen Vorschriften in diesem Sinne) unterwerfen." Vgl. dazu die Gebhardsche Fassung des Artikels in Bem. I, ferner Zitelmann Bd. 2 S. 28 ff.

Das BGB. kennt solche besondere Vorschriften nicht, wohl aber die Landesgesetzgebung auf Grund der in den Artikeln 57—59, 62—64 dieses EG. geschaffenen Vorbehalte für dieselbe. Vgl. Boehm, Zeitschr. Bd. 3 S. 142, Bd. 8 S. 107.

Für das ausländische Recht vgl. Bem. II zu Art. 15 sowie Vorbem. 2 zu Art. 24—26.

4. Die Bedeutung der erst vom Bundesrathe beschlossenen Einbeziehung des Art. 27 in den Art. 28 kann nur die sein, daß, wenn auch in den Fällen der Art. 15, 19, 25 und 24 Abs. 1 von dem für maßgebend erklärten Auslandsrecht auf das deutsche Recht zurückverwiesen wird, diese Zurückverweisung ausgeschlossen sein soll, wenn und soweit es sich um Gegenstände handelt, für welche in dem Staate, in dem sie sich befinden, die lex rei sitae gilt. Ebenso Niedner Bem. 5.

Zweifel bestehen eigentlich nur darüber, ob die Aufnahme des Art. 27 in den Art. 28 nothwendig war. Beispiel: Erblasser ist ein zuletzt im Deutschen Reiche domizilirender Däne, der in Dänemark ein in Grundstücken bestehendes Familienfideikommiß, außerdem aber auch Allodialvermögen, worunter Immobilien, sowohl in Dänemark als in anderen fremden Staaten besaß. Für das Allodialvermögen — einschließlich der dazu gehörigen, in Dänemark gelegenen Immobilien ist, da das dänische Recht durch das Domizilsprinzip auf das deutsche Recht zurückverweist, gemäß Art. 25 mit 27 das deutsche Erbrecht maßgebend. Für das Familienfideikommiß gilt auch in Dänemark die lex rei sitae (Boehm, Zeitschr. Bd. 1 S. 229). Aber auch ohne daß Art. 27 in Art. 28 genannt wurde, wäre schon nach den übrigen Vorschriften des Art. 28 hinsichtlich des Familienfideikommisses das dänische und nicht das deutsche Recht maßgebend. In dieser Beziehung weist eben das dänische Recht nicht auf das deutsche Recht zurück. Liegen die zum Allod gehörigen Immobilien in solchen fremden Staaten, in welchen für die Nachlaßimmobilien die lex rei sitae maßgebend ist (z. B. England, s. Bem. II, 5, D zu Art. 24), so gilt auch für diese nicht das deutsche Recht; aber auch da kann man sagen, daß eine Zurückverweisung auf das deutsche Recht nicht vorliegt, weil eben nicht Art. 25, sondern die lex rei sitae maßgebend ist. Vgl. Niemeyer, JPR. S. 88, 89, 93. — Diese Zweifel scheinen aber für die Praxis ohne Bedeutung zu sein.

III. Der Art. 28 tritt nicht bloß für jene Fälle ein, in welchen die Art. 15, 19, 24 Abs. 1 und 25 ihrem Wortlaute nach die zur Anwendung gelangenden Gesetze bestimmen, sondern auch für jene Fälle, in welchen die Grundsätze dieser Artikel (gemäß der Bem. IV zu Art. 15, II, 1, a zu Art. 19 und Vorbem. 1, a vor Art. 24) durch analoge Ausdehnung wirksam werden. Ebenso Planck Bem. 1.

IV. Art. 28 enthält mit Art. 11 Abs. 2 und Art. 7 Abs. 3 Satz 2 die wenigen sachenrechtlichen Kollisionsnormen, welche dieses Gesetz aufstellt. Barazetti S. 47 folgert hieraus den allgemeinen Satz, daß für die Beurtheilung sachenrechtlicher Verhältnisse im Falle örtlicher Gesetzeskollisionen nach dem neuen Rechte das Gesetz des Ortes der belegenen Sache gilt.

V. Ueber das frühere Recht vgl. Boehm, Statutenkollision §§ 14—16.

Art. 29.

Gehört eine Person keinem Staate an, so werden ihre Rechtsverhältnisse, soweit die Gesetze des Staates, dem eine Person angehört, für maßgebend erklärt sind, nach den Gesetzen des Staates beurtheilt, dem die Person zuletzt angehört hat, und, wenn sie auch früher einem Staate nicht angehört hat, nach den Gesetzen des Staates, in welchem sie ihren Wohnsitz und in Ermangelung eines Wohnsitzes ihren Aufenthalt hat oder zu der maßgebenden Zeit gehabt hat.

E. z. BGB. II, 2263, rev. 2388; III, 28.

I. Entstehung. Dieser Artikel enspricht mit geringen redaktionellen Aenderungen dem § 23 des Entwurfs der I. Komm. (P. VI, 11, 81) und dem § 2263 rev. 2388 der II. Komm. (Reatz Bd. 2 S. 486). Nach dem Prot. erster Lesung S. 11588 ist eine Vorschrift für den Fall, daß in einem Staate verschiedene Rechte gelten, deßhalb im Art. 29 nicht getroffen worden, weil es sich hiebei um eine Frage der inneren Gesetzgebung des betreffenden Staates handle, welche von dieser Gesetzgebung ausdrücklich oder doch implicite werde geregelt werden müssen (wie z. B. in der Schweiz durch § 28 Ziff. 2 des Bundesges. vom 25. Juni 1891 — Neumann, JPR. S. 157). Die Fälle der mehrfachen ausländischen Staatsangehörigkeit wurden für so abnorm gehalten, daß sie nicht grundsätzlich geregelt werden könnten.

II. Inhalt. A. Im Allgemeinen. Die Gesetze des Staates, dem eine Person angehört oder in einem bestimmten Zeitpunkt angehört hat, sind durch Art. 7 dieses Gesetzes für die Geschäftsfähigkeit einer Person, durch Art. 11 für die Form eines Rechtsgeschäfts, soweit diese sich nach dem durch die Staatsangehörigkeit bestimmten Personalstatute der das Rechtsgeschäft abschließenden Personen bestimmt, durch Art. 13 für die Eingehung einer Ehe, durch Art. 14 für die persönlichen Rechtsbeziehungen deutscher Ehegatten, durch Art. 15 für das eheliche Güterrecht, durch Art. 17 für die Ehescheidung, durch Art. 18 für die eheliche Abstammung eines Kindes, durch Art. 19 für das Rechtsverhältniß zwischen Eltern und ehelichen Kindern, durch Art. 20 für das Rechtsverhältniß zwischen einem unehelichen Kinde und seiner Mutter, durch Art. 21 für die Ansprüche aus unehelicher Schwängerung, durch Art. 22 für die Legitimation eines unehelichen Kindes sowie für die Adoption, durch Art. 23 für die Vormundschaft und Pflegschaft über eine Person und durch Art. 24 und 25 für die Beerbung einer Person, theils ausnahmslos, theils unter gewissen bei den betreffenden Artikeln erörterten Beschränkungen für maßgebend erklärt. Es giebt aber Personen, die keinem Staate angehören, oder deren Heimathsstaat wenigstens nicht zu ermitteln ist. Für solche heimathslose Personen sollen nun nach der Vorschrift des gegenwärtigen Artikels in Bezug auf die vorbezeichneten Rechtsverhältnisse an Stelle der Gesetze des Heimathsstaats in erster Linie die Gesetze des Staates, dem die betreffende heimathslose Person zuletzt angehört hat, in zweiter Linie, nämlich, wenn ein solcher Staat nicht vorhanden oder nicht zu ermitteln ist, die Gesetze des Staates, in dem der Heimathslose seinen Wohnsitz (BGB. §§ 7—11) hat oder zur maßgebenden Zeit gehabt hat, und in dritter

Linie, nämlich, wenn auch ein Wohnsitz nicht vorhanden oder nicht zu ermitteln ist, die Gesetze des Staates, in dem der Heimathslose seinen Aufenthalt hat oder zur maßgebenden Zeit gehabt hat, zur Anwendung kommen.

A. M. hinsichtlich Art. 15 Boehm, Zeitschr. Bd. 8 S. 99 und bezüglich Art. 16 und 23 Planck Bem. 1.

B. Der Mangel einer Heimath kann verursacht sein z. B. durch Abstammung von heimathslosen Eltern oder von einer heimathslosen unehelichen Mutter oder durch Verlust der bisherigen Staatsangehörigkeit, ohne daß eine neue Staatsangehörigkeit erworben wird, möglicher Weise auch durch die Heirath einer Frau mit einem Manne, der keine Staatsangehörigkeit besitzt.

Maßgebend ist für diese Frage das jeweilige Staatsrecht desjenigen Staates, dessen Angehörigkeit in Frage kommt, speziell für das Deutsche Reich das Bundesgesetz vom 1. Juni 1870 über die Erwerbung und den Verlust der Bundes- und Staatsangehörigkeit mit dem Ges. vom 22. April 1871 §§ 1, 8 und 16. Vgl. unten Art. 41, ferner den Kommentar von Cahn, außerdem von Bar Bd. 1 S. 189 ff.

C. In der II. Komm. wurden als reichsgesetzliche Vorschriften, in welchen bereits die Bedeutung der früheren Staatsangehörigkeit angeführt sei, die §§ 18 und 21 Abs. 4 des Ges. vom 1. Juni 1870 über Erwerbung und Verlust der Bundes- und Staatsangehörigkeit bezeichnet (P. VI, 81); vgl. hiezu unten Art. 41 Ziff. IV.

D. Sartorius, Einfluß des Familienstandes auf die Staatsangehörigkeit, S. 13 Anm. 25, will die Anwendung des Art. 29 ausgeschlossen wissen, soweit das EG. nur für Deutsche die Geltung des heimathlichen Rechtes feststellt. Dieser Satz dürfte auf jene Fälle nicht zutreffen, in welchen die für Deutsche gegebenen Kollisionsnormen auf Ausländer analog auszudehnen sind.

E. Nicht geregelt sind

1. die Fälle der mehrfachen Staatsangehörigkeit einer Person,

2. der Fall, daß zwei Personen, auf deren gemeinschaftliche Staatsangehörigkeit es ankommt, verschiedenen Staaten angehören oder daß von denselben nur die eine keinem Staate angehört,

3. der Fall, daß die Staatsangehörigkeit in einem Staate begründet ist, in dessen einzelnen Theilen verschiedene Rechte gelten,

4. Die Fälle des mehrfachen Wohnsitzes bei mangelnder Staatsangehörigkeit.

Hierüber ist Folgendes zu bemerken:

Zu Ziff. 1:

a) Ob eine Person gleichzeitig Angehöriger mehrerer Staaten sein kann, bestimmt sich nach dem Staatsrechte derjenigen Staaten, um deren Angehörigkeit es sich handelt. Sie kann z. B. begründet werden durch Abstammung von einem Vater oder einer unehelichen Mutter mit mehrfacher Staatsangehörigkeit oder durch Verheirathung einer Frau, — sei es mit einem Manne, der Angehöriger mehrerer Staaten ist, sei es dadurch, daß sie die Staatsangehörigkeit ihres Mannes erwirbt, ohne ihre davon verschiedene ursprüngliche Staatsangehörigkeit zu verlieren, — oder dadurch, daß eine Person, ohne ihre früher erworbene Staatsangehörigkeit zu verlieren, die Angehörigkeit eines anderen Staates oder mehrerer anderer Staaten erwirbt. Vgl. Iherings Jahrb. Bd. 30 S. 30 ff., Niedner Bem. 3, a.

b) Welche Staatsangehörigkeit ist nun in den Fällen der mehrfachen Staatsangehörigkeit einer Person die maßgebende?

Die Frage ist bestritten.

Es werden zuerst die etwa in der Gesetzgebung der in Betracht kommenden Staaten aufgestellten Kollisionsnormen ins Auge zu fassen sein. Ferner wird zu unterscheiden sein

α) der Fall, daß es die deutsche Staatsangehörigkeit ist, welche mit einer ausländischen Staatsangehörigkeit oder mit mehreren ausländischen konkurrirt. Hier dürfte sich aus dem Grunde, daß das EG., wie aus den vorausgehenden Artikeln hervorgeht, die deutsche Staatsangehörigkeit begünstigt, für die deutsche Staatsangehörigkeit zu entscheiden sein. Ebenso Planck Bem. 2; Niedner Bem. 3, b, α; Zitelmann Bd. 1 S. 175; Niemeyer, Vortr. S. 25, IPR. S. 64; Barazetti S. 21. A. M. (der Wohnsitz soll entscheiden) Cahn in Iherings Jahrb. Bd. 30 S. 65 ff.

β) Handelt es sich um eine mehrfache ausländische Staatsangehörigkeit, welche successive erworben wurde, — so dürfte diejenige Staatsangehörigkeit entscheiden, welche zuletzt erworben wurde, weil im Allgemeinen — vorbehaltlich gewisser Beschränkungen — die Freiheit der Wahl der Staatsangehörigkeit international-privatrechtlich anzuerkennen und anzunehmen sein dürfte, daß die zuletzt erworbene Staatsangehörigkeit dem Willen der betr. Person am meisten entspricht und die Wahrscheinlichkeit für ihre zukünftige Dauer für sich hat. Sie dürfte auch dem Willen des Gesetzgebers am meisten entsprechen, weil dieser in den im Artikel geregelten Fällen an den Wohnsitz und event. an den Aufenthalt erst dann anknüpft, wenn niemals eine Staatsangehörigkeit vorhanden war. Ebenso Niemeyer, Vortr. S. 25, IPR. S. 64 ff., Barazetti S. 22, Kuhlenbeck S. 59 Bem. 3, v. Bar Bd. 1 S. 261. Den Wohnsitz event. die frühere Staatsangehörigkeit läßt entscheiden Planck Bem. 2; den Wohnsitz, event. den Aufenthalt läßt entscheiden Niedner Bem. 3, b, β, ββ und 6; für die frühere Staatsangehörigkeit entscheidet sich Zitelmann Bd. 1 S. 176; dem Fremden giebt ein Wahlrecht Endemann, Einf., S. 71. Vgl. auch Gruchot, Beitr. Bd. 42 S. 192.

γ) Handelt es sich um eine mehrfache ausländische Staatsangehörigkeit, welche gleichzeitig (durch Geburt oder Heirath) erworben wurde, so läßt

αα) dann, wenn in einem der mehreren Staaten der Wohnsitz begründet ist, die wohl als vorherrschend zu bezeichnende Ansicht den Wohnsitz entscheiden. So Planck Bem. 2; Niedner Bem. 3, b, β, αα; Zitelmann Bd. 1 S. 176; Barazetti S. 22; Bl. f. RA. Bd. 63 S. 122. Theilweise a. M. Niemeyer, IPR. S. 66 (die lex domicilii komme nur dann zur Anwendung, wenn nicht nach der ratio des Personalstatuts einer der mehrfachen Staatsangehörigkeiten konkret die vorwiegende Bedeutung zukommt). Vgl. auch v. Bar Bd. 1 S. 260, welcher das Abstammungsprinzip als in der neueren Zeit mehr und mehr anerkannt bezeichnet; ebenso Kuhlenbeck S. 59 Bem. 2 (wo meine in der I. Aufl. vertretene Anschauung nicht richtig aufgefaßt ist).

ββ) Ist in keinem dieser Staaten der Wohnsitz, wohl aber der Aufenthalt gegeben, dann lassen den Aufenthalt entscheiden Niedner Bem. 6 Abs. 3, Niemeyer, Vortr. S. 25, Barazetti S. 22; die durch Abstammung erlangte Staatsangehörigkeit lassen entscheiden Planck Bem. 2, Kuhlenbeck a. a. O.

Der vorherrschenden Ansicht zu αα und ββ steht, wie bereits zu β bemerkt, entgegen, daß Art. 29 auf den Wohnsitz bezw. den Aufenthalt erst abstellt, wenn eine Staatsangehörigkeit nicht vorliegt, und daß nicht ersichtlich ist, warum Kind und Ehefrau anders behandelt werden sollen als der parens bezw. der Ehemann. Es dürfte deßhalb richtiger sein, diejenige Staatsangehörigkeit entscheiden zu lassen, welche der Vater des ehelichen Kindes, bezw. die Mutter des unehelichen Kindes, bezw. der Ehemann zuletzt erworben hat.

c) Nach BGB. § 1936 ist dann, wenn der Erblasser mehreren Bundesstaaten angehört, in Ermangelung eines anderen Erben der Fiskus eines jeden dieser Bundesstaaten zu gleichem Antheile zur Erbschaft berufen. Planck Bem. 3 wirft die Frage auf, ob dann, wenn der Erblasser zugleich Angehöriger eines deutschen Bundesstaats (oder auf Grund des Schutzgebietsges. vom 25. Juli 1900 bezw. 10. September 1900 § 9 Reichsangehöriger) und Angehöriger eines ausländischen Staates ist, der betr. Bundesstaat (oder das Reich) und der betr. ausländische Staat zu gleichen Antheilen Erben werden, und bejaht diese Frage für den Fall, daß auch nach den Ges. des betr. ausländischen Staates der Fiskus zur Erbschaft berufen ist. Vgl. dagegen Bem. 4, c Abs. 4 zu § 1936.

Zu Ziff. 2: Die gemeinschaftliche Staatsangehörigkeit ist von Bedeutung für den Art. 14 dieses Gesetzes. Vgl. die Bem. zu diesem Artikel, insbes. Bem. III. Soweit sowohl das Personalstatut des Mannes als jenes der Frau maßgebend ist, kommen für jeden Theil hinsichtlich der Fälle der mangelnden Staatsangehörigkeit die Bemerkungen unter II, A und B, hinsichtlich der Fälle der mehrfachen Staatsangehörigkeit jene unter II, E des gegenwärtigen Artikels in Betracht.

Zu Ziff. 3: Wenn die Staatsangehörigkeit in einem Staate (wie z. B. in England, Rußland, Schweiz, Vereinigte Staaten von Nordamerika) begründet ist, auf dessen Recht es ankommt, in dessen einzelnen Theilen aber verschiedene Rechte gelten, so werden die für diesen Fall aufgestellten Kollisionsnormen des betr. Staates zuerst zu beachten sein. Ebenso Planck Bem. 3; Neumann Bem. 3. Wenn solche fehlen — was aber nach dem Prot. der I. Kom. S. 11588 nie der Fall sein soll —, so wird das Recht des Wohnsitzes im Heimathsstaat entscheiden. Ebenso Niemeyer, IPR. S. 68; Zitelmann S. 405 und Niedner Bem. 4. — Den Wohnsitz schlechthin lassen entscheiden Niemeyer, Vortr. S. 24; Barazetti S. 23/24; Kuhlenbeck S. 59 Bem. 3 Abs. 2. — Wenn ein Wohnsitz im Heimathsstaate nicht besteht, so entscheidet sich für den letzten heimathlichen Wohnsitz und, wenn auch ein solcher nicht gegeben ist, in analoger Anwendung des § 15 CPO. für Annahme des Wohnsitzes in der Hauptstadt des Heimathslands Niemeyer, IPR. S. 68, während Zitelmann a. a. O. die betreffende Person (mit Ausnahme der Exterritorialen, für welche er die analoge Anwendung von § 15 CPO. ebenfalls empfiehlt) als heimathslos behandeln und den ausländischen Wohnsitz, event. ausländischen Aufenthalt für maßgebend erklären will. Der von Niemeyer empfohlene Ausweg dürfte den Vorzug verdienen, nachdem ein ausreichender Grund dafür nicht vorliegt, daß von der Berücksichtigung der Staatsangehörigkeit abgegangen wird.

Zu Ziff. 4: Ist wegen mangelnder Staatsangehörigkeit einer Person deren Wohnsitz maßgebend und hat diese Person einen mehrfachen Wohnsitz, so wird sich

a) wenn ein inländischer Wohnsitz mit einem ausländischen konkurrirt, für die Maßgeblichkeit des inländischen Wohnsitzes zu entscheiden sein. Ebenso Planck Bem. 1, b, α; Niedner Bem. 6; Zitelmann Bd. 1 S. 179/180. A. M. Niemeyer, IPR. S. 73 (dasj. Domizil, welches nach den konkreten Umständen diejenigen Beziehungen aufweist, die zweckmäßiger und gerechter Weise den Ausschlag zu geben haben, als welches er im Zweifel unter Hinweis auf Savigny, System Bd. 8 S. 101; Gierke Bd. 1 S. 220; Zitelmann Bd. 1 S. 180 und Barazetti S. 22 das ältere ansieht).

b) Konkurrirt ein mehrfacher ausländischer Wohnsitz, so dürfte aus denselben Gründen, welche zu Ziff. 1, b, β und γ entwickelt wurden, bei successiv erworbenem mehrfachen Wohnsitze der zuletzt erworbene und bei gleichzeitig erworbenem mehrfachen Wohnsitze der Aufenthalt, wenn aber an keinem dieser mehreren Wohnsitze der Aufenthalt gegeben ist, der vom parens bezw. Ehemanne der betreffenden Person zuletzt erworbene Wohnsitz entscheiden. Die Meinungen gehen aber ziemlich weit auseinander. Vgl. z. B. Planck Bem. 1, b, α (Aufenthalt bezw. älterer Wohnsitz); Niedner Bem. 6 (Aufenthalt); Niemeyer, IPR. S. 73 (wie zu a); Zitelman Bd. 1 S. 180 (wie Niemeyer); Barazetti (wie zu a).

Die Frage, ob ein Wohnsitz begründet oder verloren ist, ist nach dem Rechte desjenigen Staates zu entscheiden, in welchem der Wohnsitz besteht bezw. bestanden hat. Vgl. Jur.Wschr. 1895 S. 393[45], 1884 S. 28[30].

Art. 30.

Die Anwendung eines ausländischen Gesetzes ist ausgeschlossen, wenn die Anwendung gegen die guten Sitten oder gegen den Zweck eines deutschen Gesetzes verstoßen würde.

E. z. BGB. II, 2264, rev. 2389; III, 29.

I. Entstehung. Die Fassung dieses Artikels in seiner gegenwärtigen Gestalt ist erst vom Bundesrathe festgestellt worden.

Der der I. Komm. zur Beschlußfassung unterbreitete § 35 des Gebhardschen Entwurfs lautete:

„Ein ausländisches Gesetz wird nicht angewandt, wenn dessen Anwendung durch das inländische Recht nach der Vorschrift oder nach dem Zwecke desselben ausgeschlossen ist.“ (Niemeyer, Vorschl. S. 20/21.)

Die I. Komm. hat diesen § 35 in ihrem § 24 umgestaltet, wie folgt:

„Die Anwendung eines ausländischen Gesetzes ist ausgeschlossen, wenn die Anwendung gegen die guten Sitten oder die öffentliche Ordnung verstoßen würde.“ (P. VI S. 11.)

In der II. Komm. wurden verschiedene Anträge gestellt, und schließlich ist folgende Fassung des § 2264 beschlossen worden:

„Die Anwendung eines ausländischen Gesetzes ist ausgeschlossen, wenn die Anwendung gegen die guten Sitten oder gegen den Zweck eines deutschen Gesetzes verstoßen würde oder wenn das ausländische Gesetz die Rechte der Fremden in unbilliger Weise beeinflußt.“

(P. VI, 81—85, Reatz Bd. 2 S. 486.)

Der Bundesrath hat also lediglich die gesperrt gedruckten Worte des § 2264 gestrichen (Neatz Bd. 3 S. 13), und dabei blieb es, obwohl in der RTK. wiederum, wie bei § 24 der I. Komm., beantragt worden war, die Anwendung eines ausländischen Gesetzes in Deutschland auch dann auszuschließen, wenn diese Anwendung „gegen die öffentliche Ordnung" verstoßen würde (RTK. 329/330). Vgl. Bem. III, B, 6.

Die Fassung der Vorschrift verursachte große Schwierigkeiten wegen der Nothwendigkeit, den Ausdruck einerseits weit genug zu wählen, um alle in Betracht kommenden Fälle zu umspannen, und andererseits nicht so weit, daß damit die Sätze aller vorhergehenden Artikel in Frage gestellt worden wären. Dieses Umstandes und der Veranlassung des Artikels, welche darin liegt, daß von den einheimischen Anschauungen und Rechtssätzen Vieles von so grundlegender Natur ist, daß widerstreitendes ausländisches Recht im Inlande nicht anerkannt und zur Geltung gebracht werden könne (P. VI, 82), wird bei der Anwendung dieses Artikels gedacht werden müssen.

II. Literatur. Ausführliche Erörterungen über Art. 30 und die einschlägige Literatur und Praxis finden sich namentlich bei Kahn in Iherings Jahrb. Bd. 39 S. 1—112, Zitelmann, IPR. Bd. 1 S. 317—380 und Niemeyer, IPR. § 8 S. 93—109.

Aus der Praxis vgl. RGE. Bd. 3 S. 27, Bd. 5 Nr. 33, 69, S. 27, 260, Bd. 6 S. 224, 394, Bd. 9 S. 192, Bd. 11 S. 629, Bd. 12 Nr. 77 S. 309, Bd. 15 S. 12, Bd. 16 S. 138, Bd. 17 Nr. 67 S. 299, Bd. 19 Nr. 2 S. 8, Bd. 21 Nr. 24 S. 136, Bd. 23 S. 332, Bd. 29 Nr. 25 S. 90, Bd. 30 S. 122, Bd. 34 Nr. 18 S. 81, Bd. 36 S. 331, Bd. 37 Nr. 68 S. 266, Bd. 38 S. 194, Bd. 43 S. 91; Seuff. Arch. Bd. 6 Nr. 306, Bd. 9 S. 1, Bd. 11 S. 3 und 4, Bd. 16 S. 1, Bd. 17 Nr. 111, S. 162, Bd. 19 Nr. 107 und 108, S. 169, Bd. 25 Nr. 115 S. 164; ROHG. Bd. 14 S. 276, Bd. 25 S. 53; Boehm, Zeitschr. Bd. 1 S. 683, Bd. 2 S. 288, Bd. 4 S. 46, Bd. 5 S. 170, 172, Bd. 12 S. 149; Das Recht 1902 S. 152 zu BGB. § 1274, Jur. Wschr. 1900 S. 794 (RGE. vom 12. Oktober 1900), 1892 S. 510[21], 1897 S. 89[36].

III. Inhalt und Tragweite.

A. Allgemeines. Art. 30 bildet eine Ausnahmevorschrift allgemeiner Art von den in Art. 7 ff. aufgestellten Kollisionsnormen, für welche Ausnahmevorschrift theils die Bezeichnung „Vorbehaltsklausel", theils die Bezeichnung „Exklusivsätze" angewendet wird (vgl. z. B. Zitelmann Bd. 1 S. 317, Niemeyer, IPR. S. 93 ff.).

Nach Niemeyer a. a. O. S. 95 ist Art. 30 „der gesetzgeberische Niederschlag jener Doktrin, welche als Lehre von den Prohibitivsätzen (vgl. namentlich Kahn in Iherings Jahrb. Bd. 30 S. 9 ff.), als Theorie des ordre public (vgl. Kahn a. a. O. S. 40 ff.) und unter anderen Stichworten eine ebenso breite wie umstrittene Rolle im internationalen Privatrechte spielt."

Die Ausnahmevorschrift des Art. 30 schließt die nach den vorausgehenden Artikeln oder nach sonstigen Vorschriften zugelassene Anwendung des ausländischen Rechtes aus, wenn die Anwendung desselben gegen die guten Sitten oder gegen den Zweck eines deutschen Gesetzes verstoßen würde. Sie bringt den eigentlich selbstverständlichen Satz zum Ausdruck, „daß fremdes Recht nicht anzuwenden ist, wenn seine Anwendung dem Sinne und Geiste unserer Rechtsordnung widerstreitet." Kahn a. a. O. S. 22 und 24.

Für einzelne Kollisionsnormen ist die Anwendung des fremden Rechtes aus diesem dem Art. 30 zu Grunde liegenden Gesichtspunkt in den vorausgehenden Artikeln bereits besonders ausgeschlossen. Es sind das z. B. die Art. 7 Abs. 3, Art. 12, Art. 13 Abs. 3, Art. 16, 17 und 21.

B. Besonders ist Folgendes hervorzuheben:

1. Ein Verstoß gegen die guten Sitten würde in der Anwendung eines ausländischen Gesetzes dann vorliegen, wenn das ausländische Gesetz eine Vorschrift enthielte, welche der jeweiligen Auffassung unseres Volkes darüber, was gute Sitte ist, widersprechen würde. Die sittliche Anschauung, welcher der fremde Rechtssatz nicht widersprechen darf, muß die Grundlagen unseres sozialen Lebens betreffen. Zitelmann Bd. 1 S. 336. Die gute Sitte ist hier in demselben Sinne aufzufassen wie im BGB. §§ 138, 817, 819 Abs. 2. Ein ausländisches Gesetz, das die für unser Kulturleben grundlegenden Gesetze des Inlands, wie z. B. jene über die persönliche Freiheit oder über die Gewissensfreiheit, verletzen würde, würde als gegen die guten Sitten verstoßend zu betrachten sein. Ein in der II. Komm. gestellter Antrag, welcher auf die Weglassung der Worte „gegen die guten Sitten" abzielte, weil die Aufrechterhaltung der guten Sitten als Zweck aller Gesetze durch den Hinweis auf den Zweck eines deutschen Gesetzes gedeckt sei, hatte deßhalb keinen Erfolg, weil klargestellt werden wollte, daß auch den guten Sitten für sich allein der gleiche Rechtsschutz gewährt werden soll wie dem zum Rechtssatze verdichteten inländischen Rechtsbewußtsein, und weil der Anwendung eines fremden Rechtssatzes ein Widerspruch desselben mit der einheimischen Vorstellung von guter Sitte auch

dann entgegenstehen soll, wenn nach der Lage des Falles es sich nur um die Anwendbarkeit des einen oder des andern von zwei fremden Rechten handle, also deutsches Recht überhaupt nicht in Frage komme (P. VI, 84). Es unterscheidet auch das BGB. in den §§ 134—138 zwischen Rechtsgeschäften, die gegen ein gesetzliches Verbot, und solchen, die gegen die guten Sitten verstoßen. Alle Fälle, in denen ein Verstoß gegen die guten Sitten vorliegt, aufzuzählen, wird bei der Vielgestaltigkeit und Veränderlichkeit des Lebens und der Sitten kaum möglich sein. Doch wird unterschieden werden können, daß ein Verstoß gegen die guten Sitten deßhalb vorliegt,

a) weil ein Rechtsverhältniß in Frage steht, das zwar vom ausländischen Rechte gebilligt wird, nach der Anschauung unseres Volkes aber schon wegen seines Inhalts und seiner Beschaffenheit als unsittlich betrachtet wird, z. B. Polygamie, Geschwisterehe, Sklaverei, Wuchergeschäfte; Planck Bem. 2, a, d und e, Zitelmann Bd. 1 S. 328 und 337, Niedner Bem. 2,
b) weil das fremde Recht die Verpflichtung zu einer Leistung billigt, die von einem Anderen zu fordern unserem Volke als sittlich verwerflich erscheint, obwohl sie, frei vorgenommen, auch von uns nicht für unsittlich angesehen wird, z. B. Verpflichtung zur Eingehung einer Ehe oder zum Religionswechsel; ebenso Planck Bem. 2, b, Zitelmann Bd. 1 S. 337, Niedner Bem. 2,
c) weil eine an sich sittlich nicht verwerfliche Leistung aus einem Grunde gefordert wird, der zwar vom fremden Rechte gebilligt, nach der Anschauung unseres Volkes aber als unsittlich betrachtet wird, z. B. Forderung des Heirathguts für eine polygamische Ehe; ebenso Planck Bem. 2, c.

2. Ein Verstoß gegen den Zweck eines deutschen Gesetzes kann mit einem Verstoße gegen die guten Sitten zusammenfallen, aber auch gegeben sein, ohne daß ein Verstoß gegen die guten Sitten vorliegt. Als Beispiele für die Ableitung richtiger Ergebnisse aus dem Zwecke eines inländischen Gesetzes wurden in der II. Komm. die vom ROHG. (Entsch. Bd. 25 S. 53) und vom RG. (Entsch. Bd. 21 S. 136 ff.) entschiedenen Fälle bezeichnet (P. VI, 83).

Ein Widerstreit eines ausländischen Gesetzes gegen ein inländisches Gesetz, das die Tendenz in sich birgt, ausschließlich angewendet werden zu wollen — wofür Anhaltspunkte aus dem Inhalte des Gesetzes sowie aus den Umständen und Bestrebungen, aus denen das Gesetz erwachsen ist, gewonnen werden können (Zitelmann Bd. 1 S. 1371), — wird als Verstoß gegen den Zweck eines deutschen Gesetzes zu betrachten sein. Aehnlich Niedner Bem. 5, welcher den Zweck des deutschen Gesetzes als „den durch Interpretation zu ermittelnden Geltungswillen des Gesetzes hinsichtlich seiner internationalrechtlichen Tragweite" definirt.

Soweit die beiden alternativen Voraussetzungen des Artikels (Verstoß gegen die guten Sitten, Verstoß gegen den Zweck eines deutschen Gesetzes) zusammenfallen, gelten die Bemerkungen unter B, 1, a—c auch hieher und sind weitere Erörterungen nicht veranlaßt.

Wann ein Verstoß gegen den Zweck eines deutschen Gesetzes vorliegt, ohne daß zugleich ein Verstoß gegen die guten Sitten gegeben ist, das wird sich nicht generell, sondern nur von Fall zu Fall bestimmen lassen. Es genüge hier, darauf hinzuweisen, daß ein solcher Verstoß vorliegen kann

a) bei einem Widerstreite des fremden Gesetzes gegen das inländische öffentliche Recht, namentlich gegen das Strafrecht oder gegen die zum Schutze unserer sozialen Einrichtungen aufgestellten Vorschriften, vgl. Zitelmann Bd. 1 S. 329 ff., Niedner Bem. 5 Abs. 4,
b) bei einem Widerstreite des fremden Gesetzes gegen Vorschriften, welche die Sicherung der inländischen Verkehrsinteressen bezwecken, vgl. z. B. Staub, Kommentar zum HGB. Anm. 5 zu § 372 S. 1229, Niedner Bem. 5 Abs. 2,
c) bei einem Widerstreite des fremden Rechtes gegen zwingende Vorschriften des inländischen Privatrechts, insbesondere des BGB., worunter namentlich Normen des Familien- und Obligationenrechts, sowie sachenrechtliche Normen fallen werden, welche nicht von Art. 28 getroffen werden. Vgl. Niedner Bem. 5 Abs. 2 (welcher als Beispiele aufführt: Verbot des Anatocismus, Gültigkeit des Mobiliarpfands, Pachtverträge des Nießbrauchers, lex commissoria, Rangordnung der Pfandgläubiger, actio Pauliana, Wirksamkeit von Schiffshypotheken, Haftung des Schiffers aus dem Konnossement oder des Rheders bei Schiffskollisionen, Verbot der Differenzgeschäfte, Spiel und Wette) und Planck Bem. 3.

3. Die Ausschließung des fremden Rechtes tritt nicht schon dann ein, wenn das fremde Recht an sich gegen die guten Sitten oder gegen den Zweck eines deutschen Gesetzes verstößt, sondern erst dann, wenn die Anwendung des fremden Rechtes im konkreten Falle einen solchen Verstoß begründen würde.

Nicht unberechtigt sagt Kahn a. a. O. S. 28:

„Keines unserer Gesetze, mag es noch so fundamental sein, verlangt exklusive, absolute Anwendung. Kein fremdes Rechtsinstitut, mögen wir es noch so sehr reprobieren, können wir einfach unbeachtet lassen."

Und er zieht hieraus a. a. O. S. 73 die Folgerung:

„Ist die „Anknüpfung" (siehe Vorbem. B, II vor Art. 7) wenig intensiv und für das betreffende Rechtsverhältniß relativ unwichtig, so können Gesetze, die von der fundamentalsten Bedeutung für das ganze Staatsleben sind, gleichwohl auf ihre Anwendung verzichten. Ist umgekehrt die Anknüpfung von größerer Intensität oder von spezieller Bedeutung für ein so geartetes Rechtsverhältniß, so wird ein Gesetz von vielleicht ganz geringfügiger Wichtigkeit doch niemals einer ausländischen Norm den Vortritt lassen."

Beispiele bieten namentlich die Polygamie und die Sklaverei. Diese beiden Institute verstoßen nach unserer Volksanschauung gegen die guten Sitten, sie verstoßen aber zugleich gegen den Zweck deutscher Gesetze. Und doch wurde z. B. schon in der I. Komm. ein Antrag, welcher dahin ging:

„Insbesondere ist die Anwendung der auf Anerkennung der Sklaverei beruhenden Gesetze ausgeschlossen" (Prot. I. Lesung, S 1159),

abgelehnt, weil er theils selbstverständlich sei, — insoferne nämlich, als der deutsche Richter nicht die Hand zur Verwirklichung von Ergebnissen bieten dürfe, die sich als Ausfluß der Sklaverei darstellen, — theils aber unrichtig sei, — soweit er nämlich darüber hinausgehe.

Niedner Bem. 4 leitet aus den einschlägigen Ausführungen von Zitelmann S. 350 ff. und aus den Erörterungen von Kahn a. a. O. den Lehrsatz ab:

„Das unsittliche, an sich dem fremden Rechte unterworfene Rechtsverhältniß ist dann dem deutschen Rechte unterworfen, wenn es im Inlande

a) verwirklicht werden soll" (z. B. Vindikation eines ausländischen Sklaven, Herstellung einer im Auslande geschlossenen polygamischen Ehe, Anspruch aus Differenz- oder Wuchergeschäften mit ausländischem Erfüllungsort) oder

b) „entstanden ist" (z. B. Ansprüche aus einem Kaufgeschäft über einen Sklaven im Inland oder einer im Inland aus Versehen vom Standesbeamten zugelassenen polygamischen Ehe oder aus im Inland abgeschlossenen Differenz- oder Wuchergeschäften) oder

c) „unter fortdauernd sich erneuernden Wirkungen besteht" (z. B. Ausübung von Eigenthumsbefugnissen an einem im Inland sich aufhaltenden Sklaven, Ausübung ehemännlicher Rechte an der zweiten im Inlande befindlichen Ehefrau bei Fortbestand der ersten Ehe)."

Was dieser Lehrsatz von dem gegen die guten Sitten verstoßenden, an sich dem fremden Rechte unterworfenen Rechtsverhältnisse sagt, würde wohl ebenmäßig auch von dem gegen den Zweck eines deutschen Gesetzes verstoßenden, an sich dem fremden Rechte unterworfenen Rechtsverhältnisse zu gelten haben.

Es mag dieser Lehrsatz immerhin für die Praxis im gewissen Sinne als Richtpunkt dienen; eine sklavische Befolgung desselben könnte aber zu unrichtigen Ergebnissen führen, da er, worauf Niemeyer (IPR. S. 101) mit Recht hinweist, in dem einen konkreten Falle zu eng, in dem anderen zu weit sein kann. Um bei den Beispielen zu bleiben, welche Planck Bem. 2, c über die Sklaverei vorgetragen hat, so wird Uebereinstimmung dahin bestehen können, daß der Kaufpreis für einen Sklaven bei einem inländischen Gerichte nicht rechtswirksam geltend gemacht werden kann, während andrerseits dann, wenn im ausländischen Staate, in dem die Sklaverei ein Rechtsinstitut ist, der Kaufpreis rechtswirksam bezahlt worden ist, er auch vor einem zuständigen inländischen Gerichte nicht zurückgefordert werden kann (vgl. aber auch BGB. § 817). Ebenso ist kein Zweifel, daß der Herr den von seinem Sklaven im Inlande gemachten Erwerb, obwohl sein nationales Recht ihn dazu berechtigt, bei uns nicht als sein Eigenthum beanspruchen kann, sowie daß der Herr für eine im Inlande begangene körperliche Verletzung seines Sklaven, obwohl ihn hiezu sein nationales Recht als befugt erklärt, im Inlande haftbar ist. Dagegen kann ich die Sätze, daß der Herr, dem im Sklavenstaate das vom Sklaven Erworbene eigenthümlich zugefallen ist, von dem früheren Sklaven im Inlande nicht zur Herausgabe des Erwerbs verhalten werden kann, ferner daß der Herr, welcher im Sklavenstaate das Recht hatte, den Sklaven körperlich zu verletzen, und ihn dort auch körperlich verletzt hat, hiefür im Inlande nicht in Anspruch genommen werden kann, — obwohl hierauf keine der drei von Niedner aufgestellten Voraussetzungen zutrifft, — nicht für ausnahmslos richtig halten. Man mag vielleicht diese Sätze z. B. für eine im Sklavenstaat als Sklave geborene Person gelten lassen. Wenn aber der solche Ansprüche erhebende frühere Sklave noch früher z. B. ein deutscher Matrose war, der im Sklavenlande Schiffbruch erlitt und von einem

Sklavenhändler an den betreffenden Herrn als Sklave verkauft wurde: sollte derselbe, wenn er Gelegenheit findet, seinen früheren Herrn im Inlande zu belangen, mit obigem nach unserem Rechtsgefühle sicherlich begründeten Ansprüchen nicht durchdringen? Ich vertraue dazu, daß jedes inländische Gericht diese Ansprüche billigen und sie nicht aus dem Gesichtspunkte verwerfen würde, weil es sich um Wirkungen der Sklaverei handelt, welche im Sklavenstaat eingetreten und dort bereits zum Abschlusse gelangt sind (Planck a. a. O.).

Dem letzterwähnten Grunde dürfte eine allgemeinere Zustimmung zu Theil werden, soweit es sich um das z. B. in der Türkei anerkannte Institut der Polygamie handelt. Dem von der zweiten Frau eines Türken, der die Ehe mit der ersteren in der Türkei einging, während des Fortbestandes der ersten Ehe erhobenen Schadensersatzanspruche wegen einer ihr von ihrem Manne in der Türkei in Ausübung des ihm zustehenden Züchtigungsrechts zugefügten Züchtigung wird deßhalb auch bei uns keine Folge gegeben werden können. Die von derselben zweiten Ehefrau des Türken in der Türkei (nicht auch die etwa im Deutschen Reiche) geborenen Kinder werden auch bei uns in allen Beziehungen (namentlich auch wegen des Unterhaltsanspruchs gegen die Eltern und des gegenseitigen Erbrechts) als eheliche zu behandeln sein.

Entscheidend wird also für die Anwendung oder Nichtanwendung des an sich zuständigen fremden Rechtes auf Grund der Voraussetzungen des Art. 30 immer die Forderung sein müssen, daß die Anwendung des fremden Rechtes im konkreten Falle aus irgend einem Grunde, z. B. wegen einer Inlandsbeziehung, nicht zu einem Ergebnisse führt, welches unser Rechtsgefühl verletzt. Vgl. RGE. vom 12. Oktober 1900 in Jur. Wschr. 1900. Andere Beispiele der Anwendung siehe in Bl. f. RA. Bd. 63 S. 126, 131, ferner Barazetti S. 6 ff., 27 ff., 46, 58, 64, 78 ff.

4. Wenn die Anwendung fremden Rechtes nach Maßgabe des gegenwärtigen Artikels ausgeschlossen ist: — welches Recht ist dann anzuwenden?

Daß das deutsche Recht anzuwenden ist, ist zwar nicht ausdrücklich gesagt, darf aber in der Regel wohl als selbstverständlich betrachtet werden, weil es ja die guten Sitten im Sinne unseres Gesetzgebers oder der Zweck eines deutschen Gesetzes sind, welche die Ausschliessung des fremden Rechtes verursachen.

In der II. Komm. war beantragt:

„An Stelle eines ausländischen Gesetzes kommt das deutsche Gesetz zur Anwendung, soweit sein Zweck dieses erfordert." (P. VI, 82.)

Die Prüfung der Frage, ob und wie zum Ausdrucke zu bringen sei, daß an Stelle des fremden Rechtes das deutsche Gesetz Anwendung finde, wurde dann aber der Redaktionskommission überlassen (P. VI, 85), welche eine dem Antrag entsprechende Bestimmung nicht aufnahm.

Eine Ausnahme von der oben aufgestellten Regel wird dann in Frage kommen, wenn es sich um die Anwendbarkeit des einen oder des anderen von zwei fremden Rechten handelt.

Vgl. hiezu Planck Bem. 1 Abs. 5, Boehm, Zeitschr. Bd. 7 S. 237, 239, Gruchot, Beitr. Bd. 42 S. 192.

5. Ein Verstoß gegen die öffentliche Ordnung kann ein Verstoß gegen die guten Sitten (P. VI, 82, 83) oder ein Verstoß gegen den Zweck eines Gesetzes oder keines von beiden sein, letzteres z. B. dann, wenn ein Verstoß gegen polizeiliche Anordnungen und Vorschriften immer schon als ein Verstoß gegen die öffentliche Ordnung betrachtet wird (RTK. 42).

Die beiden ersten Alternativen sind durch den Art. 30 gedeckt, die dritte Alternative nicht. Im Uebrigen vgl. namentlich Kahn a. a. O. S. 23, 47 ff., Zitelmann Bd. 1 S. 335, Boehm, Zeitschr. Bd. 13 S. 306.

6. Wenn ein ausländisches Gesetz die Rechte der Fremden in unbilliger Weise beeinflußt oder gar eine unbillige Benachtheiligung Fremder bezweckt, so wird ein Verstoß gegen den Zweck eines deutschen Gesetzes namentlich dann vorliegen, wenn der fragliche Anspruch vom deutschen Rechte verpönt wird (P. VI, 84, 85; RGE. Bd. 9 S. 3, Bd. 29 S. 90). Soweit es sich darnach um einen Anspruch handelt, welcher gegen die guten Sitten oder den Zweck eines deutschen Gesetzes verstößt, wird der deutsche Richter die Anwendung des fremden Rechtes aus Art. 30 ablehnen dürfen. Wenn es sich um internationale Verträge handelt, welche mit Gesetzeskraft publizirt sind, ist dies selbstverständlich; aber auch für einen Verstoß gegen anderweitige völkerrechtliche Normen, welche von uns anerkannt und dadurch zu einem Theile unseres innerstaatlichen Rechtes geworden sind, muß das Gleiche gelten. Vgl. Boehm, Zeitschr. Bd. 14 S. 146, Bd. 8 S. 126 ff., Zitelmann Bd. 1 S. 379, welcher hiebei darauf hinweist, daß es den völkerrechtlichen Anforderungen zuwiderlaufen würde, wenn Christen hinter die Bekenner eines anderen Glaubens zurückgestellt würden. Allerdings a. M. Planck

Bem. 4, Niedner Bem. 7, Niemeyer, IPR. S. 99. Letztere ziehen aus der Streichung der in Bem. I gesperrt gedruckten Worte des § 2264 der II. Komm. durch den Bundesrath den Schluß, daß hiedurch die Entscheidung der Frage, ob ein ausländisches Gesetz die Rechte der Fremden in unbilliger Weise beeinflußt, den Gerichten entzogen und durch Art. 31 dieses Gesetzes dem Bundesrathe mit dem Reichskanzler übertragen ist.

IV. Im Einklange mit Art. 30 stehen die prozessualen Vorschriften über die Ausschließung der Anerkennung eines ausländischen Urtheils in CPO. § 328 Abs. 1 Ziff. 4 und § 723 Abs. 2 Satz 2. Ebenso Niedner Bem. 6, Planck Bem. 5; a. M. Niemeyer, IPR. S. 99.

Art. 31.

Unter Zustimmung des Bundesraths kann durch Anordnung des Reichskanzlers bestimmt werden, daß gegen einen ausländischen Staat sowie dessen Angehörige und ihre Rechtsnachfolger ein Vergeltungsrecht zur Anwendung gebracht wird.

E. II, 2265, rev. 2390; III, 30.

1. Der Art. 31 stimmt mit § 26 des Entw. der I. Komm. und mit dem § 2265 der II. Komm. nur darin nicht überein, daß das Vergeltungsrecht „gegen einen ausländischen Staat" erst vom Bundesrath aufgenommen wurde (P. VI, 12, 89; Reatz II, 487; III, 13).

2. Die gleiche Vorschrift enthält § 24 des EG. z. CPO. in der Fassung des Art. II Ziff. 5 des EG. vom 17. Mai 1898 (RGBl. S. 332) sowie § 5 Abs. 2 der KO. — Vgl. auch Patentgesetz vom 7. April 1891 § 12 und RG. vom 12. Mai 1894, betr. den Schutz der Waarenbezeichnungen, § 12.

3. Der Art. 31 behandelt das Vergeltungsrecht (Retorsionsrecht), welches bezweckt, Unbilligkeiten eines anderen Staates gegen Angehörige des deutschen Reiches zu ahnden und für die Zukunft zu verhindern (vgl. v. Bar, Theorie und Praxis des Intern. Privatr. II. Aufl. I S. 299). Es kann dazu Veranlassung gegeben sein, wenn der fremde Staat Angehörige anderer Staaten überhaupt oder doch Angehörige des Deutschen Reiches auf privatrechtlichem Gebiete schlechter behandelt als die Angehörigen des eigenen Staates. In der II. Komm. wurden die Anträge, welche bezielten, auf die im Inlande domizilirenden Ausländer das Prinzip der Staatsangehörigkeit nicht anzuwenden, soweit nicht die Gegenseitigkeit verbürgt ist, abgelehnt und wurde die Retorsion nur, soweit sie „eine Maßregel zur Abwehr" sei und, soweit wirklich schwere Mißstände ein Einschreiten erheischten, als gerechtfertigt erachtet (P. VI, 12—17, 89).

Das Vergeltungsrecht kann

a) generell gegen einen ausländischen Staat oder
b) gegen dessen Angehörige oder
c) gegen Rechtsnachfolger von solchen ausgeübt werden; es wird aber nichts hindern, dasselbe auf einen einzelnen Fall oder auf einzelne Fälle zu beschränken.

Der Reichskanzler wird bestimmen können, daß dem ausländischen Rechte in seinem ganzen Umfang oder nur, soweit es dem betr. Ausländer günstiger ist, als das inländische, die Anwendung versagt wird.

An anderweitige Voraussetzungen als an die aus dem Zwecke des Vergeltungsrechts fließenden sind Bundesrath und Reichskanzler nicht gebunden. Ebenso Planck Bem. 2.

4. Ein in der RTK. gestellter Antrag, den Artikel zu streichen, weil meistens unschuldige Personen darunter zu leiden hätten, derselbe auch einen Eingriff in die Gesetzgebungssphäre des Reichstags ermögliche, fand nicht die Zustimmung der Kommission, weil für eine Gesetzgebung, welche auf dem Boden der Gleichberechtigung des Ausländers mit dem Inländer stehe, die Retorsion ein absolut erforderliches Korrelat sei und die bloße Existenz dieses Rechtes schon geeignet sei, korrigirend auf das Verhalten anderer Staaten einzuwirken (RTK. 440 d S. 4).

5. Ueber das Verhältniß von Art. 31 zu Art. 30 vgl. Bem. III, B, 6 zu Art. 30.

6. Verschieden von der Retorsion ist die Reziprozität (die Gleichbehandlung des Ausländers mit dem Inländer, wenn die Gegenseitigkeit verbürgt ist). Auf die Reziprozität kommt es an in Art. 25 EG. und in mehreren prozessualen Vorschriften (CPO. § 110 Abs. 2 Ziff. 1, § 114 Abs. 2, § 328 Ziff. 5 mit § 723 Abs. 2 Satz 2). Im Uebrigen vgl. über das Verhältniß zwischen Retorsion und Reziprozität Niemeyer, Vorschl. S. 87 ff.

Zweiter Abschnitt.

Verhältniß des Bürgerlichen Gesetzbuchs zu den Reichsgesetzen.

Erläutert von Karl Kober.

Vorbemerkungen zu Art. 32—54.

1. Das Verhältniß des BGB. zu den Reichsgesetzen ist im EG. anders geregelt als das Verhältniß zu den Landesgesetzen.

Das auf Landesgesetz beruhende Privatrecht wird in Art. 55 prinzipiell aufgehoben, soweit nicht das BGB. und dieses Gesetz Ausnahmen machen. Das auf bisherigen Reichsgesetzen beruhende Privatrecht dagegen wird in Art. 32 aufrechterhalten, soweit sich nicht aus dem BGB. und aus diesem Gesetz Ausnahmen ergeben. Die bisherigen reichsgesetzlichen Vorschriften werden also (wie auch schon der Grundsatz lex generalis posterior non derogat priori speciali ergeben würde) nicht aufgehoben, sondern sie bleiben auch fernerhin in Kraft, soweit nicht in diesem Gesetze oder im BGB. entweder ausdrücklich etwas Anderes bestimmt oder aus diesen beiden Gesetzen der Aufhebungswille durch Auslegung zu entnehmen ist. Das BGB. tritt also den älteren Reichsgesetzen gegenüber nicht als eine Kodifikation ausschließenden Charakters auf. Vgl im Einzelnen die Bem. zu Art. 32; ferner Einl. im I. Bd. dieses Kommentars S 4 und 5.

Daß das BGB. und dieses Gesetz an die Stelle jener allgemeinen Vorschriften der Reichs- und Landesgesetze treten, welche durch das BGB. und dieses Gesetz außer Kraft gesetzt werden, ist schon in Art. 4 bestimmt. Vgl. die Bem. hiezu und auch die Bem. zu Art. 32

2. Im Einzelnen wird im gegenwärtigen Abschnitte das Verhältniß des BGB. und dieses Gesetzes ausdrücklich zu nachstehenden Reichsgesetzen geregelt:

im Art. 33 zum Gerichtsverfassungsgesetze, zur Civilprozeßordnung, zur Strafprozeßordnung, zur Konkursordnung und zum Anfechtungsgesetze (jedoch nur hinsichtlich der Begriffe Verwandtschaft und Schwägerschaft),

im Art. 34 zum Strafgesetzbuch,

im Art. 35 zur Strafprozeßordnung,

im Art. 36 zur Gewerbeordnung,

im Art. 37 zum Freizügigkeitsgesetz,

im Art. 38 zum Gesetz über die Bundeskonsulate,

im Art. 39 zum Gesetz über die vertragsmäßigen Zinsen,

im Art. 40 zum Bundesgesetz über die Eheschließung und Personenstands-Beurkundung im Auslande,

im Art. 41 zum Gesetz über die Bundes- und Staatsangehörigkeit,

im Art. 42 zum Reichshaftpflichtgesetz,

im Art. 43 zum Reichsbeamtengesetz,

im Art. 44 und 45 zum Reichsmilitärgesetz,

im Art. 46 zum Personenstandsgesetz,

im Art. 47 zum Wuchergesetz,

im Art. 48 zum Reichsbeamten-Relikten-Gesetz,

im Art. 49 zum Ges. über die Fürsorge für die Relikten von Angehörigen des Heeres und der Marine,

im Art 50 zum Reichsschuldbuchgesetz,

im Art. 51 zum Ges. über die Fürsorge für die Relikten der Personen des Soldatenstandes und der Marine.

Die Art. 52—54 regeln endlich für die Fälle der reichsgesetzlichen Zwangsenteignung und insbesondere (Art. 54) auch für das Reichsrayongesetz die Rechte der Realberechtigten an der Entschädigung, die dem Eigenthümer der vom Eingriffe berührten Sache zukommt.

3. In die Kategorie dieser Sonder-Vorschriften im Sinne von Bem. 2 gehören auch jene privatrechtlichen Inhalts, welche die besonderen Gesetze (vom 17. Mai 1898) über die Abänderung des Gerichtsverfassungsgesetzes und der Strafprozeßordnung, der Civilprozeßordnung, der Konkursordnung und der Einführungsgesetze hiezu gebracht haben.

4. Hinsichtlich des Quartierleistungsgesetzes vom 25. Juni 1868, des Naturalleistungsgesetzes vom 21. Juni 1887, des Genossenschaftsgesetzes vom 4. Juli 1868, des Unterstützungswohnsitzgesetzes vom 6. Juni 1870, des Gesetzes über die Großjährigkeit vom 17. Februar 1875 und des Reichsgerichtskostengesetzes ist in den Motiven (S. 133, 135 u. 141) dargelegt, warum ausdrückliche Bestimmungen nicht getroffen wurden.

5. Die Kodifikation in Gestalt des Bürgerlichen Gesetzbuchs ist nicht erstreckt auf das Wechsel- und Handelsrecht und das dazu gehörige Rechtsgebiet (Binnenschiffahrt, Versicherung, Verlagsrecht, Erwerbs- und Wirthschaftsgenossenschaften), desgleichen nicht auf das Urheberrecht, sowie auf das Recht des Patent-, Marken- und Musterschutzes (E. Mot. 67).

Hier ist insbes. auf Art. 2 d. EG. z. HGB. zu verweisen:

„In Handelssachen kommen die Vorschriften des BGB. nur insoweit zur Anwendung, als nicht im Handelsgesetzbuch oder in diesem Gesetz ein Anderes bestimmt ist.

Im Uebrigen werden die Vorschriften der Reichsgesetze durch das Handelsgesetzbuch nicht berührt."

Hinsichtlich der übrigen vorgenannten Materien sind die Art. 32 und 4 dieses Gesetzes von besonderer Bedeutung (vgl. die Bem. zu Art. 32). Bezüglich des Versicherungs- und Verlagsrechts vgl. auch Art. 75 und 76 mit Bem.

6. Hinsichtlich späterer Reichsgesetze privatrechtlichen Inhalts ist das Verhältniß zum BGB. und zu diesem Gesetze nicht geregelt. Es ist selbstverständlich, daß das spätere Gesetz, wenn es Abweichungen vom BGB. und diesem Gesetz enthält, den letzteren vorgeht. (Vgl. hiezu z. B. Hilse im Arch. f. bürgerl. R. 1901 S. 205 ff.: Einfluß der veränderten Unfallversicherungsgesetze auf das Bürgerliche Recht, Reinhard, im „Recht" 1905 S. 1 ff., S. 29 ff., Einfluß der öffentlich-rechtlichen Unfallversicherung auf die civilrechtliche Schadensersatzklage u. Kißkalt, Unfallversicherungsgesetzgebung und Deliktsansprüche, in der Zeitschr. f. Rechtspflege in Bayern Bd. I [1905] S. 97 ff.)

Art. 32.

Die Vorschriften der Reichsgesetze bleiben in Kraft. Sie treten jedoch insoweit außer Kraft, als sich aus dem Bürgerlichen Gesetzbuch oder aus diesem Gesetze die Aufhebung ergiebt.

E. I, 9; II, 6; III, 31.

I. Entstehung. Art. 32 stimmt mit Art. 9 das E. I überein. Mehrere in der II. Komm. gestellte Abänderungsanträge wurden abgelehnt. Vgl. hierüber EM. 67 ff., Reatz III, 13 und P. VI, 560—563.

II. Allgemeines.

1. Der Satz 1 des Art. 32 stellt als Regel auf, daß die Vorschriften der bisherigen Reichsgesetze in Kraft bleiben, d. h. nicht generell durch das BGB. und dieses Einf.-Ges. für aufgehoben zu erachten sind.

Eine allgemeine Ausnahme von diesem Regelsatze statuirt aber Satz 2, wonach der Rechtsinhalt der früheren Reichsgesetze insoweit außer Kraft treten soll, als sich eine derartige Aufhebung aus dem BGB. oder diesem Einf.-Ges. (unmittelbar oder mittelbar) ergiebt — abgesehen von den Abänderungen einzelner Reichsgesetze, wie solche in Art. 33 ff. gesondert und speziell verfügt wurden.

2. Als weiteres Kriterium kommt überdies noch Art. 4 EG. allenthalben in Betracht, vgl. hierüber unten Bem. V.

3. Als Gründe dafür, warum die privatrechtlichen Bestimmungen der bisherigen Reichsgesetze nicht sammt und sonders aufgehoben, und diejenigen von ihnen, welche auch künftig einen Bestandtheil der Rechtsordnung bilden sollen, als formell neue Normen in das BGB. eingestellt wurden, werden in den Motiven (67) namentlich hervorgehoben,

a) daß die Ausscheidung privatrechtlicher Bestimmungen aus den Spezialgesetzen in manchen Fällen nicht nur das Verständniß der übrig bleibenden Theile des Einzelgesetzes erschwert, sondern auch die wahre Bedeutung der aus ihrem natürlichen Zusammenhange losgelösten Normen verdunkelt haben würde,

b) daß der Vortheil, daß das gesammte Reichsprivatrecht mit Ausnahme der ausgeschiedenen Materien in einem Gesetze vereinigt wäre, nur ein vorübergehender gewesen sein würde, da der weitere Ausbau des Reichsrechts nothwendig auch neue privatrechtliche Normen zeitigt,

c) daß die dem Grundsatze der Kodifikation entsprechende Vollständigkeit und Geschlossenheit sachlich dadurch schon zur Genüge erzielt wird, daß die privatrechtlichen Bestimmungen der Reichsgesetze im Wege einer besonderen Vorschrift, vorbehaltlich der zu machenden Ausnahmen, in Kraft erhalten und damit in gewissem Sinne der Kodifikation einverleibt werden.

III. Die Regel des Satz 1:

Satz 1 enthält als Grundsatz eine Bestätigung, gleichsam einen Neuerlaß der bisherigen Reichsgesetze in dem Momente der Kodifikation des BGB. Diese Bestätigung, welche zugleich die prinzipielle Verneinung der Derogation in sich trägt, soll außerdem verhindern, daß das BGB. jenen Reichsgesetzen gegenüber als das jüngere Gesetz erscheint, vielmehr gelten nunmehr nach dem Prinzipe des Satz 1 diese Gesetze und das BGB. als in gleichem Zeitpunkt erlassen. Vgl. hiezu Crome in D. Jur.Z. 1896 S. 185 ff., insbesondere S. 187 und System Bd. 1 § 9 sowie EM. 68, ferner v. Blume im Verwaltungsarchiv Bd. 7 S. 480 ff. und Endemann Bd. 1 § 17 und Anm. 5 hiezu. Die durch das BGB. selbst erfolgte Kodifikation ist sohin keine streng exklusiven Charakters, da diese Kodifikation auch das ältere Reichsrecht mitumfaßt.

Im Einzelnen ist hervorzuheben:

a) Unter den hiemit aufrechterhaltenen Vorschriften sind nicht bloß solche privatrechtlichen Inhalts zu verstehen, sondern auch andere, z. B. jene über das Verfahren (EM. 69). Vgl. z. B. § 231 Abs. 2 des StGB. über die Buße (P. VI, 579), §§ 334 und 480 der StPO. über die Wirkung der Beschlagnahme des Vermögens eines abwesenden Beschuldigten und der Vermögensbeschlagnahme nach § 93 des StGB. sowie über die Einleitung einer Güterpflege (EM. 129); vgl. Bd. IV Vorbem. 7, b vor § 1909.

b) Was hier von den „Reichsgesetzen" gilt, gilt auch von den Staatsverträgen, welche das Reich mit ausländischen Staaten abgeschlossen hat. Diese sind durch das BGB. an sich nicht geändert worden, sie sind auch als Reichsgesetze zu betrachten. Die Einwirkung der neuen Gesetzgebung auf sie ist demzufolge gleichfalls aus Art. 32 und 4 zu beurtheilen (vgl. insbesondere Bem. III, A zu Art. 4 bezüglich der Verweisungen in Staatsverträgen). Hinsichtlich der Staatsverträge der Bundesstaaten giebt Art. 56 eine besondere Vorschrift (vgl. P. VI, 563).

c) Da das BGB. sohin nicht als das jüngere Gesetz erscheint, so kann der Rechtsgrundsatz, wonach das ältere Gesetz bei einem sich ergebenden Widerspruche dem jüngern zu weichen hat (lex posterior derogat priori), für das Verhältniß zwischen BGB. und den älteren Reichsgesetzen nicht zur Anwendung kommen (vgl. oben und EM. 68). Aber es bleibt immerhin zu untersuchen, ob und inwieweit es möglich ist, die in dem bestehenden „Reichsrechte" formulirten Rechtsvorschriften neben dem BGB. aufrecht zu erhalten (vgl. Neukamp im Verwaltungsarchiv Bd. 5 S. 209 ff. und den Auszug hievon in Gruchot, Beitr. Bd. 42 S. 192, 193).

d) Die Aufrechterhaltung des Reichsgewohnheitsrechts ergiebt sich gleichfalls aus Art. 32 im Zusammenhalte mit Art. 2 EG. Dies ist z. B. wichtig für die Aufrechterhaltung des Gewohnheitsrechts, wonach der Wechselacceptant 6% Verzugszinsen zu zahlen hat; vgl. Rspr. d. OLG. Bd. 1 S. 259 und RGE. vom 26. Mai 1900, sowie Staub in Anm. 12, γ zu § 352 HGB. Vgl. auch Bd. I Einleitung S. 11 ff.

IV. Die Ausnahme des Satz 2:

Der zweite Satz des Artikels statuirt, wie bereits oben betont, eine Ausnahme von der Regel des ersten Satzes dahin, daß die Vorschriften der bisherigen Reichsgesetze insoweit außer Kraft treten, als sich aus dem BGB. oder diesem Gesetze der Aufhebungswille ergiebt.

Hinsichtlich einzelner Vorschriften bestimmter Reichsgesetze kommt dieser Aufhebungswille klar in den nachfolgenden Artikeln 33—54 zum Ausdruck. Im Uebrigen aber wird durch die Bestimmung des zweiten Satzes die Frage, ob Vorschriften der bisherigen Reichsgesetze durch das BGB. aufgehoben oder inhaltlich geändert sind, zu einer Auslegungsfrage, deren Lösung der Rechtsprechung und der Wissenschaft überlassen bleibt (vgl. P. VI, 561).

1. Die Fassung des Gesetzes weist darauf hin, daß nicht nur eine direkte Aufhebung im Einzelfalle sich ergeben kann, sondern daß bei der Auslegung auch mit einem unausgesprochenen indirekten Aufhebungswillen hier gerechnet werden muß (vgl. Neumann Bem. 3 zu Art. 32). Gerade in letzterem Punkte liegen oft die Schwierigkeiten (vgl. hiezu auch Neukamp a. a. O.).

2. Zur Erforschung dieses Aufhebungswillens können alle vorhandenen Auslegungsmittel herangezogen werden, insbes. kommen aber in Betracht

a) Die Absicht des alten Gesetzes auf der einen Seite, sowie andererseits Absicht und Inhalt der betreffenden Norm des BGB. (vgl. P. VI, 561).

Der Auslegungsbehelf aus der Absicht des alten Gesetzes darf jedoch nicht überschätzt werden, denn auf diese wird regelmäßig nur insofern etwas ankommen, als sie zur Lösung der Frage beitragen kann, ob die Identität des Gegenstandes des alten Gesetzes mit jenem, welchen das neue Recht regelt, gegeben ist. Im Uebrigen ist Riedner Bem. II, 3, a zuzustimmen, wenn er betont, daß sich die Aufhebung nur dann ergiebt, wenn das bisherige Recht einen Rechtsstoff als Sonderrecht behandelte, welcher nach der Absicht des neuen Rechtes Gegenstand der allgemeinen Kodifikation geworden ist und werden sollte.

b) Von besonderer Bedeutung ist ferner das Verhältniß, in welchem allgemeine Rechtsnormen zu den für die Regelung eines bestimmten engeren Kreises von Rechtsverhältnissen gegebenen Rechtssätzen stehen. Die Bestimmungen der früheren Reichsgesetze gehören überwiegend der letzteren Klasse von Rechtssätzen an. Zumeist enthalten sie fragmentarische Regelungen einzelner dem Kreise des Privatrechts entnommener Verhältnisse. Es wird daher der Regel nach kein Anlaß sein, den allgemeinen Normen des BGB. Einfluß auf die Bestimmungen der Reichsgesetze zuzugestehen.

α) Als Beispiel kann hier zunächst die in der II. Komm. aufgeworfene Frage gelten, ob durch den § 1757 des BGB., wonach ein angenommenes Kind die rechtliche Stellung eines ehelichen Kindes des Annehmenden (im Gegensatze zum PLR. Thl. II Tit. 2 § 681) erlangt, die Folge eintreten werde, daß überall da, wo eine öffentliche Fürsorge für die ehelichen Kinder eines Verletzten vorgeschrieben sei — also namentlich nach den Versicherungs- und Beamtengesetzen — die Fürsorge sich künftig auch auf die angenommenen Kinder würde erstrecken müssen. Die Frage wurde in der Komm. mit Recht verneint. Vgl. P. VI, 562 ff. und 570 ff.; s. auch Bd. IV Bem. 1 zu § 1757.

β) Hiebei ist insbes. auch hervorzuheben (vgl. Neukamp a. a. O.), daß, soweit reichsrechtlich das privatrechtliche Sonderrecht einzelner Stände geregelt ist, dieses durch das BGB., das eine Kodifikation der allgemeinen Privatrechtsnormen enthält, nicht berührt wird.

γ) Im Einzelnen vgl. hiezu ferner Vorbem. I, 9 vor § 1 in Bd. I dieses Komm. (Zurücksetzung des weiblichen Geschlechts), Vorbem. IX, 1 vor §§ 21 ff. S. 122 (Juristische Personen des Privatrechts), sowie Vorbem. III, A, 1, e und IV, 3 S. 126 ff. (Vereine), Vorbem. II, 4 vor § 611, Bem. I u. IV zu § 618, Bem. I zu § 630 (Dienstverträge) und vgl. hiezu auch Fuld in Gruchot, Beitr. Bd. 44 S. 592 ff. (Ueber Aufhebung des Dienstvertrags nach der Gew.O. und dem BGB.); Vorbem. I und III, 12 vor §§ 631 ff. (Werkvertrag), Vorbem. XV vor §§ 823 ff. (unerlaubte Handlungen); Vorbem. IV vor §§ 1353 ff. (Wirkungen der Ehe); Vorbem. 7, b vor §§ 1909 ff. (Pflegschaft); Einleit. Bem. V zu Buch V (Erbrecht); Vorbem. III, 1 vor Art. 7 EG. und Bem. II, 2 zu Art. 33 EG. Vgl. ferner unten e.

δ) Als ein Sonderrecht in obigem Sinne ist insbes. auch das Wechselrecht anzusehen (wegen des Gewohnheitsrechts in dieser Hinsicht vgl. oben III, d); auf diesem Standpunkte steht Literatur und Praxis übereinstimmend.

c) Anders aber verhält es sich, soweit das BGB. selbst Vorschriften über besondere Rechtsverhältnisse aufstellt, welche durch Reichsgesetze gleichfalls besonders und abweichend von dem BGB. geregelt sind. Das Ueberwiegen des BGB. kann solchenfalls nicht zweifelhaft sein (EM. 68 u. 69).

α) Als Beispiel mag hieher zunächst die in der II. Komm. behandelte Frage angeführt werden, ob die Vorschrift des § 34 Nr. 5 des StGB., daß die Aberkennung der bürgerlichen Ehrenrechte die Unfähigkeit begründet, Zeuge bei Aufnahme von Urkunden zu sein, durch die Vorschrift des § 2237 Nr. 2 BGB. („Als Zeuge **soll** bei der Testamentserrichtung nicht mitwirken, wer der bürgerlichen Ehrenrechte für verlustig erklärt ist") eine Aenderung erfahren habe. Diese Frage wurde mit Recht bejaht. In dieser Beziehung wurde auch bemerkt, daß das Wort „Unfähigkeit" in § 34 Nr. 5 StGB. lediglich als Ausdruck eines Verbots anzusehen ist, bei welchem die Folgen des Zuwiderhandelns durch andere gesetzliche Vorschriften bestimmt werden. Diese andere gesetzliche Bestimmung bildet nun in fraglicher Beziehung der § 2237 Nr. 2 BGB. Vgl. P. VI, 562 ff. und 570 ff.

(Die in der Kommission hier weiter berührten Fragen über die Zugehörigkeit des Gesammtgutes der ehelichen Gütergemeinschaft zur Konkursmasse im Falle des über das Vermögen des Ehemanns eröffneten Konkurses, bezüglich des Nachlaßkonkurses 2c. haben ihre Erledigung durch die Aenderung der KO. gefunden; vgl. Bd. IV Bem. 6 zu § 1459.)

β) Aus diesem Grunde ergiebt sich z. B. auch die Aufhebung des RG. vom 14. November 1867, betr. die vertragsmäßigen Zinsen, da dessen Inhalt durch die §§ 246 ff. gedeckt wird, die Aufhebung von Theilen des Personenstandgesetzes (z. B. des § 77, vgl. hierüber RGE. in Jur. Wschr. 1901 S. 379) 2c. Das EG. hat übrigens diese und weitere Fälle ohnedies in den nachfolgenden Art. besonders behandelt.

γ) Vgl. weiter die Bem. e unten.

d) Soweit das bisherige Reichsrecht seine Ergänzung durch die privatrechtlichen Normen des Landesrechts gefunden hat, tritt an deren Stelle in Zukunft das BGB., welches als allgemeine Kodifikation des deutschen Privatrechts die landesrechtlichen Privatrechtsnormen zu ersetzen bestimmt ist. (Vgl. Neukamp a. a. O. und auch Niedner in Bem. II, b zu Art. 32.)

Von diesem Gesichtspunkte geht auch eine RGE. vom 24. November 1902 (Jur. Wschr. 1903 Beil. S. 13 und E. Bd. 53 S. 75 ff.) aus, welche besagt:

„Die allgemeinen Vorschriften des BGB. sowohl im I. Buche wie im I. Abschnitte von Buch II erfassen auch die in den einzelnen Gesetzen geregelten Rechtsmaterien, soweit nicht der besondere Zweck und gesetzgeberische Gedanke der letzteren dem entgegensteht. Diese Anwendbarkeit des BGB. beschränkt sich nicht auf die Fälle, in denen ausdrücklich in den Sondergesetzen auf Bestimmungen des BGB. verwiesen wird." Das Recht des BGB. soll ja nunmehr mit den durch Art. 32 aufrecht erhaltenen Reichsgesetzen ein einheitliches Gesetzeswerk darstellen. Daraus wird in jenem Urtheile mit Recht gefolgert, daß sowohl § 254 Abs. 1 (Konkurrenz des Verschuldens des Beschädigten) als § 276 BGB. (Begriff des Verschuldens) unbedenklich auch für das Reichshaftpflichtgesetz gelten müssen, obwohl sie in Art. 42 nicht besonders erwähnt sind. (Vgl. hiezu näher Bem. I, 2 zu Art. 42 EG. und ferner RGE. vom 20. März 1905 in Jur. Wschr. 1905 S. 317, 318.)

e) Als weitere Beispiele und Untersuchungen aus Literatur und Praxis seien hervorgehoben:

Aus der Literatur vgl.:

α) Ueber das Verhältniß des BGB. zum Reichsbörsengesetz, insbesondere die Einwirkung des § 764 BGB., s. Oertmann in D. Jur.Z. 1897 S. 129 ff. und s. im übrigen auch die Bem. zu § 764 sowie die dort cit. Literatur und Praxis.

β) Eine spezielle Untersuchung über das Verhältniß des BGB. zur Reichsgewerbeordnung hat Neukamp im Verwaltungsarchiv Bd. 5 S. 209 ff. angestellt, vgl. hiezu den Auszug in Gruchot, Beitr. Bd. 42 S. 192 und 193, sowie unten die Bem. zu Art. 36 EG., s. ferner Fuld in Gruchot, Beitr. Bd. 44 S. 592 (Ueber Aufhebung des Dienstvertrags nach der Gew.O. und dem BGB.) und vgl. ferner auch Sigel, Der gewerbliche Arbeitsvertrag nach dem BGB. (Stuttgart 1903) S. 11—13.

γ) Ueber das Verhältniß speziell des § 616 BGB. zur Gew.O. und sonstigen Reichsgesetzen vgl. Bem. I, b zu § 616 und die dort cit. Literatur und Praxis, insbesondere v. Blume, Recht 1902 S. 138 ff.

δ) Ueber die Einwirkung des BGB. auf das Reichshaftpflichtgesetz vgl. im Einzelnen Bem. I zu Art. 42.

ε) Ueber das Verhältniß des BGB. zum Gesetze gegen unlauteren Wettbewerb s. Lobe im Sächs. Arch. Bd. 7 S. 19 ff. mit folgendem Resultat (vgl. auch Gruchot, Beitr. Bd. 42 S. 193 ff.):

Die Vorschriften des BGB., soweit sie sich auf unlauteren Wettbewerb anwenden lassen, gelten subsidiär neben dem Gesetz vom 27. Mai 1896, da letzteres die Materie nicht erschöpft (Lobe S. 24).

Die Bestimmungen des BGB. über Schadensersatz ändern die entgegenstehenden Bestimmungen jenes Gesetzes nicht ab, weil letztere Spezialbestimmungen sind (Lobe S. 25). Vgl. hiezu auch unten Bem. V.

Aus der Praxis vgl. ferner

RGE. vom 17. Mai 1901 in Jur. Wschr. 1901 S. 473 ff. (Der gerichtliche Prozeßvergleich, der nach wie vor als Akt des Prozeßgerichts gilt und nicht etwa ein Ausfluß der freiwilligen Gerichtsbarkeit ist, ist nicht an jene Vorschriften des BGB. gebunden, die eine besondere Form für gewisse Verträge und Vorverträge verlangen.) Vgl. hiezu auch Vorbem. VI vor § 779.

RGE. Bd. 48 S. 144 (Kann in Ehestreitigkeiten von Ausländern, deren Heimathsrecht nur eine Trennung von Tisch und Bett zuläßt, von deutschen Gerichten auf Scheidung dem Bande nach oder auf Aufhebung der ehelichen Gemeinschaft im Sinne der §§ 1575, 1576 BGB. erkannt werden?) Vgl. hiezu auch Bem. 11 zu § 1575.

Ueber die Ergänzung des Haftpflichtgesetzes durch allgemeine Normen des BGB. vgl. die oben unter d cit. RGE., sowie überhaupt Bem. I zu Art. 42.

Bezüglich der Frage, ob § 15 Satz 3 des Gesetzes über die Gesellschaften mit beschränkter Haftung vom 20. April 1892 neben den Vorschriften des BGB. über Abtretung von Rechten Geltung hat, s. RGE. vom 2. Dezember 1902 in Jur. Wschr. 1903 Beil. Nr. 19 (vgl. dazu auch Dernburg Bd. 3 § 278).

Die für ein besonderes Rechtsverhältniß geltende Ausnahmevorschrift des Art. 20 Ges. vom 22. Mai 1893, betr. Abänderung der Militärpensionsgesetze, ist auch dem BGB. gegenüber in Kraft geblieben (Begriff der Dienstbeschädigung); s. hierüber RGE. Bd. 54 S. 157.

V. Bei Anwendung der früheren Reichsgesetze darf aber auch neben Art. 32 die wichtige Norm des Art. 4 EG. niemals außer Acht gelassen werden. Es ergiebt sich demgemäß jeweils eine doppelte Fragepflicht (vgl. auch Neumann Bem. 4 zu Art. 32):

a) Zunächst ist zu forschen, ob das betr. Reichsgesetz seinem Zwecke und Inhalte nach durch die Kodifikation des BGB. aufgehoben, abgeändert, ergänzt oder ersetzt ist — Art. 32.

b) Ist nach der Forschung zu a das betr. Gesetz noch als „intakt" anzusehen, so kommt weiter in Betracht, ob es nicht Verweisungen auf Rechtsmaterien enthält, die nunmehr vom BGB. geordnet sind und daher durch die neuen Normen des BGB. ersetzt sind — Art. 4. Vgl. in dieser Hinsicht auch die Bem. zu Art. 4.

Diese Forschung wird besonders praktisch z. B. bei der Frage des Schadensersatzes und der Verjährung. Soweit in Reichsgesetzen (insbes. in den verschiedenen Gesetzen über Urheberrecht Patentrecht. Gebrauchs- und Geschmacksmuster, Waarenzeichen) allgemein von Schadensersatz und Verjährung die Rede ist, haben nunmehr die allgemeinen Normen des BGB. zu treten, die zum Theil Aenderungen bringen; soweit aber z. B. die Schadensersatzpflicht an besondere Voraussetzungen geknüpft ist, z. B. ein Schadensersatz nur bei Vorsatz und grober Fahrlässigkeit zugebilligt wird (vgl. z. B. § 14 Waarenzeichengesetz, § 35 Patentgesetz 2c.), kann nicht etwa unter Anwendung der allgemeinen Norm des § 823 BGB. nunmehr ein Schadensersatz bei jedweder fahrlässigen Verletzung eines derartigen Rechtes begehrt werden. Aehnliches gilt bei der Verjährung, soweit in jenen Spezialgesetzen eine besondere Verjährungsvorschrift aufgestellt ist. (Uebereinstimmend Planck in Bem. 2, b zu Art. 32.) Vgl. auch Bem. B zu Art. 4 im Einzelnen u. Bayr. Oberst. LG. Bd. 1 n. F. S. 142 u. 322.

VI. Das Verhältniß des BGB. zum Handelsgesetzbuch ist in Art. 2 d. EG. z. HGB. besonders geregelt, vgl. Vorbem. 5.

VII. Eine entsprechende Geltung des Art. 32 ist ferner verfügt in FG. § 185, GBO. § 82 u. EG. z. ZwVG. § 1.

Art. 33.

Soweit in dem Gerichtsverfassungsgesetze, der Civilprozeßordnung, der Strafprozeßordnung, der Konkursordnung und in dem Gesetze, betreffend die Anfechtung von Rechtshandlungen eines Schuldners außerhalb des Konkursverfahrens, vom 21. Juli 1879 (Reichs-Gesetzbl. S. 277) an die Verwandtschaft oder die Schwägerschaft rechtliche Folgen geknüpft sind, finden die Vorschriften des Bürgerlichen Gesetzbuchs über Verwandtschaft oder Schwägerschaft Anwendung.

E. I, 10; II, 7; III, 32.

Art. 33 giebt den Art. 10 des E. I mit unwesentlichen redaktionellen Aenderungen wieder (EM. 69 ff.; P. IV, 464 ff.; Reatz III, 13).

I. Art. 33 entscheidet im Bannkreise der einzelnen aufgeführten Gesetze, nämlich des Gerichtsverfassungsgesetzes, der Civilprozeßordnung, der Strafprozeßordnung, der Konkursordnung und des Gesetzes, betr. die Anfechtung von Rechtshandlungen eines Schuldners außerhalb des Konkursverfahrens, vom 21. Juli 1879, die einzige Sonderfrage bezüglich der Rechtsbegriffe der Verwandtschaft und Schwägerschaft dahin, daß diese — soweit überhaupt rechtliche Folgen hieran in jenen Gesetzen geknüpft werden — ausschließlich nach den Normen des BGB. über Verwandtschaft oder Schwägerschaft zu verstehen und auszulegen sind (vgl. P. VI, 564, 600).

1. Die hier in Betracht kommenden Einzelstellen jener Reichsgesetze (die häufig unter dem Sammelnamen „Justizgesetze" genannt werden) sind:

a) **GVG.**: § 156 Nr. I, 3, II, 3 (Ausschließung des Gerichtsvollziehers kraft Gesetzes von der Ausübung seines Amtes wegen Verwandtschaft 2c.).

b) **CPO.**: §§ 40 Nr. 2, 41 Nr. 3, 49 (Ausschließung des Richters und Gerichtsschreibers kraft Gesetzes von der Ausübung seines Amtes wegen Verwandtschaft 2c.); §§ 383 Nr. 3, 385, 393 Abs. 1 Nr. 3, Abs. 2 (Zeugen betr.); §§ 402, 408 (betr. Sachverständige). Hinsichtlich der sonstigen Aenderungen der CPO. infolge des BGB. vgl. das RG. vom 17. Mai 1898 und die Neufassung vom 20. Mai 1898.

c) **StPO.**: §§ 22 Nr. 3, 31, 32 (Ausschließung des Richters, Gerichtsschreibers, sowie der Schöffen und Geschworenen kraft Gesetzes wegen Verwandtschaft 2c.); §§ 51 Nr. 3, 57 (betr. Zeugen); §§ 72, 76 (Sachverständige betr.); § 401 (Wiederaufnahme des Verfahrens nach Ableben des Verurtheilten auf Antrag der Verwandten). Bezüglich weiterer Aenderungen d. StPO. s. Art. 35 mit Bem.

d) **KO.**: §§ 31 Nr. 2, 40 Nr. 2 (Anfechtung).

e) Ges. betr. die Anfechtung von Rechtshandlungen eines Schuldners außerhalb des Konkursverfahrens vom 21. Juli 1879 (neue Fassung vom 20. Mai 1898) § 3 Nr. 2.

Eine besondere Kontroverse bildet hier, ob die Anwendbarkeit dieses § 3 Nr. 2 gegenüber Verschwägerten ausgeschlossen ist, wenn die Ehe zur Zeit des Vertragsschlusses bereits aufgelöst war; vgl. hiezu einerseits Jäger, Komm. z. KO. § 31 Anm. 27, Wilmowski-Kurlbaum, Komm. z. KO. § 31 Anm. 12 und Petersen-Kleinfeller in Bem. 19 zu § 31 KO., sowie Urth. d. OLG. Jena vom 31. März 1900 in Rspr. d. OLG. Bd. 4 S. 54, andererseits aber Hartmann-Meikel, Anfechtungsgesetz S. 164 und 165.

2. Die hier zur Anwendung herangezogenen Normen des BGB. über Verwandtschaft und Schwägerschaft sind:

a) die für diese Begriffe im Allgemeinen wichtigen §§ 1589 und 1590 (Grundbegriff der Verwandtschaft in gerader Linie und in der Seitenlinie und der Schwägerschaft, Bestimmung der Grade bei Verwandtschaft und Schwägerschaft; vgl. die Bem. zu jenen Paragraphen in Bd. IV).

b) die §§ 1589 Abs. 2 und 1705 bezüglich der unehelichen Kinder:
Das uneheliche Kind und dessen Vater gelten nicht als verwandt; dagegen hat dieses im Verhältnisse zur Mutter und deren Verwandten die rechtliche Stellung eines ehelichen Kindes. Vgl. insbes. Bem. 3, d zu § 1589 und die Bem. zu § 1705.

c) die §§ 1699 ff. hinsichtlich der Kinder aus nichtigen Ehen;

d) die §§ 1757, 1762, 1763 bezügl. der angenommenen Kinder;

e) die §§ 1736 und 1737 hinsichtlich der für ehelich erklärten Kinder.

3. Als selbstverständlich muß gelten, daß, soweit hienach die allgemeinen Begriffe Verwandtschaft und Schwägerschaft sich nach den Vorschriften des BGB. bemessen, das Gleiche auch für die Unterbegriffe z. B. Vater, Mutter, Kind, Geschwister u. s. w. gelten muß. Es gelten daher z. B. zwei außereheliche Kinder nur als halbbürtige Geschwister, selbst wenn sie Vater und Mutter gemeinsam haben (im Hinblick auf § 1589 Abs. 2), und falls sie von demselben Vater, aber verschiedenen Müttern abstammen, sind sie überhaupt nicht miteinander verwandt (vgl. Bem. 3, d zu § 1589). Das angenommene Kind des Ehemanns gilt nach § 1763 BGB. weder als Kind der Ehefrau des letzteren noch als mit dieser verschwägert, vgl. Bem. 2 zu § 1763.

4. Hinsichtlich anderer allgemeiner familienrechtlicher Begriffe als Verwandtschaft und Schwägerschaft gelten auch für die im Texte genannten Gesetze die zu Art. 32 entwickelten Grundsätze; vgl. RGE. vom 17. Mai 1901 in Jur. Wschr. 1901 S. 473.

II. Anwendung des Art. 33 auf andere Reichsgesetze als die vorgenannten.

Art. 33 muß seinem Wesen nach, zumal die Gesetze für welche die Normen des BGB. über Verwandtschaft und Schwägerschaft gelten sollen, hier einzeln aufgeführt werden, als Sondervorschrift erachtet werden. Die Norm des Art. 33 darf daher weder im Wege der Analogie noch als argumentum e contrario auf die übrigen früheren Reichsgesetze ohne weiteres erstreckt werden. Auch in der II. Kommission wurde bei Berathung des Art. 33 von der Mehrheit, die sich für diesen Artikel aussprach, ausdrücklich unter Hinweis auf die Motive betont, daß aus der Vorschrift dieses Artikels Schlüsse für die künftige Auslegung anderer Reichsgesetze nicht gezogen werden dürften; vgl. P. VI, 564.

a) Es ist also aus den obigen Gründen bei der Prüfung derartiger Fragen jeweils auf die Art. 32 und 4 zurückzugreifen (insbes. wird letzterer Art. hier von Wichtigkeit) und im Einzelfalle zu prüfen, ob das betr. Reichsgesetz einen besonderen Begriff von Verwandtschaft und Schwägerschaft mit selbständigem Inhalt aufstellen will oder ob es lediglich eine Verweisung auf die allgemeinen civilrechtlichen Begriffe wollte, die nunmehr durch das BGB. gedeckt werden. (Vgl. Bem. 6, e zu § 1859 u. RGE. in StS. Bd. 34 S. 420 ff., ferner übereinstimmend Riedner und Neumann; Planck nimmt an, daß die Anwendung der Art. 4 u. 32 auf die übrigen Reichsgesetze regelmäßig zu demselben Ergebnisse führen müsse wie in den durch Art. 33 entschiedenen Fällen.) Dies gilt auch für diejenigen Reichsgesetze, die durch das EG. in einzelnen Punkten abgeändert worden sind, vgl. Bem. 6, e zu § 1589.

α) Beispielsweise werden hienach die Vorschriften des BGB. über Verwandtschaft und Schwägerschaft Anwendung finden können in § 14 der Rechtsanwaltsordnung vom 1. Juli 1878, in den Unfallversicherungsgesetzen vom 30. Juni 1900 (vgl. z. B. § 18 des Gew.Unf.Vers.Ges.), auch beim RG. über die Gewerbegerichte vom 29. Juli 1890 in der Fassung vom 29. September 1901 § 26 (übereinstimmend Riedner a. a. O.); s. ferner auch § 16 Abs. 1 des RG. vom 6. Juli 1904 betr. Kaufmannsgerichte.

β) Dagegen wird z. B. insbes. der Begriff der angenommenen Kinder in früheren Reichsgesetzen nicht identifizirt werden dürfen mit den Normen des BGB. hierüber, vgl. P. VI, 562.

γ) Hinsichtlich des Gesetzes über die Erwerbung der Bundes- und Staatsangehörigkeit vgl. im Einzelnen Art. 41 EG. mit Bem.

δ) Aus den vorstehend entwickelten Grundsätzen und dem weiteren Umstande, daß Art. 34, der die nothwendigen Aenderungen des StGB.

durch das BGB. gesondert erbringen will, wird von der herrschenden Meinung mit Recht angenommen, daß für das Strafgesetzbuch (§§ 52 Abs. 2, 247, 173 Abs. 1, 370 Nr. 5) Art. 33 nicht gilt. (Vgl. Olshausen, Komm. z. StGB. 6. Aufl. Bem. 18 zu § 52 StGB., RGE. vom 8. November 1901 in D. Jur.Z. 1902 S. 177, RGE. in StS. Bd. 34 S. 421; übereinstimmend auch Riedner und Neumann zu Art. 33.) Die Auslegung ist also z. B. nicht gehindert, unter „Verwandten aufsteigender Linie" im Sinne des § 173 Abs. 1 StGB. wie bisher (vgl. Olshausen a. a. O. Bem. 2 zu § 173, RGE. in StS. Bd. 2 S. 239 ff., Rspr. d. Reichsger. in StS. Bd. 5 S. 613 ff.) auch den unehelichen Vater zu verstehen (vgl. P. VI, 564). Demgemäß muß (s. die Bem. 6, e zu § 1589) die uneheliche, noch nicht 18 Jahre alte Tochter des aus § 173 StGB. angeklagten Vaters, mit der sich derselbe vergangen hat, gegen ihren Vater als Zeugin aussagen und beeidigt werden; dies ergiebt sich aus der Ausgestaltung des § 51 Nr. 3 StPO. durch Art. 33 und der dadurch herbeigeführten Anwendung des § 1589 Abs. 2 BGB., während sie, falls sie mehr als 18 Jahre alt ist, nach § 173 Abs. 1 StGB. strafbar ist (gegen diese Divergenz zwischen materiellem und formellem Strafrechte wendet sich mit Recht K. Meyer, Recht 1903 S. 455 ff.).

Vgl. auch RGE., Recht 1903 S. 162 Nr. 911 über Schwägerschaftsverhältniß im Rahmen des Strafrechts.

ε) § 38 des RG. vom 6. Februar 1875 ist durch Art. 46 Abs. 2 Nr. I besonders aufgehoben worden.

b) Das Prinzip des Art. 33 EG. wird unbedenklich auf diejenigen Reichsgesetze ausgedehnt werden dürfen, die nach dem BGB. erlassen worden sind, so z. B. auf das Gesetz über die Angelegenheiten der FG. vom 17. Mai 1898, die Militärstrafgerichtsordnung vom 1. Dezember 1898, das Gesetz betr. Kinderarbeit in gewerblichen Betrieben vom 30. März 1903, da nicht angenommen werden kann, daß der Gesetzgeber, wenn er von civilrechtlichen, im BGB. besonders geregelten Begriffen ausgeht, hiemit einen von den Normen des BGB. abweichenden Sinn verbunden haben sollte; vgl. Bem. 6, b und 5, l zu § 1589, sowie Endemann II § 193 Note 12.

c) Das Gleiche muß regelmäßig für die nach dem BGB. erlassenen Landesgesetze angenommen werden (vgl. z. B. bayr. Not.G. vom 9. Juni 1899 Art. 15 Nr. 3).

d) Bezüglich der vor dem BGB. erlassenen Landesgesetze aber müssen im Einzelfalle, wie bei den bisherigen Reichsgesetzen, die Art. 32 und 4 EG. (vgl. oben) zur Anwendung in dieser Hinsicht kommen, sowie ferner auch Art. 55 EG. Speziell bezüglich der Gleichstellung der angenommenen Kinder mit ehelichen vgl. Bem. 1 a. E. zu § 1757 in Bd. IV und die dortigen Citate.

Die Ausführungsgesetze zum BGB. für Schwarzburg-Rudolstadt (Art. 148), Schwarzburg-Sondershausen (Art. 66 Abs. 2), für Reuß ä. L. (§ 120) und für Sachsen-Weimar (§ 194) haben die Vorschriften des BGB. über Verwandtschaft und Schwägerschaft auch auf die der Landesgesetzgebung vorbehaltenen Gebiete allgemein für anwendbar erklärt.

III. Die Begriffe Angehörige, Familienangehörige und Hinterbliebene, die sich in Reichsgesetzen allenthalben vorfinden (vgl. z. B. Gew.O. §§ 119, 123 Nr. 7, 124 Nr. 3, die Versicherungsgesetze, Reichsbeamtengesetz § 69, StGB. § 52, Bankdepotgesetz § 9 Abs. 3 ꝛc.), sind Sonderbegriffe, welche das BGB. selbst allgemein nicht geregelt hat; diese sind aus den Einzelbestimmungen jeweils zu schöpfen. Vgl. auch Einl. Ziff. 2 zu Bd. IV.

Art. 34.

Das Strafgesetzbuch wird dahin geändert:

I. Im § 34 Nr. 6 werden die Worte: „Vormund, Nebenvormund, Kurator, gerichtlicher Beistand oder Mitglied eines Familienraths" ersetzt durch die Worte:

„Vormund, Gegenvormund, Pfleger, Beistand der Mutter, Mitglied eines Familienraths oder Kurator.“

II. An die Stelle des § 55 treten folgende Vorschriften:

Wer bei Begehung der Handlung das zwölfte Lebensjahr nicht vollendet hat, kann wegen derselben nicht strafrechtlich verfolgt werden. Gegen denselben können jedoch nach Maßgabe der landesgesetzlichen Vorschriften die zur Besserung und Beaufsichtigung geeigneten Maßregeln getroffen werden. Die Unterbringung in eine Familie, Erziehungsanstalt oder Besserungsanstalt kann nur erfolgen, nachdem durch Beschluß des Vormundschaftsgerichts die Begehung der Handlung festgestellt und die Unterbringung für zulässig erklärt ist.

III. An die Stelle des § 65 treten folgende Vorschriften:

Der Verletzte, welcher das achtzehnte Lebensjahr vollendet hat, ist selbständig zu dem Antrage auf Bestrafung berechtigt. Solange er minderjährig ist, hat unabhängig von seiner eigenen Befugniß auch sein gesetzlicher Vertreter das Recht, den Antrag zu stellen.

Ist der Verletzte geschäftsunfähig oder hat er das achtzehnte Lebensjahr noch nicht vollendet, so ist sein gesetzlicher Vertreter der zur Stellung des Antrags Berechtigte.

IV. Als § 145 a wird folgende Vorschrift eingestellt:

Wer im Inlande Schuldverschreibungen auf den Inhaber, in denen die Zahlung einer bestimmten Geldsumme versprochen wird, ohne die erforderliche staatliche Genehmigung ausstellt und in Verkehr bringt, wird mit einer Geldstrafe bestraft, die dem fünften Theile des Nennwerths der ausgegebenen Schuldverschreibungen gleichkommen kann, mindestens aber dreihundert Mark beträgt.

V. Im § 171 Abs. 1 und Abs. 3 werden die Worte: „aufgelöst, für ungültig oder nichtig erklärt worden ist“, ersetzt durch die Worte:

„aufgelöst oder für nichtig erklärt worden ist“.

VI. An die Stelle des § 195 tritt folgende Vorschrift:

Ist eine Ehefrau beleidigt worden, so hat sowohl sie als ihr Ehemann das Recht, auf Bestrafung anzutragen.

VII. Im § 235 werden die Worte: „ihren Eltern oder ihrem Vormunde“ ersetzt durch die Worte:

„ihren Eltern, ihrem Vormunde oder ihrem Pfleger“.

VIII. Im § 237 werden die Worte: „ihrer Eltern oder ihres Vormundes“ ersetzt durch die Worte:

„ihrer Eltern, ihres Vormundes oder ihres Pflegers“.

IX. Im § 238 werden die Worte: „für ungültig erklärt worden ist“ ersetzt durch die Worte:

„für nichtig erklärt worden ist“.

E. I, 16; II, 8; III, 33.

Aenderungen des Strafgesetzbuchs:

Art. 34 stimmt mit dem Art. 16 des E. I nur theilweise überein. Er hat sowohl in der II. Komm., als auch noch in der Reichstagskommission Abänderungen erlitten (EM. 123 ff., P. IV, 633—635, VI, 568—577, 585; Reatz III, 14 ff., RTK. 434 und 435).

I. Allgemeines.

Das StGB. wendet in seinen Vorschriften viele Begriffe an, welche dem Zivilrecht entnommen sind. Im Allgemeinen wird für deren Inhalt und Erläuterung seit dem 1. Januar 1900 das BGB. maßgebend sein und zwar nach Maßgabe der Art. 4 und 32 dieses Gesetzes. Hier ist beispielsweise zu nennen der Begriff der Widerrechtlichkeit, soweit er jeweils aus den Normen des Civilrechts entnommen werden muß, vgl. z. B. die Frage der Widerrechtlichkeit einer Sachbeschädigung im Falle einer nunmehr durch das BGB. erlaubten und ausdrücklich zugelassenen Selbsthülfe (vgl. in dieser Hinsicht Bem. 4 zu § 904 im Bd. III). So sind z. B. auch die Begriffe des mittelbaren und unmittelbaren Besitzes, sowie der des Besitzdieners im Einzelfalle von Einfluß (vgl. z. B. Bem. I, 2, b zu § 935); auch der § 857 BGB. hat hier bezüglich der Qualifikation strafbarer Handlungen an Rücklaßsachen Einfluß geübt. Soweit dagegen das StGB. besondere Begriffe zu unmittelbaren Thatbestandsmomenten eines Einzelreates verwendet, muß im Einzelfalle die ursprüngliche Rechtsauffassung des StGB. als fortdauernd gelten. Beispielsweise dürfen die Begriffe Besitz und Gewahrsam als unmittelbare und besondere Thatbestandsmerkmale bei Diebstahl und Unterschlagung nicht durch die rein civilistischen Gesichtspunkte des BGB. hier abgeändert gelten (ein hierauf abzielender Antrag wurde in der II. Komm. ausdrücklich abgelehnt, s. RTK. 330 ff.). Vgl. in dieser Hinsicht Vorbem. VIII vor § 854, Olshausen Bem. 15 und 17, c zu § 242 und Bem. 9 zu § 246 StGB.

Ueber die Frage, ob und inwieweit bezüglich der Begriffe Verwandtschaft und Schwägerschaft die Normen des BGB. zu gelten haben, vgl. Bem. II, a, *d* zu Art. 33 EG. und Meyer K., Recht 1902 S. 455 ff.

Zum Ganzen vgl. Lobe, Einfluß des BGB. auf das Strafgesetzbuch (1898) und Schmidt in D. Jur.Z. 1900 S. 146, Der Einfluß des BGB. auf das Strafrecht.

Ueber Einfluß des BGB. und seiner Nebengesetze auf die landesgesetzlichen, insbesondere preußischen Strafgesetze s. Delius in D. Jur.Z. 1899 S. 494 ff. und vgl. hiezu auch Recht 1900 S. 414, D. Jur.Z. 1902 S. 203 und Bem. zu § 763 (Spielen in auswärtigen Lotterien).

Ueber fortdauernde Geltung des § 270 des preußischen Strafgesetzbuchs vgl. Jur. Wschr. 1902 S. 407 und Rspr. d. OLG. Bd. 5 S. 142, sowie D. Jur.Z. 1901 S. 24.

II. Die durch Art. 34 eingeführten Aenderungen im Einzelnen:

A. Ziff. I StGB. **§ 34 Nr. 6**:

Die bisherige Vorschrift lautete:

> Die Aberkennung der bürgerlichen Ehrenrechte bewirkt ferner die Unfähigkeit, während der im Urtheile bestimmten Zeit Vormund, Nebenvormund, Kurator, gerichtlicher Beistand oder Mitglied eines Familienraths zu sein, es sei denn, daß es sich um Verwandte absteigender Linie handele und die obervormundschaftliche Behörde oder der Familienrath die Genehmigung ertheile.

1. Die Aenderungen, welche diese Ziffer für den § 34 Nr. 6 des StGB. bringt, bestehen darin,

a) daß die Worte „gerichtlicher Beistand" gestrichen wurden, weil mit diesen Worten nur der Beistand des französischen Rechtes (nicht auch z. B. nach § 90 der CPO. oder nach StPO. § 149) habe getroffen werden wollen und durch das BGB. die Verbeistandung des französischen Rechtes und zwar gemäß Art. 211 auch schon für die Uebergangszeit beseitigt wird (Art. 156),
b) daß an Stelle der vorerwähnten Worte im Hinblick auf die §§ 1687 ff. des BGB. die Worte „Beistand der Mutter" gesetzt wurden,
c) daß das Wort „Nebenvormund" im Hinblick auf § 1792 des BGB. durch das Wort „Gegenvormund" ersetzt wurde, endlich
d) daß im Hinblick auf die §§ 1909 ff. des BGB. das Wort „Pfleger" Einschaltung fand (P. VI, 568 bis 571).

2. Das Wort „Kurator", mit welchem früher der „Pfleger" häufig bezeichnet wurde, blieb daneben stehen, weil hierunter nach früherem Sprachgebrauch auch andere Stellungen, z. B. jene des Konkursverwalters verstanden wurden (P. VI, 571); vgl. auch die alte CPO. §§ 220, 694 und das Reichsbeamtengesetz vom 31. März 1873 §§ 62, 64.

3. Nicht geändert wurde in StGB. § 34 der Ausdruck „Unfähigkeit, Zeuge (Nr. 5) oder Vormund rc. (Nr. 6) zu sein", obwohl nach den einschlägigen Vorschriften

(§§ 1318, 1781, 2237) des BGB. und des FG. § 173 mit der trotz StGB. § 34 erfolgten Aufstellung als Zeuge, Vormund u. s. w. eine Nichtigkeit der Aufstellung oder der unter ihrer Mitwirkung geschlossenen Rechtsgeschäfte nicht verbunden ist, da die angezogenen Bestimmungen des bürgerlichen Rechtes nur eine Sollvorschrift enthalten (vgl. P. VI, 570, 571). Ebenso Planck Bem. II, 1, c Abs. 3 und Neumann Bem. I, b; vgl. auch Bem. 4 zu § 1318 und Bem. 1, b zu § 1780 in Bd. IV, sowie Olshausen Bem. 7, a zu § 34 RStGB.

B. Ziff. II **StGB. § 55:**

Die bisherige Vorschrift lautete:

> Wer bei Begehung der Handlung das zwölfte Lebensjahr nicht vollendet hat, kann wegen derselben nicht strafrechtlich verfolgt werden.
>
> Gegen denselben können jedoch nach Maßgabe der landesgesetzlichen Vorschriften die zur Besserung und Beaufsichtigung geeigneten Maßregeln getroffen werden. Insbesondere kann die Unterbringung in eine Erziehungs- oder Besserungsanstalt erfolgen, nachdem durch Beschluß der Vormundschaftsbehörde die Begehung der Handlung festgestellt und die Unterbringung für zulässig erklärt ist.

1. Die Aenderungen des § 55 StGB. bestehen darin,
   a) daß der bisherige Abs. 2 mit Abs. 1 vereinigt wurde,
   b) daß der zweite Satz von Abs. 2 (nunmehr Satz 3 des § 55) eine Fassung fand, welche
      α) klar zum Ausdruck bringt, daß hierin der landesgesetzlichen Kompetenz, die der vorausgehende Satz statuirt, eine gewisse Schranke gezogen werden will, welche ferner
      β) als eine Neuerung im Hinblick auf § 1666 des BGB. die Ermöglichung der Unterbringung in einer Familie vorsieht, wobei endlich auch
      γ) im Einklange mit der Terminologie des BGB. das Wort „Vormundschaftsbehörde" durch das Wort „Vormundschaftsgericht" ersetzt wird (EM. 124 ff.).

2. Da es sich hier in Wahrheit um einen Vorbehalt zu Gunsten der Landesgesetzgebung im Sinne des IV. Abschnitts handelt, so wäre die Vorschrift vielleicht besser in den Art. 135 dieses Gesetzes aufgenommen worden. Ebenso Niedner Bem. II, b, γ, s. auch Olshausen Bem. 9 zu § 55 RStGB. Vgl. zum Ganzen ferner Bem. III zu BGB. § 1666.

3. Die Fassung der Ziff. II beruht auf einem Beschlusse der Reichstagskommission (RTK. 299, 434), welche hier den E. I wiederherstellte. In der II. Komm. war die Ziff. II gestrichen worden (P. IV, 633 ff., VI, 571, 572).

4. Von den landesgesetzlichen Vorschriften, welche schon vor dem BGB. auf Grund des § 55 des StGB. über die Unterbringung verwahrloster Kinder beziehungsweise deren Zwangserziehung erlassen wurden, führen die Motive (EM. S. 123)
   a) solche an, welche sich lediglich auf die Ausführung des § 55 beschränken, nämlich preuß. Ges. vom 13. März 1878 und 23. Juni 1884, sachsen-altenb. Ges. vom 20. März 1879 und mecklenburgisch-schwerinsche Verordnung vom 10. Oktober 1882, ferner
   b) solche, von welchen auch Kinder über zwölf Jahre oder solche Kinder betroffen werden, welche ohne die Voraussetzung einer von ihnen begangenen strafbaren Handlung sittlich verwahrlost oder der Verwahrlosung ausgesetzt sind, nämlich sächsisches Ges. vom 25. April 1873 § 5 (über das Volksschulwesen), württembergisches Ges. vom 27. Dezember 1871 Art. 12 (betr. Aenderungen des Polizeistrafrechts), braunschweigisches Ges. vom 22 Dezember 1870 § 1, anhaltisches Ges. vom 29. Dez. 1873 Art. 1, oldenburgisches Ges. vom 12. Februar 1880 Art. 1, 9; sachsen-weimarisches Ges. vom 9. Februar 1881 §§ 1, 17, lübeckisches Ges. vom 17. März 1884 § 1, badisches Ges. vom 4. Mai 1886 § 1, hessisches Ges. vom 11. Juni 1887.

Soweit die letzterwähnten Gesetze die Zulässigkeit der Anordnung der Zwangserziehung auf Kinder erstrecken, welche das zwölfte Lebensjahr zurückgelegt oder zwar das zwölfte Lebensjahr noch nicht zurückgelegt, aber eine strafbare Handlung nicht begangen haben, treten dieselben außer Kraft. Insoweit sind künftighin allein die Vorschriften des BGB. (§§ 1666, 1838) maßgebend (EM. 124).

5. Wird nach Maßgabe zulässiger landesgesetzlicher Vorschriften die Zwangserziehung verfügt, so haben sich selbstverständlich der Inhaber der elterlichen Gewalt

bezw. der Vormund des Kindes dem Beschlusse des Vormundschaftsgerichts in allen Stücken zu fügen. Andererseits verbleibt ihnen die Sorge für die Person des Kindes insoweit, als dieselbe bei der Vollziehung jenes Beschlusses noch möglich ist. In Betracht kommt in dieser Beziehung namentlich das Vertretungsrecht in den persönlichen Angelegenheiten und das Recht zur Beschwerde bei unangemessener Behandlung des Kindes (EM. 125).

6. Wegen der sonstigen für die Zwangserziehung in Betracht kommenden Vorschriften und Erwägungen vgl. die Bem. zu § 1666 im Einzelnen, sowie Art. 135 u. 136 EG. mit Bem.

C. Ziff. III **StGB. § 65.**

Die bisherige Vorschrift lautete:

Der Verletzte, welcher das achtzehnte Lebensjahr vollendet hat, ist selbstständig zu dem Antrage auf Bestrafung berechtigt.

Solange der Verletzte minderjährig ist, hat der gesetzliche Vertreter desselben, unabhängig von der eigenen Befugniß des Verletzten, das Recht, den Antrag zu stellen

Bei bevormundeten Geisteskranken und Taubstummen ist der Vormund der zur Stellung des Antrages Berechtigte.

1. Die Aenderungen, welche an § 65 StGB. getroffen werden, sind folgende

a) Der bisherige Abs. 2 wurde dem Abs. 1 als zweiter Satz einverleibt und im Uebrigen nur redaktionell geändert (und nicht etwa sachlich; übereinstimmend Bayr. Oberst. Landesgericht in Strafsachen Bd. 3 S. 251).

b) Der neue Abs. 2 weicht von dem bisherigen Abs. 3 darin ab, daß

α) die Taubstummen gestrichen werden. Dieselben erhalten künftig, sofern sie nicht wegen Minderjährigkeit unter elterlicher Gewalt oder unter Vormundschaft stehen oder wegen Geisteskrankheit entmündigt oder unter vorläufige Vormundschaft gestellt sind, nach Maßgabe des § 1910 des BGB. nur einen Pfleger. Sie sind vollständig geschäftsfähig und können selbst Strafantrag stellen. Vgl. Bem. 6 zu § 1910 BGB. Es kann dies aber im Namen des Taubstummen auch dessen Pfleger, wenn die Vertretungsmacht des letzteren soweit reicht. Letzteres ist immer dann der Fall, wenn die Pflegschaft nach BGB. § 1910 Abs. 1 bestellt wurde (vgl. Bem. 3, a zu § 1910); ist die Pflegschaft aber nach § 1910 Abs. 2 bestellt, so kommt es darauf an, ob die Pflegschaft für die betreffende Angelegenheit selbst oder für den einschlägigen Kreis von Angelegenheiten bestellt ist (vgl. Bem. 3, b zu § 1910). Uebereinstimmend Planck Bem. 3, d, Satz 3, wenn dessen Satz 2 a. a. O. „Ob sie (die Taubstummen) dazu (nämlich zur persönlichen Stellung des Strafantrags) im Stande sind, hängt davon ab, ob sie sich genügend verständigen können" richtig dahin zu verstehen ist, daß die Fähigkeit des Taubstummen, den Strafantrag persönlich zu stellen, das Recht des für den Taubstummen (mit seiner Zustimmung) bestellten Pflegers, in dessen Namen den Strafantrag zu stellen, nicht ausschließt. Ein praktisches Bedürfniß wird hier nicht fehlen. Man bedenke nur, daß, wie auch Planck unter Bem. 3 Abs. 1 hervorhebt, die Strafantragstellung für sehr viele Delikte Voraussetzung der Strafverfolgung ist, z. B. StGB. §§ 102—104, 123, 170, 172, 179, 182, 189, 194—196, 232, 236, 237, 247, 263, 288, 289, 292, 299, 300—303, 370 Nr. 5, 6, die RG. über die Urheberrechte vom 11. Juni 1870 § 27, vom 9. Januar 1876 § 16, vom 11. Januar 1876 § 14, über den Schutz a) der Photographien vom 10. Januar 1876 § 9, b) von Gebrauchsmustern vom 1. Juni 1891 § 10, c) der Waarenbezeichnungen vom 12. Mai 1894 § 15, ferner Patentgesetz vom 7. April 1891 § 36. Anderer Meinung Niedner Bem. III, b, β, welcher die Vertreter der beschränkt Geschäftsfähigen weder ausschließlich noch neben dem Verletzten für antragsberechtigt erklärt, wenn es sich nicht um eine gewillkürte Stellvertretung handelt. Niedner's Ansicht entspricht allerdings dem Wortlaute dieses Gesetzes, aber doch nicht dem BGB. § 1915 und wohl auch nicht dem Willen des Gesetzgebers. Denn aus P. VI, 574 (wonach dem Vormunde des vorläufig wegen Geisteskrankheit Entmündigten nicht das gleiche Recht zur Strafantragstellung verliehen wurde wie dem Vormunde des definitiv wegen Geisteskrankheit Entmündigten, weil „es während der vorübergehenden Dauer der Bevormundung genüge, wenn der

Vormund wie jeder andere Vertreter im Namen und aus dem eigenen Rechte des Bevormundeten einen etwaigen Strafantrag stellen könne") folgt doch wohl, daß letztere Befugniß für selbstverständlich gehalten wurde. Vgl. hiezu unten Bem. δ, Olshausen Bem. 16 zu § 65 StGB., der für analoge Ausdehnung überhaupt eintritt (z. B. auch für den Pfleger eines Abwesenden, einer Leibesfrucht 2c.) und übereinstimmend auch Binding, Handb. Bd. 1 S. 222, s. außerdem auch RGE. in StS. Bd. 34 S. 99 ff. und Bresler in D. Jur.Z. 1902 S. 173.

β) Im Uebrigen ist die Vorschrift des Abs. 2 (gegenüber dem bisherigen Abs. 3) auf alle Geschäftsunfähigen (s. BGB. § 104) und auf die (vom bisherigen Abs. 2 betroffenen) Minderjährigen welche das 18. Lebensjahr noch nicht vollendet haben, mit der Maßgabe erstreckt worden, daß an Stelle des „Vormunds" der „gesetzliche Vertreter" — d. i. der Inhaber der elterlichen Gewalt, der Vormund oder der Pfleger (M. IV, 1252) — tritt. Bei den Geschäftsunfähigen und den Minderjährigen, die das 18. Lebensjahr noch nicht vollendet haben, steht also nur dem gesetzlichen Vertreter das Antragsrecht in ausschließlicher Weise zu (vgl. auch Vorbem. II, 15 vor § 1631).

Das Recht aus § 65 steht fortab dem Vater nur mehr in seiner Eigenschaft als gesetzlicher Vertreter auf Grund seiner Vertretungsmacht zu; vgl. hiezu Liedtke in Jur. Wschr. 1902 S. 537, s. ferner auch Löwenstein in D. Jur.Z. 1902 S. 364 und 1904 S. 399 und in Jur. Wschr. 1905 S. 108 sowie Rheinstein in Jur. Wschr. 1902 S. 537 und 1904 S. 136 und Vorbem. II, 15 vor § 1631.

γ) Die Anträge, welche bezielten, dem gesetzlichen Vertreter einer jeden wegen Geschäftsfähigkeit beschränkten Person (s. § 114), also auch dem gesetzlichen Vertreter eines wegen Geistesschwäche, Verschwendung oder Trunksucht Entmündigten oder einer nach § 1906 des BGB. unter vorläufige Vormundschaft gestellten Person ebenfalls die Befugniß zu verleihen, unabhängig von der eigenen Befugniß des Verletzten, also kraft eigenen Rechtes, den Strafantrag zu stellen, wurden in der II. Komm. abgelehnt, s. P. VI, 569, 570, 572 ff. und vgl. unten ε.

δ) Hinsichtlich der (wegen Geisteskrankheit) unter vorläufige Vormundschaft Gestellten fand man es in der II. Komm., wie schon (s. oben α) bemerkt, für die vorübergehende Dauer der vorläufigen Bevormundung als genügend, wenn der Vormund wie jeder andere Vertreter im Namen und aus dem Rechte des Bevormundeten einen etwaigen Strafantrag stellen könne. (P. VI, 573.) Die ausschließliche Befugniß, an Stelle des unter vorläufige Vormundschaft gestellten Verletzten Strafantrag zu stellen, steht ihm also nicht zu. Vgl. die Bem. α am Ende, sowie RGE. in StS. Bd. 34 S. 98 ff.

ε) Ein selbständiges Antragsrecht hat hienach der Verletzte, wenn er das achtzehnte Lebensjahr vollendet hat (§ 18 Abs. 2 BGB.) und nicht geschäftsunfähig ist im Sinne des § 104 BGB. Dieses läuft dann neben dem des gesetzlichen Vertreters; vgl. Olshausen Bem. 9 zu § 65 StGB.

ζ) Zu beachten bleibt ferner, daß der gesetzliche Vertreter ein selbständiges Antragsrecht neben dem Verletzten nur hat, solange der Verletzte minderjährig ist. Es fällt demnach auch dann fort, wenn der Minderjährige für volljährig erklärt ist (vgl. Neumann Bem. III, c zu Art. 34).

η) An der bisherigen Auffassung, daß der Vater des getöteten Kindes noch zum Strafantrage trotz des Todes des Kindes berechtigt sei (vgl. RGE. in StS. Bd. 1 S. 29, Bd. 13 S. 115), ist durch Art. 34 nichts geändert worden, s. RGE. in StS. Bd. 35 S. 131.

2. Soweit der gesetzliche Vertreter nicht aus eigenem Rechte, sondern nur im Namen und aus dem Rechte des Vertretenen einen Strafantrag gestellt hat, kann in den Fällen, in welchen die Zurücknahme des Strafantrags zulässig ist, der Vertretene (z. B. ein Taubstummer) den Strafantrag ebenso zurücknehmen wie der Vertreter; vgl. hiezu auch Olshausen Bem. 21 zu § 65 StGB. und die dortigen Citate.

3. Wenn die Sorge für die Person und die Sorge für das Vermögen verschiedenen gesetzlichen Vertretern zusteht, so wird das Recht der Strafantragstellung in der Regel demjenigen Vertreter zustehen, der für die Person des Vertretenen zu sorgen hat (vgl. Vorbem. II, 15 vor § 1631). Es kann dieses Recht in besonderen Fällen aber auch demjenigen zustehen, der für das Vermögen oder für bestimmte Vermögenstheile zu sorgen hat. (Ebenso Planck Bem. 4.) In zweifelhaften Fällen wird das Vormundschaftsgericht den zuständigen Vertreter zu bestimmen haben; ebenso Niedner Bem. III, c. Vgl. zu diesen Fragen im Einzelnen auch Olshausen Bem. 6 und 20 zu § 65 StGB.

4. Ueber den Fall einer Interessenkollision, wenn der Gewalthaber oder eine der im § 1795 erwähnten Personen gegenüber dem Kinde eine nur auf Antrag verfolgbare strafbare Handlung begangen hat und der Gewalthaber sich weigert, Strafantrag zu stellen, vgl. im Einzelnen Bem. 6, d zu § 1630.

D. Ziff. IV: **StGB. § 145 a.**

Der neue § 145a StGB. wurde erst in der II. Komm. beschlossen. Er bildet eine Ergänzung zu § 795 BGB. und zugleich dessen Verstärkung hinsichtlich des daselbst ausgesprochenen Verbots einer Ausgabe von Inhaberpapieren ohne die erforderliche Genehmigung. Vgl. P. VI, 585.

a) Als Thatbestandsmerkmale sind (nach dem Vorbilde des Preuß. G., betr. das Verbot der Ausgabe von Inhaberpapieren ohne Königliche Genehmigung, vom 17. Juni 1833 § 5, und des Badischen Gesetzes vom 5. Juni 1860 § 5; vgl. auch Bayr. Ges. vom 18. März 1896 Art. 17 Abs. 2) kumulativ hingestellt das „ausstellen" und das „in Verkehr bringen". Im Einzelnen vgl. hiezu die Bem. 3 bei Olshausen, sowie Jacobi, Werthpapiere (Jena, 1901) S. 175.

b) Die Zuwiderhandlung gegen Bestimmungen, unter denen dem Aussteller die Genehmigung zur Ausgabe der Papiere ertheilt wurde, ist an sich nicht unter Strafe gestellt. Wenn es sich aber um solche bei der Genehmigung auferlegte Verpflichtungen handelt, welche vor der Ausgabe zu erfüllen sind, so hat deren Nichtbeachtung zur Folge, daß die Papiere ohne Genehmigung ausgegeben sind. In diesem Falle tritt also die Strafe des § 145a ein (vgl. P. VI, 584).

c) Das Delikt des § 145a ist gemäß § 1 Abs. 2 StGB. ein Vergehen, für welches nach § 74 Nr. 1 GVG. in der Fassung des Art. I der Novelle vom 17. Mai 1898 die Strafkammern als erkennende Gerichte ausschließlich zuständig sind.

d) Die einschlägigen landesgesetzlichen Strafvorschriften sind durch § 145a im Hinblick auf Reichs-Verfassung Art. 2, sowie EG. z. StGB. § 2 Abs. 1 außer Kraft getreten, vgl. Olshausen Bem. 1.

e) Eine weitere Regelung dieser Materie durch die Reichsgesetzgebung für einzelne Arten von Inhaberpapieren ist durch § 145a nicht gehemmt noch beseitigt; vgl. in dieser Beziehung das RG. vom 8. Juni 1871 §§ 1 u. 6, betr. die Inhaberpapiere mit Prämien; s. auch § 314 Nr. 4 u. 5 HGB. und Niedner Bem. IV, a zu Art. 34.

E. Ziff. V. **StGB. § 171.**

1. Die bisherige Vorschrift lautete:

Ein Ehegatte, welcher eine neue Ehe eingeht, bevor seine Ehe aufgelöst, für ungültig oder nichtig erklärt worden ist, ingleichen eine unverheirathete Person, welche mit einem Ehegatten, wissend, daß er verheirathet ist, eine Ehe eingeht, wird mit Zuchthaus bis zu fünf Jahren bestraft

Sind mildernde Umstände vorhanden, so tritt Gefängnißstrafe nicht unter sechs Monaten ein

Die Verjährung der Strafverfolgung beginnt mit dem Tage, an welchem eine der beiden Ehen aufgelöst, für ungültig oder nichtig erklärt worden ist.

2. Die Aenderung des Abs. 1 u. 3 des § 171 StGB. (Bigamie), welche Ziff. V bringt, besteht in der Streichung der Worte „für ungültig".

Das StGB. unterschied nämlich bisher im Anschluß an das Pers.Ges. vom 6. Februar 1875 je nach Beschaffenheit des Ehehindernisses (Hinschius, Komm. S. 122 Nr. 23) zwischen Ungültigkeits- und Nichtigkeitserklärung der Ehe. Da nach dem Sprachgebrauche des BGB. auch die anfechtbare Ehe auf erfolgte Anfechtung als von Anfang an nichtig anzusehen ist (BGB. § 1343) und sowohl das auf die Nichtigkeitsklage als das auf die Anfechtungsklage ergehende Urtheil die Ehe für nichtig erklärt, so wurde die Fassung des § 171 StGB. mit jener des BGB. in Einklang gebracht (vgl. P. VI, 545).

F. Ziff. VI **StGB. § 195.**

1. § 195 StGB. lautete bisher:

„Sind Ehefrauen oder unter väterlicher Gewalt stehende Kinder beleidigt worden, so haben sowohl die Beleidigten als deren Ehemänner und Väter das Recht, auf Bestrafung anzutragen."

2. Die neue Fassung dieses § 195 nach Maßgabe der Ziff. VI unterscheidet sich von der bisherigen namentlich dadurch, daß das selbständige Antragsrecht des Vaters für die unter seiner Gewalt stehenden Kinder hier gestrichen wurde, da die frühere Vorschrift insbes. im Hinblick auf § 1626 BGB. neben § 65 Abs. 2 in der n. F. (s. oben Bem. C) keinen Sinn mehr hatte (volljährige Kinder stehen jetzt nicht mehr unter elterlicher Gewalt). Das Antragsrecht des Vaters richtet sich jetzt ausschließlich nach jenem § 65 in n. F.; es steht ihm auch nur mehr als Inhaber der elterlichen Gewalt zu, vgl. oben Bem. C, 1, b, β und auch Olshausen zu § 195.

3. Zufolge Verweisung (vgl. Art. 4 EG.) in § 232 Abs. 3 StGB. gilt die Vorschrift nunmehr auch bei der Körperverletzung. Vgl. EM. 126 ff. u. P. VI, 570 u. 575.

G. Zu Ziff. VII und VIII.

1. Die bisherigen Vorschriften lauteten:

§ 235. Wer eine minderjährige Person durch List, Drohung oder Gewalt ihren Eltern oder ihrem Vormunde entzieht, wird mit Gefängniß und, wenn die Handlung in der Absicht geschieht, die Person zum Betteln oder zu gewinnsüchtigen oder unsittlichen Zwecken oder Beschäftigungen zu gebrauchen, mit Zuchthaus bis zu zehn Jahren bestraft.

§ 237. Wer eine minderjährige, unverehelichte Frauensperson mit ihrem Willen, jedoch ohne Einwilligung ihrer Eltern oder ihres Vormundes, entführt, um sie zur Unzucht oder zur Ehe zu bringen, wird mit Gefängniß bestraft.

Die Verfolgung tritt nur auf Antrag ein.

2. Die Aenderungen, welche diese beiden Ziffern hinsichtlich der §§ 235 und 237 StGB. bringen, bestehen darin, daß das Delikt des § 235 künftig auch dann gegeben ist, wenn die minderjährige Person „ihrem Pfleger" entzogen wird, und daß die Bestrafung aus § 237 StGB. auch eintreten kann, wenn die Entführung der minderjährigen unverehelichten Frauensperson ohne Einwilligung „ihres Pflegers" erfolgt.

3. Es kann aber nur ein solcher Pfleger in Betracht kommen, dem die Obhut der minderjährigen Person anvertraut ist, dem also die Sorge für die Person zusteht (BGB. §§ 1629, 1666, 1794, 1909), weil sonst von einer Entziehung der minderjährigen Person gegenüber dem Pfleger bezw. von einem Einwilligungsrechte desselben nicht gesprochen werden kann (P. VI, 570, 575, 576; vgl. auch EM. 127).

H. Zu Ziff. IX.

1. § 238 StGB. lautete bisher:

„Hat der Entführer die Entführte geheirathet, so findet die Verfolgung nur statt, nachdem die Ehe für **ungültig** erklärt worden ist."

2. Durch diese Ziff. IX wird das Wort „ungültig" aus demselben Grunde durch das Wort „nichtig" ersetzt, aus welchem in Ziff. V die dort vorgesehene Aenderung des § 171 StGB. verfügt wurde (P. VI, 545).

Art. 35.

Die Strafprozeßordnung wird dahin geändert:

I. Im § 11 Abs. 1 treten an die Stelle der Sätze 2, 3 folgende Vorschriften:

In Ermangelung eines solchen Wohnsitzes gilt die Hauptstadt des Heimathstaats als ihr Wohnsitz; ist die Hauptstadt in mehrere Gerichtsbezirke getheilt, so wird der als Wohnsitz geltende Bezirk von der Landesjustizverwaltung durch allgemeine Anordnung bestimmt. Gehört ein Deutscher einem Bundesstaate nicht an, so gilt als sein Wohnsitz die Stadt Berlin; ist die Stadt Berlin in mehrere Gerichtsbezirke getheilt, so wird der als Wohnsitz geltende Bezirk von dem Reichskanzler durch allgemeine Anordnung bestimmt.

II. An die Stelle des § 149 Abs. 2 tritt folgende Vorschrift:

Dasselbe gilt von dem gesetzlichen Vertreter eines Angeklagten.

E. I, 17; II, 9; III, 34.

Aenderungen der Strafprozeßordnung.

I. Allgemeines:

1. Die Strafprozeßordnung bot nur zu wenigen Aenderungen Anlaß. Es genügten hier die allgemeinen Vorschriften der Art. 32 und 4 EG. Bezüglich des Begriffs „gesetzlicher Stellvertreter", der in § 414 Abs. 3 StPO. vorkommt, war man sich darüber klar, daß hierin nur eine Verweisung auf das allgemeine bürgerliche Recht (im Sinne des Art. 4) vorliege und daß nunmehr im Hinblick auf die einschlägigen Vorschriften des BGB. namentlich auch der Pfleger eines Gebrechlichen und Abwesenden hiezu gehöre (§§ 1910, 1911 BGB.); die §§ 334, 480 StPO. hiegegen über die Einleitung einer Güterpflege bilden ein selbständiges Rechtsinstitut, das von den Normen des BGB. nicht geändert werden konnte, vgl. EM. 129.

2. Bezüglich der Begriffe Verwandtschaft und Schwägerschaft im Rahmen des Strafgesetzes s. Art. 33 mit Bem.

3. Dem Art. 17 des E. I entspricht nur die Ziff. II des Art. 35; die Ziff. I dieses Artikels wurde in der II. Komm. beschlossen und dadurch der Gleichlaut des § 11 StPO. mit § 15 CPO. und § 3 FG. herbeigeführt (EM. 128; P. VI, 577 ff.; Reatz III, 16 ff.; vgl. auch RTK. 331, 436.

II. Hinsichtlich der durch Art. 35 bewirkten Aenderungen der StPO. ist Folgendes im Einzelnen zu bemerken:

A. Zu Ziff. I.

1. Die bisherige Vorschrift lautete:

§ 11. Deutsche, welche das Recht der Exterritorialität genießen, sowie die im Ausland angestellten Beamten des Reichs oder eines Bundesstaates behalten in Ansehung des Gerichtsstandes den Wohnsitz, welchen sie in dem Heimathsstaate hatten. In Ermangelung eines solchen Wohnsitzes gilt die Hauptstadt des Heimathsstaates als ihr Wohnsitz. Ist die Hauptstadt in mehrere Gerichtsbezirke getheilt, so wird der als Wohnsitz geltende Bezirk im Wege der Justizverwaltung durch allgemeine Anordnung bestimmt.

Auf Wahlkonsuln finden diese Bestimmungen keine Anwendung.

Von diesem § 11 Abs. 1 StPO., der eine Erläuterung zu § 8 StPO. (Gerichtsstand des Wohnorts) enthält und über den Wohnsitz der Deutschen, welche das Recht der Exterritorialität genießen, sowie der im Ausland angestellten Beamten des Reiches oder eines Bundesstaats Vorschriften giebt, wurden Satz 2 und 3 in einen Satz mit zwei Halbsätzen zusammengezogen und in geringem Maße redaktionell geändert.

2. Die weitere Aenderung des § 11 Abs. 1 StPO. besteht in der Hinzufügung des letzten Satzes. Diese ist veranlaßt durch § 6 des RG. vom 19. März 1888, betr. die Rechtsverhältnisse der deutschen Schutzgebiete, nun § 9 des gleichnamigen Gesetzes vom 10. September 1900, weil hiernach — entgegen dem § 1 des RG. vom 1. Juni 1870 über den Erwerb und Verlust der Bundes- und Staatsangehörigkeit — jemand die Reichsangehörigkeit erwerben kann, ohne vorher das Indigenat in einem deutschen Bundesstaat erworben zu haben.

B. Zu Ziff. II.

1. Nach der bisherigen Vorschrift des § 149 Abs. 2 der StPO. sind Vater, Adoptivvater oder Vormund eines minderjährigen Angeklagten in der Hauptverhandlung als Beistand zuzulassen und auf ihr Verlangen zu hören.

Durch die Ziff. II des gegenwärtigen Artikels werden in § 149 Abs. 2

a) die Worte: „Vater, Adoptivvater oder Vormund" durch die Worte „gesetzlicher Vertreter" ersetzt und

b) das Wort „minderjährigen" gestrichen.

Als „gesetzlicher Vertreter" kommen nunmehr in Betracht (vgl. auch EM. 128):

α) Der Vater des Minderjährigen, solange und soweit ihm kraft elterlicher Gewalt die Vertretung des Minderjährigen zukommt. Letzteres Moment fehlt in den Fällen der §§ 1680, 1676—1678, 1666 BGB. (Verwirkung, Ruhen, Entziehung der elterlichen Gewalt); ob und inwieweit hier die Mutter oder ein Vormund bezw. Pfleger einzutreten hat, ist nach Maßgabe der §§ 1684, 1685, 1773 und 1909 BGB. zu entscheiden. Vgl. ferner auch § 1685 (thatsächliche Verhinderung des Vaters an der Ausübung der elterlichen Gewalt).

β) Die Mutter des Kindes nach dem Tode des Kindes und in den vorberührten Sonderfällen. Vgl. übrigens auch § 1686 BGB.

γ) Der Adoptivvater d. h. derjenige, welcher einen Anderen an Kindesstatt angenommen hat, f. § 1757 BGB. Hinsichtlich einer Frau vgl. § 1757 Abs. 1 BGB.; f. ferner auch § 1757 Abs. 2 BGB. (bezügl. eines von einem Ehepaare angenommenen Kindes).

δ) Hinsichtlich legitimirter Kinder f. §§ 1719, 1736 BGB.; bezügl. Kinder aus nichtiger Ehe f. §§ 1699—1702.

ε) Strittig ist, ob auch der Vormund eines Volljährigen als Beistand zugelassen werden dürfe (z. B. eines Verschwenders oder Trunksüchtigen). Von verschiedener Seite wird dies um deßwillen verneint, weil eine Vertretung, welche lediglich die Wahrnehmung vermögensrechtlicher Interessen bezwecke, für das Strafverfahren bedeutungslos sein müsse (so Löwe-Hellweg, Komm. z. StPO., Bem. 3 zu Abschnitt 11, Beneke-Beling, Strafprozeß S. 154 u. a.). Allein diesem Vormunde kommt doch auch, wenngleich beschränkt, eine Sorge für die Person des Mündels zu (vgl. §§ 1897, 1793, 1901), andererseits wird der hier vom Gesetze gewollte Schutz gleichfalls zu den die Person betreffenden Angelegenheiten zu rechnen sein (f. Bd. IV Vorbem. II vor § 163; übereinstimmend John, Strafprozeß Bd. I S. 971, Binding S. 235 und Planck in Bem. 2 zu Art. 35).

ζ) Auch ein Pfleger ist als Beistand zuzulassen, soweit sein Wirkungskreis die hier maßgebende persönliche Angelegenheit mitumschließt, vgl. §§ 1909, 1910, 1915 BGB. Die Fälle der §§ 1911—1914 müssen aber hier selbstverständlich ausscheiden (übereinstimmend Planck a. a. O.).

2. Ueber die Befugnisse des gesetzlichen Vertreters sind im Einzelnen die §§ 137, 140, 149, 268, 340 RStPO. zu vergleichen. (Ueber die Frage, ob für den im Deutschen Reiche in ein Strafverfahren verwickelten Ausländer, der zwar über 21 Jahre alt, jedoch nach den Gesetzen seines Heimathsstaates noch nicht volljährig ist, dessen gesetzlicher Vertreter gemäß § 340 StPO. selbständig ein Rechtsmittel einlegen kann, vgl. Wagner, Recht 1903 S. 99, 100.)

Für den Ehemann der beschuldigten Frau treffen nur die §§ 149, 340, 405 RStPO. zu (nicht aber §§ 137, 140), vgl. Löwe-Hellweg in Bem. 4 zum 11. Abschnitt der StPO.

Art. 36.

Die Gewerbeordnung wird dahin abgeändert:

I. Der § 11 Abs. 2 fällt weg; als § 11a werden folgende Vorschriften eingestellt:

Betreibt eine Ehefrau, für deren güterrechtliche Verhältnisse ausländische Gesetze maßgebend sind, im Inlande selbständig ein Gewerbe, so ist es auf ihre Geschäftsfähigkeit in Angelegenheiten des Gewerbes ohne Einfluß, daß sie Ehefrau ist.

Soweit die Frau in Folge des Güterstandes in der Verfügung über ihr Vermögen beschränkt ist, finden die Vorschriften des § 1405 des Bürgerlichen Gesetzbuchs Anwendung. Hat die Frau ihren Wohnsitz nicht im Inlande, so ist der Einspruch des Mannes gegen den Betrieb des Gewerbes und der Widerruf der ertheilten Einwilligung in das Güterrechtsregister des Bezirks einzutragen, in welchem das Gewerbe betrieben wird.

Betreibt die Frau das Gewerbe mit Einwilligung des Mannes oder gilt die Einwilligung nach § 1405 Abs. 2 des Bürgerlichen

Gesetzbuchs als ertheilt, so haftet für die Verbindlichkeiten der Frau aus dem Gewerbebetriebe ihr Vermögen ohne Rücksicht auf die dem Manne kraft des Güterstandes zustehenden Rechte; im Falle des Bestehens einer ehelichen Gütergemeinschaft haftet auch das gemeinschaftliche Vermögen.

II. Im § 107 Abs. 1 werden

1. im Satz 4 die Worte: „an den Vater oder Vormund, sofern diese es verlangen", ersetzt durch die Worte:

„an den gesetzlichen Vertreter, sofern dieser es verlangt",

2. im Satz 5 an die Worte: „an die Mutter" ersetzt durch die Worte:

„an die zur gesetzlichen Vertretung nicht berechtigte Mutter".

III. Im § 108 treten an die Stelle des Satz 2 folgende Vorschriften:

Die Ausstellung erfolgt auf Antrag oder mit Zustimmung des gesetzlichen Vertreters. Ist die Erklärung des gesetzlichen Vertreters nicht zu beschaffen oder verweigert dieser die Zustimmung ohne genügenden Grund und zum Nachtheile des Arbeiters, so kann die Gemeindebehörde die Zustimmung ergänzen.

IV. Im § 110 Abs. 1 werden die Worte: „seines Vaters oder Vormunds" ersetzt durch die Worte:

„seines gesetzlichen Vertreters".

V. Im § 113 tritt an die Stelle des Abs. 4 folgende Vorschrift:

Ist der Arbeiter minderjährig, so kann das Zeugniß von dem gesetzlichen Vertreter gefordert werden. Dieser kann verlangen, daß das Zeugniß an ihn, nicht an den Minderjährigen ausgehändigt werde. Mit Genehmigung der Gemeindebehörde des in § 108 bezeichneten Ortes kann auch gegen den Willen des gesetzlichen Vertreters die Aushändigung unmittelbar an den Arbeiter erfolgen.

VI. Im § 131 Abs. 1 Satz 1 werden die Worte: „von dem Vater oder Vormunde" ersetzt durch die Worte:

„von dem gesetzlichen Vertreter".

VII. Im § 133 Abs. 2 Satz 1 werden die Worte: „der Vater des Lehrlings" ersetzt durch die Worte:

„der Vater des Lehrlings, sofern er die Sorge für die Person des Lehrlings hat,".

E. I, 18; II, 10; III, 35.

Aenderungen der Gewerbeordnung.

I. Allgemeines:

1. Im Allgemeinen müssen bezüglich der Einwirkung des BGB. auf die Gew.O. die Vorschriften der Art. 4 und 32 EG. gelten, sowie auch Art. 55.

a) Gerade aus dem Umstande, daß die Normen des BGB. als ergänzendes Privatrecht an Stelle des bisherigen Landesrechts treten, ergiebt sich eine reiche Anzahl von Aenderungen der Gew.O., insbesondere im VII. Titel dieser. Hinzuweisen ist z. B. in diesem Zusammenhang auf den Einfluß der §§ 394 und 400 BGB. (Aufrechnungsverbot, Unpfändbarkeit) auf § 115 Gew.O., sowie auf die Frage der Zulässigkeit des Zurückbehaltungsrechts;

vgl. in dieser Hinsicht die Bem. zu §§ 394, 400, ferner Bem. II, 1 und V, i zu § 611, sowie Sigel, der gewerbliche Arbeitsvertrag S. 102 ff., Lotmar, Arbeitsvertrag S. 430 ff., von Landmann-Rohmer und Schicker zu § 115 Gew.O., Sinzheimer, Lohn und Aufrechnung; ferner wirkt § 618 BGB. auf § 120 a, c, d, e Gew.O. ein (vgl. Bem. zu § 618), sowie außerdem die §§ 612—630 auf die Abschnitte II, III, a und IV im VII. Titel der Gew.O. Vgl. Neukamp, Verhältniß des BGB. zur Gew.O., im Verwaltungsarchiv Bd. 5 S. 209 ff., insbesondere S. 225 und 227, vgl. hiezu auch Gruchot, Beitr. Bd. 42 S. 192, 193, sowie ferner Sigel a. a. O. S. 11 ff.

b) Soweit die Gew.O. aber Vorschriften öffentlich rechtlicher Natur enthält, werden diese durch das BGB. an sich nicht alterirt, soweit sich nicht etwa aus dessen Inhalt im Einzelnen ausdrücklich das Gegentheil ergiebt. Vgl. Neukamp a. a. O.

c) Besonders interessirt hier natürlich das Verhältniß des bürgerlichen Dienstvertrags zum gewerblichen Dienstvertrag. Im Allgemeinen ist zu sagen, daß die Sondervorschriften der Gew.O. hierüber insoweit in Kraft bleiben müssen, als sie Gegenstände behandeln, die das BGB. im Titel über den Dienstvertrag regelt; anderentheils können die Vorschriften des BGB. über den Dienstvertrag auf den gewerblichen Dienstvertrag nur insoweit Anwendung finden, als sich aus dem Inhalt und Sinne der Einzelbestimmungen der Gew.O. Regeln nicht aufstellen lassen. Eine eingehende Untersuchung hierüber hat angestellt v. Schulz-Schalhorn im Gewerbegericht Bd. 4 S. 7 und Soziale Praxis Bd. 10 S. 8 ff., vgl. den in Neumanns Jahrbuch Bd. II, 1 S. 326 gegebenen Auszug, s. ferner Sigel, der gewerbliche Arbeitsvertrag nach dem BGB. 1903 S. 1 ff. und S. 11 ff., die Bem. zu §§ 611 ff., in diesem Kommentar Bd. II, b; vgl. auch Baum, Handbuch der Gewerbegerichte S. 119 ff., Staub Anm. 1 zu § 66 HGB., Crome, System Bd. I § 9, Endemann I § 173 Note 23.

Bezüglich des Verhältnisses des § 133 c Abs. 2 Gew.O. speziell zu § 616 BGB. vgl. Bem. I, b zu § 616 und die dortselbst angegebene Literatur; bezüglich des Wechselverhältnisses zwischen § 626 BGB. und §§ 123—124 a Gew.O. s. Bem. III, 1 zu § 626, Lotmar a. a. O. S. 544 ff., Sigel a. a. O. S. 11.

d) Hinsichtlich der Begriffe Angehörige, Familienangehörige, Hinterbliebene xc. vgl. Bem. III zu Art. 33.

e) Ueber das Verhältniß des bürgerlichen Rechtes und dessen Einschränkung durch § 26 Gew.O. (obrigkeitlich genehmigte Anlagen) vgl. Bem. 5, b zu § 1003 in Bd. III, sowie auch Linkelmann, Zwei Fragen aus dem Gebiete des Schadensersatzrechts, im Arch. f. bürgerl. Recht Bd. 24 (1904) S. 238 ff.

2. Weitere Aenderungen der Gew.O. — abgesehen von Art. 36 — brachten:

a) das EG. z. HGB. Art. 9 (Neueinstellung von §§ 15 a und 133 f, sowie Zusatz zu § 148);

b) das Gesetz vom 6. August 1896 (RGBl. S. 685 ff.; betrifft insbes. den Gewerbebetrieb im Umherziehen);

c) das Gesetz vom 26. Juli 1897 (RGBl. S. 663 ff.), die sog. Handwerkernovelle (Innungswesen, Handwerkskammern, Lehrlingsverhältnisse, Meistertitel xc.);

d) das Gesetz vom 30. Juni 1900 (RGBl. S. 321), betr. insbes. Arbeitsverhältnisse).

Durch Art. 17 letzter Nov. wurde zugleich eine Neutextirung der Gew.O. ermöglicht, die unterm 26. Juli 1900 (RGBl. S. 871 ff.) erfolgte.

II. Entstehung. Die Aenderungen, welche Art. 36 an der Gewerbeordnung trifft, stimmen nur theilweise mit jenen überein, welche im E. I vorgeschlagen wurden; die Streichung des Abs. 2 vom § 11, der neue § 11 a, die Aenderungen des § 107 Abs. 1, § 110 Abs. 1, § 113 Abs. 4 wurden erst in der II. Komm. beschlossen, und von der in Ziff. III des Art. 36 vorgesehenen Aenderung des § 108 ist der letzte Satz einem Beschlusse der Reichstagskommission zu verdanken. Die im E. I vorgeschlagene Aenderung von Abs. 2 und 3 des § 137 war schon durch die Novelle vom 1. Juni 1891 gegenstandslos geworden (EM. 129 ff.; P. VI, 579—587, 600; Reatz III, 17; RTK. 440 d S. 6).

III. Hinsichtlich dieser Aenderungen ist im Einzelnen Folgendes hervorzuheben:

A. Zu Ziff. I.

1. Die Streichung des Abs. 2 von § 11 Gew.O., der für die selbständig ein Gewerbe treibenden Frauen die Beschränkungen der Handlungs- und Prozeßfähigkeit, aber auch die weiblichen Rechtswohlthaten beseitigte, ist eine Konsequenz des Art. 32 dieses

Gesetzes, da künftighin die einschlägigen Bestimmungen des BGB., insbesondere dessen §§ 1405 und 1399 an seine Stelle treten.

a) Gerade aus § 1399 BGB. ergiebt sich, daß sich die Ehefrau selbständig ohne Zustimmung des Ehemanns durch Rechtsgeschäfte verpflichten kann. Uebereinstimmend hiemit bestimmt auch CPO. § 52 Abs. 2, daß die Prozeßfähigkeit einer Frau dadurch, daß sie Ehefrau ist, nicht beschränkt wird. Der frühere Art. 7 des alten HGB. ist stillschweigend beseitigt.

b) Eine besondere Genehmigung des Ehemanns speziell zum Gewerbebetriebe der Ehefrau selbst ist daher auch nach BGB. grundsätzlich nicht erforderlich. Soweit freilich durch den Betrieb des Erwerbsgeschäfts das gemeinschaftliche eheliche Leben der Ehegatten berührt, insbesondere die Frau ihren aus §§ 1353 Abs. 1 und 1356 sich ergebenden Verpflichtungen entzogen wird, kann ihr der Mann den Fortbetrieb untersagen. (Ueber Geltendmachung dieses Verbietungsrechts s. Bem. 7 zu § 1354.) Wenn sich jedoch die Untersagung des Mannes als ein Mißbrauch seines Rechtes darstellt (vgl. Bem. 4 zu § 1354), so ist die Frau nicht gehalten, der Untersagung Folge zu geben.

Dritten gegenüber ist das Verbot des Mannes wirkungslos.

Wenn Leistungen der Frau hiebei in Frage stehen, die von dieser in Person zu bewirken sind, so hat der Mann außerdem auch das Kündigungsrecht nach Maßgabe des § 1358.

Vgl. hiezu insbesondere Bem. 3, b zu § 1354 und die dort angeführte Literatur.

c) Für die Uebergangsperiode greift der Art. 200 dieses Gesetzes ein.

d) Hinsichtlich der dem ausländischen Rechte unterliegenden Gewerbefrauen, welche im Inlande selbständig ein Gewerbe betreiben, giebt Art. 11 a neue Vorschriften (P. VI, 579 ff., 600). Vgl. unten 2.

e) Vgl. zum Ganzen auch die Allgemeine Einleitung bei Staub Komm. z. HGB. Anm. 65, 100 und 101, die eine sehr gute allgemeine Orientirung beschaffen.

2. Die Aufstellung des neuen Artikel 11 a der Gew.O. hat ihren Grund darin, daß hinsichtlich einer im Inlande selbständig ein Gewerbe treibenden Ehefrau, für deren güterrechtliche Verhältnisse ausländische Gesetze maßgebend sind, zwar schon nach der Vorschrift des Art. 7 Abs. 3 ein von ihr im Inlande vorgenommenes Rechtsgeschäft, für das sie nach den Gesetzen des Staates, dem sie angehört, geschäftsunfähig oder in der Geschäftsfähigkeit beschränkt ist, Gültigkeit hat, wenn die Frau nach den deutschen Gesetzen geschäftsfähig sein würde, daß aber die sekundären Wirkungen, die sich aus der Geschäftsfähigkeit der Frau insbesondere für ihre güterrechtlichen Verhältnisse ergäben, nicht ohne Weiteres nach deutschen Gesetzen zu beurtheilen seien (vgl. P. VI, 579, 580). Vgl. auch Vorbem. V vor § 1353. Der ganze § 11 a befaßt sich also, wie hervorzuheben ist, mit solchen Ehefrauen, bezüglich deren Güterstand an sich ausländische Gesetze Geltung haben; er verfolgt die allgemeine Tendenz, im Interesse der Sicherheit des inländischen Verkehrs solche Ehefrauen in rechtlicher Beziehung den Gewerbefrauen mit inländischem Güterstande möglichst gleichzustellen (vgl. auch Landmann-Rohmer Komm. zu § 11 a Gew.O.).

3. Im Einzelnen ist noch Folgendes zu bemerken:

a) § 11 a findet Anwendung, wenn auch die im Inlande selbständig ein Gewerbe treibende Ehefrau ihren Wohnsitz im Auslande hat oder bei inländischem Wohnsitze sich ihr ausländisches Güterrecht durch Eintragung in das Güterrechtsregister sichert.

b) Der Abs. 1 wiederholt für die Geschäftsfähigkeit einer Ehefrau die Vorschrift des Art. 7 Abs. 3 Satz 1, einerseits unter der Beschränkung auf Angelegenheiten des Gewerbes, andererseits ohne die Ausnahmebestimmung des Satzes 2 von Art. 7 Abs. 3.

c) Nach dem BGB. gibt es Beschränkungen einer Ehefrau in der Verfügung über ihr Vermögen in Folge des Güterstandes, vgl. §§ 1367, 1405, 1411 ff., 1427 Abs. 2, 1452, 1459, 1462, 1519, 1524 Abs. 1, 1525 Abs. 2, 1526 Abs. 3, 1533, 1549; s. auch § 1585 Abs. 1, 1352; vgl. ferner auch CPO. §§ 741, 774 und Bem. 3, b zu § 1354.

α) Diese Beschränkungen bestehen darin, daß die Frau zu Rechtsgeschäften und Rechtsstreitigkeiten unter gewissen Voraussetzungen der Zustimmung des Mannes oder des Vormundschaftsgerichts bedarf. Nach § 1405 mit §§ 1452, 1519, 1525, 1549, 1550 BGB. fallen diese Beschränkungen weg hinsichtlich solcher Rechtsgeschäfte und Rechtsstreitigkeiten einer Ehefrau, die der selbständige Betrieb eines Erwerbsgeschäfts seitens der Frau mit sich bringt, zu dem der Mann entweder seine Einwilligung gegeben hat, oder der sich wenigstens mit Wissen und ohne Einspruch des Mannes vollzieht. Der Einspruch des Mannes gegen den selbständigen Betrieb des Erwerbsgeschäfts seitens der Frau oder der Widerruf einer ertheilten Einwilligung sind nach § 1405 Abs. 3 mit § 1435 BGB. nur wirksam, wenn sie zur Zeit der Vornahme des Rechtsgeschäfts bezw. zur Zeit des Eintritts der Rechtshängigkeit im Güterrechtsregister des zuständigen Amtsgerichts eingetragen oder dem Dritten bekannt waren.

β) Satz 1 von Abs. 2 des § 11 a erstreckt die letzteren Grundsätze auch auf die nach einem ausländischen Güterrechte lebenden Ehefrauen, mag nun das ausländische Güterrecht ähnliche oder andere (sonst nach Art. 15 u. 16 zu beurtheilende) Beschränkungen der Verfügungsfähigkeit der Ehefrau aufstellen als das BGB.

d) Satz 2 von Abs. 2 des § 11 a (vgl. Bd. IV S. 504, Vorbem. 5, a, δ vor § 1558) statuirt von den Vorschriften des § 1405 BGB. mit § 1435 daselbst die wohlbegründete Abweichung, daß der Einspruch des Mannes und der Widerruf der ertheilten Einwilligung in das Güterrechtsregister des Bezirks einzutragen ist, in welchem das Gewerbe betrieben wird, nicht in jenes des Wohnsitzes. Diese Abweichung gilt jedoch nur für den Fall, daß die Frau ihren Wohnsitz nicht im Inlande hat; domizilirt sie im Inlande, so bewendet es bei der Vorschrift des § 1435.

Wenn der Frau Kaufmannseigenschaft zukommt, so findet auf sie Art. 4 EG. z. HGB. Anwendung (vgl. Landmann-Rohmer Bem. 3, e zu § 11 Gew.O.).

e) Abs. 3 von § 11 a (Haftung für Geschäftsschulden) entspricht den Vorschriften der §§ 1411 ff., 1459 ff., 1525, 1530 ff., 1549 u. 1550 BGB.; das BGB. geht nur insofern weiter, als, wenn eine eheliche Gütergemeinschaft besteht, der Ehemann persönlich für die Schulden aus dem von ihm genehmigten Gewerbebetriebe seiner Ehefrau haften muß (vgl. §§ 1459, 1452 BGB.).

B. Zu Ziff. II—VI. Die Aenderungen, welche diese Ziffern in § 107 Abs. 1, § 108 Satz 2, § 110 Abs. 1, § 113 Abs. 4 und § 131 Abs. 1 Satz 1 Gew.O. bringen, sind folgende:

a) Die Worte „Vater oder Vormund" sind durch die Worte „gesetzlicher Vertreter" aus gleichen Gründen ersetzt, aus welchen diese Ersetzung nach Art. 35 Abs. II dieses Gesetzes im § 149 Abs. 2 der StPO. geschah. (Vgl. oben die Bem. hiezu und EM. 130 u. 131, sowie P. VI, 583.)

b) In Satz 5 von § 107 Abs. 1 Gew.O. wurden zwischen die Worte: „an die — Mutter" die Worte: „zur gesetzlichen Vertretung nicht berechtigte" aus dem Grunde eingeschaltet, weil dann, wenn die Mutter die gesetzliche Vertreterin des minderjährigen Kindes ist, die Aushändigung des Arbeitsbuches an sie schon nach der neuen Fassung von Satz 4 des § 107 Abs. 1 Gew.O. erfolgen muß

c) Der zweite Satz der in der Reichstagskommission beschlossenen Ersatzbestimmung für den bisherigen Satz 2 des § 108 Gew.O. hat den Zweck und die Wirkung, daß die Gemeindebehörde die nöthige Zustimmung des gesetzlichen Vertreters einer minderjährigen Person zur Ausstellung eines Arbeitsbuchs, welche nicht beschafft werden kann oder ohne genügenden Grund und zum Nachtheile des Arbeiters verweigert wird, auch dann ergänzen kann, wenn der gesetzliche Vertreter des Minderjährigen nicht der Inhaber der elterlichen Gewalt, sondern ein Vormund oder Pfleger ist; es ist also um die Ergänzung einer solchen Zustimmung nicht das Vormundschaftsgericht anzugehen (RTK. 440 d S. 6).

C. Zu Ziff. VII. Die Bedingung, von welcher durch die in dieser Ziffer getroffene Aenderung des § 133 Abs. 2 Satz 1 GewO. die Haftung des Vaters für die an den Lehrherrn bei unbefugtem Verlassen der Lehre seitens des Lehrlings zu zahlende Entschädigung abhängig gemacht wird, ist (nach den EM. S. 131) deßhalb aufgestellt worden, weil

a) die selbstschuldnerische Haftung des Vaters des Lehrlings bezweckt, darauf hinzuwirken, daß der Vater vermöge seines Erziehungsrechts den Lehrling zur Rückkehr in die Lehre veranlasse, sowie zu verhindern, daß der Vater unter Mißbrauch des Erziehungsrechts den Lehrling zum Verlassen der Lehre verleite oder doch in seinem Vorhaben unterstütze, und weil

b) dieser Gesichtspunkt nothwendig mit sich bringt, daß der Vater nur dann haften darf, wenn er wirklich das Erziehungsrecht, mithin die thatsächliche Sorge für die Person des Lehrlings hat, nicht aber auch dann, wenn ihm die Sorge für die Person des Lehrlings (nach Maßgabe der §§ 1666, 1680, 1684, 1685 BGB.) nicht zusteht.

Die Haftung der Mutter des Lehrlings ist auch dann nicht begründet, wenn ihr die Sorge für die Person desselben zusteht.

c) Hinzuweisen ist hier ferner darauf, daß durch Art. 2 des Ges. betr. Abänderung der Gew.O. vom 26. Juli 1897 der frühere § 133 die Bezeichnung 127 e, der frühere § 133 die Bezeichnung 127 g erhalten hat.

Art. 37.

Der § 2 des Gesetzes über die Freizügigkeit vom 1. November 1867 (Bundes-Gesetzbl. S. 55) wird dahin geändert:

Wer die aus der Reichsangehörigkeit folgenden Befugnisse in Anspruch nimmt, hat auf Verlangen den Nachweis seiner Reichsangehörigkeit und, sofern er unter elterlicher Gewalt oder unter Vormundschaft steht, den Nachweis der Genehmigung des gesetzlichen Vertreters zu erbringen.

Eine Ehefrau bedarf der Genehmigung des Ehemanns.

E. I, 19; II, 11; III, 36

1. Art. 37 stimmt wörtlich mit Art. 19 von E. I überein (EM. 131 ff., P. VI, 584, Reatz III, 21).

2. Bisher lautete der § 2 des Freizügigkeitsgesetzes folgendermaßen:

„Wer die aus der Bundesangehörigkeit folgenden Befugnisse in Anspruch nimmt, hat auf Verlangen den Nachweis seiner Bundesangehörigkeit und, sofern er unselbständig ist, den Nachweis der Genehmigung desjenigen, unter dessen (väterlicher, vormundschaftlicher oder ehelicher) Gewalt er steht, zu erbringen."

Die durch Art. 37 getroffenen Aenderungen sind also folgende:

a) Das Wort „Bundesangehörigkeit" ist mit dem Worte „Reichsangehörigkeit" vertauscht und diese Vertauschung durch die gegenwärtigen Verhältnisse gerechtfertigt.

b) Die Worte „unselbständig ist" sind durch die Worte: „unter elterlicher Gewalt oder Vormundschaft steht" und die Worte „desjenigen, unter dessen . . . . . er steht" durch die Worte: „des gesetzlichen Vertreters" ersetzt.

Die Gründe hiefür liegen darin, daß das BGB. von einer ehelichen Gewalt überhaupt nicht mehr spricht, daß den unselbständigen Personen im Sinne des Freizügigkeitsgesetzes diejenigen Personen entsprechen, welche im Sinne des BGB. unter elterlicher Gewalt oder Vormundschaft stehen, und daß der Gewalthaber einer unselbständigen Person im Sinne des BGB. der gesetzliche Vertreter derselben, also z. B. auch die Mutter ist, wenn ihr die elterliche Gewalt zusteht.

c) Der neue Abs. 2 des § 2 des Freizügigkeitsgesetzes ist aus dessen bisherigem einzigen Absatz herausgehoben und so, wie geschehen, gefaßt worden, weil, wie schon unter b erwähnt, das BGB. von einer ehelichen Gewalt nicht mehr spricht, und weil die in diesem Abs. 2 erforderte Genehmigung des Mannes dem in § 1354 BGB. aufgestellten Rechte des Mannes entspricht.

Steht die Ehefrau noch unter elterlicher Gewalt oder unter Vormundschaft (BGB. §§ 1633, 1800; vgl. § 1354), so ist neben der Genehmigung des Ehemanns auch die Genehmigung ihres gesetzlichen Vertreters erforderlich (EM. 132).

3. Aus der Rechtsprechung vgl. RGE. Bd. 43 S. 206.

Art. 38.

Das Gesetz, betreffend die Organisation der Bundeskonsulate, sowie die Amtsrechte und Pflichten der Bundeskonsuln, vom 8. November 1867 (Bundes-Gesetzbl. S. 137) wird dahin ergänzt:

I. Der § 16 erhält folgenden Abs. 2:

Einem Wahlkonsul steht in Ansehung der Errichtung einer Verfügung von Todeswegen das im Abs. 1 bezeichnete Recht der Notare nur dann zu, wenn das Recht ihm von dem Reichskanzler besonders beigelegt ist.

II. Als § 17a wird folgende Vorschrift eingestellt:

Auf die Errichtung einer Verfügung von Todeswegen finden nicht die Vorschriften des § 17, sondern die Vorschriften des Bürgerlichen Gesetzbuchs Anwendung.

E. I, 20; II, 12; III, 37.

1. Art. 38 unterscheidet sich von Art. 20 des E. I nur durch geringe redaktionelle Aenderungen (EM. 132 ff.; P. VI, 581; Reatz III, 21).

2. Art. 38 bringt hinsichtlich der Zuständigkeit zur Errichtung einer Verfügung von Todeswegen durch die Reichskonsuln sowie hinsichtlich der Formvorschriften für die vor einem Reichskonsul errichteten letztwilligen Verfügungen Aenderungen an den §§ 16 und 17 des Bundeskonsulatsgesetzes.

A. Zu Ziff. I. a) Der hier eingefügte neue Abs. 2 des § 16 schränkt die Zuständigkeit der Reichskonsuln zur Errichtung letztwilliger Verfügungen auf die Berufskonsuln und jene Wahlkonsuln ein, welchen der Reichskanzler diese Zuständigkeit besonders beilegt (M. V, 288; EM. 132). Dies geschah mit Rücksicht auf die zur Testamentserrichtung erforderliche Rechtskenntniß.

b) Nach § 2231 Nr. 1 des BGB. kann ein öffentliches Testament vor einem Richter oder Notar errichtet werden. Die Beschränkung dieser Zuständigkeit nur auf Richter oder nur auf Notare, welche nach Art. 141 dieses Gesetzes für die einzelnen Bundesstaaten landesgesetzlich zugelassen ist, kann nicht bewirken, daß in Bundesstaaten, in welchen Notare letztwillige Verfügungen nicht errichten dürfen, den von einem Reichskonsul, welchem nach § 16 des Konsulatsgesetzes das Recht der Notare zusteht, errichteten letztwilligen Verfügungen die Wirksamkeit eines öffentlichen Testaments abgesprochen wird, da Art 141 nur für die im betreffenden Bundesgebiet errichteten letztwilligen Verfügungen Bedeutung haben kann (P. VI, 584, vgl. übrigens auch § 7 des Reichskonsulargerichtsbarkeitsgesetzes vom 7. April 1900; übereinstimmend Planck und Neumann zu Art. 38, a. M. dagegen Niedner zu Art. 38 im Anschluß an EM. 132; vgl. übrigens auch Niemeyer IPR. S. 206.

c) Gemäß § 2231 Nr. 2 BGB. ist nun auch in den Konsulargerichtsbezirken entgegen dem Beschlusse der II. Komm. (P. a. a. O.) das holographe Testament als zugelassen zu erachten.

B. Zu Ziff. II. Der neue § 17a trifft eine Ausnahme von den Formvorschriften des § 17 des Bundeskonsulatsgesetzes, indem er für die Errichtung letztwilliger Verfügungen auch in den Konsularbezirken die Beobachtung der Vorschriften des BGB. (§§ 2231 ff., 2276 ff.) fordert.

3. Aus der Rechtsprechung vgl. RGE. Bd. 36 S. 176.

Art. 39.

Das Gesetz, betreffend die vertragsmäßigen Zinsen, vom 14. November 1867 (Bundes-Gesetzbl. S. 159) wird aufgehoben.

E. I, 21; II, 13; III, 38.

1. Das Gesetz vom 14. November 1867 über die vertragsmäßigen Zinsen (das in Bayern und Elsaß-Lothringen keine Geltung hatte) ist ersetzt durch die Bestimmungen der §§ 246 ff., 288 ff., 343 BGB., § 353 HGB., vgl. auch Art. 94 dieses Gesetzes.

Das bayer. Ges. vom 5. Dezember 1867, die Abänderung der gesetzlichen Bestimmungen über die Zinsen betr., ist durch Art. 175 Ziff. 19 des bayr. AG. z. BGB. ebenfalls ausdrücklich aufgehoben.

2. Aus § 246 BGB. ergiebt sich nunmehr, daß die Höhe der vertragsmäßigen Zinsen an eine ziffermäßige Beschränkung überhaupt nicht mehr gebunden ist.

Das BGB. kennt dagegen zwei andere Beschränkungen, nämlich

a) § 247: Hienach kann der Schuldner, falls ein höherer Zinssatz als 6 Prozent vereinbart ist, das Kapital nach Ablauf von sechs Monaten unter Einhaltung einer Kündigungsfrist von sechs Monaten kündigen (Ausnahme bei Schuldverschreibungen auf den Inhaber).

b) Das allgemeine Gebot der Nichtigkeit bei wucherischen Zinsvereinbarungen in § 138 (vgl. hiezu Art. 47 mit Bem.).

3. § 247 BGB. gilt (im Gegensatze zu § 2 Abs. 3 des Ges. vom 14. November 1867) auch für das Handelsrecht, selbst wenn beide Theile Kaufleute sind (vgl. Staub Anm. 14 zu § 352 HGB.).

4. Bezüglich des sog. Anatocismus s. nunmehr § 248 BGB. und auch § 353 HGB. Satz 2.

Die Zinsen können ferner in ihrem Gesammtbetrage das Kapital übersteigen; eine Einschränkung in dieser Hinsicht besteht überhaupt nicht mehr (vgl. Staub a. a. O.).

5. Hinsichtlich des Pfandleihgewerbes s. Art. 94 EG. mit Bem.

6. Ueber das Wuchergesetz vgl. Art. 47 mit Bem.

Art. 40.

Das Gesetz, betreffend die Eheschließung und die Beurkundung des Personenstandes von Bundesangehörigen im Auslande, vom 4. Mai 1870 (Bundes-Gesetzbl. S. 599) wird dahin geändert:

I. In dem § 3 Abs. 1 Satz 1, dem § 9, dem § 11 Abs. 2 und dem § 12 Abs. 1 Satz 2 wird das Wort: „muß" ersetzt durch das Wort: „soll".

II. An die Stelle der §§ 7, 8 treten folgende Vorschriften:

§ 7.

Die Ehe wird dadurch geschlossen, daß die Verlobten vor dem Beamten persönlich und bei gleichzeitiger Anwesenheit erklären, die Ehe mit einander eingehen zu wollen. Der Beamte muß zur Entgegennahme der Erklärungen bereit sein.

Die Erklärungen können nicht unter einer Bedingung oder einer Zeitbestimmung abgegeben werden.

§ 7 a.

Der Beamte soll bei der Eheschließung in Gegenwart von zwei Zeugen an die Verlobten einzeln und nacheinander die Frage richten, ob sie die Ehe mit einander eingehen wollen, und, nachdem die Verlobten die Frage bejaht haben, aussprechen, daß sie kraft dieses Gesetzes nunmehr rechtmäßig verbundene Eheleute seien.

Als Zeugen sollen Personen, die der bürgerlichen Ehrenrechte für verlustig erklärt sind, während der Zeit, für welche die Aberkennung der Ehrenrechte erfolgt ist, sowie Minderjährige nicht zugezogen werden. Personen, die mit einem der Verlobten, mit dem Beamten oder mit einander verwandt oder verschwägert sind, dürfen als Zeugen zugezogen werden.

§ 8.

Als zur Eheschließung ermächtigter Beamter (§ 1) gilt auch derjenige, welcher, ohne ein solcher Beamter zu sein, das Amt eines solchen öffentlich ausübt, es sei denn, daß die Verlobten den Mangel der amtlichen Befugniß bei der Eheschließung kennen.

§ 8a.

Eine Ehe, die vor einem zur Eheschließung ermächtigten Beamten (§ 1) oder vor einer im § 8 einem solchen Beamten gleichgestellten Person geschlossen wird, ist wegen Formmangels nur dann nichtig, wenn bei der Eheschließung die im § 7 vorgeschriebene Form nicht beobachtet worden ist.

Ist die Ehe in das Heirathsregister eingetragen worden und haben die Ehegatten nach der Eheschließung zehn Jahre oder, falls einer von ihnen vorher gestorben ist, bis zu dessen Tode, jedoch mindestens drei Jahre als Ehegatten mit einander gelebt, so ist die Ehe als von Anfang an gültig anzusehen. Diese Vorschrift findet keine Anwendung, wenn bei dem Ablaufe der zehn Jahre oder zur Zeit des Todes des einen Ehegatten die Nichtigkeitsklage erhoben ist.

E. I, 22; II, 14; III, 39.

1. Art. 40 weicht vom Art. 22 des E. I vielfach ab. Seine nunmehrige Fassung hat er erst in der II. Komm. und bezüglich der §§ 7, 7a und 8a erst in der Reichstagskommission gefunden (EM. 134; P. VI, 587 ff.; Reatz III, 21 ff.; RTK. 440 d S. 6 und 440 b S. 176).

2. Die Aenderungen und Ergänzungen des Gesetzes vom 4. Mai 1870 über Eheschließung und Beurkundung des Personenstandes im Auslande, welche Art. 40 bringt, bezwecken, die Vorschriften dieses Gesetzes mit den einschlägigen Vorschriften des BGB. und des Pers.Ges. vom 6. Februar 1875 in der Fassung des Art. 46 dieses Gesetzes in Einklang zu bringen.

Im Einzelnen ist hervorzuheben:

Zu Ziff. I. Durch diese Ziffer werden die Vorschriften des Ges. vom 4. Mai 1870 in § 3 Abs. 1 (über das Aufgebot), § 9 (über die Eintragung in das Heirathsregister), § 11 Abs. 2 (über die Eintragung in das Geburtsregister) und § 12 Abs. 1 Satz 2 (über die Eintragung in das Sterberegister) aus zwingenden Vorschriften in Ordnungsvorschriften verwandelt und hiedurch mit den entsprechenden Bestimmungen des BGB. (§ 1316) sowie des Personenstandsgesetzes (§§ 54, 22 und 59) und der allgemeinen Bestimmung in § 13 Abs. 2 des letzteren Gesetzes in Einklang gebracht.

Zu Ziff. II. a) Nach der neuen Fassung entsprechen von den durch diese Ziffer betroffenen Bestimmungen des Ges. vom 4. Mai 1870 der § 7 dem § 1317, § 7a den Abs. 1 und 2 des § 1318, § 8 dem § 1319 und § 8a dem § 1324 BGB. und zwar wörtlich, jedoch mit dem Abmaße,

α) daß statt „Standesbeamter" einfach gesagt ist „Beamter", und

β) daß Abs. 1 von § 1324 des BGB. kürzer lautet: „Eine Ehe ist nichtig, wenn bei der Eheschließung die im § 1317 vorgeschriebene Form nicht beobachtet worden ist".

b) Vgl. die Bem. zu §§ 1317, 1318, 1319 und 1324 BGB.

3. Hinzuweisen ist ferner in diesem Zusammenhange

a) auf § 36 des RG. über die Konsulargerichtsbarkeit vom 7. April 1900 (RGBl. 1900 S. 220 ff.), wonach sich die Form einer Ehe, die in einem Konsulargerichtsbezirke von einem Deutschen oder von einem Schutzgenossen, der keinem Staate angehört, geschlossen wird, ausschließlich nach den Vorschriften des Ges. vom 4. Mai 1870 bestimmt (vgl. hiezu Vorbem. 8 vor §§ 1303 ff.);

b) auf § 7 des Schutzgebietsgesetzes in der durch Bekanntm. vom 10. September 1900 festgesetzten Fassung (s. RGBl. 1900 S. 814 ff.), wonach auf die Eheschließung und die Beurkundung des Personenstandes in den Schutzgebieten die §§ 2—9, 11, 12 und 14 des Ges. vom 4. Mai 1870 entsprechende Anwendung finden sollen (vgl. hierüber Vorbem. 8 vor §§ 1303 ff.).

4. Aus der Rechtsprechung zu diesem Gesetze vgl. RGE. Bd. 9 S. 397 und Bd. 27 S. 104.

Art. 41.*)

Das Gesetz über die Erwerbung und den Verlust der Bundes- und Staatsangehörigkeit vom 1. Juni 1870 (Bundes-Gesetzbl. S. 355) wird dahin geändert:

I. An die Stelle des § 11 treten folgende Vorschriften:

Die Verleihung der Staatsangehörigkeit erstreckt sich, insoferne nicht dabei eine Ausnahme gemacht wird, zugleich auf die Ehefrau und auf diejenigen minderjährigen Kinder, deren gesetzliche Vertretung dem Aufgenommenen oder Naturalisirten kraft elterlicher Gewalt zusteht. Ausgenommen sind Töchter, die verheirathet sind oder verheirathet gewesen sind.

II. Als § 14 a werden folgende Vorschriften eingestellt:

Die Entlassung eines Staatsangehörigen, der unter elterlicher Gewalt oder Vormundschaft steht, kann von dem gesetzlichen Vertreter nur mit Genehmigung des Vormundschaftsgerichts beantragt werden.

Die Genehmigung des Vormundschaftsgerichts ist nicht erforderlich, wenn der Vater oder die Mutter die Entlassung für sich und zugleich kraft elterlicher Gewalt für ein Kind beantragt. Erstreckt sich der Wirkungskreis eines der Mutter bestellten Beistandes auf die Sorge für die Person des Kindes, so bedarf die Mutter in einem solchen Falle der Genehmigung des Beistandes zu dem Antrag auf Entlassung des Kindes.

III. An die Stelle des § 19 treten folgende Vorschriften:

Die Entlassung erstreckt sich, insoferne nicht dabei eine Ausnahme gemacht wird, zugleich auf die Ehefrau und auf diejenigen Kinder, deren gesetzliche Vertretung dem Entlassenen kraft elterlicher Gewalt zusteht.

Diese Vorschrift findet keine Anwendung auf Töchter, die verheirathet sind oder verheirathet gewesen sind, sowie auf Kinder, die unter der elterlichen Gewalt der Mutter stehen, falls die Mutter zu dem Antrage auf Entlassung der Kinder nach § 14 a Abs. 2 Satz 2 der Genehmigung des Beistandes bedarf.

IV. An die Stelle des § 21 Abs. 2 treten folgende Vorschriften:

Der hiernach eingetretene Verlust der Staatsangehörigkeit erstreckt sich zugleich auf die Ehefrau und auf diejenigen Kinder, deren gesetzliche Vertretung dem Ausgetretenen kraft elterlicher

*) Spezialliteratur: Finger in der Jurist. Zeitschr. für Elsaß-Lothringen Bd. 27 S. 91 ff., 202 ff.: Ueber die Entlassung von Minderjährigen aus dem Staatsverband und die Beschwerde aus FG. §§ 20, 57; Sartorius, der Einfluß des Familienstandes auf die Staatsangehörigkeit nach dem RG. vom 1. Juni 1870 in der Fassung des EG. z. BGB. (Sonderabdruck aus dem Verwaltungsarchiv Bd. 7); vgl. die Auszüge hieraus in Neumanns Jahrbuch Bd. II S. 388, 389.

Gewalt zusteht, soweit sich die Ehefrau oder die Kinder bei dem Ausgetretenen befinden. Ausgenommen sind Töchter, die verheirathet sind oder verheirathet gewesen sind.

E. I, 23; II, 15; III, 40.

1. Die Ziff. I, III, IV des Art. 41 entsprechen, abgesehen von unerheblichen redaktionellen Aenderungen, dem Art. 23 des E. I; die Ziff. II wurde in der II. Komm. neu hinzugefügt (EM. 134 ff.; P. VI, 590, 743, IV, 565, 757; Reatz III, 23 ff.).

2. Der Zweck des Art. 41 besteht darin, das Ges. vom 1. Juni 1870 mit den einschlägigen Bestimmungen des BGB. in Einklang zu setzen. Im Einzelnen ist Folgendes zu bemerken:

A. Zu Ziff. I: a) Nach dem bisherigen § 11 des Ges. vom 1. Juni 1870 erstreckt sich die Verleihung der Staatsangehörigkeit, insofern nicht dabei eine Ausnahme gemacht wird, außer auf die Ehefrau auch auf die noch unter väterlicher Gewalt stehenden minderjährigen Kinder.

Der neue § 11 erstreckt die Verleihung der Staatsangehörigkeit, wenn eine Frau diese Verleihung beantragt, insofern nicht dabei eine Ausnahme gemacht wird, auch auf die unter ihrer elterlichen Gewalt befindlichen minderjährigen Kinder und zwar im Hinblick auf die §§ 1684, 1685, 1635, 1701 mit 1627 ff. des BGB., da hienach die Mutter auf Grund der elterlichen Gewalt in Vertretung der Kinder die Verleihung der Staatsangehörigkeit an dieselben beantragen kann, ohne daß hiezu die Genehmigung des Vormundschaftsgerichts erforderlich ist.

b) Voraussetzung für den Eintritt der Wirkung des neuen § 11 hinsichtlich der minderjährigen Kinder ist, daß dem betreffenden Elterntheile, dem die Staatsangehörigkeit verliehen wird, nicht bloß die elterliche Gewalt überhaupt, sondern auch die gesetzliche Vertretung der Kinder in persönlichen Angelegenheiten zusteht, daß derselbe also nicht auf die elterliche Nutznießung und Verwaltung des Vermögens der Kinder beschränkt ist. (Vgl. BGB. §§ 1666, 1676 ff., 1686, 1696.)

c) Von der Regel des § 11 mußten die minderjährigen Töchter, die verheirathet sind oder verheirathet waren, ausgenommen werden, da einerseits die elterliche Gewalt über verheirathete minderjährige Töchter fortdauert (BGB. § 1633), andererseits aber nach § 5 und § 13 Nr. 5 des Ges. vom 1. Juni 1870 Ehefrauen, seien sie volljährig oder minderjährig, regelmäßig die Staatsangehörigkeit des Ehemanns und nicht jene der Eltern theilen (EM. 135).

d) Für die Entscheidung der Frage, ob dem Naturalisirten kraft elterlicher Gewalt die gesetzliche Vertretung seiner minderjährigen Kinder zusteht, und ob also nach dem neuen § 11 die Verleihung der Staatsangehörigkeit an den betreffenden Elterntheil sich auch auf seine minderjährigen Kinder erstreckt, ist dasjenige Recht maßgebend, welchem der Elterntheil, dem die Staatsangehörigkeit verliehen wird, vor dieser Verleihung unterstand. (Vgl. die Bem. zu Art. 19 und P. VI, 743.)

e) Zu dem Antrag auf Verleihung der Staatsangehörigkeit an einen Minderjährigen ist, wenn es sich um einen Deutschen handelt, keine obervormundschaftliche Genehmigung nothwendig. Bei Ausländern entscheidet das fremde Recht (übereinstimmend Planck und Niedner zu Art. 41).

f) Hingewiesen sei in diesem Zusammenhange noch darauf, daß:

α) das uneheliche Kind die Staatsangehörigkeit der Mutter erwirbt (vgl. §§ 3, 13 Nr. 4 d. Ges. vom 1. Juni 1870);

β) durch Adoption allein für das Kind die Staatsangehörigkeit des Adoptivvaters nicht begründet wird, vgl. Vorbem. 3, b vor §§ 1741 ff.

γ) Bezügl. der Legitimation eines Kindes vgl. §§ 2 Abs. 1 Nr. 2, 4 d. cit. Ges., ferner Art. 22 EG. mit Bem., sowie Vorbem. 2, b und 7 vor §§ 1719 ff.

δ) Bezüglich der Frage, ob und inwieweit bei der Aufnahme von Wittwen in den Staatsverband die Verleihung sich auf die minderjährigen Kinder erstreckt, vgl. Bayr. Oberst. LG. Bd. 3 (n. F.) S. 80, Rspr. d. OLG. Bd. 6 S. 305.

B. Zu Ziff. II: Der in der II. Komm. neu eingeschaltete § 14a des Ges. vom 1. Juni 1870 trifft hinsichtlich der Entlassung der unter elterlicher Gewalt oder unter Vormundschaft stehenden Personen aus der Staatsangehörigkeit folgende Vorschriften:

a) Wenn der Vater die Entlassung seines minderjährigen Kindes beantragt, so ist die Genehmigung des Vormundschaftsgerichts nicht erforderlich, wenn er die Entlassung zugleich für sich beantragt und ihm die elterliche Gewalt über das Kind im vollen Umfange zusteht; dagegen bedarf es der Genehmigung des Vormundschaftsgerichts,

α) wenn dem Vater die elterliche Gewalt nicht zusteht, und

β) wenn diese ihm zwar zusteht, er aber die Entlassung nur für das Kind, nicht auch für sich beantragt.

γ) Nicht ganz zweifellos ist, ob die Genehmigung des Vormundschaftsgerichts auch dann erforderlich ist, wenn der Vater die Entlassung zugleich für sich beantragt, ihm aber zwar die elterliche Gewalt, nicht aber auch die Sorge für die Person des Kindes zusteht. Die Frage wird zu bejahen sein, da in einem solchen Falle nicht davon gesprochen werden kann, daß die Entlassung kraft der elterlichen Gewalt beantragt wurde, und da der Antrag gar nicht von dem gesetzlichen Vertreter gestellt wurde. Es wird in diesem Falle auch ein Entlassungsantrag des (gemäß der §§ 1666, 1630 und 1909 BGB.) bestellten Pflegers nothwendig sein.

b) Wird der Entlassungsantrag von der Mutter des minderjährigen Kindes gestellt, so gilt das Gleiche wie unter a, jedoch mit dem Abmaße, daß zwar nicht die Genehmigung des Vormundschaftsgerichts, aber jene des Beistandes erforderlich ist, wenn zwar die Mutter die volle elterliche Gewalt über das minderjährige Kind hat und zugleich für sich und das Kind die Entlassung beantragt, der Mutter aber ein Beistand (nach BGB. § 1687) bestellt ist und dessen Wirkungskreis (nach BGB. § 1688) sich auf die Sorge für die Person des Kindes erstreckt.

c) Wird der Entlassungsantrag für einen unter Vormundschaft stehenden Staatsangehörigen gestellt, so kann der Antrag nur von dem Vormunde (bezw. nach § 1909 des BGB. von dem Pfleger) gestellt werden. In diesem Falle ist stets die Genehmigung des Vormundschaftsgerichts erforderlich, welche (gemäß der §§ 1827 und 1847 BGB.) erst nach Anhörung des Mündels, wenn dieser das 14. Lebensjahr vollendet hat, sowie von dessen Verwandten oder Verschwägerten ertheilt werden soll, sofern letztere ohne erhebliche Verzögerung und ohne unverhältnißmäßige Kosten gehört werden können.

d) Das Prüfungsrecht der Vormundschaftsbehörde ist sachlich verschieden von jenem, das der höheren Verwaltungsbehörde nach dem Ges. vom 1. Juni 1870 eingeräumt ist (s. § 15). Letztere entscheidet ausschließlich über Fragen des öffentlichen Rechtes, während erstere zu prüfen hat, ob die Entlassung im privaten Interesse des Kindes liegt. Bestimmte Weisungen werden der Vormundschaftsbehörde in dieser Hinsicht vom Gesetze nicht gegeben, es kommen Nützlichkeits- und Zweckmäßigkeitsgründe dabei in Betracht; vgl. hierüber Bd. IV Bem. 6 zu § 1822 und im Einzelnen Finger a. a. O. Militärische Interessen als solche hat das Vormundschaftsgericht bei seiner Entscheidung nicht wahrzunehmen (vgl. hiezu Sartorius a. a. O., auch Recht 1901 S. 358 und Central-Bl. Bd. 2 S. 339 und auch M. IV, 1139); nur soweit solche etwa im Rahmen des privaten Interesses des Kindes liegen würden, kämen sie für die Entscheidung der Vormundschaftsbehörde in Betracht, vgl. Finger a. a. O.

e) Die Verwaltungsbehörde hat gegen die Entscheidung der Vormundschaftsbehörde über die Genehmigung oder Nichtgenehmigung ein Beschwerderecht aus § 20 und § 57 Nr. 9 FG., vgl. hierüber Finger a. a. O. und Schultheis, Vormundschaftsrecht S. 174.

f) Der für volljährig erklärte Minderjährige kann seine Entlassung bei der Verwaltungsbehörde selbständig, ohne Vermittelung der Vormundschaftsbehörde beantragen, vgl. Finger a. a. O.

C. Zu Ziff. III. Der bisherige § 19 des Ges. vom 1. Juni 1870 lautet:

„Die Entlassung erstreckt sich, insofern nicht dabei eine Ausnahme gemacht wird, zugleich auf die Ehefrau und die noch unter väterlicher Gewalt stehenden minderjährigen Kinder."

Die hieran durch Ziff. III getroffenen Aenderungen finden ihre Begründung in den Bemerkungen zu A und B. —

D. Zu Ziff. IV. Der bisherige Abs. 2 von § 21 des Ges. vom 21. Juni 1870 lautete:
„Der hiernach eingetretene Verlust der Staatsangehörigkeit erstreckt sich zugleich auf die Ehefrau und die unter väterlicher Gewalt stehenden minderjährigen Kinder, soweit sie sich bei dem Ehemann bezw. Vater befinden."

Auch für diese Aenderungen wird auf die Bemerkungen unter A Bezug genommen.

3. Aus der bisherigen Rechtsprechung zu diesem Gesetze vgl. auch Jur. Wschr. 1883 S. 134 und RGE. Bd. 31 S. 193, sowie Bayr. Oberst. LG. Bd. 1 (n. F.) S. 273. Aus der Literatur vgl. ferner noch, abgesehen von den vorcit. Abhandlungen, Korn, Recht 1900 S. 173, Laband, Revision des Staatsangehörigkeitsgesetzes, in D. Jur.Z. 1904 S. 10, Josef, Die Feststellung der Staatsangehörigkeit in der FG., Recht 1904 S. 383, Mumm, Die Aufnahme bzw. Naturalisation Minderjähriger, D. Jur.Z. 1904 S. 640.

Art. 42.*)

Das Gesetz, betreffend die Verbindlichkeit zum Schadenersatze für die bei dem Betriebe von Eisenbahnen, Bergwerken u. s. w. herbeigeführten Tödtungen und Körperverletzungen, vom 7. Juni 1871 (Reichs-Gesetzbl. S. 207) wird dahin geändert:

I. An die Stelle des § 3 treten folgende Vorschriften:

§ 3.

Im Falle der Tödtung ist der Schadenersatz (§§ 1 und 2) durch Ersatz der Kosten der versuchten Heilung sowie des Vermögensnachtheils zu leisten, den der Getödtete dadurch erlitten hat, daß während der Krankheit seine Erwerbsfähigkeit aufgehoben oder gemindert oder eine Vermehrung seiner Bedürfnisse eingetreten war. Der Ersatzpflichtige hat außerdem die Kosten der Beerdigung demjenigen zu ersetzen, dem die Verpflichtung obliegt, diese Kosten zu tragen.

Stand der Getödtete zur Zeit der Verletzung zu einem Dritten in einem Verhältnisse, vermöge dessen er diesem gegenüber kraft Gesetzes unterhaltspflichtig war oder unterhaltspflichtig werden konnte, und ist dem Dritten in Folge der Tödtung das Recht auf den Unterhalt entzogen, so hat der Ersatzpflichtige dem Dritten insoweit Schadenersatz zu leisten, als der Getödtete während der muthmaßlichen Dauer seines Lebens zur Gewährung des Unterhalts verpflichtet gewesen sein würde. Die Ersatzpflicht tritt auch dann ein, wenn der Dritte zur Zeit der Verletzung erzeugt, aber noch nicht geboren war.

§ 3a.

Im Falle einer Körperverletzung ist der Schadenersatz (§§ 1 und 2) durch Ersatz der Kosten der Heilung sowie des Vermögens-

*) Spezialliteratur: Aron E., Die durch Art. 42 des EG. z. BGB. abgeänderten Vorschriften des Haftpflichtgesetzes in Egers Eisenbahnr. Entsch. und Abh. Bd. 14 S. 183 ff., Kutz in Bl. f RA. Bd. 64 S. 1 ff., Ueber die Abänderungen am Reichshaftpflichtgesetz, Schierlinger, Das Reichshaftpflichtgesetz und § 254 BGB., daselbst Bd. 70 S. 109 ff.; ferner die Kommentare von Eger (Hannover 1900 und Textausgabe 1903); Laß und Maier, Haftpflichtsrecht 1902, Coermann 1898, Reindl, München 1901 und die verschiedenen Abhandlungen in den Eisenbahnrechtlichen Entscheidungen und Abhandlungen, herausgegeben von Eger; vgl. ferner die bei Warneyer Bd. 3 angegebene Spezialliteratur zu den einzelnen Paragraphen des Haftpflichtgesetzes.

nachtheils zu leisten, den der Verletzte dadurch erleidet, daß in Folge der Verletzung zeitweise oder dauernd seine Erwerbsfähigkeit aufgehoben oder gemindert oder eine Vermehrung seiner Bedürfnisse eingetreten ist.

II. Im § 5 werden die Worte: „der in den §§ 1 bis 3 enthaltenen Bestimmungen" ersetzt durch die Worte:

der in den §§ 1 bis 3a enthaltenen Bestimmungen".

III. An die Stelle der §§ 7, 8, 9 treten folgende Vorschriften:

§ 7.

Der Schadenersatz wegen Aufhebung oder Minderung der Erwerbsfähigkeit und wegen Vermehrung der Bedürfnisse des Verletzten sowie der nach § 3 Abs. 2 einem Dritten zu gewährende Schadenersatz ist für die Zukunft durch Entrichtung einer Geldrente zu leisten.

Die Vorschriften des § 843 Abs. 2 bis 4 des Bürgerlichen Gesetzbuchs und des § 648 Nr. 6 der Civilprozeßordnung finden entsprechende Anwendung. Das Gleiche gilt für die dem Verletzten zu entrichtende Geldrente von der Vorschrift des § 749 Abs. 3 und für die dem Dritten zu entrichtende Geldrente von der Vorschrift des § 749 Abs. 1 Nr. 2 der Civilprozeßordnung.

Ist bei der Verurtheilung des Verpflichteten zur Entrichtung einer Geldrente nicht auf Sicherheitsleistung erkannt worden, so kann der Berechtigte gleichwohl Sicherheitsleistung verlangen, wenn die Vermögensverhältnisse des Verpflichteten sich erheblich verschlechtert haben; unter der gleichen Voraussetzung kann er eine Erhöhung der in dem Urtheile bestimmten Sicherheit verlangen.

§ 8.

Die Forderungen auf Schadenersatz (§§ 1 bis 3a) verjähren in zwei Jahren von dem Unfall an. Gegen denjenigen, welchem der Getödtete Unterhalt zu gewähren hatte (§ 3 Abs. 2), beginnt die Verjährung mit dem Tode. Im Uebrigen finden die Vorschriften des Bürgerlichen Gesetzbuchs über die Verjährung Anwendung.

§ 9.

Die gesetzlichen Vorschriften, nach welchen außer den in diesem Gesetze vorgesehenen Fällen der Unternehmer einer in den §§ 1, 2 bezeichneten Anlage oder eine andere Person, insbesondere wegen eines eigenen Verschuldens, für den bei dem Betriebe der Anlage durch Tödtung oder Körperverletzung eines Menschen entstandenen Schaden haftet, bleiben unberührt.

E. I, 24; II, 16; III, 41.

I. Allgemeines:

1. Die in Art. 42 enthaltenen Aenderungen bezwecken das Reichshaftpflichtgesetz mit dem BGB. in Einklang zu bringen, jedoch nur bezüglich der Vorschriften

des BGB. in §§ 843, 844 über die Schadensersatzpflicht im Falle der Körperverletzung und Tödtung eines Menschen. Hiebei ist darauf hinzuweisen, daß die §§ 843, 844 BGB. ihrerseits ohnedies den §§ 3 und 7 des Reichshaftpflichtgesetzes alter Fassung im Wesentlichen nachgebildet wurden (vgl. P. VI, 590—595, 601).

2. Ueber die Fragen, ob und inwieweit sonst das BGB. auf das Reichshaftpflichtgesetz einen Einfluß ausübt, umgestaltend oder ergänzend zu wirken hat, ist aus Art. 42 selbst zufolge seines oben berührten beschränkten Gebietes nichts weiter zu entnehmen.

Es kommen daher auch hier zunächst allgemein die Art. 4 und 32 EG. für die Beantwortung solcher Fragen zur Anwendung, vgl. die Bem. hiezu und s. auch Art. 105 EG. mit Bem.

Im Einzelnen sei hier auf folgende generelle Punkte hingewiesen:

a) Was den allgemeinen Rechtscharakter der Ansprüche aus dem Reichshaftpflichtgesetz anlangt, so wurde dieser nach der früheren Lehrmeinung überwiegend als eine obligatio ex lege hingestellt (und nicht als eine Deliktsobligation). Dadurch, daß aber das BGB. eine Reihe von Fällen außerkontraktlicher Schadensersatzansprüche, bei denen ein schuldhaftes Verhalten an sich nicht zu Grunde liegt (vgl. §§ 829, 833, 835), in den Rahmen des Titels über unerlaubte Handlungen herein bezogen hat und damit (nicht bloß äußerlich, sondern auch begrifflich, vgl. RGE. in Jur. Wschr. 1905 S. 317, 318) einen von dem bisherigen Sprachgebrauch abweichenden weiteren Begriff der unerlaubten Handlungen aufstellt, muß man mit dem Reichsgerichte zu der Folge gelangen, daß die Haftung nach dem Haftpflichtgesetz als eine solche aus unerlaubter Handlung (mindestens im Sinne des § 840 BGB.) aufzufassen ist (s. die eingehende Begründung in RGE. Bd. 53 S. 114 ff., insbesondere S. 120 ff. sowie in Jur. Wschr. 1905 S. 317, 318; vgl. aber auch RGE. Bd. 16 S. 82, Bd. 50 S. 408 und RGE. Recht 1904 S. 222 unter Nr. 1039).

Als weitere prozessuale Folge ergiebt sich daraus, daß sich auch der Gerichtsstand nach § 32 CPO. hier zu bemessen habe; diese Konsequenz hat das Reichsgericht nunmehr in dem Urth. vom 20. März 1905 in Jur. Wschr. a. a. O. gezogen (bisher war es soweit nicht gegangen; vgl. z. B. RGE. Bd. 50 S. 408, Seuff. Arch. Bd. 57 S. 372).

b) Ferner ist anzunehmen (in Uebereinstimmung mit RGE. vom 24. November 1902 in Jur. Wschr. 1903 Beil. S. 13 u. E. Bd. 53 S. 75 ff., Jur. Wschr. 1905 S. 318, vgl. auch Bem. IV, 2, d zu Art. 32), daß die allgemeinen Vorschriften des BGB. sowohl im I. Buche, wie im I. Abschnitte von Buch II speziell auch auf das Haftpflichtgesetz zur Anwendung kommen müssen, soweit nicht etwa der besondere Zweck und gesetzgeberische Gedanke dieses Gesetzes im Wege steht; denn das Recht des BGB. soll nunmehr mit den durch Art. 32 EG. aufrecht erhaltenen Reichsgesetzen ein einheitliches Gesetzeswerk darstellen.

α) Daraus ergiebt sich insbes., daß sowohl § 254 Abs. 1 (über Konkurrenz des Verschuldens überhaupt) als auch § 276 (Begriff des Verschuldens überhaupt) auf das Haftpflichtgesetz anzuwenden sind. Vgl. hiezu auch weiters RGE. vom 5. Februar 1903 in D. Jur. Z. 1903 S. 177, Eger, eisenbahnrechtliche Entscheidungen und Abhandlungen Bd. 20 S. 48, 51, 136, 150, 160, 173, 175, 179, 256, 263, 333, Seuff. Arch. Bd. 59 Nr. 123. In der II. Komm. bestand über ersteren Punkt Meinungsverschiedenheit. Ein Antrag, dem nunmehrigen § 3 Abs. 2 als letzten Satz die Bestimmung anzufügen: „Die Vorschrift des § 249 (nun 254) BGB. findet Anwendung" wurde abgelehnt (P. a. a. O.). Die Mehrheit, welche sich für die Ablehnung entschied, ging hiebei von folgenden Erwägungen aus: „Die Rechtsprechung habe für das Haftpflichtgesetz den Satz herausgebildet, daß bei der Anwendung des Gesetzes hinsichtlich des Einflusses eines mitwirkenden Verschuldens des Verletzten nicht auf die allgemeinen Grundsätze des bürgerlichen Rechts zurückzugehen, vielmehr selbständig zu prüfen sei, ob durch das in Frage kommende Verschulden des Geschädigten der ursprüngliche Zusammenhang zwischen dem Unfall und der Verletzung gestört werde. Es solle nach § 2 des (Haftpflicht-)Gesetzes nicht auf ein Verschulden ankommen, welches dem Arbeiter in einem gewerblichen Betriebe deßhalb begegne, weil er durch das tägliche Umgehen mit der Gefahr gegen diese abgestumpft sei . . . Bei diesen sachlich angemessenen Sätzen werde man verbleiben müssen." Die Anwendung des § 254 Abs. 1

war auch in der Zeit des Uebergangs in der Doktrin noch nicht anerkannt worden (vgl. z. B. Rutz in Bl. f. RA. Bd. 64 S. 91, Reindl a. a. O. S. 80 ff.). Der Standpunkt des Reichsgerichts wird aber nunmehr mit Recht auch von den neueren Kommentaren (s. insbes. z. B. Laß und Maier, 2. Aufl. S. 99 Anm. 8) getheilt. Eine genaue Untersuchung über die einzelnen Modifikationen, welche die §§ 1 und 2 des Haftpflichtgesetzes durch § 254 BGB. erfahren haben unter Beleuchtung der früheren Praxis, giebt Schierlinger in Bl. f. RA. Bd. 70 S. 109 ff.

Bezüglich des Umfangs des Schadens aber kommt § 254 BGB. nicht zur Anwendung, vgl. RG. in Jur. Wschr. 1904 S. 88 und 1905 S. 14, sowie Eger S. 160, 161 und unten unter c.

β) Ueber die Frage eines Verschuldens von Kindern unter und über 7 Jahren und von Unzurechnungsfähigen im Rahmen des § 254 und des Haftpfl.G. vgl. Bem. 2, c zu § 254, Eger a. a. O. S. 125, 130, RG. in Gruchot, Beitr. Bd. 47 S. 920, RGE. in Sächs. Arch. Bd. 14 S. 81 und die bei Warneyer Bd. 3 S. 190 und 191 weiter cit. Urth., ferner Tilsch in Egers Eis. Entsch. und Abh. Bd. 17 S. 168 ff. und Reindl S. 71, 78, RGE. in Jur. Wschr. 1904 S. 183, Bayr. Oberst. LG. Bd. 3 (n. F.) S. 303.

Bei Verletzung von Kindern kann häufig von dem Eintritt einer Erwerbsfähigkeit überhaupt nicht gesprochen werden, vgl. Eger a. a. O. S. 323, 324, Reindl S. 135, 155, s. nunmehr aber auch RGE. im Recht 1905 S. 46 Nr. 192.

γ) Aus dem gleichen Grunde, wie § 254, ist aber auch der allgemeine Rechtssatz des § 840 BGB. (der schadensersatzpflichtige „Dritte") auf die Fälle des § 1 des Haftpflichtgesetzes anzuwenden, vgl. RG. in Jur. Wschr. 1905 S. 318.

δ) Aus der sehr reichhaltigen Literatur und Praxis zu der Frage, wann eigenes Verschulden des Verletzten vorliegt und wann nicht, vgl. die Zusammenstellung der einschlägigen Urtheile bei Warneyer Bd. 3 S. 190—192, ferner Laß und Maier S. 64 ff, Eger S. 131 ff., Reindl S. 70, 71 ff. über den Einfluß des Verschuldens von Angestellten des Beschädigten vgl. Dronke in Egers Entsch. und Abh. Bd. 21 Heft 3.

c) Da das Haftpflichtgesetz ein Spezialgesetz ist, so müssen bezüglich der Art und des Umfangs des Schadens seine Normen ausschließlich zur Anwendung gelangen. Die §§ 842, 845, 847 BGB. z. B. finden daher regelmäßig keine Anwendung im Bereiche des Haftpflichtgesetzes. Schmerzensgeld, Entschädigung für körperliche Entstellung rc. kann also nach dem Haftpflichtgesetz nicht begehrt werden. Solche Ansprüche können nur dann Berücksichtigung finden, wenn die allgemeinen Voraussetzungen der §§ 823 ff. oder der besonderen Landesgesetze (Art. 105 EG.) vorliegen. Vgl. hiezu Eger S. 279, 292 ff., RG. in Jur. Wschr. 1904 S. 175 u. 468.

d) Ueber das Verhältniß des § 833 (Thierhalter) zum Haftpflichtgesetz vgl. die interessante RGE. in Jur. Wschr. 1904 S. 356 und s. unten Bem. III, C, c, β.

3. Allgemein ist ferner hervorzuheben, daß die Bestimmungen des Haftpflichtgesetzes sich nur auf Tödtung und Verletzung von Menschen beziehen. Ein Schadensersatzanspruch für Beschädigung von Sachen im Betrieb einer Eisenbahn kann aber auf Grund landesgesetzlicher Sondervorschriften (Art. 105, 106 EG.) bestehen (vgl. z. B. für Bayern Art. 58 AG. z. BGB. u. s. im Uebrigen die Bem. zu Art. 105 EG.).

4. Ueber die Frage, in welchem Verhältnisse die Haftpflicht des Betriebsunternehmers zu anderen Schadensersatzverpflichteten steht, vgl. unten Bem. III, C, c, β.

5. Eine Ergänzung und Erstreckung der Haftung des Unternehmers gemeingefährlicher Betriebe ist allgemein möglich für das Landesrecht im Rahmen des Art. 105 EG. (vgl. z. B. oben Bem. 3); desgleichen bei Anlagen und Betrieben auf Grundstücken im öffentlichen Gebrauche nach Maßgabe des Art. 106 EG. Vgl. die Bem. zu diesem Art. im Einzelnen, sowie auch unten Bem. III, C, c, β.

6. Ueber das Verhältniß der Unfallversicherungsgesetzgebung zu den Ansprüchen aus dem Haftpflichtgesetze vgl. im Einzelnen Reinhard, Recht 1905 S. 1 ff. u. 29 ff.

II. Entstehung. Die Fassung des Art. 42 weicht zwar von jener des Art. 24 E. I ab: die in der II. Komm. getroffenen Aenderungen sind jedoch fast nur redaktioneller Natur (EM. 136 ff.; P. VI, 590—595, 601, Reatz III, 25 ff.).

III. Die Aenderungen durch Art. 42 im Einzelnen:

A. Zu Ziff. I. a) Der neue § 3 entspricht der Nr. 1 des bisherigen § 3; doch sind im ersten Satze des neuen § 3 die Kosten der Beerdigung weggelassen und ist hinsichtlich dieser durch Satz 2 des neuen § 3 eine mit Abs. 1 des § 844 des BGB. übereinstimmende Vorschrift getroffen. Bezüglich des Umfangs dieser Kosten vgl. im Einzelnen die Bem. zu § 1968 in Bd. V dieses Komm. Bezüglich der Verbindlichkeit zur Tragung der Kosten der Bestattung vgl. abgesehen von § 1968 auch §§ 528, 1580, 1615 und 1713 BGB. Die Personen, denen die Verpflichtung zur Kostentragung obliegt, haben jetzt einen direkten Klageanspruch gegen den Verpflichteten, vgl. Aron a. a. O. S. 184.

An Stelle des zweiten Satzes der Nr. 1 des bisherigen § 3 bringt der zweite Satz des neuen § 3 Vorschriften, welche unter dem Abmaße wörtlich mit Abs. 2 des § 844 BGB. übereinstimmen, daß die Bestimmungen, es sei der Schadensersatz durch Entrichtung einer Geldrente zu leisten und es finden die Vorschriften des § 843 Abs. 2 bis 4 BGB. entsprechende Anwendung, hier weggelassen, dagegen in die Absätze 1 und 2 des neuen § 7 übernommen sind.

Ueber mutmaßliche Lebensdauer vgl. OLG. Karlsruhe vom 21. November 1900 in D. Jur.Z. 1901 S. 56.

(b Die Bemerkungen der Motive treffen, da der neue Gesetzestext nur redaktionell vom Texte des I. Entwurfes abweicht, auch auf den neuen § 3 zu. Es seien in Anlehnung an diese noch folgende Erläuterungen zu Abs. 2 herausgehoben:

α) Der Kreis der unterhaltsberechtigten Personen bemißt sich (entgegen z. B. der Entsch. d. Reichsoberhandelsgerichts Bd. 24 S. 115 und RGE. Bd. 1 S. 49) nach dem Zeitpunkte der Beibringung der tödtlichen Verletzung; im Satz 2 ist jedoch zu Gunsten der zwar nicht Geborenen, aber bereits Empfangenen im Einklange mit der bisherigen Rechtssprechung (vgl. z. B. ROHG. Bd. 23 S. 197) eine Ausnahme gemacht. Vgl. auch Bem. II zu § 1 in Bd. I dieses Komm., sowie § 844 und Bem. hiezu.

Die Frage, wer ein gesetzliches Recht auf Unterhalt hat, bemißt sich nach den Vorschriften des BGB., vgl. §§ 1351, 1378, 1573, 1630, 1631, 1601 ff., 1703, 1708, 1739, 1766. Hervorzuheben ist insbesondere, daß nunmehr auch die unehelichen Kinder diesen Anspruch haben, vgl. Aron a. a. O. S. 185 und auch Urth. d. OLG. Karlsruhe vom 21. Oktober 1900 in D. Jur.Z. 1900 S. 564.

β) Die Fassung des § 3 stellt klar, daß es sich um einen Schadensersatzanspruch handelt (Mot. II, 779 ff.), also nicht etwa um einen Unterhaltsanspruch, vgl. im Uebrigen oben Bem. I, 1, sowie die Bem. zu § 844.

γ) Der Schadensersatzanspruch steht auch denjenigen zu, welche zwar zu der entscheidenden Zeit zu den im Gesetz als unterhaltsberechtigt anerkannten Personen gehörten, damals aber einen Anspruch auf Verabreichung des Unterhalts nicht zu erheben vermochten, weil ein durch das Gesetz vorgeschriebenes Erforderniß noch nicht erfüllt war, sofern nachträglich dieses Erforderniß eintritt. Dies trifft z. B. hinsichtlich jener Alimentationsberechtigten zu, welche im maßgebenden Zeitpunkte nicht hilfsbedürftig sind, es aber später werden (RGE. Bd. 4 S. 104).

δ) Der Ersatzanspruch wird nicht dadurch ausgeschlossen, daß ein Anderer an Stelle des Getödteten den Unterhalt zu gewähren hat, oder daß bei Begehung der unerlaubten Handlung deren Folgen für das Recht auf den Unterhalt nicht vorauszusehen waren (M. II, 778, 782; E. des ROHG. Bd. 14 S. 406; Bd. 18 S. 3; Bd. 23 S. 299, 330).

c) § 845 findet auf § 3 keine Anwendung (vgl. oben Bem. I und RGE. Bd. 57 S. 52, D. Jur.Z. 1904 S. 457).

d) Der Unterhaltsberechtigte ist zur Klage auf Schadensersatz wegen schuldbarer Tödtung des Unterhaltspflichtigen bereits berechtigt, bevor der Getödtete noch die Fähigkeit zur Unterhaltsgewährung erlangt hatte (Urth. des Bayr. Oberst. LG. vom 9. April 1902 in Seuff. Arch. Bd. 57 S. 408).

e) Die durch § 3 begründete Ersatzpflicht wird nicht dadurch aufgehoben, daß neben dem Getödteten andere Personen durch Gesetz oder Vertrag (Versicherung!) zur Gewährung des Unterhalts verpflichtet sind, vgl. RGE.

Bd. 47 S. 211 und Gruchot, Beitr. Bd. 45 S. 1066, ferner eingehend Oertmann, Die Vortheilsausgleichung beim Schadensersatzanspruch, Berlin 1901 § 14 S. 111 ff., Laß und Maier S. 87 ff. und die Bem. zu § 843 u. § 844 in Bd. II, b dieses Komm. Vgl. aber auch § 4 des Haftpflichtgesetzes selbst.

f) Speziell bezüglich der Ansprüche von Wittwen vgl. RGE. vom 21. November 1900 in Egers Entsch. Bd. 18 S. 23 (die Möglichkeit der Wiederverheirathung kann nicht in Anschlag kommen) und RGE. vom 15. Januar 1903 in Jur. Wschr. 1903 S. 68 (eine Wittwe, die ihren Ehemann erst nach der Verletzung heirathete, hat keinen Anspruch auf Unterhalt, den sie bei Lebzeiten des Mannes nicht gehabt hat). Vgl. hiezu auch Aron a. a. O. S. 186, sowie Bem. zu § 844.

g) Bezüglich der Entschädigung eines Ehemanns für den Erwerbsverlust aus der Thätigkeit der Ehefrau vgl. RGE. vom 26. November 1900 in Bd. 47 S. 92.

h) Aus der Literatur vgl. zu § 3 noch im Einzelnen Weber, Das Recht Dritter im Haftpflichtgesetz, in Egers Entsch. und Abh. Bd. 18 S. 272 ff. und Reindl a. a. O. zu § 3.

i) Der neue § 3 a entspricht der Nr. 2 des bisherigen § 3 mit dem Abmaße, daß in Uebereinstimmung mit § 843 Abs. 1 BGB. der Ersatzanspruch ausdrücklich auch auf den Vermögensnachtheil ausgedehnt wurde, den der Verletzte dadurch erleidet, daß in Folge der Verletzung eine Vermehrung seiner Bedürfnisse eingetreten ist. (Vgl. RGE. Bd. 3 S. 2.)

Gegenüber einer in der II. Komm. gegebenen Anregung, die Haftpflicht auch auf einen solchen Schaden auszudehnen, den der Verletzte durch eine Störung in der Vorbereitung auf seinen Beruf erleide, wurde erwidert, eine solche Vorschrift erscheine entbehrlich, da der § 260 (nun 287) CPO. genügende Aushülfe biete (P. a. a. O.). Vgl. hiezu übrigens auch RGE. Bd. 53 S. 48 ff.

Aus der neueren Praxis vgl. zu § 3 a die RGE. in Egers Entsch. und Abh. Bd. 17 S. 265, Bd. 18 S. 27 u. 239, Bd. 19 S. 199 u. 340, Bd. 20 S. 129 und 261, RGE. Bd. 53 S. 48 ff., Recht 1903 S. 109, Gruchot, Beitr. 44 S. 160, D. Jur.Z. 1901 S. 560, Jur. Wschr. 1903 S. 247 sowie die Zusammenstellung bei Warneyer Bd. 3 S. 193 und 194; s. auch Reindl a. a. O. S. 153 ff. und ferner Hilse, Recht 1901 S. 141, 142, „Maß der Schadloshaltung aus dem Haftpflichtgesetz für verschuldete Betriebsunfälle."

B. Zu Ziff. II. Diese Ziffer bringt für den § 5 des Haftpflichtgesetzes nur eine redaktionelle, durch die Fassung der Ziff. I dieses Art. 42 veranlaßte Aenderung.

C. Zu Ziff. III. a) Durch § 7 des Haftpflichtgesetzes war schon bisher hinsichtlich der Art der Ersatzleistung für den zukünftigen Unterhalt und Erwerb als Regel das Rentensystem eingeführt und das Recht auf Berichtigung des zur Entrichtung der Rente verurtheilenden Erkenntnisses wegen Aenderung der maßgebend gewesenen Verhältnisse sowie das Recht des Berechtigten auf Sicherheitsleistung geregelt.

Die neue Fassung des § 7 zeigt zwar sowohl von der bisherigen als von jener des E. I erhebliche Abweichungen; in letzterer Richtung handelt es sich aber fast nur um redaktionelle Aenderungen (P. a. a. O.), in ersterer um eine Verdeutlichung oder Ergänzung oder um einen weiteren Ausbau des Haftpflichtgesetzes meist im Sinne der demselben durch die Praxis zu Theil gewordenen Auffassung (M. II, 784 ff.; EM. 137); vgl. hiezu auch Aron a. a. O. S. 187.

b) Im Einzelnen sei Folgendes hervorgehoben:

α) Abs. 1 des neuen § 7 entspricht den Vorschriften des § 843 Abs. 1 und § 844 Abs. 2 BGB., auf welche Bezug genommen wird.

β) Zu Abs. 2 ist nur zu bemerken, daß in der neuen Fassung der CPO. dem bisherigen § 648 der § 708 und dem bisherigen § 749 der § 850 entspricht und die Verweisungen hiernach richtig zu stellen sind.

Als stillschweigend in Bezug genommen kommt hier (wie bei § 843) aber auch weiter § 323 CPO. n. Nr. in Betracht (nachträgliche Aenderung maßgebender Verhältnisse!), vgl. hiezu RGE. vom 23. Oktober 1902 in Jur. Wschr. 1902 S. 608, Laß und Maier a. a. O. S. 89 ff., Reindl S. 190 ff., sowie Aron a. a. O. S. 188.

γ) Der Abs. 3 entspricht fast wörtlich dem § 324 CPO. (vgl. die Komm. hiezu).

c) Von dem neuen § 8 entsprechen Satz 1 und 2 dem Satz 1 und 2 des bisherigen § 8; Satz 3 lautete bisher:

„Die Verjährung läuft auch gegen Minderjährige und diesen gleichgestellte Personen von denselben Zeitpunkten an, mit Ausschluß der Wiedereinsetzung."

Durch den neuen Satz 3 werden an die Stelle der letzteren Vorschrift die §§ 202 ff. BGB. gesetzt, vgl. hiezu Aron a. a. O. S. 188, 189.

Ueber nachträgliche Anfechtung eines wegen Verjährung abgeschlossenen Vergleichs vgl. Eger, Entsch. Bd. 20 S. 332.

d) Der neue § 9 des Haftpflichtgesetzes unterscheidet sich vom bisherigen § 9 dadurch, daß in Abs. 1 die Worte des letzteren: „die Bestimmungen der Landesgesetze" durch die Worte: „die gesetzlichen Vorschriften" ersetzt wurden, sowie durch die Streichung des bisherigen Abs. 2, welcher lautete:

„Die Vorschriften der §§ 3, 4, 6 bis 8 finden auch in diesen Fällen Anwendung, jedoch unbeschadet derjenigen Bestimmungen der Landesgesetze, welche dem Beschädigten einen höheren Ersatzanspruch gewähren."

α) Diese Aenderungen haben darin ihren Grund, daß die einschlägigen Vorschriften der Landesgesetze mit dem Inkrafttreten des BGB. hinfällig werden, und daß als gesetzliche Vorschriften im Sinne des § 9 künftig nur noch Reichsgesetze, darunter die Unfallversicherungsgesetze und namentlich das BGB. in Betracht kommen (EM. 137), soweit eine Haftpflicht wegen Beschädigung von Personen beim Betrieb einer Eisenbahn in Frage steht. Der Art. 105 EG. bezieht sich auf eine Beschädigung von Sachen und steht daher nicht im Widerspruche mit dieser Rechtsauffassung. (Uebereinstimmend Aron a. a. O. S. 189, Bl. f. RA. Bd. 64 S. 90, Laß und Maier S. 109, Planck und Niedner zu Art. 42, RGE. vom 8. Februar 1904 Recht 1904 S. 222 Nr. 103 a.)

β) Ueber das Verhältniß der Haftung des Betriebsunternehmers zu anderen Schadensersatzverpflichteten (z. B. Thierhalter) s. die Bem. zu § 840 und zu § 833, sowie zu § 426, Eger S. 75 ff. u. 592, Crome System § 206, II, 3 Anm. 52 und § 388 Anm. 46, RG. in Jur. Wschr. 1904 S. 468 u. 356 und E. Bd. 53 S. 114 und Bd. 58 S. 335, sowie insbes. auch RGE. vom 20. März 1905 in Jur. Wschr. 1905 S. 318. Das Haftpflichtgesetz selbst enthält über die einschlägigen Fragen keine Sonderbestimmungen.

Bezüglich der Unfallversicherungsansprüche vgl. im Besonderen Reinhard, Recht 1905 S. 1 ff., S. 29 ff.

Hinsichtlich der Frage, ob der Verletzte, der auch von einer anderen Person Schadensersatz verlangen kann, verpflichtet ist, dem gleichfalls schadensersatzpflichtigen Betriebsunternehmer seinen Anspruch gegen jene andere Person abzutreten, vgl. Urth. d. OLG. Celle, Recht 1901 S. 24.

Art. 43.

Der § 6 Abs. 2 des Gesetzes, betreffend die Rechtsverhältnisse der Reichsbeamten vom 31. März 1873 (Reichs-Gesetzbl. S. 61) wird aufgehoben.

E. I, 25; II, 17; III, 42.

1. Der § 6 Abs. 2 des Ges. vom 31. März 1873 bestimmt für den Fall einer zulässigen Uebertragung oder Verpfändung des einem Reichsbeamten zustehenden Anspruchs auf die Zahlung von Diensteinkünften, Wartegeldern oder Pensionen, daß die Benachrichtigung an die auszahlende Kasse durch eine der Kasse auszuhändigende öffentliche Urkunde geschehe.

Der § 411 BGB. spricht dasselbe generell für alle Beamten aus.

Im E. I war vorgeschlagen, den fraglichen § 6 Abs. 2 dahin zu fassen: „die Vorschrift des § 311 (nun § 411) BGB. findet Anwendung" (vgl. EM. 138).

Die II. Komm. (P. VI, 596) faßte dagegen den zum Gesetze gewordenen Beschluß, diesen § 6 Abs. 2 zu streichen, weil er durch die allgemeine Vorschrift des § 411 BGB. vollständig gedeckt wird.

2. Aus der bisherigen Rechtsprechung zu diesem Gesetze vgl. RGE. Bd. 1 S. 34 u. 309, Bd. 2 S. 108 u. 114, Bd. 3 S. 93, Bd. 6 S. 105, Bd. 7 S. 73, Bd. 12 S. 71,

Bd. 22 S. 41, Bd. 28 S. 80 u. 114, Bd. 32 S. 120, Bd. 35 S. 107, Jur. Wschr. 1883 S. 84, 1887 S. 99, 1888 S. 84 u. 428, 1889 S. 45, 1890 S. 195, 1891 S. 574, 1892 S. 41 u. 184, 315, 1898 S. 78 u. 391, 1899 S. 283, 442, 497, Seuff. Arch. Bd. 40 Nr. 233, Gruchot, Beitr. Bd. 38 S. 1111; aus der neueren Rspr. d. OLG. Bd. 1 S. 50 und OLG. Stuttgart in D. Jur. Z. 1903 S. 407.

Art. 44.

Die Vorschriften des § 44 des Reichs-Militärgesetzes vom 2. Mai 1874 (Reichs-Gesetzbl. S. 45) finden entsprechende Anwendung auf Personen, die zur Besatzung eines in Dienst gestellten Schiffes der Kaiserlichen Marine gehören, solange das Schiff sich außerhalb eines inländischen Hafens befindet oder die Personen als Kriegsgefangene oder Geißeln in der Gewalt des Feindes sind, ingleichen auf andere an Bord eines solchen Schiffes genommene Personen, solange das Schiff sich außerhalb eines inländischen Hafens befindet und die Personen an Bord sind. Die Frist, mit deren Ablaufe die letztwillige Verfügung ihre Gültigkeit verliert, beginnt mit dem Zeitpunkt, in welchem das Schiff in einen inländischen Hafen zurückkehrt oder der Verfügende aufhört, zu dem Schiffe zu gehören, oder als Kriegsgefangener oder Geißel aus der Gewalt des Feindes entlassen wird. Den Schiffen stehen die sonstigen Fahrzeuge der Kaiserlichen Marine gleich.

E. I, 26; II, 18; III, 43.

1. Art. 44 unterscheidet sich von Art. 26 des E. I nur durch unwesentliche redaktionelle Aenderungen. (EM. 138; P. VI, 596; Reatz III, 28.)

2. Art. 44 dehnt die Vorschriften des § 44 des Reichsmilitärgesetzes vom 2. Mai 1874 über das privilegirte Militärtestament mobiler Truppen unter gewissen Voraussetzungen auf die Marine aus (Marinetestament).

Hierüber ist Folgendes zu bemerken:

A. Nach § 44 Abs. 1 Nr. 2 des Reichsmilitärges. ist ein privilegirtes Militärtestament in gültiger Form errichtet,

a) wenn es vom Erblasser eigenhändig geschrieben und unterschrieben ist, so daß also dessen Gültigkeit nicht wie jene des holographen Testamentes nach § 2231 Nr. 2 BGB. davon abhängt, daß Ort und Tag der Errichtung angegeben ist,

b) wenn es (zwar von einer anderen Person geschrieben, aber) vom Erblasser eigenhändig unterschrieben und entweder von zwei Zeugen (welche nur Beweiszeugen sind und die in § 2237 BGB. erforderten Eigenschaften nicht zu haben brauchen) oder von einem Auditeur oder von einem Offizier mitunterzeichnet ist,

c) wenn entweder von einem Auditeur oder von einem Offizier entweder unter Zuziehung von zwei Zeugen (welche nur Beweiszeugen sind und für welche die Eigenschaften des § 2237 BGB. nicht erfordert werden) oder noch eines Auditeurs oder noch eines Offiziers über die mündliche Erklärung des Erblassers eine schriftliche Verhandlung aufgenommen, diese dem Erblasser vorgelesen und von dem Auditeur oder Offizier und den Zeugen, bezw. von den Auditeuren oder Offizieren unterschrieben ist (öffentliches privilegirtes Militärtestament).

d) In den Fällen von b und d ist bei verwundeten oder kranken Militärpersonen die Form auch dann gewahrt, wenn die dort erwähnten Auditeure oder Offiziere durch Militärärzte oder höhere Lazaretbeamte oder Militärgeistliche vertreten werden.

Wenn in den Fällen von a und b (bezw. d) die Zeit der Errichtung angegeben ist, so spricht für die Richtigkeit dieser Angabe bis zum Beweise des Gegentheils die Vermuthung.

Eine gleiche Vermuthung ist gesetzlich auch dafür aufgestellt, daß in allen vorerwähnten Fällen die letztwillige Verfügung während des die privilegirte Form zulassenden Ausnahmezustandes errichtet ist, wenn dieselbe während dieser Zeit oder innerhalb 14 Tagen nach deren Beendigung einer vorgesetzten Militärbehörde übergeben ist, oder wenn dieselbe im Feldnachlasse des Erblassers aufgefunden wird.

B. Nach dem gegenwärtigen Art. 44 können privilegirte letztwillige Verfügungen der unter A bezeichneten Art errichtet werden:

a) von Personen, die zur Besatzung eines in Dienst gestellten Schiffes oder sonstigen Fahrzeugs der Kaiserlichen Marine gehören, solange entweder
   α) das Schiff sich außerhalb eines inländischen Hafens befindet oder
   β) die zur Besatzung gehörenden Personen als Kriegsgefangene oder Geißeln in der Gewalt des Feindes sind;

b) von anderen (als den zur Besatzung gehörenden, aber) an Bord eines solchen Schiffes oder Fahrzeugs genommenen Personen, jedoch von diesen nur solange, als das Schiff sich außerhalb eines inländischen Hafens befindet **und** die Personen an Bord sind.

Der Unterschied zwischen a, α und b besteht darin, daß bei den zur Besatzung gehörenden Personen der Aufenthalt an Bord nicht zur Voraussetzung gemacht wurde, weil auch die Fälle der dienstlichen Verwendung am Lande, das Ausschiffen zum Zwecke eines Kampfes ꝛc. zu berücksichtigen sind. —

Die Vorschrift des Art. 44 gilt nur in Bezug auf Fahrzeuge der deutschen Kriegs-Marine; bezüglich anderer deutscher, nicht zur deutschen Kriegs-Marine gehörigen Fahrzeuge vgl. BGB. § 2251 mit Bem. (sog. Seetestament).

C. Nach Satz 2 des Art. 44 mit § 44 Nr. 5 des RMil.G. verlieren die nach A und B errichteten letztwilligen Verfügungen ihre Gültigkeit mit dem Ablauf eines Jahres von dem Tage ab, an welchem entweder

a) das Schiff in einen inländischen Hafen zurückkehrt oder
b) der Verfügende aufhört, zu dem Schiffe zu gehören, oder
c) als Kriegsgefangener oder Geißel aus der Gewalt des Feindes entlassen wird, jedoch mit dem Abmaße,
   α) daß der Lauf der einjährigen Frist durch anhaltende Unfähigkeit des Verfügenden zur Errichtung einer anderweitigen letztwilligen Verfügung gehemmt wird, und
   β) daß die Ungültigkeit nicht eintritt, wenn der Erblasser innerhalb des Jahres vermißt und in dem Verfahren auf Todeserklärung festgestellt wird, daß er seit jener Zeit verschollen ist.

3. Hinsichtlich der Zuständigkeit der Geschwader-Auditeure für Beurkundungen und Beglaubigungen im Allgemeinen vgl. § 184 FG. Die Vorschrift des vorliegenden Art. 44 wird jedoch durch diese Bestimmung nicht alterirt (§ 184 Abs. 3 FG.).

4. Ferner ist hieher noch zu vergleichen das Reichsgesetz, betr. die freiwillige Gerichtsbarkeit und andere Rechtsangelegenheiten in Heer und Marine vom 28. Mai 1901 (RGBl. S. 185 ff.), insbes. auch hinsichtlich der Befugnisse der Kriegsgerichtsräthe und Oberkriegsgerichtsräthe. Vgl. auch § 20 EG. zur Mil.Strafger.O. vom 1. Dezember 1898 und Einleitung Ziff. 5, b vor §§ 2229 ff.

5. Durch § 44 RMil.G. im Zusammenhalte mit § 158 RMil.StGB. ist zugleich den Anforderungen der Haager Friedenskonferenz hinsichtlich der Testamente Kriegsgefangener genügt, vgl. hierüber Kaufmann in D. Jur.Z. 1902 S. 428.

Art. 45.

Der § 45 Abs. 2 Satz 2 des Reichs-Militärgesetzes vom 2. Mai 1874 (Reichs-Gesetzbl. S. 45) wird aufgehoben.

E. I, 27; II, 19; III, 44.

Der § 45 Abs. 2 des Reichsmilitär-Ges. vom 2. Mai 1874 enthält eine ähnliche Vorschrift wie der § 6 Abs. 2 des Reichsbeamtengesetzes und wurde ebenso wie letzterer im Hinblick auf § 411 BGB. aufgehoben (EM. 139; P. VI, 596). Vgl. die Bem. zu Art. 43.

Die in § 39 Abs. 2 des Reichsmilitär-Ges. in Bezug genommenen landesgesetzlichen Vorschriften bleiben auch fernerhin in Kraft und können in analoger Anwendung des Art. 3 dieses Gesetzes auch künftig auf diesen § 39 Abs. 2 sich beziehende Landesgesetze erlassen werden (EM. 139).

Art. 46.

Das Gesetz über die Beurkundung des Personenstandes und die Eheschließung vom 6. Februar 1875 (Reichs-Gesetzbl. S. 23) wird dahin geändert:

I. Die §§ 28 bis 40, 42, 43, 51 bis 53 werden aufgehoben.

II. An die Stelle der §§ 41, 44, 50, 55 treten folgende Vorschriften:

§ 41.

Für die Eheschließung sind die Vorschriften des Bürgerlichen Gesetzbuchs maßgebend.

§ 44.

Für die Anordnung des vor der Eheschließung zu erlassenden Aufgebots ist jeder Standesbeamte zuständig, vor dem nach § 1320 des Bürgerlichen Gesetzbuchs die Ehe geschlossen werden darf.

§ 50.

Der Standesbeamte soll ohne Aufgebot die Eheschließung nur vornehmen, wenn ihm ärztlich bescheinigt wird, daß die lebensgefährliche Erkrankung eines der Verlobten den Aufschub der Eheschließung nicht gestattet.

§ 55.

Ist eine Ehe für nichtig erklärt, ist in einem Rechtsstreite, der die Feststellung des Bestehens oder des Nichtbestehens einer Ehe zwischen den Parteien zum Gegenstande hat, das Nichtbestehen der Ehe festgestellt, ist eine Ehe vor dem Tode eines der Ehegatten aufgelöst oder ist nach § 1575 des Bürgerlichen Gesetzbuchs die eheliche Gemeinschaft aufgehoben, so ist dies am Rande der über die Eheschließung bewirkten Eintragung zu vermerken.

Wird die eheliche Gemeinschaft nach der Aufhebung wiederhergestellt, so ist dies auf Antrag am Rande zu vermerken.

III. Der § 67 erhält folgenden Absatz 2:

Eine strafbare Handlung ist nicht vorhanden, wenn der Geistliche oder der Religionsdiener im Falle einer lebensgefährlichen, einen Aufschub nicht gestattenden Erkrankung eines der Verlobten zu den religiösen Feierlichkeiten der Eheschließung schreitet.

IV. Im § 69 werden die Worte: „in diesem Gesetze" ersetzt durch die Worte: „in diesem Gesetze und in dem Bürgerlichen Gesetzbuche".

V. Im § 75 Abs. 1 werden die Worte: „nach den Vorschriften dieses Gesetzes" ersetzt durch die Worte:

„nach den Vorschriften des Bürgerlichen Gesetzbuchs".

E. I, 28; II, 20; III, 45.

I. Entstehung: Art. 46 weicht vom Art. 28 des E. I nicht unerheblich ab. Die Abänderungen und Zusätze sind theils der II. Komm., theils der Reichstagskommission zu verdanken. (EM. 139; M. IV, 8 ff.; P. VI, 596, IV, 48, V, 133; RTK. 330, 333, 440, 441.

II. Allgemeines:

1. Der Art. 46 hat die Aufgabe, das Personenstandsgesetz mit den einschlägigen Bestimmungen des BGB. in Einklang zu setzen. Vollständig beseitigt sind durch Nr. I und II dieses Art.: die sämmtlichen Vorschriften in Abschn. III und IV des Personenstandsgesetzes über die Eheschließung (bezüglich der materiellen und formellen Voraussetzungen) ausgenommen die Vorschrift des § 54 über die Beurkundung der Ehe=

schließung im Heirathsregister und die formalen Normen hinsichtlich des Eheaufgebots (§§ 45—49); durch Nr. III dieses Art. werden ferner einzelne Bestimmungen des Abschn. VIII des Pers.Ges. (Schlußbestimmungen) abgeändert.

2. Eine vollständige Aufhebung oder Revision erschien indeß nicht veranlaßt. Es muß daher in Detailfragen unter Umständen auf die allgemeine Auslegungsregel des Art. 32 EG. zurückgegriffen werden, vgl. die Bem. hiezu.

Als aufgehoben muß z. B. § 77 des Gesetzes gelten, ohne daß dieser hier in Art. 46 ausdrücklich als beseitigt bezeichnet wird; vgl. hiezu RG. in Jur. Wschr. 1901 S. 379 und Sartorius, Pers.Ges. S. 450 ff., s. auch §§ 1575, 1576 BGB. mit Bem.

Fraglich kann die Fortgeltung des § 25 erscheinen, der von der Eintragung der Anerkennung eines unehelichen Kindes in das Geburtsregister handelt. Die Motive (S. 140), welche diese Frage auch erörtern, wollen die Entscheidung der Auslegung der Wissenschaft und Praxis überlassen. Niedner in Bem. 4 zu Art. 46 betrachtet ihn als nicht mehr praktisch, da nunmehr einer derartigen Anerkennung, soweit sie überhaupt rechtliche Wirkungen äußere (vgl. §§ 1310, 1708, 1709, 1719, 1723, 1736, 1883), nur mehr die Bedeutung eines Beweismittels zukommen könne, außer es stünde § 1725 (Legitimation) in Frage.

Allein im Hinblick insbesondere auf die §§ 1708 ff. und 1718 bis 1720, 1722 BGB. wird nicht bezweifelt werden können, daß die Eintragung der Anerkennung der Vaterschaft eines unehelichen Kindes in das Geburtsregister auch künftig von erheblicher Bedeutung ist und daß sohin § 25 noch in Geltung steht, wenn er auch auf dem von ihm früher allein beherrschten Gebiete nicht mehr allein maßgebend ist, vielmehr jetzt seine Ergänzung in einer Reihe anderweitiger Bestimmungen findet. Vgl. hiezu insbesondere Sartorius, Pers.Ges. S. 179 ff., ferner Bem. 6 zu § 1718, Vorbem. 10 vor §§ 1705 ff. und Bem. 7, d zu § 1708 in Bd. IV dieses Komm., sowie Urth. d. Oberst. LG. München vom 28. April 1903 Samml. n. F. Bd. 4 S. 283 ff., Bl. f. RA. Bd. 67 S. 37, Seuff. Arch. Bd. 59 S. 302, Recht 1903 S. 344, Rspr. d. OLG. (Kammergericht) Bd. 1 S. 41, S. 371 und Bd. 7 S. 121.

3. Ueber das allgemeine Verhältniß des BGB. zum Personenstandsgesetze vgl. Vorbem. 2 ff. vor §§ 1303 ff. und Sartorius a. a. O. XVIII ff. (Einleitung). Hervorzuheben ist:

a) Das BGB. regelt sowohl die Ehehindernisse erschöpfend als auch die Folgen eines Verstoßes hiegegen im Einzelnen; das Personenstandsgesetz dagegen hatte die Regelung der Rechtsfolgen einer Zuwiderhandlung gegen die von ihm aufgestellten Ehehindernisse (mit wenigen Ausnahmen) dem Landesrecht überlassen. Außerdem wurden auch einige grundlegende Bestimmungen über das Aufgebot und die Beurkundung der Eheschließung in das BGB. selbst aufgenommen (vgl. M. IV, 8 ff., EM. 139 ff., P. IV, 48 ff., V, 133, VI, 596 ff., RTK. 185, 332 ff. und ferner Vorbem. 3 vor §§ 1303 ff.).

b) Sachlich sind die eherechtlichen Normen des Personenstandsgesetzes in weitem Umfang unverändert in das BGB. hineingetragen worden.

An dem Prinzipe der obligatorischen Civilehe wurde festgehalten, nur die Form der Eheschließung wurde der kanonischen näher gebracht, indem jetzt die Konsenserklärung der Verlobten vor dem Standesbeamten die maßgebende Grundlage ausmacht und nicht mehr das „Zusammengeben" des Standesbeamten, vgl. hiezu § 1317 BGB. mit Bem., insbesondere Bem. 2, c in Bd. IV dieses Komm., ferner Sartorius a. a. O.

c) Durch die Einführung des neuen bürgerlichen Rechtes aber sind zugleich die Voraussetzungen der Registerführung wesentlich verändert worden dadurch, daß Rechtsvorgänge, die der Standesbeamte zu beurkunden oder zu vermerken hat, sich auf anderen Grundlagen und in anderen Formen aufbauen (z. B. bei der Legitimation eines Kindes) sowie auch durch Einführung neuer Rechtsinstitute (z. B. Wiederherstellung der ehelichen Gemeinschaft und deren Vermerkung s. § 1587 BGB. mit Bem. V und § 55 Pers.Ges.). Der Einfluß des neuen Rechtes ist hier mehr ein innerlicher, der äußerlich weniger hervortritt.

d) Das neue bürgerliche Recht bindet ferner aber auch besondere Rechtswirkungen an die Registerführung; insbesondere fällt der Eintragung ins Heirathsregister eine gewichtige Rolle sowohl in materieller wie in formeller Hinsicht zu (vgl. hiezu §§ 1324 II, 1329 Satz 2, 1344 II, 1345 II, 1699 II, 1721, 1771 II und die Bem. hiezu, sowie Sartorius a. a. O. S. XX ff. Einleitung und 88 ff. 2c.).

4. Weitere Aenderungen und Ergänzungen des Personenstandsgesetzes ergeben sich durch die §§ 69—71, 186, 197 des Gesetzes über die Angelegenheiten der freiwilligen Gerichtsbarkeit. Jenes Gesetz hat die Zuständigkeit der Standesbeamten grundsätzlich erweitert dadurch, daß es den Standesbeamten urkundliche Funktionen auch außerhalb der Standesregister übertrug und den Landesrechten vorbehielt, in dieser Beziehung noch weiter zu gehen; andererseits hat jenes Gesetz auch die Vorbehalte für das Landesrecht hinsichtlich des Verfahrens beseitigt und in dieser Beziehung selbständige Bestimmungen theils allgemeiner Natur, theils besonderer Art aufgestellt. Vgl. Sartorius a. a. O. S. XIX (Einleitung).

III. Im Einzelnen:

A. Zu Ziff. I. a) Von den durch diese Ziffer aufgehobenen Paragraphen des Personenstandsgesetzes, welche die materiellen Voraussetzungen der Eheschließung (Ehemündigkeit, Ehehindernisse, Nichtigkeit, Anfechtbarkeit und Form der Ehe) behandelten, sind ersetzt § 28 durch § 1303, § 29 durch §§ 1304 u. 1305, § 30 durch § 1304, § 31 durch § 1306, § 32 durch § 1308, § 33 durch die §§ 1310—1312, § 34 durch § 1309, § 35 durch § 1313, § 36 durch die §§ 1326—1329, 1332—1347, § 38 Abs. 1 durch § 1315, § 38 Abs. 2 durch § 1314, § 40 durch § 1322, § 42 durch die §§ 1319, 1320, § 43 durch § 1321, § 51 durch § 1316, § 52 durch § 1317 und § 1318 Abs. 1 und § 53 durch § 1318 Abs. 2 BGB.

Bezüglich des aufgehobenen § 36 ist auch auf § 1661 BGB. zu verweisen.

b) § 37 ist ersatzlos beseitigt. Der Vormund kann mit dem Mündel unter Zustimmung eines für letzteren bestellten Pflegers künftig auch während der Dauer der Vormundschaft eine Ehe eingehen. (Vgl. §§ 1304, 1909 BGB. und Bem. 7 zu § 1304.)

c) § 39 (welcher besagte: „Alle Vorschriften, welche das Recht zur Eheschließung weiter beschränken, als es durch dieses Gesetz geschieht, werden aufgehoben") ist ebenfalls nicht ersetzt und zwar (nach den EM. 139, 140) deßhalb, weil in Ansehung der bürgerlichen Beschränkungen der Eheschließung die Verweisung auf die Vorschriften des BGB. im nunmehrigen § 41 (nach den Motiven § 28) genügt, während in Ansehung der polizeilichen Beschränkungen der Eheschließung jedes aus der Aufhebung etwa herzuleitende Bedenken durch das Gesetz über die Aufhebung der polizeilichen Beschränkungen der Eheschließung vom 4. Mai 1868 (BGBl. S. 55) sich erledigt.

Auch bezüglich des bayr. Vorbehalts über das Verehelichungswesen wurde ebensowenig wie im bisherigen Personenstandsgesetz eine ausdrückliche Vorschrift aufgenommen, weil jener Vorbehalt nach Maßgabe des Bundesvertrags vom 23. November 1870 unter III § 1 Abs. 1 und des Schlußprotokolls von demselben Tage unter I selbstverständlich unberührt bleibt und Bayern, soweit jener Vorbehalt reicht, überhaupt außerhalb der Reichsgesetzgebung steht (EM. 140); s. übrigens Art. 154 Ziff. XI und XXII des bayr. AG. z. BGB. Zum Ganzen vgl. Vorbem. 6 vor §§ 1303 ff. in Bd. IV S. 23 dieses Komm., sowie auch Bem. 8 zu § 1316 (speziell hinsichtlich des Aufgebots).

B. Zu Ziff. II. a) Der bisherige § 41 des Pers.Ges. ist in § 1317 BGB. mitenthalten; vgl. die Bem. hiezu, insbes. Bem. 2, c in Bd. IV.

Die verweisende Vorschrift des nunmehrigen § 41 entspricht den §§ 28, 41 und 52 von Art. 28 des E. I. Die jetzt maßgebenden Vorschriften des BGB. sind die §§ 1303 ff. BGB. Vgl. Bem. A.

Im Uebrigen ergiebt sich die Hinfälligkeit des bisherigen § 41 schon im Hinblick auf Art. 13 Abs. 3 EG. (Die Form einer Ehe, die im Inlande geschlossen wird, bestimmt sich ausschließlich nach den deutschen Gesetzen.)

Der neue § 41 ist nunmehr zum ersten Paragraph des III. und IV. Abschnitts geworden und vertritt hier die Stelle der sämmtlichen aufgehobenen Vorschriften.

b) Der bisherige § 44 Abs. 1 ist ersetzt durch § 1316 Abs. 1 Satz 1 BGB. Vgl. hiezu die Bem. zu § 1316 in Bd. IV.

Der neue § 44 entspricht dem bisherigen § 44 Abs. 2.

c) Die Ordnungsvorschrift des neuen § 50 entspricht dem bisherigen § 50 Abs. 2 und steht mit § 1316 Abs. 2 BGB. unter dem Abmaß im Einklang, daß in § 50 ärztliche Bescheinigung verlangt wird. Vgl. hiezu Bem. 5 zu § 1316 in Bd. IV.

Eine dem bisherigen § 50 Abs. 1 entsprechende Vorschrift enthält § 1322 Abs. 2 mit § 1316 Abs. 3 BGB. Vgl. Bem. 6 zu letzteren Paragraphen in Bd. IV.

d) Der neue § 55 entspricht dem bisherigen § 55 Abs. 1: die veränderte Fassung ist durch den Sprachgebrauch und die Vorschriften des BGB. (§§ 1323 ff.; § 1348 Abs. 2; §§ 1564, 1575, 1586 und 1587) sowie der CPO. (§ 606) veranlaßt (P. VI, 596 ff., RTK. 332, 333, 440, 441). Vgl. hiezu Vorbem. X vor §§ 1323 ff. und auch Rspr. d. OLG. (Kammerger.) Bd. 7 S. 412 und Central-Bl. Bd. 4 S. 503 (die Eintragung der Nichtigkeit einer Ehe in das Standesregister kann nur auf Grund eines im Inland ergangenen Urtheils erfolgen).

Der bisherige § 55 Abs. 2 kommt durch die Vorschrift des § 1564 BGB. in Wegfall (EM. 140).

C. Zu Ziff. III. Diese erst in der RTK. (S. 332, 333) beschlossene Zusatzbestimmung zum § 67, welche einen Geistlichen oder Religionsdiener, der zu den religiösen Feierlichkeiten einer Eheschließung schreitet, bevor ihm nachgewiesen worden ist, daß die Ehe vor dem Standesbeamten geschlossen sei, von der Strafe des nunmehrigen § 67 Abs. 1 befreit, wenn die Ursache der Vornahme der religiösen Feierlichkeiten eine lebensgefährliche, einen Aufschub nicht gestattende Erkrankung eines der Verlobten ist, beruht auf demselben Gedanken, wie die Vorschriften des § 50 (s. oben B, c) und des § 1316 Abs. 2 BGB. Für die Auslegung ist also jene letztere Vorschrift von Bedeutung. (Vgl. Bem. 5 zu § 1316 in Bd. IV.) Die Straflosigkeit des Geistlichen bewirkt selbstverständlich nicht die bürgerliche Gültigkeit der Ehe. Vgl. hiezu im Einzelnen Sartorius S. 412 ff. und auch Jur. Wschr. 1887 S. 65.

D. Zu Ziff. IV. Die Einschaltung „und in dem BGB." ist in § 69 nothwendig, weil, wie oben dargelegt, ein großer Theil der Vorschriften über die Eheschließung künftig nicht mehr im Personenstandsgesetze, sondern im BGB. enthalten ist.

E. Zu Ziff. V. Die Vorschriften des BGB., auf welche hier für künftig verwiesen wird, sind die §§ 1317 bis 1321.

Art. 47.

Der Artikel 3 des Gesetzes, betreffend den Wucher, vom 24. Mai 1880 (Reichs-Gesetzbl. S. 109) in der Fassung des Artikel II des Gesetzes, betreffend Ergänzung der Bestimmungen über den Wucher, vom 19. Juni 1893 (Reichs-Gesetzbl. S. 197) wird aufgehoben.

1. Dieser Artikel wurde erst in der Reichstagskommission beschlossen (RTK. 47 und 48). Nach dem E. I hätte an dem Wuchergesetze nichts geändert werden sollen (EM. 134).

2. Der Art. 3 des Wuchergesetzes vom 24. Mai 1880 in der Fassung des Art. II des Ges. vom 19. Juni 1893 lautete:

„Verträge, welche gegen die Vorschriften der §§ 302 a, 302 b, 302 c des StGB. verstoßen, sind ungültig.

Sämmtliche von dem Schuldner oder für ihn geleisteten Vermögensvortheile (§§ 302 a, 302 c) müssen zurückgewährt und vom Tage des Empfangs an verzinst werden. Hiefür sind diejenigen, welche sich des Wuchers schuldig gemacht haben, solidarisch verhaftet, der nach § 302 c des StGB. Schuldige jedoch nur in der Höhe des von ihm oder einem Rechtsnachfolger Empfangenen. Die Verpflichtung eines Dritten, welcher sich des Wuchers nicht schuldig gemacht hat, bestimmt sich nach den Vorschriften des bürgerlichen Rechts.

Das Recht der Rückforderung verjährt in fünf Jahren seit dem Tage, an welchem die Leistung erfolgt ist.

Der Gläubiger ist berechtigt, das aus dem ungültigen Vertrage Geleistete zurückzufordern; für diesen Anspruch haftet die für die vertragsmäßige Forderung geleistete Sicherheit. Die weiter gehenden Rechte eines Gläubigers, welchem nach den Bestimmungen des bürgerlichen Rechts die Ungültigkeit des Vertrags nicht entgegengesetzt werden kann, werden hiedurch nicht berührt."

3. In Folge der durch Art. 47 dieses Gesetzes bewirkten Aufhebung des Art. 3 des Wuchergesetzes treten an die Stelle desselben folgende Bestimmungen:

a) Abs. 1 ist durch die §§ 138 und 134 BGB. ersetzt (vgl. die Bem. hiezu, insbesondere auch Bem. 2 zu § 138).

b) Abs. 2 ist ersetzt durch die §§ 812, 817 ff., 823 ff. BGB. Insbesondere ist der Wucherer dem Bewucherten außer zur Herausgabe auch zum Schadensersatze verpflichtet (§ 826). Mehrere des Wuchers Schuldige haften dem Bewucherten gesammtverbindlich (§ 830). Das letztere gilt auch von einem Dritten, welcher in Kenntniß der Sachlage die mit dem wucherlichen Geschäfte erwachsenen Vermögensvortheile erwirbt und entweder weiter veräußert oder geltend macht, sofern er sich hiebei bewußt ist, daß er durch seine Handlung dem Bewucherten Schaden zufügt, und nicht etwa z. B. in der wohlwollenden Absicht handelt, den Schuldner aus den Händen des Wucherers zu befreien (RTK. 440 S. 43, 44 zu § 809 a). Vgl. insbesondere auch die Bem. zu § 817.

c) An die Stelle des Abs. 3 tritt § 852 BGB., wonach die Verjährungsfrist theils kürzer (drei Jahre), theils länger (30 Jahre) ist.

d) Auch an die Stelle des Abs. 4 treten §§ 812 ff. BGB. Die besondere Vergünstigung, welche Halbsatz 2 von Satz 1 dem Gläubiger bisher gewährte, kommt in Wegfall.

4. Die civilrechtliche Fortgeltung des Wuchergesetzes ist nunmehr auf dessen Art. 4 beschränkt und zwar in der Fassung des Art. II des Gesetzes, betr. die Ergänzung der Bestimmungen über den Wucher, vom 19. Juni 1893 (RGBl. S. 197). Dieser lautet:

Art. 4. „Wer aus dem Betriebe von Geld- oder Kreditgeschäften ein Gewerbe macht, hat die Rechnung des Geschäftsjahres für jeden, welcher ein Geschäft der bezeichneten Art mit ihm abgeschlossen hat und daraus sein Schuldner geworden ist, abzuschließen und dem Schuldner binnen drei Monaten nach Schluß des Jahres einen schriftlichen Auszug dieser Rechnung mitzutheilen, der außer dem Ergebniß derselben auch erkennen läßt, wie solches erwachsen ist.

„Wer sich dieser Verpflichtung vorsätzlich entzieht, wird mit Geldstrafe bis zu fünfhundert Mark oder mit Haft bestraft und verliert den Anspruch auf die Zinsen für das verflossene Jahr hinsichtlich der Geschäfte, welche in den Rechnungsauszug aufzunehmen waren.

Die vorstehenden Bestimmungen finden keine Anwendung:

1. wenn das Schuldverhältniß auf nur Einem während des abgelaufenen Geschäftsjahres abgeschlossenen Rechtsgeschäfte beruht, über dessen Entstehung und Ergebniß dem Schuldner eine schriftliche Mittheilung behändigt ist;

2. auf öffentliche Banken, Notenbanken, Bodenkreditinstitute und Hypothekenbanken auf Aktien, auf öffentliche Leihanstalten, auf Spar- und Darleihinstitute öffentlicher Korporationen und auf eingetragene Genossenschaften, soweit es sich bei den eingetragenen Genossenschaften um den Geschäftsverkehr mit den Mitgliedern handelt;

3. auf den Geschäftsverkehr zwischen Kaufleuten, deren Firma in das Handelsregister eingetragen ist."

5. Bezüglich der zulässigen Höhe der Zinsen vgl. die Bem. zu Art. 39 EG. und Staub in Anm. 14 zu § 352 HGB.

Art. 48.

Der § 16 Abs. 2 des Gesetzes, betreffend die Fürsorge für die Wittwen und Waisen der Reichsbeamten der Civilverwaltung, vom 20. April 1881 (Reichs-Gesetzbl. S. 85) wird aufgehoben.

E. I, 29; II, 22; III, 46.

1. Nach Art. 29 des E. I hätte der § 16 Abs. 2 eine mit den §§ 197 und 201 BGB. übereinstimmende Fassung finden sollen (EM. 142; Reatz III, 32). Die II. Komm. beschloß jedoch, dem Artikel die nunmehrige Fassung zu geben, weil obiger § 16 Abs. 2 durch die erwähnten §§ 197 und 201 BGB. vollständig gedeckt ist (P. VI, 598, 599). Daß die Verjährung auch künftighin zum Vortheil der Reichskasse erfolgt, ist selbstverständlich (EM. 143).

2. Bezüglich sonstiger Aenderungen des hier in Frage stehenden Gesetzes vgl. Reichsgesetz vom 17. Mai 1897 (RGBl. S. 455).

Art. 49.

Der § 18 Abs. 2 des Gesetzes, betreffend die Fürsorge für die Wittwen und Waisen von Angehörigen des Reichsheeres und der Kaiserlichen Marine, vom 17. Juni 1887 (Reichs-Gesetzbl. S. 237) wird aufgehoben.

E. I, 30; II, 23; III, 47.

Hieher gelten die Bemerkungen zu Art. 48 ihrem vollen Umfange nach.

Art. 50.

Der § 9 des Gesetzes, betreffend das Reichsschuldbuch, vom 31. Mai 1891 (Reichs-Gesetzbl. S. 321) wird dahin geändert:

Eine Ehefrau wird zu Anträgen ohne Zustimmung des Ehemannes zugelassen.

Die Ehefrau bedarf der Zustimmung des Ehemannes, wenn ein Vermerk zu dessen Gunsten eingetragen ist. Ein solcher Vermerk ist einzutragen, wenn die Ehefrau oder mit ihrer Zustimmung der Ehemann die Eintragung beantragt. Die Ehefrau ist dem Ehemanne gegenüber zur Ertheilung der Zustimmung verpflichtet, wenn sie nach dem unter ihnen bestehenden Güterstande über die Buchforderung nur mit Zustimmung des Ehemannes verfügen kann.

E. II, 24; III, 48.

1. Art. 50 wurde erst in der II. Komm. aufgestellt (P. 598, 599; Reatz III, 32).
2. Der bisherige § 9 des Ges. vom 31. Mai 1891 lautete:
„Ehefrauen und großjährige Personen unter väterlicher Gewalt werden zu Anträgen ohne Zustimmung des Ehemannes bezw. Vaters zugelassen."
3. Hinsichtlich der Aenderungen, welche Art. 50 an diesem § 9 bringt, ist Folgendes hervorzuheben:
   a) Der Abs. 1 des neuen § 9 stimmt hinsichtlich der Ehefrauen inhaltlich mit dem bisherigen § 9 vollständig überein.
   Großjährige Personen unter väterlicher Gewalt giebt es nach dem BGB. (§ 1626) nicht, weßhalb diese aus der Vorschrift des bisherigen § 9 gestrichen werden mußten.
   b) Der Abs. 2 ist neu und von der II. Komm. aus denselben Gründen wie der Abs. 2 des Art. 97 dieses Gesetzes, mit dem er sachlich übereinstimmt, aufgestellt worden. Es wird deßhalb hieher lediglich auf Bem. 2 zu Art. 97 Bezug genommen und nur noch bemerkt, daß die neue Vorschrift deßhalb aufgestellt wurde, damit der Mann ein selbständiges Recht auf Eintragung gegen die Reichsschuldenverwaltung erlange, während letztere bisher nicht verpflichtet war, sich mit dem Manne einzulassen, und selbst wenn sie thatsächlich einen Vermerk zu Gunsten des Mannes eintrug, für ein Zuwiderhandeln gegen den Vermerk nur aus besonderen Gründen verantwortlich gemacht werden konnte (P. VI, 598, 599).
   Vgl. hiezu im Einzelnen § 1393 BGB. mit Bem. 2 (in Verbindung mit §§ 1081, 1395, 1438 Abs. 3, 1519 Abs. 2, 1549), s. ferner Bem. 2, c a. E. zu § 1376. Vgl. außerdem auch Bem. III zu § 806 und Art. 49 ff. bayr. AG. z. BGB.
4. Aenderungen des § 11 Abs. 2 dieses Gesetzes ergeben sich auch durch § 188 FG.

Art. 51.

Der § 8 Abs. 2 des Gesetzes, betreffend die Fürsorge für die Wittwen und Waisen der Personen des Soldatenstandes des Reichsheeres und der Kaiserlichen

Marine vom Feldwebel abwärts, vom 13. Juni 1895 (Reichs-Gesetzbl. S. 261) wird aufgehoben.

E. II, 25; III, 49.

Für diesen erst in der II. Komm. aufgestellten Artikel (vgl. Reatz III, 33) gelten die Bem. zu Art. 48.

Art. 52.*)

Ist auf Grund eines Reichsgesetzes dem Eigenthümer einer Sache wegen der im öffentlichen Interesse erfolgenden Entziehung, Beschädigung oder Benutzung der Sache oder wegen Beschränkung des Eigenthums eine Entschädigung zu gewähren und steht einem Dritten ein Recht an der Sache zu, für welches nicht eine besondere Entschädigung gewährt wird, so hat der Dritte, soweit sein Recht beeinträchtigt wird, an dem Entschädigungsanspruche dieselben Rechte, die ihm im Falle des Erlöschens seines Rechtes durch Zwangsversteigerung an dem Erlöse zustehen.

E. I, 31 Abs. 1 und 2; II, 26; III, 50.

1. Der Art. 31 des E. I hat in der II. Komm. eine Umarbeitung in die nunmehrigen Art. 52, 53 und 54 dieses Gesetzes erfahren, welche nicht bloß redaktionell, sondern auch in ihren Wirkungen nicht unerheblich vom ersten Entwurf abweichen (Mot. z. EG. 143 ff.; P. VI, 598, 599; Reatz III, 33 ff.).

2. Die allgemeinen Voraussetzungen der Art. 52, 53 und 54 dieses Gesetzes sind,

a) daß dem Eigenthümer einer Sache eine Entschädigung zu gewähren ist,
b) daß die Entschädigung zu gewähren ist entweder
   α) wegen Entziehung der Sache oder
   β) wegen Beschädigung der Sache oder
   γ) wegen Benutzung der Sache oder
   δ) wegen Beschränkung des Eigenthums an der Sache,
c) daß die Entziehung, Beschädigung oder Benutzung der Sache oder die Beschränkung des Eigenthums
   α) im öffentlichen Interesse erfolgt und
   β) auf Grund eines Reichsgesetzes, dann
d) daß an der Sache dem Dritten ein Recht zusteht, für welches nicht eine besondere Entschädigung gewährt wird, und
e) daß das Recht des Dritten wegen der Maßnahmen unter b, α—δ beeinträchtigt wird.

Zu a. Die Sache kann eine bewegliche oder unbewegliche sein. Doch stellt Art. 53 für den Fall, daß die Entschädigung dem Eigenthümer eines Grundstücks zu gewähren ist, Sondervorschriften auf. Vgl. Bem. 3.

Zu c, β. Einschlägige Reichsgesetze sind:

§ 51 der Gewerbeordnung (Untersagung einer gewerblichen Anlage im Interesse des Gemeinwohls),

Rinderpestgesetz v. 7. April 1869 § 3 (Tödtung von Thieren),

Rayongesetz v. 21. Dezember 1871 §§ 34 ff. (Beschränkung des Grundeigenthums in der Nähe von Festungen) und §§ 44 ff. (Armirung von Befestigungen); vgl. auch Art. 54 mit Bem.,

Kriegsleistungsgesetz v. 13. Juni 1873 §§ 14—27,

Naturalleistungsgesetz v. 12. Februar 1875 und 24. Mai 1898 (RGBl. S. 361) § 16,

Viehseuchengesetz v. 23. Juni 1880 §§ 57 ff. in der Fassung des Art. 7a des Ges. v. 1. Mai 1894,

Reblausgesetz v. 3. Juli 1883 §§ 10 ff.,

Telegraphenwegegesetz v. 18. Dezember 1899 (RGBl. S. 705) § 12 (Beschädigung durch Führung von Telegraphenlinien),

---

*) Spezialliteratur: Feldhahn in Gruchot, Beitr. Bd. 41 S. 318 ff., insbes. S. 335 ff. (Das Reichsrayongesetz vom 21. Dezember 1871 in seiner Bedeutung für die Hypotheken- und Grundschuldgläubiger nach Landes- und Reichsrecht.)

Gesetz, betr. die Bekämpfung gemeingefährlicher Krankheiten v. 30. Juni 1900 (RGBl. S. 306) §§ 11 ff., 28 ff.

Vgl. ferner die Art. 67, 109 und 120 Abs. 4 dieses Ges. mit Bem.

Zu d. In der Voraussetzung unter d liegt der Grund für die Aufstellung der Art. 52 bis 54, da „die hier einschlägigen Enteignungsgesetze eine staatliche Entschädigungspflicht lediglich dem Eigenthümer gegenüber bestimmen, die Regelung der Frage aber, welche Rechte anderen Realberechtigten außer dem Eigenthümer an der dem letzteren wegen des Eingriffs zu gewährenden Entschädigung zustehen, dem Privatrecht überlassen" (Mot. z. EG. 143).

3. Die Wirkungen, welche beim Vorliegen der unter Ziff. 2 dargelegten Voraussetzungen des Art. 52 eintreten, bestehen darin, daß der Drittberechtigte, soweit sein Recht beeinträchtigt wird, an dem Entschädigungsanspruche dieselben Rechte hat, die ihm im Falle des Erlöschens seines Rechtes durch Zwangsversteigerung an dem Erlöse zustehen.

Hiezu ist Folgendes zu bemerken:

a) Im Falle der Zwangsversteigerung erlöschen Rechte Dritter, sofern es sich um die Zwangsversteigerung eines Grundstücks und der mithaftenden beweglichen Sachen handelt und der Zuschlag an den Ersteher rechtskräftig erfolgt ist (ZwVG. § 91).

Welche Rechte an die Stelle des erlöschenden Rechtes treten, bestimmt für diesen Fall der § 92 des ZwVG. in folgender Weise:

α) An die Stelle des beeinträchtigten Rechtes tritt der Anspruch auf Ersatz des Werthes aus dem Versteigerungserlöse (Surrogationsprinzip).

β) Ist das beeinträchtigte Recht ein Nießbrauch (vgl. P. a. a. O.), eine beschränkte persönliche Dienstbarkeit oder eine Reallast von unbestimmter Dauer, so ist der Werthsersatz durch Zahlung einer dem Jahreswerthe des Rechtes gleichkommenden Geldrente zu leisten, wobei der Betrag für je drei Monate vorauszuzahlen ist und der Anspruch auf eine fällig gewordene Zahlung dem Berechtigten auch dann verbleibt, wenn das Recht auf die Rente vor dem Ablaufe der drei Monate erlischt.

γ) Ist das beeinträchtigte Recht ein Erbbaurecht, eine Dienstbarkeit, eine Reallast oder ein nach Landesgesetz begründetes Nutzungsrecht, so ist dessen Werth durch Schätzung festzustellen (vgl. BGB. § 882). Der ermittelte Werthsbetrag ist aus dem Entschädigungsanspruch in derselben Weise wie eine Hypothek zu ersetzen. (Vgl. jedoch Abs. 2 des Art. 53.)

δ) Ist das beeinträchtigte Recht ablösbar, so bestimmt sich der Betrag der Ersatzleistung durch die Ablösungssumme; diese wäre z. B. hinsichtlich der Ehehaften in Bayern nach Maßgabe der Art. 2—8 des Ges. vom 23. Februar 1868 zu bestimmen.

b) Handelt es sich um bewegliche Sachen, welche nicht unter a fallen, so kommt (vgl. P. a. a. O.) der § 1247 Satz 2 BGB. in Betracht, nach welchem der beim Pfandverkauf erzielte Erlös an die Stelle des Pfandes tritt.

4. Ueber Anwendbarkeit der Art. 52 ff. auf Entschädigungen anläßlich einer Beschädigung durch Bergbau s. Art. 67 mit Bem.

5. Hinsichtlich der landesgesetzlichen Enteignungsfälle s. Art. 109 mit Bem.

6. Einen besonderen reichsgesetzlichen Vorbehalt gegenüber den Normen der Art. 52, 53 stellt Art. 54 für das Reichsrayongesetz auf.

Art. 53.

Ist in einem Falle des Artikel 52 die Entschädigung dem Eigenthümer eines Grundstücks zu gewähren, so finden auf den Entschädigungsanspruch die Vorschriften des § 1128 des Bürgerlichen Gesetzbuchs entsprechende Anwendung. Erhebt ein Berechtigter innerhalb der im § 1128 bestimmten Frist Widerspruch gegen die Zahlung der Entschädigung an den Eigenthümer, so kann der Eigenthümer und jeder Berechtigte die Eröffnung eines Vertheilungsverfahrens nach den für die Vertheilung des Erlöses im Falle der Zwangsversteigerung geltenden

Vorschriften beantragen. Die Zahlung hat in diesem Falle an das für das Vertheilungsverfahren zuständige Gericht zu erfolgen.

Ist das Recht des Dritten eine Reallast, eine Hypothek, eine Grundschuld oder eine Rentenschuld, so erlischt die Haftung des Entschädigungsanspruchs, wenn der beschädigte Gegenstand wiederhergestellt oder für die entzogene bewegliche Sache Ersatz beschafft ist. Ist die Entschädigung wegen Benutzung des Grundstücks oder wegen Entziehung oder Beschädigung von Früchten oder von Zubehörstücken zu gewähren, so finden die Vorschriften des § 1123 Abs. 2 Satz 1 und des § 1124 Abs. 1, 3 des Bürgerlichen Gesetzbuchs entsprechende Anwendung.

E. I, 31 Abs. 1 u. 2; II, 27; III, 51.

I. Vgl. Bem. 1 u. 2 zu Art. 52 und ferner P. VI, 464—469, 586.

II. Art. 53 giebt spezielle Vorschriften für den Fall, daß

A. die Voraussetzungen des Art. 52 vorliegen und

B. daß unter diesen Voraussetzungen die Entschädigung an den Eigenthümer eines Grundstücks zu gewähren ist.

Vgl. hiezu auch Bem. 3 zu § 1128 Abs. 2 in Bd. II dieses Komm.

Diese Vorschriften sind folgende:

1. Die Haftung des Entschädigungsanspruchs des Eigenthümers für eine auf dem Grundstücke ruhende Reallast, Hypothek, Grund- oder Rentenschuld erlischt, wenn, was bei Bergschäden häufiger vorkommt (P. a. a. O.), entweder

a) die Entschädigung für die Beschädigung des Grundstücks oder der mithaftenden beweglichen Sachen zu gewähren ist, der beschädigte Gegenstand aber wiederhergestellt wurde, oder

b) die Entschädigung für die Entziehung einer mithaftenden beweglichen Sache zu gewähren ist, für diese bewegliche Sache aber Ersatz beschafft wurde (Abs. 2 Satz 1).

Ist in diesen Fällen die Wiederherstellung des beschädigten Gegenstandes oder der für die entzogene bewegliche Sache beschaffte Ersatz nicht vollwerthig, so wird für den Minderwerth der Entschädigungsanspruch zu haften haben.

2. In den Fällen, wenn die Entschädigung an den Eigenthümer eines mit einer Reallast, einer Hypothek, einer Grundschuld oder einer Rentenschuld beschwerten Grundstücks entweder

a) wegen Benutzung des Grundstücks oder
b) wegen Entziehung von Früchten oder Zubehörstücken oder
c) wegen Beschädigung von Früchten oder Zubehörstücken zu gewähren ist,

treten die Vorschriften des § 1123 Abs. 2 Satz 1 und des § 1124 Abs. 1, 3 BGB. ein, d. h.:

α) Soweit die Entschädigungssumme fällig ist, wird sie mit Ablauf eines Jahres nach dem Eintritte der Fälligkeit von der Haftung für die Reallast, Hypothek, Grundschuld oder Rentenschuld frei, wenn nicht vorher die Beschlagnahme zu Gunsten des Gläubigers erfolgt.

β) Wird die Entschädigungssumme (schon vor dem in α bezeichneten Zeitpunkt) eingezogen, bevor sie zu Gunsten des Gläubigers (d. h. der Reallast, Hypothek, Grund- oder Rentenschuld) mit Beschlag belegt wird, oder wird vor einer solchen Beschlagnahme in anderer Weise über die Entschädigungssumme verfügt, so ist die Verfügung dem Gläubiger gegenüber wirksam.

γ) Wird vom Eigenthümer des Grundstücks die Forderung der Entschädigungssumme auf einen Dritten übertragen oder das Grundstück ohne die Forderung der Entschädigungssumme veräußert, so erlischt die Haftung der Entschädigungssumme für die Reallast, Hypothek ꝛc.

δ) Erlangt ein Dritter (z. B. durch Vollstreckungspfändung) ein Recht an der Entschädigungssumme, so geht dieses Recht der Reallast, Hypothek ꝛc. im Range vor (Abs. 2 Satz 2).

3. Handelt es sich nicht um einen der Fälle der Ziffern 1 oder 2, so finden (nach Abs. 1)

a) auf den Entschädigungsanspruch die Vorschriften des § 1128 BGB. entsprechende Anwendung, d. h.:

Der Entschädigungspflichtige kann die Entschädigungssumme mit Wirkung gegenüber den Realberechtigten an den Eigenthümer erst dann bezahlen, wenn

α) der Entschädigungspflichtige oder der Eigenthümer dem Realberechtigten den Eintritt des Schadens angezeigt hat und seit dem Empfange der Anzeige ein Monat verstrichen ist, ohne daß der Realberechtigte dem Entschädigungspflichtigen gegenüber der Zahlung (an den Eigenthümer) widersprochen hat, oder

β) wenn die bei α berührte Anzeige unthunlich ist und seit dem Zeitpunkte der Fälligkeit der Entschädigungssumme ein Monat verstrichen ist.

b) Erhebt im Falle von a ein Realberechtigter innerhalb der einmonatigen Frist Widerspruch gegen die Zahlung der Entschädigungssumme an den Eigenthümer, so kann sowohl vom Eigenthümer als von jedem Berechtigten die Einleitung eines Vertheilungsverfahrens nach Maßgabe der §§ 105 ff. des ZwVG. und mit der Wirkung beantragt werden, daß der Entschädigungspflichtige die Entschädigungssumme an das für das Vertheilungsverfahren zuständige Gericht zu bezahlen hat.

Für Preußen vgl. hiezu auch Art. 35–45 Preuß. AG. z. ZwVG.

c) Wird zwar Widerspruch nach a erhoben, aber die Einleitung eines Vertheilungsverfahrens nicht beantragt, so finden (gemäß § 1128 Abs. 2 BGB.) auf die Entschädigungssumme die für eine verpfändete Forderung geltenden Vorschriften der §§ 1279 bis 1290 BGB. mit der Maßgabe Anwendung, daß

α) der Entschädigungspflichtige als Schuldner, der Eigenthümer als Gläubiger, die Realberechtigten als Pfandgläubiger zu behandeln sind und daß

β) der Entschädigungspflichtige sich nicht darauf berufen kann, daß er ein aus dem Grundbuch ersichtliches Recht eines Dritten an dem Grundstücke nicht gekannt hat.

4. Als widerspruchsberechtigt im Sinne dieses Art., insbesondere im Falle einer Entschädigung nach §§ 14, 16 des Gesetzes über die Naturalleistungen für die bewaffnete Macht im Frieden vom 13. Februar 1875, nach dem Gesetz über die Kriegsleistungen vom 13. Juni 1873 und nach RGew.O. § 51 muß auch der Vormerkungsberechtigte gelten, vgl. Othmer, Die rechtliche Wirkung der Vormerkung S. 103.

Meyer, Recht 1901 S. 15 erachtet mit Recht eine Verurtheilung unter dem Vorbehalte der Rechte des Beklagten aus Art. 119, 52, 53 und § 1128 für unzulässig, da der Beklagte im Wege der Einrede geltend machen könne, daß und welche Realberechtigte vorhanden seien, für welche die Entschädigung an das Gericht bezahlt werden könne.

III. Ueber Befreiung der Entschädigungsforderung von der Haftung durch ein Unschädlichkeitszeugniß s. Art. 120 Nr. 3.

IV. Bezüglich landesgesetzlicher Enteignungsfälle vgl. Art. 109 mit Bem.

V. Ueber Anwendbarkeit des Art. 53 auf Beschädigungen durch Bergbau s. Art. 67 mit Bem. Vgl. hiezu auch Rspr. d. OLG. (Hamm) Bd. 1 S. 328.

Art. 54.*)

Die Vorschrift des § 36 Abs. 4 des Gesetzes, betreffend die Beschränkungen des Grundeigenthums in der Umgebung von Festungen, vom 21. Dezember 1871 (Reichs-Gesetzbl. S. 459) wird durch die Vorschriften der Artikel 52, 53 nicht berührt. Findet nach diesen Vorschriften ein Vertheilungsverfahren statt, so ist die Entschädigung auf Ersuchen des für das Verfahren zuständigen Gerichts an dieses zu leisten, soweit sie zur Zeit der Stellung des Ersuchens noch aussteht.

---

*) Vgl. hiezu die Abhandlung von Feldhahn in Gruchot, Beitr. Bd. 41 S. 318 ff.

Die Vorschrift des § 37 desselben Gesetzes wird dahin geändert:

Ist das Grundstück mit einem Rechte belastet, welches durch die Beschränkung des Eigenthums beeinträchtigt wird, so kann der Berechtigte bis zum Ablauf eines Monats, nachdem ihm der Eigenthümer die Beschränkung des Eigenthums mitgetheilt hat, die Eröffnung des Vertheilungsverfahrens beantragen.

E. I, 31 Abs. 3; II, 28; III, 52.

1. Der Art. 31 Abs. 3 des E. I lautete:

„Die Vorschrift des § 36 Abs. 4 des Gesetzes betr. die Beschr. des Grundeigenthums in der Umgebung von Festungen vom 21. Dezember 1871 bleibt unberührt. Die Vorschrift des § 37 desselben Gesetzes wird aufgehoben."

Die nunmehrige Fassung des Artikels beruht auf dem Beschlusse der II. Komm. Vgl. Bem. 1 zu Art. 52.

2. Nach § 36 des Rayongesetzes wird die für die Beschränkung des Grundeigenthums in der Umgebung von Festungen zu leistende Entschädigung je nach den gegebenen Voraussetzungen entweder in einer Rente oder in einer Kapitalsabfindung bezahlt.

Abs. 4 des § 36 lautet:

„Die Rente wird dem jeweiligen im Rayonkataster bezeichneten Besitzer des Grundstücks (vgl. RGE. Bd. 16 S. 31) in vierteljährigen Raten postnumerando bezahlt."

Diese (in RGE. Bd. 17 S. 33 erläuterte) Vorschrift wird nach Abs. 1 durch die Vorschriften der Art. 52 und 53 nicht berührt; die Festungskasse bleibt also berechtigt, an den im Rayonkataster eingetragenen Besitzer des Grundstücks zu bezahlen, jedoch nur, wie der zweite Satz von Abs. 1 bestimmt, bis zu dem Zeitpunkt, in welchem nach den Vorschriften der Art. 52 und 53 ein Vertheilungsverfahren stattfindet **und** das hiefür zuständige Gericht an die Festungskasse das Ersuchen richtet, die Entschädigung an das Gericht zu bezahlen. Von diesem Zeitpunkt an darf sie nicht mehr an den Besitzer bezahlen, sondern sie muß ihre Schuld im jeweils noch bestehenden Betrag an das für das Vertheilungsverfahren zuständige Gericht einsenden; durch diese Einsendung wird sie von jeder weiteren Haftung befreit (vgl. P. VI, 469, 605).

3. § 37 des Rayongesetzes lautete bisher:

„Welche Rechte anderen Realberechtigten an der Entschädigung zustehen, bestimmt sich nach den Landesgesetzen."

Die nunmehrige Vorschrift des § 37 giebt den Realberechtigten nicht alle ihnen in sonstigen ähnlichen Fällen zustehenden Rechte, sondern sie dürfte im Zusammenhalte mit Abs. 1 des Art. 54 folgende Tragweite haben (vgl. hiezu auch Feldhahn a. a. O. S. 336, 337):

a) Die Festungskasse hat nicht die in Art. 53 dieses Ges. mit § 1128 BGB. normirte Verpflichtung, dem Realberechtigten Anzeige zu machen und mit der Zahlung an den Eigenthümer nach Maßgabe des § 1128 BGB. zurückzuhalten.

b) Wohl aber wird sie für befugt zu erachten sein, die Zahlung an den Eigenthümer zu verweigern, bis dieser den Realberechtigten Anzeige gemacht hat und die Frist des § 1128 BGB. abgelaufen ist.

c) Die Realberechtigten haben, wenn sie verhindern wollen, daß die Festungskasse an den Eigenthümer bezahlt, nur das Mittel, die Eröffnung des Vertheilungsverfahrens zu beantragen; denn erst das Ersuchen des Gerichts, nicht etwa schon ein Widerspruch des Realberechtigten gegenüber der Festungskasse, verpflichtet letztere, nicht mehr an den Eigenthümer zu zahlen. Der Antrag auf Einleitung des Vertheilungsverfahrens ist nur zulässig bis zum Ablauf eines Monats, nachdem der Eigenthümer von der Beschränkung des Eigenthums Mittheilung gemacht hat, es wird dieser Antrag aber auch vor der Mittheilung des Eigenthümers gestellt werden können.

4. Aus der bisherigen Rechtsprechung zum Rayongesetze vgl. ferner, abgesehen von den oben cit. Urth., RGE. Bd. 24 S. 29, Bd. 22 S. 31, Gruchot, Beitr. Bd. 28 S. 1118, Jur. Wschr. 1887 S. 24.

Dritter Abschnitt.

Verhältniß des Bürgerlichen Gesetzbuchs zu den Landesgesetzen.

(Erläutert von Prof. Dr. L. Kuhlenbeck.)

Vorbemerkungen.

A. Der III. Abschnitt, welcher das Verhältniß des BGB. zu den Landesgesetzen regelt, stellt in Art. 55 den Grundsatz an die Spitze, daß durch das BGB. das Landesprivatrecht in seiner Gesammtheit aufgehoben und ausgeschlossen wird, mag es mit dem im BGB. enthaltenen Rechte inhaltlich übereinstimmen, diesem Rechte widerstreiten oder Lücken seiner Satzungen ergänzen (Mot. z. EG. 146).

Man bezeichnet diesen Grundsatz als Kodifikationsprinzip, weil er die gesetzgeberische Absicht ausdrückt, das Reichsprivatrecht als ein einheitliches Ganzes zu regeln. Daß alles in diesem einheitlichen Ganzen, dem neuen Kodex des Reichsprivatrechts enthaltene Privatrecht solches Landesprivatrecht aufgehoben hat, das die im BGB. geregelten Lebensverhältnisse betrifft, folgt nicht aus diesem Kodifikationsprinzip an sich, sondern erst in Verbindung damit aus Art. 2 der Reichsverfassung, wonach Reichsgesetze den Landesgesetzen vorgehen. Das moderne Reichsrecht ist darnach im Gegensatz zu demjenigen des älteren deutschen Reichs zwingend oder absolut gemeines Recht, d. h. es kann durch Landesgesetze auch in Zukunft nicht ausgeschlossen oder abgeändert werden. Aber auch eine bloß subsidiäre Geltung der Landesgesetze, mag es sich um früher entstandene oder um zukünftige handeln, ist in der durch das BGB. geregelten Materie nach diesem Kodifikationsprinzipe grundsätzlich ausgeschlossen. Dies folgt aus dem Art. 55 dieses Gesetzes, dem zufolge eine ergänzende Regelung dieser Materien durch Landesgesetze nur gestattet ist, soweit das BGB. oder dieses Gesetz ausdrücklich ein Anderes bestimmt, also kraft ausdrücklicher Vorbehalte landesgesetzliche Regelung gestattet.

Von der Kodifikation des BGB. werden nicht berührt:

I. selbstverständlich alle Rechtstheile, welche nicht dem bürgerlichen Rechte angehören; dahin sind das öffentliche Recht, das Verfahren in bürgerlichen Rechtstreitigkeiten und das Verfahren in der freiwilligen Rechtspflege zu stellen. (Vgl. Bem. 4, 5, 6 zu Art. 55.)

II. Von der Kodifikation werden weiter nicht berührt die privatrechtlichen Vorschriften der Landesgesetze, zu deren Gunsten im BGB. ein Anderes bestimmt, also ein Vorbehalt gemacht ist (Bem. 2 zu Art. 55).

III. Endlich fallen nicht unter die Kodifikation die privatrechtlichen Vorschriften, hinsichtlich deren zu Gunsten der Landesgesetzgebung in diesem Gesetz ein Vorbehalt gemacht ist.

Die Regelung dieser Vorbehalte ist die Aufgabe der Art. 56—152 dieses Abschnittes. Einleitend ist hiezu Folgendes zu bemerken:

1. Ueber die Gründe dieser Vorbehalte s. Bem. 9 zu Art. 55.

2. Die Vorbehalte sind theils allgemeine, theils spezielle. Ueber die Bedeutung dieses Unterschiedes s. Bem. 10 zu Art. 55. Ist dem Landesrechte generell eine Materie zugewiesen, so werden durch den Vorbehalt alle Normen getroffen, welche die Regelung der Materie zum Gegenstande haben. Zu einer Durchbrechung der allgemeinen Vorschriften des BGB. wird durch die Beschaffenheit der betreffenden Materie bei einem künftigen Eingreifen der Landesgesetzgebung begründeter Anlaß nicht häufig gegeben sein. An und für sich sind auch in Ansehung der allgemeinen Vorschriften des BGB. auf dem vorbehaltenen Gebiete Abweichungen statthaft; es steht nichts entgegen, daß die Landesgesetzgebung auf einem ihr vorbehaltenen Gebiete Sonderbestimmungen trifft über die Formerfordernisse eines Rechtsgeschäfts, über Statthaftigkeit oder Unstatthaftigkeit von Bedingungen oder Zeit-

bestimmungen, über die Verjährung, über die Wirksamkeit des rechtskräftigen Urtheils gegen Dritte, über die das Grundbuchrecht betreffenden Fragen u. s. w. Ebenso schließt die Beseitigung der Institute der unvordenklichen Verjährung und der Wiedereinsetzung in den vorigen Stand durch das BGB. nicht aus, daß landesgesetzliche Vorschriften über unvordenkliche Verjährung und Wiedereinsetzung in den vorigen Stand für eine vorbehaltene Materie getroffen werden können, bezw. daß bereits getroffene derartige Vorschriften ihre Kraft behalten. In Kraft bleiben nicht minder diejenigen bestehenden Vorschriften, welche zwar inhaltlich von dem bisherigen gemeinen Privatrechte nicht abweichen, nach der Absicht des betr. Gesetzes aber nicht lediglich die Bedeutung einer erläuternden Wiederholung des gemeinen Rechtes haben, sondern einen Bestandtheil des Spezialrechts bilden sollen (Mot. z. EG. 149).

3. Durch allgemeine Vorbehalte werden aufrecht erhalten:

in Art. 56 die vor dem 1. Januar 1900 abgeschlossenen Staatsverträge einzelner Bundesstaaten mit ausländischen Staaten,
in Art. 57 die Sonderrechte der landesherrlichen und solchen gleichgestellten Häuser,
in Art. 58 die Landesgesetze über die Autonomie des hohen Adels.

Durch weitere allgemeine Vorbehalte werden gedeckt die Landesgesetze:

in Art. 59 über Lehen, Familienfideikommisse und Stammgüter,
in Art. 60 über die Revenuen-Hypothek,
in Art. 62 über die Rentengüter,
in Art. 63 über die Erbpacht, das Häusler- und Büdnerrecht,
in Art. 64 über das Anerbenrecht,
in Art. 65 über das Wasserrecht,
in Art. 66 über das Deich- und Sielrecht,
in Art. 67 über das Bergrecht,
in Art. 68 über Gewinnung eines nicht bergrechtlichen Minerals,
in Art. 69 über Jagd und Fischerei,
in Art. 70—72 über den Wildschadenersatz,
in Art. 73 über Regalien,
in Art. 74 über Zwangs- und Bannrechte und Realgewerbeberechtigungen,
in Art. 75 über das Versicherungsrecht und
in Art. 76 über das Verlagsrecht.

Nachdem inzwischen ein Reichsgesetz betr. das Verlagsrecht vom 19. Juni 1901 verkündet worden ist, ist Art. 76 dieses Gesetzes außer Kraft gesetzt worden. Ein Reichsgesetz betr. den Versicherungsvertrag ist inzwischen als Bundesrathsvorlage ausgearbeitet und veröffentlicht; seine bevorstehende Annahme durch den Reichstag wird auch Art. 75 dieses Gesetzes in Kürze außer Kraft setzen.

4. Die speziellen Vorbehalte sind nach der Legalordnung des BGB. geordnet und zwar betreffen:

a) den allgemeinen Theil

Art. 77 über die Haftung des Staates für Beamte,
Art. 78 über die Haftung der Beamten für Stellvertreter und Gehülfen,
Art. 79 über die Haftung von amtlich bestellten Schätzmännern,
Art. 80 und 81 über vermögensrechtliche Ansprüche und Verbindlichkeiten von Beamten, Geistlichen u. s. w.,
Art. 82 über konzessionirte Vereine,
Art. 83 über Waldgenossenschaften,
Art. 84 über die Rechtsfähigkeit von Religions- und geistlichen Gesellschaften,
Art. 85 über den Anfall des Vermögens eines aufgelösten Vereins,
Art. 86—88 über die Erwerbsbeschränkungen für juristische Personen, Religiosen, Ausländer,

Art. 89 über Privatpfändung,
Art. 90 über die Sicherheitsleistung von Beamten und Gewerbetreibenden und
Art. 91 über den gesetzlichen Hypothektitel des Fiskus und anderer juristischen Personen des öffentlichen Rechts.

b) In das Recht der Schuldverhältnisse schlagen ein die Vorbehalte:
in Art. 92 über Zahlungen aus öffentlichen Kassen,
in Art. 93 über Fristen für Räumung gemietheter Wohnungen,
in Art. 94 über das Pfandleihgewerbe,
in Art. 95 über das Gesinderecht,
in Art. 96 über Leibgedingsverträge,
in Art. 97 über das Staatsschuldbuch,
in Art. 98 über Rückzahlung und Umwandlung von Staatsschulden,
in Art. 99 über öffentliche Sparkassen,
in Art. 100 und 101 über Staats- und Kommunalschuldverschreibungen auf den Inhaber,
in Art. 102 über Kraftloserklärung und Zahlungssperre von Legitimationspapieren,
in Art. 103 über Ersatzansprüche für Armenunterstützung,
in Art. 104 über Rückerstattung öffentlicher Abgaben,
in Art. 105 und 106 über die Haftung von Betriebsunternehmern,
in Art. 107 über den Ersatz für Schaden an Grundstücken,
in Art. 108 über den Ersatz eines durch Aufruhr verursachten Schadens.

c) Das Sachenrecht betreffen die Vorbehalte:
in Art. 109 über Zwangsenteignung,
in Art. 110 über die Rechte an den bei Wiederherstellung zerstörter Gebäude in anderer Lage betheiligten Grundstücken,
in Art. 111 über Eigenthumsbeschränkungen im öffentlichen Interesse,
in Art. 112 über Bahneinheit,
in Art. 113 über Grundstückszusammenlegung, Gemeinheitstheilung, Ordnung gutsherrlich-bäuerlicher Verhältnisse, Wegeregulirung, Ablösung, Umwandlung und Einschränkung von Grunddienstbarkeiten und Reallasten,
in Art. 114 über Befreiung der Ablösungsrenten von der Eintragung im Grundbuch,
in Art. 115 über Beschränkungen der Belastung des Grundstückseigenthums,
in Art. 117 über Verschuldungsgrenzen für Grundstücke,
in Art. 118 über Vorzugsrechte für Meliorationsdarlehen,
in Art. 119 über die Beschränkung von Grundstücks-Veräußerungen, -Theilungen und -Vereinigungen,
in Art. 120 über das Unschädlichkeitszeugniß,
in Art. 121 über die Theilung ablösungsrentenpflichtiger Grundstücke,
in Art. 122 über Eigenthumsbeschränkungen zum Schutze der Obstbäume,
in Art. 123 über den Nothweg zu Wasserstraßen und Eisenbahnen,
in Art. 124 über das Nachbarrecht,
in Art. 125 über Ausdehnung des § 26 der Gewerbeordnung auf Verkehrsunternehmungen,
in Art. 126 über die Uebertragung von Grundstückseigenthum zwischen dem Staate und Kommunalverbänden und den letzteren unter sich,
in Art. 127 über die Uebertragung des Eigenthums an buchungsfreien Grundstücken,
in Art. 128 über Begründung und Aufhebung von Dienstbarkeiten an buchungsfreien Grundstücken,
in Art. 129 über Aneignung herrenloser Grundstücke,
in Art. 130 über Aneignung von Tauben,
in Art. 131 über das Stockwerkseigenthum,
in Art. 132 über Kirchen- und Schulbaulast,
in Art. 133 über das Recht auf Kirchenstühle und Begräbnißplätze.

d) Auf das Familienrecht beziehen sich die Vorbehalte:
in Art. 134 über die religiöse Erziehung der Kinder,
in Art. 135 über öffentliche Zwangserziehung Minderjähriger,
in Art. 136 über den Anstaltsvormund.

e) Sowohl in das Familien- als in das Erbrecht schlägt ein der Vorbehalt
in Art. 137 über Feststellung des Ertragswerths eines Landguts.

f) Zum Erbrechte gehören die Vorbehalte:
in Art. 138 über das Recht auf eine erblose Erbschaft,
in Art. 139 über Rechte an dem Nachlasse von Personen, welche von juristischen Personen verpflegt oder unterstützt wurden,
in Art. 140 über Sicherung des Nachlasses.

5. Die Art. 61 und 116 enthalten reichsrechtliche Ausnahmevorschriften in Bezug auf die betreffenden vorausgegangenen Vorbehalte.

6. Die Art. 141—152 enthalten Vorbehalte zu Gunsten landesgesetzlicher Zuständigkeits- und Verfahrensvorschriften, aber auch einiger allgemeiner landesgesetzlicher Vorschriften des materiellen Rechtes. Es betreffen:

Art. 141 den Ausschluß der Gerichte oder Notare für die Zuständigkeit von Beurkundungen,
Art. 142 die Zuständigkeit für Beurkundung von Immobiliar-Veräußerungs-Verträgen,
Art. 143 die Zuständigkeit für Entgegennahme der Auflassung und Erleichterungen für letztere,
Art. 144—146 das Hinterlegungswesen,
Art. 147 die Zuständigkeit in Vormundschafts- und Nachlaßsachen,
Art. 148 die Ausschließung der Zuständigkeit des Nachlaßgerichts zur Aufnahme des Inventars,
Art. 149 die Urkundsperson bei Testamentserrichtung,
Art. 150 die Zuständigkeit für Aufnahme des Nothtestaments,
Art. 151 die Zulässigkeit allgemeiner landesgesetzlicher Vorschriften über die Errichtung letztwilliger Verfügungen,
Art. 152 die Rechtshängigkeit und deren Wirkungen in Streitigkeiten, welche nicht nach der CPO. zu erledigen sind.

7. Hervorzuheben ist (im Hinblick auf Mot. z. EG. 151 ff.) noch, daß allgemeine Vorbehalte nicht aufgestellt wurden:

a) für das Kirchenrecht, auf welches sich allerdings die speziellen Vorbehalte in Art. 80, 82, 84—87, 132, 134 erstrecken. Das Verhältniß des Staates zur Kirche und die inneren Verhältnisse der Kirche gehören dem öffentlichen Recht an, verbleiben also schon nach Ziff. I der landesgesetzlichen Regelung. Soweit es sich um Vorschriften über die privatrechtlichen Beziehungen der Kirche zu dritten Personen und um solche Vorschriften handelt, durch welche privatrechtliche (vermögensrechtliche und persönliche) Verhältnisse der Kirchenangehörigen geordnet werden, fallen sie allerdings unter die Kodifikation und treten deßhalb, wenn sie nicht durch einen der oben erwähnten speziellen Vorbehalte oder durch einen Vorbehalt des BGB. (vgl. §§ 25 ff., 85 ff.) selbst gedeckt werden, außer Kraft. Außer Kraft treten namentlich die eherechtlichen Vorschriften, soweit sie noch dem partikulären Kirchenrecht angehören, die Vorschriften über Privilegien der Kirche, kirchlichen Institute und kirchlichen Beamten auf dem Gebiete des Vermögensrechts, sowie die Vorschriften über die zu Gunsten von Kirchengut (res sacrae) bestehenden objektiven Veräußerungsverbote. Dabei kommt aber in Betracht, daß eine ohne die erforderliche Genehmigung der Aufsichtsbehörde erfolgte Veräußerung oder Belastung wie eine Verfügung durch einen Nichtberechtigten (vgl. BGB. §§ 135, 136) zu behandeln ist. (P. VI, 435 ff.)

b) Weiter fehlt ein allgemeiner Vorbehalt hinsichtlich des Militärrechts. Alle privatrechtlichen Privilegien der Militärpersonen und der Angehörigen der Kaiserlichen Marine treten daher, soweit sie nicht reichsrechtlich (z. B. durch das Militärgesetz oder durch das BGB. §§ 9, 15, 394, 400, 570, 1069, 1274, 1315, oder dieses Gesetz Art. 44 und 49) aufrecht erhalten sind, außer Kraft.

c) Auch für das Verwaltungsrecht fehlt ein allgemeiner Vorbehalt. Soweit dasselbe privatrechtliche Vorschriften enthält, welche nicht durch andere Vorbehalte (z. B. über Zwangsenteignung, Zwangserziehung, Staatsschuldbuch, Sparkassen, Bahneinheit, Wasserrecht, Bergrecht, Jagd und Fischerei) gedeckt sind, tritt es außer Kraft.

B. Die unter A, III, 3 und 4 gegebene Uebersicht des Inhalts dieses Abschnitts läßt ersehen, daß vom bisherigen Landesprivatrechte noch ein recht erheblicher Theil aufrecht erhalten bleiben kann und aufrecht bleibt.

C. Alle diese Vorbehalte haben eine zweifache Bedeutung. Soweit sie reichen, bleibt nämlich:

a) das bisherige einschlägige Landesrecht unberührt,

b) können neue landesgesetzliche Vorschriften erlassen werden.

Letzteres ist inzwischen in sehr umfassender Weise durch die sog. Ausführungsgesetze der einzelnen Bundesstaaten geschehen, durch die auch die nach a zunächst unberührt gebliebenen landesrechtlichen Materien in den meisten Bundesstaaten eine weitgreifende Neuregelung erhalten haben. Nothwendig wurden diese Ausführungsgesetze hauptsächlich aus folgenden Gründen:

1. Bei der historisch bedingten Abgrenzung zwischen dem Begriff des öffentlichen und privaten Rechtes (vgl. Bem. 6 zu Art. 55) würde es häufig sehr zweifelhaft sein, ob eine landesgesetzliche Vorschrift dem öffentlichen Rechte angehört, also ohne unter einen der besonderen Vorbehalte zu fallen, trotz der Vorschrift des Art. 55 bestehen bleibt. Die Ausführungsgesetze beseitigen vielfach diesen Zweifel, indem sie eine große Zahl von Landesgesetzen, auch soweit sie nicht schon durch das BGB. ihre Geltung verloren haben, ausdrücklich aufheben. Vgl. Planck Bem. 8 zum dritten Abschnitt dieses Gesetzes; Preuß. AG. z. BGB. Art. 89; Preuß. Ges. über freiw. G. Art. 144.

2. Nach Art. 4 dieses Gesetzes treten, soweit in Reichsgesetzen oder Landesgesetzen auf Vorschriften verwiesen ist, welche durch das BGB. oder durch dieses Gesetz außer Kraft gesetzt werden, an deren Stelle die entsprechenden Vorschriften des BGB. oder dieses Gesetzes.

Die Ausführungsgesetze der einzelnen Bundesstaaten haben sich nun vielfach der Aufgabe entzogen, dem Richter die oft schwierige Substitution der entsprechenden Vorschriften des BGB. zu ersparen oder zu erleichtern, das ältere Landesrecht also „modernisirt".

Soweit letzteres nicht geschehen ist, hat der Richter die entsprechende Anwendung derjenigen Bestimmungen des BGB., die nach Art. 4 an Stelle früheren Landeszivilrechts treten, selber vorzunehmen. Hierbei ist zu beachten, daß der Art. 4 nicht zur Anwendung kommt, wenn die vom Landesgesetz in Bezug genommenen Sätze entweder dem öffentlichen Rechte des betr. Bundesstaats oder selbst wieder dem vorbehaltenen Landesrecht angehören. Vgl. Oertmann, Bayrisches Landesprivatrecht S. 4 Nr. 2.

D. Eine die sämmtlichen Gesetze und mit Gesetzeskraft ausgestatteten Verordnungen, welche die einzelnen Bundesstaaten zur Ausführung des BGB. und seiner Nebengesetze bis jetzt erlassen haben, umfassende Sammlung — unter Weglassung lediglich der Gebühren- und Kostengesetze — ist diejenige des K. Landgerichtsraths Dr. H. Becher, München 1901 (J. Schweitzer Verlag). Wir werden im Folgenden die Ausführungsgesetze nach dieser Sammlung, welche unter alphabetischer Reihenfolge der Bundesstaaten die Gesetze bezw. Verordnungen chronologisch anordnet, citiren (also beispielsweise Becher I, 1 S. 4).

Die wichtigsten für die Ergänzung des BGB. in Betracht kommenden dieser Landesgesetze sind folgende:

I. Anhalt:
a) AG. z. BGB. vom 18. April 1899;
b) AG. z. GBO. vom 20. April 1899;
c) Gesindeordnung vom 21. April 1899;
d) Ges., den Ersatz des Wildschadens betr. vom 21. April 1899;
e) Verordnung betr. das Grundbuchwesen vom 10. Dezember 1899.

II. Baden:
a) AG. z. BGB. vom 17. Juni 1899;
b) Ges., die Eintragung des Eigentums in das Grundbuch betr. vom 14. April 1898;
c) Ges., die Abänderung des Jagdges. vom 2. Dezember 1850 und die Aufhebung des Wildschadensges. vom 22. Oktober 1833 betr. vom 9. August 1898;
d) Ges., die geschlossenen Hofgärten betr. vom 20. August 1898;
e) Ges., die Abänderung des Ges. vom 3. Februar 1868 über die Rechtsverhältnisse der Dienstboten betr. vom 20. August 1898;
f) Ges., die freiwillige Gerichtsbarkeit und das Notariat betr. vom 17. Juni 1899 (Rechtspolizeigesetz);
g) AG. z. GBO. vom 19. Juni 1899;
h) Landesherrliche Verordnung die Ausführung des BGB. und damit zusammenhängende Gesetze betr. (Allgemeine Ausführungsverordnung) vom 11. Nov. 1899;
i) Landesherrliche Verordnung die Ausführung der Grundbuchordnung betr. vom 13. Dezember 1900;
k) Landesherrliche Verordnung die Inkraftsetzung des reichsgesetzlichen Grundbuchrechts betr. vom 4. Mai 1901.

III. Bayern:
a) AG. z. BGB. vom 9. Juni 1899 (bayr. AG.);
b) Ges. betr. Uebergangsvorschriften zum BGB. v. 9. Juni 1899 (bayr. Ueberg.G.);
c) AG. zu der Grundbuchordnung und zu dem Ges. über die Zwangsversteigerung und die Zwangsverwaltung vom 9. Juni 1899 (bayr. AGO.);
d) Notariatsges. vom 9 Juni 1899;
e) Hinterlegungsordnung vom 18. Dezember 1899;
f) V. z. Ausf. des BGB. und seiner Nebengesetze (Zuständigkeitsverordnung) vom 24. Dezember 1899.

IV. Braunschweig:
a) AG. z. BGB. vom 12. Juni 1899;
b) Verordnung betr. die Ausf. des BGB. vom 1. August 1899;
c) AG. z. RGBO. vom 12. Juni 1899;
d) AG. z. RG. über die Zwangsverst. und Zwangsverw. vom 12. Juni 1899;
e) Ges. über das Hinterlegungswesen vom 12. Juni 1899;
f) Ges. wegen Abänderung der Gesindeordnung vom 12. Juni 1899;
g) Verordnung betr. Ausf. des BGB. vom 1. August 1899;
h) Ges. vom 3. Juni 1900 betr. Ergänzung des § 108 des AG. z. BGB. vom 12. Juni 1899.

V. Bremen:
a) AG. z. BGB. vom 18. Juni 1899;
b) Ges. betr. den Güterstand der vor dem Inkrafttreten des BGB. geschlossenen Ehen vom 18. Juli 1899;
c) Ges. betr. die durch die Einführung des BGB. und anderer RG. veranlaßten Aenderungen verschiedener Bremischer Gesetze vom 18. Juli 1899;
d) Hinterlegungsordnung vom 18. Juli 1899;
e) AG. z. GBO. vom 18. Juli 1899;
f) Ausf.Verordnung z. BGB. vom 18. Juli 1899.

VI. Elsaß-Lothringen:
a) AG. z. BGB. vom 17. April 1899;
b) Ges. betr. die Aufhebung von Landesgesetzen vom 29. November 1899;
c) Ges. betr. Ausführung der GBO. vom 24. März 1897 u. vom 6. November 1899;
d) Ges. betr. Ausführung der CPO. und KO. sowie das Rechtsmittel der Kassation vom 13. November 1899.

VII. Hamburg:
a) AG. z. BGB. vom 14. Juli 1899;
b) AG. z. GBO. vom 14. Juli 1899;
c) Notariatsges. vom 29. Dezember 1899;
d) Hinterlegungsordnung vom 14. Juli 1899.

VIII. Hessen:
a) AG. z. BGB. vom 17. Juli 1899;
b) Ges. die Anlegung des Grundbuchs betr. vom 16. März 1899;
c) Ges. die Ausführung der GBO. betr. vom 22. Juli 1899.

IX. Lippe:
a) AG. z. BGB. vom 17. November 1899;
b) Ges. betr. Abänderungen des AG. z. BGB. vom 15. März 1900.

X. Lübeck:
a) AG. z. BGB., HGB. und WO. vom 30. Oktober 1899;
b) AG. z. GBO. vom 18. Dezember 1899.

XI. Mecklenburg-Strelitz:
a) V. z. Ausf. des BGB. vom 9. April 1899;
b) V. z. Ausf. der GBO. vom 9. April 1899;
c) Hinterlegungsordnung vom 9. April 1899.

XII. Mecklenburg-Schwerin:
a) V. z. Ausf. des BGB. vom 9. April 1899;
b) V. z. Ausf. der GBO. vom 9. April 1899.

XIII. Oldenburg:
a) Ges. für das Großherzogthum Oldenburg zur Ausf. des BGB. und des HGB. vom 15. Mai 1899;
b) Ges. für das Fürstenthum Lübeck zur Ausf. des BGB. vom 15. Mai 1899;
c) V. zur Ausf. des BGB. für das Großherzogthum Oldenburg vom 1. Dez. 1899;
d) V. zur Ausf. der GBO. für das Fürstenthum Lübeck vom 15. Mai 1899;
e) Ges. zur Ausf. des BGB. für das Fürstenthum Birkenfeld vom 15. Mai 1899.

XIV. Preußen:
a) AG. z. BGB. vom 22. September 1899;
b) V. zur Ausf. des BGB. vom 16. November 1899;
c) AG. z. GBO. vom 26. September 1899.

XV. Reuß ältere Linie:
a) AG. z. BGB. vom 26. Oktober 1899;
b) AG. z. GBO. vom 24. März 1877;
c) Hinterlegungsordnung vom 6. November 1899.

XVI. Reuß jüngere Linie:
a) AG. z. BGB. vom 10. August 1899;
b) Hinterlegungsordnung vom 10. August 1899.

XVII. Sachsen:
a) AG. z. BGB. vom 18. August 1896;
b) V. zur Ausf. des BGB. und der zu dessen Ein- und Ausführung ergangenen Gesetze vom 6. Juli 1899;
c) V. zur Ausführung der GBO. vom 26. Juli 1899;
d) Ges. betr. Anlegung von Mündelgeld vom 22. Dezember 1899.

XVIII. Sachsen-Altenburg:
a) AG. z. BGB. vom 20. November 1899;
b) V. betr. die Ausführung des BGB. und seiner Nebengesetze vom 28. Dezember 1899;
c) Gesindeordnung vom 8. Dezember 1899;
d) AG. z. GBO. vom 23. Oktober 1899.

XIX. Sachsen-Meiningen:
a) AG. z. BGB. vom 9. August 1899;
b) Ges. zur Ausf. der GBO. vom 24. März 1897;
c) Ges. vom 27. Dezember 1899 betr. das Hinterlegungswesen.

XX. Sachsen-Weimar-Eisenach:
a) AG. z. BGB. vom 5. April 1899;
b) Hinterlegungsordnung vom 29. November 1899;
c) Gesindeordnung vom 11. Oktober 1899;
d) Ges. betr. Zwangsvollstreckung in das unbewegliche Vermögen vom 6. Dezember 1899.

XXI. Sachsen-Coburg-Gotha:
a) AG. z. BGB. vom 20. November 1899;
b) AG. z. GBO. vom 23. Oktober 1899;
c) Hinterlegungsordnung vom 23. Oktober 1899;
d) V. z. Ausf. der GBO. vom 1. Dezember 1899.

XXII. Schaumburg-Lippe:
a) AG. z. BGB. vom 23. August 1898;
b) V. z. Ausf. der GBO. vom 24. März 1897.

XXIII. Schwarzburg-Rudolstadt:
a) AG. z. BGB. vom 11. Juli 1899;
b) Hinterlegungsordnung vom 11. Dezember 1899;
c) AG. zur GBO. vom 28. Februar 1900;
d) Gesindeordnung vom 28. Februar 1900.

XXIV. Schwarzburg-Sondershausen:
a) AG. z. BGB. vom 19. Juli 1899;
b) AG. zur GBO. vom 29. Juli 1899;
c) Gesindeordnung vom 29. Juli 1899;
d) Hinterlegungsordnung vom 29. Juli 1899.

XXV. Waldeck-Pyrmont:
a) AG. z. BGB. vom 11. Dezember 1899;
b) AG. z. GBO. vom 11. Dezember 1899;
c) Ges. betr. Hinterlegungswesen vom 11. Dezember 1899;
d) V. über das Grundbuchwesen vom 20. Dezember 1899.

XXVI. Württemberg:
a) AG. z. BGB. vom 28. Juli 1899;
b) V. betr. Grundbuchwesen vom 30. Juli 1899.

Art. 55.*)

Die privatrechtlichen Vorschriften der Landesgesetze treten außer Kraft, soweit nicht in dem Bürgerlichen Gesetzbuch oder in diesem Gesetz ein Anderes bestimmt ist.

E. I, 32; II, 29; III, 53.

---

*) Literatur: Mecke, Das Verhältniß des BGB. zu den Landesgesetzen (Gutachten aus dem Anwaltstande S. 3—18, 1273—1274); Fuld, Reichsrecht und Landesrecht in Gruchot, Beitr. 1889 S. 628—638; Immerwahr, Die gleichzeitige Anwendung von Reichsrecht und Landesrecht, in D. Jur.Z. 1899 S. 345 ff.; Unger, Ueber die durch Ein-

I. Entstehung. Der gegenwärtige Artikel stimmt mit dem Art. 32 des Entw. I unter der Abweichung überein, daß die Schlußworte früher lauteten: „. . . . bestimmt ist, daß sie in Kraft bleiben sollen," während schon vom Bundesrathe dafür die Worte: „ein Anderes bestimmt ist" gesetzt wurden. Diese Aenderung ist offenbar nicht materieller, sondern formeller Natur und sollte nur klarstellen, daß auf die Form, in welcher im BGB. oder in diesem Gesetzbuche der Wille des Reichsgesetzes ausgedrückt wurde, daß die Landesgesetze in Kraft bleiben sollen, nichts anzukommen hat. Ueber die verschiedenen desfallsigen Formeln vgl. Art. 3 oben und die Anm. hiezu.

2. Das BGB. verweist auf die Landesgesetze in § 44 (Verfahren bei der Entziehung der Rechtsfähigkeit eines Vereins), § 85 (Verfassung einer Stiftung), § 233 (Eigenthumserwerb des Fiskus oder der als Hinterlegungsstelle bestimmten Anstalt an hinterlegten Geldern oder Werthpapieren), § 907 (Bestimmungen für eine Anlage auf einem Grundstücke, durch welche ein bestimmter Abstand von der Grenze oder sonstige Schutzmaßregeln vorgeschrieben werden), § 919 (Vermarkung von Grundstücken), § 1315 (besondere Erlaubnis zur Eheschließung für Militärpersonen und Landesbeamte), §§ 1784 und 1888 mit 1694 und 1915 (Erforderniß einer besonderen Erlaubniß zur Uebernahme oder Fortführung einer Vormundschaft, Pflegschaft, Beistandschaft seitens eines Beamten oder Religionsdieners, Zulässigkeit der Untersagung), § 1807 (Grundsätze, nach welchen für Anlegung von Mündelgeld die Sicherheit einer Hypothek, Grundschuld oder Rentenschuld festzustellen ist), § 1808 (Bestimmung von Banken, welche zur Anlegung von Mündelgeld geeignet sind). Vgl. auch §§ 1322, 1642, 1723, 1745, 2194 und 2249 BGB. Das gegenwärtige Gesetz verweist auf landesgesetzliche Vorschriften in Art. 34 Nr. 2 und in Art. 56—218.

3. Inhalt. Während in Art. 32 angeordnet ist, daß die Vorschriften der Reichsgesetze in Kraft bleiben, soweit sich nicht deren Aufhebung aus besonderen Bestimmungen dieses Gesetzes oder des BGB. ergiebt, ist für die privatrechtlichen Vorschriften der Landesgesetze umgekehrt bestimmt, daß sie außer Kraft treten, soweit nicht in dem BGB. oder diesem Gesetze ein Anderes bestimmt ist, soweit also nicht die spezielle landesgesetzliche Vorschrift durch einen besonderen reichsgesetzlichen Vorbehalt geschützt ist.

Abgesehen von den in Bem. 2 hervorgehobenen privatrechtlichen Bestimmungen der Landesgesetze, von welchen die in Art. 153—218 dieses Gesetzes aufgeführten nur noch für die Uebergangsperiode und auch da nur für die in den genannten Artikeln näher bezeichneten Rechtsverhältnisse in Kraft bleiben, treten alle übrigen privatrechtlichen Bestimmungen der Landesgesetze mit dem 1. Januar 1900 außer Kraft.

Unter den „privatrechtlichen Vorschriften" sind jene des materiellen bürgerlichen Rechtes im Gegensatze einerseits zu dem öffentlichen Recht, andererseits zu dem Verfahren in bürgerlichen Rechtsstreitigkeiten (vgl. die EG. z. CPO. vom 30. Jan. 1877, insbes. § 14, und 17. Mai 1898, dann zur KO. vom 10. Febr. 1877 und 17. Mai 1898, sowie zum ZwVG. vom 24. März 1897) und in der freiwilligen Rechtspflege (vgl. FG. §§ 1, 185 ff.; GBO. §§ 82 ff.) zu verstehen (Mot. z. EG. 147). Nach § 189 FG. gelten aber alle Vorbehalte, welche in diesem EG. zu Gunsten der Landesgesetze gemacht sind, auch zu Gunsten der Vorschriften der Landesgesetze über die im FG. geregelten Gegenstände (vgl. unten Bem. 10). Darauf, ob eine Vorschrift in einem Verfassungsgesetz oder in einem Prozeßgesetz oder dgl. steht, kommt nichts an. Hinsichtlich des öffentlichen Rechtes s. unten Bem. 8.

5. Getroffen werden von der Außerkraftsetzung auch diejenigen landesgesetzlichen Bestimmungen, welche von bereits erlassenen Reichsgesetzen in Bezug genommen sind, wenn ihnen nicht reichsgesetzliche Kraft besonders beigelegt ist (Mot. z. EG. 147). Es würde also beispielsweise § 38 Abs. 2 des Personenstandsgesetzes, auch wenn er nicht in Art. 46 dieses Gesetzes besonders aufgehoben worden wäre, schon kraft der Bestimmung dieses Artikels außer Kraft treten, während andererseits §§ 74 Abs. 2 und 75 Abs. 2 desselben Gesetzes vom 6. Februar 1875 in Kraft bleiben; letzterenfalls handelt es sich überhaupt nicht mehr um eine landesgesetzliche, sondern um eine reichsgesetzliche Vorschrift.

6. Welche Bestimmungen dem öffentlichen Rechte, welche dem Privatrechte angehören, wird häufig schwierig zu entscheiden sein (vgl. Bem. 2 zu Art. 1). Die

führung des BGB. der Landesgesetzgebung gestellten Aufgaben in Bl. f. Rechtspflege in Thüringen Bd. 44 S. 97—101. Neuere Bearbeitungen von Landesrechten auf Grund dieser Art.: Oertmann, Bayr. Landesprivatrecht; Kisch, Elsaß-Lothringisches Landesrecht; Buchka, Mecklenburgisches Landesrecht; Kloß, Sächsisches Landesrecht. In Vorbereitung sollen sich befinden: Dorner, Badisches Landesprivatrecht, ferner das Thüringische Landesprivatrecht, bearbeitet von Geh. Justizrath Dr. Unger, Dr. Porzig und Dr. Böckel.

Grenze läßt sich — so sagen die E. 147 — nicht aprioristisch, sondern nur an der Hand der Rechtsentwicklung, welche sich in den einzelnen Bundesstaaten zum Theil verschieden gestaltet hat, in befriedigender Weise bestimmen. Es erübrigt nichts, als der Jurisprudenz die Aufgabe zuzuweisen, da wo es fraglich sein mag, ob eine Vorschrift dem bürgerlichen oder öffentlichen Rechte angehört, die der Sachlage entsprechende Entscheidung im Einklange mit der Verfassung und den öffentlichen Einrichtungen der Bundesstaaten zu treffen. Darauf, daß eine Bestimmung in einem sog. Verfassungsgesetze steht, wird ein entscheidendes Gewicht nicht gelegt werden können. So würde z. B. in Bayern § 109 Abs. 2 der VII. Verf.-Beilage gegenüber § 2109 des BGB. nicht in Kraft bleiben können. Er ist nun auch durch Art. 135 Abs. 1 Ziff. II, 2 AG. z. BGB. ausdrücklich aufgehoben.

Uebrigens enthält auch das BGB. Vorschriften, welche wohl als öffentlich-rechtliche zu betrachten wären, wenn sie nicht im BGB. stünden (vgl. z. B. §§ 44, 80, 89, 795). Ferner führen die Mot. z. EG. 146 aus, daß die Kodifikation sich auch auf Vorschriften erstreckt, die insofern einen öffentlich-rechtlichen Charakter aufweisen, als sie, aus Bedürfnissen des inneren Staatsrechts hervorgegangen, ihrem Grund und Zweck nach darauf gerichtet sind, Institutionen des öffentlichen Rechtes vor Verfall zu schützen, zu pflegen und zu fördern, die aber ihrem Inhalte nach gleichwohl einen Theil der Regelung des bürgerlichen Verkehrs ausmachen und deßhalb den Normen des bürgerlichen Rechts zugezählt werden müssen. Sehr klar ist diese Aeußerung übrigens nicht. Es wird auch hier die Frage, ob es sich um einen Gegenstand des öffentlichen Rechtes handelt, wohl nach dem Staatsrechte des betreffenden Bundesstaates beantwortet werden müssen. Man denke z. B. an die Ansprüche an staatliche Versicherungs- oder an staatliche Pensionsanstalten.

Wegen der geschichtlich bedingten Unterscheidung zwischen öffentlichem Recht und Privatrecht im Allgemeinen vgl. Gierke, Das Privatrecht 1 S. 26 ff.

Zwar decken sich grundsätzlich die auf den Weg des Civilprozesses verwiesenen „bürgerlichen Rechtsstreitigkeiten" mit den Streitfällen des Privatrechts, während Streitfälle des öffentlichen Rechts im Wege der Verwaltungsrechtsprechung oder eines anderen nicht civilprozessualen Verfahrens erledigt werden. Gleichwohl ist dieses rein formale Kriterium des Privatrechts kein unbedingt zureichendes. Denn

a) vielfach fehlt es an einer ausdrücklichen derartigen Feststellung, so daß umgekehrt, um über die Zulässigkeit oder Unzulässigkeit des Civilprozesses zu entscheiden, die Frage nach der privatrechtlichen oder öffentlich-rechtlichen Natur der Rechtssätze zuvörderst beantwortet und somit auf deren inneren Gehalt zurückgegangen werden muß. Gierke a. a. O. S. 31. RGE. Bd. 15 Nr. 11, 44, Bd. 22 Nr. 58, Bd. 25 Nr. 69.

b) Es giebt auch Privatrecht, das nur nach Art des öffentlichen Rechtes geschützt ist, beispielsweise die Ansprüche auf Unfallsentschädigung (RG. vom 22. Juli 1884 §§ 62—63) und Invaliditäts- und Altersrente (RG. vom 22. Juli 1889 §§ 75—85), das Recht des Erfinders auf ein Patent (RG. vom 7. April 1891 §§ 13 und 27).

Vgl. Gierke a. a. O. S. 32, ferner Wach, Handbuch des deutschen Civilprozeßrechts Bd. I S. 8.

Die gemeinrechtlichen Normen über den Schutz des Gemeingebrauchs an öffentlichen Wegen und Plätzen bilden nach Ansicht des Reichsgerichts keinen Theil des öffentlichen Rechtes und sind deßhalb als aufgehoben zu betrachten. RG. vom 2. Februar 1903, RGE. Bd. 2 S. 384; D. Jur.Z. 1903 S. 202. Diese Ansicht ist anfechtbar. Dagegen hat der öffentlich-rechtliche Grundsatz von der Entschädigung bei Opfern aus Zwecken des öffentlichen Wohls in Elsaß-Lothringen noch Geltung. RGE. vom 13. Dez. 1904 in Jur. Wschr. 1904 S. 70, 125.

Vgl. ferner die Entsch. d. OLG. Marienwerder vom 10. Februar 1903 (Posener Monatschr. 6, 44), wonach die Verpflichtung der „Instleute" in Ost- und Westpreußen, vor der Klagerhebung gegen die Gutsherrschaft die polizeiliche Vermittlung nachzusuchen, in Kraft geblieben ist.

7. Soweit die landesgesetzliche Kompetenz anerkannt ist, können, wie in Art. 3 und 218 bestimmt ist, auch nach dem Inkrafttreten des BGB. neue landesgesetzliche Vorschriften erlassen und die bestehenden geändert werden.

8. Unter Gesetz ist auch hier jede Rechtsnorm, insbesondere also auch das Gewohnheitsrecht zu verstehen (vgl. Bem. zu Art. 2). Bezüglich der Erfordernisse eines landesrechtlichen Gewohnheitsrechts ist auf die Wissenschaft zu verweisen.

Das Gewohnheitsrecht ist eine dem gesetzlichen Recht gleichwertige erzeugende Rechtsquelle und gesetzliche Verbote oder Einschränkungen der Bildung von Gewohnheitsrechten sind machtlos. Man wird jedoch daran festzuhalten haben, daß zwingendes Reichscivilrecht nicht durch partikuläres Gewohnheitsrecht aufgehoben werden kann, wenn auch

Art. 2 der RV. sich unmittelbar nicht auf Gewohnheitsrecht bezieht. Dagegen steht nichts im Wege, dem partikulären Gewohnheitsrecht eine ergänzende, subsidiäre Bedeutung neben dem BGB. beizulegen. Rein dispositive Rechtsvorschriften des BGB. können auch durch Landesgewohnheitsrecht abgeändert werden. Vgl. Krückmann, Das Gewohnheitsrecht und das BGB. in Iherings Jahrb. f. Dogmatik Bd. 37 Nr. 4; Kuhlenbeck, Handkommentar I, Einl. S. XIX. A. M. Cosack, Lehrb. S. 38 ff. Das Bayr. AG. z. BGB. Art. 1 Abs. 2 bestimmt: „Soweit in den in Kraft bleibenden Gesetzen und in diesem Gesetz auf örtliche Verordnungen oder auf das Herkommen verwiesen ist, behalten die bestehenden Verordnungen und das Herkommen ihre Geltung." Unter „Herkommen" ist hier offenbar, abweichend von der heutigen wissenschaftlichen Terminologie, die diesen Ausdruck auf konkrete Rechtsverhältnisse beschränkt, Gewohnheitsrecht verstanden. Die Bestimmung scheint von der zur Zeit allgemein abgelehnten sog. Gestattungstheorie auszugehen. Die Gültigkeit eines bestehenden Gewohnheitsrechts ist nicht durch ausdrückliche gesetzliche Gestattung bedingt. Vgl. Kuhlenbeck, Von d. Pand. z. BGB. S. 12, Ders. in Rechtspr. d. RG. I S. 19—29.

9. Die Gründe, welche für die in den Art. 56 ff. gemachten Vorbehalte zu Gunsten der Landesgesetzgebung maßgebend waren, sind nicht für alle Vorschriften die gleichen, sondern sie liegen

a) entweder darin, daß für besonders zweifelhafte Fälle die Kompetenzgrenzen festgestellt werden wollten (vgl. z. B. Art. 60, 61), oder
b) darin, daß einer Materie oder einem einzelnen Verhältnisse Besonderheiten eigen sind, welche der gemeinsamen reichsrechtlichen Regelung widerstreben und zwar
   α) theils deßwegen, weil örtliche Beziehungen eine verschiedene gesetzliche Behandlung erheischen (z. B. Art. 63, 66),
   β) theils deßwegen, weil der Zusammenhang, in welchem die Materie oder das Verhältniß mit staatlichen oder politischen Einrichtungen steht (z. B. Art. 56—59, 80—86), das fernere Walten der bundesstaatlichen Gesetzgebung wünschenswerth macht (Mot. z. EG. 148; Mat. 2).

10. Auch der Umfang der einzelnen Vorbehalte ist ein verschiedener. Die Motive (S. 148 und gleichlautend die Mat. S. 2) sagen hierüber Folgendes:

„Die einzelnen Vorbehalte zu Gunsten der Landesgesetze sind theils allgemeiner, theils spezieller Natur. Ist dem Landesrecht generell eine Materie zugewiesen, so werden durch den Vorbehalt alle Normen getroffen, welche die Regelung der Materie zum Gegenstande haben. Zu einer Durchbrechung der Allgemeinen Vorschriften des BGB. wird durch die Beschaffenheit der betreffenden Materie bei einem künftigen Eingreifen der Landesgesetzgebung begründeter Anlaß nicht häufig gegeben sein. An und für sich sind auch in Ansehung der allgemeinen Vorschriften des BGB. auf dem vorbehaltenen Gebiete Abweichungen statthaft. Es steht nichts entgegen, daß die Landesgesetzgebung Sonderbestimmungen trifft über die Formerfordernisse eines Rechtsgeschäfts, über die Statthaftigkeit oder Unstatthaftigkeit von Bedingungen oder Zeitbestimmungen, über die Verjährung, über die Wirksamkeit des rechtskräftigen Urtheils gegen Dritte, über die das Grundbuchrecht betreffenden Fragen u. s. w. Ebenso schließt die Beseitigung der Institute der unvordenklichen Verjährung und der Wiedereinsetzung in den vorigen Stand durch das BGB. nicht aus, daß landesgesetzliche Vorschriften über unvordenkliche Verjährung und Wiedereinsetzung in den vorigen Stand für eine vorbehaltene Materie getroffen werden können, beziehungsweise bereits getroffene derartige Vorschriften ihre Kraft behalten. In Kraft bleiben nicht minder diejenigen bestehenden Vorschriften, welche zwar inhaltlich von dem bisherigen gemeinen Privatrechte nicht abweichen, nach der Absicht des betreffenden Gesetzes aber nicht lediglich die Bedeutung einer erläuternden Wiederholung des gemeinen Rechtes haben, sondern einen Bestandtheil des Spezialrechts bilden sollen. — Wie weit andere weniger allgemein gefaßte Vorbehalte tragen, muß der Fassung derselben entnommen werden."

Hinsichtlich des Verfahrens in der freiwilligen Rechtspflege können Vorschriften zur Ergänzung und Ausführung des FG., mit Einschluß der erforderlichen Uebergangsbestimmungen, auch insoweit erlassen werden, als das FG. Vorbehalte für die Landesgesetzgebung nicht enthält. Soweit jedoch durch Landesgesetz allgemeine Vorschriften über die Errichtung gerichtlicher oder notarieller Urkunden erlassen werden, kann einem Verstoße gegen eine solche Vorschrift nur dann, wenn dieselbe die sachliche Zuständigkeit betrifft, die Folge der Ungültigkeit der Beurkundung vom Landesgesetz beigelegt werden. (FG. 200.)

11. Einschlägig sind in Anhalt AG. z. BGB. Art. 75 (Becher I, 1 S. 30), in Baden AG. z. BGB. Art. 1 und 39 (Becher I, 1 S. 18 und 33 ff.), in Bayern AG. z. BGB. Art. 1 und 175, in Bremen AG. z. BGB. § 67 (Becher V, 5 S. 17), in

Elsaß-Lothringen AG. z. BGB. §§ 42, 43 (Becher VII, 6 S. 8), Gesetz betr. die Aufhebung von Landesgesetzen vom 22. November 1899, in Hessen AG. z. BGB. Art. 272—286 (Becher VIII, 7 S. 85 ff.), in Lübeck AG. z. BGB. § 172 (Becher X, 10 S. 67), in Mecklenburg-Schwerin VO. z. Ausf. d. BGB. § 392 (Becher XI, 11 S. 77), in Mecklenburg-Strelitz VO. z. Ausf. d. BGB. § 349 (Becher XII, 12 S. 65), in Oldenburg AG. z. BGB. § 50 (Becher XIII, 13 S. 16 ff.), in Preußen AG. z. BGB. Art. 89 Ziff. 1 und 2, in Sachsen AG. z. BGB. § 53, in Württemberg AG. z. BGB. Art. 283, in Reuß Aeltere Linie AG. z. BGB. § 156 (Becher XV, 1 S. 30), in Reuß Jüngere Linie AG. z. BGB. § 142 (Becher XVI S. 31), in Sachsen-Altenburg AG. z. BGB. §§ 51, 52 (Becher XVIII, 18 S. 11), in Sachsen-Coburg-Gotha AG. z. BGB. Art. 55 (Becher XIX, 19 S. 85), in Sachsen-Meiningen AG. z. BGB. Art. 31 (Becher XX S. 23), Sachsen-Weimar AG. z. BGB. § 14 (Becher XXII, 21 S. 54), Schwarzburg-Rudolstadt AG. z. BGB. Art. 194, 195 (Becher XXIII S. 34).

Art. 56.

Unberührt bleiben die Bestimmungen der Staatsverträge, die ein Bundesstaat mit einem ausländischen Staate vor dem Inkrafttreten des Bürgerlichen Gesetzbuchs geschlossen hat.

E. II, 30; III, 54.

1. Entstehung. Dieser Artikel wurde erst in der II. Komm. aufgestellt. Im I. Entwurf ist mit Rücksicht darauf, daß das internationale Privatrecht in dem BGB. Regelung nicht fand, die Aufnahme einer solchen Bestimmung unterblieben, während anfänglich beabsichtigt war, eine ausdrückliche, dem gegenwärtigen Art. 56 entsprechende Vorschrift aufzunehmen, nachdem in der Jurisprudenz hinsichtlich der von den Bundesstaaten mit ausländischen Staaten über Gegenstände des Civilprozesses und der Gerichtsverfassung abgeschlossenen Staatsverträge Meinungsverschiedenheiten hervorgetreten waren, während der Bundesrath die fortdauernde Geltung dieser Staatsverträge als selbstverständlich betrachtet und deßhalb die dieses ausdrücklich festsetzenden Art. 4 bezw. § 14 der Entwürfe der EG. z. GVG. u. z. CPO. gestrichen hatte (Mot. z. EG. 148; M. I, 3; P. VI, 365 ff., 743 ff.; Reatz III, 35; Mat. ad 87 a S. 3).

2. Grund der Vorschrift. Die Bestimmungen der Staatsverträge, welche ein einzelner Bundesstaat über in das Gebiet des Bürgerlichen Rechtes einschlagende Verhältnisse mit einem ausländischen Staat abgeschlossen hat, haben an sich einem Reichsgesetze gegenüber keine größere Kraft, als die landesgesetzlichen Bestimmungen. Ihre Aufrechterhaltung erfolgte, weil sie der Rechtseinheit auf dem Gebiete des Privatrechts keinen nennenswerthen Abbruch thun und weil man die Beziehungen der Bundesstaaten zum Ausland nicht erschweren wollte (P. VI, 365).

3. Die Frage, ob bei Verweisungen eines solchen Staatsvertrags auf das inländische Privatrecht an Stelle des letzteren die Vorschriften des BGB. zu treten hätten, ist eine nach Art. 4 dieses Gesetzes zu beurtheilende Auslegungsfrage. Es wird aus dem Sinne des Vertrags zu ermitteln sein, ob sich die Verweisung auf das bisherige oder auf das jeweils geltende allgemeine bürgerliche Recht bezieht. Im ersteren Falle bleiben in den Grenzen der Vorbehalte auch die bisherigen Vorschriften des allgemeinen bürgerlichen Rechtes in Kraft.

4. Nur die vor dem Inkrafttreten des BGB. bereits geschlossenen Staatsverträge bleiben in Kraft. Neue Staatsverträge dieser Art können also vom 1. Januar 1900 an von den einzelnen Bundesstaaten nicht mehr geschlossen werden.

5. Daß die unter Bundesstaaten abgeschlossenen Staatsverträge über privatrechtliche Normen, soweit ihnen Reichsgesetze entgegenstehen, außer Kraft treten, und daß andererseits über Gegenstände des Privatrechts, deren Regelung der Landesgesetzgebung auch fernerhin vorbehalten bleibt, nach wie vor von den einzelnen Bundesstaaten nicht bloß unter sich, sondern auch mit ausländischen Staaten Verträge geschlossen werden können, ergiebt sich aus Art. 3 dieses Gesetzes im Zusammenhalte mit Art. 4 und 11 der Reichsverfassung (cfr. auch Seydel, Bayer. Staatsr., 2. Aufl. S. 732 ff.).

6. Für die vom Reich abgeschlossenen Staatsverträge ist Art. 32 maßgebend. In Betracht kommen ferner für Preußen: Verträge des Zollvereins mit: Argentinien vom 19. September 1876 (Preuß. GS. 1859 S. 405), China vom 2. September 1861 (Preuß. GS. 1863 S. 265), Chile vom 1. Februar 1862 (Preuß. GS. 1863 S. 761), Siam vom 7. Februar 1862 (Preuß. GS. 1864 S. 717), San Salvador vom 13. Juni 1870 (RGBl. 1872 S. 377). Der Freundschafts- und Handelsvertrag mit

der Türkei vom 22. März 1861 ist durch den Freundschafts-, Handels- und Schifffahrtsvertrag vom 26. August 1890 auf das Reich ausgedehnt. Einschlägig ist in Bayern AG. z. BGB. Art. 1 (vgl. hiezu 2. B. JGA. d. K. d. Abg. S. 3—6). Für Baden: Staatsvertrag mit Frankreich vom 16. April 1846 (Reg.Bl. S. 131).

Art. 57.*)

In Ansehung der Landesherren und der Mitglieder der landesherrlichen Familien sowie der Mitglieder der Fürstlichen Familie Hohenzollern finden die Vorschriften des Bürgerlichen Gesetzbuchs nur insoweit Anwendung, als nicht besondere Vorschriften der Hausverfassungen oder der Landesgesetze abweichende Bestimmungen enthalten.

Das Gleiche gilt in Ansehung der Mitglieder des vormaligen Hannoverschen Königshauses, des vormaligen Kurhessischen und des vormaligen Herzoglich Nassauischen Fürstenhauses.

E. I, 33; II, 31; III, 55.

1. Entstehung. Der Abs. 1 stimmt wörtlich mit dem Art. 33 des ersten Entwurfs überein; der Abs. 2 wurde erst in der Sitzung des Reichstags vom 27. Juni 1896 auf Antrag des Abg. Dr. Lieber hinzugefügt, um klar zu stellen, daß auch die im Jahre 1866 depossedirten souveränen deutschen Fürstenhäuser unter den Vorbehalt des Abs. 1 fallen. (Mot. z. EG. 154; M. I, 10, 11; P. VI, 367, 369, 743; Reatz III, 35; Mat. 3; StB. 3025.)

2. Gründe der Vorschrift. In den Motiven ist die Vorschrift dieses Artikels, wie folgt, begründet:

> „Die Autonomie der souveränen Häuser muß, wie sie bisher bestanden hat, auch ferner bestehen. Die Aufrechterhaltung des Sonderrechts dieser Häuser ist ebensowohl durch deren besondere staatsrechtliche Stellung als durch den engen Zusammenhang, in welchem das Sonderrecht mit dem geltenden Staatsrechte steht, geboten. Die Normen, betreffend die Volljährigkeit, das Vormundschaftswesen, die Unveräußerlichkeit des Familienguts, die in dasselbe stattfindende Individualsuccession gehören in Ansehung der regierenden Familien nach der einen Seite dem Privatrechte, nach der anderen Seite dem Staatsrechte an ..... Das BGB. kann insoweit nur subsidiäre Geltung haben; es gehen ihm vor sowohl die zur Zeit der Einführung bestehenden als auch die künftig erlassenen haus- oder landesgesetzlichen Vorschriften."

Damit sind auch Inhalt und Tragweite des Artikels ausreichend gekennzeichnet.

2. Hinsichtlich der Verweisungen gilt die Bem. 4 zu Art. 56.

Als subsidiäre Quelle der durch diesen Artikel aufrecht erhaltenen Sonderrechte kommt auch das gemeine deutsche Privatfürstenrecht in Betracht. (RGE. Bd. 2 S. 149, Bd. 26 S. 149 ff.)

3. Die Erstreckung des Vorbehalts auf die Mitglieder der fürstlichen Familie Hohenzollern entspricht der diesem Hause durch Vertrag (Accessionsvertrag vom 7. Dezember 1849) und Gesetz (preuß. Ges. vom 12. März 1850) gewährleisteten bevorzugten Stellung. (M. I, 11.)

4. Besondere hieher bezügliche Vorschriften treffen die Art. 60 u. 61 dieses Gesetzes.

5. In gleicher Weise wie dieser Artikel treffen Ausnahmebestimmungen zu Gunsten der souveränen Häuser § 5 EG. z. GVG., § 5 EG. z. CPO., § 219 Abs. 2, § 275 Abs. 2, § 479 Abs. 2, § 482 Abs. 3 CPO., § 4 EG. z. StPO., § 2 Abs. 1 ZwVG., §§ 83 u. 89 Abs. 1 GBO., § 72 Pers.G. vom 6. Februar 1875.

6. Aus den Ausführungsgesetzen: In Bayern sind einschlägig Art. 1 AG. z. BGB., ferner die Verfassungs-Urkunde von 1818, insbesondere die Tit. II u. III; das Königliche Familienstatut vom 5. August 1819, das Ges. über die Civilliste vom 1. Juli 1834, das Ges. über den Wittelsbacher Palast vom 11. April 1843 und das Ges. vom 26. April

*) Literatur: Heffter, Die Sonderrechte der souveränen Häuser. Gierke, Deutsches Privatrecht Bd. I S. 149 ff. Neumayer, Zur Begrenzung zwischen Privatfürstenrecht und Gem. R. in D. Jur.Z. 1905 S. 494 ff.

1882, betr. die Hausgesetze des fürstlichen Gesammthauses Nassau, jetzt Großherzogl. Luxemburgischen Hauses (P. VI, 367, 369).

Subsidiär gilt auch in Bayern das gemeine deutsche Privatfürstenrecht (Roth, BCR., 2. Aufl. § 31, Note 12).

Vgl. für Hessen: Ges. betr. die Ergänzung und Aenderung des Gesetzes den Gerichtsstand und das gerichtliche Verfahren in Ansehung des Landesherrn und der Mitglieder des Großherzogl. Hauses betr. vom 7. Juni 1879, vom 19. Juli 1899 (Becher VIII, 5 S. 153). Preußen, AG. Art. 88; Ges. vom 21. September 1899 Art. 136, 137. Sachsen, Hausges. vom 30. Dezember 1837; Nachtrag vom 20. August 1879; Ges. vom 13. April 1888 und vom 6. Juli 1900. Württemberg, AG. Art. 130, 131; Königl. Hausges. vom 8. Juni 1828 mit AG. z. BGB. Art. 130 u. 131; im Uebrigen vgl. Heffter, Die Sonderrechte der souveränen Häuser &c., Berlin 1871.

Art. 58.*)

In Ansehung der Familienverhältnisse und der Güter derjenigen Häuser, welche vormals reichsständisch gewesen und seit 1806 mittelbar geworden sind oder welche diesen Häusern bezüglich der Familienverhältnisse und der Güter durch Beschluß der vormaligen deutschen Bundesversammlung oder vor dem Inkrafttreten des Bürgerlichen Gesetzbuchs durch Landesgesetz gleichgestellt worden sind, bleiben die Vorschriften der Landesgesetze und nach Maßgabe der Landesgesetze die Vorschriften der Hausverfassungen unberührt.

Das Gleiche gilt zu Gunsten des vormaligen Reichsadels und derjenigen Familien des landsässigen Adels, welche vor dem Inkrafttreten des Bürgerlichen Gesetzbuchs dem vormaligen Reichsadel durch Landesgesetz gleichgestellt worden sind.

E. I, 34; II, 32; III, 56.

1. Entstehung. Der Art. 34 des I. E. traf die gleiche Bestimmung, welche der gegenwärtige Art. 58 enthält, nur für die vormals reichsständischen und seit 1806 mittelbar gewordenen Häuser, sowie für den ehemaligen Reichsadel. Die Ausdehnung, welche demgegenüber der nunmehrige Art. 58 enthält, ist erst in der II. Komm. beziehungsweise erst im Bundesrath erfolgt, da die Erstreckung der Vorschriften dieses Artikels auf diejenigen Familien des landsässigen Adels, welche vor dem Inkrafttreten des BGB. dem vormaligen Reichsadel durch Landesgesetz gleichgestellt worden sind, noch in der 429. Sitzung der II. Komm. vom 14. Oktober 1895 abgelehnt worden war. Die in der Reichstagskommission und im Plenum des Reichstags gestellten Anträge auf Streichung der Vorschrift hatten keinen Erfolg (M. I, 11 ff.; Mot. z. EG. 155 ff.; Reatz III, 36; P. VI, 367—369, 605, 606, 743, Mat. 4 ff.; RTK. 440 d S. 8; StB. 3025).

2. Inhalt. A. Der Artikel betrifft

a) die standesherrlichen Häuser, welche bis zum Jahre 1806 Reichsstandschaft und Landeshoheit besessen und entweder damals oder später diese Eigenschaft verloren haben (ein Verzeichniß derselben siehe bei Heffter, Die Sonderrechte der souveränen und der mediatisirten vormals reichsständischen Häuser Deutschlands S. 325 ff.);

b) jene Häuser, welche bezüglich der Familienverhältnisse und der Güter durch Beschluß des vormaligen deutschen Bundes den Standesherrn gleichgestellt wurden, wie dieses z. B. durch Bundesbeschluß vom 27. April 1861 bezüglich der Grafen v. Giech geschah (Poezl, Verf.-R. S. 208 Anm. 2);

c) diejenigen Häuser, welche bezüglich der Familienverhältnisse und Güter durch Landesgesetz den standesherrlichen Häusern gleich gestellt wurden (Klüber, Oeffentl. Recht des deutschen Bundes, 815; Zoepfl, Staatsrecht I, 284; II, 96; Doellinger IV, 183, 190);

d) den vormaligen Reichsadel (vgl. Roth, Bayr. Civilr., II. Aufl. Bd. I § 32; Roth, DPR. I § 70);

e) diejenigen Familien des landsässigen Adels, welche vor dem Inkrafttreten des BGB. dem vormaligen Reichsadel durch Landesgesetz gleichgestellt worden sind. Vgl. Bem. 1. Der Antrag auf Einfügung

*) Schücking, Die Tragweite des Art. 58 in D. Jur.Z. VIII, 49.

dieser Adelsklasse war damit begründet worden, daß in Württemberg im Anfange dieses Jahrhunderts eine Gleichstellung des im Besitze bestimmter Güter befindlichen „altlandsässigen" mit dem ritterschaftlichen Adel in Aussicht genommen war und theilweise, wenigstens auf öffentlich rechtlichem Gebiete, auch erfolgte, daß die Gleichstellung das Rechtsleben nicht gefährde, die Beseitigung des bestehenden Rechtszustandes dagegen Unzuträglichkeiten im Gefolge hätte, weil die Grenze zwischen den von den Art. 58 und 59 bestimmten Rechtsverhältnissen nicht immer leicht zu bestimmen sei und weil die Ermittelung der Zugehörigkeit einer bestimmten Familie zum ritterschaftlichen oder altlandsässigen Adel oft thatsächliche Schwierigkeiten biete (P. 8782—8784).

Ein in der II. Komm. gestellter Antrag hatte die auf den k. preuß. Verordnungen vom 16. Januar 1836 und vom 21. Januar 1837 (GS. v. 1837 S. 7—12, 77 ff.) beruhende sog. Autonomie des rheinischen und westphälischen ritterschaftlichen Adels im Auge und lautete:

„Unberührt bleiben die landesgesetzlichen Vorschriften, nach welchen der ritterschaftliche Adel in Ansehung der Familienverhältnisse, der Erbfolge und der Güter Anordnungen treffen kann."

Dieser Antrag wurde abgelehnt, weil die autonomischen Dispositionsbefugnisse des rheinischen und westphälischen Adels ihrem rechtlichen Charakter nach von anderer Beschaffenheit seien als die Autonomie des ehemals reichsständischen und des ehemals reichsunmittelbaren Adels (Dernburg, Preuß. PrR. 5. Aufl. Bd. I § 15 Anm. 5), und weil ähnliche Vorrechte des Adels in anderen Bundesstaaten durch die Landesgesetzgebung ohne störende Folgen beseitigt worden seien (P. VI, 367 ff.).

B. Die Vorrechte, welche den mediatisirten, vormals reichsständischen Häusern zukommen, gründen sich auf Art. XIV der deutschen Bundesakte vom 8. Juni 1815, welcher in seinen hier erheblichen Bestimmungen lautet:

„Um den im Jahre 1806 und seitdem mittelbar gewordenen ehemaligen Reichsständen und Reichsangehörigen, in Gemäßheit der gegenwärtigen Verhältnisse, in allen Bundesstaaten einen gleichförmig bleibenden Rechtszustand zu verschaffen, so vereinigen die Bundesstaaten sich dahin:

a) daß diese fürstlichen und gräflichen Häuser fortan nichtsdestoweniger zu dem hohen Adel in Deutschland gerechnet werden und ihnen das Recht der Ebenbürtigkeit, in dem bisher damit verbundenen Begriff, verbleibt;

b) (ohne Belang);

c) es sollen ihnen überhaupt in Rücksicht ihrer Personen, Familien und Besitzungen alle diejenigen Rechte und Vorzüge zugesichert werden oder bleiben, welche aus ihrem Eigenthum und dessen ungestörtem Genusse herrühren und nicht zu der Staatsgewalt und den höheren Regierungsrechten gehören.

Unter vorerwähnten Rechten sind insbesondere und namentlich begriffen:

1. (ohne Belang);

2. werden nach den Grundsätzen der früheren deutschen Verfassung die noch bestehenden Familienverträge aufrecht erhalten und ihnen die Befugniß zugesichert, über ihre Güter und Familienverhältnisse verbindliche Verfügungen zu treffen, welche jedoch dem Souverän vorgelegt und bei den höchsten Landesstellen zur allgemeinen Kenntniß und Nachachtung gebracht werden müssen. Alle bisher dagegen erlassenen Verordnungen sollen für künftige Fälle nicht weiter anwendbar sein;

3. (ohne Belang);

4. Bei der näheren Bestimmung der angeführten Befugnisse sowohl, wie überhaupt in allen übrigen Punkten wird zur weiteren Begründung und Feststellung eines in allen deutschen Bundesstaaten übereinstimmenden Rechtszustandes der mittelbar gewordenen Fürsten, Grafen und Herren die in dem Betreff erlassene königlich bayrische Verordnung vom Jahre 1807 als Basis und Norm unterlegt werden."

Die Vorrechte des vormals reichsritterschaftlichen Adels gründen sich auf die Schlußsätze des Art. XIV der deutschen Bundesakte, welche lauten:

„Dem ehemaligen Reichsadel werden die sub Nr. 1 und 2 angeführten Rechte" — (betr. die Freiheit der Wahl des Aufenthaltsortes und die Familienautonomie), — „Antheil der Begüterten an Landstandschaft, Patrimonial- und Forstgerichtsbarkeit, Ortspolizei, Kirchen-Patronat und der privilegirte Gerichtsstand zugesichert. Diese Rechte werden jedoch nur nach Vorschrift der Landesgesetze ausgeübt.

In den durch den Frieden von Luneville vom 9. Februar 1801 von Deutschland abgetretenen und jetzt wieder damit vereinigten Provinzen werden bei Anwendung der obigen Grundsätze auf den ehemaligen unmittelbaren Reichsadel diejenigen Beschränkungen stattfinden, welche die dort bestehenden Verhältnisse nothwendig machen."

C. Der Vorbehalt dieses Artikels hat nun im Wesentlichen folgende Tragweite:

a) Die Vorrechte, welche den hier fraglichen Adelsfamilien landesrechtlich belassen werden können, dürfen sich nur auf deren **Familienverhältnisse und Güter** beziehen. Die grundlegenden Prinzipien und allgemeinen Institutionen des BGB. haben auch auf dem dieser Autonomie überlassenen Gebiete unbedingte Anerkennung zu finden (M. I, 13). Das Recht, eine morganatische Ehe einzugehen, steht nach dem Personenstandsgesetze vom 6. Febr. 1875 § 72 nur mehr den Mitgliedern der landesherrlichen Familien und der Familie Hohenzollern, nicht aber den Mitgliedern der standesherrlichen Familien zu (Roth, DPR. § 70 Note 11).

b) Die Hausverfassungen der in Frage kommenden Familien (und bezw. die autonomischen Bestimmungen derselben) bleiben nur in insoweit in Kraft, als die Landesgesetze dieses bestimmen (Seydel, Bayr. Staatsr., 2. Aufl. S. 322). Insoweit gehen diese Hausverfassungen als Spezialgesetze den Landesgesetzen vor. Dieselben können aber jederzeit landesrechtlich geändert, ergänzt und aufgehoben werden (P. VI, 605, 606). Eine aus den Kreisen des hohen Adels gestellte Bitte,

„es möchten bei der Kodifikation des bürgerlichen Rechtes reichsgesetzliche Garantien dafür geschaffen werden, daß an dem bestehenden Rechtszustande rücksichtlich der privatrechtlichen Sonderrechte des hohen Adels nichts geändert werde",

fand in der II. Komm. keine Berücksichtigung (P. VI, 367 ff.).

Neue autonomische Vorschriften können von den unter Art. 58 fallenden Familien nur soweit, als die Landesgesetze dieses ermöglichen, gegeben werden. Art. 3 dieses Gesetzes gilt nur für die Landesgesetzgebung, nicht auch für die autonomen Befugnisse der betreffenden Familien (vgl. Fischer-Henle, Anm. 1).

Die Vorschriften des BGB. über den Wohnsitz fallen nicht unter den Vorbehalt des Art. 58. RGE. in Jur. Wschr. 1901 S. 832 Nr. 3.

3. Eine Einschränkung des Vorbehalts enthält Art. 61. Einschlägig ist auch Art. 60 und als Uebergangsbestimmung Art. 216.

4. Vgl. EG. z. ZwVG. § 2, GVO. § 83.

5. Einschlägig sind für Preußen PLR. Thl. II Tit. 1 mit AG. z. BGB. Art. 89, 1 c (vgl. M. hiezu S. 209; Becher XIV, 1 S. 59); in Bayern AG. z. BGB. Art. 1 (Becher III, 7 S. 29), Ueberg.G. Art. 106 (im Uebrigen vgl. Roth, Bayr. Civilr. 2. Aufl. Bd. I § 32); für Württemberg AG. z. BGB. Art. 14, 24—31, 93, 216, 280, 281 (Becher XXVI, 1 S. 3).

Art. 59.*)

Unberührt bleiben die landesgesetzlichen Vorschriften über Familienfideikommisse und Lehen, mit Einschluß der allodifizirten Lehen, sowie über Stammgüter.

E. I, 35; II, 33; III, 57.

1. Entstehung. Der Art. 59 entspricht wörtlich dem Art. 35 des I. Entw. Ein in der Reichstagskommission und im Plenum des Reichstags gestellter Antrag auf Streichung hatte keinen Erfolg; ebensowenig der in der II. Komm. gestellte Antrag: „Neue Familienfideikommisse dürfen nicht mehr errichtet werden" (Mot. z. EG. 157 ff.; Reatz III, 36; P. VI, 369—371, 606, 743; Mat. 8; RTK. 440 d S. 8; StB. 3025).

2. Inhalt. A. Der Artikel betrifft:

a) Familienfideikommisse, das sind (nach Roth-Becher, BCR. II. Bd. Thl. III, 2. Aufl. S. 51) Vermögenskomplexe, welche durch eine den gesetz-

---

*) Neubauer, Zusammenstellung des in Deutschland geltenden Rechts betr. Stammgüter, Familienfideikommisse usw. Berlin 1879. Altvater, Ueber Grundzüge der neueren mecklenburgischen Fideikommißsatzungen in Mecklenburg. Zeitschr. f. Rechtspflege und Rechtswissenschaft XXI S. 349 ff.

lichen Bestimmungen entsprechende Disposition in der Art unveräußerlich an eine Familie gebunden werden, daß sie der in der Disposition bestimmten Succession verbleiben. Die Vorschrift dieses Artikels bezieht sich nur auf solche deutschrechtliche Familienfideikommisse (M. 158). Dieses Institut besteht in dem größten Theile Deutschlands, nur in der bayr. Rheinpfalz, in Elsaß-Lothringen und in Oldenburg (Ges. vom 28. März 1852) ist es ausgeschlossen; in Baden dient den Zwecken des Familienfideikommisses (nach LR. Satz 896, 597 c a ff.) gleichzeitig das eigenartig geordnete Institut des Stammguts (M. 157).

Hinsichtlich der Familienstiftungen s. § 85 BGB. (vgl. Mot. z. EG. 158).

Für die Thätigkeit der auf Grund des preußischen Gesetzes über Familienschlüsse bei Familienfideikommissen u. s. w. vom 15. Februar 1840 bestellten Vormünder kommen nur die Vorschriften dieses Gesetzes und nicht die des BGB. über Vormünder und Pfleger zur Anwendung (KG. vom 19. Januar 1903 im Preuß. Just.Min.Bl. 65, 96; Jahrb. d. Entsch. des KG. 25, A, 214).

Die Bestellung einer Pflegschaft für ein Familienfideikommiß und die bei ihm betheiligten unbekannten Anwärter liegt in Preußen dem Oberlandesgerichte ob; eine vom Amtsgerichte bestellte Pflegschaft ist wegen sachlicher Unzuständigkeit unwirksam; der § 7 des Ges. über freiw. Gerichtsbarkeit findet hier keine Anwendung. Dagegen findet auf die vom Oberlandesgerichte bestellte Pflegschaft der § 32 des Ges. über freiw. Gerichtsbarkeit Anwendung. Vgl. Josef, Komm. zum Reichsges. und Preuß. Ges. über freiw. Gerichtsbarkeit Anm. 2 zu § 7 und Zus. IV zu § 32, a. E., Jahrb. der Entsch. des KG. 25, A, 214.

Auf die Auseinandersetzung zwischen Familienfideikommißfolgern und den Erben des letzten Besitzers finden seit 1. Januar 1900 die Vorschriften des BGB. über den Nießbrauch Anwendung (Rspr. d. OLG. [Breslau] Bd. 7 S. 216).

Der Fideikommißbesitzer kann die Ausübung sämmtlicher im Fideikommißrecht liegenden Genüsse und Nutzungsbefugnisse mit obligatorischer Wirkung übertragen (Seuff. Arch. Bd. 60 Nr. 103, OLG. Kassel vom 8. Dezember 1904).

b) Stammgüter sind solche Güter, welche unveräußerlich oder nur beschränkt veräußerlich sind und nach einer auf Gesetz oder Observanz beruhenden besonderen Successionsordnung vererbt werden; eine solche Stammgutseigenschaft kann auch Gütern, welche sich in Händen nicht adeliger Familien befinden, zukommen (Mot. z. EG. 159; Stobbe, DPR. 2. Aufl. Bd. V § 320, Bd. II § 137).

c) Lehen ist das Rechtsverhältniß, vermöge dessen durch Verleihung von Seiten des Lehensherrn ein erbliches Nutzungsrecht an einer lehensfähigen Sache oder einem derartigen Recht unter Verpflichtung zur Lehenstreue und rittermäßigen Diensten begründet wird (Roth-Becher a. a. O. S. 4). Allodifizirte Lehen sind solche vormalige Lehen, welche durch Gesetz oder Vertrag in das freie Eigenthum (Allod) des bisherigen Lehensmannes übergegangen sind (Roth-Becher a. a. O. S. 459).*)

d) Nach den Erklärungen in der II. Komm. fallen unter diesen Artikel auch die landwirthschaftlichen Erbgüter nach dem bayr. Gesetz vom 12. Februar 1855 und dem hessischen Gesetze vom 11. September 1858.

B. Die Landesgesetzgebung hat volle Freiheit für die zweckmäßige Gestaltung des Familienfideikommiß-, Lehen- und Stammgüter-Rechts, sie kann beispielsweise auch anordnen, daß Inhaberpapiere, die zu einem Familienfideikommiß oder Lehen gehören, auf das Fideikommiß oder Lehen umzuschreiben sind (P. VI, 743), ferner ist die Landesgesetzgebung nicht gehindert, vom BGB. abweichende Vorschriften dahin zu treffen, daß gewisse Kinder, obwohl sie für das Gebiet des bürgerlichen Rechtes nach den Grundsätzen des BGB. über Ehelichkeit, Legitimation und Annahme an Kindesstatt ehelich seien oder die rechtliche Stellung ehelicher Kinder hätten, von der Succession in die Lehen, Familienfideikommisse und Stammgüter ausgeschlossen sein sollen (P. VI, 371, 606, Mat. 10).

C. Eine den zu Gunsten der Landesgesetzgebung gemachten Vorbehalt einschränkende Ausnahmevorschrift trifft der Art. 61 dieses Gesetzes. Einschlägig ist auch Art. 60.

3. Hinsichtlich des Adels ist ein ausdrücklicher Vorbehalt nicht gemacht. Die Vorschriften hierüber gehören jedoch dem öffentlichen Recht an und werden vom

*) Becker, Die allodifizirten Lehen des badischen Rechts in Bad. Not.Z. III S. 26 ff.

BGB. ohnehin nicht berührt (M. IV, 106, 983; P. IV, 97 ff., RTK. 440 b S. 95; 16. P. des bayer. JA. d. K. d. Abg. S. 253 ff.).

4. Für Preußen sind einschlägig AG. z. BGB. Art. 1—3, PLR. Thl. 1 Tit. 18 §§ 1—679, Thl. II Tit. 2 §§ 17, 18, Thl. II Tit. 4, insbes. §§ 23—26, 48—226 mit AG. z. BGB. Art. 89 c, die Gesetze vom 2. März 1850 § 3 und vom 5. Juni 1852 Art. 2, ferner verschiedene Provinzialgesetze (z. B. für Hannover vom 13. April 1836, 19. Juli 1848 und 24. Januar 1851, für Kurhessen vom 26. Juni 1848). Vgl. auch M. z. AG. z. BGB. S. 210. Vorläufiger Entwurf eines Gesetzes über Familienfideikommisse ist inzwischen im Reichs- und Staatsanzeiger (1903) veröffentlicht. Vgl. den Sonderabdruck in Heymanns Sammlung von Veröffentlichungen aus dem Staatsanzeiger 1903 Nr. 35.

Für Bayern gehören zu den Familienfideikommissen

a) Die Majorate nach dem Edikte vom 20. Dezember 1811 (Döllinger V, 88),
b) die Familienfideikommisse nach der VII. Verf.-Beil. mit Ges. vom 11. September 1825, Justr. vom 2 Dezember 1818 (Döllinger V, 117) und vom 3. September 1857 (Reg.-Bl. S. 255),
c) die Familienfideikommisse der Reichsritterschaft und des Adels in den erst seit 1812 mit Bayern vereinigten Provinzen (VII. Verf.-Beil. § 107),
d) die standesherrlichen Fideikommisse nach der IV. Verf.-Beil. § 9 mit VII. Verf.-Beil. § 102, für welche auch künftighin die Bestimmungen der Hausverfassungen und das gemeine Recht zur Anwendung kommen werden (2. P. d. JA. d. K. d. Abg. S. 7 ff.), — die betr. Vorschriften aufrecht erhalten durch Art. 1 d. AG. z. BGB.

In der Pfalz können auch fernerhin Familienfideikommisse nicht errichtet werden (AG. Art. 135 Abs. 2). Hinsichtlich der Stammgüter vgl. Roth-Becher, Bayr. Civilr. Bd. III S. 48 (2. P. d. JA. d. K. d. Abg. S. 9), bezüglich der Lehen s. Lehenedikt vom 7. Januar 1808 mit der Novelle vom 15. August 1828 und dem Ges. über Ablösung des Lehenverbandes vom 4. Juni 1848. In der Pfalz sind die Lehen durch die französische Gesetzgebung (Ges. vom 29. Mai 1790, Dekr. vom 17. Juni 1793 und 8. pluv. II und Staatsrathsgutachten vom 13. mess. XIII) beseitigt. Einschlägig sind noch Art. 13—16 und 34—36 Bayr. AGO. (Becher III, 7 S. 29).

Für Sachsen vgl. sächs. GB. §§ 2527—2541, ferner Deklaration v. 22. Februar 1834, 3. Juni 1852 und 22. Mai 1872, für Württemberg AG. z. BGB. Art. 14, 24—31, 93, 216, 280, 281 (Becher XXVI, 1), für Baden siehe V. Konstitutionsedikt vom 12. August 1807, Ges. vom 19. April 1856 über die Rechtsverhältnisse abgelöster Lehen und vom 9. August 1862 über die Aufhebung des Lehenverbandes, ferner AG. z. BGB. Art. 36 (M. zu diesem Gesetze S. 56 ff.) (Becher II, 9 S. 26), endlich für Hessen Ges., die Familienfideikommisse betr., vom 13. September 1858 und AG. z. BGB. Art. 102, 103, 277 (Becher VIII, 3 S. 96).

Mecklenburg-Schwerin, VO. zur Ausf. d. BGB. § 8 (Becher XI, 2 S. 3), § 31 (Becher XI, 2 S. 8), §§ 124—152 (betr. Familienfideikommisse) (Becher S. 29), §§ 153—163 (Lehenrecht) (Becher S. 34), §§ 265—348 (lehenrechtliche Erbfolge) (Becher S. 54).

Mecklenburg-Strelitz, VO. zur Ausf. d. BGB. § 8 (allodifizirte Lehen), § 88 (Enteignung bei Lehen), §§ 122—449 (Familienfideikommiß), §§ 150—160, 262—317 (Lehenrecht). Becher XII Nr. 1.

Sachsen-Altenburg, AG. z. BGB. § 5 (die Errichtung von Familienfideikommissen bedarf landesherrlicher Genehmigung). Becher XVIII, 1.

Sachsen-Koburg-Gotha, AG. z. BGB. Art. 5 (Errichtung neuer Fideikommisse untersagt). Becher XIX, 8 S. 47.

Sachsen-Meiningen, AG. z. BGB. Art. 2 (Becher XX, 1 S. 2). (Familienfideikommisse, Errichtung und Einverleibung von Grundstücken in solche bedürfen landesherrlicher Genehmigung.)

Sachsen-Weimar-Eisenach, AG. z. CPO. und RKO. (Becher XXI Nr. 4) § 5 (Zwangsvollstreckung in Lehen- und Fideikommißgrundstücke).

Schwarzburg-Rudolstadt, AG. z. BGB. Art. 7 (Becher XXIII, 2).

5. Als reichsrechtliche Bestimmungen für Familienfideikommisse kommen in Betracht: EG. z. KO. § 5, KO. § 52. EG. z. CPO. § 15. VO. vom 28. September 1879. Bek. vom 11. April 1880 (Civilprozeß).

Art. 60.

Unberührt bleiben die landesgesetzlichen Vorschriften, welche die Bestellung einer Hypothek, Grundschuld oder Rentenschuld an einem Grundstücke, dessen

Belastung nach den in den Artikeln 57 bis 59 bezeichneten Vorschriften nur beschränkt zulässig ist, dahin gestatten, daß der Gläubiger Befriedigung aus dem Grundstücke lediglich im Wege der Zwangsverwaltung suchen kann.

E. I, 36; II, 34; III, 58.

1. Entstehung. Art. 60 entspricht dem Art. 36 des I. Entw. und zeigt gegenüber letzterem nur geringe redaktionelle Aenderungen (Mot. z. EG. 159, Mat. [ad Nr. 87 a] S. 11, P. VI, 369, 606; Reatz III, 36).

2. Inhalt. Während das BGB. nur die Substanzhypothek kennt (§§ 1113, 1118, 1147) und die Befriedigung des Gläubigers aus dem Grundstück und den Gegenständen, auf welche sich die Hypothek erstreckt, im Wege der Zwangsvollstreckung (CPO. §§ 803 ff., 866 ff.) anordnet, gestattet Art. 60 der Landesgesetzgebung, die Revenuenhypothek für solche Fälle zuzulassen, in welchen das mit einer Hypothek, Grundschuld (BGB. §§ 1191 ff.) oder Rentenschuld (BGB. §§ 1199 ff.) belastete Grundstück Gegenstand eines Familienfideikommisses, Lehens oder Stammguts nach Maßgabe der Art. 57—59 dieses Gesetzes ist. Die Landesgesetzgebung kann also anordnen, daß der Hypothek-, Grundschuld- oder Rentenschuldgläubiger Befriedigung nur aus den Nutzungen eines Familienfideikommisses, Lehens oder Stammguts, also nur im Wege der Zwangsverwaltung (ZwVG. §§ 146 ff.) suchen kann.

3. Von den bisherigen Gesetzen vgl. württemb. Pfandges. Art. 7; hess. Pfandges. Art. 10; weimar. Pfandges. § 18; bayr. Subh.O. von 1879 Art. 4, 125 mit Nov. Art. 38; §§ 53 ff. der VII. Verf.-Beil.; Lehenedikt von 1808 §§ 144 ff.

Für Preußen siehe PLR. Thl. I Tit. 12 §§ 475, 476, Thl. I Tit. 18 §§ 1—679, Thl. II Tit. 2 §§ 17, 18, Thl. II Tit. 4 (insbes. §§ 23—26, 48—226) Thl. II Tit. 18 §§ 996 1002 mit AG. z. BGB. Art. 89 (vgl. M. hiezu S. 210, Becher XIV, 1 S. 59); für Bayern ergiebt sich die Aufrechterhaltung der §§ 53 ff. der VII. Verf.-Beil., sowie der §§ 144 ff. des Lehenediktes von 1808 aus Art. 1 des AG. z. BGB., obwohl in diesem der Art. 60 nicht ausdrücklich genannt ist, schon aus der Verweisung auf die Art. 57—59. Vgl. auch Art. 34—36 Bayr. AGO. (Becher III, 9 S. 138); für Württemberg AG. z. BGB. Art. 14, 24—31, 93, 216, 280, 281 (Becher XXVI, 1 S. 3, S. 5 ff., S. 52, S. 69).

4. Eine Ausnahmebestimmung enthält der Art. 61.

5. Im Uebrigen vgl. bezüglich der Revenuenhypothek Art. 192 dieses Ges. sowie M. III, 633 und auch Vorbem. VIII vor §§ 1113 ff.

6. Vgl. auch Art. 3.

Art. 61.

Ist die Veräußerung oder Belastung eines Gegenstandes nach den in den Artikeln 57 bis 59 bezeichneten Vorschriften unzulässig oder nur beschränkt zulässig, so finden auf einen Erwerb, dem diese Vorschriften entgegenstehen, die Vorschriften des Bürgerlichen Gesetzbuchs zu Gunsten derjenigen, welche Rechte von einem Nichtberechtigten herleiten, entsprechende Anwendung.

E. I, 37; II, 35; III, 59.

1. Entstehung. Auch Art. 61 weicht von dem entsprechenden Art. 37 des I. Entw. nur in redaktioneller Beziehung ab (Mot. z. EG. 160; Mat. 11; P. VI, 371, 607; Reatz III, 38).

2. Inhalt. Der Art. 61 statuirt eine Ausnahme von den Vorschriften der Art. 57 bis 59. Nach diesen Artikeln bleiben die landesrechtlichen oder autonomen Beschränkungen des Inhalts, daß ein zu einem Familiengute, Familienfideikommisse, Lehen oder landwirthschaftlichen Erbgute gehöriger beweglicher oder unbeweglicher Gegenstand vom jeweiligen Gutsinhaber gar nicht oder nur unter gewissen Voraussetzungen (z. B. mit Zustimmung der Anerben, Genehmigung des Fideikommißgerichts) veräußert oder verpfändet oder sonst belastet werden darf, auch fernerhin bestehen. Soweit nun aber entgegen diesen Vorschriften nach dem Inkrafttreten des BGB. eine Veräußerung oder Belastung eines solchen Gegenstandes erfolgt, gelten zu Gunsten desjenigen, der ohne Kenntniß der Veräußerungs- oder Belastungshindernisse vom Gutsinhaber ein Recht erwirbt, die Vorschriften der §§ 892, 893, 932 bis 936, 1032, 1138, 1140, 1148, 1192, 1199, 1207, 1208, 1244 bis 1246 BGB. (Vgl. die Bem. hiezu.)

Für Preußen wird also z. B. das auf den statutarischen Bestimmungen der Ritterschaft des Herzogthums Bremen beruhende Vorkaufs- und Retraktsrecht der Agnaten an ritterschaftlichen Erbstammgütern, welches im Preuß. Ges. vom 24. Dezember 1872 aufrecht erhalten ist, künftighin in das Grundbuch eingetragen werden müssen (M. z. Preuß. AG. z. BGB. S. 64). Vgl. ferner Preuß. AG. z. GBO. Art. 15—20 (Becher XIV, 6 S. 115 ff.).

Bayern, AGO. (Becher III, 9 S. 135) Art. 13: „Bei einem Grundstücke, das zu dem Familiengut einer standesherrlichen Familie oder zu einem Familienfideikommisse gehört, ist diese Eigenschaft im Grundbuch anzugeben. Das Gleiche gilt bei einem landwirthschaftlichen Erbgute.

Bei den zu einem Familienfideikommisse gehörenden Grundstücken hat das Grundbuchamt dem Fideikommißgerichte von den bewirkten Eintragungen in das Grundbuch Nachricht zu geben, soweit sie nicht auf Ersuchen des Vollstreckungsgerichts erfolgen."

Art. 14: „Bei einem Grundstück, das zu einem Lehen gehört, wird das Grundbuchblatt für das Recht des Lehenmannes angelegt. In der Eintragung ist das Grundstück als Lehen zu bezeichnen und der Lehenherr anzugeben."

Art. 15: „Bei allodifizirten Lehen sind die auf dem Lehenrechte beruhenden Nachfolgerechte im Grundbuch anzugeben."

Art. 16: „Zum Nachweise der Nachfolge ist bei dem Familiengut einer standesherrlichen Familie, falls die Nachfolge von Todeswegen eintritt, ein Zeugniß des Nachlaßgerichts oder der zuständigen standesherrlichen Kanzlei, bei einem Lehen ein Zeugniß des Lehenhofs, bei einem allodifizirten Lehen, falls die Nachfolge von Todeswegen eintritt, ein Zeugniß des Nachlaßgerichts erforderlich. — Auf die gerichtlichen Zeugnisse finden die für den Erbschein geltenden Vorschriften entsprechende Anwendung."

Art. 62.*)

Unberührt bleiben die landesgesetzlichen Vorschriften über Rentengüter.

E. II, 36; III, 60.

1. Entstehungsgeschichte. Art. 62 wurde erst in der II. Komm. aufgenommen und erhielt nach mehrfachen Aenderungen bei der II. Lesung im Reichstage die schon von der II. Komm. in der II. Lesung beschlossene Fassung (P. III, 766, 767 und VI, 472–474; Mat. 12; RTK. 440a Nr. 10 S. 6 und 440d S. 8; StB. 3026, 3096; Reatz III, 38).

2. Der Begriff „Rentengüter", welcher juristisch keineswegs feststeht, wurde auch in den Verhandlungen der gesetzgebenden Körperschaften nicht näher bestimmt. Wohl aber ist anzunehmen, daß dieser Artikel sich auf die nach den preußischen Gesetzen vom 26. April 1886, 27. Juni 1890 und 7. Juli 1891 in Polen gebildeten Rentengüter bezieht. Vgl. ferner Preuß. Ges. vom 8. Juni 1896 betr. das Anerbenrecht bei Renten- und Ansiedlungsgütern, Preuß. Ges. vom 20. April 1898 betr. Abänderung des Ansiedlungsgesetzes. Im preuß. AG. z. BGB. (Art. 29) ist das Rentengut als ein Grundstück bezeichnet, welches gegen Uebernahme einer festen Rente zu Eigenthum übertragen ist.

Zweifelhaft könnte nur sein, ob auch die dem Gesetze vom 26. April 1886 unterliegenden Güter hieher gehören, da gerade das auf dieses Gesetz bezügliche und von der Reichtagskommission eingefügte Wort „Ansiedlungsstellen" bei der II. Lesung im Plenum des Reichstags auf Antrag des Polen Czarlinski gestrichen worden ist, während in I. Lesung der gleiche Streichungsantrag des Polen Cegielski, welcher damit das Gesetz vom 26. April 1886 beseitigen zu können vermeinte, abgelehnt worden ist. Nachdem aber schon der in II. Lesung gefaßte Beschluß der II. Komm. den gleichen Wortlaut wie der gegenwärtige Artikel hat und kein Zweifel darüber besteht, daß in der II. Komm. die nach dem Ges. vom 26. April 1886 gebildeten Güter mitgetroffen werden wollten, so sind letztere als unter diesen Artikel fallend zu betrachten.

Der Vorbehalt dieses Artikels sichert für fragliche Rentengüter namentlich das vom BGB. abgelehnte dingliche Wiederkaufsrecht (vgl. M. III, 451 und Vorbem. I, 1 vor §§ 497 ff.) sowie die Aufrechterhaltung der in § 4 des Ges. vom 27. Juni 1890 dem Erwerber eines Rentengutes mit dinglicher Wirkung auferlegten Verpflichtung, die wirthschaftliche Selbständigkeit des übernommenen Grundstücks durch Erhaltung des baulichen Zustands darauf befindlicher oder darauf zu errichtender Gebäude, durch Erhaltung eines bestimmten landwirthschaftlichen Inventars auf demselben oder durch andere Leistungen dauernd zu sichern (P. VI, 472 ff.). Vgl. noch Preuß. AG. z. BGB. Art. 12 § 2 und Art. 29 (Form der Rentengutsverträge: Becher XIV, 6 S. 115).

---

*) Grashoff, Das Ges. betr. die Beförderung deutscher Ansiedlungen und Art. 62 des EG. in Preuß. Verw.-Bl. 1898 S. 329—331.

3. Der Vorbehalt ermöglicht (vgl. Art. 3) auch in anderen Bundesstaaten über Rentengüter civilrechtliche Bestimmungen zu treffen, welche von jenen des BGB. abweichen. Auf Rentengüter in Mecklenburg-Schwerin, die keine Erbpachtgüter sind, finden die §§ 166—169, 171, 172, 174, 175 der VO. z. Ausf. des BGB. entsprechende Anwendung (Becher XI, 2 S. 35).

Art. 63.

Unberührt bleiben die landesgesetzlichen Vorschriften über das Erbpachtrecht, mit Einschluß des Büdnerrechts und des Häuslerrechts, in denjenigen Bundesstaaten, in welchen solche Rechte bestehen. Die Vorschriften des § 1017 des Bürgerlichen Gesetzbuchs finden auf diese Rechte entsprechende Anwendung.

E. II, 87; III, 61.

1. Entstehung. Der Art. 63 wurde erst in der II. Komm. aufgestellt.

Das BGB. hat die Emphyteuse, das Erbzinsrecht und das Erbpachtrecht nicht geregelt. Auch wurde bei der Aufstellung des I. Entw. ein Bedürfniß für die künftige Zulassung solcher Rechtsinstitute unter Hinweis auf die Vorschriften des BGB. über das dingliche Vorkaufsrecht an Grundstücken und über die Reallasten nicht anerkannt.

Wie der Art. 197 dieses Gesetzes, so hat auch der gegenwärtige Artikel seinen Hauptgrund in den eigenthümlichen Verhältnissen von Mecklenburg-Schwerin und -Strelitz (P. VI, 475—479, 485, 486, 607, 608, 650, 651; Reatz III, 38; Mat. zu 87 a S. 12. Vgl. auch Mot. z. EG. 277).

2. Erbpachtrecht, Büdnerrecht und Häuslerrecht sind die drei Formen des dinglichen Nutzeigenthums an kleineren ländlichen Grundstücken in Mecklenburg. Es können dort nur der Landesherr und mit dessen Genehmigung die Städte, die sonstigen juristischen Personen des öffentlichen Rechtes und die Besitzer ritterschaftlicher Landgüter ein Erbpachtsverhältniß begründen. Die Stellung des Erbpächters ist jener des Eigenthümers ähnlich (Recht der freien Veräußerung, Verschuldung, Vererbung). Beschränkt ist der mecklenburgische Erbpächter im agrarpolitischen Interesse durch verschiedene Verpflichtungen, z. B. die Parzellirung des Grundstücks oder dessen Zusammenlegung mit anderen Grundstücken zu unterlassen, es nicht mit Dienstbarkeiten oder Reallasten zu beschweren, das Grundstück nicht zu Fabrik- oder gewerblichen Anlagen zu benutzen, kein Stroh zu veräußern, Wirthschaftsgebäude sowie das wirthschaftliche Inventar in ordnungsmäßigem Stande zu erhalten, sowie durch die Vorschrift, daß der Besitz der Erbpachtstelle, abgesehen von dem Mitbesitze mehrerer Erben bis zur Erbauseinandersetzung, nur einer Person zustehen kann.

Das Büdnerrecht ist ein dingliches, vererbliches und veräußerliches Nutzungsrecht an einem bäuerlichen Grundstück, welches jedoch Beseler (DPR. S. 746) nicht zu den Bauerngütern, sondern zu den kleineren Stellen rechnet, auf denen nicht mit Gespannkraft gewirthschaftet wird.

Ebenso ist das Häuslerrecht ein dingliches, veräußerliches und vererbliches Nutzungsrecht an einem Grundstück; die Häuslerei dient wesentlich nur der Ansässigmachung der ländlichen Arbeiterbevölkerung und pflegt außer dem Haus- und Hofplatz nur aus Gartenland zu bestehen (P. VI, 486).

Das öffentliche Recht Mecklenburgs macht die Erhaltung dieser Rechtsinstitute namentlich dann nothwendig, wenn die Bildung kleineren ländlichen Grundbesitzes aus einem ritterschaftlichen Gute gefördert werden soll.

Vgl. Mecklenburg-Schwerin: Ausf.V. z. BGB. §§ 164—179 (Becher XI, 2 S. 35 ff.).

Mecklenburg-Strelitz: Ausf.V. z. BGB. §§ 161—177 (Becher XII, 1 S. 32 ff.).

3. Der Vorbehalt dieses Artikels gilt aber auch für alle anderen Staaten, in welchen vor dem 1. Januar 1900 die unter Ziff. 2 berührten Rechtsinstitute bestehen (vgl. Stobbe, DPR., II. Aufl., Bd. II §§ 131 ff.); in jenen Bundesstaaten, in welchen sie vor diesem Zeitpunkte nicht bestehen, können sie auch später nicht mehr eingeführt werden (P. VI, 650). Durch die Ablösungsgesetze sind die Erbpachtrechte in den meisten Bundesstaaten, insbesondere in den größeren, beseitigt (vgl. jedoch Bem. 5).

Beseitigt ist das Erbpachtrecht und seine zukünftige Begründung in folgenden Bundesstaaten:

a) Preußen (Ges. vom 2. März 1850); linksrhein. Gebiete: cod. civ. art. 543; Hannover: Ges. vom 23. Juli 1833, Ges. vom 2. Juli 1876.

b) Sachsen, Ges. vom 17. März 1832, 15. Mai 1851, sächs. GB. § 226.
c) Braunschweig, Ges. vom 28. März.

Das Obereigentum ist für ablösbar erklärt und die Begründung des Erbpachtrechts ist für die Zukunft untersagt: in Lauenburg, Ges. vom 14. April 1872, Hessen-Nassau, Ges. vom 5. April 1869, 15. Februar 1872, 8. Juni 1874, 16. Juni 1876; Ostfriesland, Ges. vom 2. Juli 1876; Bayern, Ges. vom 4. Juni 1848; Württemberg, Ges. vom 14. April 1848; Schaumburg-Lippe, Verf.Urk. vom 17. November 1868, Ges. vom 13. Dezember 1872; Lippe-Detmold, Ablösungsordnung von 1838; Bremen, Ges. vom 14. Januar 1876.

4. Satz 2 stellt eine Ausnahme von Satz 1 des gegenwärtigen Artikels auf, indem hiedurch die Vorschriften des § 1017 BGB. und damit also

a) die sich auf Grundstücke beziehenden Vorschriften des BGB. (z. B. §§ 94, 95, 98, 867, 875, 891, 905, 916, 946, 1009, 1010, 1018 ff., 1030 ff., 1094 ff. 1113 ff.), der GBO. (§ 84), der CPO. (§§ 864 ff., 932) und des ZwVG.,
b) die für den Erwerb des Eigenthums geltenden Vorschriften des BGB. (§§ 925—927) und
c) die für die Ansprüche aus dem Eigenthum geltenden Vorschriften des BGB. (§§ 985—1007, 916 mit 912—914) auf das Erbpachtrecht, Häuslerrecht und Büdnerrecht vom 1. Januar 1900 an anzuwenden sind.

5. In Bayern wurde von dem Vorbehalte des Art. 63 kein Gebrauch gemacht; neue Erbpachtrechte können also in Bayern vom 1. Januar 1900 an nicht mehr begründet werden (vgl. Art. 1 Bayr. AG. und B. d. JA. d. K. d. RR. S. 5). Für die Pfalz bestanden bisher im Hinblick auf das Dekret vom 18./29. Dezbr. 1790, relativ au rachat des rentes forcières Tit. 1 Art. 1, mit dem Taxregulativ für Gebühren der Notarien vom 9. April 1822 einerseits und andererseits auf cod. civ. art. 543 Zweifel darüber, ob seit dem cod. civ. Konstituirung von Erbpachtrechten auf Zeit zulässig war; für die Zukunft ist das nicht mehr möglich; dem Uebergangsstadium tragen die Nr. 249, 272 der Grundbuchanlegungsverordnung für die Pfalz vom 14. September 1898 Rechnung (2. B. d. JA. d. K. d. Abg. S. 11). Vgl. Oertmann, Bayr. Landesprivatrecht § 110 S. 485.

Für Elsaß-Lothringen vgl. über die Pachtungen auf 99 Jahre den Bericht der Spezialkommission des Landesausschusses zu § 79 des Entw. d. AG. z. BGB., Kisch, Elsaß-Lothring. Landesprivatrecht S. 736; für Hessen Art. 223 AG. z. BGB. (Becher VIII, 3 S. 78).

Zulässig ist Neubegründung von Erbpachtrechten an Grundstücken des Staates, der Lübeckschen Stiftungen und Anstalten des öffentlichen Rechts in Lübeck, Ausf.-Ges. z. BGB. §§ 74—80 (Becher X, 6 S. 52 ff.).

Vgl. ferner Sachsen-Koburg und Gotha: Ausf.G. z. BGB. Art 26 (Begründung neuer Erbpachtrechte unzulässig). (Becher XIX, 8 S. 61.) Ausf.Ges. z. GBO. (Becher XIX, 7 S. 44). Art. 13 (Besondere Grundbuchblätter für bestehende Erbpachtgerechtigkeiten). — Sachsen-Altenburg, Ausf.Ges. z. BGB. § 79 (Becher XVIII, 1 S. 17) u. s. w.

6. Die entsprechende Anwendung des § 1017 ergiebt: „Für das Erbpachtrecht, mit Einschluß des Büdnerrechts und des Häuslerrechts, gelten die sich auf Grundstücke beziehenden Vorschriften.

Die für den Erwerb des Eigenthums und die Ansprüche aus dem Eigenthum geltenden Vorschriften finden auf das Erbpachtrecht entsprechende Anwendung."

7. Wegen der Eintragung des Erbpachtrechts im Grundbuch vgl. GBO. § 84. Preuß. Ausf.Ges. z. GBO. Art. 15.

Art. 64.*)

Unberührt bleiben die landesgesetzlichen Vorschriften über das Anerbenrecht in Ansehung landwirthschaftlicher und forstwirthschaftlicher Grundstücke nebst deren Zubehör.

---

*) Literatur: A. v. Miaskowski, Das Erbrecht und die Grundeigenthumsvertheilung im Deutschen Reiche Abth. II S. 135 ff.; Neubauer, Zusammenstellung des in Deutschland geltenden Rechts, betr. Stammgüter u s. w., bäuerliches Nutzungsrecht u. s. w., Berlin 1879; Frommhold, Deutsches Anerbenrecht, Greifswald 1896; Stobbe, D. Privatrecht V §§ 322 ff.; Varenhorst in D. Jur.Z. 1901 S. 254, Das bäuerliche Recht und das BGB. Bedeutung der Bestimmungen des BGB. über die eheliche Gütergemeinschaft und das Erbrecht für das Recht des bäuerlichen Grundbesitzes.

Die Landesgesetze können das Recht des Erblassers, über das dem Anerbenrecht unterliegende Grundstück von Todeswegen zu verfügen, nicht beschränken.

E. I, 83–87; II, 108; III, 62.

I. Entstehung. Der Artikel entspricht den Art. 83 bis 87 des E. I, in welchen einerseits der Vorbehalt, welchen dieser Artikel in Bezug auf das Anerbenrecht zu Gunsten der Landesgesetzgebung aufstellt, weiter eingeschränkt, andererseits aber einzelne Befugnisse, welche der Vorbehalt mitenthalten soll, ausdrücklich aufgezählt worden waren. Seine gegenwärtige Fassung erhielt der Artikel in der II. Komm. (Mot. z. EG. 205 ff.; P. VI, 510—515, 622—625, 744; Reatz III, 39—49; Mat. zu Nr. 87 a 15 ff.).

II. Begriff. Das Anerbenrecht im Sinne dieses Artikels begreift die Vorschriften, nach welchen, wenn zum Nachlasse ein zum Betriebe der Land- oder Forstwirthschaft bestimmtes Grundstück gehört und mehrere Erben vorhanden sind, einer der Erben (Anerbe) von den übrigen Miterben verlangen kann, daß ihm bei der Auseinandersetzung das Grundstück mit Zubehör (Anerbengut) gegen Ersatz eines gewissen Werthes überlassen wird. (E. I Art. 83 und Stobbe, DPR. Bd. V S. 383.) Es wird das Anerbenrecht als ein geeignetes Mittel betrachtet, welches einen wirksamen Schutz gegen die mit der gemeinen Erbfolge verbundenen Gefahren der Zersplitterung und Ueberschuldung des ländlichen Grundbesitzes gewährt, die Erhaltung des dauernden Besitzes der Landgüter in der Familie fördert und so zur Erhaltung eines gesunden und lebensfähigen Bauernstandes beiträgt (P. VI, 744).

Das Anerbenrecht diente ursprünglich nur dem fiskalischen und grundherrlichen Interesse der Erhaltung eines hinsichtlich der Zinsen, Zehnten und Frohnen leistungsfähigen Bauernstandes (das Geschlecht diente dem Gute, nicht das Gut dem Geschlechte). Erst später trat der Gesichtspunkt hinzu, daß diese singuläre Vererbung im Interesse der bäuerlichen Familien und der allgemeinen Wohlfahrt liege. In Geltung war dasselbe namentlich in Westfalen, Hannover, Schleswig-Holstein, Mecklenburg-Schwerin und Strelitz, Oldenburg, Braunschweig, Lippe, Schaumburg-Lippe, Waldeck, in einigen Theilen des Kurfürstenthums Hessen, sowie in den Landgebieten von Lübeck und Bremen (E. 206). Neuere Gesetze hierüber wurden erlassen in Mecklenburg-Schwerin (VO., betr. die Intestaterbfolge in die Bauerngüter, vom 24. Juni 1869 und vom 4. Mai 1872), in Schaumburg-Lippe (Ges., betr. die Rechtsverhältnisse der Bauernhöfe, vom 11. April 1870), im Großherzogtum Oldenburg (Ges., betr. das Erbrecht vom 24. April 1873) und in der preuß. Provinz Hannover (Ges., betr. das Höferecht, vom 2. Juni 1874 mit den weiteren Gesetzen vom 24. Februar 1880 und 20. Februar 1884), in Oldenburg für das Fürstenthum Lübeck (Ges., betr. das Erbrecht, vom 10. Januar 1879), in Bremen (Ges., betr. die Rechtsverhältnisse des Grundbesitzes im Landgebiete, vom 14. Januar 1876 und vom 28. Juni 1885), in Preußen (Ges., betr. das Höferecht im Kreise Herzogthum Lauenburg, vom 21. Februar 1881, die preuß. Landgüterordnungen für die Provinzen Westfalen und die Kreise Rees, Essen (Land), Essen (Stadt), Duisburg und Mühlheim a. d. Ruhr, vom 30. April 1882, für die Provinz Brandenburg vom 10. Juli 1883, für die Provinz Schlesien vom 24. April 1884, für die Provinz Schleswig-Holstein mit Ausnahme des Kreises Herzogthum Lauenburg vom 2. April 1886, für den Regierungsbezirk Kassel mit Ausnahme des Kreises Rinteln vom 1. Juli 1887), in Braunschweig (Ges. vom 28. März 1874, betr. den bäuerl. Grundbesitz).

Ein ähnliches Rechtsinstitut wie das Anerbenrecht ist das Vorwahlrecht nach BLR. Thl. III cap. 1 § 14 und einigen anderen bayerischen Statuten (Bamberg LR. 89; F. Kempten LO. Art. 92 Nr. 1 Samml. 326 mit VO. vom 4. Juni 1792 Samml. 332; Rettenberg LO §§ 10 und 12), ferner die Vortheilsgerechtigkeit des badischen Landrechts Satz 827 c bis g mit Edikt vom 23. März 1808, Ges. vom 23. Mai 1888 und VO. vom 21. Juli 1888.

Auf denselben Gedanken wie das Anerbenrecht beruhen die wenig erfolgreichen Gesetze über die landwirthschaftlichen Erbgüter in Bayern vom 22. Februar 1855 und in Hessen vom 11. September 1858.

Die Entwicklung des Anerbenrechts in den verschiedenen Theilen Deutschlands ist eine ganz verschiedene (vgl. hierüber Beseler, DPR. § 187 S. 767 ff., und Stobbe, DPR. Bd. V § 232 S. 375 ff., Miaskowski, Das Erbrecht und die Grundvertheilung im Deutschen Reiche Abth. II S. 135 ff.).

Die wesentlichen Unterschiede, welche jetzt noch bestehen, sind folgende: Auf der einen Seite wird das Anerbenrecht als eine Sondernachfolge in das Bauerngut behandelt. Es bildet das Bauerngut mit Zubehör in Ansehung der Intestaterbfolge und Erbtheilung einen abgesonderten Bestandtheil des Nachlasses; mit dem Gute gehen die auf diesem lastenden Schulden und Leistungen auf den Anerben über; für die sonstigen Nachlaßschulden haftet das Gut nur, soweit der übrige Nachlaß zur Bezahlung der Schulden nicht ausreicht.

Auch bei diesem System ist der Besitzer in der letztwilligen Verfügung über das Gut sowie in dessen Veräußerung und Belastung unbeschränkt. Eine Beschränkung kann durch letztwillige Verfügung des Vorbesitzers herbeigeführt werden, welche, falls sie den Rechtsnachfolger binden soll, der landesherrlichen Bestätigung bedarf. So der Rechtszustand nach den Verordnungen von 1869 und 1872 in Mecklenburg.

Auf der andern Seite wird der Anerbe nicht mehr als der alleinige Erbe des Hofbesitzers, sondern nur als einer der in Gemäßheit des gemeinen Rechts berufenen Erben behandelt, jedoch mit dem Vorzuge, daß ihm gegen eine nach näheren gesetzlichen Vorschriften zu bestimmende Taxe der Hof zukommt. Auch hier ist der Hofbesitzer in Bezug auf Veräußerung und Belastung sowie letztwillige Verfügung völlig frei. Bei diesem Systeme werden hauptsächlich zwei Richtungen unterschieden. Nach der einen (Schaumburg-Lippe, Braunschweig) greift das Anerbenrecht Platz, soferne nicht der Besitzer des Hofes dasselbe durch Verfügung von Todeswegen ausgeschlossen hat, nach der anderen (Oldenburg, Lübeck, Preußen) tritt das Anerbenrecht nur ein, wenn der Besitzer das Grundstück in die Höferolle hat eintragen lassen, und es besteht nur solange, als es nicht auf Antrag des jeweiligen Besitzers in der Höferolle wieder gelöscht ist.

Ein großer Unterschied besteht u. A. auch in Bezug auf die dem Anerbenrecht unterworfenen Grundstücke, indem bald aller Grundbesitz, soweit er nicht in Lehen-, Stamm- oder Familiengütern besteht, bald nur der bäuerliche Grundbesitz, bald nur der größere bäuerliche Grundbesitz, bald nur geschlossene Bauernhöfe demselben unterstellt sind, sowie hinsichtlich der Bestimmung der Person des Anerben (Majorat, Minorat, Wahl des Erben, Loos, Erbrecht oder Nießbrauchrecht des überlebenden Ehegatten) und hinsichtlich des Umfangs der demselben zu Theil werdenden Bevorzugung.

III. Inhalt. Der Vorbehalt, welchen der gegenwärtige Artikel zu Gunsten der Landesgesetzgebung hinsichtlich des Anerbenrechts aufstellt, ist ein sehr weitgehender.

Beschränkt ist die Landesgesetzgebung nur dadurch, daß der Vorbehalt sich nur auf das Anerbenrecht in Ansehung land- und forstwirthschaftlicher Grundstücke nebst Zubehör bezieht, und daß sie das Recht des Erblassers, über das dem Anerbenrecht unterliegende Grundstück von Todeswegen zu verfügen, nicht ausschließen oder beschränken darf (Abs. 2). Alle übrigen im ersten Entwurf enthaltenen Beschränkungen des Vorbehalts haben in das Gesetz keine Aufnahme gefunden.

Die Landesgesetzgebung kann also z. B.:

1. das Anerbenrecht nur in gewissen Theilen des betreffenden Bundesstaates oder für das ganze Gebiet des Bundesstaates einführen,

2. dasselbe nur auf landwirthschaftliche oder nur auf forstwirthschaftliche Grundstücke, auf arrondirte oder zerstreut liegende, auf alle oder nur auf große oder mittlere oder kleine Grundstücke erstrecken,

3. den Begriff des Zubehörs in Uebereinstimmung mit dem BGB. oder abweichend von demselben (§§ 97, 98) bestimmen,

4. ein beliebiges System — mit oder ohne Höferolle — für die Regelung des Anerbenrechts zu Grunde legen,

5. das Recht des Besitzers des Anerbenguts, über das letztere unter Lebenden frei zu verfügen oder es zu belasten, ausschließen (P. VI, 510 ff.),

6. die für die Ermittelung des Werthes des Anerbengutes maßgebenden Grundsätze aufstellen (vgl. BGB. § 2049),

7. Bestimmungen über einen dem Anerben aus dem Gutswerthe gebührenden Voraus treffen,

8. in Ansehung der den übrigen Erben — wegen der Uebernahme des Anerbenguts — gegen den Anerben zustehenden Forderungen die Fälligkeit, die Verzinslichkeit und das Erlöschen durch den Tod des Gläubigers regeln oder dem Anerben bestimmte Verpflichtungen gegen die übrigen Erben, insbesondere in Ansehung der Sicherstellung auferlegen,

9. Vorschriften erlassen, nach welchen im Falle des Eintritts des Anerbenrechts bis zur Auseinandersetzung — unbeschadet der Zulässigkeit der Zwangsvollstreckung wegen einer Nachlaßverbindlichkeit — der Antheil eines Erben an dem Anerbengut ohne Zustimmung der übrigen Erben nicht veräußert oder belastet werden kann,

10. die Uebertragung des Anspruchs eines Erben auf Auseinandersetzung und auf Abfindung aus dem Anerbengute für unzulässig erklären,

11. in Ansehung des Anerbenguts das Pflichttheilsrecht des BGB. ausschließen oder einschränken,

12. dem Anerben hinsichtlich der Haftung für die Nachlaßschulden gegenüber den Miterben besondere Verpflichtungen auferlegen und den Miterben in irgend einer Weise Schutz gegen eine über die Vorschriften des § 2059 BGB. hinausgehende Haftung den Nachlaßgläubigern gegenüber gewähren,

13. den Kreis der Personen, aus welchen der Anerbe zu nehmen ist, und die Reihenfolge derselben bestimmen,

14. Vorschriften erlassen, nach welchen, wenn zu dem Gesammtgut einer durch den Tod eines der Ehegatten aufgelösten allgemeinen Gütergemeinschaft oder Errungenschaftsgemeinschaft oder Fahrnißgemeinschaft oder zum Gesammtgut einer aufgelösten fortgesetzten Gütergemeinschaft ein dem Anerbenrecht unterliegendes Grundstück gehört, der nach den Vorschriften des BGB. zur Uebernahme des Grundstücks Berechtigte und, sofern mehrere gemeinschaftlich berechtigt sind, einer derselben, sofern aber ein zur Uebernahme Berechtigter nicht vorhanden ist, einer der Theilhaber am Gesammtgute von den übrigen Theilhabern verlangen kann, daß ihm bei der Auseinandersetzung das Grundstück mit Zubehör gegen Ersatz eines gewissen Werthes überlassen werde (vgl. BGB. § 1515), wobei nur das Recht der Ehegatten, durch Ehevertrag abweichende Bestimmungen zu treffen, landesgesetzlich nicht ausgeschlossen werden kann, was sich als Konsequenz der Bestimmung des Abs. 2 dieses Artikels ergeben dürfte (vgl. E. I Art. 87 und P. VI, 511),

15. Vorschriften über die von dem Anerben seinen Geschwistern zu gewährenden Abfindungen und Unterhaltsleistungen, über das Recht des überlebenden Ehegatten auf Gewährung eines Altentheils, einer Leibzucht oder auf Fortführung der Wirthschaft in Ansehung des dem Anerbenrecht unterliegenden Grundstücks, sowie über das mit dem Anerbenrecht in Verbindung stehende Recht der Interimswirthschaft zu erlassen, jedoch mit der Maßgabe, daß, soweit mit der Interimswirthschaft familienrechtliche Wirkungen, insbesondere ein Erziehungsrecht des Interimswirths verbunden seien, landesgesetzliche Vorschriften ausgeschlossen sind, und daß der Vorbehalt auch nicht auf das besondere bäuerliche eheliche Güterrecht — abgesehen von der Bestimmung des Art. 200 dieses Gesetzes — sich erstreckt (P. VI, 510 ff., 622, 744).

IV. Für Bayern treten die in Art. 2 erwähnten älteren Rechtsinstitute (Vorwahlrecht, Vortheilsgerechtigkeit) zufolge AG. z. BGB. Art. 1 außer Kraft; das Ges. über die landwirthschaftlichen Erbgüter bleibt bestehen (AG. z. BGB. Art. 152). (Becher III S. 62 ff.)

Für Baden ist einschlägig das Ges. vom 20. August 1898, die geschlossenen Hofgüter betr., welches gleichzeitig mit dem BGB. in Kraft tritt (Becher II S. 9).

Mecklenburg-Schwerin, Ausf.V. z. BGB. §§ 349—388 (Becher XI, 2 S. 69 ff.).

Mecklenburg-Strelitz, Ausf.V. z. BGB. §§ 318 ff. (Becher XII, 1 S. 61 ff.).

Art. 65.*)

Unberührt bleiben die landesgesetzlichen Vorschriften, welche dem Wasserrecht angehören, mit Einschluß des Mühlenrechts, des Flötzrechts und des Flößereirechts sowie der Vorschriften zur Beförderung der Bewässerung und Entwässerung der Grundstücke und der Vorschriften über Anlandungen, entstehende Inseln und verlassene Flußbetten.

E. I, 39; II, 38; III, 63.

1. Entstehung. Der Art. 65 entspricht wörtlich dem Art. 39 des I. Entw. In der Reichstagskommission wurde zwar ein Abänderungsantrag gestellt; dieser wurde jedoch abgelehnt und dafür folgende Resolution beschlossen,

> die verbündeten Regierungen zu ersuchen, die reichsgesetzliche Regelung des gesammten Wasserrechtes thunlichst bald in Erwägung zu ziehen.

Die reichsgesetzliche Regelung wurde mit Recht nicht beliebt, weil die einschlägigen Vorschriften meist örtlichen oder territorialen Verhältnissen angepaßt und anzupassen sind, auch theilweise einen polizeilichen Inhalt haben (Mot. z. EG. 161; M. III, 5; Reatz III, 49; P. VI, 372).

---

*) Literatur: Neubauer, Zusammenstellung des in Deutschland geltenden Wasserrechts, Berlin 1881; Stobbe-Lehmann, Deutsches Privatrecht II S. 357 ff.; Nieberding-Frank, Wasserrecht und Wasserpolizei im Preuß. Staate, Breslau 1899. Vgl. ferner den Entw. eines Preuß. Wassergesetzes, Amtl. Ausgabe, Berlin (Parey) 1894 S. 112 ff. Für die früher gemeinrechtlichen Gebiete kommt noch in Betracht Dig. 39, 3 de aqua et aqua pluvia arcenda. Vgl. Dr. W. André, Das Wasserrecht und die Schiedsgerichte, Jena (Frommann) 1860. Jur. Wschr. 1899 Nr. 41—44, S. 359 ff. Für Bayern vgl. auch Meisner, Nachbarrecht §§ 24—39 (eine völlig neue Wassergesetzgebung ist in Bayern in Vorbereitung).

2. Begriff und Inhalt. Wasserrecht ist der Inbegriff derjenigen Normen, welche die Rechtsverhältnisse des Wassers betreffen. In den Motiven (Mot. z. EG. 162) wird der Sinn des Ausdrucks als ein feststehender bezeichnet, der den Vorbehalt genügend begrenze. Für ganz sicher erachtete jedoch auch schon die I. Komm. die Grenze des Vorbehalts nicht, weil sie selbst Zweifel darüber aussprach, ob das Deich- und Sielrecht hierunter falle, und weil deßhalb für das Deich- und Sielrecht in Art. 66 ein besonderer Vorbehalt gemacht wurde.

Der Vorbehalt unterscheidet nicht zwischen öffentlichen und Privatgewässern (vgl. Stobbe, DPR. II. Aufl., Bd. I § 64 S. 534 ff.; Bd. II § 144 S. 600 ff.), bezieht sich also auf beide und zwar sowohl auf die geschlossenen als die sich fortbewegenden Gewässer.

Es fallen unter das Wasserrecht zweifellos

a) die Rechtsverhältnisse am Wasser bezw. Flußbette,

b) die Rechtsverhältnisse hinsichtlich des Eigenthums und der Benützung des Wassers. Daß hierunter auch die Regelung der Frage fällt, ob der Eigenthümer eines Grundstücks den in Folge der natürlichen Bodenverhältnisse stattfindenden Wasserabfluß von einem anderen Grundstücke zu dulden hat oder nicht, ergiebt sich auch daraus, daß in der II. Komm. mit Rücksicht auf den Vorbehalt des gegenwärtigen Artikels die einschlägige Vorschrift des § 856 E. I gestrichen wurde, nachdem die Regelung des Wasserrechts „im vollen Umfange" der Landesgesetzgebung vorbehalten bleiben soll (P. a. a. O.). Es gehören demnach hieher auch die Wasserdienstbarkeiten (servitutes aquaeductus, aquaeducendae, educendae, immittendae, hauriendae, sowie die servitus pecoris ad aquam appulsus).

Nach gemeinem Rechte sind öffentliche Flüsse solche, die beständig fließen; ein Gewohnheitsrecht, daß nur die schiff- und flößbaren Flüsse zu den öffentlichen gehörten, ist nicht nachweisbar (RGE. Bd. 52 S. 380, Seuff. Arch. Bd. 58 S. 257). Eigenthumserwerb durch Alluvion am Ufer stehender Gewässer (Landseen, Teiche) findet nach gemeinem Rechte nicht statt (RGE. Bd. 54 S. 52, Seuff. Arch. Bd. 58 S. 452). Ueber die Bestimmung der Grenze zwischen Flußbett und Ufer auf den der Ebbe und Flut unterworfenen Flußstrecken vgl. RGE. Bd. 44 S. 124, Seuff. Arch. Bd. 55 Nr. 2. Ueber den Umfang des gemeinrechtlichen Schutzes des Regenwasserablaufs Seuff. Arch. Bd. 59 S. 275.

Um alle Zweifel darüber auszuschließen, daß nachbezeichnete Rechtsmaterien hieher gehören, zählt das Gesetz ausdrücklich selbst noch auf:

c) das Mühlenrecht (cfr. Stobbe, Bd. I S. 544 Note 53 a, Bd. II S. 603 und 604; Holtzendorff, Rechtslexikon Bd. II S. 808 ff.),

d) das Flötzrecht und Flößereirecht (Stobbe, Bd. I S. 543, Bd. II S. 606; Holtzendorff, Rechtslexikon Bd. I S. 844),

e) die Vorschriften zur Beförderung der Bewässerung und Entwässerung der Grundstücke (Holtzendorff, Rechtslexikon Bd. I S. 350 ff., 695 ff., Bd. III S. 1243),

f) die Vorschriften über

α) Anlandungen (Alluvion),

β) entstehende Inseln (insula in flumine nata) und

γ) das verlassene Flußbett (alveus derelictus) — Stobbe, Bd. II § 91 S. 162 ff.; Windscheid, Pand. Bd. I § 185; vgl. auch Bd. I §§ 143 Note 10, 184 Note 3, 188 Note 2 und 3, 226 a Note 12, Bd. II §§ 327 Note 5, 501 Note 1, Bd. III § 581 Note 7.

Nicht hieher gehört das Fischereirecht, welches jedoch durch Art. 69 dieses Gesetzes ebenfalls der landesgesetzlichen Regelung vorbehalten wurde.

Ferner ist selbstverständlich nicht einschlägig das Seerecht einschließlich des Seehandels, da es sich hier um Materien der Reichsgesetzgebung handelt.

Reichsgesetzlich sind aber auch geregelt und fallen nicht unter den Vorbehalt: die privatrechtlichen Verhältnisse der Binnenschiffahrt (durch RG. vom 15. Juni 1895 in der Fassung der Bekanntm. des Reichskanzlers vom 20. Mai 1898, RGBl. 868) und die privatrechtlichen Verhältnisse der Flößerei (RG. vom 15. Juni 1895, RGBl. 341).

3. Für Bayern sind alle einschlägigen Vorschriften aus der Zeit vor dem Jahre 1818 zufolge AG. Art. 1 aufgehoben. Einschlägig sind die Wassergesetze vom 28. Mai 1852 mit AG. Art. 147—149 (Becher III, 7 S. 61 ff.).

Für Elsaß-Lothringen die Ges. vom 11. Mai 1877, betr. die Abänderung der Gesetzgebung hinsichtlich des Wasserrechts, vom 30. Juli 1890, betr. die autorisirten Genossenschaften zum Zwecke der Regelung von Feldwegen, sowie der Herstellung von

Bewässerungen und Entwässerungen, ferner vom 2. Juli 1891, betr. Wasserbenutzung und Wasserschutz, sowie AG. z. BGB. §§ 44—58, 61, 78, 79 (Becher VI, 1 S. 9 ff.):

für Baden Wassergesetz vom 26. Juni 1899;

für Hessen die Ges. vom 14. Juni 1887, das Dammbauwesen und das Wasserrecht betr., und vom 30. Juli 1887, die Bäche u. s. w. betr., mit AG. z. BGB. Art. 281 und 282, ferner Ges. vom 28. Sept. 1887, die Landeskulturgenossenschaften betr., mit AG. z. BGB. Art. 272 (Becher VIII, 3 S. 65 ff.).

Oldenburg=Birkenfeld, AG. z. BGB. §§ 10—24 (Becher XIII, 7 S. 34 ff.).

Preußen: AG. Art. 89 Ziff. 1, PLR. Thl. I Tit. 8 §§ 96—117, Tit. 9 §§ 223—258, 261—274. AG. Art. 89 Ziff. 2, für Rheinpreußen: cod. civ. art. 538, 556—563, 640—643, 645, 714. Vgl. ferner PLR. Thl. II Tit. 15 §§ 38 ff. (Von Strömen, Häfen und Meeresufern.) Kab.O. vom 24. Februar 1816, die Verhütung der Verunreinigung der schiff= und floßbaren Flüsse und Kanäle betr., Ges. vom 28. Februar 1843 über Benutzung der Privatflüsse. Ges. vom 23. Januar 1846 betr. das für Entwässerungsanlagen einzuführende Aufgebots= und Präklusionsverfahren. VO. vom 28. Mai 1867 betr. die Bildung von Genossenschaften zu Entwässerungs= und Bewässerungsanlagen in den neu erworbenen Landestheilen. Ges. vom 1. April 1879 betr. die Bildung von Wassergenossenschaften.

Mühlenrecht: PLR. Thl. II Tit. 15 §§ 229 ff. Mühlenordnung für die gesammte Monarchie vom 28. Oktober 1810.

Vgl. ferner Entsch. d. RG. vom 18. Dezember 1900 in Jur. Wschr. 1901 S. 18 Nr. 27 (betr. Schadensersatz des Uferbesitzers eines Privatflusses bei Verunreinigung des Wassers durch Oberlieger).

Schwarzburg=Sondershausen: AG. Art. 31 § 1 (Becher XXIV, 1 S. 13).

Württemberg: Wassergesetz vom 1. Dezember 1900 (erläutert vom Landgerichtsdirektor Nieder, Ellwangen 1902).

Art. 66.

Unberührt bleiben die landesgesetzlichen Vorschriften, welche dem Deich= und und Sielrecht angehören.

E. I, 40; II, 39; III, 64.

1. Art. 66 entspricht wörtlich dem Art. 40 des I. Entw. Die Entstehungsgeschichte theilt er mit dem Art. 65.

2. Das Deich= und Sielrecht begreift die Normen, welche die zum Schutze gegen Ueberschwemmungen errichteten Deiche (= Dämme) und die zur Entwässerung angelegten Siele (= Abzugskanäle) betreffen (Beseler, DPR. § 200 S. 830; § 201 S. 833 ff.).

3. Im Uebrigen s. die Bem. zu Art. 65.

Aus den Ausführungsgesetzen:

Hamburg, AG. §§ 51—66. (Deichrechtliche Bestimmungen, Becher VII, 1 S. 9 ff.)

Hessen: AG. z. BGB. Art. 281 (Becher VIII, 3 S. 105); Dammbauges. vom 14. Juni 1887.

Preußen: Ges. über das Deichwesen vom 28. Januar 1848, Ges. vom 11. April 1872, Zuständigkeitsges. § 97 Abs. 2.

Art. 67.*)

Unberührt bleiben die landesgesetzlichen Vorschriften, welche dem Bergrecht angehören.

Ist nach landesgesetzlicher Vorschrift wegen Beschädigung eines Grundstücks durch Bergbau eine Entschädigung zu gewähren, so finden die Vorschriften der Art. 52, 53 Anwendung, soweit nicht die Landesgesetze ein Anderes bestimmen.

E. I, 38; II, 40; III, 65.

1. Entstehung. Abs. 1 entspricht dem Art. 38 des I. Entw. Abs. 2 wurde in der II. Komm. hinzugefügt (Mot. z. EG. 161; P. VI, 371, 372, 469, 470; Reatz III, 49; RTK. 440, d S. 10; Mat. 87, a S. 25).

---

*) Literatur: Dernburg, Das Bürgerl. Recht III, Sachenrecht §§ 142 ff.; Stobbe=Lehmann, D. Privatrecht II S. 537 ff.; Roth, Bayr. Civilr. I. Aufl. Bd. III §§ 242—280.

2. Begriff und Inhalt.

A. Bergrecht ist der Inbegriff der auf den Bergbau bezüglichen, theils dem öffentlichen Rechte, theils dem Privatrecht angehörenden besonderen Rechtsnormen. Den Kern des Bergrechts, soweit solches dem Privatrecht angehört, bilden Vorschriften, welche gewisse Mineralien von dem Verfügungsrechte des Grundeigenthümers ausschließen, die Begründung, Veränderung und Aufhebung sowie den Inhalt des Bergwerkseigenthums regeln, die Gewerkschaft und deren Verfassung, die Rechtsverhältnisse zwischen den Bergbautreibenden und den Grundbesitzern, die Haftung der Bergwerkseigenthümer für den anderen Bergwerken verursachten Schaden sowie die Rechtsverhältnisse der Bergarbeiter ordnen, die grundbuchliche Behandlung und die Zwangsvollstreckung in bergrechtliche Gerechtsame regeln.

Dieses gesammte Bergrecht überläßt der Vorbehalt dieses Artikels der Landesgesetzgebung. Es betrifft dieser Vorbehalt alle Vorschriften, welche die Gewinnung gewisser Mineralien bergrechtlichen Normen unterwirft, auch wenn das Mineral der Verfügung des Eigenthümers nicht entzogen ist, was z. B. bezüglich der Gewinnung von Kohlen nach den Gesetzen von Sachsen (Bergges. vom 16. Juni 1868 § 48 und Ges. vom 18. März 1887), Sachsen-Altenburg (Ges. vom 18. April 1872 § 3) und Preußen (mit Beschränkung auf die vormals sächs. Landestheile nach dem Ges. vom 22. Februar 1869 § 2) von Bedeutung ist. Bezüglich der Gewinnung von Eisen bestehen, soweit dieses Mineral der Verfügung des Eigenthümers nicht entzogen ist (§ 211 des preuß. Bergges. vom 24. Juni 1865), Zweifel darüber, ob dessen Gewinnung bergrechtlichen Normen unterworfen ist; jedenfalls kann aber die Landesgesetzgebung sie solchen Normen unterwerfen (vgl. Mot. z. EG. 161). Vgl. auch § 1037 BGB. und M. III, 502 ff., ferner Art. 68 dieses Gesetzes.

B. In der II. Komm. wurden Zweifel darüber ausgesprochen, ob, wenn ein Bergwerk Gegenstand eines Nießbrauchs oder einer Vorerbschaft ist, für den Betriebsplan die Vorschriften des BGB. (§§ 1038 Abs. 2 bezw. 2123 Abs. 2) oder gemäß des Vorbehalts dieses Artikels die Landesgesetze maßgebend sind. Hierauf wurde erwidert, daß in den Fällen, in welchen die Errichtung eines Betriebsplans nach den Bestimmungen des Bergrechts vorgeschrieben sei, dieser den bergrechtlichen Bestimmungen entsprechende Betriebsplan auch gegenüber dem privatrechtlichen Verhältnisse zwischen dem Nießbraucher und dem Eigenthümer, sowie zwischen dem Vorerben und Nacherben wirksam bleiben müsse, wenn aber die Errichtung eines Betriebsplans bergrechtlich nicht vorgeschrieben sei, so könne der Vorbehalt nicht Platz greifen und bleibe es alsdann bei dem, was aus den allgemeinen Vorschriften über Nießbrauch und Vorerbschaft sich ergebe (P. VI, 470 ff.).

C. Die Vorschrift des Abs. 2 gilt nur, soweit landesgesetzlich nichts Anderes bestimmt ist; ein entgegenstehender Antrag wurde in der II. Komm. abgelehnt, weil es unpraktisch sei, hinsichtlich der Frage, ob und wie eine Entschädigung wegen Bergschäden zu gewähren sei, das Landesrecht entscheiden zu lassen, dagegen die Entscheidung der Frage, in welcher Weise die Entschädigungssumme unter die einzelnen Entschädigungsberechtigten, den Eigenthümer und die Realberechtigten zu vertheilen sei, dem Reichsrechte zuzuweisen (P. VI, 470).

Nach Art. 52 dieses Gesetzes hat, wenn auf Grund eines deutschen Berggesetzes dem Eigenthümer einer Sache wegen der im bergrechtlichen Interesse erfolgenden Entziehung, Beschädigung oder Benutzung der Sache oder wegen Beschränkung des Eigenthums eine Entschädigung zu gewähren ist, ein Dritter, dem ein Recht an der Sache zusteht, für welches nicht eine besondere Entschädigung gewährt wird, an dem Entschädigungsanspruche dieselben Rechte, die ihm im Falle des Erlöschens seines Rechtes durch Zwangsversteigerung an dem Erlöse zustehen (d. h. es kommen die §§ 91, 92 des Reichszwangsversteigerungsges. zur Anwendung).

Auf den Entschädigungsanspruch finden ferner nach Art. 53 die Vorschriften des § 1128 des BGB. entsprechende Anwendung, d. h. der zur Entschädigung Verpflichtete kann die Entschädigungssumme mit Wirkung gegen den Dritten an den Entschädigungsberechtigten erst zahlen, wenn er oder der Entschädigungsberechtigte den Eintritt des Schadens dem Dritten angezeigt hat und seit dem Empfange der Anzeige ein Monat verstrichen ist. Der Dritte kann bis zum Ablaufe der Frist dem Entschädigungsverpflichteten gegenüber der Zahlung widersprechen. Die Anzeige darf unterbleiben, wenn sie unthunlich ist; in diesem Fall wird der Monat von dem Zeitpunkt an berechnet, in welchem die Entschädigungssumme fällig wird. — Im Uebrigen finden die für eine verpfändete Forderung geltenden Vorschriften (BGB. §§ 1279 ff.) Anwendung, der Entschädigungsverpflichtete kann sich jedoch nicht darauf berufen, daß er eine aus dem Grundbuch ersichtliche Hypothek nicht gekannt habe.

Erhebt ein Berechtigter innerhalb der im § 1128 BGB. bestimmten Frist Widerspruch gegen die Zahlung der Entschädigung an den Eigenthümer, so kann der Eigenthümer und jeder Berechtigte die Eröffnung eines Vertheilungsverfahrens nach den für die Vertheilung des Erlöses im Falle der Zwangsversteigerung geltenden Vorschriften beantragen. Die Zahlung hat in diesem Falle an das für das Vertheilungsverfahren zuständige Gericht zu erfolgen.

Ist das Recht des Dritten eine Reallast, eine Hypothek, eine Grundschuld oder eine Rentenschuld, so erlischt die Haftung des Entschädigungsanspruchs, wenn der beschädigte Gegenstand wiederhergestellt oder für die entzogene bewegliche Sache Ersatz beschafft wird. Ist die Entschädigung wegen Benutzung des Grundstücks oder wegen Entziehung oder Beschädigung von Früchten oder Zubehörstücken zu gewähren, so finden die Vorschriften des § 1123 Abs. 2 Satz 1 und des § 1124 Abs. 1, 3 des BGB. entsprechende Anwendung. § 1123 Abs. 2 Satz 1: Soweit die Forderung fällig ist, wird sie mit dem Ablauf eines Jahres nach dem Eintritte der Fälligkeit von der Haftung frei, wenn nicht vorher die Beschlagnahme zu Gunsten des berechtigten Dritten erfolgt. § 1124 Abs. 1, 3: Wenn die Entschädigungsforderung eingezogen wird, bevor sie zu Gunsten des Dritten in Beschlag genommen ist, oder wenn vor der Beschlagnahme in anderer Weise über sie verfügt wird, so ist die Verfügung dem Dritten gegenüber wirksam. Besteht die Verfügung in der Uebertragung der Entschädigungsforderung auf einen (anderen) Dritten, so erlischt die Haftung der Entschädigungsforderung; erlangt ein (anderer) Dritter ein Recht an der Entschädigungsforderung, so geht dieses der Haftung zu Gunsten des an der Sache auf Grund des Art. 52 berechtigten Dritten vor. Der Uebertragung der Entschädigungsforderung auf einen (anderen) Dritten steht es gleich, wenn das Grundstück ohne die Forderung veräußert wird.

Die vorstehende entsprechende Anwendung der Art. 52, 53 setzt voraus:

a) daß landesgesetzlich eine Entschädigung für ein Grundstück durch Bergbau zu zahlen ist;
b) daß diese Entschädigung dem Eigenthümer des Grundstücks zu zahlen ist;
c) daß die Landesgesetze nichts von den vorstehenden Vorschriften Abweichendes enthalten.

3. Aus der Rechtsprechung:

Ist in einem Landesgesetze bestimmt, daß bei freiwilligen Veräußerungen von Kuxen der seitherige Eigenthümer derselben der Gewerkschaft für die Zubußen verpflichtet ist, deren Erhebung vor dem Antrage auf Umschreibung der Kuxe beschlossen bleibt, so bestimmt sich die Frage, ob der seitherige und der jetzige Eigenthümer der Kuxe bezüglich der Zubußepflicht Gesammtschuldner sind und ob die Schuld des einen durch die Erfüllung des anderen getilgt wird, nach den Vorschriften des BGB. (Recht 1901 S. 620, OLG. Celle vom 23. November 1901).

Die Frage, ob die auf einem Bergwerksgrundstück stehenden Gebäude und Anlagen, insbesondere die verwendeten Maschinen als Zubehörstücke oder Bestandtheile des Grundstücks anzusehen sind, ist für das Königreich Sachsen ausschließlich nach den Bestimmungen des BGB. zu entscheiden (Zeitschr. f. Bergrecht 44 S. 363, Dresden vom 24. März 1903).

Auf den Bergarbeitsvertrag des sächsischen Rechts findet das BGB. subsidiäre Anwendung, kann jedoch durch Vertrag ausgeschlossen werden, der nur den Beschränkungen des sächsischen Bergrechts (Ges. vom 22. Mai 1851, Allgem. Berggeს. vom 16. Juni 1868, Ges. vom 2. April 1884, vom 18. März 1887, vom 5. März 1892) unterworfen ist. (Vollmer, Einfluß des BGB. auf den Arbeitsvertrag in Fischers Zeitschr. f. Praxis und Gesetzgebung der Verwaltung 23, 5, 23.)

4. Von bisherigen Gesetzen sind einschlägig:

für Preußen Berggeს. vom 24. Juni 1865; Ges., betr. die Rechtsverhältnisse des Stein- und Braunkohlenbergbaus vom 22. Februar 1869 (vgl. auch Ges., betr. die Anlegung von Hypothekenfolien für Gerechtigkeiten zur Gewinnung von Stein- und Braunkohlen ꝛc. ꝛc. und Ges. über den Eigenthumserwerb vom 5. Mai 1872, hiezu AG. z. BGB. Art. 37—39) (Becher XIV, 1 S. 18); Gesetze vom 9. April 1873, 24. Juni 1892, 8. April 1894, 14. Juli 1895, 7. Juli 1902 betr. Aenderung einiger Bestimmungen der Allg. Berggeს.,

in Sachsen Berggeს. vom 16. Juni 1868, 18. März 1887 und 20. Juni 1898, — AG. z. BGB. § 29 (Becher XVII, 1 S. 5),

in Württemberg Berggeს. vom 7. Oktober 1874, — hiezu AG. z. BGB., Art. 207 und 208 (Becher XXVI, 1 S. 44 ff.),

in Hessen Berggeს. vom 28. Januar 1876, — hiezu AG. z. BGB. Art. 283 (Becher VIII, 3 S. 107), in Elsaß-Lothringen Bergges. vom 16. Dezember 1873, — hiezu AG. z. BGB. §§ 80—85 (Becher VI, 1 S. 16 ff.), vgl. dazu RGE. Bd. 51 S. 408, Jur. Wschr. 1902 Beil. 241 (keine Anwendung auf den Tagebau auf Eisenerz),

in Baden Bergges. vom 22. Juni 1890,

in Bayern Bergges. vom 20. März 1869 mit AG. Art. 134 u. 157 und AGO. Art. 17, 18, 37—51 (Becher III, 9 S. 135, 188 ff.), ferner Ges. vom 30. Juni 1900, betr. Abänderung einiger Bestimmungen des Berggesetzes vom 20. März 1869 mit neuer Redaktion,

Sachsen-Altenburg, AG. z. BGB. § 52 (Becher XVIII, 1 S. 11 ff.),

Reuß ältere Linie, AG. §§ 75, 76, 77 (Becher XV, 1 S. 13),

Reuß jüngere Linie, AG. z. BGB. § 66,

Schwarzburg-Rudolstadt, Bergges. vom 20. März 1894, AG. Art. 125 (Becher XXIII, 2 S. 24),

Schwarzburg-Sondershausen, Bergges. vom 6. März 1894, AG. Art. 44 (Becher XXIV, 1 S. 19 ff.).

Regelung des Bergwerkseigenthums in den Konsulargerichtsbezirken und den Schutzgebieten durch Ges. vom 7. April 1900 §§ 19—21, Ges. vom 10. September 1900 § 3.

Art. 68.

Unberührt bleiben die landesgesetzlichen Vorschriften, welche die Belastung eines Grundstücks mit dem vererblichen und veräußerlichen Rechte zur Gewinnung eines den bergrechtlichen Vorschriften nicht unterliegenden Minerals gestatten und den Inhalt dieses Rechtes näher bestimmen. Die Vorschriften der §§ 874, 875, 876, 1015, 1017 des Bürgerlichen Gesetzbuchs finden entsprechende Anwendung.

E. I, 71; II, 41; III, 66.

1. Entstehung. Der Art. 68 entspricht im Wesentlichen dem Art. 71 E. I (Mot. z. EG. 195; P. VI, 344 ff.; Reatz III, 49; Mat. 87 a S. 26).

2. Inhalt. Wie schon zu Art 67 in Bem. 2 A hervorgehoben, ist die Landesgesetzgebung ungehindert, die Gewinnung von Mineralien aller Art den bergrechtlichen Normen zu unterwerfen. In diesem Falle tritt der Vorbehalt des Art. 67 ein. Es kommen aber, wie die Motive besagen (namentlich in Sachsen nach der Ger.O. vom 9. Jan. 1865 § 114 Nr. 5, § 124 Nr. 8) veräußerliche und vererbliche Berechtigungen vor, welche darauf gerichtet sind, ein Grundstück zur Gewinnung von Bodenbestandtheilen, welche dem Verfügungsrechte des Eigenthümers nicht entzogen sind (Steine, Schiefer, Thon, Porzellanerde 2c. 2c.) zu benutzen, ohne daß die Ausübung eines solchen Rechtes bergrechtlichen Normen und Beschränkungen unterworfen ist.

Der Vorbehalt des gegenwärtigen Artikels ermächtigt die Landesgesetzgebung, solche Rechte, welche, weil es sich um veräußerliche und vererbliche Nutzungsrechte handelt, an sich nach dem BGB. (§§ 1059, 1061) nicht zulässig wären, aufrecht zu erhalten und deren Inhalt zu regeln, mit der Maßgabe jedoch, daß diese Rechte den Vorschriften der §§ 874—876, 1015 und 1017 BGB. unterworfen werden, daß also für die Begründung, die Aufhebung, den Schutz und die grundbücherliche Behandlung dieser Rechte (vgl. GBO. § 84) die entsprechende Gleichbehandlung mit dem Erbbaurechte reichsgesetzlich angeordnet ist.

Die entsprechende Anwendung ergiebt Folgendes:

§ 874: Bei der Eintragung eines Rechtes, mit dem ein Grundstück belastet wird, kann zur näheren Bezeichnung des Inhalts des Rechtes auf die Eintragungsbewilligung Bezug genommen werden, soweit nicht das Gesetz ein Anderes vorschreibt.

§ 875: Zur Aufhebung eines Rechtes an einem Grundstück ist, soweit nicht das Gesetz ein Anderes vorschreibt, die Erklärung des Berechtigten, daß er das Recht aufgebe, und die Löschung des Rechtes im Grundbuche erforderlich. Die Erklärung ist dem Grundbuchamt oder demjenigen gegenüber abzugeben, zu dessen Gunsten sie erfolgt.

Vor der Löschung ist der Berechtigte an seine Erklärung nur gebunden, wenn er sie dem Grundbuchamte gegenüber abgegeben oder demjenigen, zu dessen Gunsten sie erfolgt, eine den Vorschriften der Grundbuchordnung entsprechende Löschungsbewilligung ausgehändigt hat.

§ 876: Ist ein Recht an einem Grundstücke mit dem Rechte eines Dritten belastet, so ist zur Aufhebung des belasteten Rechtes die Zustimmung des Dritten erforderlich. Steht das aufzuhebende Recht dem jeweiligen Eigenthümer eines anderen Grundstücks zu, so ist, wenn dieses Grundstück mit dem Rechte eines Dritten belastet ist, die Zustimmung des Dritten erforderlich, es sei denn, daß dessen Recht durch die Aufhebung nicht berührt wird. Die Zustimmung ist dem Grundbuchamt oder demjenigen gegenüber zu erklären, zu dessen Gunsten sie erfolgt; sie ist unwiderruflich.

§ 1015: Die zur Bestellung des Abbaurechts nach § 873 erforderliche Einigung des Eigenthümers und des Erwerbers muß bei gleichzeitiger Anwesenheit beider Theile vor dem Grundbuchamt erklärt werden.

§ 1017: Für das Abbaurecht gelten die sich auf Grundstücke beziehenden Vorschriften. Die für den Erwerb des Eigenthums und die Ansprüche aus dem Eigenthum geltenden Vorschriften finden auf das Abbaurecht entsprechende Anwendung.

3. Für Preußen vgl. AG. z. BGB. Art. 40, für Sachsen AG. z. BGB. §§ 14—17 und Verordnung hiezu § 19. In Bayern bestehen einschlägige Vorschriften nicht.

Art. 69.*)

Unberührt bleiben die landesgesetzlichen Vorschriften über Jagd und Fischerei, unbeschadet der Vorschrift des § 959 Abs. 2 des Bürgerlichen Gesetzbuchs und der Vorschriften des Bürgerlichen Gesetzbuchs über den Ersatz des Wildschadens.

E. I, 43; II, 42; III. 67.

1. Entstehung. Der Art. 43 des E. I lautete: „Unberührt bleiben die Vorschriften der Landesgesetze über Jagd und Fischerei mit Einschluß der Vorschriften über den Ersatz des Wildschadens."

In Folge der Veränderung der Fassung der nunmehrigen §§ 958 Abs. 2 und 835 BGB. erhielt dann der Art. 69 in der II. Komm. seine nunmehrige Gestalt (M. III, 5; Mot. z. EG. 164; Reatz III, 49; P. II, 806—811, 820 ff., III, 250 ff., VI, 377 ff., 743; Mat. 27).

2. Inhalt. A. Das Gesetz spricht von Vorschriften über Jagd und Fischerei, nicht von einem „Jagdrecht und Fischereirecht", weil von einem solchen Rechte nicht in gleichem Sinne gesprochen werden könne, wie von einem Wasserrecht oder Bergrechte. Der Landesgesetzgebung wurde die Regelung dieser Materien überlassen, weil sie im Einzelnen nur nach den Bedürfnissen und geschichtlich gegebenen Verhältnissen größerer oder kleinerer Bezirke geregelt werden können, weil ferner die Art und Weise dieser Regelung eine mehr als lokale Bedeutung nicht hat und weil der meist polizeiliche Inhalt der einschlägigen Vorschriften ein weiteres Hinderniß der Kodifikation bildete (Mot. z. EG. 164; M. III, 5).

B. Jagdrecht und Fischereirecht gehören zu den ausschließlichen Aneignungsrechten.

C. Der Vorbehalt dieses Artikels überläßt der Landesgesetzgebung freie Hand in der Regelung des Jagd- und Fischereiwesens, jedoch mit der Einschränkung, daß

a) für die Frage des Eigenthumserwerbs an jagdbarem Wild sowie an Gegenständen des Fischereirechts (Fischen, Krebsen und anderen Wasserthieren) die Vorschrift des § 958 Abs. 2 BGB. maßgebend bleibt (vgl. Bem. II, 2 b zu § 958 oben Bd. III S. 220 und 221, sowie Staudinger in d. Bl. f. RA. Bd. 63 S. 285), und daß

b) über den Ersatz des Wildschadens die Vorschriften des § 835 BGB. und der Art. 70—72 dieses Gesetzes zu beobachten sind.

Der § 958 BGB. lautet: „Wer eine herrenlose bewegliche Sache in Eigenbesitz nimmt, erwirbt das Eigenthum an der Sache. — Das Eigenthum wird nicht erworben,

---

*) Literatur: a) Jagd: v. Brünneck, Das heutige deutsche Jagdrecht im Archiv f. d. civilist. Praxis Bd. 48 S. 80 ff. und Gruchot, Beitr. Bd. 16 S. 182 ff.; Neubauer, Zusammenstellung des in Deutschland geltenden Rechts betr. verschiedene Rechtsmaterien (Expropriation, Forstrecht, Jagdrecht u. s. w.) 1880 S. 85—102, 1881 S. 98 ff.; Wagner, Die preuß. Jagdgesetzgebung, 2. Aufl. 1889; Dalcke, Das preuß. Jagdrecht, 4. Aufl. 1903; Kohli, Die preuß. Jagdgesetze, 3. Aufl. 1903; Dernburg, Bürgerl. Recht III, Sachenrecht § 113; Stobbe-Lehmann, D. Privatrecht II, § 127; Berger, Die Stellung der wilden Kaninchen im Zivil- und Strafrecht (Neudamm, Neumanns Verl. 1901); für Bayern vgl. insbes. Wirschinger, Das Jagdrecht des Königreichs Bayern, 1902. b) Fischerei: Neubauer, Zusammenstellung u. s. w. (vgl. Nr. 1 a) 1880 S. 102—116; Ders., Zusammenstellung des in Deutschland gültigen Wasserrechts, Berlin 1881 S. 99 ff.; Stobbe-Lehmann, D. Privatrecht II, 1 S. 581. (Weitere Literaturangaben.) Dernburg, Bürgerl. Recht III, Sachenrecht § 114.

wenn die Aneignung gesetzlich verboten ist oder wenn durch die Besitzergreifung das Aneignungsrecht eines Anderen verletzt wird."

Hiernach können die Landesgesetze **nicht** bestimmen:

a) daß die verbotene Okkupation Eigenthum verschafft. Die Vorschriften über die gesetzlichen Schonzeiten sind keine Okkupationsverbote in **diesem** Sinne. Vgl. RGE. in StS. Bd. 7 Nr. 28. **Riedner**, Komm. zum EG. Art. 69 Note 3 a. Vgl. ferner Bem. II, 1 und 2, b zu § 958.

b) Daß der Jagdberechtigte durch die verbotene Okkupation (z. B. des Wilderers) unmittelbar Eigenthum erwirbt. Das Wild bleibt einstweilen herrenlos.

Letzteres ist vor allem **strafrechtlich** von Bedeutung. So z. B. enthalten einzelne Jagdgesetze bezüglich der „Jagdfolge" den Satz: „Das Wild **gehört** demjenigen, in dessen Gebiete es fällt." Dies „gehören" ist nicht im sachenrechtlichen Sinne zu nehmen, derjenige, der diesem Verbote zuwider ein Stück Wild okkupirt, begeht kein **Eigenthumsdelikt**, sondern nur ein Jagdvergehen. Vgl. **Kuhlenbeck**, Von den Pand. z. BGB. II S. 419 Note 1. (Das Wort „gehören" wird wie das lateinische ejus esse im corp. juris vielfach nur gebraucht, um die **obligatorische** Bestimmung zu bezeichnen.) A. a. O. S. 453. Bezüglich der **civilrechtlichen** Verhältnisse vgl. Bem. II, 2, b zu § 958.

3. Nach den neueren Fischereigesetzen (Preußen, Sachsen, Württemberg, Baden, Hessen u. s. w.) ist die Frage eigens gesetzlich geregelt.

Für **Preußen** s. PLR. Thl. I Tit. 9 §§ 117, 128, 129, 139, 140, 152, 153, 155—157 mit AG. z. BGB. Art. 89 Ziff. 1, Ges. vom 31. Oktober 1848, die Aufhebung des Jagdrechts 2c. 2c. betr., Jagdpolizeigesetz vom 7. März 1850, dann die Wildschadensgesetze (siehe unten zu Art. 70 und 71), Jagdscheingesetz vom 31. Juli 1895, Ges. vom 7. August 1899, betr. Ergänzung der gesetzlichen Vorschriften über Ausübung der Jagd auf eigenem Grundbesitz. **Hannover**, Ges. vom 29. Juli 1850, ferner hinsichtlich der Ordnung der Fischerei die Gesetze vom 30. Mai 1874 und 20. März 1880; für **Sachsen** s. Ges. vom 1. Dez. 1864, 15. Oktober 1868 und vom 28. Mai 1898; für **Württemberg** s. Ges. vom 27. Oktober 1855, betr. die Regelung der Jagd, mit AG. z. BGB. Art. 206 und 208 (Becher XXVI, 1 S. 41, 43), ferner die Fischereiordnungen vom 27. November 1865 und 7. Juni 1887; für **Baden** s. Jagdges. vom 2. Dezember 1850, 29. April 1886 und 9. August 1898 (Becher II, 5 S. 6 ff.), Ges. über die Fischerei vom 29. März 1852, 3. März 1870, 26. April 1886, 29. März 1890 (M. z. AG. z. BGB. S. 55 und 56); für **Hessen** Jagdges. vom 26. Juli 1848, 2. August 1858, 19. August 1893, Ges. vom 1. Juni 1895 über den Ersatz des Wildschadens mit AG. z. BGB. Art. 272 und die Fischereiordnung v. 27. April 1881; für **Hamburg** Jagdges. vom 2. Januar 1903; für **Lübeck** Jagdges. vom 28. Februar 1900.

Für **Bayern** besteht noch kein eigenes einheitliches Fischerei**gesetz**. Die fischereirechtlichen Bestimmungen sind zerstreut. Theilweise fehlen sie ganz. Jedoch ist die Erlassung eines Fischereigesetzes in Aussicht genommen.

Für **Bayern** erhalten Art. 1 und 143 AG. z. BGB. (M. zu Beil. B Art. 9) das bisherige Recht (Jagdges. vom 30. März 1850, in der Pfalz Dekret vom 4./11. August 1789, portant abolition du régime feodal, des justices seigneuriales etc., Art. 9, und Verordnungen der gemeinschaftlichen Landesadministration vom 21. September 1815 und 11. Juli 1816; Landesfischereiordnung vom 4. Oktober 1884 und für die Pfalz auch Staatsrathsgutachten vom 30 pluv. XIII relatif au droit de pêche des rivières non navigables [RGE. Bd. 12 S. 345, E. d. ROHG. Bd. 6 S. 67] —, vgl. Becher, Landescivilrecht §§ 182 und 183) mit einigen Aenderungen aufrecht, namentlich wird für das ganze Landesgebiet in AG. z. BGB. Art. 143 Abs. 1 Ziff. I und Abs. 2 im Zusammenhalte mit der Kgl. Verordnung vom 11. Juli 1900 (G. u. VBl. S. 693) festgesetzt, **welche Thiere jagdbar** sind. Die **Perlenfischerei** gehört in **Bayern** nach Art. 46 des Wasserbenützungsges. vom 28. Mai 1852 zu den Regalien, fällt also unter den Vorbehalt des Art. 73, soweit nicht der Fiskus, was schon vorkam, einzelne sog. Perlenbäche mit dem Okkupationsrecht an Private veräußert hat. Ueber die Frage, inwieweit der Fischereiberechtigte zur Erlegung von jagdbaren Thieren in Bayern befugt ist, die den Fischen nachstellen, vgl. vorerst noch Entsch. des vorm. Kassationshofes Bd. 4 S. 434.

Vgl. ferner Oertmann, Bayr. Landesprivatrecht S. 371—382.

Im Uebrigen vgl. für Bayern **Oertmann**, Bayr. Landesprivatrecht S. 382—386, von **Hirschberg**, Die Rechte des Fischwasserbesitzers, zunächst in Bayern, Bl. f. administrative Praxis und Polizeigerichtspflege 53, 68.

Sonstige Fischereiordnungen: Meiningen, Ges. vom 10. Oktober 1872 und 1. Mai 1888, **Hamburg**, Fischereigesetz vom 15. Juni 1887; **Weimar**, Ges. vom 6. Mai 1876.

Art. 70.

Unberührt bleiben die landesgesetzlichen Vorschriften über die Grundsätze, nach welchen der Wildschaden festzustellen ist, sowie die landesgesetzlichen Vorschriften, nach welchen der Anspruch auf Ersatz des Wildschadens innerhalb einer bestimmten Frist bei der zuständigen Behörde geltend gemacht werden muß.

E. (I, 43); II, 43; III, 68.

1. Entstehung. Während Art. 43 des I. Entw. das ganze Jagd- und Fischereiwesen einschließlich der Vorschriften über den Ersatz des Wildschadens der Landesgesetzgebung vorbehalten wollte, sind, wie schon zu Art. 69 erwähnt, im BGB. selbst über den Wildschadensersatz einschlägige Vorschriften gegeben worden. Es wurden deßhalb in der II. Komm. die nunmehrigen Art. 70—72 neu aufgestellt (Mot. z. EG. 164; P. II, 806—811, 820—828, VI, 378; Reatz III, 50; Mat. 87 a, 28).

2. Inhalt. A. Das BGB. bestimmt in § 835 über den Ersatz des Wildschadens, daß

a) als Wildschaden eine durch Schwarz-, Roth-, Elch-, Dam- oder Rehwild verursachte Beschädigung eines Grundstücks, an welchem dem Eigenthümer das Jagdrecht nicht zusteht, sowie an den getrennten, aber noch nicht eingeernteten Erzeugnissen desselben zu betrachten ist,

b) daß dem Verletzten diesen Schaden

α) der Jagdberechtigte da zu ersetzen hat, wo, wie in Mecklenburg, noch ein Jagdrecht an fremdem Grund und Boden besteht,

β) daß dann, wenn dem Eigenthümer die Ausübung des ihm zustehenden Jagdrechts durch das Gesetz entzogen (und z. B. der Gemeinde übertragen) ist, derjenige diesen Schaden zu ersetzen hat, welcher zur Ausübung des Jagdrechts nach dem Gesetze berechtigt ist,

γ) daß weiter dann, wenn der Eigenthümer des Grundstücks, auf dem das Jagdrecht wegen der Lage des Grundstücks nur gemeinschaftlich mit dem Jagdrecht auf einem anderen Grundstück ausgeübt werden darf, und wenn das Jagdrecht dem Eigenthümer dieses anderen Grundstücks verpachtet ist, der letztere die Verantwortung für den Schaden zu tragen hat, endlich

δ) daß die Eigenthümer der Grundstücke eines Bezirks, wenn sie zum Zwecke der gemeinschaftlichen Ausübung des Jagdrechts zu einem Verbande vereinigt sind, der nicht als solcher haftet, nach dem Verhältnisse der Größe ihrer Grundstücke (nicht etwa nach dem Maßstabe des § 706 BGB.) ersatzpflichtig sind. Vgl. hiezu auch BGB. §§ 426 und 840.

An diese Vorschriften hat der Art. 69 dieses Gesetzes die Landesgesetzgebung gebunden, jedoch läßt Art. 71 Ausnahmen von diesen Vorschriften zu.

B. Der Vorbehalt des gegenwärtigen Artikels enthält keine Ausnahme von den unter A dargelegten Vorschriften des § 835 BGB., sondern er betrifft nur

a) die Grundsätze, nach welchen der Wildschaden festzusetzen ist (z. B. Rücksichtnahme auf den Ausgleich des Schadens durch Wiederanbau; Bestimmung des Umfangs des Schadens nach einem gewissen Zeitpunkte), ferner

b) die Vorschriften, nach welchen der Anspruch auf Ersatz des Wildschadens innerhalb einer bestimmten Frist (bei Vermeidung des Verlustes des Anspruchs oder unter Festsetzung eines sonstigen Rechtsnachtheils) bei der zuständigen Behörde geltend gemacht werden muß.

Nach diesen beiden Richtungen wird im gegenwärtigen Artikel die Landesgesetzgebung für zuständig erklärt. Weitere Vorbehalte s. Art. 71.

3. Da in Folge dieser Vorschriften zahlreiche landesgesetzliche Normen über den Wildschaden, welche den Kreis des wildschadenspflichtigen Wildes in Widerspruch mit den Vorschriften des BGB. beschränkten, außer Kraft treten, andererseits aber nach Art. 70, 71 zahlreiche andere Normen der Landesgesetze in Kraft bleiben, so haben fast sämmtliche Bundesstaaten ihre Wildschadensbestimmungen einer Revision unterzogen und dieselben mit den Art. 70, 71 in Einklang gebracht:

Anhalt: Jagdges. vom 21. April 1899.

Baden: Ges., die Abänderung des Jagdges. vom 2. Dezember 1850 und die Aufhebung des Wildschadensges. vom 31. Oktober 1833 betr., vom 9. August 1898. (Becher II S. 6 ff.)

Bayern: AG. z. BGB. Art. 144. (Becher II, 7 S. 59.)

Braunschweig: AG. z. BGB. §§ 32—37. (Becher IV S. 6 ff.)

Elsaß-Lothringen: AG. z. BGB. §§ 16—36. (Becher VI, 1 S. 4 ff.) (Wildschadensgenossenschaft der sämmtlichen Gemeinden.)

Hessen: AG. z. BGB. Art. 276. (Becher VIII, 3 S. 94 ff.) VO. vom 2. August 1899 den Ersatz des Wildschadens betr.

Mecklenburg-Schwerin: Verordnung vom 9. April 1899, betr. den Ersatz von Wildschaden. (Becher XI, 12 S. 161 ff.)

Sachsen-Koburg: AG. z. BGB. Art. 16 (Ausdehnung auf Hasen durch Ortsstatut, Feststellung durch ständige Sachverständigen-Kommission). (Becher XIX, 8 S. 51 ff.)

Sachsen-Weimar: AG. z. BGB. §§ 74—89. (Becher XXI, 3 S. 16 ff.) (Ermittelung, Feststellung und Entschädigung im Verwaltungswege unter Ausschluß des Rechtswegs.)

Schwarzburg-Rudolstadt: Ges., den Ersatz von Wildschaden betr., vom 11. Juli 1899. (Becher XXIII, 1 S. 1.)

Württemberg: AG. z. BGB. Art. 190—201. (Becher XXVII, 1 S. 39 ff.) (Anmeldung beim Ortsvorsteher, Feststellung durch das Oberamt, Zulässigkeit der Klage binnen 2 Wochen vom Tage der Feststellung.)

Im Uebrigen vgl. noch für Preußen: Ges. vom 26. Februar 1870 betr. Schonzeiten, § 3 (Selbsthülfe zum Schutze gegen Wildschaden), Wildschadensgesetz vom 11. Juli 1891 (§ 6); für Hannover: Ges. vom 21. Juli 1848 und Jagdordnung vom 11. März 1859; für das ehemalige Kurhessen: das Wildschadensgesetz vom 26. Januar 1854 und das Jagdges. vom 7. September 1865.

Art. 71.

Unberührt bleiben die landesgesetzlichen Vorschriften, nach welchen

1. die Verpflichtung zum Ersatze des Wildschadens auch dann eintritt, wenn der Schaden durch jagdbare Thiere anderer als der im § 835 des Bürgerlichen Gesetzbuchs bezeichneten Gattungen angerichtet wird;
2. für den Wildschaden, der durch ein aus einem Gehege ausgetretenes jagdbares Thier angerichtet wird, der Eigenthümer oder der Besitzer des Geheges verantwortlich ist;
3. der Eigenthümer eines Grundstücks, wenn das Jagdrecht auf einem anderen Grundstücke nur gemeinschaftlich mit dem Jagdrecht auf seinem Grundstück ausgeübt werden darf, für den auf dem anderen Grundstück angerichteten Wildschaden auch dann haftet, wenn er die ihm angebotene Pachtung der Jagd abgelehnt hat;
4. der Wildschaden, der an Gärten, Obstgärten, Weinbergen, Baumschulen und einzelstehenden Bäumen angerichtet wird, dann nicht zu ersetzen ist, wenn die Herstellung von Schutzvorrichtungen unterblieben ist, die unter gewöhnlichen Umständen zur Abwendung des Schadens ausreichen;
5. die Verpflichtung zum Schadensersatz im Falle des § 835 Abs. 3 des Bürgerlichen Gesetzbuchs abweichend bestimmt wird;
6. die Gemeinde an Stelle der Eigenthümer der zu einem Jagdbezirke vereinigten Grundstücke zum Ersatze des Wildschadens verpflichtet und zum Rückgriff auf die Eigenthümer berechtigt ist oder an Stelle der Eigenthümer oder des Verbandes der Eigenthümer oder der Gemeinde oder neben ihnen der Jagdpächter zum Ersatze des Schadens verpflichtet ist;
7. der zum Ersatze des Wildschadens Verpflichtete Erstattung des geleisteten Ersatzes von demjenigen verlangen kann, welcher in einem anderen Bezirke zur Ausübung der Jagd berechtigt ist.

E. II, 44; III, 69.

A. Ueber die Entstehungsgeschichte s. Bem. 1 zu Art. 70. Hinzuzufügen ist nur, daß die Ziff. 7 dieses Artikels in der Reichstagskommission abgelehnt, im Plenum dagegen angenommen wurde. (P. II, 806—811, 820—828, VI, 378; Reatz III, 50; Mat. 97 a S. 28, RTK. 440, d S. 10; StB. 2852, 2853.)

B. Inhalt. Die Vorschriften des Art. 71 ermöglichen der Landesgesetzgebung theils Abänderungen, theils Ergänzungen des § 835 BGB. (siehe Anm. 2 zu Art. 70).

1. Zu Ziff. 1. Der Vorbehalt dieser Ziffer gewährt die Möglichkeit, die Wildschadensersatzpflicht noch hinsichtlich anderer als der in § 835 Abs. 1 Satz 1 bezeichneten Thiere (insbesondere für Kaninchen, Hasen, Fasanen) landesgesetzlich festzustellen.

Für Bayern s. Art. 2 des Ges. vom 15. Mai 1850 in der Fassung des Art. 144 Ziff. II des AG. z. BGB.,
für Elsaß-Lothringen AG. z. BGB. § 16,
für Württemberg AG. z. BGB. Art. 190 (Becher XXVI, 1 S. 39).

2. Zu Ziff. 2. Der Vorbehalt dieser Ziffer ermöglicht der Landesgesetzgebung, für den Wildschaden, der durch das aus dem Gehege ausgetretene Wild angerichtet wird, den Eigenthümer oder Besitzer des Geheges, also auch andere als die in Bem. 2, A, b zu Art. 70 genannten Personen, als verantwortlich zu erklären, was namentlich den Spezialgesetzen in
Preußen (Ges. vom 11. Juli 1891 §§ 14 ff.) und
Württemberg (Jagdges. v. 27. Okt. 1855 mit AG. z. BGB. Art. 191) entspricht.
Sachsen-Weimar AG. z. BGB. § 76 (Becher XXI, 3 S. 17).

3. Zu Ziff. 3. Der Vorbehalt dieser Ziffer gewährt der Landesgesetzgebung die Befugniß, eine Ausnahmebestimmung von Abs. 2 Satz 2 des § 835 BGB. zu treffen; es kann also die Bestimmung des § 3 des Preuß. Ges. vom 11. Juli 1891 aufrecht erhalten werden, der zufolge der Inhaber des ein anderes Grundstück umschließenden Jagdbezirks dem Besitzer jenes Grundstücks zum Ersatze des Wildschadens verpflichtet ist, wenn er die ihm angebotene Pachtung der Jagd abgelehnt hat. Einschlägig ist auch für Sachsen § 10 des Ges. vom 1. Dez. 1864; für Württemberg AG. z. BGB. Art. 192 (Becher XXVI, 1 S. 40).

4. Zu Ziff. 4. Nach der Bestimmung dieser Ziffer kann die Landesgesetzgebung für den an Gärten, Obstgärten, Baumschulen, Weinbergen und einzelstehenden Bäumen angerichteten Wildschaden die Anwendung des § 835 BGB. ausschließen und anordnen, daß solcher Wildschaden nicht vergütet wird, wenn die Herstellung von Schutzvorrichtungen unterblieben ist, die unter gewöhnlichen Umständen zur Abwendung des Schadens ausreichen. Es können also die Besitzer von Obstkulturen, Weinbergen 2c. für verpflichtet erklärt werden, ausreichende Schutzvorrichtungen herzustellen, falls sie Ersatz für Wildschaden an solchen verlangen wollen.

So Bayern Art. 5 des Ges. vom 15. Mai 1850 in der Fassung des AG. z. BGB. Art. 144 Nr. 4 (Becher III, 7 S. 60).

Einschlägig ist für Württemberg AG. z. BGB. Art. 190 (Becher XXVI, 1 S. 39), für Elsaß-Lothringen AG. z. BGB. § 17 (Becher VI, 1 S. 4).

5. Zu Ziff. 5. Die in dieser Ziffer behandelte Ausnahme von § 835 Abs. 3 wurde der Landesgesetzgebung deßhalb zu treffen freigestellt, um das bestehende Recht und namentlich die innere Organisation der bestehenden Jagdgemeinschaften aufrecht zu erhalten. Die Landesgesetzgebung kann also die Haftung der Jagdgenossen für den Wildschaden völlig frei regeln, sie ist weder an BGB. § 835 Abs. 3 noch beispielsweise an § 54 BGB. gebunden.

Nach § 835 Abs. 3 (vgl. Bem. 1 zu Art. 70) haftet jedes einzelne Mitglied der Gemeinschaft nach Verhältniß der Größe seines Grundstücks, wenn die Jagdgemeinschaft kein selbständiger korporativer Verband ist. Der Vorbehalt des Art. 71 Ziff. 5 gestattet der Landesgesetzgebung eine andere Art der Haftung gegenüber dem Beschädigten einzuführen, z. B. Haftung nach Kopftheilen, gesammtschuldnerische Haftung.

Beispiel: Hannover, Jagdordnung vom 11. März 1859. (§ 23: Für den innerhalb eines Jagdbezirks vorfallenden Wildschaden haften in Gemäßheit der Bestimmungen des Wildschadensgesetzes bei verpachteten Jagden die Pächter — sofern im Pachtkontrakte nicht ein Anderes verabredet ist — und aushülfsweise der Verpächter; bei Feldmarksjagdbezirken, in denen die Jagd beruht oder durch Jäger verwaltet wird, die Gesammtheit der Feldmarkgenossen nach den in § 10 angegebenen Verhältnissen [nach Verhältniß des durch Größe des Grundbesitzes bestimmten Stimmrechts].)

Einschlägig sind für Preußen § 23 des Ges. vom 11. Juli 1891, für Sachsen §§ 7 ff. des Ges. vom 1. Dezember 1864. In Bayern bestehen einschlägige Bestimmungen nicht.

6. Zu Ziff. 6. Der Vorbehalt rechtfertigt sich durch die Rücksicht auf die öffentlichrechtlichen Verhältnisse der Einzelstaaten. Es kann also landesgesetzlich bestimmt werden, daß:

a) die Gemeinde an Stelle der zu einem Jagdbezirke vereinigten Grundstücke
   α) zum Ersatz des Wildschadens verpflichtet (für Bayern Art. 3 Abs. 1 des Ges. vom 15. Juni 1850 in der Fassung des Art. 144 Thl. III AG.) und
   β) zum Rückgriff auf die Grundstückseigenthümer berechtigt ist,

oder daß:

b) der Beschädigte entweder
   α) die Wahl hat, ob er sich an den Jagdpächter oder an die die Gesammtheit der Grundbesitzer vertretende Gemeinde halten wolle,

oder

   β) verpflichtet ist, zuerst den Pächter der Jagd oder den Verpächter zu belangen.

Vgl. für Bayern AG. z. BGB. Art. 144 (Becher III, 7 S. 60), für Württemberg AG. z. BGB. Art. 193 (Becher XXVI, 1 S. 39), für Elsaß-Lothringen AG. z. BGB. §§ 18, 26—36 (Becher VI, 1 S. 4).

7. Zu Ziff. 7. Der Vorbehalt dieser Ziffer dient zur Aufrechterhaltung des Rückgriffsrechts des zum Ersatze des Wildschadens Verpflichteten, welches sich z. B. nur im § 4 des Hannoverschen Gesetzes vom 21. Juli 1848 findet. [„Ist der Schaden durch Wild verursacht, welches nicht in dem Jagdbezirke des Entschädigungspflichtigen seinen regelmäßigen Aufenthalt hat (Streif- und Wechselwild), so ist dieser berechtigt, Ersatz von demjenigen zu verlangen, aus dessen Wildstande dasselbe ausgetreten ist (Standwild)."]

Art. 72.

Besteht in Ansehung eines Grundstücks ein zeitlich nicht begrenztes Nutzungsrecht, so finden die Vorschriften des § 835 des Bürgerlichen Gesetzbuchs über die Verpflichtung zum Ersatze des Wildschadens mit der Maßgabe Anwendung, daß an die Stelle des Eigenthümers der Nutzungsberechtigte tritt.

E. II, 45; III, 70

1. Ueber die Entstehung dieses Artikels s. Bem. 1 zu Art. 70 (P. II, 820—826, 830—833, 840—842, VI, 377; Reat III, 51; Mat. 87, a S. 29).

2. Inhalt. A. Nach den in der II. Komm. gemachten Bemerkungen bezieht sich dieser Artikel einerseits auf dingliche Nutzungsrechte, andererseits auf die der Erbpacht nahestehenden, zwar nicht dinglichen, aber vererblichen, regelmäßig unkündbaren und zeitlich unbeschränkten Pachtrechte, wie sie in Mecklenburg bestehen (vgl. die Bem. zu Art. 63, 189, 196, 197). Ausdrücklich wurde (P. VI, 377) hervorgehoben, daß ein solches Nutzungsrecht nicht vorliegt, wenn Jemand nur einen Anspruch auf den Reingewinn oder einen Theil des Reingewinns hat, den der das Grundstück Nutzende, sei es der Eigenthümer, sei es ein Dritter, aus der Nutzung zieht.

B. Der Zweck des gegenwärtigen Artikels besteht darin, dem im § 835 des BGB. vorausgesetzten Falle, daß dem Eigenthümer des vom Wildschaden betroffenen Grundstücks das Jagdrecht nicht zusteht oder die Ausübung des ihm zustehenden Jagdrechts durch das Gesetz entzogen ist, den Fall gleichzustellen, daß in Ansehung des beschädigten Grundstücks (nach Maßgabe der unberührt bleibenden Landesgesetze) ein zeitlich nicht begrenztes Nutzungsrecht besteht, der Berechtigte aber das Jagdrecht nicht hat oder an dessen Ausübung durch Gesetz gehindert ist (P. II, 821 ff.).

Für einen solchen Nutzungsberechtigten gilt sonach alles, was in § 835 BGB. für den Eigenthümer bestimmt ist, und es ist wohl selbstverständlich, daß auch die Bestimmungen der Art. 70 und 71 dieses Gesetzes, soweit einschlägig, entsprechende Anwendung finden.

Es soll also dem jagdberechtigten Dritten gegenüber der nicht jagdberechtigte Nutzungsberechtigte dieselbe Rechtsstellung haben wie der nicht jagdberechtigte Eigenthümer.

C. Es handelt sich bei der Vorschrift dieses Artikels nicht um einen Vorbehalt zu Gunsten der Landesgesetzgebung, sondern um eine Ergänzung des § 835 BGB.

Art. 73.

Unberührt bleiben die landesgesetzlichen Vorschriften über Regalien.

E. I, 45; II, 46; III, 71.

1. Entstehung. Art. 73 entspricht fast wörtlich dem Art. 45 des E. I (Mot. z. EG. 105; P. VI, 378; Reatz III, 51; Mat. 87, a S. 30).

2. Der Begriff der Regalien steht nicht unbestritten fest. Man verstand früher hierunter alle Rechte des Staates und des Staatsoberhauptes über die bürgerliche Gesellschaft und deren einzelne Mitglieder, theilte sie in Majestäts- oder Hoheitsrechte (regalia essentialia) und in nutzbare Rechte (regalia accidentalia). Das PLR. Thl. II Tit. 14 §§ 21, 22, 24 erklärt die Land- und Heerstraßen, die von Natur schiffbaren Ströme, das Ufer des Meeres als ein gemeines Eigenthum des Staates, rechnet ebendahin das ausschließende Recht, gewisse Arten der herrenlosen Sachen in Besitz zu nehmen und nennt die Nutzungsrechte vorstehender Arten des Staatseigenthums niedere Regalien. Roth, Bayr. Civilr., 1. Aufl., Bd. III § 240, theilt die kleineren oder zufälligen Regalien in grundherrschaftliche und Gewerberegalien, bemerkt, daß letztere (z. B. Postregal, Münzregal) im Civilrechte überhaupt nicht in Betracht kommen, und rechnet unter die hier in Betracht kommenden Regalien die grundherrschaftlichen, unter welchen er das Bergregal, das Jagdregal und das Wasserregal, nicht aber ein Straßenregal anerkennt.

3. Inhalt. Nach den Motiven (S. 165) kommen Normen privatrechtlicher Natur in Ansehung der sogenannten niederen oder nutzbaren Regalien vor, welche in der neueren Zeit allein Regalien genannt zu werden pflegen.

Auch bezüglich dieser sind vielfach Normen des öffentlichen Rechtes einschlägig, welche vom BGB. nicht berührt werden. Durch den uneingeschränkten Vorbehalt dieses Artikels ist die Landesgesetzgebung ermächtigt, auch die privatrechtliche Seite der Regalien im vollen Umfange zu regeln; sie kann also z. B. Regalien neu begründen, Normen über die Entstehung, Uebertragung und Beendigung derselben aufstellen, die Erwerbung durch Ersitzung oder unvordenkliche Verjährung zulassen und die Rechtsstellung des Erwerbers, Nutznießers, Pächters eines Regals bestimmen.

4. Für Preußen vgl. Dernburg, BR., Sachenrecht S. 313. In Westpreußen und den früher westpreußischen Distrikten ist der am Strande und in der Ostsee gefischte, in Ostpreußen auch der im Lande gewinnbare Bernstein Regal. Westpreuß. ProvR. §§ 73 bis 76. Ges. v. 22. Februar 1867. Vgl. v. Brünneck, Recht auf Zueignung der Meeresprodukte und das Bernsteinregal, 1874.

In Bayern bewirkt die Nichtaufnahme des Art. 73 in den Art. 1 AG. z. BGB. die Aufhebung des Salpeterregals (vgl. M. zu Art. 1), so daß von hieher bezüglichen Regalien nur verbleiben die Perlenfischerei nach Art. 46 des Wasserben.-Ges. v. 28. Mai 1852 (vgl. Bem. zu Art. 69) und wohl auch die Steinsalz- und Solegewinnung im Gebiete des Bezirksamts Berchtesgaden nach Art. 222 des Bergges. v. 20. März 1869; für die Pfalz ergiebt sich aus Art. 1 AG. z. BGB. die Beseitigung der Art. 539 und 713 des Code civil, d. h. die Beseitigung des Rechtes des Staates auf Aneignung herrenloser Sachen, in welcher Beziehung künftighin § 928 Abs. 2 BGB. und Art. 190 dieses Gesetzes eintreten. Von einem Wasserregale konnte in Bayern schon seit dem Wasserbenützungsgesetze v. 28. Mai 1852 überhaupt nicht mehr gesprochen werden. Vgl. Oertmann, Bayr. Landesprivatrecht S. 137 ff.

Ueber das Recht des Fiskus an herrenlosen Grundstücken vgl. BGB. § 928 Abs. 2, EG. Art. 129, 190.

Art. 74.*)

Unberührt bleiben die landesgesetzlichen Vorschriften über Zwangsrechte, Bannrechte und Realgewerbeberechtigungen.

E. I, 44; II, 47; III, 72.

1. Entstehung. Art. 74 entspricht fast wörtlich dem Art. 44 des E. I (Mot. z. EG. 165; P. VI, 378; Reatz III, 51; Mat. 87, a S. 30; RTK. 440, d S. 10).

2. Begriff und Inhalt. A. Zwangs- und Bannrechte sind Rechte, vermöge deren der Berechtigte bestimmten Personen oder den Besitzern gewisser Grundstücke oder den Bewohnern eines Bezirks oder gewissen Klassen derselben verbieten darf, gewisse wirthschaftliche Bedürfnisse bei anderen Personen zu befriedigen, z. B. Mahlzwang, Bierzwang, Fleischzwang, Schmiedezwang, Krugverlag, vgl. PLR. Thl. I Tit. 23 § 53.

---

*) Literatur: Dernburg, BR., Sachenrecht S. 198 ff. R. Schmid, Ueber dingliche Gewerberechte im Archiv f. d. civilist. Praxis Bd. 44 S. 1 ff., S. 174 ff. Anschütz, Beiträge zum deutschen Privatrecht, Archiv f. d. civilist. Praxis Bd. 54 S. 407 ff. Seydel, Das Gewerbepolizeirecht nach der RGewO., Annalen des Deutschen Reichs 1881 S. 569 ff., insbes. S. 588 ff. Loening, Handbuch der Staatswissenschaften, Art. „Realgewerberecht", Bd. V S. 353 ff.

Der letzterwähnte § 53 von Thl. I Tit. 23 des PLR. wird von den M. d. AG. z. BGB. in Preußen (S. 209) durch den Vorbehalt dieses Art. 74 als nicht gedeckt betrachtet und wird durch Art. 89 jenes AG. für Preußen der ganze Tit. 23 vom Thl. I des PLR. aufgehoben; im Uebrigen vgl. Beseler, DPR. § 212. Nach den Motiven kommen hier nur solche Zwangs- und Bannrechte in Betracht, welche Verbietungsrechte sind, nicht aber solche Berechtigungen, welche einem Gewerbetreibenden das Recht geben, von anderen Personen positiv die Abnahme gewerblicher Leistungen zu verlangen, wie das oben erwähnte Krugverlagsrecht, wobei noch bemerkt ist, daß die Belastungen eines Grundstücks mit einem solchen Verlagsrechte nach den Vorschriften des BGB. nicht zulässig erscheint, während dagegen der Uebernahme einer obligatorischen Verbindlichkeit des angedeuteten Rechtes nichts entgegensteht (vgl. preuß. Ges. über die polizeiliche Verhältnisse der Gewerbe vom 7. Septbr. 1811 § 54).

Soweit dieses nicht landesgesetzlich schon früher geschah, sind die meisten Zwangs- und Bannrechte durch § 7 der Gew.O. aufgehoben, die noch bestehenden (z. B. die Abdeckereiberechtigung und der Schmiedezwang, welche noch hie und da vorkommen) unterliegen gemäß § 8 a. a. O. der Ablösung und nach § 10 a. a. O. können neue Zwangs- und Bannrechte fortan nicht mehr erworben werden (vgl. hiezu Landmann-Rohmer, Komment. zur GewO. 3. Aufl. S. 88 ff.).

Unter den Vorbehalt dieses Artikels fallen daher hauptsächlich noch Normen über die Uebertragung, über die Sicherung, über die Aufhebung, ferner auch über die Ablösung der Zwangs- und Bannrechte sowie über den Inhalt der Befugnisse des Berechtigten, soweit nicht schon reichsgesetzlich eine Grenze gezogen ist.

B. Unter Realgewerbeberechtigten werden bald die an ein bestimmtes Grundstück geknüpften Befugnisse zur Ausübung eines Gewerbes, bald jene Berechtigungen zur Ausübung eines Gewerbes verstanden, welche, ohne an einem bestimmten Grundstücke zu haften, vererblich und veräußerlich sind und gleich dinglichen Rechten behandelt werden (vgl. Landmann-Rohmer, Komm. zur GewO., 3. Aufl Bd. I S. 88 ff.

Nachdem solche Realgewerbeberechtigungen nach § 10 Abs. 2 der GewO. nicht mehr neu begründet werden dürfen, können die landesgesetzlichen Vorschriften über dieselben hauptsächlich nur den Inhalt der Berechtigung, die Uebertragung, die Sicherung und das Erlöschen derselben betreffen, soweit nicht reichsgesetzliche Bestimmungen (z. B. § 48 GewO.) entgegenstehen.

3. In Bayern sind durch Art. 1 AG. die aus der Zeit vor dem 16. Mai 1818 stammenden Vorschriften aufrecht erhalten. Es kommen in Betracht die radizirten (d. i. an ein bestimmtes Grundstück geknüpften), die nicht radizirten Gewerbsrechte und die Ehehaften, auf deren Ablösung sich das Ges. v. 23. Febr. 1868 in der Fassung des Art. 153 AG. bezieht. Vgl. hierüber Oertmann a. a. O. § 116 S. 504 ff.; Landmann-Rohmer a. a. O. S. 94; Roth, Bayr. Civilr. 1. Aufl. Bd. III §§ 241, 294. Ueber die Konstatirung dinglicher Gewerbsrechte vgl. Becher, Landescivilrecht § 192 Ziff. IV, Wagner, Handb. d. amtsgerichtl. Verf., 2. Aufl. § 81 und Landmann-Rohmer a. a. O. 3. Aufl. S. 88 ff. Vgl. ferner Oertmann, Bayr. Landesprivatr. S. 498 ff.

Für Reuß ältere Linie s. AG. z. BGB. § 93 (Becher XV, 1 S. 15).

Schwarzburg-Sondershausen AG. z. BGB. Art. 27, 28 (Becher XXIV, 1 S. 12).

Art. 75.

Unberührt bleiben die landesgesetzlichen Vorschriften, welche dem Versicherungsrecht angehören, soweit nicht in dem Bürgerlichen Gesetzbuche besondere Bestimmungen getroffen sind.

E. II, 48; III, 73.

1. Entstehung. Dieser Artikel wurde erst in der II. Komm. unter Streichung der im I. Entw. BGB. dem § 1070 beigegebenen Anmerkung aufgenommen.

Der von Bayern ausgehende Antrag, welcher die Aufnahme dieses Artikels veranlaßte, lautete:

„Unberührt bleiben die landesgesetzlichen Vorschriften über das öffentliche Versicherungswesen, mit Einschluß der Vorschriften, nach welchen die bei einer öffentlichen Versicherungsanstalt zu Gunsten des Eigenthümers eines Grundstücks bewirkte Versicherung eines Gebäudes, das sich auf dem Grundstücke befindet, im Falle der Belastung des Grundstückes mit einer Hypothek, einer Grundschuld oder einer Rentenschuld fortdauert, bis sie mit Zustimmung des Gläubigers aufgehoben wird."

Die Mehrheit der II. Komm. zog jedoch vor, nur einen allgemeinen Vorbehalt aufzunehmen. (Reatz, III, 52; P. VI, 440, 441, 471, 610, 611, Mat. 31.)

2. Inhalt. Das BGB. trifft nach verschiedenen Richtungen bereits Bestimmungen über das Versicherungswesen, so z. B. in §§ 1045, 1046 und 1088 über die Versicherungspflicht des Nießbrauchers, über die Zahlung der Versicherungsprämien und über die Verwendung der Versicherungssumme bezüglich eines mit einem Nießbrauche beschwerten Grundstücks, in den §§ 1127—1130 mit 1107, 1192 u. 1200 über die Rechte des Hypothekgläubigers, des Reallast-Berechtigten, des Grundschuld- und Rentenschuldgläubigers auf die Versicherungssumme für das Hypothekenobjekt, in §§ 1384—1388 und 1529—1531 über die Haftung des Mannes und bezw. des Gesammtguts für die Kosten der Versicherung der zum eingebrachten Gute bezw. Gesammtgute gehörenden Gegenstände, in §§ 1654 und 1686 hinsichtlich der Haftung des Vaters und der Mutter für die Kosten der Versicherung der dem elterlichen Nutznießungsrecht unterliegenden Gegenstände der Kinder unter elterlicher Gewalt.

An diese und alle übrigen einschlägigen Bestimmungen des BGB. ist die Landesgesetzgebung gebunden, ebenso selbstverständlich an die speziellen Reichsversicherungsgesetze (gegen Krankheit, Unfall, Alter und Invalidität, dann die Seeversicherung nach §§ 778 ff. HGB.); im übrigen hat die Landesgesetzgebung auf dem Gebiete des Versicherungswesens noch freie Hand.

3. Für Preußen vgl. PLR. Thl. I Tit. 11 §§ 651, 652, Thl. II Tit. 8 §§ 1934 bis 2358 mit Art. 98 Ziff. 1 AG. z. BGB. (Motive hiezu S. 212).

In Bayern sind einschlägig die Brandversicherungsgesetze vom 3. April 1875 in der Fassung des Art. 164 AG. z. BGB. und vom 5. Mai 1890, das Ges. v. 13. Febr. 1884, die Hagelversicherungsanstalt betr., und das Ges. v. 11. Mai 1896, die Viehversicherungsanstalt betr. (vgl. hiezu M. z. Entw. d. AG. z. BGB. Beil. B Art. 31), ferner in den Gebietstheilen, in welchen bisher PLR. galt, Thl. II Tit 11 §§ 651 und 652, Thl. II Tit. 8 §§ 1934—2358 PLR., ferner mit der gleichen Einschränkung die einschlägigen Bestimmungen des österr. BGB. v. 1811, diese beiden mit Art. 1 AG. z. BGB.

Für Württemberg vgl. Ges. v. 14. März 1853, betr. die veränderte Einrichtung der allgemeinen Brandversicherungsanstalt, mit AG. z. BGB. Art. 205, für Elsaß-Lothringen AG. z. BGB. §§ 11—15 und Ges. v. 4. Juli 1881, betr. die Haftung der Brandversicherungsgelder für die Ansprüche bevorrechtigter Gläubiger, f. Baden Ges. v. 30. Juli 1840 über die Versicherung der Fahrniß gegen Feuersgefahr, Ges. v. 29. März 1852 über die Gebäudeversicherung (hiezu M. z. AG. z BGB. S. 55), Ges., die Versicherung der Rindviehbestände betr., vom 6. Juni 1890 in der Fassung der Bekanntmachung vom 22. September 1898, für Hessen Ges. üb. die Brandversicherungsanstalt für Gebäude vom 28. September 1890 mit AG. z. BGB. Art. 274.

4. Die öffentlichrechtliche Seite des Versicherungswesens ist inzwischen durch RG. vom 12. Mai 1901 über private Versicherungsunternehmungen geregelt worden.

Endlich ist aber auch dem Reichstag bereits ein Gesetz über den Versicherungsvertrag vorgelegt worden, das voraussichtlich noch in der gegenwärtigen Session zur Annahme gelangt und den Art. 75 außer Kraft setzt, soweit nicht etwa nach § 186 des Entwurfs die Versicherungsverhältnisse bezw. Verträge bei einer nach Landesrecht errichteten öffentlichen Anstalt davon unberührt bleiben werden.

Art. 76.

Unberührt bleiben die landesgesetzlichen Vorschriften, welche dem Verlagsrecht angehören.

E. II, 49; III, 74.

Der Art. ist durch den Erlaß des Reichsgesetzes betr. das Verlagsrecht vom 19. Juni 1901 außer Kraft getreten.

Art. 77.*)

Unberührt bleiben die landesgesetzlichen Vorschriften über die Haftung des Staates, der Gemeinden und anderer Kommunalverbände (Provinzial-, Kreis-,

*) Literatur: Löning, Die Haftung des Staates aus rechtswidrigen Handlungen der Beamten 1879. Freund, Arch. f. öffentl. Recht I S. 361 ff. Oertmann, Bayer. Landesprivatrecht § 59 S. 256 ff.

Amtsverbände) für den von ihren Beamten in Ausübung der diesen anvertrauten öffentlichen Gewalt zugefügten Schaden sowie die landesgesetzlichen Vorschriften, welche das Recht des Beschädigten, von dem Beamten den Ersatz eines solchen Schadens zu verlangen, insoweit ausschließen, als der Staat oder der Kommunalverband haftet.

E. I, 56; II, 50; III, 75.

1. Entstehung. Der Artikel hat seine gegenwärtige Fassung erst in der 2. Lesung der II. Komm. erhalten. Art. 56 E. I erstreckte sich nur auf die erste Kopulative des Artikels und wich auch bezüglich dieser vom nunmehrigen Wortlaute darin ab, daß statt der Worte: „in Ausübung der diesen anvertrauten öffentlichen Gewalt“ der Ausdruck gebraucht war: „unbeschadet der Vorschriften der §§ 46, 63 BGB.“, welchen letzteren nun die §§ 31, 89 BGB. entsprechen. (Mat. 42; P. I, 609—611, II, 670, 671, VI, 410, 411; Reatz III, 52.)

2. Inhalt. Die §§ 31 und 89 BGB. regeln die Haftung der juristischen Personen des öffentlichen Rechtes für den Schaden, den deren Beamte in Ausübung ihrer privatrechtlichen Vertretungsmacht verursachen.

Im Gegensatze hiezu handelt dieser Artikel von dem Schaden, den Staats- und Gemeindebeamte in Ausübung der ihnen anvertrauten öffentlichen Gewalt einem Dritten zufügen.

Von den Beamten der Stiftungen und Anstalten des öffentlichen Rechtes wird hier im Gegensatze zu § 89 BGB. nicht besonders gesprochen. Es werden dieses aber wohl in der Regel Staats- oder Gemeindebeamte sein.

Der Landesgesetzgebung wurde die Regelung dieser Materie überlassen, weil die Anerkennung der Haftpflicht des Staates und der Gemeinden aufs Tiefste ins öffentliche Recht einschneidet (P. I, 609 ff.).

Im Einzelnen ist noch folgendes hervorzuheben:

a) Wer als Beamter zu betrachten ist, wird durch das öffentliche Recht der einzelnen Bundesstaaten bestimmt (vgl. Bem. 2, d zu Art. 80).

Ein öffentlich bestellter Sachverständiger hat nicht als Beamter des Staates zu gelten, die öffentliche Bestellung eines solchen erzeugt noch keine Beamteneigenschaft, vgl. Schweickert in Jur. Wschr. 1902 S. 333 ff. Im Allgemeinen sind Beamte alle dem Staat oder einer öffentlichen Körperschaft gegenüber in einem öffentlichen Dienstverhältnisse stehenden Personen.

Dieses Dienstverhältniß ist das allein wesentliche Begriffsmoment des Beamten. Vgl. Laband, Staatsrecht des Deutschen Reichs I § 44. Es muß ein Dienstverhältniß öffentlichrechtlicher, nicht privatrechtlicher Natur sein. Vgl. auch Seydel, Grundzüge einer allgemeinen Staatslehre, S. 95 ff. Seine Grundlage bildet der Staatsdienervertrag, die Anstellung, bei der der Staatsbeamte seine Dienste zur Förderung und Durchführung staatlicher Aufgaben, zum Wohle des allgemeinen Besten gelobt (Analogie der lehnrechtlichen Kommendation, Treuegelöbniß). Unerheblich sind Anspruch auf Gehalt (es gibt unbesoldete Staatsämter), die Dauer der Amtsübertragung, die Natur der übertragenen Geschäfte, sie brauchen nicht obrigkeitlicher Natur sein. Von dieser gemeinrechtlichen Begriffsbestimmung kann die landrechtliche abweichen. Beispielsweise bezeichnet das Sächs. Staatsdiener-Ges. vom 7. März 1835 § 1 als solche „Alle, welche aus der Staatskasse einen bestimmten jährlichen Gehalt beziehen“; gleichwohl ist es nicht ausgeschlossen, daß der Beamtenbegriff in späteren sächsischen Gesetzen in anderem Sinne gefaßt ist; zunächst gilt eine gesetzliche Definition immer nur innerhalb des Rahmens desjenigen Gesetzes, in dem sie gegeben ist.

b) Das BGB. trifft Bestimmungen über die Haftung der Beamten für einen von ihnen in Ausübung einer ihnen anvertrauten öffentlichen Gewalt zugefügten Schaden in den §§ 839, 841, 1674.

Die Ausübung der den Beamten anvertrauten öffentlichen Gewalt im Sinne des Art. 77 stellt den Gegensatz dar zu denjenigen Handlungen, welche in Vertretung der privatrechtlichen Interessen des Staates von Beamten vorgenommen werden. OLG. Colmar 24. I. 1903 in Puchelts Zeitschr. für deutsches bürgerl. R. und französ. Civilrecht Bd. 33 S. 669, 34 S. 173. Es fallen darunter die bei Ausübung staatlicher (event. den Kommunalverbänden delegirter) öffentlicher Hoheitsrechte z. B. bei der Rechtsprechung, Vollstreckung von Strafurtheilen, Veranlagung und Erhebung öffentlicher

Abgaben, Anordnungen zur Wahrung der öffentlichen Sicherheit und Ordnung, der Landesvertheidigung, der Grenzbewachung, des öffentlichen Gesundheitswesens, verübten Beschädigungen. Oertmann a. a. O. S. 259. Nicht hierher gehören Beschädigungen, die beim Betriebe staatlicher Eisenbahnen, Posten, kommunaler Straßenbahnen, bei Errichtung oder Niederreißung von öffentlichen Gebäuden, beim Abschluß und bei Erfüllung privatrechtlicher Verträge verübt sind. — Durch die von der Militärbehörde zum Uebungs- und Verkehrszwecke errichtete Telegraphenleitung war ein zufällig vorüber kommender Soldat getötet. Die Militärhoheit des Reiches kommt nicht in Frage. In der Unterhaltung und Beaufsichtigung eines dem Militärfiskus gehörigen Gegenstandes ist lediglich eine privatrechtliche Angelegenheit zu ersehen. (OLG. Colmar v. 17. Juni 1902. Rechtspr. d. OLG. Bd. 5 S. 246.) — Handelt es sich um Erfüllung eines Schuldverhältnisses, so kommt auch § 278 BGB. zur Anwendung.

c) Der Landesgesetzgebung ist überlassen, die Grenze zu bestimmen, bis zu welcher die Haftung des Staates sich erstreckt. Sie kann also die Befugnisse bezeichnen, in deren Ausübung die Handlung, welche die Ersatzpflicht begründen soll, begangen sein muß, sie kann die Ersatzpflicht des Staates und der Gemeinden auf die Fälle beschränken, in welchen der Beamte widerrechtlich gehandelt und sich selbst einem Dritten schadensersatzpflichtig gemacht hat, sie kann dieselbe aber auch weiter ausdehnen oder ganz ablehnen, sie kann bestimmen, ob der Staat bezw. die Gemeinden nur subsidiär oder primär neben dem Beamten (mit den Folgen der §§ 421 und 426 BGB.) haften, und wie das Haftungsverhältniß zwischen diesen und dem Beamten nach innen zu gestalten ist (Mot. z. EG. 155; Mat. 42.)

Selbstverständlich gilt das alles nur, soweit reichsgesetzlich nichts Anderes bestimmt ist, wie z. B. hinsichtlich des § 12 GBO.

d) Die Motive zu Art. 56 E. I (S. 185) enthalten am Schlusse die Bemerkung:

„Ein Mißverständniß der Vorschrift in der Richtung, daß von dem Landesrechte nur derjenige öffentliche Verband soll für haftbar erklärt werden können, dessen Beamter der Schädigende sei, nicht auch ein anderer Verband, welcher des Beamten zur Ausübung öffentlicher Machtbefugnisse sich bedient hat, ist nicht zu besorgen."

Wenn ein Beamter gleichzeitig im Dienste des Staates und einer Gemeinde, wie dieses z. B. in Bayern nach Art. 12 des bayer. Forstgesetzes vorkommen kann, einem Dritten einen Schaden zugefügt hat, so kommt es darauf an, in wessen Diensten der Beamte die schädigende Handlung vorgenommen hat (vgl. M. z. E. d. bayer. AG. z. BGB. Art. 53).

e) Die zweite Kopulative des Art. 77 ermächtigt die Landesgesetzgebung (nach dem Vorbilde des § 13 GBO.), den § 839 BGB. so zu modifiziren, daß der Beschädigte nicht vom Beamten, sondern nur vom Staate bezw. der Gemeinde Schadensersatz verlangen kann. Der desfallsige in der II. Komm. gestellte Antrag (P. VI S. 410) bezog sich anfänglich nur auf den durch fahrlässige Verletzung der Amtspflicht verursachten Schaden und war damit begründet, daß gewisse Klassen von Beamten, z. B. Schutzleute, die den Sicherheitsdienst auf der Straße verrichten, darauf angewiesen seien, unter Umständen rasch und ohne reifliche Erwägung zu handeln, und daß solche Beamte, wenn man sie wegen jeder Fahrlässigkeit haftbar machen würde, sich zum Nachtheile einer straffen Exekutive hüten würden, ohne reifliche Ueberlegung von ihren Amtsbefugnissen selbst in solchen Fällen Gebrauch zu machen, in denen ein schleuniges Einschreiten der Lage der Sache nach geboten erscheine. Nach der nunmehrigen Fassung des Artikels ist die Befugniß der Landesgesetzgebung zu einem Vorgehen im Sinne der zweiten Kopulative nicht auf Fälle der fahrlässigen Verletzung der Amtspflicht beschränkt. Selbstverständlich ist auch, daß die Landesgesetzgebung den § 839 BGB. nicht so modifiziren kann, daß der Beschädigte weder vom Beamten noch vom Staate Schadensersatz verlangen kann.

f) An dem § 11 Abs. 2 EG. z. GVG., wonach die Landesgesetze die klageweise Verfolgung eines Beamten wegen Schadensersatzes von der Vorentscheidung einer Verwaltungsbehörde abhängig machen können (vgl. Art. 7 Abs. 2 des bayer. Ges. vom 8. Aug. 1878 über den Verwaltungsgerichtshof in der Fassung des Art. 165 Ziff. 1 AG. z. BGB.), ist durch gegenwärtigen Artikel nichts geändert worden (P. II, 670 ff., VI, 410 ff.).

g) Daß die Landesgesetzgebung auch das Rückgriffsrecht des Staates, bezw. der Gemeinden an den Beamten regeln kann, ergibt sich aus Art. 80 und 81 dieses Gesetzes.

3. Einschlägig sind:

Für Preußen s. PLR. Thl. II Tit. 17 §§ 90, 95—97, ferner Bericht der XV. Komm. des Abgeordnetenhauses vom 21. Juni 1899 S. 134 und cod. civ. art. 1384 mit AG. z. BGB. Art. 89 Ziff. 2. Vgl. ferner Gierke, DPR. I S. 532, 533 Note 83, 86.

Für Bayern Art. 60 und 61 AG. z. BGB. (Becher III, 7, S. 40): „Verletzt ein Beamter des Staates, einer Gemeinde oder eines anderen Kommunalverbandes in Ausübung der ihm anvertrauten öffentlichen Gewalt vorsätzlich oder fahrlässig die ihm einem Dritten gegenüber obliegende Amtspflicht, so trifft dem Dritten gegenüber die im § 839 des BGB. bestimmte Verantwortlichkeit an Stelle des Beamten den Staat oder den Verband, in dessen Dienste der Beamte steht. Bei den Amtsgeschäften der Gerichtsvollzieher gilt dies auch für die Verletzung der Pflichten gegenüber dem Auftraggeber.

Ausländern kann die Entschädigung vorbehaltlich der Haftung des Beamten verweigert werden, wenn nicht nachgewiesen ist, daß in dem Heimatstaate des Beschädigten eine der Vorschrift des Abs. 1 Satz 1 entsprechende Haftung Deutschen gegenüber wenigstens insoweit anerkannt wird, als Ersatz des Schadens von dem Beamten nicht zu erlangen ist.

Die für einzelne Klassen von Beamten bestehenden besonderen Vorschriften bleiben unberührt.

Der Beamte hat dem Staate oder dem Verbande, in dessen Dienste er steht, den Schaden zu ersetzen, der dem Staate oder dem Verband aus der Verletzung der Amtspflicht entsteht. Die Vorschriften des § 852 des BGB. finden mit der Maßgabe Anwendung, daß die dreijährige Verjährungsfrist mit dem Zeitpunkte beginnt, in dem die Ersatzpflicht des Staates oder des Verbandes dem Beschädigten gegenüber anerkannt oder rechtskräftig festgestellt ist."

Art. 61: „Ist ein Beamter des Staates, einer Gemeinde oder eines anderen Kommunalverbandes für einen Schaden der im Art. 60 Abs. 1 bezeichneten Art deswegen nicht verantwortlich, weil er sich im Zustande der Bewußtlosigkeit oder in einem die freie Willensbestimmung ausschließenden Zustande krankhafter Störung der Geistesthätigkeit befunden hat, so kann der Beschädigte von dem Staate oder dem Verbande Schadensersatz verlangen. — Für den Schaden, der daraus entsteht, daß der Beamte bei einem Urtheil in einer Rechtssache die Amtspflicht verletzt, ist der Staat oder der Verband in dem Falle des Abs. 1 nicht verantwortlich.

Die Vorschriften des § 839 Abs. 1 Satz 2, Abs. 2 Satz 2, Abs. 3 des BGB. und des Art. 60 Abs. 1 Satz 2, Abs. 2, 3 finden entsprechende Anwendung."

Ferner Art. 126 Not.G. vom 9. Juni 1899 (Becher III, 10 S. 163).

Für Württemberg AG. z. BGB. Art. 202—204 (Becher XXVI, 1 S. 42): Art. 202: „Verletzt ein Beamter des Staates in Ausübung der ihm anvertrauten öffentlichen Gewalt vorsätzlich oder fahrlässig die ihm einem Dritten gegenüber obliegende Amtspflicht, so trifft den Betheiligten gegenüber die im BGB. bestimmte Verantwortlichkeit an Stelle des Beamten den Staat.

Die Verantwortlichkeit des Staates tritt außerdem ein, wenn die Haftung des Beamten nur deßhalb ausgeschlossen ist, weil der Beamte die Amtspflicht im Zustand der Bewußtlosigkeit oder in einem die freie Willensbestimmung ausschließenden Zustand krankhafter Störung der Geistesthätigkeit verletzt hat.

Ausländern kann die Entschädigung vorbehaltlich der Verfolgbarkeit des Anspruchs gegen den Beamten selbst verweigert werden, wenn nicht nachgewiesen ist, daß in dem Heimathstaate des Beschädigten im Falle des Abs. 1 eine mindestens aushilfsweise Haftung des Staates Deutschen gegenüber anerkannt wird."

Art. 203: „Soweit der Staat den Schaden ersetzt hat, ist der Beamte unter denselben Voraussetzungen und in demselben Umfange zur Erstattung an den Staat verpflichtet, wie er ohne die Bestimmung in Art. 202 gemäß den Vorschriften des BGB. dem Dritten den aus der Verletzung entstandenen Schaden zu ersetzen hätte. Dies gilt auch, wenn der Staat nach § 12 der Grundbuchordnung an der Stelle eines Grundbuchbeamten den Betheiligten Ersatz geleistet hat."

Art. 204: „Die Bestimmungen der Art. 202 und 203 finden auf die Haftung der Gemeinden und anderer Kommunalverbände für die Amtshandlungen ihrer Beamten entsprechende Anwendung."

Für Elsaß-Lothringen AG. z. BGB. §§ 40, 41, 112 (Becher VI, 1 S. 7): § 40: „Für den Schaden, den ein Beamter des Staates, eines Bezirks, einer Gemeinde oder einer anderen öffentlichen Anstalt in Ausübung der ihm anvertrauten öffentlichen Gewalt einem Dritten zufügt, haftet der Staat, der Bezirk, die Gemeinde oder die öffentliche Anstalt, in deren Dienst der Beamte steht, in gleicher Weise wie der Beamte, soweit der Ersatz von diesem nicht zu erlangen ist. Der Staat, die Bezirke, die Gemeinden und die öffentlichen Anstalten haben dabei die rechtliche Stellung eines Bürgen." Vgl. hiezu RGE. vom 10. Dezember 1903 in Jur. Wschr. 1904 S. 52 Nr. 1.

Für Baden AG. z. BGB. Art. 5 (Becher II, 9 S. 19);
für Hessen AG. z. BGB. Art. 76—80 (Becher VIII, 3 S. 44);
für Mecklenburg-Schwerin AG. z. BGB. § 49 (Becher XI, 2 S. 12);
für Mecklenburg-Strelitz AG. z. BGB. § 48 (Becher XII, 1 S. 10);
für Sachsen-Altenburg AG. z. BGB. § 28 (Becher XVIII, 1 S. 6);
für Sachsen-Coburg-Gotha AG. z. BGB. Art. 18 (Becher XIX, 8 S. 56);
für Sachsen-Weimar-Eisenach AG. z. BGB. § 91 (Becher XXI, 3 S. 19);
für Schwarzburg-Sondershausen AG. z. BGB. Art. 19 (Becher XXIV, 1 S. 9);
für Reuß, jüngere Linie AG. z. BGB. § 48 (Becher XVI, 1 S. 10);
für Reuß, ältere Linie AG. z. BGB. § 69 (Becher XV, 1 S. 12);
für Anhalt AG. z. BGB. Art. 32 (Becher I, 3 S. 18).

4. Reichsrechtlich geregelt ist die Haftung des Staates in Grundbuchsachen. Vgl. § 12 RGBO.

Unter den Begriff „Staat" im Sinne des Art. 77 fällt auch das Deutsche Reich; für die Haftung des Reichsmilitärfiskus für die hier in Frage kommenden Schäden sind daher die landesgesetzlichen Vorschriften maßgebend. RGE. Bd. 54 S. 198.

Art. 78.

Unberührt bleiben die landesgesetzlichen Vorschriften, nach welchen die Beamten für die von ihnen angenommenen Stellvertreter und Gehülfen in weiterem Umfange als nach dem Bürgerlichen Gesetzbuche haften.

E. II, 51; III, 76.

1. Entstehung. Dieser Artikel ist von der II Komm. aufgestellt worden, hat aber seine nunmehrige Fassung erst in der RTK. erhalten (Reatz III, 52; P. II, 670, 671, VI, 409, 410, 611, RTK. 440, d S. 11).

2. Inhalt. Das BGB. regelt die Haftung des Geschäftsherrn für Stellvertreter und Gehülfen im Allgemeinen im § 831 und außerdem die Haftung der Beamten für vorsätzliche oder fahrlässige Verletzung der ihnen gegenüber Dritten obliegenden Amtspflicht im § 839.

Hier handelt es sich um solche mit dem öffentlichen Rechte enge zusammenhängenden Vorschriften, nach welchen gewisse Beamten (in Bayern z. B. die Notare nach dem Not.G. von 1861 Art. 123 und dem Not.G. v. 9. Juni 1899 Art. 20 und 115, die Hypothekenbewahrer in der Pfalz nach dem Ges. v. 21. Okt. 1807, die Rentamtmänner u. s. w.), welche ihre Gehülfen selbst zu wählen berechtigt sind, für diese Gehülfen in einem höheren Maße als nach dem BGB. zu haften haben. Eine geringere als die in den §§ 839 und 831 BGB. normirte Haftung des Beamten zu statuiren, ist die Landesgesetzgebung nicht befugt.

3. Für Preußen ist einschlägig PLR. Thl. I Tit. 13 § 42 mit AG. z. BGB. Art. 89, für Elsaß-Lothringen AG. z. BGB. §§ 37—39 (Becher VI, 1 S. 7), für Württemberg AG. z. BGB. Art. 96 Abs. 5 (Becher XXVI, 1 S. 19).

4. Für Bayern kamen (außer den in Bem. 2 erwähnten Vorschriften) bisher z. B. auch in Betracht Art. 1384 des cod. civ. und PLR. Thl. I Tit. 13 §§ 46—48. Diese Bestimmungen fallen, weil sie allgemeines bürgerliches Recht enthalten, nach einer Erklärung des bayer. Justizministers in der Sitzung des Justiz-Ges.-Aussch. d. Abg.-K. v. 10. Nov. 1898 (AP. S. 12) weg. Im Uebrigen sind nach Art. 1 AG. z. BGB. auch die älteren Vorschriften aus der Zeit vor 1818 noch aufrecht erhalten und sind hier auch das Ges. v. 21. Okt. 1807, betr. die Hypothekenbewahrer für die Pfalz, ferner Art. 12 des Ges. v. 21. ventôse VII, relative à l'organisation de la conservation des hypothèques, welche Vorschriften übrigens nur noch bis zur Anlegung des Grundbuchs in der Pfalz Bedeutung hatten, einschlägig. Vgl. Oertmann, Bayr. Landesprivatrecht § 57 S. 250 ff.

Art. 79.

Unberührt bleiben die landesgesetzlichen Vorschriften, nach welchen die zur amtlichen Feststellung des Werthes von Grundstücken bestellten Sachverständigen für den aus einer Verletzung ihrer Berufspflicht entstandenen Schaden in weiterem Umfange als nach dem Bürgerlichen Gesetzbuche haften.

E. II, 52; III, 77.

1. Entstehung. Dieser Artikel ist erst von der II. Komm. aufgestellt (Reatz III, 52; P. II, 670, 671, VI, 410, 611; Mat. 32) und in der RTK. redaktionell geändert worden (RTK. 440, d S. 11).

2. Inhalt. Der Artikel bezieht sich schon seinem Wortlaute nach nicht auf Sachverständige oder Schätzer, welche nicht bloß amtlich bestellt sind, sondern auch die Eigenschaft von Beamten haben. Für solche Sachverständige und Schätzer mit Beamtenqualität bestimmt sich die Haftung nach § 839 BGB.

Hinsichtlich anderer Sachverständigen und Schätzer (ohne Beamtenqualität) enthält das BGB. keine Sonderbestimmung über deren Haftung wegen Verletzung ihrer Berufspflichten (M. II, 827). Sie haften also nur wegen unerlaubter Handlungen oder soweit sie ihre Vertragspflicht gegenüber denjenigen verletzen, welche ihre Dienste in Anspruch genommen haben (BGB. §§ 823 ff., 242). Eine Erweiterung dieser Haftung ist namentlich nach der Richtung hin ein Bedürfniß, daß diese Sachverständigen und Schätzer nicht bloß denjenigen gegenüber, welche ihre Dienste in Anspruch genommen haben, sondern jedem haften, der im Vertrauen auf die Richtigkeit der Schätzung eine Handlung vorgenommen hat, hiebei aber wegen der Unrichtigkeit der Schätzung in Schaden gekommen ist. Der gegenwärtige Artikel ermöglicht der Landesgesetzgebung, dieses Bedürfniß zu befriedigen und hiebei auch das Verfahren für die amtliche Ermittelung des Werthes von Grundstücken festzustellen. (Vgl. die M. zu Art. 79 u. 78 des E. des bayr. AG. S. 47.)

Die Landesgesetzgebung kann für solche Sachverständige die Haftpflicht nur erweitern, nicht aber auch einschränken.

3. Für Bayern entspricht dem Vorbehalte dieses Artikels der Art. 88 AG. z. BGB. (Becher III, 7 S. 46), für Sachsen-Coburg-Gotha AG. z. BGB. Art. 20 (Becher XIX, 8 S. 57), für Hessen AG. z. BGB. Art. 76 (Becher VIII, 3 S. 43).

Art. 80.

Unberührt bleiben, soweit nicht in dem Bürgerlichen Gesetzbuch eine besondere Bestimmung getroffen ist, die landesgesetzlichen Vorschriften über die vermögensrechtlichen Ansprüche und Verbindlichkeiten der Beamten, der Geistlichen und der Lehrer an öffentlichen Unterrichtsanstalten aus dem Amts- oder Dienstverhältnisse, mit Einschluß der Ansprüche der Hinterbliebenen.

Unberührt bleiben die landesgesetzlichen Vorschriften über das Pfründenrecht.

E. I, 54; II, 53; III, 78.

I. Entstehung. Die Art. 80 und 81 haben ihre Fassung erst in der II. Komm. erhalten; an ihrer Stelle war im I. Entw. ein Art. 54 folgenden Wortlautes beantragt:

> „Unberührt bleiben, soweit nicht durch das BGB eine besondere Bestimmung getroffen ist, die Vorschriften der Landesgesetze über die vermögensrechtlichen Ansprüche und Verbindlichkeiten der Beamten aus dem Amtsverhältnisse mit Einschluß der Ansprüche der Hinterbliebenen."

(P. VI, 408, 409, 433, 434, 611; Reatz III, 52.)

II. Zu Abs. 1: Inhalt. Im BGB. sind über vermögensrechtliche Ansprüche und Verbindlichkeiten und sonstige privatrechtliche Verhältnisse der Beamten rc. aus dem Amts- oder Dienstverhältnisse namentlich in den §§ 197, 411, 570, 839, 841 1315, 1784, 1888 Bestimmungen getroffen. Auch die §§ 394 und 400 mit 1069 und 1274 BGB. sind für die Beamten rc. von besonderer Bedeutung, ebenso §§ 456 und 457 BGB. (Vgl. auch Art. 77, 78, 81 dieses Gesetzes.) Der Art. 80 Abs. 1 gestattet der Landesgesetzgebung zwar eine Ergänzung, aber keine Abänderung des BGB. Im Einzelnen ist folgendes zu bemerken:

1. Unter den vermögensrechtlichen Ansprüchen der Beamten sind die Ansprüche auf Besoldung, Wartegeld, Pension, Diäten, auf Entschädigung für Reiseauslagen oder Umzugskosten, auf zugesicherte Repräsentationskosten, Ortszulagen und andere Dienstesvortheile zu verstehen.

Ob es sich desfalls um privatrechtliche Ansprüche oder um öffentlich-rechtliche handelt, ist zweifelhaft und nach dem öffentlichen Rechte des einzelnen Bundesstaates zu entscheiden. Hiebei kann von Belang sein, ob nach dem öffentlichen Rechte des Bundesstaats das Beamtenverhältniß als auf einem einseitigen Akte der Staatsgewalt oder auf einem öffentlich-rechtlichen Vertrage beruhend angesehen wird. Die privatrechtliche Seite dieser Ansprüche äußert sich hauptsächlich darin, daß dieselben (wie z. B. in Bayern nach der IX. Verf.-Beil. — anders z. B. die Notariatsgebühren nach Not.G. v. 9. Juni 1899

Art. 48 ff.) im ordentlichen Rechtswege verfolgbar sind, während die mit diesen Ansprüchen in Zusammenhang stehenden Vorfragen der Dienstentlassung oder der Versetzung in den Ruhestand zweifellos öffentlich-rechtlichen Charakter haben und hierüber nicht im ordentlichen Rechtswege entschieden wird. Hinsichtlich der Uebertragbarkeit solcher Ansprüche und Aufrechnung gegen dieselben s. Art. 81.

Im Allgemeinen ist hinsichtlich der rechtlichen Natur des Amts- und Dienstverhältnisses Folgendes zu bemerken. Gemeinrechtlich ist dieselbe sehr kontrovers. Aus der Rechtsprechung vgl. RGE. Bd. 2 S. 70, 71, RGE. Bd. 38 S. 321 und die dort angeführten weiteren Entscheidungen.

Während man das Amts- und Dienstverhältniß früher vielfach rein privatrechtlich konstruirte (locatio conductio operarum, Mandat), stehen sich gegenwärtig zwei Meinungen gegenüber. Die eine, welche als herrschende bezeichnet werden kann, führt die Begründung des Beamtenverhältnisses auf einen einseitigen Akt der Staatsgewalt (Souveränitätsakt, lex specialis, Privilegium, Verwaltungsakt) zurück. Nach der anderen Ansicht beruht das Beamtenverhältniß auf einem öffentlichrechtlichen Vertrage. Nach der einen wie der anderen bildet die Anstellung einen Akt des öffentlichen Rechts, so daß die hierauf bezüglichen landesrechtlichen Normen unberührt bleiben. Die Vertreter der ersteren, herrschenden Meinung, erklären eben die dem Beamten auf Grund der Anstellung gegenüber dem Staate zustehenden Ansprüche auf Besoldung, Wartegeld, Pension, Entschädigung für Reiseauslagen oder Umzugskosten, auf zugesicherte Repräsentationskosten, Ortszulagen und andere Dienstvortheile, insbesondere die Ansprüche der Hinterbliebenen auf die ihnen in Aussicht gestellten Bewilligungen für privatrechtliche Ansprüche. Das Beamtenverhältniß würde bei einer solchen Beurtheilung seiner Entstehung nach dem öffentlichen Rechte, seinem Inhalte nach theils dem öffentlichen, theils dem Privatrechte angehören. — Im Gegensatz hierzu wird aber auch die Ansicht vertreten, daß die erwähnten Ansprüche nur das Besondere haben, daß sie im Rechtswege geltend gemacht werden können, daß aber klagbare Ansprüche noch keineswegs mit privatrechtlichen Ansprüchen identisch seien, und daß, auch wenn man jener Meinung folge, nichts gewonnen werde, da die vermögensrechtlichen Ansprüche sich nicht nach den Regeln irgend eines im Privatrechte geregelten kontraktlichen oder außerkontraktlichen Rechtsverhältnisses beurtheilen ließen, sondern ihren Rechtsgrund in dem öffentlichrechtlichen, durch die Anstellung begründeten Rechtsverhältnisse hätten und aus diesem ihren Inhalt empfingen. Diese Meinungsverschiedenheit beruht im Wesentlichen auf einer verschiedenen Auffassung des Begriffes „Privatrecht". Vgl. Bem. 6 zu Art. 55. Vgl. ferner Bem 2, a zu Art. 77.

2. Zu den Verbindlichkeiten der Beamten gehören die Ansprüche, welche dem Staate (bezw. der Gemeinde) oder Dritten aus dem Mißbrauche der Dienstgewalt oder aus einer Vernachlässigung der Dienstpflichten erwachsen (vgl. hiezu Art. 77).

Nicht aber werden hieher zu rechnen sein:

a) die Verpflichtung der Beamten, ohne besondere behördliche Erlaubniß kein Gewerbe zu betreiben, kein Nebenamt und keine Nebenbeschäftigung zu übernehmen (Reichs-Gew.O. § 12 Abs. 2, preuß. Gew.O. vom 17. Jan. 1845 § 19, preuß. Kab.O. v. 13. Juli 1839 mit Verordnung v. 23. Sept. 1867 § 1 Nr. 5 und Ges. v. 10. Juni 1874, bayer. Landtagsabsch. v. 28. April 1872 § 51, sächs. Ges. v. 3. Juni 1876 §§ 2, 3, württ. Ges. v. 28. Juni 1876 Art. 8, hess. Edikt v. 12. April 1820 Art. 7 und Ges. v. 4. Jan. 1875);

b) die Verpflichtung der Beamten, den Erwerb von Grundstücken oder sonstigen Vermögensgegenständen, sowie die Uebernahme einer Pachtung oder die Eingehung einer Bürgschaft zu unterlassen, und zwar bald mit der Wirkung, daß dem Verbote zuwiderlaufende Erwerbungen als nichtig betrachtet werden (preuß. Kab.O. v. 29. Febr. 1812 u. 5. Sept. 1821), bald ohne solche Wirkung (Bayern: IX. Verf.-Beil. § 21 Abs. 2);

c) die Verpflichtung der Bergbeamten, ihrer Frauen und unter väterlicher Gewalt stehenden Kinder, in dem betr. Verwaltungsbezirke nicht durch Muthung Bergwerke oder Kuxe zu erwerben (preuß. Bergges. v. 24. Juni 1865 § 195, bayr. Bergges. vom 20. März 1869 Art. 96 und Ges vom 30. Juni 1900; württ. Bergges. v. 7. Okt. 1874 Art. 177, els.-lothr. Bergges. v. 16. Dez. 1873 § 171, braunschw. Bergges. vom 15. April 1876 § 197);

d) die Verpflichtung der Beamten, an Veräußerungen, Verpachtungen und ähnlichen Geschäften, welche ihrer Leitung anvertraut sind, weder unmittelbar noch durch Stellvertreter als Partei theilzunehmen noch später in solche Geschäfte einzutreten (PLR. Thl. I Tit. 11 §§ 21—25, cod. civ. art. 1596, bad. LR. Satz 1596 usw.);

e) die den Beamten, die bei dem Gerichte, bei welchem ein Rechtsstreit anhängig ist, angestellt oder in dem Bezirke des zur Entscheidung zuständigen Gerichts amtsberechtigt sind, auferlegte Verpflichtung, daß sie den Erwerb streitiger Rechte unterlassen (PLR. Thl. I Tit. 11 §§ 385—387, Anh. § 16, cod. civ. art. 1597, bad. LR. Satz 1597);

f) die Verpflichtung der Beamten, Geschenke ohne Genehmigung der vorgesetzten Behörde nicht anzunehmen (sächs. Ges. v. 3. Juni 1876 § 5, württ. Ges. v. 28. Juni 1876 Art. 9, oldenburg. Ges. v. 28. März 1867 usw.).

Die unter a—f aufgeführten und alle ähnlichen einschlägigen Vorschriften werden künftighin nur für das Beamten-Disziplinarrecht von Bedeutung sein, eine privatrechtliche Wirkung aber nicht zu äußern vermögen (Mot. z. EG. 183).

Hinsichtlich der Beschlagnahme oder Einziehung der Akten, Register, Dienstsiegel und anderer Dienstgegenstände der Beamten werden die landesgesetzlichen Vorschriften auch durch den Vorbehalt des Art. 109 gedeckt (Mot. z. EG. 163 Ziff. 5).

3. Ein Vorbehalt zu Gunsten landesgesetzlicher Vorschriften, welche an den Eintritt in den Staatsdienst die Erlangung der Volljährigkeit knüpfen oder welche Beamten in privatrechtlicher Hinsicht einen gesetzlichen Wohnsitz beilegen, wurde nicht aufgenommen. Derartige landesgesetzliche Vorschriften verlieren mit dem Inkrafttreten des BGB. ihre Geltung (M. I, 57, 74; Mot. z. EG. 184).

4. Wer als Beamter im Sinne dieses Artikels aufzufassen ist, wird durch das öffentliche Recht jedes Bundesstaats entschieden. Es können auch Gemeindebeamte, Hofbeamte und Hofbedienstete hieher zu rechnen sein (P. VI, 409, Mat. 37). Vgl. § 411 BGB. und § 850 Ziff. 8 CPO.

Die Lehrer an den öffentlichen Unterrichtsanstalten werden zum Theil unter die Beamten fallen, gehören aber auch dann hieher, wenn sie nach dem betr. Bundesstaatsrechte nicht Beamte sind.

Die Geistlichen sind als solche nicht Beamte des Staates oder der Gemeinde.

Ob zu den Hinterbliebenen auch die für ehelich erklärten oder adoptirten Kinder eines Beamten zu rechnen sind, bestimmt sich gleichfalls nach dem öffentlichen Rechte des betr. Bundesstaates.

5. Für Bayern sind hieher noch zu erwähnen die Verordnung v. 2. Septbr. 1811 und der Art. 911 des Code de procedure im Betreffe der Versiegelung des Nachlasses verstorbener Staatsbeamten. Diese Bestimmungen werden nun durch die Vorschrift des Art. 106 des AG. z. BGB. ersetzt. Auf Grund des hier gewährten Verordnungsrechts ist ergangen die K. Verordnung vom 7. Dezember 1899, G. u. VBl. S. 1013, JMBl. S. 549. Vgl. Oertmann, Bayr. Landespriv.R. § 52 S. 233; Henle-Schneider, Komm z. Bayr. AG. Bem. zu Art. 106.

Ferner fällt hieher der § 68 II. Verf.-Beil. im Betreffe der Versiegelung des Nachlasses verstorbener Geistlichen, welcher auch fernerhin in Geltung bleibt (M. zu Art. 95 des E. d. AG. z. BGB. S. 87), wenn auch eine Nachlaßversiegelung künftighin viel seltener als jetzt eintreten wird.

Einschlägig war bisher auch § 7 Ziff. 1 e der Verordnung vom 31. Juli 1817, die Organisation der Generaladministration der Posten betr. (RBl. S. 733), wonach Haftentbindungsklagen der Post- und nach der Rechtsprechung auch der Staatsbahn-Beamten und -Bediensteten bei Vermeidung des Verlustes des Klagerechts binnen einer Frist von zwei Monaten zu erheben waren (M. zu Art. 124 des E. des AG. z. BGB.). Diese Vorschrift ist nun durch Art. 175 Abs. 3 AG. z. BGB. beseitigt.

Für Württemberg sind einschlägig Beamtengesetz vom 28. Juni 1876, Volksschullehrergesetz vom 30. Dezember 1877 (vgl. hiezu M. z. AG. z. BGB. S. 586).

III. Zu Abs. 2. 1. Der Abs. 2 überläßt die Regelung des Pfründenrechts (Schulte, Lehrb. des kath. u. evangel. Kirchenrechts, 4. bezw. 1. Aufl., §§ 46 ff., 132 ff., 210 ff.) in seinem ganzen Umfange der Landesgesetzgebung, obwohl es sich hiebei um ein Nutzungsrecht handelt, das seiner Entstehung, seiner geschichtlichen Entwicklung und seiner heutigen Gestalt nach in der Hauptsache privatrechtlichen Charakter hat. Es wurde für unzulässig erachtet, das Pfründenrecht den Grundsätzen des Nießbrauchs zu unterwerfen, da die Gründe für seine besondere Ausgestaltung in seinem Zusammenhange mit dem kirchlichen Aemterwesen liege. Der Ausdruck Pfründenrecht ist hier im weiteren Sinne zu nehmen, so daß er nicht nur das Nutzungsrecht des Pfarrers, sondern auch das entsprechende Recht anderer kirchlichen Stelleninhaber bedeutet (P. VI, 433, Mat. 37).

Für Preußen vgl. PLR. Thl. II Tit. 11 §§ 772 ff. Rohrscheidt, Die Pfarrbesoldungsgesetze vom 2. Juli 1898 mit sämmtlichen Ausführungsbestimmungen, Leipzig 1899. Nitze, Pfarrbesoldungsgesetze, Berlin 1898 (Carl Heymanns Verl.).

2. Ueber das Patronatrecht wurde keine reichsgesetzliche Bestimmung getroffen, weil die II. Komm. einstimmig feststellte, daß dasselbe dem öffentlichen Rechte angehöre. (Vgl. aber Schulte, Kirchenrecht § 67.)

Art. 81.

Unberührt bleiben die landesgesetzlichen Vorschriften, welche die Uebertragbarkeit der Ansprüche der im Artikel 80 Abs. 1 bezeichneten Personen auf Besoldung, Wartegeld, Ruhegehalt, Wittwen- und Waisengeld beschränken, sowie die landesgesetzlichen Vorschriften, welche die Aufrechnung gegen solche Ansprüche abweichend von der Vorschrift des § 394 des Bürgerlichen Gesetzbuchs zulassen.

E. (I, 54); II, 51; III, 79.

1. Entstehung. Vgl. Bem. 1 zu Art. 80. Der Artikel ist in der II. Komm. auf Anregung von Bayern, Sachsen und Württemberg aufgestellt worden, da diese Staaten in der Aufrechnung von Ansprüchen aus dienstlichem Verschulden der Landesbeamten gegen deren Gehalts- und Pensionsansprüche freie Hand behalten wollten. Insbesondere glaubte die bayr. Eisenbahnverwaltung die Aufrechnungsbefugniß nicht entbehren zu können, um das Unterpersonal an schonende Behandlung des Materials zu gewöhnen (P. I, 374, 375, 385, VI, 409, Mat. 38).

2. Inhalt. Der Artikel stellt sich eine doppelte Aufgabe. Er will nämlich der Landesgesetzgebung

a) die Beschränkung der Uebertragbarkeit der Ansprüche der im Art. 80 Abs. 1 bezeichneten Personen auf Besoldung 2c. überlassen. Diese Beschränkung enthält aber schon der § 400 BGB. im Zusammenhalte mit § 850 Abs. 1 Ziff. 7 und 8 und Abs. 2 CPO. Es handelt sich also um eine noch weitergehende Beschränkung oder um völlige Ausschließung der Uebertragung und Verpfändung der fraglichen Ansprüche, welche in Art. 2 letzter Satz des bayr. Ges. vom 18. Dezbr. 1887 über die der Pfändung nicht unterworfenen Sachen und Forderungen bezüglich der Wittwen- und Waisenbezüge von Beamten 2c. statuirt ist. Vgl. auch § 17 des Ges. v. 20. April 1881, betreffend die Fürsorge für die Wittwen und Waisen der Reichsbeamten, und § 19 des Ges. v. 17. Juni 1887, betr. die Fürsorge für die Wittwen und Waisen von Angehörigen des Reichsheeres und der Marine.

b) Weiter will der Artikel der Landesgesetzgebung die Aufrechnung gegen die Ansprüche der Beamten 2c. auf Besoldung 2c. in vollem Umfange, also die Beseitigung der Beschränkung ermöglichen, welche durch § 394 BGB. im Zusammenhalt mit CPO. § 850 Abs. 1 Ziff. 8 und Abs. 2 geschaffen ist.

Daß diese Aufrechnung nur zu Gunsten von Ansprüchen des Staates oder der Gemeinde aus dienstlichem Verschulden der Landesbeamten zugelassen werden darf, ist im Gesetze nicht zum Ausdrucke gelangt, obwohl die Vorschrift nur hiemit begründet wurde (P. 752). An sich könnte also die Landesgesetzgebung die Aufrechnung zu Gunsten von Ansprüchen jeder Art zulassen.

3. In Bayern bestanden schon bisher durch Art. 2 des in Bem. 2 zitirten Ges. vom 18. Dez. 1887 dem Art. 81 entsprechende Bestimmungen, welche jedoch durch Art. 175 Abs. 1 Ziff. 31 AG. z. BGB. aufgehoben, durch Art. 12 AG. z. BGB. ersetzt werden (Becher III, 7 S. 30):

„Gegen die Ansprüche der Hof-, Staats- und Gemeindebeamten, öffentlichen Diener und Geistlichen auf Gehalt oder Pension können Ansprüche aus dem Amts- oder Dienstverhältnisse, sowie die von dem Gehalt oder der Pension zu entrichtenden Steuern oder Umlagen unbeschränkt aufgerechnet werden.

Für die Ansprüche der Hinterbliebenen der im Abs. 1 bezeichneten Bediensteten auf Wittwen- und Waisenbezüge gilt das Gleiche in Ansehung der von den Bezügen zu entrichtenden Steuern oder Umlagen. Die Wittwen- oder Waisenbezüge können weder abgetreten noch verpfändet werden.

Auf die Bezüge der Angehörigen des Heeres und deren Wittwen und Waisen finden diese Vorschriften keine Anwendung."

Für Hessen AG. z. BGB. Art. 35 (Becher VIII, 3 S. 35);

für Oldenburg AG. z. BGB. § 3 (Becher XIII, 3 S. 8):

„Gegen Ansprüche der Beamten, der Geistlichen und der Lehrer an öffentlichen Unterrichtsanstalten auf Besoldung, Wartegeld und Ruhegehalt ist die Aufrechnung mit Ansprüchen aus dienstlichen Verschulden auch für den Betrag der Besoldung, des Wartegeldes und des Ruhegehalts zulässig, welcher der Pfändung nicht unterworfen ist."

Für Preußen Pensionsges. v. 27. März 1872 § 26. Ges. v. 20. Mai 1892 §§ 17 ff. Ges. v. 6. Juli 1885 betr. d. Pensionirung der Lehrer. Ges. v. 15. Juli 1889 betr. die Fürsorge für die Wittwen und Waisen der Geistlichen. Ges. v. 27. Juni 1890 betr. die Fürsorge für die Waisen der Lehrer. Ges. v. 4. Dezember 1899 betr. die Fürsorge für die Wittwen und Waisen der Lehrer an öffentlichen Volksschulen.

Für Sachsen-Koburg-Gotha AG. z. BGB. Art. 19 (Becher XIX, 8 S. 56):

„Gegen Forderungen von Beamten, Geistlichen und Lehrern an öffentlichen Unterrichtsanstalten oder deren Hinterbliebenen an den Staat, die Gemeinden oder Kommunalverbände auf Besoldung, Wartegeld oder Ruhegehalt können Ansprüche aus dem Amts- oder Dienstverhältnisse, sowie rückständige Steuern unbeschränkt aufgerechnet werden."

Für Sachsen-Meiningen AG. z. BGB. Art. 7 (Becher XX, 1 S. 4):

„Gegen die Ansprüche der Beamten, der Geistlichen und der Lehrer an öffentlichen Unterrichtsanstalten an den Staat, die Gemeinden, die Kirchengemeinden auf Gehalt, Wartegeld oder Ruhegehalt können Ansprüche aus dem Anstellungs- und Dienstverhältnis unbeschränkt aufgerechnet werden."

Für Schwarzburg-Sondershausen AG. z. BGB. Art. 13 (Becher XXIV, 1 S. 5):

„Forderungen des Staates an Staatsdiener, Geistliche und öffentliche Lehrer aus einem dienstlichen Verschulden, insbesondere Disziplinar- und Ordnungsstrafen, können gegen deren Ansprüche auf Gehalt, Wartegeld und Ruhegehalt aufgerechnet werden."

Für Sachsen-Altenburg AG. z. BGB. §§ 30, 31 (Becher XVIII, 1 S. 7); für Sachsen Ges. v. 7. März 1835 § 45 Abs. 3.

Art. 82.

Unberührt bleiben die Vorschriften der Landesgesetze über die Verfassung solcher Vereine, deren Rechtsfähigkeit auf staatlicher Verleihung beruht.

E. II, 57; III, 81.

1. Entstehung. Dieser Artikel wurde erst in der II. Komm. aufgestellt P. VI, 399, 400; Reatz III, 54; Mat. 87, a S. 40, RTK. 440 S. 28).

2. Inhalt. a) Der Vorbehalt dieses Artikels betrifft die Vereine, deren Rechtsfähigkeit auf staatlicher Verleihung beruht. Diese sind nach § 22 BGB. jene wirthschaftlichen Vereine, für welche besondere reichsgesetzliche Vorschriften nicht bestehen (vgl. auch § 23 BGB.). Im Hinblick auf die Vorbehalte in Art. 65—67, 69, 83 und 113 dieses Gesetzes wird der Umfang des gegenwärtigen Vorbehalts sich nicht als sehr erheblich erweisen (vgl. auch Bl. f. RA. Bd. 62 S. 321 ff., insbes. S. 326 und 376). Die §§ 42 und 43 E. I BGB. wollten die juristische Persönlichkeit und die Verfassung jedes Personenvereins, für welche nicht besondere reichsgesetzliche Vorschriften bestehen, durch die Landesgesetze bestimmen lassen. Es wurde aber bei der 2. Lesung für genügend erachtet, für die bereits bestehenden Vereine, deren Rechtsfähigkeit auf staatlicher Verleihung beruht, eine Uebergangsvorschrift zu treffen (vgl. die Art. 163—166 dieses Gesetzes), während im Uebrigen die der Landesregierung zustehende Prüfung des Statuts ausreiche, um eine mit den bestehenden Landesgesetzen nicht vereinbare Vereinsverfassung auszuschließen (Mat. 87, a S. 41).

b) Der Vorbehalt verleiht der Landesgesetzgebung hinsichtlich der in Bem. 2 behandelten konzessionspflichtigen Vereine die Befugniß, über deren Verfassung Bestimmungen zu treffen. In dieser Beziehung wurde in der II. Komm. bemerkt, daß es der Landesgesetzgebung freistehe, einzelne Bestimmungen des neuen reichsgesetzlichen Vereinsrechts, die auf jene Vereine oder einzelne Arten derselben nicht paßten, von der Anwendung auszuschließen und insoweit dem Landesrechte Raum zu geben. Die allgemeinen landesgesetzlichen Vorschriften über das Vereinswesen, d. h. dessen privatrechtliche Seite, wurden durch die Art. 4 und 55 dieses Gesetzes beseitigt (P. VI, 400).

Auch wurde in der II. Komm. (gegenüber einem dort als Uebergangsbestimmung beantragten Art. 100 b — P. VI, 399, 400, I, 505, 506) die Meinung ausgesprochen (P. VI, 400), daß die Vorschrift des gegenwärtigen Artikels es ermögliche, für Vereine, welche die juristische Persönlichkeit vor dem Inkrafttreten des BGB. erlangt haben, den Anfall des Vereinsvermögens in einer von den Vorschriften des § 45 BGB. abweichenden Weise zu regeln.

Soweit die Landesgesetzgebung von dem Vorbehalte keinen Gebrauch macht, bewendet es bei den Bestimmungen des BGB. §§ 45 ff.

c) In Art. 49 E. I war ein Vorbehalt für die Landesgesetzgebung auch hinsichtlich der Verwaltung und Beaufsichtigung der juristischen Personen gemacht (Mot. z. EG. 170 ff.). Dieser Vorbehalt wurde zum Theil schon in der II. Komm. (P VI, 400), zum Theil in der Reichstagskommission (Drucksache 440 S. 26) gestrichen, weil zu landesgesetzlichen Vorschriften über die Verwaltung nur soweit Raum sei, als auch die Verfassung der landesgesetzlichen Regelung unterstehe, und weil der Vorbehalt hinsichtlich der Beaufsichtigung ohnehin gelte, da er dem öffentlichen Rechte angehöre, während das BGB. nur das Privatrecht regele.

3. Für Preußen vgl. PLR. Thl. II Tit. 6, welcher, soweit er sich auf die Verfassung rechtsfähiger Vereine bezieht, durch Art. 89c AG. z. BGB. für Vereine, die vor dem Inkrafttreten des BGB. Rechtsfähigkeit erlangen, aufrecht erhalten wird; für Bayern Vereinsges. vom 26. Februar 1850 und AG. z. BGB. Art. 4 und Art. 175 Abs. 1 Ziff. 23 und Art. 1 Ueberg.G.; für Baden AG. z. BGB. Art. 4 (Becher II, 9 S. 19), für Hessen Ges. vom 28. September 1887, die Landeskulturgenossenschaften betr., mit AG. z. BGB. Art. 272 (Becher VIII, 3 S. 85); AG. z. BGB. Art. 4 (Becher VIII, 2 S. 29). Für Sachsen vgl. Ges. vom 15. Juni 1868 §§ 20, 38; AV. z. BGB. § 2 (Becher XVII, 2 S. 12). Vgl. außerdem: Braunschweig AG. z. BGB. §§ 5, 6 (Becher IV, 1 S. 2). Bremen AG. z. BGB. § 2 (Becher V, 1 S. 2). Hamburg AG. z. BGB. § 1 (Becher VI, 1 S. 1). Lippe AG. z. BGB. § 3 (Becher IX, 1 S. 1). Lübeck AG. z. BGB. § 3 (Becher X, 6 S. 4). Mecklenburg-Schwerin AV. z. BGB. § 13 (Becher XI, 2 S. 5). Mecklenburg-Strelitz AV. z. BGB. § 13 (Becher XII, 1 S. 3). Reuß ältere Linie AG. z. BGB. § 6 (Becher XV, 1 S. 2). (Landesherr bezw. Landesregierung.) Reuß jüngere Linie AG. z. BGB. § 6 (Becher XVI, 1 S. 2). Sachsen-Weimar AG. z. BGB. § 10 (Becher XXI, 3 S. 5). (Staatsministerium.) Schaumburg-Lippe AG. z. BGB. § 6 (Becher XXII, 9 S. 62). Schwarzburg-Rudolstadt AG. z. BGB. Art. 9 (Becher XXI, 2 S. 6). Schwarzburg-Sondershausen AG. z. BGB. Art. 2 (Becher XXIV, 1 S. 2).

Art. 83.

Unberührt bleiben die landesgesetzlichen Vorschriften über Waldgenossenschaften.

E. II, 57; III, 81.

1. Entstehung. Auch dieser Artikel wurde erst in der II. Komm. aufgestellt (P. VI, 491, 494; Reatz III, 54; Mat. 87, a S. 41; RTK. 440 S. 28).

2. Begriff und Inhalt. Waldgenossenschaften sind Vereinigungen, welche den Zweck haben, die Landeskultur durch Pflege und Erhaltung der vorhandenen Waldungen, sowie durch Aufforstung von Oedländereien zu fördern. Da eine rationelle Forstwirthschaft regelmäßig nur auf einem größeren Waldkomplexe möglich ist, so wird vielfach die Zusammenfassung mehrerer verschiedenen Eigenthümern gehöriger Forstgrundstücke zu gemeinsamem Betriebe und in Folge dessen die Einschränkung des Eigenthums an den einzelnen kleineren Waldgrundstücken für nothwendig gehalten. Von den Vorschriften des BGB. über die Vereine werden z. B. jene über die Auflösung des Vereins (§§ 41 ff.) und über die Freiheit des Austritts der Mitglieder (§ 39) als für Waldgenossenschaften nicht passend gehalten.

In der Regel werden für diese Waldgenossenschaften Bestimmungen des öffentlichen Rechtes maßgebend sein. Weil sich hier aber öffentlich-rechtliche und privatrechtliche Normen oft enge berühren, so wurde der Vorbehalt namentlich auch deßhalb aufgenommen, damit die Landesgesetzgebung nicht in Versuchung kommt, Normen und Einrichtungen als öffentlich-rechtliche zu kennzeichnen, die eigentlich dem privatrechtlichen Gebiet angehören (P. VI, 496).

Daß der Vorbehalt sich nicht bloß auf bestehende Waldgenossenschaften, sondern auch auf die Bildung neuer Waldgenossenschaften bezieht, versteht sich nach der Stellung des Art. 83 im III. Abschnitte dieses Gesetzes von selbst.

3. Von bisherigen Gesetzen dürften hieher zu beziehen sein: die Haubergsordnung für Siegen vom 5. Sept. 1805, 6. Dez. 1834 und 17. März 1879, das Forstgesetz für das Amt Olpe vom 6. Jan. 1810, die Polizeiordnung für die Hauberge im Kreis Altenkirchen vom 21. Nov. 1836, das Waldkulturgesetz für den Kreis Wittgenstein vom 1. Juni 1854, das preuß. Ges. über die Schutzwaldungen und Waldgenossenschaften vom 6. Juli 1875 §§ 23 ff. und das württemb. Forstpolizeigesetz vom 8. Sept. 1879 Art. 13, sowie das hessische Ges. vom 28. Sept. 1887, die Landeskulturgenossenschaften betr., mit AG. z. BGB. Art. 272. — In Bayern bestehen bisher einschlägige Bestimmungen nicht. —

Vgl. für Braunschweig AG. z. BGB. § 44 (Becher IV, 1 S. 10), für Schwarzburg=Rudolstadt AG. z. BGB. Art. 3, 32 (Becher XXIV, 1 S. 2, 15).

4. Vgl. Art. 164.

Art. 84.

Unberührt bleiben die landesgesetzlichen Vorschriften, nach welchen eine Religionsgesellschaft oder eine geistliche Gesellschaft Rechtsfähigkeit nur im Wege der Gesetzgebung erlangen kann.

E II, 58; III, 83.

1. Entstehung. Art. 84 wurde erst in der II. Komm. aufgestellt (P. VI, 490, 619, VI, 381 ff.; Reatz III, 54; Mat. 87, a S. 41; RTK. 440 S. 28).

2. Inhalt.

a) Nach § 21 BGB. erlangt ein Verein, dessen Zweck nicht auf einen wirthschaftlichen Geschäftsbetrieb gerichtet ist, Rechtsfähigkeit durch Eintragung in das Vereinsregister des zuständigen Amtsgerichts.

Der Vorbehalt des Art. 84 ermöglicht der Landesgesetzgebung, von der Vorschrift dieses § 21 des BGB. hinsichtlich einer Religionsgesellschaft oder einer geistlichen Gesellschaft eine Ausnahme zu statuiren.

Die Terminologie „Religionsgesellschaft" und „geistliche Gesellschaft" ist wohl den §§ 10—12 und 939 von Thl. II Tit. 11 des PLR. entnommen, wo in § 10 unter der Ueberschrift „Religionsgesellschaften" ausgesprochen ist, daß mehrere Einwohner des Staates zu Religionsübungen sich verbinden können, während dann §§ 11 und 12 verfügen, daß diejenigen Religionsgesellschaften, welche sich zur öffentlichen Feier des Gottesdienstes verbunden haben, Kirchengesellschaften, jene aber, welche zu gewissen anderen besonderen Religionsübungen vereinigt sind, geistliche Gesellschaften genannt werden. In § 939 daselbst ist dann noch weiter gesagt: „Unter geistlichen Gesellschaften, deren Mitglieder sich mit anderen Religionsübungen als der Seelsorge hauptsächlich beschäftigen, werden die vom Staate aufgenommenen Stifte, Klöster und Orden verstanden."

b) Der Zweck der Vorschrift dieses Artikels ist, der etwa auftauchenden Meinung entgegenzutreten, daß Religionsgesellschaften oder geistliche Gesellschaften, insbesondere auch neu sich bildende Sekten (welche in P. VI, 381 als Gesellschaften bezeichnet werden, die nicht zu den juristischen Personen des öffentlichen Rechts gehören), in der Lage seien, trotz entgegenstehender landesgesetzlicher Vorschriften durch Eintragung in das Vereinsregister nach Maßgabe der Vorschriften des BGB. Rechtsfähigkeit zu erlangen. Eine solche entgegenstehende landesgesetzliche Vorschrift ist z. B. § 13 der preuß. Verf.=Urk., welcher bestimmt, daß Religionsgesellschaften und geistliche Gesellschaften, soweit sie nicht zu den vom Staat ausdrücklich aufgenommenen oder anerkannten und als solche mit juristischer Persönlichkeit bekleideten Körperschaften gehören, die Rechtsfähigkeit nur durch besonderes Gesetz erlangen (RTK. 440 S. 28).

c) Es bleibt also hinsichtlich der Frage, ob und unter welchen Voraussetzungen eine Religionsgesellschaft oder geistliche Gesellschaft Rechtsfähigkeit erlangen kann, bei den Bestimmungen des öffentlichen Rechtes der einzelnen Bundesstaaten, wie es denn auch im Uebrigen selbstverständlich ist, daß das BGB. an dem öffentlichen Vereinsrecht, also beispielsweise an einer dahingehenden landesgesetzlichen Vorschrift, daß religiöse Orden nur mit staatlicher Genehmigung errichtet oder eingeführt werden können, nichts geändert hat. (Vgl. BGB. § 61 Abs. 2, § 74 Abs. 3; P. VI, 382.)

d) Durch Eintrag ins Vereinsregister können demnach Religionsgesellschaften oder geistliche Gesellschaften nur in solchen Bundesstaaten Rechtsfähigkeit erwerben, in welchen das öffentliche Recht nicht entgegensteht. (Vgl. sächs. Ges. vom 15. Juni 1868 §§ 11 u. 70.)

3. In Bayern kann keine Religionsgesellschaft oder kirchliche Gesellschaft und kein kirchliches Institut (über die Verschiedenheit der Ausdrücke vgl. Seydel, Bayr. Staatsrecht 2. Aufl. Bd. III § 374, Note 11 S. 487) ohne königl. Genehmigung errichtet werden (II. Verf.=Beil. §§ 3, 26, 76).

Im Uebrigen vgl. Richter=Dove, Kirchenrecht, namentlich §§ 72, 99, 229.

4. Aus den Ausführungsgesetzen vgl. Anhalt AG. z. BGB. Art. 4 (Becher I, 3 S. 8; landesherrliche VO.).

Lippe AG. z. BGB. Art. 13 (Becher IX, 1 S. 3; landesherrliche VO.).

Lübeck AG. z. BGB. § 2 (Becher X, 6 S. 41; Gesetzgebung).

Mecklenburg=Schwerin Ausf.VO. z. BGB. § 14 (Becher XI, 2 S. 5; landesherrliche VO.).

Ebenso Mecklenburg=Strelitz Ausf.VO. z. BGB. § 14 (Becher XII, 1 S. 3).

Preußen Verf.=Urk. Art. 13.

Reuß älterer Linie AG. z. BGB. § 7 (Becher XV, 1 S. 2).

„Eine Religionsgemeinschaft oder eine geistliche Gesellschaft erlangt die Rechtsfähigkeit nur durch landesherrliche Verleihung. Die Verleihung tritt mit der Bekanntmachung durch die Gesetzsammlung in Wirksamkeit."

Reuß jüngerer Linie AG. z. BGB. § 11 (Becher XVI, 1 S. 3).

„Eine Religionsgemeinschaft oder eine geistliche Gesellschaft kann Rechtsfähigkeit nur durch landesherrliche Verleihung erhalten."

Sachsen=Meiningen AG. z. BGB. Art. 4 (Becher XX, 1 S. 2).

„Eine Religionsgemeinschaft oder eine geistliche Gesellschaft kann Rechtsfähigkeit nur durch landesherrliche Verleihung erlangen.

Soweit nicht ein Anderes bestimmt ist, tritt die Verleihung mit der Bekanntmachung im Regierungsblatt in Wirksamkeit."

Sachsen=Weimar=Eisenach AG. z. BGB. § 11 (Becher XXI, 3 S. 5).

„Eine Religionsgesellschaft oder eine geistliche Gesellschaft kann Rechtsfähigkeit nur durch landesherrliche Verleihung erlangen. Die Verleihung tritt mit der Bekanntmachung durch das Regierungsblatt in Wirksamkeit."

Schaumburg=Lippe AG. z. BGB. § 7 (Becher XXII S. 62).

„Eine Religionsgemeinschaft oder eine geistliche Gesellschaft kann Rechtsfähigkeit nur durch landesherrliche Verleihung erlangen. Die Verleihung tritt mit der Bekanntmachung durch das Regierungsblatt in Wirksamkeit."

Schwarzburg=Rudolstadt AG. z. BGB. Art. 8 (Becher XXIII S. 6).

„Eine Religionsgesellschaft oder eine geistliche Gesellschaft erlangt Rechtsfähigkeit durch landesherrliche Verordnung."

Schwarzburg=Sondershausen AG. z. BGB. Art. 4 (Becher XXIV S. 2).

„Die nicht der Landeskirche angehörenden Religionsgesellschaften und geistlichen Gesellschaften können nur im Wege der landesherrlichen Verleihung Rechtsfähigkeit erlangen.

Die Gesetze vom 3. Januar 1860 und 1. Juli 1884, die Synagogengemeinden betreffend, bleiben in Geltung."

5. Aus der Rechtsprechung: Unzulässig ist die Errichtung einer Religionsgesellschaft in der Form einer G. m. b. H., wenn nach Landesgesetz eine Religionsgesellschaft nur im Wege der Gesetzgebung Rechtsfähigkeit erlangen kann. Kammerger. vom 20. April 1905 in Entsch. FG. Bd. 6 S. 48.

Art. 85.

Unberührt bleiben die landesgesetzlichen Vorschriften, nach welchen im Falle des § 45 Abs. 3 des Bürgerlichen Gesetzbuchs das Vermögen des aufgelösten Vereins an Stelle des Fiskus einer Körperschaft, Stiftung oder Anstalt des öffentlichen Rechtes anfällt.

E. II, 59; III, 84.

1. Entstehung. Auch dieser Artikel ist erst in der II. Komm. aufgestellt, ein in der RTK. beantragter Abs. 2, welcher eine reichsgesetzliche Bestimmung hinsichtlich des

Vermögens eines aufgelösten Vereins, einer staatlich anerkannten Religionsgesellschaft treffen sollte, ist abgelehnt worden (P. I, 539 ff., VI, 407, 448; Reatz III, 54; Mat. 87, a S. 42; RTK. 29).

2. Inhalt.

a) Nach § 45 Abs. 3 BGB. fällt das Vermögen eines aufgelösten Vereins, der nach der Satzung nicht ausschließlich den Interessen seiner Mitglieder diente, wenn die Satzung keine andere Bestimmung trifft, an den Fiskus des Bundesstaats, in dessen Gebiet der Verein seinen Sitz hat. Der Art. 85 ermöglicht nun der Landesgesetzgebung, ähnlich wie die Art. 129 und 138 dieses Gesetzes, Bestimmungen dahin zu treffen, daß der Anfall des Vermögens nicht an den Fiskus, sondern an eine Körperschaft, Stiftung oder Anstalt des öffentlichen Rechtes zu erfolgen hat.

b) Ueber die Ausdrücke „Körperschaft, Stiftung oder Anstalt des öffentlichen Rechts" vgl. BGB. § 89 mit Bem. Die Frage, welche juristische Personen als solche des öffentlichen Rechtes zu behandeln sind, untersteht der Landesgesetzgebung (P. I, 498, 607 ff., VI, 447). Zweifelhaft wird im einzelnen Falle namentlich sein können, ob eine Stiftung eine privatrechtliche oder eine solche des öffentlichen Rechtes ist, umsomehr, da diesbezüglich die Unterscheidung des BGB. sich nicht immer mit jener der Landesgesetze deckt. So wird z. B. in Bayern nach der herrschenden Anschauung als Stiftung des öffentlichen Rechtes jede Stiftung angesehen, mit deren Zwecke sich ein öffentliches Interesse verknüpft. Das BGB. betrachtet dagegen eine Stiftung nicht schon deßwegen als Stiftung des öffentlichen Rechtes, weil sich mit ihrem Zwecke ein öffentliches Interesse verknüpft, sondern verlangt einen organischen Zusammenhang der Stiftung mit dem Staate, einer Gemeinde oder einem sonstigen Verband oder einer Anstalt des öffentlichen Rechts, der die Stiftung selbst zu einer öffentlichen Einrichtung macht. Zwar hat die Landesgesetzgebung in der Bestimmung darüber, was erforderlich ist, um eine Stiftung den öffentlichen Einrichtungen einzugliedern, freie Hand. Es genügt aber (wie aus § 86 BGB. und Art. 91 dieses Gesetzes zu folgern ist) nicht, daß die Verwaltung der Stiftung mit Rücksicht auf den Zweck der Stiftung einer öffentlichen Behörde übertragen ist. (Aus den M. Ziff. 4 zu Art. 25 des E. des bayr. AG. z. BGB. Thl. II.)

c) Der Vorbehalt dieses Artikels beschränkt die Berufung zum Anfall auf die in b genannten juristischen Personen des öffentlichen Rechts.

Die Landesgesetzgebung kann selbstverständlich über diesen Personenkreis hinausgreifen, soweit die Vorbehalte der Art. 65–67, 82, 83, 113 dieses Ges. sich wirksam erweisen.

3. Ueber das bisherige Recht vgl. Stobbe, DPR. 2. Aufl. Bd. I § 54 Ziff. II S. 440, PLR. Thl. II Tit. 6 § 192; sächs. GB. § 57; M. zu § 49 des I. Entw. des BGB.

Für Preußen s. AG. z. BGB. Art. 5 (Becher XIV, 1 S. 4).

Für Bayern steht zwar fest, daß mit der Auflösung eines Vereins das Vermögen nicht generell an den Staat fällt (Becher, Landescivilrecht § 41 Note 8; Roth, DPR. § 71 Note 47). Es besteht jedoch auch keine dem gegenwärtigen Art. entsprechende allgemeine Vorschrift. Durch das AG. z. BGB. Art. 5 wurde für Stiftungen auf Grund der §§ 85 und 88 BGB. eine dem § 45 Abs. 3 BGB. entsprechende Bestimmung getroffen. Vgl. auch Verf.-Urk. Tit. 4 § 10 und II. Verf.-Beil. §§ 46 ff.

Für Württemberg s. AG. z. BGB. Art. 136 (Becher XXVI, 1 S. 27);
für Braunschweig AG. z. BGB. § 9 (Becher IV, 1 S. 2);
für Bremen AG. z. BGB. § 5 (Becher V, 1 S. 2);
für Elsaß-Lothringen AG. z. BGB. § 7 (Becher VI, 1 S. 2);
für Hamburg AG. z. BGB. § 19 (Becher VII, 1 S. 4);
für Hessen AG. z. BGB. Art. 9—11 (Becher VIII, 3 S. 30);
für Lippe AG. z. BGB. § 11 (Becher IX, 1 S. 3);
für Lübeck AG. z. BGB. § 11 (Becher X, 6 S. 42);
für Mecklenburg-Schwerin Ausf.-VO. z. BGB. § 21 (Becher XI, 2 S. 6);
für Mecklenburg-Strelitz Ausf.-VO. z. BGB. § 21 (Becher XII, 1 S. 4);
für Reuß, ältere Linie AG. z. BGB. § 14 (Becher XV, 1 S. 3);
für Sachsen-Coburg-Gotha AG. z. BGB. Art. 7 (Becher XIX, 8 S. 47).

Art. 86.*)

Unberührt bleiben die landesgesetzlichen Vorschriften, welche den Erwerb von Rechten durch juristische Personen beschränken oder von staatlicher Genehmigung abhängig machen, soweit diese Vorschriften Gegenstände im Werthe von mehr als fünftausend Mark betreffen. Wird die nach dem Landesgesetze zu einem Erwerbe von Todeswegen erforderliche Genehmigung ertheilt, so gilt sie als vor dem Erbfall ertheilt; wird sie verweigert, so gilt die juristische Person in Ansehung des Anfalls als nicht vorhanden; die Vorschrift des § 2043 des Bürgerlichen Gesetzbuchs findet entsprechende Anwendung.

E. I, 49; II, 61; III, 86.

1. Entstehung. Dieser Artikel entspricht dem Abs. 2 Art. 49 des I. Entw.; der Abs. 1 des letzteren, welcher lautete:

„Unberührt bleiben die Vorschriften der Landesgesetze über die Verwaltung und Beaufsichtigung juristischer Personen",

war in der II. Komm. und im Bundesrathe unter Streichung des Wortes „Verwaltung" als besonderer Art. 80 angenommen worden, wurde aber in der Reichstagskommission gestrichen, weil der Inhalt desselben von selbst gelte, nachdem er sich nur auf das öffentliche Aufsichtsrecht beziehe und das BGB. ohnehin nur das Privatrecht, nicht aber das öffentliche Recht regele.

Der 3. Absatz des Art. 49 E. I lautete:

„Auf juristische Personen, deren juristische Persönlichkeit auf besonderer reichsgesetzlicher Vorschrift beruht, finden die Vorschriften des 2. Absatzes keine Anwendung".

Dieser 3. Absatz verursachte in der II. Komm. längere Verhandlungen, welche damit endeten, daß er in etwas veränderter Fassung angenommen wurde. Der Bundesrath strich diesen 3. Abs., die Reichstagskommission nahm ihn anfänglich wieder an. Schließlich wurde er aber doch fallen gelassen. Mit dem Abs. 3 wollte hauptsächlich bezweckt werden, daß Aktiengesellschaften und Kommanditgesellschaften auf Aktien, wie z. B. Pfandbriefanstalten und Immobiliengesellschaften, aber auch andere durch das Reichsrecht mit Ausnahme des BGB. geschaffene juristische Personen, die in einem Bundesstaate domiziliren, in jedem anderen Bundesstaat unter denselben Voraussetzungen wie die einheimischen Institute Grundbesitz und anderweitiges Vermögen erwerben können, während z. B. in Preußen auf Grund der Gesetze vom 4. Mai 1846 und 23. Febr. 1870, bezw. eines Allerh. Erlasses vom 14. Febr. 1882, ausländische Korporationen und andere juristische Personen des Auslands (worunter auch die nichtpreußischen deutschen Bundesstaaten verstanden werden) Grundeigenthum in Preußen nur mit königlicher und bezw. ministerieller Genehmigung erwerben können und Aehnliches auch in Hamburg und Mecklenburg der Fall sei, obwohl das Reichsgericht in den Entscheidungsgründen eines Urtheils vom 14. April 1882 eine derartige differentielle Behandlung der juristischen Personen verschiedener Bundesstaaten als mit dem § 3 der Reichsverfassung kollidirend erachtete. Als Gegengrund gegen den 3. Abs. wurde geltend gemacht, daß der § 3 der Reichsverfassung sich nur auf physische, nicht auf juristische Personen beziehe, daß der Abs. 3 in das öffentliche Recht der Bundesstaaten eingreife und die reichsgesetzliche Regelung des Pfandbriefwesens, welche in Aussicht genommen sei, verzögere.

Der 2. Abs. des Art. 49 E. I erlitt dadurch Veränderungen, daß im ersten Satze in der Reichstagskommission die Einschränkung auf Gegenstände im Werthe von mehr als 3000 Mk., im Plenum des Reichstags auf Gegenstände im Werthe von mehr als 5000 Mk. beschlossen, und daß im zweiten Satze schon von der II. Komm. der nunmehrige Wortlaut aus Abs. 2 des Art. 48 des I. Entw. (nun Art. 87) mit einer geringen redaktionellen Aenderung herübergenommen wurde (Mot. z. EG. 170 ff.; Reatz III, 53, 54, 55; P. VI, S. 400—407, 612—616; Mat. 38 (zu Art. 80) und 42 ff.; RTK. 440 S. 26 ff. und RTK. 440, d S. 11; StB. 3030).

2. Inhalt. A. Der gegenwärtige Artikel bezieht sich zum Theil auf juristische Personen überhaupt, so in Preußen, wo bisher (nach PLR. Thl. II Tit. 6 § 82 und nach den Ges. vom 23. Febr. 1870 und 4. Mai 1846) Schenkungen und letztwillige Zuwendungen an Korporationen und andere juristische Personen zu ihrer Gültigkeit dem

*) Literatur: Eulau, Erwerbsbeschränkungen für juristische Personen mit bes. Bez. auf Art. 12 AG. z. BGB. f. Hessen, in Hess. Rechtspr. Bd. I S. 87, 95.

vollen Betrage nach der Genehmigung des Königs oder der durch Königl. Verordnung ein für allemal zu bestimmenden Behörde bedürfen, wenn der Werth die Summe von 3000 Mk. übersteigt, wo ferner bestimmt ist, daß Vorstände inländischer juristischer Personen, welche für dieselben Schenkungen oder letztwillige Zuwendungen in Empfang nehmen, ohne die erforderliche Genehmigung binnen vier Wochen nachzusuchen, mit Geld bezw. Gefängniß bestraft werden, wo weiter juristische Personen zur Erwerbung unbeweglicher Gegenstände überhaupt der Genehmigung des Staates bedürfen und wo endlich (nach dem Ges. vom 4. Mai 1846 und bezw. einem Allerh. Erlasse vom 14. Febr. 1882) bestimmt ist, daß ausländische juristische Personen Grundeigenthum innerhalb der preußischen Staaten nur mit königlicher Genehmigung erwerben dürfen, daß aber die betreffenden Ressortminister ermächtigt sind, die staatliche Genehmigung zum Erwerbe preußischer Grundstücke an Aktiengesellschaften, Kommanditgesellschaften auf Aktien, eingetragene Genossenschaften und Hülfskassen zu ertheilen, soweit diese Rechtsinstitute im Deutschen Reiche außerhalb Preußens ihren Sitz haben.

Für Baden bedürfen (nach dem Ges. vom 5. Mai 1870 § 1 Abs. 2 — vgl. cod. civ. art. 910, 937; bad. LR. Satz 910, 937) alle Schenkungen und letztwilligen Verfügungen zu Gunsten schon bestehender Stiftungen oder anderer juristischen Personen zu ihrer rechtlichen Wirksamkeit der staatlichen Genehmigung.

In Mecklenburg-Schwerin sind juristische Personen, insbesondere Handelsgesellschaften und eingetragene Genossenschaften, hinsichtlich des Erwerbs von ritterschaftlichen Gütern und bäuerlichen Grundstücken gewissen Beschränkungen unterworfen (landesgrundgesetzl. Erbvergleich vom 18. April 1755 § 131; Verordn. vom 22. März 1876 § 1, vom 28. Dez. 1863 Art. 26, vom 2. Jan. 1869 § 22).

In Hamburg bedürfen andere physische und juristische Personen als Angehörige der zum früheren deutschen Bunde gehörenden Staaten oder als die vom Hamburgischen Senat autorisirten juristischen Personen oder die in das Handelsregister von Hamburg eingetragenen Handelsgesellschaften (nach Ges. vom 23. März 1863 § 1 und EG. z. HGB. vom 23. Dez. 1865 § 17) zum Erwerbe von Grundeigenthum im Hamburgischen Staatsgebiet und zur Befugniß, sich dasselbe in den öffentlichen Büchern zuschreiben zu lassen, der vorgängigen Genehmigung des Senats. Vgl. auch Bem. 1.

Weiter bezieht sich dieser Artikel

B) insbesondere auf die gegen den Vermögenserwerb der kirchlichen Institute und der frommen Stiftungen gerichteten sog. Amortisationsgesetze, deren es in Preußen, Bayern, Württemberg, Baden, Hessen, Sachsen-Weimar, Sachsen-Meiningen, Sachsen-Altenburg, Sachsen-Koburg-Gotha und in Elsaß-Lothringen giebt. Es bestehen nach Kahl, Die deutschen Amortisationsgesetze § 45 Ziff. II, bisher nicht weniger als 21 Gruppen solcher Gesetze; Gesetze selbst zählt derselbe Schriftsteller im Anhange seines Werkes 182 auf.

Nach einigen dieser Amortisationsgesetze ist lediglich der Mobiliarerwerb (Kahl § 45 Ziff. III), nach anderen lediglich der Immobiliarerwerb (Ziff. IV) freigegeben. Die Beschränkungen des Mobiliarerwerbs kommen (Ziff. V) in achtfacher Abstufung (ohne Unterschied der Summe und in Beschränkung der genehmigungsfreien Summe auf 12000 Mk., 3428 Mk. 57 Pfg., 3000 Mk., 2571 Mk. 45 Pfg., 1500 Mk., 171 Mk. 43 Pfg. und 85 Mk. 71 Pfg.) vor. Die Beschränkungen des Immobiliarerwerbs betreffen entweder nur den lukrativen Erwerb (a. a. O. Ziff. VI) und zwar theils ohne Unterschied des Werthbetrags, theils in Beschränkung des genehmigungsfreien Werthbetrags auf 12000 Mk., 3000 Mk., 171 Mk. 43 Pfg. — oder (a. a. O. Ziff. VII) nur den onerosen Immobiliarerwerb theils ohne Unterschied des Werthbetrags, theils in Beschränkung auf Immobilien von bedeutendem Werth, — oder (a. a. O. Ziff. VIII) den lukrativen und onerosen Immobiliarerwerb theils ohne Unterschied des Werthbetrags, theils mit der Unterscheidung, daß nur der onerose Immobiliarerwerb ohne Unterschied des Werthbetrags, der lukrative erst dann der staatlichen Genehmigung bedarf, wenn er den Werth von 3000 Mk. übersteigt.

Ausländische „todte Hände“ sind (a. a. O. Ziff. IX) in Preußen (bei Mobiliarerwerb, wenn der Wert 3000 Mk. übersteigt, bei Immobiliarerwerb — theils ausnahmslos, theils nur bezüglich des onerosen Erwerbs ohne Unterschied der Summe, dagegen bezüglich des lukrativen Erwerbs erst, wenn der Werthbetrag 3000 Mk. übersteigt, theils nur wenn es sich um eine den Werthbetrag übersteigende lukrative Immobiliarzuwendung handelt) und in Bayern (ausnahmslos nach dem Mandate vom 9. Februar 1787 und der Verordnung vom 10. November 1811) an staatliche Genehmigung gebunden.

Auch bezüglich der den Amortisationsgesetzen unterliegenden Rechtssubjekte bestehen (nach Kahl a. a. O. Ziff. X) erhebliche Verschiedenheiten.

Die erforderliche Staatsgenehmigung kann nur ertheilen (nach Kahl, a. a. O. Ziff. XI) in Elsaß-Lothringen der Statthalter, in Württemberg die Landesregierung, in Preußen bei Grunderwerbungen unterhalb des Werthbetrags von 10000 Mk. der Regierungspräsident, im Uebrigen das betr. Kultusministerium, in Bayern jedoch, wenigstens nach altbayr. Rechte, dem Würzburger und Fuldaer Rechte der Landesherr (vgl. Meurer, Das bayer. Amortisationsrecht S. 36, 49, 51, 52).

Als Rechtsfolge eines mit Verletzung der Amortisationsgesetze gemachten Erwerbs ist (nach Kahl, a. a. O. Ziff. XII) dessen Nichtigkeit anzunehmen.

C. Der gegenwärtige Artikel betrifft nur die Beschränkungen des Erwerbs juristischer Personen, nicht auch jene des Erwerbs physischer Personen; hinsichtlich letzterer s. Art. 87.

D. Soweit es sich um Beschränkungen des Erwerbs von Grundstücken durch Ausländer handelt, tritt nicht dieser Artikel sondern Art. 88 ein.

E. Im Uebrigen haben (nach Mot. z. EG. 175) die Landesgesetze, soweit sie Erwerbsbeschränkungen für inländische und ausländische oder nur für ausländische juristische Personen aufstellen, im ersteren Falle immer, im zweiten Falle der Regel nach die Bedeutung, daß sie auch diejenigen juristischen Personen in ihren Bereich ziehen, welche im Reichsgebiet, aber in einem anderen Bundesstaate domiziliren. Letzteres ist bei den unter Bem. II, A erwähnten Vorschriften für Preußen, Mecklenburg, Hamburg, sowie in Bayern nach der Amortisationspragmatik vom 13. Oktober 1764, der Verordnung vom 10. Novbr. 1811 und den Mandaten vom 9. Febr. 1787 und 4. Septbr. 1799, ferner in Württemberg nach dem Gesetze vom 20. Jan. 1862 Art. 2 und der Verfügung vom 5. Juli 1859 und nach dem Staatsgrundgesetze für Sachsen-Meiningen vom 23. Aug. 1879 Art. 35 durchgehends der Fall. Sofern diese Beschränkungen sowohl für inländische als für ausländische juristische Personen aufgestellt sind, kommt der Gesichtspunkt einer zurücksetzenden Behandlung deutscher, anderen Bundesstaaten angehörender juristischer Personen nicht in Frage. Wo jene Voraussetzung nicht zutrifft, ist dieser Gesichtspunkt bisher deßhalb als belanglos erschienen, weil der im Art. 3 der Reichsverfassung ausgesprochene, eine materielle Beschränkung der Gesetzgebungsgewalt enthaltende Grundsatz nur auf physische, nicht auf juristische Personen bezogen wird (vgl. jedoch RGE. Bd. 6 S. 142).

F. Unter Rechten im Sinne dieses Artikels sind solche im allgemeinen Sinne, also auch dingliche Rechte, einschließlich des Eigenthums zu verstehen. (Vgl. M. 1, 271.)

G. Durch die Hinaufsetzung der genehmigungsfreien Summe auf 5000 Mk. fällt ein erheblicher Theil der in lit. B erwähnten Verschiedenheiten der einzelnen Amortisationsgesetze weg. Höher (nämlich 12000 Mk.) ist die genehmigungsfreie Summe künftighin nur in Elsaß-Lothringen (sowohl für den Mobiliarerwerb als den lukrativen Immobiliarerwerb); siehe aber unten Ziff. 3 (für Bayern).

H. Satz 2 des Art. 86 trifft folgende allgemein gültige Bestimmungen für den Erwerb einer juristischen Person von Todeswegen:

a) Wird zu einem solchen Erwerbe die erforderliche Genehmigung ertheilt, so soll in ähnlicher Weise wie bei § 84 BGB. angenommen werden, daß die Genehmigung schon vor dem Erbfall (BGB. § 1942) ertheilt wurde, daß also der als Erbe eingesetzten juristischen Person die Erbschaft schon mit dem Tode des Erblassers angefallen sei; es gelten deßhalb auch für den Anfall eines Vermächtnisses für einen solchen Fall nicht die §§ 2177—2179 BGB., sondern der Anfall des Vermächtnisses erfolgt schon mit dem Erbfalle.

b) Wird die erforderliche Genehmigung nicht ertheilt, so soll die juristische Person in Ansehung des Anfalls als nicht vorhanden betrachtet werden. Die juristische Person kann also gemäß § 1923 BGB. nicht Erbe werden und der Anfall der Erbschaft an denjenigen, der beim Wegfall der juristischen Person Erbe wird, gilt als mit dem Eintritte des Erbfalls erfolgt (vgl. BGB. § 1953); ein Vermächtniß, mit dem sie bedacht würde, ist gemäß § 2160 BGB. unwirksam.

c) Bis festgestellt ist, ob die erforderliche Genehmigung ertheilt oder versagt wird, ist der Erbe oder Miterbe ungewiß, und hat deßhalb nach § 1960 BGB. das Nachlaßgericht (durch Obsignation, Hinterlegung von Geld, Werthpapieren und Kostbarkeiten, Aufnahme eines Nachlaßverzeichnisses, Anordnung einer Nachlaßpflegschaft) für die Sicherung des Nachlasses zu sorgen, soweit ein Bedürfniß besteht; auch darf dann, wenn die betreffende juristische Person mit anderen Personen als Erbe eingesetzt ist, von den Miterben die Auseinandersetzung der Erbschaft — in entsprechender Anwendung des § 2043 BGB. — nicht verlangt werden.

3. Die Ausführungsgesetze zum BGB. haben in den einzelnen Bundesstaaten nicht unerhebliche Aenderungen der unter 2 dargestellten bisherigen Gesetze gebracht, so

in Bayern, wo AG. z. BGB. Art. 1 und 7—10 unter Beseitigung der vielen bisherigen Statuten einheitliches Recht für das ganze Königreich schaffen und die genehmigungsfreie Summe im allgemeinen auf 10000 Mk. hinaufsetzen, jedoch hinsichtlich ausländischer juristischer Personen, die religiöse oder wohlthätige Zwecke oder Zwecke des Unterrichts oder der Erziehung verfolgen, für Schenkungen oder Zuwendungen von Todeswegen schon bei einem den Betrag von 5000 Mk. übersteigenden Werth, im Falle des Erwerbs des Eigenthums an einem Grundstück aber ohne Rücksicht auf den Werth landesherrliche Genehmigung erfordern.

Für Preußen s. AG. z. BGB. Art. 6 und 7,
für Elsaß-Lothringen AG. z. BGB. § 6,
für Württemberg AG. z. BGB. Art. 140,
für Baden AG. z. BGB. Art. 8 mit Ges. vom 5. Mai 1870, die Rechtsverhältnisse und Verwaltung der Stiftungen betreffend,
für Hessen AG. z. BGB. Art. 12—14.

Für Sachsen wird § 52 des sächs. GB. in Kraft bleiben, welcher bestimmt:

„Die juristische Persönlichkeit begreift die Fähigkeit in sich, Vermögensrechte zu haben, vorbehaltlich der besonderen Bestimmungen, welche bei Begründung der juristischen Person über den Umfang ihrer Rechtsfähigkeit getroffen worden sind."

Vgl. ferner: Mecklenburg-Strelitz Ausf.VO. z. BGB. § 26. Sachsen-Altenburg AG. z. BGB. §§ 9—12 (Becher XVIII, 1 S. 3). Sachsen-Weimar AG. z. BGB. §§ 18, 19. Waldeck-Pyrmont AG. z. BGB. Art. 5 (Becher XXV. S. 4).

4. Aus der Rechtsprechung: Eine Gewerkschaft des neuen preußischen Rechts bedarf zum Erwerbe von Grundstücken, auch wenn der Werth den Betrag von 5000 Mark übersteigt, nicht der Genehmigung einer staatlichen Aufsichtsbehörde. (KG. vom 10. Febr. 1902, Entsch. d. KG. N. F. Bd. 5 (24) S. 98 A, s. auch Rspr. d. OLG. Bd. 4 S. 302.) Die Schulgemeinden in Holstein bedürfen zum Erwerbe von Grundstücken nur der Genehmigung der königl. Schulvisitatorien, nicht der Regierung. (KG. vom 8. Okt. 1901. Entsch. d. KG. N. F. Bd. 4 (23) S. 139 A.) In Preußen bedarf die katholische Kirchengemeinde bei Grunderwerb im Werthe von mehr als 5000 Mark der staatlichen Genehmigung. § 50 des preuß. Ges. vom 20. Juni 1845 über die Vermögensverwaltung in den katholischen Kirchengemeinden ist durch Art. 7 § 1 AG. z. BGB. beseitigt. Wenn nach § 7 bei Erwerb mehrerer Grundstücke der Werth zusammenzurechnen ist, so gilt dies doch nicht für den Fall, daß die Grundstücke von verschiedenen Verkäufern an die Gemeinde verkauft werden, mögen diese Käufe auch in einer Urkunde beurkundet sein und in einem Termin aufgelassen werden. (KG. vom 7. Juli 1902. Rspr. d. OLG. Bd. 5 S. 252.)

Die durch Art. 7 des Preuß. AG. z. BGB. für ausländische juristische Personen geforderte Genehmigung des Königs zum Grundstückserwerb ist auch erforderlich, wenn die ausländische juristische Person im Inlande eine Zweigniederlassung besitzt, der das Grundstück dienstbar gemacht werden soll, da der im Betriebe der Zweigniederlassung gemachte Erwerb Eigenthum desjenigen wird, dem die Hauptniederlassung gehört. Centralbl. Bd. 2 S. 204 (KG.).

Nach dem Preuß. Verwaltungsrecht (JMBl. 86, 96) muß dem Grundbuchrichter die Genehmigung des Ministers zum Erwerbe von Grundstücken für den Fiskus nachgewiesen werden. Rspr. d. OLG. Bd. 3 S. 6.

Die Marianischen Kongregationen sind geistliche Gesellschaften und unterliegen deßhalb den Vorschriften der Art. 7 und 8 des AG. z. BGB. Bayr. Oberst.LG. vom 3. Juni 1904 in Bl. f. RA. Bd. 70 S. 26.

Art. 87.*)

Unberührt bleiben die landesgesetzlichen Vorschriften, welche die Wirksamkeit von Schenkungen an Mitglieder religiöser Orden oder ordensähnlicher Kongregationen von staatlicher Genehmigung abhängig machen.

Unberührt bleiben die landesgesetzlichen Vorschriften, nach welchen Mitglieder religiöser Orden oder ordensähnlicher Kongregationen nur mit staatlicher Ge-

*) Literatur: Geiger, Die Stellung der Klöster und Ordenspersonen im BGB., Arch. f. kath. KR. 80, 493—521. v. Brünneck, Gruchot Beitr. Bd. 45 S. 193 ff., Das Klostergelübde und seine vermögensrechtliche Bedeutung im Gebiet des Preuß. Allg. LR.

nehmigung von Todeswegen erwerben können. Die Vorschriften des Artikel 86 Satz 2 finden entsprechende Anwendung.

Mitglieder solcher religiöser Orden oder ordensähnlicher Kongregationen, bei denen Gelübde auf Lebenszeit oder auf unbestimmte Zeit nicht abgelegt werden, unterliegen nicht den in den Abs. 1, 2 bezeichneten Vorschriften.

E. I, 48; II, 62; III, 87.

1. Entstehung. Abs. 1 und Satz 1 von Abs. 2 entsprechen wörtlich dem Art. 48 des E. I. Satz 2 von Abs. 2 hat im Hinblick auf die spätere Fassung von Satz 2 des nunmehrigen Art. 86 (vgl. dort Anm. 1) eine veränderte Fassung erhalten, entspricht aber inhaltlich dem Satz 2 von Abs. 2 des Art. 48 des E. I.

Abs. 3 wurde erst in der Reichstagskommission hinzugefügt (Mot. z. EG. 168 ff.; Reatz III, 55; P. VI, 381; RTK. 440 S. 33, 440d S. 11; Mat. 87a S. 46 ff.).

2. Zweck. Art. 87 dient dazu, der Landesgesetzgebung die Möglichkeit zu verschaffen, die Erwerbsfähigkeit der sogenannten Religiosen einzuschränken. Während bisher Ordenspersonen gemeinrechtlich und nach verschiedenen Statuten in der Art besitz- und erwerbsunfähig waren, daß sie mit Ablegung des Klostergelübdes nur für das Kloster noch erwerben und weder unter Lebenden noch von Todeswegen verfügen können und daß sie auch dem Kloster nur eine bestimmte Summe (summa pragmatica) zuwenden können, hat das BGB. eine solche Beschränkung der Rechtsfähigkeit der Ordenspersonen nicht anerkannt, sondern dieselben grundsätzlich als voll rechtsfähig behandelt (M. I, 25). Die desfallsigen Vorschriften der Landesgesetze treten deßhalb zufolge des Art. 55 dieses Gesetzes mit dem 1. Januar 1900 außer Kraft, und die bisherigen Religiosen werden von diesem Zeitpunkte an in vollem Umfange rechtsfähig, soweit nicht der gegenwärtige Artikel noch landesgesetzliche Einschränkungen zuläßt.

3. Bisheriger Rechtszustand. Ueber das bisher geltende Recht bemerken die Motive (S. 168 ff.):

a) Gemeinrechtlich gilt noch der auf dem römischen und kanonischen Rechte (Nov. 5 cap. 5; C. 26 X de statu monach. 335; Conc. Trid. sess. XXV de regularibus cap. 2) beruhende Satz, daß Klosterpersonen vermögensunfähig sind. Das z. B. der Ablegung des feierlichen Gelübdes der Armuth ihnen gehörende Vermögen geht auf das Kloster über; das später von ihnen Erworbene wird unmittelbar dem Kloster erworben. Der Religiose kann an sich beerbt werden. Eine vor Ablegung des Professes errichtete letztwillige Verfügung bleibt in Kraft und wird in Folge der eintretenden Verfügungsunfähigkeit unwiderruflich. Ist der Orden seiner Verfassung nach vermögensunfähig, so wird der Religiose mit Ablegung des Professes als todt angesehen und sofort beerbt. Andernfalls tritt die Beerbung erst mit dem natürlichen Tode ein und steht Verwaltung und Genuß des von einer letztwilligen Verfügung erfaßten Vermögens dem Kloster zu. Ueber den Pflichttheil der Abkömmlinge eines Religiosen und eine von demselben gemachte Divisio inter liberos siehe Nov. 123 cap 38, deren Verhältniß zum kanonischen Rechte strittig ist.

b) Nach dem PLR. (Thl. II Tit. 11 §§ 1199—1209, Thl. II Tit. 2 § 270, vgl. aber Thl. II Tit. 11 §§ 1167, 1168) hat die Ablegung des Klostergelübdes den bürgerlichen Tod zur Folge. Dieser eröffnet die gewöhnliche Erbfolge; dem Kloster können nur gewisse kleine Beträge (Thl. II Tit. 11 §§ 1182—1197) zugewendet werden. Der Religiose kann nach Ablegung des Professes (anders als im gemeinen Rechte), da seine Erwerbsfähigkeit unterbunden ist, dem Kloster fremde Erbschaften nicht zuführen.

c) In Bayern kommen bisher die Amortisationsgesetze in Betracht. Nach dem Amortisationsgesetze vom 13. Oktober 1764, dem Mainzer LR. XIV, 5, der Mainzer VO. vom 5. April 1737, dem vorderösterr. Patent vom 26. Aug. 1771 und dem vorderösterr. Hofdekrete vom 31. Aug. 1780 wird der Religiose nach Ablegung des Professes von seinem Testaments- oder Intestaterben beerbt. Das Kloster kann regelmäßig nur die pragmatische Summe (1500—2000 fl.) erhalten, und die Ordensperson ist nur insoweit noch erbfähig, als es sich um die Gewinnung dieser Summe handelt. Gemäß der VO. vom 4. April 1807, welche in ganz Bayern mit Ausnahme der nach 1807 erworbenen Landestheile gilt und auf das ehemalige Großherzogthum Würzburg ausgedehnt ist, wird ferner über das Vermögen eines bayr. Staatsangehörigen, der in ein außerbayrisches Kloster eintritt, mit

Ablegung des Professes die Erbfolge eröffnet. Dem Kloster kann nur der Zinsengenuß der Aussteuer, welche 2000 fl. nicht überschreiten darf, zugewendet werden. Die Erbfähigkeit des Religiosen hört auf.

d) Im Uebrigen vgl. Kahl, Amortisationsgesetze; auch Roth, DPR. Bd. I S. 401, Roth, BCR. 2. Aufl. § 33 Ziff. 4 S. 222 ff., Schulte, Kirchenrecht 4. Aufl. § 200 Ziff. VI S. 446, Geiger, Die Neugestaltung der bayr. Amortisationsvorschriften durch das BGB., Arch. f. kath Kirchenrecht Bd. 80 S. 259 ff.

4. Inhalt.

a) Art. 87 läßt Beschränkungen zu nur für Mitglieder solcher religiöser Orden oder ordensähnlicher Kongregationen, bei denen Gelübde auf Lebenszeit oder auf unbestimmte Zeit abgelegt werden (Abs. 3). Welche Kongregationen hieher gehören und unter welchen Voraussetzungen Jemand als Mitglied eines Ordens bezw. einer ordensähnlichen Kongregation zu betrachten ist, darüber vgl. Schulte, Kirchenrecht 4. Aufl. §§ 200, 201, 203.

b) Für die fraglichen Ordensmitglieder ꝛc. läßt Art. 87 eine landesgesetzliche Beschränkung nur nach der Richtung zu, daß der unentgeltliche Erwerb, sei es von Todeswegen, sei es unter Lebenden, von staatlicher Genehmigung abhängig gemacht werden kann.

Uneingeschränkt rechtsfähig werden also die Religiosen vom 1. Jan. 1900 an hinsichtlich des entgeltlichen Erwerbs.

Es fällt auch der Satz, daß die Religiosen nicht mehr für sich, sondern für ihre Klöster erwerben.

Fraglich ist, ob nach jenen Rechten, nach welchen der Religiose bisher gänzlich oder über eine bestimmte Summe hinaus erwerbsunfähig ist, diese Erwerbsunfähigkeit ohne weitere landesgesetzliche Bestimmung durch die Wirkung des Art. 87 in eine Erwerbsbeschränkung des Inhalts umgewandelt wird, daß der Religiose zu einem unentgeltlichen Erwerbe, den zu machen er bisher unfähig ist, künftighin staatlicher Genehmigung bedarf. Die Frage dürfte nur insoweit, als etwa bisher schon mit staatlicher Genehmigung ein sonst unerlaubter Erwerb gemacht werden kann, zu bejahen, im Uebrigen aber zu verneinen sein (vgl. Aeußerung des bayr. Justizministers im Justizaussch. der K. d. Abg. vom 10. Nov. 1898 — Prot. S. 15).

c) Selbstverständlich ist wohl, daß die Landesgesetzgebung an die in Art. 86 auf 5000 Mk. festgesetzte genehmigungsfreie Summe für die Fälle dieses Artikels nicht gebunden ist.

d) Hinsichtlich Satz 2 von Abs. 2 vgl. Bem. II, H zu Art. 86.

5. Für Bayern fallen künftighin alle Erwerbsbeschränkungen der Religiosen nach AG. z. BGB. Art. 1 mit Art. 7—10 (Becher III, 7 S. 30) weg (vgl. auch Bl. f. RA. Bd. 63 S. 199).

In Elsaß-Lothringen war nach § 7 des Entw. eines AG. z. BGB. eine einschlägige Beschränkung vorgeschlagen, wurde aber schon in der Spezialkommission fallen gelassen (vgl. Ber. der Spezialkommission des Landesaussch. zum erwähnten § 7).

Für Sachsen-Altenburg vgl. AG. z. BGB. § 14 (Becher XVIII, 1 S. 3).

Art. 88.

Unberührt bleiben die landesgesetzlichen Vorschriften, welche den Erwerb von Grundstücken durch Ausländer von staatlicher Genehmigung abhängig machen.

E. III, 88.

1. Entstehung. Dieser Artikel wurde erst vom Bundesrath aufgestellt (Reatz III, 56).

2. Inhalt. Art. 88 ermöglicht der Landesgesetzgebung, den Erwerb von Grundstücken durch Ausländer von staatlicher Genehmigung abhängig zu machen.

Unter Ausländern werden hier wie in Art 7 ff. nur solche Personen zu verstehen sein, welche keinem deutschen Bundesstaat angehören. Die Personen können physische oder juristische sein.

Es fallen also hieher namentlich die in Bem. II A und B zu Art. 86 hervorgehobenen Erwerbsbeschränkungen ausländischer juristischer Personen, jedoch mit dem Abmaße, daß es sich in diesem Artikel nur um den Erwerb von Grundstücken handelt, — hinsichtlich dieser aber sowohl um den onerosen als lukrativen Erwerb, — und daß die in Art. 86 statuirte pragmatische Summe von 5000 Mk. sich nicht hieher bezieht.

Auch ermöglicht der gegenwärtige Artikel, gegenüber solchen Staaten, welche den Erwerb von Grundstücken in ihrem Gebiete seitens der Angehörigen anderer Staaten von staatlicher Genehmigung abhängig machen, Retorsion zu üben (vgl. für Bayern Verf.-Beil. I §§ 17 und 18).

Die Landesgesetzgebung ist übrigens an die Staatsverträge des Reichs gebunden. In Betracht kommen folgende Staatsverträge, welche den Angehörigen der nachfolgenden Staaten freien Erwerb von Immobilien sowie unbeschränkte Verfügung darüber von Todeswegen gewährleisten: Argentinische Konföderation, 19. Sept. 1857 (Preuß. GS. 1859 S. 405) Art. 9. Belgien, 6. Dez. 1891 (RGBl. 1892 S. 241) Art. 1. Chile, 1. Febr. 1862 (Preuß. GS. 1863 S. 761) Art. 11. Columbien, 23. Juli 1892 (RGBl. 1894 S. 471) Art. 9. Ecuador, 28. März 1887 (RGBl. 1888 S. 136) Art. 2. Egypten, 19. Juli 1892 (RGBl. S. 17) Art. 1. Griechenland, 2. Juli 1884 (RGBl. S. 23) Art. 2. Guatemala, 20. Sept. 1887 (RGBl. 1888 S. 238) Art. 9. Großbritannien (RGBl. 1899 S. 346, 364). Hawai, 25. März, 19. Sept. 1879 (RGBl. S. 121) Art. 2. Honduras, 12. Sept. 1887 (RGBl. 1888 S. 262) Art. 9. Italien, 6. Dez. 1891 (RGBl. 1892 S. 97) Art. 2 und Schlußprot. Japan, 4. April 1896 (RGBl. 1896 S. 715) Schlußprot. zu Art. 1 und 3. Kongo, 8. November 1884 (RGBl. 1885 S. 211) Art. 2. Korea, 26. November 1883 (RGBl. 1884 S. 221) Art. 4. Liberia, 31. Oktober 1867 (RGBl. 1868 S. 197) Art. 2. Madagaskar, 15. Mai 1883 (RGBl. 1885 S. 166) Art. 2. Marokko, 1. Juni 1890 (RGBl. 1891 S. 378) Art. 1. Mexiko, 5. Dezember 1882 (RGBl. 1883 S. 247) Art. 15. Nikaragua, 4. Februar 1896 (RGBl. 1897 S. 171) Art. 9. Niederlande, 31. Dezember 1851 (Preuß. GS. 1852 S. 145) Art. 24. Oesterreich-Ungarn, 6. Dezember 1891 (RGBl. 1892 S. 3) Art. 19. Oranje-Freistaat, 28. April 1897 (RGBl. 1898 S. 93) Art. 3. Paraguay, 21. Juli 1887 (RGBl. 1888 S. 178) Art. 2. Persien, 11. Juni 1873 (RGBl. 1873 S. 351) Art. 6. Rumänien, 31. Oktober 1893 (RGBl. 1894 S. 1) Art. 2. Rußland, 10. Februar 29. Januar 1894 (RGBl. 1894 S. 153) Art. 2. Salvador, 13. Juni 1870 (RGBl. 1872 S. 377 und 1889 S. 191) Art. 8. Schweiz, 31. Mai 1890 (RGBl. 1890 S. 131) Art. 1. Serbien, 21./9. August 1892 (RGBl. 1893 S. 269) Art. 2. Siam, 7. Februar 1862 (Preuß. GS. 1864 S. 717) Art. 8. Spanien, 14. Februar 1899 (RGBl. 1899 S. 335). Südafrikanische Republik, 22. Januar 1885 (RGBl. 1886 S. 209) Art. 2. Tonga, 1. November 1876 (RGBl. 1877 S. 517 und 1900 S. 37, 38) Art. 6. Türkei, 26. August 1890 (RGBl. 1891 S. 117) Art. 1. Uruguay, 20. Juni 1892 (RGBl. 1894 S. 505 und 1900 S. 5) Art. 1. Zanzibar, 20. Dezember 1885 (RGBl. 1886 S. 261 und RGB. 1900 S. 37, 39) Art. 5.

3. Für Preußen siehe nunmehr AG. z. BGB. Art. 7 §§ 2 u. 3 (Becher XIV, 1 S. 5); für Bayern oben Bem. III zu Art. 86; für Hessen AG. z. BGB. Art. 15 (Becher VIII, 3 S. 31). Hamburg AG. z. BGB. § 28 (Becher VII, 1 S. 5). Die Vorschrift erstreckt sich nicht auf eine offene Handelsgesellschaft, mag auch ein Theilhaber Ausländer sein (Hanseat. Ger. z. Beibl. 1901 S. 243). Waldeck AG. z. BGB. Art. 6 § 2 (Becher XXV, 1 S. 5), VO. z. Ausf. des BGB. Art. 6 (Becher XXV, 8 S. 61).

Art. 89.*)

Unberührt bleiben die landesgesetzlichen Vorschriften über die zum Schutze der Grundstücke und der Erzeugnisse von Grundstücken gestattete Pfändung von Sachen, mit Einschluß der Vorschriften über die Entrichtung von Pfandgeld oder Ersatzgeld.

E. I, 62; II, 63; III, 89.

1. Entstehung. Der Artikel entspricht mit geringen redaktionellen Aenderungen dem Art. 62 des I. Entw. (M. I, 353, 354; Mot. z. EG. 187 ff.; Reatz III, 56; P. VI, 431—433, 616 ff.; Mat. S. 49).

2. Inhalt. Art. 89 behält der Landesgesetzgebung vor:

A. über die Privatpfändung von Sachen zum Schutze der Grundstücke und der Erzeugnisse von Grundstücken und

B. über die hiemit zusammenhängende Entrichtung von Pfandgeld oder Ersatzgeld Vorschriften zu erlassen oder die hierüber bestehenden Vorschriften aufrecht zu erhalten.

*) Literatur: Stobbe, D. Priv.R. I § 70. Bayer, Das Recht eigenmächtiger Pfändung. Diss. Berlin 1889. Heusler, Institutionen des D. Priv.R. II, 206. Nägeli, Germanisches Selbstpfändungsrecht 1876. Samuelsohn, Wirkungen der Privatpfändung 1878. Wilda, Pfändungsrecht in Zeitschr. f. deutsches Recht I, 315 ff. v. Meibom, Das deutsche Pfandrecht 1867, S. 241.

Zu A ist Folgendes hervorzuheben:

a) Das Privatpfändungsrecht im Sinne dieses Artikels ist die dem Eigenthümer oder Nutzungsberechtigten eines Grundstücks zustehende Befugniß, Personen oder Thiere, welche auf dem Grundstücke schadenstiftend betroffen werden, in der Weise zu pfänden, daß er nöthigenfalls unter Anwendung von Gewalt den Personen Sachen abnimmt, Thiere aber in seinen Gewahrsam bringt (vgl. M. I, 353; Stobbe, DPR. 2. Aufl. Bd. I § 70 S. 604 ff.; Roth, Bayr. Civilr. 2. Aufl. § 64 S. 376).

b) Dieses Privatpfändungsrecht (auch Schüttung genannt) betrifft natürlich nicht jene Fälle, in welchen es sich um erlaubte Selbsthülfe im Sinne der §§ 229 ff. BGB. oder um Schutz des Besitzes gegen verbotene Eigenmacht im Sinne der §§ 859 ff. BGB. handelt. In diesen Beziehungen sind die landesgesetzlichen Bestimmungen durch das BGB. ersetzt.

c) Auch ist die Landesgesetzgebung nicht befugt, die Festnahme einer Person zuzulassen; die Festnahme darf vielmehr nur nach strafprozessualen Grundsätzen oder nur dann erfolgen, wenn die Voraussetzungen der §§ 229, 230 BGB. vorliegen (Mot. z. EG. 189).

d) Auf der anderen Seite ist die Zulassung der Privatpfändung nicht auf Feld- oder Waldgrundstücke (Mot. z. EG. 189), für welche sie allerdings zumeist vorkommt, auch nicht auf die Pfändung von auf das Grundstück übergetretenen fremden Thieren beschränkt, welche ohne Anhalten einer Person sich vollzieht (a. a. O.). Ein in der II. Komm. gestellter Antrag, die Pfändung in letzterer Beziehung zu beschränken, wurde abgelehnt (P. VI, 431 ff.).

e) Es ist ferner Abstand davon genommen, die Zulässigkeit der gegen Personen gerichteten Pfändung (s. c) schlechthin davon abhängig zu machen, daß der zu Pfändende eine strafbare Handlung begangen oder dem Grundstücke Schaden zugefügt hat.

f) Der Landesgesetzgebung steht auch die Entscheidung darüber zu, welches Recht (z. B. ob ein Pfandrecht oder ein Zurückbehaltungsrecht) der Pfändende durch die Pfändung an den gepfändeten Sachen erlangt (Mot. z. EG. 189).

g) Ein in der II. Komm. gestellter Antrag, die Anwendbarkeit des nunmehrigen § 231 BGB. zu statuiren, wenn das Pfändungsrecht in der irrigen Annahme ausgeübt wird, daß die Voraussetzungen der Ausübung vorliegen, wurde abgelehnt. Demnach kommen die allgemeinen Vorschriften über unerlaubte Handlungen (§§ 823 ff.) zur Anwendung.

h) Nach den Motiven (S. 188) bestehen bisher einschlägige Vorschriften in Preußen (PLR. Thl. I Tit. 14 §§ 413—465, Feldpolizeiordnung v. 1. Nov. 1847 §§ 4 ff., Ges. v. 3. April 1856, Feld- und Forstpolizeiges. v. 1. April 1880 §§ 77 ff.), Bayern (BLR. Thl. II cap. 6 § 24 Nr. 7 und PLR. wie vorhin, ferner in der Pfalz, abgesehen von Art. 12, 52, 55, 56, 126 Abs. 8 des pfälz. Forststrafges., das Dekret v. 28. Sept. bezw. 6. Okt. 1791, concernant les biens et usages ruraux et la police rurale Tit. II Art. 12), Sachsen (GB. §§ 488—494), Württemberg, Elsaß-Lothringen (Ges. über Feldpolizei v. 28. September 1791 Tit. II Art. 12), Hessen (Feldstrafges. v. 21. September 1841 §§ 18, 19), Mecklenburg-Schwerin und -Strelitz (VO., betr. die Bestrafung der Forstfrevel v. 31. Mai 1879 § 39, betr. die Bestrafung der Feldfrevel v. 2. September 1879 §§ 21—38), Braunschweig (Forststrafges. v. 1. April 1879 § 69 Abs. 1), Sachsen-Koburg-Gotha (Feld- und Forstpolizeiges. v. 26. Mai 1880 § 77 ff.), sowie in verschiedenen anderen thüringischen Staaten, in welchen die kursächs. Konstitutionen von 1572 (const. 7, 8, 27 p. II) noch Geltung haben, ingleichen in Anhalt (Feldpolizeiordn. v. 19. November 1849 §§ 36 ff.), Schaumburg-Lippe (Feld- und Forstpolizeiges. v. 28. April 1880 §§ 69 ff.) und Waldeck (Feldpolizeiordn. v. 15. Mai 1855 §§ 3 ff.).

Zu B ist zu bemerken:

a) Nach den voraufgeführten Rechten begründet das Pfändungsrecht der Regel nach für den Berechtigten die Befugniß, an Stelle des Schadensersatzes und ohne daß der Nachweis des Schadens erforderlich ist, einen bestimmten Geldbetrag (Pfandgeld) zu fordern.

b) Einige Rechte haben dem Berechtigten sogar, ohne daß eine Pfändung erfolgt, den Anspruch auf das Pfandgeld zugebilligt und das letztere aus dem Rahmen des Pfändungsinstituts herausgehoben (preuß. Feldpolizeiordn. v. 1. November 1847 § 8 Abs. 1; mecklenburg. VO. v. 31. Mai 1879 § 15;

Feldpolizeiordn. für Anhalt v. 10. November 1849 § 40 und für Waldeck v. 15. Mai 1855 § 7).

c) In anderen Gesetzen ist die Loslösung des Pfandgeldes vom Pfändungsinstitute dadurch zum Ausdruck gebracht worden, daß dasselbe den Namen „Ersatzgeld" erhalten hat (Feld- und Forstpolizeiges. für Preußen v. 1. April 1880 §§ 69 ff.; für Koburg-Gotha v. 26. Mai 1880 §§ 69 ff.; für Schaumburg-Lippe v. 28. April 1880 §§ 62 ff.; Forstges. für Elsaß-Lothringen v. 28. April 1880 § 23). Das Pfand- bezw. Ersatzgeld steht auch in dieser Gestaltung mit dem Pfändungsinstitut in solchem Zusammenhange, daß es von jenem nicht getrennt werden kann (Mot. z. EG. 190).

Im älteren Rechte war auch da und dort Pfändung lediglich zur Sicherung des Beweises zugelassen.

3. Daß § 18 des Ges. über das Postwesen des D. R. v. 28. Oktober 1871 (RGBl. S. 347), nach welchem gegen die ordentlichen Posten, Extraposten, Kuriere und Estafetten die Pfändung nicht erlaubt ist und eine solche auch nicht gegen Postillone geübt werden darf, welche mit ledigem Gespanne zurückkehren, vom gegenwärtigen Vorbehalte nicht berührt wird, folgt schon aus Art. 3 dieses Gesetzes.

4. Für Preußen ist PLR. Thl. I Tit. 14 §§ 413—465 durch AG. z. BGB. Art. 89 aufgehoben, im Uebrigen s. Mot. z. AG. z. BGB. S. 40 und S. 207.

In Bayern hatte es zufolge des Art. 1 AG. z. BGB. vorerst bei den bisherigen Bestimmungen (s. Anm. 2, A, g) sein Bewenden. Unterm 6. März 1902 erging aber ein besonderes Gesetz, das Ersatzgeld und das Pfändungsrecht und die Verfolgung von Ersatzansprüchen aus Feldpolizeiübertretungen betr. (sog. Feldschadensgesetz: G. u. VBl. 1902 S. 99 ff.).

Vgl. ebenso für Hessen AG. z. BGB. Art. 286 Ziff. 11 (Becher VIII, 3 S. 117), für Rudolstadt AG. z. BGB Art. 4 (Becher XXIII, 2 S. 5), für Anhalt AG. z. BGB. Art. 11 (Becher I, 3 S. 11).

Art. 90.

Unberührt bleiben die landesgesetzlichen Vorschriften über die Rechtsverhältnisse, welche sich aus einer auf Grund des öffentlichen Rechtes wegen der Führung eines Amtes oder wegen eines Gewerbebetriebs erfolgten Sicherheitsleistung ergeben.

E. I, 53; II, 64; III, 90.

1. Entstehung. Der Art. 90 entspricht wörtlich dem Art. 53 E. I. (Mot. z. EG. 179; Reatz III, 56; P. VI, 408, 616; Mat. 87 S. 52.)

2. Inhalt. A. Die Rechtsverhältnisse, welche sich aus einer Sicherheitsleistung ergeben, die Jemand nach den Vorschriften des öffentlichen Rechtes wegen der Führung eines Amtes oder wegen eines Gewerbebetriebes zu leisten hat, hängen mit dem öffentlichen Rechte der einzelnen Bundesstaaten zusammen. Die Gesetze und Verordnungen hierüber enthalten aber auch eine Reihe privatrechtlicher Vorschriften, so z. B. diese, daß die Amtskaution für alle von dem kautionspflichtigen Beamten aus seiner Amtsführung zu vertretenden Schäden und Mängel an Kapital und Zinsen nicht nur dem Staate, sondern auch dritten Personen zu haften hat. Auch enthält z. B. das preußische Ges. vom 25. März 1873 § 11 die Bestimmung, daß der Staat nicht verpflichtet ist, im Falle des Konkurses die verpfändeten Werthpapiere in die Konkursmasse einzuliefern (vgl. aber § 127, früher 117 der KO.).

Die Regelung solcher Rechtsverhältnisse wird wegen des engen Zusammenhangs derselben mit dem öffentlichen Rechte der einzelnen Bundesstaaten der Landesgesetzgebung überlassen.

Für das Reich vgl. das Gesetz, betr. die Kautionen der Bundesbeamten vom 2. Juni 1869 (BGBl. S. 161).

B. Voraussetzung dieses Artikels ist, daß

a) die Kaution geleistet wird auf Grund des öffentlichen Rechtes und
b) daß sie geleistet wird für einen Beamten (des Staates, einer Gemeinde oder einer sonstigen öffentlichen Korporation) oder für einen Gewerbetreibenden und
c) wegen der Führung eines Amtes oder wegen eines Gewerbebetriebs.
d) Beschränkt ist der Vorbehalt auf die Rechtsverhältnisse, welche sich aus a—c ergeben.

C. Nicht hieher gehören deßhalb Vorschriften (wie z. B. bayr. Gesetz vom 18. Dez. 1887, G. u. VBl. S. 695 Art. 2), nach welchen bei der Verpfändung von Bezügen eines Beamten oder einer Militärperson an Diensteinkommen, Wartegeldern oder Pensionen zur Wirksamkeit der Verpfändung eine Benachrichtigung der auszahlenden Kasse durch Vorlegung einer öffentlichen Urkunde, oder nach welchen bei Bestellung von Amtskautionen durch Niederlegung von Werthpapieren die Ertheilung eines Empfangsscheines über die Niederlegung zur Wirksamkeit der Verpfändung erforderlich ist (Mot. z. EG. 180), da in dieser Beziehung künftighin die §§ 1273, 1274, 1280, 411, 1206 BGB. eintreten.

Vgl. auch Art. 92.

3. Für Preußen s. Ges. über die Kautionen der Staatsbeamten vom 25. März 1873.

Für Bayern sind durch die nunmehrige Fassung des Art. 1 AG. z. BGB. die älteren Vorschriften aus der Zeit vor der Verfassungsurkunde — insbesondere auch das die Amtsbürgschaft der Hypothekenbewahrer in der Pfalz betr. Ges. vom 21. ventôse VII — aufgehoben (vgl. 3. Prot. d. JA. d. K. d. Abg. v. 11. Nov. 1898 S. 29); im Uebrigen vgl. Becher, Landescivilrecht Bd. I § 34 S. 200;

für Elsaß-Lothringen Ges. v. 15. Okt. 1873, die Kautionen der Beamten des Staates u. s. w. betr., mit AG. z. BGB. § 42 (Becher VI, 1 S. 8);

für Hessen Ges. über die Ausf. der CPO. rc. v. 4. Juni 1879 Art. 104 (Mot. z. EG. 179) und nun AG. z. BGB. Art. 23—31 (Becher VIII, 3 S. 33 ff.);

für Baden Ges. vom 24. Juli 1888;

für Sachsen-Weimar Staatsdienergesetz v. 8. März 1850 § 8;

für Braunschweig Ges. v. 4 April 1889 § 8.

Art. 91.

Unberührt bleiben die landesgesetzlichen Vorschriften, nach welchen der Fiskus, eine Körperschaft, Stiftung oder Anstalt des öffentlichen Rechtes oder eine unter der Verwaltung einer öffentlichen Behörde stehende Stiftung berechtigt ist, zur Sicherung gewisser Forderungen die Eintragung einer Hypothek an Grundstücken des Schuldners zu verlangen, und nach welchen die Eintragung der Hypothek auf Ersuchen einer bestimmten Behörde zu erfolgen hat. Die Hypothek kann nur als Sicherungshypothek eingetragen werden; sie entsteht mit der Eintragung.

E. I, 74; II, 65; III, 91.

1. Entstehung. Artikel 91 entspricht im Wesentlichen dem Art. 74 E. I. In letzterem waren nur die Rechtssubjekte etwas allgemeiner, nämlich nur mit „Fiskus oder eine andere juristische Person" bezeichnet, und statt des letzten Satzes am Schlusse „sie entsteht mit der Eintragung" hieß der Schlußsatz: „Die Vorschriften des § 1130 Abs. 2 und des § 1131 BGB. finden entsprechende Anwendung". Die später gestrichenen §§ 1130 und 1131 des I. Entw. d. BGB. bezogen sich auf die Zwangshypothek und enthielten auch die Bestimmung, daß die Zwangshypothek mit der Eintragung in das Grundbuch begründet wird (Neubauer III, S. 56; P. VI, 437, 438; Mot. z. EG. 199; Mat. S. 53).

2. Inhalt. Der Art. 21 hat seine Veranlassung darin, daß nach dem Rechte verschiedener Bundesstaaten, z. B. nach dem bayr. Hyp.Ges. v. 1. Juni 1822 (§ 12), dem Code civil (art. 2121) und dem sächsischen Gesetzbuche (§ 393) verschiedenen juristischen Personen für gewisse Forderungen an einzelne ihrer Beamten ein gesetzlicher Hypothektitel auf die Grundstücke der Beamten zusteht, während das BGB. weder ein gesetzliches Pfandrecht an Grundstücken noch einen gesetzlichen Hypothektitel kennt. Der Art. 91 will nun der Landesgesetzgebung ermöglichen, für diesen wegfallenden Hypothektitel in derselben Weise Ersatz zu schaffen, in welcher der gesetzliche Hypothektitel bevormundeter Personen am Vermögen des Vormunds durch die Vorschrift des § 54 FG. ersetzt wurde. Die in Frage kommenden juristischen Personen sollen für ihre betreffenden Forderungen eine Sicherheitshypothek nach Maßgabe der §§ 1184, 1185, 1190 BGB. erwerben können. Der Landesgesetzgebung sind weder hinsichtlich der Bestimmung der Forderungen, für welche der Anspruch auf die Sicherungshypothek zugelassen werden will, noch hinsichtlich des Maßes der Sicherung Schranken gesetzt. Die Schranke, welche in letzterer Hinsicht der I. Entw. durch den Hinweis auf § 1131 BGB. ziehen wollte, ist, wie schon in Bem. 1 erwähnt, fallen gelassen worden. Auch kann die Landesgesetzgebung bestimmen, daß die Eintragung der Sicherungshypothek im Grundbuche gemäß § 39 GBO. lediglich auf Grund des Ersuchens einer Behörde, welche die Eintragungsbewilligung, den Antrag und die etwa sonst noch erforderlichen Erklärungen (nach Maßgabe der §§ 19, 13 und 29 GBO.) ersetzt,

erfolgen soll. Das Ersuchen muß aber den §§ 1113 und 1190 BGB. und § 28 GBO. entsprechen. Daß der haftungspflichtige Beamte, wenn thunlich, vor der Eintragung der Hypothek gehört werden soll, braucht nicht (wie in FG. § 54) vorgeschrieben zu werden. Die Hypothek entsteht (wie nach FG. § 54 und CPO. § 867) mit der Eintragung.

3. Ueber die Ausdrücke „Körperschaft, Stiftung, Anstalt des öffentlichen Rechtes" und „unter der Verwaltung einer öffentlichen Behörde stehende Stiftung" vgl. Bem. 2, b zu Art. 85.

4. In Bayern sind durch die Nichtaufnahme des gegenwärtigen Artikels 91 in den Art. 1 AG. z. BGB. alle älteren Vorschriften aus der Zeit vor Erlassung der Verf.-Urk. (namentlich solche für die Pfalz, z. B. Ges. vom 5. Dez. 1807 relative aux droits de trésor public sur les biens des comptables, soweit hier einschlägig), aufgehoben und durch die Art. 89, 123, 128 AG. z. BGB. ersetzt. Für die Uebergangsperiode s. das Gesetz über die Uebergangsvorschriften Art. 50—56, 61, 119–122. Die Zulässigkeit der Eintragung einer Vormerkung des bisherigen Hypothekenrechts während eines Konkursverfahrens für den Fiskus richtet sich nach den Vorschriften des vor dem 1. Januar 1900 in Geltung gewesenen Konkursrechts. Bayr. Oberst. LG., Recht 1904 S. 362 Nr. 1654.

Für Sachsen vgl. AG. z. BGB. § 53 (Becher XVII, 2 S. 11);
für Elsaß-Lothringen AG. z. BGB. § 102 (Becher V, 1 S. 20);
für Baden AG. z. BGB. Art. 6 (Becher II, 9 S. 20), Forstgesetz vom 15. Nov. 1833 mit Novellen (vgl. M. z. Entw. d. AG. z. BGB. S. 53);
für Sachsen-Koburg-Gotha AG. z. BGB. Art. 31 (Becher XIX, 8 S. 64);
für Schwarzburg-Sondershausen AG. z. BGB. Art. 39 (Becher XXIV, 1 S. 17);
für Reuß ältere L. AG. z. BGB. § 104 (Becher XV, 1 S. 19);
für Lübeck AG. z. BGB. § 63 (Becher X, 6 S. 50).

Art. 92.

Unberührt bleiben die landesgesetzlichen Vorschriften, nach welchen Zahlungen aus öffentlichen Kassen an der Kasse in Empfang zu nehmen sind.

E. II, 66; III, 92.

1. Entstehung. Dieser Artikel ist in der II. Komm. aufgestellt worden und bezweckt die Aufrechthaltung eines Privilegiums, dessen sich der Fiskus und die sonstigen juristischen Personen des öffentlichen Rechtes in mehreren Bundesstaaten (genannt wurden Preußen, Bayern, Sachsen) zu erfreuen haben. Die Vorschläge, welche bezweckten, dieses Privilegium durch eine Zusatzbestimmung zu dem nunmehrigen § 270 BGB. zu regeln, wurden abgelehnt (P. I, 307 ff., VI, 408).

2. Inhalt. Es handelt sich in diesem Artikel um eine Ausnahme von § 270 BGB. Während nach diesem Paragraphen regelmäßig eine Geldschuld in der Art zu zahlen ist, daß der Schuldner auf seine Gefahr und seine Kosten das Geld dem Gläubiger an dessen Wohnsitz oder unter Umständen an den Ort seiner gewerblichen Niederlassung übermittelt, sollen die einzelnen Bundesstaaten befugt sein, zu bestimmen, daß Zahlungen aus ihren öffentlichen Kassen an der Kasse in Empfang zu nehmen sind. Für Zahlungen an solche Kassen ist eine Sonderbestimmung der Landesgesetzgebung nicht zugelassen (Mat. S. 54, 55).

In Bayern ist bisher das in Bem. 2 bezeichnete Vorrecht der öffentlichen Kassen von den dort bisher geltenden Rechten nur in PLR. Thl. I Tit. 16 § 53 und Tit. 11 §§ 776 und 777 ausdrücklich anerkannt. Es soll sich jedoch thatsächlich die Uebung gebildet haben, daß der Gläubiger die Zahlung an der Kasse in Empfang zu nehmen hat (vgl. Mot. z. Art. 5 des Entw. eines AG. z. BGB.). Für die Zukunft ist die Frage durch Art. 11 AG. z. BGB. geregelt.

3. Von dem Vorbehalt haben sämmtliche Bundesstaaten Gebrauch gemacht: Ausführungsgesetze: Anhalt AG. z. BGB. Art. 13 (Becher I, 3 S. 11). Baden AG. z. BGB. Art. 11 (Becher II, 9 S. 21). Bayern AG. z. BGB. Art. 11 (Becher III, 7 S. 30). Braunschweig AG. z. BGB. § 21 (Becher IV, 1 S. 4). Bremen AG. z. BGB. § 11 (Becher V, 1 S. 3). Elsaß-Lothringen AG. z. BGB. § 10 (Becher VI, 1 S. 2). Hamburg AG. z. BGB. § 23 (Becher VII, 1 S. 4). Hessen AG. z. BGB. Art. 32 (Becher VIII, 3 S. 34). Lippe AG. z. BGB. § 17 (Becher IX, 1 S. 4). Lübeck AG. z. BGB. § 24 (Becher X, 6 S. 44). Mecklenburg-Schwerin Ausf.VO. z. BGB. § 35 (Becher XI, 2 S. 9). Mecklenburg-Strelitz Ausf.VO. z. BGB. § 34 (Becher XII, 1 S. 7). Oldenburg AG. z. BGB. Art. 1 (Becher XIII, 3 S. 7). Preußen AG. z. BGB. Art. 11 (Becher XIV, 1 S. 6). Reuß älterer Linie

AG. z. BGB. § 25 (Becher XV, 1 S. 5). Reuß jüngerer Linie AG. z. BGB. § 24 (Becher XVI, 1 S. 6). Sachsen sächs. GB. § 709. Sachsen-Altenburg AG. z. BGB. § 22 (Becher XVIII, 1 S. 5). Sachsen-Koburg-Gotha AG. z. BGB. Art. 13 (Becher XIX, 8 S. 49). Sachsen-Meiningen AG. z. BGB. Art. 5 (Becher XX, 1 S. 4). Sachsen-Weimar-Eisenach AG. z. BGB. § 28 (Becher XXI, 3 S. 8). Schaumburg-Lippe AG. z. BGB. § 15 (Becher XXII, 9 S. 64). Schwarzburg-Rudolstadt AG. z. BGB. Art. 26 (Becher XXIII, 2 S. 9). Schwarzburg-Sondershausen AG. z. BGB. Art. 11 (Becher XXIV, 1 S. 5). Waldeck-Pyrmont AG. z. BGB. Art. 8 (Becher XXV, 1 S. 6). Württemberg AG. z. BGB. Art. 142 (Becher XXVI, 1 S. 29).

Art. 93.

Unberührt bleiben die landesgesetzlichen Vorschriften über die Fristen, bis zu deren Ablaufe gemiethete Räume bei Beendigung des Miethverhältnisses zu räumen sind.

E. I, 58; II, 67; III, 93.

1. Entstehung. Art. 93 zeigt gegenüber dem Art. 58 E. I nur unwesentliche redaktionelle Aenderungen (Mot. z. EG. 186; P. VI, 417; Reatz III, 57; Mat. 87, a S. 55).

2. Inhalt. Der Vorbehalt des Art. 93 bezieht sich nur auf die Wohnungsmiethe (Mot. z. EG. 186), nicht auf die Miethe oder Pacht von Grundstücken überhaupt (P. VI, 417).

Unter welchen Voraussetzungen und wann die Miethe endigt und wann der Miether die gemietheten Räume zurückzugeben hat, ist im Allgemeinen im BGB. bestimmt (vgl. z. B. §§ 564, 556).

Der gegenwärtige Artikel giebt der Landesgesetzgebung nur die Befugniß, die Räumungsfristen festzusetzen, welche bei Beendigung des Miethverhältnisses der Vermiether dem Miether gewähren und letzterer einhalten muß.

3. Aus den Ausführungsgesetzen: Anhalt AG. z. BGB. Art. 27 (Becher I, 3 S. 15): „Die Räumung von Miethwohnungen muß, wenn das Miethverhältniß mit dem Schlusse eines Kalendervierteljahrs endigt und der Miethzins nicht nach Monaten oder kürzeren Zeiträumen bemessen ist, spätestens bis Mittags 12 Uhr am dritten Tage des folgenden Kalendervierteljahrs vollständig erfolgt sein. — An Sonntagen und staatlich anerkannten allgemeinen Feiertagen ruht die Verpflichtung des Miethers zur Räumung. Die Räumungsfrist wird um soviele Tage verlängert, als Sonn- und Feiertage in dieselbe fallen."

Bayern: Die älteren einschlägigen Vorschriften aus der Zeit vor Erlassung der Verfassungsurkunde sind beseitigt (Art. 1 des AG. z. BGB.); einschlägig ist Art. 38 Pol.StGB.

Bremen AG. z. BGB. § 13 (Becher V, 1 S. 4): „Bei Wohnungsmiethen, welche mit dem Schlusse eines Kalendervierteljahrs endigen, beginnt die Räumungsfrist am letzten Tage des Miethverhältnisses Mittags 12 Uhr und endigt mit Beginn der Mittagstunde des folgenden Tages. Ist der folgende Tag ein Sonntag oder allgemeiner Feiertag, so beginnt die Räumungsfrist am letzten Tage des Miethverhältnisses 8 Uhr Morgens und endigt an demselben Tage 8 Uhr Abends. Der Vermiether oder derjenige, welcher die Wohnung bezieht, ist von Beginn der Räumungsfrist an zur Mitbenutzung der Wohnung berechtigt.

Fällt das Ende des Miethverhältnisses auf einen Sonntag oder einen allgemeinen Feiertag, so tritt als letzter Tag des Verhältnisses der nächstfolgende Werktag an seine Stelle.

Diese Vorschriften finden auf Miethverträge, welche zu einer Ziehzeit des bisherigen Rechts endigen, mit der Maßgabe entsprechende Anwendung, daß an die Stelle der gesetzlichen Ziehtage des bisherigen Rechts (§ 1 des Ges. vom 26. Januar 1895, Gesetzbl. S. 3) der 31. März und der 30. September treten."

Hamburg AG. z. BGB. § 25 (Becher VII, 1 S. 3): „Gemiethete Räume, für welche vierteljährliche oder längere Kündigungsfristen bestehen, sind, soweit das BGB. für das Miethverhältniß maßgebend ist, bei Beendigung desselben bis 12 Uhr Mittags des auf die Beendigung nächstfolgenden Werktages zu räumen."

Lübeck AG. z. BGB. § 26 (Becher X, 6 S. 44).

Lippe AG. z. BGB. § 21 (Becher IX, 1 S. 5): „Die Räumung von Miethswohnungen hat, wenn das Miethsverhältniß mit dem Schlusse eines Kalendervierteljahres endigt und der Miethzins nicht nach Monaten oder kürzeren Zeiträumen bemessen ist, spätestens bis Mittags 12 Uhr am zweiten Tage des folgenden Kalendervierteljahrs zu geschehen. Fällt dieser Tag auf einen Sonntag oder allgemeinen Feiertag, so tritt der nachfolgende Werktag an seine Stelle. — Mit Genehmigung des Fürstlichen Staatsministeriums kann durch Ortssatzung für einzelne Orte die in Abs. 1 bestimmte Frist anders festgestellt werden."

Preußen Ges. v. 30. Juni 1834 § 2; für Schleswig-Holstein Ges. v. 4. Juni 1890. Ostpreuß. Provinzialrecht Zus. 78 (für Königsberg). Die Polizeibehörde ist mit Regierungsgenehmigung befugt, Anordnungen über die Räumungsfristen bei größeren Wohnungen zu erlassen.

Sachsen-Altenburg AG. z. BGB. § 32 (Becher XVIII, 1 S. 7): „In den Gemeinden können durch Ortsstatut Fristen bestimmt werden, bis zu deren Ablauf gemiethete Räume bei Beendigung des Miethverhältnisses zu räumen sind."

Sachsen-Weimar-Eisenach AG. z. BGB. § 34 (Becher XXI, 3 S. 9) (Verweisung auf das Ortsstatut).

Schwarzburg-Sondershausen AG. z. BGB. Art. 11.

Mecklenburg-Schwerin VO. z. Ausf. d. BGB. § 40 (Becher XI, 2 S. 10).

Mecklenburg-Strelitz VO. z. Ausf. d. BGB. § 39 (Becher XII, 1 S. 8).

Art. 94.

Unberührt bleiben die landesgesetzlichen Vorschriften, welche den Geschäftsbetrieb der gewerblichen Pfandleiher und der Pfandleihanstalten betreffen.

Unberührt bleiben die landesgesetzlichen Vorschriften, nach welchen öffentlichen Pfandleihanstalten das Recht zusteht, die ihnen verpfändeten Sachen dem Berechtigten nur gegen Bezahlung des auf die Sache gewährten Darlehens herauszugeben.

E I, 47; II, 68; III, 94.

1. Entstehung. Abs. 1 des Artikels giebt den Art. 47 des I. Entw. wieder, während der Abs. 2 in der II. Komm. neu aufgenommen wurde (Mot. z. EG. 167; P. III, 369, 370, VI, 380, 381; Reatz III, 57; Mat. S. 55; vgl. auch BGB. E. I §§ 939—941 mit P. III, 369, 370 und M. III, 417 ff.).

2. Inhalt. A. Der Geschäftsbetrieb der gewerblichen Pfandleiher und Pfandleihanstalten ist zunächst und in Bezug auf seine öffentlich-rechtliche Seite durch die §§ 34 und 38 der Gewerbeordnung geregelt. Außerdem sind zur Regelung dieses Geschäftsbetriebs theils Gesetze (so in Preußen das Ges. v. 17. März 1881 über das Pfandleihgewerbe, in Sachsen das Ges. v. 21. April 1882), theils Verordnungen (in Baden eine solche v. 9. Juni 1881, in Hessen v. 16. Februar 1882) erlassen, theils Ministerialentschließungen (in Bayern am 12. August 1879, G. u. VBl. S. 771, in Württemberg am 15. März und 28. Mai 1882) ergangen. Alle diese Anordnungen enthalten auch Vorschriften, welche in das bürgerliche Recht eingreifen, so z. B.

a) über die zulässige Höhe der Zinsen, sowie über deren Berechnung (vgl. BGB. §§ 246 ff.),
b) über die Fälligkeit und die Prolongation des vom Pfandleiher gewährten Darlehens (vgl. BGB. § 690),
c) über die Unstatthaftigkeit des Ausbedingens oder Nehmens weiterer Vergütung neben den Zinsen oder des Vorausnehmens der Zinsen,
d) über die dem Inhaber des Pfandscheins zustehenden Rechte (vgl. BGB. §§ 798 ff., 808, 1223),
e) über den Pfandverkauf (BGB. §§ 1233—1240).

Die vom BGB. abweichende Regelung dieser und ähnlicher Verhältnisse behält der Abs. 1 dieses Artikels auch für die Zukunft der Landesgesetzgebung vor.

B. Eine Schranke ist der Landesgesetzgebung in privatrechtlicher Hinsicht durch § 38 der Gew.O. insoferne gesetzt, als dort für den gemäß § 34 der Gew.O. ebenfalls als Pfandleihgewerbe zu betrachtenden Geschäftsbetrieb der Rückkaufshändler (d. i. derjenigen Personen, welche bewegliche Sachen mit Gewährung des Rückkaufsrechtes gewerbsmäßig ankaufen) bestimmt ist, daß die Zahlung des Kaufpreises als Hingabe des Darlehens, der Unterschied zwischen dem Kaufpreise und dem verabredeten Rückkaufpreise als bedungene Vergütung für das Darlehen und die Uebergabe der Sache als Verpfändung derselben für das Darlehen zu gelten hat. Auch zieht der Abs. 2 dieses Artikels durch Einengung der Gewährung des Lösungsanspruchs auf öffentliche Pfandleihanstalten eine Schranke, während der Landesgesetzgebung weitere Schranken über die Regelung des Geschäftsbetriebs nicht gezogen sind. Namentlich wurde in der Reichstagskommission ein Antrag abgelehnt, welcher dahin ging, im ersten Satze die Worte hinzuzufügen: „jedoch darf ein höherer Zinsfuß als 8% nicht zugelassen werden".

C. Nur der Geschäftsbetrieb der **gewerblichen** Pfandleiher wird von diesem Artikel betroffen. Inwieweit Banken und Kreditanstalten unter den Begriff von Pfandleihanstalten fallen, hängt von deren Geschäftsbetrieb ab (Mot. z. EG. 168).

D. Der Abs. 2 hebt von den Befugnissen, welche nach Abs. 1 der Landesgesetzgebung vorbehalten wurden, die Regelung der Voraussetzungen, unter denen eine öffentliche Pfandleihanstalt verpfändete Sachen herauszugeben hat (den Lösungsanspruch), deßhalb besonders hervor, weil die Mehrheit der II. Komm. der Meinung war, daß die in diesem Abs. 2 enthaltene Vorschrift sich nicht ohne Weiteres unter die Vorschriften über den Geschäftsbetrieb (nach Abs. 1) subsumiren lasse (P. VI, 380).

Es handelt sich bei diesem Vorbehalt um folgende Verhältnisse:

Nach § 1207 BGB. in Verbindung mit den §§ 932, 934 steht bei der Verpfändung einer beweglichen Sache zwar an sich der Umstand, daß die Sache nicht dem Verpfänder gehört, dem Erwerb eines Pfandrechts nur entgegen, wenn der Pfandgläubiger nicht in gutem Glauben (BGB. § 932 Abs. 2) ist. Ebenso geht an sich nach § 1208 BGB., wenn die Sache mit dem Rechte eines Dritten belastet ist, das in gutem Glauben erworbene Pfandrecht dem Rechte des Dritten vor. Aber das Pfandrecht wird, soferne es sich nicht auf Geld oder mit Ausnahme des in § 367 HGB. behandelten Falles auf Inhaberpapiere oder auf im Wege öffentlicher Versteigerung veräußerte Sachen bezieht (BGB. § 935 Abs. 2), nicht erworben und geht dem Rechte des Dritten nicht vor, wenn die Sache dem Eigenthümer gestohlen worden, verloren gegangen oder sonst abhanden gekommen war. Es kann, nachdem der im I. Entw. BGB. §§ 939, 940 vorgesehene Lösungsanspruch ersatzlos beseitigt wurde, nach dem BGB. auch der gutgläubige Pfandgläubiger eine solche abhanden gekommene Sache dem Berechtigten nicht unter dem Verlangen vorenthalten, daß der Berechtigte das auf die Sache gewährte Darlehen bezahlen müsse. Ein solcher Lösungsanspruch steht aber bisher nach landesgesetzlicher Bestimmung vielen öffentlichen Leihanstalten zu (vgl. Mot. zu Art 81 des Entw. bayr. AG. z. BGB.). Der Abs. 2 des gegenwärtigen Artikels ermöglicht nun der Landesgesetzgebung, diesen Lösungsanspruch den Pfandleihanstalten auch fernerhin einzuräumen, jedoch unter der Beschränkung auf öffentliche Pfandleihanstalten, d. h. auf solche, welche vom Staat, von Gemeinden oder sonstigen öffentlichen Korporationen errichtet sind. Nur hinsichtlich solcher hielt die II. Komm. ein dringendes Interesse für den fraglichen Vorbehalt als nachgewiesen, während sie ein Bedürfniß, den Vorbehalt auf Privatinstitute zu erstrecken verneinte, und die Erstreckung sogar mit Rücksicht auf die Gefahr einer Förderung der gewerblichen Hehlerei für wenig angebracht erachtete.

E. Oeffentliche Pfandleihanstalten sind entweder staatliche oder kommunale. Der Vorbehalt des Lösungsanspruchs stößt bei diesen nicht auf das gegen seine Zulassung bei Privaten sprechende Bedenken einer gewerbsmäßigen Begünstigung oder Hehlerei.

F. Der Lösungsanspruch gewährt ein Zurückbehaltungsrecht (BGB. §§ 273, 274) an der Sache zu Gunsten des gegebenen Darlehens. Ob sich dasselbe auch auf die Zinsen erstreckt, darüber enthält der Abs. 2 keine Bestimmung. Es darf aber wohl angenommen werden, daß das Zurückbehaltungsrecht in demselben Umfange begründet werden kann, in welchem das Pfandrecht bestehen würde, wenn es sich nicht um eine abhanden gekommene Sache handeln würde, also auch bezüglich der Zinsen (vgl. Mot. z. bayr. AG. Art. 81).

3. Einschlägig sind für Preußen Ges., betr. das Pfandleihgewerbe, vom 17. März 1881 mit AG. z. BGB. Art. 41 (vgl. auch Mot. hiezu S. 208) (Becher XIV, 1 S. 22); für Bayern AG. z. BGB. Art. 91 (Becher III, 7 S. 47); für Sachsen Ges. über das Pfandleihgewerbe vom 21. April 1882 mit AG. z. BGB. § 51 (Becher XVII, 2 S. 10); für Baden AG. z. BGB. Art. 29 und Art. 12 des Ges. über die badische Bank vom 16. März 1870 (mit Mot. z. AG. z. BGB. S. 57) (Becher II, 9 S. 24); im Uebrigen vgl. Bem. 2, A und hiezu für Hessen Mot. z. Entw. d. AG. z. BGB. S. 6.

Für Anhalt Ges., das Pfandleihgewerbe betr., v. 17. März 1899 (Becher I S. 1—5);
für Braunschweig AG. z. BGB. § 64 (Becher IV, 1 S. 16);
für Hamburg, Pfandleihordnung vom 10. Dezember 1880, Leihhausordnung vom 29. Dezember 1882;
für Lübeck Leihhausordnung (Becher X, 7 S. 69 ff.);
für Schwarzburg-Sondershausen AG. z. BGB. Art. 43;
für Sachsen-Koburg-Gotha Ges. vom 12. Januar 1887;
für Sachsen-Altenburg Ges. vom 4. April 1882, AG. z. BGB. §§ 91, 92 (Becher XVIII 1 S. 21);
für Sachsen-Weimar-Eisenach Ges. vom 16. August 1882;
für Württemberg Min.-Verf. vom 25. März 1882 und 28. Mai 1882.

Art. 95.*)

Unberührt bleiben die landesgesetzlichen Vorschriften, welche dem Gesinderecht angehören. Dies gilt insbesondere auch von den Vorschriften über die Schadensersatzpflicht desjenigen, welcher Gesinde zum widerrechtlichen Verlassen des Dienstes verleitet oder in Kenntniß eines noch bestehenden Gesindeverhältnisses in Dienst nimmt oder ein unrichtiges Dienstzeugniß ertheilt.

Die Vorschriften der §§ 104 bis 115, 131, 278, 617 bis 619, 624, 831, des § 840 Abs. 2 und des § 1358 des Bürgerlichen Gesetzbuchs finden Anwendung, die Vorschriften des § 617 jedoch nur insoweit, als die Landesgesetze dem Gesinde nicht weitergehende Ansprüche gewähren.

Ein Züchtigungsrecht steht dem Dienstberechtigten dem Gesinde gegenüber nicht zu.

E. I, 46; II, 69; III, 95.

1. Entstehung. Der Art. 95 entspricht zwar im Allgemeinen dem Art. 46 des I. Entw., hat aber schon in der II. Komm. Veränderungen erfahren, welche namentlich durch die Aufstellung der nunmehrigen §§ 618 und 619 BGB. bedingt waren, und verdankt seine nunmehrige Fassung, insbesondere den auf den § 617 BGB. bezüglichen Theil und den dritten Absatz, erst der RTK. (Mot. z. EG. 166; P. II, 284–295, VI, 379, 380; Reatz III, 57; Mat. S. 36: RTK. Nr. 440 S. 90). Vgl. zum Ganzen auch Vorbem. IX vor §§ 611 ff.

2. Eine Begriffsbestimmung für das „Gesinde" wurde nicht aufgestellt. Schon in der RTK. (Nr. 440 S. 91) und wiederholt im Plenum des Reichstages (StB. 3031) wurde der Antrag gestellt, es sei dem Art. 95 als Satz 2 hinzuzufügen:

> „Unter Gesinde (Dienstboten) sind diejenigen Personen zu verstehen, welche sich einem Anderen unter Eintritt in seine Hausgenossenschaft zur fortlaufenden Verrichtung von häuslichen (eventuell „oder wirthschaftlichen") Diensten und Arbeiten gegen Vergütung verpflichtet haben."

Der Antrag wurde mit großer Majorität abgelehnt. In der RTK. war gegen denselben bemerkt worden, daß nach der Verschiedenheit der Gesindeverhältnisse auch der Kreis von Personen, welche man der Gesindeordnung unterstelle, an den verschiedenen Orten keineswegs ein übereinstimmender sei, daß es aber unthunlich erscheine, unter Aufrechterhaltung der verschiedenen Gesindeordnungen, gleichwohl den Personenkreis, auf welchen diese sich beziehen, reichsgesetzlich ordnen zu wollen. Auch das bayer. AG. z. BGB. lehnt die Aufstellung einer Begriffsbestimmung ab. Man verwies auf die landläufige Bedeutung des Wortes Dienstboten, welche auch für das Polizeistrafgesetzbuch, in dem ebenfalls eine Begriffsbestimmung fehlt (Art. 56, 58, 66, 106 bis 110), maßgebend sei (vgl. Mot. zu Art. 9 bis 24 a. E.).

Die Grenze wird namentlich gegenüber Gewerbs- und Handlungsgehülfen, welche mit der Dienstherrschaft in häuslicher Gemeinschaft leben und auch häusliche Arbeiten verrichten (z. B. Laufburschen in Handelsgeschäften, Kellnerinnen in kleineren Wirthschaften auf dem Lande — Reger Entsch. XIII, 284; VIII, 357), manchmal zweifelhaft sein.

Es unterscheiden sich (vgl. Landmann-Rohmer, Gew.O. 4. Aufl. S. 770) die Dienstboten von den Gewerbegehülfen im Allgemeinen dadurch, daß erstere für die Hauswirthschaft, letztere für Zwecke des Gewerbebetriebs beschäftigt sind. Dient eine Person beiden Arbeitszweigen, so wird das Entscheidende der Wille der Arbeitgeber und Arbeitnehmer darüber sein, in welcher Eigenschaft die dienende Person

---

*) Literatur: Vgl. Neubauer, Zusammenstellung des in Deutschland geltenden Rechts betr. verschiedene Rechtsmaterien. Berlin 1880. — Stobbe-Lehmann, Deutsches Privatrecht III § 249. — Nußbaum, Die Reform des Gesinderechtes, D. Jur.Z. 1901 S. 520. — Scherer in Jur. Wschr. 1901 S. 186: Das Gesinderecht und das BGB. in Verbindung mit dem EG. Art. 95. — Gorden, Die Dienstbotenordnung und das BGB. in Hanseat. Ger.Z. 26 S. 101, 233, Leo, Hanseat. Ger.Z. 26 S. 113 — Francke in Gruchot, Beitr. Bd. 46 S. 291: Durch das BGB. ist keinerlei Vorschrift weggefallen, nach welcher ein Gesindevertrag mündlich nur mit Geben und Nehmen von Mietgeld abgeschlossen wird. Ders. Ansicht Drabert, D. Jur.Z. 1904 S. 114. Dagegen Lothholz, D. Jur.Z. 1904 S. 444, 445. — Gerhard, Die geltenden preuß. Gesindeordnungen. 2 Bde. Berlin 1902. Guttentag, Jakobi, Preußische Gesindeordnung.

gedungen wurde und sich verdungen hat. Wenn ein solcher Wille nicht festzustellen ist, so wird entscheidend sein, welche Art der Beschäftigung thatsächlich überwiegt.

Nach den Motiven (S. 67; Mat. S. 57) ist zwar die Landesgesetzgebung ermächtigt, „nicht nur den Dienstvertrag und dessen Inhalt zu regeln, sondern auch den Begriff des Gesindes festzustellen und darüber zu befinden, welche Vorschriften für das Gesinde überhaupt oder für einzelne Kategorien desselben gelten sollen". Allein die Regelung der Grenze zwischen dem gewerblichen Arbeiter und dem Dienstboten wird für die Landesgesetzgebung noch schwieriger sein als für die Reichsgesetzgebung, weil erstere nicht wird für befugt erachtet werden können, in die reichsrechtlichen Normen über die Arbeiterverhältnisse hinüberzugreifen.

Dies ist wohl auch dadurch nicht widerlegt, daß nach dem Berichte der RTK. (S. 90) auf eine Anfrage von Seite der Vertreter der verbündeten Regierungen die Erklärung abgegeben wurde: „Der Vorbehalt des Art. 95 beziehe sich nur auf das Gesinde; Dienstverträge solcher Personen, welche nicht zum Gesinde gehörten, unterlägen, vorbehaltlich der neben dem BGB. bestehenden besonderen reichsrechtlichen Vorschriften, den Vorschriften des BGB. in allen Beziehungen, auch insoweit, als das Landesrecht gewisse Vorschriften des Gesinderechts auf nicht zum Gesinde gehörende Personen anwende. Demgemäß komme auch für die Hausoffizianten des PLR. Thl. II Tit. 5 §§ 177 ff. in Zukunft das Reichsrecht in allen Beziehungen zur Anwendung, soweit nach preuß. Recht jene Personen nicht als eigentliches Gesinde aufzufassen seien." Durch Art. 89 c des AG. z. BGB. ist nun auch für Preußen der ganze 5. Titel von Thl. II des PLR. aufgehoben. (Vgl. Mot. zu diesem AG. S. 210.)

Im Uebrigen vgl. für die Abgrenzung des Begriffs des Gesindes und des Gesindevertrags mit besonderer Rücksicht auf Bayern Oertmann, Bayr. Landesprivatrecht § 51 S. 209, 210.

3. Inhalt. A. Nach dem Art. 95 kann die Landesgesetzgebung das Gesinderecht im vollen Umfange regeln, also den Dienstvertrag, seinen Abschluß, seinen Inhalt, seine Wirkungen und seine Beendigung. Nur nach folgenden Richtungen ist die Landesgesetzgebung beengt:

a) Dem Dienstberechtigten kann gegenüber dem Gesinde ein Züchtigungsrecht nicht eingeräumt werden (Abs. 3), wodurch aber nicht ausgeschlossen sein dürfte, daß Eltern oder Vormünder das ihnen (nach Maßgabe der §§ 1631, 1634, 1800 BGB.) zustehende Züchtigungsrecht im Einzelnfalle auf den Dienstherrn übertragen.

Ungeachtet der kategorischen Fassung des Abs. 3 des Art. 95 ist für das Gebiet der Preuß. Ges.O. vom 10. November 1810 streitig geworden, ob § 77 dieser Gesindeordnung, die unter bestimmten Voraussetzungen einen Strafbefreiungsgrund für die Herrschaft gelten läßt, insbesondere wenn die Herrschaft sich durch ungebührliches Betragen des Gesindes zu geringen Thätlichkeiten hinreißen läßt, noch in Kraft steht. Vgl. Jacobi, Preuß. Gesindeordnung, Neumann, Jahrb. I, 2 (1904) S. 399. Die Frage wird bejaht von Jacobi a. a. O.; OLG. Marienwerder in Pos. Mschr. 1901 S. 170. Dagegen (für Beseitigung) Weißler, D. Jur.Z. 1899 S. 18, 19, Brettner, D. Jur.Z. 1899 S. 292, Nußbaum, Preuß. Gesindeordnung S. 94, Zeitschr. f. Strafr. Bd. 20 S. 413 ff. Richtig ist, daß ein Strafbefreiungsgrund nicht die Anerkennung eines subjektiven Rechtes enthält, daß ein Züchtigungsrecht im Gebiete jener Gesindeordnung schon vor Inkrafttreten des BGB. nicht bestanden hat, ferner daß der § 77 a. a. O. dem öffentlichen Recht angehört, also durch Art. 95 nicht berührt wird. Allein jener Strafbefreiungsgrund ist bereits durch das StGB., insbesondere Art. 2 des EG. z. StGB. beseitigt worden.

Uebrigens sind Dienstboten nicht befugt, wegen leichter Züchtigung (Ohrfeigen) unter allen Umständen den Dienst ohne Kündigung zu verlassen. Rechtspr. d. OLG. Bd. 7 S. 476, Recht 1904 S. 141 Nr. 652.

b) Die Landesgesetzgebung ist an die Vorschriften des BGB. über die Geschäftsfähigkeit (§§ 104 bis 115 sowie 131), über die Haftung des Geschäftsherrn für das Verschulden seiner Gehülfen (§ 278), über die Verpflegung der Dienstboten im Krankheitsfalle (§ 617), soweit in dieser Beziehung die Landesgesetze dem Gesinde nicht weitergehende Ansprüche (als § 617) gewähren, über die Haftung der Dienstherrschaft für die Gesundheit, die Sittlichkeit und die Religion des Verpflichteten schonende Einrichtungen (§§ 618, 619), über die Maximaldauer der Dienstzeit (§ 624), über die Haftung des Geschäftsherrn für den von seinem Gehülfen einem Dritten widerrechtlich zugefügten Schaden (§§ 831, 840 Abs. 2) und über die Ermächtigung einer Ehefrau zur Eingehung eines Dienstverhältnisses (§ 1358) gebunden.

Dagegen sind die Vorschriften über die Form des Gesindevertrags zu den dem Gesinderecht angehörenden Vorschriften zu rechnen, die nach Art. 95 Abs. 1 Satz 1 unberührt bleiben. Insbesondere sind als fortbestehend zu erachten diejenigen Vorschriften, nach denen abweichend vom BGB. Gesindeverträge noch mit Hingabe und Annahme des Miethgelds als geschlossen zu erachten sind. Vgl. die Literaturnote, ferner Urth. d. KG., Recht 1904 S. 554 Nr. 387.

c) Auch sind der Landesgesetzgebung durch die Gewerbeordnung § 105, durch das HGB. §§ 59 ff., durch die Seemannsordnung vom 27. Dezember 1872, durch das Gesetz über die privatrechtlichen Verhältnisse der Binnenschiffahrt vom 15. Juni 1895 §§ 20, 21, sowie durch das Gesetz über die privatrechtlichen Verhältnisse der Flößerei vom 15. Juni 1895 §§ 16 und 17 die bereits in Bem. 2 berührten Schranken gezogen.

d) Selbstverständlich ist die Landesgesetzgebung auch an CPO. § 850 und KO. §§ 22 und 61 Ziff. 1 gebunden.

B. Dagegen ist die Landesgesetzgebung zu einer dem BGB. (insbesondere §§ 249 bis 257) widersprechenden Regelung der Schadensersatzpflicht desjenigen, welcher

α) Gesinde zum widerrechtlichen Verlassen des Dienstes verleitet oder

β) in Kenntniß eines noch bestehenden Dienstverhältnisses Gesinde in Dienst nimmt, oder

γ) ein unrichtiges Dienstzeugniß (vgl. BGB. § 630) ausstellt,

ausdrücklich für befugt erklärt und wurde

δ) auch in der II. Komm. (P. VI, 380) noch ausdrücklich konstatirt, daß, wenn die partikularrechtlichen Gesindeordnungen Vorschriften über die Verjährung des Gesindelohns enthielten, diese Vorschriften den Bestimmungen des BGB. über die Verjährung von Lohnansprüchen derogiren.

4. Selbstverständlich bewendet es bei den einschlägigen Bestimmungen des BGB. insbesondere jenen über den Dienstvertrag (§§ 611—630), soweit die Landesgesetze einschlägige Bestimmungen nicht treffen.

5. Landesgesetzgebung: Anhalt, Gesindeordnung vom 21. April 1899 (Becher I, 9 S. 64 ff.); Baden, Ges. die Abänderung des Ges. vom 3. Februar 1868 über die Rechtsverhältnisse der Dienstboten betr. vom 20. August 1898 (Becher II, 7 S. 14 ff.); Bayern, AG. z. BGB. Art. 15—31 (Becher III, 7 S. 31 ff.); Braunschweig, Ges. wegen Abänderung der Gesindeordnung vom 12. Juni 1899 (Becher IV, 10 S. 77 ff.); Bremen, Ges. die durch Einf. des BGB. veranlaßten Aenderungen Bremischer Gesetze betr. vom 18. Juli 1899 Art. 7 (betr. Abänderung der Gesindeordnung vom 22. Juni 1894) (Becher V, 3 S. 49 ff.); Hessen, AG. z. BGB. Art. 273 [Abänderung der Gesindeordnung vom 28. April 1877] (Becher VIII, 3 S. 87 ff.); Lippe, Gesindeordnung vom 17. November 1899 (Becher IX, 7 S. 31 ff.); Lübeck, Gesindeordnung vom 19. Juli 1899 (Becher X, 1 S. 1 ff.); Mecklenburg-Schwerin, Gesindeordnung vom 9. April 1899 (Becher XI, 13 S. 169 ff.); Mecklenburg-Strelitz, Gesindeordnung vom 9. April 1899 (Becher XII, 9 S. 125 ff.); Oldenburg, Ges. betr. eine Gesindeordnung für das Großherzogthum Oldenburg vom 15. Mai 1899 (Becher XIII, 18 S. 98 ff.; Preußen, AG. z. BGB. Art. 14 (Becher XIV, 1 S. 7 ff.).

Daneben gelten in Preußen folgende Gesindeordnungen

a) im Gebiet des PLR. mit Ausnahme der Kreise Rees und Duisburg die Gesindeordnung vom 8. November 1810 (Gesetzsammlung S. 101). An Stelle der in § 94 der preußischen Gesindeordnung vom 8. November 1810 in Bezug genommenen §§ 80, 81 PLR. Thl. I Tit. 13 ist gemäß Art. 4 EG. z. BGB. die Vorschrift des § 617 BGB. getreten. Landg. Breslau vom 9. Juni 1902, Breslauer Anwaltsztg. 1902 S. 50;

b) in der Rheinprovinz die Gesindeordnung vom 19. August 1844, durch Verordnung vom 21. September 1847 auch in den Kreisen Rees und Duisburg eingeführt (Gesetzsammlung S. 410 [1844], S. 356 [1847];

c) in Neuvorpommern und Rügen die Gesindeordnung vom 11. April 1845 (Gesetzsammlung S. 391);

d) in Schleswig-Holstein die Gesindeordnung vom 25. Februar 1840;

e) in Hannover die Dienstbotenordnungen:

α) für den Landdrosteibezirk Osnabrück vom 28. April 1838 (Hannov. Gesetzsammlung III S. 73);

β) für die Herzogthümer Bremen und Verden vom 12. April 1844 (Hannov. Gesetzsammlung III S. 51);
γ) für das Land Hadeln vom 12. Oktober 1853 (Hannov. Gesetzsammlung III S. 142);
δ) für die Landdrosteibezirke Hannover, Hildesheim, Lüneburg und den Harzbezirk vom 15. August 1844 (Hannov. Gesetzsammlung I S. 161);
ε) für Ostfriesland und Harlingerland vom 10. Juli 1859 (Hannov. Gesetzsammlung S. 713);

f) in der Provinz Hessen-Nassau:
α) für die Städte Kassel, Marburg, Rinteln und Hanau die Gesindeordnung vom 15. Mai 1797 (Neue Sammlung der Landesordnungen u. s. w. für die älteren Gebiete Kurhessens Bd. 4 S. 253);
β) für die Stadt Frankfurt und deren Gebiet die Gesindeordnung vom 5. März 1822 (Gesetze und Statutensammlung Bd. 3 S. 41);
γ) die Nassauische Verordnung, die Dienstverhältnisse des Gesindes und der Handwerksgehülfen betr., vom 15. Mai 1819 (Sammlung der Edikte und Verordnungen des Herzogthums Nassau Bd. 3 S. 121 ff.);
δ) die Kurhessische Verordnung, das Gesindewesen in dem Großherzogtum Fulda betr., vom 28. Dezember 1816 (Möller und Fuchs, Sammlung der im vormaligen Kurfürstentum Hessen noch geltenden gesetzlichen Bestimmungen S. 113 ff.);
ε) die Kurhessische Verordnung, das Gesindewesen in den Landstädten und auf dem Lande betr. vom 18. Mai 1801 (Neue Sammlung der Landesverordnungen für die älteren Gebietstheile Kurhessens S. 368);

g) in Hohenzollern-Sigmaringen Gesindeordnung vom 31. Januar 1843 (Sigmar. Gesetzsammlung Bd. 6 S. 291);
h) in Hohenzollern-Hechingen Gesindeordnung vom 30. Dezember 1843 (Hechinger Verordnungsbl. 1843 S. 341);
i) in Lauenburg Landesherrl. Edikt betr. die Dienstboten vom 22. Dez. 1732 (Lauenburger Verordnungssammlung Bd. 1 S. 392).

Sachsen, Revidirte Gesindeordnung für das Königreich Sachsen vom 2. Mai 1899 (G. u. VBl. S. 145); Sachsen-Altenburg, AG. z. BGB. Art. 15 (Aenderung der Gesindeordnung vom 15. November 1897) (Becher XVIII, 1 S. 3 ff.); Sachsen-Coburg-Gotha, Gesindeordnung vom 8. Dezember 1899 (Becher XIX, 10 S. 92 ff.); Sachsen-Weimar-Eisenach, Gesindeordnung für das Herzogthum Sachsen vom 1. Oktober 1899 (Becher XXI, 7 S. 70–91; Schaumburg-Lippe, Gesindeordnung vom 14. August 1899 (Becher XXII S. 26 ff.); Schwarzburg-Sondershausen, Gesindeordnung vom 29. Juli 1899 (Becher XXIV, 8 S. 76 ff.); Waldeck-Pyrmont, AG. z. BGB. Art. 11 (Becher XXV, 1 S. 7); Württemberg, Gesindeordnung vom 28. Juli 1899 (Anlage zum AG. z. BGB.) Becher XXVI S. 74 ff.

Art. 96.*)

Unberührt bleiben die landesgesetzlichen Vorschriften über einen mit der Ueberlassung eines Grundstücks in Verbindung stehenden Leibgedings-, Leibzuchts-, Altentheils- oder Auszugsvertrag, soweit sie das sich aus dem Vertrag ergebende Schuldverhältniß für den Fall regeln, daß nicht besondere Vereinbarungen getroffen werden.

E. I, 59; II, 70; III, 96.

1. Entstehung. Der Art. 96 entspricht im Wesentlichen dem Art. 59 Entw. I. Abgesehen von redaktionellen Aenderungen, ist in der II. Komm. nur das Wort „Gut" durch „Grundstück" ersetzt worden, um nicht durch das Wort „Gut" im Zusammenhalte mit einer Bemerkung in den Mot. (S. 187) das Mißverständniß aufkommen zu lassen, daß darunter, wenn auch nicht ein geschlossenes Hofgut oder Landgut, doch nur ein größerer, den Unterhalt der Familie sichernder und zusammenhängender Komplex von landwirthschaftlichen Grundstücken zu verstehen sei (P. VI, 419; Mat. S. 58; Reatz III, 57).

Literatur: Dernburg, Bürgerl. R. III § 204 S. 561 ff.; Stobbe, D. Privatrecht Bd. 5 § 325; Runde, Die Rechtslehre von der Leibzucht oder dem Altentheile, Oldenburg, 1805; Oertmann, Bayr. Landesprivatrecht § 119 (Leibgeding) S. 509 ff.; Eugen Josef in Gruchot, Beitr. Bd. 41 S. 302 ff., Die Rechtsverhältnisse bezw. des Altentheils nach dem BGB

2. Eine Begriffsbestimmung des Leibgedingsvertrags ist nicht gegeben. Der bayr. Entw. von 1861 erklärte in Art. 794 das Leibgeding (Austrag, Auszug, Altentheil, Leibzucht) als den Inbegriff der Nutzungsrechte und Leistungen, welche sich der Gutsübergeber bei der Gutsübergabe zu seinem Unterhalt auf Lebenszeit vorbehält oder von dem Uebernehmer des Gutes ausbedingt, und bestimmte, daß dann, wenn der Leibgedingsvertrag im Grund- und Hypothekenbuch eingetragen ist, die vorbehaltenen Nutzungsrechte als persönliche Dienstbarkeiten und die ausbedungenen Leistungen als Reallasten zu beurtheilen seien.

Juristisch ist der Altentheil oder das Leibgeding ein Komplex von dinglichen und persönlichen Beziehungen, von Rechten und Pflichten, die ein einigendes Band nur durch die gemeinsame Zweckbeziehung erhalten haben (Oertmann a. a. O. S. 513).

3. Inhalt. Der Landesgesetzgebung ist durch den Art. 96 die Regelung des Leibgedingsvertrags

A. nur hinsichtlich seines Inhalts und unter der Einschränkung überlassen, daß

a) der Vertrag mit der Ueberlassung eines Grundstücks in Verbindung stehen muß und daß

b) das Landesgesetz nur das aus dem Vertrage sich ergebende Schuldverhältniß für den Fall regeln darf, daß im Vertrage nicht besondere Vereinbarungen getroffen sind.

Ob (zu a) das Grundstück groß oder klein ist, ob es ein ländliches oder städtisches Grundstück ist, ist gleichgültig (Mot. z. EG. 187). Steht der Leibgedingsvertrag nicht mit der Ueberlassung eines Grundstücks in Verbindung, dann handelt es sich um einen nach den allgemeinen Normen des BGB. (z. B. §§ 759—761) zu beurtheilenden Versorgungsvertrag selbst dann, wenn für den Versorgungsberechtigten in der einen oder anderen Art (z. B. durch Hypothekerrichtung) Sicherheit bestellt oder zu bestellen versprochen ist (Mot. z. EG. 186).

Soweit (zu b) besondere Vereinbarungen in einem Leibgedingsvertrage getroffen sind, sind diese in erster Linie maßgebend. Die Landesgesetzgebung kann also die Vertragsfreiheit auf diesem Gebiete nicht beschränken. Sie kann nur ergänzende Vorschriften und Auslegungsregeln, also nur Dispositivvorschriften, aufstellen.

B. Hinsichtlich der Form des Leibgedingsvertrags enthält der Artikel für die Landesgesetzgebung keinen Vorbehalt, dieselbe bestimmt sich also nach dem BGB., so daß er gemäß BGB. § 313 gerichtlich oder notariell zu errichten ist, wenn er mit dem Vertrag, durch den das Grundstück überlassen wird, verbunden ist, während andernfalls gemäß BGB. § 761 wenigstens Schriftlichkeit erforderlich ist (vgl. 8. Prot. d. JA. der bayr. K. d. Abg. S. 115).

C. In wieweit die Leistungen aus einem Leibgedingsvertrag als Reallast aufgestellt werden können, bemißt sich nach §§ 1105 ff. BGB. mit Art. 115 dieses Ges. Ueber die Eintragung in das Grundbuch s. GBO. § 50.

4. Einschlägig sind für Preußen AG. z. BGB. Art. 15 (Becher XIV, 1 S. 8 ff.); für Bayern AG. z. BGB. Art. 32—48 (Becher III, 7 S. 35 ff.); für Sachsen AG. z. BGB. §§ 31 und 32 (Becher XVII, 1 S. 6); für Elsaß-Lothringen AG. z. BGB. § 75 (Becher VI, 1 S. 14); für Baden AG. z. BGB. Art. 9 und AG. z. ZwVG. § 5 (Becher II, 9 S. 20 ff.); für Hessen AG. z. BGB. Art. 37—66 (Becher VIII, 3 S. 35 ff.).

Für Württemberg wurde in den Mot. (S. 586) des Entw. eines AG. z. BGB. die Erlassung einschlägiger Vorschriften abgelehnt.

Vgl. ferner: Anhalt, AG. z. BGB. Art. 28 §§ 1—13 (Becher I, 3 S. 15 ff.); Bremen, AV. z. BGB. § 27 (Eintragungspflicht des Eigenthümers bei Altentheilen und Stellabfindungen) (Becher V, 1 S. 7); Lippe, AG. z. BGB. §§ 22, 23 (Leibgedingsvertrag) (Becher IX, 1 S. 5 ff.); Lübeck, AG. z. BGB. §§ 27—43 (Altentheilsvertrag) (Becher X, 6 S. 44 ff.); Reuß, ältere Linie, AG. z. BGB. §§ 33—49 (Auszugsverträge) (Becher XV, 1 S. 6 ff.); Reuß, jüngere Linie, AG. z. BGB. §§ 30—45 (Auszug) (Becher XVI, 1 S. 7 ff.); Sachsen-Altenburg, AG. z. BGB. §§ 38—47 (Auszugsverträge) (Becher XVIII, 1 S. 9 ff.); Sachsen-Coburg-Gotha, AG. z. BGB. Art. 14 §§ 1—10, Altentheile betr. (Becher XIX, 8 S. 49 ff.); Sachsen-Meiningen, AG. z. BGB. Art. 11 §§ 1—12 (Auszugsvertrag) (Becher XX, 1 S. 6 ff.); Sachsen-Weimar-Eisenach, AG. z. BGB. §§ 35—54 (Auszugsverträge, das Ges. v. 26. April 1833 über Ernährungsverträge ist aufgehoben) (Becher XXI, 3 S. 9 ff.); Schwarzburg-Rudolstadt, AG. z. BGB. Art. 32—43 (Becher XXIII, 2 S. 9 ff.); Schwarzburg-Sondershausen, AG. z. BGB. Art. 16 §§ 1—10 (Auszugsverträge) (Becher XXIV, 1 S. 6 ff.); Waldeck-Pyrmont, AG. z. BGB. Art. 12 §§ 1—10 (Leibgedingsvertrag) (Becher XV, 1 S. 7 ff.).

Art. 97.

Unberührt bleiben die landesgesetzlichen Vorschriften, welche die Eintragung von Gläubigern des Bundesstaats in ein Staatsschuldbuch und die aus der Eintragung sich ergebenden Rechtsverhältnisse, insbesondere die Uebertragung und Belastung einer Buchforderung, regeln.

Soweit nach diesen Vorschriften eine Ehefrau berechtigt ist, selbständig Anträge zu stellen, ist dieses Recht ausgeschlossen, wenn ein Vermerk zu Gunsten des Ehemanns im Schuldbuch eingetragen ist. Ein solcher Vermerk ist einzutragen, wenn die Ehefrau oder mit ihrer Zustimmung der Ehemann die Eintragung beantragt. Die Ehefrau ist dem Ehemanne gegenüber zur Ertheilung der Zustimmung verpflichtet, wenn sie nach dem unter ihnen bestehenden Güterstand über die Buchforderung nur mit Zustimmung des Ehemanns verfügen kann.

E. I, 57; II, 71; III, 97

I. Entstehung. Abs. 1 des Art. 97 entspricht theilweise dem Art. 57 des Entw. I. Der auf die Vinkulirung von auf den Inhaber ausgestellten Schuldverschreibungen eines Bundesstaats betreffende Theil jenes Art. 57 liegt dem nunmehrigen Art. 101 zu Grunde. Seine dermalige Fassung hat Abs. 1 in der II. Komm. erhalten, in welcher auch der nunmehrige Abs. 2 hinzugefügt wurde (Mot. z. EG. 185; P. VI, S. 411—414, 604, 612; Reatz III, 57 ff.; Mat. 87, a S. 59).

II. Inhalt. Aehnlich dem RG. vom 31. Mai 1891 über das Reichsschuldbuch (vgl. Art. 50 des gegenwärtigen Ges.) haben einzelne deutsche Bundesstaaten auch Gesetze über ein Staatsschuldbuch, so Preußen das Ges. vom 20. Juli 1883, abgeändert durch Art. 16 des AG. z. BGB., Sachsen das Ges. vom 25. April 1884, abgeändert durch § 54 der VO. zur Ausf. d. BGB. vom 6. Juli 1899 (vgl. weiter Bem. 2, b zu § 1393 in Bd. IV). Durch diese Einrichtung wird ermöglicht, daß die auf den Inhaber lautenden Staatsschuldverschreibungen auf Antrag des Inhabers durch Eintragung in das Staatsschuldbuch in auf den Namen lautende Schuldverschreibungen umgewandelt werden. Der Vorbehalt dieses Artikels ermöglicht nun den Landesgesetzen, die dem Staatskredite dienende Einrichtung des Staatsschuldbuchs auch insoweit aufrecht zu erhalten bezw. neu zu schaffen, als hiezu privatrechtliche Vorschriften erforderlich sind, welche mit dispositiven oder zwingenden Vorschriften des BGB. im Widerspruche stehen.

Doch lehnt der Vorbehalt (nach den Mot. z. EG. 186) die landesgesetzliche Zuständigkeit für die Regelung der Rechtsverhältnisse zwischen den Staatsgläubigern und dritten Personen ab. Der Vorbehalt ist also beschränkt auf landesgesetzliche Vorschriften

1. über die Eintragung von Gläubigern des Bundesstaats in das Staatsschuldbuch, also z. B. über die Voraussetzungen der Eintragung, Prüfung der Legitimation des Antragstellers, Form des Antrages und der Eintragung usw.,

2. über die aus der Eintragung sich ergebenden Rechtsverhältnisse, also z. B. über die Pflichten des Staates aus der Eintragung, über die Rechte des Eingetragenen, über die Dispositionsbefugniß des letzteren über die Buchforderung und, wie das Ges. ausdrücklich hervorhebt, über die Uebertragung und Belastung der Buchforderung d. i. über die Voraussetzungen, unter welchen ein Dritter gegenüber dem Staate Rechte auf die Buchforderung erwerben kann, sowie über den Inhalt dieser Rechte, wobei, wie oben schon bemerkt ist, die Regelung des Rechtsverhältnisses zwischen dem eingetragenen Gläubiger und dem Dritten nicht zur landesgesetzlichen Zuständigkeit gehört.

3. Eine weitere Beschränkung der landesgesetzlichen Zuständigkeit enthält die reichsgesetzliche Vorschrift des Abs. 2. Dieser Abs. 2 setzt voraus, daß landesgesetzlich eine (dem § 9 des obenerwähnten RG. oder dem Art. 9 des preuß. Ges. v. 20. Juli 1883 entsprechende) Vorschrift dahin erlassen werden kann und erlassen wird, daß eine Ehefrau zu Anträgen bei der Staatsschuldbuchbehörde ohne Zustimmmung des Ehemanns zugelassen wird, was zur Erleichterung des Verkehrs der Staatsschuldbuchbehörde schon deßwegen nothwendig ist, damit diese nicht in jedem einzelnen Falle prüfen muß, ob eine Antrag stellende Frau verheirathet ist oder nicht und eventuell, in welchen güterrechtlichen Verhältnissen sie lebt.

Eine Ehefrau kann nun aber nach den Vorschriften des BGB. nur dann ohne Zustimmung des Ehemanns über ihr Vermögen verfügen,

a) wenn sie in voller Gütertrennung (BGB. §§ 1426 ff.) lebt, oder wenn es sich um Vermögensobjekte handelt, welche zu ihrem Vorbehaltsgute gehören (§§ 1365, 1440, 1526, 1549),
b) oder wenn die Frau wegen Dringlichkeit der Sache und Verhinderung des Mannes ohne dessen Zustimmung zu handeln befugt ist (§§ 1401, 1450 mit 1525, 1549 u. 1550),
c) oder wenn es sich um ein Rechtsgeschäft handelt, das auf ein von der Frau mit Zustimmung des Mannes selbständig betriebenes Erwerbsgeschäft sich bezieht (§§ 1405, 1452 mit 1525 u. 1549),
d) oder wenn ein von der Frau in Ausübung ihrer Schlüsselgewalt vorgenommenes Rechtsgeschäft in Frage steht (§ 1357),
e) oder wenn die Zustimmung des Mannes durch jene des Vormundschaftsgerichts ersetzt ist (§§ 1402, 1451 mit 1525, 1549, 1550),
f) oder wenn es sich um einen der Fälle der §§ 1406, 1407, 1453, 1454 mit 1525, 1549 u. 1550 BGB. handelt,
g) endlich wenn die Frau Vormund des Mannes ist (§§ 1409, 1457, 1525, 1549, 1550).

Im Uebrigen bedarf die Ehefrau, wenn es sich um eine Verfügung über Vermögensobjekte handelt, die zu ihrem eingebrachten Gute oder zum Gesammtgut einer ehelichen Gütergemeinschaft gehören, der Zustimmung des Ehemanns, welchem die Verwaltung und Nutznießung des eingebrachten Gutes und des Gesammtguts zusteht (BGB. §§ 1363, 1373, 1395, 1443, 1519, 1525, 1549, 1550).

Um nun diese Rechte des Mannes gegenüber der landesgesetzlich in Bezug auf das Staatsschuldbuch normirten selbständigen Antragsberechtigung der Frau zu schützen, schreibt Abs. 2 vor,

α) daß das Recht der Frau, selbständige Anträge in Bezug auf das Staatsschuldbuch zu stellen, ausgeschlossen ist, wenn ein entsprechender Vermerk im Schuldbuch eingetragen ist,
β) daß ein solcher Vermerk eingetragen werden muß, wenn die Ehefrau oder mit ihrer Zustimmung der Ehemann die Eintragung beantragt,
γ) daß die Ehefrau dem Ehemanne (also nicht etwa auch der Staatsschuldbehörde) gegenüber verpflichtet ist, die Zustimmung zur Eintragung zu ertheilen, wenn es sich um eine Buchforderung handelt, über welche sie nach dem bestehenden Güterstande gemäß obiger Erörterungen nicht ohne Zustimmung des Mannes verfügen kann. Die Ertheilung dieser Zustimmung kann selbstverständlich im Prozeßwege erzwungen werden und gilt mit der Rechtskraft des Urtheils, durch welches die Ehefrau hiezu verurtheilt ist, als erfolgt. CPO. § 894.
δ) Als selbstverständlich wurde es in der II. Komm. erachtet, daß dann, wenn die Frau das Recht erlangt, über eine eingetragene, mit einem Vermerke zu Gunsten des Ehemanns belastete Buchforderung selbstständig zu verfügen, der Mann verpflichtet ist, seine Zustimmung zu der Löschung des Vermerks zu ertheilen (P. VI, 603, 604). Es folgt das aus allgemeinen Grundsätzen, und die Landesgesetzgebung ist zur Erlassung einer entgegenstehenden Bestimmung nach obigen Erörterungen deßhalb nicht zuständig, weil es sich hier um ein Rechtsverhältniß zwischen dem Staatsgläubiger und einem Dritten handelt.

III. Einschlägig sind für Preußen: AG. z. BGB. Art. 16 (Das Gesetz, betr. das Staatsschuldbuch vom 20. Juli 1883 wird u. A. dahin abgeändert: § 9: „Eine Ehefrau wird, unbeschadet der Vorschriften des Art. 97 Abs. 2 des EG. z. BGB., zu Anträgen ohne Zustimmung des Ehemannes zugelassen" (Becher XIV, 1 S. 9); für Sachsen das in Bem. 2 erwähnte Ges. mit AG. z. BGB. § 52 und Verordnung hiezu § 54 (Becher XVII, 1 S. 10); für Elsaß-Lothringen; AG. z. BGB. § 43 (Becher VI, 1 S. 8); für Hessen Ges. vom 27. März 1898, betr. die Einrichtung eines Staatsschuldbuchs. S. Sachsen-Weimar, Ges. vom 20. Januar 1900.

Art. 98.

Unberührt bleiben die landesgesetzlichen Vorschriften über die Rückzahlung oder Umwandlung verzinslicher Staatsschulden, für die Inhaberpapiere ausgegeben oder die im Staatsschuldbuch eingetragen sind.

1. Entstehung. Art. 98 wurde erst in der Reichstagskommission mit Zustimmung der Regierungsvertreter als Art. 97a aufgestellt (RTK. 440 d S. 11).

2. Inhalt. Die Aufstellung dieses Artikels wurde veranlaßt durch die angeregte Konvertirung der auf Grund des preuß. Ges. v 4. Mai 1885 ausgegebenen konsolidirten 4½ %igen Staatsanleihen. Der § 2 des betr. Ges. lautet nämlich:

> „Bevor die Kündigung erfolgt (§ 1), ist den Inhabern der Schuldverschreibungen der 4½ %igen konsolidirten Staatsanleihe die Umwandlung dieser Schuldverschreibungen in solche der 4 %igen konsolidirten Staatsanleihe durch öffentliche Bekanntmachung des Finanzministers mit der Wirkung anzubieten, daß das Angebot für angenommen gilt, wenn nicht binnen einer Frist unter Einreichung der Staatsschuldverschreibungen die Bezahlung des Kapitals beantragt wird."

Die Bestimmung dieses § 2 steht, soweit sie die Wirkung der nicht oder nicht rechtzeitig erklärten Annahme des Vertragsantrags betrifft, mit §§ 146 ff. BGB. im Widerspruch und würde deßhalb ohne den Vorbehalt des gegenwärtigen Artikels mit Inkrafttreten des BGB. als derogirt zu erachten sein.

Der Vorbehalt ermöglicht nun nicht bloß die Aufrechthaltung der vorerwähnten preußischen Vorschrift, sondern er ermächtigt nach seiner allgemeinen Fassung die Landesgesetzgebung generell, über die Rückzahlung und über die Umwandlung verzinslicher Staatsschulden, für welche Inhaberpapiere ausgegeben oder welche im Staatsschuldbuch eingetragen sind, Vorschriften zu erlassen, welche von den Bestimmungen des BGB. abweichen.

3. Einschägig sind für Württemberg AG. z. BGB. Art. 176—179 (Becher XXVI, 1 S. 35 ff.); weiter für Preußen noch § 2 des Ges. vom 23. Dezember 1896 über die Kündigung und Umwandlung der 4%igen konsol. Staatsanleihe.

Art. 99.

Unberührt bleiben die landesgesetzlichen Vorschriften über die öffentlichen Sparkassen, unbeschadet der Vorschriften des § 808 des Bürgerlichen Gesetzbuchs und der Vorschriften des Bürgerlichen Gesetzbuchs über die Anlegung von Mündelgeld.

E. II, 72; III, 98.

1. Entstehung. Dieser Artikel wurde in der II. Komm. aufgestellt. Veranlassung hiezu gab der § 12 des elsaß-lothringischen Ges. v. 14. Juli 1895, welcher die Sparkassen ermächtigt, Ehefrauen und Minderjährigen die von ihnen gemachten Anlagen ohne Zustimmung des Ehemanns oder des gesetzlichen Vertreters zurückzuzahlen, sowie die Aeußerung des Wunsches, einen Vorbehalt für die Landesgesetzgebung zur Ermöglichung der Aufrechterhaltung dieses Gesetzes zu machen. Mit Rücksicht auf die sozialpolitische Bedeutung des Sparkassenwesens und im Hinblick darauf, daß auch Preußen und Hessen damals Gesetze über die Sparkassen vorbereiteten, erachtete die Kommission es für zweckmäßiger, den Vorbehalt allgemeiner zu fassen und die Regelung des Sparkassenwesens, auch soweit es sich um privatrechtliche Normen handle, vollständig und nur mit den beiden in diesem Artikel selbst gemachten Ausnahmen der Landesgesetzgebung zu überlassen. (P. VI, 618—620; Reatz III, 58; Mat. S. 60.)

2. Inhalt. Nach der Bem. 1 kann also die Landesgesetzgebung außer der öffentlich-rechtlichen auch die privatrechtliche Seite des Sparkassenwesens regeln, nur können landesrechtlich nicht geändert werden

a) die Vorschriften des § 808 BGB., in welchem hinsichtlich der sogenannten qualifizirten Legitimationspapiere, als welche die Sparkassenbücher wohl meistens zu betrachten sind, ausgesprochen ist, daß, wenn Urkunden, in welchen der Gläubiger benannt ist, mit der Bestimmung ausgegeben werden, daß die in der Urkunde versprochene Leistung an jeden Inhaber bewirkt werden kann, folgende Normen gelten sollen:

α) der Schuldner wird durch die Leistung an den Inhaber befreit, er muß also nicht prüfen, ob der Inhaber der Gläubiger ist;

β) der Inhaber ist nicht berechtigt, die Leistung zu verlangen, der Gläubiger kann also die Legitimation desselben prüfen und, wenn er sie nicht nachgewiesen findet, die Zahlung verweigern;

γ) der Schuldner ist nur gegen Aushändigung der Urkunde zur Leistung verpflichtet.

δ) Ist die Urkunde abhanden gekommen oder vernichtet, so kann sie, wenn nicht ein Anderes (z. B. durch Landesgesetz oder Statut der Sparkasse) bestimmt ist, im Wege des Aufgebotsverfahrens für kraftlos erklärt werden.

ε) Die im § 802 BGB. für die Verjährung gegebenen Vorschriften (Hemmung der Verjährung durch die Zahlungssperre) finden Anwendung. Nach Art. 102 Abs. 2 dieses Gesetzes kann jedoch landesgesetzlich für die Kraftloserklärung der in § 808 BGB. bezeichneten Urkunden ein anderes Verfahren als das Aufgebotsverfahren bestimmt werden.

b) Weiter können landesrechtlich nicht geändert werden die Vorschriften des BGB. über die Anlegung von Mündelgeld, wovon hier insbesondere einschlagen die §§ 1807 (Abs. 1 Ziff. 5), 1809, 1812, 1813 (Abs. 1 Ziff. 2 u. 3 und Abs. 2), 1818, 1819, 1825, 1828, 1852, 1855, 1897, 1915.

3. Für Preußen sind einschlägig AG. z. BGB. Art. 75 (Becher XIV, 1 S. 39 ff.); für Bayern AG. z. BGB. Art. 109—121 (Becher III, 7 S. 50 ff.); für Württemberg AG. z. BGB. Art. 69 (Becher XXVI, 1 S. 38); für Baden Gesetz, die Rechtsverhältnisse und die Verwaltung der mit Gemeinbürgschaft versehenen Sparkassen betr., vom 9. April 1880 (vgl. Mot. z. Entw. d. AG. z. BGB. S. 58) und § 14 AG. z. ZwVG. u. z. CPO. (Becher II, 11 S. 54); Braunschweig AG. z. BGB. § 26 Abs. 4 (Becher IV, 1 S. 6); Elsaß-Lothringen Ges. vom 14. Juli 1895; Hessen AG. z. BGB. Art. 71 (Becher VIII, 3 S. 42); Reuß ältere Linie AG. z. BGB. §§ 52—66 (Becher XV, 1 S. 9 ff.); Sachsen AG. z. BGB. § 5 (Becher XVII, 1 S. 2); Sachsen-Meiningen AG. z. BGB. Art. 10 § 8 (Becher XX, 1 S. 6); Sachsen-Weimar-Eisenach AG. z. BGB. §§ 59—73 (Becher XXI, 3 S. 14 ff.); Schwarzburg-Sondershausen AG. z. BBG. Art. 17 § 3 (Becher XXIV, 1 S. 8).

Art. 100.

Unberührt bleiben die landesgesetzlichen Vorschriften, nach welchen bei Schuldverschreibungen auf den Inhaber, die der Bundesstaat oder eine ihm angehörende Körperschaft, Stiftung oder Anstalt des öffentlichen Rechtes ausstellt:

1. die Gültigkeit der Unterzeichnung von der Beobachtung einer besonderen Form abhängt, auch wenn eine solche Bestimmung in die Urkunde nicht aufgenommen ist;
2. der im § 804 Abs. 1 des Bürgerlichen Gesetzbuchs bezeichnete Anspruch ausgeschlossen ist, auch wenn die Ausschließung in dem Zins- oder Rentenscheine nicht bestimmt ist.

E. I, 60; II, 73; III, 99.

1. Entstehung. Von Art. 100 entspricht die Ziff. 1 dem Abs. 4 von Art. 701 des I. Entw. BGB., die Ziff. 2 dem Art. 60 des I. Entw. dieses Ges. mit dem Abmaße, daß die Vorschriften dieses Artikels in der II. Komm. auch auf die von juristischen Personen des öffentlichen Rechtes ausgestellten Inhaberpapiere ausgedehnt und am Art. 701 Abs. 4 auch eine redaktionelle Aenderung vorgenommen wurde. (M. II, 709 ff., 721; Mot. z. EG. 187; P. II, 558; VI, 419, 420, 617 ff.; Reatz III, 58 ff.; Mat. 87 a S. 60 — zu Art. 100 —.)

2. Inhalt. Art. 100 statuirt einen Vorbehalt für die Landesgesetzgebung hinsichtlich der Inhaberpapiere (BGB. § 793), welche von dem betr. Bundesstaate selbst oder den **ihm angehörenden** juristischen Personen des öffentlichen Rechtes (vgl. hierüber Bem. 2 b zu Art. 85) ausgestellt sind, indem die Landesgesetzgebung ermächtigt wird:

a) eine Ausnahmebestimmung von Abs. 2 des § 793 zu treffen und die Gültigkeit der Unterzeichnung des ausgestellten Inhaberpapiers von der Beobachtung einer besonderen Form auch dann abhängig zu machen, wenn in die Urkunde eine desfallsige Bestimmung nicht aufgenommen wird (Ziff. 1);

b) eine Ausnahmebestimmung von § 804 BGB. zu treffen und hinsichtlich eines abhanden gekommenen oder vernichteten Zins- oder Rentenscheines, ohne daß eine desfallsige Bestimmung in dem Scheine getroffen ist, den in § 804 unter der Voraussetzung, daß der bisherige Inhaber den Verlust dem Aussteller vor dem Ablauf der durch § 801 Abs. 2, 3 BGB. bestimmten Vorlegungsfrist anzeigt und die Vorlegungsfrist abgelaufen ist, dem bisherigen Inhaber gegen den Aussteller eingeräumten Anspruch auf Leistung auszuschließen.

Auf Gewinnantheilscheine wurde diese Vorschrift nicht ausgedehnt, weil diese das BGB. bei dem von den Inhaberpapieren handelnden Titel nur dann aufführe, wenn sie als selbständige Inhaberpapiere in Betracht kommen könnten (vgl. einerseits §§ 799, 801, 804, andererseits § 805 BGB., P. VI, 617).

3. Für Preußen ist einschlägig AG. z. BGB. Art. 17 (Becher XIV, 1 S. 10).

In Bayern ist als Abweichung von den einschlägigen Vorschriften des BGB. nur die nach § 281 der Dienstesinstruktion für die Staatsschuldentilgungskassen vom Jahre 1845 bestehende Verwaltungseinrichtung hervorzuheben, daß die Staatskasse von dem Zurückbehaltungsrechte der Leistung für einen abhanden gekommenen Zins- oder Rentenschein keinen Gebrauch macht, wenn für den Betrag der Scheine Sicherheit geleistet wird (vgl. Mot. zu Art. 47 des Entw. eines AG. z. BGB. und zu Art. 7 der Uebergangsbestimmungen).

Für Sachsen ist einschlägig das Ges. über die Einrichtung der Staatsschuldenkasse vom 29. September 1834 § 17 und das Ges. vom 18. Januar 1882; für Württemberg Ges. vom 19. Mai 1895 über die Ausfertigung der Staatsschuldenscheine und AG. z. BGB. Art. 183a—187 (Becher XXVI, 1 S. 35 ff.) (Mot. z. Entw. d. AG. z. BGB. S. 592); für Braunschweig AG. z. BGB. § 27 (Becher IV, 1 S. 6); für Reuß j. L. AG. z. BGB. § 46 Abs. 3 (Becher XVI, 1 S. 10); für Lübeck AG. z. BGB. § 46 (Becher X, 6 S. 47).

Art. 101.

Unberührt bleiben die landesgesetzlichen Vorschriften, welche den Bundesstaat oder ihm angehörende Körperschaften, Stiftungen und Anstalten des öffentlichen Rechtes abweichend von der Vorschrift des § 806 Satz 2 des Bürgerlichen Gesetzbuchs verpflichten, die von ihnen ausgestellten, auf den Inhaber lautenden Schuldverschreibungen auf den Namen eines bestimmten Berechtigten umzuschreiben, sowie die landesgesetzlichen Vorschriften, welche die sich aus der Umschreibung einer solchen Schuldverschreibung ergebenden Rechtsverhältnisse, mit Einschluß der Kraftloserklärung, regeln.

E. I, 57; II, 74; III, 100.

I. Entstehung. Art. 101 hat einen Theil des Inhalts des Art. 57 des Entw. I in sich aufgenommen und seine gegenwärtige Fassung, namentlich die Ausdehnung auf die Schuldverschreibungen der Korporationen des öffentlichen Rechtes, in der II. Komm. erhalten (Mot. z. EG. 186; P. VI, 411, 412, 414—416, 618, 652, 653; Reatz III, 59; Mat. 87a S. 61 — zu Art. 101 —).

II. Inhalt. Nach § 806 Satz 2 BGB. ist der Aussteller einer auf den Inhaber lautenden Schuldverschreibung (BGB. § 793) nicht verpflichtet, die Schuldverschreibung auf den Namen eines bestimmten Berechtigten umzuschreiben.

Der Vorbehalt des gegenwärtigen Artikels ermächtigt die Landesgesetzgebung:

1. zur Erlassung einer dem § 806 S. 2 BGB. entgegenstehenden Bestimmung, also dahin, daß der Aussteller zur Umschreibung verpflichtet ist, jedoch nur hinsichtlich derjenigen auf den Inhaber lautenden Schuldverschreibungen, welche vom betreffenden Bundesstaate oder den **ihm angehörenden** Körperschaften, Stiftungen und Anstalten des öffentlichen Rechtes (über die Ausdrucksweise vgl. Bem. 2, b zu Art. 85) ausgestellt sind, — während eine Verpflichtung zur Umschreibung auf den Namen des Berechtigten hinsichtlich der von anderen als von dem betreffenden Bundesstaate oder von den ihm angehörenden juristischen Personen des öffentlichen Rechtes ausgestellten Inhaberpapiere landesgesetzlich nicht statuirt werden kann.

Weiter ermächtigt der Vorbehalt dieses Artikels die Landesgesetzgebung

2. zur Regelung der sich aus der Umschreibung einer solchen Schuldverschreibung ergebenden Rechtsverhältnisse. Dieser letztere Vorbehalt trifft nicht bloß jene Fälle, in welchen auf Grund des gegenwärtigen Artikels ein Zwang zur Namensumschreibung landesgesetzlich ausgesprochen ist, sondern auch jene, in denen die Umschreibung stattfindet, ohne daß eine Verpflichtung hiezu besteht (P. VI, 652, 653), und ermächtigt die Landesgesetzgebung, Bestimmungen darüber zu treffen,

a) welche Rechte und Pflichten dem Aussteller und dem Gläubiger aus einer solchen Umschreibung erwachsen;

b) unter welchen Voraussetzungen und in welcher Form über die Schuldverschreibung und die sich hieraus ergebende Forderung vom Gläubiger oder einem Dritten verfügt, wie sie übertragen, wie sie belastet werden kann;

c) insbesondere auch darüber, ob eine solche umgeschriebene Staatsschuldverschreibung für kraftlos erklärt werden kann, unter welchen Voraussetzungen die Kraftloserklärung zulässig ist, welche Wirkungen sie hat. Soferne landesgesetzlich die Kraftloserklärung im Wege des Aufgebotsverfahrens zugelassen wird, hat nach § 11 EG. z. CPO. in der Fassung des Abänderungsgesetzes vom 17. Mai 1898 Art. II Ziff. 2 die Landesgesetzgebung auch die Befugniß, die Anwendung der Bestimmungen der CPO. über das Aufgebotsverfahren (§§ 1003 ff.) auszuschließen oder diese Bestimmungen durch andere Vorschriften zu ersetzen.

d) Eine dem Art. 97 Abs. 2 entsprechende Schranke ist hier der Landesgesetzgebung nicht gezogen und auch nicht nothwendig, weil der Mann, falls ihm nach dem für die Ehe maßgebenden Güterstande Rechte an den Werthpapieren der Frau zustehen oder die Papiere zum Gesammtgute gehören (gemäß BGB. §§ 1373, 1443, 1519, 1525, 1549, 1550), die Papiere in Besitz nehmen und dadurch sich selbst schützen kann (vgl. Mot. zu Art. 42—48 des Entw. eines bayr. AG. z. BGB.).

III. Für Preußen sind einschlägig AG. z. BGB. Art. 18 (Becher XIV, 1 S. 10 ff.); für Bayern AG. z. BGB. Art. 49—57 (Becher III, 7 S. 38 ff., Min.Bek. v. 23. November 1899); für Württemberg das Ges. v. 18. August 1879, betr. die auf den Inhaber lautenden Staatsschuldscheine, und AG. z. BGB. Art. 181 und 182 (Becher XXVI, 1 S. 36 ff.), VO. vom 26. Januar 1900; für Baden AG. z. ZwVG. und z. CPO. §§ 12 u. 13 (Becher II, 11 S. 53); für Hessen AG. z. BGB. Art. 68—70 (Becher VIII, 3 S. 41 ff.); für Lübeck AG. z. BGB. §§ 48—58 (Becher X, 6 S. 47); für Mecklenburg-Schwerin AusfVO. z. BGB. §§ 45—47 (Becher XI, 2 S. 11); für Mecklenburg-Strelitz AusfVO. z. BGB. §§ 44 bis 47 (Becher XII, 1 S. 9 f.); für Sachsen-Altenburg AG. z. BGB. §§ 33, 34, 35, 36 (Becher XVIII, 1 S. 7 f.); für Sachsen-Meiningen AG. z. BGB. Art. 3—8 (Becher XX S. 5 f.); für Schwarzburg-Rudolstadt AG. z. BGB. Art. 44—52 (Becher XXIII, 2 S. 11 f.); für Schwarzburg-Sondershausen AG. z. BGB. Art. 18 (Becher XXIV, 1 S. 8).

Art. 102.

Unberührt bleiben die landesgesetzlichen Vorschriften über die Kraftloserklärung und die Zahlungssperre in Ansehung der im § 807 des Bürgerlichen Gesetzbuchs bezeichneten Urkunden.

Unberührt bleiben die landesgesetzlichen Vorschriften, welche für die Kraftloserklärung der im § 808 des Bürgerlichen Gesetzbuchs bezeichneten Urkunden ein anderes Verfahren als das Aufgebotsverfahren bestimmen.

E. I, 61; II, 75; III, 101.

1. Entstehung. Art. 61 des I. Entw. lautete:

„Unberührt bleiben die Vorschriften der Landesgesetze über Kraftloserklärung und Zahlungssperre in Ansehung der in den §§ 702, 703 BGB. bezeichneten Urkunden."

Dem § 702 des I. Entw. entspricht der nunmehrige § 807, dem § 703 des I. Entw. entspricht der nunmehrige § 808 BGB.

Der Unterschied zwischen dem Art. 61 des I. Entw. und dem nunmehrigen Art. 102 dieses Gesetzes liegt darin, daß in letzterem der § 703 (nunmehr § 808) aus dem Art. 61 des I. Entw. herausgenommen und hierüber eine abweichende Bestimmung in einem beigefügten Abs. 2 (des nunmehrigen Art. 102) getroffen wurde.

Diese Aenderung ruht darin, daß in dem I. Entw. des BGB. die Amortisation der sog. qualifizirten Legitimationspapiere reichsgesetzlich nicht geregelt war, während in der II. Komm. durch den nunmehrigen § 808 Abs. 2 BGB. und den § 1023 (850 e) CPO. eine reichsgesetzliche Regelung erfolgte (Mot. z. EG. 187; P. II, 562—566; VI, 198, 199, 420; Reatz III, 59; Mat. 62.)

2. Inhalt von Abs. 1. Letzterer betrifft die Urkunden des § 807 BGB., das sind „Karten, Marken und ähnliche Urkunden", z. B. Fahrkarten, Eintrittskarten, Eisenbahnbillets, Speise- und Biermarken, Gutscheine u. dgl., in denen ein Gläubiger nicht

bezeichnet ist, hinsichtlich deren aber aus den Umständen zu folgern ist, daß der Aussteller zu der in der Urkunde zugesicherten Leistung jedem Inhaber verpflichtet sein will.

Reichsgesetzlich giebt es für diese einfache Art von Legitimationspapieren kein Aufgebot und keine Zahlungssperre.

Der Abs. 1 überläßt es der Landesgesetzgebung, zu bestimmen, ob für solche Urkunden überhaupt ein Amortisationsverfahren (Kraftloserklärung mit Zahlungssperre) zugelassen werden will oder nicht. Im ersteren Falle ist der Landesgesetzgebung auch überlassen, die Voraussetzungen und die Wirkungen der Kraftloserklärung und Zahlungssperre sowie das Verfahren bei derselben zu bestimmen. (Vgl. auch § 11 EG. z. CPO. in der Fassung des EG. v. 17. Mai 1898, betr. die Aenderungen der CPO., Art. II Ziff. 2.)

Die allgemeine Zulassung der Amortisation (im BGB.) wurde bei diesen Urkunden in der II Komm. deßhalb für unmöglich erklärt, weil ihnen oft ausreichende Kennzeichen fehlten, um sie von anderen Urkunden derselben Art zu unterscheiden. Auch wurde bemerkt, daß die Kraftloserklärung in diesen Fällen ohne praktische Erheblichkeit sein werde (P. II, 562).

3. Inhalt von Abs. 2. Der Abs. 2 betrifft die Kraftloserklärung der qualifizirten Legitimationspapiere des § 808 BGB. (vgl. auch oben Bem. 2 zu Art. 99). In Betracht kommen namentlich Sparkassenbücher, Leihhausscheine, Versicherungspolicen, Depotscheine und ähnliche Urkunden s. P. II, 564 und vgl. Bem. zu § 808. Bezüglich dieser Urkunden ist schon durch § 808 Abs. 2 BGB. ausgesprochen, daß sie im Wege des Aufgebotsverfahrens für kraftlos erklärt werden können, „wenn nicht ein Anderes bestimmt ist". Während nun durch diesen Bedingungssatz des § 808 Abs. 2 der Landesgesetzgebung freie Hand gegeben ist, die Kraftloserklärung der qualifizirten Legitimationspapiere auszuschließen, giebt der Abs. 2 dieses Artikels der Landesgesetzgebung für den Fall, daß sie die Ausschließung der Kraftloserklärung nicht anordnet oder nicht zuläßt, die Befugniß, für die Kraftloserklärung einschließlich der Zahlungssperre ein anderes als das in § 1023 CPO. vorgeschriebene Verfahren anzuordnen.

4. Sowohl Abs. 1 als Abs. 2 beziehen sich nicht bloß auf Urkunden, welche von Körperschaften, Stiftungen oder Anstalten des öffentlichen Rechtes ausgestellt werden, sondern auch auf die von Privatpersonen ausgestellten Urkunden (Mot. z. EG. 187).

5. In der II. Komm. (P. II, 565) ist hervorgehoben worden, daß für die qualifizirten Legitimationspapiere das Aufgebot in Bayern, Baden, Hessen und Anhalt bestehe, ohne daß sich dort Uebelstände ergeben hätten; einer mißbräuchlichen Anwendung setzten schon die nicht unerheblichen Kosten des Aufgebotsverfahrens einen wirksamen Riegel entgegen.

6. Einschlägig sind für Bayern AG. z. BGB. Art. 111 ff. (Becher III, 7 S. 51 ff.); für Sachsen AG. z. BGB. § 5 (Becher XVII, 1 S. 2); für Württemberg AG. z. BGB. Art. 188 und 189 (Becher XXVI, 1 S. 38 ff.); für Baden AG. z. ZwVG. u. z. CPO. §§ 14 und 15 (Becher II, 11 S. 54); für Hessen AG. z. BGB. Art. 71 (Becher VIII, 3 S. 42); Reuß ältere Linie AG. z. BGB. §§ 52—66 (Becher XV, 1 S. 9 ff.); Sachsen-Meiningen AG. z. BGB. Art. 10 § 8 (Becher XX, 1 S. 6); Sachsen-Weimar-Eisenach AG. z. BGB. §§ 59—73 (Becher XXI, 3 S. 14 ff.).

Art. 103.

Unberührt bleiben die landesgesetzlichen Vorschriften, nach welchen der Staat sowie Verbände und Anstalten, die auf Grund des öffentlichen Rechtes zur Gewährung von Unterhalt verpflichtet sind, Ersatz der für den Unterhalt gemachten Aufwendungen von der Person, welcher sie den Unterhalt gewährt haben, sowie von denjenigen verlangen können, welche nach den Vorschriften des Bürgerlichen Gesetzbuchs unterhaltspflichtig waren.

E. II, 76; III, 102.

1. Entstehung. Der Artikel ist erst in der II. Komm. aufgestellt worden, weil es öfter zweifelhaft sein könnte, ob die von diesem Artikel betroffenen Ersatzansprüche öffentlich-rechtlicher oder privatrechtlicher Natur sind (P. VI, 482, 483, 616, 617; Reatz III, 59).

2. Inhalt. Es handelt sich in diesem Artikel um Ersatzansprüche

a) der juristischen Personen des öffentlichen Rechtes (Staat, Kreis, Distrikt, Gemeinden und deren Anstalten),

b) und zwar solcher juristischen Personen des öffentlichen Rechtes, welche auf Grund des öffentlichen Rechtes zur Gewährung von Unterhalt verpflichtet sind, z. B. der bayerischen Gemeinden nach Art. 10 des Ges. über die öffentliche Armen- und Krankenpflege v. 1869/1899 und nach Art. 13 des Heimathgesetzes v. 1868/1899, oder des bayerischen Staates nach Art. 13, 18 u. 33 desselben Heimathgesetzes.

c) Es handelt sich weiter um Ersatz der für den Unterhalt gemachten Aufwendungen.

d) Es handelt sich endlich um Ersatzansprüche, welche
   α) entweder gegen die Person, welcher der Unterhalt gewährt wurde,
   β) oder gegen solche Personen gerichtet sind, welche nach den Vorschriften des BGB. unterhaltspflichtig gewesen wären.

Der Fall unter α kann z. B. in Bayern nach dem Armengesetze v. 1869/1899 Art. 5 u. 7 gegeben sein, wenn der Unterstützte öffentliche Armenhülfe erlangt hat, obwohl er selbst genügende Mittel hatte, sei es, weil er den Besitz derselben verschwieg, sei es, weil er Nothstandshülfe bedurfte, oder wenn der Unterstützte binnen 10 Jahren nach empfangener Unterstützung ein Vermögen erworben hat, welches ihm unbeschadet der Sicherstellung seines Lebensunterhalts die Ersatzleistung ermöglicht.

Der Fall unter β ist, wie in der II. Komm. ausdrücklich hervorgehoben wurde, dann nicht gegeben, wenn die Unterhaltspflicht aus einer Schadensersatzpflicht (BGB. § 824) hervorgeht (P. VI, 483). Der Artikel betrifft vielmehr nur die auf Ehe oder Verwandtschaft beruhende Alimentationspflicht (BGB. §§ 1351, 1360, 1361, 1578—1583, 1585, 1601—1615, 1708—1716, 1739, 1766).

Den Gegensatz zu β bilden die Ersatzansprüche gegen jene Personen, welche auf Grund des öffentlichen Rechtes ersatzpflichtig sind. Auf die letzteren trifft dieser Artikel nicht zu. Die Landesgesetzgebung wird vielmehr in diesem Artikel nur soweit für zuständig erklärt, als es sich um Ersatzansprüche handelt, für welche die in a—d erörterten Voraussetzungen gegeben sind.

3. Die Nothwendigkeit des Vorbehalts dieses Artikels liegt darin, daß nach den einschlägigen Vorschriften des BGB. (§§ 677 ff., 814 ff., 1601 ff.) in vielen Fällen ein Ersatzanspruch gegen den Unterstützten selbst oder gegen den Unterhaltspflichtigen da nicht gegeben ist, wo bisherige Landesgesetze einen solchen gewähren und auch die Billigkeit hiefür spricht.

4. Einschlägig sind für Bayern außer dem vorbezeichneten Armenges., Art. 5 und 7 (s. Bem. 2), auch AG. z. BGB. Art. 101, 160 (Becher III, 7 S. 49, 73 ff.); für Sachsen AG. z. BGB. § 6 (Becher XVII, 1 S. 2); für Hessen AG. z. BGB. Art. 72 und 73 (Becher VIII, 3 S. 42); Baden, Ges. vom 5. Mai 1870 § 5; Hamburg, Ges. vom 18. Mai 1892; Lübeck, AG. z. BGB. § 59 (Becher X, 6 S. 49); Oldenburg, Rev. Gemeinde-Ordnung vom 15. April 1873 Art. 73; Reuß jüngere Linie, AG. z. BGB. § 97 (Becher XVI, 1 S. 22); Sachsen-Altenburg, Ges. vom 9. September 1833 § 67; Sachsen-Meiningen, Ges. vom 26. April 1888; Waldeck-Pyrmont, Armenordnung vom 11. Mai 1863 § 5. Vgl. ferner Meyer, Verw.Recht I S. 129 ff.

Art. **104.**

Unberührt bleiben die landesgesetzlichen Vorschriften über den Anspruch auf Rückerstattung mit Unrecht erhobener öffentlicher Abgaben oder Kosten eines Verfahrens.

E I, 65; II, 77; III, 103.

1. Entstehung und Grund der Vorschrift. Der gegenwärtige Artikel entspricht dem Art. 65 des I. Entw. wörtlich mit dem Abmaße, daß in letzterem statt der Worte: „mit Unrecht erhobener" ein Relativsatz angewendet war, welcher lautete:

„zu deren Entrichtung eine Verpflichtung nicht bestanden hat".

Der Artikel wurde in der II. Komm. lebhaft angefochten; namentlich wollte ein Antragsteller, daß für die Rückforderungsansprüche dieses Artikels die Betretung des Rechtswegs offen bleiben müßte. Ein anderer Antragsteller wollte völlige Streichung des Artikels, weil er sich zum Theil von selbst verstehe und zum Theil kein Anlaß zu landesrechtlichen Ausnahmebestimmungen vorliege.

Die Kommission entschied sich für unveränderte Annahme des Artikels, hauptsächlich, um zunächst eine Unklarheit darüber zu vermeiden, welche Normen als privatrechtliche beseitigt seien, und welche als öffentlich-rechtliche bestehen blieben, und dann weil es sich um eine praktisch höchst wichtige Materie handle. Gegenüber dem ersterwähnten Antrage wurde namentlich hervorgehoben: Es würde ein schwer wiegender Eingriff in das Verwaltungsrecht der einzelnen Bundesstaaten sein, wenn reichsrechtlich vorgeschrieben werden würde, daß alle Verfügungen der Verwaltungsbehörden über die Erhebung von Abgaben der Nachprüfung durch die ordentlichen Gerichte unterliegen sollten. Es seien durchweg kurze Verjährungsfristen für die Ansprüche auf Rückerstattung von Abgaben eingeführt; würden diese beseitigt, so würden solche Ansprüche nach dem BGB. einer 30jährigen Verjährungsfrist unterliegen, was die Behörden zwingen würde, Akten und Belege über Gebühr lange aufzubewahren und noch nach langen Jahren in gerichtliche Erörterungen darüber sich einzulassen, ob eine Abgabe zu Unrecht erhoben sei (Mot. z. EG. 191; P. VI, 422—424; Reatz III, 60; Mat. 62).

2. Inhalt.

a) Unter den öffentlichen Abgaben sind öffentliche Abgaben jeder Art verstanden, mögen sie an die Staatskassen, an Gemeinden oder sonstige Kommunalverbände, an Kirchen, öffentliche Religionsgesellschaften u. s. w. zu entrichten sein (Mot. z. EG. 191).

b) Als Kosten eines Verfahrens werden hier nur solche in Betracht kommen, welche für die Thätigkeit der staatlichen oder gemeindlichen Organe unmittelbar an den Staat oder die Gemeinde zu entrichten sind, nicht aber solche Kosten, welche dem Staate oder der Gemeinde rc. in Folge Unterliegens in einem Civilprozesse oder Verwaltungsstreite zu ersetzen sind.

c) Der Anspruch auf Rückerstattung einer öffentlichen Abgabe hängt zunächst von der Vorfrage ab, ob eine ungerechtfertigte Bereicherung des Staates oder der Gemeinde vorliegt; diese Vorfrage ist nach dem öffentlichen Rechte zu entscheiden. Die Frage der Zulässigkeit der Rückforderung (condictio indebiti) betrifft dann allerdings eine privatrechtliche Frage. Die Lösung dieser beiden Fragen, womit auch die zeitliche Dauer und Verjährung des Anspruchs zusammenhängt, sowie die Regelung der Zuständigkeit zur Entscheidung über den Anspruch überträgt dieser Artikel der Landesgesetzgebung, um Zweifel darüber abzuschneiden, ob und inwieweit die fraglichen Ansprüche dem öffentlichen oder Privatrecht angehören. Demnach ist die Landesgesetzgebung auch für die Regelung der Frage zuständig, ob der Rechtsweg zulässig ist oder nicht.

d) Soweit eine landesgesetzliche Regelung nicht erfolgt, ist der hier fragliche Rückerstattungsanspruch nach den Vorschriften des BGB. (§§ 812 ff.) zu beurtheilen.

e) Wenn es sich um Abgaben und Kosten handelt, welche für den Staat oder die Gemeinde rc. auf Grund von Reichsgesetzen erhoben werden, so wird die Regelung des Rückerstattungsanspruchs ebenfalls der Landesgesetzgebung zufallen, soweit nicht hierüber (wie z. B. nach § 32 des Reichsstempelges. vom 29. Mai 1885) reichsgesetzlich besondere Vorschriften gegeben sind.

3. Soweit die Zuständigkeitsfrage nicht anderweitig in den Landesgesetzen geregelt ist, ist der Rechtsweg grundsätzlich für zulässig zu erachten. Vgl. RGE. Bd. 11 S. 65—91, Bd. 22 S. 287, Bd. 25 S. 302 ff., Bd. 28 S. 15, Bd. 32 S. 347, Bd. 36 S. 287. A. M. G. Meyer, Verw.Recht II S. 220.

Durch positive Vorschrift zugelassen ist der Rechtsweg in Preußen:

a) wegen Abgaben auf Grund der Behauptung, daß die einzelne Forderung getilgt oder verjährt sei, oder daß die Abgabe keine öffentliche sei nach dem Ges. betr. Erweiterung des Rechtswegs v. 24. Mai 1861 §§ 9, 10;

b) wegen gezahlten Stempels (ebenda § 11);

c) wegen zu Unrecht erhobener Erbschaftssteuer (nach dem Ges. vom 30. Mai 1873 § 40).

4. Einschlägig sind für Preußen AG. z. BGB. Art. 8 u. 9 (Becher XIV, 1 S. 5 ff.); für Bayern AG. z. BGB. Art. 125—127; für Baden AG. z. BGB. Art. 7 und Ges. vom 26. Juli 1888, die Besteuerung für örtliche kirchliche Bedürfnisse betreffend (vgl. Mot. z. Entw. d. AG. z. BGB. S. 59) (Becher II, 9 S. 20); für Hessen AG. z. BGB. Art. 19—21 (Becher VIII, 3 S. 32).

Vgl. ferner Reuß, ältere Linie, AG. z. BGB. § 18 Ziff. 5 (Becher XV, 1 S. 4); Reuß, jüngere Linie, AG. z. BGB. § 18 (Becher XVI, 1 S. 5); Schwarzburg-Rudolstadt, AG. z. BGB. Art. 19 (Becher XXIII, 2 S. 7 ff.); Schaumburg-Lippe, AG. z. BGB. § 12 (Becher XXII, 9 S. 63); Waldeck, AG. z. BGB. Art. 7 (Becher XXV, 1 S. 5); Württemberg, AG. z. BGB. Art. 141 (Becher XXVI, 1 S. 28) u. s. w.

Art. 105.

Unberührt bleiben die landesgesetzlichen Vorschriften, nach welchen der Unternehmer eines Eisenbahnbetriebs oder eines anderen mit gemeiner Gefahr verbundenen Betriebs für den aus dem Betrieb entstehenden Schaden in weiterem Umfang als nach den Vorschriften des Bürgerlichen Gesetzbuchs verantwortlich ist.

E. II, 78; III, 104.

1. Entstehung. Dieser Artikel wurde erst in der II. Komm. aufgestellt (P. II, 604, 605; VI, 421; Reatz III, 60).

2. Inhalt.

a) Das BGB. hat die Schadensersatzpflicht im Allgemeinen in den §§ 823 ff., wozu auch noch § 393 a. a. O. in Betracht zu ziehen ist, geregelt.

Daneben trifft das Reichsgesetz vom 7. Juni 1871 (in der Fassung des Art. 42 dieses Ges.) Bestimmungen über die Verbindlichkeit zum Schadensersatze für die beim Betriebe von Eisenbahnen, Bergwerken, Steinbrüchen, Gräbereien im bergtechnischen Sinne und Fabriken herbeigeführten Tödtungen und Körperverletzungen von Personen. Hiefür kommen auch die verschiedenen Reichsunfallversicherungsgesetze in Betracht.

Der gegenwärtige Artikel wurde eingefügt, um den § 25 des preuß. Eisenb.-Ges. vom 3. November 1838 mit einem ergänzenden Ges. v. 3. Mai 1869, der eine **vom Verschulden unabhängige Haftpflicht** wegen der Beschädigung von **Sachen** festsetzt, aufrecht erhalten zu können und der Landesgesetzgebung beim Entstehen neuer gefährlicher Betriebe, wie z. B. der elektrischen Kraftübertragung, ein Eingreifen auf solange zu ermöglichen, bis die Reichsgesetzgebung Bestimmungen erläßt (P. II, 604 ff., Mat. 63).

b) Ein anderer mit gemeiner Gefahr verbundener Betrieb im Sinne dieses Artikels ist der Dampfschiffahrtsbetrieb, welcher in der II. Komm. (P. II, 605) besonders hervorgehoben worden war.

c) Der weitere Umfang, in welchem die landesgesetzliche Regelung der Schadensersatzpflicht zugelassen ist, betrifft sowohl die Voraussetzungen als den Inhalt derselben. Es können also z. B. unter die mit gemeiner Gefahr verbundenen Betriebe alle gewerblichen Unternehmungen, durch welche dritten Personen ein Schaden erwachsen kann, gestellt, die Schadensverantwortlichkeit unabhängig von jedem Verschulden und die Haftung für Beschädigung nicht bloß von Personen, sondern auch von Sachen, ferner für jeden Unfall und selbst für vis major ausgesprochen, endlich der Umfang und die Höhe des Schadens für den Unternehmer in ungünstigerer Weise geregelt werden als nach den Reichsgesetzen.

d) Nur zur Erweiterung der Verantwortlichkeit des Unternehmers ist die Landesgesetzgebung zuständig, nicht auch der übrigen an dem Betriebe betheiligten Personen.

e) Vgl. Art. 106.

3. Einschlägig sind für Preußen Eisenbahngesetz vom 3. November 1838, 3. Mai 1869.

§ 25: „Die Gesellschaft ist zum Ersatze verpflichtet für allen Schaden, welcher bei der Beförderung auf der Bahn an den auf derselben beförderten Personen und Gütern oder auch an anderen Personen und deren Sachen entsteht, und sie kann sich von dieser Verpflichtung nur durch den Beweis befreien, daß der Schaden entweder durch eigene Schuld des Beschädigten oder durch einen unabwendbaren äußeren Zufall bewirkt worden ist. Die gefährliche Natur der Unternehmung selbst ist als solcher von dem Schadensersatz befreiender Zufall nicht zu betrachten."

Für Bayern AG. z. BGB. Art. 58 (Becher III, 7 S. 39); für Hessen AG. z. BGB. Art. 74 (Becher VIII, 3 S. 43).

Reuß, ältere Linie, AG. z. BGB. § 67: „Der Unternehmer eines Eisenbahnbetriebes haftet — unbeschadet der reichsgesetzlichen Vorschriften über die Beförderung von Gütern auf Eisenbahnen — für die aus dem Betriebe entstehenden Beschädigungen von Sachen, sofern nicht der Schaden durch höhere Gewalt oder durch ein Verschulden des Besitzers der Sache verursacht ist.

Das Verschulden eines Dritten, der die thatsächliche Gewalt über die Sache von dem Besitzer in dessen Haushalt oder Erwerbsgeschäft oder in einem ähnlichen Verhältnisse ausübt, vermöge dessen er den auf die Sache sich beziehenden Weisungen des Besitzers Folge zu leisten hat (vgl. BGB. § 855 Note 1 dieses Kommentars II S. 13), steht dem eigenen Verschulden des Besitzers gleich.

Der Anspruch auf Schadensersatz verjährt in 2 Jahren von dem Eintritt des schädigenden Ereignisses ab.

Die nach Abs. 1 und 2 dem Unternehmer obliegenden Verpflichtungen können nicht im voraus ausgeschlossen oder beschränkt werden. Bestimmungen, welche dieser Vorschrift zuwiderlaufen, sind nichtig."

§ 68: „Soweit für einzelne der im Fürstenthume bestehenden Eisenbahnen in den über deren Anlegung und Betrieb zwischen dem Fürstenthum und anderen Staaten geschlossenen Staatsverträgen die Haftpflicht des Unternehmers abweichend von den vorstehenden Bestimmungen geregelt ist, behält es bei den Bestimmungen der Staatsverträge sein Bewenden (Becher XV, 1 S. 11 ff.).

Reuß, jüngere Linie, AG. z. BGB. § 49 (wie bei Reuß, ältere Linie §§ 67, 68) (Becher XVI, 1 S. 11).

Sachsen-Altenburg, AG. z. BGB. § 37 (wie bei Reuß, ältere Linie § 67) (Becher XVIII, 1 S. 8).

Sachsen-Coburg-Gotha, AG. z. BGB. Art. 17 § 1, 2 (wie bei Reuß, ältere Linie §§ 67, 68) (Becher XIX, 8 S. 55). Sachsen-Meiningen, Art. 12 § 1, 2 (wie bei Reuß, ältere Linie §§ 67, 68) (Becher XX, 1 S. 8 ff.). Sachsen-Weimar-Eisenach, AG. § 90 (wie bei Reuß, ältere Linie die §§ 67, 68) (Becher XXI, 3 S. 19).

Braunschweig, AG. z. BGB. § 28: „Der Unternehmer eines Eisenbahnbetriebes haftet für den Schaden, der bei dem Betriebe einer Sache zugefügt wird, sofern der Schaden nicht durch höhere Gewalt oder eigenes Verschulden des Beschädigten entstanden ist.

Mehrere Unternehmer haften als Gesammtschuldner.

Der Anspruch auf Schadensersatz verjährt in zwei Jahren" (Becher IV, 1 S. 6).

Lübeck, AG. z. BGB. § 60: „Der Unternehmer einer Eisenbahn ist zum Ersatze des Schadens verpflichtet, der bei dem Betriebe einer Eisenbahn an einer Sache verursacht wird. Der Ersatzanspruch verjährt in zwei Jahren von dem Unfalle an. Die Ersatzpflicht kann nicht im voraus durch Vertrag ausgeschlossen oder beschränkt werden" (Becher X, 6 S. 49).

Anhalt, AG. z. BGB. Art. 29 (Becher I, 3 S. 17).

Art. 106.

Unberührt bleiben die landesgesetzlichen Vorschriften, nach welchen, wenn ein dem öffentlichen Gebrauche dienendes Grundstück zu einer Anlage oder zu einem Betriebe benutzt werden darf, der Unternehmer der Anlage oder des Betriebs für den Schaden verantwortlich ist, der bei dem öffentlichen Gebrauche des Grundstücks durch die Anlage oder den Betrieb verursacht wird.

E. II, 79; III, 105.

1. Entstehung. Auch dieser Artikel ist erst in der II. Komm. entstanden (P. II, 605; VI, 421, 422; Reatz III, 60).

2. Inhalt. Art. 106 unterscheidet sich vom Art. 105 dadurch, daß er einerseits nicht auf Eisenbahnbetriebe oder auf andere mit gemeiner Gefahr verbundene Betriebe beschränkt, andererseits insoferne eingeengt ist, als er nur auf Anlagen und Betriebe Bezug hat, für welche ein zum öffentlichen Gebrauche dienendes Grundstück (namentlich Wege, Straßen und öffentliche Plätze — Mat. 64) benutzt werden darf, und nur zuläßt, daß dem Unternehmer bei der Konzessionsertheilung die Verantwortlichkeit für den Schaden auferlegt wird, der — mit oder ohne Verschulden des Unternehmers oder seiner Stellvertreter — bei dem öffentlichen Gebrauche des Grundstücks durch die Anlage oder den Betrieb verursacht wird.

In diesem Rahmen kann die Landesgesetzgebung sowohl die Voraussetzungen als den Inhalt der Schadensersatzpflicht abweichend von den Vorschriften des BGB. regeln. Dagegen kann die Landesgesetzgebung die Schadensersatzpflicht desjenigen, der das öffentliche Grundstück ohne Konzession für eine Anlage oder einen Betrieb oder sonstwie benützt, nur soweit regeln, als Art. 105 zutrifft.

3. Einschlägig sind für Anhalt AG. z. BGB. Art. 30 (Becher, I, 1 S. 17 ff.); für Bayern AG. z. BGB. Art. 58: „Werden öffentliche Straßen oder Plätze mit Genehmigung der zuständigen Behörde zu dem Betrieb einer Eisenbahn benützt, so ist der Unternehmer auch für den Schaden verantwortlich, der bei dem Betrieb in Folge des

öffentlichen Gebrauchs der Straßen oder Plätze an einer fremden Sache entsteht, sofern nicht der Unfall durch höhere Gewalt oder durch Verschulden des Inhabers der Sache verursacht ist.

Der Anspruch auf Schadensersatz verjährt in zwei Jahren von dem Unfall an." — Art. 59: „Wird die Benutzung eines dem öffentlichen Gebrauche dienenden Grundstücks oder eines öffentlichen Gewässers zu einer Anlage oder einem Betriebe gestattet, so kann bei der Ertheilung der Genehmigung von der zuständigen Behörde bestimmt werden, daß der Unternehmer für den Schaden, der bei dem öffentlichen Gebrauche des Grundstücks oder des Gewässers durch die Anlage oder den Betrieb verursacht wird, oder für gewisse Arten eines solchen Schadens verantwortlich ist.

Im Falle der Tödtung oder einer Verletzung des Körpers oder der Gesundheit eines Menschen finden die Vorschriften der §§ 842—844 des BGB. Anwendung.

Die Ersatzpflicht des Unternehmers erstreckt sich nicht auf einen Schaden, der durch höhere Gewalt oder durch Verschulden des Verletzten oder des Inhabers der beschädigten Sache verursacht ist.

Der Anspruch auf Schadensersatz verjährt in zwei Jahren von dem Unfall an. Im Falle einer Tödtung beginnt die Verjährung der im § 844 des BGB. bestimmten Ansprüche mit dem Eintritte des Todes." (Becher III, 7 S. 39 ff.)

Für Hessen AG. z. BGB. Art. 75 (Becher VIII, 3 S. 43); für Braunschweig AG. z. BGB. §§ 29, 30 (Becher IV, 1 S. 6); für Lübeck AG. z. BGB. § 61, 62 (Becher X, 1 S. 49 ff.); für Sachsen-Coburg-Gotha AG. z. BGB. Art. 17 § 3 (Becher XIX, 8 S. 56), Sachsen-Meiningen AG. z. BGB. Art. 12 § 2 (Becher XX, 1 S. 8 ff.).

Art. 107.

Unberührt bleiben die landesgesetzlichen Vorschriften über die Verpflichtung zum Ersatze des Schadens, der durch das Zuwiderhandeln gegen ein zum Schutze von Grundstücken erlassenes Strafgesetz verursacht wird.

E. I, 63; II, 80; III, 160.

1. Entstehung. Art. 107 stimmt — abgesehen von unwesentlichen redaktionellen Aenderungen — mit Art. 106 des I. Entw. überein (Mot. z. EG. 190; P. VI, 422; Reatz III, 60; Mat. 87a S. 64).

2. Inhalt. A. Der Vorbehalt dieses Artikels zu Gunsten der Landesgesetzgebung hat zur Voraussetzung,

a) daß es sich um Vorschriften über die Verpflichtung zum Ersatz eines Schadens handelt,

b) daß der Schaden durch Zuwiderhandeln gegen ein Strafgesetz verursacht ist,

c) daß das Strafgesetz zum Schutze von Grundstücken erlassen ist.

Zu a. Die Vorschriften können z. B. die Festsetzung und Berechnung sowie die Höhe des Schadensersatzes oder die Verjährung desselben oder die Bestimmung der Person des Ersatzpflichtigen oder die Art der Haftung desselben betreffen. Hauptsächlich wird es sich um Vorschriften darüber handeln, unter welchen Voraussetzungen und in welchem Umfang ein Familienhaupt oder ein Dienstherr für den durch seine Angehörigen oder Dienstleute verursachten Schaden haftbar (civilverantwortlich) ist. Insoweit die fraglichen Vorschriften das Pfand- oder Ersatzgeld betreffen, fällt der Vorbehalt dieses Artikels mit jenem des Art. 89 zusammen (Mot. z. EG. 191).

Zu b. Das Strafgesetz kann ein Reichsgesetz (z. B. § 370 Ziff. 1 StGB.) oder ein Landesgesetz sein. Zumeist wird es sich um Feld- und Forstpolizeigesetze handeln. Selbstverständlich ist es nicht nothwendig, daß die Bestimmungen über die Schadensersatzpflicht im Strafgesetze selbst enthalten sind.

Zu c. Unter den Grundstücken, um deren Schutz es sich hier handelt, kommen in erster Linie die Feld- und Forstgrundstücke in Betracht. Der Vorbehalt erstreckt sich jedoch auch auf Grundstücke anderer Art (Mot. z. EG. 190).

B. Soweit solche landesgesetzliche Vorschriften nicht bestehen, kommen §§ 823 Abs. 2, 831 u. 832 BGB. in Betracht.

C. Von den Vorbehalten der Art. 65—67, 69—72, welche ebenfalls landesgesetzliche Vorschriften zum Schutze von Grundstücken ermöglichen, unterscheidet sich der gegenwärtige Artikel namentlich dadurch, daß hier die Schadensersatzpflicht vom Zuwiderhandeln gegen ein Strafgesetz abhängt.

3. Für Preußen vgl. Feld- und Forstpolizeiges. vom 1. April 1880 § 5, Forstdiebstahlges. vom 15. April 1878 §§ 11 u. 12; für Baden Forstges. vom 15. November 1833 mit Novellen, insbesondere Forststrafges. vom 15. Februar 1879 §§ 13, 17 u. 23 (vgl. Mot. z. Entw. d. AG. z. BGB. S. 54 u. 58).

In Bayern kommen einschlägige Vorschriften aus der Zeit vor Erlassung der Verfassungsurkunde nicht mehr in Betracht (vgl. Art. 1 AG. z. BGB.). Hieher gehören namentlich das rechtsrheinische und das pfälzische Forst- bezw. Forststrafgesetz, das PolStGB. (z. B. Art. 122) sowie das Wasserbenützungsgesetz v. 1852 (z. B. Art. 69 mit 100).

Art. 108.

Unberührt bleiben die landesgesetzlichen Vorschriften über die Verpflichtung zum Ersatze des Schadens, der bei einer Zusammenrottung, einem Auflauf oder einem Aufruhr entsteht.

E. I, 64; II, 81; III, 107.

1. Entstehung. Art. 108 stimmt mit Art. 64 des I. Entw. wörtlich überein. (Mot. z. EG. 191; P. II, 422; Reatz III, 61; Mat. 87a S. 64.)

2. Inhalt. Der Vorbehalt betrifft die sog. Aufruhrgesetze der Bundesstaaten, welche über den Ersatz des Schadens, der bei einer Zusammenrottung, einem Auflauf oder einem Aufruhr entsteht, vielfach Bestimmungen treffen, welche von den allgemeinen Grundsätzen über Schadensersatz (BGB. § 823) erheblich abweichen und z. B. die Gemeinde, in welcher der Schaden entstanden ist, oder unter bestimmten Voraussetzungen den Staat als haftbar erklären.

Wegen des Zusammenhangs dieser Materie mit dem öffentlichen Rechte und der Verschiedenheit der öffentlich-rechtlichen Einrichtungen in den einzelnen Bundesstaaten war die wünschenswerthe reichsrechtliche Regelung nicht thunlich (Mot. z. EG. 191).

3. Zusammenrottung s. StGB. §§ (115), 122, 124, 125; Auflauf s. StGB. § 116 Abs. 1; Aufruhr s. StGB. §§ (90 Ziff. 6), 115, 116 Abs. 2.

4. Einschlägig sind in Preußen das Ges. vom 11. März 1850, betr. die Verpflichtung der Gemeinden zum Ersatze des bei öffentlichen Aufläufen verursachten Schadens, und die Verordnung vom 17. Aug. 1835 § 11; in Bayern das Ges. vom 12. März 1850, betr. die Verpflichtung der Gemeinden zum Ersatze des bei Aufläufen diesseits des Rheins verursachten Schadens, welches, soweit es noch gilt, durch AG. z. BGB. Art. 142 auf die Pfalz ausgedehnt ist, mit Art. 10 AG. z. CPO. in der Fassung des Art. 166 Ziff. III AG. z. BGB. Das bisher in der Pfalz geltende Ges. v. 10. vend. IV mit den zusammenhängenden älteren Vorschriften des bürgerlichen Rechtes (Staatsrathsgutachten v. 13. prairial VIII und Regierungsbeschluß v. 8. nivôse VI) ist durch Art. 1 AG. z. BGB. aufgehoben (vgl. Mot. zu Art. 8 u. 10 Beil. B).

Ferner sind einschlägig in Sachsen sächs. GB. § 1496; in Württemberg das Ges., betr. das Verfahren bei dem Aufgebote der bewaffneten Macht gegen Zusammenrottung u. s. w., vom 28. August 1849; in Baden das Ges., betr. die Entschädigungspflicht der Gemeindeangehörigen wegen der bei den Zusammenrottungen verübten Verbrechen, vom 13. Februar 1851; in Hessen Ges., die Verantwortlichkeit der Gemeinden für Verletzungen und Beschädigungen in Folge von Zusammenrottungen betr., vom 3. März 1859 mit AG. z. BGB. Art. 275.

Vgl. auch das französische Ges. vom 2. Oktober 1795.

Vgl. ferner für Anhalt AG. z. BGB. Art. 31 (Becher I, 1 S. 18); für Sachsen-Koburg-Gotha AG. z. BGB. Art. 21 (Becher XIX, 8 S. 57 ff.); für Schwarzburg-Rudolstadt AG. z. BGB. Art. 53 (Becher XXIII, 2 S. 12); für Schwarzburg-Sondershausen AG. z. BGB. Art. 20 (Becher XXIV, 1 S. 9).

Art. 109.*)

Unberührt bleiben die landesgesetzlichen Vorschriften über die im öffentlichen Interesse erfolgende Entziehung, Beschädigung oder Benutzung einer Sache, Beschränkung des Eigenthums und Entziehung oder Beschränkung von Rechten. Auf die nach landesgesetzlicher Vorschrift wegen eines solchen Eingriffs zu

*) Literatur betr. Enteignung. Vgl. Neubauer, Zusammenstellung des in Deutschland geltenden Rechts betr. verschiedene Rechtsmaterien. Berlin 1880 S. 1—47. Stobbe-Lehmann, D. Privatrecht 1896, II S. 510 ff.

gewährende Entschädigung finden die Vorschriften der Artikel 52, 53 Anwendung, soweit nicht die Landesgesetze ein Anderes bestimmen.

E. I, 42; II, 82; III, 108.

1. Entstehung. Der Artikel weicht in der Wortfassung vom Art. 42 des I. Entw. ab, deckt sich aber inhaltlich mit demselben (Mot. z. EG. 162 ff., Reatz III, 61; P. VI, 470, 471, 610; Mat. 65).

2. Inhalt. Der Art. 109 betrifft die Zwangsenteignung, unter welcher die Mehrheit der II. Komm. jede im öffentlichen Interesse erfolgende Entziehung, Beschädigung oder Benutzung einer Sache oder Beschränkung des Eigenthums (oder — nach der Redaktionskommission — Entziehung oder Beschränkung von Rechten) verstand (P. VI, 471).

Zur Erlassung von Vorschriften über die Zwangsenteignung soll nach wie vor die Landesgesetzgebung zuständig bleiben.

Wenn diese darüber keine Bestimmung trifft, welche Rechte an der dem Eigenthümer zu gewährenden Entschädigung einem Dritten zustehen, der ein Recht an der von der Zwangsenteignung betroffenen Sache hat, für welches nicht eine besondere Entschädigung gewährt wird, so finden die Art. 52 u. 53 Anwendung. (Vgl. die Bem. zu diesen Artikeln.)

3. Umfang. Der Vorbehalt dieses Artikels bezieht sich nicht bloß auf die Zwangsenteignung von Grundstücken, sondern auch auf jene von Sachen jeder Art und von Rechten, namentlich gehören hieher auch die Vorschriften über die Beschlagnahme der Akten, Register, Dienstsiegel und anderer Dienstgegenstände der Notare und Gerichtsvollzieher sowie der von Beamten unter Benutzung amtlicher Kenntnißnahme hergestellten Schriften, Zeichnungen, Modelle u. dergl. In den meisten Notariatsgesetzen ist vorgesehen, daß bei dem Ausscheiden, dem Tode oder der Versetzung eines Notars in einen anderen Amtsbezirk alle das Amt desselben betreffenden Papiere (Abschriften, Register u. s. w.) und das Dienstsiegel von der zuständigen Behörde in Besitz zu nehmen und aufzubewahren seien. Aehnliche Vorschriften bestehen in den meisten Bundesstaaten hinsichtlich der Gerichtsvollzieher. Alle diese Vorschriften gehören hieher, ebenso die preuß. Reskripte vom 8. Juli 1822 und vom 22. Mai 1818, welche im öffentlichen Interesse die Erlangung von Zeichnungen, Plänen, Schriften u. dergl. bezielen, zu deren Herstellung die dienstliche Stellung Anlaß und Gelegenheit bot, sowie eine ähnliche mecklenburgische Verordnung vom 25. Oktober 1800, ebenso das preuß. Gesetz vom 3. Juni 1874 über die Ergänzung der Gesetze vom 7. Oktober 1865 u. 7. April 1869, betr. die Errichtung von trigonometrischen Marksteinen.

Die einschlägigen Vorschriften, bei welchen solche über das Verfahren eine wichtige Rolle spielen, gehören meistens dem öffentlichen Rechte an. Ihre privatrechtliche Seite liegt hauptsächlich darin, daß der Staat bei dem Enteignungsverfahren sich nicht darauf beschränkt, einen Zwang zu einem Thun oder Unterlassen gegen den Einzelnen auszuüben, sondern unmittelbar umgestaltend in die privatrechtlichen Rechtsverhältnisse eingreift. Privatrechtlicher Natur ist insbesondere die Entschädigungsfrage, ferner eine Einigung der Betheiligten, durch welche eine bestimmte, nach der Entscheidung der zuständigen Behörde zu gewärtigende Enteignung ganz oder theilweise ersetzt und welche deßhalb als ein Theil des Enteignungsverfahrens zu betrachten sein wird (vgl. preuß. Ges. über die Enteignung von Grundeigenthum vom 11. Juni 1874 §§ 16, 26, 46), während eine rechtsgeschäftliche Veräußerung, welche nur durch die Uebereinstimmung des Zweckes mit einer Enteignung in Verbindung steht, selbstverständlich nicht einen Theil des Enteignungsverfahrens bildet und deßhalb den Vorschriften des BGB. unterliegt.

4. Grenzen des Vorbehalts:

a) Zweifelhaft ist (schon nach den Mot. z. EG. 164), ob landesgesetzliche Vorschriften, welche im öffentlichen Interesse den Besitz gewisser Sachen untersagen oder deren Beschlagnahme und Vernichtung verfügen (PLR. Thl. I Tit. 8 § 4; sächs. GB. § 58, österr. GB. §§ 311, 878), hieher gehören oder nicht. Jedenfalls fallen derartige Verbotsgesetze entweder unter den Vorbehalt dieses Artikels oder unter jenen des Artikels 111, deren Grenzen in einzelnen Fällen sehr schwer festzustellen sein werden, die sich aber, abgesehen vom größeren Umfange des Art. 109, auch dadurch unterscheiden, daß nach Art. 109 die Entziehung, Beschränkung rc. erst durch den Entscheid einer Behörde erfolgt, während die Beschränkung nach Art. 111 schon kraft Gesetzes eintritt. Der Vorbehalt geht desfalls nicht soweit, daß der Landesgesetzgebung eine Außerverkehrsetzung der betreffenden Sachen ermöglicht wäre, welche die Gültigkeit der auf diese Sache sich beziehenden Rechtsgeschäfte berührt (Mot. z. EG. 164).

b) Die Verbotsgesetze, welche sich gegen die Herstellung, den Besitz oder Vertrieb gemeingefährlicher Gegenstände richten und die Einziehung und Vernichtung derselben anordnen, sind zumeist Reichsgesetze, welchen eine selbständige Wirksamkeit neben dem BGB. zukommt (Mot. III, 27 ff.).

5. Vgl. auch GBO. § 83.

6. Ueber das bisherige Recht vgl. Stobbe, DPR. Bd. II § 92 S. 166 ff. Für Preußen vgl. namentlich Enteignungs-Ges. vom 11. Juni 1874, ferner PLR. Einleitung §§ 74, 75, Thl. I Tit. 8 §§ 29—31, Tit. 11 §§ 4—11 mit AG. z. BGB. Art. 89; die Bestimmungen in § 75 Einl. und in § 31 Thl. I Tit. 8 des PLR. sind nach Art. 109 in Geltung geblieben. RG. in Jur. Wschr. 1905 S. 131. Vgl. ferner: Ges. vom 11. Mai 1842 über die Zulässigkeit des Rechtswegs in Beziehung auf polizeiliche Verfügungen; PLR. Thl. I, Tit. 8 §§ 29—32; § 13 Ges. vom 2. Juli 1875 betr. die Anlegung und Veränderung von Straßen und Plätzen in Städten und ländlichen Ortschaften. Hierzu vgl. RG. vom 23. Januar 1901 in Jur. Wschr. 1901 S. 144 Nr. 16, RGE. Bd. 37 S. 256, Bd. 45 S. 297; §§ 5, 32, 40 des Fischerei-Ges. vom 30. Mai 1874; PLR. Thl. I, Tit. 9 § 258 (Anlandungen und Inseln); AG. z. BGB. Art. 22 (Vorkaufsrecht ohne Eintragung); AG. z. BGB. Art. 12 (Form des Abtretungsvertrags, §§ 16, 17 des Enteignungsges.); Ges. vom 7. Oktober 1865, betr. die Errichtung und Erhaltung von Marksteinen behufs der Legung eines trigonometrischen Netzes über die sechs östlichen Provinzen der Monarchie und der zu bestimmenden trigonometrischen Punkte; vgl. Ges. vom 7. April 1869, betr. die Errichtung von Marksteinen; Ges. vom 3. Juni 1874 zur Ergänzung der Gesetze vom 7. Oktober 1865 und 7. April 1869 über die Errichtung von trigonometrischen Marksteinen; PLR. Thl. II Tit. 7 § 11 (Zwang zum Getreideverkauf); Ges. vom 20. August 1883, betr. die Befugnisse der Strombauverwaltung gegenüber den Uferbesitzern an öffentlichen Flüssen.

Für Bayern s. Becher, Landescivilrecht Bd. I § 84 S. 588; Oertmann, Bayr. Landesprivatrecht § 36 S. 142 ff. Es kommen für Bayern hauptsächlich in Betracht das Zwangsenteignungsgesetz vom 17. November 1837 in der Fassung des AG. z. BGB. Art. 139 bezw. der Art. 45—55 AG. z. CPO. in der Fassung des AG. z. BGB. Art. 166 Ziff. V bis XII (nach dem neuen Text d. AG. z. CPO. Art. 16—26), die Ablösungsgesetze vom 4. Juni 1848 mit AG. z. BGB. Art. 141, das Jagdausübungsges. vom 30. März 1850 mit Art. 143 AG. z. BGB., das Forststrafges. f. die Pfalz vom 28. Dezember 1831 in der Fassung der Gesetze vom 2. Oktober 1879, 17. Juni 1896 und des Art. 138 AG. z. BGB., das Forstges. vom 28. März 1852 bezw. 4. Juli 1896 mit Art. 146 AG. z. BGB., die Wassergesetze, das Weide- und Zehentbaulastablösungsges. vom 28. Mai 1852 mit Art. 147—150 AG. z. BGB., das Ges. über die Ablösung der Ehehaftsverhältnisse vom 23. Februar 1868 in der Fassung des Art. 153 AG. z. BGB., das Bergges. vom 20. März 1869 mit Art. 157 AG. z. BBG., das Ges. vom 28. April 1872 über die Grundentlastung mit einem gleichen Ges. vom 2. Februar 1898 und den Art. 163 u. 173 AG. z. BGB., das Flurbereinigungsges. vom 29. Mai 1886 mit Art. 171 AG. z. BGB., Art. 19 AGO. Durch Art. 1 AG. z. BGB. sind auch die einschlägigen älteren Verordnungen aus der Zeit vor der Verf.-Urk. aufrechterhalten; hiezu gehören eine Verordn. vom 3. Juli 1812 über die Verwendung von Gemeinde- oder Privatgründen als Kiesgruben oder Steinbrüche zum Chausseebau, dann mehrere pfälz. Vorschriften, insbesondere das Ges. vom 9. ventôse XIII (Art. VI), Ges. vom 16. September 1807, relative au desséchement des marais Art. 50, 53, 54, Dekret vom 8. bezw. 10. Juli 1791, concernant la conservation et classement des places de guerre, Art. 59 des Ges. vom 25. ventôse XI.

Für Sachsen AG. z. BGB. §§ 18—20 (Becher XVII, 1 S. 4); für Württemberg Ges. vom 20. Dezember 1888 über die Zwangsenteignung von Grundstücken rc. mit AG. z. BGB. Art. 209, Bauordnung vom 6. Oktober 1872 Art. 6 und 7 in der Fassung des Art. 210 AG. z. BGB. und Ges. vom 30. März 1886 über die Feldbereinigung mit AG. z. BGB. Art. 211 (Becher XXVI, 1 S. 47 ff.), ferner AG. z. BGB. Art. 122; für Hessen Ges. vom 26. Juli 1884 über die Enteignung von Grundstücken mit AG. z. BGB. Art 279, Bauordnung vom 30. April 1881 mit AG. z. BGB. Art. 278 (Becher VIII, 3 S. 99).

Für Baden Enteignungs-Ges. vom 26. Juni 1899.

Vgl. ferner für Anhalt Ges. vom 12. April 1875; Braunschweig Ges. vom 13. September 1867, AG. z. BGB. § 45 (Becher IV, 1 S. 10); Bremen Ges. über die Enteignung von Grundstücken vom 16. April 1882, Ges. die durch Einführung des BGB. veranlaßte Aenderung Bremischer Gesetze betr. Art. 4 (Becher V, 3 S. 37); Elsaß-Lothringen Ges. vom 3. Mai 1841, 20. Juni 1886; Hamburg, Ges. vom 5. Mai 1886; Lippe Ges. vom 8. Juni 1864, 3. Februar 1869, 17. Januar 1894; Lübeck Gesetz vom 31. Mai 1870; Mecklenburg-Schwerin AG. z. BGB. §§ 87—102 (Becher XI, 2 S. 19 ff.); Mecklenburg-Strelitz AG. z. BGB. §§ 85—100 (Becher XII, 1 S. 16 ff.); Oldenburg Enteignungsges. vom 21. April 1897, AG. z. BGB.

§ 45 (Becher XIII, 3 S. 15); Reuß ältere Linie Ges. vom 18. Mai 1870, AG. z. BGB. §§ 71—74 (Becher XV, 1 S. 12); Reuß jüngere Linie Ges. vom 15. März 1856, vom 17. April 1888, AG. z. BGB. § 65 (Becher XVI, 1 S. 14); Sachsen AG. z. BGB. §§ 18—20 (Becher XVII, 1 S. 4); Sachsen-Altenburg AG. z. BGB. §§ 49 bis 51 (Becher XVIII, 1 S. 10 ff.); Sachsen-Koburg-Gotha Ges. vom 31. Mai 1884, vom 20. Mai 1888, AG. z. BGB. Art. 27 (Becher XIX, 4 S. 61 ff.); Sachsen-Meiningen Ges. vom 28. Juni 1845; Sachsen-Weimar-Eisenach Ges. vom 10. Dezember 1884, vom 23. März 1892; Schwarzburg-Rudolstadt AG. z. BGB. Art. 76 (Becher XXIII, 2 S. 16), Ges. vom 21. Juni 1872, vom 28. März 1885; Schwarzburg-Sondershausen Enteignungsges. vom 29. Juli 1899 (Becher XXIV, 6 S. 59 ff.).

Art. 110.

Unberührt bleiben die landesgesetzlichen Vorschriften, welche für den Fall, daß zerstörte Gebäude in anderer Lage wieder hergestellt werden, die Rechte an den betheiligten Grundstücken regeln.

E. I, 77; II, 83; III, 109.

1. Entstehung. Art. 110 entspricht wörtlich dem Art. 77 von E. I (Mot. z. EG. 202; P. VI, 440; Reatz III, 61; Mat. 87 a S. 66).

2. Inhalt. Der Vorbehalt dieses Artikels zu Gunsten der Landesgesetzgebung betrifft die Regelung der Rechte Dritter an einem Gebäude, welches zerstört und an einer anderen Stelle wieder hergestellt wurde.

Der hauptsächlichste Fall wird der sein, daß ein Gebäude durch Brand zerstört und dessen Wiederaufbau an einer anderen Stelle polizeilich verfügt wurde. Der Vorbehalt ist übrigens nicht auf die Zerstörung des Gebäudes durch Brand oder überhaupt durch Naturgewalt beschränkt. Er trifft z. B. auch zu, wenn die Einlegung des Gebäudes im öffentlichen Interesse angeordnet wird, in welchem Falle allerdings der Vorbehalt mit jenem des Art. 109 zusammentreffen kann.

Die Rechte Dritter, welche in Frage kommen, werden hauptsächlich Hypotheken, Grundschulden, Rentenschulden, aber auch Reallasten und Dienstbarkeiten sein. Auch das Erbbaurecht wird hieher zu beziehen sein (vgl. BGB. § 1016).

Die Regelung der Rechte wird regelmäßig darin bestehen, daß dieselben von der alten Baustelle auf die neue übertragen werden.

Die Rechte der Hypothekgläubiger an der Versicherungssumme für ein zerstörtes Gebäude sind durch die §§ 1127—1130 BGB. geregelt.

3. Einschlägig sind: das württemb. Pfandges. vom 15. April 1825 Art. 26 und Ges. vom 14. März 1853 Art. 35, AG. z. BGB Art. 205; das badische Brandversicherungsges. vom 29. März 1852 § 60, AG. z. BGB. Art. 28; für Hessen Pfandges. vom 15. September 1858 Art. 64, 150, Ges. über die Brandversicherungsanstalt für Gebäude vom 28. September 1890 mit AG. z. BGB. Art. 274; das sachsen-weimarsche Pfandges. vom 6. Mai 1839 §§ 172, 321.

Art. 111.

Unberührt bleiben die landesgesetzlichen Vorschriften, welche im öffentlichen Interesse das Eigenthum in Ansehung thatsächlicher Verfügungen beschränken.

E. I, 66; II, 84; III, 110.

1. Der Art. 111 entspricht mit einer kleinen redaktionellen Aenderung dem Art. 66 des I. Entw. (Mot. z. EG. 192; P. VI, 428; Reatz III, 61; Mat. 87 a S. 67).

2. Inhalt. Art. 111 ermöglicht der Landesgesetzgebung, die Norm des § 903 des BGB. zu durchbrechen und das Eigenthum im öffentlichen Interesse in Ansehung thatsächlicher Verfügungen zu beschränken (§ 903: „Der Eigenthümer kann, soweit nicht Gesetz oder Rechte Dritter entgegenstehen, mit der Sache nach Belieben verfahren und Andere von jeder Einwirkung ausschließen"). Dem Wortlaute des § 903 zufolge könnte der Art. 111 überflüssig erscheinen, er beugt aber einerseits dem etwaigen Zweifel vor, ob unter Gesetz im Sinne dieses Paragraphen auch Landesgesetze zu verstehen sind, und beschränkt andererseits die Zuständigkeit der Landesgesetzgebung in dieser Hinsicht auf Eigentumsbeschränkungen im öffentlichen Interesse. Vgl. wegen nachbarrechtlicher Beschränkungen unten zu b. Es ist Folgendes hervorzuheben:

a) Der Vorbehalt ermöglicht Eigenthumsbeschränkungen nur im öffentlichen Interesse. Es gehören hieher namentlich die Beschränkungen rücksichtlich des Bauens und der Waldkultur. Den Gegensatz bilden Beschränkungen, welche, wie die nachbarrechtlichen Vorschriften, durch Beschränkung des privaten Rechts der einen Person das private Recht einer anderen Person erweitern. In dieser Beziehung enthält Art. 124 einen Vorbehalt für die Landesgesetzgebung.

b) Der Vorbehalt des Artikels ermöglicht die Beschränkung des Eigenthums nur in Ansehung thatsächlicher Verfügungen.

Eine allgemeine Beschränkung des Eigenthums in Ansehung der rechtlichen Verfügungsmacht des Eigenthümers hat das Einführungsgesetz der Landesgesetzgebung nicht zugestanden, weil eine solche Beschränkung nicht bloß auf den Eigenthümer, sondern auch auf andere Personen, deren Rechtserwerb gehindert wird, Einfluß hat, und weil die Landesgesetzgebung durch eine solche Ausdehnung des Vorbehalts ganze Rechtsinstitute, wie Pfandrecht, Nießbrauch u. s. w., für ihren Bereich unterdrücken, ja sogar das Eigenthum in der Hand des gegenwärtigen Besitzers im öffentlichen Interesse unveräußerlich machen könnte. Partielle Beschränkungen der rechtlichen Verfügungsmacht des Eigenthümers im öffentlichen Interesse sind der Landesgesetzgebung durch die Art. 115—117, 119 koncedirt.

c) Bei den thatsächlichen Verfügungsbeschränkungen, auf welche sich der gegenwärtige Artikel bezieht, handelt es sich nach den Motiven hauptsächlich um Beschränkungen hinsichtlich des Bauens und der Waldkultur. Der Vorbehalt wird häufig mit jenem des Art. 109 zusammenfallen (vgl. namentlich Bem. 4 zu Art. 109). Zum Theil fällt der Vorbehalt dieses Artikels mit den Vorbehalten der Art. 65—67, 69, 113 zusammen.

3. Hinsichtlich des bisherigen Rechtes vergleiche im Allgemeinen Stobbe, DPR. 2. Aufl. Bd. 2 § 84 S. 87.

Für Preußen vgl. auch PLR. Thl. I Tit. 8 §§ 32—69, 71—82 mit AG. z. BGB. Art. 89, Ges. vom 2. Juli 1875 betr. die Anlegung und Veränderung von Plätzen in Städten und ländlichen Ortschaften (Fluchtliniengef.); Ges. vom 25. August 1876 betr. die Verteilung der öffentlichen Lasten bei Grundstückstheilungen und die Gründung neuer Ansiedelungen in den Provinzen Preußen, Brandenburg, Pommern, Schlesien, Sachsen und Westfalen; Ges. vom 4. Juli 1887 betr. die Vertheilung der öffentlichen Lasten bei Grundstückstheilungen und die Gründung neuer Ansiedelungen in der Provinz Hannover, desgl. Ges. vom 13. Juni 1888 (Schleswig-Holstein); Ges. vom 11. Juni 1890 betr. die Gründung neuer Ansiedelungen in der Provinz Hessen-Nassau; Ges. vom 16. September 1899; Ges. gegen die Verunstaltung landschaftlich hervorragender Gegenden vom 2. Juni 1902.

Für Bayern siehe Becher, Landescivilrecht § 78, B, S. 569, Oertmann, Bayr. Landesprivatrecht S. 320. Durch Art. 1 AG. z. BGB. sind in Bayern auch noch die älteren einschlägigen Vorschriften aus der Zeit vor Erlassung der Verf.-Urk., z. B. die Verordnung vom 16. August 1805 über die Staatsstraßen, sowie einige Pfälzer Vorschriften, wie die Ordonnanz von Ludwig XIV. vom August 1669 sur le fait des eaux et forêts u. a. (vgl. Aubry & Rau § 193; Zachariae-Crome § 169; Schwarz, Forstberechtigungen, § 140, Urth. des Oberst. LG. vom 7. März 1888, Samml. Bd. 11 S. 600), aufrecht erhalten.

Aus dem Baurecht gehören hieher eine Anzahl neuerer Bestimmungen, insbes. die Bauordnung vom 17. Februar 1901, die Bauordnung für München vom 29. Juli 1901, vgl. Oertmann, Bayr. Landesprivatr. § 77 S. 327; für Sachsen Ges. vom 6. Juli 1863; Württemberg AG. z. BGB. Art. 241—245, 247, 252—254 (Becher XXVI, 1 S. 59 ff.); für Baden vgl. Forstges. vom 15. November 1833 mit Novellen, Ges. vom 20. Februar 1868 über die Anlage der Ortsstraßen und Feststellung der Baufluchten mit Novellen, Ges. über die gemeinen Schafweiden vom 17. April 1884, Straßengesetz vom 9. Juli 1884 (hiezu Mot. z. Entw. d. AG. z. BGB. S. 57—59); für Hessen Bauordnung vom 30. April 1881 mit AG. z. BGB. Art. 278 (Becher VIII, 3 S. 99); Hamburg Bebauungsplangef. vom 30. Dezember 1892.

Art. 112.

Unberührt bleiben die landesgesetzlichen Vorschriften über die Behandlung der einem Eisenbahn- oder Kleinbahnunternehmen gewidmeten Grundstücke und sonstiger Vermögensgegenstände als Einheit (Bahneinheit), über die Veräußerung und Belastung einer solchen Bahneinheit oder ihrer Bestandtheile, insbesondere die Belastung im Falle der Ausstellung von Theilschuldverschreibungen auf den Inhaber, und die sich dabei ergebenden Rechtsverhältnisse sowie über die Liquidation zum Zwecke der Befriedigung der Gläubiger, denen ein Recht auf abgesonderte Befriedigung aus den Bestandtheilen der Bahneinheit zusteht.

E. II, 112; III, 111.

1. Entstehung. Art. 112 wurde erst in der II. Komm. aufgestellt (P. VI, 552, 553, 611, 612; Reatz III, 61; Mat. 87a S. 68).

2. Der Zweck des Vorbehalts dieses Artikels ist, die Aufrechterhaltung des preuß. Ges. vom 19. August 1895, betr. das Pfandrecht an Privateisenbahnen und Kleinbahnen und die Zwangsvollstreckung in dieselben, zu ermöglichen und auch andere Bundesstaaten in die Lage zu setzen, die privatrechtlichen Verhältnisse der Eisenbahnen, namentlich den Uebergang des Eigenthums an einer Bahn als Ganzem in besonderer Weise zu regeln.

Zur Erreichung dieses Zwecks ist auch in § 871 CPO. eine einschlägige Bestimmung getroffen, und bewirkt der Vorbehalt dieses Artikels einen solchen auch für die Grundbuchordnung (§ 83) und für die Zwangsversteigerung (vgl. EG. hiezu § 2).

3. Inhalt. Der Vorbehalt ermöglicht,

a) in erster Linie nicht bloß Grundstücke und zwar gleichgültig, ob diese zusammenhängen oder nicht, sondern auch sonstige Vermögensbestandtheile, also bewegliche Sachen, Rechte und Forderungen als ein einheitliches Ganzes (ohne Rücksicht auf die Vorschriften der §§ 93 ff. BGB.) zu erklären. Voraussetzung ist nur, daß alle diese Gegenstände einem Eisenbahn- wenn auch einem Kleinbahnunternehmen gewidmet sind, wobei es gleichgültig ist, ob der Unternehmer der Staat oder irgend eine andere physische oder juristische Person ist.

b) Weiter kann die Landesgesetzgebung über die Veräußerung und Belastung der Bahneinheit oder der einzelnen Bestandtheile derselben und die sich hieraus ergebenden Rechtsverhältnisse Bestimmungen treffen, welche vom BGB. völlig abweichen. Es kann also z. B. das Erforderniß gerichtlicher oder notarieller Verlautbarung für den Veräußerungsvertrag, die Nichteintragung der dem Bahnunternehmen gewidmeten Grundstücke und der Belastungen derselben in das Grundbuch (vgl. auch GBO. § 90) angeordnet werden. Hervorgehoben ist, daß die Belastung der Bahneinheit im Falle der Ausstellung von Theilschuldverschreibungen auf den Inhaber landesgesetzlich abweichend von den Vorschriften des BGB. (z. B. §§ 1187 ff.) geregelt werden kann. Es kann z. B. auch angeordnet werden, daß im Falle der Ausstellung von Theilschuldverschreibungen auf den Inhaber von einer Versammlung der Gläubiger Beschlüsse mit Wirkung für und gegen alle Gläubiger gefaßt werden können.

c) Endlich sind landesgesetzliche Vorschriften über die Liquidation zum Zwecke der Befriedigung der Gläubiger, denen ein Recht auf abgesonderte Befriedigung aus der Bahneinheit (vgl. §§ 47 ff. KO.) zusteht, vorbehalten. Solche Vorschriften werden z. B. dahin getroffen werden können, daß bei Erlöschen der Genehmigung für das Eisenbahnunternehmen die Absonderungsrechte erlöschen, wenn sie nicht binnen einer bestimmten Frist angemeldet werden.

d) Es betrifft also der Art. 112 einen besonders gearteten Spezialfall vom Vorbehalte des Art. 111.

4. Vgl. ferner GBO. § 83, CPO. § 871, EG. z. ZwVG. § 2, Preuß. AG. z. ZwVG. Art. 4, Preuß. AG. z. Ges. über freiw. Gerichtsbarkeit Art. 3, Preuß. AG. z. GBO. Art. 31. — Reichsgesetz, betr. die gemeinschaftlichen Rechte der Besitzer von Schuldverschreibungen vom 4. Dezember 1899 § 25 (enthält eine Einschränkung des Art. 112). Für Baden vgl. § 11 AG. z. GBO. vom 19. Juni 1899 (Becher II, 12 S. 58).

Art. **113.***)

Unberührt bleiben die landesgesetzlichen Vorschriften über die Zusammenlegung von Grundstücken, über die Gemeinheitstheilung, die Regulirung der Wege,

*) Literatur: Vgl. Meyer, Verwaltungsrecht I S. 303, 307.

die Ordnung der gutsherrlich-bäuerlichen Verhältnisse sowie über die Ablösung, Umwandlung oder Einschränkung von Dienstbarkeiten und Reallasten. Dies gilt insbesondere auch von den Vorschriften, welche die durch ein Verfahren dieser Art begründeten gemeinschaftlichen Angelegenheiten zum Gegenstande haben oder welche sich auf den Erwerb des Eigenthums, auf die Begründung, Aenderung und Aufhebung von anderen Rechten an Grundstücken und auf die Berichtigung des Grundbuchs beziehen.

E. I, 41 Abs. 1; II, 86; III, 112.

1. Entstehung. Der Art. 113 giebt im Wesentlichen den Art. 41 Abs. 1 der I. Komm. wieder. Abgesehen von redaktionellen Verbesserungen wurde letzterer in der II. Komm. dadurch geändert, daß die in Art. 41 Abs. 1 fehlenden Worte: „die Regulirung der Wege", „Umwandlung oder Einschränkung", „welche die durch ein Verfahren dieser Art begründeten gemeinschaftlichen Angelegenheiten zum Gegenstande haben oder", „Aenderung" hinzugefügt wurden. Einige andere zu diesem Artikel in der II. Komm. gestellten Anträge wurden theils zurückgezogen, theils abgelehnt, theils gaben sie zur Bildung des nunmehrigen Art. 114 Veranlassung (Mot. z. EG. 162; P. VI, 372—375, 581 (Anmerkung), 743; Reatz III, 62; Mat. 68).

2. Inhalt. Der Artikel betrifft einen Theil des Agrarrechts, aber nicht dieses ausschließlich, sondern „er findet auch auf Grundstücke Anwendung, die in Städten oder Dörfern gelegen sind, er umfaßt mithin auch die Baufluchtregulirung". So P. VI, 743. Es fallen unter diesen Artikel:

a) Die Zusammenlegung von Grundstücken. Hierunter ist die Separation, Konsolidation, Verkoppelung, die Feld- und Flurbereinigung, sowie die Verlegung und Neueintheilung von Grundstücken durch Aenderung oder Verlegung der Grenzen zu verstehen (P. VI, 581).

b) Die Gemeinheitstheilung. Diese ist im weitesten Sinne aufzufassen. Man versteht hierunter die Theilung von bisher gemeinschaftlich benutzten Grundstücken, namentlich Forst- und Weidegrundstücken, mögen nun diese bisher im Miteigenthume der Nutzungsberechtigten gestanden haben oder mag die Nutzungsberechtigung einzelner Berechtigten nur in einer Servitut am Grundstück anderer ihren Grund gehabt haben. Es ist gleichgültig, ob es sich um Eigenthum einer politischen Gemeinde oder einer Realgemeinde oder um sogenanntes Interesseneigenthum handelt (P. VI, 743). Vgl. auch Art. 83.

c) Die Regulirung der Wege, d. i. Neuanlegung und Aenderung der Wege. Diese ist an sich schon in der Zusammenlegung von Grundstücken und der Gemeinheitstheilung enthalten und wurde nur im Hinblick auf Art. 40 des hessischen Gesetzes vom 28. September 1887, die Feldbereinigung betr., zur redaktionellen Verdeutlichung besonders hervorgehoben (P. VI, 373). Vgl. auch Art. 109 und 111.

d) Die Ordnung der gutsherrlich-bäuerlichen Verhältnisse. In Konsequenz der ständischen Verfassung entwickelte sich nämlich in früheren Jahrhunderten in Deutschland der Begriff des Ritterguts oder adeligen Gutes als eines Objekts, mit welchem gewisse anderen Grundbesitzungen nicht zukommende Vorrechte, z. B. die gutsherrliche Gewalt, befreiter Gerichtsstand, Ausübung der Patrimonialgerichtsbarkeit und gewisser Regalien, Rechte der Fischerei, des Jagd-, Forst- und Bergrechts, also solche Vorrechte verbunden waren, welche nicht ausschließlich öffentlich-rechtlicher Natur waren, sondern vielfach das Privatrecht berührten (Roth, Bayr. Civilr. 2. Aufl. § 50 Note 23 ff.). Den Gegensatz zu einem Gute mit gutsherrlichen Rechten bildete der bäuerliche Grundbesitz in seinen verschiedenen Abstufungen, z. B. Leibrecht, Neustift, Freistift, Erbrecht (a. a. O. Note 30). Die Entwicklung dieser Verhältnisse, welche im Laufe dieses Jahrhunderts fast überall eine völlige Umgestaltung erfahren haben, war in den verschiedenen Staaten eine ganz verschiedene. Die Ordnung der gutsherrlich-bäuerlichen Verhältnisse konnte daher nur der Landesgesetzgebung überlassen werden.

e) Die Ablösung, Umwandlung oder Einschränkung von Dienstbarkeiten und Reallasten. Ueber Dienstbarkeiten s. §§ 1018 ff., über Reallasten §§ 1105 ff. BGB.

Wie weit in dieser Beziehung landesrechtlich gegangen werden kann, ist aus den Gesetzgebungsverhandlungen nicht mit genügender Deutlichkeit zu ersehen. Es werden aber folgende Gesichtspunkte zu berücksichtigen sein:

α) In der II. Komm. wurde gegenüber einem Antrag auf Einfügung der Worte:

„die Regelung, insbesondere Einschränkung bestehender Grunddienstbarkeiten"

(P. VI, 372), welcher Antrag schließlich fallen gelassen wurde, in durchschlagender Weise hervorgehoben: „Die Wirkungen des Antrags würden, entgegen der Absicht des Antragstellers, über das Agrarrecht hinausgehen, sie würden sich auch auf städtische Dienstbarkeiten erstrecken. Es würde bei Annahme des Antrags z. B. möglich sein, das ganze Nachbarrecht des Code civil im Wege der Landesgesetzgebung aufrecht zu erhalten. . . . . Es werde nicht verkannt werden, daß es sich (sc. hier nur) um die Aufrechthaltung von Vorschriften handle, welche dazu bestimmt seien, die Einschränkung oder Umwandlung von Dienstbarkeiten im öffentlichen Interesse, insbesondere zum Vortheile der land- und forstwirthschaftlichen Kultur zu ermöglichen." (P. VI, 373, 374.)

Demnach ist anzunehmen, daß diese Vorschrift sich auf alle mit bäuerlichen Grundstücken zusammenhängenden Dienstbarkeiten und Reallasten bezieht, daß deren Ablösung u. s. w. nach dieser Bestimmung aber nur zugelassen werden soll, wenn diese im öffentlichen Interesse gelegen ist, insbesondere zum Vortheile der land- und forstwirthschaftlichen Kultur gereicht.

β) Hinsichtlich der in der II. Komm. beschlossenen Einschaltung der Worte „Umwandlung oder Einschränkung" wurde bemerkt: „Wenn der Landesgesetzgebung das weitergehende Recht der Ablösung von Servituten zustehe, so müsse sie auch befugt sein, eine Quasiablösung vorzunehmen, die in der Umwandlung und Beschränkung liege . . . . Die Aufnahme des Zusatzes habe auch den Vortheil, daß sich die Vorschrift alsdann auf die Reallasten erstrecke, für welche die Frage, wenn auch nur in seltenen Fällen, doch immerhin von praktischer Bedeutung sein könne." (P. VI, 375.)

γ) Weiter wurde schon in den Motiven (S. 162) bemerkt, daß unter den Vorschriften über die Ablösung von Dienstbarkeiten und Reallasten auch solche zu verstehen sind, welche das Rechtsverhältniß der in Folge der Ablösung begründeten Renten, z. B. das denselben beigelegte Vorzugsrecht oder im Falle der Theilung des belasteten Grundstücks die Vertheilung der Rentenlast auf die Besitzer der Trennstücke, sei es im Verhältnisse zu einander, sei es im Verhältnisse zu dem Berechtigten, betreffen. Die Art. 114, 120 u. 121 enthalten ebenfalls hieher bezügliche Vorschriften.

δ) Das Verhältniß dieses Artikels zu Art. 3 u. 184 dieses Gesetzes beleuchtet folgende Bemerkung, welche in der II. Komm. gemacht wurde:

„Aus Art. 106 (nun 184) und Art. 3 sei allerdings zu folgern, daß die Landesgesetzgebung den Inhalt und Umfang einer Servitut näher begrenzen könne, wenn und soweit zur Zeit des Inkrafttretens des BGB. sowohl die Servitut als auch das die Begrenzung zulassende Landesgesetz bereits bestanden habe. Dagegen werde sich aus der Uebergangsvorschrift des Art. 106 (nun 184) wohl nicht die Befugniß der Landesgesetzgebung herleiten lassen, den bestehenden oder entstehenden Servituten neue, zur Zeit des Inkrafttretens des BGB. noch nicht gesetzlich zugelassene Beschränkungen aufzuerlegen" (P. VI, 375).

f) Die Vorschriften, welche die durch ein Verfahren dieser Art begründeten gemeinschaftlichen Angelegenheiten zum Gegenstande haben.

Unter dem Verfahren dieser Art ist das Verfahren über die unter a—e aufgeführten Rechtsverhältnisse zu verstehen. Angelegenheiten, welche durch ein solches Verfahren gemeinschaftlich werden, sind z. B. die Wahl eines Flurbereinigungsausschusses und eines Schiedsgerichts nach Maßgabe des bayer. Flurbereinigungsges. vom 29. Mai 1886 sowie jene Rechtsverhältnisse, über welche der Flurbereinigungsausschuß zu befinden hat.

Es können in dieser Richtung auch Vorschriften erlassen werden, welche hinsichtlich der Uebertragung des Eigenthums an einem Grundstücke, der Belastung eines Grundstücks mit einem Rechte, der Belastung, Uebertragung oder Aufhebung eines solchen Rechtes von den Vorschriften des BGB.

§§ 873 u. 875 abweichen und z. B. die Einigung, bezw. Erklärung der Betheiligten durch den Entscheid einer Behörde (z. B. der Flurbereinigungskommission) ersetzen und die Eintragung in das Grundbuch auf Grund des Ersuchens dieser Behörde anordnen.

g) Die Vorschriften, welche sich
α) auf den Erwerb des Eigenthums,
β) auf die Begründung, Aenderung und Aufhebung von anderen Rechten an Grundstücken und
γ) auf die Berichtigung des Grundbuchs beziehen.

Auch hier kommen selbstverständlich nur Vorschriften über einen solchen Eigenthumserwerb und über solche Rechte an Grundstücken und über solche Grundbuchsberichtigungen in Frage, welche sich auf die unter a—e aufgeführten Rechtsverhältnisse beziehen, also z. B. zu α Art. 36 Abs. 1 u. 3, zu β Art. 8, 10, 12, 15, zu γ Art. 37 des erwähnten bayr. Gesetzes über die Flurbereinigung. Vgl. zu γ auch Art. 114.

3. Eine Ausnahme von den Vorschriften dieses Artikels statuirt der Art. 116 (vgl. die Anm. hiezu). Siehe auch die Art. 111, 115, 124 dieses Gesetzes.

4. Im Zusammenhange mit diesem Artikel steht auch § 3 EG. z. ZwVG., welcher bestimmt:

„Die im Art. 113 des Einführungsgesetzes zum BGB. bezeichneten Vorschriften bleiben insoweit unberührt, als sie für den Anspruch des Entschädigungsberechtigten oder des Dritten, welcher die Entschädigung geleistet hat, ein Recht auf Befriedigung aus dem Grundstücke gewähren und den Rang dieses Rechtes bestimmen. Jedoch kann dem Anspruch auf Rückstände wiederkehrender Leistungen ein Vorrecht nur mit der im § 2 Abs. 2 bezeichneten Einschränkung beigelegt werden."

§ 2 Abs. 2 desselben Gesetzes lautet:

„Es treten jedoch die landesgesetzlichen Vorschriften außer Kraft, nach welchen den landschaftlichen und ritterschaftlichen Kreditanstalten für den Anspruch auf ältere als zweijährige Rückstände wiederkehrender Leistungen ein Vorrecht vor den im § 10 Nr. 1 bis 6 des Gesetzes über die Zwangsversteigerung und die Zwangsverwaltung bezeichneten Ansprüchen beigelegt ist."

Endlich bestimmt § 14 Ziff. 2 GVG.:

„Als besondere Gerichte werden zugelassen

2. Gerichte, welchen die Entscheidung von bürgerlichen Rechtsstreitigkeiten bei der Ablösung von Gerechtigkeiten oder Reallasten, bei Separationen, Konsolidationen, Verkoppelungen, gutsherrlich-bäuerlichen Auseinandersetzungen und dergl. obliegt."

5. Einschlägig sind für Preußen: PLR. Thl. I Tit. 20 §§ 458—465, Tit. 22 §§ 56—242 mit AG. z. BGB. Art. 89 (vgl. aber Mot. hiezu S. 208), Gemeinheitstheilungsordnung vom 7. Juni 1821 mit Novellen vom 28. Juli 1838, 31. März 1841, 26. Juli 1846, Ablösungsgesetz vom 2. März 1850, § 45 des Ges. üb. das Grundbuchwesen im Bezirke des App.-Ger. Cassel vom 29. Mai 1873, § 1 des Ges. vom 29. Mai 1874 über die gerichtl. Einweisung von Grundstücken in den vormals bayerischen Landestheilen, § 29 des Ges. über das Grundbuchwesen im Geltungsbereich des rheinischen Rechtes vom 12. April 1888 mit AG. z. BGB. Art. 31 (vgl. Mot. zum Entw. des AG. z. BGB. S. 34, 35, 45), Ges. vom 18. Februar 1880 über das Verfahren in Auseinandersetzungsangelegenheiten; eine vollständige Aufzählung der zahlreichen einzelnen hier einschlägigen Gesetze für die einzelnen Landestheile in Preußen siehe bei Neumann, Handausgabe des BGB. III zu Art. 113 (4. Aufl. S. 117 ff.);

für Bayern namentlich Ablösungsges. vom 4. Juni 1848 mit AG. z. BGB. Art. 141, Ges. über die Grundentlastung vom 28. April 1872 und 2. Februar 1898 mit AG. z. BGB. Art. 163 u. 173, Lehenablösungsges. vom 4. Juni 1848, Weiderechtsges. vom 28. Mai 1852 mit AG. z. BGB. Art. 150, Forstges. vom 28. März 1852 in der Fassung der Bek. vom 4. Juli 1896 mit AG. z. BGB. Art. 146, Ehehaftenablösungsges. vom 23. Februar 1868 mit AG. z. BGB. Art. 153, Flurbereinigungsges. vom 29. Mai 1886 mit AG. z. BGB. Art. 171, AGO. Art. 19; vgl. hiezu Oertmann, Bayr. Landesprivatr. S. 303 ff., 488 ff.;

für Sachsen Ges. vom 17. März 1832 über Ablösung und Gemeinheitstheilungen, weitere Ges. vom 14. Juli 1840, 21. Juli 1846, 11. November 1850, 10. Februar 1851, 15. Mai 1851, Ges. über Zusammenlegung vom 23. Juli 1861, über vorläufige Grundbuchsanträge vom 1. August 1882, über die gemeinsamen Angelegenheiten der Zusammenlegungsgenossenschaften vom 29. April 1890, Verordnung vom 26. Juli 1899 § 10, Ges. vom 5. Juni 1900 §§ 27, 28;

für Elsaß-Lothringen Ges. vom 30. Juli 1890, Ausführungsbestimmungen vom 2. Oktober 1891, vgl. dazu Kisch, Elsaß-Lothring. Landesprivatr. § 100 (S. 524 ff.), AG. z. BGB. §§ 78, 79 (Becher VI, 1 S. 15);

für Württemberg insbesondere die Gesetze vom 14. April 1848 über die Beseitigung der auf dem Grund und Boden ruhenden Lasten, vom 24. August 1849 und 19. April 1865 über die Ablösung von Leistungen für öffentliche Zwecke, Weiderechtsges. vom 26. März 1873, Feldbereinigungsges. vom 30. März 1886 in der Fassung des AG. z. BGB. Art. 211 (Becher XXVI, 1 S. 49 ff.);

für Baden vgl. Ges. über die Ablösung der Gilten und Zinsen vom 5. Oktober 1820, Forstges. vom 15. November 1833 mit Novellen, Ges. vom 10. April 1848 über die Aufhebung der Feudalrechte, vom 21. Juli 1848 über die Ablösung der Weiderechte, vom 21. April 1849 über die Ablösung der Erb- und Schupflehen, vom 5. Mai 1856 und 21. Mai 1886 über die Zusammenlegung der Grundstücke, vom 20. Februar 1868 über die Anlage der Ortsstraßen und Feststellung der Baufluchten mit Novellen, vom 20. Februar 1879 über die Ablösung der Schulhausbaulast (vgl. M. z. Entw. des AG. z. BGB. S. 54—58), ferner AG. z. BGB. Art. 28;

für Hessen vgl. Ges. über den Umfang von Weideberechtigungen vom 7. Mai 1849 mit AG. z. BGB. Art. 280, Ges. über die Landeskulturgenossenschaften vom 28. September 1887 mit AG. z. BGB. Art. 272, Ges. über die Umwandlung und Ablösung von Reallasten und Grunddienstbarkeiten mit Landtagsabschied vom 24. Juli 1899 § 2 (vgl. Mot. z. AG. z. BGB. S. 5), AG. z. BGB. Art. 81 u. 82; Verordnung z. Ausf. der Ges. vom 24. Juli 1899 vom 25. August 1900;

für Sachsen-Altenburg AG. z. BGB. §§ 89, 90 (Becher XVII, 1 S. 19, 20); Sachsen-Meiningen AG. z. BGB. Art. 18 § 3 (Becher XX, 1 S. 14); Sachsen-Koburg-Gotha AG. z. BGB. Art. 37 (Becher XIX, 8 S. 66); Sachsen-Weimar-Eisenach AG. z. BGB. §§ 151—154 (Becher XXI, 3 S. 30); Mecklenburg-Schwerin VO. z. Ausf. des BGB. § 86 (Becher XI, 2 S. 19); Mecklenburg-Strelitz VO. z. Ausf. des BGB. § 84 (Becher XXII, 1 16); Braunschweig AG. z. BGB. §§ 40, 42 (Becher IV, 1 S. 8, 9); Schwarzburg-Rudolstadt AG. z. BGB. Art. 122, 124 (Becher XXIII, 2 S. 23 f.); Schwarzburg-Sondershausen AG. z. BGB. Art. 24 (Becher XXIV, 1 S. 11); Reuß ältere Linie AG. z. BBG. § 103 (Becher XV, 1 S. 18); Bremen Ges. betr. die durch Einf. des BGB. veranlaßten Aenderungen verschiedener Bremischen Ges. vom 18. Juli 1899 Art. 1, 2 (Becher V, 3 S. 29 ff., 33 ff.).

Art. 114.

Unberührt bleiben die landesgesetzlichen Vorschriften, nach welchen die dem Staate oder einer öffentlichen Anstalt in Folge der Ordnung der gutsherrlich-bäuerlichen Verhältnisse oder der Ablösung von Dienstbarkeiten, Reallasten oder der Oberlehnsherrlichkeit zustehenden Ablösungsrenten und sonstigen Reallasten zu ihrer Begründung und zur Wirksamkeit gegenüber dem öffentlichen Glauben des Grundbuchs nicht der Eintragung bedürfen.

E. II, 87; III, 113.

1. Entstehung. Dieser Artikel wurde erst in der II. Komm. aufgestellt, nachdem dort folgende Zusätze zu dem nunmehrigen Artikel 113 beantragt worden waren:

„Das Gleiche gilt von den Vorschriften, nach welchen die aus der Regulirung der gutsherrlich-bäuerlichen Verhältnisse und der Ablösung von Dienstbarkeiten und Reallasten entstandenen Ablösungsrenten und sonstigen Reallasten des Staates oder einer besonderen Anstalt von der Eintragung in das Grundbuch befreit sind“,

ferner:

„Die gleiche Vorschrift gilt für die aus der Ablösung der Oberlehnsherrlichkeit des Staates entstandenen Anstalten“.

Als Grundlagen dieses Antrags wurden folgende angegeben:

a) die Ausführungen der Mot. auf S. 193 (zu Art. 66 des I. Entw., nun Art. 111), welche lauten:

„Das Recht der Einzelstaaten, das Grundeigenthum im öffentlichen Interesse zu belasten, namentlich Steuern und Abgaben auf den Grundbesitz zu legen, gehört zweifellos dem öffentlichen Rechte an und bleibt deßhalb selbstverständlich von den Vorschriften des BGB. unberührt. Als dem Besteuerungsrecht angehörend sind auch diejenigen landesgesetzlichen Vorschriften anzusehen, nach welchen die auf Grund der Ablösung von Grundlasten öffentlichen Rechtes oder der Ablösung der staatlichen Oberlehnsherrlichkeit an den Fiskus oder an vermittelnde Institute (Rentenbanken, Landrentenbanken und dgl.) zu entrichtenden Ablösungsrenten und Allodifikationsgelder das Vorrecht der Steuern haben und weder zu ihrer Begründung noch zur Erhaltung der Wirksamkeit gegen Dritte der Eintragung in das Grundbuch bedürfen."

b) In Bayern seien bisher nach dem HypGes. (§ 22 Nr. 5 in der Fassung der Novelle vom 29. Mai 1886) die Grundgefälle des Staates und der Ablösungskasse und die an deren Stelle getretenen Leistungen (Fin.-Min.-Entschl. vom 3. Juli 1886, Justizministerialbl. S. 186) nicht dem Eintragungszwange wie die übrigen Reallasten unterworfen, obwohl diese Grundgefälle rc. dort (nach einer Entscheidung des Obersten Landesger. in Samml. Bd. XI S. 178) nicht die Eigenschaft von Lasten des öffentlichen Rechtes hätten; wenn diese Grundgefälle von dem Eintragungszwang auch fernerhin befreit bleiben sollen, so sei eine besondere Bestimmung nothwendig. Das Gleiche gelte von den aus der Ablösung der Oberlehnsherrlichkeit des Staates sich ergebenden Reallasten (P. VI, 373, 373; Reatz III, 62; Mat. 69).

2. Die Bedeutung der Vorschriften dieses Artikels ergiebt sich zur Genüge aus der unter Anm. 1 dargestellten Entstehungsgeschichte im Zusammenhalte mit den §§ 1105 u. 873—902 BGB. u. § 83 GBO.

3. Als öffentliche Anstalten können hier nur besondere Anstalten des Staates in Betracht kommen.

Ein in der II. Komm. gestellter Antrag dahingehend, in dem unter Ziff. 1 erwähnten Antrage statt der Worte: „oder einer besonderen Anstalt" die Worte: „oder einer dem Staate in dieser Beziehung gleichgestellten Körperschaft, Stiftung oder Anstalt" zu setzen, wurde zurückgezogen, nachdem darauf hingewiesen worden war, daß es sich nicht empfehle, die Befreiung von der Eintragungspflicht auf andere Renten auszudehnen. Rentenberechtigungen der Kirche und der Gemeinden seien ebenso wie die einem Privaten zustehenden einzutragen (P. VI, 374).

4. Eine Ausnahme von diesem Artikel statuirt der Art. 116.

5. Einschlägig sind für Preußen AG. z. BGB. Art. 22 (Becher XIV, 1 S. 12) (vgl. auch § 45 des Ges. über das Grundbuchwesen im Bezirke Cassel vom 20. Mai 1873 und § 1 des Ges. vom 29. Mai 1874 über die gerichtl. Einweisung von Grundlasten in den vormals bayerischen Landestheilen mit Mot. z. Entw. d. AG. z. BGB. S. 34 u. 35);
für Bayern AG. z. BGB. Art. 128 mit Art. 123, 124, 127 (Becher III, 7 S. 53);
für Baden Ges. vom 14. Mai 1825 über das Vorzugsrecht der Ablösungskapitalien und Zehentablösungsges. vom 15. November 1833;
für Schwarzburg-Sondershausen AG. z. BGB. Art. 38 (Becher XXIV, 1 S. 17).

Art. 115.*)

Unberührt bleiben die landesgesetzlichen Vorschriften, welche die Belastung eines Grundstücks mit gewissen Grunddienstbarkeiten oder beschränkten persönlichen Dienstbarkeiten oder mit Reallasten untersagen oder beschränken, sowie die landesgesetzlichen Vorschriften, welche den Inhalt und das Maß solcher Rechte näher bestimmen.

E. I, 70 Abs. 1, Ziff. 2; II, 88; III, 114.

1. Entstehung. Der nunmehrige Art. 115 stimmt mit Art. 70 Abs. 1 Ziff. 2 des I. Entw. im Wesentlichen überein und weicht nur insoferne von letzterem ab, als in diesem statt der Worte: „solcher Rechte" — welche sich auch auf „Reallasten" beziehen — die Ausdrücke gebraucht waren: „gewisser Grunddienstbarkeiten oder beschränkter persönlicher Dienstbarkeiten". Die Ausnahmebestimmung, welche Art. 70 des I. Entw. in seinem Abs. 2 traf, ist in den nunmehrigen Art. 116 mit herübergenommen worden

---

*) Literatur: Roth, Deutsches Privatrecht III S. 469 ff. (betr. Reallasten). Neubauer, Zusammenstellung des in Deutschland geltenden Rechts der Reallasten, Berlin 1879, Motive z. BGB. III S. 573. Stobbe-Lehmann, Deutsches Privatrecht II, 2 S. 42 ff.

(Reatz III, 62 u. 63; Mot. z. EG. 194; M. III, 480, 481, 579; P. VI, 433, 434, 582, 608, 609; Mat. 71).

2. Inhalt. Der Art. 115 giebt, wie schon bei Art. 111 erwähnt wurde, ebenso wie Art. 117 u. 119 der Landesgesetzgebung die Befugniß, den **rechtlichen** Inhalt des Eigenthums nach gewissen Richtungen hin, nämlich hinsichtlich der Belastung eines Grundstücks mit gewissen Grunddienstbarkeiten, beschränkten persönlichen Dienstbarkeiten und Reallasten, zu beschränken.

Im Einzelnen ist hervorzuheben:

a) Das Recht der Grunddienstbarkeiten ist in §§ 1018 ff., jenes der beschränkten persönlichen Dienstbarkeiten in §§ 1090 ff., jenes der Reallasten in §§ 1105 ff. des BGB. geregelt. Der Art. 115 bestimmt nun in seiner ersten Kopulative, daß landesgesetzlich bestimmt werden kann, ein Grundstück dürfe mit gewissen Arten dieser Rechte nicht oder nur in beschränktem Maße belastet werden.

b) Die zweite Kopulative dieses Artikels „sowie u. s. w." kann sich nur auf das Wort „beschränken" der ersten Kopulative beziehen. Denn wenn die Belastung mit einem Rechte untersagt ist, ist die nähere Bestimmung von Inhalt und Maß des Rechtes nicht veranlaßt. Die Hervorhebung der zweiten Kopulative hat aber wohl die Bedeutung, daß die Landesgesetze Inhalt und Maß abweichend vom BGB. regeln, also auch weiter ausdehnen können als die Vorschriften des BGB. dieses zulassen. Hinsichtlich der zur Zeit des Inkrafttretens des BGB. bestehenden Rechte trifft Art. 184 dieses Gesetzes dieselbe Bestimmung, jedoch mit dem Abmaße, daß vom Inkrafttreten des BGB. an für eine Grunddienstbarkeit die Vorschriften der §§ 1020 bis 1028 BGB. gelten. Diese Schranke wird die Landesgesetzgebung auch bei Ausnutzung des Artikels 115 berücksichtigen müssen.

c) In den Motiven zu diesem Artikel ist im Wesentlichen ausgeführt, daß es sich bei demselben um einen Theil des der Landesgesetzgebung (z. B. schon durch die Art. 61—72, 83, 113, 114, 117—119 dieses Gesetzes) vorbehaltenen Agrarrechtes handelt, daß das volkswirthschaftliche Bedürfniß die zeitliche oder räumliche Eindämmung des Servituteninhalts oder der Reallasten oder die Repression gewisser Reallasten und Servituten, z. B. Wald- und Weiderechtsservituten, erfordern kann, daß dieses volkswirthschaftliche Bedürfniß nach den verschiedenen Gegenden ein verschiedenes ist, daß die Regelung dieser Verhältnisse daher am besten der Landesgesetzgebung vorbehalten bleibt. Es wurde dieses auch aus dem Grunde für zweckmäßig erachtet, weil die einschlägigen Landesgesetze bisher die vertragsmäßigen Festsetzungen der Parteien ergänzten und weil, wenn auch eine z. Zt. des Inkrafttretens des BGB. bereits bestehende Servitut ihren vermöge der Ergänzung des begründenden Rechtsgeschäfts durch das Gesetz erlangten Inhalt nicht wegen des Mangels ergänzender Vorschriften im BGB. verliert, doch die Aufhebung der in dieser Hinsicht z. Zt. bestehenden Vorschriften zu Uebelständen, namentlich bei der Eintragung im Grundbuch, führen und eine Verwirrung über den Inhalt der Dienstbarkeit veranlassen könnte.

d) Ueber einzelne Reallasten hat dieses Gesetz auch schon in anderen Artikeln z. B. 62, 96, zu Gunsten der Landesgesetzgebung Vorbehalte gemacht.

Ein Vorbehalt, welcher der Landesgesetzgebung frei gibt, die Belastung eines Grundstücks mit einem dinglichen Vorkaufsrecht oder Erbbaurecht auszuschließen, wurde nach den Motiven (195) nicht für gerechtfertigt erachtet.

3. Eine Ausnahmebestimmung zu Art. 115 trifft der Art. 116.

4. Einschlägig sind für Preußen PLR. Thl. I Tit. 8 § 146 (Fensterrecht), Tit. 9 §§ 118—120 (Bienenrecht), Tit. 22 §§ 56—242 (Grundgerechtigkeiten) mit AG. z. BGB. Art. 89 (vgl. aber Mot. z. Entw. d. AG. z. BGB. S. 208), PLR. Thl. II Tit. 7 §§ 308 bis 494; §§ 10 ff. des Edikts vom 14. September 1811 (Einschränkung des Weiderechts, des Rasenhiebs, des Sammelns von Raff- und Leseholz und Waldstreu); Ges. vom 7. Juni 1821 und Ablösungsges. vom 2. März 1850, § 91 (Verbot der Neuauflegung gewisser Lasten und unkündbarer Geldrenten), § 18 Abs. 2—4 des Ges. vom 28. Mai 1860 für Hohenzollern, § 13 Abs. 2 des Ges. vom 15. Februar 1872 für Wiesbaden und die vormals großherz. hess. Gebietstheile, § 54 des Ges. vom 3. Januar 1873 für Schleswig-Holstein, § 25 des Ges. vom 23. Juli 1876 für Kassel, Verordnung vom 23. Juli 1833, § 20 Ges. vom 13. Juni 1873, § 12 Ges. vom 13. April 1885, für Hannover AG. z. BGB. Art. 30 (Unkündbare Renten in der Rheinprovinz, Lauenburg und Helgoland).

In Bayern darf nach Art. 34 u. 45 des Ges. vom 28. Mai 1852 über die Ausübung und Ablösung des Weiderechts auf fremden Grund und Boden der Eigenthümer eines Grundstücks ein Weiderecht weder als Dienstbarkeit bestellen noch bei der Veräußerung von Grundstücken vorbehalten. Auch sind gegenseitige Weidedienstbarkeiten ausgeschlossen. Ferner dürfen im Hinblick auf das Ablösungsges. vom 4. Juni 1848 Art. 2—4 und 8 Naturalfrohnden, Mortuarium, Handlohn und Zehent nicht mehr neu begründet werden. Die Jagdgerechtigkeit darf nach Art. 1 Abs. 2 des Ges. vom 30. März 1850 über die Ausübung der Jagd nicht als Grundgerechtigkeit bestellt werden, und die Begründung von Forstberechtigungen ist durch Art. 34 des Forstges. vom 28. März 1852 verboten.

Diese Verbote sind durch Art. 86 des bayer. AG. z. BGB. auch für die Pfalz, wo bisher gemäß der Art. 529, 530 des Code civil Reallasten gänzlich verboten waren, ausgedehnt, ferner ist durch Art. 85 AG. z. BGB. (Becher III, 7 S. 45) die Reallast — abgesehen von Leibrente und Leibgeding — nur als das Recht auf die regelmäßig wiederkehrende Leistung von fest bestimmten Geldbeträgen oder fest bestimmten Mengen von Bodenerzeugnissen unter Einräumung der jederzeitigen Ablösungsbefugniß an den Eigenthümer des belasteten Grundstücks zugelassen worden

Art. 85 AG. z. BGB. cit. lautet:

> „Als Reallast kann außer dem Rechte auf Leistungen, die zu einer Leibrente, insbesondere zu einem Leibgedinge gehören, nur das Recht auf die regelmäßig wiederkehrende Leistung von fest bestimmten Geldbeträgen oder fest bestimmten Mengen von Bodenerzeugnissen bestellt werden. Bei der Bestellung einer Reallast solcher Art muß der Geldbetrag bestimmt werden, durch dessen Zahlung der Eigenthümer die Reallast ablösen kann. Auf die Ablösung der Reallast finden die für die Ablösung einer Rentenschuld geltenden Vorschriften des § 1202 des BGB. entsprechende Anwendung. Haftet der Eigenthümer für die während der Dauer seines Eigenthums fällig werdenden Leistungen auch persönlich, so erstreckt sich im Falle der Kündigung die persönliche Haftung auf die Ablösungssumme."

§ 1202 BGB.:

> „Der Eigenthümer kann das Ablösungsrecht erst nach vorgängiger Kündigung ausüben. Die Kündigungsfrist beträgt 6 Monate, wenn nicht ein Anderes bestimmt ist. — Eine Beschränkung des Kündigungsrechts ist nur soweit zulässig, daß der Eigenthümer nach 30 Jahren unter Einhaltung der sechsmonatigen Frist kündigen kann. — Hat der Eigenthümer gekündigt, so kann der Gläubiger nach dem Ablaufe der Kündigungsfrist die Zahlung der Ablösungssumme aus dem Grundstücke verlangen."

Vgl. ferner Oertmann, Bayr. Landesprivatrecht § 105 S. 466 ff.

Einschlägig sind ferner für Sachsen Gesetze von 1813 (Walddienstbarkeiten), 17. März 1832 und 15. Mai 1851 (vgl. Mot. z. Entw. d. AG. z. BGB. S. 48); für Elsaß-Lothringen AG. z. BGB. § 75; für Württemberg Ges. vom 14. April 1848 über Beseitigung der auf dem Grund und Boden ruhenden Lasten; für Baden Edikt über die Schafweidegerechtigkeit vom 12. Mai 1818, Forstges. vom 15. November 1833 mit Novellen, Ablösungsges. vom 5. Oktober 1820, Ges. v. 10. April 1848 über Aufhebung der Feudalrechte, AG. z. BGB. Art. 26 (Becher II, 9 S. 24, Reallasten); für Hessen AG. z. BGB. Art 93 (Becher VIII, 3 S. 48, Reallasten nur auf Lebenszeit bezw. für juristische Personen auf 30 Jahre), Ges. über den Umfang von Weideberechtigungen vom 7. Mai 1849 mit AG. z. BGB. Art. 280.

Bremen, AG. z. BGB. § 26 (Reallasten nur als Altentheil); Sachsen-Altenburg, AG. z. BGB. § 82 (Dispositiver Inhalt der verschiedenen Grunddienstbarkeiten); Sachsen-Koburg-Gotha, AG. z. BGB. Art. 28 (Dispositiver Inhalt der verschiedenen Dienstbarkeiten §§ 1—16) (Becher XIX, 8 S. 62), Art. 36, Reallasten (Becher XIX, 8 S. 36); Sachsen-Meiningen, AG. z. BGB. Art. 17 (Inhalt und Maß der Dienstbarkeiten, §§ 1—22, die Vorschriften gelten nach § 16 auch für die vor dem 1. Januar 1900 begründeten Dienstbarkeiten), Art. 18 (Reallasten); Sachsen-Weimar-Eisenach, AG. z. BGB. §§ 133—146 (Inhalt und Maß gewisser Grunddienstbarkeiten), § 149 (Reallasten); Schaumburg-Lippe, AG. z. BGB. § 20 (Reallasten); Schwarzburg-Rudolstadt, AG. z. BGB. Art. 86—89 (Inhalt und Maß der Grunddienstbarkeiten); Waldeck-Pyrmont, AG z. BGB. Art. 16 (Beschränkung der Reallasten); Reuß, ä. L., AG. z. BGB. §§ 100, 101 (Becher XV, 2 S. 17, nähere Bestimmung des Inhalts gewisser Grunddienstbarkeiten); Reuß, j. L., AG. z. BGB. § 75 (Becher XVI S. 17 ff., nähere Bestimmung des Inhalts gewisser Grunddienstbarkeiten); Schaumburg-Lippe, AG. z. BGB. § 20.

Art. 116.

Die in den Artikeln 113 bis 115 bezeichneten landesgesetzlichen Vorschriften finden keine Anwendung auf die nach den §§ 912, 916, 917 des Bürgerlichen Gesetzbuchs zu entrichtenden Geldrenten und auf die in den §§ 1021, 1022 des Bürgerlichen Gesetzbuchs bestimmten Unterhaltungspflichten.

E. I, 41 Abs. 2 u. 70 Abs. 2; II, 89; III, 115.

1. Entstehung. Der Art. 116 giebt in veränderter Fassung den wesentlichen Inhalt der Absätze 2 der Art. 41 u. 70 des E. I wieder (Mot. z. EG. 162, 195, P. VI, 372, 433, 434, 582 (Anm.), 608; Reatz III, 63; Mat. 87a S. 71 ff.).

2. Inhalt. Der Art. 116 trifft Ausnahmebestimmungen zu den Art. 113 und 115 folgenden Inhalts:

a) Hinsichtlich der nach den Vorschriften des BGB. begründeten Geldrenten für einen Ueberbau (§§ 912, 916) und für einen Nothweg (§ 917) kann die Landesgesetzgebung Vorschriften, welche jene des BGB. durchbrechen, z. B. solche über die Ablösung der Renten, nicht erlassen.

b) Auch hinsichtlich der Unterhaltungspflicht einer baulichen Anlage auf dem belasteten Grundstücke, welche zu einer nach Maßgabe des BGB. begründeten Grunddienstbarkeit gehört (BGB. § 1021), oder einer baulichen Anlage des belasteten Grundstücks, auf welcher eine bauliche Anlage zu halten eine nach Maßgabe des BGB. begründete Grunddienstbarkeit berechtigt (BGB. § 1022), kann die Landesgesetzgebung Ausnahmevorschriften gegenüber jenen des BGB. über die Reallasten (§§ 1105 ff.), welche auf diese Unterhaltspflicht Anwendung finden, nicht treffen.

Art. 117.

Unberührt bleiben die landesgesetzlichen Vorschriften, welche die Belastung eines Grundstücks über eine bestimmte Werthgrenze hinaus untersagen.

Unberührt bleiben die landesgesetzlichen Vorschriften, welche die Belastung eines Grundstücks mit einer unkündbaren Hypothek oder Grundschuld untersagen oder die Ausschließung des Kündigungsrechts des Eigenthümers bei Hypothekenforderungen und Grundschulden zeitlich beschränken und bei Rentenschulden nur für eine kürzere als die im § 1202 Abs. 2 des Bürgerlichen Gesetzbuchs bestimmte Zeit zulassen.

E. I, 70 Abs. 1 Nr. 3; II, 90; III, 116.

1. Entstehung. Abs. 1 des Art. 117 wurde erst im Bundesrath aufgestellt. Abs. 2 entspricht im Wesentlichen der Nr. 3 von Abs. 1 des Art. 70 E. I mit dem Abmaße, daß die auf die Rentenschuld bezügliche Bestimmung erst in der II. Komm. eingefügt wurde (Mot. z. EG. 194; P. VI, 433, 434; Reatz III, 63; Mat. 87, a S. 72).

2. Inhalt. Art. 117 enthält einen Vorbehalt für die Landesgesetzgebung, welcher (wie Art. 115 u. 119 gegenüber Art. 111) dieselbe zu Beschränkungen der **rechtlichen** Verfügungsmacht des Eigenthümers hinsichtlich der Belastung von Grundstücken ermächtigt. Die Landesgesetzgebung kann hienach verfügen,

a) daß ein Grundstück nicht über eine bestimmte Werthsgrenze (z. B. über die Hälfte des Werthes) hinaus (mit Hypotheken, Grundschulden, Rentenschulden, Reallasten) belastet werden darf,

b) daß auf einem Grundstücke nicht eine **unkündbare** Hypothek oder Grundschuld errichtet werden darf,

c) daß bei Hypotheken und Grundschulden das Kündigungsrecht des Eigenthümers nur auf eine bestimmte Zeit ausgeschlossen werden darf,

d) daß bei Rentenschulden die Beschränkung des Kündigungsrechts des Eigenthümers nur auf eine bestimmte geringere Zahl von Jahren als auf 30 Jahre zulässig ist und daß nach Ablauf der betr. Zahl von Jahren das Ablösungsrecht des Eigenthümers sofort oder nach einer kürzeren als sechsmonatigen Frist ausgeübt werden kann.

3. Für **Preußen** ist einschlägig AG. z. BGB. Art. 32 (Becher XIV, 1 S. 16, 20 Jahre als Zeitgrenze); in **Bayern** bestehen einschlägige Vorschriften nicht (Oertmann, Bayr. Landesprivatrecht § 121 S. 527); für **Württemberg** AG. z. BGB. Art. 213 (Becher XXVI, 1 S. 51, 10 Jahre als Zeitgrenze); für **Baden** AG. z. BGB. Art. 27 (Becher II, 9 S. 24); für **Anhalt** AG. z. BGB. Art. 50 (Becher I, 3 S. 22); für **Sachsen-Meiningen** AG. z. BGB. Art. 19 § 2 (Becher XX, 1 S. 14, 20 Jahre als Zeitgrenze); **Reuß** j. L. AG. z. BGB. § 91 (Becher XVI, 1 S. 19, 20 Jahre als Zeitgrenze); **Schwarzburg-Sondershausen** AG. z. BGB. Art. 40 (Becher XXIV, 1 S. 17, 30 Jahre als Zeitgrenze); **Waldeck** AG. z. BGB. Art. 17 (Becher XXV, 1 S. 9, 20 Jahre als Zeitgrenze).

Art. 118.

Unberührt bleiben die landesgesetzlichen Vorschriften, welche einer Geldrente, Hypothek, Grundschuld oder Rentenschuld, die dem Staate oder einer öffentlichen Anstalt wegen eines zur Verbesserung des belasteten Grundstücks gewährten Darlehens zusteht, den Vorrang vor anderen Belastungen des Grundstücks einräumen. Zu Gunsten eines Dritten finden die Vorschriften der §§ 892, 893 des Bürgerlichen Gesetzbuchs Anwendung.

E. I, 75; II, 91; III, 117.

1. **Entstehung**. Art. 118 erhielt seine dermalige Fassung erst in der II. Komm. und weist gegenüber dem Art. 75 des E. I die Abweichungen auf, daß der Vorbehalt auch zu Gunsten der **Rentenschuld** getroffen, daß die im E. I durch die Worte „sofern der Vorrang in das Grundbuch eingetragen ist" gemachte Beschränkung des Vorbehaltes sowie eine Vorschrift über die Entbehrlichkeit der Vorlegung des Grundschuld- oder Hypothekenbriefs zur Eintragung gestrichen und die Worte „dem Staat oder" sowie der nunmehrige Satz 2 neu hinzugefügt wurden (Mot. z. EG. 190 ff.; P. VI, 439, 609; Reatz III, 63; Mat. 87, a S. 72).

2. **Zweck**. Der Vorbehalt des gegenwärtigen Artikels soll der Landesgesetzgebung die Möglichkeit gewähren, eine Begünstigung für die zum Zwecke der Melioration eines Grundstücks vom Staate oder von öffentlichen Kreditanstalten gewährten Darlehen in der Weise eintreten zu lassen, daß dem Darlehen der Vorrang vor allen anderen Belastungen des mittels des Darlehens zu verbessernden Grundstücks eingeräumt wird.

3. **Voraussetzung**. Der Vorbehalt setzt voraus, daß die Sicherung für das Meliorationsdarlehen entweder durch Bestellung einer Reallast (BGB. §§ 1105 ff.) oder einer Hypothek (§§ 1113 ff.) oder einer Grundschuld (§§ 1191 ff.) oder einer Rentenschuld (§§ 1199 ff.) erlangt wird.

4. **Inhalt**. Nach dem Vorbehalte kann landesgesetzlich bestimmt werden, daß die für das Meliorationsdarlehen bestellte Reallast oder Hypothek rc. **kraft Gesetzes**, also ohne daß es einer **rechtsgeschäftlichen Bewilligung** der in ihrem Range Beeinträchtigten nach Maßgabe der §§ 879 und 880 BGB. bedarf, den **Vorrang** vor allen übrigen Rechten, mit denen das Grundstück belastet ist, erhält. Eine Benachtheiligung der im Range zurückgesetzten Berechtigten wird hierin nach den Motiven deßhalb nicht gefunden, weil dieselben durch die Melioration eine Ausgleichung der Minderung ihrer Sicherheit erhalten. Soll dies der Fall sein, so muß landesgesetzlich dafür gesorgt sein, daß das Darlehen nur für den Meliorationszweck verwendet wird.

Der Eintragung des **Vorrangs** der Meliorationsforderung vor den übrigen Belastungen im Grundbuch bedürfte es an sich wohl denjenigen Berechtigten gegenüber nicht, welche zur Zeit der Eintragung des Meliorationsdarlehens eingetragen sind, weil der Vorrang kraft Gesetzes eintritt. Wenn in Satz 2 ausdrücklich die Vorschriften des BGB. über den öffentlichen Glauben des Grundbuchs (§§ 892 und 893) als anwendbar erklärt werden, so werden diese Vorschriften nur jenen gegenüber Bedeutung gewinnen, welche nach der Eintragung des Meliorationsdarlehens die durch dasselbe beeinträchtigten Rechte selbst oder Rechte an diesen erwerben. Hinsichtlich dieser wird die Vorsicht gebieten, daß der **Vorrang** des Meliorationsdarlehens ausdrücklich eingetragen wird. Allerdings könnte auch gesagt werden, daß die Eintragung des Vorrangs deßhalb nicht nothwendig ist, weil jeder wissen muß, daß für das Meliorationsdarlehen kraft Gesetzes der Vorrang besteht, vorausgesetzt, daß im **Grundbuch eingetragen ist**, es handele sich um ein **Meliorationsdarlehen** (vgl. Fischer-Henle Bem. 3). Diese Anschauung ist jedoch nicht zweifellos zutreffend und deßhalb die **Eintragung des Vorrangs** ausnahmslos zu empfehlen.

Daß der Vorbehalt nicht so weit geht, wie jener des Art. 113 zu Gunsten der Ablösungsrenten oder wie die im öffentlichen Rechte wurzelnde Befugniß der Landesgesetzgebung, für öffentliche Abgaben auch ohne jede Eintragung in das Grundbuch ein gesetzliches Vorzugsrecht zu schaffen, ergiebt sich schon aus dem Wortlaute des Artikels.

5. Der Vorbehalt ist nur zugelassen für ein vom Staat oder einer öffentlichen Kreditanstalt gegebenes Meliorationsdarlehen. Einem in der II. Komm. gestellten Antrage, das Wort „öffentlich" vor Kreditanstalt zu streichen, wurde nicht stattgegeben. Nach Fischer-Henle ist der Staat neben den öffentlichen Kreditanstalten deßhalb mitgenannt, weil es bei manchen vom Staate geschaffenen Kulturbanken zweifelhaft ist, ob der Geldgeber der Staat oder die Anstalt als juristische Person ist, und sind unter öffentlichen Kreditanstalten hier solche Anstalten nicht mit zu verstehen, welche zur Gewährung von Meliorationsdarlehen von Kommunalverbänden in der Weise errichtet sind, daß der Verband selbst Darlehensgeber ist, der Anstalt also keine besondere juristische Persönlichkeit zukommt. (Vgl. BGB. § 1807 Ziff. 4.)

6. Im E. I war, wie schon in Bem. 1 erwähnt, der Vorbehalt auf landesgesetzliche Vorschriften ausgedehnt, nach welchen, wenn durch die Aenderung des Ranges eine Briefhypothek oder eine Brief-Grundschuld (nun auch -Rentenschuld) betroffen wird, zu der Eintragung die Vorlegung des Hypotheken- oder Grundschuld- (nun auch Rentenschuld-) Briefes nicht erforderlich ist. Diese Ausdehnung des Vorbehalts wurde in der II. Komm. gestrichen, dagegen in einer Anmerkung die Voraussetzung ausgesprochen, daß die GBO. eine entsprechende Bestimmung treffen werde. Nach §§ 42—44 GBO. wäre nun aber die Vorlegung des Hypotheken-, Grund- oder Rentenschuldbriefs gleichzeitig mit dem Antrag auf Eintragung des Vorrangs zu verlangen und die Eintragung auf dem Briefe zu vermerken. Es bestimmt jedoch der § 83 GBO., daß alle in diesem EG. gemachten Vorbehalte auch für die Vorschriften der Landesgesetze über das Grundbuchwesen gelten. Deßhalb ist die Landesgesetzgebung ermächtigt, dieselbe Ausnahmebestimmung gegenüber den §§ 42—44 GBO. zu treffen, welche im I. Entw. enthalten war. (Vgl. bayr. Ges. vom 21. April 1884, die Landeskultur-Rentenanstalt betr., Art. 3 Ziff. 6 in der Fassung des AG. z. BGB. Art. 170 Ziff. V, 7.)

7. Einschlägig sind: in Preußen Ges. vom 13. Mai 1879, betr. die Einrichtung von Landeskultur-Rentenbanken mit AG. z. BGB. Art. 21; in Bayern das Ges. vom 21. April 1884, betr. die Landeskultur-Rentenanstalt, Art. 7, 12, mit Ges. vom 2. März 1898 und AG. z. BGB. Art. 170; in Sachsen das Ges. vom 26. November 1861, betr. die Errichtung einer Landeskultur-Rentenbank, nebst Ergänzungsges. vom 1. Juni 1872 sowie AG. z. BGB. § 30; für Sachsen-Koburg-Gotha AG. z. BGB. Art. 38 (Becher XIX, 8 S. 66); für Schwarzburg-Rudolstadt AG. z. BGB. Art. 122 (Becher XXIII, 2 S. 23); für Württemberg siehe Mot. z. Entw. des AG. z. BGB. §§ 103—106; für Elsaß-Lothringen siehe Mot. des Entw. eines AG. z. BGB. Art. 198; für Hessen Ges. vom 20. März 1880 über die Errichtung einer Landeskultur-Rentenkasse.

Art. 119.*)

Unberührt bleiben die landesgesetzlichen Vorschriften, welche

1. die Veräußerung eines Grundstücks beschränken;
2. die Theilung eines Grundstücks oder die getrennte Veräußerung von Grundstücken, die bisher zusammen bewirthschaftet worden sind, untersagen oder beschränken;
3. die nach § 890 Abs. 1 des Bürgerlichen Gesetzbuchs zulässige Vereinigung mehrerer Grundstücke oder die nach § 890 Abs. 2 des Bürgerlichen Gesetzbuchs zulässige Zuschreibung eines Grundstücks zu einem anderen Grundstück untersagen oder beschränken.

E. I, 70 Abs. 1 Ziff. 1; II, 92; III, 118.

1. Entstehung. Art. 119 erhielt seine gegenwärtige Fassung erst im Bundesrath, in welchem die Ziffern 1 u. 3 neu eingestellt wurden; Ziff. 2 entspricht bezüglich der ersten

---

*) Literatur: Oertmann, Bayr. Landesprivatrecht § 84 S. 345 ff.; Kloß, Sächs. Landesprivatrecht §§ 61, 81; Buchka, Landesprivatrecht für Mecklenburg-Schwerin und -Strelitz § 27, VIII S. 116 ff.

Alternative der Ziff. 1 von Abs. 1 des Art. 70 des E. I und erhielt ihre dermalige Fassung in der II. Komm. (Mot. z. EG. 194; P. VI, 433, 434, 479—481; Reatz III, 64; Mat. 87, a S. 74).

2. Inhalt. Art. 119 enthält wie Art. 115 u. 117 einen Vorbehalt, welcher die Landesgesetzgebung ermächtigt, das Grundeigenthum abweichend vom § 903 BGB. in rechtlicher Beziehung mehrfach zu beschränken. Er bezweckt namentlich der Landesgesetzgebung zu ermöglichen, die Vorschriften aufrecht zu erhalten, welche die Gutszertrümmerung (Güterschlächterei) verhindern sollen. Im Einzelnen ist Folgendes hervorzuheben:

A. Die Ziff. 1 des Vorbehalts ist sehr allgemein gefaßt, nicht ausschließlich gegen die sogen. Gutszertrümmerung gerichtet und ermöglicht z. B. nicht etwa bloß eine landesgesetzliche Vorschrift dahin, daß ein Grundstück, welches unter Abtrennung von anderen zu einem geschlossenen Anwesen vereinigten Grundstücken erworben wurde, eine bestimmte Zahl von Jahren nicht oder nur unter Genehmigung einer Behörde veräußert werden darf, sondern landesgesetzliche Beschränkungen der Veräußerung von Grundstücken jeder Art und aus irgend welchen Gründen.

B. Die Ziff. 2 enthält die landesgesetzliche Zulassung von Vorschriften, mit welchen in jenen Ländern, welche einschlägige Verbote haben, die Gutszertrümmerung zumeist bekämpft worden ist, nämlich

a) die Gestattung des Verbots oder der Beschränkung der Theilung eines Grundstücks und

b) die Gestattung des Verbots oder der Beschränkung der getrennten Veräußerung von Grundstücken, welche bisher zusammen bewirthschaftet wurden. Mit dem Ausdrucke „zusammen bewirthschaftet“ wollte man in der II. Komm. der Ansicht entgegentreten, als ob das Dismembrationsverbot nur dann, wenn mehrere Grundstücke durch einen und denselben Wirthschaftsplan (zu einer wirthschaftlichen Einheit verbunden) oder in der Hand desselben Eigenthümers vereinigt seien, als landesgesetzlich zugelassen zu betrachten sei, und jene Fälle nicht treffe, in denen, wie es auf den größeren Gütern im Osten Deutschlands vorkomme, einzelne Theile des Gutes (sog. Vorwerke) ganz selbständig durch Inspektoren bewirthschaftet würden.

Die Stelle, Ziff. 2, b, welche, wie in Bem. 1 schon angedeutet, erst in der II. Komm. hinzugefügt wurde, bezweckte, klarzustellen, daß das Zertheilungsverbot nicht bloß für die rechtlich, sondern auch für die wirthschaftlich zu einer Einheit verbundenen Grundstücke zugelassen werden soll.

Bei der allgemeinen Fassung der (erst im Bundesrath aufgestellten) Ziff. 1 dürfte die Ziff. 2 als in jener bereits enthalten zu betrachten und daher eigentlich überflüssig sein. Denn wem erlaubt ist, die Veräußerung eines Grundstücks zu beschränken, der kann auch bestimmen, daß das Grundstück nur im Ganzen veräußert werden darf, oder daß mehrere Grundstücke, die bisher zusammen bewirthschaftet wurden, nicht getrennt veräußert werden dürfen.

C. Ziff. 3 gestattet der Landesgesetzgebung die Erlassung abweichender Vorschriften von BGB. § 890 Abs. 1 (Vereinigung mehrerer Grundstücke dadurch, daß der Eigenthümer sie als ein Grundstück in das Grundbuch eintragen läßt) und § 890 Abs. 2 (Vereinigung mehrerer Grundstücke zu einem Ganzen dadurch, daß der Eigenthümer das eine Grundstück zum Bestandtheil des anderen macht, indem er es dem letzteren im Grundbuch zuschreiben läßt). Das außer Kraft tretende bayr. Hyp.Ges. § 36 und das Hamb. Grundb.-Ges. § 16 verboten bisher die Vereinigung im Hypotheken- bezw. Grundbuche bezüglich solcher Grundstücke, welche verschieden belastet sind (M. III, 57). Auch die GBO. trifft in den §§ 5 und 6 Ordnungsvorschriften dahin, daß die Vereinigung von Grundstücken im Grundbuch nicht eintreten oder wieder aufgehoben werden soll, wenn aus der Vereinigung Verwirrung entstehen kann.

3. Es bestehen bisher (nach den M. III, 60) einschlägige Vorschriften in Anhalt, Altenburg (Ges. vom 9. April 1859), Hamburg, Reuß j. L., Lippe-Detmold (Verordnung vom 23. März 1864), Waldeck (Ges. vom 24. September 1851), Schaumburg-Lippe (Ges. vom 11. April 1850) und im oldenburg. Fürstenthum Lübeck. Vgl. auch für Reuß ä. L. Ges. vom 20. Februar 1875.

Einschlägig sind für Preußen PLR. Thl. I Tit. 8 §§ 76, 77 mit AG. z. BGB. Art. 89, Rentengüterges. vom 7. Juli 1891 §§ 4, 5, Ges. vom 19. August 1895 betr. das Pfandrecht an Privat- und Kleinbahnen (Beschränkung der Veräußerung und Belastung einzelner zur Bahneinheit gehörigen Grundstücke); Edikt vom 14. September 1811 zur Beförderung der Landkultur; § 2 Ges. vom 18. Juni 1840 über die den Grundbesitz betreffenden Rechtsverhältnisse im Herzogthum Westfalen; § 7 Anerbenges. vom 8. Juni

1896; §§ 8, 14 Ges. vom 28. Mai 1873 über das Grundbuchwesen in der Provinz Hannover mit Ausschluß des Jagdgebiets; für Bayern Forstges. Art. 20 und Flurbereinigungsges. vom 29. Mai 1886 Art. 43; für Sachsen AG. z. BGB. §§ 7—12 mit Verordnung hiezu §§ 13—18 (Becher XVII, 1 S. 2, 3, XVII, 2 S. 14, 15); für Württemberg Ges. vom 23. Juni 1853 über die Beseitigung der bei Liegenschaftsveräußerungen und insbesondere bei der Zerstückelung von Bauerngütern vorkommenden Mißbräuche mit AG. z. BGB. Art. 172—174 (Becher XXVI, 1 S. 34 ff.); Feldweggeś. vom 26. März 1862 Art. 42, Feldbereinigungsges. vom 30. März 1886, AG. z. BGB. Art. 19; für Baden Ges. vom 6. April 1854 über die Theilbarkeit der Liegenschaften (vgl. Mot. z. Entw. d. AG. z. BGB. S. 56); für Hessen AG. z. BGB. Art. 94—96 (Becher VIII, 3 S. 48); Ges. betr. die allgem. Bauordnung vom 30. April 1881 mit AG. z. BGB. Art. 278 (Becher VIII, 3 S. 99).

Vgl. ferner für Lübeck AG. z. BGB. §§ 66—71; Hamburg AG. z. BGB. §§ 30—34; Bremen AG. z. BGB. §§ 21, 22 (Becher V, 1 S. 5); Mecklenburg-Schwerin Verordnung z. AG. z. BGB. §§ 109, 110, 111 (Becher XI, 2 S. 25 ff.); Mecklenburg-Strelitz Verordnung z. AG. z. BGB. §§ 107—109 (Becher XII, 1 S. 22 ff.); Reuß ä. L. AG. z. BGB. § 78 (Becher XV, 1 S. 14); Reuß j. L. AG. z. BGB. § 54 (Becher XVI, 1 S. 12); Sachsen-Altenburg AG. z. BGB. §§ 54—59 (Becher XVIII, 1 S. 13); Sachsen-Koburg-Gotha AG. z. BGB. Art. 23 (Becher XIX, 8 S. 58 ff.); Sachsen-Weimar-Eisenach AG. z. BGB. § 101 (Becher XXI, 3 S. 21); Schwarzburg-Rudolstadt AG. z. BGB. Art. 64 (Becher XXIII, 2 S. 14).

Art. 120.

Unberührt bleiben die landesgesetzlichen Vorschriften, nach welchen im Falle der Veräußerung eines Theiles eines Grundstücks dieser Theil von den Belastungen des Grundstücks befreit wird, wenn von der zuständigen Behörde festgestellt wird, daß die Rechtsänderung für die Berechtigten unschädlich ist.

Unberührt bleiben die landesgesetzlichen Vorschriften, nach welchen unter der gleichen Voraussetzung:

1. im Falle der Theilung eines mit einer Reallast belasteten Grundstücks die Reallast auf die einzelnen Theile des Grundstücks vertheilt wird;
2. im Falle der Aufhebung eines dem jeweiligen Eigenthümer eines Grundstücks an einem anderen Grundstücke zustehenden Rechtes die Zustimmung derjenigen nicht erforderlich ist, zu deren Gunsten das Grundstück des Berechtigten belastet ist;
3. in den Fällen des § 1128 des Bürgerlichen Gesetzbuchs und des Art. 52 dieses Gesetzes der dem Eigenthümer zustehende Entschädigungsanspruch von dem einem Dritten an dem Anspruche zustehenden Rechte befreit wird.

E. I, 76 Abs. 1; II, 93; III, 119.

1. Entstehung. Art. 120 entspricht dem Abs. 1 des Art. 76, von welchem er sich zum Theil in redaktioneller Beziehung, zum Theil auch materiell, nämlich dadurch unterscheidet, daß schon in der II. Komm. die Ausdehnung des Vorbehalts auf die Erklärung der Entbehrlichkeit der Vorlegung des Hypotheken- oder Grundschuldbriefs zur Löschung einer Briefhypothek oder Grundschuld gestrichen und in der Reichstagskommission der Vorbehalt von Abs. 2 Ziff. 3 auf den Fall des nunmehrigen § 1128 BGB. ausgedehnt wurde. Der Abs. 2 von Art. 76 des E. I findet sich in dem nunmehrigen Art. 120 wieder (Mot. z. EG. 200 ff.; P. VI, 439, 440; Reatz III, 64 ff.; Mat. 87, a S. 74 ff.; RTK. 440, d S. 12).

2. Inhalt. A. Der gegenwärtige Artikel betrifft das sogenannte Unschädlichkeitszeugniß und bezielt, der Landesgesetzgebung die Befugniß zu geben, von den Bestimmungen der §§ 875—877 BGB. Ausnahmen zu machen und zu ermöglichen, daß ohne Zustimmung derjenigen, welche Rechte an einem Grundstücke oder Rechte an solchen Rechten haben,

a) im Falle der Veräußerung eines Theiles des Grundstücks dieser Theil von den Belastungen des Grundstücks befreit wird, also frei von Belastungen von dem betreffenden Grundbuchblatt abgeschrieben und auf ein anderes Grundbuchblatt übertragen werden kann,

b) im Falle der Theilung eines mit einer Reallast belasteten Grundstücks die Reallast auf die einzelnen Theile des Grundstücks vertheilt wird, z. B. so, daß $^{4}/_{5}$ der Reallast dem Stammgrundstück und $^{1}/_{5}$ dem Trennstücke zugetheilt werden, wobei auch noch bestimmt werden kann, daß das Stammgrundstück für den Fall, daß das auf das Trennstück vertheilte Fünftel der Reallast nicht aufkommen kann, hiefür aushülfsweise zu haften hat (Mot. z. EG. 201),

c) daß weiter in dem Falle, wenn ein dem jeweiligen Eigenthümer eines Grundstücks an einem anderen Grundstücke zustehendes Recht (z. B. ein Vorkaufsrecht, eine Grunddienstbarkeit, eine Reallast) aufgehoben werden soll, diese Aufhebung vom Eigenthümer des berechtigten Grundstücks allein, d. i. ohne Zustimmung derjenigen erklärt werden kann, für welche Rechte an seinem Grundstück eingetragen sind.

d) Endlich will der gegenwärtige Artikel der Landesgesetzgebung ermöglichen, auch von den Bestimmungen des § 1128 BGB. und des Art. 52 dieses Gesetzes Ausnahmen aufzustellen und den Eigenthümer von den Beschränkungen zu befreien, welchen er in Bezug auf die Verfügung über eine Versicherungssumme oder über eine (gemäß der Art. 52 mit 67 u. 109 dieses Gesetzes) wegen Zwangsenteignung an ihn zu leistende Entschädigungssumme deßwegen unterworfen ist, weil sein Eigenthum mit Rechten Dritter belastet ist, indem bestimmt wird, daß der Eigenthümer ohne Zustimmung dieser Dritten über die Versicherungssumme oder den Entschädigungsanspruch verfügen kann.

B. Voraussetzung und Bedingung der Zulässigkeit der in Bem. 3 unter a—d aufgeführten landesgesetzlichen Bestimmungen ist, daß von der zuständigen Behörde festgestellt wird, es sei die Rechtsänderung für jene, deren Rechte ohne ihre Zustimmung eine Aenderung erleiden, unschädlich.

C. Der Beschluß, durch welchen diese Unschädlichkeit festgestellt wird, pflegt Unschädlichkeitszeugniß genannt zu werden.

D. Einer solchen Feststellung bedarf es selbstverständlich im Falle der Bem. 2, c dann nicht, wenn die Zustimmung des Dritten zur Aufhebung des Rechtes schon deßhalb (nach § 876 BGB.) nicht erforderlich ist, weil das Recht des Dritten durch die Aufhebung nicht berührt wird (vgl. M. IV, 464). Vgl. auch § 21 GBO.

E. Dagegen ist die Zulassung einer solchen Feststellung und der auf Grund derselben und des einseitigen Antrags des Eigenthümers zu bethätigenden Abtrennung von Theilen eines Grundstücks deßhalb von Werth, weil sonst nach dem Grundsatze, daß der Eigenthümer eines Grundstücks über einzelne Flächen desselben nur mit der Wirkung verfügen kann, daß darunter die Rechte Dritter an dem Ganzen nicht leiden (M. III, 58), die im wirthschaftlichen Interesse oftmals nothwendige Abtrennung kleiner Parzellen von Grundstücken an dem Eigensinn oder an der Chikane der dinglich Berechtigten oder an dem Mangel ihrer Verfügungsfähigkeit oder ihrer Legitimation oder an den mit der Einholung der Genehmigung derselben wegen ihrer großen Zahl oder wegen der Unbekanntheit ihres Aufenthalts oder aus sonstigen Gründen verbundenen Weiterungen scheitern kann.

F. Unter den „Belastungen", von welchen im Falle des Abs. 1 das Trennstück mittels des Unschädlichkeitszeugnisses befreit werden kann, sind alle Rechte, mit denen ein Grundstück belastet werden kann (also z. B. auch Grunddienstbarkeiten), zu verstehen. Vornehmlich kommen aber die Reallasten, Hypotheken, Grundschulden (Mot. z EG. 200) und Rentenschulden in Betracht; auch kommt — abweichend von Art. 116 — dem Vorbehalte dieses Artikels gegenüber der Ueberbau- und Nothwegrente (BGB. §§ 912, 916, 917) Wirksamkeit zu (P. VI, 439, 440).

G. Unter „Grundstücken" sind städtische wie ländliche Grundstücke zu verstehen.

H. Die „Veräußerung" begreift alle Fälle der Ueberlassung zu Eigenthum, die entgeltliche (Kauf, Tausch u. s. w.) ebenso wie die unentgeltliche. Von den ersteren ist besonders wichtig die Abtretung des Trennstücks zu einem öffentlichen Zwecke, z. B. Eisenbahnbau (vgl. Mot. z. bayr. Ges. über das Unschädlichkeitszeugniß).

I. Während in den Fällen des Abs. 1 und des Abs. 2 Ziff. 1 u. 2 dieses Artikels Rechte an einem Grundstück in Frage kommen, handelt es sich im Falle des Abs. 2 Ziff. 3 um Rechte an einem Entschädigungsanspruche des Eigenthümers

— und zwar eines Gebäudes oder Grundstücks im Falle des § 1128 BGB., einer beweglichen oder unbeweglichen Sache im Falle des Art. 52 dieses Gesetzes.

K. Soweit nach besonderen Agrargesetzen einzelner Bundesstaaten ausgesprochen ist, daß zur Fixirung, Umwandlung und Ablösung von Grunddienstbarkeiten und Reallasten, die mit dem Eigenthum an einem Grundstücke verbunden sind, die Zustimmung dritter Personen, denen Rechte an dem herrschenden Grundstücke zustehen, nicht erforderlich ist, oder daß, wenn ein Grundstück getheilt wird, die hierauf als Grundabgabe lastende Reallast nach einem bestimmten Maßstab auf die einzelnen Trennstücke vertheilt wird, können diese Landesgesetze schon nach Art. 113 dieses Gesetzes aufrecht erhalten werden und kommt es auf den Vorbehalt des gegenwärtigen Artikels nicht an.

L. Unter welchen Voraussetzungen, von welcher Behörde (z. B. Amtsgericht, Verwaltungsbehörde) und in welchem Verfahren festzustellen ist, daß die nach dem gegenwärtigen Artikel dem Eigenthümer ohne die Zustimmung der Drittberechtigten ermöglichten Verfügungen den Rechten Dritter unschädlich sind, bleibt bei der allgemeinen Fassung des Vorbehalts ebenfalls der Landesgesetzgebung überlassen.

M. Ebenso wird es der Landesgesetzgebung zukommen, die Wirkung der Feststellung der Unschädlichkeit in Bezug auf die erforderlichen Grundbuchseintragungen zu bestimmen, also z. B. auszusprechen, daß das Unschädlichkeitszeugniß die Zustimmung zur Abschreibung des Trennstücks seitens derjenigen ersetzt, deren Rechte hievon betroffen werden (GBO. § 19). Denn nach § 83 GBO. gilt der Vorbehalt des gegenwärtigen Artikels auch für die GBO. Vgl. auch § 21 GBO.

N. Aus gleichem Grunde kann die Landesgesetzgebung auch die (von der II. Komm. an dem Art. 76 Abs. 1 des I. Entw. abgestrichene) Bestimmung treffen, daß dann, wenn das Trennstück von einer Hypothek, Grundschuld oder Rentenschuld befreit wird, zur lastenfreien Abschreibung des Trennstücks die Vorlegung des Hypothek-, Grundschuld- oder Rentenschuldbriefs nicht erforderlich ist, und daß ebenso bei einer Hypothek für die Forderung aus einer Schuldverschreibung auf den Inhaber, aus einem Wechsel oder einem anderen Papier, das durch Indossament übertragen werden kann, die Vorlegung der Urkunde nicht erforderlich ist (GBO. §§ 42—44).

O. Die Richtigstellung des Grundbuchs ist sowohl in der Weise ausführbar, daß die Uebertragung der Belastungen auf das Grundbuchblatt der veräußerten Parzelle unterbleibt, als auch in der Weise, daß die übertragenen Belastungen nachträglich gelöscht werden (Mot. z. EG. 201).

3. Ueber den Begriff und die materiellen Voraussetzungen des Unschädlichkeitszeugnisses vgl. vor Allem Oertmann, Bayr. Landesprivatrecht § 85 S. 349—344. (Nicht bloß für das bayrische Recht beachtenswert.)

4. Einschlägig sind folgende Landesgesetze: Anhalt, AG. z. BGB. Art. 55 (Becher I, 3 S. 24); Bayern, Ges. über das Unschädlichkeitszeugniß vom 15. Juni 1898; Braunschweig, AG. z. BGB. §§ 57—61 (Becher IV, 1 S. 15); Bremen, AG. z. BGB. § 23 (Unschädlichkeitsfeststellung bei Grenzregelungen) (Becher V, 1 S. 6); Hamburg, AG. z. BGB. §§ 35—42 (Becher VII, 1 S. 6); Hessen, AG. z. BGB. Art. 97—101 (Becher VIII, 3 S. 48 ff.); Lippe, AG. z. BGB. §§ 25—28 (Becher IX, 1 S. 7); Lübeck, AG. z. BGB. §§ 82—87 (Becher X, 6 S. 53 ff.); Mecklenburg-Schwerin, Verordnung z. Ausf. des BGB. §§ 114—120 (Becher XI, 2 S. 26 ff.); Mecklenburg-Strelitz, Verordnung z. Ausf. des BGB. §§ 112—118 (Becher XII, 1 S. 23 ff.); Oldenburg, AG. z. BGB. §§ 7—11 (Becher XIII, 3 S. 8); Preußen, Gesetze vom 13. April 1841, 3. März 1850, betr. erleichterten Verkauf kleinerer Grundstücke, Ges. vom 27. Juni 1860, betr. Abänderung des Ges. vom 13. April 1841, Grundbuchordnung vom 5. Mai 1872 §§ 65—71, Ges. vom 12. April 1885, 22. April 1886, 12. April 1888 § 76, 25. März 1889, 15. Juli 1890, 19. August 1895 § 4, 14. Dezember 1896, AG. z. BGB. Art. 19, 20, AG. z. GBO. Art. 20; vgl. ferner für Preußen: KG. Jahrb. 22, A S. 317; Reuß, ältere Linie, AG. z. BGB. §§ 84—92 (Becher XV, 1 S. 14 ff.); Reuß, jüngere Linie, AG. z. BGB. §§ 55—64 (Becher XVI, 1 S. 12 ff.); Sachsen, AG. z. BGB. §§ 21—27 (Becher XVII, 1 S. 14 ff.); Sachsen-Altenburg, AG. z. BGB. §§ 60—69 (Becher XVIII, 1 S. 14 ff.); Sachsen-Koburg-Gotha, AG. z. BGB. Art. 39 (Becher XIX, 8 S. 67 ff.); Sachsen-Meiningen, AG. z. BGB. Art. 20 (Becher XX, 1 S. 15 ff.); Sachsen-Weimar-Eisenach, AG. z. BGB. §§ 162—174 (Becher XXI, 3 S. 32 ff.); Schaumburg-Lippe, Ges., betr. Erteilung von Unschädlichkeitszeugnissen vom 4. Mai 1899 (Becher XXII, 1 S. 1 ff.); Schwarzburg-Rudolstadt, AG. z. BGB. Art. 109—121 (Becher XXIII, 2 S. 21 ff.); Schwarzburg-Sondershausen, AG. z. BGB. Art. 29 (Becher XXIV, 1 S. 12); Waldeck, AG. z. BGB. Art. 13 (Becher XXV, 1 S. 8 ff.).

Art. 121.

Unberührt bleiben die landesgesetzlichen Vorschriften, nach welchen im Falle der Theilung eines für den Staat oder eine öffentliche Anstalt mit einer Reallast belasteten Grundstücks nur ein Theil des Grundstücks mit der Reallast belastet bleibt und dafür zu Gunsten des jeweiligen Eigenthümers dieses Theiles die übrigen Theile mit gleichartigen Reallasten belastet werden.

E. I, 76, Abs. 2; II, 94; III, 120.

1. Entstehung. Art. 121 entspricht dem Abs. 2 von Art. 76 des Entw. I mit einer redaktionellen und mit der materiellen Aenderung, daß die Worte „für den Staat oder eine öffentliche Anstalt" erst in der II. Komm. anstatt der Worte „für den Fiskus" eingesetzt wurden (Mot. z. EG. 202; P. VI, 609, 610; Reatz III, 65; Mat. 87, a S. 78).

2. Inhalt. Dieser Artikel trägt (nach den Motiven) den Vorschriften des sächsischen Rechtes (Verordnung vom 15. Februar 1841 § 7, Ges. über die Errichtung einer Landeskultur-Rentenbank vom 26. November 1861 § 4) Rechnung, nach welchen bei der Dismembration eines landrenten- oder landeskulturrentenpflichtigen Grundstücks das Hauptgrundstück gegenüber der Anstalt die volle Rentenlast behält, während der Erwerber des Trennstücks den darauf ausfallenden Rentenantheil an den Eigenthümer des Hauptgrundstücks zu entrichten hat und das Trennstück zu Gunsten des Eigenthümers des Hauptgrundstücks entsprechend zu belasten ist. Die nach Bem. 1 in der II. Komm. getroffene materielle Aenderung des Textes berücksichtigt die in der sächsischen Jurisprudenz aufgetauchten Zweifel, ob die sächsische Landrentenbank und Landeskultur-Rentenbank gewöhnliche Staatsanstalten oder selbständige juristische Personen sind, indem der Vorbehalt so gefaßt wurde, daß er wirksam werden kann, mag nun die eine andere Ansicht richtig sein.

3. Uebrigens sind die oben genannten Vorschriften jetzt durch die sächs. Verordnung vom 26. Juli 1899 § 181 (Becher XVII, 5 S. 92) und des Ges. vom 15. Juni 1900 § 133 Nr. 1, 3 beseitigt.

Im Uebrigen vgl. Grützmann, Sächs. Privatr. I S. 79, 343; Kloß, Sächs. Landesprivatr. § 127 S. 259 ff.

In Bayern bestehen einschlägige Vorschriften z. Zt. nicht.

Art. 122.

Unberührt bleiben die landesgesetzlichen Vorschriften, welche die Rechte des Eigenthümers eines Grundstücks in Ansehung der auf der Grenze oder auf dem Nachbargrundstücke stehenden Obstbäume abweichend von den Vorschriften des § 910 und des § 923 Abs. 2 des Bürgerlichen Gesetzbuchs bestimmen.

E. (I, 67; II, 95;) III, 121 Abs. 2.

1. Entstehung. Die Vorschrift des gegenwärtigen Artikels ist erst vom Bundesrath und der Reichstagskommission aufgestellt worden, vom Bundesrath als Abs. 2 zu Art. 121, dessen Abs. 1 dem Art. 67 des ersten und Art. 95 des II. Entw. entsprach, eine ähnliche Bestimmung wie der nunmehrige Art. 122, aber nur zu Gunsten eines Waldgrundstücks, traf und dann mit der Einschränkung auf bestehende Wälder als der nunmehrige Art. 183 dieses Gesetzes aufgestellt wurde. Die Reichstagskommission fügte dem Bundesrathsentwurfe die Worte „und des § 923 Abs. 2 (— nach dem III. Entw. 907 Abs. 2)" bei (Mot. z. EG. 193; P. III, 143, VI, 428, 429; Reatz III, 66; Mat. 79; RTK. 440, d, 12 mit der Zusammenstellung ad Nr. 440—440, d S. 71).

Die II. Komm. hatte den Antrag auf Einschaltung einer dem jetzigen Art. 122 entsprechenden Bestimmung ausdrücklich abgelehnt (P. VI, 428, 429).

2. Inhalt. Der § 910 BGB. gewährt dem Eigenthümer eines Grundstücks das Recht, Wurzeln und unter einer Voraussetzung auch Zweige, welche von einem auf dem Nachbargrundstücke stehenden Baume aus in sein Grundstück herüberdringen bezw. herüberhängen, abzuschneiden und zu behalten, und schließt dieses Recht nur dann aus, wenn Wurzeln oder Zweige die Benutzung des Grundstücks nicht beeinträchtigen. Nach § 923 Abs. 2 kann jeder Nachbar die Beseitigung eines auf der Grenze stehenden und als Grenzzeichen entbehrlichen Baumes auf gemeinschaftliche Kosten verlangen, und erwirbt der eine Nachbar das Alleineigenthum am Baume, wenn er die Kosten der Beseitigung des Baumes allein trägt und der andere Nachbar auf sein Recht an dem Baume verzichtet.

Der Art. 122 ermöglicht der Landesgesetzgebung eine anderweitige Regelung dieser Verhältnisse, jedoch bezüglich des § 910 BGB. nur in dem Sinne, daß das Landesgesetz diejenigen Beschränkungen, welche das BGB. den Nachbargrundstücken im Interesse der Obstbaumkultur auferlegt, zwar nicht beseitigen, jedoch noch andere Beschränkungen hinzufügen darf (P. III, 143 ff.).

In der II. Komm. gelangte zum Ausdrucke, es lasse sich schon aus § 910 BGB. folgern, daß bei Obstbäumen nicht alle Zweige sollten abgeschnitten werden können, und daß das Beschneiden nicht gerade in der Zeit des Wachsthums geschehen dürfe, und wurde dort der Unterschied zwischen dem § 910 und der damals vorgeschlagenen, dem nunmehrigen Art. 122 entsprechenden Bestimmung lediglich darin gefunden, daß nach § 910 in jedem einzelnen Falle untersucht werden müsse, wie weit das Recht des Eigenthümers beschränkt sei, während der Art. 122 es ermögliche, in diesem Punkte feste gesetzliche Normen aufzustellen (P. VI, 429).

Im Uebrigen unterscheidet sich Art. 122 von Art. 124 dieses Gesetzes dadurch, daß zu Gunsten des der Obstkultur gewidmeten Grundstücks nicht bloß dem Nachbargrundstücke noch andere als die im BGB. bestimmten Beschränkungen auferlegt, sondern daß das der Obstkultur gewidmete Grundstück auch von den Beschränkungen, welche ihm zu Gunsten des Nachbargrundstücks im BGB. § 910 und § 923 Abs. 2 auferlegt sind, landesgesetzlich befreit werden kann.

3. Diese Bestimmung ist hauptsächlich im Interesse von Württemberg aufgestellt worden, um diesem Lande zu ermöglichen, eine Schädigung der Obstkultur hintanzuhalten (P. VI, 428, 429). Es können aber auch andere Bundesstaaten hievon Gebrauch machen.

Vgl. ferner folgende Landesgesetze: Baden, AG. z. BGB. Art. 15, Art. 17 (Becher II, 9 S. 22); Bayern, AG. z. BGB. Art. 71, Art. 72, Art. 73, Art. 74, Art. 75 (Becher III, 7 S. 43 ff.). Vgl. hierzu Oertmann, Bayr. Landesprivatr. S. 330. Die älteren Bestimmungen des gem. Rechts, insbesondere die Verpflichtung zur Duldung herüberragender Zweige, die sich mindestens 15 Fuß über dem Grundstücke befinden, sind durch Art. 1 AG. z. BGB. beseitigt. Hessen, AG. z. BGB. Art. 85—89 (Entfernung der Baumpflanzungen von der Grenze des Nachbars (Becher VIII, 3 S. 46 ff.); Sachsen-Altenburg, AG. z. BGB. § 71 (Becher XVIII, 1 S. 15 ff.); Sachsen-Coburg-Gotha, AG. z. BGB. Art. 24 §§ 3—6 (Becher XIX 8 S. 59 ff.); Sachsen-Weimar-Eisenach, AG. z. BGB. §§ 109—113 (Abstände für Pflanzungen) (Becher XXI, 3 S. 23 ff.); Schwarzburg-Sondershausen, AG. z. BGB. Art. 31 §§ 4—6 (Becher XXIV, 1 S. 13 ff.); Württemberg, AG. z. BGB. Art. 241—245 (von überragenden Wurzeln und Zweigen) (Becher XXVI, 1 S. 58 ff.).

4. In Bezug auf Waldbäume vgl. Art. 183.

Art. 123.

Unberührt bleiben die landesgesetzlichen Vorschriften, welche das Recht des Nothwegs zum Zwecke der Verbindung eines Grundstücks mit einer Wasserstraße oder einer Eisenbahn gewähren.

E. III, 122.

1. Entstehung und Inhalt. Die Vorschrift dieses Artikels ist erst vom Bundesrath eingestellt (Reatz III, 66) und von der Reichstagskommission und dem Reichstage unbeanstandet gelassen worden (RTK. Zusammenstellung f. Nr. 440—440 d S. 72; StB. 3031, 3096). Sie ist vom preußischen Landesökonomiekollegium angeregt worden und soll in Erweiterung der nachbarrechtlichen Vorschriften der §§ 917 u. 918 BGB. über den Nothweg die Legung von Anschlußgeleisen an die Eisenbahn sowie die möglichst nahe Verbindung von Grundstücken, die bisher von einer öffentlichen Straße weiter weg gelegen waren, mit einer Eisenbahn oder einer öffentlichen Wasserstraße ermöglichen.

Vgl. P. VI, 553, 554.

2. Für Preußen ist Ges. vom 28. Februar 1843 §§ 24, 25 einschlägig, die §§ 3—10 v. PLR. Thl. I Tit. 22 werden durch Art. 89 AG. z. BGB. aufgehoben.

In Bayern ist vom Vorbehalte dieses Artikels kein Gebrauch gemacht worden (vgl. AG. z. BGB. Art. 1 und Mot. hiezu S. 45); für Sachsen vgl. sächs. GB. §§ 345—349.

Art. 124.

Unberührt bleiben die landesgesetzlichen Vorschriften, welche das Eigenthum an Grundstücken zu Gunsten der Nachbarn noch anderen als den im Bürgerlichen

Gesetzbuche bestimmten Beschränkungen unterwerfen. Dies gilt insbesondere auch von den Vorschriften, nach welchen Anlagen, sowie Bäume und Sträucher nur in einem bestimmten Abstande von der Grenze gehalten werden dürfen.

(RGBl. I, 836) E. II, 96; III, 123.

1. Entstehung. Der gegenwärtige Artikel hat seine nunmehrige Fassung erst in der Reichstagskommission erhalten (RTK. 440, d S. 13). Der Vorläufer des Artikels ist der § 866 des I. Entw. BGB., welcher lautete: „Die Landesgesetze, welche das Eigenthum an Grundstücken zu Gunsten der Nachbarn noch anderen **oder weitergehenden** Beschränkungen unterwerfen, bleiben unberührt". In der II. Komm. wurden die fett gedruckten Worte gestrichen und die Bestimmung ins EG. verwiesen. Es wollte zum Ausdruck gebracht werden, „daß die Landesgesetzgebung zwar andere als die im BGB. getroffenen Beschränkungen vorschreiben dürfe, nicht aber befugt sein solle, die durch das Gesetzbuch geregelten Beschränkungen zu verschärfen". — In der II. Komm. war ferner folgender Zusatz zu diesem Artikel beantragt worden: „Unberührt bleiben die landesgesetzlichen Vorschriften, welche den Eigenthümer eines Grundstücks zur Duldung von Einwirkungen auf dasselbe verpflichten, welche von Anlagen auf einem Nachbargrundstück ausgehen, die in einer bestimmten Entfernung von der Grenze liegen oder mit bestimmten Schutzvorrichtungen ausgestattet sind". Dieser mit Rücksicht auf die Verschiedenheit der industriellen Verhältnisse in Deutschland gestellte Antrag fiel jedoch schon in der II. Komm., weil man es für bedenklich hielt, gewisse für die Lebensfähigkeit der Industrie höchst wichtige Fragen der Landesgesetzgebung vorzubehalten, nachdem die Reichsgesetzgebung sich der Regelung des Industriewesens unterzogen habe (M. III, 259; P. IV, 163, 164; Reatz III, 66; Mat. 105). Der zweite Satz dieses Artikels wurde von der Reichstagskommission hinzugefügt und lediglich als redaktionelle Ergänzung bezeichnet (RTK. 440, d S. 13).

2. Inhalt. A. Der Artikel handelt nur von landesgesetzlichen Eigenthumsbeschränkungen zu Gunsten des Nachbarn im Gegensatze zu den im öffentlichen Interesse aufgestellten Eigenthumsbeschränkungen, welche vom Art. 111 dieses Gesetzes betroffen worden. Das Nachbarrecht betreffen übrigens auch schon die Art. 122 u. 123 dieses Gesetzes. Vgl. auch Art. 65 ff.

B. Von den Bestimmungen des BGB. berühren das Nachbarrecht die §§ 905 bis 924; diese Bestimmungen dürfen (nach Bem. 1) durch die Landesgesetzgebung (im Gegensatze zu Art. 122 Bem. 2) nicht verschärft, überhaupt nicht geändert werden. Es dürfen vielmehr landesgesetzlich nur andere Eigenthumsbeschränkungen zu Gunsten des Nachbarn aufgestellt werden. Als Grund hiefür wurde in der II. Komm. (P. III, 163, 164) Folgendes angegeben: Soweit es sich nicht um Beschränkungen des Eigenthümers im öffentlichen Interesse handelt, erscheine es mißlich nach Inkrafttreten des BGB. noch eine Erörterung darüber zuzulassen, ob das Landesrecht bezüglich der einzelnen vom BGB. geregelten Arten von Beschränkungen nicht noch weitergehe; die betreffenden auf das Nachbarrecht sich beziehenden Vorschriften seien vielfach, wie z. B. in Bayern, in alten, zum Theil obsoleten Statuten enthalten und es erscheine deßhalb im Interesse der Rechtssicherheit und der praktischen Handhabung des Rechtes geboten, die Möglichkeit bei der Beurtheilung des Umfanges der im BGB. geregelten Eigenthumsbeschränkungen auf alte statutarische Vorschriften zurückzugreifen, ein für alle Male abzuschneiden.

C. Daß für Anlagen landesgesetzlich ein bestimmter Abstand von der Grenze vorgeschrieben werden kann, ist schon in § 907 BGB. bestimmt, also hier nur eine Wiederholung, welche aber gegenüber dem § 907 nicht bewirken kann, daß landesgesetzliche Vorschriften in dem Sinne getroffen werden, daß die Beseitigung einer in dem landesgesetzlich bestimmten Abstande von der Grenze hergestellten Anlage von der in § 907 Abs. 1 Satz 1 BGB. bezeichneten Art sofort, d. i. bevor die unzulässige Einwirkung auf das Eigenthum thatsächlich hervortritt, verlangt werden kann. Ueber den Begriff „Anlagen" s. die Bem. zu § 907 in Bd. III. Hinsichtlich der Bäume und Sträucher, welche nicht unter den Begriff „Anlagen" fallen, gilt die Beschränkung des zweiten Satzes vom BGB. § 907 Abs. 1 nicht.

D. Soweit die Landesgesetzgebung zur Aufstellung von nachbarrechtlichen Eigenthumsbeschränkungen durch diesen Artikel für befugt erklärt ist, kann sie selbstverständlich deren Voraussetzungen, deren Inhalt und deren Wirkungen abweichend vom BGB. regeln.

E. Für die nachbarrechtlichen Vorschriften, welche die Landesgesetzgebung schon nach Maßgabe der in Art. 122, 123, 125, 65—67 dieses Gesetzes treffen kann, gelten die in Bem. 2, B gemachten Einschränkungen natürlich soweit nicht, als jene Vorbehalte zu Gunsten der Landesgesetzgebung weiter gehen.

3. Einschlägig sind folgende Landesgesetze: für Anhalt AG. z. BGB. Art. 34 (gemeinschaftliche Mauer), Art. 35 (Entfernung der Gebäude von land- und gartenwirthschaftlich benutzten Nachbargrundstücken), Art. 36 (Lichtöffnungen), Art. 37 (Abtritte, Düngerstätten u. s. w.), Art. 38 (Anhäufung von Materialien), Art. 39 (Einfriedigungen), Art 40, 41 (Dachtraufe), Art. 42 (Schornsteine), Art. 43 (Leiterrecht) (Becher I, 3 S. 18 ff.); Baden AG. Art. 13—24 (Becher II, 9 S. 21 ff.); Bayern AG. Art. 62—80 (62: Fenster, 63: Balkone, Erker u. s. w.; 68—70: gemeinschaftliche Mauer, 72 ff.: Bäume, Schmälerung des Sonnenlichts, 79: Anwenderecht) (Becher III, 7 S. 41 ff.); Bremen AG. z. BGB. § 24 (gemeinschaftliche Mauer) (Becher V, 1 S. 6 ff.); Elsaß-Lothringen AG. z. BGB. §§ 62, 63: Abstand bei Pflanzungen, § 64: Schadendrohende Anlagen; §§ 65—68: Fenster; §§ 69—72: Scheidemauer (Becher VI, 1 S. 12 ff.); Hessen AG. z. BGB. Art. 82: gemeinschaftliche Mauer; Art. 83: Hammerschlags- u. Leiterrecht; Art. 85—89: Entfernung von Baumpflanzungen (Becher VIII, 3 S. 45 ff.); Reuß ältere Linie AG. z. BGB. §§ 97, 98 (Hammerschlag, Baugerüste, Wasserlauf) (Becher XV, 2 S. 16); Reuß jüngere Linie AG. z. BGB. §§ 69—72 (Hammerschlag, Anwende, Fenster, Abstandsvorschriften) (Becher XVI, 1 S. 15 ff.); Preußen PLR. Thl. I Tit. 8 §§ 125—186, AG. z. BGB. Art. 89 Ziff. 1, b: Rheinisches BGB. Art. 671, 672 Abs. 1, 674—681 und Pr. AG. z. BGB. Art. 89 Ziff. 2; AG. z. BGB. Art. 23, 24 (Scheidemauer im Gebiete des Rheinischen Rechts) (Becher XIV, 1 S. 59, 60, 13); Sachsen-Altenburg AG. z. BGB. §§ 70—74 (Becher XVIII, 1 S. 15 ff.); Sachsen-Coburg-Gotha AG. z. BGB. Art. 28 (Becher XIX, 8 S. 62 ff.); Sachsen-Meiningen AG. Art. 15 (Hammerschlag, ortsübliche Rechte, behufs landwirthschaftl. Bewirthschaftung andere landwirthschaftliche Grundstücke mit Fuhrwerk, Pflug und Egge zu überschreiten) (Becher XX, 1 S. 10); Sachsen-Weimar-Eisenach, AG. z. BGB. §§ 114—117 (Hammerschlag, Anwenderecht vgl. auch N. 2 zu Art. 122) (Becher XXI, 3 S. 24); Schwarzburg-Rudolstadt AG. z. BGB. Art. 66—73 (Becher XXIII, 2 S. 14 ff.); Schwarzburg-Sondershausen AG. z. BGB. Art. 31 (Wasserabfluß, Hammerschlagsrecht, Abstand bei Pflanzungen, schadendrohende Anlagen) (Becher XXIV, 1 S. 13 ff.); Württemberg AG. z. BGB. Art. 217—254 (die nachbarrechtlichen Bestimmungen Württembergs sind besonders zahlreich und kasuistisch; in bezug auf Gebäude Art. 219—224; von Aufbereitungen auf Grundstücken Art. 225, Erhöhung von Grundstücken Art. 226, 227: Beschaffenheit der Einfriedigungen Art. 228: Abstände der Einfriedigungen u. Pflanzenanlagen Art. 229—239; Abstand der Waldungen Art. 240; allgemeine Bestimmungen Art. 246—254 [speziell Eisenbahnen u. Telegraphen: Art. 253, 254]) (Becher XXVI, 1 S. 52 ff.).

Art. 125.

Unberührt bleiben die landesgesetzlichen Vorschriften, welche die Vorschrift des § 26 der Gewerbeordnung auf Eisenbahn-, Dampfschiffahrts- und ähnliche Verkehrsunternehmungen erstrecken.

E. II, 97; III, 124.

1. Entstehung. Die Vorschrift ist erst von der II. Komm. aufgestellt und dann nicht weiter geändert worden (P. III, 379, VI, 428; Reatz III, 66; Mat. 79).

2. Inhalt. A. § 26 der Gewerbeordnung lautet:

„Soweit die bestehenden Rechte zur Abwehr benachtheiligender Einwirkungen, welche von einem Grundstücke aus auf ein benachbartes Grundstück geübt werden, dem Eigenthümer oder Besitzer des letzteren eine Privatklage gewähren, kann diese Klage einer mit obrigkeitlicher Genehmigung errichteten gewerblichen Anlage gegenüber niemals auf Einstellung des Gewerbebetriebes, sondern nur auf Herstellung von Einrichtungen, welche die benachtheiligende Einwirkung ausschließen, oder, wo solche Einrichtungen unthunlich oder mit einem gehörigen Betriebe des Gewerbes unvereinbar sind, auf Schadloshaltung gerichtet werden“.

B. Der Betrieb von Eisenbahn-, Dampfschiffahrts- und ähnlichen Verkehrsunternehmungen kann leicht z. B. durch übermäßige Rauchzuführung oder durch das Hinüberfliegen von Funken das Eigenthum an benachbarten Grundstücken beeinträchtigen. In einem solchen Falle könnte unter Umständen gemäß §§ 1004 mit 903 u. 906 BGB. der Eigenthümer auf Einstellung des Eisenbahn- oder Dampfschiffahrts- rc. Betriebs klagen, während die Betriebs-Einstellung dem öffentlichen Interesse widerstreitet. Durch gegenwärtigen Artikel wird die Landesgesetzgebung ermächtigt, den negatorischen Anspruch gegen die fraglichen Unternehmungen dahin zu beschränken, daß nicht auf Betriebseinstellung, sondern nur auf Herstellung schützender Einrichtungen, eventuell auf Schadensersatz geklagt werden kann (P. III, 379; Mat. 81). Uebrigens dürfte der Vorbehalt dieses Artikels schon durch Art. 111 dieses Gesetzes gedeckt sein.

3. Für Preußen vgl. RGE. in „Das Recht" 1904 S. 617, D. Jur.Z. 1904 S. 746. Preußen hat von der durch diesen Art. ertheilten Befugniß keinen Gebrauch gemacht, weil das BGB. im Zusammenhange mit der preußischen Gesetzgebung (§§ 11 Abs. 2, 42 Kleinbahnges. vom 28. Juli 1892, Ausf.-Anw. zu § 11 Eisenbahn-Verordnungsbl. 1898 S. 235, Bahneinheitsges. vom 8. Juli 1902, § 25 Preuß. Eisenbahnges. vom 8. November 1838, Art. 9 der Preuß. Verf.Urk., § 75 Erlaß z. PLR. Art. 89 AG. z. BGB.) für ausreichend zum Schutze der Anlieger von Kleinbahnen gegen Schädigung durch den Kleinbahnbetrieb erachtet wurde. Vgl. auch Eisenbahngesetz §§ 4—14.

In Bayern haben bisher ausdrückliche Bestimmungen nicht bestanden. Es ist aber ein Recht, die Einstellung des Betriebs eines obrigkeitlich genehmigten Eisenbahn- oder Dampfschiffahrtsunternehmens (Art. 8 Abs. 1 Ziff. 1 des Ges. vom 30. Januar 1868, das Gewerbewesen betr.) wegen der über das Maß der allgemeinen Duldungspflicht (BGB. § 906) hinausgehenden Einwirkung auf ein Nachbargrundstück zu verlangen, nicht anerkannt worden (Erkenntn. des Oberapp.-Ger. vom 15. Februar 1866 und 5. April 1871 in Bl. f. RA. Bd. 21 S. 123, Bd. 26 S. 392; Mot. z. bayr. AG. Art. 72 S. 45). Der Art. 80 des bayr. AG. (Becher III, 7 S. 44) bestimmt nun:

> „Die Vorschrift des § 26 der Gewerbeordnung findet auf Eisenbahn-, Dampfschiffahrts- und ähnliche Unternehmungen, welche dem öffentlichen Verkehre dienen, entsprechende Anwendung".

Vergl. im Uebrigen über den Begriff der ähnlichen Verkehrsunternehmungen Oertmann, Bayr. Landesprivatrecht S. 311 ff.

Im Uebrigen vgl. folgende Landesgesetze: Anhalt, AG. z. BGB. Art 44 (Becher I, 3 S. 21); Hessen, AG. z. BGB. Art. 92 (Becher VIII, 3 S. 47); Lübeck, AG. z. BGB. § 72 (Becher X, 6 S. 51); Braunschweig, AG. z. BGB. § 46; Mecklenburg-Schwerin, V. z. Ausf. d. BGB. § 106; Mecklenburg-Strelitz, V. z. Ausf. d. BGB. § 104; Reuß ältere Linie, AG. z. BGB. § 105 (Becher XV, 1 S. 19); Sachsen, AG. z. BGB. § 28 (Becher XVII, 1 S. 5); Sachsen-Altenburg, AG. z. BGB. § 73 (Becher XVIII, 1 S. 16); Sachsen-Koburg-Gotha, AG. z. BGB. Art. 25 (Becher XIX, 8 S. 61); Sachsen-Meiningen, AG. z. BGB. Art. 16 (Becher XX, 1 S. 10); Sachsen-Weimar-Eisenach, AG. z. BGB. § 118 (Becher XXI, 3 S. 25); Schwarzburg-Rudolstadt, AG. z. BGB. Art. 74 (Becher XXIII, 6 S. 16); Schwarzburg-Sondershausen, AG. z. BGB. Art. 35 (Becher XXIV, 1 S. 16); Württemberg, AG. z. BGB. Art. 218 (Becher XXVI, 1 S. 52).

Art. 126.

Durch Landesgesetz kann das dem Staate an einem Grundstücke zustehende Eigenthum auf einen Kommunalverband und das einem Kommunalverband an einem Grundstücke zustehende Eigenthum auf einen anderen Kommunalverband oder auf den Staat übertragen werden.

E. I, 68; II, 98; III, 125.

1. Entstehung. Art. 126 entspricht mit unwesentlichen redaktionellen Aenderungen dem Art. 68 des Entw. I (Mot. z. EG. 193; P. VI, 429; Reatz III, 67; Mat. 87, a S. 81).

2. Inhalt. A. Der Art. 126 läßt eine landesgesetzliche Ausnahme von den Bestimmungen der §§ 873 u. 925 BGB. zu, indem er gestattet, daß dann, wenn es sich um die Uebertragung des Eigenthums an einem Grundstück

a) von Seite des Staates an einen Kommunalverband oder
b) von einem Kommunalverband an den Staat oder
c) von einem Kommunalverband an einen anderen Kommunalverband handelt, diese Eigenthumsübertragung unmittelbar durch Gesetz bewirkt wird.

B. Unter Kommunalverbänden sind in Preußen die Provinzial-, Kreis- und Amtsverbände, in Bayern die Kreis- und Distriktsgemeinden und in allen Bundesstaaten gemäß Art. 77 dieses Gesetzes wohl auch die politischen Gemeinden zu verstehen.

C. Ob das Grundstück, dessen Eigenthum übertragen wird, auf Grund einer dem § 90 GBO. entsprechenden landesherrlichen Verordnung von der Eintragung im Grundbuche befreit ist oder nicht, davon hängt die Wirksamkeit des Vorbehalts des gegenwärtigen Artikels nicht ab. Wäre das Grundstück nicht buchungsfrei, so würden landesgesetzlich gemäß Art. 127 dieses Gesetzes und § 83 GBO. auch Bestimmungen über die grundbuchmäßige Behandlung solcher Grundstücke zu treffen sein.

3. Grund der Vorschrift. Der Vorbehalt dieses Artikels wurde (nach den Motiven) aufgestellt, weil es sich hiebei um eine innere, den Privatverkehr nicht interessirende Angelegenheit der betheiligten öffentlichen Gemeinwesen handelt und hiefür die Zulassung einer Ausnahme zweckmäßig erscheint, um unnöthige und oft beschwerliche Weiterungen zu ersparen.

4. Anwendungsfälle. In den Motiven sind als hieher gehörende Beispiele § 18 Abs. 2 des preuß. Ges. vom 8. Juli 1875, betr. die Ausführung des Ges. vom 30. April 1873 wegen Dotation der Provinzial- und Kreisverbände, und § 2 des preuß. Ges. vom 18. Januar 1881, betr. die Aufhebung der kommunalständischen Verbände in der Provinz Pommern, bezeichnet.

Art. 127.

Unberührt bleiben die landesgesetzlichen Vorschriften über die Uebertragung des Eigenthums an einem Grundstücke, das im Grundbuche nicht eingetragen ist und nach den Vorschriften der Grundbuchordnung auch nach der Uebertragung nicht eingetragen zu werden braucht.

E. II, 99; III, 126.

1. Entstehung. Die Vorschrift ist erst in der II. Komm. und zwar anfänglich mit einer etwas anderen Fassung aufgestellt worden (P. VI, 426, 427; Reatz III, 67; Mat. 81).

2. Inhalt. Während nach §§ 37 ff. GBO. jedes Grundstück im Grundbuch einzutragen ist, kann nach § 90 GBO. durch landesherrliche Verordnung bestimmt werden, daß die Grundstücke

a) des Fiskus,
b) gewisser juristischer Personen, dann
c) die öffentlichen Wege,
d) die öffentlichen Gewässer,
e) die Grundstücke, welche einem dem öffentlichen Verkehre dienenden Bahnunternehmen gewidmet sind, ferner
f) die Grundstücke des Landesherrn, endlich
g) die Grundstücke, welche zum Hausgute oder Familiengute
  α) einer landesherrlichen Familie,
  β) der Fürstlichen Familie Hohenzollern, der Familie des vormaligen Hannoverschen Königshauses, des vormaligen Kurhessischen, des vormaligen Herzoglich Nassauischen Fürstenhauses gehören,

vom Eintragungszwange befreit werden.

Hinsichtlich dieser Grundstücke überläßt es Art. 127 der Landesgesetzgebung, auch für die Uebertragung des Eigenthums an denselben andere Bestimmungen zu treffen, als sie in § 873 BGB. getroffen sind, jedoch mit der Maßgabe, daß solche landesgesetzliche Sonderbestimmungen auf die betreffenden Grundstücke nur dann Anwendung finden, wenn die Grundstücke im Grundbuche nicht eingetragen sind und nicht eingetragen zu werden brauchen. Letzteres ist solange nicht der Fall, als die Eigenthumsübertragung sich unter den oben aufgeführten Personen vollzieht. Gehört der Erwerber oder der Veräußerer nicht zu diesen Personen, dann kann dieser Artikel keine Anwendung finden.

Es kann z. B. landesgesetzlich die gerichtliche bezw. notarielle Beurkundung des Uebertragungsvertrags ausgeschlossen und sogar eine formlose Einigung der Vertragschließenden für genügend erklärt werden.

Wird ein an sich buchungsfreies Grundstück mit dem Rechte eines Dritten belastet, das der Eintragung im Grundbuche bedarf (Erbbaurecht, dingliches Vorkaufsrecht, Reallast, Hypothek, Grundschuld, Rentenschuld, — anders Dienstbarkeiten Art. 128), so muß die Eintragung in das Grundbuch erfolgen.

3. Das Bedürfniß für eine derartige Bestimmung ist zunächst in Mecklenburg in Bezug auf die Veräußerung eines größeren Bahnunternehmens hervorgetreten (P. 8888; Mat. 82).

4. Einschlägig sind für Preußen AG. z. BGB. Art. 27 (Becher XIV, 1 S. 14); für Bayern: AG. z. BGB. Art. 83 (Becher III, 7 S. 45), Ges. vom 18. Juni 1898, die Vorbereitung der Grundbuchanlegung in Bayern r. d. Rh. betr., Art. 2, Verordnung

vom 1. Juli 1898, die vom Buchungszwange befreiten Grundstücke betr., Grundbuchanlegungsordnung für die Pfalz vom 14. September 1898 Ziff. 183—191, § 39 der Justizministerialverfügung vom 1. Oktober 1898 über die Vorbereitung der Anlegung des Grundbuchs in Bayern r. d. Rh. und § 503 der Dienstanweisung für die Grundbuchämter: für Elsaß-Lothringen AG. z. BGB. § 74; für Württemberg AG. z. BGB. Art. 212 (Becher XXVI, 1 S. 51) u. § 4 der Verordnung vom 30. Juli 1899 über das Grundbuchwesen: für Baden AG. z. BGB. Art. 25 (Becher II, 1 S. 24).

Vgl. ferner: Anhalt, AG. z. BGB. Art. 47 (es genügt Einigung über den Eintritt der Uebertragung und öffentliche Beurkundung derselben, vgl. Becher I, 1 S. 21); Braunschweig, AG. z. BGB. § 48 (Becher IV, 1 S. 11); Bremen, AG. z. BGB. § 16 (Becher V, 1 S. 5); Lippe, AG. z. BGB. § 30 (Becher IX, 1 S. 8); Lübeck, AG. z. BGB. § 65 (Becher X, 6 S. 50 f.); Oldenburg, AG. z. BGB. § 12 (Becher XIII, 3 S. 8); Reuß jüngere Linie, AG. z. BGB. § 52 (Becher XVI, 1 S. 12); Sachsen-Weimar-Eisenach, AG. z. BGB. § 122 (Becher XXI, 3 S. 25); Schwarzburg-Rudolstadt, AG. z. BGB. Art. 75 (Becher XXIII, 2 S. 16); Schwarzburg-Sondershausen, AG. z. BGB. Art. 23 (Becher XXIV, 1 S. 11); Waldeck-Pyrmont, AG. z. BGB. Art. 14 (Becher XXV, 1 S. 9).

Art. 128.

Unberührt bleiben die landesgesetzlichen Vorschriften über die Begründung und Aufhebung einer Dienstbarkeit an einem Grundstücke, das im Grundbuche nicht eingetragen ist und nach den Vorschriften der Grundbuchordnung nicht eingetragen zu werden braucht.

E. III, 127.

1. Entstehung. Dieser Artikel ist erst vom Bundesrath aufgestellt worden (Reatz III, 67).

2. Inhalt. Es schließt sich dieser Artikel eng an den vorigen Art. 127 an. Er hat dieselbe Begründung und dieselben Voraussetzungen, gilt nur für die nämlichen Personen wie Art. 127 (vgl. Bem. 2 zu Art. 127) und besagt, daß hinsichtlich derjenigen Grundstücke, welche nach Art. 127 nicht im Grundbuch eingetragen sind und nicht eingetragen zu werden brauchen, landesgesetzlich über die Begründung und Aufhebung der Dienstbarkeiten an denselben ganz andere Bestimmungen getroffen werden können, als sie im BGB. §§ 873 ff., 1018 ff., 1030 ff., 1090 ff. getroffen sind, so daß beispielsweise auch die Begründung der Dienstbarkeit durch Ersitzung und Aufhebung derselben durch Nichtausübung während einer bestimmten Zeit zugelassen werden kann.

3. Einschlägig sind für Bayern AG. z. BGB. Art. 84; für Württemberg AG. z. BGB. Art. 212; für Mecklenburg-Schwerin VO. z. Ausf. d. BGB. § 122; Mecklenburg-Strelitz, VO. z. Ausf. d. BGB. § 120; Sachsen-Weimar, AG. z. BGB. §§ 122, 130—132; Oldenburg, AG. z. BGB. § 13; Birkenfeld, AG. z. BGB. § 41; Fürstenthum Lübeck, AG. z. BGB. § 23; Braunschweig, AG. z. BGB. § 51; Anhalt, AG. z. BGB. Art. 48; Schwarzburg-Rudolstadt, AG. z. BGB. Art. 75; Reuß jüngere Linie, AG. z. BGB. § 74; Lippe, AG. z. BGB. § 31; Lübeck, AG. z. BGB. § 81; Hamburg, AG. z. BGB. § 43.

Art. 129.

Unberührt bleiben die landesgesetzlichen Vorschriften, nach welchen das Recht zur Aneignung eines nach § 928 des Bürgerlichen Gesetzbuchs aufgegebenen Grundstücks an Stelle des Fiskus einer bestimmten anderen Person zusteht.

E. II, 101; III, 128.

1. Entstehung. Dieser Artikel wurde erst in der II. Komm. aufgestellt (P. III, 188, VI, 429; Reatz III, 67).

2. Inhalt. Das Recht, ein derelinquirtes Grundstück sich anzueignen, steht nach § 928 Abs. 2 BGB. dem Fiskus des Bundesstaates zu, in dessen Gebiete das Grundstück liegt. Hiemit stimmte das PLR. Thl. II Tit. 16 §§ 8 u. 12 sowie das sächs. GB. § 294 mit §§ 2618—2620 überein, während nach code civil art. 539 der Staat das Eigenthum schon durch die Dereliktion selbst erlangt. Nach römischem Rechte steht fragliches Recht demjenigen zu, der zuerst den Besitz ergreift (M. III, 326). Es

kommt aber auch vor, daß Ortsgemeinden, Besitzer eines Rittergutes, der frühere Landesherr rc. das Okkupationsrecht haben (P. III, 188).

Der Vorbehalt dieses Artikels ermächtigt die Landesgesetzgebung, den bisherigen Rechtszustand aufrecht zu erhalten oder das Okkupationsrecht einer anderen Person als dem Fiskus zu übertragen, nur muß diese Person eine bestimmte sein. Es kann also der Grundsatz des römischen Rechts nicht aufrecht erhalten oder neu eingeführt werden.

3. Vgl. auch CPO. §§ 58 und 787.

4. Für Preußen treten nach AG. z. BGB. Art. 89 die §§ 8 und 12 Thl. II Tit. 16 des PLR. außer Kraft, während code civil art. 539 in Kraft bleibt (s. o. Bem. 2). Im Uebrigen enthalten die Ausführungsgesetze von Preußen, Sachsen, Elsaß-Lothringen, Württemberg, Baden, Hessen einschlägige Bestimmungen nicht. Es wird also beim bisherigen Rechte verbleiben. Vgl. hierüber Stobbe, DPR. 2. Aufl. Bd. 2 § 91, § 122 (3. Aufl.).

Für das bayrische Recht vgl. Roth, Bayr. Civilr. Bd. 1 § 36 S. 244. Nachdem in Art. 1 des bayr. AG. z. BGB. der Art. 129 dieses Gesetzes nicht aufgenommen wurde, so ist daraus zu schließen, daß, wenn und soweit bisher in Bayern von Art. 129 abweichende Bestimmungen gelten, diese mit dem Inkrafttreten des BGB. ihre Geltung verlieren (vgl. Mot. zu Art. 1 des Entw. d. AG. im Betreffe des Salpeterregals).

Vgl. auch Oertmann, Bayr. Landesprivatr. S. 88.

Art. 130.

Unberührt bleiben die landesgesetzlichen Vorschriften über das Recht zur Aneignung der einem Anderen gehörenden, im Freien betroffenen Tauben.

E. I, 69; II, 102; III, 129.

1. Entstehung. Art. 130 entspricht mit unwesentlichen redaktionellen Aenderungen dem Art. 69 des E. I (Mot. z. EG. 194; Reatz III, 67; Mat. 87, a S. 82).

2. Inhalt. Die Tauben gehören — abgesehen von den Wildtauben — zu den zahmen Thieren (vgl. diesen Kommentar Bd. 3 S. 109 Bem. 2, a zu § 960), über welche das BGB. besondere Vorschriften nicht trifft und welche deßhalb gemäß § 959 BGB. wie andere bewegliche Sachen dann herrenlos werden, wenn der Eigenthümer in der Absicht, auf das Eigenthum zu verzichten, den Besitz aufgiebt. Solange der Eigenthümer einer Taube den Besitz nicht aufgiebt, kann ein anderer, der dieselbe in Eigenbesitz nimmt, gemäß § 958 BGB. das Eigenthum hieran durch Aneignung nicht erwerben.

Der Vorbehalt des gegenwärtigen Artikels gestattet nun der Landesgesetzgebung, Tauben, deren Besitz der Eigenthümer aufzugeben nicht Willens ist, als herrenlos zu behandeln und sie dem Aneignungsrecht eines Anderen zu unterwerfen, wenn sie im Freien betroffen werden.

3. Der Zweck des gegenwärtigen Artikels ist der, dem Eigenthümer eines Grundstücks gegen die Beschädigung des letzteren durch Tauben neben dem polizeilichen Schutze noch einen privatrechtlichen zu gewähren.

4. Veranlassung zum Vorbehalte dieses Artikels ist wohl das PLR. Thl. I Tit. 9 § 111 u. § 40 der preuß. Feldpolizeiordnung vom 1. November 1847 (nicht aufgehoben durch das Feld- und Forstpolizeiges. vom 1. April 1880).

5. Für Preußen verbleibt es bei den in Bem. 4 aufgeführten Vorschriften gemäß AG. z. BGB. Art. 89 (Art. 27 des Entwurfs, welcher diese Vorschriften aufheben wollte, erlangte nicht die Zustimmung des Abgeordnetenhauses; vgl. Bericht der XV. Komm. vom 21. Juni 1899 S. 133). Vgl. auch Mot. zum Entw. d. AG. z. BGB. S. 39.

In Bayern begnügt sich die Gesetzgebung mit der Vorschrift des Art. 120 Ziff. 1, Art. 226 Ziff. 3 Pol.StGB. (vgl. Jacubezky S. 143). Die in Bem. 4 citirte Vorschrift des PLR. verliert durch Art. 1 AG. z. BGB. ihre Gültigkeit.

Vgl. ferner für Anhalt AG. z. BGB. Art. 49, Schwarzburg-Sondershausen AG. z. BGB. Art. 33 (Becher XXIV, 1 S. 15).

6. Wegen Brieftauben vgl. RG. betr. den Schutz von Brieftauben und Brieftaubenverkehr im Kriege vom 28. Mai 1894 (RGBl. 463).

Art. 131.

Unberührt bleiben die landesgesetzlichen Vorschriften, welche für den Fall, daß jedem der Miteigenthümer eines mit einem Gebäude versehenen Grundstücks die ausschließliche Benutzung eines Theiles des Gebäudes eingeräumt ist, das

Gemeinschaftsverhältniß näher bestimmen, die Anwendung der §§ 749 bis 751 des Bürgerlichen Gesetzbuchs ausschließen und für den Fall des Konkurses über das Vermögen eines Miteigenthümers dem Konkursverwalter das Recht, die Aufhebung der Gemeinschaft zu verlangen, versagen.

E. I, 73; II, 103; III, 130.

1. Entstehung. Art. 131 entspricht dem Art. 73 E. I (vgl. auch Note 1 zu § 949 des I. Entw. des BGB.) mit dem Abmaße, daß in der II. Komm. die Einräumung des Rechtes, bestimmte Theile des Gebäudes ausschließlich zu benutzen, in Folge der schließlichen Fassung des nunmehrigen § 1010 BGB. gestrichen und die auf den Konkurs bezügliche Bestimmung eingefügt wurde (Mot. z. EG. 197; Mat. zu Nr. 87, a S. 833; P. VI, 437; Reatz III, 67). Vgl. auch Bem. 3 zu § 1010.

2. Begriff und Entwicklung des Stockwerkseigenthums. Der Art. 131 betrifft das sogen. Stockwerkseigenthum (oder Geschoßeigenthum oder Herbergsrecht), welches im französischen Rechte (cod. civ. art. 664), badischen Rechte (Satz 664), in mehreren Gebieten des rechtsrheinischen Bayern (Roth, BCR. 1. Aufl. Bd. 2 § 120 Ziff. 4 S. 56), in Sachsen-Meiningen, Frankfurt a. M., in Schleswig und nach der Praxis auch in Württemberg anerkannt ist (Mot. III, 44). Man versteht darunter nach Roth a. a. O. ein aus getheiltem und ungetheiltem Miteigenthume gemischtes Verhältniß, indem einerseits ausgeschiedene Theile eines Hauses selbständig besessen, veräußert, verpfändet und vererbt werden können, während andererseits der Natur der Sache entsprechend die ungetheilte Gemeinschaft einzelner Bestandtheile des Gebäudes — z. B. der Treppe, des Daches und des Bodens — vorausgesetzt wird und zwar so, daß der Antheil an den gemeinschaftlichen Theilen als Bestandtheil des Sondereigenthums erscheint. (Vgl. auch Jacubezky S. 188; ZG. III, 219 ff. zum EG. S. 70.)

3. Inhalt. Nach den §§ 93 u. 94 BGB. ist ein Sondereigenthum an Bestandtheilen eines Gebäudes ausgeschlossen. Auch ist nach BGB. § 1014 die Beschränkung des Erbbaurechts auf einen Theil eines Gebäudes, insbesondere ein Stockwerk, unzulässig. Hieran hält auch Art. 131 fest. Doch wird in diesem Artikel das Stockwerkseigenthum als ein Miteigenthumsverhältniß zugelassen, bei welchem jedem der Eigenthümer eines mit einem Gebäude versehenen Grundstücks die ausschließliche Benutzung eines Theiles zusteht.

Im Einzelnen ist Folgendes zu bemerken:

A. Die Landesgesetzgebung wird, soferne sie auch fernerhin am Stockwerkseigenthume festhalten oder ein solches neu einführen will, daran gebunden, dieses Stockwerkseigenthum als ein Miteigenthum an einem mit einem Gebäude versehenen Grundstücke zu erklären, hinsichtlich dessen jedem der Miteigenthümer die ausschließliche Benutzung einzelner Theile des Gebäudes eingeräumt ist, wobei BGB. § 1010 zu beachten sein wird.

B. Die Landesgesetzgebung ist befugt, nach folgenden Richtungen hin Bestimmungen zu treffen, welche das Reichsrecht (BGB. §§ 1008—1010 mit §§ 741—758) ergänzen oder von demselben abweichen:

a) Es kann landesgesetzlich das Gemeinschaftsverhältniß näher bestimmt, d. h. die Feststellung des jedem der Miteigenthümer zur gesonderten Benutzung zustehenden Theiles und die Art der Benutzung desselben, die Feststellung des Antheils am Grund und Boden und an den zur gemeinschaftlichen Benutzung verbleibenden Gebäudetheilen, die Verwaltung und Benutzung der letzteren, die Art der Unterhaltung der Gebäudetheile, die Theilung etwaiger Früchte sowie der Lasten und Kosten näher geregelt werden.

b) Die Anwendung der §§ 749—751 BGB., nach welchen die Aufhebung der Gemeinschaft verlangt werden kann, darf ausgeschlossen werden.

c) Der Ausschluß der Aufhebung der Gemeinschaft kann auch (entgegen dem § 16 KO.) als der Konkursmasse gegenüber wirksam erklärt werden, so daß also für den Fall des Konkurses über das Vermögen eines Miteigenthümers der Konkursverwalter nicht befugt ist, die Aufhebung der Gemeinschaft zu verlangen.

C. Soweit nicht unter B Ausnahmen gestattet sind, gelten die Bestimmungen BGB. §§ 1008 ff. u. 741 ff. über das Miteigenthum.

4. Hinsichtlich der Behandlung des Stockwerkseigenthums im Grundbuche wurde in der II. Komm. (P. VI, 437) bemerkt, man werde künftig die (nach rheinischen Rechte bestehenden) mehreren Blätter als ein Grundbuchblatt anzusehen haben, die auf den einzelnen Stockwerken eingetragenen Rechte würden als Rechte am Antheil des betreffenden Miteigenthümers gelten müssen.

5. Hinsichtlich eines am 1. Januar 1900 bestehenden Stockwerkseigenthums greift der Art. 182 ein.

6. Bayern hat von dem Vorbehalte des Art. 131 keinen Gebrauch gemacht (Mot. zu Art. 1 AG.). Neues Stockwerkseigenthum kann also auch im Sinne dieses Artikels vom 1. Januar 1900 an in Bayern nicht mehr begründet werden. Im Uebrigen vgl. die Bem. zu Art. 182.

Für Hessen sind AG. z. BGB. Art. 216—219 (Becher VIII, 3 S. 76 ff.) einschlägig; für Sachsen sächs. GB. § 641, welcher durch Art. 53 AG. z. BGB. (Becher XVII, 2 S. 10) aufrecht erhalten wird.

Art. 132.

Unberührt bleiben die landesgesetzlichen Vorschriften über die Kirchenbaulast und die Schulbaulast.

E. III, 131.

1. Entstehung und Inhalt. Dieser Artikel ist erst vom Bundesrath aufgestellt worden (Reatz III, 68). Im I. Entw. wurden über Kirchen- und Schulbaulast Bestimmungen nicht getroffen, weil diese Baulast in großen Gebieten des Reiches als eine öffentliche Last aufgefaßt wird, und weil für diejenigen Gebiete, in welchen die Kirchenbaulast den Charakter einer rein privatrechtlichen Reallast hat, die Uebergangsbestimmung des Art. 184 als ausreichend erachtet wurde (Mot. z. EG. 152). Auf einem ähnlichen Standpunkte stand die II. Komm., welcher folgender Antrag unterbreitet wurde:

> „Unberührt bleiben die landesgesetzlichen Vorschriften, welche die Veräußerung oder Belastung der zum kirchlichen Vermögen gehörenden (event der zum gottesdienstlichen Gebrauch bestimmten) Sachen untersagen, das kirchliche Pfründenrecht, das kirchliche Patronatrecht, die kirchliche Baulast sowie die Benutzung eines Platzes in einem dem öffentlichen Gottesdienste gewidmeten Gebäude oder eines Platzes auf einer öffentlichen Begräbnißstätte regeln" (P. 8903).

Von diesem Antrage wurde der das kirchliche Veräußerungsverbot, das kirchliche Pfründenrecht und das kirchliche Patronatrecht betreffende Theil bei dem nunmehrigen Art. 80 erledigt, indem das kirchliche Veräußerungsverbot als durch das BGB. beseitigt, das kirchliche Patronatrecht (Bem. II, b zu Abs. 2 v. Art. 80) als dem öffentlichen Recht angehörig und daher ohnehin in die landesgesetzliche Zuständigkeit fallend betrachtet (P. VI, 435, 436) und für das kirchliche Pfründenrecht der Vorbehalt des Art. 80 aufgestellt wurde. Das Recht auf Kirchenstühle und Begräbnißplätze behandelt der nunmehrige Art. 133, und soweit der Antrag die kirchliche Baulast betrifft, wurde er aus den Gründen der Motive und aus dem weiteren Grunde zurückgezogen, weil auf die Entstehung neuer Verpflichtungen nach Inkrafttreten des BGB. dessen Vorschriften Anwendung fänden (P. VI, 435). Letzterer Grund wird nun, nachdem die ganze Materie der Kultusbaulast der landesgesetzlichen Regelung überlassen ist, gemäß Art. 3 dieses Gesetzes nicht mehr zutreffen, sondern die Landesgesetzgebung kann auch für die künftig entstehenden Kultusbaulasten Vorschriften treffen, welche von jenen des BGB. abweichen.

2. Für Preußen PLR. Thl. II Tit. 11 §§ 708—771 (Kirchenbaulast); Kab.O. vom 10. Dezember 1839 betr. die behauptete Observanz über die Beitragspflicht des Patrons zu Kirchenbauten im Bezirke des vormaligen Oberkonsistoriums zu Glogau (JMBl. 40, 23; Kab.O. vom 11. Dezember 1844, betr. die Beitragspflicht der Rittergutsbesitzer und anderer Grundbesitzer der vormals Kgl. sächsischen Landestheile zur Unterhaltung von Kirchen, Pfarren und Schulen (G. S. 698); Kab.O. vom 11. April 1846 betr. die Beitragspflicht zur Unterhaltung von Kirchen-, Pfarr- und Schulgebäuden in dem Markgrafenthum Oberlausitz (G. S. 164); Deklaration vom 14. Juli 1836 wegen Nichtverpflichtung der Gutsherren, von den bäuerlichen Entschädigungsländereien zu den Bau- und Unterhaltungskosten der kirchlichen und Schulgebäude beizutragen (G. S. 208); PLR. Thl. II Tit. 12 §§ 34—38 (Schulrecht); Ges. vom 21. Juli 1846 betr. den Bau und die Unterhaltung der Schul- und Küsterhäuser (G. S. 392); Ostpreuß. Provinzialrecht, Zus. 195—197; Westpreuß. Provinzialrecht §§ 38 ff.; Ges. vom 16. Februar 1857 betr. Einführung des Westpreuß. Provinzialrechts in Stadt und Gebiet Danzig Art. 11 Ziff. 6.

Für Bayern bleiben gemäß Art. 1 AG. z. BGB. vorerst die bisherigen Bestimmungen aufrecht. Vgl. hierüber namentlich Becher, Landescivilrecht S. 335 ff., Oertmann, bayer. Landesprivatr. S. 486, Seydel, bayr. Staatsrecht 2. Aufl. Bd. 3 S. 600 ff., insbes. Note 11, 12, 16 u. S. 671 Note 23; die einschlägigen pfälzischen Vorschriften gehören dem öffentlichen Recht an.

Mangels besonderer Bestimmungen der Ausführungsgesetze wird es auch in Sachsen, Elsaß-Lothringen, Württemberg, Baden und Hessen beim bisherigen Rechte verbleiben.

Für Baden siehe Edikt vom 26. April 1808 über die Pflicht zu Kirchen- und Schulbaulichkeiten (vgl. Mot. z. Entw. d. AG. z. BGB. S. 53).

Im Uebrigen vgl. Permaneder, Kirchliche Baulast; Schulte, Kirchenrecht 4. Aufl. § 219 Ziff. III, IV: PLR. Thl. II Tit. 11 §§ 699 ff., Meyer, Verwaltungsrecht 1893 S. 246 ff.

Art. 133.

Unberührt bleiben die landesgesetzlichen Vorschriften über das Recht zur Benutzung eines Platzes in einem dem öffentlichen Gottesdienste gewidmeten Gebäude oder auf einer öffentlichen Begräbnißstätte.

E. I, 72; II, 104; III, 132.

1. Entstehung. Der Art. 133 entspricht mit einer kleinen redaktionellen Aenderung dem Art. 72 des I. Entw. Ueber die Verhandlungen in der II. Komm. s. Bem. 1 zu Art. 132 (Mot. z. EG. 196: Reatz III, 68; Mat. 87, a S. 83).

2. Inhalt. Die Rechte auf einen bestimmten Kirchenstuhl oder auf ein Erbbegräbniß hängen mit dem öffentlichen Rechte zusammen, haben aber auch privatrechtliche Seiten.

Vgl. a) hinsichtlich des Rechtes auf einen Kirchenstuhl Schulte, Kirchenrecht 4. Aufl. § 219, V S. 510: PLR. Thl. II Tit 1 §§ 676—685; für Bayern (abgesehen vom PLR.) Roth, BCR. 1. Aufl. Bd. 2 § 130 Note 50; für die Pfalz insbes. das Dekret über die Fabrikräthe vom 30. Dezember 1809 Art. 68—72;

b) hinsichtlich der Erbbegräbnisse Schulte, Kirchenrecht § 195: PLR. Thl. II Tit. 11 §§ 185, 401; für Bayern (abgesehen vom PLR.) Roth, BCR. 1. Aufl. Bd. 3 § 367 Note 5; für die Pfalz Dekret v. 24. prair. XII sur les sepultures Art. 10 und 11. Der Vorbehalt dieses Artikels ermächtigt die Landesgesetzgebung, diese beiden Rechtsinstitute in ihrer bisherigen Gestalt zu erhalten oder abweichend vom BGB. neu zu regeln. Vgl. zum Ganzen auch Gareis in Bl. f. RA. Bd. 70 S. 308 ff.

3. Bereits bestehende Rechte auf Kirchenstühle und Erbbegräbnisse bleiben, soweit nicht landesgesetzlich etwas Anderes bestimmt wird, gemäß Art. 184 erhalten.

4. Mangels ausdrücklicher Bestimmungen in den Ausführungsgesetzen bewendet es für Preußen, Sachsen, Elsaß-Lothringen, Württemberg, Baden und Hessen bei den bisherigen Vorschriften. (Für Elsaß-Lothringen vgl. Mot. z. § 45 Entw. d. AG. z. BGB.).

Ebenso in Bayern gemäß Art. 1 AG. z. BGB. (vgl. Aussch.-Pr. d. K. d. Abg. vom 11. November 1898 S. 32).

5. Entscheidungen: Kirchenstühle, Seuffert Bd. 6 S. 240; Bd. 11, 26 S. 103; Bd. 37 S. 132; RG. Bd. 7 S. 136, Bd. 16 S. 159, Bd. 24 S. 174; Schultze Nr. 4378—4380. Erbbegräbniß: RG. Bd. 8 S. 200. Schultze Nr. 4381. Beisetzung von Aschenresten, RG. vom 29. Mai 1902 in Gruchot, Beitr. 1902 S. 1140. A. M. RG. vom 31. Januar 1901 D. Jur.Z. 1901 S. 163. Recht auf ehrliches Begräbniß in Preußen durch Begräbnißordnungen nicht zu beschränken, RGE. vom 4. Januar 1902, Gruchot, Beitr. 1902 S. 1134.

Zulässigkeit der Belastung von Kirchhöfen mit Hypotheken in Preußen vgl. Jur. Monatsschrift f. Posen 1901 S. 8 (LG. Bromberg vom 28. Dezember 1900).

Art. 134.

Unberührt bleiben die landesgesetzlichen Vorschriften über die religiöse Erziehung der Kinder.

BGB. I, §§ 1508, 1658; E. II, 105; III, 133.

1. Entstehung. Art. 134 entspricht dem Vorbehalte, welchen der I. Entw. des BGB. in den §§ 1508 u. 1658 zu Gunsten der Landesgesetzgebung hinsichtlich der Bestimmung des religiösen Bekenntnisses der Kinder durch die Eltern bezw. Vormünder gemacht hatte. Seine gegenwärtige Fassung erhielt der Artikel in der II. Komm. (M. IV, 757, 1099; P. IV, 865—878, VI, 441; Reatz III, 68; Mat. 87, a S. 84).

2. Inhalt und Grund des Vorbehalts. Die Bestimmung der religiösen Erziehung der Kinder kann als Ausfluß des Erziehungsrechts der Eltern bezw. des Vor-

munds betrachtet werden. Von diesem Gesichtspunkte aus hätte die Regelung der Frage im BGB. erfolgen sollen. Die Regelung wurde aber der Landesgesetzgebung deßhalb überlassen, weil die bisherigen landesgesetzlichen Bestimmungen über diesen Gegenstand vielfach von einander abweichen, vorwiegend dem öffentlichen Rechte, nämlich dem interkonfessionellen Kirchenstaatsrecht, angehören und das Recht des erziehungsberechtigten Elterntheils, die religiöse Erziehung des Kindes zu bestimmen, in verschiedener Weise, bald mehr, bald weniger, beschränken, endlich weil bei den abweichenden Auffassungen über diese Frage in katholischen und evangelischen Kreisen in dem Versuche der reichsgesetzlichen Regelung dieser Frage eine Gefahr für das Zustandekommen des BGB. erblickt wurde. Vgl. auch zum Ganzen die Bem. in Bd. IV S. 281, 719, 875, 911 u. 942.

3. Landesgesetze: Baden, Ges. vom 9. Oktober 1860, die Ausübung der Erziehungsrechte in bezug auf die Religion der Kinder betr., VO., die Ausf. d. BGB. betr., § 34 (Becher II, 13 S. 72); Bayern, II. Beil. z. Verf.-Urk. §§ 12—23, AG. z. BGB. Art. 1 (Becher III, 7 S. 29); Braunschweig, Ges. vom 10. Mai 1867 §§ 5—10; Elsaß-Lothringen, AG. z. BGB. §§ 119—122 (Becher VI, 1 S. 23 ff.); Hessen, AG. z. BGB. §§ 108—116 (Becher VIII, 3 S. 51 ff.); Lippe-Detmold, Ed. vom 9. März 1854; VO. vom 7. Oktober 1857; Lübeck, AG. z. BBG. §§ 110—118 (Becher X, 6 S. 58 ff.); Mecklenburg-Schwerin, VO. vom 25. Januar 1811 Nr. 3, vom 30. März 1821; Oldenburg, Verf.-Urk. vom 22. November 1852 Art. 34; Preußen, AG. z. BGB. Art. 89 Ziff. 1 (PLR. Thl. II Tit. 2 §§ 77, 78, 81—84, 642); Deklaration vom 21. November 1803 wegen des den Kindern aus Ehen zwischen Personen von verschiedenen Glaubensbekenntnissen zu ertheilenden Religionsunterrichts (Rehbein u. Reinke, ALR. III zu Thl. II Tit. 2 § 76); die Deklaration ist auf Rheinland und Westfalen ausgedehnt durch Kab.O. vom 17. August 1825; hat in Preußen der Vater den Uebertritt von einer christlichen Kirche zu einer anderen auch nur vor einem Geistlichen, nicht aber vor Gericht (Ges. vom 14. Mai 1873) erklärt, so sind die Kinder in der nun gewählten Religion des Vaters zu erziehen. KG. vom 14. April 1902, Entsch. d. KG. Bd. 24 (5. N.F.) S. 29 A; Hannover, VO. vom 31. Juli 1826, Just.Min.Erl. vom 17. August 1857 (Entsch. d. Kammerger. Bd. 5 S. 307); Hessen-Nassau, VO. f. d. ehemalige Kurhessen vom 13. April 1853 § 4 (Entsch. d. Kammerger. Bd. 11 S. 355). Ed. f. d. ehemalige Herzogtum Nassau vom 22./26. März 1808 (Entsch. d. Kammerger. Bd. 13 S. 413, Bd. 14 S. 434); Reuß ältere Linie, AG. z. BGB. § 136 (Becher XV, 1 S. 25); Reuß jüngere Linie, AG. z. BGB. § 99 (Becher XVI, S. 23); Sachsen, AG. z. BBG. § 49 (Becher XVII, 1 S. 9); Ges. vom 1. November 1836 §§ 6—20, vom 20. Juni 1870 § 20, Ges. vom 26. April 1873 § 6; Sachsen-Altenburg AG. z. BGB. §§ 105—188 (Becher XVIII, 1 S. 23); Sachsen-Koburg-Gotha, AG. z. BGB. Art. 48 (Becher XIX, 8 S. 79); Sachsen-Weimar-Eisenach, Ges. vom 7. Oktober 1823 §§ 51 ff.; Schwarzburg-Rudolstadt, AG. z. BGB. Art. 156—162 (Becher XXIII, 2 S. 29 ff.); Schwarzburg-Sondershausen, AG. z. BGB. Art. 51 (Becher XXIV, 1 S. 24); Waldeck, Ges. vom 28. März 1827.

Art. 135.

Unberührt bleiben die landesgesetzlichen Vorschriften über die Zwangserziehung Minderjähriger. Die Zwangserziehung ist jedoch, unbeschadet der Vorschriften der §§ 55, 56 des Strafgesetzbuchs, nur zulässig, wenn sie von dem Vormundschaftsgericht angeordnet wird. Die Anordnung kann außer den Fällen der §§ 1666, 1838 des Bürgerlichen Gesetzbuchs nur erfolgen, wenn die Zwangserziehung zur Verhütung des völligen sittlichen Verderbens nothwendig ist.

Die Landesgesetze können die Entscheidung darüber, ob der Minderjährige, dessen Zwangserziehung angeordnet ist, in einer Familie oder in einer Erziehungs- oder Besserungsanstalt unterzubringen sei, einer Verwaltungsbehörde übertragen, wenn die Unterbringung auf öffentliche Kosten zu erfolgen hat.

E. II, 106; III, 134.

I. Entstehung. Dieser Artikel wurde in der II. Komm. aufgestellt. Die nunmehrige Fassung wurde demselben erst im Plenum des Reichstags gegeben, in welchem in Abs. 1 Satz 2 der § 55 StGB. und in Satz 3 der Bedingungssatz hinzugefügt wurden und auch die Redaktion eine Veränderung erlitt (Reatz III, 68; P. VI, 441, 442; Mat. 87, a S. 85; RTK. 440, b S. 145 ff., StB. 3031 ff. u. 3096).

II. Inhalt. Art. 135 betrifft die Zwangserziehung verwahrloster, im Alter der Minderjährigkeit stehender Kinder und überläßt deren Regelung der Landesgesetzgebung, weil die einschlägigen Vorschriften mit dem öffentlichen Rechte im engsten Zusammenhange stehen (M. IV, 806).

Das Reichsrecht beschränkt die Landesgesetzgebung jedoch nach folgenden Richtungen:

A. Die Zwangserziehung wird für zulässig erklärt nur in folgenden Fällen:

1. im Falle des § 55 StGB. in der Fassung des Art. 34 Ziff. 2 dieses Gesetzes, d. i. gegen eine Person, welche eine strafbare Handlung begangen, bei der Begehung der That aber das zwölfte Lebensjahr noch nicht vollendet hat und bezüglich deren durch Beschluß des Vormundschaftsgerichts die Begehung der Handlung festgestellt ist,

2. im Falle des § 56 StGB., d. i. gegen eine Person, welche eine strafbare Handlung begangen hat, als sie zwar das zwölfte, aber noch nicht das achtzehnte Lebensjahr vollendet hatte, welche aber deßhalb, weil sie bei Begehung der That die zur Erkenntniß ihrer Strafbarkeit erforderliche Einsicht nicht besaß, freigesprochen und bezüglich welcher im Urtheile bestimmt wurde, daß sie in eine Erziehungs- oder Besserungsanstalt gebracht werden soll,

3. im Falle des § 1666 mit § 1686 BGB., wenn der Elterntheil, unter dessen Gewalt das Kind steht, das geistige oder leibliche Wohl dadurch gefährdet, daß er das Recht der Sorge für die Person des Kindes mißbraucht, das Kind vernachlässigt oder sich eines ehrlosen oder unsittlichen Verhaltens schuldig macht,

4. im Falle des § 1838 BGB. gegen eine unter Vormundschaft stehende Person und zwar ohne weitere Voraussetzung dann, wenn dem Vormund die Sorge für die Person des Mündels zusteht, unter der Voraussetzung der Ziff. 3, wenn einem Elterntheil diese Sorge für die Person des Mündels zusteht,

5. außerdem (nach gegenwärtigem Artikel), wenn die Zwangserziehung zur Verhütung des völligen sittlichen Verderbens des Kindes nothwendig ist.

B. Die Zwangserziehung ist nur zulässig, wenn und solange die zu erziehende Person das einundzwanzigste, im Falle Ziff. A, 2 das zwanzigste Lebensjahr nicht zurückgelegt hat.

C. Die Zwangserziehung muß richterlich für zulässig erklärt sein, und zwar

a) im Falle A Ziff. 2 durch Urtheil des Strafgerichts,

b) in den übrigen vier Fällen durch Beschluß des Vormundschaftsgerichts (FG. §§ 35, 36) oder der gemäß Art. 147 dieses Gesetzes an Stelle des Vormundschaftsgerichts landesgesetzlich für zuständig erklärten Behörde. In diesen vier Fällen ist die Landesgesetzgebung nach Abs. 2 befugt, das Vormundschaftsgericht (bezw. die Vormundschaftsbehörde) auf den Ausspruch, daß die Zwangserziehung zulässig ist, zu beschränken und die Entscheidung darüber, ob der Minderjährige in einer Familie oder in einer Erziehungs- oder Besserungsanstalt unterzubringen sei, also die Entscheidung über die Art der Zwangserziehung, einer Verwaltungsbehörde zu übertragen, wenn die Unterbringung auf öffentliche Kosten zu erfolgen hat. Letztere Voraussetzung wird erfüllt sein, wenn nur zunächst die Kosten vom Staat oder von einer Gemeinde zu tragen sind, mag auch ein Rückgriff gegen den Zögling oder eine unterhaltspflichtige Person möglich sein.

Weiteren Beschränkungen ist die Landesgesetzgebung nicht unterworfen, insbesondere auch im Falle A Ziff. 2 nicht hinsichtlich der Wahl der Anstalt durch eine Verwaltungsbehörde; ferner ist ein im Reichstag gestellter Antrag, im Falle A Ziff. 5 die Zwangserziehung nur zuzulassen, „wenn der Inhaber der väterlichen Gewalt das Einverständniß erklärt hat", abgelehnt worden (StB. 3035).

III. Vgl. auch Art. 136 und 204.

IV. Landesgesetze: Preußen, Ges. vom 2. Juli 1900 (Becher XIV, 14 S. 202 ff.), Gesetz vom 13. März 1878, 27. März 1881 und vom 23. Juni 1884; Anhalt, Ges. vom 29. Dezember 1873, vom 12. März 1881; Baden, Ges. betr. staatliche Fürsorge für verwahrloste jugendliche Personen vom 4. Mai 1886 in der Fassung vom 16. August 1900 (Becher II, 15 S. 85 ff.); Bayern, Zwangserziehungsges. vom 10. Mai 1902; Braunschweig, Ges. vom 22. Dezember 1870; Bremen, Ges. vom 18. Juli 1899 (Becher V, 5 S. 62 ff.); Elsaß-Lothringen, Ges. vom 18. Juli 1890; AG. z. BGB. §§ 123—127 (Becher VI, 1 S. 24 ff.); Hamburg, Ges. vom 6. April 1887, 11. November 1870; Hessen, AG. z. BGB. Art. 284, Aenderung des Ges. vom 11. Juni 1887, die Unterbringung jugendlicher Uebelthäter und verwahrloster Kinder betr. (Becher VIII, 3 S. 113 ff.); Lippe-Detmold, Ges. vom 2. Juli 1891; Lübeck, Ges.

vom 17. März 1884; AG. z. BGB. §§ 130—141 (Becher X, 6 S. 60 ff.); Mecklenburg-Schwerin, VO. vom 10. Oktober 1882, vom 9. April 1899 (Becher XI, 5 S. 104 ff.); Oldenburg, AG. z. BGB. §§ 27 bis 34 (Becher XIII, 3 S. 11 ff.); Reuß, ältere Linie, AG. z. BGB. §§ 125 bis 135 (Becher V, 1 S. 22 ff.); Reuß, jüngere Linie, AG. z. BGB. §§ 100 bis 111 (Becher XVI, 3 S. 23 ff.); Sachsen, AG. z. BGB. § 50 (Becher XVII, 1 S. 9); VO. vom 6. Juli 1899 §§ 48, 52, 53 (Becher XVII, 2 S. 21 ff.); Sachsen-Altenburg, AG. z. BGB. §§ 109 bis 121 (Becher XVIII, 1 S. 23 ff.); Sachsen-Koburg-Gotha, AG. z. BGB. Art. 49 (Becher XIX, 8 S. 80 ff.); Sachsen-Meiningen, Ges. vom 15. April 1887, 22. März 1875; Ges. vom 19. August 1899 (Becher XX, 10 S. 81 ff.); Sachsen-Weimar-Eisenach, AG. z. BGB. §§ 200—210 (Becher XXI, 3 S. 40 ff.); Schaumburg-Lippe, Ges. vom 4. März 1875; Ges. vom 30. Juni 1899 (Becher XXII, 4 S. 18 ff.); Schwarzburg-Sondershausen, Ges. vom 29. Juli 1899 (Becher XXIV, 9 S. 86 ff.); Waldeck-Pyrmont, Ges. vom 4. Januar 1888; Württemberg, Ges. vom 9. Dezember 1899 (Becher XXVI, 3 S. 84 ff.).

V. Ueber die Auslegung des Art. 135 in Verbindung mit §§ 1666, 1838 BGB. vgl. vor allem Best in „Das Recht" 1904 S. 177 ff.

VI. Aus der Rechtsprechung:

Bayr. Oberst. LG. Bd. 5 S. 41: Die zur Verhütung des völligen sittlichen Verderbens bestimmte Zwangserziehung (Art. 1 Ziff. 3 des Ges. vom 10. Mai 1902) kann schon angeordnet werden, wenn die Verwahrlosung in der Entwicklung begriffen ist, und, falls sie nicht aufgehalten wird, zum völligen sittlichen Verderben führen wird.

Bayr. Oberst. LG. Bd. 4 S. 153, Bl. f. RA. 1904 S. 445: Die weitere Beschwerde gegen den Beschluß, der die Zwangserziehung ablehnt, ist unbefristet (Art. 4 Abs. 3 des Zwangserz.Ges.).

Auch dem Pfleger des Kindes steht das Beschwerderecht zu. Eine Nachprüfung in der Richtung, ob das Beschwerdegericht nicht den von ihm für maßgebend erachteten Umständen zu viel, anderen dagegen zu wenig Bedeutung beigelegt hat, steht dem Gerichte der weiteren Beschwerde nicht zu (Bayr. Oberst. LG. Bd. 4 S. 225, Bd. 5 S. 40).

Vgl. ferner Bayr. Oberst. LG. in „Das Recht" 1904 S. 362: Die Unterbringung, die bei einem erziehungsbedürftigen Kinde zum Zwecke der Erziehung geschehen muß, ist als eine das Recht der Sorge für die Person des Kindes beschränkende Maßregel nach Art. 135 EG. und § 55 StGB. nur auf Anordnung des Vormundschaftsgerichts statthaft. Diese kann nur unter den im Zwangserziehungsges. bestimmten Voraussetzungen erlassen werden. Eine in solcher Weise auf öffentliche Kosten anzuordnende Unterbringung ist Zwangserziehung.

Art. 136.

Unberührt bleiben die landesgesetzlichen Vorschriften, nach welchen

1. der Vorstand einer unter staatlicher Verwaltung oder Aufsicht stehenden Erziehungs- oder Verpflegungsanstalt oder ein Beamter alle oder einzelne Rechte und Pflichten eines Vormundes für diejenigen Minderjährigen hat, welche in der Anstalt oder unter der Aufsicht des Vorstandes oder des Beamten in einer von ihm ausgewählten Familie oder Anstalt erzogen oder verpflegt werden, und der Vorstand der Anstalt oder der Beamte auch nach der Beendigung der Erziehung oder der Verpflegung bis zur Volljährigkeit des Mündels diese Rechte und Pflichten behält, unbeschadet der Befugniß des Vormundschaftsgerichtes, einen anderen Vormund zu bestellen;
2. die Vorschriften der Nr. 1 bei unehelichen Minderjährigen auch dann gelten, wenn diese unter der Aufsicht des Vorstandes oder des Beamten in der mütterlichen Familie erzogen oder verpflegt werden;
3. der Vorstand einer unter staatlicher Verwaltung oder Aufsicht stehenden Erziehungs- oder Verpflegungsanstalt oder ein von ihm bezeichneter Angestellter der Anstalt oder ein Beamter vor den nach § 1776 des

Bürgerlichen Gesetzbuchs als Vormünder berufenen Personen zum Vormunde der in Nr. 1, 2 bezeichneten Minderjährigen bestellt werden kann;

4. im Falle einer nach den Vorschriften der Nr. 1 bis 3 stattfindenden Bevormundung ein Gegenvormund nicht zu bestellen ist und dem Vormunde die nach § 1852 des Bürgerlichen Gesetzbuchs zulässigen Befreiungen zustehen.

E. I, 79; II, 107; III, 135.

1. Entstehung. Der Art. 79 des I. Entw. hatte folgenden Wortlaut:

„Unberührt bleiben die landesgesetzlichen Vorschriften, nach welchen der Vorstand einer unter der Verwaltung des Staates oder einer Gemeindebehörde stehenden Verpflegungsanstalt in Ansehung eines in die Anstalt aufgenommenen Minderjährigen die Rechte und Pflichten eines Vormunds bis zur Volljährigkeit des Mündels hat, unbeschadet der Befugniß des Vormundschaftsgerichts, statt des Vorstands einen Anderen zum Vormund zu bestellen, und nach welchen im Falle einer solchen Bevormundung durch den Anstaltsvormund ein Gegenvormund nicht zu bestellen ist und dem Anstaltsvorstande die nach den Vorschriften des § 1690 des BGB. zulässigen Befreiungen zustehen".

Dem § 1690 des I. Entw. BGB. entsprechen die §§ 1852, 1855 BGB.

Die nunmehrige weitere Fassung hat der Artikel in der II. Komm. erhalten, um den in den einzelnen Staaten theils schon bestehenden, theils in der Entwicklung begriffenen Verhältnissen Raum zu geben (Mot. z. EG. 203; M. IV, 1038 ff.; Reatz III, 69; P. IV, 743—745, VI, 445, 446, 651; Mat. 86).

2. Veranlassung des Vorbehalts. Der Artikel ist veranlaßt durch den § 13 der preuß. Vormundschaftsordnung v. 5. Juli 1875 (vgl. auch die §§ 26 Abs. 4, 39, 41 und 62 derselben). Aehnliche Vorschriften bestanden in Hamburg (Vormundschaftsordnung v. 14. Dezember 1883 Art. 9) und in der bayr. Rheinpfalz (Ges. v. 15. pluviôse XIII, Dekret v. 19. Januar 1811).

3. Inhalt. A. Der Artikel betrifft das Rechtsinstitut des Anstaltsvormunds. Er ermächtigt die Landesgesetzgebung, Ausnahmebestimmungen hinsichtlich der Vormundschaft über **Minderjährige**, nicht, wie etwa aus § 1897 BGB. gefolgert werden möchte, auch über Volljährige, zu treffen (P. IV, 743 ff. VI, 445 ff.).

B. Diese Ausnahmebestimmungen können zu Gunsten von Erziehungs- oder Verpflegungsanstalten, einschließlich der in Art. 135 dieses Gesetzes erwähnten Erziehungs- und Besserungsanstalten erlassen werden, jedoch nur dann, wenn diese Anstalten entweder unter staatlicher Verwaltung stehen oder zwar Anstalten von anderen juristischen Personen oder von Privaten sind, aber unter staatlicher Aufsicht stehen (P. IV, 743 ff.).

C. Diese Ausnahmebestimmungen können nur Minderjährige betreffen, für welche

a) Vormundschaftsbestellung nach dem BGB. nothwendig ist, hinsichtlich welcher also, soweit sie unter elterlicher Gewalt stehen, diese Gewalt gemäß der §§ 1676, 1677, 1686 BGB. ruht, und welche

b) entweder

α) in der betreffenden Anstalt oder

β) unter Aufsicht des Vorstands oder eines anderen Beamten der betreffenden Anstalt in einer vom Vorstand oder Beamten ausgewählten Familie oder Anstalt,

γ) soweit es sich um Uneheliche handelt, unter der gleichen Aufsicht in der mütterlichen Familie

erzogen oder verpflegt werden oder erzogen oder verpflegt worden sind.

D. Die zugelassenen Ausnahmebestimmungen können nur darin bestehen, daß entweder der Vorstand oder ein anderer Beamter der unter B bezeichneten Anstalt

a) über die unter C aufgeführten Minderjährigen kraft Gesetzes Vormund wird und es auch nach der Beendigung der Erziehung oder Verpflegung bis zur Volljährigkeit des Mündels bleibt oder doch einzelne Rechte oder Pflichten eines Vormunds (z. B. die Obsorge für die Person BGB. §§ 1800, 1801) erhält, so daß also die Bestimmungen des BGB. über die Berufung zur Vormundschaft und die Bestellung des Vormunds (§§ 1774—1791 BGB.) insoweit nicht zur Anwendung gelangen, als die vormundschaftlichen Rechte des Vorstands oder Beamten reichen, oder daß

b) dieser Vorstand oder Beamte zwar nicht kraft Gesetzes Vormund wird, aber doch vor den nach § 1776 BGB. zur Vormundschaft berufenen Personen als Vormund zu berufen ist oder berufen werden kann,

c) daß diesem Vorstand oder Beamten, wenn und soweit ihm die Vormundschaft zukommt, ein Gegenvormund (nach § 1792 BGB.) nicht bestellt werden darf, und daß demselben die nach § 1852 Abs. 2 BGB. zulässigen Befreiungen von den in den §§ 1809, 1810 u. 1812 BGB. bestimmten Beschränkungen in der Geldanlage und in den Verfügungen über Werthpapiere, Forderungen, Rechte des Mündels und in der Eingehung einer Verpflichtung zu einer solchen Verfügung zustehen.

In allen übrigen Beziehungen kann landesgesetzlich durch das Institut des Anstaltsvormunds das Vormundschaftsrecht des BGB. nicht modifizirt und kann insbesondere landesgesetzlich die Befugniß des Vormundschaftsgerichts, einen anderen Vormund (oder einen Pfleger) zu bestellen, nicht ausgeschlossen werden. Das Vormundschaftsgericht kann also jederzeit den solchergestalt landesgesetzlich bestimmten Vormund durch einen anderen ersetzen. Es wird von dieser Befugniß aber nur aus zwingenden Gründen, z. B. dann, wenn dem Minderjährigen ein größeres Vermögen anfällt, das vom Anstaltsvormunde nicht zweckmäßig verwaltet werden kann, Gebrauch machen.

E. Die Zulassung des Anstaltsvormunds im Falle C und die Schaffung der Möglichkeit, daß auch ein anderer Beamter der Anstalt als der Vorstand zum Anstaltsvormunde bestimmt wird, trägt den Einrichtungen Rechnung, welche an verschiedenen Orten, namentlich in Leipzig, bestehen und den Vortheil bieten, daß der Geschäftsverkehr zwischen den Vormündern und dem Vormundschaftsgerichte vereinfacht und eine größere Energie in der Wahrnehmung der Rechte unehelicher Kinder gegenüber ihren Vätern gewährleistet wird (P. a. a. O.).

4. Landesgesetze: Preußen, AG. z. BGB. Art. 78 (Becher XIV, 1 S. 39); Anhalt, AG. z. BGB. Art. 65 (Becher I, 3 S. 27); Baden, Ges. v. 16. August 1900 Art. III, IV (Becher II, 15 S. 88); Bayern, AG. z. BGB. Art. 100 (Becher III, 1 S. 48); Braunschweig, AG. z. BGB. §§ 94 bis 98 (Becher IV, 1 S. 22); Elsaß-Lothringen, AG. z. BGB. §§ 136—140 (Becher VI, 1 S. 26); Hamburg, AG. z. BGB. §§ 75 (Waisenhauskollegium) (Becher VII, 1 S. 12); Reuß jüngere Linie, AG. z. BGB. § 109 (Becher XVI, 1 S. 26); Sachsen, AG. z. BGB. §§ 37—39 (Becher XVII, 1 S. 7), Verordnung z. AG. § 37 (Becher XVII, 2 S. 19); Sachsen-Altenburg, AG. z. BGB. § 118 (Becher XVIII, 1 S. 25); Sachsen-Koburg-Gotha, AG. z. BGB. Art. 49 § 10 (Becher XIX, 8 S. 82); Sachsen-Weimar-Eisenach, AG. z. BGB. § 209 (Becher XXI, 3 S. 42 ff.); Schwarzburg-Sondershausen, AG. z. BGB. Art. 58 (Becher XXIV, 1 S. 28); Waldeck-Pyrmont, AG z. BGB. Art. 41 (Becher XXV, 1 S. 18).

Art. 137.

Unberührt bleiben die landesgesetzlichen Vorschriften über die Grundsätze, nach denen in den Fällen des § 1515 Abs. 2, 3 und der §§ 2049, 2312 des Bürgerlichen Gesetzbuchs der Ertragswerth eines Landguts festzustellen ist.

E. II, 109; III, 136.

1. Entstehung. Dieser Artikel ist erst in der II. Komm. und zwar deßhalb aufgestellt worden, weil bei der Größe und Vielgestaltigkeit des deutschen Wirthschaftsgebiets eine einheitliche Norm nicht wohl aufgestellt werden kann (P. VI, 448—450; Reatz III, 70: Mat. 89).

2. Inhalt. Gemäß der §§ 1515 Abs. 2, 3, 2049 und 2312 BGB. kann bei der Auseinandersetzung der fortgesetzten Gütergemeinschaft, bei der Verlassenschaftsauseinandersetzung unter Miterben und bei der Berechnung des Pflichttheils ein Betheiligter das Recht haben, ein zur Gütergemeinschaft oder zum Nachlasse gehöriges Landgut zum Ertragswerthe zu übernehmen.

Der Art. 137 überweist nun die Erlassung von Vorschriften über die Grundsätze, nach welchen in solchen Fällen der Ertragswerth festzustellen ist, der Landesgesetzgebung.

Das BGB. hat übrigens selbst schon in § 2049 Abs. 2 eine einschlägige Bestimmung getroffen, welche lautet:

„Der Ertragswerth bestimmt sich nach dem Reinertrag, den das Landgut nach seiner bisherigen wirthschaftlichen Bestimmung bei ordnungsmäßiger Bewirthschaftung nachhaltig gewähren kann."

In der II. Komm. waren Versuche gemacht worden, weitere reichsgesetzliche Vorschriften über den Ertragswerth aufzustellen, indem z. B. von der einen Seite beantragt wurde, dem vorstehend angeführten § 2049 Abs. 2 noch die Worte anzufügen:

„unter Zugrundelegung des in der Gegend üblichen (oder des ortsüblichen) Zinsfußes" (P. VI, 449 ff.),

während ein anderer Antrag lautete:

„Als Ertragswerth gilt der 25fache Betrag des Reinertrags, den das Landgut in dem Stande, in welchem es sich zur Zeit des Erbfalls befindet, bei ordnungsmäßiger Bewirthschaftung unter den durchschnittlichen Preisen der letzten 5 Jahre dauernd zu gewähren vermag."

Diese Anträge scheiterten an dem schon in Bem. 1 angegebenen Grunde sowie an der Erwägung, daß die Berechnung nach den örtlichen Verhältnissen, der Art der Kultur 2c. häufig werde eine verschiedene sein müssen (P. VI, 450).

Den Gegensatz zum Ertragswerthe bildet der Verkaufswerth, den der Gesetzgeber der Berechnung des Werthes eines Landguts bei den in Frage kommenden Auseinandersetzungen deßhalb nicht zu Grunde legen wollte, weil er großen Schwankungen unterworfen, auch im Verhältnisse zum Gutserträgniß aus verschiedenen Ursachen häufig viel zu hoch sei und weil seine Berücksichtigung der im Interesse der Erhaltung eines gesunden und kräftigen Grundbesitzerstandes zu fördernden Sitte entgegenwirke, daß ein Landgut von einem an der Auseinandersetzung Betheiligten übernommen und der Familie erhalten werde.

Die Vorschriften über die Grundsätze, nach welchen der Ertragswerth eines Landguts festzustellen ist, werden zunächst die obige Bestimmung des § 2049 Abs. 2 BGB. zum Ausgangspunkte zu nehmen und sich namentlich auf die Ermittelung des Reinertrags und auf die Bestimmung des Verhältnisses desselben zum Ertragswerthe zu beziehen haben. Ein Muster bildet z. B. § 17 des preuß. Ges. vom 8. Juni 1896 über das Anerbenrecht bei Rentengütern.

Auch der Begriff des Landguts ist weder im BGB. noch in diesem Gesetze festgestellt und sind in der II. Komm. auch die Anträge, welche dahin zielten, die Feststellung dieses Begriffes der Landesgesetzgebung zu überweisen, abgelehnt worden, weil befürchtet wurde, daß die Landesgesetzgebung nicht überall dieselben Gesichtspunkte für die Anwendung der Vorschriften des BGB. aufstellen und demzufolge sich z. B. das Recht der Erbfolge in Landgüter in den verschiedenen Landestheilen thatsächlich ganz verschieden gestalten werde, weil man ferner es deßhalb für besser hielt, Alles der Auslegung zu überlassen, und weil man endlich der Ansicht war, daß sowohl hinsichtlich der Spezialvorschrift über die Pacht eines Landguts die Auslegung ohne erhebliche Schwierigkeit zum Ziele gelangen werde und auch sonst aus dem Zweck und Charakter der Vorschriften genügende Anhaltspunkte zu entnehmen seien, um im einzelnen Falle eine richtige Lösung zu finden (P. VI, 449).

Daß das Wort „Landgut" etwa nur einen herrschaftlichen Landsitz bezeichnen soll, ist auszuschließen. Ausreichend ist es auch nicht, das Landgut als ein mit Gebäuden versehenes Gut zu definiren, welches zu einer selbständigen landwirthschaftlichen Bewirthschaftung eingerichtet ist — weil z. B. zu einem Landgute, das nur aus Forstgrundstücken besteht, nicht nothwendig ein Gebäude gehört. Auch würde diese Definition der Ansicht jener nicht entsprechen, welche zu den Voraussetzungen eines Landguts zählen, daß der Komplex von Grundstücken eine rechtliche Einheit bilde (P. VI, 448 ff.). Eine völlig befriedigende Definition wird sich auch nicht geben lassen, sondern man wird der II. Komm. darin beistimmen müssen, daß in jedem einzelnen Falle die Frage, ob es sich um ein Landgut handelt, besonders zu prüfen und zu versuchen ist, unter Würdigung aller Verhältnisse zu einer Lösung zu gelangen, und daß sich eine Lösung im Einzelfalle auch in befriedigender Weise finden läßt, wenn auf den Zweck der in Betracht kommenden Vorschriften gesehen wird, der stets auf einen zu einer wirthschaftlichen (nicht rechtlichen) Einheit verbundenen Komplex von Grundstücken hinweist (P. VI, 448 ff.).

Vgl. auch diesen Kommentar Bem. zu §§ 582 und 593.

3. Einschlägig sind folgende Landesgesetze: Preußen, AG. z. BGB. Art. 83 (Becher XIV, 1 S. 41); Anhalt, AG. z. BGB. Art. 71 (Becher I, 3 S. 29); Baden, AG. z. BGB. Art. 35 (Becher II, 9 S. 26); Bayern, AG. z. BGB. Art. 103 (Becher III, 7 S. 49); Hessen, Art. 130, Art. 106 des AG. z. BGB. (Becher VIII, 3 S. 55, S. 50); Lippe, AG. z. BGB. § 46 (Becher IX, 1 S. 13); Lübeck, AG. z. BGB. §§ 160 bis 163 (Becher X, 1 S. 65 ff.); Mecklenburg-Schwerin, Ausf.VO. z. BGB. §§ 254 bis 257 (Becher XI, 2 S. 52 ff.); Mecklenburg-Strelitz, Ausf.VO. z. BGB. §§ 251 bis 254 (Becher XII, 1 S. 48 ff.); Oldenburg, AG. z. BGB. § 37 (Becher XIII, 3 S. 13); Reuß ältere Linie, AG. z. BGB. § 146 (Becher XV, 1 S. 28 ff.); Reuß jüngere Linie, AG. z. BGB. § 135 (Becher XVI, 1 S. 30); Sachsen-Altenburg AG. z BGB. § 149 (Becher XVIII, 1 S. 30); Sachsen-Koburg-Gotha, AG. z.

BGB. Art. 52 (Becher XIX, 8 S. 84); Sachsen-Meiningen, AG. z. BGB. Art. 21 (Becher XX, 1 S. 17); Sachsen-Weimar-Eisenach, AG. z. BGB. § 241 (Becher XXI, 3 S. 49); Waldeck-Pyrmont, AG. z. BGB. Art. 45 (Becher XXV, 1 S. 19); Württemberg, AG. z. BGB. Art. 39, 40 (Becher XXVI, 1 S. 8).

Im Allgemeinen gilt das 25fache des jährlichen Reinertrags als Ertragswert.

Art. 138.

Unberührt bleiben die landesgesetzlichen Vorschriften, nach welchen im Falle des § 1936 des Bürgerlichen Gesetzbuchs an Stelle des Fiskus eine Körperschaft, Stiftung oder Anstalt des öffentlichen Rechtes gesetzlicher Erbe ist.

E. I, 82; II, 110; III, 137.

I. Entstehung. Der nunmehrige Artikel weicht vom Art. 82 des I. Entw. insoferne ab, als in letzterem zugelassen werden wollte, daß das gesetzliche Erbrecht des Fiskus überhaupt anderen Personen, nicht bloß den im nunmehrigen Art. 138 aufgeführten Personen des öffentlichen Rechtes zugestanden werde. Die Vorschrift bezweckte die Aufrechterhaltung oder Schaffung ähnlicher Bestimmungen wie jener des PLR. Thl. II Tit. 16 § 20 (Mot. z. EG. 205; P. VI, 447, 448; Reatz III, 71; Mat. 89).

2. Inhalt und Grund des Vorbehalts. Der § 1936 BGB. weist das Erbrecht gegenüber einer ohne letztwillige Verfügung und Hinterlassung eines Ehegatten oder von Verwandten verstorbenen Person dem Staats- eventuell Reichsfiskus zu. Abweichend hievon behält dieser Artikel der Landesgesetzgebung vor, an die Stelle des Fiskus eine Körperschaft, Stiftung oder Anstalt des öffentlichen Rechtes treten zu lassen. Nur auf solche, nicht auch auf andere Personen wollte die II. Komm. das Erbrecht des Fiskus landesrechtlich übertragen lassen, weil man zur Liquidirung des Nachlasses einen Erben brauche und die besonderen Rechte und Pflichten, welche in dieser Beziehung dem Fiskus im BGB. zugewiesen seien, wohl einer juristischen Person des öffentlichen Rechtes, etwa einer Stadtgemeinde, übertragen, nicht aber von einer Privatperson wahrgenommen werden könnten (P. VI, 448).

Vgl. auch Art. 85, 129 und 139 und hinsichtlich der Ausdrücke „Körperschaft, Stiftung oder Anstalt des öffentlichen Rechtes" BGB. § 89 und Anm. 2. b zu Art. 85.

Macht die Landesgesetzgebung von der Befugniß dieses Artikels Gebrauch, so kann sie doch für die Voraussetzungen und für die Gestaltung des Erbrechts andere Bestimmungen, als im BGB. (z. B. §§ 1942 Abs. 2, 1964—1966, 2011) für den Fiskus getroffen sind, zum Nachtheil oder zu Gunsten des von ihr bestimmten Erben nicht treffen.

3. Landesgesetze: Vgl. Stobbe, Deutsches Privatrecht V § 297 Anm. 12—16; Preußen, AG. z. BGB. Art. 89 (PLR. Thl. II Tit. 16 § 20).

Die Gültigkeit des Rezesses vom 27. Dezember 1508 (Rehbein-Reincke zu Thl. II Tit. 16 § 20, Dernburg, Preuß. Privatrecht III S. 551), wonach der Stadtgemeinde der Nachlaß der Bürger zusteht, soweit sie nicht Adelige, Fremde, Juden, Uneheliche sind, ist kontrovers. Ueber das Recht der Stadt Berlin auf erbliche Nachlässe vgl. Gruchot, Beitr. Bd. 37 S. 323.

Dieses Erbrecht schließt das gesetzliche Erbrecht des Fiskus aus, so daß die der Stadt Berlin angefallene Erbschaft dem Staate auch dann nicht anfällt, wenn Berlin sie ausschlägt.

Recht der mit Lübischem Recht bewidmeten Städte von Alt-, Vor- und Hinterpommern auf erblose Nachlässe, vgl. die ehemalige Jur. Wschr. f. die preußischen Staaten 1840 S. 269. Recht der Städte Schleswig, Flensburg, Apenrade, Hadersleben auf erblose Nachlässe, vgl. Esmarch, Das im Herzogtum Schleswig geltende bürgerliche Recht II. Aufl. 1854 S. 253.

KG. vom 17. Februar 1902. Entsch. d. KG. N. F. Bd. 5 (24) S. 58 A.

Bayern, AG. z. BGB. Art. 1. Darnach sind alle älteren Vorschriften aus den Zeiten 1818, also z. B. auch der in Preußen aufrecht erhaltene § 20 vom PLR. Thl. I Tit. 16 beseitigt.

Elsaß-Lothringen, AG. z. BGB. §§ 166—168 (Becher VI, 1 S. 30).

Braunschweig, AG. z. BGB. § 112 (Stadt Wolfenbüttel hat Anspruch auf die Hälfte des Werths der Erbschaft eines in ihr erblos Verstorbenen) (Becher IV, 1 S. 24).

Mecklenburg-Schwerin, VO. z. Ausf. d. BGB. § 252 (Rostock, Wismar) (Becher XI, 2 S. 52); Sachsen-Weimar-Eisenach, AG. z. BGB. § 231 (Universität Jena) (Becher XXI, 3 S. 47); Sachsen-Meiningen, AG. z. BGB. § 231.

Art. 139.

Unberührt bleiben die landesgesetzlichen Vorschriften, nach welchen dem Fiskus oder einer anderen juristischen Person in Ansehung des Nachlasses einer verpflegten oder unterstützten Person ein Erbrecht, ein Pflichttheilsanspruch oder ein Recht auf bestimmte Sachen zusteht.

E. I, 81; II, 111; III, 138.

1. Entstehung. Der nunmehrige Art. 139 entspricht wörtlich dem Art. 81 des I. Entw. Ein in der Reichstagskomm. gestellter Antrag auf Streichung des Artikels (weil er ein Ueberbleibsel der Zeit sei, in welcher für Hilfsbedürftige durch die Heimaths- und Armengesetzgebung noch nicht genügend gesorgt worden sei, während es heutzutage solcher anormalen Anordnungen nicht mehr bedürfe und es genüge, wenn den betreffenden Anstalten ein Pfandrecht an den Sachen des Verpflegten eingeräumt werde), wurde von der Reichstagskommission abgelehnt, nachdem regierungsseitig erklärt worden war, daß durch Beseitigung der betreffenden Rechte manche nützlich wirkenden Anstalten in ihrer Existenzfähigkeit in Frage gestellt werden würden (Mot. z. EG. 204; P. VI, 446, 447; Neatz III, 71; Mat. 90; RTK. 440, d S. 13).

2. Inhalt. Während der Art. 138 das gesetzliche Erbrecht des Fiskus nach § 2936 BGB. betrifft, handelt es sich in diesem Artikel

a) nicht bloß um Ansprüche des Fiskus allein, sondern auch um solche anderer juristischer Personen, und zwar sowohl des öffentlichen als des bürgerlichen Rechtes z. B. von privaten Stiftungen. Ein Antrag, hier nur die juristischen Personen des öffentlichen Rechtes, nicht auch z. B. private Stiftungen zu berücksichtigen, wurde in der II. Komm. abgelehnt, weil es sich um eine privatrechtliche Einrichtung handelt (P. 446).

b) Der Artikel gestattet nicht bloß die Einräumung
   α) eines Erbrechts, sondern auch
   β) eines Pflichttheilsanspruchs und
   γ) eines anderen Rechtes (z. B. Eigenthumsrechts) auf bestimmte Sachen.

Alle diese Rechte können landesgesetzlich eingeräumt werden, unbekümmert darum, ob andere Erben, seien es Testaments- oder gesetzliche Erben, ja selbst pflichttheilsberechtigte Erben vorhanden sind (Mot. z. EG. 204).

Immer ist aber

c) Voraussetzung, daß der Nachlaß einer Person in Frage steht, welche von dem Fiskus, bezw. von der betreffenden juristischen Person verpflegt oder unterstützt worden ist. Dagegen ist nicht, wie im Falle des Art. 103 dieses Gesetzes, Voraussetzung, daß wegen der geleisteten Verpflegung oder Unterstützung ein Ersatzanspruch begründet ist.

In der Regel wird es sich um einen Nachlaß von geringem Werthe handeln. Darum ist ein Nebenzweck dieses Artikels der, Streitigkeiten zwischen den Angehörigen und der Anstalt über den Umfang und den Werth der in die Anstalt eingebrachten Gegenstände, Möbel, Kleider 2c. abzuschneiden.

3. Sonstige Landesgesetze: Preußen, AG. z. BGB. Art. 89 (PLR. Thl. II Tit. 19 §§ 50—75, Thl. II Tit. 16 § 22); Landarmen-Reglement für die Kurmark v. 16. Juni 1791 § 72, Landarmen-Reglement für die Neumark v. 12. Mai 1800 § 29; Hofreskript für Berlin v. 2. Juli 1801 (vgl. Dernburg, Pr. Privatrecht III § 193). KG. Jahrb. Bd. 24 A 58.

In Bayern waren bisher außer dem schon in Bem. 3 erwähnten PLR. einschlägige Bestimmungen das Münchner Stadtrecht Art. 485, das Ansbacher Recht (Edikte v. 4. April 1726, 30. Jan. 1744 und 22. Aug. 1754), das Nürnberger Recht (Additionaldekret v. 28. Jan. 1580), Würzburger Recht (Verordnung v. 12. Sept. 1690), das pfälzische Recht (Staatsrathsgutachten v. 3. Nov. 1809 und Dekret v. 15. pluviôse XIII Art. 8 u. 9).

Nunmehr sind alle diese Vorschriften durch AG. z. BGB. Art. 1 aufgehoben und durch AG. z. BGB. Art. 101 u. 102 ersetzt.

Anhalt, AG. z. BGB. Art. 72 (Armenhaus, Krankenhaus an den in die Anstalt eingebrachten, zum persönlichen Gebrauch bestimmten Sachen) (Becher I, 1 S. 29); Bremen, AG. z. BGB. § 62 (Abänderung des Ges. betr. Erstattung von Armenunterstützungen v. 28. Dezember 1887 und des Ges. betr. stadtbremische Armenpflege) (Becher V, 1 S. 15); Elsaß-Lothringen, AG. z. BGB. § 167 (Eingebrachte Sachen) (Becher VI, 2 S. 30); Lübeck, AG. z. BGB. §§ 142—147 (Becher X, 6 S. 62 ff.); Reuß ältere Linie,

AG. z. BGB. §§ 141, 142 (Becher XV, 1 S. 27 ff.); Reuß, jüngere Linie, AG. z. BGB. §§ 131—133 (Becher XVI, 1 S. 29); Sachsen, AG. z. BGB. §§ 42—45, § 53 (Aufhebung der entsprechenden Vorschriften des sächs. BGB.) (Becher XVII, 1 S. 8, 10); Sachsen-Altenburg, AG. z. BGB. § 139 (Becher XVIII, 1 S. 29); Sachsen-Weimar-Eisenach, AG. z. BGB. §§ 232—235 (Becher XXI, 3 S. 47); Schwarzburg-Rudolstadt, AG. z. BGB. Art. 186, 187 (Becher XXIII, 2 S. 32); Schwarzburg-Sondershausen, Ges. v. 8. Dezember 1829 §§ 163—166.

Vgl. im Uebrigen Stobbe, DPR. 2. Aufl. V § 297 S. 166 ff.

Art. 140.

Unberührt bleiben die landesgesetzlichen Vorschriften, nach welchen das Nachlaßgericht auch unter anderen als den im § 1960 Abs. 1 des Bürgerlichen Gesetzbuchs bezeichneten Voraussetzungen die Anfertigung eines Nachlaßverzeichnisses sowie bis zu dessen Vollendung die erforderlichen Sicherungsmaßregeln, insbesondere die Anlegung von Siegeln, von Amtswegen anordnen kann oder soll.

E. I, 88; II, 112; III, 139.

1. Entstehung. Der Art. 140 erhielt seine nunmehrige Fassung in der II. Komm., stimmt im Wesentlichen mit dem Art. 88 des I. Entw. überein und weicht von letzterem nur insoferne ab, als die Worte des I. Entw. „unbeschadet der Vorschrift des § 2058 Abs. 2 BGB.“, nachdem dieser § 2058 Abs. 2 in der II. Komm. gestrichen worden war, selbstverständlich fallen mußten, und als die beiden Schlußworte des Artikels: „oder soll“ erst in der II. Komm. hinzugefügt wurden. (Mot. z. EG. 230; P. VI, 452, 453, Reatz III, 71; Mat. 91; RTK. 440 d S. 14.)

2. Inhalt. Nach § 1960 Abs. 1 BGB. hat das Nachlaßgericht Maßnahmen zur Sicherung des Nachlasses zu treffen,

a) wenn die Ausschlagungsfrist (BGB. § 1944) noch nicht abgelaufen ist und der Erbe die Annahme der Erbschaft noch nicht erklärt hat und wenn in diesem Falle ein Bedürfnis für Sicherungsmaßregeln besteht,

b) wenn der Erbe unbekannt ist und

c) wenn ungewiß ist, ob der Erbe die Erbschaft angenommen hat.

Die Fürsorge des Nachlaßgerichts hat im Falle a nur bis zur Annahme der Erbschaft zu dauern. Die Sicherungsmaßregeln des Nachlaßgerichts können in der Anlegung von Siegeln, in der Hinterlegung von Geld, Werthpapieren und Kostbarkeiten, in der Aufnahme eines Nachlaßverzeichnisses und in der Aufstellung eines Nachlaßpflegers bestehen. Im Uebrigen kennt das BGB. eine Verlassenschaftsbehandlung von Amtswegen nicht, es tritt nur im Falle des § 192 FG. eine Vermittelung der Auseinandersetzung des Nachlasses durch das Nachlaßgericht von Amtswegen ein.

Auch der gegenwärtige Artikel gestattet der Landesgesetzgebung nicht, eine gerichtliche Auseinandersetzung der Verlassenschaft von Amtswegen anzuordnen (vgl. aber FG. § 192). Er gestattet nur, daß die Landesgesetzgebung bestimme, daß

α) das Nachlaßgericht die Aufnahme eines Nachlaßverzeichnisses auch unter anderen Voraussetzungen als den unter a—c bezeichneten (z. B. wenn der Erbe oder einzelne Erben minderjährig sind), von Amtswegen anordnen kann oder soll,

β) daß dann, wenn im Falle α die Aufnahme eines Nachlaßverzeichnisses angeordnet wird, auch die anderen erforderlichen Sicherungsmaßregeln, insbesondere die Anlegung von Siegeln, durch das Nachlaßgericht von Amtswegen angeordnet werden können oder sollen. Diese anderen Sicherungsmaßregeln dürfen aber nur bis zur Vollendung der Aufnahme des Nachlaßverzeichnisses dauern.

Beide Maßnahmen (unter α und β) können von der Landesgesetzgebung entweder in das Ermessen des Nachlaßgerichts gestellt oder demselben zur Amtspflicht gemacht werden („kann oder soll“).

Ein in der II. Komm. gestellter Antrag, die Worte „bis zu dessen Vollendung“ zu streichen, wurde abgelehnt, weil dadurch die Vorschrift dieses Artikels ihre Bedeutung einer Maßnahme, die wesentlich im Interesse der Nachlaßgläubiger getroffen würde, verlieren und eine über das wirkliche Bedürfniß hinausgehende Befugniß schaffen würde.

Die Vorschrift dieses Artikels wirkt auch dann, wenn ein Testamentsvollstrecker bestellt ist, was in der II. Komm. deßhalb als sachgemäß befunden wurde, „weil der

Testamentsvollstrecker das von ihm errichtete Inventar dem Erben übergebe, während das gerichtliche Inventar für alle, die es angehe, errichtet werde (P. VI, 452).

3. Veranlaßt ist diese Bestimmung durch den Wunsch Württembergs nach möglichster Erhaltung seiner dermaligen Einrichtungen, für welche Folgendes geltend gemacht wurde:

„Die württembergischen Einrichtungen, welche mit der Zuständigkeit der Gemeindebehörden in Sachen der nichtstreitigen Gerichtsbarkeit sowie mit der Gestaltung des Notariatsinstituts in Württemberg in Zusammenhang ständen, funktionierten zur vollsten Zufriedenheit aller Betheiligten und belästigten die letzteren nicht in dem Maße, wie es scheinen möchte, verursachten geringe Kosten, beseitigten die Meinungsverschiedenheiten der Betheiligten in einfacher und sicherer Weise und beugten Rechtsstreitigkeiten in ausreichendem Maße vor" (Mot. z. EG. 231).

4. Soweit es sich um die Nothwendigkeit der Siegelung des Nachlasses von Beamten handelt (vgl. z. B. bayr. Verordnung vom 2. September 1811 [Reg.Bl. S. 1106], bayr. Notariatsges. von 1861 Art. 100, Code de procedure civile art. 911 mit Art. 178 des bayr. AG. z. CPO. vom 23. Februar 1879 und Ges. vom 11. September 1825 Art. 1), trifft weder der § 1960 BGB. noch dieser Artikel zu, da es sich hiebei um eine Vorschrift des öffentlichen Rechtes handelt.

5. Landesgesetze: Preußen, AG. z. BGB. Art. 79 (Becher XIV, 1 S. 40); Bayern, Einschlägige Bestimmungen sind nicht getroffen: Art. 105 AG. z. BGB. stützt sich auf Art. 147 dieses Gesetzes, Art. 106 AG. z. BGB. gehört dem öffentlichen Recht an (vgl. Mot. zum Art. 95 des Entw. des AG. z. BGB.): Württemberg, AG. z. BGB. Art. 81—92 (Becher XXVI, 1 S. 16 ff.); Hessen, AG. z. BGB. Art. 129 (Becher VIII, 3 S. 55); Sachsen-Altenburg, AG. z. BGB. § 140 (Becher XVIII, 1 S. 29); Reuß, ältere Linie, AG. z. BGB. § 145 (Becher XV, 1 S. 28); Reuß, jüngere Linie, AG. z. BGB. § 134 (Becher XVI, 1 S. 30).

Art. 141.*)

Die Landesgesetze können bestimmen, daß für die Beurkundung von Rechtsgeschäften, die nach den Vorschriften des Bürgerlichen Gesetzbuchs gerichtlicher oder notarieller Beurkundung bedürfen, entweder nur die Gerichte oder nur die Notare zuständig sind.

E. I, 91 Abs. 3; II, 114; III, 141.

1. Entstehung und Begründung. Der gegenwärtige Artikel entspricht wörtlich dem II. und III. Entw. und weicht nur redaktionell von Art. 91 Abs. 3 des I. Entw. ab (Reatz III, 72). Schon im I. Entw. (M. I, 186 mit Mot. z. EG. 234 und Mat. 92) wurde daran festgehalten, daß das dem Gebiete der freiwilligen Rechtspflege angehörende Beurkundungswesen, soweit nicht besondere Vorschriften eingreifen, der Landesgesetzgebung verbleibt, und für landesgesetzliches Eingreifen nur da kein Raum ist, wo das BGB. die Abgabe einer Erklärung vor einer bestimmten Behörde vorschreibt, während da, wo das BGB. die Wahl läßt, ob gerichtliche oder notarielle Beurkundung erforderlich ist, der Landesgesetzgebung anheimgestellt sein soll, ob sie diese beiden Beurkundungsarten oder nur die eine von ihnen zulassen und im letzteren Falle die andere ausschließen will. In der II. Komm. war namentlich fraglich, ob dieser Artikel nicht in das Gesetz über die freiwillige Gerichtsbarkeit versetzt werden soll, was schließlich verneint wurde. Es wurde dort zur Begründung dieses Artikels insbesondere hervorgehoben, daß es der Landesgesetzgebung im Interesse der Erhaltung eines selbständigen Notariats erwünscht sein könne, bestimmte Akte der freiwilligen Gerichtsbarkeit ausschließlich den Notaren zuzuweisen (P. V, 329, 330, VI, 454—457).

2. Inhalt. A. Ueber die Rechtsgeschäfte, welche nach den Vorschriften des BGB. gerichtlicher oder notarieller Verlautbarung bedürfen, s. Bem. II, B zu Art. 11. Der Vorbehalt dieses Artikels ermöglicht, für die Beurkundung aller dieser Rechtsgeschäfte landesgesetzlich entweder die Gerichte oder die Notare ausschließlich für zuständig zu erklären (vgl. auch Art. 142 u. 143 dieses Gesetzes und FG. § 167). Für die öffentliche Beglaubigung einer Unterschrift oder eines Handzeichens kann

*) Literatur: Vgl. Stammler, D. Jur.Z. 1897 Nr. 22 S. 434 ff.; Bruck, Arch. f. bürgerl. R. Bd. 14 Nr. 5 S. 219 ff.; W. Eck, Ueber Art. 141 EG., D.Jur.Z. 1898 S. 16—17; Meisel, D. Jur.Z. 1898 S. 42—43.

landesgesetzlich die Zuständigkeit der Amtsgerichte, aber da, wo Notare bestehen, nicht auch jene der Notare ausgeschlossen werden (FG. § 191 Abs. 2).

B. Ueber das Verfahren bei der Beurkundung s. FG. §§ 168—183 sowie 200.

C. Nur zwischen Gerichten und Notaren wird die Wahl gelassen und die Zulassung der Zuständigkeit anderer Behörden ausgeschlossen. Hievon bestehen folgende Ausnahmen:

a) die Fälle der folgenden Art. 142 u. 143;

b) auch für die Beurkundung der Anerkennung der Vaterschaft eines außerehelichen Kindes (BGB. §§ 1718, 1720 Abs. 2) sowie für die öffentliche Beglaubigung einer Unterschrift können — abgesehen von Amtsgerichten und Notaren — noch andere Behörden (z. B. Gemeindebehörden) und Beamte (z. B. Standesbeamte für die Fälle der §§ 1718, 1720 BGB.) als zuständig erklärt werden (FG. § 191 Abs. 1).

c) Ueber die Zuständigkeit der Geschwaderauditeure vgl. FG. § 184.

d) Vgl. auch EG. z. ZwVG. § 13.

3. Einschlägig sind in Preußen Ges. über die freiw. Gerichtsbarkeit Art. 31; in Bayern AG. z. BGB. Art. 81, 82 (Becher III, 7 S. 45), Not.G. vom 9. Juni 1899 Art. 1 (ausschließliche Zuständigkeit der Notare, soweit nicht reichsgesetzlich die Zuständigkeit des Verlassenschafts- oder Vormundschaftsgerichts oder Grundbuchamts gegeben ist), ferner AG. z. GBO. Art. 11, wodurch vom Vorbehalte des § 98 GBO. Gebrauch gemacht wurde; in Sachsen Verordnung des Justizministeriums vom 24. Juli 1899 §§ 36—44; in Elsaß-Lothringen AG. z. BGB. § 89 (Becher VI, 1 S. 18); in Württemberg AG. z. BGB. Art. 22; in Baden Ges. über freiw. Gerichtsbarkeit und Notariat (Rechtspolizeiges.) §§ 35 ff. (Becher II, 10 S. 42 ff.); in Hessen AG. z. FG. vom 18. Juli 1899 Art. 63 ff. (Becher VIII, 4 S. 135 ff.) und Not.Ges. v. 15. März 1899 Art. 10; Sachsen-Koburg-Gotha AG. z. BGB. Art. 9 (Becher XIX, 8 S. 48); Reuß, ältere Linie, AG. z. BGB. § 148 (Becher XV, 1 S. 29); Lippe, AG. z. BGB. § 14 (Becher IX, 1 S. 3); Hamburg, Ges. betr. freiw. Gerichtsbarkeit § 9; Bremen, AG. z. BGB. § 6, Ges. vom 29. November 1903 (GBl. 123).

Art. 142.

Unberührt bleiben die landesgesetzlichen Vorschriften, welche in Ansehung der in dem Gebiete des Bundesstaats liegenden Grundstücke bestimmen, daß für die Beurkundung des im § 313 des Bürgerlichen Gesetzbuchs bezeichneten Vertrags sowie für die nach § 873 Abs. 2 des Bürgerlichen Gesetzbuchs zur Bindung der Betheiligten erforderliche Beurkundung der Erklärungen außer den Gerichten und Notaren auch andere Behörden und Beamte zuständig sind.

E. II, 115; III, 142.

1. Entstehung. Dieser Artikel wurde erst in der II. Komm. vorgeschlagen und zwar anfänglich als Art. 57 a (vgl. P. I, 458—462, VI, 416, 417, 424, 425, 650; Mat. 93; Reatz III, 72).

2. Inhalt. Der Artikel betrifft die obligatorischen Veräußerungsverträge über Immobilien, das sind also die Verträge, welche die Uebertragung des Eigenthums an einem Grundstücke oder die Belastung des Grundstücks mit einem Rechte oder die Uebertragung oder die Belastung eines Rechts an einem Grundstücke betreffen. Diese sind nach BGB. §§ 313 u. 973, solange nicht die Auflassung und Eintragung im Grundbuch erfolgt oder die entsprechenden Erklärungen vor dem Grundbuchamt abgegeben sind, nur dann rechtsgültig, wenn sie gerichtlich oder notariell beurkundet sind. Nach dem vorigen Art. 141 kann landesgesetzlich die Zuständigkeit entweder des Amtsgerichts oder des Notars ausgeschlossen und nach GBO. § 98 kann landesgesetzlich bestimmt werden, daß das Grundbuchamt die Erklärung der Auflassung nur entgegennehmen **soll** (nicht **„darf"**), wenn die nach § 313 BGB. erforderliche Urkunde vorgelegt wird. Die Zuständigkeit des Grundbuchamts zur Entgegennahme der fraglichen Vertragserklärungen kann landesgesetzlich nicht ausgeschlossen werden. Dagegen giebt dieser Artikel der Landesgesetzgebung die Befugniß, für die Beurkundung des obligatorischen Veräußerungsvertrages außer den Gerichten, Notaren und Grundbuchämtern auch noch andere Behörden und Beamte für zuständig zu erklären, mit der Maßgabe jedoch, daß diese Zuständigkeit auf Verträge beschränkt bleibt, die sich auf ein innerhalb des Bundesstaats liegendes Grundstück beziehen.

Der Grund der Vorschrift dieses Artikels liegt in der Rücksichtnahme auf jene Theile Deutschlands, in welchen die Zerstückelung des Grundbesitzes weit vorgeschritten ist. Die Landesgesetzgebung soll den Parteien die Möglichkeit eröffnen können, Verträge über kleine und geringwerthige Parzellen ohne erheblichen Aufwand von Kosten und Zeit abzuschließen, indem z. B. auch Gemeindebeamte zur Beurkundung solcher Verträge für zuständig erklärt werden, da diese mit den einschlägigen Verhältnissen vertraut und besondere juristische Kenntnisse für die in Frage stehenden Beurkundungen nicht erforderlich seien (vgl. P. VI, 416, 424, 650; Mat. 93).

3. Einschlägig sind in Preußen AG. z. BGB. Art. 12, Ges. vom 21. September 1899 Art. 122 Abs. 1 Satz 2, Art. 125; Bayern hat von dem Vorbehalte dieses Artikels keinen Gebrauch gemacht (vgl. 12. Prot. d. JA. d. K. d. Abg. vom 24. November 1898 S. 187 ff.); in Elsaß-Lothringen AG. z. BGB. § 106 und Entw. d. AG. z. FG. §§ 43 ff.; in Württemberg AG. z. BGB. Art. 33—38; in Sachsen AG. z. BGB. § 20, Ges. vom 15. Juni 1900 § 45; in Baden AG. z. BGB. § 38; in Hessen AG. z. FG. Art. 63 ff. mit Not.Ges. Art. 10; Sachsen-Weimar, AG. z. BGB. Art. 14; Sachsen-Koburg-Gotha, AG. z. BGB. Art. 10; Sachsen-Meiningen, AG. z. BGB. Art. 14; Mecklenburg-Schwerin, VO. z. Ausf. d. BGB. §§ 36, 39; Mecklenburg-Strelitz, VO. z. Ausf. d. BGB. §§ 35, 82; Oldenburg, AG. z. BGB. § 2; Waldeck, AG. z BGB. Art. 9.

Art. 143.

Unberührt bleiben die landesgesetzlichen Vorschriften, welche in Ansehung der in dem Gebiete des Bundesstaats liegenden Grundstücke bestimmen, daß die Einigung der Parteien in den Fällen der §§ 925, 1015 des Bürgerlichen Gesetzbuchs außer vor dem Grundbuchamt auch vor Gericht, vor einem Notar, vor einer anderen Behörde oder vor einem anderen Beamten erklärt werden kann.

Unberührt bleiben die landesgesetzlichen Vorschriften, nach welchem es bei der Auflassung eines Grundstücks der gleichzeitigen Anwesenheit beider Theile nicht bedarf, wenn das Grundstück durch ein Gericht oder einen Notar versteigert worden ist und die Auflassung noch in dem Versteigerungstermine stattfindet.

E. II, 116 u. 100; III, 143.

1. Entstehung. Dieser Artikel ist erst in der II. Komm. aufgestellt und vom Bundesrathe redaktionell geändert worden (P. III, 173—178, VI, 425, 426, 650; Reatz III, 73; Mat. 93).

2. Inhalt. A. Nach den §§ 925 u. 1015 BGB. müssen die zur Uebertragung des Eigenthums an einem Grundstücke nach § 873 BGB. erforderliche Einigung des Veräußerers und des Erwerbers (Auflassung) sowie die zur Bestellung eines Erbbaurechts nach § 873 erforderliche Einigung des Eigenthümers und Erwerbers bei gleichzeitiger Anwesenheit beider Theile vor dem Grundbuchamt erklärt werden.

Hievon gestattet dieser Artikel der Landesgesetzgebung, folgende Ausnahmen zu machen:

a) Es kann zugelassen werden, daß die Auflassungserklärung außer vor dem Grundbuchamt auch vor einem Gericht oder vor einer anderen Behörde oder vor einem Notar oder vor einem anderen Beamten abgegeben wird (Abs. 1). Die gleichzeitige Anwesenheit der Parteien kann nach dem Abs. 1 nicht ausgeschlossen werden. Ebensowenig kann die Zuständigkeit des Grundbuchamts ausgeschlossen werden. Aber nach § 98 GBO. kann bestimmt werden, daß das Grundbuchamt die Erklärung der Auflassung nur entgegennehmen **soll**, wenn die nach § 313 BGB. erforderliche Urkunde, welche in Konsequenz der Bestimmung dieses Artikels auch die Auflassungserklärung enthalten kann, vorgelegt wird.

b) Von dem Erfordernisse der gleichzeitigen Anwesenheit der Parteien soll die Landesgesetzgebung nach Abs. 2 dann eine Ausnahme machen können, wenn das Grundstück entweder durch ein Gericht oder durch einen Notar versteigert worden ist (vgl. z. B. ZwVG. §§ 1, 2, EG. z. ZwVG. § 13) **und** die Auflassung (Abs. 1) noch in dem Versteigerungstermin erfolgt. Es kann also landesgesetzlich zugelassen werden, daß es als eine rechtswirksame Auflassung eines Grundstücks erklärt wird, wenn bei einer durch ein Gericht oder einen Notar durchgeführten Versteigerung derjenige, der Meistbietender geblieben ist und die Umschreibung des Grundstücks auf sich beantragt hat, sich vor Beendigung des Versteigerungstermins entfernt und der Versteigerer dann erst (aber noch während des Versteigerungstermins) den Zuschlag ertheilt und die Umschreibung auf den Ansteigerer beantragt.

B. Die Ausnahmebestimmung unter b ist mit Rücksicht auf die gemeinsame notarielle Versteigerung mehrerer kleiner Grundstücke, wie sie namentlich am Rheine öfters vorkommt, die Ausnahmebestimmung unter a aus gleichen Gründen wie jene des Art. 142 aufgenommen worden (P. VI, 425 ff.). Vgl. die preußischen Gesetze über das Grundbuchwesen 2c. vom 12. April 1888 § 5 und 14. Juli 1893 Art. 3 § 5a.

C. Der Vorbehalt beschränkt sich für jeden Bundesstaat nur auf die Auflassung der in seinem Gebiete gelegenen Grundstücke.

3. Einschlägig sind in Preußen AG. z. BGB. Art. 26; in Bayern AG. z. BGB. Art. 81 und 82; in Sachsen AG. z. BGB. § 13; in Elsaß-Lothringen AG. z. BGB. §§ 89, 90; in Württemberg AG. z. BGB. Art 33—38; in Baden AG. z. BGB. §§ 15, 17; in Mecklenburg-Schwerin VO. z. Ausf. d. BGB. § 104; in Mecklenburg-Strelitz VO. z. Ausf. d. BGB. § 102; in Hessen AG. z. BGB. Art. 270 u. 91 (Becher VIII, 3 S. 85); in Sachsen-Weimar AG. z. BGB. §§ 95 ff.; in Sachsen-Meiningen AG. z. BGB. Art. 14, §§ 3, 4; in Schwarzburg-Rudolstadt AG. z. BGB. Art. 63; in Reuß jüngere Linie AG. z. BGB. §§ 50, 51; in Anhalt AG. z. BGB. Art. 46; in Bremen AG. z. BGB. §§ 17, 18; in Lübeck AG. z. BGB. § 64; in Birkenfeld AG. z. BGB. §§ 38, 39.

Art. 144.

Unberührt bleiben die landesgesetzlichen Vorschriften über die sachliche und örtliche Zuständigkeit der Hinterlegungsstellen. Die Landesgesetze können bestimmen, daß die Anlegung von Mündelgeld nach § 1808 des Bürgerlichen Gesetzbuchs bei den Hinterlegungsstellen des Bundesstaats nicht stattfindet.

E. (BGB. I, 280 Abs. 1) II, 117; III, 144.

1. Entstehung. Der Art. 144 entspricht dem Abs. 1 von § 280 des I. Entw. BGB. mit dem Abmaße, daß in der II. Komm. der Vorbehalt auf die sachliche Zuständigkeit ausgedehnt, der Satz 2 neu eingefügt und redaktionelle Aenderungen vorgenommen wurden (M. II, 92, 97; P. I, 359—361, VI, 461—463, 618; Reatz III, 74; Mat. 87a S. 94).

2. Inhalt. A. Nach dem BGB. ist die Hinterlegung von Geld oder anderen beweglichen Gegenständen, welche sich zur Hinterlegung eignen, bei einer öffentlichen Hinterlegungsstelle bald zum Zwecke der Erfüllung einer Verbindlichkeit, bald als Sicherungsmittel, bald auf Anordnung eines Gerichts, bald auf Verlangen des Gläubigers, bald nach dem Willen des Schuldners vorgesehen (vgl. BGB. §§ 52, 232 ff., 268, 372 ff., 422, 432, 489, 660, 1077, 1082, 1142, 1171, 1217, 1219, 1224, 1281, 1392, 1667, 1716, 1808 ff., 1814, 1818, 1853, 1960, 2039, 2114, 2116). Verschieden von der Hinterlegung bei einer öffentlichen Hinterlegungsstelle ist die Verwahrung und die Hinterlegung bei einem Dritten (BGB. §§ 688 ff., 690, 691).

B. Ueber die Organisation der Hinterlegungsstellen sind reichsgesetzliche Bestimmungen nicht getroffen. Das BGB. und andere Reichsgesetze (z. B. CPO. § 987) setzen aber voraus, daß landesgesetzlich angeordnete Hinterlegungsstellen in den einzelnen Bundesstaaten vorhanden sind. Wenn das BGB. von einer Hinterlegungsstelle spricht (BGB. §§ 233, 380, 1808, 1814, 2116; CPO. § 987), so hat es eine für die Hinterlegung (landesgesetzlich) bestimmte öffentliche Stelle (BGB. § 372) im Auge (M. I, 389), welche ein Gericht oder eine andere Behörde oder eine besondere Anstalt sein kann.

C. Der gegenwärtige Artikel überläßt der Landesgesetzgebung auch die Bestimmung der örtlichen und sachlichen Zuständigkeit der öffentlichen Hinterlegungsstellen.

Bezüglich der Hinterlegung an Erfüllungsstatt trifft § 374 BGB. zwar die Bestimmung, daß die Hinterlegung bei der Hinterlegungsstelle des Leistungsorts zu erfolgen hat, macht hievon aber die Wirkung der Hinterlegung nicht abhängig, sondern legt auch der Hinterlegung bei einer anderen Hinterlegungsstelle als jener des Erfüllungsortes befreiende Wirkung bei. Die Landesgesetzgebung hat jedoch freie Hand, die örtliche Zuständigkeit der Hinterlegungsstelle mit der Folge anzuordnen, daß eine örtlich unzuständige Stelle eine angebotene Hinterlegung ablehnen kann (M. II, 97).

Was die sachliche Zuständigkeit betrifft, so setzt die Reichsgesetzgebung voraus, daß landesgesetzlich Hinterlegungsstellen errichtet werden, welche Geld, Werthpapiere, sonstige Urkunden sowie Kostbarkeiten annehmen (BGB. §§ 232, 372). Es ist der Landesgesetzgebung aber unbenommen, auch andere bewegliche Gegenstände als zur Hinterlegung geeignet zu erklären (vgl. BGB. §§ 383, 432, 1281, s. auch unten Art. 146) und die Anordnung zu treffen, daß gewisse zur Hinterlegung für geeignet erklärte Gegenstände nur bei dieser, gewisse andere Gegenstände nur bei jener Hinterlegungsstelle hinterlegt werden können (M. II, 104; P. a. a. O.).

D. Der zweite Satz trifft Bestimmungen über die verzinsliche Anlegung von Mündelgeld, hinsichtlich welcher § 1808 BGB. anordnet, daß diese Anlegung auch bei der Hinterlegungsstelle erfolgen darf; durch den zweiten Satz des Art. 144 ist die Landesgesetzgebung ermächtigt, von § 1808 eine Ausnahme zu statuiren und die Anlegung von Mündelgeld bei den Hinterlegungsstellen ihres Gebietes auszuschließen.

3. Einschlägig sind für Preußen Hinterlegungsordnung vom 14. März 1879 mit AG. z. BGB. Art. 84 und 85 und Art. 76 Abs. 2.

In Bayern ist durch Art. 76 AG. z. GVG. vom 23. Februar 1879 in der Fassung des AG. z. BGB. Art. 167 Ziff. XXII von der Bestimmung des Satzes 2 dieses Artikels Gebrauch gemacht und die Errichtung von Hinterlegungsstellen bei den Amtsgerichten mit der Maßgabe angeordnet worden, daß durch königl. Verordnung, welcher die Erlassung näherer Bestimmungen über die Hinterlegung überlassen ist, die Besorgung des Hinterlegungswesens auch der königl. Bank übertragen werden kann (vgl. die bisherige Verordnung vom 8. September 1879 für Bayern r. d. Rh. und vom 25. September 1879 und 17. Okt. 1888 für die Pfalz; vgl. ferner VO. d. gerichtl. Hinterlegungswesen betr. [Hinterlegungsordnung] vom 18. Dezember 1899 (Becher III, 11 S. 166 ff.).

Einschlägig sind weiter für Sachsen AG. z. BGB. § 4; für Württemberg AG. z. BGB. Art. 143—171; für Baden Ges. betr. die öffentl. Hinterlegung von Geld und Werthpapieren vom 7. Juni 1884 mit AG. z. BGB. Art. 37; für Hessen AG. z. BGB. Art. 33, 34 (Becher VIII, 3 S. 35); Elsaß-Lothringen, Ges. betr. d. Hinterlegungswesen u. s. w. vom 1. November 1899 (Becher VI, 4 S. 52 ff.); Braunschweig, Ges. vom 3. Juni 1899, betr. Ergänzung des § 108 AG. z. BGB. vom 12. Juni 1899; Ges. vom 12. Juni 1899 über das Hinterlegungswesen; Schwarzburg-Rudolstadt, Hinterlegungsordnung vom 11. Dezember 1899, AG. z. BGB Art. 27; Schwarzburg-Sondershausen, Hinterlegungsordnung vom 29. Juli 1899; Mecklenburg-Schwerin, Hinterlegungsordnung vom 9. April 1899 (Becher XI, 11 S. 18 ff.); Mecklenburg-Strelitz, Hinterlegungsordnung vom 9. April 1899 (Becher XII, 10 S. 137 ff.); Oldenburg, AG. z. BGB. §§ 38—42 (Becher XIII S. 14 ff.); Sachsen-Weimar-Eisenach, Hinterlegungsordnung vom 29. November 1899 (Becher XXI, 8 S. 92 ff.); Sachsen-Altenburg, AG. z. BGB. §§ 23—29 (Becher XVIII, 1 S. 5 ff.), Hinterlegungsordnung vom 8. September 1899; Sachsen-Koburg-Gotha, Hinterlegungsordnung vom 23. Oktober 1899 (Becher XIX, 5 S. 31 ff.); Reuß, ä. L., Hinterlegungsordnung vom 6. November 1899 (Becher XV, 9 S. 65 ff.); Reuß, j. L., Hinterlegungsordnung vom 10. August 1899 (Becher XVI, 4 S. 67 ff.); Schaumburg-Lippe, Hinterlegungsordnung vom 20. Juni 1899 (Becher XXII, 2 S. 3 ff.); Anhalt, AG. z. BGB. Art. 15—26 (Becher I, 3 S. 12 ff.); Waldeck, AG. z. BGB. Art. 46; Gesetz über das Hinterlegungswesen vom 11. Dezember 1899; Hamburg, Hinterlegungsordnung vom 14. Juli 1899; Bremen, Hinterlegungsordnung vom 18. Juli 1899 (Becher V, 4 S. 57 ff); Lübeck, Hinterlegungsordnung vom 20. März 1899 (Becher V, 3 S. 4 ff.).

Art. 145.

Die Landesgesetze können über die Hinterlegung nähere Bestimmungen treffen, insbesondere den Nachweis der Empfangsberechtigung regeln und vorschreiben, daß die hinterlegten Gelder und Werthpapiere gegen die Verpflichtung zur Rückerstattung in das Eigenthum des Fiskus oder der als Hinterlegungsstelle bestimmten Anstalt übergehen, daß der Verkauf der hinterlegten Sachen von Amtswegen angeordnet werden kann sowie daß der Anspruch auf Rückerstattung mit dem Ablauf einer gewissen Zeit oder unter sonstigen Voraussetzungen zu Gunsten des Fiskus oder der Hinterlegungsanstalt erlischt. In den Fällen des § 382, des § 1171 Abs. 3 und des § 1269 Satz 3 des Bürgerlichen Gesetzbuchs muß dem Hinterleger die Rücknahme des hinterlegten Betrags mindestens während eines Jahres von dem Zeitpunkt an gestattet werden, mit welchem das Recht des Gläubigers auf den hinterlegten Betrag erlischt.

Von einer gerichtlichen Anordnung kann die Hinterlegung nicht abhängig gemacht werden.

E. (BGB. I, 280³, 273²) II, 118; III, 145.

1. Entstehung. Abs. 1 des Art. 145 entspricht dem Art. 280 Abs. 3 des I. Entw. BGB. mit dem Abmaße, daß in der II. Komm. die letzte Kopulative des letzteren („daß die Wirkungen der Hinterlegung schon mit dem Zeitpunkte der Absendung an die Hinterlegungsstelle eintreten"), welche in den § 375 BGB. übergegangen ist, hier gestrichen, der zweite Satz neu eingefügt und einige unwesentliche redaktionelle Aenderungen vorgenommen wurden.

Abs. 2 ersetzt den § 273 Abs. 3 des I. Entw. BGB., welcher lautete: „Eine vorgängige gerichtliche Anordnung der Hinterlegung ist nicht erforderlich" (M. II, 104, 97, I, 390; P. I, 359—361, VI, 461—463, 618; Reatz III, 75; Mat. 87 a S. 94 ff., RTK. 440 d S. 12).

2. Inhalt. A. Der Art. 145 giebt der Landesgesetzgebung eine generelle Ermächtigung zur Erlassung von Vorschriften über die Hinterlegung und hebt namentlich hervor, daß — außer dem Vorbehalte des Art. 144 — die Landesgesetzgebung ermächtigt ist,

a) den Nachweis der Empfangsberechtigung desjenigen, der durch die Hinterlegung ein Recht erhält (z. B. §§ 52, 233, 268, 372, 380 BGB. 2c.), aber auch des Hinterlegenden, soweit hiefür nicht reichsgesetzliche Bestimmungen bestehen (z. B. BGB. §§ 235, 376, 1392, 1667, 1814, 1818, 2116), zu regeln,

b) zu bestimmen, daß die hinterlegten Gelder und Werthpapiere gegen die Verpflichtung zur Rückerstattung in das Eigenthum des Fiskus oder der als Hinterlegungsstelle bestimmten Anstalt, z. B. einer Bank, übergehen (vgl. BGB. § 233), in welchem Falle auch Anordnungen darüber veranlaßt und zulässig sind, welche Geldsorten, Banknoten (vorbehaltlich der Bestimmungen der Münzgesetze v. 4. Dez. 1871, 9. Juli 1873, 20. u. 30. April 1874, 6. Jan. 1876) und Werthpapiere angenommen werden dürfen (M. I, 390),

c) daß der Verkauf der hinterlegten Sachen von Amtswegen angeordnet werden kann, z. B. ähnlich, wie im Falle des § 383 BGB., wenn der Verderb der hinterlegten Sache zu besorgen ist,

d) daß der Anspruch des Hinterlegenden auf Rückerstattung der hinterlegten Sache

α) mit dem Ablauf einer gewissen Zeit oder

β) unter sonstigen Voraussetzungen erlischt, — z. B. wenn trotz wiederholter Aufforderung zur Empfangnahme oder zur Zurücknahme einer zur Hinterlegung ungeeignet gewordenen Sache dieselbe nicht erhoben wird. In dieser Beziehung ist die Landesgesetzgebung durch die Vorschrift von Satz 2 dahin beschränkt, daß in den Fällen der §§ 382, 1171, 1269 BGB., wenn das Recht des Gläubigers zur Empfangnahme der hinterlegten Sache wegen Ablauf von 30 Jahren seit der Anzeige von der Hinterlegung abgelaufen und der Hinterlegende hierdurch zur Zurücknahme des Depositums berechtigt geworden ist, dem Hinterleger mindestens noch eine einjährige, vom Ablaufe der 30 Jahre beginnende Präklusivfrist zur Rücknahme gelassen werden muß; es folgt hieraus, daß landesgesetzlich auch die Frist, binnen welcher der Gläubiger zur Empfangnahme des Depositums in obigen Fällen reichsgesetzlich berechtigt ist, nicht abgekürzt werden kann (P. a. a. O.).

B. Beschränkt ist die Landesgesetzgebung — abgesehen von A, d — auch dadurch, daß sie die Hinterlegung von einer gerichtlichen Anordnung nicht abhängig machen darf. Die Hinterlegungsstelle hat also, ohne daß sie ein gerichtliches Annahmemandat fordern darf, selbständig zu prüfen, ob die Voraussetzungen für die Annahme des Depositums nach den Behauptungen des Hinterlegenden gegeben sind. Ein gerichtliches Vorverfahren darüber, ob die Hinterlegung berechtigt ist, darf also nicht stattfinden. Wohl aber dürfte nicht ausgeschlossen sein, daß landesgesetzlich die Glaubhaftmachung der Behauptungen, welche für die Berechtigung zur Hinterlegung aufgestellt werden, gefordert wird, obwohl das nicht zweckmäßig wäre. Aus A, a folgt, daß landesgesetzlich die Hinausgabe des Depositums von einem gerichtlichen Ausgabemandat abhängig gemacht werden darf.

C. Die Frage, ob gegen eine Hinterlegungsstelle, bezw. gegen den Fiskus des betr. Bundesstaats, dann, wenn die Rückgabe eines Depositums ungerechtfertigt verweigert wird, der Rechtsweg betreten werden kann, ist in Preußen streitig. Ein deßwegen in der RTK. gestellter Antrag, diejenigen Vorschriften aufzuheben, welche (wie die preußische Hinterlegungsordnung) den Rechtsweg für die Ansprüche gegen die Hinterlegungsstelle ausschließen oder beschränken, wurde jedoch wieder zurückgezogen, weil die betr. preußische Bestimmung dem nur unter großen Schwierigkeiten bei Emanation des GVG. im Jahre 1877 in § 13 desselben zu Stande gekommenen staatsrechtlichen Kompromiß zwischen Reichsgesetzgebung und Landesgesetzgebung entspreche, in welchen einzugreifen sich nicht empfehle, und weil möglicherweise die preußischen Gerichte künftighin auf Grund des BGB. den Rechtsweg ohnehin für zulässig erklären (RTK. 440 d S. 14 ff.).

3. Einschlägig sind für Preußen Hinterlegungsordnung v. 14. März 1879 mit AG. z. BGB. Art. 84. In Bayern ist die Erlassung der dem gegenwärtigen Artikel entsprechenden näheren Bestimmungen über die Hinterlegung gemäß Art. 76 Abs. 3 AG. z. GVG. in der Fassung des AG. z. BGB. Art. 167 Ziff. XXII dem Verordnungsweg überlassen: Hinterlegungsordn. v. 18. Dezember 1899, Min.Bek. v. 22. Dezember 1900 (Min.Bl. 1901 S. 1). Einschlägig sind ferner für Sachsen Verordnung des Justizministeriums v. 24. Juli 1899 §§ 101—117, Ges. v. 15. Juni 1900 §§ 102 ff.; für Württemberg AG. z. BGB. Art. 143—171; für Baden Ges. v. 30. Juli 1899 über das Hinterlegungswesen mit Vollzugsverordnung v. 30. Juli 1899; für Hessen AG. z. BGB. Art. 33, 34.

Vgl. im Uebrigen die Landesgesetze zu Art. 144.

4. Aus der Rechtsprechung. Daraus, daß nach Landesgesetz (Sächs. Ges. vom 15. Juni 1900 § 104) hinterlegtes Geld in das Eigenthum des Staates übergeht, folgt nicht die Verpflichtung zur Verzinsung. § 698 BGB. greift nicht Platz. Die Verzinslichkeit öffentlich hinterlegter Gelder richtet sich gemäß Art. 145 EG. nach dem Landesgesetz. OLG. Dresden im Centralbl. f. freiw. Gerichtsbarkeit Bd. 5 S. 55 ff.; D. Jur.Z. 1903 S. 655.

Bei Klagen gegen die Hinterlegungsstelle auf Auszahlung des hinterlegten Betrages bleibt es auch unter dem neuen Rechte (EG. Art. 145) dabei, daß bei Prüfung des Nachweises der Empfangsberechtigung die Hinterlegungsstelle als Vertreterin der Staatshoheit, nicht allein des Fiskus handelt und der Rechtsweg gegen ihre Verfügungen ausgeschlossen ist. Preuß. Komp.Konfl. G.H., Egers Eisenbahnrechtl. Entsch. Bd. 21 S. 55, D. Jur.Z. 1903 S. 655.

Art. 146.

Ist durch Landesgesetz bestimmt, daß die Hinterlegungsstellen auch andere Sachen als Geld, Werthpapiere und sonstige Urkunden sowie Kostbarkeiten anzunehmen haben, so finden auf Schuldverhältnisse, die auf Leistung derartiger Sachen gerichtet sind, die Vorschriften der §§ 372—382 des Bürgerlichen Gesetzbuchs Anwendung.

E. (BGB. 1, 280²) II, 119; III, 146.

1. Entstehung. Art. 146 erhielt seine jetzige Fassung in der II. Komm. durch entsprechende Aenderung des Art. 280 Abs. 2 des I. Entw. des BGB., welcher lautete: „Die Landesgesetze können bestimmen, daß die Hinterlegungsstellen auch noch andere Sachen als Geld und Werthpapiere anzunehmen haben, und daß auf die Schuldverhältnisse, bei welchen der Leistungsgegenstand in solchen anderen Sachen besteht, die Vorschriften des § 272 Anwendung finden". Der Grund dieser Aenderung liegt vornehmlich darin, daß in § 372 BGB., welcher dem § 272 E. I entspricht, abweichend von letzterem schon reichsgesetzlich außer „Geld und Werthpapieren" auch „sonstige Urkunden und Kostbarkeiten" als öffentlich hinterlegbare Gegenstände erklärt wurden (M. II, 93 ff.; P. I, 359—361, VI, 461—463, 618—620; Reatz III, 75; Mat. 87 a S. 96 ff.; RTK 440 d S. 14).

2. Inhalt. Art. 146 hat folgende Bedeutung:

A. Es folgt hieraus, daß, wie schon bei Art. 144 hervorgehoben wurde (Bem. 2, C zu Art. 144), landesgesetzlich die Hinterlegungsstellen für verpflichtet erklärt werden können, auch andere Sachen als Geld, Werthpapiere und sonstige Urkunden sowie Kostbarkeiten anzunehmen.

B. Weiter trifft der Art. 146 für den Fall, daß landesgesetzlich solche andere Sachen für öffentlich hinterlegbar erklärt werden, die landesgesetzlich nicht zu ändernde Bestimmung, daß dann auf Schuldverhältnisse, die auf Leistung solcher anderen Sachen gerichtet sind, die Vorschriften der §§ 372—382 BGB. Anwendung finden. Es ist dann also der Schuldner solcher anderen Sachen kraft Reichsrechts berechtigt, diese zu hinterlegen, wenn der Gläubiger im Annahmeverzug, oder wenn der Schuldner über die Person des Gläubigers sich in einer nicht auf Fahrlässigkeit beruhenden Ungewißheit befindet oder aus einem in der Person des Gläubigers liegenden Grunde seine Verbindlichkeit nicht erfüllen kann. Eine solche Hinterlegung hat die Wirkungen der §§ 373—382 BGB., während das Verkaufsrecht des Schuldners nach §§ 383—386 BGB. entfällt.

3. Ueber das bisherige Recht vgl. M. II, 93 und 94.

Einschlägig sind für Preußen Hinterlegungsordnung v. 14. März 1879 mit AG. z. BGB. Art. 84, für Bayern VO. vom 8. Dezember 1879 § 12, AG. z. BGB. Art. 167 Ziff. XXII.

Einschlägig ist für Sachsen Justizministerialverordnung v. 24. Juli 1899 §§ 101 bis 117, für Württemberg AG z. BGB. Art. 143—171; für Baden Gesetz über die öffentliche Hinterlegung von Geld und Werthpapieren mit AG. z. BGB. Art. 37; für Hessen AG. z. BGB. Art. 33, 34.

Vgl. ferner die Landesgesetze zu Art. 144.

Art. 147.

Unberührt bleiben die landesgesetzlichen Vorschriften, nach welchen für die dem Vormundschaftsgericht oder dem Nachlaßgericht obliegenden Verrichtungen andere als gerichtliche Behörden zuständig sind.

Sind durch Landesgesetz die Verrichtungen des Nachlaßgerichts einer anderen Behörde als einem Gericht übertragen, so ist für die Abnahme des im § 2006 des Bürgerlichen Gesetzbuchs vorgeschriebenen Offenbarungseids das Amtsgericht zuständig, in dessen Bezirke die Nachlaßbehörde ihren Sitz hat.

E. II, 120; III, 147.

1. Entstehung. Die Vorschriften dieses Artikels sind zuerst von der II. Komm. aufgestellt worden. Die erste Anregung hiezu gab der Art. 91 des I. Entw. des EG. (P. VI, 456—461, 556).

Ein in der II. Komm. gestellter Antrag, folgenden weiteren Artikel aufzustellen

> „Unberührt bleiben die landesgesetzlichen Vorschriften, nach welchen für die Volljährigkeitserklärung an Stelle des Vormundschaftsgerichts ein im Instanzenzug höheres Gericht zuständig ist“,

wurde schließlich zurückgezogen, nachdem geäußert worden war, daß nach der richtigen Auslegung des gegenwärtigen Artikels der im Antrage gewünschte Vorbehalt bereits unter den Vorbehalt dieses Artikels falle, und daß es nicht zweifelhaft sei, daß der Landesgesetzgebung die Befugniß zustehe, die Volljährigkeitserklärung dem Justizministerium zu übertragen (P. a. a. O.).

2. Inhalt. A. Die dem Vormundschaftsgericht obliegenden Verrichtungen sind theils eigentliche Vormundschafts- und Pflegschaftssachen (BGB. §§ 1774 ff., ferner §§ 3, 112, 113, 1304), theils solche Aufgaben, welche den Vormundschaftsgerichten hinsichtlich der Regelung gewisser Verhältnisse der unter elterlicher Gewalt stehenden Kinder zu ihren Eltern (BGB. §§ 1314, 1629, 1630, 1631, 1635, 1636, 1639, 1640, 1642—1645, 1647, 1662, 1665—1673, 1675, 1677, 1679, 1685—1695), dann hinsichtlich der Regelung gewisser persönlicher und güterrechtlicher Verhältnisse der Ehegatten zu einander (BGB. §§ 1336 Abs. 2, 1337 Abs. 1, 1357 Abs. 2, 1358 Abs. 1, 1379, 1402, 1447, 1451, 1487 Abs. 1, 1491—1493, 1519 Abs. 2, 1849), ferner in Bezug auf die Adoption (BGB. §§ 1741, 1750, 1751, 1752, 1760, 1761, 1765, 1770), auf die Ehelichkeitserklärung (BGB. §§ 1727—1729) und sonstige Rechtsverhältnisse zwischen Eltern und Kindern (BGB. §§ 1308, 1595, 1612 u. 1714) zugewiesen sind.

Dem Nachlaßgerichte sind insbesondere Maßnahmen zur Sicherung des Nachlasses (BGB. §§ 1960, 1975 ff., FG. §§ 74—76), Entgegennahme der Erklärungen über Erbschaftsausschlagung, über Anfechtung der Annahme- und Ausschlagungserklärung sowie von letztwilligen Verfügungen (BGB. §§ 1945, 1955, 2081), dann Regelung der Aufstellung, der Annahme oder Ablehnung des Amtes eines Testamentsvollstreckers (BGB. §§ 2200, 2202, FG. §§ 81, 82), die Bestimmung der Inventarfrist (BGB. §§ 1994 ff., FG. § 77) und sonstiger Fristen (vgl. BGB. §§ 2251, 2153—2155, 2192, 2193, 2198 FG. § 80), Ausstellung des Erbscheins (BGB. §§ 2353 ff., FG. §§ 84, 85) und ähnlicher Zeugnisse (GBO. §§ 37, 38, 99), die Entgegennahme und Eröffnung von Testamenten (BGB. §§ 2259—2262, 2264) sowie der Zwang zur Ablieferung von solchen (BGB. § 2259, FG. § 83), die Abnahme des Offenbarungseids (BGB. § 2006, FG. §§ 89, 163), die Auseinandersetzung der Erbschaft auf Antrag (FG. §§ 86 - 98), die Einholung der Genehmigung einer letztwillig angeordneten Stiftung (BGB. § 83), Entgegennahme der Erklärungen über Anfechtung einer Ehe (BGB. § 1342), über Verzicht eines Abkömmlings am Gesammtgute bei fortgesetzter Gütergemeinschaft (§ 1491), über Aufhebung der letzteren (§ 1492), über Anfechtung der Ehelichkeit eines verstorbenen Kindes (§ 1597), sowie endlich die Ausstellung eines Zeugnisses über Fortsetzung der Gütergemeinschaft (BGB. § 1507) und die Auseinandersetzung in Ansehung des Gesammtguts einer ehelichen oder der fortgesetzten Gütergemeinschaft (FG. § 99) zugewiesen.

B. Der gegenwärtige Artikel giebt nun den Landesgesetzen die Befugniß, für die sämmtlichen unter Bem. 2, A aufgeführten Verrichtungen oder für einzelne derselben (s. Bem. 1), — jedoch mit Ausnahme der Abnahme des Offenbarungseides im Falle des BGB. § 2006, welche durch diesen Artikel reichsgesetzlich dem Amtsgericht übertragen wird, in dessen Bezirke die Nachlaßbehörde ihren Sitz hat, — andere als gerichtliche Behörden als zuständig zu erklären.

Behörde ist hier im Gegensatze zu einzelnen Beamten, z. B. Notaren zu nehmen: in Betracht kommen namentlich Gemeindebehörden. Die gerichtlichen Behörden, welchen reichsgesetzlich die Aufgaben des Vormundschafts- und Verlassenschaftsgerichts zugewiesen sind, sind die Amtsgerichte (FG. §§ 35, 72).

Der gegenwärtige Artikel ist jedoch schon reichsgesetzlich (FG. § 193) dahin modifizirt, daß den Notaren auch die Auseinandersetzung einer Verlassenschaft oder einer Gütergemeinschaft ausschließlich oder in Konkurrenz mit den Nachlaßgerichten durch Landesgesetz übertragen werden kann.

C. Aus der Beschränkung der Ausnahme des Abs. 2 auf den Offenbarungseid im Falle des § 2006 BGB. können Zweifel darüber entstehen, ob in anderen Fällen des in Verlassenschaftssachen und nicht vor dem Prozeßgericht abzuleistenden Offenbarungseides (BGB. §§ 2028, 2057, 2130, 2218, FG. §§ 83, 163) die Zuständigkeit zur Abnahme desselben anderen Behörden als den Gerichten von der Landesgesetzgebung übertragen werden kann. Es dürfte aber aus allen einschlägigen Bestimmungen des BGB. und des Gesetzes über die FG. zu entnehmen sein, daß die Reichsgesetzgebung in dieser Beziehung die ausschließliche Zuständigkeit der Gerichte gewahrt wissen will.

D. Vgl. auch Art. 148.

3. Der Grund für die Aufstellung des gegenwärtigen Artikels liegt darin, daß die Reichsgesetzgebung es nicht für angängig erachtete, die Behörden- und Beamtenorganisation der einzelnen Bundesstaaten, wie sie sich auf dem Gebiete der freiwilligen Rechtspflege herausgebildet hat, wenigstens theilweise außer Kraft zu setzen, weil dies zu Unzuträglichkeiten führen würde und man andererseits vertrauen dürfe, daß die Landesgesetzgebung von den ihr überwiesenen Befugnissen einen zweckentsprechenden Gebrauch machen werde (P. a. a. O.; Mat. 98).

4. Landesgesetze:

Preußen: a) Für Vormundschaftssachen ist von dem Vorbehalte des Art. 147 kein Gebrauch gemacht.

b) Für Nachlaßsachen ist eine beschränkte Thätigkeit der Dorfgerichte und ähnlicher Behörden zugelassen. Vgl. AG. z. Ges. betr. freiw. Gerichtsbarkeit Art. 104—111, 113, 116, 117, 118, 121—123.

Bayern: a) für Vormundschaftssachen ist von dem Vorbehalte kein Gebrauch gemacht.

b) Für die Nachlaßsiegelung und Entsiegelung vgl. AG. z. BGB. Art. 167 (Gerichtsschreiber), Not.G. Art. 2 Ziff. 2 (Notare) und AG. z. BGB. Art. 105 (Bürgermeister).

Württemberg, AG. z. BGB. Art 41 ff. (Vormundschaftssachen); Baden, Rechtspolizeiges. vom 17. Juni 1899 § 45 Ziff. 1 (Nachlaßsachen, Notare); Elsaß-Lothringen, Ges. betr. freiw. Gerichtsbarkeit §§ 30, 34, 37 (Auseinandersetzung in Nachlaßsachen, Notare); Mecklenburg-Schwerin, VO. z. Ausf. d. Ges. über freiw. Gerichtsbarkeit vom 9. April 1899 §§ 22—47 (Becher XI, 6 S. 112 ff.); Mecklenburg-Strelitz VO. z. selben Datum wie Schwerin §§ 22—47 (Becher XII, 6 S. 99 ff.). In beiden Mecklenburg kommen für Vormundschaftssachen eine Reihe verschiedener Behörden in Frage, z. B. Magistrate, Waisengerichte, Gutsherren u. s. w. Hamburg, Ges. betr. d.

Vormundschaftsbehörde vom 14. Juli 1899: Bremen, AG. z. BGB. §§ 55, 63: Lübeck, AG. z. BGB § 19.

Art. 148.

Die Landesgesetze können die Zuständigkeit des Nachlaßgerichts zur Aufnahme des Inventars ausschließen.

E. II, 121; III, 148.

1. Entstehung. Der gegenwärtige Artikel ist von der II. Komm. aufgestellt worden (P. VI, 454, 461; Reatz III, 76).

2. Inhalt. Der Vorbehalt des Art. 148 dürfte eigentlich schon in Art. 147 enthalten sein. Er ermächtigt die Landesgesetzgebung, für die Aufnahme eines Inventars, welche gemäß BGB. §§ 2002 u. 2003 entweder vom Erben unter Zuziehung der zuständigen Behörde oder des zuständigen Beamten oder des Notars zu bethätigen oder auf Antrag des Erben von den letzterwähnten Behörden bezw. Beamten oder vom Nachlaßgerichte selbst aufzunehmen ist, die Zuständigkeit des Nachlaßgerichts auszuschließen.

Welchen Beamten oder welche Behörde die Landesgesetzgebung zur Aufnahme eines Inventars für zuständig erklären kann oder soll, darüber ist nichts bestimmt; die Landesgesetzgebung hat also freie Hand.

3. Für Preußen enthält das Gesetz über die freiwillige Gerichtsbarkeit keine einschlägige Abweichung vom Reichsgesetz über FG., ebensowenig für Sachsen die Justizministerialverordnung vom 24. Juli 1899; nur kann nach §§ 96 ff. a. a. O. die Aufnahme von Vermögensverzeichnissen auch den Ortsgerichtspersonen übertragen werden.

In Bayern r. d. Rh. waren früher gemäß Art. 19 des Not.G. die Notare und in beschränktem Maße gemäß des Ges. vom 18. März 1896 (GVBl. 173) die Gerichtsschreiber zur Aufnahme eines Inventars zuständig.

Durch Art. 15 AG. z. GVG. in der Fassung von Art. 167 Ziff. I AG. z. BGB. ist die Zuständigkeit der Amtsgerichte zur Aufnahme des Nachlaßinventars ausgeschlossen und belassen es Art. 63 AG. z. GVG. in der Fassung von Art. 167 Ziff. XVI AG. z. BGB. sowie Art. 2 Not.G. vom 9. Juni 1899 beim bisherigen Rechte. Vgl. hiezu ferner §§ 94 ff. der Min.Bekanntm. vom 20. März 1903.

Für Württemberg sind gemäß AG. z. BGB. Art. 125—128 sowohl die Notare als die Amtsgerichte unter Mitwirkung der örtlichen Inventurbehörden (2 Gemeinderathsmitglieder) zuständig.

Für Hessen vgl. AG. z. BGB. Art. 117, AG. z. FG. Art. 2, Not.Ges. Art. 10. (Sowohl die Nachlaßgerichte als die Notare sind zuständig, auch kann die Aufnahme des Inventars einem Gerichtsschreiber oder einem Ortsgericht übertragen werden.)

Für Elsaß-Lothringen ist es bei dem Not.Ges. vom 8. Juni 1892 verblieben (vgl. Ges. vom 10. Juli 1899, die Aufhebung von Landesgesetzen betr., § 1 Ziff. 129).

Für Baden ist nach dem Gesetz, betr. die freiwillige Gerichtsbarkeit und das Notariat, §§ 44 ff., die Zuständigkeit der Amtsgerichte ausgeschlossen und werden die Notare unter Mitwirkung der örtlichen Inventurbehörden für zuständig erklärt.

Art. 149.

Unberührt bleiben die landesgesetzlichen Vorschriften, nach welchen bei der Errichtung einer Verfügung von Todeswegen der Richter an Stelle des Gerichtsschreibers oder der zwei Zeugen eine besonders dazu bestellte Urkundsperson zuziehen kann.

Auf die Urkundsperson finden die Vorschriften der §§ 2235 bis 2236 des Bürgerlichen Gesetzbuchs Anwendung.

E. (BGB. I, 1915, Abs. 1 Satz 2) II, 112; III, 149.

1. Entstehung. Dieser Artikel hat seine gegenwärtige Gestalt erst in der Reichstagskommission gefunden. Abs. 1 entspricht inhaltlich dem § 1915 Abs. 1 Satz 3 des I. Entw. BGB. Die II. Komm. hatte in diesen Artikel aus § 1915 Abs. 2 des I. Entw. des BGB. die Bestimmung herübergenommen, daß beim notariellen Testamente der Notar statt zwei Zeugen einen zweiten Notar zuziehen kann; nachdem in der Reichstagskommission letztere Bestimmung schon dem nunmehrigen § 2233 BGB. eingefügt wurde, ist sie für diesen Artikel entbehrlich geworden. Abs. 2 wurde erst in der II. Komm. hin-

zugefügt (M. V, 261; Reatz III, 76; P. V, 331, 332, VI, 450, 451; Mat. 98; RTK. 340, d S. 15 mit 446, c S 19).

2. Inhalt. Gemäß § 2233 mit § 2276 BGB. muß zur Errichtung eines Testaments oder Erbvertrags der Richter einen Gerichtsschreiber oder zwei Zeugen, der Notar einem zweiten Notar oder zwei Zeugen zuziehen.

Der Art. 149 giebt nun der Landesgesetzgebung die Befugniß, anzuordnen, daß der Richter, nicht auch der Notar, statt der zwei Zeugen oder des Gerichtsschreibers eine dazu **besonders bestellte** Urkundsperson zuziehen darf, und verordnet zugleich, daß für diese Urkundsperson dieselben Ausschließungsgründe gelten, welche in den §§ 2235, 2235 und 2236 für den Gerichtsschreiber und die zwei Zeugen aufgestellt werden.

Unwesentlich ist, ob in einem solchen Falle der Richter selbst oder die Urkundsperson das Protokoll führt. Das sächsische Gesetzbuch, dem diese Vorschrift nachgebildet ist, geht davon aus, daß der Richter selbst das Protokoll führt (M. V, 261).

Selbstverständlich ist, daß auch für diese Urkundsperson das Gebot der Anwesenheit während der ganzen Verhandlung bis zur Siegelung und amtlichen Verwahrung des Testaments (BGB. §§ 2239, 2246) gilt.

3. Grund des Vorbehalts. Der Artikel trägt der in einzelnen Staaten, namentlich in Sachsen, bestehenden Einrichtung Rechnung, nach welcher (gemäß sächs. GB. § 2093, Mommsen § 60 Abs. 2) die Zuziehung einer der dort in jedem Orte unter dem Namen „Gerichtsschöppe" oder „Gerichtsbeisitzer" als Urkundspersonen angestellten Personen an Stelle des Protokollführers genügt (M. V, 261).

4. Preußen hat von dem Vorbehalte keinen Gebrauch gemacht. Auch für Bayern besteht keine solche Einrichtung (Bl. f. RA. Bd. 63 S. 200).

Einschlägig ist für Sachsen AG. z. BGB. § 46.

Vgl. im Uebrigen Sachsen-Altenburg, AG. z. BGB. § 141; Schwarzburg-Sondershausen, AG. z. BGB. Art. 60; Reuß ältere Linie, AG. z. BGB. § 149; Reuß jüngere Linie, AG. z. BGB. § 136.

Art. 150.

Unberührt bleiben die landesgesetzlichen Vorschriften, nach welchen im Falle des § 2249 des Bürgerlichen Gesetzbuchs an Stelle des Vorstehers oder neben dem Vorsteher eine andere amtlich bestellte Person zuständig ist.

E II, 123; III, 159.

1. Entstehung. Der Art. 150 ist erst in der II. Komm. aufgestellt und im Bundesrathe so, wie er jetzt lautet, gefaßt worden (P. V, 342–343, VI, 451; Reatz III, 76 ff.; Mat. 87 a S. 100).

2. Inhalt. A. Der § 2249 BGB. ermöglicht, daß in einem Nothfall, in welchem zu besorgen ist, daß der Erblasser früher sterben werde, als die Errichtung eines öffentlichen Testaments in der ordentlichen Form möglich ist, ein öffentliches Testament vor dem Vorsteher der Gemeinde oder des der Gemeinde gleichgestellten Verbands oder Gutsbezirks unter Zuziehung von zwei Zeugen errichtet wird — Nothtestament.

In Hessen und Sachsen besteht bisher die Einrichtung, daß in jeder Gemeinde neben der politischen Behörde eine besondere Behörde eingerichtet ist, welche als Hülfsorgan der Gerichte für die Akte der freiwilligen Gerichtsbarkeit dient. Der Vorbehalt des gegenwärtigen Artikels giebt der Landesgesetzgebung die Befugniß, solche Einrichtungen zu erhalten.

B. Die Landesgesetzgebung kann nach dem Wortlaute des Artikels bestimmen, daß zur Errichtung eines Testaments nach § 2249 BGB. sowohl der Vorsteher der Gemeinde ꝛc. als auch die betreffende amtlich bestellte Person zuständig sind, oder daß nur die Zuständigkeit der letzteren, nicht auch des Vorstehers, gegeben ist.

Ob die amtlich bestellte Person Gemeindebeamter ist (wie in Hessen) oder ob sie das nicht ist (wie in Sachsen), ist gleichgültig.

3. Einschlägig sind für Preußen: AG. z. BGB. Art. 80; in Bayern giebt es keine diesbezügliche Einrichtung; für Sachsen AG. z. BGB. § 47; für Hessen AG. z. FG. Art. 130; für Baden Ges. über freiw. Gerichtsbarkeit §§ 38, 39; für Mecklenburg-Schwerin VO. z. Ausf. des BGB. § 262; für Mecklenburg-Strelitz VO. z. Ausf. des BGB. § 259; für Oldenburg AG. z. BGB. § 35; für Sachsen-Altenburg AG. z. BGB. § 142; für Schwarzburg-Sondershausen AG. z. BGB. Art. 61; für Waldeck AG. z. BGB. Art. 42; für Reuß ältere Linie AG. z. BGB. § 150; für Reuß jüngere Linie AG. z. BGB. § 137; für Schaumburg-Lippe AG. z. BGB. § 62; für Lübeck AG. z. BGB. § 149.

Art. 151.*)

Durch die Vorschriften der §§ 2234 bis 2245, 2276 des Bürgerlichen Gesetzbuchs und des Art. 149 dieses Gesetzes werden die allgemeinen Vorschriften der Landesgesetze über die Errichtung gerichtlicher oder notarieller Urkunden nicht berührt. Ein Verstoß gegen eine solche Vorschrift ist, unbeschadet der Vorschriften über die Folgen des Mangels der sachlichen Zuständigkeit, ohne Einfluß auf die Gültigkeit der Verfügung von Todeswegen.

E. (BGB. I, 1924) II, 124; III, 151.

1. Entstehung. Der Art. 151 hat seine dermalige Fassung in der II. Komm. bekommen, er ersetzt den § 1924 des I. Entw. des BGB., welcher lautete:

„Durch die Vorschriften der §§ 1915—1925 werden die allgemeinen Vorschriften der Landesgesetze über die Errichtung der gerichtlichen oder notariellen Urkunden nicht berührt; durch die Nichtbefolgung einer solchen landesgesetzlichen Vorschrift wird jedoch die Gültigkeit der letztwilligen Verfügung nicht beeinträchtigt".

Den §§ 1915—1925 entsprechen nun die §§ 2234—2245 BGB. (M. V, 280; P. V, 342, 343, VI, 458—460; Reatz III, 77; Mat. 100.)

2. Inhalt. Die §§ 2234—2245 und § 2276 BGB. und Art. 149 dieses Gesetzes betreffen die Errichtung der Testamente und Erbverträge und geben zwingende Vorschriften über die Richter, Notare, Gerichtsschreiber, besonders bestellte Urkundspersonen und Zeugen, welche hiebei mitzuwirken fähig sind, über die Art, wie der letzte Wille zu erklären und ein Protokoll zu errichten ist und wie in dieser Beziehung zu verfahren ist, wenn eine sprachunfähige oder der deutschen Sprache nicht mächtige Person eine letztwillige Verfügung errichten oder einen Erbvertrag schließen will.

Der Art. 151 besagt nun, daß die Landesgesetze **neben** diesen Vorschriften

a) noch sonstige allgemeine Vorschriften über die Errichtung gerichtlicher oder notarieller Urkunden erlassen können.

Diese allgemeinen Vorschriften können

α) Formvorschriften, z. B. über Ort und Zeit der Errichtung der Urkunden, über die formelle Anordnung der Urkunden, Konstatirung der Identität und der Geschäftsfähigkeit der handelnden oder betheiligten Personen, über Aenderungen in den Urkunden durch Durchstreichungen, Dazwischenschreibungen, Rasuren, Zusätze, über Siegelung der Urkunden (M. V, 280), oder

β) Vorschriften über die örtliche Zuständigkeit der beurkundenden Gerichte oder Notare, oder

γ) Vorschriften über die sachliche Zuständigkeit der Gerichte oder Notare sein (vgl. oben Art. 141; FG. § 200; P. a. a. O.), oder

δ) die Folgen, welche die Verletzung der Vorschriften unter α, β, γ nach sich ziehen, bestimmen.

Hinsichtlich dieser Folgen nach δ besagt der Art. 151

b) weiter, daß landesrechtlich

α) nur der Verletzung der Vorschriften über die sachliche Zuständigkeit (γ) ein Einfluß auf die Gültigkeit der Verfügung von Todeswegen eingeräumt, also die Folge der Nichtigkeit dieser Verfügung gewährt werden darf (also nicht muß), während

β) die übrigen Vorschriften (a, α u. β) nur Ordnungsvorschriften sein dürfen und deren Verletzung daher nicht mit der Nichtigkeit der Verfügung, sondern nur mit Ordnungsstrafen oder Disziplinarstrafen gegen den Urkundsbeamten geahndet werden darf (P. VI, 458 ff. und FG. § 200).

Zwar nicht ausdrücklich im Gesetz ausgesprochen, aber selbstverständlich ist es

c) daß die Landesgesetze die Wirksamkeit einer öffentlichen Urkunde, welche ein Gericht oder ein Notar eines anderen Bundesstaats innerhalb seiner landesrechtlich bestimmten sachlichen Zuständigkeit aufgenommen hat, nicht in Ansehung ihres Staatsgebiets ausschließen oder einschränken können.

---

*) Literatur: Dorner, Zeitschr. f. d. Zivilpr. Bd. 28 S. 241: Oertliche Zuständigkeit und Ueberschreiten des Amtsbezirks bei Aufnahme gerichtlicher und notarieller Urkunden.

Ein dahin zielender, in der II. Komm. gestellter Antrag wurde zurückgezogen, nachdem aus der Mitte der Kommission, ohne daß Widerspruch erfolgte, der Inhalt des Antrags als zweifellos richtig und selbstverständlich bezeichnet worden war (P. a. a. O.).

3. Einschlägig sind für Preußen Ges. über die freiw. Gerichtsbarkeit Art. 40 ff.; für Bayern Not.G. vom 9. Juni 1899 Art. 1 u. 24 ff.; für Sachsen Justizministerialverordnung vom 24. Juli 1899 §§ 45 ff.; für Württemberg AG. z. BGB. Art. 150; für Baden vgl. das Ges. über die freiw. Gerichtsbarkeit und das Notariat §§ 35, 36, 58 ff.; für Hessen AG. z. FG. Art. 74 ff., 106 ff., 130; für Elsaß-Lothringen AG. z. Ges. über freiw. Gerichtsbarkeit §§ 49 ff.

Art. 152.

Unberührt bleiben die landesgesetzlichen Vorschriften, welche für die nicht nach den Vorschriften der Civilprozeßordnung zu erledigenden Rechtsstreitigkeiten die Vorgänge bestimmen, mit denen die nach den Vorschriften des Bürgerlichen Gesetzbuchs an die Klageerhebung und an die Rechtshängigkeit geknüpften Wirkungen eintreten. Soweit solche Vorschriften fehlen, finden die Vorschriften der Civilprozeßordnung entsprechende Anwendung.

E. I, 52; II, 125; III, 152.

1. Entstehung. Art. 152 entspricht mit unwesentlichen redaktionellen Aenderungen, welche in der II. Komm. vorgenommen wurden, dem Art. 52 des E. I (Mot. z. EG. 177 ff.; P. VI, 408; Reatz III, 77; Mat. 87 a S. 102).

2. Inhalt. Der Vorbehalt dieses Artikels betrifft Rechtsstreitigkeiten, welche nicht nach den Vorschriften der CPO. zu erledigen sind, das sind jene, für welche im Hinblick auf § 13 GVG. die Verwaltungsbehörden oder die Verwaltungsgerichte oder im Hinblick auf § 14 GVG. Sondergerichte (Rheinschiffahrts- und Elbzollgerichte in Preußen, Bayern, Baden, Sachsen und Anhalt, Gemeindegerichte für Bagatellsachen in Württemberg nach AG. z. CPO. §§ 3 ff. und in Baden nach dem EG. vom 3. März 1879 §§ 115 ff.; besondere agrarische Gerichte in Preußen, Sachsen, Hessen, Weimar, Meiningen, Altenburg, Anhalt) zuständig sind (EG. z. CPO. §§ 3 u. 14). Das Verfahren vor diesen Behörden und Gerichten richtet sich nach den besonderen hiefür gegebenen Vorschriften (M. I, 360).

Im Einzelnen ist Folgendes zu bemerken:

A. Die Klageerhebung ist in der CPO. §§ 253, 278—280, 499, 500 geregelt, der Zeitpunkt, in welchem die Wirkungen der Rechtshängigkeit eintreten oder erlöschen, ebendort §§ 263, 271, 276, 281, 693, 695, 700, 701. Für das schiedsgerichtliche Verfahren fehlt es nach beiden Richtungen an ausdrücklichen Vorschriften. Es haben aber auch in dieser Hinsicht die für das Verfahren vor den ordentlichen Gerichten geltenden Grundsätze entsprechende Anwendung zu finden, und kommt es darauf an, ob und wann das von dem Schiedsgerichte thatsächlich beobachtete Verfahren (vgl. CPO. § 1034) bis zu einem der Klageerhebung im Sinne der CPO. entsprechenden Abschnitte geführt ist (M. I, 360).

B. Der Art. 152 gibt nun eine doppelte Vorschrift. Er enthält

a) einen eigentlich überflüssigen, weil selbstverständlichen Vorbehalt zu Gunsten der Landesgesetzgebung hinsichtlich der oben bezeichneten Rechtsstreitigkeiten, indem er die Landesgesetzgebung ermächtigt, Vorschriften darüber zu treffen, mit welchen Prozeßhandlungen dieselben materiell rechtlichen Wirkungen verbunden sein sollen, welche das BGB. an die Klageerhebung (vgl. BGB. §§ 209, 211, 212, 284, 285) oder an die Rechtshängigkeit (vgl. BGB. §§ 213, 291, 292, 347, 818, 989, 996, 1435, 1613, 2023) knüpft.

b) Subsidiär, nämlich für den Fall, daß die Landesgesetze von dem unter a bezeichneten Vorbehalte keinen Gebrauch machen, enthält der Artikel die materiell rechtliche Vorschrift, daß die unter A angezogenen Vorschriften der CPO. entsprechende Anwendung zu finden haben. Es ist also beispielsweise in Bayern mangels besonderer Vorschriften im Sinne von a die Entscheidung der Frage, ob eine Unterbrechung der Verjährung des Anspruchs auf Rückvergütung des Lokalmalzaufschlags nach dem AG. z. BGB. Art. 125 und BGB. § 209 eingetreten ist oder nicht, von der Beantwortung der weiteren Frage abhängig, welcher prozessuale Vorgang des (gemäß Art. 8

Ziff. 31 des Gesetzes über den Verwaltungsgerichtshof) zur Anwendung kommenden Verwaltungsrechtsverfahrens der Klageerhebung thatsächlich gleich zu stellen ist.

3. Einschlägige, dem Vorbehalte nach Bem. 2, B, a entsprechende landesgesetzliche Vorschriften sind (nach den Mot. z. EG. 179) z. B. in §§ 37—39 des preußischen Ges. vom 18. Februar 1880 getroffen.

Vierter Abschnitt.

Uebergangsvorschriften.

Vorbemerkungen.

I. Aufgabe und Inhalt des vierten Abschnitts. Der vierte Abschnitt des Einführungsgesetzes verfolgt die Aufgabe, das Verhältniß der Vorschriften des Bürgerlichen Gesetzbuchs zu den zur Zeit des Inkrafttretens desselben bestehenden Rechtsverhältnissen durch Uebergangsbestimmungen klar zu stellen. Denn das BGB. enthält keinen die zeitliche Herrschaft der Rechtssätze desselben betreffenden allgemeinen Satz. Die Klarstellung des bezeichneten Verhältnisses erfolgt in diesem Abschnitt aber nicht in allgemeiner Weise, sondern nur, wie die Motive I. 23 sagen, in den wichtigsten Beziehungen.

Es sind nämlich Uebergangsvorschriften nur erlassen für die in den Art. 153—217 aufgeführten Thatbestände.

Diese Uebergangsvorschriften sind nach der Legalordnung des BGB. geordnet.

Auf den allgemeinen Theil beziehen sich die Art. 153—169 und zwar enthalten Uebergangsvorschriften:

Art. 153 über die Volljährigkeit,

Art. 154 über die Emanzipation nach badischem und französischem Rechte,

Art. 155 über die Entmündigung wegen Geisteskrankheit,

Art. 156 über die Entmündigung wegen Verschwendung,

Art. 157 über den erwählten Wohnsitz nach französischem und badischem Rechte,

Art. 158—162 über die Todeserklärung, Verschollenheitserklärung und Einweisung des muthmaßlichen Erben in den Besitz oder Genuß des Vermögens eines Verschollenen,

Art. 163—167 über juristische Personen, und zwar zunächst Art. 163 über juristische Personen im Allgemeinen, Art. 164 über Realverbände, Art. 165 über die bayerischen registrirten Gesellschaften und anerkannten Vereine, Art. 166 über die sächsischen eingetragenen Vereine und Art. 167 über die landschaftlichen oder ritterschaftlichen Kreditanstalten,

Art. 168 über Verfügungsbeschränkungen und

Art. 169 über die Verjährung.

Auf das Recht der Schuldverhältnisse beziehen sich die Art. 170—179 und zwar enthalten Uebergangsvorschriften:

Art. 170 über die bestehenden Schuldverhältnisse im Allgemeinen,

Art. 171 und 172 über Dienst-, Mieth- und Pachtverhältnisse,

Art. 173 über die Gemeinschaft nach Bruchtheilen,

Art. 174—178 über die Schuldverschreibungen auf den Inhaber und bezw. Art. 177 und 178 auch über die sog. qualifizirten Legitimationspapiere, endlich

Art. 179 über die in ein öffentliches Buch eingetragenen Ansprüche aus einem Schuldverhältnisse.

Für das Sachenrecht sind in den Art. 180—197 Uebergangsvorschriften aufgestellt, von welchen sich beziehen:

Art. 180 auf den Besitz,
Art. 181 auf das Eigenthum,
Art. 182 auf das Stockwerkseigenthum,
Art. 183 auf das Nachbarrecht bei Waldgrundstücken,
Art. 184 auf die Rechte an Sachen im Allgemeinen (Erbbaurecht, Dienstbarkeiten, Hypothek-, Grund- und Rentenschulden sowie Reallasten),
Art. 185 auf die Ersitzung von Eigenthum und Nießbrauch an einer beweglichen Sache,
Art. 186 auf die Anlegung des Grundbuchs,
Art. 187 auf die Eintragung bestehender Grunddienstbarkeiten,
Art. 188 auf die Eintragung von gesetzlichen Pfandrechten,
Art. 189 auf den Erwerb und Verlust des Eigenthums und anderer dinglicher Rechte an einem Grundstücke für die Zeit bis zur Anlegung des Grundbuchs,
Art. 190 auf das Aneignungsrecht des Fiskus,
Art. 191 auf den Besitzesschutz von Dienstbarkeiten,
Art. 192—194 auf die Hypotheken,
Art. 195 auf Grundschulden,
Art. 196 und 197 auf die Nutzungsrechte an Grundstücken.

In das Familienrecht schlagen ein die in den Artikeln 198—212 aufgestellten Uebergangsvorschriften, und zwar beziehen sich:

Art. 198 auf die Gültigkeit der Ehe,
Art. 199 auf die persönlichen Rechtsbeziehungen der Ehegatten,
Art. 200 auf das eheliche Güterrecht,
Art. 201 auf die Ehescheidung und die Aufhebung der ehelichen Gemeinschaft,
Art. 202 auf die Trennung von Tisch und Bett,
Art. 203—205 auf das Rechtsverhältniß zwischen den Eltern und deren ehelichen Kindern,
Art. 206 auf das Rechtsverhältniß zwischen Kindern aus einer geschiedenen Ehe und deren Eltern,
Art. 207 auf das Rechtsverhältniß zwischen Kindern aus einer ungültigen Ehe und deren Eltern,
Art. 208 auf die rechtliche Stellung der unehelichen Kinder,
Art. 209 auf die legitimirten und adoptirten Kinder,
Art. 210 auf die Vormundschaften und Pflegschaften,
Art. 211 auf den Beistand eines Geistesschwachen nach französischem und badischem Rechte und
Art. 212 auf die Mündelsicherheit von Werthpapieren.

Ueber das Erbrecht enthalten Uebergangsvorschriften die Art. 213—217 und zwar:

Art. 213 über erbrechtliche Verhältnisse im Allgemeinen,
Art. 214 und 215 über Verfügungen von Todeswegen,
Art. 216 über die Testirfreiheit gewisser ritterschaftlicher Familien und
Art. 217 über den Erbverzichtsvertrag.

II. Mangel allgemeiner Normen und Grund hiefür. Begriff der Rückwirkung. Aus der unter I gegebenen Uebersicht über den Inhalt des vierten Abschnitts erhellt, daß eine erschöpfende Klarstellung des Verhältnisses der Vorschriften des BGB. zu allen zur Zeit des Inkrafttretens des BGB. bestehenden Rechtsverhältnissen auch in diesem Gesetze nicht erfolgt ist.

Es fehlen allgemeine Normen über das zeitliche Herrschaftsgebiet der Gesetze, wie sie z. B. im römischen Rechte (l. 7 C. de leg. 1, 14), im kanonischen

Rechte (c. 13 X de constit. 1, 2), im BLR. (Thl. I Tit. 1 § 8), im PLR. (Einl. §§ 14, 16, 17, 19), im sächsischen GB. § 5, im österreichischen GB. § 5, im Code civil und im badischen LR. Art. 2, ferner im württembergischen Ges. vom 12. September 1814, betr. die Anwendung des württembergischen Rechtes in den neu erworbenen Landestheilen, §§ 1, 6, aufgestellt sind und im Wesentlichen von dem Prinzip ausgehen, daß Gesetze privatrechtlichen Inhalts ihrer regelmäßigen Bestimmung nach nur für die Zukunft wirken, also, wie man sich auszudrücken pflegt, keine rückwirkende Kraft haben.

Bei der Aufstellung der im EG. enthaltenen Uebergangsvorschriften ist zwar (wie die Mot. z. EG. 235 besagen) von den Gesichtspunkten ausgegangen worden, welche zu dem sog. Prinzipe der Nichtrückwirkung neuer Gesetze in der Wissenschaft geführt haben, also vornehmlich von den Sätzen, daß die abstrakte Gesetzesnorm der Regel nach dazu bestimmt ist, diejenigen Thatbestände zu ergreifen und diejenigen Verhältnisse rechtlich auszuprägen, welche während ihrer Geltung sich verwirklichen, und daß der zum Schirmer der Rechtsordnung berufene Staat mit sich selbst in Widerspruch treten würde, wenn er den Versuch machen wollte, den unter dem Schutze staatlicher Gesetze begründeten Rechten und Rechtsverhältnissen ihren Bestand in willkürlicher Weise weiter zu entziehen. Aber das BGB. und das EG. haben, wie schon erwähnt, eine allgemeine Vorschrift, welche dem Prinzipe der Nichtrückwirkung Ausdruck verleiht, nicht aufgenommen und zwar vornehmlich deßhalb, weil über Grund und Bedeutung des althergebrachten Satzes, daß Gesetze nicht zurückwirken (nach M. I, 19), kein Einverständniß herrscht, indem dieser Satz bald aus dem Gesetzesbegriffe, bald aus der Natur des subjektiven Rechtes abgeleitet, bald als ein Zweckmäßigkeitsgrundsatz behandelt wird, welcher eine Menge juristischer Konsequenzen in sich enthält, nicht aber selbst die Konsequenz eines juristischen Prinzips ist. Dabei kommt in Betracht, daß die Einen den Satz näher dahin bestimmen, daß Gesetze auf Thatsachen nicht angewandt werden dürfen, die unter dem früheren Rechte eingetreten sind und durch dasselbe ihre rechtliche Gestalt erhalten haben, während andere dies nur insoweit anerkennen, als in Folge des früheren Gesetzes schon Rechte erworben seien, da erworbene Rechte nicht beeinträchtigt werden könnten, Andere aber beide Sätze verbinden, und wohl auch als gleichbedeutend behandeln, und wiederum Andere zwischen den der Vergangenheit und den der Zeit des neuen Gesetzes angehörenden Wirkungen früherer Thatsachen unterscheiden und jene dem älteren, diese dem neuen Rechte unterstellen. Es herrscht auch über den Rückwirkungsbegriff selbst Meinungsverschiedenheit, indem die Vertreter der letzterwähnten Ansicht (nach M. I, 20) den Begriff in seinem natürlichen Sinne auffassen, das Inkrafttreten des neuen Gesetzes zum Ausgangspunkte nehmen und die Rückwirkung nur in der Rückgängigmachung dessen sehen, was vor dem Inkrafttreten des Gesetzes sich ereignet hat, während die Vertreter der übrigen Meinungen den Rückwirkungsbegriff in einem übertragenen Sinne auffassen, zum Ausgangspunkte den zur Zeit des Inkrafttretens des neuen Gesetzes bestehenden Rechtszustand nehmen und eine Rückwirkung schon in der Einwirkung des neuen Gesetzes auf den in diesem Zeitpunkte bestehenden Rechtszustand erblicken.

„Rückwirkend im natürlichen Sinne ist ein Gesetz, welches bestimmt, daß ein Thatbestand, der während der Geltung eines früheren Gesetzes sich zugetragen hat, ohne daß ihm eine rechtliche Wirkung beigelegt worden ist, gleichwohl eine solche erzeugt habe oder daß ein Thatbestand, welchem das frühere Gesetz eine Wirkung beigelegt hat, während der Geltung dieses Gesetzes keine Wirkung erzeugt habe, oder daß der Thatbestand in diesem Zeitraum eine andere als die ihm vom früheren Gesetze beigelegte Wirkung gehabt habe (Fiktion). Rückwirkend im übertragenen Sinne ist ein Gesetz, welches in Ansehung eines während der Geltung des früheren Gesetzes eingetretenen Thatbestands von der Geltung des neuen Gesetzes an für die Zukunft diesem Thatbestande die ihm nach dem Spruche des älteren Gesetzes zukommende Wirksamkeit abspricht oder eine ihm nach dem Spruche des älteren Gesetzes zukommende Wirksamkeit beilegt oder die rechtlichen Wirkungen, welche der Thatbestand während der Geltung des früheren Gesetzes erzeugt hat, von der Geltung des neuen Gesetzes an aufhebt oder umgestaltet".

Auch der Gesichtspunkt der „wohlerworbenen Rechte" wurde nicht für geeignet befunden, die Grundlage für eine allgemeine Bestimmung zu bilden.

III. Ausfüllung der Lücke durch die Auslegung. Soweit das Gesetz eine ausdrückliche Uebergangsvorschrift nicht enthält, fällt, wie die Motive (I, 21) besagen, „die Erforschung des maßgebenden Gesetzeswillens in den Bereich der Auslegung. Jeder Rechtssatz birgt zugleich eine Norm über die zeitlichen Grenzen der demselben zukommenden Wirksamkeit in sich. Die Kundgebung in Ansehung dieser Herrschaftstendenz kann mangelhaft oder dunkel sein: sie genügt um der Auslegung Eingang zu schaffen".

Für diese Auslegung dürfen wohl folgende Richtpunkte hervorgehoben werden:

A. Die Motive (I, 21) geben selbst folgende Anhaltspunkte:

1. Aus den schon unter II hervorgehobenen Gründen, daß Gesetze ihrer Bestimmung nach die rechtliche Gestaltung der Gegenwart und der Zukunft ordnen und deßhalb diejenigen Thatbestände ergreifen und diejenigen Verhältnisse rechtlich ausprägen wollen, welche während ihrer Geltung sich verwirklichen, und daß der Staat als Hüter der Rechtsordnung mit sich selbst in Widerspruch treten würde, wenn er den unter dem Schutze seiner Gesetze und unter deren Garantie gehörig erworbenen und begründeten Rechten und Rechtsverhältnissen später ihre Rechtswirksamkeit in willkürlicher Weise wieder entziehen wollte, darf die Folgerung abgeleitet werden,

a) daß Rückwirkung im natürlichen (eigentlichen) Sinne nur anzunehmen ist, wenn das Gesetz sie in bestimmter Weise gebietet, und

b) daß Rückwirkung im übertragenen (uneigentlichen) Sinne nur anzunehmen ist, wenn besondere Gründe die Annahme rechtfertigen, daß der Gesetzeswille auf sie gerichtet ist.

2. Nicht als Rückwirkung stellt sich dar, daß das neue Recht vor bloßen Möglichkeiten oder Erwartungen, welche nach dem früheren Rechte bestanden, sich nicht zurückzieht. Vgl. RGE. Bd. 54 S. 155.

3. Ein Thatbestand, der aus mehreren zeitlich aufeinanderfolgenden einzelnen Thatsachen sich zusammensetzt, gehört dem Rechte der Zeit an, in welcher der Thatbestand sich vollendet, vorausgesetzt, daß die während der Geltung des früheren Gesetzes eingetretenen Thatsachen nur die Aussicht auf künftigen Rechtserwerb, nicht aber eine diese Aussicht schützende Willensgebundenheit erzeugt haben.

4. Für die Erstreckung des Herrschaftsbereichs eines Rechtssatzes über die gewöhnlichen Grenzen hinaus können:

a) politische, soziale, wirthschaftliche und ethische Gründe bestimmend sein und ist

b) die innere Verschiedenheit des Rechtsstoffs von Bedeutung, indem z. B. Rechtsänderungen, welche Schuldverhältnisse beeinflussen, weil diese regelmäßig der Privatautonomie freigegeben sind, die individuelle Rechtssphäre empfindlicher treffen als Aenderungen, welche den Inhalt dinglicher Rechte zum Gegenstande haben, hinsichtlich deren schon die längere Dauer dem Gesetzgeber die Einwirkung auf die bestehenden Rechtsgestaltungen näher legt, oder Aenderungen auf dem Gebiete des Familienrechts, da die reinen Familienrechte vorwiegend nur die Kehrseite von Pflichten sind, die, in der Sphäre der Sittlichkeit wurzelnd, zu Rechtspflichten erhoben sind, und bezüglich deren deßhalb der Gemeinwille häufigere und dringendere Veranlassung hat, sich mit besonderer Energie zu bethätigen.

B. Zur Auslegung werden ferner die in Art. 7 ff. über die räumliche Herrschaft der Rechtsnormen gegebenen Vorschriften herangezogen werden dürfen.

C. Zweifelhaft ist, ob für die Auslegung auch die in den bisherigen Gesetzen enthaltenen ausdrücklichen Vorschriften über die zeitliche Herrschaft der Rechtsnormen (siehe II) mitbenützt werden dürfen. Dies könnte jedenfalls nur soweit der Fall sein, als dieselben unter sich übereinstimmen.

IV. Als leitende Grundsätze dürften wohl folgende aufzustellen sein:

A. Für Rechte und Rechtsverhältnisse, welche vor dem Inkrafttreten des Bürgerlichen Gesetzbuchs entstanden sind, bleiben die bisherigen Gesetze maßgebend.

B. Ausnahmen von dem Satze unter A enthalten:

1. ein Theil der in Art. 153 ff. dieses Gesetzes gegebenen Uebergangsvorschriften.

Insbesondere bestimmen sich die Wirkungen der Volljährigkeitserklärung und der Emanzipation (Art. 153, 154), der Entmündigung (Art. 155, 156), zum Theile auch die der Todeserklärung (Art. 159, 160) nach dem neuen Rechte, Verjährung und Ersitzung werden mit gewissen Vorbehalten nach den neuen Vorschriften fortgesetzt (Art. 169, 185), für die bestehenden juristischen Personen (Art. 163), für Mieth-, Pacht- und Dienstverhältnisse (Art. 171, 172), für Gemeinschaften nach Bruchtheilen (Art. 173), für Schuldverschreibungen auf den Inhaber und Legitimationspapiere (Art. 174, 176, 177), für Besitzverhältnisse (Art. 180, 191 Abs. 2), für das Eigenthum und für das Aneignungsrecht des Fiskus (Art 181, 190), für Erbbaurecht und Grunddienstbarkeiten (Art. 184 Satz 2), Hypotheken und Grundschulden (Art 192, 193), für die persönlichen Rechtsbeziehungen der Ehegatten zu einander (Art. 199) und die Zulässigkeit von Eheverträgen (Art. 200 Abs. 2), für die Nichtigkeit und Anfechtbarkeit der Ehe (Art. 198 Abs. 2) und die Ehescheidung (Art. 201), für das Rechtsverhältniß zwischen den Eltern und den ehelichen Kindern (Art. 203—206) und die rechtliche Stellung der unehelichen Kinder (Art. 208) sowie für Vormundschaft und Pflegschaft (Art. 210, 211) gelten entweder schlechthin oder mit gewissen Beschränkungen die Vorschriften des Bürgerlichen Gesetzbuchs. (Vgl. Mot. zum bayr. Ges. über die Uebergangsbestimmungen vom 9. Juni 1899 Einleitung.)

2. Ausnahmen können sich auch dadurch ergeben, daß von einzelnen anderen Vorschriften des BGB. oder dieses Gesetzes auf Grund ihrer Auslegung (siehe III) anzunehmen ist, daß der Gesetzgeber ihnen rückwirkende Kraft beilegen wollte.

3. Weitere Ausnahmen ermöglicht der Art. 218 dieses Gesetzes, da hienach die Landesgesetzgebung jene Rechte und Rechtsverhältnisse, für welche der Satz unter A gilt, dem neuen Rechte unterstellen oder Vorschriften erlassen kann, welche vom bisherigen und vom neuen Rechte abweichen.

4. Ausnahmen können ferner die landesgesetzlichen Vorschriften enthalten, welche auf Grund der in den Art. 55—152 dieses Gesetzes oder im BGB. zu Gunsten der Landesgesetzgebung enthaltenen Vorbehalte erlassen werden.

C. Für Rechte und Rechtsverhältnisse, welche vom Inkrafttreten des BGB. an entstehen, ist das BGB. maßgebend.

Eine Ausnahme von diesem Satze bilden:

a) Art. 189 mit Art. 188, 193, 194 u. 195 Abs. 2 dieses Gesetzes und
b) selbstverständlich alle übrigen nach B, 3 u. 4 zu Gunsten der Landesgesetzgebung bestehenden Vorbehalte.

D. Soweit für Rechte und Rechtsverhältnisse, welche vor dem 1. Januar 1900 entstanden sind, das neue Recht maßgebend wird, wird die Wirksamkeit des neuen Rechtes regelmäßig nur hinsichtlich der Wirkungen eines Rechtsverhältnisses, nicht auch hinsichtlich der zur Begründung desselben erforderlichen Voraussetzungen sich geltend machen. Doch gilt dieser Satz nicht ausnahmslos und bezieht sich z. B. Art. 198 Abs. 2 auch auf die Voraussetzungen.

V. Die in diesem Kommentare für den IV. Abschnitt in Betracht gezogenen landesgesetzlichen Vorschriften sind dieselben, auf welche bereits in Vorbemerkung B zum III. Abschnitte verwiesen ist.

VI. Literatur: Habicht, Die Einwirkung des BGB. auf zuvor entstandene Rechtsverhältnisse. 3. Aufl. Jena 1901.

Art. 153.

Wer zur Zeit des Inkrafttretens des Bürgerlichen Gesetzbuchs nicht das einundzwanzigste Lebensjahr vollendet hat, aber für volljährig erklärt ist oder sonst die rechtliche Stellung eines Volljährigen erlangt hat, steht von dieser Zeit an einem Volljährigen gleich.

E. I, 95; II, 126; III, 153.

I. Entstehung. Die Vorschrift dieses Artikels entspricht mit unwesentlichen redaktionellen Aenderungen dem Art. 95 E. I (Mot. z. EG. 242 ff.; P. VI, 486; Reatz III, 79).

II. Inhalt. Der Artikel enthält Uebergangsvorschriften zu Gunsten jener Personen, welche am 1. Januar 1900 das Alter der Volljährigkeit nach Maßgabe des BGB. noch nicht erreicht, aber entweder durch Volljährigkeitserklärung oder aus einem sonstigen Grunde die rechtliche Stellung von Volljährigen erlangt haben, indem er solchen Personen diese rechtliche Stellung wahrt, wobei die Voraussetzungen derselben nach dem bisherigen, die Wirkungen aber nach dem neuen Rechte zu beurtheilen sind.

Im Einzelnen ist Folgendes hervorzuheben:

1. Die Volljährigkeit tritt nach § 2 BGB., wie schon bisher nach Maßgabe des RG. vom 17. Februar 1875 und in Bayern schon nach der Verordnung vom 26. Oktober 1813, die durch die Verordnungen von 1814 und 1822 auf alle Gebietstheile ausgedehnt wurde, ohne Unterschied des Geschlechts mit dem vollendeten 21. Lebensjahr ein. Das 21. Lebensjahr ist gemäß § 187 BGB. mit dem Beginne des Tages vollendet, an welchem die betreffende Person vor 21 Jahren geboren wurde (Mot. z. EG. 242).

2. Ein Minderjähriger, der nach Maßgabe der §§ 3—5 BGB. für volljährig erklärt wird, erlangt (nach § 3 Abs. 2 BGB.) die rechtliche Stellung eines Volljährigen, d. h. er wird unbeschränkt geschäftsfähig, die elterliche Gewalt und Vormundschaft über ihn hören auf, er wird, wenn er männlichen Geschlechts ist (Frauen schon früher), ehemündig und kann selbst Vormund und Ehezeuge werden. Nur das nach § 1305 BGB. aufgestellte Erforderniß der Einwilligung des Vaters bezw. der Mutter zur Eheschließung kommt auch bei dem für volljährig Erklärten nicht vor dem vollendeten 21. Lebensjahr in Wegfall.

3. Ganz dieselbe Rechtsstellung, welche ein nach Maßgabe des BGB. für volljährig erklärter Minderjähriger (wie in vorstehender Ziff. 2 dargelegt) einnimmt, verleiht der Art. 153 auch denjenigen am 1. Januar 1900 noch nicht 21 Jahre alten Personen beiderlei Geschlechts, welche nach den Vorschriften des bisherigen Rechtes entweder

a) für volljährig erklärt sind oder
b) sonst die rechtliche Stellung eines Volljährigen erlangt haben.

Zu a. Gleichgültig ist es, von welchen Voraussetzungen (Alter, Zustimmung des Minderjährigen, des Inhabers der elterlichen Gewalt, des Vormunds ꝛc.) bisher die Volljährigkeitserklärung abhängig war, oder durch wen (Landesherr in Bayern, Sachsen, Sachsen-Weimar, Braunschweig und im Gebiete des gemeinen Rechtes, Justizministerium in Mecklenburg-Schwerin und -Strelitz, Senat in Lübeck, Bezirkspolizei-Amt in Württemberg, Vormundschaftsgericht in Preußen und Hamburg — s. M. I, 56) sie nach bisherigem Rechte zu erfolgen hatte.

Zu b. Aus sonstigen Gründen konnte bisher die rechtliche Stellung eines Volljährigen erlangt werden:

α) durch Erlangung eines Staatsamts oder durch Zulassung zur Rechtsanwaltschaft in Württemberg nach Maßgabe des württ. Ges. vom 21. Mai 1828 Art. 1, und

β) durch Verehelichung („Heirath macht mündig"). Das BGB. räumt der Verehelichung keinen Einfluß auf die Geschäftsfähigkeit (nämlich — nachdem nur der volljährige oder für volljährig erklärte Mann eine Ehe schließen kann — nur) der Frau ein und bewahrt dadurch den bisherigen Rechtszustand in Preußen, Sachsen, Mecklenburg-Schwerin mit Ausnahme von Wismar und in Mecklenburg-Strelitz (M. I, 57), sowie in Bayern für die Rechtsgebiete des Bamberger Landrechts, des Vorderösterreichischen Rechtes, der Fränkischen Landesgerichtsordnung (d. i. des Würzburger Rechtes) und für den kleineren Theil jener Gebiete, in welchen das PLR. gilt (Roth, BCR. 2. Aufl. Bd. I S. 192 Note 16 u. 18). Nach gemeinem Rechte war diese Frage bestritten (vgl. z. B. Roth, a. a. O. Note 15 und M. I, 58).

Dagegen wurde bisher durch die Verehelichung die Volljährigkeit bewirkt und zwar

αα) für beide Geschlechter in Sachsen-Weimar (Ges. vom 27. März 1872 §§ 17, 20, 71, 73) und in Bremen (Vorm.O. vom 7. August 1826 § 34 b), ferner in Bayern nach BLR. sowie nach den Rechten der Städte Nördlingen, Memmingen, Lindau, Kempten, Ulm, Augsburg, ferner nach den Rechten des Bisthums Augsburg und des Domkapitels in Augsburg, sowie nach Oettinger, Mainzer, Schweinfurter, Fuldischem, Erbacher, Nürnberger, Ansbacher, Bayreuther und Dinkelsbühler Rechte (Roth, a. a. O. S. 192 Note 18),

ββ) nur hinsichtlich der Frau allein in Württemberg (Ges. v. 21. Mai 1828 Art. 1 Abs. 3), Lübeck (Vorm.O. § 81 a Ziff. 2), Hamburg (Vorm.O. Art. 63) und Wismar (Vorm.O. v. 9. Dez. 1875 – M. I, 58), sowie in Bayern nach Hohenloheschem Landrecht (Roth, a. a. O. S. 192 Note 17).

γ) Ob durch den selbständigen Betrieb eines Handelsgewerbes oder sonstigen Erwerbsgeschäfts die rechtliche Stellung eines Volljährigen erlangt wird, ist zweifelhaft. (Vgl. Bem. 2, b a. E. zu Art. 154.)

δ) Einschlägig ist auch der Fall des Art. 154 dieses Gesetzes.

Hinsichtlich der Wirkungen der Vorschrift dieses Artikels ist noch besonders hervorzuheben, daß die Beschränkungen, welche nach bisherigem Rechte (z. B. l. 3 Cod. 2, 45; BLR. Thl I cap. 7 § 36 Nr. 7; sächs. GB. §§ 1969 u. 1970; sachsen-weimar. Ges. v. 27. März 1872 § 74; nach Bamberger Recht gemäß Verordnung v. 18. Okt. 1793 und PLR. Thl. II Tit. 18 § 723 namentlich hinsichtlich der Veräußerung von Immobilien und zum Theil hinsichtlich des Verzichts auf Abnahme der vormundschaftlichen Schlußrechnung – vgl. M. I, 54 und Roth, a. a. O. S. 196 Note 41) in der rechtlichen Stellung eines für volljährig Erklärten eintreten, vom 1. Januar 1900 an in Wegfall kommen.

III. Anträge auf Volljährigkeitserklärung oder Gesuche um solche, welche vor dem 1. Januar 1900 gestellt, aber vor diesem Zeitpunkte nicht verbeschieden werden, sind vom 1. Januar 1900 an nach Maßgabe des BGB. zu behandeln und zu entscheiden (Mot. z. EG. 241).

IV. Hinsichtlich der Ausländer vgl. Art. 7.

V. Hinsichtlich der Zuständigkeit zur Volljährigkeitserklärung s. oben Bem. II, 3 zu a, sowie die Bem. zu Art. 147.

VI. Hinsichtlich der Emanzipirten s. Art. 154.

Art. 154.

Wer nach den französischen oder den badischen Gesetzen emanzipirt oder aus der Gewalt entlassen ist, steht von dem Inkrafttreten des Bürgerlichen Gesetzbuchs an, wenn er zu dieser Zeit das achtzehnte Lebensjahr vollendet hat, einem Volljährigen, anderenfalls einem Minderjährigen gleich.

E. I, 96; II, 127; III, 154.

1. Entstehung. Dieser Artikel entspricht mit unerheblichen redaktionellen Aenderungen dem Art. 96 des I. Entw. (Mot. z. EG. 244 ff., P. VI, 486; Reatz III, 79).

2. Inhalt. Nach französischem und badischem Rechte (cod. civ. art. 476 ff., bad. LR. Satz 476 ff.) wurde ein Minderjähriger kraft Gesetzes durch die Heirath und nach badischem Rechte (LR. Satz 476 a) auch durch die von den Eltern gebilligte Begründung einer selbständigen häuslichen Niederlassung emanzipirt und konnte auch ein nicht verheiratheter Minderjähriger, der das 15., bezw. 18. Lebensjahr zurückgelegt hatte, durch die Eltern, bezw. den Familienrath emanzipirt werden und zwar mit der Folge, daß der emanzipirte Minderjährige, wenn er ein kaufmännisches Geschäft betrieb, in Rücksicht der auf dieses Geschäft sich beziehenden Handlungen als volljährig behandelt wurde (für die bayrische Pfalz vgl. desfalls Art. 210 des bisherigen bayr. AG. z. RCPO.; vgl. ferner preuß. Ges. vom 24. Juni 1861 Abschn. 4 Art. 37; bad. Ges. vom 6. August 1862 Art. 2; großherz. hess. Ges. vom 29. September 1862 Abschn. 3 Art. 24; Ges. für Hessen-Homburg vom 25. August 1863 Abschn. 3 Art. 22; Ges. für Elsaß-Lothringen vom 19. Juni 1872 § 3), während er im Uebrigen die Verwaltung seines Vermögens mit gewissen Beschränkungen in Bezug auf die Verfügung über Immobilien, die Aufnahme

eines Anlehens und die Dauer von Pachtkontrakten erhält. Die Emanzipation konnte vor Eintritt der Volljährigkeit auch wieder entzogen werden.

Dieses Rechtsverhältniß leitet der gegenwärtige Artikel in das neue Recht in folgender Weise über:

a) Wenn der Emanzipirte (d. i. der der elterlichen oder vormundschaftlichen Gewalt enthobene Minderjährige) am 1. Januar 1900 schon das 18. Lebensjahr vollendet hat oder (vgl. BGB. § 187 Abs. 2) vollendet, so steht er vom 1. Januar 1900 an einem Volljährigen gleich und zwar mit folgenden Wirkungen:

α) Es gilt für ihn alles, was in den Bemerkungen II, 2 u. 3 zu Art. 153 hinsichtlich des Volljährigen und für volljährig Erklärten gesagt ist, insbesondere

β) fallen die Beschränkungen in der Verfügung über Immobilien, Aufnahme eines Anlehens &c. hinweg und kann

γ) die in Volljährigkeit verwandelte Emanzipation nicht mehr entzogen werden.

b) Wenn der Emanzipirte am 1. Januar 1900 das 18. Lebensjahr noch nicht erreicht, so verliert er die ihm durch die Emanzipation entstandenen Rechte und besitzt er vom 1. Januar 1900 an, auch wenn er verehelicht ist oder mit elterlicher Billigung einen selbständigen Hausstand begründet hat, nur mehr die beschränkte Geschäftsfähigkeit eines Minderjährigen (§§ 106 ff. BGB.).

Insbesondere gelten für ihn, auch wenn ihm (gemäß cod. civ. art. 487) der selbständige Betrieb eines kaufmännischen Geschäfts überlassen wurde, vom 1. Januar 1900 an nur mehr die Bestimmungen des § 112 BGB. — Die Motive zum EG. (S. 245) betrachten zwar die Frage, ob für einen solchen Fall § 112 BGB. oder das bisherige Recht anwendbar ist, für zweifelhaft und überlassen die Lösung der Frage der Wissenschaft und der Praxis. Sie haben hiebei allerdings nicht bloß den hier behandelten Fall des französischen und badischen Rechtes, sondern auch das oldenburg. Ges. vom 18. April 1864 Art. 6, das württemb. Ges. vom 30. Juni 1865 Art. 3 Ziff. 1, das preuß. Ges. vom 12. Juli 1875 § 5 und das bayr. EG. z. HGB. vom 10. November 1861 Art. 7 im Auge. Allein für das französische und badische Recht kann die gegebene Lösung nach dem klaren Wortlaute des Art. 154 nicht wohl zweifelhaft sein. Für die übrigen Rechte möchte die Lösung der Frage auch hinsichtlich jener Personen, welche zwar schon das 18. Lebensjahr, aber noch nicht das 21. Lebensjahr vollendet haben, davon abhängen, ob nach dem betreffenden Gesetze demjenigen, welchem der selbständige Betrieb eines Handelsgewerbes oder sonstigen Geschäfts überlassen wurde, in allen Beziehungen oder nur in einzelnen Beziehungen die Stellung eines Volljährigen eingeräumt ist; im ersteren Falle dürften die Voraussetzungen des Art. 153 anzunehmen sein, im letzteren aber nicht und deßhalb nur der § 112 BGB. zur Anwendung kommen.

Wie hier, Habicht a. a. O. S. 49 ff., Niedner S. 247 Anm. 2 zu Art. 154. A. M. Planck, 3. Aufl. Bem. 2 zu Art. 154.

3. Ein am 1. Januar 1900 noch anhängiges Emanzipationsverfahren ist einzustellen. Es kann statt desselben nur das Gesuch um Volljährigkeitserklärung nach Maßgabe und unter den Voraussetzungen des BGB. gestellt werden (Mot. z. EG. 245).

Art. 155.

Wer zur Zeit des Inkrafttretens des Bürgerlichen Gesetzbuchs wegen Geisteskrankheit entmündigt ist, steht von dieser Zeit an einem nach den Vorschriften des Bürgerlichen Gesetzbuchs wegen Geisteskrankheit Entmündigten gleich.

E. I, 97 Abs. 1; II, 128; III, 155.

1. Entstehung. Der Art. 155 entspricht mit unerheblichen redaktionellen Aenderungen dem Art. 97 Abs. 1 des E. I; der Abs. 2 des vorgenannten Art. 97 hat seine Erledigung durch Art. 211 dieses Gesetzes gefunden (Mot. z. EG. 245 ff.; P. VI, 486—488, 620—622; Reatz III S. 79 u. 101).

2. Voraussetzungen der Anwendbarkeit dieses Artikels sind, daß

a) wegen Geisteskrankheit

b) eine Entmündigung erfolgte, und daß es sich

c) um eine vor dem 1. Januar 1900 erfolgte Entmündigung handelt.

Zu a. Gleichgültig ist die Form der Geisteskrankheit; es begründet keinen Unterschied, ob die Entmündigung wegen Raserei, wegen Wahnsinns oder Blödsinns erfolgte (M. I, 61). Nicht hieher gehört die nach französischem und badischem Rechte zulässige Entmündigung wegen Geistesschwäche, hinsichtlich welcher in Art. 211 eine besondere Uebergangsbestimmung getroffen ist.

Zu b. Nothwendig ist, daß die Entmündigung erfolgte nach Maßgabe der zur Zeit ihrer Anordnung hiefür geltenden Gesetze, also zunächst

α) hinsichtlich der seit 1. Oktober 1879 erfolgten Entmündigung nach Maßgabe der §§ 645 ff. (nun §§ 593 ff.) CPO. (EG. z. CPO. § 1; EG. z. GVG. § 1).

β) Vor dem 1. Oktober 1879 erfolgte die Entmündigung wegen Geisteskrankheit nach dem preußischen und rheinisch-französischen Systeme (preußische Allg. Gerichtsordnung Thl. 1 Tit. 38 § 8, Code de procedure Art. 890 ff., württembergische Proz.-Ordn. von 1868 Art. 869 ff.) durch ein auf Grund eines kontradiktorischen Verfahrens ergangenes Erkenntniß, während nach dem gemeinrechtlichen System in dem Verfahren der freiwilligen Rechtspflege auf Grund einer formlosen causae cognitio durch Beschluß der Vormundschaftsbehörde lediglich eine Vormundschaft wegen Geisteskrankheit (cura furiosi) angeordnet wurde.

In letzterem Falle ist zu prüfen, ob die Anordnung der Vormundschaft wegen wirklicher Geisteskrankheit erfolgte, ob also in der Anordnung der Vormundschaft materiell eine Entmündigung wegen Geisteskrankheit enthalten war. War dieses der Fall, dann tritt die Vorschrift dieses Artikels ein; wenn dieses aber nicht der Fall war, sondern wenn nur wegen Geistesschwäche eine Vormundschaft oder Verbeistandung angeordnet wurde, dann ist der Artikel nicht anwendbar. Es tritt dann vielmehr die Vorschrift des Art. 210 Abs. 1 Satz 3 bezw. Art. 211 ein (Mot. z. EG. 246). Vgl. auch zu a.

Zu c. Ist die Entmündigung am 1. Januar 1900 noch nicht erfolgt, sondern das Entmündigungsverfahren noch im Laufe, so sind dessen Voraussetzungen fortan nach § 6 BGB. und bezw. den geänderten Vorschriften der CPO. zu beurtheilen; sind diese nicht gegeben, so ist der Entmündigungsantrag abzulehnen (vgl. Mot. z. EG. 248).

3. Die Wirkung dieses Artikels ist die, daß vom 1. Januar 1900 an auf alle jene Personen, auf welche (nach der Bem. 2) dieser Artikel anwendbar ist, die vom BGB. über die Folgen der Entmündigung wegen Geisteskrankheit gegebenen Vorschriften anwendbar sind, daß diese Personen also gemäß § 104 Ziff. 3 BGB. geschäftsunfähig werden, nach § 105 BGB. eine rechtsgültige Willenserklärung nicht abgeben können und im Hinblick auf Art. 210 dieses Gesetzes unter einer fortan nach §§ 1896 ff. BGB. zu beurtheilenden Vormundschaft stehen.

Dieses gilt namentlich auch

a) hinsichtlich der nach PLR. Thl. I Tit. 4 § 26 wegen Blödsinns entmündigten Personen, welche bisher nur in der Geschäftsfähigkeit beschränkt waren.

b) Lichte Zwischenräume (dilucida intervalla) einer wegen Geisteskrankheit entmündigten Person finden vom 1. Januar 1900 an keine Beachtung mehr, auch wenn dieses nach bisherigem Rechte der Fall war (Mot. z. EG. 246).

c) Wird ein vor dem 1. Januar 1900 ergangener Entmündigungsbeschluß nach diesem Zeitpunkt in Folge einer Anfechtungsklage aufgehoben, so bemessen sich die Wirkungen nach § 115 BGB. (nicht nach dem übrigens auf gleichen Grundsätzen beruhenden und künftig wegfallenden Abs. 2 des bisherigen § 613 CPO.).

d) Die Voraussetzungen der Wiederaufhebung einer Entmündigung (§ 616, nun § 675 CPO.) sind selbstverständlich vom 1. Januar 1900 an ebenfalls nach dem BGB. zu beurtheilen.

4. Als Grund für die Vorschrift dieses Artikels wird in den Motiven (S. 245 u. 246) angegeben, daß die Verschiedenheiten, welche das geltende Recht hinsichtlich der materiellen Voraussetzungen der Entmündigung wegen Geisteskrankheit sowie hinsichtlich der Wirkungen einer solchen Entmündigung auf die Geschäftsfähigkeit enthält, nicht von einer Bedenken erregenden Tragweite sind. Auch wurde die ausdrückliche Gleichstellung der vor und nach dem Inkrafttreten des BGB. erfolgten Entmündigung deßhalb für nothwendig erachtet, weil es zweifelhaft ist, ob diese Gleichstellung schon aus allgemeinen Rechtsgrundsätzen abzuleiten ist, und ob nicht vielmehr wegen der eigenthümlichen Natur

des Entmündigungsurtheils anzunehmen wäre, daß das Urtheil die Wirkungen der Entmündigung, wie diese (z. Zt. der Erlassung bezw. Rechtskraft desselben) vom Gesetze geregelt sind, bestimme und daß jene Wirkungen als Wirkungen des Urtheils fortdauern.

5. Aus der Rechtsprechung. Eine vor 1900 ausgesprochene Entmündigung wegen Geisteskrankheit kann nach dem 1. Januar 1900 als Entmündigung wegen Geistesschwäche aufrechterhalten werden. RGE. v. 23. Okt. 1902 in Gruchot, Beitr. Bd. 47 S. 897.

Art. 156.

Wer zur Zeit des Inkrafttretens des Bürgerlichen Gesetzbuchs wegen Verschwendung entmündigt ist, steht von dieser Zeit an einem nach den Vorschriften des Bürgerlichen Gesetzbuchs wegen Verschwendung Entmündigten gleich.

Dasselbe gilt von demjenigen, für welchen nach den französischen oder den badischen Gesetzen wegen Verschwendung die Bestellung eines Beistandes angeordnet ist.

E. I, 98; I', 129; III, 156.

1. Entstehung. Der Art. 156 hat durch die II. Komm. eine veränderte Redaktion erfahren, entspricht aber dem Sinne nach vollständig dem Art. 98 E. I (Mot. z. EG. 247; P. VI, 488, 489; Reatz III, 79).

2. Inhalt. A. Die Vorschrift dieses Artikels bezieht sich

a) auf Personen, welche vor dem 1. Januar 1900 wegen Verschwendung entmündigt wurden.

Gleichgültig ist, ob die Entmündigung nach Maßgabe der CPO. oder vor dem Inkrafttreten derselben durch ein im Interdiktionsverfahren ergangenes Erkenntniß oder durch Beschluß der Vormundschaftsbehörde ausgesprochen wurde (vgl. Bem. 2, b zu Art. 155 u. Mot. a. a. O.).

Weiter bezieht sich der Artikel

b) auf jene Personen, denen nach dem französischen oder badischen Rechte (cod. civ. art. 513; badisches LR. Satz 513) wegen Verschwendung ein Beistand bestellt wurde, was seit dem Inkrafttreten der CPO. gemäß § 10 EG. hiezu ebenfalls im Entmündigungsverfahren zu geschehen hatte.

B. Die Wirkung dieses Artikels ist, daß die beiden unter A aufgeführten Kategorien von Personen vom 1. Januar 1900 an den nach dem BGB. wegen Verschwendung Entmündigten (BGB. § 6 Ziff. 2) gleichgestellt werden, daß diese also gemäß §§ 114 mit 106 BGB. als nach Maßgabe der §§ 107 bis 113 in der Geschäftsfähigkeit beschränkt erachtet werden, und daß für sie im Gebiete des französischen und badischen Rechtes (an Stelle eines Beistands) nach Maßgabe der §§ 1896 ff. BGB. ein Vormund zu bestellen ist.

Soweit schon nach bisherigem Rechte eine Vormundschaft bestellt ist (was auch nach badischem LR. Satz 513 a der Fall sein kann), hat es bei derselben gemäß Art. 210 dieses Gesetzes sein Verbleiben; nur kommen hierauf vom 1. Januar 1900 an die Vorschriften der §§ 1896 ff. BGB. zur Anwendung.

3. Daß hinsichtlich der Beistandschaft wegen Verschwendung andere Uebergangsbestimmungen getroffen werden, als hinsichtlich jener wegen Geistesschwäche (Art. 211 dieses Ges.), hat seinen Grund darin, daß der thatsächliche Zustand, an welchen das französische Recht die Verbeistandung, das BGB. die Entmündigung des Verschwenders knüpft, derselbe ist, während die thatsächlichen Voraussetzungen für die Verbeistandung und bezw. Entmündigung des Geistesschwachen nach den beiden genannten Rechten sich nicht decken (Mot. z. EG. a. a. O.).

4. Hinsichtlich der Anfechtungsklage und Wiederaufhebung der Entmündigung gelten die Bemerkungen unter 3, c u. d zu Art. 155 mit der Modifikation, daß auch die §§ 624 und 625 (nun §§ 684, 685) CPO. einschlägig sind.

5. Hinsichtlich eines am 1. Januar 1900 anhängigen Entmündigungsverfahrens gilt Bem. 2, c zu Art. 155. Vgl. auch RGE. vom 20. Mai 1901, Jur. Wschr. 1901 S. 475, Gruchot, Beitr. Bd. 45 S. 998.

Art. 157.

Die Vorschriften der französischen und der badischen Gesetze über den erwählten Wohnsitz bleiben für Rechtsverhältnisse, die sich nach diesen Gesetzen bestimmen, in Kraft, sofern der Wohnsitz vor dem Inkrafttreten des Bürgerlichen Gesetzbuchs erwählt worden ist.

E. I, 100; II, 130; III, 157.

1. Entstehung. Dieser Artikel entspricht mit unwesentlichen redaktionellen Aenderungen dem Art. 100 des E. I (Mot. z. EG. 249 ff.; P. VI, 490; Reatz III, 80).

2. Bedeutung und Zweck der Vorschrift. Das französische und das badische Recht (cod. civ. art. 111, badisches LR. Satz 111) ermöglichten den Parteien, zum Vollzug eines bestimmten Rechtsgeschäfts ein besonderes Domizil, welches mit ihrem wirklichen nicht übereinstimmt, zu wählen. Die Wahl konnte auch eine gesetzlich beschränkte sein, z. B. in den Fällen der Art. 2148 Abs. 2 und 2152 Code civil (vgl. auch Art. 4 u. 5 des bayr. Ges. vom 26. April 1888 über das Hypotheken- und Vormundschaftsrecht in der Pfalz). Die Folge war bis zum Inkrafttreten der CPO. die Unterwerfung unter die Gerichtsbarkeit des Gerichts des erwählten Wohnsitzes und die Ermöglichung von Zustellungen an dem erwählten Wohnsitze (RGE. vom 16. Mai 1884 in den Annalen der badischen Gerichte Bd. 50 S. 266).

Seit dem Inkrafttreten der CPO. galten hinsichtlich der Vereinbarung über die Zuständigkeit der Gerichte nur noch die §§ 38—40 CPO., während hinsichtlich der Zustellungen die Vorschriften des französischen und badischen Rechtes über den erwählten Wohnsitz durch § 15 Ziff. 5 EG. z. CPO. ausdrücklich aufrecht erhalten und für Bayern durch Art. 169 AG. z. CPO. noch ausdrücklich festgelegt wurden, weil man annahm, daß diese Wirkung des domicile élu mit dem materiellen bürgerlichen Rechte so eng zusammenhänge, daß man nicht störend eingreifen dürfe.

Nach dem EG. zum Gesetze betr. die Aenderungen der CPO. vom 17. Mai 1898 Art. II Nr. 3 kommen die Ziff. 5 des § 15 EG. z. CPO. und damit auch die sämmtlichen Vorschriften über das domicile élu in Wegfall. Diese Vorschriften sind eigentlich Verfahrensvorschriften, bezüglich welcher die Regel festgehalten ist, daß neue Verfahrensvorschriften sofort einwirken.

Der Zweck des gegenwärtigen Artikels ist, diese sofortige Einwirkung derselben wegen ihres engen Zusammenhanges für die Fälle auszuschließen, in welchen sie sich bereits konkretisirt haben (vgl. die Mot. a. a. O. und P. a. a. O.).

3. Voraussetzung für die fernere Anwendbarkeit der in Bem. 2 dargestellten Vorschriften über den erwählten Wohnsitz ist daher,

a) daß es sich um den Vollzug eines Rechtsverhältnisses handelt, auf welches auch vom 1. Januar 1900 an das badische oder französische Recht anzuwenden ist, und

b) daß der Wohnsitz vor dem 1. Januar 1900 erwählt ist.

Art. 158.*)

Die Wirkungen einer vor dem Inkrafttreten des Bürgerlichen Gesetzbuchs erfolgten Todeserklärung bestimmen sich nach den bisherigen Gesetzen, soweit sich nicht aus den Artikeln 159, 160 ein Anderes ergiebt.

E. I, 92 Satz 1; II, 131; III, 158.

1. Entstehung. Dieser Artikel entspricht dem Satze 1 des Art. 92 des E. I mit dem Abmaße, daß der Nebensatz erst in der II. Komm. beigefügt wurde (Mot. z. EG. 236 ff.; P. VI, 471, 472; Reatz III, 80).

2. Die Voraussetzungen dieses Artikels sind

a) eine Todeserklärung, und zwar

b) eine solche, welche vor dem 1. Januar 1900 erfolgte.

Zu a. Von der Todeserklärung zu unterscheiden sind die Verschollenheitserklärung und die Einweisung des muthmaßlichen Erben in den Besitz und Genuß des Vermögens eines Verschollenen, worüber in Art. 161 u. 162 Vorschriften erlassen sind.

Zu b. Wann die Todeserklärung als erfolgt anzusehen ist, das bestimmt sich nach dem Gesetz, auf Grund dessen sie ausgesprochen wurde; soweit sie durch ein nach den Bestimmungen der CPO. erlassenes Ausschlußurtheil auszusprechen ist (§ 11 EG. z. CPO.), wird sie mit der Verkündung des Urtheils als erfolgt anzusehen sein.

---

*) Literatur: Vgl. Roth, Deutsches Privatrecht Bd. 1 § 61 S. 340—370. Bruns, Verschollenheit in Bekkers Jahrb. I S. 90 ff.

Hinsichtlich eines am 1. Januar 1900 noch anhängigen Verfahrens, welches eine Todeserklärung zum Gegenstande hat, s. Art. 161.

Für ein erst nach dem Inkrafttreten des BGB. einzuleitendes Verfahren, welches eine Todeserklärung zum Gegenstande hat, greifen die Vorschriften des BGB. Platz, mag nun die Verschollenheit oder Abwesenheit vor oder nach dem Inkrafttreten des BGB. begonnen haben (Mot. z. EG. 239 Nr. 4).

3. Sind die Voraussetzungen unter Bem. 2 gegeben, so bestimmen sich die Wirkungen der Todeserklärung nach den bisherigen Gesetzen.

Hierüber ist Folgendes zu bemerken:

a) Von den die Verschollenheit und die Todeserklärung betreffenden bisherigen Gesetzen werden in den Motiven I, 33 ff.) folgende hervorgehoben:

Preußen: ALR. II, 18 §§ 823—855, AGO. I, 37: Ges. vom 24. Februar 1851; hannöverisches Ges. vom 23. Mai 1848; kurhessische Verordnungen vom 23. März 1789 und 28. Februar 1799; nassauisches Edikt vom 21. Mai 1781; schleswig-holsteinische Verordnung vom 9. November 1798 und Patent vom 21. April 1840; Frankfurter Ges. vom 9. März 1847; AG. z. CPO. vom 24. März 1879 §§ 22, 24—26.

Bayern: Gesetz zur Ausführung der CPO. und KO. vom 23. Februar 1879 Art. 103—122, 174.

Sachsen: GB. §§ 37—44, 1708—1710; Gesetz, einige mit der CPO. v. 30. Januar 1877 zusammenhängende Bestimmungen enthaltend, v. 4. März 1879 §§ 15—17.

Hessen: VO. v. 19. Februar 1774; Reskript v. 13. Februar 1776; Gesetz, die Ausführung der CPO. und KO. betr., v. 4. Juni 1879 Art. 8.

Mecklenburg-Schwerin: Landeskonstitution v. 8. März 1774; VO. v. 5. Februar 1855; Wismar: VO. v. 29. August 1831.

Sachsen-Weimar: Ges. v. 1. März 1839.

Mecklenburg-Strelitz: Landeskonstitution v. 29. März 1779; VO. v. 13. Februar 1855.

Oldenburg: VO. v. 16. Februar/3. März 1844.

Braunschweig: Ges. v. 24. März 1882.

Sachsen-Meiningen: Ges. v. 23. Juni 1855.

Sachsen-Altenburg: Mandat v. 7. Dezember 1767; Ges. v. 30. Januar 1841; Gesetz, die Ausführung der CPO. betr., v. 25. März 1879 § 24.

Sachsen-Coburg: Ges. v. 5. Juni 1832.

Anhalt: Gesetz, das Aufgebotsverfahren und einige damit zusammenhängende Gegenstände betr., v. 10. Mai 1879 §§ 16, 17.

Schwarzburg-Rudolstadt: VO. v. 29. Juli 1767.

Schwarzburg-Sondershausen: VO. v. 1. September 1773; Successionsordnung v. 8. Dezember 1829 § 8.

Waldeck: Ges. v. 17. Februar 1850, v. 20. Juli 1853 und v. 1. September 1879 Art. 1, 3.

Reuß ältere Linie: Mandat v. 20. Juli 1804.

Reuß jüngere Linie: VO. v. 3. Oktober 1848.

Schaumburg-Lippe: Ges. v. 6. Februar 1876; AG. z. CPO. v. 26. Juni 1879 §§ 62—64.

Lippe: VO. v. 22. Mai 1786.

Lübeck: VO. v. 30. Dezember 1829; VO., die Ausführung der CPO. betr., v. 3. Februar 1879 Art. 5, 6 § 9; Ges. v. 27. März 1882 § 26.

Bremen: VO. v. 28. Juni/3. Juli 1826.

Hamburg: VO. v. 14. Juli 1879.

Außerdem bestanden besondere Gesetze über die Kriegsverschollenheit, von welchen (nach Mot. z. EG.) hinsichtlich der der neueren Zeit angehörenden Kriege für Preußen die Ges. v. 24. Februar 1868 und 2. April 1872, für Bayern die Ges. v. 29. Dezember 1873 und 27. Juli 1874, für Sachsen das Ges. v. 25 Juni 1874, für Württemberg die Ges. v. 13. März 1868 und 14. Februar 1873, für Hessen die Ges. v. 9. Mai 1868 und 27. November 1872, für beide Mecklenburg das Ges. v. 24. Juni 1873, für Oldenburg das Ges. v. 21. Dezember 1872, für Sachsen-Meiningen das Ges. v. 16. April 1873, für Anhalt das Ges. v. 4. Jan. 1873, für Schwarzburg-Sondershausen das Ges. v. 31. März 1873, für Lippe das Ges. v. 19. April 1873 und für Lübeck das Ges. v. 30. April 1874 anzuführen sind.

b) Wenn nun das bisherige Recht über die Wirkungen entscheidet, so greift damit dieses Recht Platz:

α) hinsichtlich der durch die Todeserklärung bewirkten Präsumtion, daß der Verschollene nicht mehr lebe, für die Fragen, ob die Wirksamkeit dieser Präsumtion mit dem Moment eintritt, in welchem die eine Todeserklärung aussprechende Entscheidung verkündet wird (Anhalt-Köthen Ges. v. 21. Mai 1818 § 11; Sachsen-Weimar Ges. v. 6. April 1833 § 121; Sachsen-Altenburg Ges. v. 6. April 1841 § 129; Sachsen-Meiningen Ges. v. 23. Juni 1855 Art. 12 und Ges. v. 16. März 1873 § 7) oder die Rechtskraft erlangt (PLR. Thl. II Tit. 18 § 835; Reuß-Greiz Ges. v. 20. Juli 1804 § 7 und 22. Januar 1841 § 119; Coburg Ges. v. 5. Juni 1832 § 5; Oesterreich Allg. BGB. § 278) — konstitutive Natur der Entscheidung — oder ob die Wirksamkeit dieser Präsumtion eintritt mit dem Ablaufe der Frist, welche gesetzlich für das Eintreten der Todespräsumtion bestimmt wird — deklaratorische Natur der Entscheidung. Zu den Rechtsgebieten, in welchen letztere anzunehmen ist, gehören (nach Roth, DPR. Thl. I S. 362, woraus auch die vorausgehenden Citate entnommen sind): Anhalt-Bernburg Ges. v. 2. Dezember 1779 § 25; Waldeck Ges. v. 17. Februar 1850 § 7; Lippe-Schaumburg Ges. v. 26. Februar 1876 § 13; Schwarzburg-Rudolstadt Ges. v. 29. Juli 1767; Schwarzburg-Sondershausen Successionsordnung v. 1829 § 6; Reuß jüngere Linie Ges. v. 3. Oktober 1848 § 3; Sachsen GB. § 43; Frankfurt Ges. v. 17. Februar 1847 § 7; Würzburg VO. v. 29. März 1673; Kurf. Trier VO. v. 5. März 1791 Art. 1; Schleswig-Holstein VO. v. 9. November 1798 § 2; ferner zählen hieher die Gesetze über Kriegsverschollenheit in Preußen, Sachsen-Altenburg, Anhalt, Lippe-Detmold, Sachsen-Weimar, Lübeck, Oldenburg, Bayern, Schwarzburg-Sondershausen, Sachsen-Meiningen, Kurhessen, Hessen-Darmstadt, Mecklenburg-Schwerin und Elsaß-Lothringen, — weiter, jedoch mit dem Abmaße, daß der Zeitpunkt des Ablaufs der Aufgebotsfrist maßgebend ist, die Gesetze für Bremen vom 3. Juli 1826 § 16; Lübeck v. 30. Dezember 1829 § 11; Oldenburg v. 3. März 1844 § 16; Gotha v. 2. Januar 1844 § 104; Hannover v. 23. Mai 1848 § 13, — während in Hamburg (VO. v. 15. Oktober 1819 Art. 6) und Bayern (AG. z. CPO. Art. 118) theils eine konstitutive, theils eine deklaratorische Natur der Entscheidung anzunehmen ist.

Es entscheidet ferner das bisherige Gesetz

β) darüber, ob aus der Todespräsumtion eine Lebenspräsumtion abgeleitet werden darf, d. h. ob anzunehmen ist, daß der Abwesende bis zu dem Zeitpunkte, der als sein Todestag bezeichnet wird, gelebt hat, oder ob nur angenommen werden darf, daß er diesen Zeitpunkt nicht überlebt hat, so daß z. B. der Erwerb einer Erbschaft für den Abwesenden von dem Nachweise, daß er im maßgebenden Zeitpunkte gelebt habe, abhängig ist.

Letzteres ist der Fall in Oldenburg, nach dem Code civil, in Kurhessen, Hannover, Frankfurt und Braunschweig, ersteres gilt für Preußen, Schleswig-Holstein, Nassau, Mecklenburg, Waldeck, Lippe-Detmold, Bayern, Weimar, Altenburg, Gotha, Reuß ä. L., Anhalt-Bernburg und Köthen, Lübeck, Hamburg, Sachsen, Württemberg, Bremen und Darmstadt (Roth, DPR. S. 368 Note 156—158).

γ) Nach dem bisherigen Rechte ist auch die Frage zu entscheiden, ob die Todeserklärung nur auf Vermögensrechte eine Wirkung hat oder ob sie sich auch auf persönliche und familienrechtliche Verhältnisse erstreckt (vgl. Roth, DPR. S. 364 Note 134—137). In dieser Beziehung begründen jedoch die Art. 159 und 160 dieses Gesetzes Ausnahmen.

δ) Nach dem bisherigen Rechte richtet sich auch die Beerbung des für todt Erklärten (vgl. Roth, DPR. S. 363 Ziff. III), sowie

ε) die Entscheidung der Frage, ob die Erben des für todt Erklärten für den Fall der Rückkehr desselben zu einer Kautionsleistung anzuhalten sind oder nicht (Roth, DPR. S. 312 ff.). Soweit bisher eine solche Verpflichtung besteht, hat es dabei sein Verbleiben (Mot. z. EG. 236).

ζ) Nach dem bisherigen Rechte ist endlich auch der Anspruch einer noch lebenden, aber für todt erklärten Person auf Herausgabe ihres

Vermögens zu beurtheilen. Hieher gehören die Fragen, ob ein solcher Anspruch überhaupt gegeben ist oder nicht, ob er der Verjährung unterliegt oder nicht, ob das ganze Vermögen herauszugeben ist, oder ob nur dessen künftige Nutzungen oder lebenslänglicher Unterhalt zu gewähren sind, ob nur das vorhandene oder das ganze in Besitz genommene Vermögen herauszugeben, ob die Hauptsache mit oder ohne die Früchte zurückzugeben ist, und wie der redliche und wie der unredliche Besitzer haftet (vgl. Roth, DPR. S. 365 Note 139—146).

4. Von den Ausführungsgesetzen greifen ein: Bayern, Ges. betr. Uebergangsvorschriften z. BGB. Art. 107—111 (Pfalz) (Becher III S. 125 ff.); Mecklenburg-Schwerin, VO. z. Ausf. d. BGB. § 12 (Becher XI S. 4); Mecklenburg-Strelitz, VO. z. Ausf. d. BGB. § 12 (Becher XII S. 3); Hessen, AG. z. BGB. Art. 156 (besondere Bestimmungen für die Provinzen Starkenburg und Oberhessen); Bremen, AG. z. BGB. § 1 (Abänderung der obengenannten VO. vom 3. Juli 1826).

Art. 159.

Der Ehegatte einer vor dem Inkrafttreten des Bürgerlichen Gesetzbuchs für todt erklärten Person kann nach dem Inkrafttreten des Bürgerlichen Gesetzbuchs eine neue Ehe eingehen, auch wenn die Wiederverheirathung nach den bisherigen Gesetzen nicht zulässig sein würde. Die Vorschriften der §§ 1348 bis 1352 des Bürgerlichen Gesetzbuchs finden entsprechende Anwendung.

E. I, 92, Satz 2; II, 132; III, 159.

1. Entstehung. Den Grundgedanken des gegenwärtigen Artikels enthielt schon der Satz 2 des Art. 92 E. I, welcher lautete: „Auch bei einer solchen Todeserklärung treten jedoch die in den §§ 1235, 1464, 1543, 1557, 1560, 1587, 1611, 1703, 1704, 1710, 1723, 1728, 1735, 1737, 1748 BGB. bezeichneten Wirkungen ein." Denn die §§ 1235 und 1464 E. I entsprechen den nunmehrigen §§ 1349 u. 1348 BGB. Seine gegenwärtige Fassung erhielt der Artikel in der II. Komm. (Mot. z. EG. 237; P. VI, 471, 472; Reatz III, 80).

2. Inhalt. Art. 159 enthält eine Ausnahme von der Regel des Art. 158, daß die Wirkungen einer vor dem Inkrafttreten des BGB. erfolgten Todeserklärung sich nach den bisherigen Gesetzen bestimmen. Die bisherigen Gesetze entscheiden die Frage, ob die Todeserklärung die Auflösung der Ehe bewirke, nicht gleichmäßig, indem diese Frage zum Theile im bejahenden Sinne beantwortet wird, so daß nach der Todeserklärung die Gestattung der Wiedervereheliehung anzunehmen ist (z. B. PLR. sowie die Gesetze von Lauenburg, Hamburg, Bremen, Lübeck, Oldenburg, Hannover, Elsaß-Lothringen, Württemberg und Bayern), während andere (das österr. Allg. BGB. und das sächsische Recht) noch ein besonderes Verfahren für erforderlich erklären und nach den übrigen Rechten die Zulässigkeit der Wiederverehelichung nicht anzunehmen ist (Roth, DPR. Bd. I S. 364 Note 134—137). Hinsichtlich des französischen und badischen Rechtes s. Art. 162.

Der gegenwärtige Artikel hat also namentlich Bedeutung für das Gebiet des gemeinen Rechtes, wenn für dieses die Annahme richtig ist, daß sich nach ihm die Wirkungen der Todeserklärung nur auf die vermögensrechtlichen Verhältnisse beschränken, und für das sächsische Recht, indem auch nach letzterem der Ehegatte des Todterklärten vom Inkrafttreten des BGB. an zur Wiederverehelichung schreiten kann, ohne erst die Voraussetzung erfüllen zu müssen, daß die frühere Ehe nach Maßgabe des § 1708 des sächsischen GB. für beendigt erklärt wird.

Die Wirkungen dieses Artikels bestehen

a) in der Ermöglichung der Eingehung einer neuen Ehe,

b) in entsprechender Anwendung der §§ 1348—1352 BGB.

Namentlich wird also die frühere Ehe nur dann aufgelöst, wenn eine neue gültige Ehe geschlossen ist, und das Ueberleben der Todeserklärung seitens des für todt erklärten Ehegatten bildet nur dann einen Grund der Nichtigkeit der neuen Ehe, wenn die beiden Ehegatten der neuen Ehe bei der Eheschließung wissen, daß er die Todeserklärung überlebt hat.

Nur diese Wirkungen kommen bei Art. 159 in Frage, dagegen erstrecken sich seine Wirkungen nicht etwa auch auf das eheliche Güterrecht, z. B. auf die durch die §§ 1420,

1425 Abs. 1, 1544 u. 1547 Abs. 1 BGB. entschiedenen Fragen. In letzterer Beziehung kommt die Regel des Art. 158 dieses Gesetzes zur Geltung.

3. Aus der Landesgesetzgebung: Vgl. Hessen, AG. z. BGB. Art. 158—159. (Besondere Bestimmungen für die Provinzen Starkenburg und Hessen.)

Art. 160.

Soweit nach den Vorschriften des Bürgerlichen Gesetzbuchs in Folge einer Todeserklärung die elterliche Gewalt des Verschollenen, die Vormundschaft, die Pflegschaft sowie das Amt als Vormund, Gegenvormund, Pfleger, Beistand oder Mitglied eines Familienraths endigt, gelten diese Vorschriften von dem Inkrafttreten des Bürgerlichen Gesetzbuchs an auch für eine vorher erfolgte Todeserklärung.

E. I, 92 Satz 2; II, 133; III, 160.

1. Hinsichtlich der Entstehungsgeschichte des Artikels s. Bem. 1 zu Art. 159.

2. Inhalt. Nach dem BGB. hat die Todeserklärung u. a. die Wirkungen, daß

a) mit der Erlassung des die Todeserklärung des Mündels aussprechenden Urtheils die Vormundschaft oder die Pflegschaft beendet werden (BGB. §§ 1884, 1897, 1915, 1921),

b) daß ferner das Amt des Vormunds, Gegenvormunds, Pflegers, Beistands, Mitglieds eines Familienraths ebenfalls mit der Erlassung des Urtheils endigt, welches die Todeserklärung eines solchen ausspricht (BGB. §§ 1885, 1878, 1895, 1897, 1694, 1915),

c) daß weiter die elterliche Gewalt des Vaters oder der Mutter, welche für todt erklärt werden, mit dem Zeitpunkte endigt, der als Zeitpunkt des Todes des Vaters oder der Mutter gilt (BGB. §§ 1679, 1684, 1686). Wenn jedoch der Vater (oder die Mutter) die Todeserklärung überlebt, so erlangt der Vater (oder die Mutter) die elterliche Gewalt wieder, wenn der hierauf gerichtete Wille vom Vater (oder der Mutter) dem Vormundschaftsgerichte gegenüber erklärt wird (BGB. § 1679 Abs. 2 und § 1686).

Alle diese Wirkungen erhält vom 1. Januar 1900 an eine vorher erfolgte Todeserklärung auch dann, wenn diese Wirkungen dem bisherigen Rechte fremd waren.

Auf die declaration d'absence des französischen und badischen Rechtes bezieht sich dieser Artikel nicht; s. in dieser Hinsicht Art. 162.

Art. 161.

Ein zur Zeit des Inkrafttretens des Bürgerlichen Gesetzbuchs anhängiges Verfahren, das eine Todeserklärung, eine Verschollenheitserklärung oder die Einweisung des muthmaßlichen Erben in den Besitz oder Genuß des Vermögens eines Verschollenen zum Gegenstande hat, ist nach den bisherigen Gesetzen zu erledigen.

Ist vor dem Inkrafttreten des Bürgerlichen Gesetzbuchs eine Verschollenheitserklärung oder die vorläufige Einweisung des muthmaßlichen Erben in den Besitz oder Genuß des Vermögens eines Verschollenen erfolgt, so sind die bisherigen Gesetze auch für die Todeserklärung sowie für die endgültige Einweisung maßgebend.

Nach den bisherigen Gesetzen bestimmen sich auch die Wirkungen der nach Abs. 1, 2 ergehenden Entscheidungen. Im Falle der Todeserklärung finden die Vorschriften der Art. 159, 160 Anwendung.

E. I, 93, 94; II, 134; III, 161.

1. Entstehung. Abs. 1 dieses Artikels entspricht dem Satz 1 von Art. 93, Abs. 2 dem ersten Halbsatze des Art. 94 des E. I, während Abs. 3 den zweiten Satz von Art. 93 und den zweiten Halbsatz von Art. 94 des E. I in sich vereinigt. Die nunmehrige Fassung

erhielt der Artikel im Wesentlichen in der II. Komm. (Mot. z. EG. 238–241; P. VI, 472, 625, 626; Reatz III, 81).

2. Inhalt: A. Der Art. 161 bezieht sich nicht bloß, wie die Art. 158–160, auf
a) die Todeserklärung, sondern
b) auch auf die Verschollenheitserklärung (des älteren Rechtes) und
c) auf die Einweisung des muthmaßlichen Erben in den Besitz oder Genuß des Vermögens eines Verschollenen.

Zu b u. c. Verschollenheitserklärung und Besitzeinweisung kamen in zweifacher Richtung vor: Es gingen nämlich

α) nach manchen Rechten (z. B. jenen von Mecklenburg-Schwerin und Mecklenburg-Strelitz) der Todeserklärung eine Verschollenheitserklärung und die Ausantwortung des Vermögens des Verschollenen zu vorläufigem Besitz und Genusse voraus (M. I, 33, 34; Mot. z. EG. 238).

β) Das französische und badische Recht kennen die Todeserklärung überhaupt nicht, sondern (in cod. civ. art. 115–138 und badisches LR. Satz 115–140) ein Abwesenheitsverfahren, welches mit der Verschollenheitserklärung beginnt, die fürsorgliche Einweisung der muthmaßlichen Erben in den Besitz des Vermögens des Verschollenen gestattet und mit der definitiven Besitzeinweisung endigt (Mot. z. EG. 240; M. I, 34 ff.).

Der gegenwärtige Artikel bezieht sich auf diese beiden Arten von Verschollenheitserklärung und Besitzeinweisung.

B. Die Absätze 1 u. 2 regeln das Verfahren, Abs. 3 regelt die Wirkungen eines am 1. Januar 1900 bereits anhängigen Verschollenheitsverfahrens. Der Unterschied zwischen Abs. 1 u. 2 des Artikels liegt darin, daß der Abs. 1 ein am 1. Januar 1900 noch im Laufe befindliches oder vielleicht erst kurz vorher beantragtes Verfahren, welches auf Todes- oder Verschollenheitserklärung oder Besitzeinweisung gerichtet ist, zur Voraussetzung hat, während der Abs. 2 voraussetzt, daß am 1. Januar 1900 eine Verschollenheitserklärung oder vorläufige Besitzeinweisung bereits erfolgt ist, und daß nach dem betreffenden Landesrecht erst nachher die Todeserklärung oder die definitive Besitzeinweisung (z. B. Cod. civ. art. 129) erfolgen kann.

In beiden Fällen wird das bisherige Landesrecht als anwendbar erklärt. Der Grund liegt auch für den zweiten der genannten Fälle darin, daß das Abwesenheitsverfahren, selbst wenn es nach einzelnen Gesetzen in verschiedene Abschnitte (Verschollenheitserklärung, vorläufige Besitzeinweisung, Todeserklärung, definitive Besitzeinweisung) zerlegt ist, doch ein zusammenhängendes Ganzes bildet, welches, wenn einmal ein Abschnitt begonnen hat, nach dem früheren Rechte durchgeführt werden muß und zwar zu dem Ende, um rechtlich geschützte Aussichten zu wahren, was namentlich dann von besonderer Bedeutung ist, wenn das betreffende Landesrecht bei dem Eintritte der Todesvermuthung die successio ex tunc eintreten läßt (Mot. z. EG. 239).

Es wird aber nichts im Wege stehen, daß ein Antragsteller ein Verfahren nach neuem Rechte einleiten läßt, wenn er selbst und alle diejenigen, welche aus dem bisherigen Verfahren Rechte ableiten können, von dem bisherigen Verfahren und den hieraus abzuleitenden Rechten abstehen.

C. Abs. 3 besagt, daß, wenn die Voraussetzungen der Absätze 1 oder 2 vorliegen, auch die Wirkungen der ergehenden Entscheidungen nach dem bisherigen Rechte sich bestimmen (vgl. hierüber Bem. 3 zu Art. 158). Hievon werden zwei Ausnahmen gemacht, nämlich:
a) Im Falle der Todeserklärung finden die Bestimmungen der Art. 159 und 160 Anwendung.
b) Im Falle der definitiven Besitzeinweisung nach französischem und badischem Rechte greift Art. 162 Platz.

3. Als Vorbild des gegenwärtigen Artikels diente Art. 122 des bayrischen AG. z. CPO. u. KO. v. 1879.

4. Aus den Ausführungsgesetzen: Für Bayern vgl. das Ges. v. 9. Juni 1899, betr. die Uebergangsvorschriften z. BGB. Art. 107–111 (mit Mot. zu Art. 49–53 des Entw.), 113 (mit Mot. zu Art. 55 des Entw.) und 133 (mit Mot. zu Art. 52 des Entw.), ferner die Mot. zum AG. z. BGB. Entw. Beil. B Art. 33 Ziff. 11 u. Art. 36 Ziff. 11; für Hessen AG. z. BGB. Art. 156–160, 209, 210 (für Starkenburg und Oberhessen) (Becher VIII, 3 S. 60); für Mecklenburg-Schwerin VO. z. Ausf. d. BGB. § 12 (Becher XI, 2 S. 4); für Mecklenburg-Strelitz VO. z. Ausf. d. BGB. § 12 (Becher XII, 1 S. 3); für Oldenburg-Birkenfeld AG. z. BGB. § 1 (Becher XIII, 7 S. 32); für Bremen AG. z. BGB. § 1 (Becher V, 1 S. 1); für Elsaß-Lothringen AG. z. freiw. Gerichtsbarkeit §§ 72, 73 (Becher VI, 2 S. 45).

5. Aus der Rechtsprechung: Ein vom 1. Januar 1900 ab anhängig gewordenes Verfahren wegen Todeserklärung soll, vorbehaltlich der Ausnahme von Abs. 2, nach dem BGB. erledigt werden. Demgemäß kann auch ein vor 1900 fallender Tag als Todestag festgestellt werden (Stuttgart vom 13. Juni 1902, Rspr. d. OLG. Bd. 5 S. 473, Jahrb. der Württemb. Rechtspflege Bd. 15 S. 275).

Durch Abs. 3 wird in dem bereits vor dem 1. Januar 1900 anhängig gewordenen Verfahren die Anwendung der in § 18 des BGB. vorgesehenen Vorschriften über die Wirkung der Todeserklärung und den Inhalt der die Todeserklärung aussprechenden Urtheile ausgeschlossen. KG. v. 18. März 1901, Rspr. d. OLG. Bd. 4 S. 440.

Art. 162.

Soweit eine nach den bisherigen Gesetzen erfolgte oder nach Artikel 161 Abs. 2 zulässige endgültige Einweisung des muthmaßlichen Erben in den Besitz oder Genuß des Vermögens des Verschollenen ohne Einfluß auf Rechtsverhältnisse ist, auf die sich die Wirkungen der Todeserklärung nach dem Bürgerlichen Gesetzbuch erstrecken, ist nach dem Inkrafttreten des Bürgerlichen Gesetzbuchs eine Todeserklärung nach dessen Vorschriften zulässig; die Wirkungen beschränken sich auf diese Rechtsverhältnisse.

E. II, 135; III, 162.

1. Entstehung. Dieser Artikel wurde erst in der II. Komm. aufgestellt. Bei der Aufstellung des I. Entw. wurde es für unthunlich erklärt, dem Systeme des französischen und badischen Rechtes, auf welches sich dieser Artikel bezieht, eine Todeserklärung einzufügen. (Mot. z. EG. 240; P. VI, 483—485, 626; Reatz III, 81.)

2. Inhalt und Grund der Vorschrift. A. Die Vorschrift dieses Artikels bildet eine Ausnahme von den Uebergangsbestimmungen des Art. 161 (vgl. die Bem. 2, A, β und C, b zu demselben). Sie bezieht sich, wie schon erwähnt, auf das französische und badische Recht und ist dadurch veranlaßt, daß auf die Verschollenheitserklärung und bezw. definitive Besitzeinweisung der genannten Rechte die Ausnahmebestimmungen der Art. 159 u. 160 dieses Gesetzes nicht erstreckt werden konnten, weil diese Verschollenheitserklärung ihrer Natur nach weder auf der Voraussetzung des wahrscheinlich eingetretenen Todes des Verschollenen beruht, noch die Feststellung des Todes oder einer Vermuthung für den Tod bezweckt. Vom I. Entw. wurde es als im hohen Maße bedenklich erachtet, an die bloße Verschollenheitserklärung die Wirkung zu knüpfen, daß der zurückgebliebene Ehegatte eine neue Ehe schließen könne und daß durch die neue Ehe die alte Ehe aufgelöst werde (Mot. z. EG. 240).

B. Die Voraussetzung der Anwendbarkeit des gegenwärtigen Artikels ist nicht bloß dann erfüllt, wenn eine definitive Besitzeinweisung schon erfolgt ist, sondern auch dann, wenn das Verfahren, welches zu derselben führen soll, noch im Laufe ist. Es kann also während eines solchen Verfahrens gleichzeitig die Todeserklärung nach Maßgabe und mit den Wirkungen dieses Artikels beantragt und möglicher Weise vor der definitiven Besitzeinweisung zum Abschlusse gebracht werden.

C. Der Zweck des Artikels ist insbesondere, eine Todeserklärung und damit die Wiederverheirathung im Gebiete des rheinischen Rechtes zu ermöglichen (P. a. a. O.). Das französische Verschollenheitsverfahren hat zu dieser Frage keine Stellung genommen. Es war hiefür auch deßhalb weniger ein Bedürfniß, weil das katholische Kirchenrecht unter Umständen eine Wiederverheirathung auf die Gefahr hin zuläßt, daß die neue Ehe wegen Fortbestandes der früheren nichtig sei, was nach dem BGB. nicht mehr der Fall ist. Es wurde als ein Gebot der Gerechtigkeit erachtet, daß einem Betheiligten, der beim Vorhandensein der gesetzlichen Voraussetzungen schon unter der Herrschaft des alten Rechtes das gesetzliche Verfahren herbeiführte, die Vortheile des neuen Rechtes ebensowenig vorenthalten werden dürfen, wie dem, der trotz Vorliegens der Voraussetzungen den Antrag bisher unterlassen hat (P. a. a. O.).

D. Wenn die Ermöglichung der Wiederverheirathung auch der Hauptzweck der nach diesem Artikel zugelassenen Todeserklärung ist, so ist dieselbe doch nicht die einzige Wirkung einer solchergestalt durchgeführten Todeserklärung. Ausgeschlossen ist die Wirkung dieser Todeserklärung nur in Bezug auf jene Rechtsverhältnisse, auf welche die definitive Besitzeinweisung nach bisherigem Rechte von Einfluß ist (vgl. namentlich Code civil art. 129—134). Nach dem neuen Rechte werden sich im Falle einer solchen Todeserklärung also namentlich alle familienrechtlichen Wirkungen der Todeserklärung bestimmen (BGB. §§ 1348—1350, 1420, 1494, 1544, 1679, 1684, 1694, 1878, 1884, 1885, 1895, 1897, 1915, 1921). Die familienrechtlichen Bestimmungen in Art. 139—143 des Code civil können der Richtigkeit dieser Aufstellung keinen Eintrag thun, weil sie nur die Abwesenheit, nicht die endgültige Besitzeinweisung wegen einer solchen zur Voraussetzung haben.

3. Einschlägig sind für Hessen AG. z. BGB. Art. 156—160, 209 u. 210.

Lebensvermuthung.

Soweit das bisherige Recht die Lebensvermuthung in weiterem zeitlichen Umfange anerkennt, als die §§ 18, 19 BGB., wirkt diese Lebensvermuthung nur für die Zeit bis 1. Januar 1900, fällt aber von da ab unter der Geltung des neuen Rechts fort (a. M. Habicht a. a. O. S. 85).

Wenn das bisherige Recht keine Lebensvermuthung kennt, so gilt die Frist für die Lebensvermuthung nach § 19 BGB. im Falle einer vor dem 1. Januar 1900 erfolgten oder beantragten Verschollenheitserklärung oder vorläufigen Einweisung des muthmaßlichen Erben als noch nicht abgelaufen.

(§ 19 BGB.: „Solange nicht die Todeserklärung erfolgt ist, wird das Fortleben des Verschollenen bis zu dem Zeitpunkte vermuthet, der nach § 18 Abs. 2 in Ermangelung eines anderen Ergebnisses der Ermittelungen als Zeitpunkt des Todes anzunehmen ist: die Vorschrift des § 18 Abs. 3 findet entsprechende Anwendung.")

Vgl. jedoch Habicht a. a. O. S. 88. („Die Lebensvermuthung nach § 19 kann aber nicht Platz greifen, wo nach Art. 161 die Anwendung der Vorschriften des BGB. über die Todeserklärung und die damit verknüpfte Todesvermuthung ausgeschlossen ist.")

Vgl. auch noch Bem. 3, b, β zu Art. 158.

Art. 163.

Auf die zur Zeit des Inkrafttretens des Bürgerlichen Gesetzbuchs bestehenden juristischen Personen finden von dieser Zeit an die Vorschriften der §§ 25 bis 53, 85 bis 89 des Bürgerlichen Gesetzbuchs Anwendung, soweit sich nicht aus den Artikeln 164 bis 166 ein Anderes ergiebt.

E. II, 136; III, 163.

I. Entstehung. Der gegenwärtige Artikel wurde erst in der II. Komm. aufgestellt (P. VI, 490—493; Reatz III, 82).

II. Inhalt. Der Art. 163 unterstellt, abweichend von dem Grundsatze, daß das neue Recht keine Rückwirkung äußern soll, die beim Inkrafttreten des BGB. vorhandenen juristischen Personen nach vielen Richtungen dem neuen Rechte.

Im Einzelnen ist Folgendes hervorzuheben:

A. Was unter einer „juristischen Person" zu verstehen ist, welche vor dem Inkrafttreten des BGB. entstanden ist, bemißt sich, soweit nicht ihre Entstehung auf einem besonderen Reichsgesetze beruht, nach Landesrecht. In der II. Komm. wurde es ausdrücklich als selbstverständlich bezeichnet, daß die Entstehung einer juristischen Person sich nach den zur Zeit ihrer Begründung geltenden Gesetzen bemißt (P. VI, 490 ff.).

Die Lösung der Frage, wie es sich verhalte, wenn unter der Herrschaft des älteren Rechtes ein Stiftungsgeschäft errichtet wurde, welches in Ansehung der Form zwar den Vorschriften des bisherigen Rechtes, nicht aber dem BGB. genügt, und wenn erst nach Inkrafttreten des BGB. die staatliche Genehmigung nachgesucht wird, wurde der Wissenschaft und der Praxis überlassen. Soferne nicht im betreffenden Landesrecht eine Prohibitivbestimmung enthalten ist, muß wohl angenommen werden, daß das Stiftungsgeschäft gültig bleibt, und daß die staatliche Genehmigung ertheilt werden darf. Denn das Einführungsgesetz erklärt auch beispielsweise im Art. 11 die Beobachtung der Formvorschriften des Ortes, an welchem das Rechtsgeschäft vorgenommen wird, als genügend, beurtheilt gemäß Art. 170 ein vor dem Inkrafttreten des BGB. entstandenes Schuldverhältniß, dann in Art. 214 die Errichtung oder Aufhebung einer Verfügung von Todeswegen nach den bisherigen Gesetzen und verfolgt, wie sich z. B. aus Art. 161 ergiebt, die Tendenz der Wahrung rechtlich geschützter Aussichten. Eine solche Aussicht ist aber für die Betheiligten eröffnet, wenn ein nach bisherigem Rechte gültiges Stiftungsgeschäft errichtet ist.

B. Es können unter gegenwärtigen Artikel nur jene juristischen Personen fallen, für welche das BGB. nach dem Inhalte der §§ 21—89 Anwendung finden kann, also nicht solche, für welche besondere Reichsgesetze oder noch geltende besondere Landesgesetze maßgebend sind (vgl. Bem. III).

C. Von den auf die bisherigen juristischen Personen durch Art. 163 für anwendbar erklärten Vorschriften des BGB. betreffen die §§ 25—53 die Organisation und das Erlöschen eines Vereins, §§ 85—88 betreffen die Organisation und das Erlöschen einer Stiftung und § 89 erklärt die §§ 31 und 42 Abs. 2, soweit dieses möglich, auf die juristischen Personen des öffentlichen Rechtes für anwendbar. Zur Begründung der Ausdehnung dieser Vorschriften des BGB. auf die bei dessen Inkrafttreten bestehenden juristischen Personen wurde in der II. Komm. im Wesentlichen Folgendes bemerkt: „Soweit es sich um Normen handle, welche die Lebensbethätigung der juristischen Person, die Art und Weise der Beschlußfassung, die Vertretung reguliren, greife das neue Gesetz ein und zwar müßten sowohl die zwingenden als auch die dispositiven Normen gelten". . . . Zu einer ungerechtfertigten Beschränkung der bestehenden juristischen Personen könne das nicht führen, weil „die meisten Bestimmungen des BGB. dispositiver Natur seien, welche für die bestehenden juristischen Personen soweit nicht in Betracht kämen, als die — in diesem Punkte in Kraft bleibenden — Satzungen andere Bestimmungen enthielten. Soweit die bisherigen Satzungen keine Vorschriften enthielten, trete allerdings eine Ergänzung durch die Bestimmungen des BGB. ein. Dieses werde aber nicht zu einer Beeinträchtigung der Vereine u. s. w. führen. Die wenigen absoluten Bestimmungen des BGB., z. B. über die Haftung der juristischen Person für die Handlungen ihrer Vertreter, seien derart, daß sie einerseits zu keiner unbilligen Beschränkung der juristischen Personen führen könnten, andererseits im Interesse der Gesammtheit als dringend wünschenswerth erschienen".

D. Das Erlöschen der juristischen Person richtet sich nach dem Rechte, unter dessen Herrschaft sich der aufhebende Thatbestand verwirklicht (P. VI, 492).

E. Für Vereine, welchen keine juristische Persönlichkeit zukommt, fehlt — abgesehen von Art. 164 Satz 2 — eine Uebergangsvorschrift. Es wird aber anzunehmen sein, daß vom 1. Januar 1900 an auf sie § 54 BGB. anwendbar wird.

III. Ausnahmen von den Vorschriften dieses Artikels bilden nicht bloß die Art. 164—166, sondern auch die Art. 82—86, sowie Art. 167.

IV. Ausführungsgesetze: Preußen, AG. z. BGB. Art. 1—4 (betr. Familienstiftungen), Art 5 (betr. Anfall des Vermögens eines Vereins oder einer Stiftung) (Becher XIV, 1 S. 1 ff.), Allerh. Erlaß vom 27. Dezember 1899; Baden, AG. z. BGB. Art. 4 Abs. 3, 4: „Vereine, die vor dem Inkrafttreten des BGB. nach Maßgabe des II. Konstitutionsediktes vom 14. Juli 1807 Körperschaftsrechte erlangt haben, können von dem zuständigen Ministerium aufgefordert werden, sich binnen einer zu bestimmenden Frist durch Eintragung in das Vereinsregister in privatrechtliche Vereine im Sinne der §§ 21 ff., 25 ff. des BGB. umzuwandeln. — Ist die Umwandlung binnen der bestimmten Frist nicht erfolgt, so kann dem Verein durch Entschließung des Staatsministeriums die Rechtsfähigkeit entzogen werden" (Becher II, 9 S. 19); Bayern, Ges. betr. Uebergangsvorschriften z. BGB. Art. 1: „Die Vereine, welche zur Zeit des Inkrafttretens des BGB. auf Grund des Ges. vom 29. April 1869, die privatrechtliche Stellung von Vereinen betr., bestehen, gelten von diesem Zeitpunkt an als eingetragene Vereine. Das Staatsministerium der Justiz kann über die Eintragung in das Vereinsregister Anordnungen treffen" (Becher III, 8 S. 100); Hamburg, AG. z. BGB. § 5: „Vereine, welche vor dem Inkrafttreten des BGB. entstanden sind, gelten als rechtsfähig, wenn sie bis zum 31. Dezember 1899 vom Senat die Ermächtigung erhalten haben, sich Grundstücke oder Hypotheken in den öffentlichen Büchern zuschreiben zu lassen. — Außerdem gelten nur diejenigen Vereine als rechtsfähig, welche bei der Senatskommission für die Justizverwaltung bis zum 31. Dezember 1899 die Ertheilung eines Zeugnisses über ihre Rechtsfähigkeit unter Ueberreichung der Satzung und der Urkunden über die Bestellung des Vorstandes beantragt haben. Die Satzung muß den Zweck, den Namen und den Sitz des Vereins enthalten und den Bestimmungen des § 58 des BGB. entsprechen. Der Antrag ist vom Vorstande zu stellen. Das Zeugniß ist zu ertheilen, wenn diesen Voraussetzungen entsprochen ist und die Zahl der Mitglieder des Vereins mindestens sieben beträgt. — Auf Vereine, welche nicht vor dem 1. Mai 1899 in Hamburg bestanden haben, findet die Bestimmung des zweiten Absatzes keine Anwendung. — Die Bestimmungen des § 1 des Ges. vom 19. Mai 1893 bleiben unberührt" (Becher VII, 1 S. 2); Hessen, AG. z. BGB. Art. 134 (Becher VIII, 3 S. 56); Lippe, AG. z. BGB. § 12: „Einer zur Zeit des Inkrafttretens des BGB. bestehenden Stiftung oder Anstalt bleibt, sofern sie nach dem bisherigen Rechte als rechtsfähig galt, die Rechtsfähigkeit auch dann gewahrt, wenn sie solche nicht durch Verleihung erworben hat. — Auf die zur Zeit des Inkrafttretens des BGB. bestehenden rechtsfähigen Anstalten finden die für Stiftungen geltenden Vorschriften entsprechende Anwendung" (Becher IX, 1 S. 3); Lübeck, AG. z. BGB. § 12 (§§ 7—11) (Becher X, 6 S. 42); Reuß ältere Linie, AG. z. BGB. § 15 (§§ 6, 14) (Becher XV, 1 S. 2); Mecklenburg-Strelitz, Ausf.-VO. z. BGB. §§ 23, 24 (Becher XII, 1 S. 4); Mecklenburg-Schwerin, Ausf.-VO. z. BGB. §§ 24, 25 (Becher XI, 2 S. 6).

Bestehende Vereine ohne Rechtsfähigkeit.

Literatur: Gierke in D. Jur.Z. 1899 S. 480.

Das Einführungsgesetz gibt keine Uebergangsvorschrift für die Behandlung derjenigen schon vor dem 1. Januar 1900 bestehenden Vereine, die nach dem bisherigen Rechte nicht juristische Persönlichkeit besitzen und sie auch durch das BGB. nicht erlangen. Das Rechtsverhältniß derselben nach innen ist nach den Statuten, eventuell nach dem bisherigen Gesellschaftsrechte zu behandeln. RG. v. 17. April 1902 in Seufferts Bl. f. RA. Bd. 68 S. 11; Gruchot, Beitr. Bd. 46 S. 1109. RGE. v. 7. April 1902 in RGE. Bd. 51 S. 160. (Vgl. Art. 170.) Im Verhältniß nach außen dagegen ist BGB. § 54 S. 2 anwendbar. RGE. Bd. 51 S. 162. („Aus einem Rechtsgeschäfte, das im Namen eines solchen Vereins einem Dritten gegenüber vorgenommen wird, haftet der Handelnde persönlich; handeln Mehrere, so haften sie als Gesammtschuldner.")

Außerdem gelten auch für solche Vereine die §§ 50, 735 CPO., § 213 KO. (Passive Parteifähigkeit, Anwendbarkeit der für die Aktiengesellschaft gegebenen Konkursvorschriften §§ 207, 208 KO.) Vgl. RGE. in Jur. Wschr. 1900 S. 517, 878; 1902 Beil. S. 225; Rspr. d. OLG. Bd. 1 S. 237.

Sonderbestimmung in Bayern, Ges. betr. Uebergangsvorschriften z. BGB. vom 9. Juni 1899 (Becher III, 8 S. 100), Art. 2: „Auf die zur Zeit des Inkrafttretens des BGB. bestehenden nicht rechtsfähigen Vereine finden von dem Zeitpunkte an die Vorschriften des BGB. über die Gesellschaft Anwendung. — Aus einem Rechtsgeschäfte, das nach dem Inkrafttreten des BGB. im Namen des Vereins einem Dritten gegenüber vorgenommen wird, haftet der Handelnde persönlich; handeln Mehrere, so haften sie als Gesammtschuldner. — Erlangt der Verein die Rechtsfähigkeit, so können von der Verkündung dieses Gesetzes (1. Juli 1899) an bis zu dem Zeitpunkt, in welchem das Grundbuch als angelegt anzusehen ist, Grundstücke und Rechte an Grundstücken, die zu dem bisherigen Vereinsvermögen gehören, durch notariell beurkundeten Beschluß der Mitgliederversammlung auf den rechtsfähigen Verein übertragen werden".

Art. 164.

In Kraft bleiben die landesgesetzlichen Vorschriften über die zur Zeit des Inkrafttretens des Bürgerlichen Gesetzbuchs bestehenden Realgemeinden und ähnlichen Verbände, deren Mitglieder als solche zu Nutzungen an land- und forstwirthschaftlichen Grundstücken, an Mühlen, Brauhäusern und ähnlichen Anlagen berechtigt sind. Es macht keinen Unterschied, ob die Realgemeinden oder sonstigen Verbände juristische Personen sind oder nicht und ob die Berechtigung der Mitglieder an Grundbesitz geknüpft ist oder nicht.

E. II, 137; III, 164.

1. Entstehung. Dieser Artikel ist ebenfalls erst in der II. Komm. aufgestellt worden (P. I, 612—619, VI, 491—494; Reatz III, 82).

2. Art. 164 bildet eine Ausnahme von der Vorschrift des Art. 163.

3. Der Zweck des Art. 164 besteht darin, zu verhüten, daß betreffs der bisher als rechtsfähig anerkannten Agrar- und Forstgenossenschaften mit Beseitigung des Landesrechts durch das BGB. Unzuträglichkeiten entstehen, und daß die Existenz derjenigen Genossenschaften solcher Art in Frage gestellt werde, welche im bisherigen Rechte die juristische Persönlichkeit nicht erlangt haben, da andernfalls

a) dann, wenn die Eigenthumsnormen des BGB. (gemäß Art. 181 dieses Gesetzes) zur sofortigen Einführung gelangen, die auf dem deutschrechtlichen Gesammteigenthume beruhenden Eigenthumsbeschränkungen der einzelnen Mitglieder aufgehoben und durch das Miteigenthum des BGB. nach Bruchtheilen ersetzt würden,

b) diese Genossenschaften, soweit sie nicht juristische Personen sind, der Staatsaufsicht entzogen würden, welcher sie bisher unterstellt sind,

c) auf die als juristische Personen anerkannten land- und forstwirthschaftlichen Verbände (gemäß Art. 163 dieses Gesetzes) die vielfach nicht passenden Bestimmungen des BGB. über die juristischen Personen angewendet werden müßten, und

d) es endlich vielfach zweifelhaft ist, ob es sich um eine öffentlich-rechtliche oder freie Genossenschaft des Privatrechts handelt, und es besser ist, in dieser Beziehung von einer Unterscheidung abzusehen (P. a. a. O.).

4. Umfang. Der Artikel bezieht sich

A. auf die Realgemeinden. Man faßte in der II. Komm. den Ausdruck „Realgemeinde" als den Sammelbegriff auf, der alle Arten der in Deutschland unter verschiedenen Bezeichnungen vorkommenden agrarischen und forstwirthschaftlichen Genossenschaften umfasse und nicht nur die historisch überkommenen Gemeinden in sich schließe, bei welchen die Berechtigung der Mitglieder an den Besitz von Grund und Boden geknüpft sei, sondern auch solche, bei denen eine Verbindung zwischen Grundbesitz und Nutzungsrecht nicht bestehe (P. a. a. O.). Vgl. auch Beseler, DPR. § 84 (insbes. S. 300 ff.), Stobbe, DPR. 2. Aufl. Bd. I § 55.

Weiter nennt der Artikel

B. ähnliche Verbände. In der II. Komm. ging der erste Antrag dahin, den Vorbehalt dieses Artikels aufzustellen für die zur Zeit des Inkrafttretens des BGB. bestehenden althergebrachten deutschrechtlichen Genossenschaften (Mark-Genossenschaften, Märkerschaften, Erbengenossenschaften, Realgemeinden, Güter-Gemeinden, Wüstungs-Gemeinden, Nutzungs-Gemeinden, Rechtsame-Gemeinden, Mente-Gemeinden, Interessenschaftsforsten, Halben-Gebrauchswaldungen, Haubergs-Genossenschaften, Gehöferschaften, sowie für sonstige land- und forstwirthschaftliche Genossenschaften, ferner für Holzungen (Gesammt-Abfindungs-Waldungen), welche Mitgliedern einer althergebrachten deutschrechtlichen Agrar-Genossenschaft oder einer Klasse von Mitgliedern einer Gemeinde mittelst Gemeinheitstheilung (vgl. Stobbe a. a. O. § 56) oder Forstservituten-Ablösung als Gesammtabfindung überwiesen werden oder bereits früher überwiesen worden und bis zum Inkrafttreten des BGB. gemeinschaftliches Privateigenthum geblieben sind (P. VI, 494 ff.). Von den Antragstellern wurde zur Begründung der beantragten Ausdrucksweise geltend gemacht, daß es hauptsächlich darauf ankomme, klarzustellen, daß der Vorbehalt sich auf Verbände beziehe, bei welchen die Nutzungsrechte der Mitglieder nicht auf Miteigenthum im Sinne des römischen Rechtes, sondern auf Grundsätzen des deutschen Rechtes beruhen. Die Ausdrücke „Genossenschaft", „Agrargenossenschaft", „althergebracht", „deutschrechtlich" fanden jedoch die Billigung der Kommission nicht, weil es dem Ausdrucke „Genossenschaft" an jedem feststehenden Inhalte mangle, und weil es auch hinsichtlich der übrigen Ausdrücke an einer festen Umschreibung fehle.

Auch einer Aufzählung der Genossenschaften von erheblicherer Bedeutung wurde deßhalb nicht zugestimmt, weil sich bei einer solchen Aufzählung Vollständigkeit nicht erreichen lasse und möglicherweise durch eine solche in der Praxis nur neue Zweifel und Schwierigkeiten hervorgerufen werden könnten (P. a. a. O.).

Aus dieser Entwicklungsgeschichte der gewählten Ausdrücke geht klar hervor, daß unter ähnlichen Verbänden die im oben erwähnten Antrage aufgezählten Rechtssubjekte mitzuverstehen sind, daß jedoch hiemit die Zahl der vom Artikel betroffenen Rechtssubjekte nicht erschöpft ist, sondern daß alle ähnlichen Verbände hieher gehören, mit deren Mitgliedschaft eine Benutzung des Grundes und Bodens zu land- und forstwirthschaftlichen Zwecken verbunden ist (P. a. a. O.).

C. Hinsichtlich der Waldgenossenschaften vgl. Art. 83.

D. Nicht bloß solche Verbände, mit deren Mitgliedschaft Nutzungsrechte an land- und forstwirtschaftlichen Grundstücken verbunden sind, fallen hieher, sondern auch Verbände, deren Mitglieder als solche Nutzungsrechte an Mühlen, Brauhäusern und ähnlichen Anlagen haben.

Hiezu ist noch Folgendes zu bemerken:

a) Bei den Mühlen ist es auf namentlich in Oberfranken vorkommende Verbände von Holzinteressenten abgesehen, welche gemeinschaftliche Sägemühlen besitzen, deren Nutzungsberechtigung besonders geregelt ist.

b) Hinsichtlich der Brauhäuser handelt es sich um die sogen. Kommunbrauereien, bei denen es vielfach zweifelhaft ist, ob eine besondere Art des Miteigenthums oder eine selbständige juristische Person vorliegt.

c) Unter den „ähnlichen Anlagen" sind alle gemeinsamen Betriebe gemeint, welche einen ähnlichen Charakter wie die unter a und b genannten Schneidmühlen und Kommunbrauereien tragen (P. a. a. O.).

E. Wie das Gesetz ausdrücklich ausspricht, kommt darauf, ob der Verband eine juristische Person ist oder nicht, und ob die Berechtigung der Mitglieder an Grundbesitz geknüpft ist oder nicht, nichts an.

Nach der Bem. 3, d entfällt auch das Bedürfniß, zwischen öffentlich-rechtlichen und privatrechtlichen Verbänden bei der Anwendung dieses Artikels zu unterscheiden.

F. Unter diesen Artikel fallen **nur** die hier in Frage kommenden Verbände, **welche am 1. Januar 1900 bereits bestehen.** Ein Antrag, den Vorbehalt auch auf die zukünftig entstehenden Genossenschaften dieser Art auszudehnen, wurde abgelehnt, weil sonst die Landesgesetzgebung das ganze Gemeinschaftsrecht des BGB. durchbrechen könnte. Wenn die Landesgesetzgebung neue wirthschaftliche Verbände der angegebenen Art ins Leben rufen will, so ist sie jederzeit in der Lage, dieselben als Korporationen des öffentlichen Rechtes auszugestalten und damit den Normen des BGB. zu entziehen (P. a. a. O.).

5. Der **Inhalt** des Artikels ist der, daß hinsichtlich der am 1. Januar 1900 bestehenden Verbände der in Bem. 4 dargelegten Art die landesgesetzlichen Bestimmungen aufrecht erhalten werden.

Damit bleibt aufrecht auch das bisher für die betreffenden Verbände partikularrechtlich anerkannte Gewohnheitsrecht (Herkommen, Observanz). Hinsichtlich der **badischen Waldgenossenschaften**, welche schon vor Einführung des badischen LR. sich auf dem Wege des Gewohnheitsrechts gebildet haben, hängt deren Rechtsbestand davon ab, ob nach der Absicht des badischen LR. die gewohnheitsrechtlichen Bildungen nur in Zukunft ausgeschlossen sein sollten, oder ob das Verbot auch das vorhandene Gewohnheitsrecht betrifft. Im ersteren Falle ist fraglichen Genossenschaften auch fernerhin der Rechtsbestand gesichert, im letzteren Falle müssen sie schon als vom bisherigen Rechte nicht anerkannt betrachtet werden (P. a. a. O.).

6. Soweit nach diesem Artikel die Landesgesetze in Kraft bleiben, können sie (gemäß Art. 218) auch nach Inkrafttreten des BGB. geändert werden.

7. Vgl. auch Art. 111 u. 113.

8. **Ausführungsgesetze.** Für **Preußen** vgl. Ges. vom 5. Juni 1888 betr. die Verfassung der Realgemeinden in der Provinz Hannover (G.S. 233), für **Bayern** vgl. Ges. über die Uebergangsvorschriften Art. 1, 2, 61 (und Mot. z. Entw. Art. 1, 2, 46), VO. vom 23. Juli 1898 § 18 über die Anlegung des Grundbuchs und § 74 der Justizministerialbek. vom 1. Oktober 1898 über die Vorbereitung der Anlegung des Grundbuchs, ferner Bl. f. RA. Bd. 62 S. 317.

Baden, AG. z. GBO. § 34 (Waldrechte der Murgschifferschaft) (Becher II, S. 12 S. 62); **Braunschweig**, AG. z. BGB. § 52; **Sachsen-Altenburg**, AG. z. BGB. Art. 43, 44 §§ 6—8 (Altgemeinden) (Becher XVIII, 1 S. 2); **Sachsen-Koburg-Gotha**, AG. z. BGB. Art. 8 (Becher XIX, 8 S. 47); **Sachsen-Meiningen**, AG. z. BGB. § 3 (Becher XX, 1 S. 2); **Schwarzburg-Sondershausen**, AG. z. BGB. Art. 3 (Waldgenossenschaften) (Becher XXI, 1 S. 2); **Reuß jüngere Linie**, AG. z. BGB. § 15.

Art. 165.

In Kraft bleiben die Vorschriften der bayerischen Gesetze, betreffend die privatrechtliche Stellung der Vereine sowie der Erwerbs- und Wirthschaftsgesellschaften, vom 29. April 1869 in Ansehung derjenigen Vereine und registrirten Gesellschaften, welche auf Grund dieser Gesetze zur Zeit des Inkrafttretens des Bürgerlichen Gesetzbuchs bestehen.

E. II, 138; III, 165.

1. **Entstehung.** Auch Art. 165 ist erst in der II. Komm. aufgestellt worden (P. VI, 491, 496, 497; Reatz III, 82).

2. **Inhalt.** Dieser Artikel statuirt eine **Ausnahme von den Bestimmungen** des Art. 163 und zwar zu Gunsten

a) der **anerkannten Vereine**, welche in **Bayern** auf Grund des Gesetzes vom 29. April 1869, die privatrechtliche Stellung von Vereinen betr., vor dem Inkrafttreten des BGB. gegründet wurden, und

b) der **registrirten Gesellschaften mit beschränkter Haftung** (in der Zahl von etwa 26), welche sich **vor dem 1. August 1873** auf Grund des Gesetzes vom 29. April 1869 über die privatrechtliche Stellung der Erwerbs- und Wirthschaftsgenossenschaften gebildet haben.

Zu a. Der Vorbehalt unter a verliert seine Bedeutung dadurch, daß mit dem Inkrafttreten des BGB. die „anerkannten Vereine" in „eingetragene Vereine" nach §§ 21 ff. des BGB. verwandelt werden, und daß in Folge dessen auch das Gesetz über die anerkannten Vereine vom 29. April 1869 mit dem 1. Januar 1900 aufgehoben wird (Gesetz über die Uebergangsvorschriften z. BGB. Art. 1 und AG. z. BGB. Art. 175 Ziff. 23, Mot. z. Entw. Beil. B Art. 33 Ziff. 11 und Art. 42 Ziff. 23 sowie Art. 34 Ziff. 19).

Zu b. Das bayerische Gesetz vom 29. April 1869 über die privatrechtliche Stellung der Erwerbs- und Wirthschaftsgenossenschaften ist durch das Reichsgesetz vom 23. Juni 1873, betreffend die Einführung des Bundesgesetzes vom 4. Juli 1868 über die Erwerbs- und Wirthschaftsgenossenschaften in Bayern, im Uebrigen vollständig, auch soweit es sich auf Vereine mit beschränkter Haftung bezog, außer Kraft getreten und hat nur für die rechtlichen Verhältnisse der vor dem 1. August 1873 eingetragenen „registrirten Gesellschaften mit beschränkter Haftpflicht" Bedeutung behalten.

Auf dieses Gesetz beziehen sich auch § 6 des EG. z. KO. und § 153 des neuen Reichsgesetzes über die Erwerbs- und Wirthschaftsgenossenschaften vom 1. Mai 1889.

Eine Aenderung erleiden die Art. 38 Abs. 3, 74 Abs. 1 und 43 Abs. 2 dieses bayerischen Gesetzes vom 29. April 1869 durch Art. 161 des bayerischen AG. z. BGB. Namentlich geht die Führung des Registers für die registrirten Gesellschaften von der Handelskammer an das Amtsgericht über.

Art. 166.

In Kraft bleiben die Vorschriften des sächsischen Gesetzes vom 15. Juni 1868, betreffend die juristischen Personen, in Ansehung derjenigen Personenvereine, welche zur Zeit des Inkrafttretens des Bürgerlichen Gesetzbuchs die Rechtsfähigkeit durch Eintragung in das Genossenschaftsregister erlangt haben.

E. II, 139; III, 166.

1. Entstehung. Dieser Artikel wurde ebenfalls erst in der II. Komm. aufgestellt (P. VI, 491, 497; Reatz III, 82).

2. Inhalt. Auch dieser Artikel enthält eine Ausnahme von Art. 163. Dem Vorbehalte des Artikels liegt nach den Protokollen der II. Komm. folgender Rechtszustand zu Grunde: Nach § 52 des sächs. GB. steht das Recht der Persönlichkeit dem Staate und denjenigen Personenvereinen, Anstalten und Vermögensmassen zu, welche vom Staate als juristische Personen anerkannt werden. Neben den Vorschriften des sächs. GB. besteht ein besonderes Gesetz vom 15. Juni 1868 über die juristischen Personen, nach dessen § 6 „Personenverein-Genossenschaften" die juristische Persönlichkeit durch den Eintrag in das in § 70 vorgeschriebene Genossenschaftsregister erlangen.

Der gegenwärtige Artikel bezieht sich nur auf diejenigen Personenvereine, welche vor dem 1. Januar 1900 die Rechtsfähigkeit durch Eintragung in das erwähnte Genossenschaftsregister bereits erlangt haben. Ist etwa das Verfahren, welches dieser Eintragung vorauszugehen hat (Prüfung des Statuts auf seine Gesetzmäßigkeit durch das Registergericht — ausdrückliche Genehmigung des Justizministeriums für Vereine, deren Zweck sich auf öffentliche Angelegenheiten bezieht), am 1. Januar 1900 noch im Laufe, so findet Art. 166 keine Anwendung.

3. Hinsichtlich der von diesem Art. 166 betroffenen Personenvereine bleibt die sächsische Landesgesetzgebung gemäß Art. 218 dieses Gesetzes auch fernerhin zuständig, das Gesetz vom 15. Juni 1868 abzuändern.

Art. 167.

In Kraft bleiben die landesgesetzlichen Vorschriften, welche die zur Zeit des Inkrafttretens des Bürgerlichen Gesetzbuchs bestehenden landschaftlichen oder ritterschaftlichen Kreditanstalten betreffen.

E. III, 167.

1. Entstehung. Dieser Artikel ist erst vom Bundesrath aufgestellt worden. Ein in der Reichstagskommission gestellter Antrag, die Vorschriften dieses Artikels in den II. Abschnitt nach Art. 118 einzufügen, blieb erfolglos (Reatz III, 83; RTK. 440 d S. 15).

2. Inhalt. Dieser Artikel bildet gleichfalls eine Ausnahme von Art. 163. Er hält namentlich die in Preußen für landschaftliche oder ritterschaftliche Kreditanstalten

bestehenden Vorschriften hinsichtlich der am 1. Januar 1900 bereits bestehenden Kreditanstalten solcher Art aufrecht. Vgl. für **Preußen** GBO. § 83, AG. z. GBO. Art. 21, EG. z. ZwVG. § 2, AG. z. ZwVG. Art. 12, 34; EG. z. ZwVG. § 10 Ziff. 1; AG. z. ZwVG. Art. 9. Seine Gültigkeit ist jedoch nicht auf Preußen beschränkt, und hat der Artikel z. B. auch für Sachsen und Mecklenburg Bedeutung.

Im RTKBer. 440d S. 15 ist er mit dem nunmehrigen § 1807 BGB. und Art. 212 dieses Gesetzes in Zusammenhang gebracht.

Eine Ausnahme von der Vorschrift dieses Artikels stellt der Abs. 2 des EG. z. ZwVG. auf.

3. Vgl. auch Art. 218 dieses Gesetzes und BGB. § 1115 Abs. 2.

Nachtrag zu den bisherigen Uebergangsvorschriften.

1. Die Normen betr. Rechtsfähigkeit natürlicher Personen (§ 1 BGB.) haben zwingende Bedeutung, also rückwirkende Kraft.

2. Auf Fragen der Geschäftsunfähigkeit aus natürlichen Gründen (Geisteskrankheit, Geistesschwäche u. s. w.) findet das BGB. Anwendung, auch wenn die Geschäftsfähigkeit vor dem 1. Januar 1900 entstanden ist.

3. Namenrecht: Der Erwerb des Namenrechts bestimmt sich nach dem zur Zeit der Vollziehung des dafür erforderlichen Thatbestandes geltenden Rechte. Insoweit jedoch das Namenrecht aus einem besonderen zwischen zwei Personen bestehenden Rechtsverhältnisse folgt (Abstammung, Ehe u. s. w.), sind die für dieses Rechtsverhältniß bestehenden Vorschriften maßgebend. Vgl. Art. 129, 201, 202, 203, 207, 208, 209.

Auch das vor dem 1. Januar 1900 entstandene Namenrecht genießt selbstverständlich den Schutz des § 12 BGB. und ein rechtskräftiges Urtheil, das die sich hiernach jetzt ergebenden Ansprüche auf Grund des früheren Rechts verneint hat, steht der neuerlichen Geltendmachung derselben nicht im Wege. Vgl. RGE. in Jur. Wschr. 1901 S. 765.

4. Rechtsgeschäfte: Die unter der Herrschaft der alten Gesetze vorgenommenen Rechtsgeschäfte sind nicht bloß in Ansehung der Geschäftsfähigkeit der Beteiligten und der Form, sondern auch im Uebrigen hinsichtlich der Umstände, die ihre Gültigkeit und Wirksamkeit bestimmen, nach dem alten Rechte zu beurteilen, soweit nicht besondere Ausnahmen im Einführungsgesetz aufgestellt sind (Habicht a. a. O. S. 125 ff.). Dies gilt insbesondere:

a) für die Gültigkeit der Willenserklärungen, Willensmängel (Mentalreservation, Simulation, Scherz, Irrthum, Zwang u. s. w.); auch für die Frage des negativen Vertragsinteresses. Die §§ 116 ff. BGB. über diese Fragen sind nur auf Willenserklärungen anwendbar, die nach dem 1. Januar 1900 abgegeben worden sind. Auch die Perfektion des Vertrags ist nach dem alten Rechte zu beurtheilen, sofern die Umstände, auf die sie gegründet wird, unter der Herrschaft des alten Rechtes bereits eingetreten sind.

b) für die Frage, ob das Geschäft gegen ein gesetzliches Verbot (BGB. § 134) oder gegen die guten Sitten (BGB. § 138) verstößt. Hat jedoch ein Geschäft nicht schon die Rechtsänderung, auf die es abzielte, herbeigeführt, sondern nur ein darauf gerichtetes Schuldverhältniß erzeugt, so steht der Geltendmachung des Anspruchs aus diesem Schuldverhältniß unter dem neuen Rechte die veränderte Rechtsauffassung hindernd entgegen, schließt also deren Geltendmachung im Klagewege aus bezw. erzeugt eine Einrede. Insofern ist die veränderte Ueberzeugung über die „guten Sitten“ von zwingender Bedeutung und beansprucht rückwirkende Kraft. (Beispiel: Einforderung einer unter dem alten Rechte versprochenen übermäßigen Konventionalstrafe. BGB. § 343.) „Denn der Richter darf nicht dazu mithelfen, im Wege des rechtlichen Zwanges einen Erfolg herbeizuführen, den die sittliche Anschauung seines Volkes und seiner Zeit unter Billigung des Gesetzes verwirft. Aber auch der Schuldner darf sich darauf berufen, wenn er unter dem neuen Recht in Unkenntniß der mit diesem eingetretenen Veränderung seiner Rechtslage erfüllt hat“ (Habicht a. a. O. S. 130). Anderer Meinung freilich Göppert, Iherings Jahrb. Bd. 22 S. 138, ferner RGE. VI in Entsch. Neumann contra Pnicower vom 12. Juli 1900, Beil. zur Jur. Wschr. 1900 S. 24 (Heirathsvermittlung betr.). Desgleichen RGE. in Beil. zur Jur. Wschr. 1900 S. 23.

Mit Recht nimmt dagegen RGE. Bd. 47 S. 103, Jur. Wschr. 1901 S. 1 die Rückwirkung der Vorschrift des § 138 Abs. 2 BGB. auf Geschäfte an, die vor dem 1. Januar 1900 geschlossen sind.

5. Die nach dem Inkrafttreten des BGB. vorgenommenen Rechtsgeschäfte sind nach den neuen Rechtsnormen zu beurtheilen, auch wenn sich das Rechtsverhältniß, auf welches das Geschäft sich bezieht, nach dem alten Rechte bestimmt.

6. Vollmacht: Ein vor dem 1. Januar 1900 abgeschlossenes Rechtsgeschäft verpflichtet den Vollmachtgeber nur, wenn die Vollmacht den Erfordernissen des alten Rechts entspricht, also beispielsweise nach Preuß. LR. schriftlich ist. Dagegen genügt zum Abschluß eines Rechtsgeschäfts nach dem 1. Januar 1900 eine den Erfordernissen des BGB. entsprechende Vollmacht, selbst wenn sie vor dem 1. Januar 1900 ertheilt ist und zur Zeit ihrer Ausstellung nicht als genügende Vollmacht gelten konnte; es genügt also, daß nach § 167 BGB. die Ertheilung der Vollmacht durch (mündliche) Erklärung gegenüber dem Bevollmächtigten oder dem Dritten, dem gegenüber die Vertretung stattfindet, erfolgt ist. Die Rückgabe der Vollmacht kann nach § 175 BGB., der dem Interesse der Verkehrssicherheit dient, verlangt werden, auch wenn die Vollmacht unter der Herrschaft des alten Rechts ausgestellt ist; ebenso ist auch die Kraftloserklärung der Vollmacht (BGB. § 176) auf Vollmachten des alten Rechts anwendbar.

7. Aus der Rechtsprechung: Das Sonderrecht der Landschaften, insbesondere der Pommerschen Landschaft, in Betreff des Verfahrens bei Löschung von Pfandbriefen ist aufrecht erhalten. KG. vom 7. Januar 1901, KG. Jahrb. 21 A 177; die Satzung, daß das Pfandbriefdarlehen mit der Maßgabe, daß dem nicht getilgten Theile des Darlehens das Vorrecht vor dem getilgten zustehe, eingetragen werden soll, ist in Kraft geblieben und trotz BGB. § 1176 anzuwenden. KG. vom 3. Juni 1901 in Rspr. d. OLG. Bd. 5 S. 476 Anm. 1.

Die Bestimmung einer Landschaftsordnung: „Mütterliche Erbtheile der Kinder des Besitzers treten in das letzte Drittel des Gutswertes zurück" ist in Kraft geblieben. KG. vom 24. Februar 1902 Rspr. d. OLG. Bd. 5 S. 476.

Art. 168.

Eine zur Zeit des Inkrafttretens des Bürgerlichen Gesetzbuchs bestehende Verfügungsbeschränkung bleibt wirksam, unbeschadet der Vorschriften des Bürgerlichen Gesetzbuchs zu Gunsten derjenigen, welche Rechte von einem Nichtberechtigten herleiten.

E. I, 101; II, 140; III, 168.

1. Entstehung. Dieser Artikel entspricht mit unwesentlichen redaktionellen Aenderungen dem Art. 101 des I. Entw. (Mot. z. EG. 250; P. VI, 497, 498; Reatz III, 83).

2. Inhalt. a) Der Art. 168 hat Verfügungsbeschränkungen zum Gegenstande, welche nach den Vorschriften des BGB. nicht zulässig sein würden, welche aber nach bisherigem Rechte zulässig sind (vgl. z. B. sächsisches GB. §§ 224, 2548, ferner BGB. § 1136 mit bayerischem Hyp.Ges. § 44 Abs. 2).

b) Ob die Verfügungsbeschränkung unmittelbar auf Gesetz oder auf Anordnung eines Gerichts oder einer Behörde beruht, oder ob sie durch Rechtsgeschäft festgesetzt wurde, ist gleichgültig. Es handelt sich aber hier — wie im BGB. §§ 135, 136, 137 — wohl nur um Verfügungsbeschränkungen, welche den Schutz bestimmter Personen bezwecken, nicht um die im öffentlichen Interesse getroffenen Verfügungsbeschränkungen, für welche im III. Abschnitte (z. B. Art. 111, 112, 117, 119) eine Reihe von Vorbehalten zu Gunsten der Landesgesetzgebung aufgestellt sind.

c) Soweit eine solche Verfügungsbeschränkung vor dem Inkrafttreten des BGB. zulässig war und wirksam geworden ist — was nach bisherigem Rechte zu beurtheilen ist —, bleibt deren Wirkung auch in Zukunft bestehen. Zweifelhaft ist jedoch, ob dieser Satz auch hinsichtlich solcher bisheriger Rechtsverhältnisse gilt, deren Inhalt — wie z. B. die Gemeinschaft vom Inkrafttreten des BGB. an oder die Hypothek von der Anlegung des Grundbuchs an — sich ganz nach dem neuen Rechte bemißt (vgl. Mot. zu Art. 28 des Entw. des bayerischen Gesetzes über die Uebergangsvorschriften). In Bl. f. RA. Bd. 62 S. 233 und Bd. 64 S. 374 wird das Gegentheil angenommen; aber dann wäre die Bedeutung dieses Artikels mehr als fragwürdig. Vgl. aber Bem. 7 zu § 1136 in Bd. III.

d) Wird trotz einer solchen auch in Zukunft rechtswirksam bleibenden Verfügungsbeschränkung ohne Zustimmung des hiedurch Berechtigten die Verfügung, welche durch die Verfügungsbeschränkung verhindert werden sollte, nach dem

Inkrafttreten des BGB. vorgenommen — also z. B. im rechtsrheinischen Bayern bis zur Anlegung des Grundbuchs seitens des Eigenthümers der Hypothekenobjekte, der zu Gunsten des Hypothekengläubigers sich einer Veräußerungsbeschränkung nach § 44 Abs. 2 des bayerischen Hyp.Ges. unterworfen hat, die Veräußerung der Hypothekenobjekte (vgl. aber auch Nov. vom 20. Dezember 1903 zum Hyp.Ges. Art I Nr. 7 und II Nr. 2) —, so kann die Nichtigkeit der Verfügung gegen den Erwerber auch von demjenigen, zu dessen Gunsten die Verfügung getroffen wurde, geltend gemacht werden. Es treten jedoch zu Gunsten des Erwerbers jene Vorschriften in Kraft, die, wie in den Fällen der §§ 135, 136, 161 BGB., zu Gunsten derjenigen Anwendung finden, welche Rechte von einem Nichtberechtigten ableiten, also BGB. §§ 407, 892, 893, 932, 936, 1032, 1138, 1155, 1207, 1208, 1244.

3. Einschlägig ist Bayern Art. 43 Ueberg.G. und Art. 15, 16, 21 Ges. über das Liegenschaftsrecht in der Pfalz; Baden, AG. z. GBO. §§ 36, 37; Elsaß-Lothringen, AG.z.BGB. §§ 93, 98, 113; Braunschweig, AG.z.BGB. § 42; Sachsen-Altenburg, AG. z. GBO. § 17; Reuß ältere Linie, AG. z. BGB. § 80, AG. z. GBO. §§ 13, 14.

Aus der Rechtsprechung: Eine letztwillige Verfügungsbeschränkung des Inhalts, daß an Stelle der zu Erben berufenen Kinder die Wittwe des Erblassers zur unumschränkten Verwaltung des Nachlasses, insbesondere auch zur Veräußerung von Grundeigenthum befugt sei, war nach bisherigem preußischen Recht zulässig und wird durch das neue Recht nicht berührt. KG. vom 5. November 1900, KG. Jahrb. 21, A 137. Die Entziehung der Befugniß zur Verfügung über das Erbrecht der Vorerbin, die durch die vor dem 1. Januar 1900 eröffnete letztwillige Verfügung angeordnet war, bleibt auch nach dem 1. Januar 1900 bestehen und wird durch § 137 BGB. nicht berührt. RGE. in Jur. Wschr. 1904 S. 466, Recht 1904 S. 530 (2262).

Art. 169.

Die Vorschriften des Bürgerlichen Gesetzbuchs über die Verjährung finden auf die vor dem Inkrafttreten des Bürgerlichen Gesetzbuchs entstandenen, noch nicht verjährten Ansprüche Anwendung. Der Beginn sowie die Hemmung und Unterbrechung der Verjährung bestimmen sich jedoch für die Zeit vor dem Inkrafttreten des Bürgerlichen Gesetzbuchs nach den bisherigen Gesetzen.

Ist die Verjährungsfrist nach dem Bürgerlichen Gesetzbuche kürzer als nach den bisherigen Gesetzen, so wird die kürzere Frist von dem Inkrafttreten des Bürgerlichen Gesetzbuchs an berechnet. Läuft jedoch die in den bisherigen Gesetzen bestimmte längere Frist früher als die im Bürgerlichen Gesetzbuche bestimmte kürzere Frist ab, so ist die Verjährung mit dem Ablaufe der längeren Frist vollendet.

E. I, 102; II, 141; III, 169.

1. Entstehung. Der gegenwärtige Artikel zeigt gegenüber dem Art. 102 des E. I nur unwesentliche redaktionelle Aenderungen. (Mot. z. EG. 250 ff.; P. VI, 498, 626; Reatz III, 83.)

2. Inhalt. Die Motive gehen davon aus, daß — in Folge des rechtspolizeilichen Charakters und der auf Beförderung der Rechtssicherheit gerichteten Tendenz der Anspruchsverjährung — neue Verjährungsnormen nicht bloß die künftig entstehenden, sondern auch die zur Zeit ihres Inkrafttretens bestehenden Ansprüche in ihren Bereich ziehen.

Es sind hiebei folgende Fälle zu unterscheiden:

A. Eine Verjährung ist unter der Herrschaft des früheren Rechtes bereits vollendet worden. Es ist selbstverständlich, daß diese nach früherem Rechte zu beurtheilen ist (Mot. z. EG. 250).

B. Eine Verjährung, welche erst unter der Herrschaft des neuen Rechtes beginnt, bemißt sich, auch wenn sie einen dem früheren Recht unterstehenden Anspruch betrifft, nach dem neuen Rechte (Mot. z. EG. 250). — Hievon macht jedoch der Fall des Art. 174 Abs. 2 dieses Gesetzes eine Ausnahme.

C. Hinsichtlich einer Verjährung, welche unter der Herrschaft des bisherigen Rechtes bereits begonnen hat, aber noch nicht abgelaufen ist, treten die ausdrücklichen Vorschriften des gegenwärtigen Artikels ein. Es ist Folgendes hervorzuheben:

a) Für den Beginn der Verjährung, also für die Thatsachen, welche vorliegen müssen, wenn die Verjährung eines Anspruchs beginnen soll (Windscheid-Kipp, Pand. §§ 107, 108; Roth, BCR. 2. Aufl. § 62 Ziff. I, BGB. § 198 bis 201), sind die bisherigen Gesetze maßgebend.

b) Ebenso gelten sie in Bezug auf die Zeit vor dem Inkrafttreten des BGB. für die Hemmung der Verjährung (Windscheid § 109; Roth § 62 Ziff II, BGB. §§ 202—205; vgl. auch §§ 206, 207).

c) Das Gleiche gilt in Bezug auf diese Zeit für die Unterbrechung der Verjährung (Windscheid § 108, Roth, § 62 Ziff. III, BGB. §§ 208—220).

d) Im Uebrigen gilt mit der Modifikation unter δ, ββ das neue Recht (BGB. §§ 194—225). Es bemessen sich darnach also

α) für die Zeit vom Inkrafttreten des BGB. an die Hemmung und Unterbrechung,

β) ferner die Wirkungen der Verjährung (BGB. §§ 222—224). Dieses gilt auch da, wo die Wirkungen der Verjährung nach dem neuen Rechte geringer sind als nach dem bisherigen (vgl. Mot. z. EG. 252).

γ) Wenn das neue Recht die bisher zulässige Verjährung aufhebt, so kann die nach früherem Rechte begonnene, aber noch nicht abgelaufene Verjährung nicht vollendet werden (Mot. z. EG. 252).

δ) Wenn die Verjährungsfristen nach altem und nach neuem Rechte von verschiedener Dauer sind, so ist Folgendes zu bemerken:

αα) Ist die Frist des neuen Rechtes länger als die des bisherigen Rechtes, so kann die nach dem bisherigen Rechte angefangene, aber nicht abgelaufene Verjährung erst vollendet werden, wenn der vom neuen Rechte bestimmte Zeitraum erfüllt ist.

ββ) Ist die Frist des neuen Rechtes kürzer als jene des bisherigen Rechtes, so gibt Abs. 2 folgende Vorschrift:

Es ist zunächst zu beachten, daß für diesen Fall die Frist des neuen Rechtes erst vom Inkrafttreten des BGB. (also vom 1. Januar 1900) an zu berechnen ist. Diese Frist des neuen Rechtes ist aber nur dann anzuwenden, wenn sie früher abläuft als die längere Frist des bisherigen Rechtes, während die längere Frist des bisherigen Rechtes Platz greift, wenn sie früher abläuft als jene des neuen Rechtes.

Ist beispielsweise die Frist des bisherigen Rechtes eine fünfjährige, jene des neuen Rechtes eine zweijährige, so würde, wenn der Beginn der Verjährung am 31. Dezember 1898 erfolgte, die Frist des neuen Rechtes, wenn aber die Verjährung schon am 31. Dezember 1895 begonnen hätte, die Frist des alten Rechtes maßgebend sein.

D. Wenn die Verjährung nach bisherigem Rechte einem Anspruche nicht oder noch nicht läuft, die Voraussetzungen aber, unter welchen nach dem neuen Rechte die Verjährung beginnen könnte und begonnen haben würde, vorliegen, so ist der Fall B gegeben. Die Verjährung kann erst mit dem Inkrafttreten des neuen Rechtes beginnen, weil der von dem neuen Rechte als zur Herbeiführung der Verjährung geeignet anerkannte Zustand nach dem Rechte, unter dessen Geltung er sich verwirklicht hat, ohne rechtliche Bedeutung ist, während das neue Gesetz, ohne rückwirkend zu sein, ihm eine solche Bedeutung nicht beilegen kann. Die Motive (Mot. z. EG. 254) erwähnen desfalls als Beispiele die Fälle, daß

a) die Verjährung für einen Anspruch, welcher bisher unverjährbar war, eingeführt wird, und daß

b) nach dem neuen Rechte die Erfordernisse der Verjährung gegenüber dem bisherigen Rechte verringert werden, daß also z. B. zur Verjährung des Anspruchs auf Herausgabe einer Sache bisher der gute Glaube des Besitzers, welcher diesem fehlte, nothwendig war, während dieser gute Glaube nach dem BGB. nicht mehr nothwendig ist.

3. Auf Ausschlußfristen finden die Uebergangsbestimmungen dieses Artikels keine Anwendung. (Mot. z. EG. 254.) Soweit für das Rechtsverhältniß, an welches

die Ausschlußfrist geknüpft ist, das bisherige Recht maßgebend ist, bleibt dieses also auch für die Ausschlußfrist wirksam.

Es ist auch unzulässig, die Bestimmungen des Art. 169 auf Ausschlußfristen entsprechend anzuwenden. KG. vom 6. Februar 1901 in Rspr. d. OLG. Bd. 2 S. 165. Vgl. jedoch RGE. in Jur. Wschr. 1900 Beil. S. 22 (betr. Ausschlußfrist des § 1571 BGB.).

4. Einschlägig sind für Preußen AG. z. BGB. Art. 8 § 2 (Entsprechende Anwendung des Art. 169 Abs. 1 auf Verjährung der Ansprüche der Kirchen, Geistlichen und sonstigen Kirchenbeamten wegen Gebühren, der Verwaltungsbehörden, Verwaltungsgerichte oder Auseinandersetzungsbehörden wegen Kosten, der Ortsbehörden wegen Gebühren, der Ansprüche auf Rückstände von Verkehrsabgaben) (Becher XIV, 1 S. 5); Bayern, AG. z. BGB. Art. 127 (124—126) (betr. Verjährung der Ansprüche des Staates, der Gemeinden oder eines anderen Kommunalverbandes aus Rechtsverhältnissen des öffentlichen Rechts auf eine Geldzahlung bezw. solcher Ansprüche gegen den Staat, die Gemeinden oder einen anderen Kommunalverband) (Becher III, 7 S. 53); Elsaß-Lothringen, AG. z. BGB. § 97 (Entsprechende Anwendung auf Ersitzung) (Becher VI, 1 S. 19); Hessen, AG. z. BGB. Art. 19 (Becher VIII, 3 S. 32); Sachsen, AG. z. BGB. § 2 (Entsprechende Anwendung des Art. 169 Abs. 1 auf Verjährung der Ansprüche des Staates, der Kirchen, der Gemeinden, sowie anderer Kommunalverbände und der Ansprüche auf Rückerstattung von nicht geschuldeten Gebühren und Auslagen) (Becher XVII, 1 S. 1); Sachsen-Altenburg, AG. z. BGB. § 18 (Entsprechende Anwendung auf landesgesetzliche Verjährung) (Becher XVIII, 1 S. 4); ähnliche Bestimmungen haben die meisten übrigen Ausführungsgesetze: Württemberg, AG. z. BGB. Art. 141 (Becher, XXVI, 1 S. 28).

Art. 170.

Für ein Schuldverhältniß, das vor dem Inkrafttreten des Bürgerlichen Gesetzbuchs entstanden ist, bleiben die bisherigen Gesetze maßgebend.

E. I, 103; II, 142; III, 170.

I. Entstehung. Art. 170 weicht nur durch unwesentliche redaktionelle Aenderungen vom Art. 103 des E. I ab. Er war in der Kritik (ZG. Bd. V S. 97) beanstandet, und war auch in der II. Komm. seine Streichung beantragt worden, der Antrag wurde aber abgelehnt. (Mot. z. EG. 255 ff.; P. VI, 498, 499; Reatz III, 83.)

II. Inhalt. 1. Der Artikel bezieht sich nur auf Schuldverhältnisse, nicht auf Rechtsgeschäfte im Allgemeinen.

Für letztere wurde eine Uebergangsbestimmung abgelehnt, dabei aber (in den Mot. S. 255) der Satz anerkannt, daß ein Rechtsgeschäft in Ansehung der Geschäftsfähigkeit der Handelnden und hinsichtlich der Form nach dem zur Zeit der Vornahme des Rechtsgeschäfts bestehenden Rechte zu beurtheilen ist.

2. Der Artikel gilt sowohl für Schuldverhältnisse aus Rechtsgeschäften unter Lebenden als für Schuldverhältnisse aus unerlaubten Handlungen als endlich für Schuldverhältnisse aus anderen Gründen, nicht jedoch für erbrechtliche Schuldverhältnisse. Hinsichtlich der letzteren vgl. Art. 213 ff. dieses Gesetzes.

Die Ursache der Vorschrift dieses Artikels liegt in dem engen Zusammenhange der Schuldverhältnisse mit ihrem Entstehungsgrunde, da hieraus sich ergiebt, daß ein Schuldverhältniß von denjenigen Gesetzen beherrscht wird, welche zur Zeit der Verwirklichung des ihm zu Grunde liegenden Thatbestands bestehen.

Im Einzelnen ist noch Folgendes zu bemerken:

A. Auf ein Schuldverhältniß aus einem Rechtsgeschäft unter Lebenden findet nicht das BGB., sondern das bisherige Recht Anwendung, wenn das Rechtsgeschäft vor dem Inkrafttreten des BGB. vorgenommen worden ist.

Das bisherige Recht ist anwendbar hinsichtlich der Entstehung, des Inhalts, der Form, der Voraussetzungen der Gültigkeit, des Umfangs, der Wirkungen, sowie bezüglich des Gegenstands und des Ortes sowie der Zeit der Erfüllung des Schuldverhältnisses.

Von dieser Regel bestehen jedoch folgende Ausnahmen:

a) Die Handlungen, welche zur Herbeiführung der Bewirkung einer Leistung erforderlich sind — das Erfüllungsgeschäft —, bestimmen sich nach den neuen Gesetzen. Wenn also z. B. jemand unter der Herrschaft des gemeinen Rechtes sein Grundstück verkauft, so muß er, wenn der Vertrag erst nach dem Inkrafttreten des BGB. erfüllt wird, das Grundstück nicht bloß übergeben, sondern, sofern ein Grundbuch bereits vorhanden ist (Art. 189 Abs. 1 dieses Gesetzes), auch auflassen.

Vgl. RGE. in Jur. Wschr. 1904 S. 196; Recht 1904 S. 285. Dagegen Bayr. Oberst. LG. in Bl. f. RA. Bd. 69 S. 123 (Pflicht zur Leistung eines Offenbarungseides in Bezug auf vor dem 1. Januar 1900 angefallene Erbschaft). A. M. Habicht a. a. O. S. 189, 190.

b) Auch die das Erlöschen einer Forderung herbeiführenden selbständigen Rechtsgeschäfte, wie z. B. Hingabe an Zahlungsstatt, öffentliche Hinterlegung, Aufrechnung, Erlaß u. s. w., sind nach dem zur Zeit ihrer Vornahme geltenden Rechte zu beurtheilen. Es berührt dies die allgemeine Frage, inwieweit Thatsachen, welche für ein nach dem bisherigen Rechte sich bestimmendes Schuldverhältniß bedeutsam werden, mit Rücksicht darauf, daß sie erst unter der Herrschaft des neuen Rechtes eintreten, in ihren Wirkungen nach dem neuen Rechte zu beurtheilen sind. Einschlagende Fälle sind namentlich, daß der Schuldner unter der Herrschaft des neuen Rechtes in Verzug gerät, daß die Erfüllung durch einen vom Schuldner oder vom Gläubiger zu vertretenden Umstand unmöglich wird u. s. w. Die Entscheidung hängt davon ab, ob die betreffende Thatsache in einem solchen Zusammenhange mit dem Schuldverhältnisse steht, daß sie erst durch dasselbe ihre rechtliche Bedeutung erhält und ihre Einwirkung gleichsam als innere Entwicklung des Schuldverhältnisses sich darstellt, oder ob die Thatsache eine solche ist, welche an das Schuldverhältniß von außen herantritt und mit der konkreten Beschaffenheit desselben nicht in einem bedingenden Zusammenhang steht. Im ersteren Falle bewendet es bei der maßgebenden Bedeutung des früheren Rechtes, im letzteren Falle greift das neue Recht ein. Ob einer Thatsache die eine oder die andere Natur zukommt, läßt sich durch das Gesetz nicht allgemein feststellen (Mot. a. a. O.).

Die Aufrechnung bestimmt sich, sowohl in Ansehung der Voraussetzungen ihrer Zulässigkeit, als in Ansehung der Art, wie sie erfolgt, und der Wirkungen, welche sie hat, von dem Inkrafttreten des BGB. an nach dessen Vorschriften. Dies aber doch nur insoweit, als sich nicht aus der allgemeinen Regel des Art. 170 eine Abweichung ergiebt. Eine solche aber liegt vor, wenn nach dem früheren Rechte gegen einen Anspruch, z. B. aus dem Verwahrungsvertrage, nicht aufgerechnet werden konnte. Dieser Anspruch ist alsdann mit dem Ausschluß der Gegenüberstellung einer Gegenforderung in das neue Recht übergegangen. (RGE. vom 3. Dezember 1901, Jur. Wschr. 1902 S. 68.)

Unter „bisherigen Gesetzen" sind in den Uebergangsvorschriften nicht nur die durch die Bestimmungen des BGB. ersetzten bisherigen Privatrechtsnormen, sondern auch die bisherigen örtlichen Anwendungsnormen zu verstehen, gleichviel, ob man der Meinung ist, daß Normen der letzteren Art, die jedenfalls nicht zum Prozeßrecht gehören, Bestandtheil des Privatrechts sind oder nicht (RGE. vom 13. November 1901, Jur. Wschr. 1902 S. 67).

c) Hinsichtlich der Frage, ob und inwieweit Thatsachen, welche für ein nach bisherigem Rechte sich bestimmendes Schuldverhältniß bedeutsam werden (z. B. Verzug des Schuldners, Unmöglichkeit der Erfüllung durch Schuld des Schuldners oder Gläubigers), mit Rücksicht darauf, daß sie erst unter der Herrschaft des neuen Rechtes eintreten, in ihren Wirkungen nach dem alten oder nach dem neuen Rechte zu bemessen sind, hängt die Entscheidung davon ab, ob die betreffende Thatsache in einem solchen Zusammenhange mit dem Schuldverhältnisse steht, daß sie erst durch dasselbe ihre rechtliche Bedeutung erhält und ihre Einwirkung gleichsam als innere Entwicklung des Schuldverhältnisses sich darstellt, oder ob die Thatsache eine solche ist, welche an das Schuldverhältniß von außen herantritt und mit der konkreten Beschaffenheit desselben nicht in einem bedingenden Zusammenhange steht. Im ersteren Falle bewendet es bei dem früheren Rechte, im letzteren Falle greift das neue Recht ein. Die Uebertragung einer Forderung und die Schuldübernahme, welche unter der Herrschaft des neuen Rechtes erfolgen, werden nach dem neuen Rechte zu beurtheilen sein.

d) Soweit einzelne Normen des BGB., wie im Wege der Auslegung festzustellen ist, einen reformatorischen oder prohibitiven Charakter dergestalt haben, daß sie auch die zur Zeit ihres Inkrafttretens bestehenden Schuldverhältnisse zu ergreifen beabsichtigen, so ist dieser rückwirkenden Tendenz solcher Normen Folge zu geben und sind dieselben auf die bestehenden Schuldverhältnisse zur Anwendung zu bringen.

In der II. Komm. wurden als solche Normen die §§ 247, 624, 723 u. 2302 BGB. bezeichnet (P. a. a. O.); auch der § 567 BGB. wird dahin zu rechnen sein.

RGE. in Jur. Wschr. 1900 S. 726 (Anspruch aus einem vor 1. Januar 1900 abgeschlossenen Verlöbniß auf Heirath oder Entschädigung abgewiesen, weil die Vorschriften des BGB. über das Verlöbniß zwingend). — A. M. bezüglich der Heirathsvermittlung (m. Erachtens unrichtig) RGE. in Beil. der Jur. Wschr. 1900 S. 23, 24; Jur. Wschr. 1900 S. 638.

e) Besondere Vorschriften enthalten die Art. 171—179 dieses Gesetzes.

B. Ein Schuldverhältniß aus einer unerlaubten Handlung, welche vor dem Inkrafttreten des BGB. begangen wurde, bestimmt sich nach dem bisherigen Rechte. Dieses gilt auch hinsichtlich der (dem BGB. unbekannten) Privatstrafen.

Wenn die unerlaubte Handlung vor dem Inkrafttreten des BGB. begangen wurde, der Erfolg aber erst unter der Herrschaft des BGB. eintritt, so wird das neue Recht zur Anwendung kommen müssen, weil eine erfolglose unerlaubte Handlung kein Schuldverhältniß begründet, das Schuldverhältniß also erst mit dem Erfolge der unerlaubten Handlung, d. i. unter der Herrschaft des neuen Rechtes entsteht. RGE. Bd. 52 S. 119, Jur. Wschr. 1902 Beil. S. 261.

Bei Unterlassungen (Dauerdelikten) ist das neue Recht anwendbar, wenn die schuldhafte Unterlassung über den 1. Januar 1900 fortdauert. Vgl. Habicht a. a. O. S. 169, Anm. 1.

Die bei A unter a—d angeführten Ausnahmen werden, soweit sie passen, auch hieher aufzustellen sein.

C. Ein Schuldverhältniß aus anderen Rechtsgründen (als jenen unter A u. B), z. B. ein Anspruch auf Vorlegung von Sachen, wird, wenn der zu Grunde liegende Thatbestand vor dem Inkrafttreten des BGB. sich verwirklicht hat, nach bisherigem Rechte beurtheilt.

Die Schlußbemerkung zu B gilt auch hieher.

3. Vgl. auch Buch IV § 1296 Note 10 S. 4.

III. Einschlägig sind für Anhalt AG. z. BGB. Art. 12 (Gesetzliche Zinsen) (Becher I, 3 S. 11); Bayern AG. z. BGB. Art. 31 (Dienstverhältnisse vom ersten Kündigungstermin des BGB. ab nach BGB. zu beurtheilen), Art. 55 (49 bis 54) (Staatsschuldverschreibungen betr.); Art. 57 (Schuldverschreibungen einer bayerischen öffentl. Körperschaft); Art. 121 (110—120) (Sparkassen betr.); Art. 127 (Ansprüche aus Rechtsverhältnissen des öffentlichen Rechts betr.); Ges. betr. Uebergangsvorschriften z. BGB. Art. 3 (Gesetzliche Zinsen), Art. 4 (AG. z. BGB. Art. 13, 14 betr. Bierlieferungsvertrag); Bremen AG. z. BGB. § 10 (Gesetzliche Zinsen); Elsaß-Lothringen AG. z. BGB. § 9 (Gesetzliche Zinsen); Lübeck AG. z. BGB. § 23 (Gesetzliche Zinsen); Preußen AG. z. BGB. Art. 10 (Gesetzliche Zinsen); Reuß ältere Linie AG. z. BGB. § 24 (Zinsen); Reuß jüngere Linie AG. z. BGB. § 23 (Gesetzliche Zinsen); Sachsen AG. z. BGB. § 3 (Gesetzliche Zinsen); Sachsen-Altenburg AG. z. BGB. § 21 (Gesetzliche Zinsen); Sachsen-Koburg-Gotha AG. z. BGB. Art. 12 (Gesetzliche Zinsen); Sachsen-Weimar AG. z. BGB. § 27 (Gesetzliche Zinsen); Schwarzburg-Rudolstadt AG. z. BGB. Art. 25 (Zinsen).

IV. Aus der Rechtsprechung: Art. 170 ist auch bei Weiterentwicklung des alten Schuldverhältnisses, insbesondere bei Stundung und Anerkenntniß maßgebend. RGE. vom 23. Dezember 1904 in Jur. Wschr. 1904 S. 132. Mehrheit von Gläubigern und Schuldnern: Die Frage, wer die Rechte aus dem Schuldverhältnisse geltend zu machen und die Verpflichtungen aus ihm zu erfüllen hat, berührt unmittelbar den Inhalt, den Umfang und die Wirkungen des Schuldverhältnisses. RGE. Bd. 55 S. 385.

Art. 171.

Ein zur Zeit des Inkrafttretens des Bürgerlichen Gesetzbuchs bestehendes Mieth-, Pacht- oder Dienstverhältniß bestimmt sich, wenn nicht die Kündigung nach dem Inkrafttreten des Bürgerlichen Gesetzbuchs für den ersten Termin erfolgt, für den sie nach den bisherigen Gesetzen zulässig ist, von diesem Termin an nach den Vorschriften des Bürgerlichen Gesetzbuchs.

E. II, 143; III, 171.

I. Entstehung. Dieser Artikel wurde erst in der II. Komm. aufgestellt. Die ursprünglich beabsichtigte Beschränkung der Vorschrift auf Verträge von unbestimmter Dauer wurde fallen gelassen. (P. VI, 499—501; Reatz III, 84).

II. Inhalt. 1. Die Vorschrift dieses Artikels bildet eine Ausnahme von der Regel des Art. 170, welche damit begründet wurde, daß man mit einer solchen Vorschrift dem muthmaßlichen Willen der Betheiligten am meisten gerecht werde, und daß bei der großen Zahl und der großen Bedeutung der vom Artikel betroffenen Verträge es im öffentlichen Interesse wünschenswerth erscheint, eine längere Geltung der Normen des alten Rechtes möglichst abzuschneiden.

2. Der Artikel gilt nur für solche vor dem 1. Januar 1900 eingegangenen Mieth-, Pacht- oder Dienstverhältnisse, welche

a) am 1. Januar 1900 noch bestehen,
b) durch Kündigung, sei es auf Grund Vertrags oder kraft Gesetzes, lösbar sind, und bei denen
c) die Kündigung nach dem Inkrafttreten des BGB. nicht für den ersten Termin erfolgt, für den sie nach den bisherigen Gesetzen lösbar sind, wobei es gleichgültig ist, ob nur ein Theil oder alle Theile kündigen können.

„Nach den bisherigen Gesetzen": Fränkel, Mieth- und Pachtrecht nach dem BGB. 1897 S. 105 Anm. 6, wollte hieraus folgern, daß nicht die vertragsmäßige, sondern nur die gesetzlich zulässige Kündigungsfrist für die Fortdauer der Geltung der bisherigen Gesetze für das konkrete Rechtsverhältniß maßgebend sei. Diese Ansicht ist irrig. Derjenige Termin ist maßgebend, zu dem das Verhältniß, sei es nun auf Grund des Vertrags oder auf Grund der subsidiären gesetzlichen Bestimmungen des bisherigen Rechts aufgehoben werden kann. Vgl. Habicht a. a. O. S. 261, Stadthagen, D. Jur.Z. 1898 Nr. 9 S. 185 ff., Fränkel, D. Jur.Z. 1898 S. 96, Taube, Zur Auslegung des Art. 171 im Sächs. Arch. f. bürgerl. Recht u. Prozeß 8. Bd., 7. u. 8. Heft. Schuhmacher, Arch. f. bürgerl. Recht Bd. 15 S. 258, Fuld, Das Miethrecht, Leipzig 1898 S. 10 ff., Niedner, Komm. z. EG. S. 337 und zum Ganzen Vorbem. X vor §§ 535 ff.

Sind die Voraussetzungen dieses Artikels gegeben, so gilt von dem ersten Termine, für den die Kündigung zulässig gewesen wäre, für ein bestehendes Mieth-, Pacht- oder Dienstverhältniß das BGB., bis zu diesem Termine das bisherige Recht.

Wenn z. B. für das Dienstverhältniß eines landwirthschaftlichen Dienstboten, welches im Jahre 1899 auf unbestimmte Zeit eingegangen ist und am 1. Januar 1900 noch in einem Rechtsgebiete besteht, in welchem ein solches Dienstverhältniß ein Jahr dauert, als Ziel nur Lichtmeß und eine sechswöchige Kündigungsfrist gilt, so ist darauf, wenn es nach dem 1. Januar 1900 noch mehrere Jahre fortgesetzt wird, bis zum 2. Februar 1901 das bisherige Recht, von da an das neue Recht anzuwenden, da unter der Herrschaft des neuen Rechtes zum ersten Male sechs Wochen vor dem 2. Februar 1901 und zwar für den 2. Februar 1901 gekündigt werden kann. — Das neue Recht gilt im letzteren Falle jedenfalls hinsichtlich des Inhalts des (Mieth-, Pacht- oder) Dienstverhältnisses; dagegen wird auch für diesen Fall die Frage des Bestehens d. h. der Begründung des Rechtsverhältnisses nach dem bisherigen Rechte zu beurtheilen sein.

3. Ein Mieth-, Pacht- oder Dienstverhältniß wird auch dann als am 1. Januar 1900 bestehend anzunehmen sein, wenn der Mieth-, Pacht- oder Dienstvertrag vor dem 1. Januar 1900 geschlossen, die Miethwohnung oder das Pachtgut aber erst am oder nach dem 1. Januar 1900 bezogen, der Dienst erst am oder nach dem 1. Januar 1900 angetreten wird.

4. Ist ein Dienstverhältniß für die Lebenszeit einer Person oder auf so lange Zeit eingegangen, daß es auch nach dem 1. Januar 1900 noch länger als fünf Jahre zu dauern hätte, so gilt für dieses Dienstverhältniß (nach der Bem. II, 2, A, d zu Art. 170) vom 1. Januar 1900 an der § 624 BGB. und im Uebrigen das bisherige Recht bis zum 30. Juni 1905, vom 1. Juli 1905 an aber das neue Recht.

5. Vgl. auch Art. 172, sowie Bl. f. RA. Bd. 64 S. 481.

III. Landesgesetzliche Vorschriften: Preußen, AG. z. BGB. Art. 14 § 2; Bayern, AG. z. BGB. Art. 31; Württemberg, Ges.O. vom 28. Juli 1899 Art. 32; Hessen, AG. z. BGB. Art. 273; Mecklenburg-Schwerin, VO. z. Ausf. d. BGB. § 41; Mecklenburg-Strelitz, VO. z. Ausf. d. BGB. § 40. (Sämmtliche Vorschriften beziehen sich nur auf das Gesindeverhältniß.)

Art. 172.

Wird eine Sache, die zur Zeit des Inkrafttretens des Bürgerlichen Gesetzbuchs vermiethet oder verpachtet war, nach dieser Zeit veräußert oder mit einem Rechte belastet, so hat der Miether oder Pächter dem Erwerber der Sache oder des Rechtes gegenüber die im Bürgerlichen Gesetzbuche bestimmten Rechte. Weitergehende Rechte des Miethers oder Pächters, die sich aus den bisherigen Gesetzen ergeben, bleiben unberührt, unbeschadet der Vorschrift des Artikel 171.

E. I, 104; II, 144; III, 172.

1. Entstehung. Art. 172 verdankt seine gegenwärtige Fassung der II. Komm. und weicht vom Art. 104 des E. I völlig ab, was zum Theile sich schon daraus erklärt, daß in dem § 509 des E. I BGB. noch der Grundsatz „Kauf bricht Miethe" sich wirksam zeigte, während nunmehr das BGB. (in den §§ 571 ff., 581) den gegentheiligen Grundsatz zur Anwendung bringt. Auch ein Vermittlungsantrag, welcher nur den Art. 171 eintreten, diesen aber auch ausdrücklich auf das Verhältniß zwischen dem Miether (bezw. Pächter) und dem Erwerber der Sache oder des Rechtes hieran ausdehnen wollte, wurde in der II. Komm. abgelehnt (Mot. z. EG. 257 ff.; P. VI, 501—504; Reatz III, 84).

2. Inhalt. Der Art. 172 enthält ebenso wie Art. 171 eine Ausnahme vom Grundsatze des Art. 170. Im Einzelnen ist Folgendes zu bemerken:

a) Wie schon erwähnt, gilt nach dem BGB. der Grundsatz „Kauf bricht nicht Miethe". Denselben Grundsatz enthalten von den bisherigen Rechten das PLR. (Thl. I Tit. 21 §§ 2—5, 350—360), der Code civil (art. 1743—1751) und das badische LR. (Satz 1743—1751), letztere beiden jedoch nur für Liegenschaften, wenn der Miether bezw. Pächter eine authentische oder mit einem gewissen Datum versehene Miethvertragsurkunde für sich hat, das Hamburger Stadtrecht für das Stadtgebiet von Hamburg, für Braunschweig bei schriftlich errichteten Miethverträgen eine Verordnung vom 25. Oktober 1760 und für die altoranischen Landestheile des vormaligen Herzogtums Nassau eine Verordnung vom 16. März 1763. — Der Grundsatz „Kauf bricht Miethe" galt für das gemeine Recht. Derselbe gilt im Wesentlichen auch, jedoch mit der Abschwächung, daß der Erwerber bei der Miethe unbeweglicher Sachen oder gewisser unbeweglicher Sachen (Grundstücke, Wohnungen) die Räumung vom Miether (Pächter) nur nach vorgängiger Kündigung und nur nach Ablauf einer bestimmten Frist verlangen kann, nach dem sächsischen GB. §§ 1222, 1225, 1226, nach § 21 des bayrischen Landtagsabschieds vom 18. Februar 1871 (dessen Geltung auf die rechtsrheinischen Landestheile, in denen nicht PLR. gilt, beschränkt ist), und nach dem österreichischen GB. § 1120. In einzelnen gemeinrechtlichen Gebieten erlangt das Miethrecht durch Eintragung in das Grundbuch Wirksamkeit gegen jeden neuen Erwerber, so in den großherzoglich hessischen Provinzen Starkenburg und Oberhessen (Art. 127 des hessischen Gesetzes vom 15. September 1858, das Pfandrecht betreffend), in Neuvorpommern und Rügen, im Bezirke des vormaligen Appellationsgerichts zu Kassel und in der Provinz Schleswig-Holstein im Gebiete des dänischen Rechtes (preußisches Gesetz über das Grundbuchwesen in Neuvorpommern und Rügen vom 26. Mai 1873 § 14, in Schleswig-Holstein vom 27. Mai 1873 § 34, in Kassel vom 29. Mai 1873 § 3 Abs. 2); das Gleiche gilt nach dem sächsischen GB. (§ 1224) und dem österreichischen GB. (§§ 1095, 1121) mit der Ausnahme für den Fall der Zwangsversteigerung (M. II, 380 ff.).

b) Der **Zweck** des gegenwärtigen Artikels ist, den **Grundsatz „Kauf bricht nicht Miethe" mit rückwirkender Kraft auf den vor dem Inkrafttreten des BGB. geschlossenen Mieth- und Pachtvertrag anzuwenden**, wozu der Gesetzgeber sich um so mehr für berechtigt erachtete, da der Vermiether im Falle der Veräußerung des Mieth- oder Pachtobjekts nach gemeinem Rechte u. s. w. zwar die **formale Verfügungsmacht** habe, den Miether (Pächter) auszutreiben, aber **materiell rechtswidrig** handle, wenn er von dieser formalen Verfügungsmacht zum Nachtheile des Miethers Gebrauch mache, und da deßhalb durch die Einräumung der rückwirkenden Kraft für den Grundsatz „Kauf bricht nicht Miethe" nicht in wohlerworbene Rechte eingegriffen, sondern einem schon nach früherem Rechte kontraktwidrigen Verhalten des Vermiethers entgegengetreten werde (P. a. a. O.).

c) Voraussetzung des Artikels ist, daß die vor dem 1. Januar 1900 vermiethete oder verpachtete Sache am 1. Januar 1900 oder später veräußert oder mit einem Rechte belastet wird.

d) Die Wirkung des Artikels ist die Anwendbarkeit der §§ 571—579, 580 u. 581 BGB., jedoch mit der Ausnahme, daß weitergehende Rechte, welche dem Miether (Pächter) nach bisherigem Rechte (vgl. Bem. 2, a) zustehen (weil es sich desfalls um den Schutz wohlerworbener Rechte handelt — P. a. a. O. —), aufrecht erhalten bleiben. Diese Ausnahme fällt weg, wenn die Veräußerung oder Belastung der vermietheten oder verpachteten Sache erst zu einer Zeit erfolgt, in welcher zufolge der Bestimmungen des Art. 171 auf das Mieth- oder Pachtverhältniß im vollen Umfange das neue Recht zur Anwendung zu bringen ist.

Der Artikel hat also hauptsächlich nur für die Rechtsgebiete des gemeinen, sächsischen, österreichischen, französischen und badischen Rechtes sowie des § 21 des bayrischen Landtagsabschieds von 1871 Bedeutung, in welchen dem Miether (Pächter) gegenüber dem Erwerber einer veräußerten Sache oder eines veräußerten Rechtes ganz oder theilweise geringere Rechte als nach dem BGB. eingeräumt sind.

e) Für den Fall der Zwangsversteigerung vgl. ZwVG. §§ 57, 183 und EG. z. ZwVG. § 1. RGE. vom 26. Februar 1901, Jur. Wschr. 1901 S. 238.

3. Für Bayern sind einschlägig: Gesetz über die Uebergangsvorschriften Art. 5 u. 6, AG. z. ZwVG. Art. 28 (vgl. auch Bl. f. RA. Bd. 63 S. 382).

Art. **173.**

Auf eine zur Zeit des Inkrafttretens des Bürgerlichen Gesetzbuchs bestehende Gemeinschaft nach Bruchtheilen finden von dieser Zeit an die Vorschriften des Bürgerlichen Gesetzbuchs Anwendung.

E. II, 145; III, 173.

1. Entstehung. Dieser Artikel wurde erst in der II. Komm. aufgestellt (P. VI, 504, 505 ff.; Reatz III, 85).

2. Inhalt. Art. 173 enthält eine weitere Ausnahme von dem Prinzipe des Art. 170 für eine am 1. Januar 1900 bestehende Gemeinschaft nach Bruchtheilen, indem er eine solche Gemeinschaft sofort dem neuen Rechte unterwirft. Nur der Inhalt des Gemeinschaftsverhältnisses wird aber nach dem neuen Rechte zu beurtheilen sein, nicht auch die Frage, ob vor dem 1. Januar 1900 eine Gemeinschaft entstanden ist.

Von der Gemeinschaft nach Bruchtheilen handelt das BGB. in den §§ 741—758. Nach der Vorschrift des gegenwärtigen Artikels werden auf eine am 1. Januar 1900 schon bestehende Gemeinschaft die §§ 745, 752—756 BGB. sofort anwendbar sein. Einer unter § 746 oder unter § 752 fallenden Vereinbarung wird jedoch nur dann dingliche Wirkung zukommen, wenn sie nach dem Inkrafttreten des BGB. getroffen wird oder die dingliche Wirkung auch schon nach bisherigem Rechte hat. (Vgl. P. a. a. O.)

3. Als Grund der Vorschrift ist nach den Verhandlungen der II. Komm. anzunehmen, daß gemäß Art. 181 dieses Gesetzes für das Miteigenthum nach Bruchtheilen schon mit dem Inkrafttreten des BGB. die §§ 1008—1011 desselben wirksam werden und daß man es für unangemessen hielt, für andere Gemeinschaften nach Bruchtheilen das bisherige Recht gelten zu lassen.

4. Art. 173 bezieht sich auf alle Fälle, in denen ein Recht mehreren Personen in bloß ideeller Theilung zusteht, mag diese Gemeinschaft nun auf Gesetz beruhen (communio incidens, vgl. Dernburg, Pand. I § 196, BGB. §§ 947, 948) oder auf einem Gesellschaftsvertrag. Vgl. Habicht a. a. O. S. 301; a. M. Niedner, Komm. S. 347; Scherer, Komm. z. EG. zu Art. 173. — Er bezieht sich aber nicht auf solche Gemeinschaften, die einem der Landesgesetzgebung vorbehaltenen Rechtsgebiete angehören (Gemeinschaften des Lehn-, Berg-, Jagd- und Fischereirechts), sowie nicht auf solche, bei denen keine Gemeinschaft nach Bruchtheilen (pro partibus indivisis) vorliegt, vielmehr ein deutschrechtliches Verhältniß der „Gesammten Hand“ (Gütergemeinschaft vgl. Art. 200, Erbengemeinschaft vgl. Art. 213).

5. Für Bayern vgl. Gesetz über die Uebergangsvorschriften Art. 40, 41, 43 u. 113 (mit Mot. zu Entw. Art. 25, 26, 28 u. 55).

6. Aus der Rechtsprechung: An einer dem Vortheile beider Nachbarn dienenden Scheidemauer ist ein Miteigenthum nach Bruchtheilen seit 1. Januar 1900 ausgeschlossen. RGE. vom 17. Januar 1903, Jur. Wschr. 1903 Beil. 39, RGE. Bd. 53 S. 307

Art. 174.

Von dem Inkrafttreten des Bürgerlichen Gesetzbuchs an gelten für die vorher ausgestellten Schuldverschreibungen auf den Inhaber die Vorschriften der §§ 798 bis 800, 802, 804 und des § 806 Satz 1 des Bürgerlichen Gesetzbuchs. Bei den auf Sicht zahlbaren unverzinslichen Schuldverschreibungen sowie bei Zins-, Renten- und Gewinnantheilscheinen bleiben jedoch für die Kraftloserklärung und die Zahlungssperre die bisherigen Gesetze maßgebend.

Die Verjährung der Ansprüche aus den vor dem Inkrafttreten des Bürgerlichen Gesetzbuchs ausgestellten Schuldverschreibungen auf den Inhaber bestimmt sich, unbeschadet der Vorschriften des § 802 des Bürgerlichen Gesetzbuchs, nach den bisherigen Gesetzen.

E. I, 105 Abs. 1 u. 3; II, 146; III, 174.

1. Entstehung. Der Art. 174 hat vom Art. 105 E. I nur die Abs. 1 u. 3 herübergenommen. Im Uebrigen entspricht von Art. 105 E. I der Abs. 2 dem nunmehrigen Art. 176, Abs. 4 dem nunmehrigen Art. 178 und Abs. 5 dem nunmehrigen Art. 218. Auch der Abs. 1 des gegenwärtigen Artikels zeigt gegenüber dem Abs. 1 des Art. 105 E. I die Abweichungen, daß

a) die Aktien auf Inhaber wegfielen, weil diese dem HGB. vorbehalten wurden und nunmehr auch in den Art. 25 u. 26 EG. z. HGB. vom 10. Mai 1897 entsprechende Bestimmungen getroffen sind, daß weiter

b) Bestimmungen des BGB., welche den in Art. 105 vom E. I allegirten §§ 693 u. 696 E. I BGB. entsprechen würden, nicht mehr allegirt sind, weil an Stelle der betreffenden Anführungen Bestimmungen der CPO. (vgl. § 1018 Abs. 2 und § 1019) getreten sind, deren Anwendbarkeit hieher selbstverständlich ist, endlich

c) daß auch der zweite Satz von Art. 105 E. I und die Anführung der Erneuerungsscheine und der auf Namen umgeschriebenen Papiere weggelassen wurden, ohne daß durch diese Weglassungen sachlich viel geändert wurde. Der Abs. 3 des Art. 105 von Entw. 1 bildet zum Theile den nunmehrigen Abs. 2 des gegenwärtigen Artikels, zum Theile sind entsprechende Bestimmungen im nunmehrigen Art. 175 getroffen. (Mot. z. EG. 261 ff.; P. VI, 505 bis 509, 626—628; Reatz III, 85—87, 103.)

2. Inhalt. Der Art. 174 statuirt ebenfalls eine Ausnahme von der Regel des Art. 170. Im Allgemeinen finden also auch auf Schuldverschreibungen auf Inhaber, welche vor dem Inkrafttreten des BGB. ausgestellt wurden, die bisherigen Gesetze Anwendung. Ausgenommen sind die Thatbestände, für welche das BGB. in § 798 (Ertheilung einer neuen Schuldverschreibung a. d. J. für eine beschädigte oder verunstaltete), § 799 (Kraftloserklärung vernichteter oder abhanden gekommener Schuldverschreibungen a. d. J.), § 800 (Wirkung der Kraftloserklärung), § 802 (Wirkung der Zahlungssperre auf die Vorlegungsfrist und die Verjährung), § 804 (Verlust von Zins-, Renten- und Gewinnantheilscheinen) und § 806 Satz 1 (wonach Namensumschreibung einer Schuldverschreibung a. d. J. nur durch den Aussteller möglich ist) Vorschriften enthält. Denn diese Vorschriften des BGB. sollen nach Satz 1 des Art. 174 auch auf die vor dem Inkrafttreten des BGB. ausgestellten Schuldverschreibungen a. d. J. Anwendung finden.

Im Einzelnen ist Folgendes hervorzuheben:

A. Die Vorschriften des Satzes 1 von Art. 174 erleiden selbst wieder folgende Einschränkungen:

a) Auf Aktien auf den Inhaber sind sie nicht anwendbar. Vgl. desfalls Bem. 1, a.

b) Wenn nur § 806 Satz 1, nicht auch Satz 2 allegirt ist, so hat das die Bedeutung, welche in Satz 2 des Art. 105 Abs. 1 des Entw. ausdrücklich ausgesprochen war, daß in Ansehung der Verpflichtung des Ausstellers eines Inhaberpapieres zur Umschreibung eines solchen Papiers auf den Namen eines bestimmten Berechtigten und in Ansehung der Wirkungen dieser Umschreibung die bisherigen (bezw. nach Maßgabe des Art. 218 dieses Gesetzes zu erlassenden) Landesgesetze maßgebend bleiben. (Vgl. auch Art. 101 dieses Gesetzes und P. a. a. O.)

c) Für die auf Sicht zahlbaren unverzinslichen Schuldverschreibungen (z. B. Banknoten), sowie für die Zins-, Renten- und Gewinnantheilscheine der Inhaberpapiere, welche vor Inkrafttreten des BGB. ausgestellt wurden, finden nur die §§ 798, 804 (und, soweit etwa möglich, 806 Satz 1), nicht aber auch die §§ 799, 800 u. 802 BGB., welche letzteren die Kraftloserklärung und Zahlungssperre betreffen, Anwendung. An Stelle der letzteren bleiben die Landesgesetze maßgebend.

d) Was die vor dem Inkrafttreten des BGB. ausgestellten Erneuerungsscheine betrifft, so waren diese in dem (dem nunmehrigen Satz 2 von Abs. 1 entsprechenden) Satz 3 von Abs. 1 des Art. 105 E. I ausdrücklich mitgenannt; die II. Komm. hat aber dort die Erneuerungsscheine gestrichen und dafür die Verweisung auf § 790 des rev. Entw. II, welcher dem nunmehrigen § 805 BGB. entspricht, in Satz 1 des gegenwärtigen Artikels aufgenommen und einen Antrag auf Streichung dieser Verweisung abgelehnt (P. a. a. O.). Die Streichung erfolgte dann aber im Bundesrath, in welchem dafür die Verweisung auf § 788 der Reichstagsvorlage (nunmehr § 804 BGB.) angenommen wurde (Reatz III, 85).

§ 805 BGB. hat die Bedeutung, daß der Erneuerungsschein (Talon) keine selbständige Schuldverschreibung ist. Nach einzelnen bisherigen Landesrechten kommt aber dem Talon die Eigenschaft einer selbständigen Schuldverschreibung zu, so daß derselbe also auch für sich allein der Kraftloserklärung und der Zahlungssperre unterliegt. In dieser Beziehung bleibt es in Folge der Streichung der mehrerwähnten Verweisung beim bisherigen Landesrechte.

Dieses trifft beispielsweise zu für die Erneuerungsscheine bayerischer Staatspapiere, welche unter Art. 3 des bayerischen Gesetzes vom 29. September 1861, die Verjährung der Forderungen aus Staatsschuldurkunden ꝛc. betreffend, fallen, weßhalb auch in Art. 55 Satz 2 des bayerischen AG. z. BGB. für solche das bisherige Recht ausdrücklich aufrecht erhalten wurde.

B. Die Vorschrift des Abs. 2 des Art. 174 gilt nicht für Aktien auf den Inhaber (s. Bem. 1, a) und bringt von der Regel des Art. 170 nur die eine Ausnahme, daß, während für die Verjährung von Ansprüchen aus den vor dem Inkrafttreten des BGB. ausgestellten Schuldverschreibungen a. d. J., abweichend von Art. 169 dieses Gesetzes, im Allgemeinen die bisherigen Gesetze maßgebend bleiben, für die Hemmung der Verjährung der § 802 BGB. gilt (Mot. z. EG. 263).

C. Für die von den Vorschriften des § 807 BGB. betroffenen Inhaberpapiere ist in diesem Abschnitt eine besondere Uebergangsvorschrift nicht getroffen. Für dieselben verbleibt es also bei der Regel des Art. 170. Für die qualifizirten Legitimationspapiere nach BGB. § 808 s. Art. 177.

D. Soweit die Vorbehalte der Art. 100—102 dieses Gesetzes reichen, kann die Landesgesetzgebung selbstverständlich auch Vorschriften treffen, welche von jenen dieses Artikels abweichen.

E. Vgl. auch CPO. §§ 1019—1022.

3. Ausführungsgesetze: Preußen, AG. z. BGB. Art. 18 § 10, Rentenbankgesetz vom 2. März 1850 § 36; Baden, AG. z. ZwVG. und z. CPO. vom 18. Juni 1899 § 12; Bayern, AG. z. BGB. Art. 49—57 (Schuldverschreibungen des Staates und der übrigen juristischen Personen des öffentlichen Rechts); Hessen, AG. z. BGB. Art. 127, 136; Württemberg, AG. z. BGB. Art. 183—187.

Art. 175.

Für Zins-, Renten- und Gewinnantheilscheine, die nach dem Inkrafttreten des Bürgerlichen Gesetzbuchs für ein vor dieser Zeit ausgestelltes Inhaberpapier ausgegeben werden, sind die Gesetze maßgebend, welche für die vor dem Inkrafttreten des Bürgerlichen Gesetzbuchs ausgegebenen Scheine gleicher Art gelten.

E. (I, 105 Abs. 3) II, 147; III, 175.

1. Entstehung. Der Art. 175 hat einen Theil des Inhalts des Abs. 3 von Art. 105 des I. Entw. in sich aufgenommen und seine dermalige Fassung in der II. Komm. gefunden (Mot. z. EG. 263; P. VI, 505—509, 626—628; Reatz III, 86).

2. Inhalt. Der Art. 175 bezieht sich auf solche Koupons eines vor dem 1. Januar 1900 emittirten Inhaberpapiers, welche erst nach dem Inkrafttreten des BGB. ausgegeben werden. Wenn nun nach diesem Artikel für Zins-, Renten- und Gewinnantheilscheine, die vom 1. Januar 1900 an für ein vor dieser Zeit ausgestelltes Inhaberpapier ausgegeben werden, dieselben Gesetze maßgebend sind, welche für die vor dem 1. Januar 1900 ausgegebenen Scheine gleicher Art gelten, so hat das die Bedeutung, daß auf solche Scheine die Vorschriften des Art. 174 dieses Gesetzes Anwendung finden. Namentlich bleibt es, was bei den Verhandlungen in der II. Komm. besonders hervorgehoben wurde, bei dem bisherigen Rechte auch hinsichtlich der Verjährung und der Vorlegungsfristen.

3. Einschlägig sind für Preußen AG. z. BGB. Art. 18 § 10; für Bayern AG. z. BGB. Art. 49—57; für Württemberg AG. z. BGB. Art. 183—187; für Baden AG. z. ZwVG. u. CPO. vom 18. Juni 1899 § 12; für Hessen AG. z. BGB. Art. 136.

Art. 176.

Die Außerkurssetzung von Schuldverschreibungen auf den Inhaber findet nach dem Inkrafttreten des Bürgerlichen Gesetzbuchs nicht mehr statt. Eine vorher erfolgte Außerkurssetzung verliert mit dem Inkrafttreten des Bürgerlichen Gesetzbuchs ihre Wirkung.

E. I, 105 Abs. 2; II, 148; III, 176.

1. Entstehung. Der Art. 176 entspricht dem Abs. 2 von Art. 105 E. I, giebt aber nur dessen ersten Satz wörtlich wieder. Der zweite Satz ist von der II. Komm. an die Stelle des Vorschlags gesetzt worden, daß für die Wirkungen einer vor dem Inkrafttreten des BGB. erfolgten Außerkurssetzung und die Wiederinkurssetzung die bisherigen Gesetze maßgebend bleiben sollen (Mot. z. EG. 263; II, 714; P. VI, 505—509, 626—628; Reatz III, 86).

2. Inhalt. Das System der Außerkurssetzung von Inhaberpapieren ist bisher in Preußen (Gesetz vom 16. Juni 1853), Sachsen, Braunschweig, Oldenburg, Sachsen-Weimar, Koburg-Gotha, Anhalt, Schwarzburg-Sondershausen, Sachsen-Altenburg, Waldeck, Reuß ältere Linie, Lippe-Detmold und Bremen gesetzlich geregelt und zwar meistens in der Art, daß das Inhaberpapier durch einen Vermerk auf demselben, welcher entweder vom Inhaber selbst oder auf seinen Antrag von einer Behörde oder von einem Organe des Emittenten zu bewirken ist, als einer bestimmten Person gehörig bezeichnet oder ohne Nennung der Person, für welche die Außerkurssetzung erfolgt, dem Verkehr entzogen wird. Durch § 806 BGB. wird dieses Institut, gegen welches sich ernste Bedenken geltend machten, beseitigt. (Vgl. hiezu auch Art. 97 und 101 dieses Gesetzes.)

Der gegenwärtige Artikel beseitigt (durch Satz 2) die Außerkurssetzung auch hinsichtlich der vor dem Inkrafttreten des BGB. ausgestellten Schuldverschreibungen auf den Inhaber und zwar mit rückwirkender Kraft in der Art, daß selbst eine früher erfolgte Außerkurssetzung ihre Wirkung verliert. Die gleiche Bestimmung trifft Art. 26 EG. z. HGB. hinsichtlich der Aktien auf Inhaber.

3. Die Hauptgründe für die Aufstellung des Satzes 2, also der rückwirkenden Kraft der Vorschrift, waren (nach den P. VI, 505 ff., 626 ff.) die, daß in der Mehrzahl der Fälle den Außerkurssetzungsvermerken das Datum fehlt, daß deßhalb schwer zu ermitteln ist, ob die Außerkurssetzung vor oder nach dem Inkrafttreten des BGB. erfolgte, daß ferner zwischen Verkündigung und Inkrafttreten des BGB. ein längerer Zeitraum liegt und die von der Maßnahme Betroffenen hinreichend Zeit haben, sich durch entsprechende Maßregeln vor Schaden zu schützen, daß weiter schwer zu entscheiden sei, was zu einer gültigen Außerkurssetzung gehöre, und daß endlich schwer zu entscheiden sei, ob das Institut nur auf inländische oder auch auf ausländische Schuldverschreibungen Anwendung finden soll.

4. Einschlägig ist für Preußen AG. z. BGB. Art. 75 § 2; für Sachsen VO. vom 6. Juli 1899 zur Ausf. d. BGB. § 12 (Becher XVII, 2 S. 13).

Art. 177.

Von dem Inkrafttreten des Bürgerlichen Gesetzbuchs an gelten für vorher ausgegebene Urkunden der im § 808 des Bürgerlichen Gesetzbuchs bezeichneten

Art, sofern der Schuldner nur gegen Aushändigung der Urkunde zur Leistung verpflichtet ist, die Vorschriften des § 808 Abs. 2 Satz 2, 3 des Bürgerlichen Gesetzbuchs und des Artikel 102 Abs. 2 dieses Gesetzes.

E. II, 149; III, 177.

1. Entstehung. Dieser Artikel ist erst in der II. Komm. aufgestellt worden, um für die Urkundenamortisation soweit wie möglich einheitliches Recht zu schaffen (P. VI, 515, 516, 627, 628; Reatz III, 86).

2. Inhalt. Urkunden der in § 808 BGB. bezeichneten Art sind die sog. qualifizirten Legitimationspapiere, d. h. solche Urkunden, in welchen der Gläubiger benannt ist und nach deren Inhalte der Inhaber die Leistung nicht verlangen, der Schuldner aber ohne Legitimationsprüfung an den Inhaber leisten kann und durch die Leistung an den Inhaber befreit wird. Wenn für eine solche Urkunde nach dem bisherigen Rechte auch noch die Bestimmung gilt, daß der Schuldner nur gegen Aushändigung der Urkunde zur Leistung verpflichtet ist, so soll sie nach der Bestimmung des gegenwärtigen Artikels auch dann, wenn sie vor Inkrafttreten des BGB. ausgegeben wurde,

a) der Kraftloserklärung unterliegen, soweit landesgesetzlich nichts Anderes bestimmt ist (§ 808 Abs. 2 Satz 2 BGB.).
b) Für diese Kraftloserklärung kann landesgesetzlich ein anderes Verfahren als das Aufgebotsverfahren bestimmt werden (Art. 102 Abs. 2 dieses Gesetzes).
c) Enthält das Landesgesetz eine abweichende Bestimmung nicht, so kann gemäß BGB. § 808 Abs. 2 Satz 2 die Kraftloserklärung im Wege des Aufgebotsverfahrens stattfinden.
d) Die Vorschrift des § 802 BGB. über die Hemmung des Beginns und Laufes der Verjährung durch die Zahlungssperre findet nicht bloß im Falle c, sondern auch im Falle b Anwendung (BGB. § 808 Abs. 2 Satz 3), während im Uebrigen hinsichtlich der Verjährung Art. 169, nicht Art. 174 Abs. 2 gelten dürfte.
e) Das neue Recht wird — vorbehaltlich der Vorschrift des Art. 178 — in diesen Fällen auch hinsichtlich der Vorschriften über das Verfahren (CPO. § 1023) gelten.
f) Gleichgültig ist, ob der Verlust der Urkunde vor oder nach dem Inkrafttreten des BGB. erfolgt.

3. Wenn das vor dem 1. Januar 1900 ausgegebene Legitimationspapier die Bestimmung nicht enthält, daß der Schuldner nur gegen Aushändigung der Urkunde zur Leistung verpflichtet ist, so wird die allgemeine Regel des Art. 170 eintreten.

4. Für Preußen AG. z. BGB. Art. 75 § 2. (Ist vor dem Inkrafttreten des BGB. ein Sparkassenbuch außer Kurs gesetzt, so ist zur Erhebung des Geldes die Genehmigung des Gegenvormundes oder des Vormundschaftsgerichts erforderlich.) Für Bayern vgl. hinsichtlich der Kraftloserklärung von Sparurkunden Art. 111 ff. AG. z. BGB., ferner für qualifizirte Legitimationspapiere überhaupt Art. 69 a u. b des bisherigen AG. z. CPO. und KO. in der Fassung des AG. z. BGB. Art. 166 Ziff. XIV.

Art. 178.

Ein zur Zeit des Inkrafttretens des Bürgerlichen Gesetzbuchs anhängiges Verfahren, das die Kraftloserklärung einer Schuldverschreibung auf den Inhaber oder einer Urkunde der im § 808 des Bürgerlichen Gesetzbuchs bezeichneten Art oder die Zahlungssperre für ein solches Papier zum Gegenstande hat, ist nach den bisherigen Gesetzen zu erledigen. Nach diesen Gesetzen bestimmen sich auch die Wirkungen des Verfahrens und der Entscheidung.

E. I, 105 Abs. 4; II, 150; III, 178.

1. Entstehung. Der Art. 178 erhielt seine nunmehrige Fassung in der II. Komm. Vom entsprechenden Abs. 4 des Art. 105 E. I, welcher nur die Inhaberpapiere betraf, unterscheidet er sich jedoch nur dadurch, daß die Vorschriften desselben auch auf die qualifizirten Legitimationspapiere erstreckt wurden (Mot. z. EG. 263 ff.; P. VI, 505—509, 627, 628; Reatz III, 86).

2. Inhalt. Der Artikel besagt, daß in Ansehung eines Inhaberpapiers (Art. 174 bis 176) oder eines qualifizirten Legitimationspapiers (Art. 177)

a) ein Amortisationsverfahren oder

b) ein eine Zahlungssperre betreffendes Verfahren, welches am 1. Januar 1900 anhängig ist, nach den bisherigen Gesetzen (die gemäß Art. 218 auch landesgesetzlich geändert werden können) zu erledigen ist, und daß

c) die Wirkungen des Verfahrens und

d) die Wirkungen der Entscheidung ebenfalls nach den bisherigen Rechten zu beurtheilen sind.

Nach den bisherigen Gesetzen ist

e) auch die Frage zu entscheiden, ob ein Amortisationsverfahren (welches auch ein nichtgerichtliches sein kann) oder ein auf Zahlungssperre gerichtetes Verfahren anhängig ist. Muß diese Frage verneint werden, so werden die Bestimmungen der Art. 174 und bezw. 177 dieses Gesetzes und damit nach dem Grundsatze, daß neue Verfahrensvorschriften sofort Platz greifen (Mot. z. EG. 263), auch die einschlägigen Bestimmungen der CPO. (§§ 1019—1023) eintreten.

Art. 179.

Hat ein Anspruch aus einem Schuldverhältnisse nach den bisherigen Gesetzen durch Eintragung in ein öffentliches Buch Wirksamkeit gegen Dritte erlangt, so behält er diese Wirksamkeit auch nach dem Inkrafttreten des Bürgerlichen Gesetzbuchs.

E. I, 104 Abs. 2; II, 151; III, 179.

1. Entstehung. Art. 179 giebt den Abs. 2 von Art. 104 E. I in einer durch die II. Komm. redaktionell geänderten Fassung, jedoch ohne Aenderung des Inhalts wieder (Mot. z. EG. 261; P. VI, 501, 504, 554; Reatz III, 87).

2. Inhalt. Der Artikel bezieht sich auf Schuldverhältnisse überhaupt, namentlich aber auf Mieth- und Pachtrechte, welche durch Eintragung in das Grundbuch Wirksamkeit gegen jeden neuen Erwerber erlangen (vgl. Bem. 2 zu Art. 172), ferner auf persönliche Ansprüche auf Erwerbung oder Wiedererlangung einer unbeweglichen Sache, welche, wie dies nach dem württembergischen Gesetze vom 21. Mai 1828 Art. 71 der Fall ist (Mot. z. EG. 261), durch Eintragung in ein öffentliches Buch (z. B. Unterpfandsbuch) gegen jeden späteren Erwerber der Sache verfolgbar werden.

Zweck des Art. 179 ist die Feststellung, daß jedes derart eingetragene Recht seine Wirksamkeit gegen Dritte auch unter der Herrschaft des BGB. behält.

Hinsichtlich der Mieth- und Pachtrechte wird übrigens die Vorschrift dieses Artikels im Wesentlichen zu demselben Ergebnisse führen wie Art. 172 Satz 2. — Wenn und soweit die von diesem Artikel betroffenen Ansprüche nach dem bisherigen Rechte dingliche Eigenschaft haben, schlägt hier auch Art. 184 ein.

3. Rechtsprechung: Anwendung des Art. 179 auf Vormerkungen des alten Rechts vgl. RGE. Bd. 52 S. 43, Jur. Wschr. 1902 Beil. S. 249.

Sachenrechtliche Uebergangsvorschriften.

Vorbemerkung: Auf sachenrechtlichem Gebiete ist auch für die Uebergangsvorschriften der Gegensatz der beweglichen und unbeweglichen Sachen erheblich. Gemeinschaftliche Gesichtspunkte für beide liefert der Besitz, bezüglich dessen Art. 180 den Grundsatz feststellt, daß vom 1. Januar 1900 ab die Vorschriften des BGB. Anwendung finden, von dem jedoch Art. 191 in Ansehung unbeweglicher Sachen (Besitzesschutz bei Dienstbarkeiten vor Anlegung des Grundbuchs bezw. vor Eintragung) eine Ausnahme macht. Der Art. 185 (Ersitzung) gilt nur für bewegliche Sachen, die Art. 182, 183, 186—197 gelten nur für Grundstücke und Rechte an Grundstücken: auf bewegliche und unbewegliche Sachen gemeinsam beziehen sich die Art. 181, 184 (Eigenthum, Miteigenthum, Belastungen).

Die Geltung des neuen Rechts für unbewegliche Sachen in Ansehung der Entstehung, Veränderung und Aufhebung dinglicher Rechte setzt die erfolgte Anlegung eines Grundbuchs voraus. Doch kann nach dem Inkrafttreten des BGB. auch schon in der Zwischenzeit an Grundstücken ein dingliches Recht nicht mehr begründet werden, das nach den Vorschriften des BGB. unzulässig ist; eine Ausnahme von dieser Regel macht nur der Art. 197 in Ansehung eines nicht unter den Art. 63 fallenden bäuerlichen Nutzungsrechts.

Art. 180.

Auf ein zur Zeit des Inkrafttretens des Bürgerlichen Gesetzbuchs bestehendes Besitzverhältniß finden von dieser Zeit an, unbeschadet des Artikel 191, die Vorschriften des Bürgerlichen Gesetzbuchs Anwendung.

E. I, 106 Abs. 1; II, 152; III, 180.

1. Entstehung. Art. 106 E. I lautete:

„Auf Eigenthum, Besitz und Inhabung, welche zur Zeit des Inkrafttretens des BGB. bestehen, finden von diesem Zeitpunkt an die Vorschriften des BGB. Anwendung.

Die zur Zeit des Inkrafttretens des BGB. an Sachen und Rechten bestehenden Rechte mit Ausnahme des Eigenthums bleiben mit dem aus den bisherigen Gesetzen sich ergebenden Inhalte bestehen."

Der Inhalt von Abs. 1 dieses Art. 106 liegt den nunmehrigen Art. 180, 181, 182 zu Grunde, während der Abs. 2 jenes Artikels in den nunmehrigen Art. 184 übergegangen ist.

Ihre nunmehrige Fassung erhielten diese vier Art. 180, 181, 182 u. 184 in der II. Komm. (Mot. z. EG. 264 ff.; P. VI, 516—518, 628—630; Reatz III, 87).

2. Inhalt. Art. 180 bringt eine Uebergangsbestimmung für die am 1. Januar 1900 bereits bestehenden Besitzverhältnisse, ohne Ausscheidung zwischen Besitz an Sachen und Besitz an Rechten, zwischen juristischem Besitz und Gewahrsam oder Innehabung (Detention), zwischen rechtmäßigem und unrechtmäßigem Besitz, zwischen mittelbarem und unmittelbarem Besitz, zwischen vollständigem und unvollständigem Besitz (vgl. Stobbe, DPR. 2. Aufl. §§ 75—77). Der Artikel spricht nur mehr von dem Besitzverhältnisse, nicht auch von dem Rechtsverhältnisse der Inhabung, weil dieses nach dem BGB. in dem Begriffe des Besitzes aufgeht (P. a. a. O.).

Weil nun der Besitz ein thatsächlicher Zustand ist und dessen Schutz nicht in juristischen Thatsachen, die der Vergangenheit angehören, sondern in einer gegenwärtigen Sachlage seinen Grund hat, deßhalb will Art. 180

A. die Folgen des Besitzes, welche in die Zeit der Geltung des neuen Rechtes fallen, mögen die Zustände auch schon früher begonnen haben, nach neuem Rechte beurtheilt wissen und erklärt er für ein am 1. Januar 1900 schon bestehendes Besitzverhältniß die Vorschriften des BGB. als maßgebend. Die betreffenden Vorschriften des BGB. sind zunächst in den §§ 856—872 enthalten. Vgl. aber auch §§ 900, 920, 927, 929 ff., 937 ff., 955 ff., 972, 983, 985 ff., 1017, 1029, 1065, 1081, 1227, 1362.

Die Regel dieses Artikels erleidet jedoch eine Einschränkung

a) für die Fälle des Art. 191,
b) für die Fälle des Art. 185.
c) Selbstverständlich ist auch, daß Ansprüche, welche in der Zeit der Geltung des alten Rechtes nach diesem dem Besitzer oder Inhaber erwachsen sind, nach bisherigem Rechte zu beurtheilen sind. Vgl. auch Art. 169.

B. Für die Frage, ob zur Zeit des Inkrafttretens des BGB. ein Besitzverhältniß besteht, also für die Voraussetzungen des Besitzes, ist selbstverständlich das bisherige Recht maßgebend. Die Frage, ob der vor dem 1. Januar 1900 entzogene oder gestörte Besitz fehlerhaft erlangt ist (vitiosa possessio), bestimmt sich nach dem alten Rechte. Habicht a. a. O. S. 346 ff., RGE. vom 26. Oktober 1901, RGE. Bd. 50 S. 8, Jur. Wschr. 1900 S. 830.

3. Für Bayern vgl. Ueberg.G. Art. 45 mit Mot. hiezu (Entw. Art. 30) und Bl. f. RA. Bd. 63 S. 382; für Elsaß-Lothringen AG. z. BGB. § 86.

Art. 181.

Auf das zur Zeit des Inkrafttretens des Bürgerlichen Gesetzbuchs bestehende Eigenthum finden von dieser Zeit an die Vorschriften des Bürgerlichen Gesetzbuchs Anwendung.

Steht zur Zeit des Inkrafttretens des Bürgerlichen Gesetzbuchs das Eigenthum an einer Sache Mehreren nicht nach Bruchtheilen zu oder ist zu dieser Zeit ein Sondereigenthum an stehenden Erzeugnissen eines Grundstücks, insbesondere an Bäumen, begründet, so bleiben diese Rechte bestehen.

E. I, 106 Abs. 1; II, 153; III, 181.

1. Ueber die Entstehung des Artikels s. Bem. 1 zu Art. 180. P. VI, 516—518, 528—630.

2. Inhalt. Die Vorschrift des Art. 181 geht davon aus, daß der Begriff des Eigenthums, als des Rechtes zur ausschließlichen Sachherrschaft, verbunden mit der Befugniß zu derjenigen rechtlichen Verfügung über die Sache, welche das Recht gestattet, ein unwandelbarer ist, in Ansehung dessen altes und neues Recht zusammenstimmen müssen, und daß Verschiedenheiten nur stattfinden können in Ansehung der rechtlichen Wirkungen des Eigenthums, insbesondere hinsichtlich des Schutzes und der Befugniß des Eigenthümers zu rechtlichen Verfügungen über die Sache, ferner in Ansehung der gesetzlichen Eigenthumsbeschränkungen (Mot. z. EG. 264).

Der Art. 181 erklärt in Abs. 1 auf das am 1. Januar 1900 bestehende Eigenthum von diesem Zeitpunkt an die Vorschriften des BGB. (§§ 903—1011) als maßgebend. Es erleidet dieser Satz aber folgende Einschränkungen:

A. Die Fragen, ob z. Zt. des Inkrafttretens des neuen Rechtes Eigenthum besteht, d. h. erworben ist, und ob man eigenthumsähnliche Rechtspositionen, z. B. die römisch-publicianische Rechtsstellung mit der exceptio rei venditae et traditae oder den französischen Mobilienbesitz (cod. civ. art. 2279) als Eigenthum betrachten kann oder nicht, sind nach dem bisherigen Rechte zu entscheiden. Wird letztere Frage verneint, werden also solche eigenthumsähnliche Rechtspositionen nicht als Eigenthum betrachtet, so wird hiefür Art. 184 anwendbar (Mot. z. EG. 264).

Für den Erwerb und den Verlust des Eigenthums, welcher vom 1. Januar 1900 ab erfolgt, ist ebenfalls das BGB. maßgebend. Ausnahmen von diesem Satze bilden:

a) die Vorschriften des Art. 185 über die Ersitzung des Eigenthums an einer beweglichen Sache,

b) die Vorschriften des Art. 189 über den Erwerb und Verlust des Eigenthums an einer unbeweglichen Sache für die Zeit vom 1. Januar 1900 bis zur Anlegung des Grundbuchs.

B. Steht nach bisherigem Rechte das Eigenthum an einer Sache Mehreren nicht nach Bruchtheilen zu, so bewendet es hiefür (nach Abs. 2) bei dem bisherigen Rechte. Es handelt sich in dieser Beziehung um Rechtsverhältnisse der gesammten Hand (vgl. Stobbe, DPR. 2. Bd. § 82; vgl. auch M. III, 434 und Bem. 3 zu § 1008 BGB. im 3. Bd. S. 141). Für das Miteigenthum nach Bruchtheilen (§§ 1008 ff. BGB.) gilt die Regel des Abs. 1 dieses Artikels.

C. Während nach § 94 BGB. die Erzeugnisse eines Grundstücks, solange sie mit dem Boden zusammenhängen, zu den wesentlichen Bestandtheilen eines Grundstücks gehören und solche wesentliche Bestandtheile nach § 93 a. a. O. nicht Gegenstand besonderer Rechte sein können, kennt neben dem Eigenthum am Grundstück ein besonderes Eigenthum an Bäumen das französische Recht, an Obstbäumen das württembergische Recht, an dem wild aufgewachsenen Holze das preußische Recht (PLR. Thl. I Tit. 22 § 200 mit §§ 187 und 197).

Für derartiges Sondereigenthum an stehenden Erzeugnissen eines Grundstücks verbleibt es auch fernerhin beim bisherigen Rechte (Abs. 2).

Auf ein etwaiges Sondereigenthum an Gebäuden wurde diese Ausnahmebestimmung nicht ausgedehnt, weil in dieser Beziehung § 95 BGB. ausreichend Fürsorge trägt und man namentlich die schwierige gemeinrechtliche Lehre vom tignum junctum nicht noch für längere Zeit praktisch erhalten wollte (P. a. a. O.).

D. Weitere Ausnahmebestimmungen treffen die Art. 182 (mit 131) und 183 dieses Gesetzes; vgl. auch Art. 124.

E. Auch die Vorschriften des Art. 184 begründen eine Ausnahme, da die dinglichen Rechte, mit denen eine Sache oder ein Recht belastet ist, das Eigenthum beschränken und für solche vor dem 1. Januar 1900 begründete Rechte, von besonderen Ausnahmen abgesehen, das bisherige Recht maßgebend bleibt.

F. Endlich sind hier auch die auf Landesgesetz oder einem besonderen Reichsgesetze beruhenden Eigenthumsbeschränkungen zu beachten. Vgl. Bem. IV, B zu § 903

BGB. in Bd. 3 S. 57 ff., ferner die einschlägigen Vorbehalte zu Gunsten der Landesgesetzgebung im 3. Abschnitte.

3. Aus der Rechtsprechung: Art. 181 bezieht sich lediglich auf den Inhalt des Eigenthums, die Frage des Eigenthumserwerbs entscheidet sich nach dem Rechte, das zu der Zeit galt, in der die für den Erwerb des Eigenthums geltend gemachten Thatsachen eingetreten sind. Vgl. RGE. in Jur. Wschr. 1900 S. 777 (Eigenthum an Bergwerkskuxen). Dies gilt insbesondere für den Eigenthumsübergang durch Vertrag im französischen Recht; es müssen jedoch sämmtliche nach früherem Recht erforderliche Voraussetzungen des Eigenthumserwerbs bereits vor dem 1. Januar 1900 verwirklicht sein. (Ein suspensiv bedingter Vertrag bewirkt keinen Eigenthumserwerb nach französischem Recht, wenn die Bedingung erst nach dem 1. Januar 1900 eintritt.) Vgl. noch Habicht a. a. O. S. 362. — Eine unter der Herrschaft des alten Rechts vorgenommene Tradition bewirkt in solchen Rechtsgebieten, in denen bis zum 1. Januar 1900 das durch die §§ 932—934 aufgenommene Prinzip: „Hand muß Hand wahren" im bürgerlichen Rechtsverkehr nicht galt, also z. B. in bisher gemeinrechtlichen Gebieten, kein Eigenthum.

Actio negatoria. Vgl. Jur. Wschr. 1900 S. 639 ff. (Beil. 1900 S. 25 ff.). (Das nach dem 1. Januar 1900 ergangene Urtheil des Berufungsgerichts geht mit Recht davon aus, daß der auf das grundbuchmäßige Eigenthum der Klägerin gestützte negatorische Anspruch, welchem durch Verurtheilung der verklagten Stadtgemeinde zur Entfernung der [vor dem 1. Januar 1900] an der Ostseite des klägerischen Anwesens errichteten Bedürfnißanstalt stattgegeben ist, gemäß Art. 181 BGB. nach den Vorschriften des BGB. zu beurtheilen sei.)

Das neue Recht gilt auch hinsichtlich der gesetzlichen Beschränkungen des Eigenthums (Legalservituten): Vgl. Jur. Wschr. 1900 S. 561 ff. (Beil. S. 15 ff.).

Letztere Entscheidung bietet eine eingehende Prüfung der Tragweite des Art. 181: Zu unterscheiden sind a) Ansprüche, die als dingliche aus dem gesetzlichen Inhalte des Eigenthums fließen, wie der Anspruch auf Herausgabe von Sachen (§ 985 BGB.) und auf Beseitigung von Beeinträchtigungen (§ 1004 BGB.), b) Ansprüche, welche aus einem durch das Verhalten des Besitzers begründeten persönlichen Schuldverhältnisse herrühren, wie die Verpflichtung zum Schadensersatz, der Anspruch auf Ersatz von Aufwendungen, der Anspruch aus ungerechtfertigter Bereicherung. — Die ersteren (a) unterfallen dem Art. 181 und sind also, auch wenn sie vor dem 1. Januar 1900 begründet waren, nach diesem Zeitpunkte nach den Vorschriften des BGB. zu beurtheilen; die letzteren (b) dagegen sind gemäß Art. 170 EG. nach den bisherigen Gesetzen zu beurtheilen. Die Entscheidung betrifft einen Ueberbau. — Vgl. ferner Habicht a. a. O. S. 368 ff.

4. Einschlägig sind: für Preußen AG. z. BGB. Art. 24 (Becher XIV, 1 S. 13); für Bayern Ueberg.G. Art. 39—41 u. 113 (vgl. auch Mot. z. Entw. Art. 8), pfälzisches Liegenschafts-Gesetz Art. 19 u. 21, AG. z. BGB. Art. 66—70, 75 ff., 81 u. 82, 85—87; für Elsaß-Lothringen AG. z. BGB. § 76 (Becher VI, 1 S. 14); für Hessen AG. z. BGB. Art. 138, 224, 139, 215, 220—222; für Baden AG. z. BGB. Art. 14, 17; für Mecklenburg-Schwerin VO. z. Ausf. d. BGB. § 183; für Mecklenburg-Strelitz VO. z. Ausf. d. BGB. § 181.

Art. 182.*)

Das zur Zeit des Inkrafttretens des Bürgerlichen Gesetzbuchs bestehende Stockwerkseigenthum bleibt bestehen. Das Rechtsverhältniß der Betheiligten unter einander bestimmt sich nach den bisherigen Gesetzen.

E. I, 106 Abs. 1; II, 154; III, 181.

1. Ueber die Entstehungsgeschichte dieses Artikels s. Bem. 1 z. Art. 180. P. VI, 629, 630.

2. Inhalt. a) Art. 182 bildet eine Ausnahme von Art. 181 Abs. 1.

b) Ueber den Begriff des Stockwerkseigenthums und über die Rechtsgebiete, in welchen ein solches besteht, vgl. Bem. 2 zu Art. 131, ferner Bem. 3 zu § 1010 BGB.

c) Der Artikel beläßt es bezüglich des am 1. Januar 1900 bestehenden Stockwerkseigenthums beim bisherigen Rechte. Nach letzterem bemißt sich also nicht nur die Beantwortung der Frage, ob (wie dies für das französische Recht

---

*) Literatur: Schüle, Zeitschr. f. freiw. Gerichtsbarkeit u. Gem.-Verw. in Württemberg 1902 S. 71: Vom Stockwerkseigenthum in Württemberg.

[cod. civ. art. 664] nach der herrschenden Anschauung anzunehmen ist) ein selbständiges Eigenthum an den einzelnen Stockwerken gegeben ist, oder ob ein Miteigenthum der Stockwerkseigenthümer am ganzen Gebäude oder ein aus getheiltem und ungetheiltem Miteigenthume gemischtes Verhältniß vorliegt, sondern auch die Beantwortung aller übrigen das Gemeinschaftsverhältniß betreffenden Fragen (Ausschluß der Theilung, Art der Benützung der gemeinschaftlichen Theile, Vertheilung der Früchte, der Lasten und Kosten, Unterhaltung der Gebäudetheile — Roth, BCR. 1. Aufl. Bd. 2 § 120 Ziff. 4).

3. Nach Art. 218 kann die Landesgesetzgebung das bisherige Recht auch ändern.

4. Für Bayern ist durch Art. 20 des pfälzischen Liegenschafts-Gesetzes und Ueberg.G. Art. 42 das am 1. Januar 1900 bestehende Stockwerkseigenthum den Vorschriften des Art. 131 dieses Gesetzes angepaßt worden.

Ein am 1. Januar 1900 bestehendes Stockwerkseigenthum kann nicht mehr auf ein zu dem quergetheilten Grundstück hinzugeschlagenes Grundstück erweitert werden. Bayr. Oberst. LG. v. 2. Dezember 1902, Bl. f. RA. Bd. 58 S. 187.

Ueber den Eintrag im Grundbuche s. JMBl. vom 14. September 1898 über die Anlegung des Grundbuchs in der Pfalz Nr. 248 und vom 1. Oktober 1898 über die Vorbereitung der Anlegung des Grundbuchs in Bayern r. d. Rh. § 73, sowie §§ 173, 220, 296, 397 der Dienstanweisung für die Grundbuchämter.

Für Hessen ist einschlägig AG. z. BGB. Art. 216—219.

Art. 183.

Zu Gunsten eines Grundstücks, das zur Zeit des Inkrafttretens des Bürgerlichen Gesetzbuchs mit Wald bestanden ist, bleiben die landesgesetzlichen Vorschriften, welche die Rechte des Eigenthümers eines Nachbargrundstücks in Ansehung der auf der Grenze oder auf dem Waldgrundstücke stehenden Bäume und Sträucher abweichend von den Vorschriften des § 910 und des § 923 Abs. 2, 3 des Bürgerlichen Gesetzbuchs bestimmen, bis zur nächsten Verjüngung des Waldes in Kraft.

E. I, 67; II, 95; III, 121 Abs. 1.

1. Ueber die Entstehungsgeschichte des Artikels s. Bem. 1 zu Art. 122; vgl. auch Sten. Sitzungsbericht des Reichstags S. 3035. (P. III, 144—148, VI, 428.)

2. Inhalt. Der Art. 183 enthält eine weitere Ausnahme von Art. 181 Abs. 1 und trifft eine Uebergangsbestimmung zu Gunsten der am 1. Januar 1900 bereits bestehenden Wälder.

Im Einzelnen ist Folgendes zu bemerken:

a) Diese Uebergangsbestimmung gilt für jeden einzelnen bestehenden Wald nur bis zu dessen nächster Verjüngung. Sie gilt also weder für Wälder, welche erst vom 1. Januar 1900 an neu angelegt werden, noch für Waldgrundstücke, welche nach einem durchgeführten Kahlhieb erst vom 1. Januar 1900 an wieder aufgeforstet werden. Der Regierungsantrag, die Vorschrift allgemein zu fassen und nicht auf bestehende Wälder zu beschränken, weil nach örtlichen Verhältnissen ein weitergehender Schutz des Waldes, insbesondere wegen der Gefahr des Windbruchs, erforderlich sein könne, wurde abgelehnt, indem man von der Ansicht ausging, daß die §§ 910 und 923 BGB. auch für die Interessen des Waldes im Allgemeinen vollständig genügten (RTK. 440 b S. 6).

b) Die Uebergangsbestimmung dieses Artikels hält nur jene (bestehenden oder auf Grund des Art. 218 neu zu erlassenden) landesgesetzlichen Vorschriften aufrecht, welche der Erhaltung des Waldes günstiger sind, als § 910 und § 923 Abs. 2 u. 3 BGB., welche also die Rechte des Eigenthümers des mit dem Walde zusammenstoßenden Grundstücks in Ansehung der auf der Grenze oder auf dem Waldgrundstücke stehenden Bäume weiter als die Vorschriften des § 910 und des § 923 Abs. 2 u. 3 BGB. beschränken (was sich aus den Worten „zu Gunsten eines Grundstücks, das 2c." ergiebt).

c) Ueber das bisherige Recht vgl. Stobbe, DPR. Bd. 2 § 85 Ziff. 8 S. 102 ff., ferner Bem. 4 zu Art. 122.

3. Auf einem anderen Standpunkt als die Art. 122 u. 183 steht Art. 124, welcher landesgesetzliche Bestimmungen darüber zuläßt, daß Bäume und Sträucher nur in einem bestimmten Abstande von der Grenze gehalten werden dürfen.

4. Für Bayern ist einschlägig: Ueberg.G. Art. 9; vgl. auch AG. z. BGB. Art. 60 67, 69, 70 u. 75 und Prot. d. JA. d. K. d. RR. vom 13. Februar 1899.

Für Württemberg ist AG. z. BGB. Art. 245 einschlägig; für Baden AG. z. BGB. Art. 16; für Mecklenburg-Schwerin VO. z. Ausf. d. BGB. § 182; für Mecklenburg-Strelitz VO. z. Ausf. d. BGB. § 180; für Braunschweig AG. z. BGB. § 47; für Hessen AG. z. BGB. Art. 87, 88; für Sachsen-Koburg-Gotha AG. z. BGB. Art. 24; für Sachsen-Weimar-Eisenach AG. z. BGB. § 109 (Becher XXI, 3 S. 23); für Schwarzburg-Sondershausen AG. z. BGB. Art. 31 § 4 (Becher XXIV, 1 S. 13).

Art. 184.

Rechte, mit denen eine Sache oder ein Recht zur Zeit des Inkrafttretens des Bürgerlichen Gesetzbuchs belastet ist, bleiben mit dem sich aus den bisherigen Gesetzen ergebenden Inhalt und Range bestehen, soweit sich nicht aus den Artikeln 192 bis 195 ein Anderes ergiebt. Von dem Inkrafttreten des Bürgerlichen Gesetzbuchs an gelten jedoch für ein Erbbaurecht die Vorschriften des § 1017, für eine Grunddienstbarkeit die Vorschriften der §§ 1020 bis 1028 des Bürgerlichen Gesetzbuchs.

E. I, 106 Abs. 2; II, 155; III, 183.

I. Ueber die Entstehung des Artikels siehe Bem. 1 zu Art. 180. Vgl. auch P. VI, 516—520, 555, 556, 629—631.

II. Inhalt. 1. Der gegenwärtige Artikel bezieht sich nicht auf das Eigenthum, auch nicht auf die gesetzlichen Eigenthumsbeschränkungen und auch nicht auf Besitzverhältnisse, über welche in den Art. 180 u. 181 die erforderlichen Uebergangsbestimmungen getroffen sind, wohl aber auf sonstige dingliche Rechte und zwar

A. sowohl auf jene an Sachen, als

B. auf jene an Rechten (z. B. Nießbrauch, Pfandrecht an einer Forderung), als

C. auf alle Rechtspositionen, denen ein dinglicher Charakter nicht abzusprechen ist, welche aber nicht als Eigenthum aufgefaßt werden können (Mot. z. EG. 266), worunter z. B. die römisch-publicianische Rechtsstellung mit der exceptio rei venditae et traditae sowie der französisch-rechtliche Mobilienbesitz fallen, soferne diese Rechtspositionen nicht als Eigenthum gelten können (Mot. z. EG. 264; vgl. Bem. 2, A zu Art. 181).

Nicht unter diesen Artikel fallen aber wiederum alle jene Rechte an Sachen oder Rechten, für welche nach den Vorschriften des 3. Abschnitts (namentlich Art. 59 ff.) auch fernerhin die Landesgesetze in Kraft bleiben. Es verbleiben also hauptsächlich die Dienstbarkeiten einschließlich des Nießbrauchs, die Reallasten einschließlich des Ewiggelds, das Pfandrecht, die Grundschuld, das Näherrecht, das dingliche Vorkaufsrecht (vgl. Roth, DPR. Bd. 1 § 84) sowie das Platzrecht (Roth, BCR. 1. Aufl. Bd. 2 § 238).

2. Für alle unter die Ziff. 1 fallenden dinglichen Rechte an einer Sache oder an einem Rechte, welche am 1. Januar 1900 bestehen, giebt der Art. 184 die Vorschrift, daß sie mit dem aus den bisherigen Gesetzen sich ergebenden **Range** und **Inhalte** bestehen bleiben, daß jedoch verschiedene Ausnahmen gelten.

Ueber die Voraussetzungen enthält der Art. 184 keine ausdrückliche Vorschrift. Daß aber die Beurtheilung der Begründung, Uebertragung, Belastung und Aufhebung der hier in Frage kommenden Rechte, falls diese vor dem 1. Januar 1900 erfolgten, nach dem bisherigen Rechte zu geschehen hat, folgt schon aus den Worten: „Rechte, mit denen eine Sache .... belastet ist".

Unter dem Inhalte der Rechte wird die Gesammtheit der Befugnisse und Verpflichtungen der Berechtigten zu verstehen sein. Dieser Inhalt und der Rang der Rechte wird also dem bisherigen Rechte unterstellt, jedoch mit folgenden Ausnahmen:

a) Für ein Erbbaurecht gelten die Vorschriften des § 1017 BGB. (vgl. die Erläuterungen hiezu in Bd. 3 S. 146); auf Rang und Inhalt eines Erbbaurechts werden hienach die bisherigen Rechte nur insoweit noch einen Einfluß äußern, als am 1. Januar 1900 dem Erbbaurechte bereits ein dem BGB. fremder oder nach demselben gar nicht zulässiger Inhalt gegeben, insoweit also z. B. das Erbbaurecht auf einen Theil des Gebäudes beschränkt ist.

b) Für eine Grunddienstbarkeit gelten die Vorschriften der §§ 1020—1028 BGB., demnach alle Sondervorschriften des BGB. über Grunddienstbarkeiten mit Ausnahme jener der §§ 1018, 1019 u. 1029 (über den Begriff, den zulässigen Inhalt und den Besitzesschutz der Grunddienstbarkeit). Ueber den Besitzesschutz stellt Art. 191 für die Uebergangszeit eine Norm auf. Hieraus ergiebt sich, daß in Ansehung der am 1. Januar 1900 bestehenden Grunddienstbarkeiten (soweit nicht nach den Vorschriften des 3. Abschnitts Anderes bestimmt ist) das bisherige Recht nur noch für den Inhalt und das Maß der Dienstbarkeit maßgebend ist, daß also beispielsweise auch die nach bisherigem Rechte zulässige Ersitzung nicht mehr vollendet werden kann, wenn am 1. Januar 1900 der erforderliche Zeitraum noch nicht abgelaufen ist. (Vgl. die Mot. zu den Art. 59 u. 77 des Entw. des bayrischen AG. z. BGB.) Weitere hieher bezügliche Uebergangsbestimmungen enthalten die Art. 187 u. 189. Für Dienstbarkeiten an buchungsfreien Grundstücken kann die Landesgesetzgebung nach Art. 128 andere Bestimmungen treffen. Vgl. auch Art. 113–116, 118, 120, 133.

Die hier vorgetragenen Ausnahmebestimmungen bezüglich der Grunddienstbarkeiten sind deßhalb getroffen worden, weil die Grunddienstbarkeiten voraussichtlich zum großen Theile noch lange Zeit fortbestehen werden und weil es unzweckmäßig ist, sie für alle Zukunft nach anderen als den im BGB. aufgestellten, keine willkürlichen Aufstellungen enthaltenden Vorschriften zu beurtheilen (P. VI, 631). Ueber den gegentheiligen Standpunkt vgl. P. VI, 519, 520.

c) Weitere Ausnahmevorschriften geben Art. 185 (über die Ersitzung des Nießbrauchs an einer beweglichen Sache), dann die Art. 187–189.

d) Eine Anpassung an das neue Recht bezielen bezüglich Hypotheken- und Grundschulden die Art. 192–195, bezüglich der an einem Grundstücke bestehenden vererblichen und übertragbaren Nutzungsrechte Art. 196.

3. Begründung, Uebertragung, Belastung und Aufhebung der hier fraglichen Rechte richten sich gemäß Art. 189 mit den unter Ziff. 2 hervorgehobenen Ausnahmen nach dem bisherigen Rechte auch noch nach dem Inkrafttreten des BGB., bis das Grundbuch angelegt ist. Von letzterem Zeitpunkt an gelten für den Inhalt und Rang der Rechte, welche vor dem 1. Januar 1900 entstanden sind, die unter Ziff. 2 entwickelten Grundsätze, für Inhalt und Rang der später entstandenen das neue Recht, und werden sich die von dort an erfolgenden Thatsachen der Begründung, Uebertragung, Belastung und Aufhebung solcher Rechte fortan nach neuem Rechte bestimmen, soweit nicht das für Inhalt und Rang der Rechte weiter fortgeltende bisherige Recht entgegensteht.

III. Einschlägig sind für Preußen AG. z. BGB. Art. 33; Bayern Ueberg.G. Art. 5, 6, 46, 47, 57–59, 116, 119–123 (mit Mot. z. Entw. Art. 42, 46, 43, 44). Vgl. auch AG. z. BGB. Art. 67, Art. 86 (und Mot. hiezu Beil. A Art. 59, Beil. B Art. 37), Ges. über das Liegenschaftsrecht in der Pfalz vom 1. Juli 1898 Art. 17, 18, 19; für Baden AG. z. BGB. Art. 40; für Hessen AG. z. BGB. Art. 153, 154, 214, 223, 224; für Elsaß-Lothringen AG. z. BGB. § 99; für Sachsen-Weimar AG. z. BGB. §§ 129 ff., 147, 148; Mecklenburg-Schwerin VO. z. Ausf. d. BGB. §§ 183, 205; Mecklenburg-Strelitz VO. z. Ausf. d. BGB. §§ 181, 203; Oldenburg AG. z. BGB. § 15; Braunschweig AG. z. BGB. § 62; Sachsen-Altenburg AG. z. BGB. Art. 75, 86–99, 104, 105; Sachsen-Coburg-Gotha AG. z. BGB. Art. 26, 28, 37; Anhalt AG. z. BGB. Art. 54; Schwarzburg-Rudolstadt Art. 100, 104, 105; Schwarzburg-Sondershausen AG. z. BGB. Art. 36; Reuß ältere Linie AG. z. BGB. Art. 103; Bremen AG. z. BGB. §§ 25, 45, 52.

IV. Aus der Rechtsprechung. Art. 184 läßt, abgesehen von Art. 192–195, die beim Inkrafttreten des BGB. bestehenden Rechte an Sachen oder Rechten nach Raum und Inhalt in Kraft; § 399 BGB. bezieht sich auch auf andere Rechte (§ 877 BGB.). Die Vorschrift des Art. 184 findet nicht nur auf die dinglichen Rechte, die am 1. Januar 1900 schon eingetragen sind, Anwendung. Bei einem bestehenden dinglichen und eintragungsfähigen Rechte kann die Bewilligung der Eintragung gefordert werden. RGE. in Jur. Wschr. 1904 S. 283; D. Recht 1904 S. 362 (1657).

Der Artikel hat nicht bloß eingetragene Rechte im Auge: RGE. vom 11. November 1903, D. Jur.Z. 1904 S. 122, Jur. Wschr. 1904 S. 5, RGE. Bd. 56 S. 10, Jur. Wschr. 1904 S. 282, 1903 Beil. S. 117; a. M. RGE. Bd. 48 S. 61.

Bei den bestehen gebliebenen Rechten sind die dem Berechtigten zustehenden Befugnisse und die entsprechenden Pflichten des Eigenthümers nach Art und Umfang gemäß dem früheren Rechte zu bestimmen; doch ist das Maß für die Benützung einer Dienstbarkeit und Reallast nach neuem Rechte zu bestimmen, RGE. vom 28. Januar 1904 in RGE. Bd. 56 S. 378, Jur. Wschr. 1904 S. 165.

Die Voraussetzungen für die Aufhebung eines vor dem Inkrafttreten des BGB. begründeten dinglichen Vorkaufsrechtes sind als zu dessen Inhalt gehörig nach den zur Zeit seiner Entstehung geltenden Gesetzen zu beurtheilen, RGE. in Jur. Wschr. 1904 S. 381, RGE. Bd. 58 S. 157. Das am 1. Januar 1900 bestehende rheinische Kellerrecht kann seitdem nicht mehr unter den Begriff des Eigenthums gebracht, sondern jetzt nur als Dienstbarkeit oder als Erbbaurecht, jedenfalls als ein durch Art. 184 aufrecht erhaltenes Recht an fremder Sache aufgefaßt werden. RGE. Bd. 56 S. 258, Jur. Wschr. 1904 S. 110, D. Recht 1904 S. 194 (926).

Eine nach früherem Recht als „Vormerkung" eingetragene Verfügungsbeschränkung, die sich nicht als vorbereitende Eintragung darstellt, durch die vielmehr das betreffende Recht selbst eingetragen ist, bleibt bestehen. RGE. Bd. 53 S. 412. Doch kann eine vor dem 1. Januar 1900 im Vollstreckungswege eingetragene Vormerkung zur Erhaltung des Rechts auf Eintragung einer Hypothek jetzt nicht in eine Sicherungshypothek umgeschrieben werden. RGE. Bd. 52 S. 40.

Ein vor 1900 begründetes antichretisches Pfandrecht dauert auch nach dem 1. Januar 1900 fort. RGE. Bd. 47 S. 56.

Da Art. 192—195 über die Rentenschuld (z. B. die des § 28 des Hamb. Ges. betr. Grundeigenthum und Hypotheken vom 4. Dezember 1868) schweigen, so folgt, daß Grundstücksbelastungen der einzelnen Landesrechte (Hamburg, Lübeck, München), welche in der Rentenschuldform erscheinen, gemäß Art. 184 auch unter der Herrschaft des neuen Rechtes mit ihrem alten Inhalte bestehen bleiben. Art. 195 findet keine Anwendung; die Rentenschuld ist keine Grundschuld des BGB. Hanseat. OLG. in Hanseat. Ger.Z. 1904 Beibl. 126, 233.

Bewegliche Sachen, die nach dem Inkrafttreten des BGB. zu einer Sachgesammtheit hinzukommen, der unter der Herrschaft des früheren Rechtes (Württemberg) durch Privatwillkür Zubehöreigenschaft verliehen war, treten in die hypothekarische Haftung nach diesem Zeitpunkte nicht ein, wenn ihnen nach dem BGB. die Zubehöreigenschaft nicht zukommt. RGE. Bd. 55 S. 288 ff. Vgl. aber auch Rspr. d. OLG. Bd. 3 S. 296. (Pfandrechte an beweglichen Sachen, die nach altem Rechte als Zubehör eines Grundstücks mitverpfändet sind, bleiben in Kraft.)

Art. 185.

Ist zur Zeit des Inkrafttretens des Bürgerlichen Gesetzbuchs die Ersitzung des Eigenthums oder Nießbrauchs an einer beweglichen Sache noch nicht vollendet, so finden auf die Ersitzung die Vorschriften des Artikel 169 entsprechende Anwendung.

E. I, 107; II, 156; III, 184.

1. Entstehung. Der Art. 107 E. I gab die Vorschrift dieses Artikels nur für die Ersitzung des Eigenthums; auf die Nießbrauchsersitzung wurde sie in der II. Komm. ausgedehnt (Mot. z. EG. 266; P. VI, 520, 633; Reatz III, 88).

2. Inhalt. Der Art. 185 enthält eine Uebergangsvorschrift betreffs der Ersitzung des Eigenthums und des Nießbrauchs nur hinsichtlich beweglicher Sachen. Für Grundstücke und Rechte an solchen enthält eine entsprechende Vorschrift auch über Ersitzung des Eigenthums und Nießbrauchs Art. 189.

Im Einzelnen ist noch Folgendes zu bemerken:

a) Ueber Ersitzung des Eigenthums bezw. Nießbrauchs an beweglichen Sachen nach bisherigem Rechte vgl. Windscheid-Kipp §§ 175–183, 213; Stobbe, DPR. 2. Aufl. Bd. 2 § 153; Mot. z. BGB. III, 341 ff., 350 ff.

   Im BGB. ist die Ersitzung des Eigenthums an beweglichen Sachen in den §§ 937—945, die Ersitzung des Nießbrauchs an einer beweglichen Sache im § 1033 dahin geregelt, daß für letztere ebenfalls die §§ 937—945 entsprechende Anwendung finden.

b) Die Fassung des Artikels hätte vielleicht etwas klarer gegeben werden können. Es kann aber nicht wohl zweifelhaft sein, daß der Art. 185 nicht etwa die Bestimmungen des BGB. über die Verjährung, sondern die (unter a erwähnten) Bestimmungen des BGB. über die Ersitzung in einer dem Art. 169 entsprechenden Weise zur Anwendung bringen will.

Art. 185 besagt also dasselbe, was er sagen würde, wenn er folgenden Wortlaut hätte:

„Die Vorschriften des BGB. über die Ersitzung des Eigenthums oder Nießbrauchs an einer beweglichen Sache finden auf eine vor dem Inkrafttreten des BGB. begonnene, noch nicht vollendete Ersitzung Anwendung. Der Beginn, sowie die Hemmung und Unterbrechung der Ersitzung bestimmen sich jedoch für die Zeit vor dem Inkrafttreten des BGB. nach den bisherigen Gesetzen.

Ist die Ersitzungsfrist nach dem BGB. kürzer als nach den bisherigen Gesetzen, so wird die kürzere Frist von dem Inkrafttreten des BGB. an berechnet. Läuft jedoch die in den bisherigen Gesetzen bestimmte längere Frist früher als die im BGB. bestimmte kürzere Frist ab, so ist die Ersitzung mit dem Ablaufe der längeren Frist vollendet."

c) Im Uebrigen sind die Erläuterungen zu Art. 169 zu beachten.

3. Für Bayern vgl. die Mot. z. Ueberg.G.Entw. Art. 10—17; für Elsaß-Lothringen AG. z. BGB. § 97.

Art. 186.

Das Verfahren, in welchem die Anlegung der Grundbücher erfolgt, sowie der Zeitpunkt, in welchem das Grundbuch für einen Bezirk als angelegt anzusehen ist, werden für jeden Bundesstaat durch landesherrliche Verordnung bestimmt.

Ist das Grundbuch für einen Bezirk als angelegt anzusehen, so ist die Anlegung auch für solche zu dem Bezirke gehörende Grundstücke, die noch kein Blatt im Grundbuche haben, als erfolgt anzusehen, soweit nicht bestimmte Grundstücke durch besondere Anordnung ausgenommen sind.

E. I, 108; II, 157; III, 185.

I. Entstehung. Gegenüber dem Art. 108 E. I, welcher aus drei Absätzen bestand, zeigt der Art. 186 eine durch die II. Komm. herbeigeführte redaktionelle Aenderung, indem vom zweiten Absatze des Art. 118 (E. I) ein Theil (nämlich die Worte „sowie der Zeitpunkt ꝛc.") in den Abs. 1 des nunmehrigen Art. 186 herübergenommen, die Bestimmung darüber aber, ob bisher geführte Bücher als Grundbücher im Sinne des BGB. gelten sollen, in den § 87 GBO. versetzt wurde (Mot. z. EG. 206 ff.; P. IV, 520, 521; Reatz III, 88).

II. Inhalt. Art. 186 enthält Vorschriften über das Verfahren für Anlegung des Grundbuchs, über die Bestimmung des Zeitpunkts, in welchem dasselbe als angelegt anzusehen ist, und über die Wirkung dieser Bestimmung für die im Grundbuche nicht eingetragenen Grundstücke.

Hiefür ist Folgendes hervorzuheben:

1. Das Immobiliarsachenrecht des BGB. setzt die Einrichtung eines Grundbuchs voraus (vgl. z. B. § 873 BGB.). Eine solche Einrichtung besteht bisher in einzelnen Theilen des Deutschen Reiches überhaupt nicht, und dort, wo sie besteht, weicht sie durchgängig vom Grundbuchrechte des BGB. ab. Das BGB. enthält über das formelle Grundbuchwesen und das Verfahren in Grundbuchsachen keine Vorschriften. Dieselben werden zum Theile durch den gegenwärtigen und die folgenden Artikel dieses Gesetzes, zum Theile durch die Grundbuchordnung getroffen, zum Theile ist durch diese beiden Reichsgesetze die Erlassung einschlägiger Vorschriften der Landesgesetzgebung (z. B. Art. 187 Abs. 2 dieses Gesetzes, GBO. §§ 98—102) oder dem landesherrlichen Verordnungsrechte (vgl. z. B. Art. 188 dieses Gesetzes, GBO. §§ 2, 82, 85—92) oder der Landesjustizverwaltung (vgl. z. B. GBO. §§ 1, 93—97) übertragen.

2. Der Abs. 1 überträgt dem landesherrlichen Verordnungsrechte

A. die Regelung des Verfahrens für die Anlegung der Grundbücher,

B. die Bestimmung des Zeitpunkts, in welchem das Grundbuch für einen Bezirk als angelegt anzusehen ist.

Zu A ist Folgendes hervorzuheben:

a) Obwohl die Regelung des Verfahrens für die Anlegung der Grundbücher dem landesherrlichen Verordnungsrecht überlassen ist, können doch für denselben Zweck landesgesetzliche Bestimmungen nothwendig sein. In

Bayern z. B. wurden solche (nach den Mot. zu § 4 des Gesetzentwurfs über die Vorbereitung der Anlegung des Grundbuchs im rechtsrheinischen Bayern) in soweit für nothwendig erachtet, als zur Erleichterung der Anlegung des Grundbuchs Bestimmungen des geltenden Rechtes mit sofortiger Wirkung abgeändert wurden.

b) Verordnungsmäßige Normen sind nothwendig namentlich über die Bestimmung der Behörden, welche die Anlegung vorzunehmen oder hiebei mitzuwirken haben, über die Befugnisse, welche denselben zustehen, über die Art und Weise der Feststellung der Grundstücke, welche in das Grundbuch einzutragen sind, sowie ihrer Eigenthümer und der Belastung der Grundstücke, über die Bezirke, nach welchen die Anlegung des Grundbuchs zu erfolgen hat, über das Verzeichniß der einzutragenden Grundstücke (Kataster, Flurbuch), welches der Eintragung zu Grund zu legen ist, über die Verpflichtung Betheiligter zur Anmeldung und die Zwangsbefugnisse gegen dieselben, über die Aufforderung zur Anmeldung und die Folgen der Unterlassung derselben, über die Benutzung bisheriger Hypotheken- oder Grundbücher als Grundbücher im Sinne des BGB., über die Kosten des Anlegungsverfahrens.

c) Selbstverständlich kann durch die landesherrliche Verordnung die Erlassung von Ausführungsbestimmungen auch der Landesjustizverwaltung übertragen werden, welcher z. B. schon gemäß § 1 Abs. 2 GBO. die Feststellung des Formulars für das Grundbuch obliegt.

Zu B: Hier ist vorausgesetzt, daß die Anlegung des Grundbuchs nicht überall schon bis zum 1. Januar 1900 und auch späterhin nicht bis zum gleichen Zeitpunkt erfolgen kann. Es ist nicht nothwendig, daß als der Zeitpunkt, in welchem das Grundbuch als angelegt anzusehen ist, je für den ganzen Bundesstaat ein und derselbe bestimmt wird. Es kann diese Bestimmung nach Bezirken, ja nach Grundstücken verschieden erfolgen (Mot. z. EG. 268).

Jene Erklärung kann auch ohne vorausgehendes Anlegungsverfahren erfolgen, wenn die bisher geführten (Unterpfands- oder Grund-) Bücher zu Grundbüchern im Sinne des BGB. erklärt werden (Mot. z. EG. 267).

3. Der Abs. 2 des Artikels trifft eine materiell-rechtliche Bestimmung über eine der Folgen der durch landesherrliche Verordnung bewirkten Erklärung, daß das Grundbuch für einen Bezirk als angelegt anzusehen ist.

Diese eine Folge besteht

a) darin, daß die Anlegung des Grundbuchs auch für solche zu dem Bezirke gehörenden Grundstücke, die noch kein Blatt im Grundbuche haben, wie z B. für die buchungsfreien Grundstücke nach § 90 GBO., für die kein Grundbuchblatt angelegt wird, als erfolgt anzusehen ist — mit der einen Ausnahme jedoch, daß bestimmte Grundstücke durch besondere Anordnung ausgenommen werden können. Wird eine solche Ausnahme gemacht, so ist später durch eine besondere landesherrliche Verordnung für das betreffende Grundstück das Grundbuch als angelegt zu erklären.

Weitere Folgen dieser Erklärung sind

b) in den Artikeln 187—195 dieses Gesetzes festgestellt, insbesondere ist

c) hervorzuheben, daß das neue Immobiliarsachenrecht im vollen Umfang erst mit dem Zeitpunkt, in welchem das Grundbuch als angelegt anzusehen ist, in Kraft tritt (Art. 189).

d) In den Motiven (267) wird noch besonders betont, daß vom bezeichneten Zeitpunkt an die Rechtsvermuthung des § 891 BGB. wirksam wird und das Recht der nicht eingetragenen Berechtigten gegenüber dem bisherigen Rechtszustand eine Schwächung erleiden kann, indem dasselbe (nach Maßgabe der §§ 892, 893, 1138 BGB.) der Aufhebung zu Gunsten eines gutgläubigen Erwerbers ausgesetzt ist.

Wenn in den Motiven weiter gesagt ist, daß den Einzelstaaten eine Präklusion von Rechten nicht gestattet ist, so gilt das offenbar nur für den Zeitpunkt, in welchem das Grundbuch als angelegt anzusehen ist, und von diesem Zeitpunkt an, nicht aber vorher für das Anlegungsverfahren (vgl. die Art. 10, 23—25 des bayerischen Gesetzes über das Liegenschaftsrecht in der Pfalz).

Etwas bedenklicher erscheint der Satz der Motive, „daß, wenn auch den Einzelstaaten nachgelassen ist, das Grundbuch als vorliegend und fertiggestellt zu erklären, und denselben damit die Prüfung anheimgestellt wird, ob das Buch, welches zum Grundbuch gemacht werden soll, vollständig und zuverlässig ist, doch die letztere Frage offenbar nicht bejaht werden darf, wenn das Buch in weiterem Umfang unvollständig und unzuverlässig ist, als der Art. 188 ausnahmsweise gestattet". Die ganze Grundbucheinrichtung wäre verfehlt, wenn z. B. einem im guten Glauben auf die Richtigkeit des Grundbuchs erfolgten Erwerbe des Eigenthums eines Grundstücks oder einer Hypothek hieran die Rechtswirksamkeit deßhalb im Prozeß abgesprochen werden könnte, weil erwiesen wird, daß nicht bloß in diesem Falle, sondern auch noch in verschiedenen anderen Fällen unrichtige und unvollständige Einträge im Grundbuche gemacht worden sind. Denn Niemand könnte sich dann mehr auf das Grundbuch verlassen. In einem solchen Falle kann, so lange res integra ist, Ergänzung oder Berichtigung der unvollständigen oder unrichtigen Einträge erfolgen (s. Ziff. 5), andernfalls aber müssen die gesetzlichen Konsequenzen, welche sich aus der Thatsache, daß das Grundbuch als angelegt anzusehen ist, ergeben, im vollen Umfange gezogen werden, und haben für den durch den unvollständigen oder unrichtigen Eintrag verursachten Schaden diejenigen aufzukommen, die ihn schuldhafter Weise verursacht haben (vgl. GBO. § 12). Sollte etwas Anderes Rechtens sein, so hätte das ausdrücklich im Gesetz und nicht nebenbei in den Motiven bestimmt werden müssen.

e) Vgl. auch § 1 EG. z. ZwVG.; Art. VIII EG. vom 17. Mai 1898, betreffend die Aenderungen der CPO.; § 82 GBO.

4. In der II. Komm. wurden Bedenken erhoben, ob der Ausdruck „landesherrliche Verordnung" für die freien Städte und Elsaß-Lothringen zutreffend sei, und dieses Bedenken der Erwägung der Redaktionskommission überlassen (P. a. a. O.). Da letztere eine Aenderung nicht vorgenommen hat, so ist nach dem Staatsrecht obiger Bundesstaaten zu bemessen, wem das Verordnungsrecht zusteht.

5. Im I. Entw. war ein Art. 114 mit folgendem Wortlaut aufgestellt worden:

„Ist bei der Anlegung des Grundbuchs ein bestehendes Recht in das Grundbuch nicht eingetragen, so kann der Berechtigte die Eintragung verlangen; die Vorschriften des § 843 (1. Lesung, nun §§ 894 u. 897) des BGB. finden entsprechende Anwendung."

Dieser Artikel wurde jedoch in der II. Komm. gestrichen, weil die allgemeine Fassung der von der Berichtigung des Grundbuchs handelnden §§ 879—884 (2. Lesung, nun §§ 894—899) BGB. die besondere Vorschrift dieses Art. 114 (1. Lesung) entbehrlich mache (P. a. a. O.).

III. Ausführungsgesetze: Preußen, AG. z. BGB. Art. 36, AG. z. GBO. vom 26. September 1899 (Becher XVI, 6 S. 113 ff.); Anhalt, AG. z. GBO. vom 20. April 1899 (Becher I, 8 S. 60 ff.); Baden, AG. z. BGO. vom 19. Juni 1899 (Becher II, 12 S. 56 ff.); Bayern, Ges. vom 18. Juni 1898 über die Anlegung des Grundbuchs für Bayern rechts des Rheins, VO. vom 23. Juli 1898, Pfälzisches Liegenschaftsgesetz vom 1. Juli 1898, VO. vom 28. August 1898 über Anlegung des Grundbuchs in der Pfalz, Ges. betr. Uebergangsvorschriften z. BGB. Art. 10—18, 39—60, 113, 117, 119, 123, 148, AG. z. BGO. vom 9. Juni 1899 (Becher III S. 6 ff.), VO. vom 23. Februar 1905 und Dienstanweisung für die Grundbuchämter in den Landestheilen rechts des Rheins vom 27. Februar 1905; Braunschweig, AG. z. GBO. vom 12. Juni 1899 (Becher IV, 2 S. 33 ff.); Bremen, VO., betr. Anlegung des Grundbuchs und die vom Buchungszwang befreiten Grundstücke, vom 19. Dezember 1899 (Becher V S. 96 ff.), VO., die Einrichtung der Grundbücher betr., vom 19. Dezember 1899 (Becher V, 15 S. 85 ff.); Elsaß-Lothringen, Ges., betr. die Ausf. der GBO., vom 6. November 1899 (Becher VI, 8 S. 46 ff.); Hamburg, Ges., betr. Ausf. der GBO., vom 14. Juli 1899 (Becher VII, 4 S. 29 ff.); Hessen, Ges. vom 22. Juli 1899, betr. Ausf. der GBO., vom 16. März 1899, betr. Anlegung des Grundbuchs (Becher VIII, 8 S. 164 ff., 2 S. 14 ff.); Lippe, Ges. vom 17. November 1899 zur Ausf. der GBO. (Becher IX, 6 S. 29 ff.); Lübeck, AG. z. BGB. § 175 (Becher X, 6 S. 69); Mecklenburg-Schwerin, VO. z. Ausf. des BGB. §§ 63—86 (Becher XI, 1 S. 15 ff.); Mecklenburg-Strelitz, VO. z. Ausf. d. BGB. §§ 61—81 (Becher XII, 1 S. 13 ff.); Oldenburg, Ges. für Herzogthum Oldenburg vom 15. Mai 1899 z. Ausf. der GBO. (Becher XIII, 5 S. 24 ff.), VO. für das Herzogthum Oldenburg zur Ausf. der GBO. vom 15. Mai 1899 (Becher XIII, 6 S. 25 ff.); Ges. für das Fürstenthum Birkenfeld z. Ausf. d. GBO. vom 13. Oktober 1899 (Becher XIII, 9 S. 51 ff.), VO. für Birkenfeld vom 13. Oktober 1899 (Becher XIII, 10 S. 53 ff.), Ges. für Fürstenthum Lübeck vom 15. Mai 1899 (Becher XIII, 13 S. 76 ff.), VO. für Fürstenthum Lübeck vom 15. Mai 1899 (Becher XIII, 14 S. 77 ff.); Sachsen,

VO. vom 26. Juli 1899 z. Ausf. der GBO. (Becher XVII, 5 S. 63 ff.); Reuß ältere Linie, VO. vom 6. Dezember 1899 z. Ausf. d. GBO. (Becher XV, 10 S. 77 ff.); Reuß jüngere Linie, Ges. vom 10. August 1899 z. Ausf. der GBO. (Becher XVI, 9 S. 93 ff.); Sachsen-Altenburg, VO. z. Ausf. der GBO. vom 5. September 1899 (Becher XVIII, 8 S. 81 ff.); Sachsen-Meiningen, Ges. vom 14. August 1899 z. Ausf. der GBO. (Becher XX, 5 S. 45 ff.); Sachsen-Weimar-Eisenach, AG. z. BGB. §§ 119—132 (Becher XXI, 3 S. 25 ff.); Schaumburg-Lippe, Ges. vom 19. August 1899, betr. Ausf. d. GBO. (Becher XXII, 8 S. 56 ff.); Schwarzburg-Sondershausen, AG. z. BGB. Art. 22 (Becher XXIV, 1 S. 10); Württemberg, AG. z. BGB. vom 28. Juli 1899, VO. vom 30. Juli 1899, betr. das Grundbuchwesen (Becher XXVI, 2 S. 81 ff.).

Art. 187.

Eine Grunddienstbarkeit, die zu der Zeit besteht, zu welcher das Grundbuch als angelegt anzusehen ist, bedarf zur Erhaltung der Wirksamkeit gegenüber dem öffentlichen Glauben des Grundbuchs nicht der Eintragung. Die Eintragung hat jedoch zu erfolgen, wenn sie von dem Berechtigten oder von dem Eigenthümer des belasteten Grundstücks verlangt wird; die Kosten sind von demjenigen zu tragen und vorzuschießen, welcher die Eintragung verlangt.

Durch Landesgesetz kann bestimmt werden, daß die bestehenden Grunddienstbarkeiten oder einzelne Arten zur Erhaltung der Wirksamkeit gegenüber dem öffentlichen Glauben des Grundbuchs bei der Anlegung des Grundbuchs oder später in das Grundbuch eingetragen werden müssen. Die Bestimmung kann auf einzelne Grundbuchbezirke beschränkt werden.

E. I, 109; II, 158; III, 186.

1. Entstehung. Art. 187 entspricht dem Art. 109 E. I nur in ganz geringem Maße. Denn der letztere enthielt auch die nun im Art. 188 wiedergegebenen Bestimmungen über die gesetzlichen Pfandrechte und über die dinglichen Pacht- und Miethrechte, während er bezüglich der Grunddienstbarkeiten nur jenen, mit welchen das Halten einer dauernden Anlage verbunden ist, so lange die Anlage besteht, und anderen am 1. Januar 1900 bestehenden Grunddienstbarkeiten zehn Jahre lang vom Inkrafttreten des BGB. an und nur durch landesherrliche Verordnung die Befreiung vom Eintragungszwange zugestehen wollte. Die jetzige Fassung erhielten die Art. 187 u. 188 in der II. Komm. (Mot. z. EG. 268, 269; P. III, 300—303, VI, 521, 522; Reatz III, 88).

2. Inhalt. A. Art. 187 bildet

a) eine Ergänzungsbestimmung zu Art. 184 und eine Ausnahmevorschrift zu Art. 186, betrifft aber

b) nur Grunddienstbarkeiten, die zu der Zeit bestehen, zu welcher das Grundbuch als angelegt anzusehen ist (s. Art. 186), und bezieht sich

c) namentlich nicht auf Dienstbarkeiten an buchungsfreien Grundstücken, hinsichtlich welcher Art. 128 Platz greift.

B. Hinsichtlich der Grunddienstbarkeiten nun, die zu der Zeit bestehen, zu welcher das Grundbuch als angelegt anzusehen ist — gleichgültig dann, ob sie vor oder nach dem Inkrafttreten des BGB. entstanden sind — stellt der Art. 87 die Vorschrift auf, daß sie zur Erhaltung der Wirksamkeit gegenüber dem öffentlichen Glauben des Grundbuchs (BGB. §§ 892 u. 893) nicht der Eintragung bedürfen.

Sie bleiben also mit ihrem Rang und Inhalt (Art. 184) bestehen, auch wenn sie nicht im Grundbuch eingetragen sind.

Von diesem Satze macht der Artikel selbst wieder zwei Ausnahmen:

a) Wenn der Berechtigte oder der Eigenthümer des belasteten Grundstücks die Eintragung verlangt, so muß sie erfolgen. Es ist also der andere Betheiligte zur Mitwirkung, soweit diese erforderlich ist, verpflichtet. Da nach § 19 GBO. eine Eintragung erfolgt, wenn derjenige sie bewilligt, dessen Recht von ihr betroffen wird, so wird der Eigenthümer des belasteten Grundstücks der Mitwirkung des Berechtigten nicht bedürfen.

Die Kosten sind von demjenigen zu tragen und vorzuschießen, welcher die Eintragung verlangt. Zum Verlangen eines Kostenvorschusses wird nur der Eigenthümer des belasteten Grundstücks veranlaßt sein, wenn der Berechtigte von ihm die Eintragung verlangt.

In Bayern sind für die Kostenerstattung im Wesentlichen die Grundsätze der CPO. (insbesondere § 91) maßgebend. Die Festsetzung erfolgt durch das Amtsgericht als Grundbuchamt. Aus der Festsetzungsverfügung findet die Zwangsvollstreckung statt (AG. z. BGB. Art. 131 und 133).

b) Durch Landesgesetz kann der Eintragungszwang für die unter A, b bezeichneten Grunddienstbarkeiten zur Erhaltung der Wirksamkeit gegenüber dem öffentlichen Glauben des Grundbuchs angeordnet werden. Diese Anordnung kann

α) sich auf den ganzen Bundesstaat erstrecken oder auf einzelne Grundbuchbezirke beschränken,

β) sämmtliche Grunddienstbarkeiten oder einzelne Arten derselben betreffen und

γ) verfügen, daß die Eintragung entweder sofort bei Anlegung des Grundbuchs oder in einem späteren Zeitpunkt erfolgen müsse.

Wird eine nach der Ausnahmebestimmung unter a verlangte oder nach der Ausnahmebestimmung unter b angeordnete Eintragung unterlassen, so ist die Folge dieser Unterlassung in den Fällen unter b der Verlust aller Vortheile, welche die Eintragung gewährt (s. Bem. II, B, 5 zu § 873 BGB. in Bd. 3 S. 33), im Falle a wird die Unterlassung der Eintragung diesen Rechtsverlust nicht bewirken, sondern nur einen klagbaren Anspruch auf Eintragung bezw. Mitwirkung hiezu, soweit solche erforderlich ist, begründen.

C. Vgl. auch § 9 EG. z. ZwVG. sowie Art. 189 u. 191 dieses Gesetzes.

D. Für Grunddienstbarkeiten, welche von der Anlegung des Grundbuchs an entstehen, sind selbstverständlich BGB. §§ 873 mit 1018 maßgebend; dieselben unterliegen also — abgesehen von den Sondervorschriften für Grunddienstbarkeiten an buchungsfreien Grundstücken — dem Eintragungszwange.

E. Als Berechtigter im Sinne des Abs. 1 S. 2 ist auch der Nießbraucher, der Nacherbe, der Lehens- oder Fideikommißerwerber anzusehen.

3. Einschlägig sind für Preußen M. S. 33 zum AG. z. BGB. (kein Eintragungszwang); für Bayern Ueberg.G. Art. 10, 44 u. 45, 121, 122 (vgl. auch Art. 11 ff. und Mot. z. Entw. Art. 9 u. 29 mit Mot. hiezu); für Baden vgl. AG. z. ZwVG. u. z. CPO. vom 18. Juni 1899 § 5; für Hessen AG. z. BGB. Art. 141—148; Braunschweig AG. z. BGB. § 50 (Becher IV, 1 S. 12); Mecklenburg-Schwerin VO. z. Ausf. d. BGB. §§ 186, 187, 190 (Becher XII, 1 S. 36 ff.); Mecklenburg-Strelitz VO. z. Ausf. d. BGB. §§ 184, 185, 188 (Becher XII, 1 S. 36 ff.); Lippe AG. z. BGB. § 29 (Becher IX, 1 S. 7); Hamburg AG. z. BGB. §§ 44 ff. (Becher VII, 1 S. 8 ff.).

4. Aus der Rechtsprechung: Art. 187 entscheidet die Frage nicht, unter welchen formellen Voraussetzungen die Eintragung stattzufinden hat; dafür ist die GBO. maßgebend. Rechtspr. d. OLG. Bd. 8 S. 129 (KG.). Die schon am 1. Januar 1900 bestehenden Grunddienstbarkeiten behalten auch ohne Eintragung ihre Wirksamkeit und ihren Rang vor später eingetragenen dinglichen Rechten. Verlangt der Berechtigte die Eintragung einer vor dem 1. Januar 1900 ohne Eintragung wirksam begründeten Grundgerechtigkeit, so kann der Berechtigte, falls der Verpflichtete der Eintragung der Gerechtigkeit widerspricht, die Eintragung eines Widerspruches im Wege einstweiliger Verfügung beanspruchen. Rspr. d. OLG. Bd. 4 S. 292 (Kiel vom 13. Januar 1902).

Die vor dem 1. Januar 1900 mit einer Wegegerechtigkeit verbundenen Unterhaltungspflicht besteht auch jetzt ohne Eintragung fort. Rspr. d. OLG. Bd. 4 S. 293.

Art. 188.

Durch landesherrliche Verordnung kann bestimmt werden, daß gesetzliche Pfandrechte, die zu der Zeit bestehen, zu welcher das Grundbuch als angelegt anzusehen ist, zur Erhaltung der Wirksamkeit gegenüber dem öffentlichen Glauben des Grundbuchs während einer zehn Jahre nicht übersteigenden, von dem Inkrafttreten des Bürgerlichen Gesetzbuchs an zu berechnenden Frist nicht der Eintragung bedürfen.

Durch landesherrliche Verordnung kann bestimmt werden, daß Miethrechte und Pachtrechte, welche zu der im Abs. 1 bezeichneten Zeit als Rechte an einem Grundstücke bestehen, zur Erhaltung der Wirksamkeit gegenüber dem öffentlichen Glauben des Grundbuchs nicht der Eintragung bedürfen.

E. I, 109; II, 159; III, 187.

1. Ueber die Entstehung des Artikels s. Bem. 1 zu Art. 187.

2. Inhalt des Abs. 1. a) Der Abs. 1 betrifft die gesetzlichen Pfandrechte am unbeweglichen Vermögen. Diese kannte vor Allem das gemeine Recht (vgl. Windscheid, Pand. 7. Aufl. 1. Bd. § 232 sowie § 231 Ziff. 3—5). Das römische Pfandrecht galt bisher im Wesentlichen noch im Gebite der vormaligen Landgrafschaft Hessen (und zwar modifizirt durch das Solmser Landrecht II, 15 § 1, das Kontrakten-Regl. vom 29. November 1769 und das preußische AG. vom 6. März 1879 § 2), ebenso als Regel für die Rittergüter in dem zu Mecklenburg-Strelitz gehörigen Fürstenthume Ratzeburg (M. III, 171). In Bremen wurde die Verpfändung der Grundstücke durch eine „Handfeste" bewirkt, welche vom Erbe- und Handfesten-Amte nach vorgängiger öffentlicher Bekanntmachung der Willigung der Handfeste, soferne nicht vor Ablauf der Ausschlußfrist ein begründeter Beispruch erhoben wird, auszufertigen ist, auf eine bestimmte Summe lauten, das Grundstück, auf welches sie gewillt ist, bezeichnen und die Stelle, welche sie in der Reihenfolge der Handfesten einnimmt, angeben muß. Vom Erbe- und Handfesten-Amte wurde diese Urkunde dem Verpfänder ausgehändigt. Das Pfandrecht an dem Grundstück entstand durch Uebergabe der Urkunde an den Schuldner (Erbe- und Handfeste-Ordnung vom 30. Juli 1860, M. III, 11). In Hamburg und Lübeck sowie in dem vormaligen Herzogthume Lauenburg standen nicht eingetragene Pfandrechte den eingetragenen Posten nach (M. III, 171 Note 2). Im Uebrigen bestand in allen deutschen Staaten, soweit nicht in denselben noch die Bestimmungen des französischen Rechtes maßgebend waren, bisher schon die gesetzliche Vorschrift, daß an Grundstücken nur durch Eintragung Hypothek bestellt werden kann. Es beschränkt sich deßhalb die praktische Bedeutung der gesetzlichen Hypotheken, abgesehen von den ersterwähnten gemeinrechtlichen Gebieten, im Wesentlichen auf die Gebiete des französischen Rechtes (code civil art. 2121, 2122, 2135 ff.), welches in Preußen durch das AG. z. KO. vom 6. März 1879 § 10 und durch das Gesetz über die Veräußerung und hypothekarische Belastung von Grundstücken, in Bayern durch das Gesetz vom 26. April 1888, die Abänderung von Bestimmungen des in der Pfalz geltenden Hypotheken- und Vormundschaftsrechtes betreffend, in Rheinhessen durch das Gesetz vom 6. Juni 1879, die Uebertragung von Grundeigenthum und die Fortführung der Grundbücher betreffend, in Birkenfeld durch die oldenburgische Hypothekenordnung vom 11. Oktober 1814 und in Frankfurt a. M. durch das Gesetz vom 10. Januar 1837, die Rangordnung der Gläubiger betreffend, mehr oder minder modifizirt ist.

b) Hinsichtlich solcher gesetzlicher Pfandrechte ertheilt der Abs. 1 dem landesherrlichen Verordnungsrechte die Befugniß, zu bestimmen, daß sie (höchstens noch, also auch weniger, aber nicht mehr als) zehn Jahre lang, vom Inkrafttreten des BGB. an gerechnet, der Eintragung zur Erhaltung der Wirksamkeit gegenüber dem öffentlichen Glauben des Grundbuchs (BGB. §§ 892 und 893) nicht bedürfen, also auch während dieser Zeit ohne Eintragung den ihnen nach bisherigem Rechte zustehenden Rang, den Inhalt aber gemäß Art. 184 nach bisherigem Rechte nur insoweit behalten, als nicht die Art. 192—194 etwas Anderes bestimmen.

c) Voraussetzung ist, daß das Pfandrecht schon zu der Zeit besteht, zu welcher das Grundbuch als angelegt anzusehen ist (Art. 186), gleichgültig dann, ob das Pfandrecht vor oder nach dem Inkrafttreten des BGB. entstanden ist; daß letzteres möglich ist, ergibt sich aus Art. 189.

d) Wenn eine landesherrliche Verordnung nicht erfolgt, oder wenn die Eintragung binnen der durch die landesherrliche Verordnung festgesetzten Zeit nicht erfolgt, so wird das bisherige gesetzliche Pfandrecht nur noch denjenigen im entgegengesetzten Interesse Betheiligten gegenüber, welchen dasselbe in dem Zeitpunkte bekannt ist, in dem das Grundbuch als angelegt anzusehen ist, wirksam sein und namentlich den Anspruch auf Eintragung begründen (arg. Art. 189 Abs. 3).

3. Inhalt des Abs. 2. Letzterer bezieht sich auf Mieth- und Pachtrechte mit dinglicher Wirkung, also auf alle jene Rechte, in welchen der Grundsatz „Kauf bricht nicht Miethe“ gilt (vgl. Bem. 2 zu Art. 172). Die Vorschrift dieses Absatzes war gegenüber dem I. Entw., in welchem noch der Grundsatz „Kauf bricht Miethe“ galt, wichtiger als gegenüber dem BGB., welches in den §§ 571 ff., 581 ebenfalls den Grundsatz „Kauf bricht nicht Miethe“ zur Geltung bringt. Es hat dieser Artikel eigentlich nur Bedeutung für das französische und badische Recht, weil die Bestimmungen der Art. 1743 bis 1751 des Code civil und Satz 1743—1751 des badischen LR. entgegen dem § 57 ZwVG. sich auch der Subhastation gegenüber wirksam zeigen.

Mit diesem Abs. 2 steht § 9 EG. z. ZwVG. im Einklang.

Vgl. auch oben Art. 171 u. 172.

4. Für Preußen vgl. VO. z. Ausf. d. BGB. vom 16. November 1899 Art. 9; für Bayern Ueberg.G. Art. 50—57, 119—122, pfälzisches Liegenschaftsgesetz Art. 1—14, AG. z. GBO. u. z. ZwVG. Art. 26 mit Mot. hiezu (vgl. auch Prot. d. JA. d. K. d. Abg. vom 11. Januar 1899).

Art. 189.*)

Der Erwerb und Verlust des Eigenthums sowie die Begründung, Uebertragung, Belastung und Aufhebung eines anderen Rechtes an einem Grundstück oder eines Rechtes an einem solchen Rechte erfolgen auch nach dem Inkrafttreten des Bürgerlichen Gesetzbuchs nach den bisherigen Gesetzen, bis das Grundbuch als angelegt anzusehen ist. Das Gleiche gilt von der Aenderung des Inhalts und des Ranges der Rechte. Ein nach den Vorschriften des Bürgerlichen Gesetzbuchs unzulässiges Recht kann nach dem Inkrafttreten des Bürgerlichen Gesetzbuchs nicht mehr begründet werden.

Ist zu der Zeit, zu welcher das Grundbuch als angelegt anzusehen ist, der Besitzer als der Berechtigte im Grundbuch eingetragen, so finden auf eine zu dieser Zeit noch nicht vollendete, nach § 900 des Bürgerlichen Gesetzbuchs zulässige Ersitzung die Vorschriften des Artikel 169 entsprechende Anwendung.

Die Aufhebung eines Rechtes, mit dem ein Grundstück oder ein Recht an einem Grundstücke zu der Zeit belastet ist, zu welcher das Grundbuch als angelegt anzusehen ist, erfolgt auch nach dieser Zeit nach den bisherigen Gesetzen, bis das Recht in das Grundbuch eingetragen wird.

E. I, 110; II, 160; III, 188.

I. Entstehung. Auch dieser Artikel hat in der II. Komm. eine theilweise vom Art. 110 E. I abweichende Fassung erhalten, insbesondere wurde der nunmehrige Abs. 2 erst dort eingefügt (Mot. z. EG. 269 ff.; P. VI, 522, 523, 555 [Bem.], 633, 634; Reatz III, 89 ff.).

II. Inhalt. 1. Der Artikel betrifft:

a) das Eigenthum an einem Grundstück und stellt bezüglich desselben Ausnahmevorschriften von der Vorschrift des Art. 181 Abs. 1 auf, ferner

b) alle übrigen dinglichen Rechte an einem Grundstück und die Rechte an solchen Rechten (vgl. Bem. 2 zu Art. 184).

2. Der Art. 189 regelt in Abs. 1 den Rechtszustand für die Zeit zwischen dem Inkrafttreten des BGB. und einer erst später erfolgenden Feststellung, daß das Grundbuch als angelegt gelte (Art. 186). Der Abs. 1 hat also für jene Gebiete, Bezirke oder Grundstücke keine Bedeutung, hinsichtlich welcher das Grundbuch schon mit dem Inkrafttreten des BGB. als angelegt anzusehen ist. Die Abs. 2 u. 3 kommen erst für die Zeit in Betracht, zu welcher das Grundbuch als angelegt gilt.

3. Im Uebrigen ist zu Abs. 1 Folgendes hervorzuheben:

---

*) Literatur: Vgl. Schmid in Bl. f. Rechtspflege in Thüringen u. Anhalt Bd. 50 S. 248 ff. (267), Bd. 51 S. 25 ff. (33).

A. Hinsichtlich des Eigenthums an einem Grundstücke gilt für den von Abs. 1 betroffenen Zwischenraum Folgendes:

Es gilt das bisherige Recht

a) für den Erwerb,

b) für den Verlust des Eigenthums durch Rechtsgeschäft oder Gesetz.

c) Nach dem bisherigen Rechte bestimmt sich namentlich auch, ob für Erwerb oder Verlust des Eigenthums die Eintragung in einem öffentlichen Buche nothwendig ist.

d) Nach den Motiven (S. 271) gilt aber das bisherige Recht nur in Ansehung der die Rechtsänderung unmittelbar bezweckenden Rechtsgeschäfte, nicht in Ansehung des denselben zu Grunde liegenden obligatorischen Rechtsvorgangs. Hieraus folgt z. B., daß die Vorschrift des § 313 BGB. auch in allen jenen Gebieten sofort mit dem Inkrafttreten des BGB. wirksam wird, in welchem der die Uebertragung des Eigenthums an einem Grundstücke betreffende obligatorische Vertrag bisher nur schriftlich zu errichten war oder etwa gar keiner besonderen Form bedurfte.

e) Im Uebrigen ist Art. 181 maßgebend.

f) Soweit das bisherige Recht maßgebend ist, kann es nach EG. Art. 218 auch landesgesetzlich geändert werden.

B. Hinsichtlich der dinglichen Rechte an Grundstücken und der Rechte an solchen Rechten gilt während der von Abs. 1 betroffenen Zwischenzeit das bisherige Recht

a) für die Begründung,

b) für die Aenderung des Inhalts,

c) für die Aenderung des Ranges,

d) für die Uebertragung,

e) für die Belastung und

f) für die Aufhebung (z. B. Erlöschung durch Nichtgebrauch, Ersitzung der Freiheit des Eigenthums),

g) nach Maßgabe des Art. 184 für Inhalt und Rang der Rechte, jedoch mit der dort für das Erbbaurecht und die Grunddienstbarkeiten statuirten Ausnahme,

h) nach Art. 191 für den Schutz im Besitz einer Grunddienstbarkeit oder einer beschränkten persönlichen Dienstbarkeit.

Auch hinsichtlich aller (unter a—f) aufgeführten Rechtsänderungen ist es gleichgültig, ob sie auf einem Rechtsgeschäfte beruhen oder kraft Gesetzes eintreten.

Demnach gilt im Allgemeinen das bisherige Recht, jedoch mit folgenden Ausnahmen:

α) Für das Erbbaurecht gilt § 1017 BGB. Namentlich werden deßhalb die Ansprüche aus dem Erbbaurechte nach dem BGB. zu behandeln sein.

β) Für die Grunddienstbarkeiten gelten die §§ 1020—1028 BGB.

γ) Für die obligatorischen Verträge, durch welche sich Jemand zur Begründung, Uebertragung, Aenderung, Belastung oder Aufhebung eines der fraglichen Rechte oder zur Aenderung ihres Inhalts oder Ranges verpflichtet, ist, wie unter A, d bemerkt, vom 1. Januar 1900 an das BGB. maßgebend.

δ) Ein nach den Vorschriften des BGB. unzulässiges Recht — z. B. Antichrese (Roth, Bayr. Civilr. 1. Aufl. Bd. 2 S. 445 Note 8, M. III, 628 ff., 808), Emphyteusis, Erbzinsrecht, Erbpachtrecht (M. III, 6) — kann nach dem Inkrafttreten des BGB. nicht begründet werden. Unzulässigkeit der Begründung nach den Vorschriften des BGB. ist übrigens nicht in solchen Fällen anzunehmen, in denen ein im BGB. zugelassenes Recht begründet werden soll, das bisherige Recht aber wegen obwaltender Mängel nicht dieses Recht, sondern eine dem BGB. nicht bekannte mindere Rechtsposition eintreten läßt (Mot. z. EG. 272).

4. Abs. 2 betrifft die Ersitzung des Eigenthums an einem Grundstück oder eines anderen dinglichen Rechtes an einem solchen, welche in dem Zeitpunkt, in dem das Grundbuch als angelegt anzusehen ist, zwar begonnen, aber noch nicht vollendet ist. Bis zu letzterwähntem Zeitpunkt ist nach obiger Bem. 3 für die Ersitzung das bisherige Recht maßgebend. Von jenem Zeitpunkt an kann die Ersitzung nur fortgesetzt werden, wenn die Voraussetzungen der Tabularersitzung nach § 900 BGB. vorliegen, zu denen namentlich gehört, daß das Eigenthum

oder das Recht zu der Zeit, zu welcher das Grundbuch als angelegt anzusehen ist, schon im Grundbuch eingetragen ist. Erfolgt die Eintragung in das Grundbuch erst später, so wird die frühere Ersitzungszeit nicht in die nach Maßgabe des § 900 BGB. stattfindende Ersitzung eingerechnet; ein das Gegentheil bezielender Antrag wurde in der II. Komm. abgelehnt (P. VI, 633, 634).

Im Uebrigen gelten für den Abs. 2 die Bemerkungen zu Art. 185 (Bem. 2, b) und bezw. zu Art. 169.

Auf die Ersitzung der Grunddienstbarkeiten, welche nicht eingetragen werden und nach Maßgabe des Art. 187 von der Eintragung befreit sind, findet die Vorschrift des Abs. 2 keine Anwendung.

5. Der Abs. 3 betrifft die Aufhebung der unter 1, b bezeichneten Rechte. Für diese soll entgegen dem Abs. 1 — welcher voraussetzt, daß von dem Zeitpunkt an, in welchem das Grundbuch als angelegt anzusehen ist, das Immobiliarsachenrecht in seinem vollen Umfange vom BGB. beherrscht wird — das bisherige Recht auch noch nach dem erwähnten Zeitpunkte maßgebend bleiben, wenn das Recht in das Grundbuch nicht eingetragen wird, und zwar so lange, bis die Eintragung erfolgt, so daß also auch noch nach jenem Zeitpunkt ein solches nicht eingetragenes Recht durch Nichtgebrauch erlöschen oder die Freiheit des Eigenthums von einem solchen Rechte ersessen werden kann, obwohl diese Erlöschungsarten dem BGB. nicht bekannt sind (Mot. z. EG. 272). Es gilt dieses nicht etwa bloß für diejenigen Rechte, welche nach Maßgabe der Art. 127, 128, 187 u. 188 zeitweise oder dauernd von der Eintragung befreit sind, sondern auch für die eintragungspflichtigen Rechte (vgl. Bem. 2, d zu Art. 188).

Der Hauptgrund für die Vorschrift des Abs. 3 ist die Vermeidung unnöthiger Erschwerung des Aufhebungsaktes, weil ohne diese Vorschrift die Aufhebung nur durch Anwendung der Bestimmungen des BGB. über Löschungen im Grundbuch erfolgen könnte, das Recht also zunächst eingetragen werden müßte, um dann alsbald wieder gelöscht zu werden, und weil sonst mangels allgemeiner Bestimmungen des BGB. über die Aufhebung von Rechten an Grundstücken im Betreffe der Aufhebung der nach bisherigem Rechte bestehenden, dem BGB. aber unbekannten Rechte an Grundstücken eine Lücke entstehen würde (Mot. z. EG. 272).

6. Hinsichtlich der Aufhebung der nach BGB. unzulässigen Rechte (vgl. Bem. 3, B, h, δ, ferner Bem. 2, A zu Art. 181, dann Art. 182 mit 131) war durch Satz 2 von Abs. 3 des Art. 110 des I. Entw. folgende Vorschrift vorgeschlagen worden:

> „Wenn das eingetragene Recht nach den Vorschriften des BGB. nicht zulässig ist, so finden auf die Aufhebung des Rechtes durch Rechtsgeschäft die Vorschriften des § 977 (nun §§ 875, 876) und, sofern das Recht mit dem Rechte eines Dritten belastet ist, die Vorschriften des § 965 Abs. 2 (nun § 876) des BGB. entsprechende Anwendung."

Diese Vorschrift wurde in der II. Komm. gestrichen, weil es selbstverständlich sei, daß die nunmehrigen §§ 875 u. 876 BGB. auf das eingetragene Recht Anwendung finden (P. VI, 522).

III. Für Preußen vgl. AG. z. BGB. Art. 36 (Mot. zu Art. 89 dieses Gesetzes); für Bayern Ueberg.G. Art. 10—18, 40—46, 50—56, 60, 113—123, pfälzisches Liegenschafts-Gesetz Art. 22—26, AG. z. BGB. Art. 84 mit Mot. z. Entw. Beil. A Art. 76, Art. 166 Abs. 2, Art. 170 Abs. 2, Art. 171 Abs. 2, Art. 177 mit Mot. z. Entw. Beil A Art. 123 (vgl. auch Mot. z. Beil. B Art. 33 des Entw. d. AG. z. BGB.); für Elsaß-Lothringen AG. z. BGB. §§ 86—116; für Hessen AG. z. BGB. Art. 149 mit 146—148, 150—152, 162—168, 211, 212—214; für Baden Ges. die Vereinigung der Grund- und Unterpfandbücher betr. vom 14. April 1898 (G. u. VBl. 255); Ges. das Grundbuchwesen und die Zwangsvollstreckung in Grundstücke betr. vom 13. Juli 1904 (G. u. VBl. 205); Mecklenburg-Schwerin VO. z. Ausf. d. BGB. §§ 183, 184, 189 ff.; Mecklenburg-Strelitz VO. z. Ausf. d. BGB. §§ 181—202; Sachsen-Weimar AG. z. BGB. §§ 148, 130—132, 157—159, 119—121; Braunschweig AG. z. BGB. §§ 50, 53; Sachsen-Meiningen AG. z. BGB. Art. 18; Sachsen-Koburg-Gotha AG. z. BGB. Art. 24; Schwarzburg-Rudolstadt AG. z. BGB. Art. 100 bis 105, 84, 88; Schwarzburg-Sondershausen AG. z. BGB. Art. 36, 32; Reuß jüngere Linie AG. z. BGB. § 89; Lübeck AG. z. BGB. §§ 92—97, 88—91; Bremen AG. z. BGB. §§ 31—44; Hamburg AG. z. BGB. § 48.

IV. Aus der Rechtsprechung: Art. 189 Abs. 1 S. 1 wird, wenn die Forderung, wegen deren die Zwangsvollstreckung betrieben wird, mit einer Hypothek verbunden ist, dem Uebergange der Forderung mit der Hypothek auf den den Gläubiger befriedigenden Dritten nicht entgegenstehen, der Uebergang wird sich nach § 268 Abs. 3 wenigstens dann ohne Weiteres vollziehen, wenn das bisherige Recht einen von anderen Voraussetzungen, insbesondere der Eintragung unabhängigen Uebergang kraft Gesetzes bei Hypothekforderungen kennt. — Zu den Vorschriften über den Inhalt des Schuldverhältnisses gehören auch die Vorschriften darüber, ob und unter welchen Umständen der Gläubiger sich die Befriedigung durch einen Dritten gefallen lassen muß. Bayr. Oberst. LG. in Bl. f. RA. Bd. 69 S. 385.

Für die Form des Verzichts auf eine Hypothek (durch Freigabe von verpfändeten Grundstücken) ist bis zur Einführung des Grundbuchs das bisherige Recht maßgebend. Bayr. Oberst. LG. in Bl. f. RA. Bd. 69 S. 18. — Der Art. 189 bezieht sich nur auf dingliche, nicht auf obligatorische Rechtsverhältnisse, RGE. vom 28. Dezember 1904 in Zeitschr. f. Rechtspflege in Bayern Bd. 1 S. 106. — Ist das Grundbuch angelegt, so sind dingliche Rechte, die zur Zeit des Inkrafttretens des BGB. bestanden, einzutragen, wenn sie unter der Herrschaft des neuen Rechts veräußert werden sollen, RGE. vom 13. Dezember 1904 in Jur. Wschr. 1905 S. 71. — Für Ansprüche aus einem Rechtsverhältnisse, das sich nach den Vorschriften des BGB. bestimmt, kann die Landesgesetzgebung ebensowenig einen gesetzlichen Hypothekentitel aufrecht erhalten, wie das Recht auf Bestellung einer Sicherungshypothek gewähren. Bayr. Oberst. LG. vom 14. Dezember 1900 in D. Recht 1901 S. 123. — Die Uebernahme einer Verbindlichkeit, für welche eine Hypothek besteht, fällt nicht unter Art. 189; § 416 BGB. findet Anwendung, Bayr. Oberst. LG. vom 23. September 1904 in Bl. f. RA. Bd. 69 S. 58.

Art. 190.

Das nach § 928 Abs. 2 des Bürgerlichen Gesetzbuchs dem Fiskus zustehende Aneignungsrecht erstreckt sich auf alle Grundstücke, die zu der Zeit herrenlos sind, zu welcher das Grundbuch als angelegt anzusehen ist. Die Vorschrift des Artikel 129 findet entsprechende Anwendung.

E. II, 161; III, 189.

1. Entstehung. Dieser Artikel wurde erst in der II. Komm. aufgestellt (P. VI 523; Reatz III, 90).

2. Inhalt. Nach § 928 Abs. 2 BGB. steht das Recht der Aneignung herrenloser Grundstücke dem Fiskus zu, soferne nicht gemäß Art. 129 dieses Gesetzes das Aneignungsrecht landesgesetzlich einer anderen bestimmten Person verliehen ist.

Ein Grundstück ist nach § 928 Abs. 1 BGB. dann herrenlos, wenn der Verzicht des bisherigen Eigenthümers dem Grundbuchamte gegenüber erklärt und in das Grundbuch eingetragen ist.

Es kann nun aber vorkommen, daß nach bisherigem Rechte, welches für den Eigenthums-Erwerb und -Verlust gemäß Art. 189 bis zur Anlegung des Grundbuchs gilt, ein Grundstück ohne die Voraussetzungen des § 928 Abs. 1 BGB. als herrenlos zu gelten hat, sei es, daß ein solches Grundstück überhaupt noch keinen Eigenthümer hatte, sei es, daß die Dereliktion nach bisherigem Rechte an keine oder an eine andere Förmlichkeit als nach BGB. gebunden war.

Auch kann der Fall vorkommen, daß das Okkupationsrecht, welches von der Anlegung des Grundbuchs an einer anderen bestimmten Person zusteht als nach bisherigem Rechte, nicht ausgeübt wurde.

Durch den Art. 190 wird nun festgesetzt, daß das Okkupationsrecht des Fiskus oder der gemäß Art. 129 landesgesetzlich bestimmten anderen Person sich auf alle Grundstücke erstreckt, welche zur Zeit der Anlegung des Grundbuchs nach bisherigem Rechte als herrenlos anzusehen sind.

Art. 191.

Die bisherigen Gesetze über den Schutz im Besitz einer Grunddienstbarkeit oder einer beschränkten persönlichen Dienstbarkeit finden auch nach dem Inkrafttreten des Bürgerlichen Gesetzbuchs Anwendung, bis das Grundbuch für das belastete Grundstück als angelegt anzusehen ist.

Von der Zeit an, zu welcher das Grundbuch als angelegt anzusehen ist, finden zum Schutze der Ausübung einer Grunddienstbarkeit, mit welcher das Halten einer dauernden Anlage verbunden ist, die für den Besitzschutz geltenden

Vorschriften des Bürgerlichen Gesetzbuchs entsprechende Anwendung, solange Dienstbarkeiten dieser Art nach Artikel 128 oder Artikel 187 zur Erhaltung der Wirksamkeit gegenüber dem öffentlichen Glauben des Grundbuchs nicht der Eintragung bedürfen. Das Gleiche gilt für Grunddienstbarkeiten anderer Art mit der Maßgabe, daß der Besitzschutz nur gewährt wird, wenn die Dienstbarkeit in jedem der drei letzten Jahre vor der Störung mindestens einmal ausgeübt worden ist.

E. I, 111; II, 162; III, 190.

1. Entstehung. Abs. 1 dieses Artikels stimmt mit Art. 111 E. I fast wörtlich überein. Abs. 2 wurde erst in der II. Komm. beigefügt, während dort ein Antrag, die Uebergangsbestimmung auf den Besitzesschutz von Reallasten auszudehnen, abgelehnt wurde, da betreffs der Reallasten das BGB. ein Besitzverhältniß nicht anerkenne und der bisher bestandene Besitz von solchen mit dem Inkrafttreten des BGB. erlösche (Mot. z. EG. 273; P. IV, 318–320, VI, 523, 524, 632, 633; Reatz III, 90).

2. Inhalt. Der Art. 191 enthält Uebergangsvorschriften über den Schutz im Besitze von Dienstbarkeiten und zwar in Abs. 1 von Grunddienstbarkeiten und beschränkten persönlichen Dienstbarkeiten, in Abs. 2 nur von Grunddienstbarkeiten.

Im Einzelnen ist Folgendes hervorzuheben:

A. Das BGB. trifft über den Schutz im Besitz einer Grunddienstbarkeit in §§ 1029 mit 859, 861, 862, 856, 857, 863 u. 864, über den Schutz im Besitz einer beschränkten persönlichen Dienstbarkeit in §§ 1090 mit 1029 die erforderlichen Bestimmungen. Ueber das bisherige Recht vgl. Roth, Bayr. Civilr. 1. Aufl. Bd. 2 § 155 Note 1 und § 134.

B. Zu Abs. 1.

a) Der Abs. 1 des Art. 191 bildet eine Ausnahme von der Regel des Art. 180. Derselbe hat aber Bedeutung nur für die Zwischenzeit zwischen dem Inkrafttreten des BGB. und dem Zeitpunkt, in welchem das Grundbuch für das **belastete** Grundstück als angelegt gilt. Auf den Zeitpunkt der Anlegung des Grundbuchs für das herrschende Grundstück kommt nichts an.

b) Für die vorerwähnte Zwischenzeit ist hinsichtlich des Besitzesschutzes die Anwendbarkeit der bisherigen Vorschriften vorgesehen, jedoch nur hinsichtlich der Grunddienstbarkeiten (BGB. §§ 1018 ff.) und beschränkten persönlichen Dienstbarkeiten (BGB. §§ 1090 ff.).

c) Hinsichtlich der Reallasten besteht vom Inkrafttreten des BGB. an kein Besitzesschutz (Bem. 1). Für das Erbbaurecht, den Nießbrauch und das Pfandrecht bleibt Art. 180 maßgebend.

C. Zu Abs. 2. Der Abs. 2 bezieht sich

a) auf die dem Zeitpunkt, in welchem das Grundbuch angelegt ist, nachfolgende Zeit und

b) nur auf den Besitzesschutz von Grunddienstbarkeiten, welche nicht eingetragen sind.

Der Abs. 2 statuirt in diesem Falle die Anwendbarkeit des § 1029 BGB. (mit §§ 859, 861, 862, 856, 857, 863, 864), macht aber einen Unterschied hinsichtlich der Voraussetzungen zwischen

α) den sogenannten apparenten Grunddienstbarkeiten, d. h. jenen, mit welchen das Halten einer dauernden Anlage verbunden ist, und

β) den übrigen Grunddienstbarkeiten.

Bei den ersteren wird der Besitzesschutz nach § 1029 BGB. gewährt, solange landesgesetzlich, sei es gemäß Art. 128 (über die Dienstbarkeiten an nicht buchungspflichtigen Grundstücken) oder nach Art. 187 die Eintragung der Grunddienstbarkeit nicht nothwendig ist; bei den letzteren wird für die Gewährung des Besitzesschutzes noch weiter erfordert, daß sie in jedem der drei letzten Jahre vor der Störung mindestens einmal ausgeübt worden sind, weßhalb, wie in der II. Komm. (P. a. a. O.) hervorgehoben wurde, für solche Grunddienstbarkeiten kein Besitzesschutz besteht, die, wie die Mastberechtigung (vgl. Runde, DPR. § 146) oder die Bauholzberechtigung (Runde, § 145) ihrer Natur nach in dem Zeitraume von drei Jahren gar nicht oder nicht so oft ausgeübt werden können. Will der Berechtigte sich den Besitzesschutz auch in letzteren Fällen sichern, so kann er dieses nur, wenn er nach Art. 187 Abs. 1 Satz 2 die Eintragung herbeiführt.

3. Für Preußen ist einschlägig: AG. z. BGB. Art. 28. Bayern: Das bayerische Recht (pfälzisches Liegenschafts-Gesetz Art. 22; Ueberg.G. Art. 45 mit Mot. hiezu und zum Entw. des AG. z. BGB. Beil. A Art. 123) statuirt eine Abweichung von Art. 191 insoferne, als bestimmt wird, daß die Vorschriften von Abs. 2 dieses Artikels schon von dem Inkrafttreten des BGB. an gelten, auch bevor das Grundbuch als angelegt anzusehen ist. Vgl. dazu RGE. in Jur. Wschr. 1904 S. 138 (Art. 191 betrifft nur den Schutz im Besitz einer Dienstbarkeit, nicht die Geltendmachung eines Dienstbarkeitsanspruchs bestimmten Inhalts).

Für Elsaß-Lothringen vgl. AG. z. BGB. § 86; für Hessen AG. z. BGB. Art. 140; für Mecklenburg-Schwerin VO. z. Ausf. d. BGB. § 185; für Mecklenburg-Strelitz VO. z. Ausf. d. BGB. § 183; für Sachsen-Weimar AG. z. BGB. §§ 129, 147, 148; für Sachsen-Meiningen AG. z. BGB. Art. 17; für Sachsen-Altenburg AG. z. BGB. § 83; für Schwarzburg-Rudolstadt AG. z. BGB. Art. 82, 100; für Waldeck AG. z. BGB. Art. 15.

Art. 192.

Ein zu der Zeit, zu welcher das Grundbuch als angelegt anzusehen ist, an einem Grundstücke bestehendes Pfandrecht gilt von dieser Zeit an als eine Hypothek, für welche die Ertheilung des Hypothekenbriefs ausgeschlossen ist. Ist der Betrag der Forderung, für die das Pfandrecht besteht, nicht bestimmt, so gilt das Pfandrecht als Sicherungshypothek.

Ist das Pfandrecht dahin beschränkt, daß der Gläubiger Befriedigung aus dem Grundstücke nur im Wege der Zwangsverwaltung suchen kann, so bleibt diese Beschränkung bestehen.

E. I, 112 Abs. 1 u. 2; II, 163; III, 191.

I. Entstehung. Art. 192 entspricht mit nicht erheblichen, im Wesentlichen redaktionellen Aenderungen den Abs. 1 u. 2 von Art. 112 E. I. Aus dem Abs. 3 des letzteren ist der nunmehrige Art. 193 entstanden. Die endgültige Fassung erhielten Art. 192 u. 193 erst in der Redaktionskommission der II. Komm. (Mot. z. EG. 273 ff.; P. VI, 524, 631, 632; Reatz III, 91).

II. Inhalt. Art 192 verwandelt die Hypotheken des bisherigen Rechtes von dem Zeitpunkt an, in welchem das Grundbuch als angelegt anzusehen ist, theils in Buchhypotheken, theils in Sicherungshypotheken des BGB. und hält nur die Revenuenhypothek aufrecht.

Vor jenem Zeitpunkte bewendet es beim bisherigen Rechte.

Im Einzelnen ist Folgendes hervorzuheben:

1. Die Vorschriften dieses Artikels beziehen sich auf alle Pfandrechte an Grundstücken, welche zu der Zeit bestehen, in welcher das Grundbuch als angelegt gilt; gleichgültig ist dann,

a) ob das Pfandrecht vor oder nach dem Inkrafttreten des BGB. entstanden ist, ferner

b) ob die Entstehung auf Gesetz, Vertrag oder richterlichem Urtheile beruht (vgl. Bem. 2 zu Art. 188),

c) ob es sich um eine Buch- oder um eine Briefhypothek des bisherigen Rechtes handelt.

2. Die Voraussetzungen der von dem gegenwärtigen Artikel betroffenen Pfandrechte richten sich nach bisherigem Rechte.

3. Hinsichtlich der Wirkungen begründet der Artikel eine Ausnahme von der Regel des Art. 184, und ist in dieser Beziehung Folgendes zu bemerken:

A. Es wird unterschieden, ob das Pfandrecht für eine Forderung besteht, deren Betrag bestimmt ist, oder ob der Betrag der Forderung, für welche das Pfandrecht besteht, nicht bestimmt ist.

Im ersteren Falle verwandelt sich das bisherige Pfandrecht in eine Hypothek, für welche die Ertheilung eines Hypothekenbriefs ausgeschlossen ist, also in eine nach Maßgabe der §§ 1116 Abs. 2, 1118–1183 BGB. zu beurtheilende Buchhypothek, während sie im letzteren Falle sich in eine Sicherungshypothek nach §§ 1184 ff. BGB. verwandelt. Der Unterschied, welcher hier gemacht wird, ist übrigens praktisch von keiner großen Erheblichkeit, weil nach § 1186 BGB. eine Sicherungshypothek in eine gewöhnliche Hypothek und eine gewöhnliche Hypothek in eine Sicherungshypothek ohne Zustimmung der im Range gleich= oder nachstehenden Berechtigten verwandelt werden kann.

Durch diese Umwandlung kann auch der Inhalt des Pfandrechts in einer ganz wesentlichen Weise verändert werden, indem sich beispielsweise künftighin die Hypothek auf die Erzeugnisse, Bestandtheile und Zubehörstücke des Grundstücks sowie auf Mieth= und Pachtzinse im Umfange der §§ 1120—1124 BGB. erstreckt, auch wenn das Pfandrecht bisher diese Ausdehnung nicht hatte, indem ferner das Grundstück für Zinsen und Kosten der Hypothekforderung nach Maßgabe der §§ 1118 u. 1119 BGB. auch dann haftet, wenn eine solche Haftung nach bisherigem Rechte nicht begründet gewesen wäre, indem weiter der Anspruch des Drittbesitzers für Verwendungen und Verbesserungen (nach code civil art. 2175) im Hinblick auf ZwVG. § 93 Abs. 2 wegfällt, indem ferner entgegen den bisherigen Vorschriften in Bayern, Württemberg und Baden (M. III, 659) das Pfandrecht sich auch auf die Forderungen des Eigenthümers und des Besitzers des Grundstücks aus der Versicherung von Gegenständen erstreckt, welche dem Gläubiger kraft der Hypothek haften, indem endlich aber auch gegenüber einzelnen bisherigen Rechten (z. B. jenen in Hessen und Preußen) das Pfandrecht eine Beschränkung seines Inhalts erfährt.

Die Motive erkennen an, daß diese Umwandlung einen Eingriff in bestehende Rechte enthält, halten denselben aber deßhalb für weniger bedenklich, „weil der Zweck der Hypothek — die Ermöglichung der sicheren Beitreibung eines Geldbetrags — nur in geringem Maße und praktisch wenig fühlbar durch die Anpassung beeinträchtigt wird, auch eine drückende Erschwerung der Lage des Eigenthümers und der sonstigen Realberechtigten nicht zu besorgen ist".

B. In den Motiven ist hinsichtlich der Generalhypotheken (deren wünschenswerthe Beseitigung der Landesgesetzgebung überlassen wird) die Frage aufgeworfen, ob eine solche, welche nach bisherigem Rechte auch die später von dem Verpflichteten erworbenen Grundstücke im Augenblicke des Erwerbes ergreift, diese Wirksamkeit nach dem Geltungsbeginne des neuen Rechtes behält.

Für die Bejahung kann geltend gemacht werden, daß mit dem Entstehen der Generalhypothek hinsichtlich der später zu erwerbenden Sachen zwar noch nicht ein Pfandrecht, wohl aber eine Pfandgebundenheit ebenso eintrete, wie wenn die betreffende Sache unter der aufschiebenden Bedingung künftiger Erwerbung derselben verpfändet worden wäre (RGE. Bd. 10 Nr. 10 S. 41 ff.). Andererseits läßt sich die Annahme vertreten, daß in der Zeit vor dem künftigen Erwerbe der Sache für eine, wenn auch nur bedingte Pfandhaftung in Ermangelung eines Gegenstands kein Raum sei, und daß der kraft des früheren Gesetzes erfolgende Eintritt der Pfandhaftung die Fortgeltung des fraglichen Gesetzes voraussetze (Mot. z. EG. 273). Die Frage wurde reichsrechtlich nicht gelöst.

Für die bayrische Pfalz wurde diese Frage hinsichtlich der gesetzlichen Hypothek der Ehefrau am gütergemeinschaftlichen Vermögen durch Art. 8 Abs. 2 des pfälzischen Liegenschafts-Gesetzes in verneinendem Sinne entschieden.

C. Aus Art. 186 im Zusammenhalte mit Art. 188 und BGB. § 892 ergiebt sich, daß, abgesehen von den gesetzlichen Pfandrechten alle übrigen Pfandrechte an Grundstücken, welche vor der Anlegung des Grundbuchs entstanden sind, von diesem Zeitpunkt an die Wirkungen dieses Artikels gegenüber gutgläubigen Dritten nur dann haben, wenn sie im Grundbuch eingetragen sind.

D. Von den unter A dargelegten Wirkungen dieses Artikels wurden folgende Ausnahmen gemacht:

a) Wenn das Pfandrecht dahin beschränkt ist, daß der Gläubiger Befriedigung nur im Wege der Zwangsverwaltung suchen kann, also nicht, wie in § 1147 BGB. allgemein bestimmt ist, im Wege der Zwangsvollstreckung, so bleibt diese Beschränkung bestehen.

Diese Ausnahme betrifft die sog. Revenuenhypothek nach l. 15 pr. D. de pign. 20, 1, PLR. Thl. I Tit. 20 § 26 (RGE. vom 28. Januar 1885 in Bd. 13 S. 223); dieselbe kommt namentlich bei Lehen und Familienfideikommissen vor (vgl. Art. 60; vgl. auch M. III, 633).

Weitere Ausnahmen statuiren:

b) die Art. 193 u. 194 EG.

E. Keine Vorschrift ist gegeben über das Rangverhältniß. Dasselbe bemißt sich nach bisherigem Rechte. Gegenüber später entstehenden Rechten werden sich die Vorschriften der Art. 186 u. 188 sowie BGB. § 892 wirksam zeigen (vgl. P. V, 631).

4. Der gegenwärtige Artikel bezieht sich nicht auf die Behandlung der besonderen Vorzugsrechte des französischen und badischen Rechtes (vgl. cod. civ. art. 219 ff., badisches Gesetz, betreffend die Einführung der Reichsjustizgesetze vom 3. März 1879 §§ 20 ff.), auch nicht auf die bestehenden Pfandrechte, welche in einem Urtheile sich gründen. Die Frage, inwieweit den bezeichneten Vorzugsrechten der Charakter als Pfandrecht im Sinne des neuen Rechtes beizulegen ist, kann, weil es sich deßfalls um die Voraussetzungen eines Pfandrechts handelt, nur durch die Landesgesetzgebung (vgl. Art. 218) entschieden werden (Mot. z. EG. 275).

III. Einschlägig sind für Preußen AG. z. BGB. Art. 33, AG. z. ZwVG. vom 23. September 1899 Art. 23 und AG. z. GBO. vom 26. September 1899 Art. 21; für Bayern Ueberg.G. Art. 48—61, 116—123 (mit Mot. zu diesem Gesetz, insbesondere zu Entw. Art. 33, 43, 44), pfälzisches Liegenschafts-Gesetz Art. 1—16, AG. z. ZwVG. Art. 56, 57 (vgl. auch Mot. z. Entw. d. AG. z. BGB. Beil. B Art. 31, II, 1 a. E. und Bl. f. RA. Bd. 62 S. 225); für Württemberg AG. z. BGB. Art. 214; für Elsaß-Lothringen AG. z. BGB. § 77, AG. z. FG. vom 6. November 1899 §§ 68 ff., AG. z. GBO. §§ 22, 23, AG. z. CPO. und KO. vom 13. November 1899 §§ 19 u. 20 und AG. z. ZwVG. vom 13. November 1899 §§ 26 u. 44; für Baden AG. z. BGB. Art. 40; für Hessen AG. z. BGB. Art. 224 und AG. z. CPO. und KO. vom 22. September 1899 Art. 50 u. 51; für Mecklenburg-Schwerin VO. z. Ausf. d. BGB. §§ 198, 199; für Mecklenburg-Strelitz VO. z. Ausf. d. BGB. §§ 196, 197; Sachsen-Meiningen AG. z. BGB. Art. 19; Sachsen-Coburg-Gotha AG. z. BGB. Art. 33, 34; Schwarzburg-Sondershausen AG. z. BGB. Art. 41; Lübeck AG. z. BGB. §§ 95, 96; Hamburg AG. z. BGB. § 48.

IV. Aus der Rechtsprechung. Einen guten Ueberblick über die bisherige Rechtsprechung zu diesem Artikel giebt Dennler, Zur Bedeutung des Art. 192 BGB. in Bl. f. RA. Bd. 69 S. 89 ff.; derselbe a. a. O. S. 193—195 (Zur hypothekarischen Ueberleitung).

Vgl. ferner Bem. IV zu Art. 184; Bem. zu §§ 1163, 886, 1116, 1128, 1164, 1173 BGB.

Preußen: Eine Kautionshypothek des preußischen Rechts ist seit dem 1. Januar 1900 als Sicherungshypothek im Sinne des § 1190 anzusehen, RGE. Bd. 49 S. 162, Jur. Wschr. 1901 S. 863; Seuff. Arch. Bd. 57 S. 185.

Ist jedoch das Rechtsverhältniß, für das sie eingetragen war, schon vor 1900 beendet, so daß Forderungen, für die sie haften soll, nicht mehr entstehen können, so ist sie erloschen und kann nicht mehr als Sicherungshypothek gelten. RGE. Bd. 52 S. 59; Jur. Wschr. 1902 Beil. S. 250; RGE. Bd. 52 S. 411; RGE. vom 15. Mai 1904 in Gruchot, Beitr. Bd. 48 S. 1029. Dasselbe gilt von einer solchen Hypothek, die wegen Irrthums oder Betrugs erfolgreich angefochten worden ist. RGE. Bd. 54 S. 83; Jur. Wschr. 1902 Beil. S. 250. — Preußische Eigenthümerhypotheken haben sich in Eigenthümerhypotheken des BGB. verwandelt und sind daher ohne die Forderung abtretbar. KG. vom 3. Dezember 1900 in Rspr. d. OLG. Bd. 2 S. 44, Jahrb. d. Entsch. d. KG. Bd. 21 S. A 160. Auch die unter der Herrschaft des PLR. auf dem ungewissen Grundstücksanteil eines Miterben eingetragene Hypothek ist ein bestehendes Pfandrecht an einem Grundstück im Sinne des Art. 199; sie hat sich mit dem Inkrafttreten des BGB. in eine Hypothek des neuen Rechts umgewandelt. KG. vom 22. Oktober 1900 in Jahrb. d. Entsch. d. KG. Bd. 20 S. A 314. — Hat der Schuldner, gegen den Arresthypothek des preußischen Rechts eingetragen ist, die vorgemerkte Forderung anerkannt und sich der sofortigen Zwangsvollstreckung unterworfen, so muß er ohne Weiteres die Zwangsvollstreckung in sein Grundstück dulden. RGE. Bd. 49 S. 106. Wenn eine Kautionshypothek bereits unter der Herrschaft des alten Rechts löschungsreif geworden ist, so bewendet es hierbei auch nach dem Inkrafttreten des BGB. Auch gegenüber Art. 192 behält der allgemeine Grundsatz Bedeutung, daß rechtsbegründende und rechtsvernichtende Ereignisse, die während der Geltung des alten Rechts stattgefunden haben, rücksichtlich ihrer Wirksamkeit nach den bisherigen Gesetzen zu beurtheilen sind. RGE. in Gruchot, Beitr. Bd. 48 S. 1031.

Die Vormerkung des preußischen Rechtes ist eine bedingte Eintragung der Hypothek selbst, wodurch für die endgültige Eintragung die Stelle in der Reihenfolge der Eintragungen gesichert wird und stellt ein Recht dar, welches sich von einer endgültigen Hypothek nicht in seiner Wesenheit, sondern nur durch seinen provisorischen Charakter unterscheidet. Sie ist als ein bestehendes Pfandrecht im Sinne des Art. 192 anzusehen. So OLG. Cöln im Archiv f. das Civil- und Kriminalrecht der Rheinprovinz Bd. I S. 34 ff., Rspr. d. OLG. Bd. 2 S. 402, vgl. auch Habicht im Recht 1901 S. 334 ff., a. M. RGE. Bd. 52 S. 40.

Sachsen: Auch die Kautionshypothek des früheren sächsischen Rechtes hat sich seit dem 1. Januar 1900 in eine Maximalhypothek des § 1190 BGB. umgewandelt, RGE.

Bd. 55 S. 219. — Eine Hypothek des sächsischen Rechtes ist vom 1. Januar 1900 an als eine Buchhypothek anzusehen; nach neuem Recht ist zu beurtheilen, was für die Hypothek als Pfand haftet und welche Befugnisse der Gläubiger hat. RGE. Bd. 50 S. 68. Eine Hypothek des sächsischen Rechtes, die vor 1. Januar 1900 auf den Pfandgrundstücksbesitzer umgeschrieben worden ist, wird nicht zur Grundschuld, und ist daher im Falle der Abtretung ohne Zwischeneintrag umzuschreiben. OLG. Dresden vom 25. Juli 1901 in den Annalen des Sächsischen OLG. Bd. 23 S. 71.

Baden: Nach Umwandlung altrechtlicher badischer Hypotheken in Sicherungshypotheken infolge Anlegung des Grundbuchs entscheidet sich die Frage, welche Sachen als Zubehör des Grundstücks dem Hypothekengläubiger mithaften, ausschließlich nach dem BGB. Es haben sich aber alte Hypotheken nur insoweit in Sicherungshypotheken verwandelt, als sie nicht bereits bei Anlegung des Grundbuchs nach altem Recht erloschen waren, mochten sie auch im Unterpfandbuch nicht gelöscht sein. Erloschen ist ein altes Vorzugsrecht an Zubehörstücken, besonders dann, wenn der Verkäufer darauf verzichtet hat, was auch durch konkludente Handlungen geschehen kann. RGE. in Puchelts Zeitschr. f. deutsches LR. u. französ. Civilr. Bd. 35 S. 405.

V. Mit besonderer Rücksicht auf die in Bayern üblichen sog. Nebensachekautionen ist inzwischen zur Ergänzung dieses Artikels folgendes Reichsgesetz betr. Ueberleitung von Hypotheken des früheren Rechtes vom 17. März 1906 ergangen:

> „Durch Landesgesetz kann bestimmt werden, daß ein zu der Zeit, zu welcher das Grundbuch als angelegt anzusehen ist, an einem Grundstücke bestehendes Pfandrecht, das zur Sicherung künftiger Ansprüche auf Zinsen, Kosten und andere Nebenleistungen neben dem Pfandrechte für die Hauptforderung bestellt worden ist, erlischt, wenn es sich mit dem Eigenthum in einer Person vereinigt.
>
> Diese Bestimmung kann auch nach dem Zeitpunkte, zu welchem das Grundbuch als angelegt anzusehen ist, getroffen werden. Sie kann dahin erweitert werden, daß Hypotheken der bezeichneten Art, die sich schon mit dem Eigenthum in einer Person vereinigt haben, als im Zeitpunkte der Vereinigung erloschen gelten".

Dieses Reichsgesetz ist veranlaßt durch einen von Bayern beim Bundesrathe gestellten Antrag, der durch die Unzuträglichkeiten hervorgerufen wurde, welche sich in Ansehung der sog. Nebensachekautionen des bayrischen Rechtes aus der Ueberleitung in das Liegenschaftsrecht des BGB. ergeben haben.

Nach den Vorschriften des bayrischen Hypothekengesetzes (§ 12 Nr. 11, § 42) erstreckt sich die Haftung des Grundstücks grundsätzlich auf die Zinsen nur insoweit, als sie laufend oder nicht über ein Jahr rückständig sind, in Ansehung der Kosten aber und weiterer Rückstände an bedungenen Zinsen hat der Gläubiger das dingliche Recht zwar gegen seinen Schuldner, solange dieser im Besitze der Sache ist, nicht aber gegenüber dritten Besitzern und anderen Gläubigern, sofern er nicht nach § 12 Nr. 11 des zit. Ges. eine besondere Eintragung wegen der Kosten und nicht über zwei Jahre rückständiger Zinsen erwirkt hat.

Da nun eine so beschränkte Haftung für Nebenleistungen den Bedürfnissen des Immobiliarverkehrs nicht genügte, hatte sich in Bayern die Uebung gebildet, die Wirkung der Hypothek in Ansehung der Haftung des Grundstücks für Nebenleistungen vertragsmäßig dahin zu erweitern, daß neben der Hypothek für die Hauptforderung im gleichen Range mit dieser eine sog. Nebensachekaution, d. h. eine Hypothek zur Sicherung künftiger, nicht bevorzugter Zinsen, Kosten und anderer Nebenleistungen bestellt wurde (in der Regel bis zum Höchstbetrage von 10 Prozent der Hauptforderung). In der Praxis wurden diese Nebensachekautionen immer nur von dem Gesichtspunkte aus beurtheilt, daß sie dem Hypothekengläubiger Sicherheit gewährleisten sollten. Erst mit der Einführung des Grundbuchrechts erhob sich für diejenigen Bezirke, in denen das Grundbuch fertig gestellt wurde, die bis dahin nie erörterte Frage, ob diese Nebensachekaution als selbständige Hypothek neben derjenigen für den Hauptanspruch zu erachten sei, insbesondere aber auch, ob auch diese Hypothek sich in eine Eigenthümerhypothek (Eigenthümergrundschuld) umwandeln kann oder nicht. Das Bayr. Oberst. LG. hat nun in einem Beschlusse vom 23. Juni 1905 (Samml. n. F. Bd. 6 S. 418) sich für die Selbständigkeit der Nebensachekaution entschieden und angenommen, daß auf eine solche selbständige Höchstbetragshypothek die Vorschriften des BGB. über die Eigenthümerhypothek Anwendung finden und nicht der § 1178 BGB. Nachdem sich auch das Reichsgericht (Beschluß vom 18. Oktober 1905, s. RGE. Bd. 61 S. 374 ff.) dieser Auffassung angeschlossen hatte und nunmehr diese höchstrichterlichen Entscheidungen für die Praxis maßgebend geworden sind, mußte die Unzuträglichkeit dieser Auffassung für den Hypothekenverkehr sich in hohem Grade fühlbar machen. Die Gläubiger müssen es sich gefallen lassen, daß der Eigenthümer, der in der Regel auch ihr persönlicher Schuldner ist, denjenigen Theil des Versteigerungserlöses im Vorrange vor ihnen ganz oder theilweise zugewiesen erhält, der auf die Höchstbetragshypothek für Zinsen, Kosten und andere Nebenansprüche berechnet war. Gleichwohl war die bayrische Landesgesetzgebung bislang nicht in der Lage, diesem Uebelstande abzuhelfen, wenigstens soweit es sich um Bezirke handelt, in denen das Grundbuch schon als angelegt anzusehen ist: eine entsprechende landesgesetzliche Vorschrift hätte schon vor dem Inkrafttreten des BGB. oder wenigstens vor jenem Zeitpunkt getroffen werden müssen. Die unter der Herrschaft des bayrischen Hypothekenrechts bereits bestellten Hypotheken für derartige Nebenansprüche sind eben auf Grund des Art. 192 vorbehaltlos in Hypotheken des BGB. übergeleitet worden. Zu einer nachträglichen Aenderung der Vorschriften des BGB., die auf Grund der reichsgesetzlichen Ueberleitung in Kraft stehen, ist die Landesgesetzgebung nicht befugt, auch Art. 218 EG. kann nicht in Anwendung kommen. Daher mußte der Abhülfe des Uebelstandes, der sich durch die zitirten höchstrichterlichen Entscheidungen herausgestellt hat, durch Eingreifen der Reichsgesetzgebung der Weg gebahnt werden, den nunmehr die bayrische Landesgesetzgebung betreten wird.

Das binnen Kurzem auf Grund des zitirten Reichsgesetzes ergehende bayrische Ueberleitungsgesetz wird dem Vertragswillen der Betheiligten, der der Begründung von Nebensachekautionen unter der Herrschaft des früheren Rechts zu Grunde gelegen hat, entsprechend anordnen, daß diese Nebensachekautionen in ähnlicher Weise zu behandeln sind, wie die in § 1178 Abs. 1 BGB. bezeichneten Hypotheken.

Die bayrische Gesetzgebung ist ausdrücklich durch Abs. 2 Satz 2 des zit. Gesetzes ermächtigt, ihren Vorschriften in einem den besonderen örtlichen Verhältnissen entsprechenden Umfange auch rückwirkende Kraft zu verleihen auf solche Fälle, in denen sich die Vereinigung der Hypothek mit dem Eigenthum schon vor dem Inkrafttreten des neuen Ueberleitungsgesetzes vollzogen hat.

Vgl. zum Ganzen Bl. f. RA. Bd. 71 S. 233 ff. und 260 ff.

Art. 193.

Durch Landesgesetz kann bestimmt werden, daß ein Pfandrecht, welches nach Artikel 192 nicht als Sicherungshypothek gilt, als Sicherungshypothek oder als eine Hypothek gelten soll, für welche die Ertheilung des Hypothekenbriefs nicht ausgeschlossen ist, und daß eine über das Pfandrecht ertheilte Urkunde als Hypothekenbrief gelten soll.

E. I, 112 Abs. 3; II, 164; III, 192.

1. Ueber die Entstehung des Artikels s. Bem. 1 zu Art. 192.

2. Inhalt. Die Bedeutung der Vorschrift dieses Artikels ist die, daß landesgesetzlich einem nach bisherigem Rechte bestehenden Pfandrecht eine andere Hypothekenform gegeben werden kann, als Art. 192 es vorschreibt. Nothwendig ist nur die Unterordnung unter eine der Kategorien des BGB., und ausgeschlossen bleibt die Aufrechterhaltung des nach dem bisherigen Rechte sich bestimmenden Rechtsinhalts (Mot. z. EG. 274).

Die praktische Bedeutung dieses Artikels ist übrigens keine erhebliche, da durch eine Einigung des Hypothekgläubigers und des Eigenthümers mittelst der Vorschriften des § 1116 Abs. 2 und § 1186 BGB. im Wesentlichen dasselbe Ergebniß herbeigeführt werden könnte.

3. Einschlägig sind für Preußen AG. z. BGB. Art. 33; für Bayern Ueberg.G. Art. 49, 50, 55, 119, 120, 123, pfälzisches Liegenschafts-Gesetz Art. 1, 11, 13, 14, AG. z. ZwVG. Art. 55; für Elsaß-Lothringen AG. z. BGB. §§ 77, 100; für Baden AG. z. BGB. Art. 40; für Hessen AG. z. BGB. Art. 224; für Mecklenburg-Schwerin VO. z. Ausf. d. BGB. §§ 198, 199; für Mecklenburg-Strelitz VO. z. Ausf. d. BGB. §§ 196, 197; für Württemberg AG. z. BGB. Art. 214; für Sachsen-Meiningen AG. z. BGB. Art. 19; für Sachsen-Koburg-Gotha AG. z. BGB. Art. 33; für Schwarzburg-Sondershausen AG. z. BGB. Art. 41; für Schwarzburg-Rudolstadt AG. z. BGB. Art. 106; für Oldenburg AG. z. BGB. § 14; für Braunschweig AG. z. BGB. § 54; für Anhalt AG. z. BGB. Art. 51; für Waldeck AG. z. BGB. Art. 193.

Art. 194.

Durch Landesgesetz kann bestimmt werden, daß ein Gläubiger, dessen Pfandrecht zu der im Artikel 192 bezeichneten Zeit besteht, die Löschung eines im Range vorgehenden oder gleichstehenden Pfandrechts, falls dieses sich mit dem Eigenthum in einer Person vereinigt, in gleicher Weise zu verlangen berechtigt ist, wie wenn zur Sicherung des Rechtes auf Löschung eine Vormerkung im Grundbuch eingetragen wäre.

E. II, 165; III, 193.

1. Entstehung. Dieser Artikel wurde erst in der II. Komm. aufgestellt (P. VI, 524; Reatz III, 92).

2. Inhalt. Der Art. 194 ermöglicht der Landesgesetzgebung, eine weitere Ausnahme von Art. 192 zu machen.

Nach den §§ 1163 u. 1168 BGB. (vgl. auch §§ 1143, 1173, 1182) erwirbt der Eigenthümer die Hypothek, wenn die Forderung erlischt oder der Gläubiger auf die Hypothek verzichtet. Sie wird Eigenthümerhypothek. Dies hat zur Folge, daß die nachfolgenden Hypothekgläubiger entgegen bisher bestehenden Rechten (z. B. den Vorschriften des pfälzischen Rechtes) im Range nicht vorrücken können. Diese Rangvorrückung kann sich der nachfolgende Hypothekgläubiger nach Vereinbarung mit dem Eigenthümer durch eine Vormerkung gemäß § 1179 BGB. sichern.

Die Landesgesetzgebung kann nun ohne eine solche Vereinbarung und Vormerkung den Hypothekgläubigern, deren Pfandrecht zu der Zeit besteht, in welcher das Grundbuch als angelegt gilt, die gleiche günstige Rangstellung dadurch verschaffen, daß sie den Eigenthümer zur Löschung des mit seinem Eigenthume zusammenfallenden, im Range gleichstehenden oder vorgehenden Pfandrechtes verpflichtet (P. a. a. O.).

3. Für Preußen vgl. AG. z. BGB. Art. 33; für Bayern wurde von dem Vorbehalte dieses Artikels nur in Ansehung der bestehenden Rangeinräumungsverzichte (Ges. vom 9. Juni 1899 betr. Uebergangsvorschriften Art. 59), im Uebrigen aber kein Gebrauch gemacht (vgl. Mot. zu Art. 1 des pfälzischen Liegenschafts-Gesetzes Ziff. 2, Mot. zum Entw. des Ueberg.G. vor Art. 34 und Mot. z. AG. z. GBO. und ZwVG. vor Art. 28); für Württemberg AG. z. BGB. Art. 215; für Sachsen-Meiningen AG. z. BGB. Art. 19; für Schwarzburg-Rudolstadt AG. z. BGB. Art. 107.

Art. 195.

Eine zu der Zeit, zu welcher das Grundbuch als angelegt anzusehen ist, bestehende Grundschuld gilt von dieser Zeit an als Grundschuld im Sinne des Bürgerlichen Gesetzbuchs und eine über die Grundschuld ertheilte Urkunde als Grundschuldbrief. Die Vorschrift des Artikel 192 Abs. 2 findet entsprechende Anwendung.

Durch Landesgesetz kann bestimmt werden, daß eine zu der im Abs. 1 bezeichneten Zeit bestehende Grundschuld als eine Hypothek, für welche die Ertheilung des Hypothekenbriefs nicht ausgeschlossen ist, oder als Sicherungshypothek gelten soll und daß eine über die Grundschuld ertheilte Urkunde als Hypothekenbrief gelten soll.

E. I, 113; II, 166; III, 194.

1. Entstehung. Der Abs. 1 entspricht den Abs. 1 u. 2 von Art. 113 E. I; Abs. 2 wurde erst vom Bundesrathe hinzugefügt (Mot. z. EG. 275; P. VI, 524; Reatz III, 92).

2. Inhalt. A. In den Motiven z. BGB. (III, 604 ff.) ist dargelegt, daß es schon bisher im Deutschen Reiche verschiedene Staaten giebt, welche die Hypothek als ein selbständiges, von einer Forderung unabhängiges Recht, demnach im Sinne des BGB. als eine Grundschuld gestalten. Es werden dort die einschlägigen Gesetze in drei Gruppen geschieden:

a) in die Gesetze von Hamburg (über Grundeigenthum und Hypotheken vom 4. Dezember 1868) und Lübeck (Stadtbuch von 1818, Hypothekenordnungen von 1820 u. 1880),

b) in die Gesetze von Mecklenburg (rev. Hypothekenordnung für Landgüter vom 18. Oktober 1848, rev. Stadtbuchordnung vom 21. Dezember 1857 § 19, rev. Hypothekenordnung für den Privatgrundbesitz in den Domänen von Mecklenburg-Strelitz vom 24. Dezember 1812 § 12, Gesetz vom 2. Januar 1854 über die Grund- und Hypothekenbücher in den schwerinischen Domänen vom 2. Januar 1854),

c) in die Gesetze, welche eine selbständige Hypothek unter dem Namen „Grundschuld" neben der accessorischen Hypothek zulassen (preußisches Gesetz über den Eigenthumserwerb vom 5. Mai 1872 und die gleichnamigen Gesetze für Oldenburg mit Ausschluß von Birkenfeld, für Koburg-Gotha, für Waldeck und Pyrmont, für Lippe und für Schaumburg-Lippe).

d) Ein eigenartiges Institut ist das unter die Reallasten zu zählende „Ewiggeld" in München, welches zur Anlegung eines besonderen Grundbuchs in der Stadt München führte (Roth, Bayr. Civilr., 1. Aufl. Bd. 2 §§ 176 ff.; bayerisches Gesetz von 1898, betreffend die Vorbereitung der Anlegung des Grundbuchs im rechtsrheinischen Bayern, Art. 4).

B. Im BGB. ist die Grundschuld in §§ 1191 ff., die ebenfalls als Grundschuld erklärte Rentenschuld in den §§ 1199 ff. geregelt.

C. Der Art. 195 leitet die Grundschuld des bisherigen Rechtes in die Grundschuld des BGB. in der gleichen Weise über, wie Art. 192 das Pfandrecht des bisherigen Rechtes in die Hypothek des BGB.

Was daher in den Bemerkungen zu Art. 192 über die Wirkungen der Umwandlung gesagt wurde, trifft im Allgemeinen auch hier zu.

Ausdrücklich hebt der Art. 195 hervor, daß eine Urkunde über die Grundschuld des bisherigen Rechtes als Grundschuldbrief im Sinne des BGB. (vgl. §§ 1192 mit 1116 Abs. 1, 1195) gilt, ferner daß, wenn nach bisherigem Rechte der Gläubiger Befriedigung für die Grundschuld aus dem Grundstücke nur im Wege der Zwangsverwaltung suchen kann, diese Beschränkung auch fernerhin bestehen bleibt.

D. Die Vorschrift des Abs. 2 entspricht jener des Art. 193. Im Hinblick auf die §§ 1198, 1203 und 1186 BGB. wäre dieselbe vielleicht entbehrlich gewesen.

3. Für Preußen ist einschlägig AG. z. BGB. Art. 34. (Die nach § 55 des EG. vom 5. Mai 1872 zulässig gewesene Blankoabtretung einer Grundschuld erscheint vom 1. Januar 1900 ab nach § 1192 Abs. 2 BGB. nicht mehr zulässig. Um nun einem Blankoerwerber den Beweis, daß er den Grundschuldbrief vor dem 1. Januar 1900 erworben hat, zu erleichtern, bestimmt Art. 34: „Wird im Falle der Blankoabtretung einer Grundschuld die durch einen Namen ausgefüllte Abtretungserklärung vor dem Inkrafttreten des BGB. behufs Sicherstellung der Zeit der Ausfüllung einem Amtsgerichte vorgelegt, so hat das Gericht die Bescheinigung auf der Urkunde gebühren- und stempelfrei zu ertheilen.") Für Bayern Ueberg.G. Art. 47 (Umwandlung des Ewiggelds in eine Rentenschuld); für Mecklenburg-Schwerin VO. z. Ausf. z. BGB. § 197; Mecklenburg-Strelitz VO. z. Ausf. z. BGB. § 195; Waldeck AG. z. BGB. Art. 19; Hamburg AG. z. BGB. §§ 49, 50.

Art. 196.

Durch Landesgesetz kann bestimmt werden, daß auf ein an einem Grundstücke bestehendes vererbliches und übertragbares Nutzungsrecht die sich auf Grundstücke beziehenden Vorschriften und auf den Erwerb eines solchen Rechtes die für den Erwerb des Eigenthums an einem Grundstücke geltenden Vorschriften des Bürgerlichen Gesetzbuchs Anwendung finden.

E. I, 115; II, 167; III, 195.

1. Entstehung. Der Art. 196 weicht vom Art. 115 E. I sehr erheblich ab. Letzterer lautete:

„Durch Landesgesetz kann bestimmt werden, daß ein an einem Grundstücke bestehendes veräußerliches und vererbliches Nutzungsrecht, wenn es bei dem belasteten Grundstücke eingetragen ist, ein Blatt im Grundbuch erhalte."

Seine gegenwärtige Gestalt erhielt der Art. 196 in der II. Komm. (Mot. z. EG. 276 ff.; P. V, 525, 526; Reatz III, 93).

2. Inhalt. A. Der Art. 196 bezieht sich auf Nutzungsrechte an einem Grundstücke, welche

a) beim Inkrafttreten des BGB. bestehen,
b) übertragbar und
c) vererblich sind und
d) nicht schon von einem Artikel des 3. Abschnitts (z. B. Art. 63, 68, 133) betroffen werden. (Letzteres ist im Protokoll der II. Komm. ausdrücklich hervorgehoben und weiter bemerkt, daß es sich um Nutzungsrechte handelt, welche beim Inkrafttreten des BGB. bestehen, nach Art. 189 Abs. 1 Satz 1 u. 2 in Kraft bleiben und nach Satz 3 daselbst künftighin nicht mehr begründet werden können. P. a. a. O. Hinsichtlich solcher Rechte vgl. Bem. 2, d zu Art. 189).
e) Es werden außerdem auch solche Nutzungsrechte hieher zu zählen sein, welche landesgesetzlich nach den Vorschriften des 3. Abschnittes zwar aufrecht erhalten werden könnten, aber nicht aufrecht erhalten werden.

B. Die Wirkung des Artikels ist die, daß landesgesetzlich bestimmt werden kann, daß die betreffenden Rechte, abweichend von der Vorschrift des Art. 184, Grundstücksqualität im Sinne des BGB. erlangen, so daß auf sie nicht bloß die allgemeinen Vorschriften des BGB. (§§ 873—902) über Rechte an Grundstücken, sondern auch die für den Erwerb des Eigenthums an einem Grundstücke geltenden Vorschriften (§§ 925 bis 928 BGB.), einschließlich jener über die Ansprüche aus dem Eigenthum (§§ 985 bis 1007), anwendbar sind.

Daß die Landesgesetzgebung auch befugt ist, anzuordnen, solche Nutzungsrechte sollten ein besonderes Blatt im Grundbuch erhalten, ergiebt sich aus § 83 GBO.

3. Für Preußen vgl. AG. z. BGB. Art. 37, 38, 40; für Bayern AG. z. GBO. Art. 17, 18; für Württemberg AG. z. BGB. Art. 208; für Baden AG. z. GBO. § 34 (Waldrechte der Murgschifferschaft); für Hessen AG. z. BGB. Art. 154 (Emphyteuse, Erbleihe, Landsiedelleihe, Lehen oder andere erbliche Leihe); Sachsen Ges. vom 15. Juni 1900 § 29; Reuß ältere Linie AG. z. BGB. § 93; Reuß jüngere Linie AG. z. BGB. § 67; Anhalt AG. z. BGB. Art. 55; Schwarzburg-Rudolstadt AG. z. BGB. Art. 81; Schwarzburg-Sondershausen AG. z. BGB. Art. 27, 28; Sachsen-Weimar AG. z. BGB. §§ 128, 155.

Art. 197.

In Kraft bleiben die landesgesetzlichen Vorschriften, nach welchen in Ansehung solcher Grundstücke, bezüglich deren zur Zeit des Inkrafttretens des Bürgerlichen Gesetzbuchs ein nicht unter den Artikel 63 fallendes bäuerliches Nutzungsrecht besteht, nach der Beendigung des Nutzungsrechts ein Recht gleicher Art neu begründet werden kann und der Gutsherr zu der Begründung verpflichtet ist.

E. III, 196.

1. Entstehung. Dieser Artikel wurde erst vom Bundesrath eingestellt (Reatz III, 93).

2. Inhalt. Die Einstellung erfolgte mit Rücksicht auf Mecklenburg, da es dort bäuerliche Nutzungsrechte an Grundstücken giebt, welche nicht vererblich und nicht veräußerlich sind und nicht schon durch den Vorbehalt des Art. 63 gedeckt werden (vgl. auch Beseler, DPR. 3. Aufl. Abth. II § 184 g). Die Landesgesetzgebung soll befugt sein, zu bestimmen, daß

a) nach Beendigung des Nutzungsrechts ein Recht gleicher Art begründet werden kann,
b) daß der Gutsherr zur Begründung eines solchen Nutzungsrechts gleicher Art verpflichtet ist.

Hier handelt es sich also um eine Vorschrift, welche nicht wohl als eine Uebergangsbestimmung betrachtet werden kann, sondern besser in den Abschnitt 3 versetzt worden wäre.

3. Vgl. Mecklenburg-Schwerin, VO. z. Ausf. d. BGB. §§ 178, 179; Mecklenburg-Strelitz, VO. z. Ausf. d. BGB. §§ 176, 177.

Art. 198.

Die Gültigkeit einer vor dem Inkrafttreten des Bürgerlichen Gesetzbuchs geschlossenen Ehe bestimmt sich nach den bisherigen Gesetzen.

Eine nach den bisherigen Gesetzen nichtige oder ungültige Ehe ist als von Anfang an gültig anzusehen, wenn die Ehegatten zur Zeit des Inkrafttretens des Bürgerlichen Gesetzbuchs noch als Ehegatten mit einander leben und der Grund, auf dem die Nichtigkeit oder die Ungültigkeit beruht, nach den Vorschriften des Bürgerlichen Gesetzbuchs die Nichtigkeit oder die Anfechtbarkeit der Ehe nicht zur Folge haben oder diese Wirkung verloren haben würde. Die für die Anfechtung im Bürgerlichen Gesetzbuche bestimmte Frist beginnt nicht vor dem Inkrafttreten des Bürgerlichen Gesetzbuchs.

Die nach den bisherigen Gesetzen erfolgte Ungültigkeitserklärung einer Ehe steht der Nichtigkeitserklärung nach dem Bürgerlichen Gesetzbuche gleich.

E. I, 117; II, 168; III, 197.

I. Entstehung. Der Art. 117 E. I entspricht dem Abs. 1 des Art. 198; die Abs. 2 u. 3 wurden erst in der II. Komm. hinzugefügt (Mot. z. EG. 278; P. VI, 526, 532, 634, 635, 653, 654; Reatz III, 93).

II. Inhalt. Art. 198 enthält Uebergangsvorschriften über den Rechtsbestand einer Ehe, welche vor dem 1. Januar 1900 geschlossen wurde.
Hierüber ist im Einzelnen Folgendes zu bemerken:

1. Bezüglich der Verlöbnisse fehlt eine Uebergangsbestimmung hinsichtlich der vor dem 1. Januar 1900 eingegangenen Verlöbnisse. Die Eingehung der Ehe kann schon im Hinblick auf die Abs. 2 von §§ 888, 894 CPO. nicht erzwungen werden. Ebenso bildete das Verlöbniß oder der Einspruch auf Grund eines Verlöbnisses schon nach bisherigem Rechte kein Ehehinderniß mehr (Pers.Ges. § 39; s. Bd. IV Vorbem. IV, a vor § 1297). Auch auf vor dem 1. Januar 1900 geschlossene Verlöbnisse ist § 1297 BGB. anzuwenden. Jur. Wschr. 1900 S. 726; 1901 S. 138, 139, 384; 1902 S. 12, 1905 S. 22.

Die Rückforderung der Brautgeschenke (vgl. § 1301) richtet sich nach dem zur Zeit der Hingabe gültigen Rechte.

Der Deflorationsanspruch (vgl. § 1300 BGB.) richtet sich nach dem zur Zeit der ersten Beiwohnung geltenden Rechte, RGE. Bd. 49 S. 204.

2. Art. 198 geht im Allgemeinen davon aus, daß die Voraussetzungen der vor dem 1. Januar 1900 geschlossenen Ehen im Allgemeinen nach dem bisherigen Rechte zu beurtheilen sind.
Hinsichtlich der Wirkungen s. Art. 199 ff.

3. Es gilt auch hinsichtlich der Voraussetzungen d. i. der Gültigkeit oder Ungültigkeit einer Ehe der in Bem. 2 aufgestellte Grundsatz nicht ausnahmslos, sondern es ist für diese Voraussetzungen in gewissen Fällen auch das neue Recht maßgebend.
Es sind zu unterscheiden

A. Gründe, welche nach dem bisherigen und nach neuem Rechte die Nichtigkeit oder Ungültigkeit bezw. Anfechtbarkeit der Ehe begründen, dann

B. solche, welche diese Wirkung nur nach bisherigem, nicht nach neuem Rechte haben, endlich

C. solche, welche die gleiche Wirkung nur nach neuem Rechte, nicht nach bisherigem Rechte haben.

Zu A. Für diesen Fall hat das neue Recht dann Einfluß, wenn

a) die betreffende Thatsache nach bisherigem Rechte die Nichtigkeit oder Ungültigkeit der Ehe, nach neuem Rechte aber nur die Anfechtbarkeit begründet, oder wenn der betreffende Grund im konkreten Falle nach neuem Rechte die Wirkung der Nichtigkeit oder Anfechtbarkeit verloren hat, und wenn

b) die Ehegatten zur Zeit des Inkrafttretens des BGB. noch als Ehegatten miteinander leben.

Zu a. Beispiele bietet der Fall des § 1350 BGB. wie das Ehehinderniß der Impotenz, welches nach katholischem Kirchenrechte (Schulte, Lehrb. d. kath. u. prot. KR

4. Aufl. S. 377) ein trennendes Ehehinderniß ist, die Natur eines solchen auch bisher noch haben kann (Hinschius, 3. Aufl. S. 150) und nach BGB. § 1333 die Anfechtbarkeit der Ehe begründet (vgl. Bem. 3, b, « zu § 1333). Das Anfechtungsrecht geht in letzterem Falle nach § 1339 BGB. verloren, wenn es nicht innerhalb sechs Monaten vom Inkrafttreten des BGB. an ausgeübt wird, falls der nicht impotente Ehegatte in diesem Zeitpunkte den Mangel (die Impotenz) des anderen Ehegatten bereits entdeckt hatte. Weiter kann ein Fall dieser Art vorkommen, wenn die Vorschrift des § 1317 BGB. (§§ 41, 52 des Pers.Ges.) bei Eingehung der Ehe nicht beachtet, die Ehe aber in das Heirathsregister eingetragen wurde und die Ehegatten noch zehn Jahre oder, falls einer von ihnen vorher verstorben ist, bis zu dessen Tode, jedoch mindestens drei Jahre als Ehegatten miteinander gelebt haben. Es wurde durch gegenwärtigen Artikel, wie in der II. Komm. ausdrücklich bemerkt wurde, der Vorschrift des § 1324 BGB. rückwirkende Kraft beigelegt (P. VI, 635, 653).

Zu b. Wenn in Fällen nach a das neue Recht sich wirksam zeigen soll, so ist nothwendig, daß die Ehegatten zur Zeit des Inkrafttretens des BGB. noch als Ehegatten miteinander leben. Dieses Erforderniß ist (wie im Falle des § 1324 Abs. 2 BGB.) nur dann gegeben, wenn sich die Ehegatten gegenseitig noch als Ehegatten betrachten, mögen sie auch vielleicht wegen ehelicher Zwistigkeiten miteinander nicht in ehelicher Gemeinschaft leben (P. VI, 653, 654; vgl. Bem. 3, b zu § 1324).

Dagegen bleibt die Ungültigkeit der Ehe nach dem bisherigen Rechte bestehen, wenn vor dem Inkrafttreten des BGB. die Ehegatten die eheliche Gemeinschaft wegen der Ungültigkeit der Ehe aufgegeben haben, und selbstverständlich ebenso dann, wenn im erwähnten Zeitpunkte die Ehe bereits aufgelöst, Nichtigkeits- oder Ungültigkeitserklärung bereits erfolgt ist oder gar einer der Ehegatten schon eine neue Ehe eingegangen hat (P. a. a. O.).

Zu B. Unter den Gründen, welche nach bisherigem Rechte die Nichtigkeit oder Ungültigkeit bezw. Anfechtbarkeit der Ehe bewirken, nach neuem Rechte aber nicht mehr, wurden in der II. Komm. die in der Bestellung des Standesbeamten sowie die in der Zuziehung von Zeugen eingetretenen formellen Mängel der Ehe (Pers.Ges. §§ 41 ff., §§ 52 ff.) hervorgehoben, da § 1319 BGB. eine Ehe auch dann für gültig erklärt, wenn sie vor einer Person geschlossen wurde, die, ohne Standesbeamter zu sein, das Amt eines Standesbeamten öffentlich ausübt, sofern die Verlobten den Mangel der amtlichen Befugniß bei der Eheschließung nicht kennen, und da nach § 1318 BGB. die über die Zuziehung und Qualität der Zeugen gegebenen Vorschriften nur Ordnungsvorschriften sind, deren Außerachtlassung die Gültigkeit der Ehe nicht berührt (vgl. Bem. 4 zu § 1318).

Als materielle Gründe dieses Artikels sind in der II. Komm. (P. VI, 530) die Eheunmündigkeit und der Mangel der fehlenden elterlichen Einwilligung (BGB. §§ 1303, 1305, 1306) genannt worden, da diese nach dem BGB. nicht trennende, sondern aufschiebende Ehehindernisse sind (P. a. a. O.). Sofern es sich um Ehen handelt, welche vor Inkrafttreten des Personenstandsgesetzes geschlossen wurden, könnten z. B. von den trennenden Ehehindernissen des katholischen Kirchenrechts auch noch die impedimenta ordinis, professionis religiosae, disparitatis cultus u. a., welche schon durch § 39 des Personenstandsgesetzes in Wegfall gekommen sind (vgl. Hinschius S. 147 ff.), hieher in Betracht kommen.

Für diese unter B fallenden Gründe der Nichtigkeit, Ungültigkeit oder Anfechtbarkeit der Ehe gilt das neue Recht ebenfalls nur dann, wenn die Voraussetzung von A, b vorliegt. Liegt dagegen diese Voraussetzung nicht vor, so konvaleszirt mit dem Inkrafttreten des BGB. die bisher nichtige oder anfechtbare Ehe.

Es wurde in der II. Komm. anerkannt, daß diese Lösung der Frage in Einzelfällen zu einem unbefriedigenden Ergebnisse führen kann. Denn wenn z. B. nach dem bisherigen Rechte dem Mangel der Ehemündigkeit die Bedeutung eines trennenden Ehehindernisses zugekommen ist, nicht dagegen dem Mangel der Einwilligung des gesetzlichen Vertreters, so wird die Ehe gültig, obgleich sie weder dem bisherigen Rechte, noch dem neuen Rechte (BGB. §§ 1304, 1331, 1336) entspricht.

Zu C. Eine nach den bisherigen Gesetzen gültige Ehe wird nicht dadurch nichtig oder anfechtbar, daß sie an einem Mangel leidet, der nach bisherigem Rechte keinen Einfluß auf die Gültigkeit der Ehe hat, nach dem neuen Rechte aber die Nichtigkeit oder Anfechtbarkeit derselben begründen würde.

Die nach bisherigem Rechte ohne Einwilligung seines Vormundes geschlossene Ehe eines Volljährigen, der wegen Verschwendung entmündigt wurde, wird also mit dem Inkrafttreten des BGB. wegen der §§ 1304, 1331, 1336 desselben nicht anfechtbar.

4. Wenn nach den unter 3, A u. B entwickelten Voraussetzungen die Anfechtbarkeit der Ehe nach neuem Rechte gegeben ist, so bestimmt sich der Beginn der in § 1339

BGB. bestimmten Frist nach den Vorschriften von Abs. 2 u. 3 des § 1339, jedoch mit der Maßgabe, daß die Frist frühestens am 1. Januar 1900 beginnt.

5. Hinsichtlich des unter 3, A, a erwähnten Falles des § 1350 BGB. vgl. auch die Art. 159, 161 dieses Gesetzes.

6. Zu Abs. 3. § 568 CPO. unterschied in der früheren Fassung (entgegen dem § 606 n. F.) zwischen Ungültigkeit und Nichtigkeit der Ehe. Ein Ungültigkeitsgrund konnte nur von der verletzten Person geltend gemacht werden (impedimentum dirimens privatum), ein Nichtigkeitsgrund war nur ein solcher, der im öffentlichen Interesse auch von Amtswegen geltend gemacht werden konnte (impedimentum dirimens publicum; vgl. Pers.Ges. §§ 34, 55 und Hinschius S. 122 Note 23). Das BGB. kennt diese Unterscheidung nicht, sondern bestimmt in § 1343, daß eine angefochtene und anfechtbare Ehe als von Anfang an nichtig anzusehen ist. Abs. 2 beseitigt nun auch hinsichtlich der vor dem 1. Januar 1900 geschlossenen Ehen den Unterschied zwischen Ungültigkeitserklärung und Nichtigkeitserklärung, indem er auch die vor dem 1. Januar 1900 erfolgte Ungültigkeitserklärung der Nichtigkeitserklärung gleichstellt.

III. Aus der Rechtsprechung. Zu Abs. 2 S. 1: „Miteinanderleben" ist nicht bloß thatsächliches Zusammenwohnen, sondern bewußtes und gewolltes eheliches Miteinanderleben, ohne daß jedoch Geschlechtsverkehr erforderlich wäre: „Anwendbarkeit des Art. 198 ist ausgeschlossen, weil nach der vor dem 1. Januar 1900 erfolgten Erhebung der Klage nicht angenommen werden kann, daß die Parteien im Sinne dieser Gesetzesbestimmung noch als Ehegatten mit einander gelebt haben"; RGE. in Jur. Wschr. 1900 S. 725.

Art. 199.

Die persönlichen Rechtsbeziehungen der Ehegatten zu einander, insbesondere die gegenseitige Unterhaltspflicht, bestimmen sich auch für die zur Zeit des Inkrafttretens des Bürgerlichen Gesetzbuchs bestehenden Ehen nach dessen Vorschriften.

E. I, 118; II, 169; III, 198.

1. Entstehung. Art. 199 weicht nur in unwesentlicher redaktioneller Beziehung von Art. 118 E. I ab (Mot. z. EG. 279; P. VI, 532, 635; Reatz III, 96).

2. Inhalt. Art. 199 unterstellt die persönlichen Rechtsbeziehungen von Ehegatten, auch wenn sie sich schon vor dem 1. Januar 1900 verehelicht haben, dem neuen Rechte.

Was unter „den persönlichen Rechtsbeziehungen der Ehegatten zu einander" zu verstehen ist, wurde schon in Bem. 4 zu Art. 14 erörtert. Vgl. FG. § 45.

Im Einzelnen ist Folgendes zu beachten:

a) Das Gesetz selbst hebt hier hervor, daß auch die gegenseitige Unterhaltspflicht nach §§ 1360 u. 1361 BGB. hierunter zu subsumiren ist, macht aber damit eigentlich zweifelhaft, ob die praesumtio Muciana des § 1362 BGB. ebenfalls hieher fällt. Doch ist letztere Frage schon in den Motiven bejaht und deßhalb hier anders zu entscheiden als nach Art. 14. Vgl. KO. § 45.

b) Daß die §§ 1353—1359 BGB. hieher fallen, kann nicht wohl bezweifelt werden. Dies gilt namentlich auch für § 1357, da Art. 200 dieses Gesetzes desfalls keine Ausnahmevorschrift von diesem Artikel aufstellt, sich also hiezu anders verhält als Art. 16 zu Art. 14.

c) In den Motiven (S. 280) wird unter Bezugnahme auf die Darlegung in Bd. IV S. 105 der Mot. noch besonders hervorgehoben, daß ein nach bisherigem Rechte von den Ehegatten gültig geschlossener Vertrag, durch welchen das Recht des Ehemannes, den Wohnort für die Ehefrau zu bestimmen, ausgeschlossen oder beschränkt wird, mit dem Inkrafttreten des BGB. seine Wirksamkeit verliert.

d) Weiter ist in den Motiven betont, die Vorschrift schließe in sich, daß ein Rechtsstreit, welcher in Bezug auf eine am 1. Januar 1900 bestehende Ehe die Herstellung des ehelichen Lebens zum Gegenstande hat, selbst dann, wenn dieser Rechtsstreit am 1. Januar 1900 bereits anhängig ist, nach den Bestimmungen des BGB. zu entscheiden ist.

e) Endlich erklären die Motive es als selbstverständlich, daß auf Schenkungen unter Ehegatten und Interzessionen, welche vor dem 1. Januar 1900 erfolgt sind, die bisherigen Gesetze Anwendung finden.

f) Eine Ausnahmebestimmung trifft Art. 200 Abs. 3 (vgl. Bem. II, 2, A, b zu Art. 200).

g) Vgl. auch Art. 201 u. 202, ferner Mot. zum bayerischen Ueberg.G., speziell zu Art. 31 der Uebergangsvorschriften zum ehelichen Güterrecht.

3. Aus der Rechtsprechung: Die Vorschrift des Art. 199 bezieht sich nicht auf das Verhältniß der geschiedenen Ehegatten; insbesondere sind also die Vorschriften des BGB. über die gegenseitige Unterhaltspflicht auf vor dem 1. Januar 1900 geschiedene Ehegatten nicht anwendbar. RGE. Bd. 50 S. 307. Auf die infolge der Scheidung zwischen den Ehegatten entstandenen Rechtsbeziehungen findet Art. 170 Anwendung. Das Schuldverhältniß ist die durch den Ausspruch der Schuldigerklärung im Ehescheidungsurtheil festgesetzte Verpflichtung zur Tragung der vermögensrechtlichen gesetzlichen Folgen.

Im Uebrigen bezieht sich die Vorschrift nicht nur auf die in §§ 1353 bis 1362 BGB. enthaltenen, sondern auch auf die anderweit sich findenden Vorschriften über das persönliche Verhältniß der Ehegatten zu einander, insbesondere also (vgl. 2, a—d) auf die Klage, welche die Herstellung der häuslichen Gemeinschaft zum Gegenstande hat. RGE. in Jur. Wschr. 1901 S. 456.

Art. 200.*)

Für den Güterstand einer zur Zeit des Inkrafttretens des Bürgerlichen Gesetzbuchs bestehenden Ehe bleiben die bisherigen Gesetze maßgebend. Dies gilt insbesondere auch von den Vorschriften über die erbrechtlichen Wirkungen des Güterstandes und von den Vorschriften der französischen und der badischen Gesetze über das Verfahren bei Vermögensabsonderungen unter Ehegatten.

Eine nach den Vorschriften des Bürgerlichen Gesetzbuchs zulässige Regelung des Güterstandes kann durch Ehevertrag auch dann getroffen werden, wenn nach den bisherigen Gesetzen ein Ehevertrag unzulässig sein würde.

Soweit die Ehefrau nach den für den bisherigen Güterstand maßgebenden Gesetzen in Folge des Güterstandes oder der Ehe in der Geschäftsfähigkeit beschränkt ist, bleibt diese Beschränkung in Kraft, solange der bisherige Güterstand besteht.

E. I, 119; II, 170; III, 199.

I. Entstehung. Der Art. 200 weicht von Art. 119 E. I nicht bloß redaktionell, sondern auch materiell ab. Die Aenderungen wurden in der II. Komm. getroffen. Die materiellen Aenderungen bestehen im Wesentlichen darin, daß unter Vornahme entsprechender Aenderungen in Abs. 1 der nunmehrige Abs. 2 neu eingestellt und in dem nunmehrigen Abs. 3, dessen übriger Inhalt im E. I in Abs. 1 sich fand, die Worte „oder der Ehe“ und „solange der bisherige Güterstand besteht“ hinzugefügt wurden. (Mot. z. EG. 280 ff.; P. VI, 535—545; Reatz III, 96.)

II. Inhalt. 1. Der Artikel erkennt die Unwandelbarkeit des ehelichen Güterrechts an und stellt demzufolge das Prinzip auf, daß für eine vor dem 1. Januar 1900 geschlossene Ehe das bisherige eheliche Güterrecht, gleichgültig, ob es durch Gesetz oder Vertrag geregelt ist, bestehen bleibt.

Gemäß Art. 218 dieses Gesetzes kann aber die Landesgesetzgebung das Güterrecht für die beim Inkrafttreten des BGB. bestehenden Ehen ändern. Der Art. 200 gilt also nur insoweit, als landesgesetzlich nichts Anderes bestimmt wird (vgl. auch EG. zu den Abänderungen der KO. Art. VI Satz 3).

*) Literatur: Wieruszowski, Handbuch des Eherechts II, 1 S. 43—68; Löwenbach, Das westfälisch-provinzielle eheliche Güterrecht des Ges. vom 16. April 1860 in seiner Bedeutung für die am 1. Januar 1900 bestehenden Ehen, Paderborn 1901; ders. in Centralbl. f. freiw. Gerichtsbarkeit Bd. 2 S. 807; Düringer, Das badische Gesetz betr. die Ueberleitung der ehelichen Güterstände, Karlsruhe 1902; Meikel in Seufferts Bl. f. RA. Bd. 67 S. 181: Zwei Uebergangsfragen des gesetzlichen Güterstandes des bayrischen Landrechts; Natter, Württembergische Zeitschr. f. freiw. Gerichtsbarkeit Bd. 46 S. 33 ff. Weitere Literatur siehe bei Warneyer, Jahrb. d. Entsch. Bd. II S. 164.

In den Motiven und zum Theil auch in den Kommissionsprotokollen ist eingehend dargelegt, daß es zwar wünschenswerth wäre, das BGB. auch in dieser Materie baldigst zur Herrschaft gelangen zu lassen, daß aber wegen der Verschiedenheit der vielen im Deutschen Reiche geltenden Güterrechte diese Ueberleitung der Landesgesetzgebung überlassen werden müsse.)

Vgl. die Bem. in Bd. IV S. 145 ff., insbesondere S. 146.

2. Als Konsequenzen des Prinzips der Unwandelbarkeit des ehelichen Güterrechts werden folgende hervorgehoben:

A. Die Beschränkung der Geschäftsfähigkeit der Ehefrau nach bisherigem Rechte, mag sie nun eine Folge des Güterstandes **oder der Ehe** sein, bleibt in Kraft, solange der bisherige Güterstand besteht. Hierüber ist Folgendes zu bemerken:

a) Ueber die Beschränkung der Geschäftsfähigkeit der Ehefrau in Folge der Ehe s. Roth, DPR. Bd. 2 § 91 Ziff. 6 S. 19 ff., nach Dotalrecht ebenda § 98 S. 50, bei der Güterabsonderung des französischen Rechtes ebenda § 100 Ziff. III S. 56, bei der allgemeinen Gütergemeinschaft ebenda § 106 S. 86, bei der Errungenschaftsgemeinschaft a. a. O. § 118 Ziff. II S. 141, bei der Mobiliargemeinschaft ebendort § 128 Ziff. II S. 173, bei der Verwaltungsgemeinschaft ebenda § 140 S. 216.

b) Darin, daß der Artikel auch die Beschränkung der Geschäftsfähigkeit in Folge der Ehe vorsieht, liegt eine Ausnahme vom Art. 199, welche in der II. Komm. (P. a. a. O.) damit begründet wurde, daß für einige Rechte, insbesondere für das französische, zwar jeweils feststeht, ob die betreffenden Beschränkungen eine Folge des Güterstandes oder eine Folge der Ehe seien, daß diese Frage aber für andere Rechte zweifelhaft sei, und daß der Zweifel namentlich auch deßhalb beseitigt werden wollte, weil der Unterschied innerlich nicht gerechtfertigt sei.

c) Diese Beschränkung fällt mit der Aufhebung des bisherigen Güterstandes, welche durch Abs. 2 des Artikels ermöglicht ist, weg, und zwar auch dann, wenn die Beschränkung nicht eine Folge des Güterstandes, sondern der Ehe ist.

B. Auch die erbrechtlichen Wirkungen des Güterstandes bestimmen sich nach den bisherigen Gesetzen. Es hat also der überlebende Ehegatte nicht die Wahl, ob er nach bisherigem oder nach neuem Rechte erben will (Mot. z. EG. 287), noch weniger kann er neben den Vortheilen des Güterstandes des bisherigen Rechtes das gesetzliche Erbrecht des Ehegatten nach dem BGB. (§§ 1931 ff.) in Anspruch nehmen (Mot. z. EG. 284).

Voraussetzung ist natürlich, daß das betreffende eheliche Güterrecht überhaupt erbrechtliche Wirkungen hat (vgl. Roth, DPR. Bd. 2 § 148 S. 249 ff.). Soweit das nicht der Fall ist, wird auch bei einer zur Zeit des Inkrafttretens des BGB. bestehenden Ehe der nach diesem Zeitpunkte verstorbene Ehegatte von dem überlebenden gemäß Art. 213 dieses Gesetzes nach Maßgabe der Vorschriften des BGB. beerbt.

Das Mittel, die Vortheile des neuen Rechtes zu gewinnen, ist den Ehegatten lediglich durch die Vorschrift des Abs. 2 des Artikels gegeben.

C. Das Verfahren bei Vermögensabsonderungen unter Ehegatten nach französischem und badischem Rechte ist im cod. civ. art. 1443 ff. und badischen LR. Satz 1443 ff., im rheinischen Theilungsgesetze vom 18. April 1855 und im preußischen Gesetze vom 22. Mai 1887, betreffend das Theilungsverfahren 2c. im Gebiete des rheinischen Rechtes, und auf Grund des EG. z. CPO. § 15 Ziff. 5 vom 30. Januar 1877, welches durch das EG. vom 17. Mai 1898 zum Gesetze, betreffend die Aenderungen der CPO. Art. II Ziff. 3 geändert wurde (vgl. auch § 3 Abs. 3 des EG. z. GVG.), für Bayern durch das AG. z. CPO. Art. 190 ff., für Preußen durch das AG. z. CPO. § 11, für Baden durch das EG. z. d. RJG. §§ 37 ff., für Hessen durch das AG. z. CPO. §§ 3 ff. geregelt worden

Das Auseinandersetzungsverfahren gehört an sich nicht zur streitigen Rechtspflege (RGE. Bd. 10 S. 294, dann RGE. vom 21. Oktober 1884 in Jur. Wschr. S. 317 und vom 5. Juni 1891 in Jur. Wschr. 1891 S. 383). Dagegen sind hiebei hervorgetretene Streitpunkte im Prozeßwege zum Austrage zu bringen (RGE. Bd. 12 S. 329 und vom 15. März 1887 in Jur. Wschr. 1887 S. 188).

D. Auch im Falle einer nach dem 1. Januar 1900 erfolgenden Scheidung einer vor diesem Zeitpunkte geschlossenen Ehe ist für die Auseinandersetzung der Ehegatten das bisherige Güterrecht maßgebend, selbst wenn in diesem der unschuldige Theil auf Kosten des schuldigen begünstigt wird (Mot. z. EG. 290).

E. Soweit den Eltern am Vermögen der Kinder auf Grund des ehelichen Güterstandes nach den bisherigen Gesetzen Rechte zustehen, bleiben diese Rechte unberührt. Für den auf dem ehelichen Güterrechte beruhenden Beisitz, nicht aber für jenen, welcher wie z. B. nach dem Rechte der Stadt Augsburg auf dem Elternrechte beruht, bleiben also die bisherigen Vorschriften maßgebend. Wenn in der aufgelösten Ehe allgemeine Gütergemeinschaft oder Errungenschaftsgemeinschaft gegolten hat, so hat sowohl in den Rechtsgebieten, in welchen Alleinerbrecht des überlebenden Ehegatten (Konsolidation) oder reine fortgesetzte Gütergemeinschaft eintritt, als auch im Geltungsgebiete derjenigen Rechte, welche dem Systeme des Beisitzes folgen, der überlebende Elterntheil das im § 1640 BGB. bestimmte Vermögensverzeichniß nur für dasjenige Vermögen des Kindes einzureichen, welches nicht im Antheile des verstorbenen Ehegatten am Gesammtgute, sondern z. B. im Erbtheile des Kindes am Vorbehaltsgute des verstorbenen Ehegatten oder in der großelterlichen Erbschaft besteht. Bei der allgemeinen Gütergemeinschaft nach den Rechten von Würzburg, Castell oder Schweinfurt braucht auch das dem Kinde von einem Dritten zugewendete, nicht in das Gesammtgut der fortgesetzten Gütergemeinschaft gefallene Vermögen nicht nach § 1640 BGB. verzeichnet zu werden.

F. Die Einkindschaft, welche vor dem 1. Januar 1900 bereits vollzogen wurde, bleibt in Kraft. Dem BGB. ist das Institut fremd.

Von den Wirkungen der Einkindschaft fallen jedoch die persönlichen, dem Elternrechte angehörenden gemäß Art. 203 fort. Die Unterhaltspflicht bleibt. (Mot. z. EG. 287. Vgl. Bd. IV S. 148.)

3. Eine Ausnahme von dem Prinzipe des Abs. 1 Satz 1 statuirt der Abs. 2. Ueber die Bedeutung des Abs. 2 ist Folgendes zu bemerken:

a) Selbstverständlich ist, daß auch vom Inkrafttreten des BGB. an Ehegatten nach jenen Rechten, nach welchen dieses schon bisher zulässig war, Eheverträge errichten und unter Beibehaltung ihres bisherigen Güterstandes im Rahmen desselben jene Aenderungen treffen können, welche sie schon bisher treffen konnten. Es können also Ehegatten, welche bisher schon in preußischer Verwaltungsgemeinschaft leben, auch nach dem 1. Januar 1900 durch Vertrag das Vorbehaltsgut der Frau erweitern (P. a. a. O.).

b) Das BGB. giebt den Ehegatten die Befugniß, ihr Güterrecht sowohl **vor** als **nach** Eingehung der Ehe durch Vertrag zu regeln (§ 1432).

Von den bisherigen Rechten schränken verschiedene (vgl. Roth, DPR. Bd. 2 § 93 S. 31), darunter insbesondere das französische und badische, mehr oder minder den Abschluß von Eheverträgen ein, bald so, daß Eheverträge nur vor Eingehung der Ehe oder zu einem bestimmten Termine nach Eingehung der Ehe abgeschlossen werden dürfen, bald so, daß für gewisse Stipulationen, die in Eheverträgen getroffen werden sollen, Zeitbestimmungen vorgeschrieben sind.

Der Abs. 2 dieses Artikels hebt diese Beschränkungen auf und ermöglicht auch den Ehegatten, welche nach einem Güterrechte leben, das die Vertragsfreiheit in der besprochenen Weise beschränkt, die Schließung eines Ehevertrags in dem Umfange, in dem sie ihn schließen könnten, wenn sie sich erst unter der Herrschaft des BGB. verehelicht hätten (P. a. a. O.).

c) Für a u. b gelten die Schranken der Vertragsfreiheit, welche das BGB. (z. B. in §§ 1433, 1518) zieht. Es kann also namentlich der Güterstand nicht mehr durch Verweisung auf ein nicht mehr geltendes oder auf ein ausländisches Gesetz bestimmt werden.

Ehegatten können also vom 1. Januar 1900 an beispielsweise die Errungenschaftsgemeinschaft des BGB. einführen, mögen sie bis zum 1. Januar 1900 in der allgemeinen Gütergemeinschaft des französischen Rechtes oder nach gemeinrechtlichem Dotalsystem gelebt haben, dagegen können sie die Errungenschaftsgemeinschaft des Code civil nicht einführen, wohl aber den gleichen Erfolg dadurch erreichen, daß sie die Errungenschaftsgemeinschaft des BGB. vertragsmäßig festsetzen, aber mit solchen Modifikationen, daß im Resultate der Güterstand der Errungenschaftsgemeinschaft des französischen Rechtes herbeigeführt wird. Solche Modifikationen sind aber nur soweit zulässig, als sie auch von Ehegatten vereinbart werden können, welche erst unter der Herrschaft des BGB. heirathen (M. IV, 142, 305; P. a. a. O.).

d) Zwischen den Fällen a u. b bleibt nur der Unterschied, daß im Falle b da, wo das bisherige Recht die Schließung von Eheverträgen verbot, die Ehegatten vom 1. Januar 1900 an, wenn sie ihren bisherigen Güterstand beibehalten, an demselben auch nicht jene Aenderungen vornehmen dürfen, die das BGB. den Ehegatten der unter seiner Herrschaft geschlossenen Ehen erlaubt. Ehegatten, in deren Ehe die französisch-rechtliche Mobiliargemeinschaft gilt, können also, wenn sie dieselbe nicht aufgeben, die fortgesetzte Gütergemeinschaft nicht vereinbaren (P. a. a. O.).

e) Für die Eheverträge, welche vom 1. Januar 1900 an geschlossen werden, gilt selbstverständlich die Formvorschrift des § 1434 BGB. auch dann, wenn sie auf Grund des Abs. 2 dieses Artikels errichtet werden (P. a. a. O.).

f) Die gegenüber Dritten nach dem bisherigen Rechte entstandenen Rechte und Verpflichtungen bemessen sich selbstverständlich nach dem bisherigen Rechte, auch wenn vom 1. Januar 1900 an der bisherige Güterstand durch Vertrag geändert wird; § 1435 Abs. 1 BGB. ist also in dieser Beziehung nicht anwendbar (P. a. a. O.).

g) Wird durch Ehevertrag in einer schon vor dem 1. Januar 1900 bestandenen Ehe später ein Güterstand des BGB. eingeführt, so wird die Eintragung in das Güterrechtsregister dann nothwendig sein, wenn an die Unterlassung derselben entweder nach bisherigem oder nach dem neuen Rechte Rechtsnachtheile geknüpft sind.

h) Ein in der RTK. gestellter Antrag, Gebührenfreiheit für Eheverträge auf 20 Jahre nach dem Inkrafttreten des BGB. zu beschließen, wurde in der RTK. in erster Lesung angenommen, in der zweiten Lesung aber wohl hauptsächlich deßhalb, weil darin ein Eingriff in die Finanzhoheit der Einzelnstaaten zu erblicken wäre, abgelehnt (RTK. 440 d S. 16 ff.).

III. Einschlägig sind für Preußen AG. z. BGB. Art. 44—67; für Bayern Ueberg.G. Art. 19—31, 62—104, 124—140, durch welche im Wesentlichen die Güterstände des bisherigen Rechtes mit einigen Modifikationen jenen des BGB. angepaßt wurden, ferner pfälzisches Liegenschafts-Gesetz Art. 7—11; in Bayern sind die Art. 190 ff. des AG. z. CPO. durch AG. z. BGB. Art. 166 Ziff. XVI aufgehoben; für die Uebergangsperiode enthalten Art. 134—136 Ueberg.G. entsprechende Vorschriften; für Sachsen AG. z. BGB. § 31; für Württemberg AG. z. BGB. Art. 260—264; für Elsaß-Lothringen AG. z. BGB. §§ 144 ff., VO. vom 2. Mai 1900 betr. den Güterstand der vor dem Inkrafttreten des BGB. geschlossenen Ehen; Ges. betr. den Güterstand der zur Zeit des Inkrafttretens des BGB. bestehenden Ehen vom 29. November 1899; VO. vom 2. Februar 1903 betr. den Güterstand der vor dem Inkrafttreten des BGB. geschlossenen Ehen; für Baden AG. z. BGB. Art. 41 u. 42, Ges. vom 4. August 1902 betr. die Ueberleitung der ehelichen Güterstände, AG. z. GBO. § 35; für Hessen AG. z. BGB. Art. 169—208, 228, 230—265; Mecklenburg-Schwerin VO. z. Ausf. d. BGB. §§ 209—217; Mecklenburg-Strelitz VO. z. Ausf. d. BGB. §§ 207—215; Oldenburg AG. z. BGB. § 16; Birkenfeld AG. z. BGB. §§ 44—62 (Becher XIII S. 38); Sachsen-Altenburg AG. z. BGB. §§ 97—102; Sachsen-Koburg-Gotha AG. z. BGB. Art. 42 §§ 1—29; Sachsen-Meiningen Ges. vom 10. August 1899 (Becher XX S. 24 ff.); Sachsen-Weimar-Eisenach AG. z. BGB. §§ 183—191; Schwarzburg-Rudolstadt AG. z. BGB. §§ 134—147; Schwarzburg-Sondershausen AG. z. BGB. Art. 48; Waldeck-Pyrmont AG. z. BGB. Art. 24—31; Braunschweig AG. z. BGB. §§ 73—75; Reuß ältere Linie AG. z. BGB. §§ 112—117; Reuß jüngere Linie AG. z BGB. § 94; Schaumburg-Lippe AG z. BGB. §§ 21-36; Anhalt AG. z. BGB. Art. 50; Hamburg Ges. vom 14. Juli 1899; Bremen Ges. vom 18. Juli 1899 (Becher V S. 19 ff.); Lübeck AG. z. BGB. §§ 100—106.

IV. Aus der Rechtsprechung. Der Ausschluß fortgesetzter Gütergemeinschaft in einem vor 1. Januar 1900 errichteten Testament ist, wenn der Testirende nach 1. Januar 1900 verstirbt, nach neuem Rechte zu beurtheilen. Er ist sogar durch wechselseitiges Testament von Ehegatten unzulässig. Hanseat. OLG. in Hanseat. Ger.Ztg. 1904 Beibl. 25.

Für eine in Anhalt vor dem 1. Januar 1900 geschlossene Ehe ohne besondere vertragsmäßige Regelung des ehelichen Güterrechts bleibt, auch wenn deren Sitz noch vor dem 1. Januar 1900 in das Königreich Sachsen verlegt worden ist, in Ansehung ihrer güterrechtlichen Verhältnisse das in Anhalt bis 1900 in Geltung gewesene eheliche Güterrecht maßgebend. OLG. Naumburg in Bl. f. Thüringer Rechtspflege Bd. 51 S. 301 (bestätigt vom RG. am 10. Juni 1904, Neumann Jahrb. Bd. III S. 703).

Art. 201.

Die Scheidung und die Aufhebung der ehelichen Gemeinschaft erfolgen von dem Inkrafttreten des Bürgerlichen Gesetzbuchs an nach dessen Vorschriften.

Hat sich ein Ehegatte vor dem Inkrafttreten des Bürgerlichen Gesetzbuchs einer Verfehlung der in den §§ 1565 bis 1568 des Bürgerlichen Gesetzbuchs bezeichneten Art schuldig gemacht, so kann auf Scheidung oder auf Aufhebung der ehelichen Gemeinschaft nur erkannt werden, wenn die Verfehlung auch nach den bisherigen Gesetzen ein Scheidungsgrund oder ein Trennungsgrund war.

E. I, 120; II, 171; III, 200.

I. Entstehung. Art. 120 E. I erfuhr in der Redaktionskommission der II. Komm. und in der RTK. Aenderungen, welche damit zusammenhängen, daß der I. Entw. BGB. noch eine zeitweise Trennung von Tisch und Bett kannte, der zweite aber schon nicht mehr, daß ferner schon im II. Entw. BGB. die Ehescheidung wegen Geisteskrankheit (BGB. § 1569) eingeführt wurde, welche der I. Entw. noch nicht kannte, und daß endlich erst in der RTK. die Aufhebung der ehelichen Gemeinschaft (BGB. § 1575) beschlossen wurde (Mot. z. EG. 288; P. VI, 545, 546; RTK. 440 d S. 19).

II. Inhalt. 1. Der Art. 201 bestimmt, daß für die Scheidung der Ehe und für die Aufhebung des ehelichen Lebens die Vorschriften der §§ 1564 ff. BGB. auch dann Anwendung finden, wenn die betreffende Ehe vor dem 1. Januar 1900 geschlossen wurde. Dieses gilt also sowohl für die Voraussetzungen als für die Wirkungen. Aus ersterem Gesichtspunkte ist z. B. auch ab 1. Januar 1900 der Kompensationseinwand nicht mehr zulässig.

Im Einzelnen ist Folgendes hervorzuheben:

a) Die Vorschrift dieses Artikels tritt ein sowohl für solche Klagen auf Scheidung bezw. Herstellung des ehelichen Lebens, welche am 1. Januar 1900 schon anhängig sind, als auch für die erst nach diesem Zeitpunkt anhängig werdenden (Mot. z. EG. 289); RGE. in Jur. Wschr. 1900 S. 115, 148 Beil. S. 5. Sie findet auch auf Sachen Anwendung, die in der Revisionsinstanz schweben, wenn das Revisionsgericht das Berufungsurtheil aus anderen als den in demselben angegebenen Gründen aufrecht erhalten oder gemäß CPO. § 565 Abs. 3 in der Sache selbst entscheiden will; RGE. in Jur. Wschr. 1900 S. 179.

Die Verfehlung muß nach altem Rechte nicht nur abstrakt, sondern auch konkret einen Scheidungsgrund gebildet haben. Vgl. RGE. in Jur. Wschr. 1904 S. 52; Das Recht 1904 S. 168 (787); Jur. Wschr. 1900 S. 115, Beil. S. 1, S. 147, Beil. S. 2, S. 465, Beil. S. 8; RGE. Bd. 46 S. 90, Bd. 47 S. 4; es ist dabei zu fragen, ob der am 31. Dezember 1899 gegebene Thatbestand nach dem alten Rechte beurtheilt einen Scheidungs- oder Trennungsgrund bildete; nach dem 1. Januar 1900 hinzugekommene Umstände, insbesondere Zeitablauf, sind außer Betracht zu lassen; RGE. Bd. 52 S. 225, Jur. Wschr. 1902 Beil. S. 267; hat vor dem 1. Januar 1900 Kompensation der Ehescheidungsgründe stattgefunden, so ist auch nach dem 1. Januar 1900 die Scheidung nicht auf den kompensirten Scheidungsgrund zu stützen; RGE. in Jur. Wschr. 1900 S. 742 ff.; 1905 S. 41.

b) Ehescheidungsgründe, welche zwar nach bisherigem Rechte, nicht aber nach dem BGB. die Ehescheidung begründen, verlieren mit 1. Januar 1900 ihre Wirkung.

c) Umgekehrt können solche Thatsachen, welche nach bisherigem Rechte zwar nicht die Scheidung, wohl aber wenigstens die zeitweise Trennung von Tisch und Bett begründet haben würden, auch dann, wenn sie sich vor dem 1. Januar 1900 ereignet haben, als Scheidungsgründe (und damit auch als Gründe der Aufhebung der ehelichen Gemeinschaft) nach diesem Zeitpunkte wirksam geltend gemacht werden, soferne es sich um Verfehlungen handelt, welche nach §§ 1565 bis 1568 BGB. Scheidungsgründe bilden.

Die nach altem Recht auf bösliche Verlassung gegründete Scheidungsklage kann in eine Klage auf Herstellung des ehelichen Lebens umgewandelt werden; RGE. in Jur. Wschr. 1900 S. 658.

d) Nicht unzweifelhaft ist es, in welcher Weise für den Scheidungsgrund der Geisteskrankheit die Thatsache wirkt, daß der eine Ehegatte schon vor dem Inkrafttreten des BGB. geisteskrank war. Die Verhandlungen in der II. Komm. haben diesen Punkt nicht geklärt (P. a. a. O.). Nach dem Wortlaute des Abs. 1 im Zusammenhalte mit jenem des Abs. 2 könnte angenommen werden, daß bezüglich dieses Scheidungsgrundes nur das neue Recht maßgebend ist. Es dürften jedoch folgende Grundsätze aufzustellen sein:

α) Geisteskrankheit, welche vor dem Inkrafttreten des BGB. bei einem Ehegatten eintrat, ist jedenfalls vom 1. Januar 1900 an dann kein Scheidungsgrund mehr, wenn sie von diesem Zeitpunkt an nicht in einem die Voraussetzungen des § 1569 erfüllenden Maße vorhanden ist.

β) Wenn nach bisherigem Rechte wegen Geisteskrankheit weder auf Scheidung noch auf Trennung der Ehe geklagt werden konnte, so wird die Zeit vor dem Inkrafttreten des BGB. nicht in die drei Jahre des § 1569 BGB. eingerechnet werden können. Uebrigens besteht desfalls auch andere Meinung.

γ) Bildete Geisteskrankheit nach bisherigem Rechte einen Scheidungsgrund, ohne daß eine bestimmte Zeitdauer derselben Voraussetzung des Scheidungsanspruchs war, so wird sie vom 1. Januar 1900 an die Scheidungsklage nur dann begründen, wenn schon zur Zeit der Klage die Voraussetzung des § 1569 BGB. erfüllt war.

δ) Muß die Zeitdauer der Geisteskrankheit nach dem bisherigen Rechte kürzer (z. B. nach PLR. über ein Jahr) oder länger als nach dem BGB. sein, um die Scheidungsklage zu begründen, so werden die Grundsätze des Art. 169 dieses Gesetzes Anwendung zu finden haben.

e) Wenn für die Geltendmachung eines Scheidungsgrundes nach bisherigem Rechte eine kürzere oder längere Ausschlußfrist als in § 1571 BGB. gesetzt ist, so werden ebenfalls die Grundsätze des Art. 169 Anwendung finden müssen (P. VI, 547); RGE. Bd. 46 S. 156; Jur. Wschr. 1900 S. 636, 1901 S. 204. Vgl. ferner RGE. in Jur. Wschr. 1904 S. 115, D. Jur.Z. 1904 S. 406. (Die analoge Anwendung des Art. 169 EG. ergiebt, daß im Streitfalle der Lauf der einjährigen Ausschlußfrist aus § 721 PLR. Thl. II Tit. 1 dadurch gehemmt ist, daß die bereits seit Mai 1899 bestehende Trennung der Parteien seit 1. Januar 1900 die Wirkung äußert, das Weiterlaufen der Ausschlußfrist gemäß § 1571 Abs. 2 BGB. zu verhindern. Diese Hemmung bestimmt sich gemäß Art. 169 Abs. 1 seit 1. Januar 1900 nach neuem Recht.)

f) Daß in prozessualer Beziehung die Vorschriften des neuen Rechtes, wie auf anhängige Ehesachen überhaupt, so auch auf anhängige Scheidungssachen sofortige Anwendung zu finden haben, ergiebt sich aus den allgemeinen Grundsätzen (Mot. z. EG. 289). Die Erweiterung der Prozeßfähigkeit des Ehegatten und die Beschränkung der Vertretungsmacht des gesetzlichen Vertreters, welche in § 1451 E. I BGB. vorgeschlagen war, hat im BGB. keine Aufnahme gefunden.

g) Die gesammten Wirkungen der Scheidung richten sich, wenn diese vor dem 1. Januar 1900 erfolgt ist, nach dem bisherigen Recht; dies gilt auch für die Beurtheilung der Schuldfrage, wenn das Urtheil nur hinsichtlich dieser angefochten ist; RGE. Bd. 46 S. 148, Jur. Wschr. 1900 S. 585, 1901 S. 242; für die Namensführung, Rspr. d. OLG. Bd. 3 S. 17; a. M. Rspr. d. OLG. Bd. 2 S. 167.

Ueber die Frage, wann die Scheidung als erfolgt anzusehen ist, vgl. RGE. in Jur. Wschr. 1900 S. 116, Beil. S. 25. (Als das Scheidungsurtheil ist dasjenige anzusehen, durch welches zuerst die Ehescheidung ausgesprochen wird, unter der Voraussetzung, daß im Falle der Einlegung eines Rechtsmittels letzteres zurückgewiesen oder verworfen wird.)

2. Nach den Motiven (290) kann auf Ehescheidungsstrafen (M. IV, 613 ff.) unter der Herrschaft des BGB. auch dann nicht mehr erkannt werden, wenn der Grund der Scheidung der Zeit vor dem 1. Januar 1900 angehört und nach bisherigem Rechte eine Ehescheidungsstrafe auszusprechen wäre.

3. Dagegen hat die Vermögensauseinandersetzung der geschiedenen Ehegatten nach den Uebergangsbestimmungen über das eheliche Güterrecht, also nach den Regeln des Art. 200 (s. dort Bem. 2, D; vgl. auch Art. 202), zu erfolgen.

4. Die persönlichen Rechtsbeziehungen der geschiedenen Ehegatten zu einander (BGB. §§ 1353—1362) unterstehen dem zur Zeit der Scheidung geltenden Rechte, also für vor dem 1. Januar 1900 geschiedene Ehegatten dem bisherigen Rechte, für Ehegatten, welche erst später geschieden werden, (schon gemäß Art. 199) dem BGB. (Mot. z. EG. 200).

5. Ueber die rechtliche Stellung der Kinder aus einer geschiedenen Ehe s. Art. 206.

III. Für Bayern vgl. Ueberg.G. Art. 103, 130 u. 133 mit den Mot. z. Entw. der Uebergangsvorschriften über das eheliche Güterrecht Art. 41, 49 u. 52, ferner zu Art. 28 bis 30, sowie Bl. f. RA. Bd. 63 S. 123.

Art. 202.

Für die Wirkungen einer beständigen oder zeitweiligen Trennung von Tisch und Bett, auf welche vor dem Inkrafttreten des Bürgerlichen Gesetzbuchs erkannt worden ist, bleiben die bisherigen Gesetze maßgebend. Dies gilt insbesondere auch von den Vorschriften, nach denen eine bis zu dem Tode eines der Ehegatten fortbestehende Trennung in allen oder einzelnen Beziehungen der Auflösung der Ehe gleichsteht.

E II, 172; III, 201.

I. Entstehung. Dieser Artikel wurde erst in der II. Komm. und zwar anfänglich als Zusatz zu Art. 199 aufgestellt (P. VI, 532—535, 635; Reatz III, 97).

II. Inhalt. Art. 202 enthält Uebergangsvorschriften über die Wirkungen einer beständigen oder zeitweiligen Trennung von Tisch und Bett, auf welche vor dem 1. Januar 1900 richterlich erkannt worden ist.

Hierüber ist Folgendes zu bemerken:

1. Das BGB. kennt nur Scheidung und Aufhebung der ehelichen Gemeinschaft (BGB. §§ 1564 ff., 1575 ff.). Eine zeitweilige Trennung der Ehegatten kann künftighin nur in Prozessen, welche die Scheidung, Nichtigkeit oder Anfechtung der Ehe zum Gegenstande haben, in der Art (nach § 627 CPO.) vorkommen, daß durch einstweilige Verfügung für die Dauer des Rechtsstreites das Getrenntleben der Ehegatten gestattet wird. Auch erkennt das BGB. das faktische Getrenntleben der Ehegatten als berechtigt für den Fall an, daß das Verlangen des einen Ehegatten nach Herstellung der ehelichen Gemeinschaft sich als Mißbrauch seines Rechtes darstellen würde. (Vgl. §§ 1353, 1361 BGB.) Ueber die Aufhebung der ehelichen Gemeinschaft vgl. Bem. zu § 1575 BGB.

Auf beständige Trennung der Ehegatten von Tisch und Bett konnte seit dem Inkrafttreten des Personenstandsgesetzes (nach § 77) nicht mehr erkannt werden. Soweit also der gegenwärtige Artikel von der beständigen Trennung von Tisch und Bett handelt, kann er nur eine solche beständige Trennung betreffen, auf welche vor dem Inkrafttreten des Personenstandsgesetzes erkannt wurde, ohne daß seitdem (nach Abs. 2 von § 77 Pers.G.) eine Wiedervereinigung der Ehegatten stattgefunden hat oder die Auflösung des Bandes der Ehe im ordentlichen Prozeßverfahren ausgesprochen worden ist.

Unter welchen Voraussetzungen im Uebrigen nach bisherigem Rechte auf beständige oder zeitweise Trennung der Ehegatten von Tisch und Bett erkannt werden konnte, darüber vgl. die Kommentare von Sicherer und Hinschius zu § 77 des Personenstandsgesetzes; Schulte, Kirchenrecht 4. Aufl. S. 419 § 189 Ziff. III, S. 421 § 190, BLR. Thl. I cap. IV §§ 40 ff.

2. Der Artikel regelt nur die Wirkungen einer vor dem Inkrafttreten des BGB. erfolgten beständigen oder zeitweisen Ehetrennung und erklärt hierauf nicht das neue, sondern das bisherige Recht für anwendbar.

Die Gesetzesstelle betrifft sämmtliche Wirkungen der Ehetrennung, also namentlich jene in Bezug

a) auf die persönlichen Rechtsbeziehungen der Ehegatten zu einander. In dieser Beziehung bildet Art. 202 eine Ausnahme von Art. 199. Für die hier hauptsächlich in Betracht kommende Frage der Unterhaltspflicht ist in erster Linie das Trennungsurtheil maßgebend, sodann, wenn dasselbe hierüber keine Verfügung enthält, das bisherige Recht, von welchem z. B. im sächsischen und württembergischen, auch im bayrischen LR. (Thl. I cap. VI § 43 Nr. 3) besondere Bestimmungen getroffen sind. Kann auch hienach eine Entscheidung nicht erfolgen, so kommt es darauf an, ob die Trennung in allen Beziehungen oder doch in der fraglichen der Auflösung der Ehe gleichsteht. Im Bejahungsfalle dieser Frage wird die Unterhaltspflicht entfallen, im Verneinungsfalle dagegen wird § 1361 BGB. anwendbar sein, weil die Ehe noch besteht und das die Trennung aussprechende Urtheil den Ehegatten berechtigt, die Herstellung des ehelichen Lebens zu verweigern (P. a. a. O.).

b) Das bisherige Recht ist maßgebend für die Frage nach der Ehelichkeit oder Unehelichkeit der während der Ehetrennung geborenen Kinder (vgl. auch Art. 106). Insbesondere wird also die Frage, ob die Präsumtion „pater est, quem nuptiae demonstrant“ Anwendung findet, nach dem bisherigen Rechte (vgl. RGE. Bd. 12 S. 39, Seuff. Arch. Bd. 10 S. 267; PLR. Thl. II Tit. 2 §§ 1–4, 19, 40; cod. civ. art. 312, 315; österreichisches GB. § 138, sächs. GB. § 1756; das in Elsaß-Lothringen geltende französische Gesetz vom 6. Dezember 1850 — M. IV, 651) zu beurtheilen sein (P. a. a. O.).

c) Auch der Einfluß der Trennung auf das eheliche Güterrecht bestimmt sich nach bisherigem Rechte (vgl. Art. 200).

d) Was die erbrechtlichen Wirkungen betrifft, so wollte ein in der II. Komm. gestellter Antrag eine bis zum Tode des einen Ehegatten fortbestehende Trennung in Ansehung des gesetzlichen Erbrechts des überlebenden Ehegatten und in Ansehung der in den §§ 2077, 2268 u. 2279 BGB. bestimmten Wirkungen der Eheauflösung gleichstellen (P. a. a. O.). Dieser Antrag wurde aus folgenden Gründen abgelehnt:

„Gebe man über die erbrechtlichen Wirkungen der Trennung keine besonderen Vorschriften, so richte sich die Vorfrage, ob die Ehe noch bestehe, nach den bisherigen Gesetzen. Nehmen diese die Ehe trotz der Trennung noch als bestehend an, wie dies z. B. nach PLR. bei der zeitweisen Trennung der Fall sei, so trete gemäß Art. 129 (nun 213) das Erbrecht der Ehegatten ein. Stehe dagegen nach dem bisherigen Rechte die Trennung von Tisch und Bett der Ehescheidung gleich — und dies sei bei der beständigen Trennung öfter (namentlich nach gemeinem und sächsischem Rechte) der Fall —, so trete auch das Erbrecht nicht ein. Es frage sich, ob dieses Ergebniß unbillig oder dem Sinne des die Trennung erwirkenden Ehegatten widersprechend sei. Die Frage sei zu verneinen, zumal in manchen Fällen die Voraussetzungen der §§ 1911 (nun 1933) und 2309 (nun 2335) BGB. gegeben seien und andererseits der Ehegatte, welcher die Trennung erwirkt habe, sich vielleicht nicht würde haben trennen lassen, wenn das bisherige Recht an die Trennung mindere Wirkungen knüpfe, als der Antrag nach dem Inkrafttreten des BGB. eintreten lassen wolle". In einer späteren Sitzung (P. VI, 635 f.) war der Antrag gestellt worden, die Erlassung einer inhaltlich dem abgelehnten Antrage gleichstehenden Bestimmung der Landesgesetzgebung zu überlassen; hiemit war die Kommission einverstanden, beauftragte aber die Redaktionskommission, zu erwägen, ob in dieser Beziehung nicht der nunmehrige Art. 218 ausreiche. Das ist offenbar der Fall. Die Redaktionskommission nahm die beantragte Bestimmung nicht auf. Dagegen wurde der nunmehrige Satz 2 erst in der Redaktionskommission eingestellt. Dieser zweite Satz sagt eigentlich Selbstverständliches und will offenbar nur darauf hinweisen, daß es Gesetze giebt, welche eine bis zum Tode fortbestehende Trennung in allen oder in einzelnen Beziehungen der Auflösung der Ehe gleichstellen.

Aus dieser Entwicklungsgeschichte des Artikels ist zu folgern, daß bei dem nach Inkrafttreten des BGB. erfolgenden Tode eines der vor dem 1. Januar 1900 getrennten Ehegatten dem überlebenden das gesetzliche Erbrecht nach §§ 1931 ff. BGB. nicht zusteht, und daß auch hinsichtlich der zu seinen Gunsten getroffenen letztwilligen Verfügungen die Nachtheile der §§ 2077, 2268 u. 2279 BGB. eintreten, **wenn** die Ehetrennung nach bisherigem Rechte der Eheauflösung gleichzustellen ist, während dann, wenn dieses nicht der Fall, die Ehe also nach bisherigem Rechte als fortbestehend anzunehmen ist, das Erbrecht des überlebenden der getrennten Ehegatten durch die Ehetrennung nicht beeinträchtigt wird.

Nur insoweit wird Art. 202 für das Erbrecht des überlebenden von getrennten Ehegatten von Bedeutung sein, während im Uebrigen für dasselbe Art. 213 maßgebend bleibt.

3. Soweit nach diesem Artikel das bisherige Recht maßgebend bleibt, kann dasselbe gemäß Art. 218 von der Landesgesetzgebung geändert werden. In den größeren Bundesstaaten scheint von diesem Vorbehalte kein Gebrauch gemacht worden zu sein.

Art. 203.

Das Rechtsverhältniß zwischen den Eltern und einem vor dem Inkrafttreten des Bürgerlichen Gesetzbuchs geborenen ehelichen Kinde bestimmt sich von dem Inkrafttreten des Bürgerlichen Gesetzbuchs an nach dessen Vorschriften. Dies gilt insbesondere auch in Ansehung des Vermögens, welches das Kind vorher erworben hat.

E. I, 121; II, 173; III, 291.

I. Entstehung. Der Art. 203 entspricht mit unwesentlichen redaktionellen Aenderungen dem Art. 121 des E. I (Mot. z. EG. 291 ff.; P. VI, 547, 636; Reatz III, 97).

II. Inhalt. Der Art. 203 unterwirft die Rechtsverhältnisse zwischen Eltern und **ehelichen** Kindern vom 1. Januar 1900 an auch hinsichtlich der vor diesem Zeitpunkte geborenen Kinder der Herrschaft des BGB.

Im Einzelnen ist Folgendes zu betonen:

1. Nach dem BGB. bestimmen sich vom 1. Januar 1900 an:

a) das Recht der Kinder zur Führung des Familiennamens des Vaters (BGB. § 1616) sowie die Verpflichtung der Kinder zu häuslichen Diensten (BGB. § 1617; über die Verpflichtung zum Gehorsam enthält das BGB. entgegen dem § 1498 E. I keine ausdrückliche Bestimmung; diese Verpflichtung ist eine moralische; P. a. a. O.);

b) die gegenseitige Unterhaltspflicht (§§ 1601 ff.; vgl. auch Mot. z. EG. 296);

c) das Recht der Eltern auf Einholung ihrer Zustimmung zur Eheschließung der Kinder (§§ 1305 ff.);

d) der Ausstattungsanspruch der Kinder (§§ 1620 ff.);

e) Bestand, Inhalt, Umfang, Ruhen, Beendigung der elterlichen Gewalt (§§ 1626—1698), so zwar, daß für diejenigen Rechtsgebiete, welche nur das Institut der **väterlichen** Gewalt kennen, sämmtliche am 1. Januar 1900 unter Vormundschaft stehenden vaterlosen Minderjährigen, soweit nicht das BGB. selbst eine Ausnahme macht, unter die elterliche Gewalt der Mutter treten, ferner daß die vor dem 1. Januar 1900 aufgehobene väterliche Gewalt über einen Minderjährigen, sofern letzterer nicht nach Art. 153 einem Volljährigen gleichsteht und die väterliche Gewalt nicht auch nach BGB. §§ 1676 ff. ruht oder (nach Art. 160 mit BGB. § 1679) als beendigt oder (gemäß BGB. § 1680) als verwirkt anzusehen ist, wieder auflebt (P. VI, 547 ff.), endlich, daß die §§ 1684 u. 1685 BGB. auch in allen nicht bereits berührten Punkten sofort mit dem 1. Januar 1900 wirksam werden.

Hieraus ergiebt sich Folgendes:

aa) Es kehren in die elterliche Gewalt zurück **Minderjährige**, welche nach bisherigem Rechte, sei es

α) durch Verheirathung (z. B. nach gemeinem Rechte, den Rechten von Bamberg, Mainz, Bayreuth, Erbach, Solms, Würzburg, Castell, Augsburg, Lindau, Memmingen, Nürnberg sowie der Stadt Kempten), oder

β) durch Emanzipation (z. B. nach gemeinem Rechte, BLR. u. PLR. — anders gemäß Art. 154 nach französischem und badischem Rechte —), oder

γ) durch Gründung eines selbständigen Haushalts (z. B. nach gemeinem Rechte, BLR. u. PLR., den Rechten von Bamberg, Würzburg, Castell, Hohenlohe, Kaufbeuren, Lindau, Memmingen sowie der Städte Augsburg und Kempten), oder

δ) durch den Verzicht des Inhabers der elterlichen Gewalt (z. B. nach Bamberger LR.) aus der elterlichen Gewalt getreten sind, oder bezüglich deren nach bisherigem Rechte, sei es

ε) durch Grundtheilung (z. B. nach den Rechten von Würzburg, Schweinfurt, Castell, Fulda), oder

ζ) durch Abtheilung (z. B. nach Nürnberger Recht) die elterliche Gewalt erloschen ist, sofern nicht der eingetretene Grund der Beendigung der elterlichen Gewalt — wie z. B. Heirath — oder die mit ihr verbundene Gründung eines selbständigen Haushalts (nach BLR., den Rechten von Bayreuth, Ansbach, Dinkelsbühl, Nürnberg, Fulda, Schweinfurt, Erbach, Nördlingen, Augsburg, Lindau, Memmingen, Oettingen und dem Rechte der Stadt Kempten) sowohl für den Mann als für die Frau oder (wie z. B. nach Hohenloher LR.) wenigstens für die Frau den Eintritt der Volljährigkeit nach sich zieht.

bb) Es treten in den Rechtsgebieten, welche nur die väterliche, nicht auch die mütterliche Gewalt kennen (z. B. gemeines Recht, PLR. u. BLR., Oberpfälzer LR., Rechte von Regensburg, Nürnberg, Lindau, Memmingen, Augsburg, Rettenberg sowie der Stadt und des Hochstifts Kempten),

Minderjährige, deren Vater gestorben oder an der Ausübung der elterlichen Gewalt verhindert ist oder die elterliche Gewalt verwirkt hat, sofern der Mutter die elterliche Gewalt gemäß BGB. §§ 1684 u. 1685 zusteht und sie dieselbe nicht verloren hat oder von ihrer Ausübung ausgeschlossen ist (BGB. §§ 1697, 1676—1680 mit 1686), unter die elterliche Gewalt der Mutter.

cc) Es lebt die elterliche Gewalt des Vaters, bezw. der Mutter über minderjährige eheliche Kinder wieder auf, wenn der Vater oder die Mutter nach bisherigem Rechte (vgl. z. B. PLR. Thl. I cap. 5 § 7 Nr. 2, PLR. Thl. II Tit. 2 §§ 255, 260) dieselbe wegen einer nicht an dem Kinde begangenen Strafthat an diesem oder wegen einer an dem einen Kinde verwirkten Strafthat auch an den übrigen Kindern verwirkt hat, soweit sie nicht auch nach neuem Rechte (BGB. § 1680) verwirkt ist.

dd) Dagegen endet die elterliche Gewalt, welche nach bisherigem Rechte der Mutter, auch wenn sie eine neue Ehe eingeht (vgl. z. B. Mainzer LR. VI § 3), oder dem Stiefvater oder der Stiefmutter, sei es durch Einkindschaftung oder ohne solche (vgl. die Rechte von Würzburg, Schweinfurt, Castell, Hohenlohe, Mainz, Bamberg, Nürnberg, PLR. Thl. II Tit. 2 § 232) ganz oder in einzelnen Beziehungen zusteht.

Weiter bestimmt sich vom 1. Januar 1900 an nach dem BGB.

f) die Nutznießung der Eltern am Vermögen der Kinder, da diese aus der elterlichen Gewalt fließt (BGB. § 1649) und mit dem Rechte und der Pflicht des Elterntheils, für die Person und das Vermögen des Kindes zu sorgen, in untrennbarem Zusammenhange steht, wobei zu betonen ist, daß hier nur das auf der elterlichen Gewalt beruhende und durch diese bedingte Recht am Kindsvermögen — der bisherige gemeinrechtliche Nießbrauch —, nicht auch die sog. statutarische Nutznießung — in Frage kommt (vgl. Mot. zum württembergischen AG. z. BGB. S. 609, ferner Bem. II, 2, E zu Art. 200). In dieser Beziehung ist noch Folgendes zu bemerken:

aa) Sofern die Nutznießung des Elterntheils nach dem BGB. früher endigt oder einen geringeren Umfang hat als nach dem bisherigen Rechte (vgl. z. B. Roth, BCR. 2. Aufl. Bd. 1 § 101 S. 604 Note 97), entsteht sowohl für den betreffenden Elterntheil, als auch unter Umständen für dessen Gläubiger durch das Inkrafttreten des BGB. eine vermögensrechtliche Einbuße; aber selbst die Gläubiger haben keinen Anspruch auf die Fortdauer des dem bisherigen Gesetze entsprechenden Zustands (Mot. z. EG. 293).

bb) Dauert die Nutznießung des Elterntheils nach dem BGB. länger als nach dem bisherigen Rechte, oder hat sie nach ersterem einen größeren Umfang als nach letzterem, so kann eine schon beendete Nutznießung vom 1. Januar 1900 an wieder aufleben oder Vermögensobjekte des Kindes ergreifen, welche bisher zu dessen freiem Vermögen gehörten (vgl. P. VI, 636 f.).

cc) Sind vor dem Inkrafttreten des BGB. von einem Dritten, welcher dem Kinde Vermögen zugewendet hat, in einer nach bisherigem Rechte zulässigen Weise Anordnungen in Ansehung der väterlichen Vermögensverwaltung oder des väterlichen Nießbrauchs getroffen worden, so werden die Anordnungen der Regel nach auch unter der Herrschaft des BGB. ihre Wirksamkeit behalten, wenn sie nämlich auch nach den Vorschriften des letzteren (BGB. §§ 1638, 1651 Abs. 1 Ziff. 2 und Abs. 2) hätten getroffen werden können und wenn nicht im einzelnen Falle die Absicht des Verfügenden eine andere gewesen ist.

dd) Was bisher freies Vermögen des Kindes gewesen ist, bleibt ein solches vom 1. Januar 1900 an auch dann, aber auch nur dann, wenn die Thatsachen, welche die Befreiung begründeten, von solcher Art waren, daß sie, wenn sie unter der Herrschaft des BGB. sich ereignet hätten, die Befreiung ebenfalls zur Folge gehabt haben würden. (Vgl. einerseits Stobbe, DPR. § 255 und Mot. Bd. 4 S. 770 ff., andererseits die §§ 1638, 1650, 1651 BGB.)

Endlich bestimmt sich vom 1. Januar 1900 nach dem BGB. auch

g) das Recht der Eltern, deren Gewalt ruht oder beschränkt ist, für die Person ihres ehelichen Kindes zu sorgen oder dessen Vermögen zu verwalten (vgl. BGB. §§ 1585, 1627—1637, 1638 ff., 1676 ff., 1696 ff., 1702, 1765), sowie

h) die Pflicht der Eltern, für das in ihrer Verwaltung befindliche Vermögen des Kindes Sicherheit zu leisten oder Vermögenstheile der Kinder zu hinterlegen, so daß, wenn nach neuem Rechte eine nach bisherigem Rechte bestandene Verpflichtung zur Sicherheitsleistung oder zur Hinterlegung von Vermögenstheilen wegfällt, der betreffende Elterntheil Befreiung von der Sicherheitsleistung bezw. Rückgabe der hinterlegten Vermögenstheile verlangen kann (vgl. BGB. §§ 1667, 1668, 1671, 1672, 1686).

Ueber die Frage, ob auch die §§ 1640 (Verpflichtung zur Inventarisirung), § 1669 (Auseinandersetzung bei Eingehung einer neuen Ehe), § 1697 (Verlust der elterlichen Gewalt der Mutter bei Eingehung einer neuen Ehe) rückwirkende Kraft haben, wenn die Ehe schon vor dem 1. Januar 1900 durch den Tod eines der Gatten gelöst ist, vgl. einerseits bejahend Scherer, Jur. Wschr. 1900 S. 846, Rspr. d. OLG. Bd. 1 S. 208, andererseits verneinend Fischer in D. Jur.Z. 1900 S. 182, bezüglich § 1669 KG. in Jahrb. d. KG. Bd. 21, A S. 24.

i) Vgl. ferner Bd. IV Bem. 6 zu § 1314, Bem. 9 zu § 1638, Bem. 10 zu § 1640, Bem. 1, d, γ zu §§ 1650, 1651, Bem. VIII zu § 1669, Bem. 12 zu § 1697.

2. Ausnahmen von den Grundsätzen unter 1 enthalten die Art. 204—207.

3. Für die Beantwortung der Frage, ob ein vor dem 1. Januar 1900 geborenes Kind als ein eheliches anzusehen ist, demnach auch der damit zusammenhängenden Fragen, ob ein Kind, welches vor der Ehe empfangen, aber nach der Eingehung derselben geboren wird, ein eheliches ist, ob und welche Rechtsvermuthungen für die eheliche Zeugung Platz greifen, ob und inwieweit die Ehelichkeit angefochten werden kann 2c., ist, wie die Motive (S. 291) darlegen, das z. B. der Geburt des Kindes geltende Recht maßgebend (vgl. Art. 198, 207—209). Vgl. auch Bd. IV Vorbem. 6, b vor § 1591 und die dort erwähnte Literatur und Praxis.

Die Frage, ob ein vor dem 1. Januar 1900 geborenes Kind auf Feststellung der eigenen Unehelichkeit klagen kann, richtet sich nach dem früheren Rechte. Vgl. Rspr. d. OLG. Bd. 4 S. 105, Badische Rechtspraxis 1902 S. 219. Vgl. auch Rspr. d. OLG. Bd. 6 S. 57.

4. Vgl. auch Art. 19 oben, ferner Art. III EG., betreffend Abänderung der KO.

III. Für Bayern vgl. Mot. z. Entw d. Ueberg.G. Art. 4 u. 39 und z. Entw. d. Uebergangsvorschriften für das eheliche Güterrecht Art. 25, auch Bl. f. RA. Bd. 63 S. 90; für Preußen AG. z. BGB. Art. 69 und Mot. z. Entw. desselben Art. 50; für Sachsen AG. z. BGB. § 35; für Baden landesherrliche Ausführungsverordnung z. BGB. vom 11. November 1899 § 34; für Hessen AG. z. BGB. Art. 271.

Art. 204.

Ist der Vater oder die Mutter zur Zeit des Inkrafttretens des Bürgerlichen Gesetzbuchs in der Sorge für die Person oder für das Vermögen des Kindes durch eine Anordnung der zuständigen Behörde beschränkt, so bleibt die Beschränkung in Kraft. Das Vormundschaftsgericht kann die Anordnung nach § 1671 des Bürgerlichen Gesetzbuchs aufheben.

Ist dem Vater oder der Mutter die Nutznießung an dem Vermögen des Kindes durch Anordnung der zuständigen Behörde entzogen, so hat das Vormundschaftsgericht die Anordnung auf Antrag aufzuheben, es sei denn, daß die Entziehung der Nutznießung nach § 1666 Abs. 2 des Bürgerlichen Gesetzbuchs gerechtfertigt ist.

E. I, 122; II, 174; III, 203.

I. Entstehung. Abs. 1 des Art. 204 entspricht dem Art. 122 E. I. Der Abs. 2 wurde erst in der II. Komm. aufgestellt, weil auch erst in dieser die Vorschrift des § 1666 Abs. 2 BGB. beschlossen worden war, während der I. Entw. BGB. (nach Mot. Bd. 4 S. 805, 810 u. 814) eine Entziehung der elterlichen Nutznießung durch Anordnung einer Behörde nicht kannte (Mot. z. EG. 293 ff.; P. VI, 547, 548; Reatz III, 98).

II. Inhalt. Art. 204 trifft eine Ausnahme vom Art. 203 nach folgenden zwei Richtungen:

1. Die große Mehrzahl der bisherigen Rechte (vgl. l. 1 § 3, l. 3 § 5 D. de lib. exhib. 43, 30; l. 5 D. 37, 12; württembergisches LR. Thl. IV cap. 11 § 2; BLR. Thl. I cap. 5 § 7 Nr. 22; PLR. Thl. II Tit. 2 §§ 90, 91, 266; österreichisches GB. §§ 177, 178; sächs. GB. § 1803; weimarisches Gesetz vom 27. März 1872 §§ 16, 112; hamburgische Vormundschaftsordnung vom 14. Dezember 1883 Art. 62) kannten eine Beschränkung der elterlichen Gewalt wegen Gefährdung des leiblichen oder geistigen Wohles des Kindes, das gemeine, preußische, sächsische und weimarische Recht sogar eine völlige Entziehung der elterlichen Gewalt, theils durch Richterspruch, theils durch Verfügung des Vormundschaftsgerichts. Die solchergestalt vor dem 1. Januar 1900 getroffenen Anordnungen können, soweit sie lediglich Beschränkungen der elterlichen Gewalt, nicht völlige Entziehung derselben betreffen, während der Dauer der elterlichen Gewalt unter Anwendung des § 1671 BGB. durch das Vormundschaftsgericht vom 1. Januar 1900 an geändert oder aufgehoben werden. Hier entscheidet das freie Ermessen des Vormundschaftsgerichts (vgl. P. VI, 548). Die völlige Entziehung der elterlichen Gewalt nach bisherigem Rechte wird, soweit nicht ihr Grund in einem unter BGB. §§ 1680 mit 1686 fallenden Thatbestande gelegen ist, in eine dem BGB. entsprechende Beschränkung derselben zu verwandeln sein.

2. Nach französischem Rechte (cod. civ. art. 601, 618), BLR. Thl. II cap. 9 § 8 Nr. 6, württembergischem LR. IV, 11 § 2 (und in einem Falle auch nach PLR. Thl. II Tit. 2 § 200) konnte die elterliche Nutznießung am Vermögen des Kindes entzogen werden. Eine solche vor dem 1. Januar 1900 getroffene Anordnung **muß** auf Antrag des betreffenden Elterntheils bezw. seines gesetzlichen Vertreters während der Dauer der elterlichen Gewalt aufgehoben werden, wenn sie sich nicht auch nach § 1666 Abs. 2 BGB. als gerechtfertigt darstellt (jedenfalls also, wenn sie nach PLR. Thl. II Tit. 2 § 200 getroffen wurde). — Selbstverständlich kann das Vormundschaftsgericht eine solche Anordnung gemäß BGB. § 1671 auch ändern und zwar ohne Antrag.

3. Von den Vorschriften des Art. 204 wird der Fall nicht betroffen, daß deßhalb, weil ein bisheriges Recht (z. B. das vorderösterreichische) die Hinterlegung von Sondervermögen der Kinder allgemein vorschreibt, oder weil eine solche Hinterlegung bei einem Gericht allgemein üblich ist, eine solche Hinterlegung angeordnet wurde.

Ist vor dem Inkrafttreten des BGB. die väterliche Gewalt aus einem Grunde verwirkt, den das BGB. als Aufhebungsgrund der elterlichen Gewalt nicht mehr anerkennt, so erlangt der Vater die elterliche Gewalt wieder. Vgl. KG. in Preuß. JMBl. 1900 S. 612, D. Jur.-Z. 1900 S. 49.

War nach bisherigem Rechte der Verlust der elterlichen Gewalt in Folge Konkurses eingetreten, so liegt darin keine behördliche Anordnung im Sinne des Art. 204. Vielmehr tritt jetzt sofort § 1647 BGB. in Kraft. Der Vater erhält demnach die elterliche Gewalt zurück. Doch kann eine angeordnete Pflegschaft für das Vermögen der Kinder nach Art. 210 auch nach Aufhebung des Konkurses aufrecht erhalten werden, da § 1647 Abs. 2 („kann") dem Vormundschaftsgerichte nicht die Verpflichtung auferlegt, dem Vater nach Aufhebung des Konkurses die Vermögensverwaltung wieder zu übertragen; KG. vom 10. April 1900 in Jur. Wschr. 1900 S. 817.

Art. 205.

Hat der Vater vor dem Inkrafttreten des Bürgerlichen Gesetzbuchs auf Grund der bisherigen Gesetze die Mutter von der Vormundschaft über das Kind ausgeschlossen oder der Mutter einen Beistand zugeordnet, so gilt die Anordnung des Vaters von dem Inkrafttreten des Bürgerlichen Gesetzbuchs an als Anordnung der Bestellung eines Beistandes für die Mutter im Sinne des Bürgerlichen Gesetzbuchs.

E. I, 123; II, 175; III, 204.

1. Entstehung. Der Art. 205 entspricht mit unwesentlichen redaktionellen Aenderungen dem Art. 123 E. I (Mot. z. EG. 294; P. VI, 548; Reatz III, 98).

2. Inhalt. Art. 205 trifft eine weitere Ausnahme von der Vorschrift des Art. 203, bezüglich welcher Folgendes zu bemerken ist: Von den bisherigen Rechten kennen im Gegensatze zum BGB. §§ 1685 ff. nur wenige (z. B. mehrere bayrische Statuten

— Roth, BCR. 2. Aufl. Bd. 1 § 102 —; die Verordnung vom 2. Juli 1864 § 2 für Reuß ältere Linie; das weimarische Gesetz vom 27. März 1872; cod. civ. art. 390; badisches LR. Satz 390) die mütterliche Gewalt oder die gesetzliche Vormundschaft der Mutter.

Nach einzelnen Rechten (z. B. Mainzer LR. V, 2) konnte der Vater die Mutter dadurch von der Vormundschaft ausschließen, daß er testamentarisch einen anderen Vormund bestellte. Ein solcher Ausschluß lag im Zweifel nicht nur dann vor, wenn der Vater einen Dritten als Vormund benannte, während nach dem maßgebenden Rechte (z. B. BLR., nach den Rechten von Augsburg und Lindau) die Mutter zunächst zur Vormundschaft berufen war, sondern auch dann, wenn er einen Dritten als Vormund benannte, während (z. B. nach gemeinem Rechte, dem BLR., den Rechten von Nürnberg, Würzburg, Augsburg und dem vorderösterreichischen Rechte) die Mutter nicht in erster Linie gesetzlich zur Vormundschaft berufen war, und endlich auch dann, wenn der Vater neben der Mutter einen Mitvormund ernannt hatte. Nach französischem und badischem Rechte (Art. 391) konnte der Vater der überlebenden Mutter einen besonderen Rathgeber ernennen, ohne dessen Rath sie auf die Vormundschaft sich beziehende Handlungen oder einzelne derselben nicht vornehmen durfte. (Vgl. auch preußische Vormundschaftsordnung vom 5. Juli 1875 § 17 sowie sächs. GB. §§ 1886 ff.)

Auf diese Rechte bezieht sich die Vorschrift des Art. 205, indem sie besagt, daß einer derartigen Anordnung vom Inkrafttreten des BGB. an nur die Bedeutung zukommt, daß die Mutter die elterliche Gewalt behält oder, wenn sie dieselbe nach dem Ableben des Vaters nicht erhalten hat, bekommt, und daß statt des bisher bestellten Vormunds oder Rathgebers vom Inkrafttreten des BGB. an nur ein Beistand im Sinne der §§ 1687 ff. BGB. zu bestellen ist. Stirbt der Vater, der eine solche nach bisherigem Rechte zulässige Anordnung von Todeswegen getroffen hat, erst nach dem Inkrafttreten des BGB., so kommt im Hinblick auf Art. 213 dieses Gesetzes die Vorschrift dieses Artikels nur zur Anwendung, wenn die im § 1777 BGB. bezeichneten Voraussetzungen zur Zeit des Todes des Vaters vorliegen (Mot. z. EG. 294).

Soweit der Mutter ein Beistand nicht zu bestellen ist, sind etwaige Mitvormünder oder Beistände, welche ihr nach Maßgabe des bisherigen Rechtes (z. B. nach den Rechten von Bayreuth, Bamberg, Nürnberg, Memmingen und der Stadt Augsburg) beigegeben worden sind, zu entlassen.

Art. 206.

Ist auf Grund der bisherigen Gesetze eine Ehe geschieden oder in Folge der Todeserklärung eines der Ehegatten aufgelöst oder ist auf Trennung der Ehegatten von Tisch und Bett erkannt worden, so bestimmen sich das Recht und die Pflicht der Eltern, für die Person der gemeinschaftlichen Kinder zu sorgen, nach den bisherigen Gesetzen; die Vorschriften des § 1635 Abs. 1 Satz 2, Abs. 2 und des § 1636 des Bürgerlichen Gesetzbuchs finden jedoch Anwendung.

E. I, 124; II, 176; III, 205.

1. Entstehung. Art. 206 entspricht mit unwesentlichen redaktionellen Aenderungen dem Art. 124 E. I (Mot. z. EG. 294; P. VI, 548; Reatz III, 98).

2. Inhalt. Art. 206 bildet ebenfalls eine Ausnahmebestimmung von Art. 203. Die Frage, welchem Elterntheile die Sorge für die Person der gemeinschaftlichen Kinder zusteht, falls auf Grund der bisherigen Gesetze eine Ehe geschieden oder in Folge der Todeserklärung eines der Ehegatten aufgelöst oder auf (beständige oder zeitweise) Trennung von Tisch und Bett erkannt worden ist, soll nach bisherigem Rechte entschieden werden.

Im Einzelnen ist Folgendes zu bemerken:

a) Nur für die Frage, **wer** der berechtigte oder verpflichtete Elterntheil ist, ist das bisherige Recht maßgebend, und auch in dieser Beziehung macht der Artikel selbst folgende drei Ausnahmen, nämlich:

aa) Das Vormundschaftsgericht kann eine vom bisherigen Rechte abweichende Anordnung treffen (BGB. § 1635 Abs. 1 Satz 2).

bb) Der Vater bleibt zur Vertretung des Kindes nach Maßgabe des BGB. berechtigt, auch wenn das bisherige Recht (z. B. das französische) etwas Anderes bestimmen sollte (BGB. § 1635 Abs. 2).

cc) Jeder Elterntheil kann mit dem gemeinschaftlichen Kinde verkehren, und ist der Verkehr, wenn nöthig, durch das Vormundschaftsgericht zu regeln (BGB. § 1636).

b) In allen übrigen Beziehungen, namentlich auch im Betreffe des Inhalts und Umfangs des Rechtes und der Pflicht, für die Person des Kindes zu sorgen, tritt die Regel des Art. 203 ein und ist also vom 1. Januar 1900 an das BGB. maßgebend (Mot. z. EG. 295).

c) Ueber das bisherige Recht vgl. M. IV, 622 u. 623; Roth, DPR. § 159.

d) Vom 1. Januar 1900 an kann auf Grund der bisherigen Gesetze zwar noch eine Todeserklärung nach Maßgabe der Art. 161 u. 162, nicht aber mehr gemäß Art. 201 eine Ehescheidung oder Ehetrennung erfolgen.

3. Aus der Rechtsprechung: Ueber die fortdauernde Zuständigkeit des Prozeßgerichts zur Entscheidung des Erziehungsstreits, wenn eine Ehe vor dem 1. Januar 1900 geschieden, vgl. für das gemeine Recht RGE. Bd. 46 S. 168; für das französische Recht Rspr. d. OLG. Bd. 4 S 104; vgl. ferner Jur. Wschr. 1900 S. 635, 642, Beil. S. 22, 28; Klage auf Herausgabe des Kindes, RGE. in Jur. Wschr. 1902 S. 207 (zu § 1635 BGB.).

Die Vorschrift des Art. 206 bezieht sich nur auf das Recht und die Pflicht, für die Person der Kinder zu sorgen (§§ 1631 ff.), nicht auf die Unterhaltspflicht der Eltern gegenüber den Kindern (§§ 1601 ff.), wofür Art. 203 maßgebend ist: RGE. Bd. 49 S. 155, Jur. Wschr. 1901 S. 869, Rspr. d. OLG. Bd. 3 S. 42.

Nach Urth. d. Reichsger. v. 18. Jan. 1906 (Bl. f. RA. Bd. 71 S. 101 ff.) soll das frühere Recht auch dann maßgebend bleiben, wenn einer der Ehegatten gestorben ist (ebenso Zitelmann im „Recht" 1905 S. 149; vgl. dagegen Bl. f. RA. Bd. 70 S. 238 ff.; s. auch Bl. f. RA. Bd. 70 S. 474 ff.).

Art. 207.

Inwieweit die Kinder aus einer vor dem Inkrafttreten des Bürgerlichen Gesetzbuchs geschlossenen nichtigen oder ungültigen Ehe als eheliche Kinder anzusehen sind und inwieweit der Vater und die Mutter die Pflichten und Rechte ehelicher Eltern haben, bestimmt sich nach den bisherigen Gesetzen.

E. I, 125; II, 177; III, 206.

I. Entstehung. Art. 207 entspricht unverändert dem Art. 125 E. I (Mot. z. EG. 295; P. VI, 548; Reatz III, 99).

II. Inhalt. Art. 207 bildet eine Ergänzung des Art. 198. Ob eine Ehe, die vor Inkrafttreten des BGB. geschlossen wurde, nichtig oder gültig ist, bemißt sich nach Art. 198.

Der Art. 207 regelt nun die rechtliche Stellung der Kinder aus einer vor dem 1. Januar 1900 geschlossenen nichtigen oder ungültigen Ehe und erklärt (nicht die Bestimmungen der §§ 1699 ff. BGB., sondern) das bisherige Recht für anwendbar hinsichtlich der beiden Fragen,

1. ob solche Kinder als eheliche oder uneheliche Kinder anzusehen sind, und

2. ob und inwieweit die natürlichen Eltern die Rechte und Pflichten ehelicher Eltern haben.

Im Einzelnen ist Folgendes hervorzuheben:

a) Gleichgültig ist, ob die Kinder vor oder nach dem Inkrafttreten des BGB. geboren sind. Im einen wie im anderen Falle tritt Art. 207 ein (Mot. z. EG. 295).

b) Wäre eine Ehe nach bisherigem Rechte nichtig oder ungültig, ist sie aber gemäß Art. 198 Abs. 2 als von Anfang an gültig anzusehen, so müssen auch die hieraus hervorgegangenen Kinder als ehelich angesehen werden.

c) Ueber die einschlägigen Bestimmungen der bisherigen Rechte vgl. M. IV, 483 ff., Roth, DPR. § 152.

d) Hinsichtlich der Wirkungen der Vorschriften dieses Artikels dürfte noch Folgendes zu bemerken sein:

α) Die Wirkungen der Ehelichkeit bestimmen sich, soweit das bisherige Recht den Umfang der Rechte und Pflichten der Eltern solcher Kinder besonders regelt, nach bisherigem Rechte, im Uebrigen vom 1. Januar 1900 an gemäß Art. 203 nach dem BGB. (Mot. z. EG. 296).

β) Wenn die betreffenden Kinder nach bisherigem Rechte als unehelich gelten, so ist für die Frage, inwieweit die natürlichen Eltern Rechte und Pflichten ehelicher Eltern haben, das bisherige Recht entscheidend, und wenn und soweit dasselbe nichts bestimmt, wird Art. 208 eintreten müssen.

III. Für Bayern vgl. Ueberg.G. Art. 105 (mit Mot. z. Entw. desselben Art. 47); für Sachsen-Weimar AG. z. BGB. § 197; für Reuß ältere Linie AG. z. BGB. § 123.

IV. Aus der Rechtsprechung: Vgl. RGE. Bd. 52 S. 245, Jur. Wschr. 1902 Beil. S. 268. (Bei einer vor dem 1. Januar 1900 für ungültig erklärten Ehe ist, wenn beide Ehegatten als eheliche Eltern erachtet werden, die Frage, welchem Elterntheile das Erziehungsrecht zukommt, nach bisherigem Rechte zu beurtheilen.)

Art. 208.*)

Die rechtliche Stellung eines vor dem Inkrafttreten des Bürgerlichen Gesetzbuchs geborenen unehelichen Kindes bestimmt sich von dem Inkrafttreten des Bürgerlichen Gesetzbuchs an nach dessen Vorschriften; für die Erforschung der Vaterschaft, für das Recht des Kindes, den Familiennamen des Vaters zu führen, sowie für die Unterhaltspflicht des Vaters bleiben jedoch die bisherigen Gesetze maßgebend.

Inwieweit einem vor dem Inkrafttreten des Bürgerlichen Gesetzbuchs außerehelich erzeugten Kinde aus einem besonderen Grunde, insbesondere wegen Erzeugung im Brautstande, die rechtliche Stellung eines ehelichen Kindes zukommt und inwieweit der Vater und die Mutter eines solchen Kindes die Pflichten und Rechte ehelicher Eltern haben, bestimmt sich nach den bisherigen Gesetzen.

Die Vorschriften des Abs. 1 gelten auch für ein nach den französischen oder den badischen Gesetzen anerkanntes Kind.

E. I, 126; II, 178; III, 207.

I. Entstehung. Der Art. 208 weicht vom Art. 126 E. I materiell dadurch ab, daß für die Erforschung der Vaterschaft eines unehelichen Kindes die bisherigen Gesetze erst im Bundesrath als maßgebend erklärt wurden. Auch mehrere redaktionelle Aenderungen wurden vorgenommen, insbesondere fand sich die Vorschrift des nunmehrigen Abs. 3 ursprünglich im ersten Absatze (Mot. z. EG. 296 ff.; P. VI, 548—552; Reatz III, 99).

II. Inhalt. Der Art. 208 enthält Uebergangsvorschriften über die rechtliche Stellung der **unehelichen** Kinder. Es ist Folgendes zu beachten:

A. Für die Lösung der Frage, ob ein Kind unehelich oder ehelich ist, sind während der Uebergangsperiode die Art. 198, 202, 206 u. 207 maßgebend.

B. Die rechtliche Stellung der unehelichen Kinder, welche **nach** dem Inkrafttreten des BGB. **geboren** werden, bestimmt sich im Allgemeinen (gleichgültig, ob sie vor oder nach diesem Zeitpunkt erzeugt wurden) nach den Vorschriften des BGB. (§§ 1705 ff.).

*) Literatur: Jur. Wschr. 1903 Nr. 50, 51 S. 414 ff. Fricke, Behält der Vater eines vor dem 1. Januar 1900 außerehelich geborenen Kindes das ihm nach §§ 622 ff. Thl. II Tit. 2 ALR. gewährte Recht, das Kind nach zurückgelegtem vierten Lebensjahr in eigene Erziehung und Verpflegung zu nehmen? (Die Frage wird verneint.) Mothes, Die sächsischen Brautkinder unter neuem Rechte in Centralbl. f. freiw. Gerichtsbarkeit u. Not. Bd. 4 S. 243 Nr. 6; Die Rechte des unehelichen vor 1. Januar 1900 geborenen Kindes am Nachlasse seines nach dem 1. Januar 1900 gestorbenen natürlichen Vaters, in Bad. Not.Z. Bd. 1 S. 46; Gräsel, Bl. f. Rechtspflege in Thüringen u. Anhalt Bd. 51 S. 122 ff. (Recht des außerehelichen Vaters, ein vor dem 1. Januar 1900 geborenes uneheliches Kind in Erziehung und Pflege zu nehmen); Schott in Bad. Rechtspraxis 1904 S. 109 (Die vor dem 1. Januar 1900 geborenen außerehelichen Kinder erhalten durch die erst nach dem 1. Januar 1900 erfolgte Anerkennung nicht das Recht, den Familiennamen des Vaters zu führen). S. auch Bd. IV Vorbem. 14 vor § 1705 und die dort erwähnte Literatur und Praxis.

Von dieser Regel besteht eine Ausnahme (vgl. unten C, b) nur hinsichtlich der sog. Brautkinder sowie derjenigen unehelichen Kinder, welchen nach bisherigem Rechte aus einem anderen besonderen Grunde die rechtliche Stellung eines ehelichen Kindes zukommt. Denn hinsichtlich dieser kommt es nicht darauf an, ob sie vor oder nach dem Inkrafttreten des BGB. geboren sind, sondern darauf, ob sie vor oder nach diesem Zeitpunkt erzeugt wurden.

C. Nach dem bisherigen Rechte bestimmen sich

a) hinsichtlich der vor dem 1. Januar 1900 **geborenen** unehelichen Kinder:

aa) die Erforschung der Vaterschaft, also namentlich die Fragen, ob diese überhaupt zulässig ist oder nicht (cod. civ art. 340, 342, badisches LR. Satz 340, 340 a, großherzoglich hessisches Gesetz vom 30. Mai 1821), unter welchen Voraussetzungen die Vaterschaft als erwiesen anzunehmen oder als ausgeschlossen zu betrachten ist (exceptio plurium concumbentium); M. IV, 883; Roth, DPR. § 63; bayr. Civilr. 2. Aufl. Bd. 1 § 24;

bb) das Recht des Kindes, den Familiennamen des Vaters zu führen (vgl. M. IV, 859); vgl. die Literaturnote;

cc) die Unterhaltspflicht des Vaters bezw. (vgl. Bl. f. RA. Bd. 64 S. 285) des außerehelichen Schwängerers, also die Fragen, ob und eventuell unter welchen Voraussetzungen derjenige, welcher mit der Mutter den außerehelichen Beischlaf gepflogen hat, unterhaltspflichtig ist, ob die exceptio plurium concumbentium die Alimentationspflicht ausschließt, ferner Beginn, Umfang, Dauer, Art der Alimentation sowie die Frage, ob dem Vater das Recht zusteht, das Kind, nachdem dasselbe die ersten Lebensjahre zurückgelegt hat, selbst in Pflege zu nehmen (vgl. Mot. z. EG. 298, 299; M. IV, 864 ff., 893 ff.);

dd) der Anspruch der unehelichen Mutter gegenüber dem Schwängerer wegen der Kosten der Entbindung und wegen des Unterhalts während des Wochenbettes (Mot. z. EG. 301; M. IV, 906 ff.);

b) hinsichtlich der zwar nach dem Inkrafttreten des BGB. geborenen, aber vor diesem Zeitpunkt erzeugten außerehelichen Kinder die Fragen,

aa) ob den sogenannten Brautkindern (M. IV, 857 ff.; Roth, DPR. § 153, III) und

bb) ob aus besonderem Grunde (vgl. z. B. PLR. Thl. II Tit. 2 § 592 mit Thl. II Tit. 1 §§ 1035—1037, 1115) auch anderen unehelichen Kindern die rechtliche Stellung eines ehelichen Kindes zukommt,

cc) welche Rechte und Pflichten Vater und Mutter den unter aa und bb erwähnten Kindern gegenüber haben, während der Inhalt der dem Vater oder der Mutter in Gemäßheit des bisherigen Rechtes zustehenden Elternpflichten sich (gemäß Art. 203) selbstverständlich fortan nach den Vorschriften des BGB. richtet (Mot. z. EG. 301).

Weiter sind nach bisherigem Rechte (und zwar wohl schon gemäß Art. 170) zu beurtheilen

c) die Frage, ob einer geschwängerten Braut der Anspruch auf Zuerkennung der Rechte der Ehefrau zukommt (M. IV, 917; Mot. z. EG. 301), sowie

d) der Deflorationsanspruch der vor dem Inkrafttreten des BGB. geschwächten beziehungsweise geschwängerten Frauensperson (Mot. z. EG. 301; M. IV, 912 ff.).

Ein in der II. Komm. gestellter Antrag, für den Unterhaltsanspruch der unehelichen Kinder, und zwar auch der vor dem 1. Januar 1900 geborenen, vom Inkrafttreten des BGB. an nur die Vorschriften des BGB. (§§ 1708 ff.) als anwendbar zu erklären, wurde abgelehnt (P. a. a. O.).

D. In allen übrigen — nicht unter C fallenden — Punkten gilt auch für die rechtliche Stellung der vor dem Inkrafttreten des BGB. geborenen unehelichen Kinder von diesem Zeitpunkt an das BGB., also namentlich die §§ 1705—1707 desselben.

Namentlich hat der Satz 1 von Abs. 1 die Wirkung, daß vom 1. Januar 1900 an die sämmtlichen vorhandenen unehelichen Kinder mit allen Rechten der Abkömmlinge in den Kreis der mütterlichen Familie treten und zwar auch dann, wenn ihnen nach bisherigem Rechte (wie z. B. nach PLR. oder nach cod. civ. — M. IV, 853 ff.) keine oder doch nur eine beschränkte Zugehörigkeit zukam und ihre Existenz als ein Makel für die Familie angesehen worden ist (Mot. z. EG. 297).

Das Erbrecht richtet sich, wenn der Erbfall nach dem 1. Januar 1900 eingetreten ist, nach dem BGB. Vgl. Seuff. Arch. Bd. 56 S. 228 (Bayr. Oberst. LG.).

Auf der anderen Seite kommen vom 1. Januar 1900 an und zwar auch hinsichtlich der in jenem Zeitpunkte schon vorhandenen unehelichen Kinder in Wegfall:

a) der Unterhaltsanspruch des Vaters gegenüber dem unehelichen Kinde (M. IV, 852, Mot. z. EG. 297 u. 300),

b) das gegenseitige gesetzliche Erbrecht zwischen beiden (M. V, 359; Stobbe, DPR. §§ 295, 296; Mot. z. EG. 297, 300; P. a. a. O.),

c) die Unterhaltsverpflichtung der Aszendenten des Vaters gegenüber dem unehelichen Kinde (M. IV, 874, 875; Mot. z. EG. 297; vgl. auch Bl. f. RA. Bd. 64 S. 237),

d) das Erziehungsrecht des Vaters des Kindes nach französischem und badischem Rechte (Mot. z. EG. 300). Vgl. auch cod. civ. art. 334–342, 158, 383. Das Recht der Einwilligung des natürlichen Vaters zur Eheschließung des unehelichen Kindes ist schon durch das Personenstandsgesetz beseitigt (Mot. z. EG. 300).

e) In Wegfall kommen auch die Beschränkungen der ehewidrigen Kinder (liberi ex damnato coitu procreati, incestuosi). Vgl. Roth, DPR. § 172 Note 24–28 und § 178.

E. Die Vorschrift des Abs. 3 ist darin begründet, daß nach französischem und badischem Rechte, abgesehen von dem besonderen Falle des cod. civ. art. 340 und des badischen LR. Satz 340, 340 a, zwischen dem unehelichen Kinde und dem natürlichen Vater nur dann ein besonderes familienrechtliches Verhältniß hergestellt wird, wenn der Vater das Kind anerkannt hat (M. IV, 852). Die Ueberleitung dieser Rechtsverhältnisse in das neue Recht ist oben (unter C und D) bereits berücksichtigt, bezieht sich aber für das Rechtsgebiet des französischen und badischen Rechtes nur auf die anerkannten Kinder.

III. Für Bayern vgl. Ueberg.G. Art. 141 (mit Mot. z. Entw. desselben Art. 66); für Sachsen AG. z. BGB. § 36; für Sachsen-Weimar AG. z. BGB. § 198; für Sachsen-Altenburg AG. z. BGB. § 122.

Art. 209.

Inwieweit ein vor dem Inkrafttreten des Bürgerlichen Gesetzbuchs legitimirtes oder an Kindesstatt angenommenes Kind die rechtliche Stellung eines ehelichen Kindes hat und inwieweit der Vater und die Mutter die Pflichten und Rechte ehelicher Eltern haben, bestimmt sich nach den bisherigen Gesetzen.

E. I, 127; II, 179; III, 208.

I. Entstehung. Der Art. 209 entspricht mit unwesentlichen redaktionellen Aenderungen dem Art. 127 E. I (Mot. z. EG. 302 ff.; P. VI, 556; Reatz III, 100).

II. Inhalt. Art. 209 enthält Uebergangsvorschriften betreffs der Legitimation unehelicher Kinder sowie betreffs des Rechtsinstituts der Adoption, hinsichtlich welcher Folgendes zu bemerken ist:

1. Die Gültigkeit der Legitimation eines unehelichen Kindes (durch nachfolgende Ehe der Erzeuger oder durch landesherrliches Reskript) sowie der Adoption bestimmt sich (in Anlehnung an Art. 198), sofern die eine oder die andere vor dem 1. Januar 1900 erfolgt ist, nach dem bisherigen Rechte (Roth, DPR. §§ 153—155).

2. Unter der gleichen Voraussetzung wird auch die Wirkung der Legitimation und Adoption hinsichtlich der Frage, inwieweit ein Kindesverhältniß zwischen dem Legitimirenden (oder Annehmenden) und dem Legitimirten (oder Angenommenen) stattfindet, und hinsichtlich der damit zusammenhängenden Frage, inwieweit der Angenommene aus seiner natürlichen Familie herausgetreten ist, dem bisherigen Rechte unterstellt.

3. Dagegen bemißt sich, auch soweit nach bisherigen Gesetzen den Legitimirenden oder Annehmenden Rechte und Pflichten ehelicher Eltern zustehen, gemäß Art. 203 der Inhalt dieser Rechte und Pflichten vom 1. Januar 1900 an nach dem BGB. Eine Folge hievon ist u. a., daß der Adoptirende, welcher nach den bisherigen Gesetzen zwar die elterliche Gewalt über den minderjährigen Angenommenen, aber nicht das Recht der Verwaltung und Nutznießung des Vermögens desselben hatte (M. IV, 983, 984), vom

1. Januar 1900 an (im Hinblick auf §§ 1627, 1630, 1638 ff. BGB.) auch dieses Recht erlangt.

4. Nach dem bisherigen Rechte ist offenbar auch die Frage zu entscheiden, welchen Einfluß eine vor dem Inkrafttreten des BGB. erfolgte Adoption auf den Unterhaltsanspruch eines angenommenen unehelichen Kindes gegen seinen natürlichen Vater hat (vgl. M. IV, 879).

5. Da es eine Voraussetzung des Artikels ist, daß die Adoption vor dem Inkrafttreten des BGB. stattgefunden hat, und da ferner das BGB. die adoptio testamentaria nicht kennt (M. IV, 957), so wird die in einer vor dem Inkrafttreten des BGB. errichteten letztwilligen Verfügung ausgesprochene Annahme an Kindesstatt (cod. civ. art. 366) wirkungslos, wenn der Verfügende erst nach dem Inkrafttreten des BGB. stirbt (vgl. Art. 213; Mot. z. EG. 302).

III. Eine ausdrückliche Vorschrift ist darüber nicht getroffen, wie mit Legitimations- und Adoptions-Erklärungen und -Gesuchen, welche vor dem 1. Januar 1900 abgegeben und bezw. gestellt werden, aber vor diesem Zeitpunkte die etwa erforderliche landesherrliche oder gerichtliche Genehmigung oder Bestätigung nicht finden, nach jenem Zeitpunkte zu verfahren ist. Da aber Art. 209 die bisherigen Gesetze nur auf die vor dem 1. Januar 1900 bereits perfekt gewordene Legitimation und Adoption als anwendbar erklärt, so werden derartige Gesuche und Erklärungen vom 1. Januar 1900 an nach den Vorschriften des BGB. über Ehelichkeitserklärung (§§ 1723 ff.) und Annahme an Kindesstatt (§§ 1741 ff.) zu erledigen sein.

IV. Das PLR. Thl. II Tit. 2 §§ 753 ff. (RGE. in StS. Bd. 13 S. 47), der cod. civ. art. 361 ff. und das badische LR. Satz 361 ff. kennen neben der Adoption auch noch die Pflegkindschaft als besonderes familienrechtliches Institut (Roth, DPR. § 156). Im BGB. ist dasselbe nicht aufgenommen, weßhalb am 1. Januar 1900 die bis zu dieser Zeit bestehenden Pflegkindschaftsverhältnisse und die damit verbundenen Wirkungen (namentlich auch der Alimentationsanspruch sowie der eventuelle Entschädigungsanspruch des Pflegekindes nach französischem Rechte) ihre fernere Wirksamkeit verlieren (Mot. z. EG. 302).

V. Einkindschaft: Das BGB. giebt keinerlei Vorschriften über den sog. Einkindschaftsvertrag, d. h. über jenen familienrechtlichen Vertrag, durch welchen zwischen Kindern erster Ehe und deren Vater bezw. Mutter mit dem zweiten Ehegatten der letzteren die völlige Gleichstellung derselben mit den Kindern zweiter Ehe vereinbart wird (vgl. Stobbe, DPR. § 243, RGE. Bd. 6 S. 168, Bd. 17 S. 132). Es unterliegt keinem Zweifel, daß die erbrechtlichen Wirkungen eines solchen Vertrags, die ja auch unter der Herrschaft des BGB. durch einen Erbvertrag erzielt werden können (vgl. Endemann Bd. III S. 251), bestehen bleiben. Die elternrechtlichen Wirkungen sind insoweit aufrecht zu erhalten, als nach bisherigem Recht in dem Einkindschaftsvertrage eine gültige Adoption enthalten war, z. B. im fränkischen Rechtsgebiet (vgl. Roth, DPR. Bd. II § 157 Nr. 11, § 169); im Gebiete des PLR. (PLR. Thl. II Tit. 2 §§ 720, 732, 733) behält ferner der Stiefvater die elterliche Gewalt, so daß eine Vormundschaft nicht einzuleiten ist. Vgl. Habicht a. a. O. S. 449; a. M. Niedner, Komm. zu Art. 209 Nr. 3 und Motive a. a. O. S. 302. (Vgl. Bem. II, 1, e, dd zu Art. 203 und Bem. II, 4, b zu Art. 213, ferner für Bayern AG. z. BGB. Art. 154 Abs. 2 mit 18. Prot. d. JA. d. K. d. Abg. vom 7. Dezember 1898 [zu Art. 21], Ueberg.G. Art. 72, 74 mit Mot. z. Entw. der Uebergangsvorschriften für das eheliche Güterrecht Art. 11 u. 13.)

VI. Einschlägig sind für Preußen AG. z. BGB. Art. 71. Vgl. dazu Rspr. d. OLG. Bd. 2 S. 189; für Bayern (abgesehen von Bem. V) Ueberg.G. Art. 105 u. 141 (mit Mot. z. Entw. dieses Gesetzes Art. 47, 66 u. 39); für Sachsen vgl. Ausf.VO. z. BGB. vom 6. Juli 1899 § 127; für Elsaß-Lothringen AG. z. FG. vom 6. November 1899 § 74; für Hessen Ges. d. Legitimation durch nachfolgende Ehe betr. vom 7. Juli 1900 (Reg.Bl. 429); für Sachsen-Weimar AG. z. BGB. § 197; für Sachsen-Meiningen AG. z. BGB. Art. 24; für Reuß ältere Linie AG. z. BGB. § 123; für Schaumburg-Lippe AG. z. BGB. § 41; für Bremen AG. z. BGB. § 54.

Art. 210.*)

Auf eine zur Zeit des Inkrafttretens des Bürgerlichen Gesetzbuchs bestehende Vormundschaft oder Pflegschaft finden von dieser Zeit an die Vorschriften des

*) Literatur: Kurtz, Das Verfahren der Vormundschaftsgerichte und ihrer Organe bei Ueberleitung der bisherigen Vormundschaften und Pflegschaften in den Rechtszustand des BGB. Berlin 1899.

Bürgerlichen Gesetzbuchs Anwendung. Ist die Vormundschaft wegen eines körperlichen Gebrechens angeordnet, so gilt sie als eine nach § 1910 Abs. 1 des Bürgerlichen Gesetzbuchs angeordnete Pflegschaft. Ist die Vormundschaft wegen Geistesschwäche angeordnet, ohne daß eine Entmündigung erfolgt ist, so gilt sie als eine nach § 1910 Abs. 2 des Bürgerlichen Gesetzbuchs für die Vermögensangelegenheiten des Geistesschwachen angeordnete Pflegschaft.

Die bisherigen Vormünder und Pfleger bleiben im Amte. Das Gleiche gilt im Geltungsbereiche der preußischen Vormundschaftsordnung vom 5. Juli 1875 für den Familienrath und dessen Mitglieder. Ein Gegenvormund ist zu entlassen, wenn nach den Vorschriften des Bürgerlichen Gesetzbuchs ein Gegenvormund nicht zu bestellen sein würde.

E. I, 128 u. 99; II, 180; III, 209.

I. Entstehung. Der Art 210 hat seine nunmehrige Fassung erst im Bundesrath erhalten. Von Abs. 1 entspricht Satz 1 mit einer unwesentlichen redaktionellen Aenderung dem Abs. 1 des Art. 128, Satz 2 entspricht mit der dadurch, daß in der II. Komm. das Institut der Schutzbedürftigkeit (E. I § 1727 BGB.) fallen gelassen wurde, bedingten Aenderung dem Art. 99 von E. I, Satz 3 wurde von der II. Komm. neu hinzugefügt. Von Abs. 2 entsprechen Satz 1 u. 2 (mit nicht erheblichen redaktionellen Aenderungen) dem Abs. 2 des Art. 128 von E. I, während Satz 3 vom Bundesrathe neu hinzugefügt wurde (Mot. z. EG. 303 ff.; 248 ff.; P. VI, 489, 620, 622, 636; Reatz III, 100 ff.).

II. Inhalt. Art. 210 trifft für die am 1. Januar 1900 bestehenden Vormundschaften und Pflegschaften folgende Uebergangsbestimmungen:

A. Hauptgrundsatz ist, daß auf diese Vormundschaften und Pflegschaften vom 1. Januar 1900 an die Vorschriften des BGB. Anwendung finden.

Daraus ergeben sich nachbezeichnete Folgerungen:

1. Bestehende Vormundschaften und Pflegschaften, welche den Voraussetzungen des BGB. nicht entsprechen, werden kraft des Gesetzes beendigt. Darunter fallen namentlich

a) Vormundschaften über Minderjährige, über welche die nach bisherigem Rechte beendigte elterliche Gewalt wieder auflebt, oder welche in die dem bisherigen Rechte nicht bekannte elterliche Gewalt der Mutter treten (Bem. II, 1, e, aa—cc zu Art. 203),

b) Pflegschaften über minderjährige Adoptivkinder, wenn der Annehmende nach bisherigem Rechte zwar die elterliche Gewalt, nicht aber die Verwaltung und Nutznießung des Vermögens des Angenommenen hatte (vgl. Bem. II, 3 zu Art. 209),

c) Vormundschaften oder Pflegschaften, welche zum Zwecke der Verwaltung des Sonderguts von Minderjährigen, an welchem dem Inhaber der elterlichen Gewalt die Nutznießung oder Verwaltung nicht zustand, eingeleitet wurden, soferne dem Inhaber der elterlichen Gewalt auch nach neuem Rechte (BGB. § 1638, vgl. auch oben Art. 204) die Verwaltung nicht zusteht und nicht gemäß § 1909 BGB. eine Pflegschaft zu bestellen ist (in welche sich eventuell die bestehende Vormundschaft verwandelt) —, was jedoch nicht zutrifft hinsichtlich einer Spezialkuratel zur Verwaltung eines bei einer Einkindschaftung (z. B. nach den Rechten von Würzburg, Castell und Schweinfurt) bestellten Voraus, da desfalls auch gemäß BGB. § 1630 Abs. 2 mit §§ 181, 1795 und 1909 eine Pflegschaft einzutreten hat,

d) Vormundschaften über Volljährige wegen Gebrechlichkeit, wenn die Voraussetzungen von Abs. 1 Satz 2 dieses Artikels nicht vorliegen,

e) Pflegschaften, welche aus Anlaß einer von einem Elterntheile durch Hinterlegung oder sonstwie für Sondervermögen der Kinder geleisteten Sicherheit bestellt wurden (vgl. Bem II, 1, h zu Art. 203), sofern es sich nicht um Beschränkungen nach Maßgabe der §§ 1670, 1671 BGB. u. Art. 204 dieses Gesetzes handelt.

2. Andererseits ist über diejenigen Personen, welche zwar nicht nach dem bisherigen Rechte, wohl aber nach den Vorschriften des BGB. zu bevormunden sind, eine Vormundschaft anzuordnen, namentlich also

a) über uneheliche Kinder, wenn nach bisherigem Rechte (z. B. weimarischem Gesetz vom 27. März 1872 § 101) der Mutter die elterliche Gewalt zusteht (BGB. § 1707),

b) über Kinder aus einer früheren Ehe der Mutter, wenn nach bisherigem Rechte (vgl. Roth, DPR. § 170 Ziff. 4; M. IV, 833 ff.) die elterliche Gewalt der Mutter auch mit der Wiederverheirathung der Mutter nicht endete (BGB. § 1697),

c) über eingekindschaftete Minderjährige, in Ansehung deren auf Grund einer Einkindschaft dem Stiefvater nach bisherigem Rechte (Roth, DPR. § 157 Note 11) die elterliche Gewalt zustand (vgl. Bem. zu Art. 200 und Bem. IV zu Art. 209),

d) über Minderjährige, über welche die nach bisherigem Rechte beendigte elterliche Gewalt wieder aufleben würde, wenn die Eltern nicht gestorben wären oder die Mutter sich nicht verehelicht hätte (s. oben 1, a),

e) über Minderjährige, bezüglich deren der Vater nach BGB. § 1680 die elterliche Gewalt verwirkt hat, wenn sie nach bisherigem Rechte nicht verwirkt war und die Mutter die elterliche Gewalt (nach § 1684 Abs. 1 Ziff. 2) deßhalb nicht erhält, weil die Ehe noch besteht.

3. Ein Gegenvormund ist zu entlassen, wenn nach dem BGB. (§ 1792) ein solcher nicht zu bestellen sein würde.

4. Für das Gebiet des französischen und badischen Rechtes hört mit dem 1. Januar 1900 die vormundschaftliche Thätigkeit des Familienraths auf und geht die Obervormundschaft auf die Obervormundschaftsgerichte über (Mot. z. EG. 304).

5. Ebenso endet die vormundschaftliche Thätigkeit der Gemeinden, sofern nicht die Landesgesetzgebung gemäß Art. 147 dieses Gesetzes mit FG. § 190 dieselbe aufrecht erhält (Mot. z. EG. 304).

6. Vgl. auch Bem. 2 zu Art. 205, ferner Art. 156 u. 211 mit Bem.

B. Von dem Grundsatz unter A macht der Artikel folgende Ausnahmen:

1. Die nach bisherigem Rechte wegen eines körperlichen Gebrechens angeordnete Vormundschaft (Roth, DPR. § 210) verwandelt sich kraft Gesetzes in eine nach § 1910 Abs. 1 BGB. angeordnete Pflegschaft, selbstverständlich nur, wenn die Voraussetzungen des § 1910 Abs. 1 vorliegen.

2. Eine ohne Entmündigung wegen Geistesschwäche angeordnete Vormundschaft des bisherigen Rechtes (Roth, ebendas.) verwandelt sich — abgesehen vom Falle des Art. 211 — beim Vorliegen der Voraussetzungen des neuen Rechtes kraft Gesetzes in eine Pflegschaft nach § 1910 Abs. 2 BGB. Vgl. auch Bem. 2, b, β zu Art. 155.

3. Die bisherigen Vormünder und Pfleger bleiben im Amte. Es finden auf sie aber sofort die Vorschriften des neuen Rechtes Anwendung, so daß namentlich

a) die einem Vormunde nach bisherigem Rechte zugestandenen Befreiungen nur dann wirksam bleiben, wenn sie auch dem BGB. (§§ 1852 ff.) entsprechen (Mot. z. EG. 305), daß ferner

b) ein Gegenvormund aufgestellt werden soll, wenn dieses zwar nicht nach bisherigem, aber nach neuem Rechte (BGB. § 1792) geschehen soll, und daß

c) eine Beendigung des Amtes der Vormünder und Pfleger oder eine Entlassung derselben nach Maßgabe der §§ 1885—1889 u. 1915 BGB. sofort vom 1. Januar 1900 an eintritt oder eintreten kann, auch wenn solches nach bisherigem Rechte nicht der Fall gewesen wäre.

4. Auch der im Geltungsbereiche der preußischen Vormundschaftsordnung vom 5. Juli 1875 bestellte Vormundschaftsrath und die Mitglieder desselben bleiben; es finden hierauf aber vom 1. Januar 1900 an die Bestimmungen des BGB. (§§ 1858 ff.) Anwendung. Dasselbe gilt für das Amt Lipprode und Stift Cappel nach dem Gesetze für Lippe vom 4. September 1879, betreffend die Einführung der in Preußen geltenden Vormundschaftsordnung vom 5. Juli 1875.

C. Vom 1. Januar 1900 an tritt auch für die in diesem Zeitpunkte bereits bestehenden Vormundschaften und Pflegschaften die Mitwirkung des Gemeindewaisenraths (BGB. §§ 1849 ff.) ein. Die Bildung desselben unterliegt der landesgesetzlichen Regelung.

D. Die Vorschriften des III. Abschnitts vom Buch IV des BGB. gelten auch hinsichtlich aller übrigen, hier nicht speziell hervorgehobenen Beziehungen (z. B. Sorge für die Person und für das Vermögen der Mündel) für die am 1. Januar 1900 bestehenden Vormundschaften und Pflegschaften, soweit nicht oben oder in Art. 211 u. 212 Ausnahmen gemacht sind.

III. Für Preußen vgl. AG. z. BGB. Art. 75 § 2 (mit Mot. z. Entw. Art. 73); für Bayern Ueberg.G. Art. 41, 54, 106 u. 110 (mit Mot. z. Entw. desselben Art. 26, 39, 48, 52), ferner pfälzisches Liegenschaftsgesetz Art. 3—6; für Elsaß-Lothringen AG. z. FG. vom 6. November 1899 §§ 68 ff.; für Hessen AG. z. BGB. Art. 123 Abs. 3; für Braunschweig AG. z. BGB. §§ 80—100; für Mecklenburg-Schwerin Ausf.VO. z. BGB. §§ 225—232; für Mecklenburg-Strelitz Ausf.VO. z. BGB. §§ 223—230; für Hamburg AG. z. BGB. §§ 69—76.

IV. Aus der Rechtsprechung: Anordnungen Dritter über die Vormundschaft bleiben nur in soweit in Kraft, als sie nach BGB. hätten getroffen werden können. Bei Verfügungen von Todeswegen greift aber Art. 214 ein. Die zulässigen Befreiungen des Vormunds bestimmen sich nach neuem Recht. KG. 20 S. A 224. Rspr. d. OLG. Bd. 1 S. 299, Bd. 2 S. 39, 169.

Art. 211.

Die nach den französischen oder den badischen Gesetzen für einen Geistesschwachen angeordnete Bestellung eines Beistandes verliert mit dem Ablaufe von sechs Monaten nach dem Inkrafttreten des Bürgerlichen Gesetzbuchs ihre Wirkung.

E. I, 97 Abs. 2; II, 181; III, 210.

I. Entstehung. Dieser Artikel hat seine nunmehrige Fassung erst im Bundesrath erlangt, welcher dem Artikel nach der von der II. Komm. beschlossenen Fassung noch die Worte „mit dem Ablaufe von sechs Monaten nach“ einfügte. Im Uebrigen entspricht der Artikel im Wesentlichen dem Art. 97 Abs. 2 E. I. Ein in der II. Komm. gestellter Antrag, welcher der Beistandsbestellung die Wirkung der Entmündigung wegen Geistesschwäche (BGB. § 114) verleihen wollte, wurde abgelehnt (Mot. z. EG. 246 ff.; P. VI, 486—489, 620, 749; Reatz III, 101).

II. Inhalt. Art. 211 bildet eine Ausnahme von Art. 210 und eine Ergänzung zu Art. 155, über welche Folgendes zu bemerken ist:

1. Die Vorschrift dieses Artikels bezieht sich auf Art. 499 des Code civil und auf Satz 499 des badischen LR., wonach früherhin durch ein im Interdiktionsverfahren ergangenes Urtheil, seit dem 1. Oktober 1879 aber gemäß § 10 EG. z. CPO. im Entmündigungsverfahren durch Beschluß des Amtsgerichts einem Geistesschwachen ein Beistand mit der Wirkung beigegeben werden konnte, daß er ohne dessen Beiziehung gewisse Rechtsgeschäfte (z. B. Vergleich, Aufnahme und Einziehung von Darlehen, Veräußerung und Belastung von Immobilien) nicht rechtswirksam abzuschließen vermochte.

2. Die Vorschrift dieses Artikels ist dahin aufzufassen, daß eine solche Bestellung eines Beistandes

a) bis zum 30. Juni 1900 ihre bisherige Wirkung beibehält, also nach dem bisherigen Rechte zu beurtheilen ist, daß sie aber

b) mit dem 30. Juni 1900 aufhört, irgend welche Wirkung zu äußern. Sie kann also vom 1. Juli 1900 an weder ihre bisherige Wirkung, noch die Wirkung einer Entmündigung wegen Geistesschwäche (nach § 114 BGB.), noch die Wirkung einer Pflegschaft über einen Geistesschwachen (nach § 1910 Abs. 2 BGB. — vgl. Art. 210 dieses Gesetzes) äußern. Daß dem so ist, ergiebt sich aus den Verhandlungen der II. Komm., in welcher ausdrücklich anerkannt wurde, daß ein Zwischenstadium eintrete, in welchem der Pflegling schutzlos ist (P. a. a. O.).

Der Termin für das Aufhören der Wirkungen der Beistandsbestellung ist vom Bundesrathe wohl nur deßhalb auf die Zeit von sechs Monaten nach dem Inkrafttreten des BGB. erstreckt worden, damit die Möglichkeit besteht, für den Geistesschwachen rechtzeitig die den Thatumständen nach dem BGB. entsprechende Fürsorge (Entmündigung wegen Geistesschwäche oder Pflegschaft wegen Geistesschwäche, eventuell vorläufige Vormundschaft nach §§ 1906 ff. BGB.) einzuleiten.

III. Für Bayern steht (gemäß AG. z. BGB. Art. 140) mit der Vorschrift dieses Artikels eine Aenderung des Art. 5 des Landtagswahlgesetzes in Zusammenhang, wonach derjenige, dem nach Art. 499 Code civil ein Beistand bestellt wurde, schon vom 1. Januar 1900 an nicht mehr von der Wahlberechtigung eines Urwählers ausgeschlossen ist (vgl. Mot. z. Art. 6 des Entw. eines Gesetzes, die durch die Einführung des BGB. veranlaßten Aenderungen der seit 1818 erlassenen Gesetze betreffend, und 16. Prot. d. JA. d. K. d. Abg. vom 5. Dezember 1898 S. 267). Vgl. nunmehr auch Art. 4 des neuen Landtagswahlgesetzes v. 10. April 1906.

IV. Hinsichtlich jener Personen, welchen wegen Verschwendung ein Beistand bestellt wurde, vgl. Art. 156 Abs. 2.

Art. 212.

In Kraft bleiben die landesgesetzlichen Vorschriften, nach welchen gewisse Werthpapiere zur Anlegung von Mündelgeld für geeignet erklärt sind.

E. III, 211.

1. Entstehung. Dieser Artikel ist erst vom Bundesrath eingestellt worden. (Reatz III, 101.)

2. Inhalt. Art. 212 bildet gleichfalls eine Ausnahme von Art. 210 und bezieht sich auf § 1807 Abs. 1 Nr. 4 BGB., wonach es im Allgemeinen Sache des Bundesraths ist, Werthpapiere, insbesondere Pfandbriefe sowie verbriefte Forderungen jeder Art gegen eine inländische kommunale Körperschaft oder die Kreditanstalt einer solchen Körperschaft zur Anlegung von Mündelgeld für geeignet zu erklären. Der Artikel hält diejenigen Landesgesetze (natürlich nur mit Wirkung für den betreffenden Bundesstaat) aufrecht, nach welchen derartige Werthpapiere zur Anlegung von Mündelgeld für geeignet **erklärt sind** (vgl. z. B. bayerisches Gesetz vom 26. April 1888 über das Hypotheken- und Vormundschaftsrecht in der Pfalz Art. 26). Es können also Landesgesetze darüber, welche Werthpapiere künftighin als mündelsicher erklärt werden sollen, vom 1. Januar 1900 an nicht mehr erlassen werden, dagegen können solche Landesgesetze gemäß Art. 218 auch noch vom 1. Januar 1900 an landesgesetzlich aufgehoben werden. Vgl. Bd. IV Bem. zu § 1807.

3. Ausführungsgesetze: Anhalt, AG. z. BGB. Art. 67, 68; Baden, AG. z. BGB. Art. 33; Bayern, Ges., Uebergangsvorschriften z. BGB. betr., Art. 32; Braunschweig, AG. z. BGB. §§ 101—110; Bremen, AG. z. BGB. §§ 56—58; Elsaß-Lothringen, AG. z. BGB. § 141; Hamburg, AG. z. BGB. §§ 73, 74; Hessen, AG. z. BGB. Art. 124—126; Lippe, AG. z. BGB. § 41; Mecklenburg-Schwerin, VO. z. Ausf. des BGB. §§ 227—232; Mecklenburg-Strelitz, VO. z. Ausf. des BGB. §§ 225—230; Oldenburg, AG. z. BGB. §§ 21—23; Birkenfeld, AG. z. BGB. §§ 66—68, Fürstenthum Lübeck, AG. z. BGB. §§ 20, 21; Preußen, AG. z. BGB. Art. 74; Reuß ältere Linie, AG. z. BGB. §§ 137—139; Reuß jüngere Linie, AG. z. BGB. §§ 115—118; Sachsen, VO. z. Ausf. des BGB. vom 6. Juli 1899 § 36; Sachsen-Altenburg, AG. z. BGB. §§ 123—128; Sachsen-Coburg-Gotha, AG. z. BGB. Art. 50 §§ 1—5; Sachsen-Meiningen, AG. z. BGB. Art. 28 §§ 1—6; Sachsen-Weimar-Eisenach, AG. z. BGB. §§ 211—215; Schaumburg-Lippe, AG. z. BGB. §§ 44—48; Schwarzburg-Rudolstadt, AG. z. BGB. Art. 164—166; Schwarzburg-Sondershausen, AG. z. BGB. Art. 56 §§ 1—5; Waldeck, Pyrmont, AG. z. BGB. Art. 36—39; Württemberg, AG. z. BGB. Art. 70.

Art. 213.*)

Für die erbrechtlichen Verhältnisse bleiben, wenn der Erblasser vor dem Inkrafttreten des Bürgerlichen Gesetzbuches gestorben ist, die bisherigen Gesetze maßgebend. Dies gilt insbesondere auch von den Vorschriften über das erbschaftliche Liquidationsverfahren.

E. I, 129 Abs. 1; II, 182; III, 212.

Literatur: Lebram in Zentralbl. f. freiw. Gerichtsbarkeit Jahrg. 2 S. 593: Bemessen sich die Erbquoten aus einer vor dem 1. Januar 1900 errichteten letztwilligen Verfügung, die erst nach diesem Zeitpunkt in Wirksamkeit tritt, nach dem alten oder dem neuen Recht? — Du Chesne in Zentralbl. f. freiw. Gerichtsbarkeit Jahrg. 2 S. 869: Der Begriff des Erb-

I. Entstehung. Art. 213 entspricht dem Abs. 1 des Art. 129 E. I. Die Aenderungen, welche in der II. Komm. getroffen wurden, haben den Inhalt nicht verändert, sind also nur von redaktioneller Bedeutung (Mot. z. EG. 305 ff.: P. IV, 557; Reatz III, 101).

II. Inhalt. 1. Der Artikel 213 giebt dem Prinzip Ausdruck, daß der Uebergang des Vermögens einer Person auf deren Erben und die mit diesem Uebergang im Zusammenhange stehenden Rechtsverhältnisse sich **nach dem zur Zeit des Todes der Person geltenden Rechte** bestimmen, daß also über erbrechtliche Verhältnisse

a) in Ansehung der vor dem Inkrafttreten des BGB. gestorbenen Personen das bisherige Recht,

b) in Ansehung der unter der Herrschaft des BGB. versterbenden Personen des BGB. zu entscheiden hat.

Auch der Inhalt unter b war im Abs. 1 des Art. 129 E. I ausdrücklich ausgesprochen, die diesbezüglichen Worte („wenn der Erblasser später verstorben ist, nach den Vorschriften des BGB.") sind aber von der (Redaktionskommission der) II. Komm. gestrichen worden. Der Grund der Streichung ist aus den Protokollen nicht ersichtlich; man wird wohl die Regel unter b als selbstverständlich angesehen haben, um so mehr, da die Ausnahmebestimmungen der Art. 214, 215, 217 die Regel bestätigen.

2. Was von dem Tode einer Person gilt, gilt auch von der Todeserklärung einer solchen. Der anzunehmende Zeitpunkt des Todes bestimmt sich nach Art. 158 u. 161 dieses Gesetzes, bezw. nach § 18 BGB.

3. Zu den erbrechtlichen Verhältnissen im Sinne dieses Artikels zählen insbesondere

a) die Erbfolge und zwar sowohl die gesetzliche als jene auf Grund einer Verfügung von Todeswegen (also auch die vertragsmäßige),

b) der Anfall der Erbschaft,

c) die Anwachsung,

d) die Transmission,

e) die Erbunwürdigkeit,

f) der Erbschaftsantritt auch dann, wenn zwar der Tod des Erblassers und damit der Anfall der Erbschaft vor dem Inkrafttreten des BGB. eintritt, die Antrittserklärung aber erst nach diesem Zeitpunkt erfolgen kann,

g) die Wirkungen des Erbschaftserwerbs, also der Erbschaftsanspruch (vgl. aber auch Habicht, Uebergangsrecht S. 504) und die erbrechtlichen Schuldverhältnisse, (welche im Abs. 1 des Art. 129 E. I ausdrücklich genannt waren und) zu welchen das Verhältniß des Erben zu den Erbschaftsgläubigern (vgl. jedoch Mot. z. EG. 307 Ziff. 3 Satz 4, wonach selbstverständlich für eine erst nach dem Erbfalle durch andere Thatsachen, z. B. Geschäftsführung ohne Auftrag, entstehende Nachlaßverbindlichkeit die Frage, ob und inwieweit durch eine solche Thatsache ein Schuldverhältniß überhaupt begründet sei, nach denjenigen Gesetzen beurtheilt werden muß, unter deren Herrschaft die betreffende Thatsache sich ereignet hat), ferner das Verhältniß des Erben zu den Pflichttheilsberechtigten, Vermächtnißnehmern und das Inventarrecht zu rechnen sind (P. a. a. O.; Mot. z. EG. 307). Vgl. RGE. in Jur. Wschr. 1903 Beil. S. 51 Nr. 116, Ergänzungsanspruch des Pflichttheilsberechtigten.

h) die Auseinandersetzung der Miterben (Kollationspflicht u. s. w.); nach Habicht S. 710 soll jedoch Art. 173 den Art. 213 beschränken, d. h. die actio familiae erciscundae des gemeinen Rechts (vgl. Dernburg, Pand. III § 176) soll nach Habicht auch bei Erbanfällen vor dem 1. Januar 1900 beseitigt und durch die §§ 742—758 BGB. ersetzt werden, da es sich um eine Gemeinschaft nach Bruchtheilen handelt. (Art. 173: „Auf eine zur Zeit des Inkrafttretens des BGB. bestehende Gemeinschaft nach Bruchtheilen finden von dieser Zeit an die Vorschriften des BGB. Anwendung.") Vgl. hiezu Vorbem. 5 vor §§ 2031 ff. in Bd. V.

Vgl. hiezu auch RG. vom 24. September 1902, Jur. Wschr. 1902 Beil. S. 268 (Art. 213 findet jedoch nicht Anwendung, wenn vom Erblasser eine einzelne Sache mehreren Personen zugewendet ist, welche dann bezüglich

lassers im Sinne des Art. 213 EG. z. BGB. Josef, Das Auseinandersetzungsverfahren und der Erbschein bei altrechtlichen Sterbefällen, Gruchot, Beitr. Bd. 47 S. 341. Kohler, Ein Beitrag zu den Bestimmungen hinsichtlich der Ausgleichung während der Uebergangszeit, Württemberg. Zeitschr. f. freiw. Gerichtsbarkeit Bd. 44 S. 198.

dieser Sache im Verhältnisse zu einander nicht Miterben, sondern Miteigenthümer nach Bruchtheilen geworden sind),

i) die Rechtsstellung des Nacherben, die Rechtsstellung des Testamentsvollstreckers, vgl. RGE. in Jur. Wschr. 1900 S. 466 Beil. S. 9, RGE. Bd. 50 S. 186,

k) Inhalt und Wirksamkeit einer letztwilligen Verfügung, insbesondere die testamenti factio passiva, z. B. die Erbeinsetzungsfähigkeit von liberi ex damnato coitu procreati, von Klosterpersonen u. s. w., in welcher Beziehung nach dem BGB. alle bisherigen Beschränkungen wegfallen (Mot. z. EG. 311).

Für diese sämmtlichen Rechtsverhältnisse ist das bisherige Recht maßgebend, wenn der Tod des Erblassers vor dem 1. Januar 1900 erfolgt oder als vor diesem Zeitpunkt erfolgt nach dem Ausschlußurtheil anzunehmen ist. Das Gleiche gilt

l) für die Regeln über die Auslegung einer letztwilligen Verfügung.

Jedenfalls sind die Auslegungsregeln des BGB. auf Testamente alten Rechts nicht anwendbar, soweit sie denjenigen des alten Rechts widerstreiten und anzunehmen ist, daß der Testator einen Ausdruck in dem zur Zeit der Abfassung der Verfügung gesetzlich geltenden Sinne gebraucht hat. Wo dagegen umgekehrt anzunehmen ist, daß der Testator die damals geltende gesetzliche Tragweite seiner Ausdrücke nicht gekannt habe, sind allerdings die Auslegungsregeln des BGB., wenn und soweit sie der heutigen Lebensanschauung näher stehen, anwendbar. Denn das entscheidende Prinzip ist lediglich die Erforschung des wahren Willens. S. übrigens auch Vorbem. V vor §§ 2066 ff. in Bd. V.

Vgl. Habicht § 73 S. 741 ff.; du Chesne, D. Recht 1904 S. 460; Rspr. d. OLG. Bd. 9 S. 395; RGE. in Jur. Wschr. 1904 S. 144; Gruchot, Beitr. Bd. 48 S. 998; D. Recht 1904 S. 225 (1075); RGE. Bd. 59 S. 80; Jur. Wschr. 1905 S. 12,

m) hinsichtlich des erbschaftlichen Liquidationsverfahrens. Letzteres ist besonders im Gesetz ausgesprochen, weil sonst der Grundsatz, daß neue Verfahrensvorschriften sofort einwirken, zu einer entgegengesetzten Auslegung führen könnte (Mot. z. EG. 314, 250). Unter dem erbschaftlichen Liquidationsprozeß ist zunächst das mit diesem Namen belegte Rechtsinstitut der preußischen allgemeinen Gerichtsordnung Tit. 51 §§ 53 ff., dann aber auch jedes in einem anderen Bundesstaate (z. B. in Württemberg) bestehende ähnliche Verfahren einer Nachlaßauseinandersetzung bei einem mit der Rechtswohlthat des Inventars erfolgten Erbschaftsantritte zu verstehen. Für das bisherige Recht ist ebenfalls noch hervorzuheben, daß auf Grund des EG. z. CPO. § 15 Nr. 3 diesbezügliche besondere Vorschriften z. B. in Bayern durch das AG. z. CPO. Art. 150—157, 178, 183, 184, in Preußen durch das Gesetz, betr. die Zwangsvollstreckung gegen Benefizialerben vom 28. März 1879, in Württemberg durch AG. z. KO. § 9 und z. CPO. Art. 23 erlassen worden waren, daß aber § 15 Nr. 3 des EG. z. CPO. durch das EG. vom 17. Mai 1898, betr. die Aenderungen der CPO., Art. II Ziff. 3 geändert worden ist.

4. Ausnahmen von den Grundsätzen des Art. 213 begründen

a) die Art. 214—217 dieses Gesetzes; aber

b) auch auf Grund der Art. 161 u. 200 dieses Gesetzes kann dann, wenn der Erblasser erst nach dem Inkrafttreten des BGB. stirbt, ein nach bisherigem Rechte zu beurtheilender Anfall sich ergeben. Insbesondere behalten die bei dem Inkrafttreten des BGB. bestehenden Einkindschaftsverhältnisse (vgl. Bem. IV zu Art. 209) ihre erbrechtliche Bedeutung (vgl. Mot. z. Entw. des bayerischen AG. z. BGB. Beil. B Art. 36 Ziff. 11 sowie zum Entw. des preußischen AG. z. BGB. Art. 51 S. 116). Vgl. auch Bem. II, 1, e, dd zu Art. 203.

5. Vgl. auch Art. VI EG. z. KO. vom 17. Mai 1898.

III. Für Preußen vgl. Mot. z. AG. z. BGB. Entw. Art. 48, 53, 55 u. 56; für Bayern vgl. noch Ueberg.G. Art. 33, 36, 52, 106, 114, 115, 142—146 (mit Mot. z. Entw. Art. 21, 36, 48, 56, 57, 67—71), 28, 29, 65 ff., 77 ff., 92, 94 ff., 97, 104, 129, ferner Mot. z. Entw. d. AG. z. BGB. Beil. B Art. 33 Ziff. 11 Abs. 13, AG. z. GBO. Art. 16; für Sachsen Ausf.VO. z. BGB. vom 24. Juli 1899 § 126; für Württemberg AG. z. BGB. Art. 92, 261, 262; für Elsaß-Lothringen AG. z. FG. vom 6. November 1899 § 76 und AG. z. GBO. vom 24. März 1897 § 24; für Baden AG. z. GBO. §§ 36 und 37, AG. z. BGB. Art. 42; für Hessen AG. z. BGB. Art. 213 u. 214; für Mecklenburg-Schwerin VO. z. Ausf. d. BGB. § 264; Mecklenburg-Strelitz VO. z. Ausf. d. BGB. §§ 260, 261; Sachsen-Weimar AG. z. BGB. § 236; Reuß ältere Linie AG. z. BGB. § 144; Hamburg AG. z. BGB. §§ 81—99.

IV. Aus der Rechtsprechung. Rechtliche Befugnisse des Testamentsvollstreckers vgl. RGE. in Jur. Wschr. 1901 S. 322, Rechtswirkung derselben auf Dritte RGE. Bd. 59 S. 80, Jur. Wschr. 1905 S. 12.

Das Recht der Enterbung in guter Absicht des früheren Rechts ist durch BGB. §§ 2333, 2338 für alle nach dem 1. Januar 1900 Versterbenden beseitigt, auch für den Fall, daß die letztwillige Verfügung schon vor diesem Termine errichtet ist (so Hanseat. Ger.Ztg. 1904 Beibl. 206). Vgl. aber auch Bem. 6 zu § 2338 in Bd. V.

Ergänzungsanspruch des BGB. wegen Schenkungen, auch wenn die Schenkung vor dem 1. Januar 1900 stattgefunden hat: RGE. Bd. 54 S. 243; Jur. Wschr. 1903 S. 128; Das Recht 1904 S. 47 (194). Vgl. auch Vorbem. V zu Abschn. V in Bd. V.

Art. 214.*)

Die vor dem Inkrafttreten des Bürgerlichen Gesetzbuchs erfolgte Errichtung oder Aufhebung einer Verfügung von Todeswegen wird nach den bisherigen Gesetzen beurtheilt, auch wenn der Erblasser nach dem Inkrafttreten des Bürgerlichen Gesetzbuchs stirbt.

Das Gleiche gilt für die Bindung des Erblassers bei einem Erbvertrag oder einem gemeinschaftlichen Testamente, sofern der Erbvertrag oder das Testament vor dem Inkrafttreten des Bürgerlichen Gesetzbuchs errichtet worden ist.

E. I, 129 Abs. 2; II, 183; III, 213.

I. Entstehung. Art. 214 zeigt gegenüber dem Abs. 2 des Art. 129 E. I neben redaktionellen Aenderungen die Ersetzung der Worte „wechselseitige letztwillige Verfügung" durch die Worte: „gemeinschaftliches Testament" (Mot. z. EG. 307 ff.; P. VI, 557, 558, 636; Reatz III, 101 ff.).

II. Inhalt. Der Art. 214 enthält eine Ausnahme von der Regel des Art. 213 und besagt, daß, wenn auch im Allgemeinen dann, wenn der Erblasser nach dem Inkrafttreten des BGB. stirbt, die erbrechtlichen Verhältnisse sich nach den Vorschriften des BGB. bestimmen, doch in folgenden Richtungen das bisherige Recht maßgebend bleibt:

A. hinsichtlich der vor dem 1. Januar 1900 erfolgten Errichtung einer Verfügung von Todeswegen. Hiezu ist Folgendes zu bemerken:

a) Zu den Verfügungen von Todeswegen gehören alle die Erbschaft oder das Schicksal einzelner Nachlaßgegenstände auf andere Weise als durch das Gesetz regelnden Verfügungen, also Testamente, Kodizille, Erbverträge (Erbeinsetzungs- und Vermächtnißverträge), Erbverzichtsverträge, Schenkungen von Todeswegen (Mot. z. EG. 313).

b) Nach dem bisherigen Rechte bestimmt sich namentlich die **Form** letztwilliger Verfügungen (Stobbe, DPR. Bd. 5 § 304, § 311 Ziff. V, § 314 Ziff. 4, Bd. 3 § 173; bayerisches Gesetz vom 5. Mai 1890 über die Form einiger Rechtsgeschäfte). Es genügt zur Gültigkeit einer letztwilligen Verfügung also nicht, wenn sie etwa den Formvorschriften des BGB. (§ 2231 Ziff. 2) genügt, aber jene des früheren Rechtes verletzt (Mot. z. EG. 309).

Sind in einem unter der Herrschaft des bisherigen Rechtes errichteten Testamente Kodizille vorbehalten, welche erst nach dem Inkrafttreten des BGB. errichtet werden, so haben diese selbstverständlich den Formvorschriften des BGB. zu entsprechen (Mot. z. EG. 310).

*) Literatur: Hanger in Puchelts Zeitschr. f. französ. Recht Bd. 33 S. 274 ff., 435 ff., Die auf Grund des Art. 1094 l. c. getroffenen Verfügungen nach dem Inkrafttreten des BGB.; Mangler im Sächs. Arch. f. bürgerl. Recht Bd. 14 S. 684 ff.: Die Wirkung altrechtlicher gemeinschaftlicher Testamente unter Ehegatten in Beziehung auf die Ansprüche des von dem wieder verheiratheten Theile unter der Herrschaft des neuen Rechts hinterlassenen zweiten Ehegatten.

Entscheidend ist der wirkliche Zeitpunkt der Errichtung, nicht ein etwaiges falsches Datum; Habicht S. 515.

c) Nach dem bisherigen Rechte bemißt sich auch die Fähigkeit zur Errichtung eines Testaments (testamenti factio activa), mag diese nach bisherigem Rechte gegenüber dem BGB. erweitert oder beschränkt gewesen sein. Vgl. desfalls Art. 215.

Die vor dem 1. Januar 1900 errichteten letztwilligen Verfügungen aller Personen, die nach altem Recht eine solche gültig errichten konnten, bleiben gültig, auch wenn ihnen diese Fähigkeit durch das BGB. entzogen ist, insbesondere also nach gemeinem und preußischem Rechte solche, die von geschlechtsreifen Personen unter 16 Jahren oder von entmündigten Geisteskranken in lichten Zwischenräumen errichtet sind, nach französischem Rechte solche, die von entmündigten Verschwendern errichtet sind (cod. civ. art. 513), nach preußischem Rechte solche, in denen entmündigte Verschwender über nicht mehr als die Hälfte des Nachlasses verfügt haben. Andererseits bleiben die vor dem 1. Januar 1900 errichteten Verfügungen von Todeswegen unwirksam, wenn den letztwillig Verfügenden zur Zeit der Errichtung die Fähigkeit fehlte, auch wenn das BGB. diese Unfähigkeit beseitigt hat. — Tempus regit actum. Eine Ausnahme von letzterer Rechtsfolge enthält Art. 215 Abs. 2: wenn nach bisherigem Rechte mit der Entmündigung absolute Testirunfähigkeit eintrat, so soll jetzt die Entmündigung der Gültigkeit des Testaments nicht mehr entgegenstehen, wenn der Entmündigte noch vor dem Eintritte der Unanfechtbarkeit des Entmündigungsbeschlusses gestorben ist, auch wenn der Tod vor dem 1. Januar 1900 erfolgte.

d) Zu den Vorschriften über die Errichtung einer letztwilligen Verfügung gehört auch die Lösung der Frage, ob ein gemeinschaftliches Testament nur unter Ehegatten, wie das BGB. in § 2265 bestimmt, oder auch unter anderen Personen errichtet werden kann. Soweit letzteres nach bisherigem Rechte der Fall war (vgl. M. V, 253), bleibt auch das unter anderen Personen als unter Ehegatten vor dem 1. Januar 1900 errichtete gemeinschaftliche Testament gültig.

B. Das bisherige Recht ist weiter maßgebend hinsichtlich der Aufhebung einer letztwilligen Verfügung, wenn die Aufhebung vor dem Inkrafttreten des BGB. erfolgt. Sowohl die Form als die Wirkung der Aufhebung bestimmt sich nach dem bisherigen Rechte (Mot. z. EG. 311).

C. Außerdem sind nach Abs. 2 des Art. 214 die bisherigen Gesetze auch maßgebend für die Bindung des Erblassers bei einem Erbvertrag oder einem gemeinschaftlichen Testamente, soferne die Errichtung vor dem 1. Januar 1900 erfolgt.

In dieser Beziehung ist Folgendes zu bemerken:

a) Was unter einem „gemeinschaftlichen Testament" und unter einem „Erbvertrage" zu verstehen ist, wird wenigstens insoweit im Sinne des BGB. (vgl. §§ 2267, 2274) aufzufassen sein, daß hier einerseits nur solche wechselseitige Testamente in Betracht kommen, welche von zwei testirenden Personen in derselben, nicht in getrennten Urkunden errichtet werden (im Uebrigen vgl. oben A, d) und daß andererseits nur Erbeinsetzungs-, nicht auch Erbverzichtsverträge (BGB. §§ 2346 ff.) hieher fallen.

b) Die Bindung des Erblassers an eine letztwillige Verfügung betrifft deren Bestand und Wirkung, welche an sich zufolge der Regel des Art. 213 nach dem zur Zeit des Todes des Erblassers geltenden Rechte zu beurtheilen wären. Eine hievon abweichende ausdrückliche Bestimmung ist nothwendig, um einerseits der materiellen Gerechtigkeit gegenüber dem Mitkontrahenten bezw. demjenigen, der im Vertrauen auf die von dem Mittestirenden getroffenen Anordnungen das gemeinschaftliche Testament mit errichtet hat, Genüge zu leisten, und andererseits, um der gewöhnlichen Meinung entgegenzutreten, daß auch der Inhalt eines Erbeinsetzungsvertrags nach den zur Zeit seines Abschlusses geltenden Gesetzen sich richtet. (Vgl. Mot. z. EG. 311 u. 312.) Auch die Frage der Lösbarkeit der Bindung fällt darunter, s. RGE. in Jur. Wschr. 1906 S. 24 ff.

c) Ueber die Bindung des Erblassers bei einem Erbeinsetzungsvertrage nach bisherigem Rechte vgl. Stobbe, Bd. 5 § 311 Ziff. VII u. IX, nach dem BGB. §§ 2286 ff., bei einem Vermächtnißvertrage nach bisherigem Rechte Stobbe, § 312 Ziff. II, nach BGB. §§ 2286 ff., bei einem gemeinschaftlichen Testamente nach bisherigem Rechte Stobbe, § 307 Ziff. II—IV, nach BGB. §§ 2270 ff.

d) Nach dem bisherigen Rechte bemessen sich also sowohl die Frage, ob eine Bindung des Erblassers vorliegt, als die weitere Frage, in welchem Umfange sie vorliegt, gleichgültig, ob dieser nach bisherigem Rechte größer oder kleiner, als nach BGB. ist.

e) Nur die Bindung des Erblassers, nicht auch jene des Erben oder Vermächtnißnehmers ist unter das bisherige Recht gestellt.

f) Besondere Bestimmungen über den Erbverzichtsvertrag enthält der Art. 217; s. auch unter a.

D. Für die Auslegung einer letztwilligen Verfügung sind selbstverständlich die zur Zeit der Errichtung geltenden Auslegungsvorschriften maßgebend (Bem. II, 3, l zu Art. 213; Mot. z. EG. 311). Ueber einige Einwirkungen des neuen Rechtes auf den Inhalt der Verfügungen von Todeswegen und auf die Auslegung vgl. Habicht S. 523, 528, 536 ff., 551.

E. Im Uebrigen gilt die Regel des Art. 213. Sind daher in einer letztwilligen Verfügung z. B. Anordnungen familienrechtlichen Inhalts getroffen, so bemißt sich deren Gültigkeit selbstverständlich nach den zur Zeit des Todes des Erblassers geltenden Gesetzen (Mot. z. EG. 313 ff.).

Zweifelhaft möchte die Frage scheinen, ob Anordnungen, welche nach dem bisherigen Rechte ihrem Inhalte nach ungültig, nach dem BGB. aber gültig sein würden, als gültig zu betrachten sind, wenn der Tod des Erblassers erst nach dem Inkrafttreten des BGB. erfolgt. Die Frage ist zu bejahen; denn sie hängt mit der testamenti factio passiva zusammen (vgl. Mot. z. EG. 311 und Bem. II, 3, k zu Art. 213).

Es wird also unter der gleichen Voraussetzung auch z. B. der Einfluß von Zwang, Betrug, Irrthum auf die Gültigkeit der letztwilligen Verfügung zu beurtheilen sein.

F. Hinsichtlich der Einkindschaft vgl. Bem. II, 1, e, dd zu Art. 203, Bem. IV zu Art. 209 und II, 4, b zu Art. 213.

III. Für Bayern folgert sich aus diesem Artikel, daß der allgemeinen Gütergemeinschaft des vorderösterreichischen Rechtes und des BGB. von 1811 die ihr nach bisherigem Rechte zukommende und durch das Ueberg.G. nicht geänderte Wirkung eines Erbvertrags gewahrt bleibt (Mot. zu Art. 34 Entw. von Uebergangsvorschriften für das eheliche Güterrecht); für Hessen vgl. AG. z. BGB. Art. 155 u. 266.

Art. 215.

Wer vor dem Inkrafttreten des Bürgerlichen Gesetzbuchs die Fähigkeit zur Errichtung einer Verfügung von Todeswegen erlangt und eine solche Verfügung errichtet hat, behält die Fähigkeit, auch wenn er das nach dem Bürgerlichen Gesetzbuch erforderliche Alter noch nicht erreicht hat.

Die Vorschriften des § 2230 des Bürgerlichen Gesetzbuchs finden auf ein Testament Anwendung, das ein nach dem Inkrafttreten des Bürgerlichen Gesetzbuchs gestorbener Erblasser vor diesem Zeitpunkt errichtet hat.

E. II, 184; III, 214.

I. Entstehung. Dieser Artikel wurde erst in der II. Komm. aufgestellt und zwar anfänglich als Zusatz zu den nunmehrigen Art. 213 u. 214 (vgl. Mot. z. EG. 310; P. VI, 557—559; Reatz III, 102).

II. Inhalt. Art. 215 betrifft die Fähigkeit zur Errichtung einer letztwilligen Verfügung (testamenti factio activa) und enthält Ausnahmen von den Vorschriften der Art. 213 und 214, worüber Folgendes zu bemerken ist:

1. Nach dem bisherigen Rechte giebt es verschiedene Gründe, welche diese Fähigkeit ausschließen, z. B. Testamentsunmündigkeit, welche nach den verschiedenen Gesetzen eine verschiedene Dauer hat (bis zum 12., 14., 16., 17., 18. Jahre, bis zur Volljährigkeit), Geschäftsunfähigkeit (Wahnsinn), Entmündigung wegen Geisteskrankheit oder Verschwendung, Rechtsunfähigkeit, z. B. Stand eines Klostergeistlichen u. s. w. (vgl. Stobbe, DPR. Bd. 5 § 303; M. V, 247 ff.).

Nach dem BGB. fehlt mit der Geschäftsfähigkeit (§§ 104, 105) selbstverständlich auch die Testirfähigkeit, und wird im Uebrigen nur noch nach § 2229 Abs. 3 dem wegen Geistesschwäche, Verschwendung oder Trunksucht Entmündigten zwar die Fähigkeit, ein Testament zu errichten, nicht aber (nach § 2253 Abs. 2) die Fähigkeit, ein Testament zu widerrufen, aberkannt.

2. Nach Art. 215 im Zusammenhalte mit 214 werden über die Fähigkeit zur Errichtung eines Testaments folgende Sätze für die Uebergangsperiode gelten:

A. Hat ein nach dem Inkrafttreten des BGB. verstorbener Erblasser vor dem 1. Januar 1900 eine letztwillige Verfügung errichtet, so ist für die Frage, ob der Erblasser hinsichtlich dieser Verfügung die Fähigkeit zur Errichtung von Todeswegen besaß, das bisherige Recht entscheidend.

Dieses gilt selbst für den Fall, daß der Erblasser die letztwillige Verfügung vor zurückgelegtem 16. Lebensjahre errichtet hat, wenn das bisherige Recht die Testamentsmündigkeit in einem früheren Lebensalter eintreten läßt (Art. 214).

B. Von dem Satze unter A macht Abs. 2 des Art. 215 insoferne eine Ausnahme, als er die Vorschrift des § 2230 BGB. auf ein vor dem 1. Januar 1900 errichtetes Testament dann für anwendbar erklärt, wenn der Erblasser nach dem Inkrafttreten des BGB. verstorben ist. Wie BGB. § 2230 selbst, so bezieht sich auch Art. 215 Abs. 2 nicht bloß auf die Entmündigung wegen Geisteskrankheit, sondern auch auf jene wegen Geistesschwäche, Verschwendung oder Trunksucht. Die Bedeutung der Ausnahme ist folgende:

Wenn ein Entmündigter, der nach bisherigem Rechte gar nicht oder nur in beschränktem Maße rechtsgültig testiren konnte, gleichwohl vor dem 1. Januar 1900 eine letztwillige Verfügung errichtet hat, die nach bisherigem Rechte nicht (oder nur beschränkt) rechtsgültig wäre, so soll, soferne der Tod des Testators nach dem Inkrafttreten des BGB. eintrat, diese letztwillige Verfügung volle Rechtsgültigkeit haben, wenn entweder

a) der Entmündigungsbeschluß im Zeitpunkte der Errichtung der letztwilligen Verfügung gemäß §§ 624 mit 605 ff. (frühere Fassung) CPO. anfechtbar oder angefochten war und der Entmündigte vor Ablauf der Anfechtungsfrist oder vor der rechtskräftigen Entscheidung über die Anfechtungsklage stirbt, oder wenn

b) der Entmündigte zur Zeit der Testamentserrichtung (gemäß § 625 mit §§ 675 ff. [frühere Fassung] der CPO.) bereits Antrag auf Wiederaufhebung der Entmündigung gestellt hatte und dem Antrage späterhin auch stattgegeben wird.

C. Wer nach bisherigem Rechte vor vollendetem 16. Lebensjahre testamentsmündig war und vor dem 1. Januar 1900 eine letztwillige Verfügung errichtet hat, behält die Testamentsmündigkeit auch nach dem Inkrafttreten des BGB. (Art. 215 Abs. 1). Zweck dieser Vorschrift ist die Ermöglichung des Widerrufs oder der Aenderung der errichteten letztwilligen Verfügung.

D. Hat Jemand unter der Herrschaft des bisherigen Rechtes eine letztwillige Verfügung errichtet, ohne die dazu erforderliche Rechtsfähigkeit zu besitzen, so bleibt die Verfügung nichtig, auch wenn die erforderliche Rechtsfähigkeit nach Maßgabe des BGB. vorhanden gewesen wäre und der Erblasser erst unter der Herrschaft des BGB. stirbt (Mot. z. EG. 311).

Art. 216.

Die landesgesetzlichen Vorschriften, nach welchen Mitglieder gewisser ritterschaftlicher Familien bei der Ordnung der Erbfolge in ihren Nachlaß durch das Pflichttheilsrecht nicht beschränkt sind, bleiben in Ansehung derjenigen Familien in Kraft, welchen dieses Recht zur Zeit des Inkrafttretens des Bürgerlichen Gesetzbuchs zusteht.

E. III, 215.

1. Entstehung. Dieser Artikel wurde vom Bundesrath eingestellt (Reatz III, 102; RTK. 440 d S. 19).

2. Inhalt. Nach einer preußischen Kabinetsordre vom 16. Januar 1836 und einer preußischen Verordnung vom 21. Januar 1837 haben die Mitglieder bestimmter (dreißig) Familien des rheinischen ritterbürtigen Adels, welche ein Rittergut in der Rheinprovinz besitzen und an einer zum Besten der nicht bedachten Kinder vorgeschriebenen Stiftung (Erziehungsanstalt und Präbendenstiftung) für unverheirathete Töchter theilnehmen, das Recht, bei der Ordnung der Erbfolge in ihren Nachlaß ohne Rücksicht auf den Pflichttheil zu testiren.

Der Artikel sichert die Forterhaltung dieses Privilegiums. Eine Petition um weitere Ausdehnung desselben wurde in der Reichstagskommission abgelehnt.

Nach seinem Inhalte trifft also Art. 216 nicht eigentlich eine Uebergangsvorschrift, sondern er enthält einen in den 3. Abschnitt gehörigen Vorbehalt.

Art. 217.

Die vor dem Inkrafttreten des Bürgerlichen Gesetzbuchs erfolgte Errichtung eines Erbverzichtsvertrags sowie die Wirkungen eines solchen Vertrags bestimmen sich nach den bisherigen Gesetzen.

Das Gleiche gilt von einem vor dem Inkrafttreten des Bürgerlichen Gesetzbuchs geschlossenen Vertrage, durch den ein Erbverzichtsvertrag aufgehoben worden ist.

E. II. 185; III, 213.

1. Entstehung. Der Artikel wurde erst in der II. Komm. als besonderer Zusatz zum Art. 129 Abs. 2 E. I (nun Art 214) aufgestellt (Mot. z. EG. 313; P. VI, 557, 558, 636; Reatz III, 102).

2. Inhalt. Der I. Entw. des BGB. (§ 2019: M. V, 471) faßte den Erbverzichtsvertrag als eine vom Erblasser mit Zustimmung des Verzichtenden getroffene Verfügung von Todeswegen auf, durch welche die gesetzliche Erbfolge geändert wird. Das BGB. selbst (§§ 2346 ff.) legt den Schwerpunkt darauf, daß ein Vertrag zwischen dem Verzichtenden und dem Erblasser geschlossen ist. Deßhalb wurde Art. 217 aus dem Art. 214 herausgehoben und wurde in dem Art. 217 abweichend vom Art. 214 auch noch bestimmt, daß, mag der Erblasser vor oder nach dem Inkrafttreten des BGB. versterben, nicht bloß die Errichtung und die Aufhebung eines vor dem 1. Januar 1900 geschlossenen Erbverzichtsvertrags, sondern, abweichend von Art. 213, auch dessen Wirkungen nach den bisherigen Gesetzen (vgl. Stobbe, §§ 313 u. 314) sich bestimmen.

Auch die in § 2350 BGB. aufgestellten Vermuthungen haben daher für die älteren Erbverzichte keine gesetzliche Kraft. (BGB. § 2350: „Verzichtet Jemand zu Gunsten eines Anderen auf das gesetzliche Erbrecht, so ist im Zweifel anzunehmen, daß der Verzicht nur für den Fall gelten soll, daß der Andere Erbe wird.

Verzichtet ein Abkömmling des Erblassers auf das gesetzliche Erbrecht, so ist im Zweifel anzunehmen, daß der Verzicht nur zu Gunsten der anderen Abkömmlinge und des Ehegatten des Erblassers gelten soll.")

Doch liegt die Vermuthung des Abs. 1 des § 2350 in der Natur der Sache, und die Vermuthung des Abs. 2 dieses Paragraphen entspricht dem PLR. Thl. II Tit. 2 § 487.

Im Uebrigen s. Bem. zu Art. 214.

3. Aus der Rechtsprechung: Ein unter der Herrschaft des früheren Rechtes, das ein Erbrecht unter Ehegatten nicht kannte, abgeschlossener Erbvertrag schließt, wenn ein Ehegatte erst nach Einführung des BGB. stirbt, das Erbrecht des überlebenden Ehegatten nur dann aus, wenn in dem Erbvertrag ein nach den Vorschriften des früheren Rechtes gültiger Erbverzicht enthalten ist. Bayr. Oberst. LG., Recht 1904 S. 387 (1720).

Art. 218.

Soweit nach den Vorschriften dieses Abschnitts die bisherigen Landesgesetze maßgebend bleiben, können sie nach dem Inkrafttreten des Bürgerlichen Gesetzbuchs durch Landesgesetz auch geändert werden.

E. I, 105 Abs. 5, 116, 119 Abs. 1 Satz 3; II. 186; III, 217.

1. Entstehung. Die Vorschrift dieses Artikels war im I. Entw. für verschiedene Artikel (105, 116, 119) besonders ausgesprochen (Mot. z. EG. 264, 277, 256; P. VI, 497, 509, 526, 535, 544, 556, 557, 627, 651; Reatz III, 103).

2. Inhalt. Die Vorschrift des Art. 218 stimmt mit jener des Art. 3 überein, bezieht sich aber nur auf die Art. 153—217, aber auf alle diese, jedoch nur soweit, als in denselben zu Gunsten der Landesgesetze Vorbehalte gemacht sind.

Im Einzelnen ist noch zu bemerken:

a) Der Zweck des Art. 218 besteht darin, der Landesgesetzgebung auf jenen Gebieten, auf welchen für die Uebergangsperiode eine einheitliche Vorschrift für das ganze Reich nicht gegeben werden konnte, die Möglichkeit zu gewähren, zur Ueberleitung in den neuen Rechtszustand in bestehende Rechte eingreifen und zur Beseitigung hervortretender Mängel oder Dunkelheiten die bessernde Hand anlegen zu können.

b) Vgl. auch § 83 GBO., §§ 189 u. 200 FG., § 2 EG. z. ZwVG.

c) Die Landesgesetzgebung darf die Schranken, welche in den einzelnen Artikeln gezogen sind, nicht überschreiten, also beispielsweise nach dem Inkrafttreten des BGB. nicht gemäß Art. 212 Werthpapiere als mündelsicher erklären, welchen vor dem 1. Januar 1900 diese Eigenschaft nicht beigelegt ist, das Privilegium des § 216 auf solche Familien, denen es nicht schon bisher zusteht, nicht ausdehnen, nach § 7 EG. z. ZwVG. nicht neue Vorschriften für die betreffenden Veröffentlichungen erlassen.

d) Soweit für eines der in den Art. 153—217 genannten Rechtsverhältnisse das bisherige Landesrecht außer Kraft getreten, und das Rechtsverhältniß dem BGB. unterworfen ist, sei es auch durch das Landesgesetz selbst, indem dieses die bisherigen Gesetze außer Kraft setzt und das BGB. darauf für anwendbar erklärt, bleibt es der Einwirkung der Landesgesetzgebung für immer entzogen; die einmal erfolgte Unterwerfung unter das BGB. kann nicht wieder rückgängig gemacht werden. Vgl. auch Habicht a. a. O. S. 22.

Aus diesem Grunde mußte ein besonderes Reichsgesetz ergehen, um in Bayern für diejenigen Bezirke, in denen das Grundbuch fertig gestellt worden, also das Grundbuch- und Hypothekenrecht des BGB. in Kraft getreten ist, nachträglich eine den in § 1178 Abs. 1 bezeichneten Hypotheken entsprechende gesetzgeberische Behandlung der sog. Nebensachekaution zu ermöglichen. Vgl. Bem. V zu Art. 192; Reichsges. betr. Ueberleitung von Hypotheken des früheren Rechts vom 17. März 1906.

Gegeben Neues Palais, den 18. August 1896.

Alphabetisches Register.

Bearbeitet von **Fritz Keidel**, k. Landgerichtsrat.

Die Zahlen bezeichnen die Seite.

A.

B.

F.

G.

H.

N.

O.

P.

Q.

R.

S.

T.

U.

W.

Z.

J. von Staudinger's Kommentar zum Bürgerlichen Gesetzbuch und dem Einführungsgesetze.

VII. Band.

Alphabetisches Gesammtregister.

Bearbeitet

von

Fritz Keidel,

k. Landgerichtsrath in München.

---

2. vollständig neubearbeitete **Auflage.**

München 1906.

J. Schweitzer Verlag (Arthur Sellier).

Alphabetisches Gesammtregister.

Die römischen Zahlen bezeichnen den Band, die arabischen die Seiten.
a = allgemeiner Theil, b = spezieller Theil von Bd. II.

C.

D.

E.

F.

H.

J.

K.

L.

M.

N.

O.

S.

U.

V.

W.

Z.

Die Ausführungsgesetze sämtlicher Bundesstaaten zum BGB. enthält:

Becher, Dr. H., K. Landgerichtsrat in München,

Die Ausführungsgesetze zum Bürgerlichen Gesetzbuche.
Sammlung der von den Bundesstaaten zur Ausführung des Bürgerlichen Gesetzbuchs und seiner Nebengesetze erlassenen Gesetze und mit Gesetzeskraft versehenen Verordnungen. gr. 8°. 2 Bände und ein Ergänzungsband mit einem Gesamtregister (215 Bogen) 1900/1901. 32.60; in Halbfr. geb. 38.50

Centralblatt f. Rechtswissenschaft (1902). XXI. Bd. 11/12. Heft.

. . . Mit vorliegendem Werke ist eine außerordentlich bedeutsame Aufgabe gelöst: es ist einzig in seiner Art und bietet dem Theoretiker und Praktiker ein unentbehrliches Hilfsmittel . . . . Namentlich auch für den Verkehr mit den Gerichten und Behörden der einzelnen Bundesstaaten auf dem Gebiete der freiwilligen Gerichtsbarkeit ist die Sammlung außerordentlich brauchbar, ja unentbehrlich für alle Behörden.